第八卷　老年人口

第三部分　附　录

第二部分　长表数据资料

第五卷　婚姻

5-1 各地区分性别、婚姻状况的15岁及以上人口

单位：人

地区	15岁及以上人口			未婚		
	合计	男	女	小计	男	女
全 省	**3786171**	**1925679**	**1860492**	**828360**	**495878**	**332482**
南昌市	**540297**	**278938**	**261359**	**160622**	**93984**	**66638**
东湖区	36580	17741	18839	8463	4492	3971
西湖区	40567	19956	20611	8237	4586	3651
青云谱区	28911	14608	14303	5849	3528	2321
青山湖区	111858	59495	52363	43405	26043	17362
新建区	67480	35417	32063	18876	11325	7551
红谷滩区	49173	25328	23845	21656	11604	10052
南昌县	124596	64709	59887	37476	22133	15343
安义县	22252	11856	10396	5237	3206	2031
进贤县	58880	29828	29052	11423	7067	4356
景德镇市	**136815**	**69918**	**66897**	**27747**	**16796**	**10951**
昌江区	15458	7835	7623	2606	1606	1000
珠山区	31156	15498	15658	5612	3306	2306
浮梁县	25639	13157	12482	7258	4030	3228
乐平市	64562	33428	31134	12271	7854	4417
萍乡市	**148352**	**74952**	**73400**	**28425**	**17459**	**10966**
安源区	47425	23507	23918	10579	6018	4561
湘东区	26248	13600	12648	4634	3046	1588
莲花县	16642	8171	8471	2750	1733	1017
上栗县	36912	18924	17988	6839	4319	2520
芦溪县	21125	10750	10375	3623	2343	1280
九江市	**395114**	**200032**	**195082**	**83040**	**48747**	**34293**
濂溪区	33802	16868	16934	9770	5297	4473
浔阳区	35729	17173	18556	7607	3864	3743
柴桑区	28183	14970	13213	5419	3575	1844
武宁县	27507	13776	13731	4569	2788	1781
修水县	58993	30045	28948	11129	6654	4475
永修县	25658	13085	12573	4819	2957	1862
德安县	12698	6398	6300	1851	1156	695
都昌县	53323	27118	26205	12095	7377	4718
湖口县	18912	9590	9322	2904	1862	1042
彭泽县	25977	13238	12739	4691	2857	1834
瑞昌市	39430	20166	19264	7715	4754	2961
共青城市	15582	7562	8020	6747	3276	3471
庐山市	19320	10043	9277	3724	2330	1394
新余市	**92609**	**46947**	**45662**	**18483**	**11422**	**7061**
渝水区	72130	36671	35459	15223	9402	5821
分宜县	20479	10276	10203	3260	2020	1240
鹰潭市	**102524**	**52239**	**50285**	**19746**	**11612**	**8134**
月湖区	22869	11322	11547	3927	2241	1686
余江区	31199	16101	15098	6069	3795	2274
贵溪市	48456	24816	23640	9750	5576	4174
赣州市	**758142**	**385344**	**372798**	**172456**	**102168**	**70288**
章贡区	93502	46385	47117	27594	14774	12820
南康区	69873	35699	34174	13768	8285	5483
赣县区	45654	23478	22176	9469	5667	3802
信丰县	55627	28043	27584	11181	6740	4441
大余县	22285	11270	11015	4222	2558	1664
上犹县	23470	11729	11741	4457	2745	1712
崇义县	15611	7885	7726	2587	1587	1000
安远县	26695	13473	13222	5915	3487	2428
定南县	16586	8430	8156	2950	1767	1183
全南县	14638	7425	7213	2626	1614	1012

5-1　续表 1　　　　单位：人

地　区	15岁及以上人口			未　婚		
	合计	男	女	小计	男	女
宁都县	71106	37021	34085	17457	10693	6764
于都县	82016	41226	40790	19888	11574	8314
兴国县	58698	29743	28955	12396	7611	4785
会昌县	38092	19445	18647	9288	5494	3794
寻乌县	23190	12049	11141	4976	3086	1890
石城县	23100	12118	10982	5373	3426	1947
瑞金市	52124	26872	25252	13433	8063	5370
龙南市	25875	13053	12822	4876	2997	1879
吉安市	**338899**	**168994**	**169905**	**59922**	**37631**	**22291**
吉州区	29773	14553	15220	5596	3268	2328
青原区	17331	8495	8836	3698	2083	1615
吉安县	33762	16825	16937	6003	3897	2106
吉水县	32309	16213	16096	5594	3638	1956
峡江县	11344	5812	5532	1822	1171	651
新干县	23223	11862	11361	4044	2672	1372
永丰县	26261	13202	13059	4284	2816	1468
泰和县	34255	16491	17764	5399	3212	2187
遂川县	39015	19882	19133	7765	5032	2733
万安县	20990	10548	10442	3912	2456	1456
安福县	24378	12069	12309	3365	2089	1276
永新县	35645	17974	17671	7056	4464	2592
井冈山市	10613	5068	5545	1384	833	551
宜春市	**392230**	**198690**	**193540**	**75493**	**46625**	**28868**
袁州区	84806	42457	42349	20024	11327	8697
奉新县	20620	10477	10143	3578	2253	1325
万载县	34271	17097	17174	7279	4478	2801
上高县	24888	12450	12438	3825	2418	1407
宜丰县	19317	9754	9563	2669	1675	994
靖安县	9623	4920	4703	1544	1030	514
铜鼓县	9091	4580	4511	1599	989	610
丰城市	86215	44173	42042	17145	11064	6081
樟树市	40242	20104	20138	6980	4270	2710
高安市	63157	32678	30479	10850	7121	3729
抚州市	**310973**	**158243**	**152730**	**58750**	**36028**	**22722**
临川区	88419	44113	44306	19011	11068	7943
东乡区	30639	15172	15467	4768	2920	1848
南城县	23560	11895	11665	3883	2406	1477
黎川县	19536	10167	9369	3291	2179	1112
南丰县	21088	10711	10377	3002	1904	1098
崇仁县	29760	15526	14234	6624	4166	2458
乐安县	27583	14325	13258	5576	3506	2070
宜黄县	20289	10516	9773	3786	2303	1483
金溪县	23409	12119	11290	3970	2534	1436
资溪县	9250	4705	4545	1695	1012	683
广昌县	17440	8994	8446	3144	2030	1114
上饶市	**570216**	**291382**	**278834**	**123676**	**73406**	**50270**
信州区	50716	25035	25681	12374	6228	6146
广丰区	71944	36893	35051	18916	10740	8176
广信区	62846	32341	30505	14408	8566	5842
玉山县	42689	21241	21448	9146	5331	3815
铅山县	33549	17226	16323	6555	3971	2584
横峰县	14662	7454	7208	2427	1503	924
弋阳县	28650	14606	14044	5260	3224	2036
余干县	74781	38867	35914	16342	10029	6313
鄱阳县	105852	54493	51359	22198	13901	8297
万年县	31669	16264	15405	6479	4014	2465
婺源县	28559	14502	14057	5086	3145	1941
德兴市	24299	12460	11839	4485	2754	1731

5-1 续表 2

单位：人

地　区	有配偶			离　婚			丧　偶		
	小计	男	女	小计	男	女	小计	男	女
全　省	**2682475**	**1340454**	**1342021**	**69012**	**39845**	**29167**	**206324**	**49502**	**156822**
南昌市	**346858**	**174903**	**171955**	**10629**	**5401**	**5228**	**22188**	**4650**	**17538**
东湖区	24888	12268	12620	1301	624	677	1928	357	1571
西湖区	28570	14228	14342	1667	760	907	2093	382	1711
青云谱区	20543	10315	10228	1010	483	527	1509	282	1227
青山湖区	63380	31874	31506	1942	948	994	3131	630	2501
新建区	44872	22862	22010	970	551	419	2762	679	2083
红谷滩区	25823	13252	12571	798	306	492	896	166	730
南昌县	79962	40454	39508	1713	954	759	5445	1168	4277
安义县	15607	8149	7458	440	253	187	968	248	720
进贤县	43213	21501	21712	788	522	266	3456	738	2718
景德镇市	**98019**	**49226**	**48793**	**3959**	**2215**	**1744**	**7090**	**1681**	**5409**
昌江区	11621	5800	5821	478	261	217	753	168	585
珠山区	22578	11214	11364	1500	700	800	1466	278	1188
浮梁县	16695	8538	8157	470	269	201	1216	320	896
乐平市	47125	23674	23451	1511	985	526	3655	915	2740
萍乡市	**107656**	**53431**	**54225**	**3062**	**1702**	**1360**	**9209**	**2360**	**6849**
安源区	33264	16401	16863	1256	584	672	2326	504	1822
湘东区	19246	9711	9535	574	357	217	1794	486	1308
莲花县	12348	5970	6378	273	153	120	1271	315	956
上栗县	27160	13576	13584	547	355	192	2366	674	1692
芦溪县	15638	7773	7865	412	253	159	1452	381	1071
九江市	**281902**	**140680**	**141222**	**9126**	**5185**	**3941**	**21046**	**5420**	**15626**
濂溪区	21984	10900	11084	923	413	510	1125	258	867
浔阳区	25474	12485	12989	1310	547	763	1338	277	1061
柴桑区	20886	10727	10159	508	311	197	1370	357	1013
武宁县	20322	10048	10274	884	516	368	1732	424	1308
修水县	42964	21466	21498	1237	832	405	3663	1093	2570
永修县	18608	9365	9243	725	431	294	1506	332	1174
德安县	9755	4872	4883	406	204	202	686	166	520
都昌县	37151	18330	18821	882	604	278	3195	807	2388
湖口县	14421	7162	7259	299	181	118	1288	385	903
彭泽县	19086	9624	9462	569	333	236	1631	424	1207
瑞昌市	28895	14429	14466	756	431	325	2064	552	1512
共青城市	8155	4041	4114	281	153	128	399	92	307
庐山市	14201	7231	6970	346	229	117	1049	253	796
新余市	**67706**	**33623**	**34083**	**1596**	**827**	**769**	**4824**	**1075**	**3749**
渝水区	52227	25914	26313	1206	610	596	3474	745	2729
分宜县	15479	7709	7770	390	217	173	1350	330	1020
鹰潭市	**75273**	**38005**	**37268**	**2246**	**1337**	**909**	**5259**	**1285**	**3974**
月湖区	17222	8527	8695	688	336	352	1032	218	814
余江区	22949	11552	11397	570	371	199	1611	383	1228
贵溪市	35102	17926	17176	988	630	358	2616	684	1932
赣州市	**531317**	**266415**	**264902**	**11310**	**6589**	**4721**	**43059**	**10172**	**32887**
章贡区	59947	29872	30075	2236	1022	1214	3725	717	3008
南康区	51332	26124	25208	753	426	327	4020	864	3156
赣县区	32984	16736	16248	598	361	237	2603	714	1889
信丰县	40278	19978	20300	852	531	321	3316	794	2522
大余县	16293	8180	8113	361	207	154	1409	325	1084
上犹县	17095	8462	8633	283	182	101	1635	340	1295
崇义县	11834	5947	5887	194	126	68	996	225	771
安远县	18698	9344	9354	339	214	125	1743	428	1315
定南县	12428	6287	6141	256	154	102	952	222	730
全南县	10758	5441	5317	285	147	138	969	223	746

5-1 续表 3

单位：人

地区	有配偶			离婚			丧偶		
	小计	男	女	小计	男	女	小计	男	女
宁都县	49020	24754	24266	896	560	336	3733	1014	2719
于都县	56233	27875	28358	957	625	332	4938	1152	3786
兴国县	41676	20652	21024	857	515	342	3769	965	2804
会昌县	26102	13082	13020	490	321	169	2212	548	1664
寻乌县	16571	8424	8147	347	227	120	1296	312	984
石城县	16075	8137	7938	415	251	164	1237	304	933
瑞金市	35143	17674	17469	698	442	256	2850	693	2157
龙南市	18850	9446	9404	493	278	215	1656	332	1324
吉安市	**253061**	**123342**	**129719**	**4870**	**2898**	**1972**	**21046**	**5123**	**15923**
吉州区	21893	10602	11291	808	388	420	1476	295	1181
青原区	12605	6111	6494	180	109	71	848	192	656
吉安县	25448	12242	13206	435	272	163	1876	414	1462
吉水县	24289	11862	12427	354	218	136	2072	495	1577
峡江县	8723	4363	4360	126	94	32	673	184	489
新干县	17478	8641	8837	315	217	98	1386	332	1054
永丰县	19943	9733	10210	303	194	109	1731	459	1272
泰和县	26254	12547	13707	432	259	173	2170	473	1697
遂川县	28091	13836	14255	447	294	153	2712	720	1992
万安县	15422	7560	7862	280	178	102	1376	354	1022
安福县	18887	9255	9632	435	246	189	1691	479	1212
永新县	25671	12576	13095	573	346	227	2345	588	1757
井冈山市	8357	4014	4343	182	83	99	690	138	552
宜春市	**285580**	**142177**	**143403**	**6794**	**4046**	**2748**	**24363**	**5842**	**18521**
袁州区	58655	29120	29535	1581	858	723	4546	1152	3394
奉新县	15481	7706	7775	394	237	157	1167	281	886
万载县	24079	11660	12419	630	379	251	2283	580	1703
上高县	19009	9396	9613	470	281	189	1584	355	1229
宜丰县	14962	7480	7482	412	254	158	1274	345	929
靖安县	7157	3582	3575	260	149	111	662	159	503
铜鼓县	6598	3245	3353	299	182	117	595	164	431
丰城市	61842	30983	30859	1273	813	460	5955	1313	4642
樟树市	29882	14790	15092	706	420	286	2674	624	2050
高安市	47915	24215	23700	769	473	296	3623	869	2754
抚州市	**229592**	**114903**	**114689**	**5105**	**3085**	**2020**	**17526**	**4227**	**13299**
临川区	63048	30994	32054	1525	864	661	4835	1187	3648
东乡区	23526	11522	12004	519	313	206	1826	417	1409
南城县	17968	9028	8940	282	160	122	1427	301	1126
黎川县	14801	7513	7288	288	185	103	1156	290	866
南丰县	16319	8233	8086	436	257	179	1331	317	1014
崇仁县	21126	10689	10437	436	289	147	1574	382	1192
乐安县	20103	10119	9984	407	284	123	1497	416	1081
宜黄县	15093	7759	7334	322	194	128	1088	260	828
金溪县	17808	9021	8787	403	260	143	1228	304	924
资溪县	6791	3436	3355	227	141	86	537	116	421
广昌县	13009	6589	6420	260	138	122	1027	237	790
上饶市	**405511**	**203749**	**201762**	**10315**	**6560**	**3755**	**30714**	**7667**	**23047**
信州区	35108	17792	17316	1221	566	655	2013	449	1564
广丰区	48380	24620	23760	921	655	266	3727	878	2849
广信区	43995	22227	21768	1117	765	352	3326	783	2543
玉山县	30179	14840	15339	714	454	260	2650	616	2034
铅山县	24390	12302	12088	679	439	240	1925	514	1411
横峰县	10970	5483	5487	344	223	121	921	245	676
弋阳县	21280	10644	10636	576	340	236	1534	398	1136
余干县	53565	27080	26485	976	671	305	3898	1087	2811
鄱阳县	75845	37742	38103	1992	1354	638	5817	1496	4321
万年县	22958	11474	11484	461	308	153	1771	468	1303
婺源县	21044	10529	10515	667	393	274	1762	435	1327
德兴市	17797	9016	8781	647	392	255	1370	298	1072

5-1a 各地区分性别、婚姻状况的15岁及以上人口(城市)

单位：人

地区	15岁及以上人口			未婚		
	合计	男	女	小计	男	女
全省	**1087945**	**542202**	**545743**	**279641**	**155670**	**123971**
南昌市	**278935**	**142229**	**136706**	**86839**	**49380**	**37459**
东湖区	34403	16614	17789	8076	4238	3838
西湖区	40567	19956	20611	8237	4586	3651
青云谱区	28755	14513	14242	5797	3493	2304
青山湖区	95609	49943	45666	35038	20562	14476
新建区	31920	16724	15196	8375	5099	3276
红谷滩区	47197	24226	22971	21201	11330	9871
南昌县	484	253	231	115	72	43
安义县						
进贤县						
景德镇市	**60748**	**30415**	**30333**	**11075**	**6634**	**4441**
昌江区	11298	5671	5627	1930	1159	771
珠山区	30080	14955	15125	5400	3182	2218
浮梁县	1596	856	740	287	206	81
乐平市	17774	8933	8841	3458	2087	1371
萍乡市	**52314**	**25891**	**26423**	**11432**	**6504**	**4928**
安源区	40569	19870	20699	9054	4992	4062
湘东区	11245	5764	5481	2282	1450	832
莲花县						
上栗县	500	257	243	96	62	34
芦溪县						
九江市	**100826**	**49331**	**51495**	**27454**	**14330**	**13124**
濂溪区	26759	13194	13565	8442	4488	3954
浔阳区	35561	17089	18472	7586	3852	3734
柴桑区	8590	4397	4193	1591	994	597
武宁县						
修水县						
永修县						
德安县						
都昌县						
湖口县						
彭泽县						
瑞昌市	11882	5898	5984	2501	1439	1062
共青城市	11486	5431	6055	5788	2664	3124
庐山市	6548	3322	3226	1546	893	653
新余市	**51979**	**26103**	**25876**	**11415**	**6808**	**4607**
渝水区	51979	26103	25876	11415	6808	4607
分宜县						
鹰潭市	**47418**	**23567**	**23851**	**8756**	**5028**	**3728**
月湖区	21597	10709	10888	3625	2101	1524
余江区	8577	4259	4318	1794	1058	736
贵溪市	17244	8599	8645	3337	1869	1468
赣州市	**165810**	**82487**	**83323**	**44254**	**24108**	**20146**
章贡区	81030	39834	41196	24771	13015	11756
南康区	33757	17133	16624	7536	4266	3270
赣县区	16473	8313	8160	3846	2173	1673
信丰县						
大余县						
上犹县						
崇义县						
安远县						
定南县						
全南县						

5−1a　续表 1

单位：人

地　区	15岁及以上人口			未　婚		
	合计	男	女	小计	男	女
宁都县						
于都县						
兴国县						
会昌县						
寻乌县	83	39	44	11	6	5
石城县						
瑞金市	20190	10114	10076	5269	2989	2280
龙南市	14277	7054	7223	2821	1659	1162
吉安市	**35738**	**17308**	**18430**	**7644**	**4235**	**3409**
吉州区	23869	11623	12246	4667	2646	2021
青原区	8668	4168	4500	2438	1270	1168
吉安县						
吉水县						
峡江县						
新干县						
永丰县						
泰和县						
遂川县						
万安县						
安福县						
永新县						
井冈山市	3201	1517	1684	539	319	220
宜春市	**118797**	**59036**	**59761**	**28507**	**16151**	**12356**
袁州区	51704	25247	26457	13925	7281	6644
奉新县						
万载县						
上高县						
宜丰县						
靖安县						
铜鼓县						
丰城市	28405	14562	13843	6567	4056	2511
樟树市	18355	9024	9331	3750	2139	1611
高安市	20333	10203	10130	4265	2675	1590
抚州市	**57519**	**27149**	**30370**	**12681**	**6724**	**5957**
临川区	43252	20273	22979	10449	5398	5051
东乡区	14267	6876	7391	2232	1326	906
南城县						
黎川县						
南丰县						
崇仁县						
乐安县						
宜黄县						
金溪县						
资溪县						
广昌县						
上饶市	**117861**	**58686**	**59175**	**29584**	**15768**	**13816**
信州区	38413	18595	19818	9556	4517	5039
广丰区	32139	15925	16214	9102	4872	4230
广信区	29507	15055	14452	7455	4298	3157
玉山县						
铅山县	219	118	101	38	27	11
横峰县						
弋阳县						
余干县	2819	1473	1346	520	324	196
鄱阳县	157	83	74	31	23	8
万年县						
婺源县						
德兴市	14607	7437	7170	2882	1707	1175

5-1a 续表 2

单位：人

地 区	有配偶			离 婚			丧 偶		
	小计	男	女	小计	男	女	小计	男	女
全 省	**742435**	**366519**	**375916**	**25522**	**11796**	**13726**	**40347**	**8217**	**32130**
南昌市	**175325**	**87789**	**87536**	**6947**	**3199**	**3748**	**9824**	**1861**	**7963**
东湖区	23276	11456	11820	1259	604	655	1792	316	1476
西湖区	28570	14228	14342	1667	760	907	2093	382	1711
青云谱区	20453	10259	10194	1006	483	523	1499	278	1221
青山湖区	56123	28014	28109	1748	834	914	2700	533	2167
新建区	22163	11205	10958	481	221	260	901	199	702
红谷滩区	24399	12455	11944	782	295	487	815	146	669
南昌县	341	172	169	4	2	2	24	7	17
安义县									
进贤县									
景德镇市	**44459**	**22029**	**22430**	**2326**	**1139**	**1187**	**2888**	**613**	**2275**
昌江区	8455	4204	4251	370	186	184	543	122	421
珠山区	21768	10811	10957	1471	689	782	1441	273	1168
浮梁县	1156	589	567	42	25	17	111	36	75
乐平市	13080	6425	6655	443	239	204	793	182	611
萍乡市	**37006**	**18223**	**18783**	**1333**	**609**	**724**	**2543**	**555**	**1988**
安源区	28617	14043	14574	1063	456	607	1835	379	1456
湘东区	8010	3996	4014	270	153	117	683	165	518
莲花县									
上栗县	379	184	195				25	11	14
芦溪县									
九江市	**67647**	**33130**	**34517**	**2669**	**1158**	**1511**	**3056**	**713**	**2343**
濂溪区	16919	8264	8655	728	296	432	670	146	524
浔阳区	25344	12418	12926	1307	545	762	1324	274	1050
柴桑区	6610	3277	3333	98	51	47	291	75	216
武宁县									
修水县									
永修县									
德安县									
都昌县									
湖口县									
彭泽县									
瑞昌市	8764	4237	4527	237	109	128	380	113	267
共青城市	5311	2618	2693	200	98	102	187	51	136
庐山市	4699	2316	2383	99	59	40	204	54	150
新余市	**37846**	**18515**	**19331**	**1016**	**455**	**561**	**1702**	**325**	**1377**
渝水区	37846	18515	19331	1016	455	561	1702	325	1377
分宜县									
鹰潭市	**35478**	**17516**	**17962**	**1273**	**623**	**650**	**1911**	**400**	**1511**
月湖区	16337	8082	8255	664	316	348	971	210	761
余江区	6373	3074	3299	141	75	66	269	52	217
贵溪市	12768	6360	6408	468	232	236	671	138	533
赣州市	**112634**	**55795**	**56839**	**3226**	**1440**	**1786**	**5696**	**1144**	**4552**
章贡区	51278	25339	25939	2082	923	1159	2899	557	2342
南康区	24857	12506	12351	353	156	197	1011	205	806
赣县区	11975	5932	6043	247	106	141	405	102	303
信丰县									
大余县									
上犹县									
崇义县									
安远县									
定南县									
全南县									

5-1a　续表 3　　　　单位：人

地　区	有配偶			离　婚			丧　偶		
	小计	男	女	小计	男	女	小计	男	女
宁都县									
于都县									
兴国县									
会昌县									
寻乌县	66	32	34				6	1	5
石城县									
瑞金市	13979	6841	7138	257	122	135	685	162	523
龙南市	10479	5145	5334	287	133	154	690	117	573
吉安市	**25767**	**12418**	**13349**	**894**	**385**	**509**	**1433**	**270**	**1163**
吉州区	17368	8445	8923	735	325	410	1099	207	892
青原区	5931	2821	3110	86	37	49	213	40	173
吉安县									
吉水县									
峡江县									
新干县									
永丰县									
泰和县									
遂川县									
万安县									
安福县									
永新县									
井冈山市	2468	1152	1316	73	23	50	121	23	98
宜春市	**83327**	**40886**	**42441**	**2348**	**1089**	**1259**	**4615**	**910**	**3705**
袁州区	34877	17124	17753	1083	476	607	1819	366	1453
奉新县									
万载县									
上高县									
宜丰县									
靖安县									
铜鼓县									
丰城市	19953	9962	9991	530	274	256	1355	270	1085
樟树市	13370	6520	6850	412	200	212	823	165	658
高安市	15127	7280	7847	323	139	184	618	109	509
抚州市	**41573**	**19501**	**22072**	**1139**	**501**	**638**	**2126**	**423**	**1703**
临川区	30314	14166	16148	895	393	502	1594	316	1278
东乡区	11259	5335	5924	244	108	136	532	107	425
南城县									
黎川县									
南丰县									
崇仁县									
乐安县									
宜黄县									
金溪县									
资溪县									
广昌县									
上饶市	**81373**	**40717**	**40656**	**2351**	**1198**	**1153**	**4553**	**1003**	**3550**
信州区	26464	13330	13134	1060	457	603	1333	291	1042
广丰区	21335	10502	10833	389	246	143	1313	305	1008
广信区	20625	10314	10311	436	235	201	991	208	783
玉山县									
铅山县	165	84	81	4	4		12	3	9
横峰县									
弋阳县									
余干县	2119	1079	1040	39	25	14	141	45	96
鄱阳县	115	59	56	1	1		10		10
万年县									
婺源县									
德兴市	10550	5349	5201	422	230	192	753	151	602

5-1b 各地区分性别、婚姻状况的15岁及以上人口(镇)

单位：人

地区	15岁及以上人口			未婚		
	合计	男	女	小计	男	女
全省	**1097379**	**552377**	**545002**	**242690**	**142780**	**99910**
南昌市	**127408**	**65872**	**61536**	**42895**	**24890**	**18005**
东湖区	334	173	161	55	36	19
西湖区						
青云谱区	156	95	61	52	35	17
青山湖区	11535	6839	4696	7143	4556	2587
新建区	4084	2096	1988	1277	657	620
红谷滩区						
南昌县	75908	38892	37016	26549	15013	11536
安义县	11321	6176	5145	3325	1956	1369
进贤县	24070	11601	12469	4494	2637	1857
景德镇市	**23324**	**11648**	**11676**	**6963**	**3676**	**3287**
昌江区	736	374	362	122	83	39
珠山区	892	462	430	180	107	73
浮梁县	13532	6692	6840	5070	2549	2521
乐平市	8164	4120	4044	1591	937	654
萍乡市	**48968**	**24565**	**24403**	**9086**	**5553**	**3533**
安源区	5720	2952	2768	996	647	349
湘东区	5287	2689	2598	917	586	331
莲花县	7716	3670	4046	1408	811	597
上栗县	18975	9623	9352	3808	2306	1502
芦溪县	11270	5631	5639	1957	1203	754
九江市	**124206**	**62294**	**61912**	**24057**	**14216**	**9841**
濂溪区	1637	856	781	298	174	124
浔阳区						
柴桑区	4170	2214	1956	764	519	245
武宁县	12520	5967	6553	2062	1152	910
修水县	26609	13170	13439	5237	2917	2320
永修县	14385	7226	7159	2665	1573	1092
德安县	7792	3834	3958	1166	693	473
都昌县	23094	11748	11346	6026	3589	2437
湖口县	8962	4462	4500	1433	875	558
彭泽县	12710	6471	6239	2292	1381	911
瑞昌市	7562	3845	3717	1330	840	490
共青城市	115	58	57	15	8	7
庐山市	4650	2443	2207	769	495	274
新余市	**15429**	**7999**	**7430**	**3908**	**2458**	**1450**
渝水区	3256	1943	1313	1720	1168	552
分宜县	12173	6056	6117	2188	1290	898
鹰潭市	**14922**	**7556**	**7366**	**3667**	**1868**	**1799**
月湖区	455	192	263	161	52	109
余江区	6162	3184	2978	1172	739	433
贵溪市	8305	4180	4125	2334	1077	1257
赣州市	**228990**	**115499**	**113491**	**52242**	**30289**	**21953**
章贡区	1410	823	587	365	222	143
南康区	2943	1447	1496	553	302	251
赣县区	7041	3769	3272	1337	816	521
信丰县	27842	13878	13964	5906	3417	2489
大余县	10938	5382	5556	1977	1135	842
上犹县	9773	4740	5033	1896	1051	845
崇义县	6530	3205	3325	1166	666	500
安远县	12294	6156	6138	2770	1581	1189
定南县	9868	4982	4886	1757	1009	748
全南县	7220	3520	3700	1323	767	556

5-1b　续表 1　　　　单位：人

地　区	15岁及以上人口			未　婚		
	合计	男	女	小计	男	女
宁都县	30421	15610	14811	8047	4768	3279
于都县	34580	17581	16999	9277	5207	4070
兴国县	24240	12090	12150	5330	3125	2205
会昌县	19085	9681	9404	4926	2815	2111
寻乌县	10835	5547	5288	2543	1522	1021
石城县	9823	4959	4864	2225	1367	858
瑞金市	2519	1278	1241	563	333	230
龙南市	1628	851	777	281	186	95
吉安市	**137273**	**67373**	**69900**	**26291**	**16010**	**10281**
吉州区	1094	478	616	157	102	55
青原区	988	512	476	183	101	82
吉安县	17296	8497	8799	3558	2225	1333
吉水县	16392	8178	8214	3206	2026	1180
峡江县	5319	2698	2621	959	580	379
新干县	10247	5148	5099	1920	1223	697
永丰县	12525	6202	6323	2271	1429	842
泰和县	18424	8808	9616	3160	1779	1381
遂川县	15233	7608	7625	3356	2092	1264
万安县	8833	4307	4526	1769	1049	720
安福县	10841	5284	5557	1749	1034	715
永新县	16718	8074	8644	3626	2144	1482
井冈山市	3363	1579	1784	377	226	151
宜春市	**96594**	**48347**	**48247**	**17463**	**10422**	**7041**
袁州区	4249	2152	2097	699	441	258
奉新县	11987	5910	6077	2154	1289	865
万载县	17971	8743	9228	4204	2395	1809
上高县	14100	7021	7079	2418	1446	972
宜丰县	11679	5830	5849	1758	1042	716
靖安县	5288	2630	2658	891	552	339
铜鼓县	4849	2357	2492	825	471	354
丰城市	10760	5450	5310	1856	1208	648
樟树市	2863	1413	1450	484	292	192
高安市	12848	6841	6007	2174	1286	888
抚州市	**98290**	**49221**	**49069**	**17239**	**10354**	**6885**
临川区	6075	3210	2865	1021	661	360
东乡区	2811	1387	1424	385	233	152
南城县	13382	6632	6750	2212	1330	882
黎川县	10354	5211	5143	1664	1062	602
南丰县	10304	5036	5268	1569	906	663
崇仁县	12698	6379	6319	2665	1600	1065
乐安县	10591	5297	5294	2109	1240	869
宜黄县	9356	4759	4597	1573	898	675
金溪县	9461	4675	4786	1619	963	656
资溪县	4543	2242	2301	809	462	347
广昌县	8715	4393	4322	1613	999	614
上饶市	**181975**	**92003**	**89972**	**38879**	**23044**	**15835**
信州区	1343	662	681	286	155	131
广丰区	10192	5291	4901	2539	1495	1044
广信区	5654	2921	2733	1191	737	454
玉山县	25048	12219	12829	5803	3241	2562
铅山县	18106	9246	8860	3491	2131	1360
横峰县	7974	4013	3961	1374	825	549
弋阳县	13808	6878	6930	2631	1497	1134
余干县	30374	15705	14669	6944	4165	2779
鄱阳县	41685	21275	20410	9235	5669	3566
万年县	13798	6928	6870	2869	1680	1189
婺源县	13065	6345	6720	2355	1336	1019
德兴市	928	520	408	161	113	48

5-1b 续表 2

单位：人

地 区	有配偶			离 婚			丧 偶		
	小计	男	女	小计	男	女	小计	男	女
全 省	**786383**	**387881**	**398502**	**18779**	**10041**	**8738**	**49527**	**11675**	**37852**
南昌市	**79148**	**39404**	**39744**	**1794**	**877**	**917**	**3571**	**701**	**2870**
东湖区	260	130	130	4	2	2	15	5	10
西湖区									
青云谱区	90	56	34	4		4	10	4	6
青山湖区	4048	2161	1887	126	75	51	218	47	171
新建区	2595	1370	1225	84	49	35	128	20	108
红谷滩区									
南昌县	46409	23045	23364	1038	472	566	1912	362	1550
安义县	7471	4014	3457	264	131	133	261	75	186
进贤县	18275	8628	9647	274	148	126	1027	188	839
景德镇市	**14999**	**7524**	**7475**	**430**	**229**	**201**	**932**	**219**	**713**
昌江区	539	263	276	26	19	7	49	9	40
珠山区	665	341	324	24	10	14	23	4	19
浮梁县	7852	3950	3902	198	96	102	412	97	315
乐平市	5943	2970	2973	182	104	78	448	109	339
萍乡市	**35948**	**17743**	**18205**	**959**	**533**	**426**	**2975**	**736**	**2239**
安源区	4136	2089	2047	173	113	60	415	103	312
湘东区	3905	1943	1962	107	65	42	358	95	263
莲花县	5686	2691	2995	142	66	76	480	102	378
上栗县	13830	6889	6941	294	158	136	1043	270	773
芦溪县	8391	4131	4260	243	131	112	679	166	513
九江市	**91433**	**45028**	**46405**	**2928**	**1575**	**1353**	**5788**	**1475**	**4313**
濂溪区	1213	642	571	34	21	13	92	19	73
浔阳区									
柴桑区	3110	1587	1523	90	58	32	206	50	156
武宁县	9399	4452	4947	427	209	218	632	154	478
修水县	19597	9628	9969	531	297	234	1244	328	916
永修县	10508	5251	5257	464	256	208	748	146	602
德安县	6068	2960	3108	259	105	154	299	76	223
都昌县	15689	7634	8055	410	258	152	969	267	702
湖口县	6984	3396	3588	156	77	79	389	114	275
彭泽县	9444	4750	4694	320	165	155	654	175	479
瑞昌市	5847	2880	2967	114	50	64	271	75	196
共青城市	93	48	45	1	1		6	1	5
庐山市	3481	1800	1681	122	78	44	278	70	208
新余市	**10580**	**5259**	**5321**	**281**	**141**	**140**	**660**	**141**	**519**
渝水区	1396	732	664	18	14	4	122	29	93
分宜县	9184	4527	4657	263	127	136	538	112	426
鹰潭市	**10277**	**5313**	**4964**	**256**	**193**	**63**	**722**	**182**	**540**
月湖区	267	131	136	7	7		20	2	18
余江区	4584	2304	2280	119	84	35	287	57	230
贵溪市	5426	2878	2548	130	102	28	415	123	292
赣州市	**163368**	**81082**	**82286**	**3248**	**1665**	**1583**	**10132**	**2463**	**7669**
章贡区	1002	589	413	7	6	1	36	6	30
南康区	2159	1080	1079	36	19	17	195	46	149
赣县区	5221	2787	2434	78	49	29	405	117	288
信丰县	20416	10010	10406	390	200	190	1130	251	879
大余县	8179	4026	4153	196	93	103	586	128	458
上犹县	7311	3534	3777	115	54	61	451	101	350
崇义县	4983	2434	2549	90	43	47	291	62	229
安远县	8722	4323	4399	161	87	74	641	165	476
定南县	7514	3784	3730	158	83	75	439	106	333
全南县	5325	2598	2727	172	79	93	400	76	324

5-1b　续表 3　　　　　　　　　　　　　　　　　　　　　　　　　　单位：人

地　区	有配偶			离　婚			丧　偶		
	小计	男	女	小计	男	女	小计	男	女
宁都县	20781	10311	10470	401	202	199	1192	329	863
于都县	23836	11871	11965	334	182	152	1133	321	812
兴国县	17347	8503	8844	409	187	222	1154	275	879
会昌县	13003	6494	6509	250	140	110	906	232	674
寻乌县	7666	3814	3852	209	125	84	417	86	331
石城县	6993	3441	3552	173	67	106	432	84	348
瑞金市	1735	867	868	31	22	9	190	56	134
龙南市	1175	616	559	38	27	11	134	22	112
吉安市	**102868**	**48957**	**53911**	**1965**	**1003**	**962**	**6149**	**1403**	**4746**
吉州区	871	352	519	18	13	5	48	11	37
青原区	753	394	359	10	7	3	42	10	32
吉安县	12914	6033	6881	247	128	119	577	111	466
吉水县	12302	5916	6386	201	101	100	683	135	548
峡江县	4100	2026	2074	67	48	19	193	44	149
新干县	7795	3760	4035	153	85	68	379	80	299
永丰县	9533	4563	4970	157	74	83	564	136	428
泰和县	14281	6750	7531	221	102	119	762	177	585
遂川县	10875	5233	5642	186	96	90	816	187	629
万安县	6451	3082	3369	136	66	70	477	110	367
安福县	8313	3983	4330	248	123	125	531	144	387
永新县	11973	5581	6392	262	131	131	857	218	639
井冈山市	2707	1284	1423	59	29	30	220	40	180
宜春市	**72341**	**35855**	**36486**	**1954**	**1012**	**942**	**4836**	**1058**	**3778**
袁州区	3249	1604	1645	49	33	16	252	74	178
奉新县	9089	4409	4680	234	110	124	510	102	408
万载县	12438	5964	6474	384	186	198	945	198	747
上高县	10793	5307	5486	310	151	159	579	117	462
宜丰县	9079	4509	4570	269	148	121	573	131	442
靖安县	3978	1953	2025	163	73	90	256	52	204
铜鼓县	3591	1745	1846	175	79	96	258	62	196
丰城市	7955	3973	3982	207	124	83	742	145	597
樟树市	2161	1059	1102	36	19	17	182	43	139
高安市	10008	5332	4676	127	89	38	539	134	405
抚州市	**74594**	**36914**	**37680**	**1689**	**892**	**797**	**4768**	**1061**	**3707**
临川区	4546	2361	2185	101	75	26	407	113	294
东乡区	2166	1074	1092	46	30	16	214	50	164
南城县	10289	5088	5201	173	82	91	708	132	576
黎川县	7991	3939	4052	167	94	73	532	116	416
南丰县	7963	3912	4051	258	116	142	514	102	412
崇仁县	9231	4525	4706	214	127	87	588	127	461
乐安县	7933	3858	4075	138	82	56	411	117	294
宜黄县	7284	3704	3580	135	60	75	364	97	267
金溪县	7277	3547	3730	185	94	91	380	71	309
资溪县	3372	1662	1710	123	73	50	239	45	194
广昌县	6542	3244	3298	149	59	90	411	91	320
上饶市	**130827**	**64802**	**66025**	**3275**	**1921**	**1354**	**8994**	**2236**	**6758**
信州区	978	488	490	13	9	4	66	10	56
广丰区	6930	3542	3388	134	103	31	589	151	438
广信区	3950	2025	1925	102	75	27	411	84	327
玉山县	17611	8496	9115	429	225	204	1205	257	948
铅山县	13315	6661	6654	334	194	140	966	260	706
横峰县	6000	2975	3025	208	113	95	392	100	292
弋阳县	10177	5062	5115	309	157	152	691	162	529
余干县	21661	10880	10781	381	239	142	1388	421	967
鄱阳县	29624	14635	14989	796	490	306	2030	481	1549
万年县	10104	4957	5147	208	134	74	617	157	460
婺源县	9785	4707	5078	336	163	173	589	139	450
德兴市	692	374	318	25	19	6	50	14	36

5-1c 各地区分性别、婚姻状况的15岁及以上人口(乡村)

单位：人

地区	15岁及以上人口			未婚		
	合计	男	女	小计	男	女
全省	**1600847**	**831100**	**769747**	**306029**	**197428**	**108601**
南昌市	**133954**	**70837**	**63117**	**30888**	**19714**	**11174**
东湖区	1843	954	889	332	218	114
西湖区						
青云谱区						
青山湖区	4714	2713	2001	1224	925	299
新建区	31476	16597	14879	9224	5569	3655
红谷滩区	1976	1102	874	455	274	181
南昌县	48204	25564	22640	10812	7048	3764
安义县	10931	5680	5251	1912	1250	662
进贤县	34810	18227	16583	6929	4430	2499
景德镇市	**52743**	**27855**	**24888**	**9709**	**6486**	**3223**
昌江区	3424	1790	1634	554	364	190
珠山区	184	81	103	32	17	15
浮梁县	10511	5609	4902	1901	1275	626
乐平市	38624	20375	18249	7222	4830	2392
萍乡市	**47070**	**24496**	**22574**	**7907**	**5402**	**2505**
安源区	1136	685	451	529	379	150
湘东区	9716	5147	4569	1435	1010	425
莲花县	8926	4501	4425	1342	922	420
上栗县	17437	9044	8393	2935	1951	984
芦溪县	9855	5119	4736	1666	1140	526
九江市	**170082**	**88407**	**81675**	**31529**	**20201**	**11328**
濂溪区	5406	2818	2588	1030	635	395
浔阳区	168	84	84	21	12	9
柴桑区	15423	8359	7064	3064	2062	1002
武宁县	14987	7809	7178	2507	1636	871
修水县	32384	16875	15509	5892	3737	2155
永修县	11273	5859	5414	2154	1384	770
德安县	4906	2564	2342	685	463	222
都昌县	30229	15370	14859	6069	3788	2281
湖口县	9950	5128	4822	1471	987	484
彭泽县	13267	6767	6500	2399	1476	923
瑞昌市	19986	10423	9563	3884	2475	1409
共青城市	3981	2073	1908	944	604	340
庐山市	8122	4278	3844	1409	942	467
新余市	**25201**	**12845**	**12356**	**3160**	**2156**	**1004**
渝水区	16895	8625	8270	2088	1426	662
分宜县	8306	4220	4086	1072	730	342
鹰潭市	**40184**	**21116**	**19068**	**7323**	**4716**	**2607**
月湖区	817	421	396	141	88	53
余江区	16460	8658	7802	3103	1998	1105
贵溪市	22907	12037	10870	4079	2630	1449
赣州市	**363342**	**187358**	**175984**	**75960**	**47771**	**28189**
章贡区	11062	5728	5334	2458	1537	921
南康区	33173	17119	16054	5679	3717	1962
赣县区	22140	11396	10744	4286	2678	1608
信丰县	27785	14165	13620	5275	3323	1952
大余县	11347	5888	5459	2245	1423	822
上犹县	13697	6989	6708	2561	1694	867
崇义县	9081	4680	4401	1421	921	500
安远县	14401	7317	7084	3145	1906	1239
定南县	6718	3448	3270	1193	758	435
全南县	7418	3905	3513	1303	847	456

5-1c　续表 1

单位：人

地　区	15岁及以上人口			未　婚		
	合计	男	女	小计	男	女
宁都县	40685	21411	19274	9410	5925	3485
于都县	47436	23645	23791	10611	6367	4244
兴国县	34458	17653	16805	7066	4486	2580
会昌县	19007	9764	9243	4362	2679	1683
寻乌县	12272	6463	5809	2422	1558	864
石城县	13277	7159	6118	3148	2059	1089
瑞金市	29415	15480	13935	7601	4741	2860
龙南市	9970	5148	4822	1774	1152	622
吉安市	**165888**	**84313**	**81575**	**25987**	**17386**	**8601**
吉州区	4810	2452	2358	772	520	252
青原区	7675	3815	3860	1077	712	365
吉安县	16466	8328	8138	2445	1672	773
吉水县	15917	8035	7882	2388	1612	776
峡江县	6025	3114	2911	863	591	272
新干县	12976	6714	6262	2124	1449	675
永丰县	13736	7000	6736	2013	1387	626
泰和县	15831	7683	8148	2239	1433	806
遂川县	23782	12274	11508	4409	2940	1469
万安县	12157	6241	5916	2143	1407	736
安福县	13537	6785	6752	1616	1055	561
永新县	18927	9900	9027	3430	2320	1110
井冈山市	4049	1972	2077	468	288	180
宜春市	**176839**	**91307**	**85532**	**29523**	**20052**	**9471**
袁州区	28853	15058	13795	5400	3605	1795
奉新县	8633	4567	4066	1424	964	460
万载县	16300	8354	7946	3075	2083	992
上高县	10788	5429	5359	1407	972	435
宜丰县	7638	3924	3714	911	633	278
靖安县	4335	2290	2045	653	478	175
铜鼓县	4242	2223	2019	774	518	256
丰城市	47050	24161	22889	8722	5800	2922
樟树市	19024	9667	9357	2746	1839	907
高安市	29976	15634	14342	4411	3160	1251
抚州市	**155164**	**81873**	**73291**	**28830**	**18950**	**9880**
临川区	39092	20630	18462	7541	5009	2532
东乡区	13561	6909	6652	2151	1361	790
南城县	10178	5263	4915	1671	1076	595
黎川县	9182	4956	4226	1627	1117	510
南丰县	10784	5675	5109	1433	998	435
崇仁县	17062	9147	7915	3959	2566	1393
乐安县	16992	9028	7964	3467	2266	1201
宜黄县	10933	5757	5176	2213	1405	808
金溪县	13948	7444	6504	2351	1571	780
资溪县	4707	2463	2244	886	550	336
广昌县	8725	4601	4124	1531	1031	500
上饶市	**270380**	**140693**	**129687**	**55213**	**34594**	**20619**
信州区	10960	5778	5182	2532	1556	976
广丰区	29613	15677	13936	7275	4373	2902
广信区	27685	14365	13320	5762	3531	2231
玉山县	17641	9022	8619	3343	2090	1253
铅山县	15224	7862	7362	3026	1813	1213
横峰县	6688	3441	3247	1053	678	375
弋阳县	14842	7728	7114	2629	1727	902
余干县	41588	21689	19899	8878	5540	3338
鄱阳县	64010	33135	30875	12932	8209	4723
万年县	17871	9336	8535	3610	2334	1276
婺源县	15494	8157	7337	2731	1809	922
德兴市	8764	4503	4261	1442	934	508

5－1c 续表 2

单位：人

地区	有配偶			离婚			丧偶		
	小计	男	女	小计	男	女	小计	男	女
全省	**1153657**	**586054**	**567603**	**24711**	**18008**	**6703**	**116450**	**29610**	**86840**
南昌市	**92385**	**47710**	**44675**	**1888**	**1325**	**563**	**8793**	**2088**	**6705**
东湖区	1352	682	670	38	18	20	121	36	85
西湖区									
青云谱区									
青山湖区	3209	1699	1510	68	39	29	213	50	163
新建区	20114	10287	9827	405	281	124	1733	460	1273
红谷滩区	1424	797	627	16	11	5	81	20	61
南昌县	33212	17237	15975	671	480	191	3509	799	2710
安义县	8136	4135	4001	176	122	54	707	173	534
进贤县	24938	12873	12065	514	374	140	2429	550	1879
景德镇市	**38561**	**19673**	**18888**	**1203**	**847**	**356**	**3270**	**849**	**2421**
昌江区	2627	1333	1294	82	56	26	161	37	124
珠山区	145	62	83	5	1	4	2	1	1
浮梁县	7687	3999	3688	230	148	82	693	187	506
乐平市	28102	14279	13823	886	642	244	2414	624	1790
萍乡市	**34702**	**17465**	**17237**	**770**	**560**	**210**	**3691**	**1069**	**2622**
安源区	511	269	242	20	15	5	76	22	54
湘东区	7331	3772	3559	197	139	58	753	226	527
莲花县	6662	3279	3383	131	87	44	791	213	578
上栗县	12951	6503	6448	253	197	56	1298	393	905
芦溪县	7247	3642	3605	169	122	47	773	215	558
九江市	**122822**	**62522**	**60300**	**3529**	**2452**	**1077**	**12202**	**3232**	**8970**
濂溪区	3852	1994	1858	161	96	65	363	93	270
浔阳区	130	67	63	3	2	1	14	3	11
柴桑区	11166	5863	5303	320	202	118	873	232	641
武宁县	10923	5596	5327	457	307	150	1100	270	830
修水县	23367	11838	11529	706	535	171	2419	765	1654
永修县	8100	4114	3986	261	175	86	758	186	572
德安县	3687	1912	1775	147	99	48	387	90	297
都昌县	21462	10696	10766	472	346	126	2226	540	1686
湖口县	7437	3766	3671	143	104	39	899	271	628
彭泽县	9642	4874	4768	249	168	81	977	249	728
瑞昌市	14284	7312	6972	405	272	133	1413	364	1049
共青城市	2751	1375	1376	80	54	26	206	40	166
庐山市	6021	3115	2906	125	92	33	567	129	438
新余市	**19280**	**9849**	**9431**	**299**	**231**	**68**	**2462**	**609**	**1853**
渝水区	12985	6667	6318	172	141	31	1650	391	1259
分宜县	6295	3182	3113	127	90	37	812	218	594
鹰潭市	**29518**	**15176**	**14342**	**717**	**521**	**196**	**2626**	**703**	**1923**
月湖区	618	314	304	17	13	4	41	6	35
余江区	11992	6174	5818	310	212	98	1055	274	781
贵溪市	16908	8688	8220	390	296	94	1530	423	1107
赣州市	**255315**	**129538**	**125777**	**4836**	**3484**	**1352**	**27231**	**6565**	**20666**
章贡区	7667	3944	3723	147	93	54	790	154	636
南康区	24316	12538	11778	364	251	113	2814	613	2201
赣县区	15788	8017	7771	273	206	67	1793	495	1298
信丰县	19862	9968	9894	462	331	131	2186	543	1643
大余县	8114	4154	3960	165	114	51	823	197	626
上犹县	9784	4928	4856	168	128	40	1184	239	945
崇义县	6851	3513	3338	104	83	21	705	163	542
安远县	9976	5021	4955	178	127	51	1102	263	839
定南县	4914	2503	2411	98	71	27	513	116	397
全南县	5433	2843	2590	113	68	45	569	147	422

5-1c　续表 3

单位：人

地　区	有配偶			离　婚			丧　偶		
	小计	男	女	小计	男	女	小计	男	女
宁都县	28239	14443	13796	495	358	137	2541	685	1856
于都县	32397	16004	16393	623	443	180	3805	831	2974
兴国县	24329	12149	12180	448	328	120	2615	690	1925
会昌县	13099	6588	6511	240	181	59	1306	316	990
寻乌县	8839	4578	4261	138	102	36	873	225	648
石城县	9082	4696	4386	242	184	58	805	220	585
瑞金市	19429	9966	9463	410	298	112	1975	475	1500
龙南市	7196	3685	3511	168	118	50	832	193	639
吉安市	**124426**	**61967**	**62459**	**2011**	**1510**	**501**	**13464**	**3450**	**10014**
吉州区	3654	1805	1849	55	50	5	329	77	252
青原区	5921	2896	3025	84	65	19	593	142	451
吉安县	12534	6209	6325	188	144	44	1299	303	996
吉水县	11987	5946	6041	153	117	36	1389	360	1029
峡江县	4623	2337	2286	59	46	13	480	140	340
新干县	9683	4881	4802	162	132	30	1007	252	755
永丰县	10410	5170	5240	146	120	26	1167	323	844
泰和县	11973	5797	6176	211	157	54	1408	296	1112
遂川县	17216	8603	8613	261	198	63	1896	533	1363
万安县	8971	4478	4493	144	112	32	899	244	655
安福县	10574	5272	5302	187	123	64	1160	335	825
永新县	13698	6995	6703	311	215	96	1488	370	1118
井冈山市	3182	1578	1604	50	31	19	349	75	274
宜春市	**129912**	**65436**	**64476**	**2492**	**1945**	**547**	**14912**	**3874**	**11038**
袁州区	20529	10392	10137	449	349	100	2475	712	1763
奉新县	6392	3297	3095	160	127	33	657	179	478
万载县	11641	5696	5945	246	193	53	1338	382	956
上高县	8216	4089	4127	160	130	30	1005	238	767
宜丰县	5883	2971	2912	143	106	37	701	214	487
靖安县	3179	1629	1550	97	76	21	406	107	299
铜鼓县	3007	1500	1507	124	103	21	337	102	235
丰城市	33934	17048	16886	536	415	121	3858	898	2960
樟树市	14351	7211	7140	258	201	57	1669	416	1253
高安市	22780	11603	11177	319	245	74	2466	626	1840
抚州市	**113425**	**58488**	**54937**	**2277**	**1692**	**585**	**10632**	**2743**	**7889**
临川区	28188	14467	13721	529	396	133	2834	758	2076
东乡区	10101	5113	4988	229	175	54	1080	260	820
南城县	7679	3940	3739	109	78	31	719	169	550
黎川县	6810	3574	3236	121	91	30	624	174	450
南丰县	8356	4321	4035	178	141	37	817	215	602
崇仁县	11895	6164	5731	222	162	60	986	255	731
乐安县	12170	6261	5909	269	202	67	1086	299	787
宜黄县	7809	4055	3754	187	134	53	724	163	561
金溪县	10531	5474	5057	218	166	52	848	233	615
资溪县	3419	1774	1645	104	68	36	298	71	227
广昌县	6467	3345	3122	111	79	32	616	146	470
上饶市	**193311**	**98230**	**95081**	**4689**	**3441**	**1248**	**17167**	**4428**	**12739**
信州区	7666	3974	3692	148	100	48	614	148	466
广丰区	20115	10576	9539	398	306	92	1825	422	1403
广信区	19420	9888	9532	579	455	124	1924	491	1433
玉山县	12568	6344	6224	285	229	56	1445	359	1086
铅山县	10910	5557	5353	341	241	100	947	251	696
横峰县	4970	2508	2462	136	110	26	529	145	384
弋阳县	11103	5582	5521	267	183	84	843	236	607
余干县	29785	15121	14664	556	407	149	2369	621	1748
鄱阳县	46106	23048	23058	1195	863	332	3777	1015	2762
万年县	12854	6517	6337	253	174	79	1154	311	843
婺源县	11259	5822	5437	331	230	101	1173	296	877
德兴市	6555	3293	3262	200	143	57	567	133	434

5-2 全省分性别、职业、婚姻状况的人口

单位：人

职业大类	15岁及以上人口			未婚		
	合计	男	女	小计	男	女
总　计	**2263603**	**1333629**	**929974**	**333714**	**222302**	**111412**
党的机关、国家机关、群众团体和社会组织、企事业单位负责人	52645	38261	14384	4153	2981	1172
专业技术人员	189265	87189	102076	48270	19329	28941
办事人员和有关人员	128873	82860	46013	21477	12431	9046
社会生产服务和生活服务人员	710030	390385	319645	125467	82399	43068
农、林、牧、渔业生产及辅助人员	423141	227733	195408	24091	19033	5058
生产制造及有关人员	749055	500811	248244	105991	83458	22533
不便分类的其他从业人员	10594	6390	4204	4265	2671	1594

5-2 续表

单位：人

职业大类	有配偶			离婚			丧偶		
	小计	男	女	小计	男	女	小计	男	女
总　计	**1836281**	**1064649**	**771632**	**50467**	**31939**	**18528**	**43141**	**14739**	**28402**
党的机关、国家机关、群众团体和社会组织、企事业单位负责人	47085	34543	12542	1234	673	561	173	64	109
专业技术人员	136777	66121	70656	3421	1451	1970	797	288	509
办事人员和有关人员	103224	67938	35286	3346	1991	1355	826	500	326
社会生产服务和生活服务人员	554804	295753	259051	19414	9871	9543	10345	2362	7983
农、林、牧、渔业生产及辅助人员	371055	196518	174537	5692	4541	1151	22303	7641	14662
生产制造及有关人员	617346	400227	217119	17151	13283	3868	8567	3843	4724
不便分类的其他从业人员	5990	3549	2441	209	129	80	130	41	89

5–2a 全省分性别、职业、婚姻状况的人口(城市)

单位：人

职业大类	15岁及以上人口			未婚		
	合计	男	女	小计	男	女
总 计	**583031**	**338522**	**244509**	**92948**	**56819**	**36129**
党的机关、国家机关、群众团体和社会组织、企事业单位负责人	23366	16487	6879	1783	1241	542
专业技术人员	87289	38645	48644	19491	7959	11532
办事人员和有关人员	63549	39334	24215	9651	5384	4267
社会生产服务和生活服务人员	244885	130622	114263	42888	26840	16048
农、林、牧、渔业生产及辅助人员	17722	10199	7523	1041	783	258
生产制造及有关人员	143482	101521	41961	17416	14153	3263
不便分类的其他从业人员	2738	1714	1024	678	459	219

5–2a 续表

单位：人

职业大类	有配偶			离婚			丧偶		
	小计	男	女	小计	男	女	小计	男	女
总 计	**469420**	**272109**	**197311**	**16114**	**8297**	**7817**	**4549**	**1297**	**3252**
党的机关、国家机关、群众团体和社会组织、企事业单位负责人	20864	14917	5947	665	316	349	54	13	41
专业技术人员	65637	29936	35701	1884	688	1196	277	62	215
办事人员和有关人员	51677	32724	18953	1933	1087	846	288	139	149
社会生产服务和生活服务人员	191751	99779	91972	7963	3567	4396	2283	436	1847
农、林、牧、渔业生产及辅助人员	15725	9006	6719	257	186	71	699	224	475
生产制造及有关人员	121809	84543	37266	3326	2407	919	931	418	513
不便分类的其他从业人员	1957	1204	753	86	46	40	17	5	12

5-2b 全省分性别、职业、婚姻状况的人口(镇)

单位：人

职业大类	15岁及以上人口			未婚		
	合计	男	女	小计	男	女
总　计	**644866**	**374741**	**270125**	**86571**	**56050**	**30521**
党的机关、国家机关、群众团体和社会组织、企事业单位负责人	17366	12577	4789	1201	840	361
专业技术人员	61940	28035	33905	13857	5239	8618
办事人员和有关人员	42698	28108	14590	6278	3741	2537
社会生产服务和生活服务人员	225871	121651	104220	32843	21666	11177
农、林、牧、渔业生产及辅助人员	72678	39826	32852	3749	2856	893
生产制造及有关人员	221217	142715	78502	27588	21060	6528
不便分类的其他从业人员	3096	1829	1267	1055	648	407

5-2b 续表

单位：人

职业大类	有配偶			离婚			丧偶		
	小计	男	女	小计	男	女	小计	男	女
总　计	**535579**	**307866**	**227713**	**13880**	**8063**	**5817**	**8836**	**2762**	**6074**
党的机关、国家机关、群众团体和社会组织、企事业单位负责人	15760	11518	4242	354	198	156	51	21	30
专业技术人员	46874	22306	24568	973	401	572	236	89	147
办事人员和有关人员	35256	23670	11586	941	563	378	223	134	89
社会生产服务和生活服务人员	184323	96692	87631	5755	2692	3063	2950	601	2349
农、林、牧、渔业生产及辅助人员	64546	35114	29432	1107	803	304	3276	1053	2223
生产制造及有关人员	186860	117427	69433	4697	3374	1323	2072	854	1218
不便分类的其他从业人员	1960	1139	821	53	32	21	28	10	18

5-2c 全省分性别、职业、婚姻状况的人口(乡村)

单位：人

职业大类	15岁及以上人口			未婚		
	合计	男	女	小计	男	女
总 计	**1035706**	**620366**	**415340**	**154195**	**109433**	**44762**
党的机关、国家机关、群众团体和社会组织、企事业单位负责人	11913	9197	2716	1169	900	269
专业技术人员	40036	20509	19527	14922	6131	8791
办事人员和有关人员	22626	15418	7208	5548	3306	2242
社会生产服务和生活服务人员	239274	138112	101162	49736	33893	15843
农、林、牧、渔业生产及辅助人员	332741	177708	155033	19301	15394	3907
生产制造及有关人员	384356	256575	127781	60987	48245	12742
不便分类的其他从业人员	4760	2847	1913	2532	1564	968

5-2c 续表

单位：人

职业大类	有配偶			离婚			丧偶		
	小计	男	女	小计	男	女	小计	男	女
总 计	**831282**	**484674**	**346608**	**20473**	**15579**	**4894**	**29756**	**10680**	**19076**
党的机关、国家机关、群众团体和社会组织、企事业单位负责人	10461	8108	2353	215	159	56	68	30	38
专业技术人员	24266	13879	10387	564	362	202	284	137	147
办事人员和有关人员	16291	11544	4747	472	341	131	315	227	88
社会生产服务和生活服务人员	178730	99282	79448	5696	3612	2084	5112	1325	3787
农、林、牧、渔业生产及辅助人员	290784	152398	138386	4328	3552	776	18328	6364	11964
生产制造及有关人员	308677	198257	110420	9128	7502	1626	5564	2571	2993
不便分类的其他从业人员	2073	1206	867	70	51	19	85	26	59

5-3 全省分年龄、性别、受教育

受教育程度 年龄	15岁及以上人口			未婚		
	合计	男	女	小计	男	女
总 计	**3786171**	**1925679**	**1860492**	**828360**	**495878**	**332482**
15-19岁	**372020**	**204023**	**167997**	**370503**	**203722**	**166781**
15	79170	43553	35617	79147	43549	35598
16	83568	46357	37211	83498	46340	37158
17	71590	39897	31693	71419	39863	31556
18	66980	36658	30322	66592	36586	30006
19	70712	37558	33154	69847	37384	32463
20-24岁	**286742**	**152204**	**134538**	**247939**	**140582**	**107357**
20	67753	35869	31884	65789	35505	30284
21	59521	31661	27860	55789	30910	24879
22	57789	30868	26921	50658	28955	21703
23	51655	27366	24289	40844	24044	16800
24	50024	26440	23584	34859	21168	13691
25-29岁	**270765**	**140344**	**130421**	**107109**	**70835**	**36274**
25	51618	27237	24381	30947	19412	11535
26	46426	24000	22426	22824	14698	8126
27	51280	26597	24683	20160	13558	6602
28	56039	28991	27048	17291	12011	5280
29	65402	33519	31883	15887	11156	4731
30-34岁	**368221**	**185463**	**182758**	**47796**	**34989**	**12807**
30	82970	42239	40731	15745	11266	4479
31	76008	38444	37564	11261	8245	3016
32	69673	35023	34650	8253	6107	2146
33	74710	37422	37288	7269	5451	1818
34	64860	32335	32525	5268	3920	1348
35-39岁	**299721**	**150344**	**149377**	**15700**	**12027**	**3673**
35	61363	30875	30488	4065	3038	1027
36	64473	32536	31937	3665	2786	879
37	58002	29113	28889	2894	2237	657
38	61651	30783	30868	2845	2214	631
39	54232	27037	27195	2231	1752	479
40-44岁	**352296**	**178739**	**173557**	**11677**	**9609**	**2068**
40	51903	25952	25951	1939	1534	405
41	67958	34435	33523	2358	1925	433
42	74399	37755	36644	2469	2024	445
43	75370	38618	36752	2487	2064	423
44	82666	41979	40687	2424	2062	362
45-49岁	**395195**	**202075**	**193120**	**9320**	**7929**	**1391**
45	80375	40997	39378	2179	1861	318
46	83349	42507	40842	2076	1763	313
47	82807	42546	40261	1930	1627	303
48	74733	38168	36565	1629	1387	242
49	73931	37857	36074	1506	1291	215
50-54岁	**377324**	**190387**	**186937**	**5978**	**5251**	**727**
50	77513	38962	38551	1424	1228	196
51	75152	38256	36896	1252	1103	149
52	83726	42281	41445	1272	1123	149
53	66983	33675	33308	959	847	112
54	73950	37213	36737	1071	950	121
55-59岁	**302886**	**152777**	**150109**	**3725**	**3300**	**425**
55	71004	36081	34923	992	887	105
56	65999	33293	32706	864	771	93
57	73366	37088	36278	859	758	101
58	58044	29300	28744	619	536	83
59	34473	17015	17458	391	348	43
60-64岁	**232071**	**116855**	**115216**	**2717**	**2471**	**246**
60	43899	22280	21619	490	432	58
61	39620	20233	19387	494	460	34
62	49224	24814	24410	559	504	55
63	54272	27263	27009	655	599	56
64	45056	22265	22791	519	476	43
65岁及以上	**528930**	**252468**	**276462**	**5896**	**5163**	**733**

程度、婚姻状况的人口

单位：人

有配偶			离婚			丧偶		
小计	男	女	小计	男	女	小计	男	女
2682475	**1340454**	**1342021**	**69012**	**39845**	**29167**	**206324**	**49502**	**156822**
1500	**296**	**1204**	**15**	**5**	**10**	**2**		**2**
23	4	19						
69	17	52				1		1
168	34	134	2		2	1		1
386	71	315	2	1	1			
854	170	684	11	4	7			
38362	**11448**	**26914**	**425**	**171**	**254**	**16**	**3**	**13**
1955	361	1594	7	2	5	2	1	1
3700	739	2961	32	12	20			
7053	1880	5173	72	32	40	6	1	5
10702	3281	7421	106	40	66	3	1	2
14952	5187	9765	208	85	123	5		5
160209	**67857**	**92352**	**3336**	**1623**	**1713**	**111**	**29**	**82**
20327	7680	12647	330	143	187	14	2	12
23202	9134	14068	393	165	228	7	3	4
30496	12744	17752	603	290	313	21	5	16
37905	16559	21346	815	409	406	28	12	16
48279	21740	26539	1195	616	579	41	7	34
310067	**144751**	**165316**	**9846**	**5588**	**4258**	**512**	**135**	**377**
65324	29940	35384	1834	1013	821	67	20	47
62767	29160	33607	1881	1008	873	99	31	68
59399	27781	31618	1926	1114	812	95	21	74
65109	30671	34438	2198	1265	933	134	35	99
57468	27199	30269	2007	1188	819	117	28	89
272778	**131922**	**140856**	**10238**	**6178**	**4060**	**1005**	**217**	**788**
55057	26576	28481	2084	1216	868	157	45	112
58474	28414	30060	2161	1299	862	173	37	136
52933	25632	27301	1985	1200	785	190	44	146
56437	27193	29244	2124	1328	796	245	48	197
49877	24107	25770	1884	1135	749	240	43	197
326299	**161363**	**164936**	**11850**	**7214**	**4636**	**2470**	**553**	**1917**
47905	23261	24644	1787	1100	687	272	57	215
62772	30937	31835	2456	1489	967	372	84	288
68952	34113	34839	2486	1505	981	492	113	379
69800	34898	34902	2528	1541	987	555	115	440
76870	38154	38716	2593	1579	1014	779	184	595
369243	**186454**	**182789**	**11356**	**6504**	**4852**	**5276**	**1188**	**4088**
74882	37534	37348	2456	1425	1031	858	177	681
77854	39070	38784	2487	1464	1023	932	210	722
77450	39298	38152	2334	1357	977	1093	264	829
69947	35386	34561	2063	1152	911	1094	243	851
69110	35166	33944	2016	1106	910	1299	294	1005
352256	**177953**	**174303**	**8565**	**4778**	**3787**	**10525**	**2405**	**8120**
72615	36366	36249	1933	1043	890	1541	325	1216
70236	35698	34538	1848	1032	816	1816	423	1393
78163	39485	38678	1977	1118	859	2314	555	1759
62524	31578	30946	1356	780	576	2144	470	1674
68718	34826	33892	1451	805	646	2710	632	2078
278399	**142737**	**135662**	**6065**	**3342**	**2723**	**14697**	**3398**	**11299**
65757	33731	32026	1426	783	643	2829	680	2149
60833	31043	29790	1407	801	606	2895	678	2217
67410	34701	32709	1466	794	672	3631	835	2796
53158	27457	25701	1071	582	489	3196	725	2471
31241	15805	15436	695	382	313	2146	480	1666
205932	**107345**	**98587**	**3463**	**2045**	**1418**	**19959**	**4994**	**14965**
39652	20720	18932	790	442	348	2967	686	2281
35453	18666	16787	632	371	261	3041	736	2305
43723	22778	20945	746	466	280	4196	1066	3130
47918	24923	22995	708	421	287	4991	1320	3671
39186	20258	18928	587	345	242	4764	1186	3578
367430	**208328**	**159102**	**3853**	**2397**	**1456**	**151751**	**36580**	**115171**

5-3 续表 1

受教育程度 年 龄	15岁及以上人口			未婚		
	合计	男	女	小计	男	女
未上过学	**85139**	**16384**	**68755**	**4433**	**3583**	**850**
15-19岁	**312**	**180**	**132**	**303**	**178**	**125**
15	63	28	35	62	28	34
16	69	43	26	67	42	25
17	56	36	20	54	36	18
18	60	34	26	58	34	24
19	64	39	25	62	38	24
20-24岁	**423**	**251**	**172**	**355**	**241**	**114**
20	102	56	46	96	56	40
21	79	51	28	69	50	19
22	87	51	36	69	49	20
23	78	43	35	54	36	18
24	77	50	27	67	50	17
25-29岁	**549**	**286**	**263**	**351**	**240**	**111**
25	103	57	46	80	51	29
26	111	51	60	72	49	23
27	109	57	52	63	45	18
28	102	57	45	64	48	16
29	124	64	60	72	47	25
30-34岁	**738**	**375**	**363**	**379**	**289**	**90**
30	151	76	75	83	58	25
31	156	83	73	82	64	18
32	155	82	73	86	66	20
33	134	66	68	62	48	14
34	142	68	74	66	53	13
35-39岁	**718**	**329**	**389**	**292**	**233**	**59**
35	120	58	62	57	46	11
36	155	72	83	70	53	17
37	129	63	66	57	49	8
38	175	83	92	64	52	12
39	139	53	86	44	33	11
40-44岁	**1241**	**473**	**768**	**349**	**302**	**47**
40	153	51	102	36	31	5
41	229	96	133	81	68	13
42	242	109	133	81	71	10
43	289	111	178	76	66	10
44	328	106	222	75	66	9
45-49岁	**2328**	**589**	**1739**	**378**	**316**	**62**
45	358	99	259	62	52	10
46	410	111	299	78	66	12
47	503	119	384	89	70	19
48	488	120	368	76	68	8
49	569	140	429	73	60	13
50-54岁	**4427**	**806**	**3621**	**325**	**281**	**44**
50	645	134	511	73	61	12
51	759	141	618	56	44	12
52	1024	184	840	67	62	5
53	928	169	759	52	48	4
54	1071	178	893	77	66	11
55-59岁	**5582**	**854**	**4728**	**264**	**235**	**29**
55	1129	210	919	69	61	8
56	1139	185	954	62	56	6
57	1320	187	1133	54	47	7
58	1177	154	1023	42	38	4
59	817	118	699	37	33	4
60-64岁	**9318**	**1442**	**7876**	**297**	**279**	**18**
60	1286	203	1083	39	37	2
61	1403	213	1190	42	41	1
62	1970	313	1657	59	53	6
63	2512	386	2126	87	82	5
64	2147	327	1820	70	66	4
65岁及以上	**59503**	**10799**	**48704**	**1140**	**989**	**151**

单位：人

有配偶			离婚			丧偶		
小计	男	女	小计	男	女	小计	男	女
46186	**9503**	**36683**	**526**	**250**	**276**	**33994**	**3048**	**30946**
9	**2**	**7**						
1		1						
2	1	1						
2		2						
2		2						
2	1	1						
68	**10**	**58**						
6		6						
10	1	9						
18	2	16						
24	7	17						
10		10						
193	**43**	**150**	**5**	**3**	**2**			
22	5	17	1	1				
39	2	37						
45	12	33	1		1			
38	9	29						
49	15	34	3	2	1			
349	**82**	**267**	**9**	**4**	**5**	**1**		**1**
66	17	49	2	1	1			
73	19	54	1		1			
68	16	52	1		1			
66	15	51	5	3	2	1		1
76	15	61						
397	**86**	**311**	**17**	**9**	**8**	**12**	**1**	**11**
61	12	49	1		1	1		1
80	17	63	4	2	2	1		1
66	13	53	1		1	5	1	4
103	28	75	5	3	2	3		3
87	16	71	6	4	2	2		2
825	**149**	**676**	**34**	**18**	**16**	**33**	**4**	**29**
110	18	92	3	2	1	4		4
137	24	113	7	3	4	4	1	3
147	32	115	10	5	5	4	1	3
194	39	155	7	5	2	12	1	11
237	36	201	7	3	4	9	1	8
1828	**241**	**1587**	**40**	**19**	**21**	**82**	**13**	**69**
283	44	239	6	2	4	7	1	6
312	39	273	4	2	2	16	4	12
391	44	347	6	1	5	17	4	13
384	45	339	8	5	3	20	2	18
458	69	389	16	9	7	22	2	20
3723	**467**	**3256**	**64**	**34**	**30**	**315**	**24**	**291**
531	65	466	11	5	6	30	3	27
645	85	560	13	9	4	45	3	42
884	109	775	11	8	3	62	5	57
777	107	670	12	7	5	87	7	80
886	101	785	17	5	12	91	6	85
4686	**567**	**4119**	**53**	**25**	**28**	**579**	**27**	**552**
946	139	807	15	6	9	99	4	95
967	116	851	16	10	6	94	3	91
1106	129	977	10	4	6	150	7	143
1005	109	896	9	4	5	121	3	118
662	74	588	3	1	2	115	10	105
7379	**1034**	**6345**	**85**	**40**	**45**	**1557**	**89**	**1468**
1052	151	901	17	6	11	178	9	169
1148	155	993	18	9	9	195	8	187
1558	230	1328	17	8	9	336	22	314
1964	260	1704	20	13	7	441	31	410
1657	238	1419	13	4	9	407	19	388
26729	**6822**	**19907**	**219**	**98**	**121**	**31415**	**2890**	**28525**

5-3 续表 2

受教育程度 年 龄	15岁及以上人口			未 婚		
	合计	男	女	小计	男	女
学前教育	**3969**	**1063**	**2906**	**341**	**209**	**132**
15-19岁	**145**	**71**	**74**	**144**	**71**	**73**
15	70	38	32	70	38	32
16	35	13	22	34	13	21
17	16	7	9	16	7	9
18	16	7	9	16	7	9
19	8	6	2	8	6	2
20-24岁	**64**	**33**	**31**	**58**	**32**	**26**
20	10	7	3	10	7	3
21	16	8	8	15	8	7
22	14	5	9	13	5	8
23	15	9	6	14	8	6
24	9	4	5	6	4	2
25-29岁	**62**	**34**	**28**	**28**	**20**	**8**
25	14	9	5	7	5	2
26	8	7	1	6	5	1
27	10	6	4	6	4	2
28	20	6	14	6	5	1
29	10	6	4	3	1	2
30-34岁	**68**	**25**	**43**	**14**	**10**	**4**
30	10	3	7	3	3	
31	17	6	11	5	3	2
32	12	4	8	1		1
33	12	3	9	2	2	
34	17	9	8	3	2	1
35-39岁	**62**	**24**	**38**	**12**	**9**	**3**
35	15	7	8	3	3	
36	17	6	11	3	2	1
37	10	4	6	5	4	1
38	13	4	9			
39	7	3	4	1		1
40-44岁	**95**	**26**	**69**	**10**	**4**	**6**
40	12	3	9	1		1
41	17	4	13	2		2
42	20	5	15	2		2
43	16	6	10	2	2	
44	30	8	22	3	2	1
45-49岁	**139**	**46**	**93**	**9**	**6**	**3**
45	25	9	16	3	3	
46	26	7	19	1		1
47	26	10	16	2	2	
48	28	10	18			
49	34	10	24	3	1	2
50-54岁	**280**	**69**	**211**	**14**	**14**	
50	36	10	26			
51	56	11	45	5	5	
52	68	17	51	3	3	
53	67	22	45	3	3	
54	53	9	44	3	3	
55-59岁	**295**	**61**	**234**	**7**	**6**	**1**
55	56	13	43	1	1	
56	60	14	46	1	1	
57	79	18	61	2	2	
58	47	6	41	1		1
59	53	10	43	2	2	
60-64岁	**475**	**110**	**365**	**11**	**11**	
60	64	7	57			
61	66	12	54	1	1	
62	115	37	78	3	3	
63	121	27	94	6	6	
64	109	27	82	1	1	
65岁及以上	**2284**	**564**	**1720**	**34**	**26**	**8**

单位：人

有配偶			离婚			丧偶		
小计	男	女	小计	男	女	小计	男	女
2414	**672**	**1742**	**29**	**18**	**11**	**1185**	**164**	**1021**
1		**1**						
1		1						
6	**1**	**5**						
1		1						
1		1						
1	1							
3		3						
30	**11**	**19**	**4**	**3**	**1**			
7	4	3						
1	1		1	1				
3	1	2	1	1				
12		12	2	1	1			
7	5	2						
53	**14**	**39**	**1**	**1**				
7		7						
12	3	9						
11	4	7						
10	1	9						
13	6	7	1	1				
48	**14**	**34**	**2**	**1**	**1**			
12	4	8						
14	4	10						
5		5						
12	4	8	1		1			
5	2	3	1	1				
84	**22**	**62**	**1**		**1**			
11	3	8						
15	4	11						
18	5	13						
14	4	10						
26	6	20	1		1			
116	**31**	**85**	**4**	**4**		**10**	**5**	**5**
20	5	15	1	1		1		1
22	4	18				3	3	
23	7	16	1	1				
24	7	17	1	1		3	2	1
27	8	19	1	1		3		3
247	**52**	**195**	**3**	**1**	**2**	**16**	**2**	**14**
33	8	25	1	1		2	1	1
48	5	43	1		1	2	1	1
61	14	47	1		1	3		3
61	19	42				3		3
44	6	38				6		6
259	**52**	**207**	**2**	**1**	**1**	**27**	**2**	**25**
50	12	38				5		5
54	13	41				5		5
68	14	54	1		1	8	2	6
43	5	38	1	1		2		2
44	8	36				7		7
391	**90**	**301**	**3**	**2**	**1**	**70**	**7**	**63**
52	6	46	1	1		11		11
55	10	45	1		1	9	1	8
101	31	70				11	3	8
101	21	80				14		14
82	22	60	1	1		25	3	22
1179	**385**	**794**	**9**	**5**	**4**	**1062**	**148**	**914**

5-3 续表 3

受教育程度 年 龄	15岁及以上人口			未 婚		
	合计	男	女	小计	男	女
小 学	**821025**	**324921**	**496104**	**25153**	**21037**	**4116**
15-19岁	**1741**	**912**	**829**	**1678**	**908**	**770**
15	233	121	112	233	121	112
16	266	137	129	262	137	125
17	319	167	152	311	167	144
18	419	217	202	400	216	184
19	504	270	234	472	267	205
20-24岁	**3645**	**1890**	**1755**	**2451**	**1627**	**824**
20	526	275	251	450	267	183
21	562	308	254	425	286	139
22	783	424	359	560	373	187
23	826	410	416	516	340	176
24	948	473	475	500	361	139
25-29岁	**6941**	**2948**	**3993**	**2059**	**1499**	**560**
25	1077	479	598	460	327	133
26	1124	487	637	382	271	111
27	1342	564	778	406	289	117
28	1513	631	882	402	304	98
29	1885	787	1098	409	308	101
30-34岁	**15151**	**5896**	**9255**	**2197**	**1746**	**451**
30	2789	1154	1635	528	400	128
31	2917	1169	1748	473	369	104
32	2922	1106	1816	413	331	82
33	3463	1346	2117	426	355	71
34	3060	1121	1939	357	291	66
35-39岁	**19621**	**6825**	**12796**	**1627**	**1384**	**243**
35	3227	1190	2037	312	267	45
36	3828	1352	2476	338	285	53
37	3667	1277	2390	295	253	42
38	4331	1468	2863	356	299	57
39	4568	1538	3030	326	280	46
40-44岁	**46047**	**16197**	**29850**	**2633**	**2355**	**278**
40	4831	1609	3222	330	287	43
41	7751	2674	5077	480	426	54
42	9643	3404	6239	571	498	73
43	10647	3824	6823	586	527	59
44	13175	4686	8489	666	617	49
45-49岁	**82508**	**28798**	**53710**	**2858**	**2623**	**235**
45	14127	5096	9031	609	564	45
46	16284	5753	10531	658	605	53
47	17353	6047	11306	603	550	53
48	16635	5655	10980	479	436	43
49	18109	6247	11862	509	468	41
50-54岁	**120951**	**43330**	**77621**	**2498**	**2348**	**150**
50	20854	7133	13721	501	465	36
51	23037	8375	14662	501	478	23
52	27240	9809	17431	555	520	35
53	23293	8406	14887	428	404	24
54	26527	9607	16920	513	481	32
55-59岁	**110822**	**39881**	**70941**	**1782**	**1672**	**110**
55	25172	9189	15983	471	439	32
56	23455	8476	14979	406	389	17
57	26373	9402	16971	401	379	22
58	22141	7875	14266	300	278	22
59	13681	4939	8742	204	187	17
60-64岁	**110087**	**44426**	**65661**	**1681**	**1570**	**111**
60	18524	7212	11312	286	260	26
61	18020	7315	10705	309	297	12
62	23371	9448	13923	345	322	23
63	27060	11115	15945	409	383	26
64	23112	9336	13776	332	308	24
65岁及以上	**303511**	**133818**	**169693**	**3689**	**3305**	**384**

单位：人

有配偶			离婚			丧偶		
小计	男	女	小计	男	女	小计	男	女
664296	**269631**	**394665**	**10389**	**6321**	**4068**	**121187**	**27932**	**93255**
60	**4**	**56**	**3**		**3**			
4		4						
8		8						
18	1	17	1		1			
30	3	27	2		2			
1173	**253**	**920**	**20**	**10**	**10**	**1**		**1**
76	8	68						
135	22	113	2		2			
215	46	169	8	5	3			
308	69	239	2	1	1			
439	108	331	8	4	4	1		1
4727	**1379**	**3348**	**148**	**69**	**79**	**7**	**1**	**6**
605	148	457	11	4	7	1		1
720	204	516	21	12	9	1		1
908	264	644	26	10	16	2	1	1
1072	312	760	38	15	23	1		1
1422	451	971	52	28	24	2		2
12442	**3917**	**8525**	**457**	**226**	**231**	**55**	**7**	**48**
2173	720	1453	81	33	48	7	1	6
2352	760	1592	85	40	45	7		7
2437	743	1694	66	31	35	6	1	5
2904	930	1974	118	61	57	15		15
2576	764	1812	107	61	46	20	5	15
17254	**5051**	**12203**	**613**	**371**	**242**	**127**	**19**	**108**
2798	857	1941	99	63	36	18	3	15
3341	989	2352	127	73	54	22	5	17
3243	948	2295	107	73	34	22	3	19
3801	1095	2706	142	72	70	32	2	30
4071	1162	2909	138	90	48	33	6	27
41489	**12951**	**28538**	**1299**	**799**	**500**	**626**	**92**	**534**
4295	1220	3075	151	96	55	55	6	49
6923	2094	4829	263	146	117	85	8	77
8663	2698	5965	286	183	103	123	25	98
9651	3098	6553	275	179	96	135	20	115
11957	3841	8116	324	195	129	228	33	195
76063	**24789**	**51274**	**1778**	**1097**	**681**	**1809**	**289**	**1520**
12922	4268	8654	358	231	127	238	33	205
14950	4881	10069	359	217	142	317	50	267
15998	5194	10804	372	241	131	380	62	318
15443	4942	10501	343	212	131	370	65	305
16750	5504	11246	346	196	150	504	79	425
111550	**39025**	**72525**	**1822**	**1105**	**717**	**5081**	**852**	**4229**
19326	6359	12967	368	213	155	659	96	563
21329	7527	13802	352	216	136	855	154	701
25154	8845	16309	416	240	176	1115	204	911
21435	7606	13829	348	225	123	1082	171	911
24306	8688	15618	338	211	127	1370	227	1143
99870	**36110**	**63760**	**1349**	**795**	**554**	**7821**	**1304**	**6517**
22930	8305	14625	315	183	132	1456	262	1194
21194	7617	13577	324	203	121	1531	267	1264
23739	8520	15219	318	183	135	1915	320	1595
19866	7181	12685	229	134	95	1746	282	1464
12141	4487	7654	163	92	71	1173	173	1000
95175	**39646**	**55529**	**1125**	**725**	**400**	**12106**	**2485**	**9621**
16375	6527	9848	211	143	68	1652	282	1370
15716	6579	9137	171	105	66	1824	334	1490
20183	8388	11795	260	173	87	2583	565	2018
23362	9888	13474	258	162	96	3031	682	2349
19539	8264	11275	225	142	83	3016	622	2394
204493	**106506**	**97987**	**1775**	**1124**	**651**	**93554**	**22883**	**70671**

5-3 续表 4

受教育程度 年　龄	15岁及以上人口 合计	15岁及以上人口 男	15岁及以上人口 女	未婚 小计	未婚 男	未婚 女
初　中	**1524302**	**823445**	**700857**	**197060**	**132749**	**64311**
15-19岁	**75675**	**43117**	**32558**	**74635**	**42922**	**31713**
15	31141	17565	13576	31124	17563	13561
16	15613	8855	6758	15562	8842	6720
17	9711	5651	4060	9595	5632	3963
18	8945	5165	3780	8679	5116	3563
19	10265	5881	4384	9675	5769	3906
20-24岁	**69760**	**38123**	**31637**	**48676**	**31965**	**16711**
20	10448	5933	4515	9225	5706	3519
21	12005	6709	5296	9774	6256	3518
22	15036	8219	6817	10992	7174	3818
23	15652	8386	7266	9785	6619	3166
24	16619	8876	7743	8900	6210	2690
25-29岁	**106639**	**54040**	**52599**	**31310**	**23205**	**8105**
25	18387	9686	8701	8288	5893	2395
26	17074	8654	8420	6121	4465	1656
27	20067	10137	9930	5924	4458	1466
28	23030	11546	11484	5449	4157	1292
29	28081	14017	14064	5528	4232	1296
30-34岁	**177218**	**85696**	**91522**	**19579**	**15382**	**4197**
30	37628	18467	19161	5932	4547	1385
31	35437	17264	18173	4543	3584	959
32	33517	16140	17377	3436	2721	715
33	37302	17880	19422	3239	2590	649
34	33334	15945	17389	2429	1940	489
35-39岁	**168429**	**82454**	**85975**	**7782**	**6323**	**1459**
35	32959	16009	16950	1927	1527	400
36	35843	17610	18233	1790	1447	343
37	32859	16084	16775	1465	1208	257
38	35338	17282	18056	1438	1173	265
39	31430	15469	15961	1162	968	194
40-44岁	**209057**	**107175**	**101882**	**5999**	**5087**	**912**
40	30384	14982	15402	1014	840	174
41	40231	20429	19802	1234	1034	200
42	44311	22799	21512	1275	1079	196
43	44982	23387	21595	1292	1104	188
44	49149	25578	23571	1184	1030	154
45-49岁	**222214**	**119292**	**102922**	**4349**	**3750**	**599**
45	47035	24739	22296	1079	932	147
46	48191	25504	22687	985	841	144
47	46690	25248	21442	877	760	117
48	41121	22292	18829	777	665	112
49	39177	21509	17668	631	552	79
50-54岁	**182140**	**102084**	**80056**	**2259**	**1976**	**283**
50	39788	21687	18101	599	518	81
51	36837	20576	16261	494	431	63
52	40150	22583	17567	466	411	55
53	31432	17830	13602	347	300	47
54	33933	19408	14525	353	316	37
55-59岁	**124224**	**71991**	**52233**	**1178**	**1028**	**150**
55	31660	18281	13379	322	286	36
56	28041	16008	12033	277	237	40
57	29793	17282	12511	291	255	36
58	22333	13236	9097	191	163	28
59	12397	7184	5213	97	87	10
60-64岁	**73571**	**45583**	**27988**	**518**	**461**	**57**
60	15286	9249	6037	107	93	14
61	13089	8117	4972	102	92	10
62	15663	9707	5956	107	96	11
63	16397	10299	6098	116	101	15
64	13136	8211	4925	86	79	7
65岁及以上	**115375**	**73890**	**41485**	**775**	**650**	**125**

单位：人

有配偶			离婚			丧偶		
小计	男	女	小计	男	女	小计	男	女
1252897	**654669**	**598228**	**35786**	**22002**	**13784**	**38559**	**14025**	**24534**
1032	**192**	**840**	**7**	**3**	**4**	**1**		**1**
17	2	15						
51	13	38						
113	19	94	2		2	1		1
265	48	217	1	1				
586	110	476	4	2	2			
20790	**6035**	**14755**	**280**	**121**	**159**	**14**	**2**	**12**
1217	225	992	5	2	3	1		1
2210	443	1767	21	10	11			
3998	1024	2974	40	20	20	6	1	5
5784	1738	4046	80	28	52	3	1	2
7581	2605	4976	134	61	73	4		4
73311	**29793**	**43518**	**1953**	**1024**	**929**	**65**	**18**	**47**
9892	3703	6189	197	89	108	10	1	9
10719	4081	6638	229	105	124	5	3	2
13784	5501	8283	349	175	174	10	3	7
17102	7131	9971	461	250	211	18	8	10
21814	9377	12437	717	405	312	22	3	19
151705	**66821**	**84884**	**5611**	**3402**	**2209**	**323**	**91**	**232**
30600	13278	17322	1057	629	428	39	13	26
29739	13038	16701	1088	619	469	67	23	44
28958	12747	16211	1060	657	403	63	15	48
32714	14490	18224	1269	776	493	80	24	56
29694	13268	16426	1137	721	416	74	16	58
153951	**72012**	**81939**	**6043**	**3971**	**2072**	**653**	**148**	**505**
29732	13672	16060	1205	778	427	95	32	63
32646	15297	17349	1302	846	456	105	20	85
30078	14068	16010	1184	775	409	132	33	99
32483	15220	17263	1253	853	400	164	36	128
29012	13755	15257	1099	719	380	157	27	130
194785	**97247**	**97538**	**6802**	**4479**	**2323**	**1471**	**362**	**1109**
28151	13410	14741	1052	691	361	167	41	126
37377	18403	18974	1392	933	459	228	59	169
41287	20698	20589	1448	951	497	301	71	230
41915	21272	20643	1444	942	502	331	69	262
46055	23464	22591	1466	962	504	444	122	322
208916	**111077**	**97839**	**6099**	**3708**	**2391**	**2850**	**757**	**2093**
44054	22837	21217	1372	846	526	530	124	406
45313	23653	21660	1373	876	497	520	134	386
43995	23557	20438	1252	769	483	566	162	404
38663	20839	17824	1092	634	458	589	154	435
36891	20191	16700	1010	583	427	645	183	462
171597	**96490**	**75107**	**4041**	**2337**	**1704**	**4243**	**1281**	**2962**
37551	20446	17105	931	529	402	707	194	513
34713	19404	15309	881	520	361	749	221	528
37806	21329	16477	939	556	383	939	287	652
29629	16912	12717	630	371	259	826	247	579
31898	18399	13499	660	361	299	1022	332	690
115662	**67897**	**47765**	**2536**	**1452**	**1084**	**4848**	**1614**	**3234**
29673	17290	12383	625	362	263	1040	343	697
26177	15111	11066	587	331	256	1000	329	671
27658	16278	11380	640	356	284	1204	393	811
20756	12518	8238	412	236	176	974	319	655
11398	6700	4698	272	167	105	630	230	400
67212	**42565**	**24647**	**1230**	**735**	**495**	**4611**	**1822**	**2789**
14058	8695	5363	300	165	135	821	296	525
12025	7593	4432	233	141	92	729	291	438
14341	9077	5264	276	168	108	939	366	573
14913	9586	5327	233	143	90	1135	469	666
11875	7614	4261	188	118	70	987	400	587
93936	**64540**	**29396**	**1184**	**770**	**414**	**19480**	**7930**	**11550**

5-3 续表 5

受教育程度 年　　龄	15岁及以上人口			未　　婚		
	合计	男	女	小计	男	女
高　中	**734491**	**423972**	**310519**	**299207**	**176598**	**122609**
15-19岁	**208268**	**116103**	**92165**	**207936**	**116024**	**91912**
15	45929	24954	20975	45924	24952	20972
16	64188	35654	28534	64177	35652	28525
17	53038	29958	23080	52996	29943	23053
18	28573	16257	12316	28483	16242	12241
19	16540	9280	7260	16356	9235	7121
20-24岁	**58378**	**33327**	**25051**	**48955**	**30146**	**18809**
20	12661	7033	5628	12216	6945	5271
21	10918	6219	4699	10034	6022	4012
22	11942	6865	5077	10190	6323	3867
23	11433	6599	4834	8801	5690	3111
24	11424	6611	4813	7714	5166	2548
25-29岁	**62158**	**34765**	**27393**	**24110**	**16950**	**7160**
25	11746	6643	5103	6720	4546	2174
26	10501	5832	4669	5030	3457	1573
27	11733	6664	5069	4527	3273	1254
28	12979	7308	5671	4055	2934	1121
29	15199	8318	6881	3778	2740	1038
30-34岁	**80698**	**43928**	**36770**	**11046**	**8188**	**2858**
30	19009	10423	8586	3839	2806	1033
31	17225	9418	7807	2626	1977	649
32	15319	8357	6962	1917	1446	471
33	15893	8593	7300	1591	1166	425
34	13252	7137	6115	1073	793	280
35-39岁	**56187**	**30767**	**25420**	**2961**	**2146**	**815**
35	12004	6542	5462	794	563	231
36	12147	6650	5497	738	546	192
37	10723	5869	4854	496	368	128
38	11288	6135	5153	529	379	150
39	10025	5571	4454	404	290	114
40-44岁	**56803**	**32378**	**24425**	**1613**	**1201**	**412**
40	9249	5186	4063	318	236	82
41	11534	6576	4958	326	241	85
42	11898	6717	5181	309	240	69
43	11821	6874	4947	337	242	95
44	12301	7025	5276	323	242	81
45-49岁	**56617**	**33824**	**22793**	**1242**	**924**	**318**
45	11977	6939	5038	301	230	71
46	11965	7121	4844	251	188	63
47	11662	6989	4673	255	180	75
48	10576	6382	4194	224	168	56
49	10437	6393	4044	211	158	53
50-54岁	**45625**	**28118**	**17507**	**626**	**471**	**155**
50	10550	6390	4160	171	135	36
51	9373	5785	3588	145	112	33
52	10011	6188	3823	125	96	29
53	7393	4593	2800	95	67	28
54	8298	5162	3136	90	61	29
55-59岁	**44680**	**27867**	**16813**	**363**	**275**	**88**
55	8906	5517	3389	39	66	23
56	9230	5778	3452	88	69	19
57	11319	7038	4281	81	60	21
58	9383	5955	3428	64	49	15
59	5842	3579	2263	41	31	10
60-64岁	**30660**	**19602**	**11058**	**168**	**125**	**43**
60	7032	4392	2640	44	34	10
61	5694	3628	2066	33	24	9
62	6458	4124	2334	38	27	11
63	6341	4109	2232	30	21	9
64	5135	3349	1786	23	19	4
65岁及以上	**34417**	**23293**	**11124**	**187**	**148**	**39**

单位：人

有配偶			离婚			丧偶		
小计	男	女	小计	男	女	小计	男	女
412075	**236357**	**175718**	**14193**	**7609**	**6584**	**9016**	**3408**	**5608**
328	**78**	**250**	**3**	**1**	**2**	**1**		**1**
5	2	3						
10	2	8				1		1
42	15	27						
90	15	75						
181	44	137	3	1	2			
9337	**3152**	**6185**	**86**	**29**	**57**			
444	88	356	1		1			
876	195	681	8	2	6			
1735	537	1198	17	5	12			
2616	901	1715	16	8	8			
3666	1431	2235	44	14	30			
37264	**17451**	**19813**	**757**	**357**	**400**	**27**	**7**	**20**
4939	2059	2880	86	38	48	1		1
5386	2345	3041	85	30	55			
7056	3317	3739	144	74	70	6		6
8727	4276	4451	189	95	94	8	3	5
11156	5454	5702	253	120	133	12	4	8
67464	**34500**	**32964**	**2111**	**1216**	**895**	**77**	**24**	**53**
14762	7392	7370	396	221	175	12	4	8
14189	7215	6974	396	222	174	14	4	10
12947	6648	6299	442	259	183	13	4	9
13834	7160	6674	447	261	186	21	6	15
11732	6085	5647	430	253	177	17	6	11
51126	**27465**	**23661**	**1967**	**1119**	**848**	**133**	**37**	**96**
10795	5752	5043	394	222	172	21	5	16
10977	5862	5115	407	234	173	25	8	17
9827	5287	4540	381	209	172	19	5	14
10321	5500	4821	405	246	159	33	10	23
9206	5064	4142	380	208	172	35	9	26
52650	**29841**	**22809**	**2294**	**1266**	**1028**	**246**	**70**	**176**
8572	4752	3820	328	192	136	31	6	25
10690	6058	4632	479	265	214	39	12	27
11087	6215	4872	457	250	207	45	12	33
10921	6333	4588	508	281	227	55	18	37
11380	6483	4897	522	278	244	76	22	54
52678	**31608**	**21070**	**2278**	**1189**	**1089**	**419**	**103**	**316**
11147	6456	4691	464	239	225	65	14	51
11155	6666	4489	501	254	247	58	13	45
10829	6527	4302	468	249	219	110	33	77
9847	5980	3867	421	219	202	84	15	69
9700	5979	3721	424	228	196	102	28	74
42451	**26513**	**15938**	**1848**	**932**	**916**	**700**	**202**	**498**
9840	6023	3817	426	207	219	113	25	88
8679	5436	3243	415	202	213	134	35	99
9296	5819	3477	435	227	208	155	46	109
6928	4365	2563	256	124	132	114	37	77
7708	4870	2838	316	172	144	184	59	125
41522	**26392**	**15130**	**1586**	**813**	**773**	**1209**	**387**	**822**
8275	5219	3056	347	171	176	195	61	134
8576	5461	3115	351	185	166	215	63	152
10582	6690	3892	358	192	166	298	96	202
8688	5631	3057	328	170	158	303	105	198
5401	3391	2010	202	95	107	198	62	136
28270	**18544**	**9726**	**804**	**417**	**387**	**1418**	**516**	**902**
6501	4171	2330	214	98	116	273	89	184
5247	3424	1823	166	91	75	248	89	159
5984	3911	2073	150	91	59	286	95	191
5839	3894	1945	149	76	73	323	118	205
4699	3144	1555	125	61	64	288	125	163
28985	**20813**	**8172**	**459**	**270**	**189**	**4786**	**2062**	**2724**

5-3 续表 6

受教育程度 年　龄	15岁及以上人口			未　婚		
	合计	男	女	小计	男	女
大学专科	**349421**	**189855**	**159566**	**163641**	**88948**	**74693**
15—19岁	**53979**	**27495**	**26484**	**53921**	**27475**	**26446**
15	1632	788	844	1632	788	844
16	3130	1506	1624	3129	1505	1624
17	6028	2926	3102	6026	2926	3100
18	17635	9164	8471	17625	9157	8468
19	25554	13111	12443	25509	13099	12410
20—24岁	**79676**	**40758**	**38918**	**74382**	**39270**	**35112**
20	24226	12687	11539	24048	12655	11393
21	17345	8956	8389	16959	8893	8066
22	14645	7431	7214	13770	7210	6560
23	12246	6131	6115	10738	5707	5031
24	11214	5553	5661	8867	4805	4062
25—29岁	**50487**	**25919**	**24568**	**24283**	**14808**	**9475**
25	10923	5622	5301	7676	4432	3244
26	9254	4760	4494	5412	3248	2164
27	9542	4914	4628	4477	2780	1697
28	9860	5025	4835	3633	2337	1296
29	10908	5598	5310	3085	2011	1074
30—34岁	**52905**	**27769**	**25136**	**8038**	**5415**	**2623**
30	13201	6839	6362	2960	2001	959
31	11397	5889	5508	1910	1278	632
32	9955	5258	4697	1313	882	431
33	10015	5343	4672	1090	750	340
34	8337	4440	3897	765	504	261
35—39岁	**30022**	**16142**	**13880**	**1715**	**1137**	**578**
35	7094	3837	3257	535	374	161
36	6739	3561	3178	415	264	151
37	5732	3069	2663	319	204	115
38	5863	3221	2642	282	191	91
39	4594	2454	2140	164	104	60
40—44岁	**22974**	**13001**	**9973**	**679**	**447**	**232**
40	4134	2318	1816	148	93	55
41	4751	2676	2075	137	101	36
42	4828	2680	2148	141	87	54
43	4580	2630	1950	134	90	44
44	4681	2697	1984	119	76	43
45—49岁	**18992**	**11436**	**7556**	**308**	**202**	**106**
45	4115	2401	1714	82	57	25
46	3922	2350	1572	55	35	20
47	4030	2434	1596	73	43	30
48	3519	2159	1360	47	30	17
49	3406	2092	1314	51	37	14
50—54岁	**14222**	**9147**	**5075**	**159**	**97**	**62**
50	3372	2107	1265	51	34	17
51	2981	1903	1078	32	19	13
52	3129	2004	1125	34	17	17
53	2325	1522	803	20	13	7
54	2415	1611	804	22	14	8
55—59岁	**10765**	**7247**	**3518**	**79**	**50**	**29**
55	2442	1640	802	24	20	4
56	2506	1685	821	17	11	6
57	2726	1845	881	19	9	10
58	1929	1285	644	13	5	8
59	1162	792	370	6	5	1
60—64岁	**5677**	**3978**	**1699**	**32**	**18**	**14**
60	1185	824	361	11	6	5
61	966	668	298	5	4	1
62	1180	831	349	7	3	4
63	1295	912	383	4	4	
64	1051	743	308	5	1	4
65岁及以上	**9722**	**6963**	**2759**	**45**	**29**	**16**

单位：人

有配偶			离婚			丧偶		
小计	男	女	小计	男	女	小计	男	女
178764	97818	80946	5291	2459	2832	1725	630	1095
56	19	37	2	1	1			
1	1							
2		2						
10	7	3						
43	11	32	2	1	1			
5265	1479	3786	28	8	20	1	1	
176	31	145	1		1	1	1	
385	63	322	1		1			
868	219	649	7	2	5			
1501	421	1080	7	3	4			
2335	745	1590	12	3	9			
25869	10979	14890	325	129	196	10	3	7
3219	1181	2038	26	8	18	2	1	1
3801	1497	2304	41	15	26			
5004	2109	2895	59	24	35	2	1	1
6136	2650	3486	90	37	53	1	1	
7709	3542	4167	109	45	64	5		5
43744	21827	21917	1091	520	571	32	7	25
10036	4741	5295	199	96	103	6	1	5
9265	4517	4748	215	92	123	7	2	5
8402	4263	4139	235	112	123	5	1	4
8682	4480	4202	233	111	122	10	2	8
7359	3826	3533	209	109	100	4	1	3
27284	14554	12730	972	444	528	51	7	44
6301	3359	2942	244	101	143	14	3	11
6133	3220	2913	178	74	104	13	3	10
5219	2774	2445	188	91	97	6		6
5369	2932	2437	202	98	104	10		10
4262	2269	1993	160	80	80	8	1	7
21289	12090	9199	940	447	493	66	17	49
3820	2150	1670	157	73	84	9	2	7
4398	2471	1927	204	101	103	12	3	9
4490	2509	1981	184	80	104	13	4	9
4228	2440	1788	201	96	105	17	4	13
4353	2520	1833	194	97	97	15	4	11
17842	10881	6961	770	340	430	72	13	59
3842	2262	1580	179	78	101	12	4	8
3685	2228	1457	169	83	86	13	4	9
3796	2325	1471	146	65	81	15	1	14
3331	2079	1252	123	48	75	18	2	16
3188	1987	1201	153	66	87	14	2	12
13436	8791	4645	509	231	278	118	28	90
3173	2013	1160	126	55	71	22	5	17
2815	1826	989	118	54	64	16	4	12
2951	1922	1029	115	56	59	29	9	20
2210	1475	735	73	31	42	22	3	19
2287	1555	732	77	35	42	29	7	22
10172	6995	3177	352	156	196	162	46	116
2312	1573	739	79	38	41	27	9	18
2364	1613	751	85	49	36	40	12	28
2575	1791	784	93	35	58	39	10	29
1819	1251	568	59	18	41	38	11	27
1102	767	335	36	16	20	18	4	14
5321	3803	1518	162	95	67	162	62	100
1116	786	330	32	23	9	26	9	17
898	633	265	36	21	15	27	10	17
1106	799	307	33	19	14	34	10	24
1220	873	347	36	18	18	35	17	18
981	712	269	25	14	11	40	16	24
8486	6400	2086	140	88	52	1051	446	605

5-3 续表 7

受教育程度 年 龄	15岁及以上人口			未 婚		
	合计	男	女	小计	男	女
大学本科	**247283**	**134930**	**112353**	**128509**	**67692**	**60817**
15-19岁	**31849**	**16116**	**15733**	**31835**	**16115**	**15720**
15	101	59	42	101	59	42
16	267	149	118	267	149	118
17	2414	1149	1265	2413	1149	1264
18	11323	5809	5514	11322	5809	5513
19	17744	8950	8794	17732	8949	8783
20-24岁	**69725**	**35395**	**34330**	**68033**	**34888**	**33145**
20	19716	9847	9869	19681	9838	9843
21	18230	9240	8990	18148	9225	8923
22	14070	7306	6764	13857	7256	6601
23	9689	4990	4699	9227	4848	4379
24	8020	4012	4008	7120	3721	3399
25-29岁	**38849**	**19819**	**19030**	**21114**	**12081**	**9033**
25	7890	4014	3876	6302	3454	2848
26	7290	3690	3600	4874	2729	2145
27	7595	3834	3761	4106	2363	1743
28	7762	4018	3744	3215	1952	1263
29	8312	4263	4049	2617	1583	1034
30-34岁	**37544**	**19787**	**17757**	**5719**	**3515**	**2204**
30	9241	4808	4433	2103	1291	812
31	7980	4166	3814	1406	860	546
32	7071	3697	3374	947	574	373
33	7183	3843	3340	753	489	264
34	6069	3273	2796	510	301	209
35-39岁	**22131**	**12393**	**9738**	**1137**	**689**	**448**
35	5354	2907	2447	373	217	156
36	5194	2986	2208	280	177	103
37	4377	2457	1920	223	126	97
38	4125	2297	1828	151	104	47
39	3081	1746	1335	110	65	45
40-44岁	**14499**	**8491**	**6008**	**348**	**195**	**153**
40	2777	1576	1201	85	44	41
41	3080	1771	1309	90	53	37
42	3154	1848	1306	75	45	30
43	2746	1594	1152	51	27	24
44	2742	1702	1040	47	26	21
45-49岁	**11362**	**7368**	**3994**	**156**	**99**	**57**
45	2490	1547	943	35	19	16
46	2338	1517	821	44	26	18
47	2332	1548	784	28	21	7
48	2193	1427	766	25	19	6
49	2009	1329	680	24	14	10
50-54岁	**9063**	**6364**	**2699**	**88**	**58**	**30**
50	2121	1393	728	29	15	14
51	1983	1375	608	15	12	3
52	1974	1393	581	20	13	7
53	1443	1054	389	13	11	2
54	1542	1149	393	11	7	4
55-59岁	**6091**	**4532**	**1559**	**47**	**31**	**16**
55	1516	1132	384	16	14	2
56	1455	1063	392	12	8	4
57	1644	1224	420	9	4	5
58	974	737	237	6	2	4
59	502	376	126	4	3	1
60-64岁	**2158**	**1604**	**554**	**10**	**7**	**3**
60	494	368	126	3	2	1
61	350	252	98	2	1	1
62	448	339	109			
63	515	387	128	3	2	1
64	351	258	93	2	2	
65岁及以上	**4012**	**3061**	**951**	**22**	**14**	**8**

单位：人

有配偶			离婚			丧偶		
小计	男	女	小计	男	女	小计	男	女
115552	**65851**	**49701**	**2588**	**1098**	**1490**	**634**	**289**	**345**
14	**1**	**13**						
1		1						
1		1						
12	1	11						
1682	**504**	**1178**	**10**	**3**	**7**			
35	9	26						
82	15	67						
213	50	163						
461	142	319	1		1			
891	288	603	9	3	6			
17596	**7702**	**9894**	**137**	**36**	**101**	**2**		**2**
1580	558	1022	8	2	6			
2399	959	1440	16	2	14	1		1
3465	1465	2000	23	6	17	1		1
4512	2055	2457	35	11	24			
5640	2665	2975	55	15	40			
31266	**16054**	**15212**	**537**	**212**	**325**	**22**	**6**	**16**
7038	3484	3554	97	32	65	3	1	2
6476	3270	3206	94	34	60	4	2	2
6004	3071	2933	113	52	61	7		7
6306	3299	3007	117	52	65	7	3	4
5442	2930	2512	116	42	74	1		1
20405	**11456**	**8949**	**562**	**243**	**319**	**27**	**5**	**22**
4847	2637	2210	126	51	75	8	2	6
4777	2744	2033	131	64	67	6	1	5
4036	2282	1754	112	47	65	6	2	4
3863	2140	1723	108	53	55	3		3
2882	1653	1229	85	28	57	4		4
13691	**8112**	**5579**	**437**	**177**	**260**	**23**	**7**	**16**
2594	1487	1107	93	43	50	5	2	3
2883	1681	1202	104	36	68	3	1	2
2982	1771	1211	92	32	60	5		5
2612	1536	1076	78	28	50	5	3	2
2620	1637	983	70	38	32	5	1	4
10817	**7128**	**3689**	**358**	**134**	**224**	**31**	**7**	**24**
2381	1502	879	70	25	45	4	1	3
2211	1458	753	78	31	47	5	2	3
2218	1498	720	82	28	54	4	1	3
2088	1373	715	70	32	38	10	3	7
1919	1297	622	58	18	40	8		8
8671	**6164**	**2507**	**256**	**128**	**128**	**48**	**14**	**34**
2020	1347	673	65	31	34	7		7
1890	1328	562	64	31	33	14	4	10
1888	1348	540	56	28	28	10	4	6
1390	1020	370	30	18	12	10	5	5
1483	1121	362	41	20	21	7	1	6
5821	**4388**	**1433**	**174**	**95**	**79**	**49**	**18**	**31**
1452	1094	358	41	23	18	7	1	6
1393	1029	364	40	22	18	10	4	6
1578	1193	385	41	20	21	16	7	9
924	711	213	33	19	14	11	5	6
474	361	113	19	11	8	5	1	4
2064	**1556**	**508**	**51**	**29**	**22**	**33**	**12**	**21**
471	359	112	14	6	8	6	1	5
333	244	89	7	4	3	8	3	5
432	328	104	10	7	3	6	4	2
490	375	115	10	7	3	12	3	9
338	250	88	10	5	5	1	1	
3525	**2786**	**739**	**66**	**41**	**25**	**399**	**220**	**179**

5-3 续表 8

受教育程度 年 龄	15岁及以上人口			未 婚		
	合计	男	女	小计	男	女
硕士研究生	**18592**	**9784**	**8808**	**9353**	**4630**	**4723**
15—19岁	**48**	**28**	**20**	**48**	**28**	**20**
15	1		1	1		1
16						
17	8	3	5	8	3	5
18	9	5	4	9	5	4
19	30	20	10	30	20	10
20—24岁	**4931**	**2343**	**2588**	**4892**	**2331**	**2561**
20	59	30	29	59	30	29
21	355	162	193	354	162	192
22	1184	549	635	1180	548	632
23	1675	776	899	1668	774	894
24	1658	826	832	1631	817	814
25—29岁	**4646**	**2254**	**2392**	**3520**	**1813**	**1707**
25	1402	677	725	1341	656	685
26	981	468	513	853	428	425
27	812	378	434	592	308	284
28	674	334	340	399	232	167
29	777	397	380	335	189	146
30—34岁	**3462**	**1709**	**1753**	**696**	**356**	**340**
30	846	406	440	257	131	126
31	782	393	389	186	91	95
32	641	320	321	117	69	48
33	624	300	324	85	36	49
34	569	290	279	51	29	22
35—39岁	**2237**	**1195**	**1042**	**135**	**75**	**60**
35	519	276	243	50	32	18
36	487	256	231	26	10	16
37	446	253	193	23	14	9
38	455	246	209	19	10	9
39	330	164	166	17	9	8
40—44岁	**1295**	**798**	**497**	**35**	**14**	**21**
40	288	181	107	5	2	3
41	292	162	130	4	1	3
42	260	161	99	13	4	9
43	239	154	85	6	4	2
44	216	140	76	7	3	4
45—49岁	**862**	**587**	**275**	**13**	**5**	**8**
45	206	132	74	4	1	3
46	172	114	58	2	1	1
47	175	121	54	2	1	1
48	150	107	43	1	1	
49	159	113	46	4	1	3
50—54岁	**542**	**407**	**135**	**8**	**5**	**3**
50	138	101	37			
51	109	77	32	4	2	2
52	114	88	26	2	1	1
53	92	71	21			
54	89	70	19	2	2	
55—59岁	**363**	**293**	**70**	**4**	**2**	**2**
55	105	83	22			
56	92	70	22	1		1
57	97	80	17	2	2	
58	50	43	7	1		1
59	19	17	2			
60—64岁	**112**	**98**	**14**			
60	22	19	3			
61	32	28	4			
62	16	13	3			
63	28	25	3			
64	14	13	1			
65岁及以上	**94**	**72**	**22**	**2**	**1**	**1**

单位：人

有配偶			离婚			丧偶		
小计	男	女	小计	男	女	小计	男	女
9028	**5071**	**3957**	**188**	**78**	**110**	**23**	**5**	**18**
38	**12**	**26**	**1**		**1**			
1		1						
4	1	3						
7	2	5						
26	9	17	1		1			
1120	**439**	**681**	**6**	**2**	**4**			
60	20	40	1	1				
128	40	88						
220	70	150						
275	102	173						
437	207	230	5	1	4			
2738	**1346**	**1392**	**26**	**7**	**19**	**2**		**2**
587	274	313	2	1	1			
594	301	293	2	1	1			
514	248	266	9	3	6	1		1
532	263	269	7	1	6			
511	260	251	6	1	5	1		1
2043	**1101**	**942**	**57**	**19**	**38**	**2**		**2**
454	243	211	15	1	14			
449	240	209	11	6	5	1		1
412	235	177	11	4	7			
428	233	195	8	3	5			
300	150	150	12	5	7	1		1
1216	**759**	**457**	**39**	**24**	**15**	**5**	**1**	**4**
279	176	103	3	3		1		1
281	157	124	6	4	2	1		1
238	154	84	8	3	5	1		1
220	142	78	13	8	5			
198	130	68	9	6	3	2	1	1
821	**571**	**250**	**25**	**10**	**15**	**3**	**1**	**2**
196	129	67	5	2	3	1		1
168	113	55	2		2			
166	116	50	6	3	3	1	1	
144	105	39	5	1	4			
147	108	39	7	4	3	1		1
511	**392**	**119**	**20**	**9**	**11**	**3**	**1**	**2**
132	98	34	5	2	3	1	1	
102	75	27	3		3			
107	84	23	4	3	1	1		1
86	68	18	6	3	3			
84	67	17	2	1	1	1		1
346	**286**	**60**	**11**	**5**	**6**	**2**		**2**
102	83	19	3		3			
88	69	19	3	1	2			
89	74	15	5	4	1	1		1
48	43	5				1		1
19	17	2						
107	**95**	**12**	**3**	**2**	**1**	**2**	**1**	**1**
21	19	2	1		1			
31	28	3				1		1
15	12	3				1	1	
26	23	3	2	2				
14	13	1						
88	**70**	**18**				**4**	**1**	**3**

5-3 续表 9

受教育程度 年　　龄	15岁及以上人口			未　　婚		
	合计	男	女	小计	男	女
博士研究生	**1949**	**1325**	**624**	**663**	**432**	**231**
15-19岁	**3**	**1**	**2**	**3**	**1**	**2**
15						
16						
17						
18						
19	3	1	2	3	1	2
20-24岁	**140**	**84**	**56**	**137**	**82**	**55**
20	5	1	4	4	1	3
21	11	8	3	11	8	3
22	28	18	10	27	17	10
23	41	22	19	41	22	19
24	55	35	20	54	34	20
25-29岁	**434**	**279**	**155**	**334**	**219**	**115**
25	76	50	26	73	48	25
26	83	51	32	74	46	28
27	70	43	27	59	38	21
28	99	66	33	68	42	26
29	106	69	37	60	45	15
30-34岁	**437**	**278**	**159**	**128**	**88**	**40**
30	95	63	32	40	29	11
31	97	56	41	30	19	11
32	81	59	22	23	18	5
33	84	48	36	21	15	6
34	80	52	28	14	7	7
35-39岁	**314**	**215**	**99**	**39**	**31**	**8**
35	71	49	22	14	9	5
36	63	43	20	5	2	3
37	59	37	22	11	11	
38	63	47	16	6	6	
39	58	39	19	3	3	
40-44岁	**285**	**200**	**85**	**11**	**4**	**7**
40	75	46	29	2	1	1
41	73	47	26	4	1	3
42	43	32	11	2		2
43	50	38	12	3	2	1
44	44	37	7			
45-49岁	**173**	**135**	**38**	**7**	**4**	**3**
45	42	35	7	4	3	1
46	41	30	11	2	1	1
47	36	30	6	1		1
48	23	16	7			
49	31	24	7			
50-54岁	**74**	**62**	**12**	**1**	**1**	
50	9	7	2			
51	17	13	4			
52	16	15	1			
53	10	8	2	1	1	
54	22	19	3			
55-59岁	**64**	**51**	**13**	**1**	**1**	
55	18	16	2			
56	21	14	7			
57	15	12	3			
58	10	9	1	1	1	
59						
60-64岁	**13**	**12**	**1**			
60	6	6				
61						
62	3	2	1			
63	3	3				
64	1	1				
65岁及以上	**12**	**8**	**4**	**2**	**1**	**1**

单位：人

有配偶			离婚			丧偶		
小计	男	女	小计	男	女	小计	男	女
1263	**882**	**381**	**22**	**10**	**12**	**1**	**1**	
3	**2**	**1**						
1		1						
1	1							
1	1							
99	**60**	**39**	**1**		**1**			
3	2	1						
9	5	4						
11	5	6						
31	24	7						
45	24	21	1		1			
306	**190**	**116**	**3**		**3**			
55	34	21						
67	37	30						
58	41	17						
61	33	28	2		2			
65	45	20	1		1			
270	**183**	**87**	**5**	**1**	**4**			
57	40	17						
57	41	16	1		1			
47	25	22	1	1				
57	41	16						
52	36	16	3		3			
270	**192**	**78**	**4**	**4**				
73	45	28						
68	45	23	1	1				
40	31	9	1	1				
45	34	11	2	2				
44	37	7						
162	**128**	**34**	**4**	**3**	**1**			
37	31	6	1	1				
38	28	10	1	1				
34	30	4	1		1			
23	16	7						
30	23	7	1	1				
70	**59**	**11**	**2**	**1**	**1**	**1**	**1**	
9	7	2						
15	12	3	1		1	1	1	
16	15	1						
8	6	2	1	1				
22	19	3						
61	**50**	**11**	**2**		**2**			
17	16	1	1		1			
20	14	6	1		1			
15	12	3						
9	8	1						
13	**12**	**1**						
6	6							
3	2	1						
3	3							
1	1							
9	**6**	**3**	**1**	**1**				

5-3a 全省分年龄、性别、受教育

受教育程度 年龄	15岁及以上人口			未婚		
	合计	男	女	小计	男	女
总　计	**1087945**	**542202**	**545743**	**279641**	**155670**	**123971**
15-19岁	**122990**	**65085**	**57905**	**122641**	**65008**	**57633**
15	22566	12172	10394	22562	12171	10391
16	25798	13994	11804	25781	13990	11791
17	22862	12437	10425	22817	12426	10391
18	23865	12470	11395	23780	12450	11330
19	27899	14012	13887	27701	13971	13730
20-24岁	**102855**	**52838**	**50017**	**93182**	**49951**	**43231**
20	27723	14092	13631	27273	14002	13271
21	23320	11945	11375	22411	11746	10665
22	19896	10370	9526	18166	9872	8294
23	16393	8460	7933	13696	7639	6057
24	15523	7971	7552	11636	6692	4944
25-29岁	**84224**	**42002**	**42222**	**35765**	**22040**	**13725**
25	15914	8104	7810	10315	6052	4263
26	14757	7355	7402	7857	4731	3126
27	16206	8107	8099	6786	4251	2535
28	17308	8601	8707	5707	3692	2015
29	20039	9835	10204	5100	3314	1786
30-34岁	**115791**	**55830**	**59961**	**15185**	**9929**	**5256**
30	24932	12022	12910	4868	3172	1696
31	23894	11504	12390	3603	2347	1256
32	22379	10849	11530	2670	1767	903
33	23565	11393	12172	2332	1542	790
34	21021	10062	10959	1712	1101	611
35-39岁	**93178**	**45139**	**48039**	**4642**	**3023**	**1619**
35	19489	9500	9989	1267	826	441
36	20137	9760	10377	1075	704	371
37	18244	8863	9381	896	587	309
38	19259	9235	10024	809	523	286
39	16049	7781	8268	595	383	212
40-44岁	**102102**	**50307**	**51795**	**2927**	**1969**	**958**
40	15348	7493	7855	520	337	183
41	20113	9916	10197	593	402	191
42	21680	10575	11105	612	401	211
43	21746	10858	10888	601	417	184
44	23215	11465	11750	601	412	189
45-49岁	**106793**	**53954**	**52839**	**2114**	**1461**	**653**
45	22319	11170	11149	479	345	134
46	22191	11095	11096	468	308	160
47	21922	11200	10722	435	292	143
48	20333	10293	10040	397	287	110
49	20028	10196	9832	335	229	106
50-54岁	**97255**	**48632**	**48623**	**1334**	**958**	**376**
50	20940	10444	10496	336	238	98
51	19716	9821	9895	280	210	70
52	21430	10729	10701	282	206	76
53	16733	8430	8303	214	149	65
54	18436	9208	9228	222	155	67
55-59岁	**80877**	**40469**	**40408**	**761**	**546**	**215**
55	18420	9219	9201	192	143	49
56	18125	9091	9034	185	133	52
57	20404	10325	10079	174	128	46
58	14770	7399	7371	129	84	45
59	9158	4435	4723	81	58	23
60-64岁	**58940**	**29378**	**29562**	**408**	**289**	**119**
60	11758	5900	5858	87	54	33
61	10410	5278	5132	75	58	17
62	12518	6301	6217	82	57	25
63	13234	6532	6702	90	67	23
64	11020	5367	5653	74	53	21
65岁及以上	**122940**	**58568**	**64372**	**682**	**496**	**186**

程度、婚姻状况的人口(城市)

单位：人

有配偶			离婚			丧偶		
小计	男	女	小计	男	女	小计	男	女
742435	**366519**	**375916**	**25522**	**11796**	**13726**	**40347**	**8217**	**32130**
346	**76**	**270**	**1**	**1**		**2**		**2**
4	1	3						
16	4	12				1		1
44	11	33				1		1
85	20	65						
197	40	157	1	1				
9607	**2873**	**6734**	**65**	**14**	**51**	**1**		**1**
449	90	359				1		1
906	199	707	3		3			
1722	494	1228	8	4	4			
2679	818	1861	18	3	15			
3851	1272	2579	36	7	29			
47666	**19655**	**28011**	**780**	**304**	**476**	**13**	**3**	**10**
5522	2024	3498	76	28	48	1		1
6810	2598	4212	89	25	64	1	1	
9271	3801	5470	146	53	93	3	2	1
11414	4830	6584	186	79	107	1		1
14649	6402	8247	283	119	164	7		7
97770	**44636**	**53134**	**2738**	**1249**	**1489**	**98**	**16**	**82**
19600	8650	10950	451	197	254	13	3	10
19776	8958	10818	491	194	297	24	5	19
19116	8801	10315	572	276	296	21	5	16
20605	9555	11050	609	294	315	19	2	17
18673	8672	10001	615	288	327	21	1	20
85199	**40625**	**44574**	**3143**	**1466**	**1677**	**194**	**25**	**169**
17536	8367	9169	654	302	352	32	5	27
18386	8768	9618	637	283	354	39	5	34
16682	7980	8702	633	292	341	33	4	29
17765	8389	9376	644	317	327	41	6	35
14830	7121	7709	575	272	303	49	5	44
94672	**46377**	**48295**	**3998**	**1865**	**2133**	**505**	**96**	**409**
14203	6871	7332	557	274	283	68	11	57
18631	9117	9514	816	383	433	73	14	59
20149	9791	10358	822	366	456	97	17	80
20143	10006	10137	894	414	480	108	21	87
21546	10592	10954	909	428	481	159	33	126
99328	**50385**	**48943**	**4393**	**1939**	**2454**	**958**	**169**	**789**
20793	10418	10375	889	381	508	158	26	132
20652	10342	10310	905	421	484	166	24	142
20423	10483	9940	868	385	483	196	40	156
18906	9604	9302	831	362	469	199	40	159
18554	9538	9016	900	390	510	239	39	200
90112	**45657**	**44455**	**3847**	**1700**	**2147**	**1962**	**317**	**1645**
19470	9808	9662	865	359	506	269	39	230
18236	9190	9046	854	370	484	346	51	295
19881	10062	9819	839	387	452	428	74	354
15511	7941	7570	619	281	338	389	59	330
17014	8656	8358	670	303	367	530	94	436
74116	**37931**	**36185**	**3117**	**1463**	**1654**	**2883**	**529**	**2354**
16973	8649	8324	709	322	387	546	105	441
16638	8499	8139	742	360	382	560	99	461
18739	9715	9024	758	353	405	733	129	604
13477	6940	6537	532	251	281	632	124	508
8289	4128	4161	376	177	199	412	72	340
52874	**27416**	**25458**	**1766**	**903**	**863**	**3892**	**770**	**3122**
10634	5527	5107	418	202	216	619	117	502
9379	4937	4442	349	181	168	607	102	505
11218	5851	5367	369	202	167	849	191	658
11855	6101	5754	343	172	171	946	192	754
9788	5000	4788	287	146	141	871	168	703
90745	**50888**	**39857**	**1674**	**892**	**782**	**29839**	**6292**	**23547**

5－3a 续表 1

受教育程度 年龄	15岁及以上人口 合计	男	女	未婚 小计	男	女
未上过学	**11964**	**2255**	**9709**	**639**	**443**	**196**
15－19岁	**73**	**37**	**36**	**72**	**37**	**35**
15	11	6	5	11	6	5
16	17	6	11	17	6	11
17	19	10	9	19	10	9
18	11	7	4	10	7	3
19	15	8	7	15	8	7
20－24岁	**93**	**63**	**30**	**80**	**59**	**21**
20	26	18	8	26	18	8
21	15	13	2	15	13	2
22	15	8	7	11	7	4
23	21	13	8	13	10	3
24	16	11	5	15	11	4
25－29岁	**93**	**39**	**54**	**70**	**34**	**36**
25	15	5	10	14	5	9
26	22	7	15	18	7	11
27	22	12	10	16	10	6
28	18	9	9	12	8	4
29	16	6	10	10	4	6
30－34岁	**161**	**86**	**75**	**79**	**59**	**20**
30	27	19	8	17	13	4
31	39	18	21	18	15	3
32	31	12	19	14	8	6
33	38	24	14	21	16	5
34	26	13	13	9	7	2
35－39岁	**135**	**66**	**69**	**49**	**39**	**10**
35	22	12	10	8	8	
36	27	11	16	12	8	4
37	25	13	12	10	9	1
38	34	18	16	12	8	4
39	27	12	15	7	6	1
40－44岁	**218**	**82**	**136**	**50**	**38**	**12**
40	27	11	16	5	3	2
41	38	13	25	13	9	4
42	51	26	25	18	13	5
43	47	19	28	6	6	
44	55	13	42	8	7	1
45－49岁	**443**	**103**	**340**	**55**	**38**	**17**
45	61	11	50	4	3	1
46	77	16	61	11	6	5
47	98	28	70	16	11	5
48	92	17	75	11	9	2
49	115	31	84	13	9	4
50－54岁	**778**	**130**	**648**	**54**	**39**	**15**
50	111	30	81	14	11	3
51	141	18	123	9	5	4
52	186	33	153	11	9	2
53	156	26	130	10	7	3
54	184	23	161	10	7	3
55－59岁	**950**	**138**	**812**	**29**	**17**	**12**
55	211	43	168	8	6	2
56	208	32	176	9	5	4
57	231	28	203	5	2	3
58	170	17	153	2	1	1
59	130	18	112	5	3	2
60－64岁	**1376**	**204**	**1172**	**21**	**18**	**3**
60	194	27	167	2	2	
61	225	34	191	4	3	1
62	271	41	230	6	5	1
63	387	58	329	3	3	
64	299	44	255	6	5	1
65岁及以上	**7644**	**1307**	**6337**	**80**	**65**	**15**

单位：人

有配偶			离婚			丧偶		
小计	男	女	小计	男	女	小计	男	女
6798	**1442**	**5356**	**141**	**50**	**91**	**4386**	**320**	**4066**
1		**1**						
1		1						
13	**4**	**9**						
4	1	3						
8	3	5						
1		1						
23	**5**	**18**						
1		1						
4		4						
6	2	4						
6	1	5						
6	2	4						
78	**24**	**54**	**4**	**3**	**1**			
10	6	4						
21	3	18						
16	4	12	1		1			
14	5	9	3	3				
17	6	11						
79	**25**	**54**	**6**	**2**	**4**	**1**		**1**
13	4	9	1		1			
13	3	10	2		2			
14	4	10				1		1
21	9	12	1	1				
18	5	13	2	1	1			
156	**40**	**116**	**9**	**4**	**5**	**3**		**3**
22	8	14						
22	3	19	3	1	2			
31	12	19	2	1	1			
36	11	25	4	2	2	1		1
45	6	39				2		2
370	**63**	**307**	**10**	**2**	**8**	**8**		**8**
55	8	47	1		1	1		1
62	9	53	2	1	1	2		2
79	17	62	2		2	1		1
78	7	71	1	1		2		2
96	22	74	4		4	2		2
653	**82**	**571**	**22**	**8**	**14**	**49**	**1**	**48**
87	17	70	4	2	2	6		6
121	10	111	5	3	2	6		6
161	23	138	4	1	3	10		10
132	18	114	2	1	1	12		12
152	14	138	7	1	6	15	1	14
816	**109**	**707**	**17**	**6**	**11**	**88**	**6**	**82**
180	34	146	6	2	4	17	1	16
183	24	159	5	3	2	11		11
199	24	175	2		2	25	2	23
149	15	134	2	1	1	17		17
105	12	93	2		2	18	3	15
1147	**172**	**975**	**22**	**7**	**15**	**186**	**7**	**179**
169	25	144	4		4	19		19
189	28	161	3	2	1	29	1	28
224	33	191	6	1	5	35	2	33
320	48	272	7	4	3	57	3	54
245	38	207	2		2	46	1	45
3462	**918**	**2544**	**51**	**18**	**33**	**4051**	**306**	**3745**

5-3a 续表 2

受教育程度 年 龄	15岁及以上人口			未 婚		
	合计	男	女	小计	男	女
学前教育	**582**	**199**	**383**	**96**	**50**	**46**
15-19岁	**50**	**25**	**25**	**50**	**25**	**25**
15	23	16	7	23	16	7
16	17	4	13	17	4	13
17	4	1	3	4	1	3
18	3	1	2	3	1	2
19	3	3		3	3	
20-24岁	**21**	**10**	**11**	**20**	**10**	**10**
20	6	4	2	6	4	2
21	6	3	3	6	3	3
22	4	1	3	4	1	3
23	3	2	1	3	2	1
24	2		2	1		1
25-29岁	**21**	**9**	**12**	**9**	**5**	**4**
25	3	1	2	3	1	2
26	1	1				
27	4	2	2	3	2	1
28	10	2	8	3	2	1
29	3	3				
30-34岁	**14**	**7**	**7**	**3**	**2**	**1**
30	1		1			
31	4	2	2	1	1	
32	1	1				
33	3	1	2	1	1	
34	5	3	2	1		1
35-39岁	**18**	**6**	**12**	**1**	**1**	
35	5	1	4			
36	7	2	5			
37	3	1	2	1	1	
38	2	1	1			
39	1	1				
40-44岁	**17**	**6**	**11**	**3**		**3**
40	1		1	1		1
41	6	1	5	1		1
42	2		2	1		1
43	5	4	1			
44	3	1	2			
45-49岁	**19**	**9**	**10**	**4**	**2**	**2**
45	2	1	1			
46	1		1			
47	5	4	1	1	1	
48	5	1	4			
49	6	3	3	3	1	2
50-54岁	**42**	**18**	**24**	**4**	**4**	
50	4	2	2			
51	13	4	9	2	2	
52	10	5	5			
53	7	4	3	1	1	
54	8	3	5	1	1	
55-59岁	**54**	**15**	**39**			
55	11	3	8			
56	13	5	8			
57	12	4	8			
58	11	1	10			
59	7	2	5			
60-64岁	**58**	**19**	**39**	**1**	**1**	
60	11	2	9			
61	8	5	3			
62	13	4	9			
63	15	6	9	1	1	
64	11	2	9			
65岁及以上	**268**	**75**	**193**	**1**		**1**

单位：人

有配偶			离婚			丧偶		
小计	男	女	小计	男	女	小计	男	女
331	**126**	**205**	**6**	**2**	**4**	**149**	**21**	**128**
1		**1**						
1		1						
11	**4**	**7**	**1**		**1**			
1	1							
1		1						
6		6	1		1			
3	3							
10	**4**	**6**	**1**	**1**				
1		1						
3	1	2						
1	1							
2		2						
3	2	1	1	1				
17	**5**	**12**						
5	1	4						
7	2	5						
2		2						
2	1	1						
1	1							
14	**6**	**8**						
5	1	4						
1		1						
5	4	1						
3	1	2						
15	**7**	**8**						
2	1	1						
1		1						
4	3	1						
5	1	4						
3	2	1						
36	**14**	**22**	**1**		**1**	**1**		**1**
4	2	2						
11	2	9						
9	5	4	1		1			
5	3	2				1		1
7	2	5						
49	**14**	**35**	**1**		**1**	**4**	**1**	**3**
10	3	7				1		1
13	5	8						
10	3	7	1		1	1	1	
10	1	9				1		1
6	2	4				1		1
47	**17**	**30**				**10**	**1**	**9**
8	2	6				3		3
6	4	2				2	1	1
13	4	9						
14	5	9						
6	2	4				5		5
131	**55**	**76**	**2**	**1**	**1**	**134**	**19**	**115**

5-3a 续表 3

受教育程度 年 龄	15岁及以上人口			未 婚		
	合计	男	女	小计	男	女
小 学	**130834**	**50333**	**80501**	**3383**	**2475**	**908**
15-19岁	**323**	**182**	**141**	**314**	**180**	**134**
15	47	24	23	47	24	23
16	46	27	19	46	27	19
17	59	33	26	57	33	24
18	79	48	31	77	47	30
19	92	50	42	87	49	38
20-24岁	**814**	**469**	**345**	**573**	**394**	**179**
20	100	57	43	89	54	35
21	106	69	37	86	63	23
22	171	99	72	123	83	40
23	182	96	86	122	81	41
24	255	148	107	153	113	40
25-29岁	**1650**	**799**	**851**	**488**	**345**	**143**
25	247	124	123	113	73	40
26	286	131	155	96	69	27
27	309	153	156	99	68	31
28	362	174	188	93	73	20
29	446	217	229	87	62	25
30-34岁	**3336**	**1498**	**1838**	**368**	**274**	**94**
30	642	307	335	98	68	30
31	646	304	342	75	56	19
32	660	286	374	66	50	16
33	741	332	409	70	55	15
34	647	269	378	59	45	14
35-39岁	**3594**	**1348**	**2246**	**194**	**148**	**46**
35	664	266	398	51	42	9
36	719	267	452	41	34	7
37	663	241	422	38	29	9
38	749	271	478	34	22	12
39	799	303	496	30	21	9
40-44岁	**7828**	**2834**	**4994**	**300**	**238**	**62**
40	820	267	553	44	31	13
41	1342	495	847	58	47	11
42	1620	575	1045	58	41	17
43	1807	656	1151	68	62	6
44	2239	841	1398	72	57	15
45-49岁	**12824**	**4631**	**8193**	**263**	**194**	**69**
45	2285	870	1415	64	49	15
46	2595	943	1652	59	46	13
47	2517	894	1623	50	33	17
48	2645	936	1709	49	34	15
49	2782	988	1794	41	32	9
50-54岁	**18864**	**6931**	**11933**	**257**	**210**	**47**
50	3294	1146	2148	51	42	9
51	3612	1327	2285	43	37	6
52	4262	1583	2679	58	47	11
53	3689	1373	2316	50	40	10
54	4007	1502	2505	55	44	11
55-59岁	**16671**	**6032**	**10639**	**177**	**138**	**39**
55	3772	1357	2415	42	31	11
56	3631	1368	2263	40	34	6
57	4191	1511	2680	41	32	9
58	3127	1110	2017	30	23	7
59	1950	686	1264	24	18	6
60-64岁	**16560**	**6464**	**10096**	**150**	**116**	**34**
60	2822	1097	1725	26	16	10
61	2786	1106	1680	25	23	2
62	3516	1372	2144	31	25	6
63	4011	1561	2450	36	28	8
64	3425	1328	2097	32	24	8
65岁及以上	**48370**	**19145**	**29225**	**299**	**238**	**61**

单位：人

有配偶			离婚			丧偶		
小计	男	女	小计	男	女	小计	男	女
106560	**43430**	**63130**	**2322**	**1063**	**1259**	**18569**	**3365**	**15204**
9	**2**	**7**						
2		2						
2	1	1						
5	1	4						
241	**75**	**166**						
11	3	8						
20	6	14						
48	16	32						
60	15	45						
102	35	67						
1145	**445**	**700**	**17**	**9**	**8**			
134	51	83						
188	61	127	2	1	1			
207	83	124	3	2	1			
263	99	164	6	2	4			
353	151	202	6	4	2			
2883	**1185**	**1698**	**77**	**38**	**39**	**8**	**1**	**7**
530	232	298	13	6	7	1	1	
557	240	317	12	8	4	2		2
580	230	350	13	6	7	1		1
653	270	383	17	7	10	1		1
563	213	350	22	11	11	3		3
3283	**1149**	**2134**	**99**	**49**	**50**	**18**	**2**	**16**
591	213	378	18	10	8	4	1	3
657	225	432	17	7	10	4	1	3
608	204	404	16	8	8	1		1
688	239	449	23	10	13	4		4
739	268	471	25	14	11	5		5
7241	**2496**	**4745**	**216**	**90**	**126**	**71**	**10**	**61**
750	229	521	18	6	12	8	1	7
1227	430	797	46	17	29	11	1	10
1497	506	991	53	25	28	12	3	9
1684	571	1113	44	22	22	11	1	10
2083	760	1323	55	20	35	29	4	25
12005	**4254**	**7751**	**353**	**150**	**203**	**203**	**33**	**170**
2125	785	1340	66	31	35	30	5	25
2429	863	1566	66	28	38	41	6	35
2373	831	1542	63	24	39	31	6	25
2476	855	1621	79	37	42	41	10	31
2602	920	1682	79	30	49	60	6	54
17567	**6462**	**11105**	**410**	**175**	**235**	**630**	**84**	**546**
3074	1061	2013	90	36	54	79	7	72
3404	1251	2153	71	26	45	94	13	81
3984	1472	2512	87	42	45	133	22	111
3406	1278	2128	92	39	53	141	16	125
3699	1400	2299	70	32	38	183	26	157
15167	**5616**	**9551**	**364**	**161**	**203**	**963**	**117**	**846**
3490	1267	2223	83	38	45	157	21	136
3318	1269	2049	80	36	44	193	29	164
3796	1409	2387	92	43	49	262	27	235
2831	1039	1792	57	23	34	209	25	184
1732	632	1100	52	21	31	142	15	127
14459	**5919**	**8540**	**321**	**166**	**155**	**1630**	**263**	**1367**
2506	1013	1493	65	36	29	225	32	193
2458	1030	1428	46	18	28	257	35	222
3042	1226	1816	80	46	34	363	75	288
3517	1431	2086	67	33	34	391	69	322
2936	1219	1717	63	33	30	394	52	342
32560	**15827**	**16733**	**465**	**225**	**240**	**15046**	**2855**	**12191**

5-3a 续表 4

受教育程度 年 龄	15岁及以上人口			未 婚		
	合计	男	女	小计	男	女
初 中	**343442**	**170582**	**172860**	**35097**	**22676**	**12421**
15-19岁	**13678**	**7671**	**6007**	**13472**	**7624**	**5848**
15	5420	3043	2377	5416	3042	2374
16	2799	1533	1266	2786	1530	1256
17	1958	1129	829	1930	1123	807
18	1715	972	743	1664	960	704
19	1786	994	792	1676	969	707
20-24岁	**12035**	**6499**	**5536**	**8215**	**5368**	**2847**
20	1758	980	778	1538	937	601
21	2075	1139	936	1636	1041	595
22	2529	1408	1121	1824	1203	621
23	2695	1440	1255	1653	1119	534
24	2978	1532	1446	1564	1068	496
25-29岁	**20073**	**9838**	**10235**	**5602**	**4016**	**1586**
25	3330	1713	1617	1455	1019	436
26	3272	1610	1662	1174	837	337
27	3926	1909	2017	1085	778	307
28	4264	2043	2221	927	678	249
29	5281	2563	2718	961	704	257
30-34岁	**34898**	**16003**	**18895**	**3441**	**2525**	**916**
30	6943	3222	3721	1011	732	279
31	6858	3130	3728	769	570	199
32	6699	3143	3556	616	450	166
33	7431	3360	4071	580	427	153
34	6967	3148	3819	465	346	119
35-39岁	**35319**	**16142**	**19177**	**1362**	**961**	**401**
35	6895	3177	3718	355	240	115
36	7437	3399	4038	290	215	75
37	6943	3197	3746	258	183	75
38	7554	3384	4170	268	183	85
39	6490	2985	3505	191	140	51
40-44岁	**45390**	**21562**	**23828**	**1072**	**778**	**294**
40	6375	2961	3414	180	132	48
41	8756	4133	4623	214	147	67
42	9797	4663	5134	220	158	62
43	9818	4734	5084	217	164	53
44	10644	5071	5573	241	177	64
45-49岁	**48499**	**23913**	**24586**	**841**	**612**	**229**
45	10286	5022	5264	188	139	49
46	10289	4989	5300	198	134	64
47	10039	4995	5044	165	123	42
48	9064	4491	4573	179	134	45
49	8821	4416	4405	111	82	29
50-54岁	**41806**	**20836**	**20970**	**511**	**371**	**140**
50	9014	4452	4562	128	92	36
51	8499	4181	4318	110	83	27
52	9211	4604	4607	108	85	23
53	7176	3657	3519	78	52	26
54	7906	3942	3964	87	59	28
55-59岁	**30813**	**15461**	**15352**	**290**	**219**	**71**
55	7549	3766	3783	71	53	18
56	7063	3482	3581	72	50	22
57	7653	3895	3758	70	58	12
58	5370	2762	2608	54	40	14
59	3178	1556	1622	23	18	5
60-64岁	**20991**	**11187**	**9804**	**118**	**87**	**31**
60	4188	2200	1988	29	19	10
61	3777	2065	1712	19	14	5
62	4535	2433	2102	23	18	5
63	4618	2460	2158	29	22	7
64	3873	2029	1844	18	14	4
65岁及以上	**39940**	**21470**	**18470**	**173**	**115**	**58**

单位：人

有配偶			离婚			丧偶		
小计	男	女	小计	男	女	小计	男	女
287058	**140245**	**146813**	**10184**	**4905**	**5279**	**11103**	**2756**	**8347**
205	**47**	**158**				**1**		**1**
4	1	3						
13	3	10						
27	6	21				1		1
51	12	39						
110	25	85						
3784	**1123**	**2661**	**35**	**8**	**27**	**1**		**1**
219	43	176				1		1
436	98	338	3		3			
702	204	498	3	1	2			
1030	319	711	12	2	10			
1397	459	938	17	5	12			
14152	**5694**	**8458**	**314**	**126**	**188**	**5**	**2**	**3**
1842	683	1159	32	11	21	1		1
2062	760	1302	35	12	23	1	1	
2776	1109	1667	64	21	43	1	1	
3267	1340	1927	70	25	45			
4205	1802	2403	113	57	56	2		2
30428	**12986**	**17442**	**984**	**483**	**501**	**45**	**9**	**36**
5752	2399	3353	175	90	85	5	1	4
5911	2499	3412	164	58	106	14	3	11
5870	2579	3291	204	111	93	9	3	6
6620	2811	3809	224	121	103	7	1	6
6275	2698	3577	217	103	114	10	1	9
32708	**14581**	**18127**	**1154**	**587**	**567**	**95**	**13**	**82**
6284	2807	3477	242	128	114	14	2	12
6904	3078	3826	224	104	120	19	2	17
6443	2895	3548	223	116	107	19	3	16
7017	3071	3946	249	127	122	20	3	17
6060	2730	3330	216	112	104	23	3	20
42422	**19944**	**22478**	**1635**	**791**	**844**	**261**	**49**	**212**
5928	2713	3215	235	111	124	32	5	27
8175	3805	4370	331	173	158	36	8	28
9175	4337	4838	346	157	189	56	11	45
9175	4388	4787	366	174	192	60	8	52
9969	4701	5268	357	176	181	77	17	60
45303	**22375**	**22928**	**1859**	**833**	**1026**	**496**	**93**	**403**
9640	4704	4936	370	163	207	88	16	72
9613	4650	4963	391	194	197	87	11	76
9416	4683	4733	357	168	189	101	21	80
8413	4187	4226	373	149	224	99	21	78
8221	4151	4070	368	159	209	121	24	97
38852	**19603**	**19249**	**1628**	**723**	**905**	**815**	**139**	**676**
8427	4196	4231	345	147	198	114	17	97
7872	3915	3957	359	159	200	158	24	134
8555	4320	4235	366	165	201	182	34	148
6680	3456	3224	268	126	142	150	23	127
7318	3716	3602	290	126	164	211	41	170
28172	**14388**	**13784**	**1227**	**608**	**619**	**1124**	**246**	**878**
6940	3525	3415	283	130	153	255	58	197
6462	3237	3225	302	151	151	227	44	183
6996	3624	3372	310	151	159	277	62	215
4912	2576	2336	185	96	89	219	50	169
2862	1426	1436	147	80	67	146	32	114
18950	**10454**	**8496**	**673**	**356**	**317**	**1250**	**290**	**960**
3789	2059	1730	153	76	77	217	46	171
3429	1935	1494	142	80	62	187	36	151
4085	2271	1814	150	77	73	277	67	210
4157	2301	1856	124	63	61	308	74	234
3490	1888	1602	104	60	44	261	67	194
32082	**19050**	**13032**	**675**	**390**	**285**	**7010**	**1915**	**5095**

5-3a 续表 5

受教育程度 年　龄	15岁及以上人口			未　婚		
	合计	男	女	小计	男	女
高　中	**276413**	**147823**	**128590**	**95844**	**54646**	**41198**
15-19岁	**67696**	**36867**	**30829**	**67590**	**36846**	**30744**
15	16368	8732	7636	16368	8732	7636
16	21516	11789	9727	21513	11789	9724
17	16963	9475	7488	16948	9470	7478
18	8147	4499	3648	8118	4493	3625
19	4702	2372	2330	4643	2362	2281
20-24岁	**16814**	**9080**	**7734**	**14186**	**8225**	**5961**
20	3980	1998	1982	3849	1970	1879
21	3236	1706	1530	3001	1655	1346
22	3328	1859	1469	2829	1702	1127
23	3119	1731	1388	2366	1483	883
24	3151	1786	1365	2141	1415	726
25-29岁	**18579**	**9875**	**8704**	**7078**	**4839**	**2239**
25	3354	1814	1540	1914	1259	655
26	3122	1675	1447	1494	1009	485
27	3543	1939	1604	1323	940	383
28	3952	2109	1843	1213	842	371
29	4608	2338	2270	1134	789	345
30-34岁	**27135**	**13578**	**13557**	**3726**	**2564**	**1162**
30	5964	2991	2973	1197	811	386
31	5686	2865	2821	895	613	282
32	5262	2652	2610	666	490	176
33	5482	2731	2751	568	379	189
34	4741	2339	2402	400	271	129
35-39岁	**21353**	**10613**	**10740**	**1189**	**775**	**414**
35	4334	2179	2155	284	179	105
36	4613	2289	2324	299	198	101
37	4094	2022	2072	209	145	64
38	4458	2185	2273	219	142	77
39	3854	1938	1916	178	111	67
40-44岁	**24433**	**12739**	**11694**	**772**	**518**	**254**
40	3737	1902	1835	146	98	48
41	4900	2545	2355	157	105	52
42	5046	2554	2492	144	103	41
43	5207	2831	2376	169	109	60
44	5543	2907	2636	156	103	53
45-49岁	**25586**	**13902**	**11684**	**631**	**428**	**203**
45	5402	2839	2563	141	102	39
46	5272	2870	2402	126	84	42
47	5195	2836	2359	130	84	46
48	4881	2683	2198	116	82	34
49	4836	2674	2162	118	76	42
50-54岁	**21389**	**11714**	**9675**	**332**	**230**	**102**
50	5098	2767	2331	89	62	27
51	4390	2409	1981	83	64	19
52	4602	2536	2066	64	45	19
53	3425	1908	1517	55	33	22
54	3874	2094	1780	41	26	15
55-59岁	**21161**	**11340**	**9821**	**174**	**120**	**54**
55	4251	2298	1953	46	33	13
56	4523	2426	2097	43	32	11
57	5368	2899	2469	36	25	11
58	4220	2275	1945	27	16	11
59	2799	1442	1357	22	14	8
60-64岁	**14817**	**7999**	**6818**	**85**	**50**	**35**
60	3430	1821	1609	20	13	7
61	2742	1485	1257	21	13	8
62	3132	1711	1421	15	6	9
63	3023	1637	1386	16	9	7
64	2490	1345	1145	13	9	4
65岁及以上	**17450**	**10116**	**7334**	**81**	**51**	**30**

单位：人

有配偶			离婚			丧偶		
小计	男	女	小计	男	女	小计	男	女
168503	**88414**	**80089**	**7507**	**3546**	**3961**	**4559**	**1217**	**3342**
105	**21**	**84**				**1**		**1**
2		2				1		1
15	5	10						
29	6	23						
59	10	49						
2615	**852**	**1763**	**13**	**3**	**10**			
131	28	103						
235	51	184						
498	156	342	1	1				
750	247	503	3	1	2			
1001	370	631	9	1	8			
11273	**4940**	**6333**	**224**	**96**	**128**	**4**		**4**
1415	546	869	25	9	16			
1606	661	945	22	5	17			
2177	981	1196	42	18	24	1		1
2682	1237	1445	56	30	26	1		1
3393	1515	1878	79	34	45	2		2
22653	**10662**	**11991**	**737**	**350**	**387**	**19**	**2**	**17**
4647	2129	2518	118	51	67	2		2
4644	2185	2459	144	66	78	3	1	2
4436	2087	2349	155	74	81	5	1	4
4750	2279	2471	160	73	87	4		4
4176	1982	2194	160	86	74	5		5
19296	**9425**	**9871**	**829**	**406**	**423**	**39**	**7**	**32**
3905	1928	1977	139	71	68	6	1	5
4125	2005	2120	183	85	98	6	1	5
3695	1788	1907	185	89	96	5		5
4064	1953	2111	165	87	78	10	3	7
3507	1751	1756	157	74	83	12	2	10
22387	**11632**	**10755**	**1166**	**567**	**599**	**108**	**22**	**86**
3431	1721	1710	141	80	61	19	3	16
4513	2338	2175	217	101	116	13	1	12
4660	2341	2319	225	108	117	17	2	15
4739	2583	2156	277	132	145	22	7	15
5044	2649	2395	306	146	160	37	9	28
23419	**12804**	**10615**	**1348**	**635**	**713**	**188**	**35**	**153**
4957	2616	2341	274	117	157	30	4	26
4844	2658	2186	275	124	151	27	4	23
4743	2610	2133	273	131	142	49	11	38
4477	2468	2009	246	125	121	42	8	34
4398	2452	1946	280	138	142	40	8	32
19493	**10870**	**8623**	**1209**	**542**	**667**	**355**	**72**	**283**
4673	2577	2096	287	118	169	49	10	39
3965	2211	1754	273	123	150	69	11	58
4207	2362	1845	254	115	139	77	14	63
3127	1779	1348	178	79	99	65	17	48
3521	1941	1580	217	107	110	95	20	75
19345	**10598**	**8747**	**1079**	**500**	**579**	**563**	**122**	**441**
3872	2134	1738	241	112	129	92	19	73
4139	2265	1874	247	113	134	94	16	78
4953	2729	2224	246	118	128	133	27	106
3821	2115	1706	217	103	114	155	41	114
2560	1355	1205	128	54	74	89	19	70
13452	**7495**	**5957**	**588**	**289**	**299**	**692**	**165**	**527**
3116	1705	1411	160	70	90	134	33	101
2481	1387	1094	128	66	62	112	19	93
2862	1601	1261	102	62	40	153	42	111
2737	1540	1197	109	53	56	161	35	126
2256	1262	994	89	38	51	132	36	96
14465	**9115**	**5350**	**314**	**158**	**156**	**2590**	**792**	**1798**

5-3a 续表 6

受教育程度 年龄	15岁及以上人口			未婚		
	合计	男	女	小计	男	女
大学专科	**164947**	**85926**	**79021**	**68324**	**36243**	**32081**
15-19岁	**23494**	**11462**	**12032**	**23473**	**11456**	**12017**
15	667	337	330	667	337	330
16	1295	582	713	1294	581	713
17	2595	1198	1397	2595	1198	1397
18	7689	3817	3872	7687	3816	3871
19	11248	5528	5720	11230	5524	5706
20-24岁	**31756**	**16113**	**15643**	**29606**	**15531**	**14075**
20	10379	5299	5080	10312	5288	5024
21	6968	3615	3353	6790	3578	3212
22	5518	2772	2746	5140	2677	2463
23	4582	2301	2281	3989	2137	1852
24	4309	2126	2183	3375	1851	1524
25-29岁	**20603**	**10154**	**10449**	**9686**	**5801**	**3885**
25	4256	2157	2099	2951	1697	1254
26	3677	1810	1867	2092	1216	876
27	3929	1948	1981	1828	1117	711
28	4143	2009	2134	1529	961	568
29	4598	2230	2368	1286	810	476
30-34岁	**25033**	**12166**	**12867**	**3721**	**2354**	**1367**
30	5663	2713	2950	1231	802	429
31	5328	2581	2747	902	574	328
32	4859	2350	2509	635	395	240
33	4909	2434	2475	552	348	204
34	4274	2088	2186	401	235	166
35-39岁	**16022**	**7997**	**8025**	**978**	**604**	**374**
35	3638	1827	1811	300	207	93
36	3501	1701	1800	220	129	91
37	3160	1575	1585	203	121	82
38	3231	1649	1582	161	93	68
39	2492	1245	1247	94	54	40
40-44岁	**13204**	**6878**	**6326**	**443**	**256**	**187**
40	2253	1166	1087	83	45	38
41	2693	1431	1262	84	59	25
42	2782	1403	1379	98	50	48
43	2763	1444	1319	97	56	41
44	2713	1434	1279	81	46	35
45-49岁	**11018**	**6165**	**4853**	**199**	**121**	**78**
45	2436	1307	1129	54	37	17
46	2264	1248	1016	38	22	16
47	2325	1320	1005	55	29	26
48	2018	1146	872	24	15	9
49	1975	1144	831	28	18	10
50-54岁	**7955**	**4693**	**3262**	**108**	**60**	**48**
50	1884	1090	794	36	22	14
51	1667	961	706	21	11	10
52	1778	1031	747	25	10	15
53	1289	777	512	10	7	3
54	1337	834	503	16	10	6
55-59岁	**6435**	**4024**	**2411**	**52**	**29**	**23**
55	1450	897	553	14	11	3
56	1540	967	573	10	6	4
57	1654	1058	596	14	6	8
58	1104	668	436	9	2	7
59	687	434	253	5	4	1
60-64岁	**3417**	**2239**	**1178**	**27**	**14**	**13**
60	714	460	254	8	3	5
61	585	379	206	4	4	
62	707	477	230	7	3	4
63	772	509	263	3	3	
64	639	414	225	5	1	4
65岁及以上	**6010**	**4035**	**1975**	**31**	**17**	**14**

单位：人

有配偶			离婚			丧偶		
小计	男	女	小计	男	女	小计	男	女
92199	**47934**	**44265**	**3347**	**1420**	**1927**	**1077**	**329**	**748**
20	**5**	**15**	**1**	**1**				
1	1							
2	1	1						
17	3	14	1	1				
2141	**580**	**1561**	**9**	**2**	**7**			
67	11	56						
178	37	141						
374	93	281	4	2	2			
591	164	427	2		2			
931	275	656	3		3			
10778	**4300**	**6478**	**135**	**52**	**83**	**4**	**1**	**3**
1292	455	837	13	5	8			
1564	587	977	21	7	14			
2078	823	1255	22	7	15	1	1	
2583	1033	1550	31	15	16			
3261	1402	1859	48	18	30	3		3
20734	**9564**	**11170**	**565**	**246**	**319**	**13**	**2**	**11**
4334	1873	2461	95	38	57	3		3
4319	1968	2351	104	39	65	3		3
4102	1902	2200	121	52	69	1	1	
4229	2026	2203	124	59	65	4	1	3
3750	1795	1955	121	58	63	2		2
14422	**7159**	**7263**	**596**	**232**	**364**	**26**	**2**	**24**
3191	1566	1625	142	53	89	5	1	4
3163	1534	1629	112	37	75	6	1	5
2837	1414	1423	116	40	76	4		4
2936	1500	1436	128	56	72	6		6
2295	1145	1150	98	46	52	5		5
12089	**6339**	**5750**	**634**	**274**	**360**	**38**	**9**	**29**
2063	1072	991	103	48	55	4	1	3
2460	1304	1156	139	65	74	10	3	7
2556	1304	1252	122	48	74	6	1	5
2517	1327	1190	139	58	81	10	3	7
2493	1332	1161	131	55	76	8	1	7
10248	**5821**	**4427**	**533**	**219**	**314**	**38**	**4**	**34**
2250	1216	1034	127	53	74	5	1	4
2106	1170	936	115	54	61	5	2	3
2157	1251	906	103	40	63	10		10
1907	1103	804	77	28	49	10		10
1828	1081	747	111	44	67	8	1	7
7395	**4461**	**2934**	**373**	**157**	**216**	**79**	**15**	**64**
1747	1030	717	86	34	52	15	4	11
1539	908	631	96	40	56	11	2	9
1652	977	675	82	41	41	19	3	16
1212	749	463	54	21	33	13		13
1245	797	448	55	21	34	21	6	15
6013	**3866**	**2147**	**269**	**106**	**163**	**101**	**23**	**78**
1358	857	501	60	24	36	18	5	13
1435	917	518	68	37	31	27	7	20
1550	1027	523	67	20	47	23	5	18
1031	649	382	44	13	31	20	4	16
639	416	223	30	12	18	13	2	11
3175	**2126**	**1049**	**117**	**63**	**54**	**98**	**36**	**62**
667	436	231	23	16	7	16	5	11
541	353	188	26	14	12	14	8	6
660	460	200	23	11	12	17	3	14
724	485	239	26	12	14	19	9	10
583	392	191	19	10	9	32	11	21
5184	**3713**	**1471**	**115**	**68**	**47**	**680**	**237**	**443**

5-3a 续表 7

受教育程度 年龄	15岁及以上人口			未婚		
	合计	男	女	小计	男	女
大学本科	**145257**	**77324**	**67933**	**70341**	**36268**	**34073**
15-19岁	**17649**	**8826**	**8823**	**17643**	**8825**	**8818**
15	30	14	16	30	14	16
16	108	53	55	108	53	55
17	1263	591	672	1263	591	672
18	6216	3124	3092	6216	3124	3092
19	10032	5044	4988	10026	5043	4983
20-24岁	**38465**	**19278**	**19187**	**37672**	**19045**	**18627**
20	11447	5727	5720	11427	5722	5705
21	10713	5319	5394	10677	5312	5365
22	7656	3924	3732	7564	3902	3662
23	4823	2435	2388	4587	2366	2221
24	3826	1873	1953	3417	1743	1674
25-29岁	**20045**	**9811**	**10234**	**10560**	**5869**	**4691**
25	3842	1896	1946	3041	1618	1423
26	3719	1812	1907	2429	1319	1110
27	3910	1899	2011	2040	1142	898
28	4064	2009	2055	1657	972	685
29	4510	2195	2315	1393	818	575
30-34岁	**22265**	**11037**	**11228**	**3263**	**1853**	**1410**
30	5010	2447	2563	1115	651	464
31	4684	2273	2411	793	439	354
32	4330	2134	2196	558	314	254
33	4412	2252	2160	451	279	182
34	3829	1931	1898	326	170	156
35-39岁	**14581**	**7802**	**6779**	**732**	**419**	**313**
35	3451	1782	1669	225	126	99
36	3363	1837	1526	186	111	75
37	2922	1570	1352	149	77	72
38	2788	1483	1305	95	64	31
39	2057	1130	927	77	41	36
40-44岁	**9630**	**5344**	**4286**	**251**	**127**	**124**
40	1810	984	826	56	25	31
41	2052	1115	937	61	34	27
42	2112	1187	925	59	32	27
43	1850	1008	842	37	16	21
44	1806	1050	756	38	20	18
45-49岁	**7505**	**4615**	**2890**	**103**	**58**	**45**
45	1631	977	654	21	12	9
46	1503	904	599	32	14	18
47	1559	994	565	15	10	5
48	1475	912	563	17	12	5
49	1337	828	509	18	10	8
50-54岁	**5898**	**3915**	**1983**	**61**	**39**	**22**
50	1407	864	543	18	9	9
51	1287	846	441	10	7	3
52	1275	854	421	14	9	5
53	901	615	286	9	8	1
54	1028	736	292	10	6	4
55-59岁	**4429**	**3169**	**1260**	**36**	**22**	**14**
55	1070	770	300	11	9	2
56	1046	738	308	10	6	4
57	1203	855	348	7	4	3
58	718	522	196	6	2	4
59	392	284	108	2	1	1
60-64岁	**1615**	**1170**	**445**	**6**	**3**	**3**
60	374	270	104	2	1	1
61	258	178	80	2	1	1
62	330	251	79			
63	382	278	104	2	1	1
64	271	193	78			
65岁及以上	**3175**	**2357**	**818**	**14**	**8**	**6**

单位：人

有配偶			离　婚			丧　偶		
小计	男	女	小计	男	女	小计	男	女
72592	**40115**	**32477**	**1840**	**737**	**1103**	**484**	**204**	**280**
6	**1**	**5**						
6	1	5						
786	**232**	**554**	**7**	**1**	**6**			
20	5	15						
36	7	29						
92	22	70						
235	69	166	1		1			
403	129	274	6	1	5			
9402	**3923**	**5479**	**83**	**19**	**64**			
796	276	520	5	2	3			
1281	493	788	9		9			
1855	752	1103	15	5	10			
2385	1030	1355	22	7	15			
3085	1372	1713	32	5	27			
18644	**9060**	**9584**	**347**	**122**	**225**	**11**	**2**	**9**
3845	1784	2061	48	11	37	2	1	1
3824	1811	2013	65	22	43	2	1	1
3685	1789	1896	73	31	42	4		4
3875	1943	1932	73	30	43	3		3
3415	1733	1682	88	28	60			
13427	**7209**	**6218**	**409**	**173**	**236**	**13**	**1**	**12**
3122	1617	1505	101	39	62	3		3
3085	1681	1404	89	45	44	3		3
2688	1457	1231	82	35	47	3	1	2
2620	1386	1234	72	33	39	1		1
1912	1068	844	65	21	44	3		3
9060	**5097**	**3963**	**300**	**115**	**185**	**19**	**5**	**14**
1692	931	761	58	27	31	4	1	3
1915	1058	857	74	22	52	2	1	1
1982	1132	850	66	23	43	5		5
1758	972	786	51	18	33	4	2	2
1713	1004	709	51	25	26	4	1	3
7115	**4465**	**2650**	**265**	**89**	**176**	**22**	**3**	**19**
1560	950	610	47	15	32	3		3
1414	870	544	53	19	34	4	1	3
1478	964	514	63	19	44	3	1	2
1403	878	525	50	21	29	5	1	4
1260	803	457	52	15	37	7		7
5620	**3783**	**1837**	**188**	**89**	**99**	**29**	**4**	**25**
1335	834	501	49	21	28	5		5
1224	820	404	46	19	27	7		7
1213	823	390	42	21	21	6	1	5
864	592	272	21	12	9	7	3	4
984	714	270	30	16	14	4		4
4206	**3055**	**1151**	**148**	**78**	**70**	**39**	**14**	**25**
1021	744	277	32	16	16	6	1	5
992	710	282	36	19	17	8	3	5
1148	828	320	36	18	18	12	5	7
675	501	174	27	15	12	10	4	6
370	272	98	17	10	7	3	1	2
1541	**1139**	**402**	**42**	**20**	**22**	**26**	**8**	**18**
355	264	91	12	4	8	5	1	4
246	174	72	4	1	3	6	2	4
318	244	74	8	5	3	4	2	2
362	270	92	8	5	3	10	2	8
260	187	73	10	5	5	1	1	
2785	**2151**	**634**	**51**	**31**	**20**	**325**	**167**	**158**

5-3a 续表 8

受教育程度 年　　龄	15岁及以上人口			未　　婚		
	合计	男	女	小计	男	女
硕士研究生	**13051**	**6753**	**6298**	**5528**	**2614**	**2914**
15-19岁	**25**	**14**	**11**	**25**	**14**	**11**
15						
16						
17	1		1	1		1
18	5	2	3	5	2	3
19	19	12	7	19	12	7
20-24岁	**2797**	**1287**	**1510**	**2772**	**1281**	**1491**
20	24	9	15	24	9	15
21	199	79	120	198	79	119
22	662	289	373	659	288	371
23	950	431	519	945	430	515
24	962	479	483	946	475	471
25-29岁	**2898**	**1308**	**1590**	**2087**	**1008**	**1079**
25	819	364	455	778	351	427
26	613	278	335	517	248	269
27	529	225	304	363	175	188
28	427	200	227	232	131	101
29	510	241	269	197	103	94
30-34岁	**2625**	**1257**	**1368**	**492**	**240**	**252**
30	615	282	333	171	77	94
31	578	290	288	128	66	62
32	479	228	251	90	48	42
33	484	225	259	63	27	36
34	469	232	237	40	22	18
35-39岁	**1899**	**984**	**915**	**103**	**50**	**53**
35	425	218	207	33	18	15
36	418	214	204	22	7	15
37	384	212	172	18	12	6
38	387	203	184	15	6	9
39	285	137	148	15	7	8
40-44岁	**1127**	**684**	**443**	**27**	**10**	**17**
40	259	163	96	4	2	2
41	257	139	118	2		2
42	230	137	93	12	4	8
43	208	131	77	4	2	2
44	173	114	59	5	2	3
45-49岁	**750**	**499**	**251**	**12**	**5**	**7**
45	182	116	66	4	1	3
46	155	99	56	2	1	1
47	152	102	50	2	1	1
48	132	92	40	1	1	
49	129	90	39	3	1	2
50-54岁	**457**	**338**	**119**	**6**	**4**	**2**
50	119	86	33			
51	92	63	29	2	1	1
52	91	69	22	2	1	1
53	80	62	18			
54	75	58	17	2	2	
55-59岁	**306**	**242**	**64**	**3**	**1**	**2**
55	90	71	19			
56	81	59	22	1		1
57	78	63	15	1	1	
58	42	36	6	1		1
59	15	13	2			
60-64岁	**95**	**85**	**10**			
60	19	17	2			
61	29	26	3			
62	13	11	2			
63	23	20	3			
64	11	11				
65岁及以上	**72**	**55**	**17**	**1**	**1**	

单位：人

有配偶			离　婚			丧　偶		
小计	男	女	小计	男	女	小计	男	女
7347	**4070**	**3277**	**157**	**65**	**92**	**19**	**4**	**15**
24	**6**	**18**	**1**		**1**			
1		1						
3	1	2						
5	1	4						
15	4	11	1		1			
806	**298**	**508**	**5**	**2**	**3**			
40	12	28	1	1				
96	30	66						
166	50	116						
195	69	126						
309	137	172	4	1	3			
2110	**1011**	**1099**	**21**	**6**	**15**	**2**		**2**
442	204	238	2	1	1			
448	223	225	2	1	1			
383	178	205	5	2	3	1		1
415	197	218	6	1	5			
422	209	213	6	1	5	1		1
1748	**918**	**830**	**46**	**16**	**30**	**2**		**2**
381	199	182	11	1	10			
386	202	184	9	5	4	1		1
356	197	159	10	3	7			
366	194	172	6	3	3			
259	126	133	10	4	6	1		1
1060	**652**	**408**	**35**	**21**	**14**	**5**	**1**	**4**
252	159	93	2	2		1		1
249	136	113	5	3	2	1		1
210	130	80	7	3	4	1		1
192	122	70	12	7	5			
157	105	52	9	6	3	2	1	1
713	**484**	**229**	**22**	**9**	**13**	**3**	**1**	**2**
173	113	60	4	2	2	1		1
151	98	53	2		2			
143	97	46	6	3	3	1	1	
126	90	36	5	1	4			
120	86	34	5	3	2	1		1
434	**328**	**106**	**14**	**5**	**9**	**3**	**1**	**2**
114	84	30	4	1	3	1	1	
87	62	25	3		3			
85	66	19	3	2	1	1		1
77	60	17	3	2	1			
71	56	15	1		1	1		1
292	**237**	**55**	**10**	**4**	**6**	**1**		**1**
87	71	16	3		3			
77	58	19	3	1	2			
73	59	14	4	3	1			
40	36	4				1		1
15	13	2						
92	**83**	**9**	**3**	**2**	**1**			
18	17	1	1		1			
29	26	3						
13	11	2						
21	18	3	2	2				
11	11							
68	**53**	**15**				**3**	**1**	**2**

5-3a 续表 9

受教育程度 年 龄	15岁及以上人口			未 婚		
	合计	男	女	小计	男	女
博士研究生	**1455**	**1007**	**448**	**389**	**255**	**134**
15-19岁	**2**	**1**	**1**	**2**	**1**	**1**
15						
16						
17						
18						
19	2	1	1	2	1	1
20-24岁	**60**	**39**	**21**	**58**	**38**	**20**
20	3		3	2		2
21	2	2		2	2	
22	13	10	3	12	9	3
23	18	11	7	18	11	7
24	24	16	8	24	16	8
25-29岁	**262**	**169**	**93**	**185**	**123**	**62**
25	48	30	18	46	29	17
26	45	31	14	37	26	11
27	34	20	14	29	19	10
28	68	46	22	41	25	16
29	67	42	25	32	24	8
30-34岁	**324**	**198**	**126**	**92**	**58**	**34**
30	67	41	26	28	18	10
31	71	41	30	22	13	9
32	58	43	15	15	12	3
33	65	34	31	16	10	6
34	63	39	24	11	5	6
35-39岁	**257**	**181**	**76**	**34**	**26**	**8**
35	55	38	17	11	6	5
36	52	40	12	5	2	3
37	50	32	18	10	10	
38	56	41	15	5	5	
39	44	30	14	3	3	
40-44岁	**255**	**178**	**77**	**9**	**4**	**5**
40	66	39	27	1	1	
41	69	44	25	3	1	2
42	40	30	10	2		2
43	41	31	10	3	2	1
44	39	34	5			
45-49岁	**149**	**117**	**32**	**6**	**3**	**3**
45	34	27	7	3	2	1
46	35	26	9	2	1	1
47	32	27	5	1		1
48	21	15	6			
49	27	22	5			
50-54岁	**66**	**57**	**9**	**1**	**1**	
50	9	7	2			
51	15	12	3			
52	15	14	1			
53	10	8	2	1	1	
54	17	16	1			
55-59岁	**58**	**48**	**10**			
55	16	14	2			
56	20	14	6			
57	14	12	2			
58	8	8				
59						
60-64岁	**11**	**11**				
60	6	6				
61						
62	1	1				
63	3	3				
64	1	1				
65岁及以上	**11**	**8**	**3**	**2**	**1**	**1**

单位：人

有配偶			离婚			丧偶		
小计	男	女	小计	男	女	小计	男	女
1047	**743**	**304**	**18**	**8**	**10**	**1**	**1**	
2	**1**	**1**						
1		1						
1	1							
76	**46**	**30**	**1**		**1**			
2	1	1						
8	5	3						
5	1	4						
27	21	6						
34	18	16	1		1			
230	**140**	**90**	**2**		**2**			
39	23	16						
49	28	21						
43	31	12						
47	24	23	2		2			
52	34	18						
219	**154**	**65**	**4**	**1**	**3**			
44	32	12						
46	38	8	1		1			
39	21	18	1	1				
51	36	15						
39	27	12	2		2			
243	**171**	**72**	**3**	**3**				
65	38	27						
65	42	23	1	1				
37	29	8	1	1				
37	28	9	1	1				
39	34	5						
140	**112**	**28**	**3**	**2**	**1**			
31	25	6						
32	24	8	1	1				
30	27	3	1		1			
21	15	6						
26	21	5	1	1				
62	**54**	**8**	**2**	**1**	**1**	**1**	**1**	
9	7	2						
13	11	2	1		1	1	1	
15	14	1						
8	6	2	1	1				
17	16	1						
56	**48**	**8**	**2**		**2**			
15	14	1	1		1			
19	14	5	1		1			
14	12	2						
8	8							
11	**11**							
6	6							
1	1							
3	3							
1	1							
8	**6**	**2**	**1**	**1**				

5-3b 全省分年龄、性别、受教育

受教育程度 年龄	15岁及以上人口			未婚		
	合计	男	女	小计	男	女
总　计	**1097379**	**552377**	**545002**	**242690**	**142780**	**99910**
15-19岁	**119998**	**66341**	**53657**	**119639**	**66277**	**53362**
15	25836	14234	11602	25825	14232	11593
16	29088	16305	12783	29071	16299	12772
17	24458	13594	10864	24420	13585	10835
18	20492	11421	9071	20393	11407	8986
19	20124	10787	9337	19930	10754	9176
20-24岁	**79156**	**41441**	**37715**	**68446**	**38381**	**30065**
20	18883	9996	8887	18382	9905	8477
21	16115	8601	7514	15126	8411	6715
22	15638	8230	7408	13712	7749	5963
23	14357	7391	6966	11369	6512	4857
24	14163	7223	6940	9857	5804	4053
25-29岁	**77648**	**38882**	**38766**	**29256**	**18927**	**10329**
25	14433	7441	6992	8529	5276	3253
26	13196	6613	6583	6363	4014	2349
27	14685	7332	7353	5538	3640	1898
28	16163	7992	8171	4597	3098	1499
29	19171	9504	9667	4229	2899	1330
30-34岁	**111371**	**54020**	**57351**	**12476**	**8938**	**3538**
30	24577	12036	12541	4178	2913	1265
31	22655	11053	11602	2952	2120	832
32	20980	10173	10807	2142	1564	578
33	22909	11026	11883	1845	1371	474
34	20250	9732	10518	1359	970	389
35-39岁	**94061**	**45626**	**48435**	**3966**	**2949**	**1017**
35	19150	9264	9886	1048	755	293
36	20254	9948	10306	963	717	246
37	18118	8803	9315	715	541	174
38	19211	9292	9919	702	538	164
39	17328	8319	9009	538	398	140
40-44岁	**112157**	**55391**	**56766**	**2731**	**2149**	**582**
40	16743	8064	8679	452	338	114
41	21845	10722	11123	569	443	126
42	23784	11802	11982	601	484	117
43	24008	11968	12040	599	463	136
44	25777	12835	12942	510	421	89
45-49岁	**120122**	**60599**	**59523**	**2176**	**1764**	**412**
45	25130	12529	12601	506	403	103
46	25432	12749	12683	494	409	85
47	25396	12877	12519	450	347	103
48	22564	11461	11103	378	313	65
49	21600	10983	10617	348	292	56
50-54岁	**107277**	**54572**	**52705**	**1320**	**1113**	**207**
50	22371	11318	11053	310	254	56
51	21645	11168	10477	283	234	49
52	23765	12141	11624	290	248	42
53	18858	9568	9290	197	172	25
54	20638	10377	10261	240	205	35
55-59岁	**83759**	**42267**	**41492**	**796**	**671**	**125**
55	19891	10128	9763	213	183	30
56	18278	9263	9015	186	165	21
57	20076	10151	9925	194	157	37
58	16072	8040	8032	130	107	23
59	9442	4685	4757	73	59	14
60-64岁	**61515**	**30686**	**30829**	**573**	**514**	**59**
60	11804	5972	5832	105	95	10
61	10617	5326	5291	111	102	9
62	13120	6553	6567	107	96	11
63	14273	7088	7185	150	134	16
64	11701	5747	5954	100	87	13
65岁及以上	**130315**	**62552**	**67763**	**1311**	**1097**	**214**

程度、婚姻状况的人口(镇)

单位：人

有配偶			离婚			丧偶		
小计	男	女	小计	男	女	小计	男	女
786383	**387881**	**398502**	**18779**	**10041**	**8738**	**49527**	**11675**	**37852**
356	**64**	**292**	**3**		**3**			
11	2	9						
17	6	11						
37	9	28	1		1			
99	14	85						
192	33	159	2		2			
10619	**3028**	**7591**	**90**	**32**	**58**	**1**		**1**
500	90	410	1	1				
983	188	795	6	2	4			
1911	476	1435	15	5	10			
2969	871	2098	18	8	10	1		1
4256	1403	2853	50	16	34			
47500	**19553**	**27947**	**859**	**393**	**466**	**33**	**9**	**24**
5817	2126	3691	84	39	45	3		3
6729	2567	4162	102	32	70	2		2
8991	3619	5372	150	73	77	6		6
11348	4784	6564	211	107	104	7	3	4
14615	6457	8158	312	142	170	15	6	9
96036	**43595**	**52441**	**2707**	**1447**	**1260**	**152**	**40**	**112**
19893	8860	11033	488	258	230	18	5	13
19150	8664	10486	523	258	265	30	11	19
18297	8323	9974	514	278	236	27	8	19
20387	9300	11087	632	345	287	45	10	35
18309	8448	9861	550	308	242	32	6	26
86930	**40951**	**45979**	**2891**	**1669**	**1222**	**274**	**57**	**217**
17474	8184	9290	574	310	264	54	15	39
18652	8877	9775	596	343	253	43	11	32
16792	7911	8881	560	335	225	51	16	35
17846	8391	9455	592	353	239	71	10	61
16166	7588	8578	569	328	241	55	5	50
105387	**51258**	**54129**	**3407**	**1860**	**1547**	**632**	**124**	**508**
15722	7437	8285	509	274	235	60	15	45
20435	9837	10598	741	419	322	100	23	77
22336	10901	11435	717	390	327	130	27	103
22560	11106	11454	711	383	328	138	16	122
24334	11977	12357	729	394	335	204	43	161
113498	**56970**	**56528**	**3198**	**1614**	**1584**	**1250**	**251**	**999**
23724	11738	11986	680	348	332	220	40	180
23995	11930	12065	717	364	353	226	46	180
24021	12139	11882	668	340	328	257	51	206
21335	10806	10529	591	284	307	260	58	202
20423	10357	10066	542	278	264	287	56	231
101165	**51762**	**49403**	**2277**	**1178**	**1099**	**2515**	**519**	**1996**
21193	10740	10453	501	253	248	367	71	296
20461	10577	9884	483	266	217	418	91	327
22363	11483	10880	553	281	272	559	129	430
17812	9119	8693	346	179	167	503	98	405
19336	9843	9493	394	199	195	668	130	538
77695	**40038**	**37657**	**1564**	**811**	**753**	**3704**	**747**	**2957**
18614	9610	9004	366	188	178	698	147	551
17055	8767	8288	347	192	155	690	139	551
18556	9602	8954	378	197	181	948	195	753
14838	7630	7208	300	143	157	804	160	644
8632	4429	4203	173	91	82	564	106	458
55077	**28534**	**26543**	**831**	**471**	**360**	**5034**	**1167**	**3867**
10719	5608	5111	201	104	97	779	165	614
9573	4966	4607	142	85	57	791	173	618
11804	6119	5685	185	110	75	1024	228	796
12697	6548	6149	166	90	76	1260	316	944
10284	5293	4991	137	82	55	1180	285	895
92120	**52128**	**39992**	**952**	**566**	**386**	**35932**	**8761**	**27171**

5-3b 续表 1

受教育程度 年龄	15岁及以上人口			未婚		
	合计	男	女	小计	男	女
未上过学	**18924**	**3624**	**15300**	**912**	**714**	**198**
15-19岁	**73**	**41**	**32**	**71**	**40**	**31**
15	18	7	11	17	7	10
16	15	12	3	14	11	3
17	13	8	5	13	8	5
18	19	9	10	19	9	10
19	8	5	3	8	5	3
20-24岁	**95**	**52**	**43**	**79**	**50**	**29**
20	21	10	11	20	10	10
21	16	8	8	12	8	4
22	23	12	11	18	11	7
23	13	7	6	10	6	4
24	22	15	7	19	15	4
25-29岁	**136**	**72**	**64**	**81**	**57**	**24**
25	25	16	9	19	13	6
26	25	15	10	16	13	3
27	21	7	14	9	5	4
28	28	15	13	18	13	5
29	37	19	18	19	13	6
30-34岁	**174**	**91**	**83**	**87**	**67**	**20**
30	30	15	15	14	10	4
31	40	22	18	19	16	3
32	44	22	22	21	17	4
33	31	15	16	13	10	3
34	29	17	12	20	14	6
35-39岁	**157**	**73**	**84**	**61**	**46**	**15**
35	29	14	15	12	9	3
36	39	19	20	18	11	7
37	27	14	13	14	12	2
38	33	14	19	10	9	1
39	29	12	17	7	5	2
40-44岁	**291**	**99**	**192**	**68**	**55**	**13**
40	42	13	29	8	7	1
41	44	18	26	13	12	1
42	50	19	31	10	8	2
43	70	26	44	19	15	4
44	85	23	62	18	13	5
45-49岁	**555**	**123**	**432**	**65**	**53**	**12**
45	84	27	57	12	8	4
46	96	20	76	16	14	2
47	118	23	95	16	12	4
48	109	18	91	8	7	1
49	148	35	113	13	12	1
50-54岁	**1143**	**198**	**945**	**66**	**58**	**8**
50	164	29	135	15	13	2
51	177	40	137	13	11	2
52	265	42	223	10	10	
53	254	41	213	6	6	
54	283	46	237	22	18	4
55-59岁	**1384**	**196**	**1188**	**50**	**45**	**5**
55	272	41	231	14	13	1
56	268	46	222	15	15	
57	331	52	279	10	8	2
58	305	31	274	7	6	1
59	208	26	182	4	3	1
60-64岁	**2315**	**341**	**1974**	**58**	**54**	**4**
60	335	39	296	6	6	
61	343	57	286	11	11	
62	495	84	411	11	10	1
63	619	84	535	19	17	2
64	523	77	446	11	10	1
65岁及以上	**12601**	**2338**	**10263**	**226**	**189**	**37**

单位：人

有配偶			离　婚			丧　偶		
小计	男	女	小计	男	女	小计	男	女
10782	**2224**	**8558**	**134**	**49**	**85**	**7096**	**637**	**6459**
2	**1**	**1**						
1		1						
1	1							
16	**2**	**14**						
1		1						
4		4						
5	1	4						
3	1	2						
3		3						
52	**14**	**38**	**3**	**1**	**2**			
6	3	3						
9	2	7						
11	2	9	1		1			
10	2	8						
16	5	11	2	1	1			
84	**23**	**61**	**3**	**1**	**2**			
14	4	10	2	1	1			
21	6	15						
23	5	18						
17	5	12	1		1			
9	3	6						
87	**22**	**65**	**5**	**4**	**1**	**4**	**1**	**3**
16	5	11				1		1
20	7	13	1	1				
11	1	10				2	1	1
20	4	16	2	1	1	1		1
20	5	15	2	2				
199	**40**	**159**	**11**	**4**	**7**	**13**		**13**
29	4	25	2	2		3		3
29	6	23	1		1	1		1
36	10	26	3	1	2	1		1
47	11	36				4		4
58	9	49	5	1	4	4		4
462	**63**	**399**	**12**	**4**	**8**	**16**	**3**	**13**
69	18	51	2		2	1	1	
77	6	71	1		1	2		2
96	10	86	1		1	5	1	4
92	8	84	5	2	3	4	1	3
128	21	107	3	2	1	4		4
982	**129**	**853**	**15**	**7**	**8**	**80**	**4**	**76**
140	14	126	2	1	1	7	1	6
152	27	125	4	2	2	8		8
237	30	207	1	1		17	1	16
216	31	185	4	2	2	28	2	26
237	27	210	4	1	3	20		20
1184	**140**	**1044**	**17**	**6**	**11**	**133**	**5**	**128**
231	27	204	5	1	4	22		22
225	27	198	5	2	3	23	2	21
285	41	244	4	2	2	32	1	31
268	23	245	3	1	2	27	1	26
175	22	153				29	1	28
1855	**263**	**1592**	**21**	**6**	**15**	**381**	**18**	**363**
276	29	247	6	1	5	47	3	44
284	43	241	6	2	4	42	1	41
394	69	325	3	1	2	87	4	83
487	61	426	2	1	1	111	5	106
414	61	353	4	1	3	94	5	89
5859	**1527**	**4332**	**47**	**16**	**31**	**6469**	**606**	**5863**

5-3b 续表 2

受教育程度 年龄	15岁及以上人口			未婚		
	合计	男	女	小计	男	女
学前教育	**882**	**244**	**638**	**73**	**47**	**26**
15-19岁	**33**	**17**	**16**	**33**	**17**	**16**
15	15	6	9	15	6	9
16	6	4	2	6	4	2
17	6	4	2	6	4	2
18	4	2	2	4	2	2
19	2	1	1	2	1	1
20-24岁	**18**	**14**	**4**	**17**	**14**	**3**
20	3	3		3	3	
21	6	4	2	6	4	2
22	1	1		1	1	
23	4	3	1	4	3	1
24	4	3	1	3	3	
25-29岁	**15**	**9**	**6**	**6**	**4**	**2**
25	5	4	1	2	2	
26	2	1	1	2	1	1
27	2	1	1			
28	2	1	1	1	1	
29	4	2	2	1		1
30-34岁	**24**	**5**	**19**	**2**		**2**
30	3		3			
31	9		9	2		2
32	5	2	3			
33	2		2			
34	5	3	2			
35-39岁	**15**	**8**	**7**	**3**	**2**	**1**
35	3	2	1			
36	3	2	1	1	1	
37	3	1	2	2	1	1
38	4	2	2			
39	2	1	1			
40-44岁	**28**	**8**	**20**	**1**	**1**	
40	4	2	2			
41	4	2	2			
42	6	1	5			
43	5	1	4	1	1	
44	9	2	7			
45-49岁	**36**	**16**	**20**	**1**	**1**	
45	6	4	2			
46	6	3	3			
47	8	2	6	1	1	
48	9	4	5			
49	7	3	4			
50-54岁	**59**	**11**	**48**	**2**	**2**	
50	8	1	7			
51	12	3	9	1	1	
52	10		10			
53	17	4	13			
54	12	3	9	1	1	
55-59岁	**61**	**12**	**49**	**1**	**1**	
55	12	2	10			
56	15	3	12			
57	16	4	12	1	1	
58	10	3	7			
59	8		8			
60-64岁	**112**	**21**	**91**			
60	16	1	15			
61	14	3	11			
62	30	7	23			
63	23	4	19			
64	29	6	23			
65岁及以上	**481**	**123**	**358**	**7**	**5**	**2**

单位：人

有配偶			离　婚			丧　偶		
小计	男	女	小计	男	女	小计	男	女
547	**146**	**401**	**7**	**4**	**3**	**255**	**47**	**208**
1		**1**						
1		1						
9	**5**	**4**						
3	2	1						
2	1	1						
1		1						
3	2	1						
22	**5**	**17**						
3		3						
7		7						
5	2	3						
2		2						
5	3	2						
12	**6**	**6**						
3	2	1						
2	1	1						
1		1						
4	2	2						
2	1	1						
26	**7**	**19**	**1**		**1**			
4	2	2						
4	2	2						
6	1	5						
4		4						
8	2	6	1		1			
29	**9**	**20**	**3**	**3**		**3**	**3**	
5	3	2	1	1				
4	1	3				2	2	
7	1	6						
7	2	5	1	1		1	1	
6	2	4	1	1				
51	**8**	**43**	**1**		**1**	**5**	**1**	**4**
8	1	7						
9	1	8	1		1	1	1	
8		8				2		2
16	4	12				1		1
10	2	8				1		1
54	**10**	**44**				**6**	**1**	**5**
10	2	8				2		2
13	3	10				2		2
14	2	12				1	1	
10	3	7						
7		7				1		1
93	**18**	**75**	**1**	**1**		**18**	**2**	**16**
13	1	12				3		3
13	3	10				1		1
27	7	20				3		3
19	4	15				4		4
21	3	18	1	1		7	2	5
250	**78**	**172**	**1**		**1**	**223**	**40**	**183**

5-3b 续表 3

受教育程度 年　　龄	15岁及以上人口			未　婚		
	合计	男	女	小计	男	女
小　学	**202010**	**77278**	**124732**	**5554**	**4397**	**1157**
15-19岁	**446**	**242**	**204**	**438**	**241**	**197**
15	55	32	23	55	32	23
16	75	33	42	74	33	41
17	79	42	37	79	42	37
18	112	62	50	111	62	49
19	125	73	52	119	72	47
20-24岁	**983**	**507**	**476**	**658**	**430**	**228**
20	135	71	64	119	71	48
21	139	74	65	102	67	35
22	208	120	88	156	106	50
23	232	113	119	147	94	53
24	269	129	140	134	92	42
25-29岁	**1928**	**820**	**1108**	**528**	**374**	**154**
25	288	134	154	123	91	32
26	302	128	174	99	69	30
27	385	150	235	101	64	37
28	419	179	240	98	73	25
29	534	229	305	107	77	30
30-34岁	**4216**	**1588**	**2628**	**528**	**405**	**123**
30	772	322	450	131	97	34
31	801	309	492	116	81	35
32	848	316	532	110	87	23
33	931	329	602	80	68	12
34	864	312	552	91	72	19
35-39岁	**5212**	**1758**	**3454**	**348**	**283**	**65**
35	856	299	557	70	57	13
36	1043	367	676	66	53	13
37	973	341	632	60	51	9
38	1138	361	777	82	66	16
39	1202	390	812	70	56	14
40-44岁	**12291**	**4168**	**8123**	**535**	**448**	**87**
40	1324	432	892	64	55	9
41	2106	728	1378	112	98	14
42	2581	874	1707	111	87	24
43	2876	969	1907	114	88	26
44	3404	1165	2239	134	120	14
45-49岁	**21040**	**7247**	**13793**	**536**	**476**	**60**
45	3743	1280	2463	106	99	7
46	4128	1442	2686	140	126	14
47	4519	1580	2939	104	83	21
48	4154	1418	2736	91	81	10
49	4496	1527	2969	95	87	8
50-54岁	**29795**	**10550**	**19245**	**480**	**438**	**42**
50	5126	1731	3395	100	89	11
51	5709	2038	3671	97	92	5
52	6712	2402	4310	105	95	10
53	5699	2064	3635	82	78	4
54	6549	2315	4234	96	84	12
55-59岁	**27199**	**9532**	**17667**	**352**	**316**	**36**
55	6203	2216	3987	88	78	10
56	5840	2095	3745	80	76	4
57	6337	2188	4149	85	78	7
58	5442	1858	3584	59	51	8
59	3377	1175	2202	40	33	7
60-64岁	**27045**	**10487**	**16558**	**346**	**313**	**33**
60	4550	1742	2808	62	56	6
61	4487	1744	2743	66	62	4
62	5713	2192	3521	63	58	5
63	6583	2567	4016	92	83	9
64	5712	2242	3470	63	54	9
65岁及以上	**71855**	**30379**	**41476**	**805**	**673**	**132**

单位：人

有配偶			离婚			丧偶		
小计	男	女	小计	男	女	小计	男	女
165175	**65314**	**99861**	**2744**	**1429**	**1315**	**28537**	**6138**	**22399**
8	**1**	**7**						
1		1						
1		1						
6	1	5						
320	**72**	**248**	**5**	**5**				
16		16						
37	7	30						
49	11	38	3	3				
84	18	66	1	1				
134	36	98	1	1				
1360	**430**	**930**	**39**	**16**	**23**	**1**		**1**
159	42	117	5	1	4	1		1
201	58	143	2	1	1			
276	83	193	8	3	5			
312	104	208	9	2	7			
412	143	269	15	9	6			
3559	**1123**	**2436**	**114**	**59**	**55**	**15**	**1**	**14**
620	215	405	20	10	10	1		1
662	219	443	22	9	13	1		1
721	219	502	16	10	6	1		1
818	246	572	28	15	13	5		5
738	224	514	28	15	13	7	1	6
4656	**1360**	**3296**	**180**	**111**	**69**	**28**	**4**	**24**
749	223	526	29	18	11	8	1	7
938	290	648	37	23	14	2	1	1
874	266	608	33	22	11	6	2	4
1016	279	737	34	16	18	6		6
1079	302	777	47	32	15	6		6
11275	**3526**	**7749**	**351**	**179**	**172**	**130**	**15**	**115**
1204	347	857	43	28	15	13	2	11
1907	589	1318	76	40	36	11	1	10
2371	743	1628	73	41	32	26	3	23
2658	849	1809	72	29	43	32	3	29
3135	998	2137	87	41	46	48	6	42
19653	**6493**	**13160**	**467**	**231**	**236**	**384**	**47**	**337**
3487	1133	2354	88	42	46	62	6	56
3833	1264	2569	84	45	39	71	7	64
4230	1432	2798	106	57	49	79	8	71
3894	1278	2616	98	48	50	71	11	60
4209	1386	2823	91	39	52	101	15	86
27739	**9729**	**18010**	**461**	**221**	**240**	**1115**	**162**	**953**
4804	1589	3215	84	36	48	138	17	121
5339	1872	3467	89	46	43	184	28	156
6250	2214	4036	113	51	62	244	42	202
5324	1921	3403	72	37	35	221	28	193
6022	2133	3889	103	51	52	328	47	281
24672	**8786**	**15886**	**352**	**174**	**178**	**1823**	**256**	**1567**
5727	2065	3662	71	31	40	317	42	275
5329	1911	3418	96	55	41	335	53	282
5715	2008	3707	76	38	38	461	64	397
4902	1725	3177	66	28	38	415	54	361
2999	1077	1922	43	22	21	295	43	252
23513	**9474**	**14039**	**285**	**160**	**125**	**2901**	**540**	**2361**
4023	1590	2433	52	31	21	413	65	348
3918	1588	2330	46	22	24	457	72	385
4989	1981	3008	64	38	26	597	115	482
5720	2314	3406	65	32	33	706	138	568
4863	2001	2862	58	37	21	728	150	578
48420	**24320**	**24100**	**490**	**273**	**217**	**22140**	**5113**	**17027**

5-3b 续表 4

受教育程度	15岁及以上人口			未婚		
年龄	合计	男	女	小计	男	女
初 中	**447236**	**229864**	**217372**	**48401**	**32064**	**16337**
15-19岁	**18868**	**10887**	**7981**	**18625**	**10851**	**7774**
15	8314	4731	3583	8307	4730	3577
16	3835	2248	1587	3822	2244	1578
17	2339	1341	998	2315	1339	976
18	2054	1225	829	1980	1215	765
19	2326	1342	984	2201	1323	878
20-24岁	**16682**	**8871**	**7811**	**11486**	**7445**	**4041**
20	2389	1326	1063	2097	1269	828
21	2794	1561	1233	2262	1460	802
22	3529	1870	1659	2513	1631	882
23	3855	2000	1855	2415	1589	826
24	4115	2114	2001	2199	1496	703
25-29岁	**27807**	**13404**	**14403**	**7635**	**5496**	**2139**
25	4588	2319	2269	1987	1372	615
26	4359	2133	2226	1506	1073	433
27	5175	2465	2710	1466	1081	385
28	6112	2865	3247	1308	958	350
29	7573	3622	3951	1368	1012	356
30-34岁	**51289**	**23378**	**27911**	**4915**	**3704**	**1211**
30	10442	4897	5545	1499	1108	391
31	9956	4593	5363	1136	859	277
32	9709	4368	5341	867	664	203
33	11044	4990	6054	820	636	184
34	10138	4530	5608	593	437	156
35-39岁	**52282**	**24046**	**28236**	**1964**	**1524**	**440**
35	10083	4601	5482	486	374	112
36	11143	5203	5940	501	385	116
37	10278	4715	5563	368	291	77
38	10934	5032	5902	338	271	67
39	9844	4495	5349	271	203	68
40-44岁	**67252**	**32409**	**34843**	**1453**	**1149**	**304**
40	9775	4455	5320	232	174	58
41	13035	6195	6840	304	241	63
42	14255	6922	7333	344	278	66
43	14608	7169	7439	328	255	73
44	15579	7668	7911	245	201	44
45-49岁	**69297**	**35151**	**34146**	**1145**	**918**	**227**
45	15026	7465	7561	280	222	58
46	14989	7455	7534	249	198	51
47	14674	7524	7150	239	188	51
48	12863	6599	6264	202	168	34
49	11745	6108	5637	175	142	33
50-54岁	**53669**	**28896**	**24773**	**564**	**467**	**97**
50	11877	6220	5657	136	107	29
51	11060	6012	5048	133	105	28
52	11703	6335	5368	131	111	20
53	9176	4964	4212	80	66	14
54	9853	5365	4488	84	78	6
55-59岁	**36626**	**20145**	**16481**	**274**	**221**	**53**
55	9496	5272	4224	78	66	12
56	8233	4404	3829	66	55	11
57	8678	4769	3909	68	52	16
58	6579	3655	2924	43	33	10
59	3640	2045	1595	19	15	4
60-64岁	**20999**	**12349**	**8650**	**124**	**109**	**15**
60	4409	2539	1870	25	22	3
61	3736	2174	1562	26	23	3
62	4492	2666	1826	20	17	3
63	4719	2814	1905	34	31	3
64	3643	2156	1487	19	16	3
65岁及以上	**32465**	**20328**	**12137**	**216**	**180**	**36**

单位：人

有配偶			离婚			丧偶		
小计	男	女	小计	男	女	小计	男	女
378329	**188697**	**189632**	**9883**	**5483**	**4400**	**10623**	**3620**	**7003**
241	**36**	**205**	**2**		**2**			
7	1	6						
13	4	9						
23	2	21	1		1			
74	10	64						
124	19	105	1		1			
5144	**1410**	**3734**	**51**	**16**	**35**	**1**		**1**
291	56	235	1	1				
528	99	429	4	2	2			
1008	237	771	8	2	6			
1427	408	1019	12	3	9	1		1
1890	610	1280	26	8	18			
19717	**7677**	**12040**	**437**	**226**	**211**	**18**	**5**	**13**
2557	926	1631	42	21	21	2		2
2798	1042	1756	53	18	35	2		2
3636	1347	2289	71	37	34	2		2
4690	1836	2854	110	69	41	4	2	2
6036	2526	3510	161	81	80	8	3	5
44806	**18820**	**25986**	**1477**	**829**	**648**	**91**	**25**	**66**
8679	3635	5044	253	151	102	11	3	8
8511	3580	4931	290	146	144	19	8	11
8564	3554	5010	261	144	117	17	6	11
9839	4146	5693	359	203	156	26	5	21
9213	3905	5308	314	185	129	18	3	15
48503	**21475**	**27028**	**1655**	**1018**	**637**	**160**	**29**	**131**
9261	4034	5227	311	184	127	25	9	16
10262	4601	5661	356	212	144	24	5	19
9541	4199	5342	340	218	122	29	7	22
10215	4538	5677	336	218	118	45	5	40
9224	4103	5121	312	186	126	37	3	34
63458	**30067**	**33391**	**1950**	**1111**	**839**	**391**	**82**	**309**
9235	4123	5112	272	147	125	36	11	25
12251	5691	6560	413	247	166	67	16	51
13412	6388	7024	416	240	176	83	16	67
13786	6673	7113	414	233	181	80	8	72
14774	7192	7582	435	244	191	125	31	94
65655	**33153**	**32502**	**1791**	**913**	**878**	**706**	**167**	**539**
14202	7007	7195	408	210	198	136	26	110
14200	7013	7187	408	211	197	132	33	99
13919	7115	6804	375	186	189	141	35	106
12212	6244	5968	301	149	152	148	38	110
11122	5774	5348	299	157	142	149	35	114
50830	**27521**	**23309**	**1181**	**622**	**559**	**1094**	**286**	**808**
11292	5933	5359	270	137	133	179	43	136
10484	5714	4770	256	146	110	187	47	140
11049	6004	5045	279	151	128	244	69	175
8698	4747	3951	183	94	89	215	57	158
9307	5123	4184	193	94	99	269	70	199
34264	**19185**	**15079**	**726**	**367**	**359**	**1362**	**372**	**990**
8933	5018	3915	189	103	86	296	85	211
7758	4211	3547	153	72	81	256	66	190
8064	4524	3540	190	94	96	356	99	257
6136	3487	2649	126	61	65	274	74	200
3373	1945	1428	68	37	31	180	48	132
19259	**11600**	**7659**	**325**	**190**	**135**	**1291**	**450**	**841**
4051	2395	1656	96	49	47	237	73	164
3448	2041	1407	54	36	18	208	74	134
4156	2523	1633	72	44	28	244	82	162
4287	2616	1671	59	35	24	339	132	207
3317	2025	1292	44	26	18	263	89	174
26452	**17753**	**8699**	**288**	**191**	**97**	**5509**	**2204**	**3305**

5–3b 续表 5

受教育程度 年 龄	15岁及以上人口			未 婚		
	合计	男	女	小计	男	女
高 中	**243422**	**139493**	**103929**	**101056**	**59123**	**41933**
15–19岁	**75846**	**42404**	**33442**	**75765**	**42382**	**33383**
15	16991	9248	7743	16988	9247	7741
16	24359	13607	10752	24357	13606	10751
17	19815	11117	8698	19803	11110	8693
18	9899	5682	4217	9879	5679	4200
19	4782	2750	2032	4738	2740	1998
20–24岁	**15920**	**9068**	**6852**	**13105**	**8175**	**4930**
20	3340	1920	1420	3206	1898	1308
21	2836	1659	1177	2561	1592	969
22	3218	1845	1373	2712	1696	1016
23	3205	1791	1414	2432	1548	884
24	3321	1853	1468	2194	1441	753
25–29岁	**19107**	**10216**	**8891**	**7036**	**4812**	**2224**
25	3479	1910	1569	1973	1315	658
26	3145	1634	1511	1456	957	499
27	3605	1974	1631	1334	937	397
28	4041	2176	1865	1188	830	358
29	4837	2522	2315	1085	773	312
30–34岁	**26995**	**14106**	**12889**	**3191**	**2319**	**872**
30	6086	3193	2893	1114	805	309
31	5771	3036	2735	765	573	192
32	5045	2653	2392	535	385	150
33	5448	2835	2613	456	325	131
34	4645	2389	2256	321	231	90
35–39岁	**19924**	**10673**	**9251**	**871**	**615**	**256**
35	4246	2216	2030	241	159	82
36	4199	2262	1937	204	157	47
37	3767	2022	1745	147	106	41
38	3997	2140	1857	163	111	52
39	3715	2033	1682	116	82	34
40–44岁	**20194**	**11381**	**8813**	**452**	**340**	**112**
40	3278	1817	1461	87	65	22
41	4129	2309	1820	81	55	26
42	4351	2455	1896	95	77	18
43	4166	2372	1794	107	79	28
44	4270	2428	1842	82	64	18
45–49岁	**19326**	**11580**	**7746**	**308**	**229**	**79**
45	4125	2390	1735	74	53	21
46	4160	2456	1704	69	54	15
47	3999	2391	1608	62	41	21
48	3577	2189	1388	57	43	14
49	3465	2154	1311	46	38	8
50–54岁	**14548**	**9128**	**5420**	**155**	**112**	**43**
50	3352	2076	1276	43	34	9
51	2980	1856	1124	29	19	10
52	3310	2090	1220	34	25	9
53	2348	1480	868	18	15	3
54	2558	1626	932	31	19	12
55–59岁	**13345**	**8481**	**4864**	**90**	**64**	**26**
55	2668	1660	1008	22	15	7
56	2711	1795	916	20	15	5
57	3390	2132	1258	24	15	9
58	2844	1816	1028	16	13	3
59	1732	1078	654	8	6	2
60–64岁	**8809**	**5786**	**3023**	**39**	**33**	**6**
60	2018	1276	742	10	9	1
61	1648	1058	590	7	6	1
62	1911	1251	660	13	11	2
63	1816	1231	585	4	2	2
64	1416	970	446	5	5	
65岁及以上	**9408**	**6670**	**2738**	**44**	**42**	**2**

单位：人

有配偶			离婚			丧偶		
小计	男	女	小计	男	女	小计	男	女
135977	**77279**	**58698**	**3973**	**2122**	**1851**	**2416**	**969**	**1447**
81	**22**	**59**						
3	1	2						
2	1	1						
12	7	5						
20	3	17						
44	10	34						
2794	**888**	**1906**	**21**	**5**	**16**			
134	22	112						
273	67	206	2		2			
503	149	354	3		3			
770	240	530	3	3				
1114	410	704	13	2	11			
11818	**5291**	**6527**	**242**	**109**	**133**	**11**	**4**	**7**
1479	580	899	27	15	12			
1662	668	994	27	9	18			
2220	1011	1209	49	26	23	2		2
2793	1320	1473	57	25	32	3	1	2
3664	1712	1952	82	34	48	6	3	3
23139	**11427**	**11712**	**641**	**351**	**290**	**24**	**9**	**15**
4847	2329	2518	122	58	64	3	1	2
4874	2394	2480	125	67	58	7	2	5
4376	2192	2184	131	74	57	3	2	1
4849	2425	2424	136	82	54	7	3	4
4193	2087	2106	127	70	57	4	1	3
18358	**9686**	**8672**	**641**	**353**	**288**	**54**	**19**	**35**
3858	1980	1878	137	74	63	10	3	7
3865	2031	1834	120	70	50	10	4	6
3500	1855	1645	111	56	55	9	5	4
3687	1949	1738	133	75	58	14	5	9
3448	1871	1577	140	78	62	11	2	9
18945	**10635**	**8310**	**724**	**388**	**336**	**73**	**18**	**55**
3068	1687	1381	119	65	54	4		4
3859	2155	1704	171	93	78	18	6	12
4090	2293	1797	151	80	71	15	5	10
3893	2206	1687	150	84	66	16	3	13
4035	2294	1741	133	66	67	20	4	16
18275	**11000**	**7275**	**638**	**331**	**307**	**105**	**20**	**85**
3921	2268	1653	117	66	51	13	3	10
3922	2325	1597	156	75	81	13	2	11
3779	2274	1505	132	70	62	26	6	20
3369	2084	1285	126	59	67	25	3	22
3284	2049	1235	107	61	46	28	6	22
13771	**8731**	**5040**	**444**	**236**	**208**	**178**	**49**	**129**
3174	1978	1196	99	55	44	36	9	27
2820	1774	1046	101	52	49	30	11	19
3117	1995	1122	118	59	59	41	11	30
2244	1428	816	58	31	27	28	6	22
2416	1556	860	68	39	29	43	12	31
12557	**8118**	**4439**	**371**	**203**	**168**	**327**	**96**	**231**
2515	1591	924	76	35	41	55	19	36
2555	1717	838	73	48	25	63	15	48
3203	2046	1157	81	47	34	82	24	58
2668	1733	935	86	45	41	74	25	49
1616	1031	585	55	28	27	53	13	40
8227	**5536**	**2691**	**154**	**80**	**74**	**389**	**137**	**252**
1898	1231	667	37	14	23	73	22	51
1546	1011	535	26	18	8	69	23	46
1783	1200	583	36	19	17	79	21	58
1697	1179	518	30	16	14	85	34	51
1303	915	388	25	13	12	83	37	46
8012	**5945**	**2067**	**97**	**66**	**31**	**1255**	**617**	**638**

5-3b 续表 6

受教育程度 年 龄	15岁及以上人口			未 婚		
	合计	男	女	小计	男	女
大学专科	**110907**	**61011**	**49896**	**48747**	**26577**	**22170**
15-19岁	**16016**	**8380**	**7636**	**15995**	**8376**	**7619**
15	402	183	219	402	183	219
16	714	347	367	714	347	367
17	1526	761	765	1525	761	764
18	5261	2817	2444	5258	2816	2442
19	8113	4272	3841	8096	4269	3827
20-24岁	**24543**	**12415**	**12128**	**22767**	**11928**	**10839**
20	7577	3999	3578	7524	3987	3537
21	5308	2708	2600	5194	2697	2497
22	4424	2231	2193	4152	2171	1981
23	3727	1809	1918	3188	1651	1537
24	3507	1668	1839	2709	1422	1287
25-29岁	**15938**	**7988**	**7950**	**7093**	**4320**	**2773**
25	3319	1691	1628	2237	1303	934
26	2952	1511	1441	1649	1007	642
27	3009	1519	1490	1294	803	491
28	3122	1519	1603	1042	650	392
29	3536	1748	1788	871	557	314
30-34岁	**17046**	**8691**	**8355**	**2181**	**1448**	**733**
30	4286	2109	2177	836	543	293
31	3604	1801	1803	514	338	176
32	3182	1655	1527	353	239	114
33	3257	1683	1574	276	197	79
34	2717	1443	1274	202	131	71
35-39岁	**9991**	**5337**	**4654**	**422**	**294**	**128**
35	2339	1244	1095	125	86	39
36	2277	1182	1095	112	72	40
37	1821	975	846	70	49	21
38	1936	1073	863	67	52	15
39	1618	863	755	48	35	13
40-44岁	**7688**	**4540**	**3148**	**151**	**113**	**38**
40	1458	833	625	40	25	15
41	1609	906	703	36	26	10
42	1609	953	656	33	28	5
43	1446	890	556	19	17	2
44	1566	958	608	23	17	6
45-49岁	**6370**	**4011**	**2359**	**74**	**53**	**21**
45	1364	846	518	21	15	6
46	1298	828	470	10	7	3
47	1378	861	517	17	13	4
48	1204	772	432	12	7	5
49	1126	704	422	14	11	3
50-54岁	**5167**	**3572**	**1595**	**36**	**24**	**12**
50	1208	803	405	10	7	3
51	1076	743	333	5	2	3
52	1119	774	345	8	6	2
53	868	619	249	8	5	3
54	896	633	263	5	4	1
55-59岁	**3606**	**2640**	**966**	**20**	**16**	**4**
55	831	609	222	8	8	
56	829	613	216	3	2	1
57	907	656	251	4	2	2
58	660	484	176	4	3	1
59	379	278	101	1	1	
60-64岁	**1752**	**1318**	**434**	**2**	**1**	**1**
60	369	287	82	1	1	
61	307	225	82	1		1
62	371	271	100			
63	398	296	102			
64	307	239	68			
65岁及以上	**2790**	**2119**	**671**	**6**	**4**	**2**

单位：人

有配偶			离　婚			丧　偶		
小计	男	女	小计	男	女	小计	男	女
60275	**33554**	**26721**	**1408**	**683**	**725**	**477**	**197**	**280**
20	**4**	**16**	**1**		**1**			
1		1						
3	1	2						
16	3	13	1		1			
1765	**483**	**1282**	**11**	**4**	**7**			
53	12	41						
114	11	103						
271	60	211	1		1			
537	157	380	2	1	1			
790	243	547	8	3	5			
8741	**3636**	**5105**	**102**	**32**	**70**	**2**		**2**
1074	386	688	8	2	6			
1288	500	788	15	4	11			
1698	710	988	16	6	10	1		1
2050	859	1191	30	10	20			
2631	1181	1450	33	10	23	1		1
14530	**7096**	**7434**	**323**	**145**	**178**	**12**	**2**	**10**
3394	1540	1854	54	25	29	2	1	1
3023	1436	1587	66	27	39	1		1
2756	1384	1372	70	32	38	3		3
2901	1454	1447	76	32	44	4		4
2456	1282	1174	57	29	28	2	1	1
9277	**4909**	**4368**	**275**	**133**	**142**	**17**	**1**	**16**
2133	1130	1003	74	27	47	7	1	6
2113	1086	1027	48	24	24	4		4
1700	896	804	49	30	19	2		2
1810	992	818	56	29	27	3		3
1521	805	716	48	23	25	1		1
7265	**4289**	**2976**	**251**	**131**	**120**	**21**	**7**	**14**
1372	788	584	43	19	24	3	1	2
1517	852	665	54	28	26	2		2
1519	898	621	52	24	28	5	3	2
1372	844	528	50	28	22	5	1	4
1485	907	578	52	32	20	6	2	4
6064	**3856**	**2208**	**204**	**95**	**109**	**28**	**7**	**21**
1290	806	484	46	22	24	7	3	4
1238	797	441	45	23	22	5	1	4
1319	828	491	37	19	18	5	1	4
1142	746	396	43	17	26	7	2	5
1075	679	396	33	14	19	4		4
4994	**3484**	**1510**	**110**	**56**	**54**	**27**	**8**	**19**
1161	779	382	32	16	16	5	1	4
1052	731	321	17	10	7	2		2
1077	754	323	27	11	16	7	3	4
835	602	233	18	9	9	7	3	4
869	618	251	16	10	6	6	1	5
3470	**2566**	**904**	**73**	**45**	**28**	**43**	**13**	**30**
801	588	213	17	12	5	5	1	4
801	597	204	16	12	4	9	2	7
870	637	233	21	13	8	12	4	8
629	471	158	14	5	9	13	5	8
369	273	96	5	3	2	4	1	3
1666	**1274**	**392**	**39**	**28**	**11**	**45**	**15**	**30**
355	277	78	8	7	1	5	2	3
286	217	69	9	6	3	11	2	9
351	261	90	9	7	2	11	3	8
377	286	91	8	4	4	13	6	7
297	233	64	5	4	1	5	2	3
2483	**1957**	**526**	**19**	**14**	**5**	**282**	**144**	**138**

5-3b 续表 7

受教育程度 年 龄	15岁及以上人口			未 婚		
	合计	男	女	小计	男	女
大学本科	**69913**	**38715**	**31198**	**35420**	**18609**	**16811**
15-19岁	**8700**	**4359**	**4341**	**8696**	**4359**	**4337**
15	40	27	13	40	27	13
16	84	54	30	84	54	30
17	675	319	356	674	319	355
18	3140	1621	1519	3139	1621	1518
19	4761	2338	2423	4759	2338	2421
20-24岁	**19493**	**9863**	**9630**	**18926**	**9694**	**9232**
20	5398	2656	2742	5393	2656	2737
21	4907	2530	2377	4880	2526	2354
22	3890	1989	1901	3816	1971	1845
23	2843	1468	1375	2696	1421	1275
24	2455	1220	1235	2141	1120	1021
25-29岁	**11585**	**5815**	**5770**	**5971**	**3386**	**2585**
25	2374	1187	1187	1846	1004	842
26	2152	1069	1083	1400	776	624
27	2314	1130	1184	1196	675	521
28	2289	1167	1122	845	519	326
29	2456	1262	1194	684	412	272
30-34岁	**10925**	**5793**	**5132**	**1417**	**908**	**509**
30	2783	1412	1371	526	316	210
31	2309	1212	1097	355	235	120
32	2005	1078	927	234	154	80
33	2067	1107	960	180	125	55
34	1761	984	777	122	78	44
35-39岁	**6144**	**3532**	**2612**	**269**	**163**	**106**
35	1501	833	668	99	57	42
36	1479	875	604	57	35	22
37	1192	697	495	49	29	20
38	1106	633	473	40	27	13
39	866	494	372	24	15	9
40-44岁	**4235**	**2664**	**1571**	**64**	**41**	**23**
40	827	489	338	19	12	7
41	883	540	343	20	10	10
42	902	555	347	7	6	1
43	803	517	286	11	8	3
44	820	563	257	7	5	2
45-49岁	**3371**	**2372**	**999**	**45**	**33**	**12**
45	752	495	257	12	5	7
46	733	527	206	10	10	
47	675	476	199	11	9	2
48	628	445	183	8	7	1
49	583	429	154	4	2	2
50-54岁	**2807**	**2147**	**660**	**15**	**11**	**4**
50	619	445	174	6	4	2
51	613	462	151	3	3	
52	623	479	144	2	1	1
53	484	387	97	3	2	1
54	468	374	94	1	1	
55-59岁	**1486**	**1215**	**271**	**7**	**6**	**1**
55	395	316	79	3	3	
56	372	298	74	2	2	
57	401	335	66	1		1
58	224	187	37			
59	94	79	15	1	1	
60-64岁	**469**	**374**	**95**	**4**	**4**	
60	106	87	19	1	1	
61	80	64	16			
62	103	79	24			
63	112	89	23	1	1	
64	68	55	13	2	2	
65岁及以上	**698**	**581**	**117**	**6**	**4**	**2**

单位：人

有配偶			离婚			丧偶		
小计	男	女	小计	男	女	小计	男	女
33773	**19780**	**13993**	**599**	**260**	**339**	**121**	**66**	**55**
4		**4**						
1		1						
1		1						
2		2						
565	**167**	**398**	**2**	**2**				
5		5						
27	4	23						
74	18	56						
147	47	100						
312	98	214	2	2				
5578	**2420**	**3158**	**35**	**9**	**26**	**1**		**1**
526	183	343	2		2			
747	293	454	5		5			
1112	454	658	5	1	4	1		1
1439	647	792	5	1	4			
1754	843	911	18	7	11			
9355	**4821**	**4534**	**143**	**61**	**82**	**10**	**3**	**7**
2219	1083	1136	37	13	24	1		1
1932	967	965	20	9	11	2	1	1
1736	907	829	32	17	15	3		3
1853	967	886	31	13	18	3	2	1
1615	897	718	23	9	14	1		1
5740	**3318**	**2422**	**124**	**48**	**76**	**11**	**3**	**8**
1380	768	612	19	7	12	3	1	2
1386	826	560	33	13	20	3	1	2
1114	659	455	26	8	18	3	1	2
1035	592	443	29	14	15	2		2
825	473	352	17	6	11			
4051	**2576**	**1475**	**116**	**45**	**71**	**4**	**2**	**2**
777	463	314	30	13	17	1	1	
837	520	317	25	10	15	1		1
874	545	329	21	4	17			
767	500	267	24	8	16	1	1	
796	548	248	16	10	6	1		1
3239	**2300**	**939**	**79**	**35**	**44**	**8**	**4**	**4**
723	483	240	16	6	10	1	1	
699	506	193	23	10	13	1	1	
646	459	187	17	8	9	1		1
599	428	171	17	8	9	4	2	2
572	424	148	6	3	3	1		1
2716	**2094**	**622**	**60**	**33**	**27**	**16**	**9**	**7**
597	433	164	14	8	6	2		2
589	445	144	15	10	5	6	4	2
603	468	135	14	7	7	4	3	1
470	378	92	8	5	3	3	2	1
457	370	87	9	3	6	1		1
1445	**1190**	**255**	**24**	**15**	**9**	**10**	**4**	**6**
383	307	76	8	6	2	1		1
364	292	72	4	3	1	2	1	1
391	331	60	5	2	3	4	2	2
218	183	35	5	3	2	1	1	
89	77	12	2	1	1	2		2
452	**360**	**92**	**6**	**6**		**7**	**4**	**3**
102	84	18	2	2		1		1
77	62	15	1	1		2	1	1
100	76	24	1	1		2	2	
107	85	22	2	2		2	1	1
66	53	13						
628	**534**	**94**	**10**	**6**	**4**	**54**	**37**	**17**

5-3b 续表 8

受教育程度 年 龄	15岁及以上人口			未 婚		
	合计	男	女	小计	男	女
硕士研究生	**3764**	**1949**	**1815**	**2385**	**1165**	**1220**
15-19岁	**16**	**11**	**5**	**16**	**11**	**5**
15	1		1	1		1
16						
17	5	2	3	5	2	3
18	3	3		3	3	
19	7	6	1	7	6	1
20-24岁	**1377**	**625**	**752**	**1364**	**620**	**744**
20	20	11	9	20	11	9
21	103	52	51	103	52	51
22	333	156	177	332	156	176
23	466	196	270	465	196	269
24	455	210	245	444	205	239
25-29岁	**1043**	**510**	**533**	**834**	**438**	**396**
25	342	173	169	330	170	160
26	239	114	125	216	110	106
27	155	76	79	123	67	56
28	134	60	74	84	46	38
29	173	87	86	81	45	36
30-34岁	**623**	**316**	**307**	**136**	**73**	**63**
30	160	78	82	54	31	23
31	149	71	78	40	15	25
32	124	67	57	18	15	3
33	113	56	57	16	6	10
34	77	44	33	8	6	2
35-39岁	**290**	**169**	**121**	**25**	**19**	**6**
35	81	46	35	14	12	2
36	61	35	26	4	3	1
37	51	34	17	4	1	3
38	56	31	25	1	1	
39	41	23	18	2	2	
40-44岁	**152**	**103**	**49**	**5**	**2**	**3**
40	28	17	11	1		1
41	31	21	10	2	1	1
42	27	21	6	1		1
43	27	19	8			
44	39	25	14	1	1	
45-49岁	**106**	**84**	**22**	**1**		**1**
45	22	14	8			
46	17	15	2			
47	22	18	4			
48	18	15	3			
49	27	22	5	1		1
50-54岁	**81**	**65**	**16**	**2**	**1**	**1**
50	17	13	4			
51	16	13	3	2	1	1
52	22	18	4			
53	12	9	3			
54	14	12	2			
55-59岁	**47**	**43**	**4**	**1**	**1**	
55	12	10	2			
56	9	9				
57	16	15	1	1	1	
58	6	5	1			
59	4	4				
60-64岁	**12**	**9**	**3**			
60	1	1				
61	2	1	1			
62	3	2	1			
63	3	3				
64	3	2	1			
65岁及以上	**17**	**14**	**3**	**1**		**1**

单位：人

有配偶			离婚			丧偶		
小计	男	女	小计	男	女	小计	男	女
1349	**773**	**576**	**28**	**10**	**18**	**2**	**1**	**1**
13	**5**	**8**						
1		1						
1		1						
11	5	6						
208	**72**	**136**	**1**		**1**			
12	3	9						
23	4	19						
32	9	23						
50	14	36						
91	42	49	1		1			
482	**242**	**240**	**5**	**1**	**4**			
106	47	59						
109	56	53						
102	51	51	4	1	3			
96	50	46	1		1			
69	38	31						
255	**148**	**107**	**10**	**2**	**8**			
63	34	29	4		4			
56	32	24	1		1			
46	32	14	1	1				
53	30	23	2		2			
37	20	17	2	1	1			
144	**99**	**45**	**3**	**2**	**1**			
27	17	10						
28	19	9	1	1				
25	21	4	1		1			
26	18	8	1	1				
38	24	14						
102	**83**	**19**	**3**	**1**	**2**			
21	14	7	1		1			
17	15	2						
22	18	4						
18	15	3						
24	21	3	2	1	1			
74	**61**	**13**	**5**	**3**	**2**			
17	13	4						
14	12	2						
21	17	4	1	1				
9	8	1	3	1	2			
13	11	2	1	1				
45	**41**	**4**	**1**	**1**				
12	10	2						
9	9							
14	13	1	1	1				
6	5	1						
4	4							
10	**8**	**2**				**2**	**1**	**1**
1	1							
1	1					1		1
2	1	1				1	1	
3	3							
3	2	1						
16	**14**	**2**						

5-3b 续表 9

受教育程度 年　　龄	15岁及以上人口			未　婚		
	合计	男	女	小计	男	女
博士研究生	**321**	**199**	**122**	**142**	**84**	**58**
15-19岁						
15						
16						
17						
18						
19						
20-24岁	**45**	**26**	**19**	**44**	**25**	**19**
20						
21	6	5	1	6	5	1
22	12	6	6	12	6	6
23	12	4	8	12	4	8
24	15	11	4	14	10	4
25-29岁	**89**	**48**	**41**	**72**	**40**	**32**
25	13	7	6	12	6	6
26	20	8	12	19	8	11
27	19	10	9	15	8	7
28	16	10	6	13	8	5
29	21	13	8	13	10	3
30-34岁	**79**	**52**	**27**	**19**	**14**	**5**
30	15	10	5	4	3	1
31	16	9	7	5	3	2
32	18	12	6	4	3	1
33	16	11	5	4	4	
34	14	10	4	2	1	1
35-39岁	**46**	**30**	**16**	**3**	**3**	
35	12	9	3	1	1	
36	10	3	7			
37	6	4	2	1	1	
38	7	6	1	1	1	
39	11	8	3			
40-44岁	**26**	**19**	**7**	**2**		**2**
40	7	6	1	1		1
41	4	3	1	1		1
42	3	2	1			
43	7	5	2			
44	5	3	2			
45-49岁	**21**	**15**	**6**	**1**	**1**	
45	8	8		1	1	
46	5	3	2			
47	3	2	1			
48	2	1	1			
49	3	1	2			
50-54岁	**8**	**5**	**3**			
50						
51	2	1	1			
52	1	1				
53						
54	5	3	2			
55-59岁	**5**	**3**	**2**	**1**	**1**	
55	2	2				
56	1		1			
57						
58	2	1	1	1	1	
59						
60-64岁	**2**	**1**	**1**			
60						
61						
62	2	1	1			
63						
64						
65岁及以上						

单位：人

有配偶			离婚			丧偶		
小计	男	女	小计	男	女	小计	男	女
176	**114**	**62**	**3**	**1**	**2**			
1	**1**							
1	1							
17	**8**	**9**						
1	1							
1		1						
4	2	2						
3	2	1						
8	3	5						
59	**38**	**21**	**1**		**1**			
11	7	4						
11	6	5						
14	9	5						
12	7	5						
11	9	2	1		1			
42	**27**	**15**	**1**		**1**			
11	8	3						
10	3	7						
5	3	2						
6	5	1						
10	8	2	1		1			
24	**19**	**5**						
6	6							
3	3							
3	2	1						
7	5	2						
5	3	2						
19	**13**	**6**	**1**	**1**				
6	6		1	1				
5	3	2						
3	2	1						
2	1	1						
3	1	2						
8	**5**	**3**						
2	1	1						
1	1							
5	3	2						
4	**2**	**2**						
2	2							
1		1						
1		1						
2	**1**	**1**						
2	1	1						

5-3c 全省分年龄、性别、受教育

受教育程度 年 龄	15岁及以上人口			未 婚		
	合计	男	女	小计	男	女
总 计	**1600847**	**831100**	**769747**	**306029**	**197428**	**108601**
15－19岁	**129032**	**72597**	**56435**	**128223**	**72437**	**55786**
15	30768	17147	13621	30760	17146	13614
16	28682	16058	12624	28646	16051	12595
17	24270	13866	10404	24182	13852	10330
18	22623	12767	9856	22419	12729	9690
19	22689	12759	9930	22216	12659	9557
20－24岁	**104731**	**57925**	**46806**	**86311**	**52250**	**34061**
20	21147	11781	9366	20134	11598	8536
21	20086	11115	8971	18252	10753	7499
22	22255	12268	9987	18780	11334	7446
23	20905	11515	9390	15779	9893	5886
24	20338	11246	9092	13366	8672	4694
25－29岁	**108893**	**59460**	**49433**	**42088**	**29868**	**12220**
25	21271	11692	9579	12103	8084	4019
26	18473	10032	8441	8604	5953	2651
27	20389	11158	9231	7836	5667	2169
28	22568	12398	10170	6987	5221	1766
29	26192	14180	12012	6558	4943	1615
30－34岁	**141059**	**75613**	**65446**	**20135**	**16122**	**4013**
30	33461	18181	15280	6699	5181	1518
31	29459	15887	13572	4706	3778	928
32	26314	14001	12313	3441	2776	665
33	28236	15003	13233	3092	2538	554
34	23589	12541	11048	2197	1849	348
35－39岁	**112482**	**59579**	**52903**	**7092**	**6055**	**1037**
35	22724	12111	10613	1750	1457	293
36	24082	12828	11254	1627	1365	262
37	21640	11447	10193	1283	1109	174
38	23181	12256	10925	1334	1153	181
39	20855	10937	9918	1098	971	127
40－44岁	**138037**	**73041**	**64996**	**6019**	**5491**	**528**
40	19812	10395	9417	967	859	108
41	26000	13797	12203	1196	1080	116
42	28935	15378	13557	1256	1139	117
43	29616	15792	13824	1287	1184	103
44	33674	17679	15995	1313	1229	84
45－49岁	**168280**	**87522**	**80758**	**5030**	**4704**	**326**
45	32926	17298	15628	1194	1113	81
46	35726	18663	17063	1114	1046	68
47	35489	18469	17020	1045	988	57
48	31836	16414	15422	854	787	67
49	32303	16678	15625	823	770	53
50－54岁	**172792**	**87183**	**85609**	**3324**	**3180**	**144**
50	34202	17200	17002	778	736	42
51	33791	17267	16524	689	659	30
52	38531	19411	19120	700	669	31
53	31392	15677	15715	548	526	22
54	34876	17628	17248	609	590	19
55－59岁	**138250**	**70041**	**68209**	**2168**	**2083**	**85**
55	32693	16734	15959	587	561	26
56	29596	14939	14657	493	473	20
57	32886	16612	16274	491	473	18
58	27202	13861	13341	360	345	15
59	15873	7895	7978	237	231	6
60－64岁	**111616**	**56791**	**54825**	**1736**	**1668**	**68**
60	20337	10408	9929	298	283	15
61	18593	9629	8964	308	300	8
62	23586	11960	11626	370	351	19
63	26765	13643	13122	415	398	17
64	22335	11151	11184	345	336	9
65岁及以上	**275675**	**131348**	**144327**	**3903**	**3570**	**333**

程度、婚姻状况的人口(乡村)

单位：人

有配偶			离婚			丧偶		
小计	男	女	小计	男	女	小计	男	女
1153657	**586054**	**567603**	**24711**	**18008**	**6703**	**116450**	**29610**	**86840**
798	**156**	**642**	**11**	**4**	**7**			
8	1	7						
36	7	29						
87	14	73	1		1			
202	37	165	2	1	1			
465	97	368	8	3	5			
18136	**5547**	**12589**	**270**	**125**	**145**	**14**	**3**	**11**
1006	181	825	6	1	5	1	1	
1811	352	1459	23	10	13			
3420	910	2510	49	23	26	6	1	5
5054	1592	3462	70	29	41	2	1	1
6845	2512	4333	122	62	60	5		5
65043	**28649**	**36394**	**1697**	**926**	**771**	**65**	**17**	**48**
8988	3530	5458	170	76	94	10	2	8
9663	3969	5694	202	108	94	4	2	2
12234	5324	6910	307	164	143	12	3	9
15143	6945	8198	418	223	195	20	9	11
19015	8881	10134	600	355	245	19	1	18
116261	**56520**	**59741**	**4401**	**2892**	**1509**	**262**	**79**	**183**
25831	12430	13401	895	558	337	36	12	24
23841	11538	12303	867	556	311	45	15	30
21986	10657	11329	840	560	280	47	8	39
24117	11816	12301	957	626	331	70	23	47
20486	10079	10407	842	592	250	64	21	43
100649	**50346**	**50303**	**4204**	**3043**	**1161**	**537**	**135**	**402**
20047	10025	10022	856	604	252	71	25	46
21436	10769	10667	928	673	255	91	21	70
19459	9741	9718	792	573	219	106	24	82
20826	10413	10413	888	658	230	133	32	101
18881	9398	9483	740	535	205	136	33	103
126240	**63728**	**62512**	**4445**	**3489**	**956**	**1333**	**333**	**1000**
17980	8953	9027	721	552	169	144	31	113
23706	11983	11723	899	687	212	199	47	152
26467	13421	13046	947	749	198	265	69	196
27097	13786	13311	923	744	179	309	78	231
30990	15585	15405	955	757	198	416	108	308
156417	**79099**	**77318**	**3765**	**2951**	**814**	**3068**	**768**	**2300**
30365	15378	14987	887	696	191	480	111	369
33207	16798	16409	865	679	186	540	140	400
33006	16676	16330	798	632	166	640	173	467
29706	14976	14730	641	506	135	635	145	490
30133	15271	14862	574	438	136	773	199	574
160979	**80534**	**80445**	**2441**	**1900**	**541**	**6048**	**1569**	**4479**
31952	15818	16134	567	431	136	905	215	690
31539	15931	15608	511	396	115	1052	281	771
35919	17940	17979	585	450	135	1327	352	975
29201	14518	14683	391	320	71	1252	313	939
32368	16327	16041	387	303	84	1512	408	1104
126588	**64768**	**61820**	**1384**	**1068**	**316**	**8110**	**2122**	**5988**
30170	15472	14698	351	273	78	1585	428	1157
27140	13777	13363	318	249	69	1645	440	1205
30115	15384	14731	330	244	86	1950	511	1439
24843	12887	11956	239	188	51	1760	441	1319
14320	7248	7072	146	114	32	1170	302	868
97981	**51395**	**46586**	**866**	**671**	**195**	**11033**	**3057**	**7976**
18299	9585	8714	171	136	35	1569	404	1165
16501	8763	7738	141	105	36	1643	461	1182
20701	10808	9893	192	154	38	2323	647	1676
23366	12274	11092	199	159	40	2785	812	1973
19114	9965	9149	163	117	46	2713	733	1980
184565	**105312**	**79253**	**1227**	**939**	**288**	**85980**	**21527**	**64453**

5-3c 续表 1

受教育程度 年龄	15岁及以上人口			未婚		
	合计	男	女	小计	男	女
未上过学	**54251**	**10505**	**43746**	**2882**	**2426**	**456**
15-19岁	**166**	**102**	**64**	**160**	**101**	**59**
15	34	15	19	34	15	19
16	37	25	12	36	25	11
17	24	18	6	22	18	4
18	30	18	12	29	18	11
19	41	26	15	39	25	14
20-24岁	**235**	**136**	**99**	**196**	**132**	**64**
20	55	28	27	50	28	22
21	48	30	18	42	29	13
22	49	31	18	40	31	9
23	44	23	21	31	20	11
24	39	24	15	33	24	9
25-29岁	**320**	**175**	**145**	**200**	**149**	**51**
25	63	36	27	47	33	14
26	64	29	35	38	29	9
27	66	38	28	38	30	8
28	56	33	23	34	27	7
29	71	39	32	43	30	13
30-34岁	**403**	**198**	**205**	**213**	**163**	**50**
30	94	42	52	52	35	17
31	77	43	34	45	33	12
32	80	48	32	51	41	10
33	65	27	38	28	22	6
34	87	38	49	37	32	5
35-39岁	**426**	**190**	**236**	**182**	**148**	**34**
35	69	32	37	37	29	8
36	89	42	47	40	34	6
37	77	36	41	33	28	5
38	108	51	57	42	35	7
39	83	29	54	30	22	8
40-44岁	**732**	**292**	**440**	**231**	**209**	**22**
40	84	27	57	23	21	2
41	147	65	82	55	47	8
42	141	64	77	53	50	3
43	172	66	106	51	45	6
44	188	70	118	49	46	3
45-49岁	**1330**	**363**	**967**	**258**	**225**	**33**
45	213	61	152	46	41	5
46	237	75	162	51	46	5
47	287	68	219	57	47	10
48	287	85	202	57	52	5
49	306	74	232	47	39	8
50-54岁	**2506**	**478**	**2028**	**205**	**184**	**21**
50	370	75	295	44	37	7
51	441	83	358	34	28	6
52	573	109	464	46	43	3
53	518	102	416	36	35	1
54	604	109	495	45	41	4
55-59岁	**3248**	**520**	**2728**	**185**	**173**	**12**
55	646	126	520	47	42	5
56	663	107	556	38	36	2
57	758	107	651	39	37	2
58	702	106	596	33	31	2
59	479	74	405	28	27	1
60-64岁	**5627**	**897**	**4730**	**218**	**207**	**11**
60	757	137	620	31	29	2
61	835	122	713	27	27	
62	1204	188	1016	42	38	4
63	1506	244	1262	65	62	3
64	1325	206	1119	53	51	2
65岁及以上	**39258**	**7154**	**32104**	**834**	**735**	**99**

单位：人

有配偶			离婚			丧偶		
小计	男	女	小计	男	女	小计	男	女
28606	**5837**	**22769**	**251**	**151**	**100**	**22512**	**2091**	**20421**
6	**1**	**5**						
1		1						
2		2						
1		1						
2	1	1						
39	**4**	**35**						
5		5						
6	1	5						
9		9						
13	3	10						
6		6						
118	**24**	**94**	**2**	**2**				
15	2	13	1	1				
26		26						
28	8	20						
22	6	16						
27	8	19	1	1				
187	**35**	**152**	**2**		**2**	**1**		**1**
42	7	35						
31	10	21	1		1			
29	7	22						
35	5	30	1		1	1		1
50	6	44						
231	**39**	**192**	**6**	**3**	**3**	**7**		**7**
32	3	29						
47	7	40	1	1		1		1
41	8	33	1		1	2		2
62	15	47	2	1	1	2		2
49	6	43	2	1	1	2		2
470	**69**	**401**	**14**	**10**	**4**	**17**	**4**	**13**
59	6	53	1		1	1		1
86	15	71	3	2	1	3	1	2
80	10	70	5	3	2	3	1	2
111	17	94	3	3		7	1	6
134	21	113	2	2		3	1	2
996	**115**	**881**	**18**	**13**	**5**	**58**	**10**	**48**
159	18	141	3	2	1	5		5
173	24	149	1	1		12	4	8
216	17	199	3	1	2	11	3	8
214	30	184	2	2		14	1	13
234	26	208	9	7	2	16	2	14
2088	**256**	**1832**	**27**	**19**	**8**	**186**	**19**	**167**
304	34	270	5	2	3	17	2	15
372	48	324	4	4		31	3	28
486	56	430	6	6		35	4	31
429	58	371	6	4	2	47	5	42
497	60	437	6	3	3	56	5	51
2686	**318**	**2368**	**19**	**13**	**6**	**358**	**16**	**342**
535	78	457	4	3	1	60	3	57
559	65	494	6	5	1	60	1	59
622	64	558	4	2	2	93	4	89
588	71	517	4	2	2	77	2	75
382	40	342	1	1		68	6	62
4377	**599**	**3778**	**42**	**27**	**15**	**990**	**64**	**926**
607	97	510	7	5	2	112	6	106
675	84	591	9	5	4	124	6	118
940	128	812	8	6	2	214	16	198
1157	151	1006	11	8	3	273	23	250
998	139	859	7	3	4	267	13	254
17408	**4377**	**13031**	**121**	**64**	**57**	**20895**	**1978**	**18917**

5-3c 续表 2

受教育程度 年　　龄	15岁及以上人口			未　　婚		
	合计	男	女	小计	男	女
学前教育	**2505**	**620**	**1885**	**172**	**112**	**60**
15-19岁	**62**	**29**	**33**	**61**	**29**	**32**
15	32	16	16	32	16	16
16	12	5	7	11	5	6
17	6	2	4	6	2	4
18	9	4	5	9	4	5
19	3	2	1	3	2	1
20-24岁	**25**	**9**	**16**	**21**	**8**	**13**
20	1		1	1		1
21	4	1	3	3	1	2
22	9	3	6	8	3	5
23	8	4	4	7	3	4
24	3	1	2	2	1	1
25-29岁	**26**	**16**	**10**	**13**	**11**	**2**
25	6	4	2	2	2	
26	5	5		4	4	
27	4	3	1	3	2	1
28	8	3	5	2	2	
29	3	1	2	2	1	1
30-34岁	**30**	**13**	**17**	**9**	**8**	**1**
30	6	3	3	3	3	
31	4	4		2	2	
32	6	1	5	1		1
33	7	2	5	1	1	
34	7	3	4	2	2	
35-39岁	**29**	**10**	**19**	**8**	**6**	**2**
35	7	4	3	3	3	
36	7	2	5	2	1	1
37	4	2	2	2	2	
38	7	1	6			
39	4	1	3	1		1
40-44岁	**50**	**12**	**38**	**6**	**3**	**3**
40	7	1	6			
41	7	1	6	1		1
42	12	4	8	1		1
43	6	1	5	1	1	
44	18	5	13	3	2	1
45-49岁	**84**	**21**	**63**	**4**	**3**	**1**
45	17	4	13	3	3	
46	19	4	15	1		1
47	13	4	9			
48	14	5	9			
49	21	4	17			
50-54岁	**179**	**40**	**139**	**8**	**8**	
50	24	7	17			
51	31	4	27	2	2	
52	48	12	36	3	3	
53	43	14	29	2	2	
54	33	3	30	1	1	
55-59岁	**180**	**34**	**146**	**6**	**5**	**1**
55	33	8	25	1	1	
56	32	6	26	1	1	
57	51	10	41	1	1	
58	26	2	24	1		1
59	38	8	30	2	2	
60-64岁	**305**	**70**	**235**	**10**	**10**	
60	37	4	33			
61	44	4	40	1	1	
62	72	26	46	3	3	
63	83	17	66	5	5	
64	69	19	50	1	1	
65岁及以上	**1535**	**366**	**1169**	**26**	**21**	**5**

单位：人

有配偶			离　婚			丧　偶		
小计	男	女	小计	男	女	小计	男	女
1536	**400**	**1136**	**16**	**12**	**4**	**781**	**96**	**685**
1		**1**						
1		1						
4	**1**	**3**						
1		1						
1		1						
1	1							
1		1						
10	**2**	**8**	**3**	**3**				
4	2	2						
			1	1				
			1	1				
5		5	1	1				
1		1						
21	**5**	**16**						
3		3						
2	2							
5	1	4						
6	1	5						
5	1	4						
19	**3**	**16**	**2**	**1**	**1**			
4	1	3						
5	1	4						
2		2						
6	1	5	1		1			
2		2	1	1				
44	**9**	**35**						
7	1	6						
6	1	5						
11	4	7						
5		5						
15	3	12						
72	**15**	**57**	**1**	**1**		**7**	**2**	**5**
13	1	12				1		1
17	3	14				1	1	
12	3	9	1	1				
12	4	8				2	1	1
18	4	14				3		3
160	**30**	**130**	**1**	**1**		**10**	**1**	**9**
21	5	16	1	1		2	1	1
28	2	26				1		1
44	9	35				1		1
40	12	28				1		1
27	2	25				5		5
156	**28**	**128**	**1**	**1**		**17**		**17**
30	7	23				2		2
28	5	23				3		3
44	9	35				6		6
23	1	22	1	1		1		1
31	6	25				5		5
251	**55**	**196**	**2**	**1**	**1**	**42**	**4**	**38**
31	3	28	1	1		5		5
36	3	33	1		1	6		6
61	20	41				8	3	5
68	12	56				10		10
55	17	38				13	1	12
798	**252**	**546**	**6**	**4**	**2**	**705**	**89**	**616**

5－3c 续表 3

受教育程度 年龄	15岁及以上人口			未婚		
	合计	男	女	小计	男	女
小学	**488181**	**197310**	**290871**	**16216**	**14165**	**2051**
15－19岁	**972**	**488**	**484**	**926**	**487**	**439**
15	131	65	66	131	65	66
16	145	77	68	142	77	65
17	181	92	89	175	92	83
18	228	107	121	212	107	105
19	287	147	140	256	146	120
20－24岁	**1848**	**914**	**934**	**1220**	**803**	**417**
20	291	147	144	242	142	100
21	317	165	152	237	156	81
22	404	205	199	281	184	97
23	412	201	211	247	165	82
24	424	196	228	213	156	57
25－29岁	**3363**	**1329**	**2034**	**1043**	**780**	**263**
25	542	221	321	224	163	61
26	536	228	308	187	133	54
27	648	261	387	206	157	49
28	732	278	454	211	158	53
29	905	341	564	215	169	46
30－34岁	**7599**	**2810**	**4789**	**1301**	**1067**	**234**
30	1375	525	850	299	235	64
31	1470	556	914	282	232	50
32	1414	504	910	237	194	43
33	1791	685	1106	276	232	44
34	1549	540	1009	207	174	33
35－39岁	**10815**	**3719**	**7096**	**1085**	**953**	**132**
35	1707	625	1082	191	168	23
36	2066	718	1348	231	198	33
37	2031	695	1336	197	173	24
38	2444	836	1608	240	211	29
39	2567	845	1722	226	203	23
40－44岁	**25928**	**9195**	**16733**	**1798**	**1669**	**129**
40	2687	910	1777	222	201	21
41	4303	1451	2852	310	281	29
42	5442	1955	3487	402	370	32
43	5964	2199	3765	404	377	27
44	7532	2680	4852	460	440	20
45－49岁	**48644**	**16920**	**31724**	**2059**	**1953**	**106**
45	8099	2946	5153	439	416	23
46	9561	3368	6193	459	433	26
47	10317	3573	6744	449	434	15
48	9836	3301	6535	339	321	18
49	10831	3732	7099	373	349	24
50－54岁	**72292**	**25849**	**46443**	**1761**	**1700**	**61**
50	12434	4256	8178	350	334	16
51	13716	5010	8706	361	349	12
52	16266	5824	10442	392	378	14
53	13905	4969	8936	296	286	10
54	15971	5790	10181	362	353	9
55－59岁	**66952**	**24317**	**42635**	**1253**	**1218**	**35**
55	15197	5616	9581	341	330	11
56	13984	5013	8971	286	279	7
57	15845	5703	10142	275	269	6
58	13572	4907	8665	211	204	7
59	8354	3078	5276	140	136	4
60－64岁	**66482**	**27475**	**39007**	**1185**	**1141**	**44**
60	11152	4373	6779	198	188	10
61	10747	4465	6282	218	212	6
62	14142	5884	8258	251	239	12
63	16466	6987	9479	281	272	9
64	13975	5766	8209	237	230	7
65岁及以上	**183286**	**84294**	**98992**	**2585**	**2394**	**191**

单位：人

有配偶			离婚			丧偶		
小计	男	女	小计	男	女	小计	男	女
392561	**160887**	**231674**	**5323**	**3829**	**1494**	**74081**	**18429**	**55652**
43	**1**	**42**	**3**		**3**			
3		3						
6		6						
15		15	1		1			
19	1	18	2		2			
612	**106**	**506**	**15**	**5**	**10**	**1**		**1**
49	5	44						
78	9	69	2		2			
118	19	99	5	2	3			
164	36	128	1		1			
203	37	166	7	3	4	1		1
2222	**504**	**1718**	**92**	**44**	**48**	**6**	**1**	**5**
312	55	257	6	3	3			
331	85	246	17	10	7	1		1
425	98	327	15	5	10	2	1	1
497	109	388	23	11	12	1		1
657	157	500	31	15	16	2		2
6000	**1609**	**4391**	**266**	**129**	**137**	**32**	**5**	**27**
1023	273	750	48	17	31	5		5
1133	301	832	51	23	28	4		4
1136	294	842	37	15	22	4	1	3
1433	414	1019	73	39	34	9		9
1275	327	948	57	35	22	10	4	6
9315	**2542**	**6773**	**334**	**211**	**123**	**81**	**13**	**68**
1458	421	1037	52	35	17	6	1	5
1746	474	1272	73	43	30	16	3	13
1761	478	1283	58	43	15	15	1	14
2097	577	1520	85	46	39	22	2	20
2253	592	1661	66	44	22	22	6	16
22973	**6929**	**16044**	**732**	**530**	**202**	**425**	**67**	**358**
2341	644	1697	90	62	28	34	3	31
3789	1075	2714	141	89	52	63	6	57
4795	1449	3346	160	117	43	85	19	66
5309	1678	3631	159	128	31	92	16	76
6739	2083	4656	182	134	48	151	23	128
44405	**14042**	**30363**	**958**	**716**	**242**	**1222**	**209**	**1013**
7310	2350	4960	204	158	46	146	22	124
8688	2754	5934	209	144	65	205	37	168
9395	2931	6464	203	160	43	270	48	222
9073	2809	6264	166	127	39	258	44	214
9939	3198	6741	176	127	49	343	58	285
66244	**22834**	**43410**	**951**	**709**	**242**	**3336**	**606**	**2730**
11448	3709	7739	194	141	53	442	72	370
12586	4404	8182	192	144	48	577	113	464
14920	5159	9761	216	147	69	738	140	598
12705	4407	8298	184	149	35	720	127	593
14585	5155	9430	165	128	37	859	154	705
60031	**21708**	**38323**	**633**	**460**	**173**	**5035**	**931**	**4104**
13713	4973	8740	161	114	47	982	199	783
12547	4437	8110	148	112	36	1003	185	818
14228	5103	9125	150	102	48	1192	229	963
12133	4417	7716	106	83	23	1122	203	919
7410	2778	4632	68	49	19	736	115	621
57203	**24253**	**32950**	**519**	**399**	**120**	**7575**	**1682**	**5893**
9846	3924	5922	94	76	18	1014	185	829
9340	3961	5379	79	65	14	1110	227	883
12152	5181	6971	116	89	27	1623	375	1248
14125	6143	7982	126	97	29	1934	475	1459
11740	5044	6696	104	72	32	1894	420	1474
123513	**66359**	**57154**	**820**	**626**	**194**	**56368**	**14915**	**41453**

5-3c 续表 4

受教育程度 年 龄	15岁及以上人口			未 婚		
	合计	男	女	小计	男	女
初 中	**733624**	**422999**	**310625**	**113562**	**78009**	**35553**
15-19岁	**43129**	**24559**	**18570**	**42538**	**24447**	**18091**
15	17407	9791	7616	17401	9791	7610
16	8979	5074	3905	8954	5068	3886
17	5414	3181	2233	5350	3170	2180
18	5176	2968	2208	5035	2941	2094
19	6153	3545	2608	5798	3477	2321
20-24岁	**41043**	**22753**	**18290**	**28975**	**19152**	**9823**
20	6301	3627	2674	5590	3500	2090
21	7136	4009	3127	5876	3755	2121
22	8978	4941	4037	6655	4340	2315
23	9102	4946	4156	5717	3911	1806
24	9526	5230	4296	5137	3646	1491
25-29岁	**58759**	**30798**	**27961**	**18073**	**13693**	**4380**
25	10469	5654	4815	4846	3502	1344
26	9443	4911	4532	3441	2555	886
27	10966	5763	5203	3373	2599	774
28	12654	6638	6016	3214	2521	693
29	15227	7832	7395	3199	2516	683
30-34岁	**91031**	**46315**	**44716**	**11223**	**9153**	**2070**
30	20243	10348	9895	3422	2707	715
31	18623	9541	9082	2638	2155	483
32	17109	8629	8480	1953	1607	346
33	18827	9530	9297	1839	1527	312
34	16229	8267	7962	1371	1157	214
35-39岁	**80828**	**42266**	**38562**	**4456**	**3838**	**618**
35	15981	8231	7750	1086	913	173
36	17263	9008	8255	999	847	152
37	15638	8172	7466	839	734	105
38	16850	8866	7984	832	719	113
39	15096	7989	7107	700	625	75
40-44岁	**96415**	**53204**	**43211**	**3474**	**3160**	**314**
40	14234	7566	6668	602	534	68
41	18440	10101	8339	716	646	70
42	20259	11214	9045	711	643	68
43	20556	11484	9072	747	685	62
44	22926	12839	10087	698	652	46
45-49岁	**104418**	**60228**	**44190**	**2363**	**2220**	**143**
45	21723	12252	9471	611	571	40
46	22913	13060	9853	538	509	29
47	21977	12729	9248	473	449	24
48	19194	11202	7992	396	363	33
49	18611	10985	7626	345	328	17
50-54岁	**86665**	**52352**	**34313**	**1184**	**1138**	**46**
50	18897	11015	7882	335	319	16
51	17278	10383	6895	251	243	8
52	19236	11644	7592	227	215	12
53	15080	9209	5871	189	182	7
54	16174	10101	6073	182	179	3
55-59岁	**56785**	**36385**	**20400**	**614**	**588**	**26**
55	14615	9243	5372	173	167	6
56	12745	8122	4623	139	132	7
57	13462	8618	4844	153	145	8
58	10384	6819	3565	94	90	4
59	5579	3583	1996	55	54	1
60-64岁	**31581**	**22047**	**9534**	**276**	**265**	**11**
60	6689	4510	2179	53	52	1
61	5576	3878	1698	57	55	2
62	6636	4608	2028	64	61	3
63	7060	5025	2035	53	48	5
64	5620	4026	1594	49	49	
65岁及以上	**42970**	**32092**	**10878**	**386**	**355**	**31**

单位：人

有配偶			离婚			丧偶		
小计	男	女	小计	男	女	小计	男	女
587510	**325727**	**261783**	**15719**	**11614**	**4105**	**16833**	**7649**	**9184**
586	**109**	**477**	**5**	**3**	**2**			
6		6						
25	6	19						
63	11	52	1		1			
140	26	114	1	1				
352	66	286	3	2	1			
11862	**3502**	**8360**	**194**	**97**	**97**	**12**	**2**	**10**
707	126	581	4	1	3			
1246	246	1000	14	8	6			
2288	583	1705	29	17	12	6	1	5
3327	1011	2316	56	23	33	2	1	1
4294	1536	2758	91	48	43	4		4
39442	**16422**	**23020**	**1202**	**672**	**530**	**42**	**11**	**31**
5493	2094	3399	123	57	66	7	1	6
5859	2279	3580	141	75	66	2	2	
7372	3045	4327	214	117	97	7	2	5
9145	3955	5190	281	156	125	14	6	8
11573	5049	6524	443	267	176	12		12
76471	**35015**	**41456**	**3150**	**2090**	**1060**	**187**	**57**	**130**
16169	7244	8925	629	388	241	23	9	14
15317	6959	8358	634	415	219	34	12	22
14524	6614	7910	595	402	193	37	6	31
16255	7533	8722	686	452	234	47	18	29
14206	6665	7541	606	433	173	46	12	34
72740	**35956**	**36784**	**3234**	**2366**	**868**	**398**	**106**	**292**
14187	6831	7356	652	466	186	56	21	35
15480	7618	7862	722	530	192	62	13	49
14094	6974	7120	621	441	180	84	23	61
15251	7611	7640	668	508	160	99	28	71
13728	6922	6806	571	421	150	97	21	76
88905	**47236**	**41669**	**3217**	**2577**	**640**	**819**	**231**	**588**
12988	6574	6414	545	433	112	99	25	74
16951	8907	8044	648	513	135	125	35	90
18700	9973	8727	686	554	132	162	44	118
18954	10211	8743	664	535	129	191	53	138
21312	11571	9741	674	542	132	242	74	168
97958	**55549**	**42409**	**2449**	**1962**	**487**	**1648**	**497**	**1151**
20212	11126	9086	594	473	121	306	82	224
21500	11990	9510	574	471	103	301	90	211
20660	11759	8901	520	415	105	324	106	218
18038	10408	7630	418	336	82	342	95	247
17548	10266	7282	343	267	76	375	124	251
81915	**49366**	**32549**	**1232**	**992**	**240**	**2334**	**856**	**1478**
17832	10317	7515	316	245	71	414	134	280
16357	9775	6582	266	215	51	404	150	254
18202	11005	7197	294	240	54	513	184	329
14251	8709	5542	179	151	28	461	167	294
15273	9560	5713	177	141	36	542	221	321
53226	**34324**	**18902**	**583**	**477**	**106**	**2362**	**996**	**1366**
13800	8747	5053	153	129	24	489	200	289
11957	7663	4294	132	108	24	517	219	298
12598	8130	4468	140	111	29	571	232	339
9708	6455	3253	101	79	22	481	195	286
5163	3329	1834	57	50	7	304	150	154
29003	**20511**	**8492**	**232**	**189**	**43**	**2070**	**1082**	**988**
6218	4241	1977	51	40	11	367	177	190
5148	3617	1531	37	25	12	334	181	153
6100	4283	1817	54	47	7	418	217	201
6469	4669	1800	50	45	5	488	263	225
5068	3701	1367	40	32	8	463	244	219
35402	**27737**	**7665**	**221**	**189**	**32**	**6961**	**3811**	**3150**

5-3c 续表 5

受教育程度 年　　龄	15岁及以上人口			未　　婚		
	合计	男	女	小计	男	女
高　中	**214656**	**136656**	**78000**	**102307**	**62829**	**39478**
15-19岁	**64726**	**36832**	**27894**	**64581**	**36796**	**27785**
15	12570	6974	5596	12568	6973	5595
16	18313	10258	8055	18307	10257	8050
17	16260	9366	6894	16245	9363	6882
18	10527	6076	4451	10486	6070	4416
19	7056	4158	2898	6975	4133	2842
20-24岁	**25644**	**15179**	**10465**	**21664**	**13746**	**7918**
20	5341	3115	2226	5161	3077	2084
21	4846	2854	1992	4472	2775	1697
22	5396	3161	2235	4649	2925	1724
23	5109	3077	2032	4003	2659	1344
24	4952	2972	1980	3379	2310	1069
25-29岁	**24472**	**14674**	**9798**	**9996**	**7299**	**2697**
25	4913	2919	1994	2833	1972	861
26	4234	2523	1711	2080	1491	589
27	4585	2751	1834	1870	1396	474
28	4986	3023	1963	1654	1262	392
29	5754	3458	2296	1559	1178	381
30-34岁	**26568**	**16244**	**10324**	**4129**	**3305**	**824**
30	6959	4239	2720	1528	1190	338
31	5768	3517	2251	966	791	175
32	5012	3052	1960	716	571	145
33	4963	3027	1936	567	462	105
34	3866	2409	1457	352	291	61
35-39岁	**14910**	**9481**	**5429**	**901**	**756**	**145**
35	3424	2147	1277	269	225	44
36	3335	2099	1236	235	191	44
37	2862	1825	1037	140	117	23
38	2833	1810	1023	147	126	21
39	2456	1600	856	110	97	13
40-44岁	**12176**	**8258**	**3918**	**389**	**343**	**46**
40	2234	1467	767	85	73	12
41	2505	1722	783	88	81	7
42	2501	1708	793	70	60	10
43	2448	1671	777	61	54	7
44	2488	1690	798	85	75	10
45-49岁	**11705**	**8342**	**3363**	**303**	**267**	**36**
45	2450	1710	740	86	75	11
46	2533	1795	738	56	50	6
47	2468	1762	706	63	55	8
48	2118	1510	608	51	43	8
49	2136	1565	571	47	44	3
50-54岁	**9688**	**7276**	**2412**	**139**	**129**	**10**
50	2100	1547	553	39	39	
51	2003	1520	483	33	29	4
52	2099	1562	537	27	26	1
53	1620	1205	415	22	19	3
54	1866	1442	424	18	16	2
55-59岁	**10174**	**8046**	**2128**	**99**	**91**	**8**
55	1987	1559	428	21	18	3
56	1996	1557	439	25	22	3
57	2561	2007	554	21	20	1
58	2319	1864	455	21	20	1
59	1311	1059	252	11	11	
60-64岁	**7034**	**5817**	**1217**	**44**	**42**	**2**
60	1584	1295	289	14	12	2
61	1304	1085	219	5	5	
62	1415	1162	253	10	10	
63	1502	1241	261	10	10	
64	1229	1034	195	5	5	
65岁及以上	**7559**	**6507**	**1052**	**62**	**55**	**7**

单位：人

有配偶			离婚			丧偶		
小计	男	女	小计	男	女	小计	男	女
107595	**70664**	**36931**	**2713**	**1941**	**772**	**2041**	**1222**	**819**
142	**35**	**107**	**3**	**1**	**2**			
2	1	1						
6	1	5						
15	3	12						
41	6	35						
78	24	54	3	1	2			
3928	**1412**	**2516**	**52**	**21**	**31**			
179	38	141	1		1			
368	77	291	6	2	4			
734	232	502	13	4	9			
1096	414	682	10	4	6			
1551	651	900	22	11	11			
14173	**7220**	**6953**	**291**	**152**	**139**	**12**	**3**	**9**
2045	933	1112	34	14	20	1		1
2118	1016	1102	36	16	20			
2659	1325	1334	53	30	23	3		3
3252	1719	1533	76	40	36	4	2	2
4099	2227	1872	92	52	40	4	1	3
21672	**12411**	**9261**	**733**	**515**	**218**	**34**	**13**	**21**
5268	2934	2334	156	112	44	7	3	4
4671	2636	2035	127	89	38	4	1	3
4135	2369	1766	156	111	45	5	1	4
4235	2456	1779	151	106	45	10	3	7
3363	2016	1347	143	97	46	8	5	3
13472	**8354**	**5118**	**497**	**360**	**137**	**40**	**11**	**29**
3032	1844	1188	118	77	41	5	1	4
2987	1826	1161	104	79	25	9	3	6
2632	1644	988	85	64	21	5		5
2570	1598	972	107	84	23	9	2	7
2251	1442	809	83	56	27	12	5	7
11318	**7574**	**3744**	**404**	**311**	**93**	**65**	**30**	**35**
2073	1344	729	68	47	21	8	3	5
2318	1565	753	91	71	20	8	5	3
2337	1581	756	81	62	19	13	5	8
2289	1544	745	81	65	16	17	8	9
2301	1540	761	83	66	17	19	9	10
10984	**7804**	**3180**	**292**	**223**	**69**	**126**	**48**	**78**
2269	1572	697	73	56	17	22	7	15
2389	1683	706	70	55	15	18	7	11
2307	1643	664	63	48	15	35	16	19
2001	1428	573	49	35	14	17	4	13
2018	1478	540	37	29	8	34	14	20
9187	**6912**	**2275**	**195**	**154**	**41**	**167**	**81**	**86**
1993	1468	525	40	34	6	28	6	22
1894	1451	443	41	27	14	35	13	22
1972	1462	510	63	53	10	37	21	16
1557	1158	399	20	14	6	21	14	7
1771	1373	398	31	26	5	46	27	19
9620	**7676**	**1944**	**136**	**110**	**26**	**319**	**169**	**150**
1888	1494	394	30	24	6	48	23	25
1882	1479	403	31	24	7	58	32	26
2426	1915	511	31	27	4	83	45	38
2199	1783	416	25	22	3	74	39	35
1225	1005	220	19	13	6	56	30	26
6591	**5513**	**1078**	**62**	**48**	**14**	**337**	**214**	**123**
1487	1235	252	17	14	3	66	34	32
1220	1026	194	12	7	5	67	47	20
1339	1110	229	12	10	2	54	32	22
1405	1175	230	10	7	3	77	49	28
1140	967	173	11	10	1	73	52	21
6508	**5753**	**755**	**48**	**46**	**2**	**941**	**653**	**288**

5-3c 续表 6

受教育程度 年 龄	15岁及以上人口			未 婚		
	合计	男	女	小计	男	女
大学专科	**73567**	**42918**	**30649**	**46570**	**26128**	**20442**
15-19岁	**14469**	**7653**	**6816**	**14453**	**7643**	**6810**
15	563	268	295	563	268	295
16	1121	577	544	1121	577	544
17	1907	967	940	1906	967	939
18	4685	2530	2155	4680	2525	2155
19	6193	3311	2882	6183	3306	2877
20-24岁	**23377**	**12230**	**11147**	**22009**	**11811**	**10198**
20	6270	3389	2881	6212	3380	2832
21	5069	2633	2436	4975	2618	2357
22	4703	2428	2275	4478	2362	2116
23	3937	2021	1916	3561	1919	1642
24	3398	1759	1639	2783	1532	1251
25-29岁	**13946**	**7777**	**6169**	**7504**	**4687**	**2817**
25	3348	1774	1574	2488	1432	1056
26	2625	1439	1186	1671	1025	646
27	2604	1447	1157	1355	860	495
28	2595	1497	1098	1062	726	336
29	2774	1620	1154	928	644	284
30-34岁	**10826**	**6912**	**3914**	**2136**	**1613**	**523**
30	3252	2017	1235	893	656	237
31	2465	1507	958	494	366	128
32	1914	1253	661	325	248	77
33	1849	1226	623	262	205	57
34	1346	909	437	162	138	24
35-39岁	**4009**	**2808**	**1201**	**315**	**239**	**76**
35	1117	766	351	110	81	29
36	961	678	283	83	63	20
37	751	519	232	46	34	12
38	696	499	197	54	46	8
39	484	346	138	22	15	7
40-44岁	**2082**	**1583**	**499**	**85**	**78**	**7**
40	423	319	104	25	23	2
41	449	339	110	17	16	1
42	437	324	113	10	9	1
43	371	296	75	18	17	1
44	402	305	97	15	13	2
45-49岁	**1604**	**1260**	**344**	**35**	**28**	**7**
45	315	248	67	7	5	2
46	360	274	86	7	6	1
47	327	253	74	1	1	
48	297	241	56	11	8	3
49	305	244	61	9	8	1
50-54岁	**1100**	**882**	**218**	**15**	**13**	**2**
50	280	214	66	5	5	
51	238	199	39	6	6	
52	232	199	33	1	1	
53	168	126	42	2	1	1
54	182	144	38	1		1
55-59岁	**724**	**583**	**141**	**7**	**5**	**2**
55	161	134	27	2	1	1
56	137	105	32	4	3	1
57	165	131	34	1	1	
58	165	133	32			
59	96	80	16			
60-64岁	**508**	**421**	**87**	**3**	**3**	
60	102	77	25	2	2	
61	74	64	10			
62	102	83	19			
63	125	107	18	1	1	
64	105	90	15			
65岁及以上	**922**	**809**	**113**	**8**	**8**	

单位：人

有配偶			离婚			丧偶		
小计	男	女	小计	男	女	小计	男	女
26290	**16330**	**9960**	**536**	**356**	**180**	**171**	**104**	**67**
16	**10**	**6**						
1		1						
5	5							
10	5	5						
1359	**416**	**943**	**8**	**2**	**6**	**1**	**1**	
56	8	48	1		1	1	1	
93	15	78	1		1			
223	66	157	2		2			
373	100	273	3	2	1			
614	227	387	1		1			
6350	**3043**	**3307**	**88**	**45**	**43**	**4**	**2**	**2**
853	340	513	5	1	4	2	1	1
949	410	539	5	4	1			
1228	576	652	21	11	10			
1503	758	745	29	12	17	1	1	
1817	959	858	28	17	11	1		1
8480	**5167**	**3313**	**203**	**129**	**74**	**7**	**3**	**4**
2308	1328	980	50	33	17	1		1
1923	1113	810	45	26	19	3	2	1
1544	977	567	44	28	16	1		1
1552	1000	552	33	20	13	2	1	1
1153	749	404	31	22	9			
3585	**2486**	**1099**	**101**	**79**	**22**	**8**	**4**	**4**
977	663	314	28	21	7	2	1	1
857	600	257	18	13	5	3	2	1
682	464	218	23	21	2			
623	440	183	18	13	5	1		1
446	319	127	14	11	3	2	1	1
1935	**1462**	**473**	**55**	**42**	**13**	**7**	**1**	**6**
385	290	95	11	6	5	2		2
421	315	106	11	8	3			
415	307	108	10	8	2	2		2
339	269	70	12	10	2	2		2
375	281	94	11	10	1	1	1	
1530	**1204**	**326**	**33**	**26**	**7**	**6**	**2**	**4**
302	240	62	6	3	3			
341	261	80	9	6	3	3	1	2
320	246	74	6	6				
282	230	52	3	3		1		1
285	227	58	9	8	1	2	1	1
1047	**846**	**201**	**26**	**18**	**8**	**12**	**5**	**7**
265	204	61	8	5	3	2		2
224	187	37	5	4	1	3	2	1
222	191	31	6	4	2	3	3	
163	124	39	1	1		2		2
173	140	33	6	4	2	2		2
689	**563**	**126**	**10**	**5**	**5**	**18**	**10**	**8**
153	128	25	2	2		4	3	1
128	99	29	1		1	4	3	1
155	127	28	5	2	3	4	1	3
159	131	28	1		1	5	2	3
94	78	16	1	1		1	1	
480	**403**	**77**	**6**	**4**	**2**	**19**	**11**	**8**
94	73	21	1		1	5	2	3
71	63	8	1	1		2		2
95	78	17	1	1		6	4	2
119	102	17	2	2		3	2	1
101	87	14	1		1	3	3	
819	**730**	**89**	**6**	**6**		**89**	**65**	**24**

5-3c 续表 7

受教育程度 年 龄	15岁及以上人口			未 婚		
	合计	男	女	小计	男	女
大学本科	**32113**	**18891**	**13222**	**22748**	**12815**	**9933**
15-19岁	**5500**	**2931**	**2569**	**5496**	**2931**	**2565**
15	31	18	13	31	18	13
16	75	42	33	75	42	33
17	476	239	237	476	239	237
18	1967	1064	903	1967	1064	903
19	2951	1568	1383	2947	1568	1379
20-24岁	**11767**	**6254**	**5513**	**11435**	**6149**	**5286**
20	2871	1464	1407	2861	1460	1401
21	2610	1391	1219	2591	1387	1204
22	2524	1393	1131	2477	1383	1094
23	2023	1087	936	1944	1061	883
24	1739	919	820	1562	858	704
25-29岁	**7219**	**4193**	**3026**	**4583**	**2826**	**1757**
25	1674	931	743	1415	832	583
26	1419	809	610	1045	634	411
27	1371	805	566	870	546	324
28	1409	842	567	713	461	252
29	1346	806	540	540	353	187
30-34岁	**4354**	**2957**	**1397**	**1039**	**754**	**285**
30	1448	949	499	462	324	138
31	987	681	306	258	186	72
32	736	485	251	145	106	39
33	704	484	220	112	85	27
34	479	358	121	62	53	9
35-39岁	**1406**	**1059**	**347**	**136**	**107**	**29**
35	402	292	110	49	34	15
36	352	274	78	37	31	6
37	263	190	73	25	20	5
38	231	181	50	16	13	3
39	158	122	36	9	9	
40-44岁	**634**	**483**	**151**	**33**	**27**	**6**
40	140	103	37	10	7	3
41	145	116	29	9	9	
42	140	106	34	9	7	2
43	93	69	24	3	3	
44	116	89	27	2	1	1
45-49岁	**486**	**381**	**105**	**8**	**8**	
45	107	75	32	2	2	
46	102	86	16	2	2	
47	98	78	20	2	2	
48	90	70	20			
49	89	72	17	2	2	
50-54岁	**358**	**302**	**56**	**12**	**8**	**4**
50	95	84	11	5	2	3
51	83	67	16	2	2	
52	76	60	16	4	3	1
53	58	52	6	1	1	
54	46	39	7			
55-59岁	**176**	**148**	**28**	**4**	**3**	**1**
55	51	46	5	2	2	
56	37	27	10			
57	40	34	6	1		1
58	32	28	4			
59	16	13	3	1	1	
60-64岁	**74**	**60**	**14**			
60	14	11	3			
61	12	10	2			
62	15	9	6			
63	21	20	1			
64	12	10	2			
65岁及以上	**139**	**123**	**16**	**2**	**2**	

单位：人

有配偶			离婚			丧偶		
小计	男	女	小计	男	女	小计	男	女
9187	**5956**	**3231**	**149**	**101**	**48**	**29**	**19**	**10**
4		**4**						
4		4						
331	**105**	**226**	**1**		**1**			
10	4	6						
19	4	15						
47	10	37						
79	26	53						
176	61	115	1		1			
2616	**1359**	**1257**	**19**	**8**	**11**	**1**		**1**
258	99	159	1		1			
371	173	198	2	2		1		1
498	259	239	3		3			
688	378	310	8	3	5			
801	450	351	5	3	2			
3267	**2173**	**1094**	**47**	**29**	**18**	**1**	**1**	
974	617	357	12	8	4			
720	492	228	9	3	6			
583	375	208	8	4	4			
578	389	189	13	9	4	1	1	
412	300	112	5	5				
1238	**929**	**309**	**29**	**22**	**7**	**3**	**1**	**2**
345	252	93	6	5	1	2	1	1
306	237	69	9	6	3			
234	166	68	4	4				
208	162	46	7	6	1			
145	112	33	3	1	2	1		1
580	**439**	**141**	**21**	**17**	**4**			
125	93	32	5	3	2			
131	103	28	5	4	1			
126	94	32	5	5				
87	64	23	3	2	1			
111	85	26	3	3				
463	**363**	**100**	**14**	**10**	**4**	**1**		**1**
98	69	29	7	4	3			
98	82	16	2	2				
94	75	19	2	1	1			
86	67	19	3	3		1		1
87	70	17						
335	**287**	**48**	**8**	**6**	**2**	**3**	**1**	**2**
88	80	8	2	2				
77	63	14	3	2	1	1		1
72	57	15						
56	50	6	1	1				
42	37	5	2	1	1	2	1	1
170	**143**	**27**	**2**	**2**				
48	43	5	1	1				
37	27	10						
39	34	5						
31	27	4	1	1				
15	12	3						
71	**57**	**14**	**3**	**3**				
14	11	3						
10	8	2	2	2				
14	8	6	1	1				
21	20	1						
12	10	2						
112	**101**	**11**	**5**	**4**	**1**	**20**	**16**	**4**

5-3c 续表 8

受教育程度 年 龄	15岁及以上人口			未 婚		
	合计	男	女	小计	男	女
硕士研究生	**1777**	**1082**	**695**	**1440**	**851**	**589**
15-19岁	**7**	**3**	**4**	**7**	**3**	**4**
15						
16						
17	2	1	1	2	1	1
18	1		1	1		1
19	4	2	2	4	2	2
20-24岁	**757**	**431**	**326**	**756**	**430**	**326**
20	15	10	5	15	10	5
21	53	31	22	53	31	22
22	189	104	85	189	104	85
23	259	149	110	258	148	110
24	241	137	104	241	137	104
25-29岁	**705**	**436**	**269**	**599**	**367**	**232**
25	241	140	101	233	135	98
26	129	76	53	120	70	50
27	128	77	51	106	66	40
28	113	74	39	83	55	28
29	94	69	25	57	41	16
30-34岁	**214**	**136**	**78**	**68**	**43**	**25**
30	71	46	25	32	23	9
31	55	32	23	18	10	8
32	38	25	13	9	6	3
33	27	19	8	6	3	3
34	23	14	9	3	1	2
35-39岁	**48**	**42**	**6**	**7**	**6**	**1**
35	13	12	1	3	2	1
36	8	7	1			
37	11	7	4	1	1	
38	12	12		3	3	
39	4	4				
40-44岁	**16**	**11**	**5**	**3**	**2**	**1**
40	1	1				
41	4	2	2			
42	3	3				
43	4	4		2	2	
44	4	1	3	1		1
45-49岁	**6**	**4**	**2**			
45	2	2				
46						
47	1	1				
48						
49	3	1	2			
50-54岁	**4**	**4**				
50	2	2				
51	1	1				
52	1	1				
53						
54						
55-59岁	**10**	**8**	**2**			
55	3	2	1			
56	2	2				
57	3	2	1			
58	2	2				
59						
60-64岁	**5**	**4**	**1**			
60	2	1	1			
61	1	1				
62						
63	2	2				
64						
65岁及以上	**5**	**3**	**2**			

单位：人

有配偶			离婚			丧偶		
小计	男	女	小计	男	女	小计	男	女
332	**228**	**104**	**3**	**3**		**2**		**2**
1	**1**							
1	1							
106	**69**	**37**						
8	5	3						
9	6	3						
22	11	11						
30	19	11						
37	28	9						
146	**93**	**53**						
39	23	16						
37	22	15						
29	19	10						
21	16	5						
20	13	7						
40	**35**	**5**	**1**	**1**				
10	10							
7	6	1	1	1				
10	6	4						
9	9							
4	4							
12	**8**	**4**	**1**	**1**				
			1	1				
4	2	2						
3	3							
2	2							
3	1	2						
6	**4**	**2**						
2	2							
1	1							
3	1	2						
3	**3**		**1**	**1**				
1	1		1	1				
1	1							
1	1							
9	**8**	**1**				**1**		**1**
3	2	1						
2	2							
2	2					1		1
2	2							
5	**4**	**1**						
2	1	1						
1	1							
2	2							
4	**3**	**1**				**1**		**1**

5-3c　续表 9

受教育程度 年　　龄	15岁及以上人口			未　　婚		
	合计	男	女	小计	男	女
博士研究生	**173**	**119**	**54**	**132**	**93**	**39**
15-19岁	**1**		**1**	**1**		**1**
15						
16						
17						
18						
19	1		1	1		1
20-24岁	**35**	**19**	**16**	**35**	**19**	**16**
20	2	1	1	2	1	1
21	3	1	2	3	1	2
22	3	2	1	3	2	1
23	11	7	4	11	7	4
24	16	8	8	16	8	8
25-29岁	**83**	**62**	**21**	**77**	**56**	**21**
25	15	13	2	15	13	2
26	18	12	6	18	12	6
27	17	13	4	15	11	4
28	15	10	5	14	9	5
29	18	14	4	15	11	4
30-34岁	**34**	**28**	**6**	**17**	**16**	**1**
30	13	12	1	8	8	
31	10	6	4	3	3	
32	5	4	1	4	3	1
33	3	3		1	1	
34	3	3		1	1	
35-39岁	**11**	**4**	**7**	**2**	**2**	
35	4	2	2	2	2	
36	1		1			
37	3	1	2			
38						
39	3	1	2			
40-44岁	**4**	**3**	**1**			
40	2	1	1			
41						
42						
43	2	2				
44						
45-49岁	**3**	**3**				
45						
46	1	1				
47	1	1				
48						
49	1	1				
50-54岁						
50						
51						
52						
53						
54						
55-59岁	**1**		**1**			
55						
56						
57	1		1			
58						
59						
60-64岁						
60						
61						
62						
63						
64						
65岁及以上	**1**		**1**			

单位：人

有配偶			离婚			丧偶		
小计	男	女	小计	男	女	小计	男	女
40	**25**	**15**	**1**	**1**				
6	**6**							
2	2							
1	1							
3	3							
17	**12**	**5**						
5	4	1						
7	3	4						
1	1							
2	2							
2	2							
9	**2**	**7**						
2		2						
1		1						
3	1	2						
3	1	2						
3	**2**	**1**	**1**	**1**				
2	1	1						
1	1		1	1				
3	**3**							
1	1							
1	1							
1	1							
1		**1**						
1		1						
1		**1**						

5–4 全省分初婚年龄、性别、初婚年份的人口

单位：人

初婚年龄	初婚年份								
	合　计			1980年			1981年		
	合计	男	女	小计	男	女	小计	男	女
总　计	**2387667**	**1189421**	**1198246**	**53253**	**25606**	**27647**	**40021**	**19238**	**20783**
15岁以下	**2408**	**402**	**2006**	**136**	**24**	**112**	**78**	**12**	**66**
15–19岁	**338984**	**77340**	**261644**	**11017**	**1860**	**9157**	**8982**	**1675**	**7307**
15	12948	2332	10616	735	104	631	380	55	325
16	25100	4038	21062	1290	150	1140	738	93	645
17	49534	8820	40714	2455	320	2135	1540	216	1324
18	89837	19241	70596	3005	480	2525	2819	485	2334
19	161565	42909	118656	3532	806	2726	3505	826	2679
20–24岁	**1338404**	**639210**	**699194**	**30446**	**15199**	**15247**	**22234**	**11036**	**11198**
20	240604	76275	164329	5552	1783	3769	3740	1139	2601
21	282448	119379	163069	6138	2712	3426	4730	2024	2706
22	308892	158490	150402	7402	3878	3524	4683	2427	2256
23	274742	149202	125540	6616	3836	2780	4990	2829	2161
24	231718	135864	95854	4738	2990	1748	4091	2617	1474
25–29岁	**544753**	**360953**	**183800**	**9914**	**7198**	**2716**	**7538**	**5614**	**1924**
25	183702	114688	69014	3730	2604	1126	2763	1924	839
26	137167	90299	46868	2661	1939	722	1941	1440	501
27	100612	69117	31495	1696	1259	437	1417	1113	304
28	71989	50558	21431	1127	871	256	874	694	180
29	51283	36291	14992	700	525	175	543	443	100
30–34岁	**111860**	**77825**	**34035**	**1362**	**1047**	**315**	**919**	**708**	**211**
30	37110	26087	11023	540	414	126	331	267	64
31	27042	18774	8268	311	243	68	238	174	64
32	20362	14099	6263	228	171	57	154	113	41
33	15399	10594	4805	170	138	32	123	96	27
34	11947	8271	3676	113	81	32	73	58	15
35–39岁	**30047**	**20550**	**9497**	**275**	**213**	**62**	**187**	**140**	**47**
35	9089	6289	2800	96	72	24	61	46	15
36	7016	4854	2162	56	46	10	42	31	11
37	5613	3844	1769	42	35	7	37	29	8
38	4512	3075	1437	39	32	7	27	19	8
39	3817	2488	1329	42	28	14	20	15	5
40–44岁	**11915**	**7610**	**4305**	**82**	**52**	**30**	**63**	**42**	**21**
40	3240	2064	1176	33	21	12	16	11	5
41	2779	1763	1016	13	8	5	20	15	5
42	2334	1480	854	17	10	7	14	6	8
43	1912	1242	670	9	7	2	7	5	2
44	1650	1061	589	10	6	4	6	5	1
45–49岁	**4978**	**3076**	**1902**	**19**	**12**	**7**	**15**	**9**	**6**
45	1345	849	496	10	6	4	5	3	2
46	1146	745	401	3	2	1	4	4	
47	956	583	373	5	3	2	1		1
48	808	484	324	1	1		3	2	1
49	723	415	308				2		2
50岁及以上	**4318**	**2455**	**1863**	**2**	**1**	**1**	**5**	**2**	**3**
平均初婚年龄	**23.75**	**24.85**	**22.66**	**22.70**	**24.09**	**21.41**	**22.72**	**24.13**	**21.42**

5-4　续表 1

单位：人

初婚年龄	初婚年份								
	1982年			1983年			1984年		
	小计	男	女	小计	男	女	小计	男	女
总　计	**51154**	**24564**	**26590**	**51440**	**24719**	**26721**	**54278**	**26296**	**27982**
15岁以下	**89**	**14**	**75**	**98**	**11**	**87**	**85**	**16**	**69**
15–19岁	**13206**	**2705**	**10501**	**12130**	**2546**	**9584**	**12501**	**2738**	**9763**
15	538	81	457	511	72	439	532	98	434
16	966	130	836	945	118	827	941	121	820
17	1890	295	1595	1857	300	1557	1801	276	1525
18	3557	650	2907	3232	606	2626	3434	697	2737
19	6255	1549	4706	5585	1450	4135	5793	1546	4247
20–24岁	**26954**	**13711**	**13243**	**28175**	**13988**	**14187**	**31287**	**15644**	**15643**
20	6067	1939	4128	8239	2892	5347	7858	2800	5058
21	4934	2200	2734	6411	2926	3485	8963	4159	4804
22	6037	3371	2666	4729	2583	2146	6563	3699	2864
23	5037	2992	2045	4885	2941	1944	4052	2412	1640
24	4879	3209	1670	3911	2646	1265	3851	2574	1277
25–29岁	**9384**	**6947**	**2437**	**9315**	**6881**	**2434**	**8710**	**6574**	**2136**
25	3702	2634	1068	3459	2452	1007	2812	2030	782
26	2284	1674	610	2501	1823	678	2464	1863	601
27	1613	1242	371	1500	1151	349	1686	1304	382
28	1044	819	225	1075	857	218	1034	797	237
29	741	578	163	780	598	182	714	580	134
30–34岁	**1214**	**970**	**244**	**1385**	**1057**	**328**	**1339**	**1065**	**274**
30	461	369	92	538	408	130	488	400	88
31	299	239	60	324	258	66	349	277	72
32	219	178	41	209	151	58	244	184	60
33	126	98	28	191	147	44	141	111	30
34	109	86	23	123	93	30	117	93	24
35–39岁	**202**	**154**	**48**	**234**	**170**	**64**	**250**	**195**	**55**
35	73	57	16	73	52	21	96	79	17
36	46	34	12	66	51	15	51	42	9
37	33	26	7	43	32	11	49	37	12
38	32	24	8	33	21	12	30	21	9
39	18	13	5	19	14	5	24	16	8
40–44岁	**64**	**43**	**21**	**69**	**50**	**19**	**70**	**45**	**25**
40	24	15	9	17	12	5	12	9	3
41	15	12	3	18	15	3	16	10	6
42	6	5	1	9	6	3	20	13	7
43	8	5	3	13	7	6	11	8	3
44	11	6	5	12	10	2	11	5	6
45–49岁	**31**	**18**	**13**	**25**	**12**	**13**	**26**	**15**	**11**
45	8	4	4	5	3	2	11	6	5
46	6	4	2	6	4	2	3	2	1
47	4	2	2	3	2	1	5	4	1
48	9	7	2	6	2	4	6	2	4
49	4	1	3	5	1	4	1	1	
50岁及以上	**10**	**2**	**8**	**9**	**4**	**5**	**10**	**4**	**6**
平均初婚年龄	**22.52**	**23.94**	**21.21**	**22.48**	**23.85**	**21.22**	**22.37**	**23.65**	**21.17**

5−4 续表 2

单位：人

初婚年龄	初婚年份								
	1985年			1986年			1987年		
	小计	男	女	小计	男	女	小计	男	女
总　计	**66453**	**32313**	**34140**	**65396**	**31777**	**33619**	**64040**	**31333**	**32707**
15岁以下	**99**	**13**	**86**	**69**	**6**	**63**	**61**	**4**	**57**
15−19岁	**14726**	**3338**	**11388**	**14069**	**3247**	**10822**	**13256**	**3130**	**10126**
15	559	100	459	418	44	374	350	51	299
16	1218	168	1050	944	124	820	802	88	714
17	2291	372	1919	2273	410	1863	1749	291	1458
18	3761	759	3002	3941	816	3125	3851	843	3008
19	6897	1939	4958	6493	1853	4640	6504	1857	4647
20−24岁	**39429**	**19821**	**19608**	**40872**	**20860**	**20012**	**40392**	**20749**	**19643**
20	9028	3165	5863	9251	3347	5904	8430	3050	5380
21	9959	4691	5268	9767	4619	5148	9509	4468	5041
22	10580	5922	4658	9474	5231	4243	9215	5156	4059
23	6216	3714	2502	8021	4819	3202	7398	4279	3119
24	3646	2329	1317	4359	2844	1515	5840	3796	2044
25−29岁	**9966**	**7458**	**2508**	**8199**	**6034**	**2165**	**8068**	**5794**	**2274**
25	3378	2376	1002	2415	1658	757	3159	2174	985
26	2390	1837	553	2071	1531	540	1649	1169	480
27	1929	1467	462	1491	1156	335	1435	1065	370
28	1453	1134	319	1288	1011	277	952	725	227
29	816	644	172	934	678	256	873	661	212
30−34岁	**1737**	**1359**	**378**	**1684**	**1281**	**403**	**1740**	**1285**	**455**
30	605	472	133	572	443	129	630	464	166
31	447	347	100	404	309	95	424	311	113
32	321	256	65	302	230	72	309	239	70
33	207	170	37	226	172	54	232	168	64
34	157	114	43	180	127	53	145	103	42
35−39岁	**340**	**243**	**97**	**334**	**241**	**93**	**372**	**271**	**101**
35	115	81	34	100	74	26	125	94	31
36	78	54	24	76	58	18	78	60	18
37	66	50	16	68	48	20	80	57	23
38	35	27	8	39	28	11	50	36	14
39	46	31	15	51	33	18	39	24	15
40−44岁	**89**	**46**	**43**	**115**	**82**	**33**	**89**	**63**	**26**
40	30	15	15	38	25	13	29	17	12
41	22	12	10	22	19	3	19	13	6
42	11	6	5	25	17	8	21	18	3
43	16	11	5	17	9	8	18	13	5
44	10	2	8	13	12	1	2	2	
45−49岁	**46**	**28**	**18**	**31**	**13**	**18**	**38**	**28**	**10**
45	20	14	6	6	3	3	11	7	4
46	6	4	2	10	5	5	16	13	3
47	4	1	3	6	2	4	1	1	
48	11	7	4	4	1	3	2	2	
49	5	2	3	5	2	3	8	5	3
50岁及以上	**21**	**7**	**14**	**23**	**13**	**10**	**24**	**9**	**15**
平均初婚年龄	**22.42**	**23.61**	**21.29**	**22.41**	**23.53**	**21.36**	**22.52**	**23.57**	**21.51**

5-4　续表 3

单位：人

初婚年龄	初婚年份								
	1988年			1989年			1990年		
	小计	男	女	小计	男	女	小计	男	女
总　计	**70348**	**34638**	**35710**	**69493**	**34275**	**35218**	**80698**	**40094**	**40604**
15岁以下	**91**	**20**	**71**	**113**	**19**	**94**	**150**	**28**	**122**
15—19岁	**13976**	**3464**	**10512**	**13319**	**3173**	**10146**	**15909**	**3900**	**12009**
15	464	73	391	441	73	368	610	131	479
16	892	121	771	976	142	834	1221	201	1020
17	1843	278	1565	1857	323	1534	2478	473	2005
18	3661	817	2844	3544	787	2757	4119	907	3212
19	7116	2175	4941	6501	1848	4653	7481	2188	5293
20—24岁	**43987**	**22283**	**21704**	**43649**	**22207**	**21442**	**50732**	**26091**	**24641**
20	9846	3482	6364	9851	3677	6174	10407	3801	6606
21	9710	4505	5205	10609	4961	5648	12537	5951	6586
22	10134	5604	4530	9305	5082	4223	12024	6619	5405
23	8008	4656	3352	7950	4704	3246	8847	5268	3579
24	6289	4036	2253	5934	3783	2151	6917	4452	2465
25—29岁	**9921**	**7078**	**2843**	**10217**	**7237**	**2980**	**11545**	**8310**	**3235**
25	4668	3181	1487	4270	2872	1398	4641	3152	1489
26	2277	1644	633	3000	2149	851	3136	2288	848
27	1215	896	319	1488	1102	386	2174	1655	519
28	1016	788	228	763	576	187	1028	778	250
29	745	569	176	696	538	158	566	437	129
30—34岁	**1823**	**1392**	**431**	**1634**	**1238**	**396**	**1651**	**1263**	**388**
30	612	468	144	484	367	117	516	412	104
31	469	357	112	451	345	106	371	281	90
32	310	230	80	313	234	79	337	253	84
33	234	183	51	218	161	57	234	171	63
34	198	154	44	168	131	37	193	146	47
35—39岁	**400**	**302**	**98**	**376**	**290**	**86**	**459**	**329**	**130**
35	147	112	35	129	103	26	136	105	31
36	93	66	27	80	62	18	113	80	33
37	68	58	10	69	57	12	85	61	24
38	54	43	11	63	44	19	83	58	25
39	38	23	15	35	24	11	42	25	17
40—44岁	**101**	**75**	**26**	**113**	**79**	**34**	**160**	**115**	**45**
40	33	24	9	36	26	10	46	33	13
41	22	18	4	24	17	7	37	29	8
42	25	20	5	20	11	9	30	24	6
43	13	7	6	21	16	5	28	14	14
44	8	6	2	12	9	3	19	15	4
45—49岁	**33**	**17**	**16**	**40**	**20**	**20**	**57**	**42**	**15**
45	9	5	4	11	5	6	18	15	3
46	8	5	3	5	3	2	12	7	5
47	6	4	2	14	7	7	3	2	1
48	5	3	2	4	3	1	10	7	3
49	5		5	6	2	4	14	11	3
50岁及以上	**16**	**7**	**9**	**32**	**12**	**20**	**35**	**16**	**19**
平均初婚年龄	**22.55**	**23.58**	**21.54**	**22.55**	**23.56**	**21.56**	**22.51**	**23.52**	**21.51**

5－4 续表 4

单位：人

初婚年龄	初婚年份								
	1991年			1992年			1993年		
	小计	男	女	小计	男	女	小计	男	女
总 计	**53008**	**26293**	**26715**	**62013**	**30720**	**31293**	**62324**	**30849**	**31475**
15岁以下	**68**	**13**	**55**	**68**	**10**	**58**	**47**	**8**	**39**
15－19岁	**9704**	**2327**	**7377**	**10853**	**2545**	**8308**	**9964**	**2351**	**7613**
15	339	74	265	408	76	332	364	68	296
16	644	105	539	763	121	642	666	130	536
17	1449	257	1192	1413	252	1161	1345	258	1087
18	2656	571	2085	2918	624	2294	2484	542	1942
19	4616	1320	3296	5351	1472	3879	5105	1353	3752
20－24岁	**33624**	**16969**	**16655**	**39373**	**19727**	**19646**	**38935**	**18979**	**19956**
20	6953	2456	4497	7469	2409	5060	7690	2483	5207
21	7971	3643	4328	9014	4188	4826	8438	3682	4756
22	8035	4374	3661	9227	5013	4214	9153	4856	4297
23	6379	3749	2630	7898	4472	3426	7585	4184	3401
24	4286	2747	1539	5765	3645	2120	6069	3774	2295
25－29岁	**8271**	**5992**	**2279**	**9819**	**7089**	**2730**	**11102**	**7901**	**3201**
25	3258	2219	1039	3635	2467	1168	4333	2886	1447
26	2160	1576	584	2493	1778	715	2644	1876	768
27	1424	1094	330	1677	1270	407	1942	1467	475
28	962	726	236	1179	931	248	1274	980	294
29	467	377	90	835	643	192	909	692	217
30－34岁	**930**	**708**	**222**	**1157**	**867**	**290**	**1475**	**1102**	**373**
30	260	205	55	404	310	94	621	471	150
31	219	165	54	213	151	62	308	231	77
32	165	117	48	229	174	55	203	145	58
33	173	128	45	155	114	41	195	134	61
34	113	93	20	156	118	38	148	121	27
35－39岁	**281**	**209**	**72**	**436**	**310**	**126**	**463**	**323**	**140**
35	72	58	14	128	102	26	133	94	39
36	62	49	13	97	71	26	104	80	24
37	61	43	18	91	62	29	72	52	20
38	49	31	18	72	46	26	70	50	20
39	37	28	9	48	29	19	84	47	37
40－44岁	**82**	**47**	**35**	**181**	**106**	**75**	**183**	**109**	**74**
40	22	12	10	49	24	25	61	37	24
41	24	12	12	43	30	13	50	27	23
42	19	13	6	37	21	16	33	19	14
43	8	4	4	27	16	11	18	12	6
44	9	6	3	25	15	10	21	14	7
45－49岁	**28**	**15**	**13**	**67**	**40**	**27**	**83**	**43**	**40**
45	7	6	1	14	7	7	23	16	7
46	11	6	5	17	10	7	19	12	7
47	4		4	11	9	2	19	7	12
48	3	2	1	17	9	8	12	4	8
49	3	1	2	8	5	3	10	4	6
50岁及以上	**20**	**13**	**7**	**59**	**26**	**33**	**72**	**33**	**39**
平均初婚年龄	**22.59**	**23.60**	**21.61**	**22.81**	**23.83**	**21.81**	**23.02**	**24.04**	**22.02**

5-4 续表 5

单位：人

初婚年龄	初婚年份								
	1994年			1995年			1996年		
	小计	男	女	小计	男	女	小计	男	女
总 计	**61233**	**30551**	**30682**	**76085**	**38137**	**37948**	**71146**	**35505**	**35641**
15岁以下	**50**	**6**	**44**	**58**	**6**	**52**	**42**	**7**	**35**
15—19岁	**9295**	**2178**	**7117**	**10487**	**2398**	**8089**	**8647**	**1873**	**6774**
15	322	61	261	316	58	258	200	26	174
16	586	112	474	676	131	545	512	85	427
17	1152	223	929	1279	238	1041	1105	187	918
18	2389	522	1867	2695	562	2133	2202	423	1779
19	4846	1260	3586	5521	1409	4112	4628	1152	3476
20—24岁	**38285**	**18705**	**19580**	**47457**	**23120**	**24337**	**44771**	**21382**	**23389**
20	7621	2366	5255	8391	2630	5761	7593	2117	5476
21	8841	3930	4911	10912	4627	6285	9801	4110	5691
22	8608	4654	3954	11488	6140	5348	11100	5745	5355
23	7363	4162	3201	9284	5232	4052	9511	5332	4179
24	5852	3593	2259	7382	4491	2891	6766	4078	2688
25—29岁	**11134**	**7948**	**3186**	**14644**	**10207**	**4437**	**14139**	**9826**	**4313**
25	4330	2940	1390	5687	3711	1976	5061	3271	1790
26	2913	2060	853	3761	2639	1122	3673	2566	1107
27	1697	1275	422	2597	1899	698	2595	1929	666
28	1308	1012	296	1476	1114	362	1738	1266	472
29	886	661	225	1123	844	279	1072	794	278
30—34岁	**1599**	**1174**	**425**	**2375**	**1723**	**652**	**2398**	**1712**	**686**
30	554	399	155	853	627	226	793	548	245
31	475	345	130	576	401	175	629	468	161
32	261	193	68	517	365	152	440	318	122
33	169	128	41	271	212	59	342	245	97
34	140	109	31	158	118	40	194	133	61
35—39岁	**454**	**303**	**151**	**526**	**369**	**157**	**486**	**316**	**170**
35	110	74	36	148	102	46	101	71	30
36	116	85	31	103	81	22	98	67	31
37	89	62	27	102	81	21	84	54	30
38	69	42	27	101	61	40	113	68	45
39	70	40	30	72	44	28	90	56	34
40—44岁	**248**	**150**	**98**	**280**	**179**	**101**	**323**	**214**	**109**
40	68	39	29	69	40	29	73	45	28
41	61	34	27	60	38	22	75	49	26
42	59	38	21	60	39	21	68	46	22
43	33	22	11	48	33	15	65	39	26
44	27	17	10	43	29	14	42	35	7
45—49岁	**107**	**54**	**53**	**121**	**72**	**49**	**174**	**85**	**89**
45	35	22	13	41	33	8	33	18	15
46	22	10	12	31	13	18	32	22	10
47	24	12	12	22	12	10	42	16	26
48	9	4	5	15	6	9	35	19	16
49	17	6	11	12	8	4	32	10	22
50岁及以上	**61**	**33**	**28**	**137**	**63**	**74**	**166**	**90**	**76**
平均初婚年龄	**23.10**	**24.11**	**22.10**	**23.29**	**24.27**	**22.29**	**23.50**	**24.50**	**22.50**

5-4 续表 6

单位：人

初婚年龄	初婚年份								
	1997年			1998年			1999年		
	小计	男	女	小计	男	女	小计	男	女
总　计	**68207**	**34116**	**34091**	**75392**	**37833**	**37559**	**64413**	**32164**	**32249**
15岁以下	**43**	**5**	**38**	**69**	**9**	**60**	**67**	**11**	**56**
15–19岁	**7554**	**1630**	**5924**	**7663**	**1590**	**6073**	**6089**	**1119**	**4970**
15	239	24	215	305	45	260	278	38	240
16	376	51	325	541	64	477	491	57	434
17	839	125	714	903	131	772	893	136	757
18	1954	401	1553	1696	329	1367	1396	221	1175
19	4146	1029	3117	4218	1021	3197	3031	667	2364
20–24岁	**42608**	**20114**	**22494**	**45764**	**21659**	**24105**	**39351**	**18240**	**21111**
20	7101	2013	5088	6977	1856	5121	6026	1595	4431
21	8978	3622	5356	9257	3725	5532	7751	3024	4727
22	10153	5204	4949	11455	5831	5624	9358	4719	4639
23	9100	4966	4134	9828	5358	4470	8980	4750	4230
24	7276	4309	2967	8247	4889	3358	7236	4152	3084
25–29岁	**14280**	**9808**	**4472**	**16970**	**11248**	**5722**	**15236**	**10192**	**5044**
25	5076	3257	1819	6120	3822	2298	5492	3471	2021
26	3604	2482	1122	4056	2692	1364	3978	2631	1347
27	2582	1807	775	3007	2090	917	2551	1794	757
28	1807	1364	443	2136	1472	664	1918	1370	548
29	1211	898	313	1651	1172	479	1297	926	371
30–34岁	**2521**	**1841**	**680**	**3586**	**2465**	**1121**	**2778**	**1997**	**781**
30	808	591	217	1252	836	416	1004	712	292
31	620	456	164	770	528	242	713	521	192
32	463	335	128	661	454	207	435	312	123
33	367	270	97	520	380	140	346	245	101
34	263	189	74	383	267	116	280	207	73
35–39岁	**531**	**332**	**199**	**751**	**508**	**243**	**509**	**371**	**138**
35	137	97	40	287	199	88	175	130	45
36	94	61	33	167	119	48	157	116	41
37	94	60	34	105	62	43	73	53	20
38	91	52	39	112	73	39	57	40	17
39	115	62	53	80	55	25	47	32	15
40–44岁	**421**	**236**	**185**	**351**	**218**	**133**	**196**	**119**	**77**
40	122	62	60	96	66	30	44	27	17
41	96	52	44	94	49	45	49	27	22
42	80	47	33	48	31	17	42	29	13
43	63	40	23	65	43	22	24	12	12
44	60	35	25	48	29	19	37	24	13
45–49岁	**181**	**111**	**70**	**145**	**88**	**57**	**103**	**70**	**33**
45	70	48	22	32	16	16	29	20	9
46	41	19	22	33	22	11	23	16	7
47	26	14	12	28	16	12	23	16	7
48	25	17	8	30	20	10	14	10	4
49	19	13	6	22	14	8	14	8	6
50岁及以上	**68**	**39**	**29**	**93**	**48**	**45**	**84**	**45**	**39**
平均初婚年龄	**23.67**	**24.67**	**22.67**	**23.89**	**24.88**	**22.90**	**23.85**	**24.88**	**22.82**

5-4　续表 7　　　　单位：人

初婚年龄	初婚年份								
	2000年			2001年			2002年		
	小计	男	女	小计	男	女	小计	男	女
总　计	**73391**	**37046**	**36345**	**51782**	**25965**	**25817**	**57361**	**28799**	**28562**
15岁以下	**126**	**32**	**94**	**89**	**19**	**70**	**77**	**23**	**54**
15-19岁	**8064**	**1639**	**6425**	**5932**	**1158**	**4774**	**6884**	**1418**	**5466**
15	534	128	406	294	62	232	371	77	294
16	783	155	628	526	90	436	603	102	501
17	1272	229	1043	854	133	721	1096	172	924
18	2114	393	1721	1497	287	1210	1718	362	1356
19	3361	734	2627	2761	586	2175	3096	705	2391
20-24岁	**43267**	**20416**	**22851**	**29438**	**13616**	**15822**	**31072**	**14159**	**16913**
20	5699	1583	4116	3927	999	2928	4923	1306	3617
21	8567	3283	5284	4935	1879	3056	5324	1916	3408
22	10408	5139	5269	7302	3457	3845	6492	3139	3353
23	9874	5371	4503	7023	3673	3350	7570	3929	3641
24	8719	5040	3679	6251	3608	2643	6763	3869	2894
25-29岁	**18104**	**12144**	**5960**	**13633**	**9163**	**4470**	**16027**	**10754**	**5273**
25	6489	4050	2439	4894	3066	1828	5411	3395	2016
26	4761	3175	1586	3443	2300	1143	4276	2821	1455
27	3407	2393	1014	2499	1745	754	2905	2059	846
28	2013	1477	536	1697	1232	465	2005	1439	566
29	1434	1049	385	1100	820	280	1430	1040	390
30-34岁	**2877**	**2129**	**748**	**2074**	**1566**	**508**	**2581**	**1931**	**650**
30	1032	774	258	717	532	185	875	648	227
31	756	546	210	565	415	150	636	468	168
32	512	374	138	367	290	77	479	356	123
33	310	239	71	253	196	57	351	272	79
34	267	196	71	172	133	39	240	187	53
35-39岁	**596**	**456**	**140**	**385**	**292**	**93**	**473**	**355**	**118**
35	180	141	39	116	91	25	157	118	39
36	162	115	47	91	70	21	121	91	30
37	129	102	27	66	49	17	81	60	21
38	71	58	13	66	47	19	56	42	14
39	54	40	14	46	35	11	58	44	14
40-44岁	**180**	**130**	**50**	**112**	**81**	**31**	**131**	**83**	**48**
40	45	37	8	26	18	8	45	30	15
41	35	27	8	21	18	3	16	11	5
42	43	29	14	18	14	4	30	13	17
43	32	23	9	20	13	7	23	19	4
44	25	14	11	27	18	9	17	10	7
45-49岁	**96**	**64**	**32**	**63**	**44**	**19**	**62**	**42**	**20**
45	19	12	7	13	10	3	17	11	6
46	19	12	7	19	13	6	14	10	4
47	26	20	6	13	9	4	12	7	5
48	18	11	7	7	7		10	7	3
49	14	9	5	11	5	6	9	7	2
50岁及以上	**81**	**36**	**45**	**56**	**26**	**30**	**54**	**34**	**20**
平均初婚年龄	**23.78**	**24.84**	**22.71**	**23.88**	**25.00**	**22.75**	**23.96**	**25.14**	**22.78**

5–4 续表 8 单位：人

初婚年龄	初婚年份								
	2003年			2004年			2005年		
	小计	男	女	小计	男	女	小计	男	女
总 计	**59096**	**29726**	**29370**	**59340**	**29836**	**29504**	**61798**	**31380**	**30418**
15岁以下	**75**	**11**	**64**	**77**	**10**	**67**	**81**	**18**	**63**
15–19岁	**7200**	**1490**	**5710**	**7515**	**1645**	**5870**	**8548**	**2029**	**6519**
15	384	101	283	413	108	305	499	112	387
16	707	123	584	658	124	534	806	185	621
17	1019	188	831	1143	210	933	1371	293	1078
18	1889	394	1495	1800	384	1416	2300	539	1761
19	3201	684	2517	3501	819	2682	3572	900	2672
20–24岁	**30349**	**13660**	**16689**	**30465**	**13653**	**16812**	**31761**	**14790**	**16971**
20	5045	1395	3650	5279	1444	3835	5663	1734	3929
21	6148	2283	3865	6310	2418	3892	6672	2698	3974
22	6153	2813	3340	7151	3379	3772	7363	3665	3698
23	6241	3251	2990	6137	3227	2910	6863	3669	3194
24	6762	3918	2844	5588	3185	2403	5200	3024	2176
25–29岁	**17496**	**11688**	**5808**	**16952**	**11417**	**5535**	**16374**	**10995**	**5379**
25	5834	3605	2229	5428	3332	2096	4548	2821	1727
26	4410	2902	1508	4418	2965	1453	4134	2747	1387
27	3346	2356	990	3173	2252	921	3355	2357	998
28	2286	1655	631	2338	1692	646	2517	1757	760
29	1620	1170	450	1595	1176	419	1820	1313	507
30–34岁	**3111**	**2247**	**864**	**3302**	**2386**	**916**	**3808**	**2697**	**1111**
30	1098	799	299	1160	845	315	1299	912	387
31	758	527	231	850	604	246	950	678	272
32	560	427	133	569	426	143	722	517	205
33	418	300	118	426	300	126	476	321	155
34	277	194	83	297	211	86	361	269	92
35–39岁	**585**	**451**	**134**	**676**	**487**	**189**	**806**	**575**	**231**
35	217	167	50	227	159	68	277	190	87
36	131	100	31	171	126	45	178	131	47
37	102	83	19	113	81	32	158	114	44
38	67	49	18	89	69	20	104	78	26
39	68	52	16	76	52	24	89	62	27
40–44岁	**142**	**100**	**42**	**190**	**135**	**55**	**215**	**139**	**76**
40	56	39	17	58	45	13	63	45	18
41	31	22	9	49	36	13	49	29	20
42	14	11	3	37	19	18	47	27	20
43	21	15	6	20	15	5	32	23	9
44	20	13	7	26	20	6	24	15	9
45–49岁	**76**	**47**	**29**	**85**	**50**	**35**	**107**	**75**	**32**
45	17	13	4	15	10	5	19	13	6
46	19	10	9	27	16	11	24	18	6
47	11	9	2	16	9	7	18	12	6
48	18	9	9	11	6	5	28	20	8
49	11	6	5	16	9	7	18	12	6
50岁及以上	**62**	**32**	**30**	**78**	**53**	**25**	**98**	**62**	**36**
平均初婚年龄	**24.10**	**25.32**	**22.87**	**24.07**	**25.31**	**22.82**	**24.04**	**25.24**	**22.80**

5-4　续表 9

单位：人

初婚年龄	初婚年份								
	2006年			2007年			2008年		
	小计	男	女	小计	男	女	小计	男	女
总　计	**62602**	**31616**	**30986**	**57035**	**28972**	**28063**	**65644**	**33329**	**32315**
15岁以下	**42**	**10**	**32**	**39**	**7**	**32**	**34**	**6**	**28**
15-19岁	**8334**	**1970**	**6364**	**7745**	**2021**	**5724**	**8636**	**2251**	**6385**
15	320	61	259	239	43	196	246	43	203
16	684	148	536	518	101	417	536	93	443
17	1328	290	1038	1279	285	994	1179	257	922
18	2153	503	1650	2077	535	1542	2547	692	1855
19	3849	968	2881	3632	1057	2575	4128	1166	2962
20-24岁	**32851**	**15079**	**17772**	**30013**	**13830**	**16183**	**35118**	**16334**	**18784**
20	5496	1613	3883	5676	1720	3956	6086	1893	4193
21	6883	2708	4175	6086	2387	3699	7524	2918	4606
22	7717	3705	4012	6966	3547	3419	7794	3883	3911
23	6772	3588	3184	6137	3265	2872	7313	3886	3427
24	5983	3465	2518	5148	2911	2237	6401	3754	2647
25-29岁	**15918**	**10687**	**5231**	**13896**	**9342**	**4554**	**15325**	**10122**	**5203**
25	4462	2756	1706	4451	2777	1674	4984	3071	1913
26	3672	2375	1297	2965	1986	979	3839	2505	1334
27	3346	2333	1013	2390	1641	749	2552	1727	825
28	2479	1802	677	2288	1633	655	2033	1422	611
29	1959	1421	538	1802	1305	497	1917	1397	520
30-34岁	**4130**	**2933**	**1197**	**3956**	**2836**	**1120**	**4656**	**3334**	**1322**
30	1468	1031	437	1259	929	330	1515	1116	399
31	1055	776	279	975	683	292	1044	735	309
32	707	490	217	737	527	210	859	600	259
33	519	370	149	573	397	176	695	488	207
34	381	266	115	412	300	112	543	395	148
35-39岁	**916**	**671**	**245**	**884**	**612**	**272**	**1228**	**856**	**372**
35	308	219	89	290	191	99	396	273	123
36	212	152	60	202	141	61	308	218	90
37	161	120	41	166	121	45	226	151	75
38	138	102	36	126	89	37	180	131	49
39	97	78	19	100	70	30	118	83	35
40-44岁	**261**	**175**	**86**	**287**	**193**	**94**	**370**	**258**	**112**
40	70	53	17	68	43	25	118	79	39
41	71	47	24	61	39	22	68	52	16
42	66	43	23	56	38	18	75	52	23
43	33	19	14	47	35	12	54	36	18
44	21	13	8	55	38	17	55	39	16
45-49岁	**72**	**45**	**27**	**101**	**62**	**39**	**140**	**87**	**53**
45	11	4	7	30	18	12	51	37	14
46	17	15	2	17	11	6	22	17	5
47	17	10	7	17	10	7	18	10	8
48	14	7	7	17	11	6	19	7	12
49	13	9	4	20	12	8	30	16	14
50岁及以上	**78**	**46**	**32**	**114**	**69**	**45**	**137**	**81**	**56**
平均初婚年龄	**24.12**	**25.34**	**22.88**	**24.14**	**25.33**	**22.91**	**24.21**	**25.38**	**23.00**

5-4 续表 10

单位：人

初婚年龄	初婚年份								
	2009年			2010年			2011年		
	小计	男	女	小计	男	女	小计	男	女
总　计	**61414**	**31030**	**30384**	**67878**	**34369**	**33509**	**54730**	**27741**	**26989**
15岁以下	**29**	**3**	**26**	**42**	**7**	**35**	**20**	**2**	**18**
15-19岁	**7739**	**2142**	**5597**	**7954**	**2247**	**5707**	**5293**	**1508**	**3785**
15	186	34	152	258	44	214	159	37	122
16	439	88	351	488	105	383	367	77	290
17	1017	229	788	1039	251	788	720	166	554
18	2023	532	1491	2034	577	1457	1339	343	996
19	4074	1259	2815	4135	1270	2865	2708	885	1823
20-24岁	**32824**	**15109**	**17715**	**37687**	**17592**	**20095**	**30409**	**13875**	**16534**
20	5749	1865	3884	6858	2241	4617	4746	1530	3216
21	6766	2644	4122	7858	3271	4587	6498	2557	3941
22	7906	3885	4021	8531	4196	4335	7040	3419	3621
23	6587	3380	3207	8088	4344	3744	6335	3230	3105
24	5816	3335	2481	6352	3540	2812	5790	3139	2651
25-29岁	**14183**	**9210**	**4973**	**15496**	**9979**	**5517**	**13776**	**8721**	**5055**
25	4750	2886	1864	5319	3213	2106	4619	2718	1901
26	3522	2248	1274	3885	2524	1361	3468	2160	1308
27	2702	1833	869	2823	1883	940	2571	1704	867
28	1816	1257	559	2156	1465	691	1816	1241	575
29	1393	986	407	1313	894	419	1302	898	404
30-34岁	**4560**	**3154**	**1406**	**4496**	**3031**	**1465**	**3405**	**2374**	**1031**
30	1376	972	404	1133	768	365	895	639	256
31	1058	741	317	1107	760	347	697	479	218
32	903	613	290	919	627	292	727	507	220
33	671	447	224	727	471	256	614	432	182
34	552	381	171	610	405	205	472	317	155
35-39岁	**1368**	**937**	**431**	**1468**	**1009**	**459**	**1234**	**851**	**383**
35	449	313	136	443	296	147	391	268	123
36	331	220	111	372	261	111	310	211	99
37	246	161	85	305	213	92	226	159	67
38	198	141	57	183	129	54	176	116	60
39	144	102	42	165	110	55	131	97	34
40-44岁	**433**	**295**	**138**	**437**	**304**	**133**	**347**	**249**	**98**
40	127	85	42	119	81	38	101	65	36
41	114	83	31	116	78	38	87	64	23
42	71	47	24	92	61	31	64	51	13
43	69	39	30	58	43	15	51	37	14
44	52	41	11	52	41	11	44	32	12
45-49岁	**159**	**112**	**47**	**165**	**114**	**51**	**141**	**93**	**48**
45	50	32	18	43	29	14	40	24	16
46	48	35	13	41	28	13	26	18	8
47	28	21	7	44	31	13	34	26	8
48	11	6	5	24	16	8	30	17	13
49	22	18	4	13	10	3	11	8	3
50岁及以上	**119**	**68**	**51**	**133**	**86**	**47**	**105**	**68**	**37**
平均初婚年龄	**24.32**	**25.44**	**23.18**	**24.23**	**25.25**	**23.18**	**24.44**	**25.45**	**23.40**

5-4　续表 11　　　　单位：人

初婚年龄	初婚年份								
	2012年			2013年			2014年		
	小计	男	女	小计	男	女	小计	男	女
总　计	**61255**	**30844**	**30411**	**54199**	**27367**	**26832**	**53027**	**26762**	**26265**
15岁以下	**22**	**3**	**19**	**23**	**4**	**19**	**8**	**3**	**5**
15–19岁	**5050**	**1268**	**3782**	**4354**	**1075**	**3279**	**3915**	**927**	**2988**
15	179	31	148	143	22	121	120	20	100
16	410	65	345	343	73	270	284	58	226
17	754	164	590	728	165	563	593	112	481
18	1333	314	1019	1200	311	889	1079	260	819
19	2374	694	1680	1940	504	1436	1839	477	1362
20–24岁	**33798**	**15354**	**18444**	**28033**	**12836**	**15197**	**25372**	**11429**	**13943**
20	4347	1330	3017	3319	986	2333	2749	788	1961
21	6253	2471	3782	4595	1842	2753	3807	1444	2363
22	8739	4163	4576	6483	3044	3439	5382	2562	2820
23	7629	3738	3891	7364	3649	3715	6275	2985	3290
24	6830	3652	3178	6272	3315	2957	7159	3650	3509
25–29岁	**16478**	**10227**	**6251**	**15673**	**9437**	**6236**	**17436**	**10364**	**7072**
25	5685	3216	2469	5205	2874	2331	5801	3140	2661
26	4070	2546	1524	4176	2503	1673	4419	2600	1819
27	3085	2009	1076	2771	1762	1009	3408	2111	1297
28	2127	1454	673	2090	1352	738	2323	1533	790
29	1511	1002	509	1431	946	485	1485	980	505
30–34岁	**3699**	**2487**	**1212**	**3668**	**2378**	**1290**	**3734**	**2331**	**1403**
30	1166	785	381	1110	732	378	1139	713	426
31	761	496	265	908	583	325	877	529	348
32	651	443	208	596	385	211	697	441	256
33	610	421	189	544	327	217	549	352	197
34	511	342	169	510	351	159	472	296	176
35–39岁	**1444**	**1004**	**440**	**1502**	**1016**	**486**	**1600**	**1101**	**499**
35	425	285	140	428	297	131	456	307	149
36	338	236	102	372	257	115	363	261	102
37	291	209	82	286	189	97	309	202	107
38	223	158	65	209	140	69	265	189	76
39	167	116	51	207	133	74	207	142	65
40–44岁	**469**	**314**	**155**	**579**	**394**	**185**	**557**	**357**	**200**
40	143	100	43	167	119	48	161	108	53
41	113	73	40	130	91	39	131	86	45
42	82	57	25	117	80	37	106	56	50
43	73	45	28	93	60	33	88	59	29
44	58	39	19	72	44	28	71	48	23
45–49岁	**170**	**104**	**66**	**198**	**125**	**73**	**226**	**132**	**94**
45	42	24	18	49	31	18	65	40	25
46	39	22	17	42	30	12	53	34	19
47	37	23	14	39	22	17	42	22	20
48	20	16	4	39	23	16	30	17	13
49	32	19	13	29	19	10	36	19	17
50岁及以上	**125**	**83**	**42**	**169**	**102**	**67**	**179**	**118**	**61**
平均初婚年龄	**24.65**	**25.62**	**23.67**	**25.04**	**25.99**	**24.08**	**25.38**	**26.32**	**24.43**

5−4 续表 12

单位：人

初婚年龄	初婚年份								
	2015年			2016年			2017年		
	小计	男	女	小计	男	女	小计	男	女
总　计	**51697**	**26162**	**25535**	**42768**	**21656**	**21112**	**38442**	**19416**	**19026**
15岁以下	**9**		**9**	**7**		**7**	**6**		**6**
15−19岁	**3620**	**901**	**2719**	**2677**	**625**	**2052**	**2025**	**407**	**1618**
15	86	16	70	48	11	37	35	6	29
16	261	46	215	152	27	125	101	18	83
17	492	90	402	406	73	333	269	50	219
18	1012	259	753	734	167	567	546	104	442
19	1769	490	1279	1337	347	990	1074	229	845
20−24岁	**22100**	**9850**	**12250**	**16876**	**7336**	**9540**	**14766**	**6255**	**8511**
20	2734	807	1927	2170	616	1554	2017	538	1479
21	3282	1238	2044	2724	1005	1719	2509	891	1618
22	4460	2082	2378	3511	1621	1890	3207	1458	1749
23	5343	2511	2832	3861	1803	2058	3243	1486	1757
24	6281	3212	3069	4610	2291	2319	3790	1882	1908
25−29岁	**19264**	**11201**	**8063**	**17387**	**10067**	**7320**	**15915**	**9217**	**6698**
25	6547	3563	2984	4928	2696	2232	3964	2141	1823
26	4913	2814	2099	4825	2701	2124	4017	2237	1780
27	3501	2115	1386	3463	2105	1358	3703	2185	1518
28	2611	1603	1008	2439	1465	974	2484	1557	927
29	1692	1106	586	1732	1100	632	1747	1097	650
30−34岁	**3948**	**2441**	**1507**	**3518**	**2165**	**1353**	**3617**	**2220**	**1397**
30	1275	814	461	1080	680	400	1271	793	478
31	936	563	373	874	541	333	786	488	298
32	717	441	276	641	382	259	676	403	273
33	555	337	218	489	289	200	491	295	196
34	465	286	179	434	273	161	393	241	152
35−39岁	**1531**	**1007**	**524**	**1232**	**803**	**429**	**1109**	**690**	**419**
35	390	265	125	308	196	112	292	172	120
36	372	246	126	274	171	103	231	144	87
37	304	196	108	246	166	80	196	123	73
38	250	159	91	222	158	64	190	132	58
39	215	141	74	182	112	70	200	119	81
40−44岁	**697**	**424**	**273**	**626**	**393**	**233**	**563**	**357**	**206**
40	200	123	77	171	111	60	143	89	54
41	170	98	72	152	86	66	130	86	44
42	128	83	45	118	82	36	107	64	43
43	105	66	39	104	68	36	105	69	36
44	94	54	40	81	46	35	78	49	29
45−49岁	**303**	**202**	**101**	**245**	**156**	**89**	**218**	**146**	**72**
45	95	60	35	70	50	20	56	38	18
46	73	53	20	57	40	17	42	30	12
47	59	38	21	47	27	20	47	33	14
48	38	26	12	39	24	15	48	28	20
49	38	25	13	32	15	17	25	17	8
50岁及以上	**225**	**136**	**89**	**200**	**111**	**89**	**223**	**124**	**99**
平均初婚年龄	**25.73**	**26.61**	**24.82**	**26.00**	**26.88**	**25.09**	**26.23**	**27.15**	**25.29**

5-4　续表 13　　　　单位：人

初婚年龄	初婚年份								
	2018年			2019年			2020年		
	小计	男	女	小计	男	女	小计	男	女
总　计	**42065**	**20652**	**21413**	**32055**	**15902**	**16153**	**19693**	**9830**	**9863**
15岁以下	**11**	**1**	**10**	**9**	**1**	**8**	**1**		**1**
15—19岁	**2101**	**402**	**1699**	**1456**	**309**	**1147**	**595**	**121**	**474**
15	52	6	46	44	10	34	29	8	21
16	136	23	113	81	17	64	29	8	21
17	263	42	221	219	42	177	81	18	63
18	599	120	479	385	93	292	144	30	114
19	1051	211	840	727	147	580	312	57	255
20—24岁	**15801**	**6321**	**9480**	**11615**	**4660**	**6955**	**6464**	**2572**	**3892**
20	2001	465	1536	1384	322	1062	646	100	546
21	2681	880	1801	1916	604	1312	880	275	605
22	3508	1518	1990	2589	1081	1508	1467	626	841
23	3752	1612	2140	2797	1245	1552	1590	705	885
24	3859	1846	2013	2929	1408	1521	1881	866	1015
25—29岁	**17158**	**9693**	**7465**	**12619**	**7158**	**5461**	**7271**	**4031**	**3240**
25	3844	1938	1906	2871	1475	1396	1679	854	825
26	4007	2190	1817	2730	1536	1194	1561	807	754
27	3832	2232	1600	2581	1471	1110	1483	809	674
28	3296	2011	1285	2369	1407	962	1354	819	535
29	2179	1322	857	2068	1269	799	1194	742	452
30—34岁	**4490**	**2712**	**1778**	**3949**	**2416**	**1533**	**2974**	**1803**	**1171**
30	1565	965	600	1360	851	509	991	606	385
31	1143	683	460	956	594	362	740	478	262
32	781	463	318	731	445	286	491	290	201
33	567	346	221	497	276	221	424	247	177
34	434	255	179	405	250	155	328	182	146
35—39岁	**1212**	**725**	**487**	**1056**	**596**	**460**	**876**	**467**	**409**
35	346	199	147	295	186	109	256	154	102
36	276	153	123	232	130	102	192	107	85
37	223	136	87	204	105	99	164	85	79
38	166	104	62	176	95	81	138	73	65
39	201	133	68	149	80	69	126	48	78
40—44岁	**662**	**414**	**248**	**695**	**387**	**308**	**682**	**358**	**324**
40	152	91	61	163	84	79	126	59	67
41	148	93	55	149	84	65	158	74	84
42	136	85	51	127	66	61	156	83	73
43	108	69	39	137	86	51	127	80	47
44	118	76	42	119	67	52	115	62	53
45—49岁	**292**	**187**	**105**	**341**	**192**	**149**	**348**	**205**	**143**
45	74	48	26	82	41	41	89	47	42
46	71	47	24	88	50	38	80	53	27
47	46	31	15	67	38	29	67	45	22
48	54	33	21	55	35	20	57	30	27
49	47	28	19	49	28	21	55	30	25
50岁及以上	**338**	**197**	**141**	**315**	**183**	**132**	**482**	**273**	**209**
平均初婚年龄	**26.50**	**27.51**	**25.52**	**26.96**	**27.89**	**26.05**	**28.22**	**29.11**	**27.33**

5-4a 全省分初婚年龄、性别、初婚年份的人口(城市)

单位：人

初婚年龄	初婚年份								
	合 计			1980年			1981年		
	合计	男	女	小计	男	女	小计	男	女
总 计	**686287**	**335814**	**350473**	**12439**	**5826**	**6613**	**11078**	**5217**	**5861**
15岁以下	**456**	**108**	**348**	**22**	**4**	**18**	**16**	**4**	**12**
15-19岁	**66004**	**14563**	**51441**	**1765**	**282**	**1483**	**1563**	**249**	**1314**
15	2535	562	1973	118	19	99	63	16	47
16	4637	848	3789	206	30	176	129	17	112
17	9200	1693	7507	380	56	324	254	39	215
18	17219	3529	13690	433	65	368	490	62	428
19	32413	7931	24482	628	112	516	627	115	512
20-24岁	**350651**	**149548**	**201103**	**6711**	**2824**	**3887**	**6022**	**2518**	**3504**
20	51744	14118	37626	1014	274	740	755	162	593
21	64514	23458	41056	1150	436	714	1105	385	720
22	78971	35307	43664	1571	678	893	1247	539	708
23	80395	37553	42842	1604	760	844	1536	698	838
24	75027	39112	35915	1372	676	696	1379	734	645
25-29岁	**206814**	**129364**	**77450**	**3443**	**2325**	**1118**	**3080**	**2137**	**943**
25	65640	37470	28170	1251	775	476	1081	655	426
26	52169	32062	20107	953	641	312	795	540	255
27	39586	25941	13645	598	426	172	596	459	137
28	28868	19618	9250	386	294	92	382	295	87
29	20551	14273	6278	255	189	66	226	188	38
30-34岁	**43168**	**29641**	**13527**	**395**	**313**	**82**	**321**	**253**	**68**
30	14500	10071	4429	176	137	39	129	103	26
31	10534	7268	3266	90	78	12	89	66	23
32	7605	5233	2372	53	40	13	42	32	10
33	5910	3958	1952	43	35	8	39	35	4
34	4619	3111	1508	33	23	10	22	17	5
35-39岁	**11370**	**7631**	**3739**	**78**	**65**	**13**	**56**	**42**	**14**
35	3470	2330	1140	35	29	6	19	16	3
36	2721	1830	891	15	13	2	14	9	5
37	2097	1408	689	9	9		9	6	3
38	1673	1142	531	10	8	2	9	6	3
39	1409	921	488	9	6	3	5	5	
40-44岁	**4373**	**2827**	**1546**	**20**	**10**	**10**	**15**	**11**	**4**
40	1174	764	410	9	6	3	6	5	1
41	1023	657	366	3		3	4	3	1
42	844	533	311	4	2	2	2		2
43	682	441	241	2	1	1	2	2	
44	650	432	218	2	1	1	1	1	
45-49岁	**1875**	**1199**	**676**	**3**	**2**	**1**	**5**	**3**	**2**
45	508	332	176	2	1	1			
46	454	300	154				1	1	
47	341	215	126	1	1		1		1
48	317	192	125				2	2	
49	255	160	95				1		1
50岁及以上	**1576**	**933**	**643**	**2**	**1**	**1**			
平均初婚年龄	**24.64**	**25.77**	**23.57**	**23.57**	**24.91**	**22.38**	**23.64**	**25.02**	**22.42**

5-4a　续表 1

单位：人

初婚年龄	初婚年份								
	1982年			1983年			1984年		
	小计	男	女	小计	男	女	小计	男	女
总　计	**13164**	**6144**	**7020**	**13296**	**6284**	**7012**	**13213**	**6240**	**6973**
15岁以下	**10**	**1**	**9**	**17**	**5**	**12**	**12**	**2**	**10**
15—19岁	**2369**	**426**	**1943**	**2296**	**453**	**1843**	**2188**	**451**	**1737**
15	94	13	81	86	12	74	100	23	77
16	136	15	121	163	19	144	171	16	155
17	298	45	253	333	51	282	314	41	273
18	639	88	551	542	91	451	569	106	463
19	1202	265	937	1172	280	892	1034	265	769
20—24岁	**6777**	**2950**	**3827**	**6969**	**2982**	**3987**	**7407**	**3212**	**4195**
20	1145	293	852	1687	517	1170	1579	463	1116
21	1055	375	680	1365	501	864	2020	822	1198
22	1482	687	795	1198	518	680	1495	717	778
23	1474	696	778	1419	692	727	1189	568	621
24	1621	899	722	1300	754	546	1124	642	482
25—29岁	**3502**	**2363**	**1139**	**3447**	**2404**	**1043**	**3101**	**2186**	**915**
25	1268	789	479	1243	808	435	973	645	328
26	867	555	312	946	629	317	867	587	280
27	669	486	183	590	451	139	624	457	167
28	409	309	100	377	294	83	377	283	94
29	289	224	65	291	222	69	260	214	46
30—34岁	**429**	**352**	**77**	**464**	**362**	**102**	**411**	**315**	**96**
30	178	143	35	192	142	50	161	132	29
31	118	95	23	118	98	20	115	83	32
32	64	54	10	60	49	11	66	51	15
33	40	34	6	61	47	14	39	26	13
34	29	26	3	33	26	7	30	23	7
35—39岁	**50**	**36**	**14**	**73**	**57**	**16**	**72**	**57**	**15**
35	24	20	4	20	16	4	27	20	7
36	10	6	4	25	21	4	18	18	
37	7	5	2	11	9	2	11	7	4
38	5	3	2	11	8	3	10	7	3
39	4	2	2	6	3	3	6	5	1
40—44岁	**14**	**10**	**4**	**19**	**15**	**4**	**12**	**10**	**2**
40	5	5		4	2	2	2	2	
41	3	3		8	7	1	2	2	
42	1	1		1	1		5	3	2
43	3	1	2	1	1		2	2	
44	2		2	5	4	1	1	1	
45—49岁	**11**	**5**	**6**	**10**	**5**	**5**	**8**	**6**	**2**
45	1		1	3	2	1	3	2	1
46	1	1		2	2		1	1	
47	3	1	2	1		1	2	2	
48	4	3	1	3		3	2	1	1
49	2		2	1	1				
50岁及以上	**2**	**1**	**1**	**1**	**1**		**2**	**1**	**1**
平均初婚年龄	**23.45**	**24.86**	**22.22**	**23.32**	**24.74**	**22.05**	**23.13**	**24.46**	**21.95**

5–4a　续表 2　　　　　　　　　　　　　　　　　　单位：人

初婚年龄	初婚年份								
	1985年			1986年			1987年		
	小计	男	女	小计	男	女	小计	男	女
总　计	**16540**	**7858**	**8682**	**16374**	**7779**	**8595**	**16822**	**8118**	**8704**
15岁以下	**23**	**4**	**19**	**13**	**1**	**12**	**14**	**1**	**13**
15–19岁	**2699**	**588**	**2111**	**2544**	**551**	**1993**	**2449**	**532**	**1917**
15	115	30	85	76	9	67	63	10	53
16	228	41	187	143	21	122	141	15	126
17	386	60	326	389	70	319	321	48	273
18	709	137	572	727	137	590	715	160	555
19	1261	320	941	1209	314	895	1209	299	910
20–24岁	**9529**	**4210**	**5319**	**9953**	**4503**	**5450**	**10359**	**4767**	**5592**
20	1802	537	1265	1855	561	1294	1624	502	1122
21	2282	915	1367	2019	783	1236	2051	815	1236
22	2597	1226	1371	2448	1173	1275	2261	1089	1172
23	1658	850	808	2325	1234	1091	2400	1163	1237
24	1190	682	508	1306	752	554	2023	1198	825
25–29岁	**3575**	**2507**	**1068**	**3104**	**2151**	**953**	**3215**	**2237**	**978**
25	1194	769	425	907	580	327	1164	752	412
26	895	639	256	824	577	247	709	481	228
27	703	498	205	546	404	142	594	425	169
28	479	370	109	476	355	121	394	303	91
29	304	231	73	351	235	116	354	276	78
30–34岁	**567**	**450**	**117**	**607**	**457**	**150**	**598**	**446**	**152**
30	201	154	47	205	150	55	209	150	59
31	149	115	34	150	116	34	154	114	40
32	100	82	18	110	82	28	112	89	23
33	68	61	7	92	71	21	75	57	18
34	49	38	11	50	38	12	48	36	12
35–39岁	**97**	**72**	**25**	**105**	**86**	**19**	**139**	**102**	**37**
35	35	25	10	27	22	5	56	38	18
36	31	22	9	30	25	5	24	19	5
37	14	11	3	26	21	5	29	22	7
38	6	6		9	7	2	18	13	5
39	11	8	3	13	11	2	12	10	2
40–44岁	**23**	**12**	**11**	**31**	**22**	**9**	**29**	**21**	**8**
40	6	3	3	14	10	4	7	4	3
41	6	5	1	5	3	2	8	5	3
42	4	2	2	7	6	1	5	5	
43	3	1	2	4	2	2	9	7	2
44	4	1	3	1	1				
45–49岁	**18**	**11**	**7**	**9**	**3**	**6**	**12**	**8**	**4**
45	8	5	3	3	1	2	1		1
46	2	2		3	1	2	5	4	1
47	1		1	1		1	1	1	
48	6	3	3	1	1				
49	1	1		1		1	5	3	2
50岁及以上	**9**	**4**	**5**	**8**	**5**	**3**	**7**	**4**	**3**
平均初婚年龄	**23.15**	**24.41**	**22.01**	**23.20**	**24.41**	**22.12**	**23.36**	**24.50**	**22.29**

5–4a　续表 3

单位：人

初婚年龄	初婚年份								
	1988年			1989年			1990年		
	小计	男	女	小计	男	女	小计	男	女
总　计	**18082**	**8723**	**9359**	**18265**	**8847**	**9418**	**20410**	**9988**	**10422**
15岁以下	**20**	**8**	**12**	**16**	**4**	**12**	**20**	**7**	**13**
15–19岁	**2666**	**588**	**2078**	**2534**	**558**	**1976**	**3042**	**743**	**2299**
15	91	18	73	97	22	75	146	38	108
16	186	26	160	177	24	153	226	50	176
17	353	58	295	350	55	295	456	86	370
18	635	129	506	661	140	521	778	157	621
19	1401	357	1044	1249	317	932	1436	412	1024
20–24岁	**10820**	**4970**	**5850**	**10782**	**4928**	**5854**	**12230**	**5658**	**6572**
20	1961	627	1334	2009	649	1360	2110	679	1431
21	2049	855	1194	2284	912	1372	2765	1141	1624
22	2353	1129	1224	2252	1091	1161	2823	1331	1492
23	2297	1124	1173	2242	1134	1108	2409	1270	1139
24	2160	1235	925	1995	1142	853	2123	1237	886
25–29岁	**3783**	**2571**	**1212**	**4156**	**2787**	**1369**	**4320**	**2979**	**1341**
25	1743	1105	638	1693	1044	649	1654	1038	616
26	833	580	253	1221	825	396	1237	879	358
27	502	354	148	593	422	171	847	642	205
28	409	312	97	353	269	84	365	261	104
29	296	220	76	296	227	69	217	159	58
30–34岁	**641**	**477**	**164**	**609**	**446**	**163**	**589**	**451**	**138**
30	213	159	54	195	151	44	211	168	43
31	166	124	42	157	118	39	145	109	36
32	103	78	25	108	75	33	111	86	25
33	91	71	20	85	57	28	66	51	15
34	68	45	23	64	45	19	56	37	19
35–39岁	**114**	**88**	**26**	**114**	**90**	**24**	**132**	**92**	**40**
35	45	36	9	37	28	9	42	31	11
36	27	20	7	23	17	6	30	17	13
37	20	16	4	22	19	3	24	17	7
38	15	13	2	19	15	4	26	20	6
39	7	3	4	13	11	2	10	7	3
40–44岁	**23**	**14**	**9**	**35**	**25**	**10**	**51**	**40**	**11**
40	6	2	4	8	5	3	12	11	1
41	7	5	2	8	7	1	14	12	2
42	5	4	1	8	5	3	6	6	
43	2		2	8	5	3	11	5	6
44	3	3		3	3		8	6	2
45–49岁	**11**	**5**	**6**	**10**	**6**	**4**	**18**	**13**	**5**
45	3	2	1	2	1	1	8	6	2
46	3	1	2	3	1	2	1		1
47	2	1	1	3	2	1	1	1	
48	1	1		2	2		3	2	1
49	2		2				5	4	1
50岁及以上	**4**	**2**	**2**	**9**	**3**	**6**	**8**	**5**	**3**
平均初婚年龄	**23.29**	**24.36**	**22.29**	**23.36**	**24.43**	**22.35**	**23.20**	**24.26**	**22.19**

5-4a 续表 4

单位：人

初婚年龄	初婚年份								
	1991年			1992年			1993年		
	小计	男	女	小计	男	女	小计	男	女
总 计	**14117**	**6937**	**7180**	**16213**	**7901**	**8312**	**16693**	**8152**	**8541**
15岁以下	**16**	**5**	**11**	**13**	**4**	**9**	**10**	**1**	**9**
15-19岁	**1812**	**405**	**1407**	**2045**	**473**	**1572**	**1922**	**435**	**1487**
15	70	16	54	94	15	79	70	17	53
16	112	25	87	153	28	125	114	27	87
17	238	48	190	266	49	217	257	57	200
18	475	91	384	553	110	443	497	104	393
19	917	225	692	979	271	708	984	230	754
20-24岁	**8413**	**3782**	**4631**	**9823**	**4365**	**5458**	**9891**	**4316**	**5575**
20	1497	466	1031	1555	460	1095	1552	476	1076
21	1761	705	1056	1990	805	1185	1877	718	1159
22	2043	952	1091	2265	1016	1249	2340	1074	1266
23	1771	889	882	2281	1090	1191	2226	1027	1199
24	1341	770	571	1732	994	738	1896	1021	875
25-29岁	**3352**	**2370**	**982**	**3686**	**2605**	**1081**	**4053**	**2822**	**1231**
25	1187	770	417	1228	778	450	1510	950	560
26	900	631	269	904	634	270	948	667	281
27	640	489	151	681	503	178	705	532	173
28	444	331	113	536	423	113	517	391	126
29	181	149	32	337	267	70	373	282	91
30-34岁	**377**	**271**	**106**	**415**	**301**	**114**	**556**	**411**	**145**
30	126	93	33	131	96	35	238	180	58
31	80	52	28	84	59	25	113	86	27
32	66	45	21	82	58	24	81	54	27
33	57	43	14	56	40	16	73	48	25
34	48	38	10	62	48	14	51	43	8
35-39岁	**100**	**78**	**22**	**146**	**108**	**38**	**157**	**108**	**49**
35	22	19	3	47	40	7	58	41	17
36	25	19	6	41	31	10	34	24	10
37	19	15	4	26	20	6	25	20	5
38	22	16	6	21	10	11	20	15	5
39	12	9	3	11	7	4	20	8	12
40-44岁	**30**	**16**	**14**	**41**	**23**	**18**	**52**	**32**	**20**
40	8	4	4	10	6	4	13	10	3
41	9	5	4	11	7	4	13	6	7
42	8	4	4	10	2	8	13	9	4
43	2	2		3	3		4	1	3
44	3	1	2	7	5	2	9	6	3
45-49岁	**11**	**7**	**4**	**18**	**12**	**6**	**26**	**14**	**12**
45	1	1		2	1	1	9	6	3
46	6	4	2	5	5		10	6	4
47	1		1	3	2	1	1		1
48	2	2		5	2	3	6	2	4
49	1		1	3	2	1			
50岁及以上	**6**	**3**	**3**	**26**	**10**	**16**	**26**	**13**	**13**
平均初婚年龄	**23.42**	**24.49**	**22.38**	**23.54**	**24.63**	**22.50**	**23.75**	**24.82**	**22.74**

5-4a　续表 5

单位：人

初婚年龄	初婚年份								
	1994年			1995年			1996年		
	小计	男	女	小计	男	女	小计	男	女
总　计	**15754**	**7734**	**8020**	**19761**	**9762**	**9999**	**18684**	**9242**	**9442**
15岁以下	**10**	**1**	**9**	**11**	**2**	**9**	**6**	**1**	**5**
15-19岁	**1780**	**406**	**1374**	**2168**	**495**	**1673**	**1736**	**376**	**1360**
15	54	17	37	65	15	50	28	3	25
16	107	26	81	129	30	99	107	20	87
17	210	40	170	251	45	206	226	31	195
18	450	90	360	591	117	474	432	81	351
19	959	233	726	1132	288	844	943	241	702
20-24岁	**9235**	**4035**	**5200**	**11516**	**5131**	**6385**	**10842**	**4691**	**6151**
20	1502	430	1072	1801	532	1269	1596	413	1183
21	1869	706	1163	2272	848	1424	2137	795	1342
22	1987	926	1061	2720	1302	1418	2540	1153	1387
23	2054	987	1067	2514	1217	1297	2550	1243	1307
24	1823	986	837	2209	1232	977	2019	1087	932
25-29岁	**3905**	**2700**	**1205**	**4950**	**3341**	**1609**	**4915**	**3347**	**1568**
25	1455	916	539	1872	1132	740	1623	955	668
26	1010	693	317	1253	832	421	1317	899	418
27	614	455	159	901	668	233	953	705	248
28	467	372	95	519	400	119	632	479	153
29	359	264	95	405	309	96	390	309	81
30-34岁	**573**	**431**	**142**	**817**	**604**	**213**	**819**	**597**	**222**
30	200	150	50	309	234	75	276	206	70
31	165	122	43	192	136	56	210	157	53
32	92	71	21	172	124	48	158	118	40
33	62	48	14	82	65	17	106	75	31
34	54	40	14	62	45	17	69	41	28
35-39岁	**137**	**97**	**40**	**163**	**112**	**51**	**156**	**104**	**52**
35	45	33	12	47	31	16	37	27	10
36	34	25	9	32	25	7	38	26	12
37	24	15	9	33	23	10	23	16	7
38	20	15	5	30	17	13	37	23	14
39	14	9	5	21	16	5	21	12	9
40-44岁	**66**	**42**	**24**	**63**	**36**	**27**	**120**	**74**	**46**
40	18	9	9	15	9	6	24	13	11
41	20	13	7	13	9	4	32	20	12
42	13	9	4	11	6	5	25	15	10
43	9	6	3	10	5	5	19	9	10
44	6	5	1	14	7	7	20	17	3
45-49岁	**30**	**15**	**15**	**33**	**20**	**13**	**48**	**27**	**21**
45	8	3	5	12	10	2	7	4	3
46	7	3	4	11	5	6	15	10	5
47	7	4	3	6	3	3	8	2	6
48	3	2	1	2	1	1	10	6	4
49	5	3	2	2	1	1	8	5	3
50岁及以上	**18**	**7**	**11**	**40**	**21**	**19**	**42**	**25**	**17**
平均初婚年龄	**23.81**	**24.90**	**22.76**	**23.86**	**24.91**	**22.84**	**24.15**	**25.25**	**23.08**

5-4a 续表 6

单位：人

初婚年龄	初婚年份								
	1997年			1998年			1999年		
	小计	男	女	小计	男	女	小计	男	女
总　计	**18370**	**9057**	**9313**	**20482**	**10158**	**10324**	**18565**	**9159**	**9406**
15岁以下	**9**	**1**	**8**	**10**	**4**	**6**	**11**	**2**	**9**
15-19岁	**1518**	**335**	**1183**	**1540**	**313**	**1227**	**1248**	**231**	**1017**
15	43	4	39	57	19	38	52	9	43
16	72	14	58	96	17	79	98	16	82
17	174	32	142	152	15	137	179	27	152
18	393	89	304	347	69	278	281	44	237
19	836	196	640	888	193	695	638	135	503
20-24岁	**10602**	**4488**	**6114**	**11379**	**4861**	**6518**	**10384**	**4347**	**6037**
20	1478	388	1090	1490	369	1121	1362	326	1036
21	2088	732	1356	2064	705	1359	1834	626	1208
22	2415	1079	1336	2743	1220	1523	2400	1068	1332
23	2500	1163	1337	2664	1260	1404	2568	1169	1399
24	2121	1126	995	2418	1307	1111	2220	1158	1062
25-29岁	**5032**	**3380**	**1652**	**5958**	**3876**	**2082**	**5581**	**3608**	**1973**
25	1718	1012	706	2029	1194	835	1840	1053	787
26	1269	852	417	1464	933	531	1429	906	523
27	912	643	269	1087	757	330	1013	694	319
28	699	529	170	806	565	241	777	569	208
29	434	344	90	572	427	145	522	386	136
30-34岁	**863**	**642**	**221**	**1164**	**835**	**329**	**999**	**737**	**262**
30	258	198	60	399	288	111	396	290	106
31	215	157	58	235	167	68	246	192	54
32	143	102	41	200	147	53	133	93	40
33	159	122	37	185	132	53	124	83	41
34	88	63	25	145	101	44	100	79	21
35-39岁	**154**	**101**	**53**	**262**	**172**	**90**	**212**	**157**	**55**
35	42	28	14	106	72	34	80	58	22
36	32	20	12	47	28	19	58	43	15
37	31	21	10	41	25	16	33	24	9
38	24	16	8	31	24	7	19	15	4
39	25	16	9	37	23	14	22	17	5
40-44岁	**122**	**70**	**52**	**108**	**64**	**44**	**63**	**37**	**26**
40	36	20	16	32	23	9	17	9	8
41	25	14	11	27	12	15	15	9	6
42	28	13	15	16	8	8	14	7	7
43	23	17	6	16	9	7	5	3	2
44	10	6	4	17	12	5	12	9	3
45-49岁	**43**	**22**	**21**	**37**	**21**	**16**	**37**	**23**	**14**
45	16	12	4	8	4	4	13	9	4
46	11	4	7	10	6	4	8	4	4
47	9	3	6	7	3	4	6	4	2
48	4	1	3	9	5	4	5	2	3
49	3	2	1	3	3		5	4	1
50岁及以上	**27**	**18**	**9**	**24**	**12**	**12**	**30**	**17**	**13**
平均初婚年龄	**24.28**	**25.36**	**23.22**	**24.52**	**25.58**	**23.48**	**24.51**	**25.62**	**23.44**

5-4a　续表 7

单位：人

初婚年龄	初婚年份								
	2000年			2001年			2002年		
	小计	男	女	小计	男	女	小计	男	女
总　计	**21688**	**10722**	**10966**	**15138**	**7394**	**7744**	**16642**	**8189**	**8453**
15岁以下	**29**	**10**	**19**	**19**	**4**	**15**	**16**	**5**	**11**
15—19岁	**1791**	**381**	**1410**	**1278**	**253**	**1025**	**1503**	**303**	**1200**
15	126	36	90	68	22	46	84	21	63
16	173	34	139	114	23	91	130	30	100
17	297	60	237	158	30	128	215	41	174
18	457	95	362	327	62	265	379	77	302
19	738	156	582	611	116	495	695	134	561
20—24岁	**11778**	**4986**	**6792**	**7949**	**3260**	**4689**	**8228**	**3380**	**4848**
20	1337	329	1008	855	188	667	1132	266	866
21	2097	704	1393	1147	363	784	1185	368	817
22	2767	1184	1583	1939	792	1147	1679	752	927
23	2893	1374	1519	2049	923	1126	2168	953	1215
24	2684	1395	1289	1959	994	965	2064	1041	1023
25—29岁	**6565**	**4234**	**2331**	**4846**	**3101**	**1745**	**5599**	**3541**	**2058**
25	2208	1263	945	1629	949	680	1757	1023	734
26	1667	1066	601	1234	759	475	1470	874	596
27	1317	903	414	869	590	279	1042	712	330
28	772	565	207	657	460	197	779	534	245
29	601	437	164	457	343	114	551	398	153
30—34岁	**1141**	**839**	**302**	**792**	**593**	**199**	**1028**	**777**	**251**
30	436	322	114	287	207	80	346	256	90
31	322	234	88	203	147	56	260	194	66
32	166	125	41	147	123	24	186	140	46
33	118	89	29	89	67	22	134	105	29
34	99	69	30	66	49	17	102	82	20
35—39岁	**251**	**191**	**60**	**154**	**119**	**35**	**172**	**127**	**45**
35	73	59	14	41	34	7	60	39	21
36	72	53	19	36	27	9	42	33	9
37	61	47	14	28	22	6	33	24	9
38	28	22	6	32	23	9	21	16	5
39	17	10	7	17	13	4	16	15	1
40—44岁	**71**	**49**	**22**	**46**	**34**	**12**	**50**	**29**	**21**
40	20	15	5	13	10	3	18	16	2
41	10	8	2	9	7	2	6	4	2
42	17	10	7	7	5	2	15	4	11
43	12	9	3	8	4	4	5	3	2
44	12	7	5	9	8	1	6	2	4
45—49岁	**23**	**14**	**9**	**25**	**15**	**10**	**24**	**16**	**8**
45	1	1		3	3		6	3	3
46	6	3	3	11	5	6	4	3	1
47	7	4	3	5	4	1	4	1	3
48	6	4	2				5	4	1
49	3	2	1	6	3	3	5	5	
50岁及以上	**39**	**18**	**21**	**29**	**15**	**14**	**22**	**11**	**11**
平均初婚年龄	**24.42**	**25.52**	**23.35**	**24.56**	**25.72**	**23.44**	**24.66**	**25.85**	**23.50**

5-4a 续表 8

单位：人

初婚年龄	初婚年份								
	2003年			2004年			2005年		
	小计	男	女	小计	男	女	小计	男	女
总 计	**17749**	**8714**	**9035**	**17974**	**8827**	**9147**	**17715**	**8829**	**8886**
15岁以下	**19**	**3**	**16**	**16**	**3**	**13**	**13**	**4**	**9**
15—19岁	**1580**	**312**	**1268**	**1640**	**373**	**1267**	**1770**	**451**	**1319**
15	82	23	59	92	29	63	91	26	65
16	135	22	113	137	27	110	163	49	114
17	228	46	182	276	55	221	274	69	205
18	399	78	321	377	83	294	467	103	364
19	736	143	593	758	179	579	775	204	571
20—24岁	**8243**	**3290**	**4953**	**8410**	**3363**	**5047**	**8234**	**3444**	**4790**
20	1205	285	920	1310	281	1029	1312	334	978
21	1490	449	1041	1572	495	1077	1498	526	972
22	1606	644	962	1962	835	1127	1877	800	1077
23	1855	836	1019	1800	811	989	1962	937	1025
24	2087	1076	1011	1766	941	825	1585	847	738
25—29岁	**6314**	**3945**	**2369**	**6195**	**3885**	**2310**	**5760**	**3565**	**2195**
25	1973	1082	891	1879	1050	829	1467	783	684
26	1629	1021	608	1587	968	619	1451	865	586
27	1238	813	425	1235	830	405	1229	817	412
28	870	610	260	890	603	287	924	618	306
29	604	419	185	604	434	170	689	482	207
30—34岁	**1229**	**902**	**327**	**1292**	**915**	**377**	**1449**	**1041**	**408**
30	427	323	104	416	294	122	497	353	144
31	308	212	96	346	240	106	354	247	107
32	215	169	46	244	185	59	252	189	63
33	173	125	48	158	116	42	194	138	56
34	106	73	33	128	80	48	152	114	38
35—39岁	**252**	**183**	**69**	**268**	**180**	**88**	**318**	**211**	**107**
35	95	70	25	101	64	37	107	67	40
36	54	42	12	62	40	22	75	51	24
37	42	31	11	47	33	14	70	45	25
38	35	25	10	25	19	6	39	32	7
39	26	15	11	33	24	9	27	16	11
40—44岁	**56**	**44**	**12**	**88**	**64**	**24**	**93**	**61**	**32**
40	22	19	3	33	24	9	29	21	8
41	14	9	5	21	17	4	21	11	10
42	6	5	1	13	7	6	21	13	8
43	5	3	2	10	7	3	14	11	3
44	9	8	1	11	9	2	8	5	3
45—49岁	**32**	**22**	**10**	**32**	**19**	**13**	**45**	**32**	**13**
45	7	6	1	6	4	2	11	9	2
46	4	3	1	10	6	4	12	8	4
47	7	5	2	6	3	3	4	2	2
48	9	5	4	5	4	1	7	6	1
49	5	3	2	5	2	3	11	7	4
50岁及以上	**24**	**13**	**11**	**33**	**25**	**8**	**33**	**20**	**13**
平均初婚年龄	**24.83**	**26.11**	**23.60**	**24.81**	**26.07**	**23.59**	**24.90**	**26.12**	**23.69**

5-4a　续表 9

单位：人

初婚年龄	初婚年份								
	2006年			2007年			2008年		
	小计	男	女	小计	男	女	小计	男	女
总　计	**19420**	**9574**	**9846**	**17123**	**8507**	**8616**	**19971**	**9896**	**10075**
15岁以下	**9**	**3**	**6**	**11**	**2**	**9**	**6**	**2**	**4**
15-19岁	**1744**	**425**	**1319**	**1600**	**426**	**1174**	**1750**	**434**	**1316**
15	67	21	46	51	5	46	46	10	36
16	131	21	110	93	21	72	95	17	78
17	260	64	196	243	64	179	225	44	181
18	447	113	334	465	125	340	509	136	373
19	839	206	633	748	211	537	875	227	648
20-24岁	**9301**	**3738**	**5563**	**8070**	**3327**	**4743**	**9686**	**3998**	**5688**
20	1304	311	993	1261	330	931	1441	372	1069
21	1689	551	1138	1423	482	941	1829	618	1211
22	2178	899	1279	1867	818	1049	2138	927	1211
23	2119	970	1149	1833	840	993	2151	980	1171
24	2011	1007	1004	1686	857	829	2127	1101	1026
25-29岁	**6134**	**3841**	**2293**	**5198**	**3195**	**2003**	**5986**	**3679**	**2307**
25	1530	872	658	1594	886	708	1840	1042	798
26	1429	835	594	1035	627	408	1499	899	600
27	1349	854	495	918	583	335	1016	635	381
28	1006	711	295	921	621	300	866	572	294
29	820	569	251	730	478	252	765	531	234
30-34岁	**1702**	**1196**	**506**	**1653**	**1155**	**498**	**1815**	**1278**	**537**
30	599	389	210	561	402	159	591	432	159
31	432	333	99	412	284	128	414	291	123
32	285	198	87	279	196	83	342	231	111
33	215	154	61	223	148	75	261	181	80
34	171	122	49	178	125	53	207	143	64
35-39岁	**358**	**254**	**104**	**378**	**262**	**116**	**472**	**330**	**142**
35	124	89	35	113	74	39	140	96	44
36	78	49	29	97	69	28	133	93	40
37	58	38	20	71	54	17	79	56	23
38	61	45	16	54	37	17	72	50	22
39	37	33	4	43	28	15	48	35	13
40-44岁	**109**	**77**	**32**	**129**	**88**	**41**	**146**	**103**	**43**
40	27	21	6	29	20	9	50	35	15
41	27	18	9	29	19	10	22	15	7
42	33	23	10	21	15	6	31	22	9
43	13	9	4	23	16	7	22	15	7
44	9	6	3	27	18	9	21	16	5
45-49岁	**39**	**24**	**15**	**40**	**27**	**13**	**50**	**33**	**17**
45	9	3	6	13	10	3	19	14	5
46	10	8	2	8	6	2	8	6	2
47	8	6	2	6	3	3	7	5	2
48	8	4	4	5	3	2	5	2	3
49	4	3	1	8	5	3	11	6	5
50岁及以上	**24**	**16**	**8**	**44**	**25**	**19**	**60**	**39**	**21**
平均初婚年龄	**25.00**	**26.27**	**23.77**	**25.12**	**26.35**	**23.92**	**25.10**	**26.34**	**23.88**

5-4a 续表 10

单位：人

初婚年龄	初婚年份								
	2009年			2010年			2011年		
	小计	男	女	小计	男	女	小计	男	女
总 计	**19315**	**9502**	**9813**	**20498**	**10163**	**10335**	**17895**	**8856**	**9039**
15岁以下	**7**	**1**	**6**	**8**	**4**	**4**	**4**		**4**
15-19岁	**1596**	**434**	**1162**	**1619**	**442**	**1177**	**1024**	**263**	**761**
15	42	9	33	50	8	42	12	1	11
16	79	17	62	84	17	67	77	15	62
17	187	46	141	190	50	140	122	26	96
18	422	105	317	420	123	297	260	66	194
19	866	257	609	875	244	631	553	155	398
20-24岁	**9424**	**3870**	**5554**	**10273**	**4391**	**5882**	**8808**	**3607**	**5201**
20	1322	360	962	1554	418	1136	1099	306	793
21	1710	579	1131	1899	744	1155	1568	520	1048
22	2216	964	1252	2318	1054	1264	2008	862	1146
23	2118	929	1189	2373	1133	1240	2039	934	1105
24	2058	1038	1020	2129	1042	1087	2094	985	1109
25-29岁	**5662**	**3426**	**2236**	**6026**	**3609**	**2417**	**5884**	**3497**	**2387**
25	1804	1007	797	1989	1096	893	1851	994	857
26	1419	837	582	1532	906	626	1490	843	647
27	1128	718	410	1138	714	424	1135	715	420
28	712	456	256	859	551	308	846	572	274
29	599	408	191	508	342	166	562	373	189
30-34岁	**1815**	**1213**	**602**	**1696**	**1133**	**563**	**1382**	**951**	**431**
30	561	381	180	461	303	158	350	250	100
31	408	279	129	419	292	127	304	208	96
32	363	234	129	349	238	111	288	205	83
33	253	162	91	248	158	90	251	158	93
34	230	157	73	219	142	77	189	130	59
35-39岁	**535**	**367**	**168**	**553**	**362**	**191**	**515**	**344**	**171**
35	156	105	51	161	107	54	158	106	52
36	136	96	40	128	82	46	128	78	50
37	92	57	35	118	78	40	88	66	22
38	87	66	21	76	48	28	76	48	28
39	64	43	21	70	47	23	65	46	19
40-44岁	**169**	**116**	**53**	**194**	**134**	**60**	**160**	**114**	**46**
40	43	31	12	43	26	17	48	27	21
41	47	36	11	53	37	16	36	26	10
42	34	23	11	41	29	12	29	23	6
43	18	6	12	31	21	10	27	22	5
44	27	20	7	26	21	5	20	16	4
45-49岁	**65**	**48**	**17**	**69**	**45**	**24**	**66**	**46**	**20**
45	21	15	6	13	8	5	13	9	4
46	23	19	4	20	14	6	13	9	4
47	9	6	3	17	12	5	19	17	2
48	4	3	1	13	6	7	17	9	8
49	8	5	3	6	5	1	4	2	2
50岁及以上	**42**	**27**	**15**	**60**	**43**	**17**	**52**	**34**	**18**
平均初婚年龄	**25.20**	**26.37**	**24.08**	**25.11**	**26.17**	**24.07**	**25.40**	**26.49**	**24.33**

5-4a　续表 11

单位：人

初婚年龄	初婚年份								
	2012年			2013年			2014年		
	小计	男	女	小计	男	女	小计	男	女
总　计	**20580**	**10182**	**10398**	**18205**	**8986**	**9219**	**18517**	**9131**	**9386**
15岁以下	**1**		**1**	**8**	**3**	**5**	**2**	**1**	**1**
15-19岁	**1053**	**258**	**795**	**868**	**195**	**673**	**780**	**167**	**613**
15	34	6	28	29	2	27	15	7	8
16	67	12	55	64	14	50	56	13	43
17	143	28	115	142	28	114	120	21	99
18	275	57	218	225	50	175	224	51	173
19	534	155	379	408	101	307	365	75	290
20-24岁	**10063**	**4199**	**5864**	**8286**	**3441**	**4845**	**7729**	**3182**	**4547**
20	1066	275	791	810	199	611	700	160	540
21	1577	539	1038	1122	406	716	976	335	641
22	2497	1089	1408	1785	776	1009	1535	679	856
23	2441	1067	1374	2299	1003	1296	2056	872	1184
24	2482	1229	1253	2270	1057	1213	2462	1136	1326
25-29岁	**7038**	**4136**	**2902**	**6561**	**3722**	**2839**	**7369**	**4115**	**3254**
25	2313	1214	1099	2056	1045	1011	2310	1122	1188
26	1763	1046	717	1704	922	782	1923	1074	849
27	1351	830	521	1257	782	475	1455	845	610
28	938	613	325	919	575	344	1063	664	399
29	673	433	240	625	398	227	618	410	208
30-34岁	**1511**	**975**	**536**	**1521**	**987**	**534**	**1590**	**975**	**615**
30	485	316	169	469	316	153	501	319	182
31	324	219	105	395	252	143	392	232	160
32	255	168	87	245	158	87	279	172	107
33	246	144	102	212	123	89	229	140	89
34	201	128	73	200	138	62	189	112	77
35-39岁	**590**	**402**	**188**	**573**	**379**	**194**	**670**	**442**	**228**
35	177	115	62	169	105	64	180	115	65
36	142	101	41	138	92	46	169	115	54
37	112	80	32	107	70	37	130	90	40
38	91	59	32	82	57	25	101	66	35
39	68	47	21	77	55	22	90	56	34
40-44岁	**196**	**129**	**67**	**230**	**162**	**68**	**202**	**140**	**62**
40	62	44	18	62	46	16	55	37	18
41	54	35	19	53	33	20	46	37	9
42	30	22	8	50	35	15	31	15	16
43	26	13	13	38	28	10	39	30	9
44	24	15	9	27	20	7	31	21	10
45-49岁	**74**	**49**	**25**	**86**	**54**	**32**	**108**	**65**	**43**
45	17	11	6	20	15	5	39	24	15
46	19	11	8	20	12	8	29	19	10
47	15	11	4	11	8	3	16	9	7
48	10	8	2	22	12	10	10	5	5
49	13	8	5	13	7	6	14	8	6
50岁及以上	**54**	**34**	**20**	**72**	**43**	**29**	**67**	**44**	**23**
平均初婚年龄	**25.46**	**26.43**	**24.51**	**25.87**	**26.86**	**24.90**	**26.15**	**27.08**	**25.24**

5-4a 续表 12

单位：人

初婚年龄	初婚年份								
	2015年			2016年			2017年		
	小计	男	女	小计	男	女	小计	男	女
总　计	**17671**	**8743**	**8928**	**14756**	**7324**	**7432**	**13744**	**6784**	**6960**
15岁以下	**1**		**1**	**1**		**1**	**2**		**2**
15-19岁	**687**	**141**	**546**	**516**	**120**	**396**	**398**	**84**	**314**
15	14	1	13	11	3	8	2		2
16	42	13	29	32	4	28	21	6	15
17	90	15	75	71	17	54	51	10	41
18	177	38	139	129	26	103	106	21	85
19	364	74	290	273	70	203	218	47	171
20-24岁	**6554**	**2725**	**3829**	**4973**	**1992**	**2981**	**4607**	**1802**	**2805**
20	620	146	474	507	119	388	505	108	397
21	870	283	587	685	246	439	642	206	436
22	1260	573	687	1006	425	581	951	388	563
23	1656	701	955	1253	516	737	1079	458	621
24	2148	1022	1126	1522	686	836	1430	642	788
25-29岁	**7723**	**4207**	**3516**	**6832**	**3741**	**3091**	**6343**	**3458**	**2885**
25	2270	1109	1161	1808	911	897	1489	752	737
26	2038	1094	944	1836	974	862	1574	819	755
27	1485	833	652	1451	819	632	1456	797	659
28	1151	674	477	1017	573	444	1073	648	425
29	779	497	282	720	464	256	751	442	309
30-34岁	**1632**	**995**	**637**	**1491**	**871**	**620**	**1521**	**915**	**606**
30	531	333	198	459	273	186	538	343	195
31	413	245	168	369	219	150	320	187	133
32	281	162	119	261	153	108	301	178	123
33	219	133	86	228	129	99	204	118	86
34	188	122	66	174	97	77	158	89	69
35-39岁	**595**	**367**	**228**	**496**	**314**	**182**	**432**	**253**	**179**
35	151	90	61	124	74	50	112	67	45
36	137	91	46	115	74	41	86	48	38
37	121	67	54	91	53	38	76	45	31
38	98	63	35	83	63	20	77	49	28
39	88	56	32	83	50	33	81	44	37
40-44岁	**275**	**166**	**109**	**263**	**166**	**97**	**233**	**144**	**89**
40	77	44	33	82	56	26	58	34	24
41	57	35	22	56	28	28	57	40	17
42	57	35	22	47	31	16	43	28	15
43	44	30	14	38	26	12	44	25	19
44	40	22	18	40	25	15	31	17	14
45-49岁	**122**	**87**	**35**	**114**	**79**	**35**	**95**	**63**	**32**
45	38	23	15	39	26	13	27	17	10
46	31	28	3	25	21	4	19	14	5
47	20	15	5	22	16	6	24	16	8
48	18	11	7	16	10	6	18	11	7
49	15	10	5	12	6	6	7	5	2
50岁及以上	**82**	**55**	**27**	**70**	**41**	**29**	**113**	**65**	**48**
平均初婚年龄	**26.51**	**27.39**	**25.65**	**26.78**	**27.64**	**25.95**	**26.97**	**27.81**	**26.14**

5-4a　续表 13

单位：人

初婚年龄	初婚年份								
	2018年			2019年			2020年		
	小计	男	女	小计	男	女	小计	男	女
总　计	**14356**	**6986**	**7370**	**11493**	**5672**	**5821**	**7515**	**3707**	**3808**
15岁以下	**3**		**3**	**2**	**1**	**1**			
15-19岁	**406**	**93**	**313**	**364**	**91**	**273**	**153**	**27**	**126**
15	17	3	14	15	3	12	5	1	4
16	25	6	19	20	8	12	5	2	3
17	51	12	39	49	9	40	21	5	16
18	114	27	87	86	21	65	37	5	32
19	199	45	154	194	50	144	85	14	71
20-24岁	**4580**	**1752**	**2828**	**3534**	**1387**	**2147**	**2277**	**876**	**1401**
20	464	95	369	384	89	295	182	23	159
21	656	196	460	550	176	374	292	92	200
22	949	376	573	728	302	426	525	200	325
23	1151	483	668	861	363	498	558	236	322
24	1360	602	758	1011	457	554	720	325	395
25-29岁	**6540**	**3467**	**3073**	**5016**	**2672**	**2344**	**3065**	**1632**	**1433**
25	1439	670	769	1093	528	565	708	352	356
26	1512	755	757	1083	576	507	653	322	331
27	1460	813	647	1047	539	508	642	329	313
28	1261	720	541	964	545	419	576	329	247
29	868	509	359	829	484	345	486	300	186
30-34岁	**1836**	**1072**	**764**	**1660**	**996**	**664**	**1198**	**711**	**487**
30	648	382	266	558	333	225	376	220	156
31	443	258	185	397	244	153	308	207	101
32	310	175	135	295	187	108	206	117	89
33	252	151	101	229	115	114	171	103	68
34	183	106	77	181	117	64	137	64	73
35-39岁	**499**	**296**	**203**	**451**	**253**	**198**	**321**	**171**	**150**
35	161	87	74	129	79	50	87	58	29
36	123	68	55	106	56	50	76	44	32
37	76	47	29	98	51	47	62	33	29
38	72	47	25	61	32	29	40	18	22
39	67	47	20	57	35	22	56	18	38
40-44岁	**249**	**158**	**91**	**247**	**138**	**109**	**230**	**127**	**103**
40	54	31	23	51	25	26	46	24	22
41	65	40	25	54	29	25	53	26	27
42	50	31	19	40	21	19	42	28	14
43	41	30	11	46	29	17	40	22	18
44	39	26	13	56	34	22	49	27	22
45-49岁	**126**	**80**	**46**	**111**	**68**	**43**	**131**	**85**	**46**
45	29	19	10	24	15	9	43	27	16
46	31	19	12	28	14	14	18	11	7
47	18	10	8	22	13	9	29	19	10
48	27	15	12	21	17	4	21	15	6
49	21	17	4	16	9	7	20	13	7
50岁及以上	**117**	**68**	**49**	**108**	**66**	**42**	**140**	**78**	**62**
平均初婚年龄	**27.22**	**28.13**	**26.36**	**27.51**	**28.35**	**26.68**	**28.28**	**29.16**	**27.41**

5—4b 全省分初婚年龄、性别、初婚年份的人口(镇)

单位：人

初婚年龄	初婚年份								
	合 计			1980年			1981年		
	合计	男	女	小计	男	女	小计	男	女
总 计	**712950**	**349468**	**363482**	**14381**	**6835**	**7546**	**10541**	**5039**	**5502**
15岁以下	**645**	**104**	**541**	**25**	**4**	**21**	**12**		**12**
15—19岁	**94229**	**21380**	**72849**	**2902**	**468**	**2434**	**2378**	**490**	**1888**
15	3417	711	2706	184	34	150	96	12	84
16	6676	1136	5540	342	29	313	179	25	154
17	13267	2367	10900	627	77	550	415	76	339
18	24586	5216	19370	820	122	698	764	137	627
19	46283	11950	34333	929	206	723	924	240	684
20—24岁	**407865**	**189754**	**218111**	**8526**	**4214**	**4312**	**6048**	**2957**	**3091**
20	70483	21337	49146	1564	504	1060	1011	310	701
21	85193	34349	50844	1762	755	1007	1305	538	767
22	94366	46601	47765	2108	1093	1015	1329	673	656
23	85332	45462	39870	1819	1041	778	1340	759	581
24	72491	42005	30486	1273	821	452	1063	677	386
25—29岁	**163775**	**107551**	**56224**	**2462**	**1793**	**669**	**1834**	**1395**	**439**
25	56914	35023	21891	942	666	276	702	502	200
26	41608	27341	14267	661	485	176	480	368	112
27	29802	20382	9420	404	296	108	334	258	76
28	20811	14609	6202	288	224	64	207	178	29
29	14640	10196	4444	167	122	45	111	89	22
30—34岁	**31783**	**21351**	**10432**	**358**	**275**	**83**	**207**	**152**	**55**
30	10449	7151	3298	125	95	30	61	46	15
31	7652	5153	2499	90	64	26	61	42	19
32	5872	3840	2032	68	56	12	37	25	12
33	4386	2911	1475	44	38	6	29	24	5
34	3424	2296	1128	31	22	9	19	15	4
35—39岁	**8524**	**5630**	**2894**	**80**	**61**	**19**	**38**	**29**	**9**
35	2578	1733	845	28	19	9	16	12	4
36	1988	1321	667	17	14	3	6	5	1
37	1527	993	534	8	7	1	5	4	1
38	1320	869	451	13	10	3	5	4	1
39	1111	714	397	14	11	3	6	4	2
40—44岁	**3413**	**2107**	**1306**	**20**	**14**	**6**	**16**	**11**	**5**
40	912	562	350	9	6	3	4	2	2
41	783	482	301	2	2		5	4	1
42	722	440	282	5	4	1	3	2	1
43	563	359	204	1	1		1		1
44	433	264	169	3	1	2	3	3	
45—49岁	**1446**	**889**	**557**	**8**	**6**	**2**	**6**	**4**	**2**
45	382	232	150	4	3	1	4	2	2
46	325	217	108	1	1		2	2	
47	289	175	114	2	1	1			
48	222	133	89	1	1				
49	228	132	96						
50岁及以上	**1270**	**702**	**568**				**2**	**1**	**1**
平均初婚年龄	**23.77**	**24.83**	**22.76**	**22.65**	**24.03**	**21.40**	**22.61**	**23.93**	**21.39**

5-4b 续表 1

单位：人

初婚年龄	初婚年份								
	1982年			1983年			1984年		
	小计	男	女	小计	男	女	小计	男	女
总 计	**13806**	**6587**	**7219**	**14194**	**6748**	**7446**	**14809**	**7123**	**7686**
15岁以下	**26**	**8**	**18**	**26**	**2**	**24**	**30**	**7**	**23**
15–19岁	**3550**	**757**	**2793**	**3335**	**714**	**2621**	**3469**	**780**	**2689**
15	128	21	107	137	26	111	150	34	116
16	261	45	216	242	33	209	223	35	188
17	497	77	420	478	83	395	473	77	396
18	928	178	750	860	153	707	953	205	748
19	1736	436	1300	1618	419	1199	1670	429	1241
20–24岁	**7582**	**3831**	**3751**	**7957**	**3929**	**4028**	**8703**	**4347**	**4356**
20	1696	543	1153	2348	815	1533	2201	799	1402
21	1437	634	803	1805	808	997	2436	1113	1323
22	1709	919	790	1386	744	642	1829	1007	822
23	1374	827	547	1339	809	530	1117	679	438
24	1366	908	458	1079	753	326	1120	749	371
25–29岁	**2285**	**1724**	**561**	**2428**	**1780**	**648**	**2182**	**1662**	**520**
25	969	690	279	942	661	281	735	522	213
26	544	419	125	628	468	160	660	528	132
27	357	284	73	399	294	105	402	316	86
28	237	189	48	262	201	61	220	170	50
29	178	142	36	197	156	41	165	126	39
30–34岁	**279**	**214**	**65**	**360**	**264**	**96**	**314**	**244**	**70**
30	105	84	21	143	106	37	101	79	22
31	59	48	11	79	58	21	73	64	9
32	57	40	17	50	36	14	70	47	23
33	30	20	10	53	42	11	37	29	8
34	28	22	6	35	22	13	33	25	8
35–39岁	**57**	**39**	**18**	**62**	**43**	**19**	**75**	**60**	**15**
35	15	9	6	22	14	8	29	25	4
36	14	11	3	22	16	6	12	8	4
37	11	9	2	7	4	3	15	14	1
38	11	6	5	6	4	2	12	7	5
39	6	4	2	5	5		7	6	1
40–44岁	**17**	**10**	**7**	**17**	**13**	**4**	**25**	**18**	**7**
40	8	5	3	3	3		4	3	1
41	3	1	2	5	4	1	5	4	1
42	1	1		3	2	1	8	5	3
43				6	4	2	6	4	2
44	5	3	2				2	2	
45–49岁	**5**	**3**	**2**	**5**	**2**	**3**	**8**	**3**	**5**
45	3	1	2				4	2	2
46				1	1				
47							1		1
48	1	1		2	1	1	2		2
49	1	1		2		2	1	1	
50岁及以上	**5**	**1**	**4**	**4**	**1**	**3**	**3**	**2**	**1**
平均初婚年龄	**22.41**	**23.74**	**21.19**	**22.41**	**23.72**	**21.23**	**22.29**	**23.52**	**21.14**

5-4b 续表 2

单位：人

初婚年龄	初婚年份								
	1985年			1986年			1987年		
	小计	男	女	小计	男	女	小计	男	女
总　计	**18281**	**8845**	**9436**	**17982**	**8693**	**9289**	**17468**	**8480**	**8988**
15岁以下	**23**	**2**	**21**	**17**	**4**	**13**	**16**	**1**	**15**
15-19岁	**3970**	**939**	**3031**	**3826**	**904**	**2922**	**3638**	**856**	**2782**
15	135	27	108	105	15	90	89	15	74
16	313	50	263	284	38	246	228	31	197
17	603	98	505	602	111	491	453	82	371
18	976	193	783	1046	230	816	1051	211	840
19	1943	571	1372	1789	510	1279	1817	517	1300
20-24岁	**11121**	**5561**	**5560**	**11568**	**5881**	**5687**	**11199**	**5778**	**5421**
20	2569	926	1643	2545	920	1625	2339	856	1483
21	2837	1304	1533	2861	1353	1508	2645	1249	1396
22	2947	1661	1286	2651	1426	1225	2573	1418	1155
23	1704	999	705	2279	1369	910	2038	1218	820
24	1064	671	393	1232	813	419	1604	1037	567
25-29岁	**2587**	**1925**	**662**	**2034**	**1524**	**510**	**2053**	**1451**	**602**
25	931	660	271	645	448	197	845	571	274
26	589	457	132	515	395	120	432	320	112
27	472	352	120	344	268	76	358	266	92
28	392	302	90	307	248	59	228	170	58
29	203	154	49	223	165	58	190	124	66
30-34岁	**454**	**338**	**116**	**406**	**299**	**107**	**444**	**309**	**135**
30	169	129	40	127	97	30	169	122	47
31	120	88	32	103	77	26	114	77	37
32	79	61	18	78	59	19	65	42	23
33	53	37	16	54	39	15	45	35	10
34	33	23	10	44	27	17	51	33	18
35-39岁	**88**	**60**	**28**	**85**	**52**	**33**	**78**	**58**	**20**
35	34	22	12	20	14	6	28	21	7
36	12	8	4	21	15	6	17	13	4
37	19	15	4	12	6	6	16	14	2
38	13	9	4	12	7	5	11	9	2
39	10	6	4	20	10	10	6	1	5
40-44岁	**24**	**13**	**11**	**30**	**22**	**8**	**22**	**15**	**7**
40	7	5	2	10	8	2	5	4	1
41	7	3	4	10	9	1	5	2	3
42	1	1		3		3	5	5	
43	7	4	3	4	2	2	6	3	3
44	2		2	3	3		1	1	
45-49岁	**10**	**5**	**5**	**9**	**4**	**5**	**10**	**9**	**1**
45	5	4	1				5	5	
46	1		1	4	2	2	3	2	1
47				2	1	1			
48	1		1	1		1	1	1	
49	3	1	2	2	1	1	1	1	
50岁及以上	**4**	**2**	**2**	**7**	**3**	**4**	**8**	**3**	**5**
平均初婚年龄	**22.37**	**23.47**	**21.34**	**22.33**	**23.36**	**21.35**	**22.43**	**23.41**	**21.50**

5-4b 续表 3

单位：人

初婚年龄	初婚年份								
	1988年			1989年			1990年		
	小计	男	女	小计	男	女	小计	男	女
总 计	**19295**	**9526**	**9769**	**19287**	**9536**	**9751**	**22825**	**11299**	**11526**
15岁以下	**24**	**3**	**21**	**36**	**4**	**32**	**37**	**7**	**30**
15–19岁	**3775**	**955**	**2820**	**3685**	**913**	**2772**	**4407**	**1042**	**3365**
15	112	21	91	108	17	91	160	42	118
16	242	32	210	268	38	230	349	55	294
17	436	61	375	481	94	387	682	131	551
18	992	228	764	966	214	752	1142	258	884
19	1993	613	1380	1862	550	1312	2074	556	1518
20–24岁	**12308**	**6262**	**6046**	**12348**	**6304**	**6044**	**14603**	**7523**	**7080**
20	2665	956	1709	2775	1046	1729	2946	1078	1868
21	2735	1251	1484	3042	1399	1643	3599	1723	1876
22	2865	1556	1309	2621	1430	1191	3484	1912	1572
23	2256	1320	936	2274	1367	907	2593	1545	1048
24	1787	1179	608	1636	1062	574	1981	1265	716
25–29岁	**2598**	**1878**	**720**	**2700**	**1941**	**759**	**3208**	**2334**	**874**
25	1236	853	383	1184	806	378	1321	908	413
26	611	445	166	764	561	203	890	662	228
27	316	247	69	401	300	101	582	442	140
28	246	195	51	177	138	39	271	207	64
29	189	138	51	174	136	38	144	115	29
30–34岁	**436**	**321**	**115**	**366**	**271**	**95**	**384**	**263**	**121**
30	145	110	35	105	71	34	105	80	25
31	114	83	31	115	90	25	93	63	30
32	79	52	27	69	50	19	83	54	29
33	51	36	15	42	32	10	55	30	25
34	47	40	7	35	28	7	48	36	12
35–39岁	**113**	**79**	**34**	**101**	**77**	**24**	**112**	**83**	**29**
35	42	30	12	38	29	9	35	28	7
36	22	14	8	19	16	3	25	21	4
37	19	16	3	15	12	3	20	14	6
38	18	13	5	21	13	8	20	12	8
39	12	6	6	8	7	1	12	8	4
40–44岁	**25**	**21**	**4**	**23**	**14**	**9**	**47**	**32**	**15**
40	6	5	1	10	5	5	18	12	6
41	4	4		4	1	3	11	9	2
42	6	5	1	2	2		8	5	3
43	6	4	2	4	4		7	4	3
44	3	3		3	2	1	3	2	1
45–49岁	**11**	**5**	**6**	**18**	**9**	**9**	**14**	**9**	**5**
45	2	1	1	3	2	1	3	3	
46	3	3					4	2	2
47	2	1	1	9	4	5	1	1	
48	1		1	2	1	1	1		1
49	3		3	4	2	2	5	3	2
50岁及以上	**5**	**2**	**3**	**10**	**3**	**7**	**13**	**6**	**7**
平均初婚年龄	**22.52**	**23.50**	**21.56**	**22.47**	**23.43**	**21.53**	**22.47**	**23.43**	**21.53**

5-4b 续表 4

单位：人

初婚年龄	初婚年份								
	1991年			1992年			1993年		
	小计	男	女	小计	男	女	小计	男	女
总　计	**15287**	**7573**	**7714**	**17759**	**8749**	**9010**	**18106**	**8881**	**9225**
15岁以下	**19**	**2**	**17**	**18**	**3**	**15**	**12**	**3**	**9**
15—19岁	**2876**	**696**	**2180**	**3066**	**722**	**2344**	**2796**	**656**	**2140**
15	99	26	73	99	18	81	97	18	79
16	181	30	151	195	30	165	175	34	141
17	445	74	371	392	74	318	360	61	299
18	801	183	618	799	174	625	674	149	525
19	1350	383	967	1581	426	1155	1490	394	1096
20—24岁	**9895**	**5056**	**4839**	**11415**	**5689**	**5726**	**11536**	**5571**	**5965**
20	2003	687	1316	2090	633	1457	2299	704	1595
21	2337	1079	1258	2515	1142	1373	2524	1051	1473
22	2387	1315	1072	2717	1462	1255	2698	1414	1284
23	1882	1126	756	2331	1338	993	2217	1266	951
24	1286	849	437	1762	1114	648	1798	1136	662
25—29岁	**2183**	**1585**	**598**	**2752**	**1987**	**765**	**3192**	**2259**	**933**
25	892	611	281	1066	724	342	1274	840	434
26	589	434	155	709	512	197	775	539	236
27	356	277	79	458	357	101	584	446	138
28	222	167	55	296	231	65	338	267	71
29	124	96	28	223	163	60	221	167	54
30—34岁	**214**	**165**	**49**	**300**	**221**	**79**	**373**	**277**	**96**
30	52	42	10	113	82	31	153	119	34
31	52	42	10	52	42	10	70	51	19
32	43	28	15	63	49	14	56	42	14
33	48	36	12	35	23	12	51	31	20
34	19	17	2	37	25	12	43	34	9
35—39岁	**70**	**49**	**21**	**114**	**73**	**41**	**108**	**71**	**37**
35	22	18	4	27	18	9	27	18	9
36	14	9	5	25	17	8	30	25	5
37	10	6	4	26	13	13	13	8	5
38	10	5	5	26	18	8	16	9	7
39	14	11	3	10	7	3	22	11	11
40—44岁	**18**	**13**	**5**	**63**	**39**	**24**	**43**	**26**	**17**
40	4	3	1	21	10	11	13	5	8
41	3	1	2	11	10	1	12	8	4
42	5	4	1	12	8	4	8	5	3
43	3	2	1	13	7	6	5	5	
44	3	3		6	4	2	5	3	2
45—49岁	**6**	**3**	**3**	**18**	**9**	**9**	**23**	**12**	**11**
45	1	1		5	2	3	4	3	1
46	2	1	1	4	1	3	4	3	1
47	2		2	4	4		9	3	6
48				4	1	3	2	1	1
49	1	1		1	1		4	2	2
50岁及以上	**6**	**4**	**2**	**13**	**6**	**7**	**23**	**6**	**17**
平均初婚年龄	**22.47**	**23.44**	**21.51**	**22.81**	**23.79**	**21.85**	**22.97**	**23.95**	**22.02**

5-4b 续表 5

单位：人

初婚年龄	初婚年份								
	1994年			1995年			1996年		
	小计	男	女	小计	男	女	小计	男	女
总 计	**17683**	**8742**	**8941**	**22821**	**11317**	**11504**	**21749**	**10662**	**11087**
15岁以下	**14**	**3**	**11**	**14**	**3**	**11**	**14**	**1**	**13**
15-19岁	**2648**	**632**	**2016**	**2985**	**694**	**2291**	**2550**	**553**	**1997**
15	99	25	74	95	21	74	47	8	39
16	161	31	130	176	34	142	146	31	115
17	336	62	274	381	74	307	310	54	256
18	672	167	505	724	164	560	635	123	512
19	1380	347	1033	1609	401	1208	1412	337	1075
20-24岁	**11275**	**5458**	**5817**	**14505**	**6893**	**7612**	**13922**	**6497**	**7425**
20	2172	635	1537	2526	745	1781	2299	606	1693
21	2642	1152	1490	3271	1316	1955	3024	1237	1787
22	2546	1334	1212	3516	1813	1703	3428	1678	1750
23	2153	1207	946	2887	1615	1272	3005	1696	1309
24	1762	1130	632	2305	1404	901	2166	1280	886
25-29岁	**3148**	**2247**	**901**	**4389**	**3081**	**1308**	**4329**	**2982**	**1347**
25	1243	858	385	1743	1141	602	1574	1011	563
26	855	597	258	1138	817	321	1161	823	338
27	482	362	120	776	556	220	780	575	205
28	360	274	86	433	337	96	523	371	152
29	208	156	52	299	230	69	291	202	89
30-34岁	**385**	**281**	**104**	**651**	**475**	**176**	**643**	**455**	**188**
30	129	89	40	234	165	69	213	143	70
31	122	93	29	151	112	39	163	128	35
32	63	49	14	147	102	45	111	76	35
33	32	23	9	80	63	17	107	74	33
34	39	27	12	39	33	6	49	34	15
35-39岁	**108**	**66**	**42**	**130**	**88**	**42**	**121**	**80**	**41**
35	23	18	5	31	22	9	19	15	4
36	24	17	7	26	19	7	29	19	10
37	24	15	9	19	17	2	17	12	5
38	16	7	9	31	16	15	31	19	12
39	21	9	12	23	14	9	25	15	10
40-44岁	**61**	**31**	**30**	**82**	**53**	**29**	**75**	**51**	**24**
40	18	9	9	24	14	10	18	11	7
41	17	6	11	22	14	8	17	12	5
42	16	10	6	20	13	7	15	8	7
43	4	3	1	10	6	4	16	12	4
44	6	3	3	6	6		9	8	1
45-49岁	**25**	**12**	**13**	**28**	**15**	**13**	**53**	**24**	**29**
45	7	4	3	11	7	4	8	4	4
46	3	2	1	5	2	3	7	4	3
47	10	4	6	6	2	4	17	9	8
48	2	1	1	1		1	11	6	5
49	3	1	2	5	4	1	10	1	9
50岁及以上	**19**	**12**	**7**	**37**	**15**	**22**	**42**	**19**	**23**
平均初婚年龄	**23.01**	**23.98**	**22.07**	**23.26**	**24.24**	**22.30**	**23.44**	**24.40**	**22.51**

5–4b 续表 6

单位：人

初婚年龄	初婚年份								
	1997年			1998年			1999年		
	小计	男	女	小计	男	女	小计	男	女
总 计	**20753**	**10159**	**10594**	**23214**	**11418**	**11796**	**20394**	**9932**	**10462**
15岁以下	**9**		**9**	**17**	**1**	**16**	**24**	**6**	**18**
15–19岁	**2099**	**461**	**1638**	**2110**	**449**	**1661**	**1684**	**311**	**1373**
15	73	8	65	73	10	63	78	15	63
16	95	15	80	133	14	119	118	19	99
17	229	40	189	232	46	186	216	42	174
18	542	110	432	452	82	370	385	56	329
19	1160	288	872	1220	297	923	887	179	708
20–24岁	**13278**	**6042**	**7236**	**14476**	**6625**	**7851**	**12997**	**5807**	**7190**
20	2209	584	1625	2136	513	1623	1918	481	1437
21	2769	1029	1740	2891	1097	1794	2487	870	1617
22	3115	1534	1581	3639	1789	1850	3093	1519	1574
23	2813	1480	1333	3195	1714	1481	3018	1528	1490
24	2372	1415	957	2615	1512	1103	2481	1409	1072
25–29岁	**4349**	**2967**	**1382**	**5263**	**3461**	**1802**	**4681**	**3125**	**1556**
25	1604	1036	568	1990	1212	778	1767	1136	631
26	1123	767	356	1249	835	414	1235	808	427
27	743	515	228	904	626	278	757	531	226
28	521	383	138	625	436	189	559	394	165
29	358	266	92	495	352	143	363	256	107
30–34岁	**697**	**508**	**189**	**986**	**644**	**342**	**762**	**515**	**247**
30	235	171	64	324	207	117	257	181	76
31	159	118	41	208	129	79	212	139	73
32	135	93	42	186	109	77	124	80	44
33	91	73	18	156	113	43	87	56	31
34	77	53	24	112	86	26	82	59	23
35–39岁	**141**	**89**	**52**	**205**	**143**	**62**	**157**	**110**	**47**
35	37	27	10	77	53	24	47	37	10
36	23	15	8	48	38	10	60	41	19
37	20	12	8	29	18	11	19	12	7
38	23	12	11	34	20	14	19	13	6
39	38	23	15	17	14	3	12	7	5
40–44岁	**103**	**53**	**50**	**97**	**58**	**39**	**45**	**27**	**18**
40	32	17	15	26	17	9	10	5	5
41	20	10	10	31	16	15	7	5	2
42	23	14	9	12	8	4	10	9	1
43	14	5	9	16	9	7	7	3	4
44	14	7	7	12	8	4	11	5	6
45–49岁	**48**	**27**	**21**	**38**	**25**	**13**	**25**	**22**	**3**
45	18	11	7	8	4	4	7	5	2
46	14	5	9	7	4	3	7	7	
47	1		1	7	5	2	7	6	1
48	7	6	1	6	5	1	2	2	
49	8	5	3	10	7	3	2	2	
50岁及以上	**29**	**12**	**17**	**22**	**12**	**10**	**19**	**9**	**10**
平均初婚年龄	**23.65**	**24.62**	**22.71**	**23.86**	**24.82**	**22.94**	**23.79**	**24.76**	**22.86**

5-4b　续表 7

单位：人

初婚年龄	初婚年份								
	2000年			2001年			2002年		
	小计	男	女	小计	男	女	小计	男	女
总　计	**23614**	**11570**	**12044**	**16864**	**8282**	**8582**	**18647**	**9104**	**9543**
15岁以下	**31**	**3**	**28**	**25**	**6**	**19**	**18**	**6**	**12**
15-19岁	**2255**	**419**	**1836**	**1765**	**312**	**1453**	**1993**	**384**	**1609**
15	159	40	119	87	18	69	96	25	71
16	160	36	124	158	35	123	171	27	144
17	362	63	299	238	42	196	310	44	266
18	585	92	493	422	63	359	492	109	383
19	989	188	801	860	154	706	924	179	745
20-24岁	**14397**	**6491**	**7906**	**9869**	**4415**	**5454**	**10432**	**4542**	**5890**
20	1872	484	1388	1264	301	963	1500	368	1132
21	2881	1012	1869	1610	588	1022	1849	632	1217
22	3475	1625	1850	2451	1090	1361	2205	943	1262
23	3302	1760	1542	2381	1215	1166	2609	1321	1288
24	2867	1610	1257	2163	1221	942	2269	1278	991
25-29岁	**5914**	**3929**	**1985**	**4436**	**2976**	**1460**	**5274**	**3512**	**1762**
25	2178	1335	843	1642	1009	633	1901	1194	707
26	1562	1042	520	1118	749	369	1427	937	490
27	1090	757	333	813	579	234	908	638	270
28	655	492	163	537	395	142	606	433	173
29	429	303	126	326	244	82	432	310	122
30-34岁	**789**	**572**	**217**	**613**	**464**	**149**	**736**	**527**	**209**
30	282	213	69	216	161	55	272	195	77
31	205	149	56	160	123	37	187	133	54
32	148	98	50	102	78	24	130	90	40
33	83	60	23	89	66	23	84	64	20
34	71	52	19	46	36	10	63	45	18
35-39岁	**146**	**105**	**41**	**93**	**70**	**23**	**123**	**86**	**37**
35	46	35	11	29	23	6	34	26	8
36	33	18	15	23	17	6	35	24	11
37	34	26	8	15	10	5	16	10	6
38	20	17	3	14	11	3	18	12	6
39	13	9	4	12	9	3	20	14	6
40-44岁	**40**	**29**	**11**	**30**	**17**	**13**	**33**	**21**	**12**
40	12	10	2	6	4	2	12	7	5
41	6	6		5	4	1	6	4	2
42	7	5	2	5	3	2	6	3	3
43	9	6	3	3	2	1	5	4	1
44	6	2	4	11	4	7	4	3	1
45-49岁	**27**	**17**	**10**	**22**	**18**	**4**	**18**	**12**	**6**
45	10	6	4	5	4	1	6	4	2
46	1		1	4	4		4	3	1
47	7	6	1	5	5		4	3	1
48	6	3	3	3	3		2	1	1
49	3	2	1	5	2	3	2	1	1
50岁及以上	**15**	**5**	**10**	**11**	**4**	**7**	**20**	**14**	**6**
平均初婚年龄	**23.75**	**24.77**	**22.77**	**23.85**	**24.96**	**22.78**	**23.95**	**25.08**	**22.87**

5-4b 续表 8

单位：人

初婚年龄	初婚年份								
	2003年			2004年			2005年		
	小计	男	女	小计	男	女	小计	男	女
总　计	**19286**	**9430**	**9856**	**19355**	**9470**	**9885**	**20065**	**9889**	**10176**
15岁以下	**23**	**6**	**17**	**22**		**22**	**26**	**5**	**21**
15-19岁	**2098**	**450**	**1648**	**2241**	**469**	**1772**	**2579**	**577**	**2002**
15	110	40	70	120	35	85	143	32	111
16	215	42	173	200	43	157	229	54	175
17	293	56	237	287	45	242	407	65	342
18	531	95	436	553	107	446	705	169	536
19	949	217	732	1081	239	842	1095	257	838
20-24岁	**10120**	**4275**	**5845**	**10120**	**4307**	**5813**	**10486**	**4677**	**5809**
20	1580	380	1200	1704	433	1271	1799	511	1288
21	1949	663	1286	2023	712	1311	2214	861	1353
22	2046	826	1220	2352	1046	1306	2445	1165	1280
23	2191	1101	1090	2092	1063	1029	2300	1178	1122
24	2354	1305	1049	1949	1053	896	1728	962	766
25-29岁	**5837**	**3852**	**1985**	**5614**	**3748**	**1866**	**5407**	**3569**	**1838**
25	2053	1246	807	1854	1136	718	1567	960	607
26	1445	940	505	1471	964	507	1370	905	465
27	1094	767	327	1028	727	301	1059	724	335
28	715	525	190	753	555	198	806	559	247
29	530	374	156	508	366	142	605	421	184
30-34岁	**956**	**668**	**288**	**1042**	**728**	**314**	**1196**	**805**	**391**
30	354	247	107	389	277	112	426	278	148
31	230	159	71	264	177	87	288	207	81
32	184	130	54	158	115	43	238	164	74
33	107	74	33	130	89	41	137	81	56
34	81	58	23	101	70	31	107	75	32
35-39岁	**165**	**135**	**30**	**209**	**148**	**61**	**243**	**174**	**69**
35	58	49	9	63	46	17	87	58	29
36	39	28	11	55	38	17	48	37	11
37	22	20	2	37	26	11	45	36	9
38	21	15	6	33	25	8	31	20	11
39	25	23	2	21	13	8	32	23	9
40-44岁	**43**	**26**	**17**	**55**	**36**	**19**	**74**	**45**	**29**
40	17	10	7	13	12	1	17	11	6
41	8	7	1	18	10	8	15	9	6
42	3	1	2	11	5	6	22	12	10
43	7	5	2	6	5	1	14	9	5
44	8	3	5	7	4	3	6	4	2
45-49岁	**20**	**9**	**11**	**27**	**17**	**10**	**24**	**17**	**7**
45	4	2	2	3	3		3	2	1
46	6	2	4	9	8	1	6	5	1
47	2	2		4	2	2	3	2	1
48	5	2	3	5	1	4	10	6	4
49	3	1	2	6	3	3	2	2	
50岁及以上	**24**	**9**	**15**	**25**	**17**	**8**	**30**	**20**	**10**
平均初婚年龄	**24.15**	**25.33**	**23.02**	**24.12**	**25.35**	**22.93**	**24.06**	**25.25**	**22.91**

5-4b　续表 9　　　　单位：人

初婚年龄	初婚年份								
	2006年			2007年			2008年		
	小计	男	女	小计	男	女	小计	男	女
总　计	**19927**	**9772**	**10155**	**18034**	**8972**	**9062**	**20854**	**10379**	**10475**
15岁以下	**13**	**2**	**11**	**14**	**4**	**10**	**13**	**2**	**11**
15—19岁	**2327**	**504**	**1823**	**2139**	**543**	**1596**	**2403**	**603**	**1800**
15	96	18	78	60	18	42	63	12	51
16	185	39	146	137	28	109	154	28	126
17	360	82	278	328	63	265	322	62	260
18	579	144	435	545	123	422	684	172	512
19	1107	221	886	1069	311	758	1180	329	851
20—24岁	**10718**	**4646**	**6072**	**9785**	**4311**	**5474**	**11390**	**5118**	**6272**
20	1747	455	1292	1755	473	1282	1877	542	1335
21	2255	809	1446	2006	727	1279	2422	853	1569
22	2537	1131	1406	2266	1079	1187	2558	1252	1306
23	2232	1126	1106	2033	1072	961	2437	1249	1188
24	1947	1125	822	1725	960	765	2096	1222	874
25—29岁	**5168**	**3444**	**1724**	**4487**	**2999**	**1488**	**5000**	**3264**	**1736**
25	1497	892	605	1455	891	564	1637	986	651
26	1217	803	414	980	655	325	1274	823	451
27	1074	762	312	793	546	247	831	569	262
28	776	550	226	691	487	204	615	424	191
29	604	437	167	568	420	148	643	462	181
30—34岁	**1290**	**894**	**396**	**1207**	**840**	**367**	**1443**	**995**	**448**
30	457	342	115	365	263	102	476	340	136
31	339	228	111	279	184	95	329	213	116
32	230	148	82	227	156	71	251	170	81
33	154	104	50	201	144	57	215	142	73
34	110	72	38	135	93	42	172	130	42
35—39岁	**267**	**193**	**74**	**260**	**178**	**82**	**406**	**267**	**139**
35	96	63	33	94	61	33	135	91	44
36	56	42	14	59	39	20	95	66	29
37	51	40	11	43	31	12	77	41	36
38	34	27	7	33	26	7	59	40	19
39	30	21	9	31	21	10	40	29	11
40—44岁	**93**	**60**	**33**	**84**	**59**	**25**	**116**	**80**	**36**
40	24	18	6	21	12	9	32	21	11
41	26	16	10	19	13	6	26	21	5
42	22	14	8	19	14	5	25	17	8
43	15	9	6	12	10	2	16	10	6
44	6	3	3	13	10	3	17	11	6
45—49岁	**21**	**13**	**8**	**25**	**17**	**8**	**44**	**30**	**14**
45	2	1	1	7	3	4	15	12	3
46	4	4		5	4	1	9	9	
47	7	3	4	4	3	1	6	3	3
48	4	2	2	5	3	2	6	3	3
49	4	3	1	4	4		8	3	5
50岁及以上	**30**	**16**	**14**	**33**	**21**	**12**	**39**	**20**	**19**
平均初婚年龄	**24.19**	**25.44**	**22.99**	**24.19**	**25.39**	**23.00**	**24.30**	**25.44**	**23.16**

5-4b 续表 10

单位：人

初婚年龄	初婚年份								
	2009年			2010年			2011年		
	小计	男	女	小计	男	女	小计	男	女
总　计	**19189**	**9501**	**9688**	**21380**	**10619**	**10761**	**16908**	**8344**	**8564**
15岁以下	**3**		**3**	**11**	**1**	**10**	**5**	**2**	**3**
15－19岁	**2165**	**556**	**1609**	**2287**	**643**	**1644**	**1493**	**425**	**1068**
15	39	5	34	63	10	53	39	7	32
16	119	20	99	124	36	88	86	24	62
17	272	57	215	308	68	240	193	45	148
18	520	131	389	583	154	429	369	87	282
19	1215	343	872	1209	375	834	806	262	544
20－24岁	**10509**	**4700**	**5809**	**12037**	**5411**	**6626**	**9583**	**4184**	**5399**
20	1707	509	1198	2026	637	1389	1371	409	962
21	2123	809	1314	2457	932	1525	2052	738	1314
22	2585	1199	1386	2688	1243	1445	2175	1006	1169
23	2171	1077	1094	2677	1394	1283	2089	1006	1083
24	1923	1106	817	2189	1205	984	1896	1025	871
25－29岁	**4535**	**2925**	**1610**	**4981**	**3184**	**1797**	**4287**	**2706**	**1581**
25	1554	921	633	1758	1031	727	1471	854	617
26	1134	714	420	1257	829	428	1104	693	411
27	853	573	280	918	607	311	798	529	269
28	595	425	170	666	463	203	543	370	173
29	399	292	107	382	254	128	371	260	111
30－34岁	**1348**	**916**	**432**	**1396**	**925**	**471**	**1030**	**687**	**343**
30	394	278	116	328	234	94	285	197	88
31	319	222	97	354	236	118	206	141	65
32	272	179	93	282	183	99	217	141	76
33	205	129	76	244	149	95	168	116	52
34	158	108	50	188	123	65	154	92	62
35－39岁	**396**	**257**	**139**	**463**	**314**	**149**	**340**	**226**	**114**
35	137	94	43	155	99	56	112	76	36
36	95	56	39	125	90	35	85	58	27
37	68	41	27	93	64	29	62	36	26
38	57	39	18	52	35	17	50	32	18
39	39	27	12	38	26	12	31	24	7
40－44岁	**136**	**88**	**48**	**118**	**82**	**36**	**88**	**63**	**25**
40	44	25	19	31	26	5	25	17	8
41	32	22	10	30	20	10	26	17	9
42	23	15	8	30	16	14	18	17	1
43	26	18	8	15	11	4	11	7	4
44	11	8	3	12	9	3	8	5	3
45－49岁	**59**	**39**	**20**	**53**	**40**	**13**	**51**	**32**	**19**
45	15	9	6	15	10	5	18	9	9
46	19	13	6	13	11	2	10	7	3
47	13	9	4	14	10	4	10	7	3
48	6	3	3	7	6	1	10	6	4
49	6	5	1	4	3	1	3	3	
50岁及以上	**38**	**20**	**18**	**34**	**19**	**15**	**31**	**19**	**12**
平均初婚年龄	**24.37**	**25.47**	**23.30**	**24.28**	**25.30**	**23.27**	**24.44**	**25.42**	**23.48**

5-4b　续表 11

单位：人

初婚年龄	初婚年份								
	2012年			2013年			2014年		
	小计	男	女	小计	男	女	小计	男	女
总　计	**18931**	**9325**	**9606**	**16590**	**8187**	**8403**	**15907**	**7802**	**8105**
15岁以下	**11**	**1**	**10**	**4**		**4**	**2**	**2**	
15—19岁	**1391**	**344**	**1047**	**1074**	**235**	**839**	**1076**	**260**	**816**
15	40	8	32	34	8	26	33	5	28
16	118	23	95	76	14	62	57	11	46
17	203	48	155	162	28	134	151	29	122
18	355	76	279	305	75	230	290	75	215
19	675	189	486	497	110	387	545	140	405
20—24岁	**10585**	**4663**	**5922**	**8749**	**3857**	**4892**	**7770**	**3333**	**4437**
20	1282	369	913	950	245	705	782	192	590
21	1855	686	1169	1427	514	913	1101	391	710
22	2713	1237	1476	2046	915	1131	1631	743	888
23	2479	1202	1277	2295	1100	1195	1979	895	1084
24	2256	1169	1087	2031	1083	948	2277	1112	1165
25—29岁	**5190**	**3169**	**2021**	**4902**	**2934**	**1968**	**5240**	**3087**	**2153**
25	1850	1011	839	1697	926	771	1781	958	823
26	1281	779	502	1343	827	516	1328	775	553
27	912	598	314	826	524	302	1024	628	396
28	692	492	200	630	391	239	659	433	226
29	455	289	166	406	266	140	448	293	155
30—34岁	**1121**	**735**	**386**	**1112**	**680**	**432**	**1061**	**648**	**413**
30	354	231	123	347	219	128	321	191	130
31	223	133	90	266	161	105	249	150	99
32	199	128	71	172	106	66	192	116	76
33	195	144	51	172	95	77	164	110	54
34	150	99	51	155	99	56	135	81	54
35—39岁	**404**	**261**	**143**	**480**	**309**	**171**	**466**	**294**	**172**
35	122	77	45	136	98	38	126	78	48
36	96	60	36	128	84	44	95	65	30
37	82	52	30	84	50	34	88	46	42
38	63	47	16	65	37	28	93	63	30
39	41	25	16	67	40	27	64	42	22
40—44岁	**143**	**99**	**44**	**167**	**111**	**56**	**182**	**111**	**71**
40	43	30	13	45	28	17	53	33	20
41	29	19	10	40	32	8	43	24	19
42	37	25	12	36	25	11	40	21	19
43	16	11	5	28	18	10	26	18	8
44	18	14	4	18	8	10	20	15	5
45—49岁	**48**	**25**	**23**	**53**	**32**	**21**	**58**	**35**	**23**
45	13	5	8	16	8	8	13	6	7
46	11	6	5	8	6	2	14	9	5
47	9	4	5	10	5	5	13	8	5
48	5	4	1	10	6	4	8	5	3
49	10	6	4	9	7	2	10	7	3
50岁及以上	**38**	**28**	**10**	**49**	**29**	**20**	**52**	**32**	**20**
平均初婚年龄	**24.68**	**25.63**	**23.76**	**25.13**	**26.04**	**24.24**	**25.40**	**26.30**	**24.53**

5－4b 续表 12

单位：人

初婚年龄	初婚年份								
	2015年			2016年			2017年		
	小计	男	女	小计	男	女	小计	男	女
总　计	**15507**	**7705**	**7802**	**12711**	**6337**	**6374**	**11274**	**5565**	**5709**
15岁以下	**2**		**2**	**2**		**2**	**1**		**1**
15－19岁	**931**	**219**	**712**	**686**	**154**	**532**	**540**	**105**	**435**
15	28	7	21	7	1	6	10	2	8
16	71	11	60	28	3	25	20	4	16
17	131	25	106	91	16	75	67	14	53
18	268	71	197	197	49	148	144	32	112
19	433	105	328	363	85	278	299	53	246
20－24岁	**6722**	**2911**	**3811**	**5071**	**2134**	**2937**	**4296**	**1760**	**2536**
20	738	196	542	605	158	447	513	125	388
21	972	364	608	793	264	529	721	244	477
22	1364	598	766	1031	458	573	932	415	517
23	1698	773	925	1204	567	637	985	430	555
24	1950	980	970	1438	687	751	1145	546	599
25－29岁	**5876**	**3367**	**2509**	**5274**	**3029**	**2245**	**4777**	**2720**	**2057**
25	2105	1103	1002	1558	851	707	1210	629	581
26	1465	834	631	1511	825	686	1242	668	574
27	1075	643	432	1009	617	392	1134	677	457
28	752	471	281	705	431	274	691	419	272
29	479	316	163	491	305	186	500	327	173
30－34岁	**1145**	**679**	**466**	**1027**	**628**	**399**	**1042**	**599**	**443**
30	363	230	133	318	203	115	363	204	159
31	256	154	102	244	148	96	232	133	99
32	233	135	98	207	114	93	190	110	80
33	165	93	72	128	81	47	148	82	66
34	128	67	61	130	82	48	109	70	39
35－39岁	**468**	**305**	**163**	**343**	**211**	**132**	**329**	**205**	**124**
35	117	81	36	87	51	36	80	42	38
36	119	69	50	77	42	35	71	43	28
37	89	61	28	72	51	21	59	30	29
38	76	48	28	57	37	20	52	45	7
39	67	46	21	50	30	20	67	45	22
40－44岁	**209**	**126**	**83**	**175**	**107**	**68**	**167**	**99**	**68**
40	61	40	21	36	20	16	34	20	14
41	51	26	25	43	27	16	37	19	18
42	37	24	13	35	28	7	37	19	18
43	32	20	12	39	22	17	34	23	11
44	28	16	12	22	10	12	25	18	7
45－49岁	**86**	**54**	**32**	**76**	**44**	**32**	**66**	**47**	**19**
45	29	19	10	17	14	3	20	14	6
46	24	14	10	13	7	6	13	10	3
47	16	11	5	17	6	11	9	8	1
48	9	6	3	14	11	3	14	8	6
49	8	4	4	15	6	9	10	7	3
50岁及以上	**68**	**44**	**24**	**57**	**30**	**27**	**56**	**30**	**26**
平均初婚年龄	**25.77**	**26.64**	**24.91**	**26.02**	**26.85**	**25.19**	**26.28**	**27.19**	**25.40**

5-4b　续表 13

单位：人

初婚年龄	初婚年份								
	2018年			2019年			2020年		
	小计	男	女	小计	男	女	小计	男	女
总　计	**12126**	**5786**	**6340**	**9317**	**4420**	**4897**	**5829**	**2865**	**2964**
15岁以下	**4**		**4**	**1**		**1**	**1**		**1**
15–19岁	**517**	**90**	**427**	**357**	**55**	**302**	**163**	**41**	**122**
15	7	1	6	10	2	8	9	4	5
16	32	3	29	17	3	14	8	3	5
17	54	7	47	58	8	50	22	6	16
18	133	26	107	103	19	84	41	10	31
19	291	53	238	169	23	146	83	18	65
20–24岁	**4605**	**1759**	**2846**	**3415**	**1282**	**2133**	**1944**	**753**	**1191**
20	552	110	442	369	74	295	179	25	154
21	759	222	537	530	144	386	270	84	186
22	1040	458	582	776	294	482	409	181	228
23	1154	451	703	877	361	516	513	218	295
24	1100	518	582	863	409	454	573	245	328
25–29岁	**5052**	**2794**	**2258**	**3740**	**2083**	**1657**	**2127**	**1159**	**968**
25	1124	542	582	927	462	465	490	230	260
26	1209	657	552	792	430	362	470	252	218
27	1138	657	481	777	451	326	439	241	198
28	973	581	392	674	409	265	365	222	143
29	608	357	251	570	331	239	363	214	149
30–34岁	**1249**	**731**	**518**	**1086**	**613**	**473**	**875**	**526**	**349**
30	418	239	179	362	211	151	294	180	114
31	340	207	133	265	158	107	207	129	78
32	215	124	91	212	114	98	150	91	59
33	148	91	57	142	76	66	127	67	60
34	128	70	58	105	54	51	97	59	38
35–39岁	**330**	**192**	**138**	**294**	**163**	**131**	**256**	**127**	**129**
35	84	43	41	83	46	37	80	47	33
36	68	38	30	66	37	29	54	29	25
37	71	46	25	49	27	22	46	21	25
38	40	26	14	57	32	25	47	22	25
39	67	39	28	39	21	18	29	8	21
40–44岁	**188**	**105**	**83**	**203**	**96**	**107**	**216**	**113**	**103**
40	52	32	20	57	25	32	27	12	15
41	42	22	20	40	21	19	40	18	22
42	41	21	20	37	13	24	65	31	34
43	23	14	9	44	24	20	46	31	15
44	30	16	14	25	13	12	38	21	17
45–49岁	**78**	**52**	**26**	**115**	**67**	**48**	**107**	**64**	**43**
45	23	17	6	26	12	14	20	8	12
46	19	13	6	32	19	13	29	21	8
47	13	11	2	22	10	12	21	16	5
48	9	6	3	17	13	4	19	8	11
49	14	5	9	18	13	5	18	11	7
50岁及以上	**103**	**63**	**40**	**106**	**61**	**45**	**140**	**82**	**58**
平均初婚年龄	**26.51**	**27.52**	**25.59**	**27.03**	**27.98**	**26.17**	**28.26**	**29.16**	**27.39**

5－4c 全省分初婚年龄、性别、初婚年份的人口(乡村)

单位：人

初婚年龄	初婚年份								
	合计			1980年			1981年		
	合计	男	女	小计	男	女	小计	男	女
总　计	**988430**	**504139**	**484291**	**26433**	**12945**	**13488**	**18402**	**8982**	**9420**
15岁以下	**1307**	**190**	**1117**	**89**	**16**	**73**	**50**	**8**	**42**
15－19岁	**178751**	**41397**	**137354**	**6350**	**1110**	**5240**	**5041**	**936**	**4105**
15	6996	1059	5937	433	51	382	221	27	194
16	13787	2054	11733	742	91	651	430	51	379
17	27067	4760	22307	1448	187	1261	871	101	770
18	48032	10496	37536	1752	293	1459	1565	286	1279
19	82869	23028	59841	1975	488	1487	1954	471	1483
20－24岁	**579888**	**299908**	**279980**	**15209**	**8161**	**7048**	**10164**	**5561**	**4603**
20	118377	40820	77557	2974	1005	1969	1974	667	1307
21	132741	61572	71169	3226	1521	1705	2320	1101	1219
22	135555	76582	58973	3723	2107	1616	2107	1215	892
23	109015	66187	42828	3193	2035	1158	2114	1372	742
24	84200	54747	29453	2093	1493	600	1649	1206	443
25－29岁	**174164**	**124038**	**50126**	**4009**	**3080**	**929**	**2624**	**2082**	**542**
25	61148	42195	18953	1537	1163	374	980	767	213
26	43390	30896	12494	1047	813	234	666	532	134
27	31224	22794	8430	694	537	157	487	396	91
28	22310	16331	5979	453	353	100	285	221	64
29	16092	11822	4270	278	214	64	206	166	40
30－34岁	**36909**	**26833**	**10076**	**609**	**459**	**150**	**391**	**303**	**88**
30	12161	8865	3296	239	182	57	141	118	23
31	8856	6353	2503	131	101	30	88	66	22
32	6885	5026	1859	107	75	32	75	56	19
33	5103	3725	1378	83	65	18	55	37	18
34	3904	2864	1040	49	36	13	32	26	6
35－39岁	**10153**	**7289**	**2864**	**117**	**87**	**30**	**93**	**69**	**24**
35	3041	2226	815	33	24	9	26	18	8
36	2307	1703	604	24	19	5	22	17	5
37	1989	1443	546	25	19	6	23	19	4
38	1519	1064	455	16	14	2	13	9	4
39	1297	853	444	19	11	8	9	6	3
40－44岁	**4129**	**2676**	**1453**	**42**	**28**	**14**	**32**	**20**	**12**
40	1154	738	416	15	9	6	6	4	2
41	973	624	349	8	6	2	11	8	3
42	768	507	261	8	4	4	9	4	5
43	667	442	225	6	5	1	4	3	1
44	567	365	202	5	4	1	2	1	1
45－49岁	**1657**	**988**	**669**	**8**	**4**	**4**	**4**	**2**	**2**
45	455	285	170	4	2	2	1	1	
46	367	228	139	2	1	1	1	1	
47	326	193	133	2	1	1			
48	269	159	110				1		1
49	240	123	117				1		1
50岁及以上	**1472**	**820**	**652**				**3**	**1**	**2**
平均初婚年龄	**23.12**	**24.25**	**21.94**	**22.31**	**23.74**	**20.94**	**22.24**	**23.71**	**20.83**

5-4c　续表 1

单位：人

初婚年龄	初婚年份								
	1982年			1983年			1984年		
	小计	男	女	小计	男	女	小计	男	女
总　计	**24184**	**11833**	**12351**	**23950**	**11687**	**12263**	**26256**	**12933**	**13323**
15岁以下	**53**	**5**	**48**	**55**	**4**	**51**	**43**	**7**	**36**
15–19岁	**7287**	**1522**	**5765**	**6499**	**1379**	**5120**	**6844**	**1507**	**5337**
15	316	47	269	288	34	254	282	41	241
16	569	70	499	540	66	474	547	70	477
17	1095	173	922	1046	166	880	1014	158	856
18	1990	384	1606	1830	362	1468	1912	386	1526
19	3317	848	2469	2795	751	2044	3089	852	2237
20–24岁	**12595**	**6930**	**5665**	**13249**	**7077**	**6172**	**15177**	**8085**	**7092**
20	3226	1103	2123	4204	1560	2644	4078	1538	2540
21	2442	1191	1251	3241	1617	1624	4507	2224	2283
22	2846	1765	1081	2145	1321	824	3239	1975	1264
23	2189	1469	720	2127	1440	687	1746	1165	581
24	1892	1402	490	1532	1139	393	1607	1183	424
25–29岁	**3597**	**2860**	**737**	**3440**	**2697**	**743**	**3427**	**2726**	**701**
25	1465	1155	310	1274	983	291	1104	863	241
26	873	700	173	927	726	201	937	748	189
27	587	472	115	511	406	105	660	531	129
28	398	321	77	436	362	74	437	344	93
29	274	212	62	292	220	72	289	240	49
30–34岁	**506**	**404**	**102**	**561**	**431**	**130**	**614**	**506**	**108**
30	178	142	36	203	160	43	226	189	37
31	122	96	26	127	102	25	161	130	31
32	98	84	14	99	66	33	108	86	22
33	56	44	12	77	58	19	65	56	9
34	52	38	14	55	45	10	54	45	9
35–39岁	**95**	**79**	**16**	**99**	**70**	**29**	**103**	**78**	**25**
35	34	28	6	31	22	9	40	34	6
36	22	17	5	19	14	5	21	16	5
37	15	12	3	25	19	6	23	16	7
38	16	15	1	16	9	7	8	7	1
39	8	7	1	8	6	2	11	5	6
40–44岁	**33**	**23**	**10**	**33**	**22**	**11**	**33**	**17**	**16**
40	11	5	6	10	7	3	6	4	2
41	9	8	1	5	4	1	9	4	5
42	4	3	1	5	3	2	7	5	2
43	5	4	1	6	2	4	3	2	1
44	4	3	1	7	6	1	8	2	6
45–49岁	**15**	**10**	**5**	**10**	**5**	**5**	**10**	**6**	**4**
45	4	3	1	2	1	1	4	2	2
46	5	3	2	3	1	2	2	1	1
47	1	1		2	2		2	2	
48	4	3	1	1	1		2	1	1
49	1		1	2		2			
50岁及以上	**3**		**3**	**4**	**2**	**2**	**5**	**1**	**4**
平均初婚年龄	**22.08**	**23.58**	**20.65**	**22.05**	**23.44**	**20.73**	**22.04**	**23.34**	**20.78**

5-4c　续表 2　　　　　　　　　　　　　　　　　　　　　　　　　　　　单位：人

初婚年龄	初婚年份								
	1985年			1986年			1987年		
	小计	男	女	小计	男	女	小计	男	女
总　计	**31632**	**15610**	**16022**	**31040**	**15305**	**15735**	**29750**	**14735**	**15015**
15岁以下	**53**	**7**	**46**	**39**	**1**	**38**	**31**	**2**	**29**
15—19岁	**8057**	**1811**	**6246**	**7699**	**1792**	**5907**	**7169**	**1742**	**5427**
15	309	43	266	237	20	217	198	26	172
16	677	77	600	517	65	452	433	42	391
17	1302	214	1088	1282	229	1053	975	161	814
18	2076	429	1647	2168	449	1719	2085	472	1613
19	3693	1048	2645	3495	1029	2466	3478	1041	2437
20—24岁	**18779**	**10050**	**8729**	**19351**	**10476**	**8875**	**18834**	**10204**	**8630**
20	4657	1702	2955	4851	1866	2985	4467	1692	2775
21	4840	2472	2368	4887	2483	2404	4813	2404	2409
22	5036	3035	2001	4375	2632	1743	4381	2649	1732
23	2854	1865	989	3417	2216	1201	2960	1898	1062
24	1392	976	416	1821	1279	542	2213	1561	652
25—29岁	**3804**	**3026**	**778**	**3061**	**2359**	**702**	**2800**	**2106**	**694**
25	1253	947	306	863	630	233	1150	851	299
26	906	741	165	732	559	173	508	368	140
27	754	617	137	601	484	117	483	374	109
28	582	462	120	505	408	97	330	252	78
29	309	259	50	360	278	82	329	261	68
30—34岁	**716**	**571**	**145**	**671**	**525**	**146**	**698**	**530**	**168**
30	235	189	46	240	196	44	252	192	60
31	178	144	34	151	116	35	156	120	36
32	142	113	29	114	89	25	132	108	24
33	86	72	14	80	62	18	112	76	36
34	75	53	22	86	62	24	46	34	12
35—39岁	**155**	**111**	**44**	**144**	**103**	**41**	**155**	**111**	**44**
35	46	34	12	53	38	15	41	35	6
36	35	24	11	25	18	7	37	28	9
37	33	24	9	30	21	9	35	21	14
38	16	12	4	18	14	4	21	14	7
39	25	17	8	18	12	6	21	13	8
40—44岁	**42**	**21**	**21**	**54**	**38**	**16**	**38**	**27**	**11**
40	17	7	10	14	7	7	17	9	8
41	9	4	5	7	7		6	6	
42	6	3	3	15	11	4	11	8	3
43	6	6		9	5	4	3	3	
44	4	1	3	9	8	1	1	1	
45—49岁	**18**	**12**	**6**	**13**	**6**	**7**	**16**	**11**	**5**
45	7	5	2	3	2	1	5	2	3
46	3	2	1	3	2	1	8	7	1
47	3	1	2	3	1	2			
48	4	4		2		2	1	1	
49	1		1	2	1	1	2	1	1
50岁及以上	**8**	**1**	**7**	**8**	**5**	**3**	**9**	**2**	**7**
平均初婚年龄	**22.06**	**23.29**	**20.87**	**22.05**	**23.18**	**20.94**	**22.10**	**23.15**	**21.07**

5-4c　续表 3

单位：人

初婚年龄	初婚年份								
	1988年			1989年			1990年		
	小计	男	女	小计	男	女	小计	男	女
总　计	**32971**	**16389**	**16582**	**31941**	**15892**	**16049**	**37463**	**18807**	**18656**
15岁以下	**47**	**9**	**38**	**61**	**11**	**50**	**93**	**14**	**79**
15-19岁	**7535**	**1921**	**5614**	**7100**	**1702**	**5398**	**8460**	**2115**	**6345**
15	261	34	227	236	34	202	304	51	253
16	464	63	401	531	80	451	646	96	550
17	1054	159	895	1026	174	852	1340	256	1084
18	2034	460	1574	1917	433	1484	2199	492	1707
19	3722	1205	2517	3390	981	2409	3971	1220	2751
20-24岁	**20859**	**11051**	**9808**	**20519**	**10975**	**9544**	**23899**	**12910**	**10989**
20	5220	1899	3321	5067	1982	3085	5351	2044	3307
21	4926	2399	2527	5283	2650	2633	6173	3087	3086
22	4916	2919	1997	4432	2561	1871	5717	3376	2341
23	3455	2212	1243	3434	2203	1231	3845	2453	1392
24	2342	1622	720	2303	1579	724	2813	1950	863
25-29岁	**3540**	**2629**	**911**	**3361**	**2509**	**852**	**4017**	**2997**	**1020**
25	1689	1223	466	1393	1022	371	1666	1206	460
26	833	619	214	1015	763	252	1009	747	262
27	397	295	102	494	380	114	745	571	174
28	361	281	80	233	169	64	392	310	82
29	260	211	49	226	175	51	205	163	42
30-34岁	**746**	**594**	**152**	**659**	**521**	**138**	**678**	**549**	**129**
30	254	199	55	184	145	39	200	164	36
31	189	150	39	179	137	42	133	109	24
32	128	100	28	136	109	27	143	113	30
33	92	76	16	91	72	19	113	90	23
34	83	69	14	69	58	11	89	73	16
35-39岁	**173**	**135**	**38**	**161**	**123**	**38**	**215**	**154**	**61**
35	60	46	14	54	46	8	59	46	13
36	44	32	12	38	29	9	58	42	16
37	29	26	3	32	26	6	41	30	11
38	21	17	4	23	16	7	37	26	11
39	19	14	5	14	6	8	20	10	10
40-44岁	**53**	**40**	**13**	**55**	**40**	**15**	**62**	**43**	**19**
40	21	17	4	18	16	2	16	10	6
41	11	9	2	12	9	3	12	8	4
42	14	11	3	10	4	6	16	13	3
43	5	3	2	9	7	2	10	5	5
44	2		2	6	4	2	8	7	1
45-49岁	**11**	**7**	**4**	**12**	**5**	**7**	**25**	**20**	**5**
45	4	2	2	6	2	4	7	6	1
46	2	1	1	2	2		7	5	2
47	2	2		2	1	1	1		1
48	3	2	1				6	5	1
49				2		2	4	4	
50岁及以上	**7**	**3**	**4**	**13**	**6**	**7**	**14**	**5**	**9**
平均初婚年龄	**22.15**	**23.21**	**21.11**	**22.13**	**23.16**	**21.12**	**22.15**	**23.17**	**21.11**

5－4c 续表 4

单位：人

初婚年龄	初婚年份								
	1991年			1992年			1993年		
	小计	男	女	小计	男	女	小计	男	女
总 计	**23604**	**11783**	**11821**	**28041**	**14070**	**13971**	**27525**	**13816**	**13709**
15岁以下	**33**	**6**	**27**	**37**	**3**	**34**	**25**	**4**	**21**
15－19岁	**5016**	**1226**	**3790**	**5742**	**1350**	**4392**	**5246**	**1260**	**3986**
15	170	32	138	215	43	172	197	33	164
16	351	50	301	415	63	352	377	69	308
17	766	135	631	755	129	626	728	140	588
18	1380	297	1083	1566	340	1226	1313	289	1024
19	2349	712	1637	2791	775	2016	2631	729	1902
20－24岁	**15316**	**8131**	**7185**	**18135**	**9673**	**8462**	**17508**	**9092**	**8416**
20	3453	1303	2150	3824	1316	2508	3839	1303	2536
21	3873	1859	2014	4509	2241	2268	4037	1913	2124
22	3605	2107	1498	4245	2535	1710	4115	2368	1747
23	2726	1734	992	3286	2044	1242	3142	1891	1251
24	1659	1128	531	2271	1537	734	2375	1617	758
25－29岁	**2736**	**2037**	**699**	**3381**	**2497**	**884**	**3857**	**2820**	**1037**
25	1179	838	341	1341	965	376	1549	1096	453
26	671	511	160	880	632	248	921	670	251
27	428	328	100	538	410	128	653	489	164
28	296	228	68	347	277	70	419	322	97
29	162	132	30	275	213	62	315	243	72
30－34岁	**339**	**272**	**67**	**442**	**345**	**97**	**546**	**414**	**132**
30	82	70	12	160	132	28	230	172	58
31	87	71	16	77	50	27	125	94	31
32	56	44	12	84	67	17	66	49	17
33	68	49	19	64	51	13	71	55	16
34	46	38	8	57	45	12	54	44	10
35－39岁	**111**	**82**	**29**	**176**	**129**	**47**	**198**	**144**	**54**
35	28	21	7	54	44	10	48	35	13
36	23	21	2	31	23	8	40	31	9
37	32	22	10	39	29	10	34	24	10
38	17	10	7	25	18	7	34	26	8
39	11	8	3	27	15	12	42	28	14
40－44岁	**34**	**18**	**16**	**77**	**44**	**33**	**88**	**51**	**37**
40	10	5	5	18	8	10	35	22	13
41	12	6	6	21	13	8	25	13	12
42	6	5	1	15	11	4	12	5	7
43	3		3	11	6	5	9	6	3
44	3	2	1	12	6	6	7	5	2
45－49岁	**11**	**5**	**6**	**31**	**19**	**12**	**34**	**17**	**17**
45	5	4	1	7	4	3	10	7	3
46	3	1	2	8	4	4	5	3	2
47	1		1	4	3	1	9	4	5
48	1		1	8	6	2	4	1	3
49	1		1	4	2	2	6	2	4
50岁及以上	**8**	**6**	**2**	**20**	**10**	**10**	**23**	**14**	**9**
平均初婚年龄	**22.19**	**23.17**	**21.21**	**22.39**	**23.40**	**21.37**	**22.61**	**23.64**	**21.58**

5-4c 续表 5

单位：人

初婚年龄	初婚年份								
	1994年			1995年			1996年		
	小计	男	女	小计	男	女	小计	男	女
总　计	**27796**	**14075**	**13721**	**33503**	**17058**	**16445**	**30713**	**15601**	**15112**
15岁以下	**26**	**2**	**24**	**33**	**1**	**32**	**22**	**5**	**17**
15-19岁	**4867**	**1140**	**3727**	**5334**	**1209**	**4125**	**4361**	**944**	**3417**
15	169	19	150	156	22	134	125	15	110
16	318	55	263	371	67	304	259	34	225
17	606	121	485	647	119	528	569	102	467
18	1267	265	1002	1380	281	1099	1135	219	916
19	2507	680	1827	2780	720	2060	2273	574	1699
20-24岁	**17775**	**9212**	**8563**	**21436**	**11096**	**10340**	**20007**	**10194**	**9813**
20	3947	1301	2646	4064	1353	2711	3698	1098	2600
21	4330	2072	2258	5369	2463	2906	4640	2078	2562
22	4075	2394	1681	5252	3025	2227	5132	2914	2218
23	3156	1968	1188	3883	2400	1483	3956	2393	1563
24	2267	1477	790	2868	1855	1013	2581	1711	870
25-29岁	**4081**	**3001**	**1080**	**5305**	**3785**	**1520**	**4895**	**3497**	**1398**
25	1632	1166	466	2072	1438	634	1864	1305	559
26	1048	770	278	1370	990	380	1195	844	351
27	601	458	143	920	675	245	862	649	213
28	481	366	115	524	377	147	583	416	167
29	319	241	78	419	305	114	391	283	108
30-34岁	**641**	**462**	**179**	**907**	**644**	**263**	**936**	**660**	**276**
30	225	160	65	310	228	82	304	199	105
31	188	130	58	233	153	80	256	183	73
32	106	73	33	198	139	59	171	124	47
33	75	57	18	109	84	25	129	96	33
34	47	42	5	57	40	17	76	58	18
35-39岁	**209**	**140**	**69**	**233**	**169**	**64**	**209**	**132**	**77**
35	42	23	19	70	49	21	45	29	16
36	58	43	15	45	37	8	31	22	9
37	41	32	9	50	41	9	44	26	18
38	33	20	13	40	28	12	45	26	19
39	35	22	13	28	14	14	44	29	15
40-44岁	**121**	**77**	**44**	**135**	**90**	**45**	**128**	**89**	**39**
40	32	21	11	30	17	13	31	21	10
41	24	15	9	25	15	10	26	17	9
42	30	19	11	29	20	9	28	23	5
43	20	13	7	28	22	6	30	18	12
44	15	9	6	23	16	7	13	10	3
45-49岁	**52**	**27**	**25**	**60**	**37**	**23**	**73**	**34**	**39**
45	20	15	5	18	16	2	18	10	8
46	12	5	7	15	6	9	10	8	2
47	7	4	3	10	7	3	17	5	12
48	4	1	3	12	5	7	14	7	7
49	9	2	7	5	3	2	14	4	10
50岁及以上	**24**	**14**	**10**	**60**	**27**	**33**	**82**	**46**	**36**
平均初婚年龄	**22.76**	**23.76**	**21.72**	**22.96**	**23.93**	**21.95**	**23.14**	**24.11**	**22.14**

5–4c 续表 6

单位：人

初婚年龄	初婚年份								
	1997年			1998年			1999年		
	小计	男	女	小计	男	女	小计	男	女
总　计	**29084**	**14900**	**14184**	**31696**	**16257**	**15439**	**25454**	**13073**	**12381**
15岁以下	**25**	**4**	**21**	**42**	**4**	**38**	**32**	**3**	**29**
15–19岁	**3937**	**834**	**3103**	**4013**	**828**	**3185**	**3157**	**577**	**2580**
15	123	12	111	175	16	159	148	14	134
16	209	22	187	312	33	279	275	22	253
17	436	53	383	519	70	449	498	67	431
18	1019	202	817	897	178	719	730	121	609
19	2150	545	1605	2110	531	1579	1506	353	1153
20–24岁	**18728**	**9584**	**9144**	**19909**	**10173**	**9736**	**15970**	**8086**	**7884**
20	3414	1041	2373	3351	974	2377	2746	788	1958
21	4121	1861	2260	4302	1923	2379	3430	1528	1902
22	4623	2591	2032	5073	2822	2251	3865	2132	1733
23	3787	2323	1464	3969	2384	1585	3394	2053	1341
24	2783	1768	1015	3214	2070	1144	2535	1585	950
25–29岁	**4899**	**3461**	**1438**	**5749**	**3911**	**1838**	**4974**	**3459**	**1515**
25	1754	1209	545	2101	1416	685	1885	1282	603
26	1212	863	349	1343	924	419	1314	917	397
27	927	649	278	1016	707	309	781	569	212
28	587	452	135	705	471	234	582	407	175
29	419	288	131	584	393	191	412	284	128
30–34岁	**961**	**691**	**270**	**1436**	**986**	**450**	**1017**	**745**	**272**
30	315	222	93	529	341	188	351	241	110
31	246	181	65	327	232	95	255	190	65
32	185	140	45	275	198	77	178	139	39
33	117	75	42	179	135	44	135	106	29
34	98	73	25	126	80	46	98	69	29
35–39岁	**236**	**142**	**94**	**284**	**193**	**91**	**140**	**104**	**36**
35	58	42	16	104	74	30	48	35	13
36	39	26	13	72	53	19	39	32	7
37	43	27	16	35	19	16	21	17	4
38	44	24	20	47	29	18	19	12	7
39	52	23	29	26	18	8	13	8	5
40–44岁	**196**	**113**	**83**	**146**	**96**	**50**	**88**	**55**	**33**
40	54	25	29	38	26	12	17	13	4
41	51	28	23	36	21	15	27	13	14
42	29	20	9	20	15	5	18	13	5
43	26	18	8	33	25	8	12	6	6
44	36	22	14	19	9	10	14	10	4
45–49岁	**90**	**62**	**28**	**70**	**42**	**28**	**41**	**25**	**16**
45	36	25	11	16	8	8	9	6	3
46	16	10	6	16	12	4	8	5	3
47	16	11	5	14	8	6	10	6	4
48	14	10	4	15	10	5	7	6	1
49	8	6	2	9	4	5	7	2	5
50岁及以上	**12**	**9**	**3**	**47**	**24**	**23**	**35**	**19**	**16**
平均初婚年龄	**23.31**	**24.29**	**22.28**	**23.51**	**24.49**	**22.47**	**23.41**	**24.45**	**22.31**

5–4c　续表 7

单位：人

初婚年龄	初婚年份								
	2000年			2001年			2002年		
	小计	男	女	小计	男	女	小计	男	女
总　计	**28089**	**14754**	**13335**	**19780**	**10289**	**9491**	**22072**	**11506**	**10566**
15岁以下	**66**	**19**	**47**	**45**	**9**	**36**	**43**	**12**	**31**
15–19岁	**4018**	**839**	**3179**	**2889**	**593**	**2296**	**3388**	**731**	**2657**
15	249	52	197	139	22	117	191	31	160
16	450	85	365	254	32	222	302	45	257
17	613	106	507	458	61	397	571	87	484
18	1072	206	866	748	162	586	847	176	671
19	1634	390	1244	1290	316	974	1477	392	1085
20–24岁	**17092**	**8939**	**8153**	**11620**	**5941**	**5679**	**12412**	**6237**	**6175**
20	2490	770	1720	1808	510	1298	2291	672	1619
21	3589	1567	2022	2178	928	1250	2290	916	1374
22	4166	2330	1836	2912	1575	1337	2608	1444	1164
23	3679	2237	1442	2593	1535	1058	2793	1655	1138
24	3168	2035	1133	2129	1393	736	2430	1550	880
25–29岁	**5625**	**3981**	**1644**	**4351**	**3086**	**1265**	**5154**	**3701**	**1453**
25	2103	1452	651	1623	1108	515	1753	1178	575
26	1532	1067	465	1091	792	299	1379	1010	369
27	1000	733	267	817	576	241	955	709	246
28	586	420	166	503	377	126	620	472	148
29	404	309	95	317	233	84	447	332	115
30–34岁	**947**	**718**	**229**	**669**	**509**	**160**	**817**	**627**	**190**
30	314	239	75	214	164	50	257	197	60
31	229	163	66	202	145	57	189	141	48
32	198	151	47	118	89	29	163	126	37
33	109	90	19	75	63	12	133	103	30
34	97	75	22	60	48	12	75	60	15
35–39岁	**199**	**160**	**39**	**138**	**103**	**35**	**178**	**142**	**36**
35	61	47	14	46	34	12	63	53	10
36	57	44	13	32	26	6	44	34	10
37	34	29	5	23	17	6	32	26	6
38	23	19	4	20	13	7	17	14	3
39	24	21	3	17	13	4	22	15	7
40–44岁	**69**	**52**	**17**	**36**	**30**	**6**	**48**	**33**	**15**
40	13	12	1	7	4	3	15	7	8
41	19	13	6	7	7		4	3	1
42	19	14	5	6	6		9	6	3
43	11	8	3	9	7	2	13	12	1
44	7	5	2	7	6	1	7	5	2
45–49岁	**46**	**33**	**13**	**16**	**11**	**5**	**20**	**14**	**6**
45	8	5	3	5	3	2	5	4	1
46	12	9	3	4	4		6	4	2
47	12	10	2	3		3	4	3	1
48	6	4	2	4	4		3	2	1
49	8	5	3				2	1	1
50岁及以上	**27**	**13**	**14**	**16**	**7**	**9**	**12**	**9**	**3**
平均初婚年龄	**23.32**	**24.39**	**22.13**	**23.38**	**24.51**	**22.15**	**23.45**	**24.68**	**22.12**

5–4c 续表 8

单位：人

初婚年龄	初婚年份								
	2003年			2004年			2005年		
	小计	男	女	小计	男	女	小计	男	女
总　计	**22061**	**11582**	**10479**	**22011**	**11539**	**10472**	**24018**	**12662**	**11356**
15岁以下	**33**	**2**	**31**	**39**	**7**	**32**	**42**	**9**	**33**
15–19岁	**3522**	**728**	**2794**	**3634**	**803**	**2831**	**4199**	**1001**	**3198**
15	192	38	154	201	44	157	265	54	211
16	357	59	298	321	54	267	414	82	332
17	498	86	412	580	110	470	690	159	531
18	959	221	738	870	194	676	1128	267	861
19	1516	324	1192	1662	401	1261	1702	439	1263
20–24岁	**11986**	**6095**	**5891**	**11935**	**5983**	**5952**	**13041**	**6669**	**6372**
20	2260	730	1530	2265	730	1535	2552	889	1663
21	2709	1171	1538	2715	1211	1504	2960	1311	1649
22	2501	1343	1158	2837	1498	1339	3041	1700	1341
23	2195	1314	881	2245	1353	892	2601	1554	1047
24	2321	1537	784	1873	1191	682	1887	1215	672
25–29岁	**5345**	**3891**	**1454**	**5143**	**3784**	**1359**	**5207**	**3861**	**1346**
25	1808	1277	531	1695	1146	549	1514	1078	436
26	1336	941	395	1360	1033	327	1313	977	336
27	1014	776	238	910	695	215	1067	816	251
28	701	520	181	695	534	161	787	580	207
29	486	377	109	483	376	107	526	410	116
30–34岁	**926**	**677**	**249**	**968**	**743**	**225**	**1163**	**851**	**312**
30	317	229	88	355	274	81	376	281	95
31	220	156	64	240	187	53	308	224	84
32	161	128	33	167	126	41	232	164	68
33	138	101	37	138	95	43	145	102	43
34	90	63	27	68	61	7	102	80	22
35–39岁	**168**	**133**	**35**	**199**	**159**	**40**	**245**	**190**	**55**
35	64	48	16	63	49	14	83	65	18
36	38	30	8	54	48	6	55	43	12
37	38	32	6	29	22	7	43	33	10
38	11	9	2	31	25	6	34	26	8
39	17	14	3	22	15	7	30	23	7
40–44岁	**43**	**30**	**13**	**47**	**35**	**12**	**48**	**33**	**15**
40	17	10	7	12	9	3	17	13	4
41	9	6	3	10	9	1	13	9	4
42	5	5		13	7	6	4	2	2
43	9	7	2	4	3	1	4	3	1
44	3	2	1	8	7	1	10	6	4
45–49岁	**24**	**16**	**8**	**26**	**14**	**12**	**38**	**26**	**12**
45	6	5	1	6	3	3	5	2	3
46	9	5	4	8	2	6	6	5	1
47	2	2		6	4	2	11	8	3
48	4	2	2	1	1		11	8	3
49	3	2	1	5	4	1	5	3	2
50岁及以上	**14**	**10**	**4**	**20**	**11**	**9**	**35**	**22**	**13**
平均初婚年龄	**23.47**	**24.71**	**22.09**	**23.42**	**24.69**	**22.03**	**23.39**	**24.63**	**22.01**

5-4c　续表 9

单位：人

初婚年龄	初婚年份								
	2006年			2007年			2008年		
	小计	男	女	小计	男	女	小计	男	女
总　计	**23255**	**12270**	**10985**	**21878**	**11493**	**10385**	**24819**	**13054**	**11765**
15岁以下	**20**	**5**	**15**	**14**	**1**	**13**	**15**	**2**	**13**
15—19岁	**4263**	**1041**	**3222**	**4006**	**1052**	**2954**	**4483**	**1214**	**3269**
15	157	22	135	128	20	108	137	21	116
16	368	88	280	288	52	236	287	48	239
17	708	144	564	708	158	550	632	151	481
18	1127	246	881	1067	287	780	1354	384	970
19	1903	541	1362	1815	535	1280	2073	610	1463
20—24岁	**12832**	**6695**	**6137**	**12158**	**6192**	**5966**	**14042**	**7218**	**6824**
20	2445	847	1598	2660	917	1743	2768	979	1789
21	2939	1348	1591	2657	1178	1479	3273	1447	1826
22	3002	1675	1327	2833	1650	1183	3098	1704	1394
23	2421	1492	929	2271	1353	918	2725	1657	1068
24	2025	1333	692	1737	1094	643	2178	1431	747
25—29岁	**4616**	**3402**	**1214**	**4211**	**3148**	**1063**	**4339**	**3179**	**1160**
25	1435	992	443	1402	1000	402	1507	1043	464
26	1026	737	289	950	704	246	1066	783	283
27	923	717	206	679	512	167	705	523	182
28	697	541	156	676	525	151	552	426	126
29	535	415	120	504	407	97	509	404	105
30—34岁	**1138**	**843**	**295**	**1096**	**841**	**255**	**1398**	**1061**	**337**
30	412	300	112	333	264	69	448	344	104
31	284	215	69	284	215	69	301	231	70
32	192	144	48	231	175	56	266	199	67
33	150	112	38	149	105	44	219	165	54
34	100	72	28	99	82	17	164	122	42
35—39岁	**291**	**224**	**67**	**246**	**172**	**74**	**350**	**259**	**91**
35	88	67	21	83	56	27	121	86	35
36	78	61	17	46	33	13	80	59	21
37	52	42	10	52	36	16	70	54	16
38	43	30	13	39	26	13	49	41	8
39	30	24	6	26	21	5	30	19	11
40—44岁	**59**	**38**	**21**	**74**	**46**	**28**	**108**	**75**	**33**
40	19	14	5	18	11	7	36	23	13
41	18	13	5	13	7	6	20	16	4
42	11	6	5	16	9	7	19	13	6
43	5	1	4	12	9	3	16	11	5
44	6	4	2	15	10	5	17	12	5
45—49岁	**12**	**8**	**4**	**36**	**18**	**18**	**46**	**24**	**22**
45				10	5	5	17	11	6
46	3	3		4	1	3	5	2	3
47	2	1	1	7	4	3	5	2	3
48	2	1	1	7	5	2	8	2	6
49	5	3	2	8	3	5	11	7	4
50岁及以上	**24**	**14**	**10**	**37**	**23**	**14**	**38**	**22**	**16**
平均初婚年龄	**23.33**	**24.55**	**21.97**	**23.33**	**24.53**	**21.99**	**23.41**	**24.59**	**22.09**

5-4c 续表 10

单位：人

初婚年龄	初婚年份								
	2009年			2010年			2011年		
	小计	男	女	小计	男	女	小计	男	女
总 计	**22910**	**12027**	**10883**	**26000**	**13587**	**12413**	**19927**	**10541**	**9386**
15岁以下	**19**	**2**	**17**	**23**	**2**	**21**	**11**		**11**
15-19岁	**3978**	**1152**	**2826**	**4048**	**1162**	**2886**	**2776**	**820**	**1956**
15	105	20	85	145	26	119	108	29	79
16	241	51	190	280	52	228	204	38	166
17	558	126	432	541	133	408	405	95	310
18	1081	296	785	1031	300	731	710	190	520
19	1993	659	1334	2051	651	1400	1349	468	881
20-24岁	**12891**	**6539**	**6352**	**15377**	**7790**	**7587**	**12018**	**6084**	**5934**
20	2720	996	1724	3278	1186	2092	2276	815	1461
21	2933	1256	1677	3502	1595	1907	2878	1299	1579
22	3105	1722	1383	3525	1899	1626	2857	1551	1306
23	2298	1374	924	3038	1817	1221	2207	1290	917
24	1835	1191	644	2034	1293	741	1800	1129	671
25-29岁	**3986**	**2859**	**1127**	**4489**	**3186**	**1303**	**3605**	**2518**	**1087**
25	1392	958	434	1572	1086	486	1297	870	427
26	969	697	272	1096	789	307	874	624	250
27	721	542	179	767	562	205	638	460	178
28	509	376	133	631	451	180	427	299	128
29	395	286	109	423	298	125	369	265	104
30-34岁	**1397**	**1025**	**372**	**1404**	**973**	**431**	**993**	**736**	**257**
30	421	313	108	344	231	113	260	192	68
31	331	240	91	334	232	102	187	130	57
32	268	200	68	288	206	82	222	161	61
33	213	156	57	235	164	71	195	158	37
34	164	116	48	203	140	63	129	95	34
35-39岁	**437**	**313**	**124**	**452**	**333**	**119**	**379**	**281**	**98**
35	156	114	42	127	90	37	121	86	35
36	100	68	32	119	89	30	97	75	22
37	86	63	23	94	71	23	76	57	19
38	54	36	18	55	46	9	50	36	14
39	41	32	9	57	37	20	35	27	8
40-44岁	**128**	**91**	**37**	**125**	**88**	**37**	**99**	**72**	**27**
40	40	29	11	45	29	16	28	21	7
41	35	25	10	33	21	12	25	21	4
42	14	9	5	21	16	5	17	11	6
43	25	15	10	12	11	1	13	8	5
44	14	13	1	14	11	3	16	11	5
45-49岁	**35**	**25**	**10**	**43**	**29**	**14**	**24**	**15**	**9**
45	14	8	6	15	11	4	9	6	3
46	6	3	3	8	3	5	3	2	1
47	6	6		13	9	4	5	2	3
48	1		1	4	4		3	2	1
49	8	8		3	2	1	4	3	1
50岁及以上	**39**	**21**	**18**	**39**	**24**	**15**	**22**	**15**	**7**
平均初婚年龄	**23.53**	**24.67**	**22.28**	**23.49**	**24.53**	**22.35**	**23.57**	**24.59**	**22.43**

5-4c　续表 11

单位：人

初婚年龄	初婚年份								
	2012年			2013年			2014年		
	小计	男	女	小计	男	女	小计	男	女
总　计	**21744**	**11337**	**10407**	**19404**	**10194**	**9210**	**18603**	**9829**	**8774**
15岁以下	**10**	**2**	**8**	**11**	**1**	**10**	**4**		**4**
15-19岁	**2606**	**666**	**1940**	**2412**	**645**	**1767**	**2059**	**500**	**1559**
15	105	17	88	80	12	68	72	8	64
16	225	30	195	203	45	158	171	34	137
17	408	88	320	424	109	315	322	62	260
18	703	181	522	670	186	484	565	134	431
19	1165	350	815	1035	293	742	929	262	667
20-24岁	**13150**	**6492**	**6658**	**10998**	**5538**	**5460**	**9873**	**4914**	**4959**
20	1999	686	1313	1559	542	1017	1267	436	831
21	2821	1246	1575	2046	922	1124	1730	718	1012
22	3529	1837	1692	2652	1353	1299	2216	1140	1076
23	2709	1469	1240	2770	1546	1224	2240	1218	1022
24	2092	1254	838	1971	1175	796	2420	1402	1018
25-29岁	**4250**	**2922**	**1328**	**4210**	**2781**	**1429**	**4827**	**3162**	**1665**
25	1522	991	531	1452	903	549	1710	1060	650
26	1026	721	305	1129	754	375	1168	751	417
27	822	581	241	688	456	232	929	638	291
28	497	349	148	541	386	155	601	436	165
29	383	280	103	400	282	118	419	277	142
30-34岁	**1067**	**777**	**290**	**1035**	**711**	**324**	**1083**	**708**	**375**
30	327	238	89	294	197	97	317	203	114
31	214	144	70	247	170	77	236	147	89
32	197	147	50	179	121	58	226	153	73
33	169	133	36	160	109	51	156	102	54
34	160	115	45	155	114	41	148	103	45
35-39岁	**450**	**341**	**109**	**449**	**328**	**121**	**464**	**365**	**99**
35	126	93	33	123	94	29	150	114	36
36	100	75	25	106	81	25	99	81	18
37	97	77	20	95	69	26	91	66	25
38	69	52	17	62	46	16	71	60	11
39	58	44	14	63	38	25	53	44	9
40-44岁	**130**	**86**	**44**	**182**	**121**	**61**	**173**	**106**	**67**
40	38	26	12	60	45	15	53	38	15
41	30	19	11	37	26	11	42	25	17
42	15	10	5	31	20	11	35	20	15
43	31	21	10	27	14	13	23	11	12
44	16	10	6	27	16	11	20	12	8
45-49岁	**48**	**30**	**18**	**59**	**39**	**20**	**60**	**32**	**28**
45	12	8	4	13	8	5	13	10	3
46	9	5	4	14	12	2	10	6	4
47	13	8	5	18	9	9	13	5	8
48	5	4	1	7	5	2	12	7	5
49	9	5	4	7	5	2	12	4	8
50岁及以上	**33**	**21**	**12**	**48**	**30**	**18**	**60**	**42**	**18**
平均初婚年龄	**23.86**	**24.90**	**22.73**	**24.20**	**25.19**	**23.11**	**24.61**	**25.62**	**23.49**

5-4c 续表 12

单位：人

初婚年龄	初婚年份								
	2015年			2016年			2017年		
	小计	男	女	小计	男	女	小计	男	女
总　计	**18519**	**9714**	**8805**	**15301**	**7995**	**7306**	**13424**	**7067**	**6357**
15岁以下	**6**		**6**	**4**		**4**	**3**		**3**
15-19岁	**2002**	**541**	**1461**	**1475**	**351**	**1124**	**1087**	**218**	**869**
15	44	8	36	30	7	23	23	4	19
16	148	22	126	92	20	72	60	8	52
17	271	50	221	244	40	204	151	26	125
18	567	150	417	408	92	316	296	51	245
19	972	311	661	701	192	509	557	129	428
20-24岁	**8824**	**4214**	**4610**	**6832**	**3210**	**3622**	**5863**	**2693**	**3170**
20	1376	465	911	1058	339	719	999	305	694
21	1440	591	849	1246	495	751	1146	441	705
22	1836	911	925	1474	738	736	1324	655	669
23	1989	1037	952	1404	720	684	1179	598	581
24	2183	1210	973	1650	918	732	1215	694	521
25-29岁	**5665**	**3627**	**2038**	**5281**	**3297**	**1984**	**4795**	**3039**	**1756**
25	2172	1351	821	1562	934	628	1265	760	505
26	1410	886	524	1478	902	576	1201	750	451
27	941	639	302	1003	669	334	1113	711	402
28	708	458	250	717	461	256	720	490	230
29	434	293	141	521	331	190	496	328	168
30-34岁	**1171**	**767**	**404**	**1000**	**666**	**334**	**1054**	**706**	**348**
30	381	251	130	303	204	99	370	246	124
31	267	164	103	261	174	87	234	168	66
32	203	144	59	173	115	58	185	115	70
33	171	111	60	133	79	54	139	95	44
34	149	97	52	130	94	36	126	82	44
35-39岁	**468**	**335**	**133**	**393**	**278**	**115**	**348**	**232**	**116**
35	122	94	28	97	71	26	100	63	37
36	116	86	30	82	55	27	74	53	21
37	94	68	26	83	62	21	61	48	13
38	76	48	28	82	58	24	61	38	23
39	60	39	21	49	32	17	52	30	22
40-44岁	**213**	**132**	**81**	**188**	**120**	**68**	**163**	**114**	**49**
40	62	39	23	53	35	18	51	35	16
41	62	37	25	53	31	22	36	27	9
42	34	24	10	36	23	13	27	17	10
43	29	16	13	27	20	7	27	21	6
44	26	16	10	19	11	8	22	14	8
45-49岁	**95**	**61**	**34**	**55**	**33**	**22**	**57**	**36**	**21**
45	28	18	10	14	10	4	9	7	2
46	18	11	7	19	12	7	10	6	4
47	23	12	11	8	5	3	14	9	5
48	11	9	2	9	3	6	16	9	7
49	15	11	4	5	3	2	8	5	3
50岁及以上	**75**	**37**	**38**	**73**	**40**	**33**	**54**	**29**	**25**
平均初婚年龄	**24.94**	**25.88**	**23.89**	**25.21**	**26.20**	**24.13**	**25.44**	**26.49**	**24.27**

5-4c　续表 13

单位：人

初婚年龄	初婚年份								
	2018年			2019年			2020年		
	小计	男	女	小计	男	女	小计	男	女
总　计	**15583**	**7880**	**7703**	**11245**	**5810**	**5435**	**6349**	**3258**	**3091**
15岁以下	**4**	**1**	**3**	**6**		**6**			
15—19岁	**1178**	**219**	**959**	**735**	**163**	**572**	**279**	**53**	**226**
15	28	2	26	19	5	14	15	3	12
16	79	14	65	44	6	38	16	3	13
17	158	23	135	112	25	87	38	7	31
18	352	67	285	196	53	143	66	15	51
19	561	113	448	364	74	290	144	25	119
20—24岁	**6616**	**2810**	**3806**	**4666**	**1991**	**2675**	**2243**	**943**	**1300**
20	985	260	725	631	159	472	285	52	233
21	1266	462	804	836	284	552	318	99	219
22	1519	684	835	1085	485	600	533	245	288
23	1447	678	769	1059	521	538	519	251	268
24	1399	726	673	1055	542	513	588	296	292
25—29岁	**5566**	**3432**	**2134**	**3863**	**2403**	**1460**	**2079**	**1240**	**839**
25	1281	726	555	851	485	366	481	272	209
26	1286	778	508	855	530	325	438	233	205
27	1234	762	472	757	481	276	402	239	163
28	1062	710	352	731	453	278	413	268	145
29	703	456	247	669	454	215	345	228	117
30—34岁	**1405**	**909**	**496**	**1203**	**807**	**396**	**901**	**566**	**335**
30	499	344	155	440	307	133	321	206	115
31	360	218	142	294	192	102	225	142	83
32	256	164	92	224	144	80	135	82	53
33	167	104	63	126	85	41	126	77	49
34	123	79	44	119	79	40	94	59	35
35—39岁	**383**	**237**	**146**	**311**	**180**	**131**	**299**	**169**	**130**
35	101	69	32	83	61	22	89	49	40
36	85	47	38	60	37	23	62	34	28
37	76	43	33	57	27	30	56	31	25
38	54	31	23	58	31	27	51	33	18
39	67	47	20	53	24	29	41	22	19
40—44岁	**225**	**151**	**74**	**245**	**153**	**92**	**236**	**118**	**118**
40	46	28	18	55	34	21	53	23	30
41	41	31	10	55	34	21	65	30	35
42	45	33	12	50	32	18	49	24	25
43	44	25	19	47	33	14	41	27	14
44	49	34	15	38	20	18	28	14	14
45—49岁	**88**	**55**	**33**	**115**	**57**	**58**	**110**	**56**	**54**
45	22	12	10	32	14	18	26	12	14
46	21	15	6	28	17	11	33	21	12
47	15	10	5	23	15	8	17	10	7
48	18	12	6	17	5	12	17	7	10
49	12	6	6	15	6	9	17	6	11
50岁及以上	**118**	**66**	**52**	**101**	**56**	**45**	**202**	**113**	**89**
平均初婚年龄	**25.81**	**26.95**	**24.65**	**26.36**	**27.38**	**25.26**	**28.12**	**29.02**	**27.17**

5-5 全省分年龄、性别、初婚年龄的人口

单位：人

年龄	初婚年龄					
	合计			15岁以下		
	合计	男	女	小计	男	女
总计	**2957811**	**1429801**	**1528010**	**4899**	**655**	**4244**
20岁以下	**1517**	**301**	**1216**	**42**	**2**	**40**
20-24岁	**38803**	**11622**	**27181**	**116**	**15**	**101**
20	1964	364	1600	9	3	6
21	3732	751	2981	17	4	13
22	7131	1913	5218	24	2	22
23	10811	3322	7489	28	3	25
24	15165	5272	9893	38	3	35
25-29岁	**163656**	**69509**	**94147**	**247**	**47**	**200**
25	20671	7825	12846	49	11	38
26	23602	9302	14300	35	7	28
27	31120	13039	18081	55	8	47
28	38748	16980	21768	41	9	32
29	49515	22363	27152	67	12	55
30-34岁	**320425**	**150474**	**169951**	**428**	**93**	**335**
30	67225	30973	36252	89	21	68
31	64747	30199	34548	98	20	78
32	61420	28916	32504	72	12	60
33	67441	31971	35470	92	22	70
34	59592	28415	31177	77	18	59
35-39岁	**284021**	**138317**	**145704**	**283**	**42**	**241**
35	57298	27837	29461	73	16	57
36	60808	29750	31058	55	5	50
37	55108	26876	28232	62	10	52
38	58806	28569	30237	46	4	42
39	52001	25285	26716	47	7	40
40-44岁	**340619**	**169130**	**171489**	**390**	**71**	**319**
40	49964	24418	25546	65	11	54
41	65600	32510	33090	63	14	49
42	71930	35731	36199	73	12	61
43	72883	36554	36329	94	10	84
44	80242	39917	40325	95	24	71
45-49岁	**385875**	**194146**	**191729**	**406**	**60**	**346**
45	78196	39136	39060	118	18	100
46	81273	40744	40529	85	13	72
47	80877	40919	39958	77	15	62
48	73104	36781	36323	54	2	52
49	72425	36566	35859	72	12	60
50-54岁	**371346**	**185136**	**186210**	**506**	**69**	**437**
50	76089	37734	38355	107	9	98
51	73900	37153	36747	90	17	73
52	82454	41158	41296	103	17	86
53	66024	32828	33196	96	11	85
54	72879	36263	36616	110	15	95
55-59岁	**299161**	**149477**	**149684**	**366**	**34**	**332**
55	70012	35194	34818	99	10	89
56	65135	32522	32613	74	5	69
57	72507	36330	36177	83	7	76
58	57425	28764	28661	66	8	58
59	34082	16667	17415	44	4	40
60-64岁	**229354**	**114384**	**114970**	**503**	**57**	**446**
60	43409	21848	21561	76	8	68
61	39126	19773	19353	91	15	76
62	48665	24310	24355	106	10	96
63	53617	26664	26953	132	18	114
64	44537	21789	22748	98	6	92
65岁及以上	**523034**	**247305**	**275729**	**1612**	**165**	**1447**

5-5 续表 1

单位：人

年 龄	初婚年龄								
	15岁			16岁			17岁		
	小计	男	女	小计	男	女	小计	男	女
总 计	**24770**	**3341**	**21429**	**46520**	**5937**	**40583**	**85541**	**13151**	**72390**
20岁以下	**182**	**35**	**147**	**307**	**56**	**251**	**459**	**85**	**374**
20-24岁	**652**	**122**	**530**	**1331**	**246**	**1085**	**2284**	**435**	**1849**
20	82	17	65	121	25	96	275	48	227
21	84	15	69	217	41	176	355	65	290
22	154	27	127	283	55	228	436	80	356
23	170	30	140	318	68	250	565	101	464
24	162	33	129	392	57	335	653	141	512
25-29岁	**1189**	**212**	**977**	**2290**	**460**	**1830**	**4475**	**1025**	**3450**
25	219	39	180	386	82	304	776	166	610
26	214	34	180	422	91	331	721	164	557
27	231	39	192	473	95	378	916	219	697
28	240	49	191	499	86	413	1044	229	815
29	285	51	234	510	106	404	1018	247	771
30-34岁	**1981**	**467**	**1514**	**3452**	**688**	**2764**	**6318**	**1314**	**5004**
30	447	100	347	668	128	540	1336	295	1041
31	436	113	323	730	180	550	1335	298	1037
32	386	104	282	716	141	575	1285	278	1007
33	409	86	323	701	127	574	1307	255	1052
34	303	64	239	637	112	525	1055	188	867
35-39岁	**1588**	**270**	**1318**	**2800**	**428**	**2372**	**5037**	**815**	**4222**
35	426	104	322	515	82	433	1018	172	846
36	398	69	329	725	138	587	958	145	813
37	277	41	236	580	91	489	1057	188	869
38	274	28	246	540	70	470	1121	177	944
39	213	28	185	440	47	393	883	133	750
40-44岁	**1699**	**322**	**1377**	**3045**	**551**	**2494**	**5559**	**990**	**4569**
40	235	39	196	409	68	341	786	108	678
41	358	65	293	640	121	519	1078	189	889
42	338	65	273	659	129	530	1214	212	1002
43	372	71	301	606	103	503	1140	217	923
44	396	82	314	731	130	601	1341	264	1077
45-49岁	**2229**	**381**	**1848**	**4528**	**673**	**3855**	**8796**	**1563**	**7233**
45	485	106	379	667	112	555	1319	231	1088
46	508	91	417	1018	163	855	1421	266	1155
47	455	74	381	1105	166	939	2141	392	1749
48	408	65	343	884	133	751	2071	363	1708
49	373	45	328	854	99	755	1844	311	1533
50-54岁	**2553**	**402**	**2151**	**4959**	**649**	**4310**	**10018**	**1655**	**8363**
50	507	78	429	876	106	770	1802	279	1523
51	540	98	442	1098	160	938	2036	380	1656
52	541	82	459	1114	142	972	2475	431	2044
53	512	74	438	899	117	782	1834	268	1566
54	453	70	383	972	124	848	1871	297	1574
55-59岁	**2202**	**226**	**1976**	**4120**	**418**	**3702**	**8219**	**1098**	**7121**
55	593	90	503	825	109	716	1872	288	1584
56	483	54	429	1039	113	926	1616	244	1372
57	528	42	486	1051	114	937	2200	275	1925
58	347	29	318	809	58	751	1633	210	1423
59	251	11	240	396	24	372	898	81	817
60-64岁	**2227**	**227**	**2000**	**4099**	**398**	**3701**	**7379**	**821**	**6558**
60	354	24	330	584	49	535	1040	75	965
61	354	47	307	684	73	611	1152	133	1019
62	509	47	462	877	87	790	1675	186	1489
63	577	58	519	986	101	885	1918	223	1695
64	433	51	382	968	88	880	1594	204	1390
65岁及以上	**8268**	**677**	**7591**	**15589**	**1370**	**14219**	**26997**	**3350**	**23647**

5-5 续表 2

单位：人

年　龄	初婚年龄								
	18岁			19岁			20岁		
	小计	男	女	小计	男	女	小计	男	女
总　计	**141212**	**28152**	**113060**	**234595**	**62733**	**171862**	**323911**	**106371**	**217540**
20岁以下	**385**	**94**	**291**	**142**	**29**	**113**			
20-24岁	**3685**	**831**	**2854**	**5396**	**1254**	**4142**	**7455**	**1805**	**5650**
20	515	106	409	572	116	456	390	49	341
21	576	102	474	919	176	743	1127	238	889
22	656	159	497	1113	231	882	1897	430	1467
23	897	204	693	1207	301	906	1956	513	1443
24	1041	260	781	1585	430	1155	2085	575	1510
25-29岁	**7539**	**1962**	**5577**	**11959**	**3472**	**8487**	**16904**	**5059**	**11845**
25	1159	288	871	1850	495	1355	2641	768	1873
26	1271	316	955	1836	459	1377	2629	771	1858
27	1380	335	1045	2252	625	1627	3178	909	2269
28	1690	462	1228	2509	803	1706	3943	1229	2714
29	2039	561	1478	3512	1090	2422	4513	1382	3131
30-34岁	**11061**	**2705**	**8356**	**19661**	**5566**	**14095**	**29892**	**9396**	**20496**
30	2509	655	1854	4441	1368	3073	6495	2095	4400
31	2189	598	1591	3966	1149	2817	6042	1980	4062
32	2045	479	1566	3676	1074	2602	5788	1854	3934
33	2352	563	1789	3997	1084	2913	6163	1894	4269
34	1966	410	1556	3581	891	2690	5404	1573	3831
35-39岁	**8761**	**1733**	**7028**	**15943**	**3532**	**12411**	**25336**	**7095**	**18241**
35	1753	397	1356	3339	770	2569	5379	1623	3756
36	1836	394	1442	3480	807	2673	5627	1626	4001
37	1536	312	1224	3000	642	2358	4945	1353	3592
38	1947	356	1591	3057	684	2373	5147	1379	3768
39	1689	274	1415	3067	629	2438	4238	1114	3124
40-44岁	**10513**	**2130**	**8383**	**20663**	**5008**	**15655**	**32235**	**8758**	**23477**
40	1460	263	1197	2947	676	2271	4692	1255	3437
41	1889	398	1491	3950	915	3035	6332	1707	4625
42	2148	417	1731	4210	1017	3193	6725	1755	4970
43	2387	497	1890	4359	1095	3264	6902	1921	4981
44	2629	555	2074	5197	1305	3892	7584	2120	5464
45-49岁	**15251**	**3336**	**11915**	**26814**	**7311**	**19503**	**38384**	**12264**	**26120**
45	2416	515	1901	5026	1286	3740	8089	2423	5666
46	2727	588	2139	5206	1352	3854	7953	2454	5499
47	2846	620	2226	5277	1472	3805	7822	2524	5298
48	3530	727	2803	4848	1359	3489	7353	2391	4962
49	3732	886	2846	6457	1842	4615	7167	2472	4695
50-54岁	**18890**	**3955**	**14935**	**33951**	**9823**	**24128**	**47416**	**17180**	**30236**
50	3764	790	2974	7012	1986	5026	9496	3342	6154
51	3586	812	2774	6560	2016	4544	9798	3693	6105
52	4217	880	3337	7255	2098	5157	10538	3823	6715
53	3654	757	2897	6080	1755	4325	8258	2988	5270
54	3669	716	2953	7044	1968	5076	9326	3334	5992
55-59岁	**14624**	**2595**	**12029**	**25663**	**6579**	**19084**	**36164**	**12513**	**23651**
55	3241	673	2568	6228	1708	4520	9070	3219	5851
56	3248	594	2654	5318	1413	3905	7847	2757	5090
57	3263	567	2696	6208	1515	4693	8520	2980	5540
58	3191	523	2668	4769	1197	3572	6948	2372	4576
59	1681	238	1443	3140	746	2394	3779	1185	2594
60-64岁	**11906**	**1856**	**10050**	**18446**	**4453**	**13993**	**24689**	**8269**	**16420**
60	1943	234	1709	3158	702	2456	5316	1644	3672
61	1719	259	1460	2945	708	2237	4123	1354	2769
62	2396	367	2029	3606	836	2770	5021	1653	3368
63	3138	539	2599	4517	1138	3379	5496	1920	3576
64	2710	457	2253	4220	1069	3151	4733	1698	3035
65岁及以上	**38597**	**6955**	**31642**	**55957**	**15706**	**40251**	**65436**	**24032**	**41404**

5-5　续表 3

单位：人

年　龄	初婚年龄								
	21岁			22岁			23岁		
	小计	男	女	小计	男	女	小计	男	女
总　计	**354102**	**153307**	**200795**	**370362**	**192949**	**177413**	**319288**	**176453**	**142835**
20岁以下									
20-24岁	**7069**	**2265**	**4804**	**6377**	**2699**	**3678**	**3420**	**1485**	**1935**
20									
21	437	110	327						
22	1694	527	1167	874	402	472			
23	2416	776	1640	2314	927	1387	940	399	541
24	2522	852	1670	3189	1370	1819	2480	1086	1394
25-29岁	**19132**	**7345**	**11787**	**21804**	**10205**	**11599**	**21173**	**9715**	**11458**
25	2745	1009	1736	3401	1533	1868	3607	1582	2025
26	2945	1096	1849	3293	1495	1798	3222	1439	1783
27	3702	1423	2279	4248	1984	2264	3773	1760	2013
28	4241	1632	2609	4943	2337	2606	4730	2203	2527
29	5499	2185	3314	5919	2856	3063	5841	2731	3110
30-34岁	**35196**	**13955**	**21241**	**40135**	**19441**	**20694**	**36457**	**18580**	**17877**
30	6785	2711	4074	8527	3992	4535	7427	3673	3754
31	7503	3014	4489	7580	3648	3932	7593	3724	3869
32	6895	2778	4117	7884	3886	3998	6436	3230	3206
33	7520	2925	4595	8530	4141	4389	8052	4288	3764
34	6493	2527	3966	7614	3774	3840	6949	3665	3284
35-39岁	**31581**	**12191**	**19390**	**35825**	**17461**	**18364**	**33301**	**17612**	**15689**
35	6308	2460	3848	7045	3576	3469	6823	3521	3302
36	7050	2839	4211	7730	3826	3904	6744	3636	3108
37	6227	2460	3767	7267	3568	3699	6361	3390	2971
38	6466	2414	4052	7425	3543	3882	7138	3796	3342
39	5530	2018	3512	6358	2948	3410	6235	3269	2966
40-44岁	**38325**	**14894**	**23431**	**43817**	**21564**	**22253**	**39112**	**20622**	**18490**
40	4780	1756	3024	5990	2830	3160	5860	3048	2812
41	7458	2814	4644	7391	3530	3861	7428	3888	3540
42	8223	3168	5055	9572	4647	4925	7313	3758	3555
43	8596	3408	5188	9735	4877	4858	8763	4757	4006
44	9268	3748	5520	11129	5680	5449	9748	5171	4577
45-49岁	**46973**	**20364**	**26609**	**50946**	**26786**	**24160**	**45394**	**25179**	**20215**
45	9466	3890	5576	10245	5258	4987	9482	5144	4338
46	10656	4481	6175	11079	5732	5347	9334	5101	4233
47	9708	4310	5398	11497	6053	5444	9571	5344	4227
48	8516	3782	4734	9259	4986	4273	9222	5162	4060
49	8627	3901	4726	8866	4757	4109	7785	4428	3357
50-54岁	**50657**	**23687**	**26970**	**48766**	**26632**	**22134**	**38734**	**22396**	**16338**
50	8526	3895	4631	9413	5050	4363	7738	4263	3475
51	10764	5023	5741	8137	4464	3673	7376	4177	3199
52	12179	5809	6370	11649	6320	5329	7396	4286	3110
53	9311	4328	4983	9482	5248	4234	7605	4535	3070
54	9877	4632	5245	10085	5550	4535	8619	5135	3484
55-59岁	**40882**	**19099**	**21783**	**41674**	**23244**	**18430**	**34357**	**20265**	**14092**
55	9724	4588	5136	9540	5362	4178	8068	4680	3388
56	9368	4401	4967	9053	4961	4092	7177	4168	3009
57	9691	4530	5161	10706	5986	4720	8240	4871	3369
58	7556	3570	3986	7927	4513	3414	6998	4228	2770
59	4543	2010	2533	4448	2422	2026	3874	2318	1556
60-64岁	**26613**	**11690**	**14923**	**28594**	**15140**	**13454**	**25623**	**14940**	**10683**
60	5228	2303	2925	5933	3291	2642	4936	2979	1957
61	5313	2276	3037	4740	2522	2218	4646	2744	1902
62	5541	2396	3145	6728	3479	3249	5125	2937	2188
63	6074	2673	3401	6145	3231	2914	6542	3787	2755
64	4457	2042	2415	5048	2617	2431	4374	2493	1881
65岁及以上	**57674**	**27817**	**29857**	**52424**	**29777**	**22647**	**41717**	**25659**	**16058**

5－5 续表 4

单位：人

年　龄	初婚年龄								
	24岁			25岁			26岁		
	小计	男	女	小计	男	女	小计	男	女
总　计	**265340**	**158074**	**107266**	**207683**	**131374**	**76309**	**153677**	**102232**	**51445**
20岁以下									
20–24岁	**1018**	**465**	**553**						
20									
21									
22									
23									
24	1018	465	553						
25–29岁	**20019**	**9851**	**10168**	**15644**	**8206**	**7438**	**11023**	**6012**	**5011**
25	2783	1306	1477	1055	546	509			
26	3567	1699	1868	2524	1260	1264	923	471	452
27	3809	1886	1923	3653	1857	1796	2501	1368	1133
28	4343	2164	2179	3798	2016	1782	3607	2011	1596
29	5517	2796	2721	4614	2527	2087	3992	2162	1830
30–34岁	**32920**	**17451**	**15469**	**28149**	**15590**	**12559**	**22523**	**13156**	**9367**
30	7321	3752	3569	6437	3512	2925	4805	2699	2106
31	6502	3364	3138	5849	3157	2692	4857	2781	2076
32	6467	3437	3030	5128	2812	2316	4344	2522	1822
33	6451	3517	2934	5971	3342	2629	4424	2661	1763
34	6179	3381	2798	4764	2767	1997	4093	2493	1600
35–39岁	**28923**	**16707**	**12216**	**24143**	**14788**	**9355**	**18065**	**11649**	**6416**
35	5830	3310	2520	5051	3033	2018	3533	2224	1309
36	6398	3770	2628	5094	3090	2004	3913	2519	1394
37	5345	3055	2290	4729	2906	1823	3596	2300	1296
38	5893	3368	2525	4774	2972	1802	3846	2496	1350
39	5457	3204	2253	4495	2787	1708	3177	2110	1067
40–44岁	**33040**	**18973**	**14067**	**26028**	**16143**	**9885**	**20524**	**13561**	**6963**
40	5184	2899	2285	4279	2642	1637	3280	2109	1171
41	6597	3854	2743	5264	3220	2044	4122	2751	1371
42	6790	3896	2894	5849	3603	2246	4468	2996	1472
43	6396	3679	2717	5410	3409	2001	4282	2822	1460
44	8073	4645	3428	5226	3269	1957	4372	2883	1489
45–49岁	**37318**	**22123**	**15195**	**28129**	**17786**	**10343**	**20043**	**13398**	**6645**
45	7789	4495	3294	5890	3660	2230	3681	2448	1233
46	8047	4687	3360	5955	3810	2145	4373	2902	1471
47	7568	4542	3026	6006	3733	2273	4355	2893	1462
48	6870	4110	2760	5223	3324	1899	3917	2616	1301
49	7044	4289	2755	5055	3259	1796	3717	2539	1178
50–54岁	**29214**	**18330**	**10884**	**21784**	**14527**	**7257**	**15812**	**11107**	**4705**
50	6446	3929	2517	5678	3691	1987	3753	2582	1171
51	5784	3584	2200	4510	3002	1508	3554	2489	1065
52	6225	3924	2301	4577	3080	1497	3380	2404	976
53	4303	2779	1524	3477	2349	1128	2545	1804	741
54	6456	4114	2342	3542	2405	1137	2580	1828	752
55–59岁	**26660**	**17194**	**9466**	**19198**	**13079**	**6119**	**12369**	**8946**	**3423**
55	6251	4013	2238	4337	2965	1372	2248	1656	592
56	5951	3790	2161	4240	2853	1387	2769	2006	763
57	6248	4046	2202	4786	3277	1509	3220	2327	893
58	4913	3230	1683	3618	2482	1136	2595	1872	723
59	3297	2115	1182	2217	1502	715	1537	1085	452
60–64岁	**21353**	**13966**	**7387**	**16204**	**11472**	**4732**	**11575**	**8606**	**2969**
60	4069	2693	1376	3372	2362	1010	2061	1514	547
61	3566	2390	1176	2687	1916	771	2170	1640	530
62	4643	3093	1550	3379	2414	965	2467	1882	585
63	4516	2932	1584	3765	2719	1046	2614	1936	678
64	4559	2858	1701	3001	2061	940	2263	1634	629
65岁及以上	**34875**	**23014**	**11861**	**28404**	**19783**	**8621**	**21743**	**15797**	**5946**

5-5　续表 5

单位：人

年　龄	初婚年龄								
	27岁			28岁			29岁		
	小计	男	女	小计	男	女	小计	男	女
总　计	**111895**	**77347**	**34548**	**79717**	**56209**	**23508**	**56958**	**40427**	**16531**
20岁以下									
20–24岁									
20									
21									
22									
23									
24									
25–29岁	**6633**	**3778**	**2855**	**2903**	**1733**	**1170**	**722**	**427**	**295**
25									
26									
27	949	531	418						
28	2283	1243	1040	837	507	330			
29	3401	2004	1397	2066	1226	840	722	427	295
30–34岁	**17307**	**10495**	**6812**	**13325**	**8228**	**5097**	**9424**	**5891**	**3533**
30	4005	2359	1646	3277	1977	1300	1983	1224	759
31	3439	2054	1385	2684	1668	1016	2136	1317	819
32	3436	2081	1355	2339	1421	918	1831	1140	691
33	3512	2189	1323	2656	1610	1046	1794	1129	665
34	2915	1812	1103	2369	1552	817	1680	1081	599
35–39岁	**13864**	**9191**	**4673**	**10163**	**6859**	**3304**	**7109**	**4763**	**2346**
35	2898	1882	1016	2085	1376	709	1504	992	512
36	2859	1866	993	2204	1441	763	1450	954	496
37	2675	1802	873	1839	1272	567	1483	1004	479
38	2832	1904	928	2161	1480	681	1398	938	460
39	2600	1737	863	1874	1290	584	1274	875	399
40–44岁	**15371**	**10736**	**4635**	**11515**	**8193**	**3322**	**8746**	**6295**	**2451**
40	2315	1600	715	1863	1275	588	1332	939	393
41	3129	2189	940	2319	1661	658	1765	1272	493
42	3372	2329	1043	2451	1781	670	1943	1425	518
43	3200	2284	916	2416	1708	708	1819	1293	526
44	3355	2334	1021	2466	1768	698	1887	1366	521
45–49岁	**14462**	**10193**	**4269**	**9998**	**7233**	**2765**	**7317**	**5363**	**1954**
45	2930	2091	839	2289	1658	631	1671	1242	429
46	2752	1959	793	2069	1488	581	1692	1215	477
47	3168	2197	971	1854	1336	518	1457	1060	397
48	2765	1961	804	1892	1383	509	1166	857	309
49	2847	1985	862	1894	1368	526	1331	989	342
50–54岁	**11725**	**8562**	**3163**	**8666**	**6345**	**2321**	**6427**	**4666**	**1761**
50	2762	1916	846	2170	1511	659	1381	978	403
51	2514	1837	677	1791	1300	491	1464	1033	431
52	2715	2007	708	1875	1390	485	1433	1059	374
53	1823	1362	461	1465	1086	379	1025	772	253
54	1911	1440	471	1365	1058	307	1124	824	300
55–59岁	**8111**	**6118**	**1993**	**5310**	**4081**	**1229**	**3819**	**2930**	**889**
55	1721	1302	419	1304	1016	288	976	740	236
56	1453	1112	341	1171	918	253	871	658	213
57	2097	1615	482	1080	823	257	892	678	214
58	1712	1265	447	1042	791	251	588	474	114
59	1128	824	304	713	533	180	492	380	112
60–64岁	**7997**	**6114**	**1883**	**5751**	**4451**	**1300**	**4004**	**3048**	**956**
60	1469	1106	363	1017	785	232	694	535	159
61	1376	1049	327	879	680	199	679	521	158
62	1823	1399	424	1268	985	283	868	664	204
63	1837	1410	427	1459	1136	323	943	694	249
64	1492	1150	342	1128	865	263	820	634	186
65岁及以上	**16425**	**12160**	**4265**	**12086**	**9086**	**3000**	**9390**	**7044**	**2346**

5-5 续表 6

单位：人

年龄	初婚年龄								
	30岁			31岁			32岁		
	小计	男	女	小计	男	女	小计	男	女
总 计	**41108**	**28917**	**12191**	**29780**	**20678**	**9102**	**22344**	**15462**	**6882**
20岁以下									
20-24岁									
20									
21									
22									
23									
24									
25-29岁									
25									
26									
27									
28									
29									
30-34岁	**5989**	**3720**	**2269**	**3406**	**2105**	**1301**	**1782**	**1064**	**718**
30	673	412	261						
31	1317	827	490	491	307	184			
32	1463	899	564	908	586	322	321	182	139
33	1387	868	519	1131	665	466	709	436	273
34	1149	714	435	876	547	329	752	446	306
35-39岁	**5622**	**3677**	**1945**	**4356**	**2712**	**1644**	**3403**	**2095**	**1308**
35	1161	729	432	821	518	303	672	399	273
36	1191	760	431	948	570	378	710	433	277
37	1101	707	394	874	520	354	647	386	261
38	1214	812	402	919	582	337	735	458	277
39	955	669	286	794	522	272	639	419	220
40-44岁	**6619**	**4726**	**1893**	**4829**	**3337**	**1492**	**3945**	**2700**	**1245**
40	1018	690	328	696	468	228	607	405	202
41	1349	956	393	1017	691	326	715	500	215
42	1490	1084	406	1099	779	320	886	606	280
43	1320	985	335	1027	714	313	864	577	287
44	1442	1011	431	990	685	305	873	612	261
45-49岁	**5324**	**3854**	**1470**	**4348**	**3126**	**1222**	**3411**	**2464**	**947**
45	1337	951	386	1036	762	274	787	557	230
46	1200	864	336	976	702	274	732	514	218
47	1128	813	315	891	633	258	716	506	210
48	907	679	228	757	522	235	600	437	163
49	752	547	205	688	507	181	576	450	126
50-54岁	**4869**	**3466**	**1403**	**3443**	**2477**	**966**	**2408**	**1755**	**653**
50	985	750	235	588	426	162	518	380	138
51	990	709	281	682	496	186	371	290	81
52	1223	825	398	799	586	213	496	366	130
53	889	626	263	703	480	223	429	320	109
54	782	556	226	671	489	182	594	399	195
55-59岁	**2840**	**2106**	**734**	**2279**	**1660**	**619**	**2010**	**1446**	**564**
55	843	602	241	609	446	163	539	379	160
56	652	480	172	583	417	166	430	314	116
57	636	477	159	535	390	145	519	372	147
58	440	335	105	352	258	94	332	241	91
59	269	212	57	200	149	51	190	140	50
60-64岁	**2747**	**2101**	**646**	**1910**	**1437**	**473**	**1346**	**998**	**348**
60	455	362	93	240	175	65	232	174	58
61	472	355	117	294	226	68	169	120	49
62	578	450	128	452	334	118	291	213	78
63	664	501	163	480	374	106	334	255	79
64	578	433	145	444	328	116	320	236	84
65岁及以上	**7098**	**5267**	**1831**	**5209**	**3824**	**1385**	**4039**	**2940**	**1099**

5-5　续表 7

单位：人

年　龄	初婚年龄								
	33岁			34岁			35岁		
	小计	男	女	小计	男	女	小计	男	女
总　计	**16788**	**11489**	**5299**	**13064**	**9014**	**4050**	**9944**	**6835**	**3109**
20岁以下									
20—24岁									
20									
21									
22									
23									
24									
25—29岁									
25									
26									
27									
28									
29									
30—34岁	**798**	**448**	**350**	**221**	**121**	**100**			
30									
31									
32									
33	283	169	114						
34	515	279	236	221	121	100			
35—39岁	**2644**	**1609**	**1035**	**2117**	**1287**	**830**	**1416**	**854**	**562**
35	512	312	200	390	241	149	162	100	62
36	542	328	214	449	267	182	311	186	125
37	479	283	196	389	233	156	315	190	125
38	534	312	222	440	275	165	321	191	130
39	577	374	203	449	271	178	307	187	120
40—44岁	**3096**	**2055**	**1041**	**2519**	**1670**	**849**	**2063**	**1408**	**655**
40	493	303	190	453	286	167	361	248	113
41	603	400	203	494	335	159	439	301	138
42	631	442	189	513	343	170	433	287	146
43	710	474	236	495	338	157	427	288	139
44	659	436	223	564	368	196	403	284	119
45—49岁	**2779**	**1929**	**850**	**2327**	**1654**	**673**	**1917**	**1301**	**616**
45	687	463	224	561	384	177	424	281	143
46	635	445	190	569	403	166	460	318	142
47	534	382	152	446	339	107	404	280	124
48	478	332	146	383	260	123	316	211	105
49	445	307	138	368	268	100	313	211	102
50—54岁	**1717**	**1281**	**436**	**1285**	**951**	**334**	**1040**	**756**	**284**
50	432	309	123	320	233	87	283	202	81
51	348	257	91	279	194	85	231	156	75
52	312	244	68	250	196	54	232	175	57
53	253	196	57	185	139	46	166	130	36
54	372	275	97	251	189	62	128	93	35
55—59岁	**1689**	**1245**	**444**	**1294**	**922**	**372**	**877**	**644**	**233**
55	474	340	134	281	197	84	163	129	34
56	366	271	95	324	235	89	168	122	46
57	387	277	110	319	236	83	262	197	65
58	290	221	69	220	143	77	193	128	65
59	172	136	36	150	111	39	91	68	23
60—64岁	**980**	**708**	**272**	**753**	**589**	**164**	**606**	**433**	**173**
60	203	138	65	163	125	38	143	94	49
61	149	106	43	130	107	23	108	74	34
62	169	126	43	155	118	37	130	91	39
63	228	170	58	128	103	25	138	111	27
64	231	168	63	177	136	41	87	63	24
65岁及以上	**3085**	**2214**	**871**	**2548**	**1820**	**728**	**2025**	**1439**	**586**

5-5 续表 8

单位：人

年龄	初婚年龄								
	36岁			37岁			38岁		
	小计	男	女	小计	男	女	小计	男	女
总 计	**7598**	**5225**	**2373**	**6038**	**4098**	**1940**	**4846**	**3281**	**1565**
20岁以下									
20-24岁									
20									
21									
22									
23									
24									
25-29岁									
25									
26									
27									
28									
29									
30-34岁									
30									
31									
32									
33									
34									
35-39岁	**865**	**490**	**375**	**533**	**286**	**247**	**263**	**142**	**121**
35									
36	136	81	55						
37	215	112	103	109	51	58			
38	278	161	117	209	120	89	91	49	42
39	236	136	100	215	115	100	172	93	79
40-44岁	**1690**	**1148**	**542**	**1327**	**869**	**458**	**1075**	**720**	**355**
40	254	158	96	200	131	69	167	98	69
41	342	222	120	231	149	82	178	113	65
42	386	282	104	292	195	97	215	162	53
43	350	245	105	295	192	103	243	159	84
44	358	241	117	309	202	107	272	188	84
45-49岁	**1550**	**1070**	**480**	**1303**	**902**	**401**	**1016**	**703**	**313**
45	323	223	100	294	208	86	218	150	68
46	345	234	111	227	162	65	208	143	65
47	358	248	110	282	195	87	204	139	65
48	306	206	100	264	174	90	177	121	56
49	218	159	59	236	163	73	209	150	59
50-54岁	**850**	**627**	**223**	**727**	**527**	**200**	**654**	**477**	**177**
50	219	161	58	187	129	58	177	126	51
51	189	137	52	156	108	48	131	98	33
52	193	136	57	168	130	38	147	110	37
53	124	96	28	116	85	31	99	68	31
54	125	97	28	100	75	25	100	75	25
55-59岁	**674**	**486**	**188**	**464**	**339**	**125**	**327**	**245**	**82**
55	97	72	25	94	70	24	76	59	17
56	144	106	38	65	52	13	59	42	17
57	168	119	49	119	92	27	57	44	13
58	163	123	40	95	69	26	83	64	19
59	102	66	36	91	56	35	52	36	16
60-64岁	**517**	**378**	**139**	**443**	**307**	**136**	**490**	**303**	**187**
60	98	61	37	97	65	32	99	66	33
61	101	80	21	78	53	25	93	59	34
62	116	84	32	98	69	29	98	58	40
63	110	85	25	96	70	26	117	70	47
64	92	68	24	74	50	24	83	50	33
65岁及以上	**1452**	**1026**	**426**	**1241**	**868**	**373**	**1021**	**691**	**330**

5-5　续表 9

单位：人

年　龄	初婚年龄					
	39岁			40岁及以上		
	小计	男	女	小计	男	女
总　计	**4041**	**2627**	**1414**	**21790**	**13463**	**8327**
20岁以下						
20-24岁						
20						
21						
22						
23						
24						
25-29岁						
25						
26						
27						
28						
29						
30-34岁						
30						
31						
32						
33						
34						
35-39岁	**80**	**29**	**51**			
35						
36						
37						
38						
39	80	29	51			
40-44岁	**931**	**566**	**365**	**1943**	**1120**	**823**
40	156	76	80	82	37	45
41	181	120	61	268	135	133
42	212	126	86	425	215	210
43	168	104	64	507	327	180
44	214	140	74	661	406	255
45-49岁	**889**	**604**	**285**	**4023**	**2526**	**1497**
45	219	142	77	747	438	309
46	198	135	63	848	522	326
47	174	112	62	833	541	292
48	142	105	37	796	513	283
49	156	110	46	799	512	287
50-54岁	**577**	**413**	**164**	**3698**	**2421**	**1277**
50	152	101	51	797	512	285
51	124	91	33	797	532	265
52	118	83	35	844	555	289
53	79	60	19	612	395	217
54	104	78	26	648	427	221
55-59岁	**303**	**224**	**79**	**2666**	**1741**	**925**
55	76	50	26	663	431	232
56	70	53	17	596	383	213
57	65	49	16	627	424	203
58	50	39	11	495	321	174
59	42	33	9	285	182	103
60-64岁	**400**	**251**	**149**	**2199**	**1371**	**828**
60	49	33	16	380	251	129
61	68	45	23	340	221	119
62	112	63	49	434	269	165
63	87	58	29	576	352	224
64	84	52	32	469	278	191
65岁及以上	**861**	**540**	**321**	**7261**	**4284**	**2977**

5－5a 全省分年龄、性别、初婚年龄的人口(城市)

单位：人

年龄	初婚年龄					
	合计			15岁以下		
	合计	男	女	小计	男	女
总计	**808304**	**386532**	**421772**	**885**	**145**	**740**
20岁以下	**349**	**77**	**272**	**9**	**1**	**8**
20－24岁	**9673**	**2887**	**6786**	**21**	**4**	**17**
20	450	90	360	2	1	1
21	909	199	710	5	2	3
22	1730	498	1232	5	1	4
23	2697	821	1876	5		5
24	3887	1279	2608	4		4
25－29岁	**48459**	**19962**	**28497**	**58**	**15**	**43**
25	5599	2052	3547	16	7	9
26	6900	2624	4276	6	2	4
27	9420	3856	5564	15	2	13
28	11601	4909	6692	10	2	8
29	14939	6521	8418	11	2	9
30－34岁	**100606**	**45901**	**54705**	**88**	**25**	**63**
30	20064	8850	11214	12	3	9
31	20291	9157	11134	17	4	13
32	19709	9082	10627	21	7	14
33	21233	9851	11382	23	7	16
34	19309	8961	10348	15	4	11
35－39岁	**88536**	**42116**	**46420**	**47**	**10**	**37**
35	18222	8674	9548	15	5	10
36	19062	9056	10006	10		10
37	17348	8276	9072	9	3	6
38	18450	8712	9738	8	1	7
39	15454	7398	8056	5	1	4
40－44岁	**99175**	**48338**	**50837**	**81**	**21**	**60**
40	14828	7156	7672	15	3	12
41	19520	9514	10006	10	2	8
42	21068	10174	10894	12	2	10
43	21145	10441	10704	21	7	14
44	22614	11053	11561	23	7	16
45－49岁	**104679**	**52493**	**52186**	**67**	**17**	**50**
45	21840	10825	11015	13	4	9
46	21723	10787	10936	15	3	12
47	21487	10908	10579	13	6	7
48	19936	10006	9930	13	1	12
49	19693	9967	9726	13	3	10
50－54岁	**95921**	**47674**	**48247**	**85**	**12**	**73**
50	20604	10206	10398	27	3	24
51	19436	9611	9825	13	2	11
52	21148	10523	10625	17	4	13
53	16519	8281	8238	13	1	12
54	18214	9053	9161	15	2	13
55－59岁	**80116**	**39923**	**40193**	**54**	**6**	**48**
55	18228	9076	9152	14	3	11
56	17940	8958	8982	15	2	13
57	20230	10197	10033	8		8
58	14641	7315	7326	8	1	7
59	9077	4377	4700	9		9
60－64岁	**58532**	**29089**	**29443**	**89**	**10**	**79**
60	11671	5846	5825	14	1	13
61	10335	5220	5115	16	1	15
62	12436	6244	6192	18	4	14
63	13144	6465	6679	23	3	20
64	10946	5314	5632	18	1	17
65岁及以上	**122258**	**58072**	**64186**	**286**	**24**	**262**

5-5a　续表 1　　　　单位：人

年　龄	初婚年龄								
	15岁			16岁			17岁		
	小计	男	女	小计	男	女	小计	男	女
总　计	**4528**	**739**	**3789**	**8478**	**1128**	**7350**	**15872**	**2348**	**13524**
20岁以下	**43**	**8**	**35**	**63**	**21**	**42**	**94**	**20**	**74**
20—24岁	**109**	**19**	**90**	**249**	**51**	**198**	**434**	**83**	**351**
20	16	3	13	26	4	22	55	12	43
21	14	5	9	40	8	32	70	15	55
22	27	4	23	43	14	29	69	12	57
23	29	5	24	63	16	47	108	22	86
24	23	2	21	77	9	68	132	22	110
25—29岁	**233**	**47**	**186**	**416**	**84**	**332**	**820**	**186**	**634**
25	32	5	27	72	16	56	145	27	118
26	47	8	39	72	16	56	139	33	106
27	46	10	36	88	18	70	157	34	123
28	46	7	39	89	15	74	201	48	153
29	62	17	45	95	19	76	178	44	134
30—34岁	**423**	**123**	**300**	**674**	**150**	**524**	**1311**	**308**	**1003**
30	87	22	65	118	21	97	255	60	195
31	87	31	56	152	45	107	264	69	195
32	79	22	57	139	31	108	253	63	190
33	99	24	75	140	26	114	295	63	232
34	71	24	47	125	27	98	244	53	191
35—39岁	**314**	**75**	**239**	**579**	**106**	**473**	**1033**	**184**	**849**
35	98	30	68	115	23	92	210	37	173
36	81	16	65	163	29	134	181	33	148
37	57	16	41	122	26	96	226	48	178
38	49	8	41	97	17	80	245	38	207
39	29	5	24	82	11	71	171	28	143
40—44岁	**338**	**73**	**265**	**569**	**121**	**448**	**1063**	**186**	**877**
40	48	8	40	84	17	67	142	15	127
41	64	20	44	125	29	96	218	36	182
42	61	13	48	123	30	93	242	41	201
43	81	15	66	118	20	98	207	39	168
44	84	17	67	119	25	94	254	55	199
45—49岁	**472**	**103**	**369**	**841**	**151**	**690**	**1624**	**295**	**1329**
45	112	31	81	134	30	104	257	47	210
46	120	27	93	189	41	148	253	52	201
47	93	22	71	188	34	154	371	69	302
48	72	13	59	190	26	164	401	64	337
49	75	10	65	140	20	120	342	63	279
50—54岁	**466**	**91**	**375**	**864**	**112**	**752**	**1769**	**275**	**1494**
50	90	17	73	151	16	135	318	51	267
51	116	29	87	187	39	148	386	69	317
52	88	17	71	215	23	192	400	62	338
53	100	13	87	148	17	131	312	44	268
54	72	15	57	163	17	146	353	49	304
55—59岁	**328**	**49**	**279**	**655**	**77**	**578**	**1298**	**179**	**1119**
55	87	17	70	125	18	107	300	48	252
56	78	11	67	183	26	157	245	33	212
57	83	7	76	157	16	141	368	52	316
58	55	13	42	122	13	109	249	34	215
59	25	1	24	68	4	64	136	12	124
60—64岁	**325**	**43**	**282**	**621**	**55**	**566**	**1155**	**122**	**1033**
60	48	5	43	98	14	84	158	17	141
61	52	10	42	104	12	92	172	17	155
62	81	6	75	161	12	149	247	25	222
63	80	12	68	139	12	127	312	34	278
64	64	10	54	119	5	114	266	29	237
65岁及以上	**1477**	**108**	**1369**	**2947**	**200**	**2747**	**5271**	**510**	**4761**

5-5a 续表 2

单位：人

年龄	初婚年龄								
	18岁			19岁			20岁		
	小计	男	女	小计	男	女	小计	男	女
总　计	**26490**	**4859**	**21631**	**45473**	**10976**	**34497**	**66242**	**18654**	**47588**
20岁以下	**97**	**19**	**78**	**43**	**8**	**35**			
20-24岁	**670**	**148**	**522**	**1119**	**261**	**858**	**1846**	**384**	**1462**
20	95	23	72	147	34	113	109	13	96
21	114	25	89	208	47	161	317	68	249
22	117	23	94	212	52	160	466	91	375
23	142	28	114	238	60	178	454	95	359
24	202	49	153	314	68	246	500	117	383
25-29岁	**1519**	**374**	**1145**	**2494**	**660**	**1834**	**4053**	**996**	**3057**
25	240	48	192	382	85	297	602	135	467
26	260	56	204	381	66	315	628	149	479
27	257	66	191	488	150	338	801	186	615
28	337	91	246	531	148	383	942	253	689
29	425	113	312	712	211	501	1080	273	807
30-34岁	**2321**	**567**	**1754**	**4203**	**1136**	**3067**	**6869**	**1818**	**5051**
30	514	126	388	952	259	693	1447	394	1053
31	468	130	338	846	233	613	1407	398	1009
32	432	116	316	767	221	546	1350	344	1006
33	497	119	378	846	215	631	1377	365	1012
34	410	76	334	792	208	584	1288	317	971
35-39岁	**1877**	**376**	**1501**	**3544**	**725**	**2819**	**5993**	**1400**	**4593**
35	361	88	273	721	169	552	1262	305	957
36	395	81	314	771	168	603	1382	329	1053
37	335	66	269	679	124	555	1151	254	897
38	438	82	356	688	137	551	1251	296	955
39	348	59	289	685	127	558	947	216	731
40-44岁	**2132**	**430**	**1702**	**4279**	**1003**	**3276**	**6980**	**1734**	**5246**
40	285	57	228	637	144	493	1041	247	794
41	388	84	304	815	170	645	1453	362	1091
42	428	92	336	871	205	666	1456	345	1111
43	506	96	410	876	206	670	1474	390	1084
44	525	101	424	1080	278	802	1556	390	1166
45-49岁	**2871**	**587**	**2284**	**5161**	**1328**	**3833**	**7965**	**2356**	**5609**
45	474	100	374	1011	248	763	1737	484	1253
46	539	104	435	989	231	758	1604	468	1136
47	490	97	393	986	262	724	1561	466	1095
48	669	132	537	923	251	672	1544	485	1059
49	699	154	545	1252	336	916	1519	453	1066
50-54岁	**3424**	**678**	**2746**	**6418**	**1645**	**4773**	**9476**	**2987**	**6489**
50	675	131	544	1366	354	1012	1951	618	1333
51	625	133	492	1245	332	913	1995	625	1370
52	812	167	645	1403	331	1072	2104	687	1417
53	680	132	548	1122	294	828	1592	512	1080
54	632	115	517	1282	334	948	1834	545	1289
55-59岁	**2427**	**364**	**2063**	**4871**	**1115**	**3756**	**7277**	**2105**	**5172**
55	532	102	430	1138	287	851	1843	559	1284
56	564	84	480	1052	263	789	1577	476	1101
57	587	69	518	1262	279	983	1756	505	1251
58	488	79	409	876	180	696	1345	401	944
59	256	30	226	543	106	437	756	164	592
60-64岁	**1963**	**279**	**1684**	**3112**	**647**	**2465**	**4335**	**1252**	**3083**
60	324	44	280	566	103	463	958	240	718
61	274	41	233	495	107	388	733	201	532
62	373	53	320	600	121	479	851	271	580
63	521	70	451	760	156	604	981	300	681
64	471	71	400	691	160	531	812	240	572
65岁及以上	**7189**	**1037**	**6152**	**10229**	**2448**	**7781**	**11448**	**3622**	**7826**

5-5a　续表 3　　　　　　　　　　　　　　　　　　　　　　　　　　　　　　　　单位：人

年　龄	初婚年龄								
	21岁			22岁			23岁		
	小计	男	女	小计	男	女	小计	男	女
总　计	**78195**	**28937**	**49258**	**92083**	**41489**	**50594**	**91431**	**43397**	**48034**
20岁以下									
20—24岁	**1877**	**571**	**1306**	**1867**	**733**	**1134**	**1098**	**464**	**634**
20									
21	141	29	112						
22	483	163	320	308	138	170			
23	639	198	441	675	255	420	344	142	202
24	614	181	433	884	340	544	754	322	432
25—29岁	**4798**	**1653**	**3145**	**6109**	**2683**	**3426**	**6735**	**2820**	**3915**
25	668	229	439	967	406	561	1063	432	631
26	776	254	522	924	386	538	1077	459	618
27	982	341	641	1208	528	680	1231	528	703
28	1050	371	679	1426	648	778	1445	584	861
29	1322	458	864	1584	715	869	1919	817	1102
30—34岁	**8639**	**3006**	**5633**	**11189**	**4864**	**6325**	**11435**	**5144**	**6291**
30	1688	572	1116	2403	1028	1375	2294	1000	1294
31	1791	663	1128	2156	919	1237	2402	1040	1362
32	1746	620	1126	2201	1007	1194	2126	946	1180
33	1822	626	1196	2372	1027	1345	2370	1125	1245
34	1592	525	1067	2057	883	1174	2243	1033	1210
35—39岁	**7496**	**2431**	**5065**	**9716**	**4129**	**5587**	**9890**	**4525**	**5365**
35	1536	493	1043	1939	864	1075	2003	886	1117
36	1616	561	1055	2149	909	1240	2008	928	1080
37	1500	516	984	1906	797	1109	1982	915	1067
38	1599	492	1107	2034	854	1180	2098	992	1106
39	1245	369	876	1688	705	983	1799	804	995
40—44岁	**8917**	**3003**	**5914**	**11268**	**4867**	**6401**	**11358**	**5145**	**6213**
40	1091	332	759	1544	663	881	1751	802	949
41	1778	598	1180	1951	823	1128	2130	932	1198
42	1990	660	1330	2498	1045	1453	2153	952	1201
43	1939	647	1292	2545	1107	1438	2528	1212	1316
44	2119	766	1353	2730	1229	1501	2796	1247	1549
45—49岁	**10172**	**3841**	**6331**	**12033**	**5538**	**6495**	**12406**	**5942**	**6464**
45	2113	759	1354	2423	1094	1329	2615	1242	1373
46	2220	829	1391	2577	1155	1422	2612	1228	1384
47	2069	796	1273	2659	1251	1408	2528	1228	1300
48	1877	712	1165	2140	992	1148	2464	1192	1272
49	1893	745	1148	2234	1046	1188	2187	1052	1135
50—54岁	**10963**	**4464**	**6499**	**11748**	**5529**	**6219**	**10924**	**5408**	**5516**
50	1881	755	1126	2338	1057	1281	2251	1034	1217
51	2355	956	1399	2048	963	1085	2143	1023	1120
52	2655	1089	1566	2795	1284	1511	2081	1020	1061
53	2004	820	1184	2232	1077	1155	2075	1102	973
54	2068	844	1224	2335	1148	1187	2374	1229	1145
55—59岁	**8968**	**3510**	**5458**	**10297**	**4872**	**5425**	**10089**	**5056**	**5033**
55	2044	788	1256	2325	1113	1212	2308	1127	1181
56	2099	831	1268	2287	1080	1207	2249	1083	1166
57	2213	904	1309	2753	1307	1446	2529	1306	1223
58	1634	642	992	1863	904	959	1912	1010	902
59	978	345	633	1069	468	601	1091	530	561
60—64岁	**5156**	**1915**	**3241**	**6522**	**2830**	**3692**	**7098**	**3355**	**3743**
60	1179	420	759	1460	657	803	1447	709	738
61	1095	388	707	1244	557	687	1342	645	697
62	998	374	624	1538	655	883	1544	684	860
63	1075	387	688	1279	540	739	1679	821	858
64	809	346	463	1001	421	580	1086	496	590
65岁及以上	**11209**	**4543**	**6666**	**11334**	**5444**	**5890**	**10398**	**5538**	**4860**

5-5a 续表 4

单位：人

年 龄	初婚年龄								
	24岁			25岁			26岁		
	小计	男	女	小计	男	女	小计	男	女
总 计	**84492**	**44683**	**39809**	**73129**	**42321**	**30808**	**57664**	**35918**	**21746**
20岁以下									
20-24岁	**383**	**169**	**214**						
20									
21									
22									
23									
24	383	169	214						
25-29岁	**6935**	**3143**	**3792**	**5885**	**2879**	**3006**	**4288**	**2177**	**2111**
25	983	446	537	429	216	213			
26	1224	541	683	972	454	518	394	200	194
27	1395	632	763	1365	647	718	986	510	476
28	1489	664	825	1415	702	713	1351	694	657
29	1844	860	984	1704	860	844	1557	773	784
30-34岁	**11666**	**5523**	**6143**	**10847**	**5483**	**5364**	**9252**	**5057**	**4195**
30	2478	1166	1312	2225	1111	1114	1793	956	837
31	2318	1061	1257	2260	1084	1176	1975	1055	920
32	2390	1156	1234	2004	999	1005	1879	1025	854
33	2327	1125	1202	2458	1262	1196	1850	1037	813
34	2153	1015	1138	1900	1027	873	1755	984	771
35-39岁	**9609**	**4943**	**4666**	**8936**	**4989**	**3947**	**7252**	**4290**	**2962**
35	2039	1050	989	1953	1072	881	1534	898	636
36	2115	1079	1036	1895	1053	842	1566	924	642
37	1779	924	855	1786	1006	780	1466	846	620
38	1978	960	1018	1729	964	765	1523	918	605
39	1698	930	768	1573	894	679	1163	704	459
40-44岁	**10274**	**5269**	**5005**	**8651**	**4842**	**3809**	**7389**	**4457**	**2932**
40	1629	835	794	1350	735	615	1204	696	508
41	2026	1078	948	1821	1009	812	1472	891	581
42	2093	1064	1029	1972	1066	906	1633	978	655
43	1994	994	1000	1811	1047	764	1578	983	595
44	2532	1298	1234	1697	985	712	1502	909	593
45-49岁	**11050**	**5943**	**5107**	**9403**	**5474**	**3929**	**7123**	**4531**	**2592**
45	2376	1228	1148	2007	1139	868	1319	810	509
46	2352	1258	1094	1988	1189	799	1508	941	567
47	2213	1214	999	1989	1132	857	1569	999	570
48	2032	1071	961	1773	1047	726	1420	914	506
49	2077	1172	905	1646	967	679	1307	867	440
50-54岁	**9033**	**5044**	**3989**	**7384**	**4599**	**2785**	**5545**	**3784**	**1761**
50	2024	1089	935	1866	1112	754	1354	917	437
51	1818	970	848	1504	927	577	1179	779	400
52	1876	1062	814	1571	998	573	1186	815	371
53	1320	774	546	1177	742	435	903	634	269
54	1995	1149	846	1266	820	446	923	639	284
55-59岁	**8854**	**5116**	**3738**	**7201**	**4546**	**2655**	**4931**	**3427**	**1504**
55	2026	1156	870	1540	978	562	898	634	264
56	2022	1149	873	1652	1024	628	1091	775	316
57	2227	1328	899	1815	1151	664	1330	906	424
58	1522	876	646	1351	870	481	979	687	292
59	1057	607	450	843	523	320	633	425	208
60-64岁	**6828**	**3761**	**3067**	**5754**	**3670**	**2084**	**4373**	**2969**	**1404**
60	1251	725	526	1192	776	416	838	587	251
61	1136	647	489	959	619	340	815	565	250
62	1524	855	669	1171	768	403	894	627	267
63	1508	829	679	1291	827	464	959	640	319
64	1409	705	704	1141	680	461	867	550	317
65岁及以上	**9860**	**5772**	**4088**	**9068**	**5839**	**3229**	**7511**	**5226**	**2285**

5-5a 续表 5

单位：人

年 龄	初婚年龄								
	27岁			28岁			29岁		
	小计	男	女	小计	男	女	小计	男	女
总 计	**43324**	**28681**	**14643**	**31426**	**21545**	**9881**	**22331**	**15640**	**6691**
20岁以下									
20-24岁									
20									
21									
22									
23									
24									
25-29岁	**2652**	**1409**	**1243**	**1172**	**664**	**508**	**292**	**172**	**120**
25									
26									
27	401	204	197						
28	931	480	451	338	202	136			
29	1320	725	595	834	462	372	292	172	120
30-34岁	**7207**	**4099**	**3108**	**5615**	**3282**	**2333**	**3906**	**2360**	**1546**
30	1515	836	679	1264	707	557	784	453	331
31	1449	786	663	1124	671	453	843	517	326
32	1473	835	638	998	589	409	765	449	316
33	1441	853	588	1136	642	494	753	467	286
34	1329	789	540	1093	673	420	761	474	287
35-39岁	**5873**	**3659**	**2214**	**4402**	**2852**	**1550**	**3050**	**1996**	**1054**
35	1260	773	487	932	585	347	656	429	227
36	1293	810	483	968	608	360	629	414	215
37	1095	692	403	845	581	264	652	431	221
38	1179	742	437	904	585	319	625	403	222
39	1046	642	404	753	493	260	488	319	169
40-44岁	**5907**	**3853**	**2054**	**4531**	**3066**	**1465**	**3546**	**2430**	**1116**
40	879	575	304	753	483	270	564	392	172
41	1252	806	446	954	652	302	737	503	234
42	1266	799	467	1002	702	300	756	513	243
43	1238	833	405	902	603	299	758	507	251
44	1272	840	432	920	626	294	731	515	216
45-49岁	**5355**	**3670**	**1685**	**3882**	**2736**	**1146**	**2848**	**2051**	**797**
45	1058	719	339	879	611	268	649	466	183
46	971	676	295	792	543	249	603	417	186
47	1199	804	395	718	501	217	569	413	156
48	1076	747	329	730	530	200	489	349	140
49	1051	724	327	763	551	212	538	406	132
50-54岁	**4175**	**3053**	**1122**	**3223**	**2414**	**809**	**2383**	**1808**	**575**
50	980	691	289	851	612	239	586	428	158
51	904	655	249	666	488	178	519	369	150
52	977	724	253	689	521	168	503	408	95
53	651	485	166	522	403	119	370	300	70
54	663	498	165	495	390	105	405	303	102
55-59岁	**3323**	**2465**	**858**	**2223**	**1683**	**540**	**1534**	**1179**	**355**
55	690	515	175	518	397	121	379	282	97
56	639	485	154	502	390	112	374	290	84
57	862	665	197	523	405	118	359	267	92
58	664	468	196	383	275	108	230	193	37
59	468	332	136	297	216	81	192	147	45
60-64岁	**3047**	**2230**	**817**	**2168**	**1647**	**521**	**1566**	**1161**	**405**
60	613	438	175	430	333	97	286	213	73
61	519	384	135	357	282	75	269	199	70
62	646	465	181	469	348	121	351	278	73
63	684	493	191	517	391	126	367	259	108
64	585	450	135	395	293	102	293	212	81
65岁及以上	**5785**	**4243**	**1542**	**4210**	**3201**	**1009**	**3206**	**2483**	**723**

5-5a 续表 6

单位：人

年龄	初婚年龄								
	30岁			31岁			32岁		
	小计	男	女	小计	男	女	小计	男	女
总计	**15650**	**10938**	**4712**	**11303**	**7853**	**3450**	**8170**	**5658**	**2512**
20岁以下									
20-24岁									
20									
21									
22									
23									
24									
25-29岁									
25									
26									
27									
28									
29									
30-34岁	**2453**	**1471**	**982**	**1368**	**836**	**532**	**706**	**421**	**285**
30	235	136	99						
31	533	320	213	199	131	68			
32	578	336	242	374	241	133	134	75	59
33	606	378	228	434	251	183	278	172	106
34	501	301	200	361	213	148	294	174	120
35-39岁	**2350**	**1530**	**820**	**1891**	**1160**	**731**	**1403**	**841**	**562**
35	481	299	182	352	218	134	303	173	130
36	526	336	190	407	232	175	295	178	117
37	470	310	160	394	224	170	258	151	107
38	511	337	174	400	262	138	296	172	124
39	362	248	114	338	224	114	251	167	84
40-44岁	**2721**	**1876**	**845**	**1943**	**1337**	**606**	**1553**	**1044**	**509**
40	432	286	146	296	202	94	234	150	84
41	547	377	170	403	274	129	306	215	91
42	579	414	165	426	295	131	325	221	104
43	558	403	155	403	286	117	354	230	124
44	605	396	209	415	280	135	334	228	106
45-49岁	**2054**	**1485**	**569**	**1734**	**1248**	**486**	**1322**	**960**	**362**
45	534	380	154	443	335	108	298	195	103
46	438	308	130	358	260	98	308	222	86
47	416	303	113	332	232	100	258	188	70
48	363	279	84	335	231	104	231	173	58
49	303	215	88	266	190	76	227	182	45
50-54岁	**1752**	**1291**	**461**	**1247**	**916**	**331**	**837**	**632**	**205**
50	413	305	108	220	156	64	211	155	56
51	390	290	100	289	218	71	144	121	23
52	409	293	116	302	232	70	162	124	38
53	279	207	72	208	147	61	139	104	35
54	261	196	65	228	163	65	181	128	53
55-59岁	**1061**	**800**	**261**	**790**	**584**	**206**	**674**	**493**	**181**
55	313	236	77	215	160	55	169	120	49
56	245	191	54	188	134	54	135	101	34
57	243	180	63	183	141	42	186	136	50
58	146	111	35	125	91	34	114	85	29
59	114	82	32	79	58	21	70	51	19
60-64岁	**1022**	**772**	**250**	**688**	**503**	**185**	**479**	**344**	**135**
60	198	156	42	90	57	33	88	62	26
61	189	147	42	110	82	28	63	39	24
62	205	162	43	163	120	43	111	82	29
63	225	157	68	171	131	40	112	85	27
64	205	150	55	154	113	41	105	76	29
65岁及以上	**2237**	**1713**	**524**	**1642**	**1269**	**373**	**1196**	**923**	**273**

5-5a　续表 7

单位：人

年　龄	初婚年龄								
	33岁			34岁			35岁		
	小计	男	女	小计	男	女	小计	男	女
总　计	**6307**	**4233**	**2074**	**4906**	**3317**	**1589**	**3681**	**2472**	**1209**
20岁以下									
20-24岁									
20									
21									
22									
23									
24									
25-29岁									
25									
26									
27									
28									
29									
30-34岁	**342**	**183**	**159**	**92**	**45**	**47**			
30									
31									
32									
33	109	67	42						
34	233	116	117	92	45	47			
35-39岁	**1135**	**675**	**460**	**876**	**514**	**362**	**579**	**343**	**236**
35	231	138	93	172	105	67	49	34	15
36	236	138	98	184	112	72	140	87	53
37	199	114	85	170	92	78	129	70	59
38	231	127	104	185	105	80	140	85	55
39	238	158	80	165	100	65	121	67	54
40-44岁	**1188**	**732**	**456**	**972**	**636**	**336**	**822**	**522**	**300**
40	198	114	84	180	114	66	144	90	54
41	233	134	99	201	128	73	169	112	57
42	255	158	97	193	131	62	171	97	74
43	260	170	90	200	131	69	169	110	59
44	242	156	86	198	132	66	169	113	56
45-49岁	**1089**	**755**	**334**	**985**	**683**	**302**	**707**	**477**	**230**
45	252	162	90	238	156	82	157	107	50
46	245	163	82	214	144	70	165	107	58
47	222	158	64	187	143	44	138	97	41
48	193	139	54	178	118	60	121	81	40
49	177	133	44	168	122	46	126	85	41
50-54岁	**651**	**481**	**170**	**503**	**362**	**141**	**421**	**284**	**137**
50	171	123	48	128	86	42	114	79	35
51	136	97	39	106	71	35	102	59	43
52	113	91	22	103	85	18	97	73	24
53	94	73	21	73	52	21	72	46	26
54	137	97	40	93	68	25	36	27	9
55-59岁	**602**	**443**	**159**	**477**	**335**	**142**	**340**	**248**	**92**
55	168	116	52	104	74	30	71	59	12
56	147	114	33	110	83	27	74	53	21
57	135	96	39	125	89	36	101	73	28
58	86	63	23	70	42	28	63	40	23
59	66	54	12	68	47	21	31	23	8
60-64岁	**338**	**240**	**98**	**270**	**207**	**63**	**229**	**169**	**60**
60	70	45	25	63	47	16	47	31	16
61	58	39	19	43	36	7	39	29	10
62	62	49	13	60	47	13	56	41	15
63	60	44	16	51	39	12	58	46	12
64	88	63	25	53	38	15	29	22	7
65岁及以上	**962**	**724**	**238**	**731**	**535**	**196**	**583**	**429**	**154**

5-5a 续表 8

单位：人

年　龄	初婚年龄								
	36岁			37岁			38岁		
	小计	男	女	小计	男	女	小计	男	女
总　计	**2881**	**1943**	**938**	**2197**	**1471**	**726**	**1742**	**1192**	**550**
20岁以下									
20-24岁									
20									
21									
22									
23									
24									
25-29岁									
25									
26									
27									
28									
29									
30-34岁									
30									
31									
32									
33									
34									
35-39岁	**366**	**201**	**165**	**209**	**110**	**99**	**81**	**40**	**41**
35									
36	52	31	21						
37	97	51	46	41	19	22			
38	120	66	54	95	58	37	27	11	16
39	97	53	44	73	33	40	54	29	25
40-44岁	**675**	**450**	**225**	**522**	**327**	**195**	**423**	**281**	**142**
40	99	63	36	81	53	28	63	39	24
41	135	84	51	89	51	38	83	48	35
42	165	119	46	109	62	47	71	55	16
43	144	95	49	120	80	40	105	73	32
44	132	89	43	123	81	42	101	66	35
45-49岁	**635**	**431**	**204**	**499**	**346**	**153**	**424**	**282**	**142**
45	140	96	44	119	83	36	83	57	26
46	124	72	52	83	60	23	86	54	32
47	143	105	38	109	77	32	90	61	29
48	133	89	44	101	63	38	74	43	31
49	95	69	26	87	63	24	91	67	24
50-54岁	**337**	**232**	**105**	**290**	**196**	**94**	**262**	**191**	**71**
50	92	58	34	73	51	22	74	56	18
51	79	54	25	61	39	22	47	31	16
52	74	49	25	64	43	21	64	47	17
53	49	37	12	51	37	14	42	30	12
54	43	34	9	41	26	15	35	27	8
55-59岁	**247**	**173**	**74**	**206**	**151**	**55**	**133**	**101**	**32**
55	37	27	10	38	27	11	32	25	7
56	68	50	18	34	30	4	23	16	7
57	61	45	16	51	38	13	26	20	6
58	50	32	18	45	32	13	35	26	9
59	31	19	12	38	24	14	17	14	3
60-64岁	**175**	**124**	**51**	**135**	**93**	**42**	**147**	**98**	**49**
60	35	22	13	32	22	10	24	18	6
61	30	23	7	24	19	5	30	22	8
62	41	31	10	28	17	11	34	22	12
63	35	25	10	27	19	8	33	21	12
64	34	23	11	24	16	8	26	15	11
65岁及以上	**446**	**332**	**114**	**336**	**248**	**88**	**272**	**199**	**73**

5-5a 续表 9

单位：人

年 龄	初婚年龄					
	39岁			40岁及以上		
	小计	男	女	小计	男	女
总 计	**1464**	**955**	**509**	**7960**	**5040**	**2920**
20岁以下						
20-24岁						
20						
21						
22						
23						
24						
25-29岁						
25						
26						
27						
28						
29						
30-34岁						
30						
31						
32						
33						
34						
35-39岁	**35**	**12**	**23**			
35						
36						
37						
38						
39	35	12	23			
40-44岁	**371**	**224**	**147**	**702**	**409**	**293**
40	54	26	28	30	15	15
41	69	48	21	91	48	43
42	79	45	34	139	70	69
43	79	47	32	177	110	67
44	90	58	32	265	166	99
45-49岁	**372**	**249**	**123**	**1585**	**1014**	**571**
45	93	56	37	306	186	120
46	74	49	25	296	186	110
47	68	46	22	309	204	105
48	71	52	19	323	212	111
49	66	46	20	351	226	125
50-54岁	**235**	**167**	**68**	**1506**	**1019**	**487**
50	69	43	26	330	209	121
51	55	42	13	324	230	94
52	43	27	16	345	247	98
53	30	26	4	261	172	89
54	38	29	9	246	161	85
55-59岁	**111**	**79**	**32**	**1145**	**767**	**378**
55	30	19	11	284	189	95
56	27	16	11	260	168	92
57	24	22	2	263	190	73
58	17	13	4	209	134	75
59	13	9	4	129	86	43
60-64岁	**124**	**82**	**42**	**813**	**511**	**302**
60	19	12	7	143	92	51
61	32	22	10	135	87	48
62	33	20	13	177	107	70
63	17	12	5	180	112	68
64	23	16	7	178	113	65
65岁及以上	**216**	**142**	**74**	**2209**	**1320**	**889**

5-5b 全省分年龄、性别、初婚年龄的人口(镇)

单位：人

年龄	初婚年龄					
	合计			15岁以下		
	合计	男	女	小计	男	女
总计	**854689**	**409597**	**445092**	**1183**	**162**	**1021**
20岁以下	**359**	**64**	**295**	**11**		**11**
20-24岁	**10710**	**3060**	**7650**	**35**	**5**	**30**
20	501	91	410	3	2	1
21	989	190	799	4	1	3
22	1926	481	1445	8		8
23	2988	879	2109	6	1	5
24	4306	1419	2887	14	1	13
25-29岁	**48392**	**19955**	**28437**	**67**	**13**	**54**
25	5904	2165	3739	12	3	9
26	6833	2599	4234	5	2	3
27	9147	3692	5455	18	2	16
28	11566	4894	6672	15	3	12
29	14942	6605	8337	17	3	14
30-34岁	**98895**	**45082**	**53813**	**125**	**24**	**101**
30	20399	9123	11276	28	6	22
31	19703	8933	10770	38	4	34
32	18838	8609	10229	12	2	10
33	21064	9655	11409	23	5	18
34	18891	8762	10129	24	7	17
35-39岁	**90095**	**42677**	**47418**	**73**	**9**	**64**
35	18102	8509	9593	18	3	15
36	19291	9231	10060	15	1	14
37	17403	8262	9141	16	2	14
38	18509	8754	9755	13	2	11
39	16790	7921	8869	11	1	10
40-44岁	**109426**	**53242**	**56184**	**103**	**17**	**86**
40	16291	7726	8565	20	5	15
41	21276	10279	10997	21	6	15
42	23183	11318	11865	17	2	15
43	23409	11505	11904	25		25
44	25267	12414	12853	20	4	16
45-49岁	**117946**	**58835**	**59111**	**117**	**17**	**100**
45	24624	12126	12498	35	6	29
46	24938	12340	12598	27	3	24
47	24946	12530	12416	19	2	17
48	22186	11148	11038	13	1	12
49	21252	10691	10561	23	5	18
50-54岁	**105957**	**53459**	**52498**	**123**	**19**	**104**
50	22061	11064	10997	23	3	20
51	21362	10934	10428	27	6	21
52	23475	11893	11582	25	2	23
53	18661	9396	9265	23	6	17
54	20398	10172	10226	25	2	23
55-59岁	**82963**	**41596**	**41367**	**91**	**12**	**79**
55	19678	9945	9733	24	3	21
56	18092	9098	8994	22	2	20
57	19882	9994	9888	17	2	15
58	15942	7933	8009	19	3	16
59	9369	4626	4743	9	2	7
60-64岁	**60942**	**30172**	**30770**	**110**	**12**	**98**
60	11699	5877	5822	16	1	15
61	10506	5224	5282	25	4	21
62	13013	6457	6556	20	1	19
63	14123	6954	7169	29	5	24
64	11601	5660	5941	20	1	19
65岁及以上	**129004**	**61455**	**67549**	**328**	**34**	**294**

5–5b　续表 1　　　　　　　　　　　　　　　　　　　　　　　　　　　　单位：人

年　龄	初婚年龄								
	15岁			16岁			17岁		
	小计	男	女	小计	男	女	小计	男	女
总　计	**6193**	**953**	**5240**	**11838**	**1624**	**10214**	**21886**	**3440**	**18446**
20岁以下	**39**	**9**	**30**	**68**	**9**	**59**	**110**	**17**	**93**
20–24岁	**165**	**35**	**130**	**309**	**55**	**254**	**558**	**101**	**457**
20	25	7	18	22	4	18	68	14	54
21	19	2	17	59	10	49	82	15	67
22	41	11	30	59	11	48	112	22	90
23	40	8	32	71	15	56	144	25	119
24	40	7	33	98	15	83	152	25	127
25–29岁	**298**	**54**	**244**	**608**	**136**	**472**	**1214**	**267**	**947**
25	48	7	41	100	27	73	199	43	156
26	53	8	45	110	32	78	176	41	135
27	55	8	47	118	24	94	286	66	220
28	57	19	38	147	24	123	279	61	218
29	85	12	73	133	29	104	274	56	218
30–34岁	**562**	**155**	**407**	**1001**	**208**	**793**	**1714**	**316**	**1398**
30	119	32	87	188	39	149	334	65	269
31	144	33	111	199	48	151	381	85	296
32	108	43	65	213	47	166	361	62	299
33	109	29	80	204	41	163	354	53	301
34	82	18	64	197	33	164	284	51	233
35–39岁	**447**	**84**	**363**	**686**	**118**	**568**	**1379**	**241**	**1138**
35	124	32	92	151	29	122	297	53	244
36	122	23	99	167	34	133	276	38	238
37	62	12	50	130	26	104	297	57	240
38	85	10	75	137	19	118	296	54	242
39	54	7	47	101	10	91	213	39	174
40–44岁	**469**	**104**	**365**	**816**	**157**	**659**	**1559**	**284**	**1275**
40	63	14	49	107	22	85	204	33	171
41	106	24	82	187	40	147	296	58	238
42	97	23	74	168	33	135	368	65	303
43	95	20	75	160	31	129	334	61	273
44	108	23	85	194	31	163	357	67	290
45–49岁	**557**	**112**	**445**	**1258**	**185**	**1073**	**2409**	**434**	**1975**
45	135	38	97	180	29	151	375	65	310
46	124	23	101	288	45	243	401	77	324
47	108	18	90	311	44	267	603	109	494
48	103	19	84	239	37	202	572	108	464
49	87	14	73	240	30	210	458	75	383
50–54岁	**651**	**122**	**529**	**1293**	**197**	**1096**	**2592**	**439**	**2153**
50	139	27	112	256	39	217	454	75	379
51	128	24	104	302	41	261	534	106	428
52	151	30	121	277	43	234	646	113	533
53	125	18	107	215	34	181	488	73	415
54	108	23	85	243	40	203	470	72	398
55–59岁	**531**	**58**	**473**	**1072**	**99**	**973**	**2136**	**310**	**1826**
55	145	21	124	231	35	196	489	79	410
56	120	18	102	254	18	236	431	79	352
57	121	10	111	284	30	254	568	76	492
58	77	7	70	203	11	192	415	55	360
59	68	2	66	100	5	95	233	21	212
60–64岁	**578**	**63**	**515**	**1018**	**117**	**901**	**1843**	**210**	**1633**
60	92	7	85	130	9	121	256	13	243
61	100	14	86	178	22	156	296	36	260
62	123	11	112	211	24	187	425	45	380
63	148	14	134	251	29	222	472	58	414
64	115	17	98	248	33	215	394	58	336
65岁及以上	**1896**	**157**	**1739**	**3709**	**343**	**3366**	**6372**	**821**	**5551**

5-5b 续表 2

单位：人

年　龄	初婚年龄								
	18岁			19岁			20岁		
	小计	男	女	小计	男	女	小计	男	女
总　计	**36834**	**7404**	**29430**	**64358**	**16906**	**47452**	**90997**	**28675**	**62322**
20岁以下	**97**	**23**	**74**	**34**	**6**	**28**			
20-24岁	**966**	**221**	**745**	**1426**	**291**	**1135**	**1989**	**425**	**1564**
20	121	22	99	147	30	117	115	12	103
21	152	27	125	236	39	197	294	55	239
22	175	50	125	308	56	252	503	93	410
23	242	56	186	304	59	245	523	134	389
24	276	66	210	431	107	324	554	131	423
25-29岁	**2026**	**507**	**1519**	**3389**	**950**	**2439**	**4843**	**1316**	**3527**
25	281	80	201	501	127	374	720	199	521
26	352	77	275	501	120	381	744	174	570
27	356	74	282	626	144	482	890	227	663
28	497	132	365	713	232	481	1177	331	846
29	540	144	396	1048	327	721	1312	385	927
30-34岁	**3072**	**719**	**2353**	**5743**	**1518**	**4225**	**9079**	**2620**	**6459**
30	659	161	498	1307	390	917	1859	559	1300
31	587	146	441	1120	315	805	1808	576	1232
32	549	131	418	1086	305	781	1779	519	1260
33	689	163	526	1157	279	878	1921	530	1391
34	588	118	470	1073	229	844	1712	436	1276
35-39岁	**2482**	**441**	**2041**	**4824**	**1007**	**3817**	**7973**	**2045**	**5928**
35	535	110	425	1039	241	798	1668	470	1198
36	518	111	407	1051	245	806	1803	479	1324
37	401	69	332	907	171	736	1581	383	1198
38	549	81	468	920	176	744	1568	376	1192
39	479	70	409	907	174	733	1353	337	1016
40-44岁	**2909**	**609**	**2300**	**6028**	**1408**	**4620**	**10086**	**2557**	**7529**
40	412	66	346	870	150	720	1507	375	1132
41	498	108	390	1158	279	879	2062	509	1553
42	616	121	495	1184	282	902	2060	503	1557
43	668	139	529	1293	326	967	2165	555	1610
44	715	175	540	1523	371	1152	2292	615	1677
45-49岁	**4256**	**947**	**3309**	**7753**	**2046**	**5707**	**11202**	**3371**	**7831**
45	659	140	519	1451	366	1085	2452	697	1755
46	745	171	574	1500	364	1136	2319	673	1646
47	832	189	643	1575	439	1136	2274	678	1596
48	972	206	766	1419	402	1017	2114	654	1460
49	1048	241	807	1808	475	1333	2043	669	1374
50-54岁	**5089**	**1074**	**4015**	**9507**	**2770**	**6737**	**13169**	**4801**	**8368**
50	1015	220	795	2003	538	1465	2699	945	1754
51	996	232	764	1897	611	1286	2763	1077	1686
52	1093	217	876	1975	595	1380	2883	1051	1832
53	978	212	766	1687	478	1209	2289	834	1455
54	1007	193	814	1945	548	1397	2535	894	1641
55-59岁	**3910**	**700**	**3210**	**7195**	**1867**	**5328**	**10203**	**3574**	**6629**
55	880	191	689	1785	492	1293	2538	924	1614
56	829	144	685	1533	391	1142	2252	816	1436
57	857	163	694	1742	431	1311	2422	844	1578
58	901	143	758	1323	348	975	1963	670	1293
59	443	59	384	812	205	607	1028	320	708
60-64岁	**3041**	**519**	**2522**	**4931**	**1199**	**3732**	**6620**	**2167**	**4453**
60	472	60	412	867	185	682	1458	447	1011
61	420	65	355	788	185	603	1163	379	784
62	642	115	527	960	243	717	1323	421	902
63	822	144	678	1180	304	876	1435	463	972
64	685	135	550	1136	282	854	1241	457	784
65岁及以上	**8986**	**1644**	**7342**	**13528**	**3844**	**9684**	**15833**	**5799**	**10034**

5-5b　续表 3

单位：人

年　龄	初婚年龄								
	21岁			22岁			23岁		
	小计	男	女	小计	男	女	小计	男	女
总　计	**103359**	**42785**	**60574**	**110250**	**55414**	**54836**	**96816**	**52443**	**44373**
20岁以下									
20–24岁	**2014**	**586**	**1428**	**1843**	**759**	**1084**	**1078**	**433**	**645**
20									
21	143	41	102						
22	483	129	354	237	109	128			
23	661	188	473	700	270	430	297	123	174
24	727	228	499	906	380	526	781	310	471
25–29岁	**5657**	**2017**	**3640**	**6610**	**2970**	**3640**	**6568**	**2882**	**3686**
25	788	269	519	1024	463	561	1128	457	671
26	873	304	569	949	412	537	967	408	559
27	1061	398	663	1292	577	715	1158	532	626
28	1282	446	836	1487	665	822	1473	685	788
29	1653	600	1053	1858	853	1005	1842	800	1042
30–34岁	**11107**	**4092**	**7015**	**12754**	**5885**	**6869**	**11825**	**5851**	**5974**
30	2073	777	1296	2652	1189	1463	2335	1121	1214
31	2365	855	1510	2366	1089	1277	2471	1196	1275
32	2179	821	1358	2439	1125	1314	2075	1005	1070
33	2374	872	1502	2753	1256	1497	2676	1362	1314
34	2116	767	1349	2544	1226	1318	2268	1167	1101
35–39岁	**10382**	**3727**	**6655**	**11754**	**5368**	**6386**	**11132**	**5678**	**5454**
35	2068	740	1328	2258	1077	1181	2310	1144	1166
36	2334	897	1437	2505	1167	1338	2214	1167	1047
37	2019	721	1298	2388	1106	1282	2093	1080	1013
38	2050	697	1353	2491	1144	1347	2388	1212	1176
39	1911	672	1239	2112	874	1238	2127	1075	1052
40–44岁	**12330**	**4443**	**7887**	**14441**	**6700**	**7741**	**13302**	**6820**	**6482**
40	1556	536	1020	2017	848	1169	2057	1043	1014
41	2526	873	1653	2469	1099	1370	2565	1295	1270
42	2668	946	1722	3211	1460	1751	2465	1237	1228
43	2697	1001	1696	3247	1573	1674	2935	1540	1395
44	2883	1087	1796	3497	1720	1777	3280	1705	1575
45–49岁	**14055**	**5848**	**8207**	**15542**	**7873**	**7669**	**14283**	**7799**	**6484**
45	2926	1124	1802	3245	1583	1662	3125	1655	1470
46	3230	1300	1930	3383	1671	1712	2887	1533	1354
47	2879	1245	1634	3529	1792	1737	3016	1655	1361
48	2538	1090	1448	2815	1474	1341	2975	1669	1306
49	2482	1089	1393	2570	1353	1217	2280	1287	993
50–54岁	**14384**	**6704**	**7680**	**14123**	**7668**	**6455**	**11285**	**6621**	**4664**
50	2455	1134	1321	2798	1482	1316	2215	1241	974
51	3069	1428	1641	2403	1310	1093	2181	1264	917
52	3513	1667	1846	3367	1837	1530	2171	1286	885
53	2628	1212	1416	2675	1489	1186	2183	1319	864
54	2719	1263	1456	2880	1550	1330	2535	1511	1024
55–59岁	**11665**	**5393**	**6272**	**11722**	**6456**	**5266**	**9621**	**5715**	**3906**
55	2844	1360	1484	2671	1477	1194	2315	1354	961
56	2684	1243	1441	2531	1367	1164	1956	1167	789
57	2705	1244	1461	2976	1658	1318	2307	1374	933
58	2100	964	1136	2252	1266	986	1984	1180	804
59	1332	582	750	1292	688	604	1059	640	419
60–64岁	**7331**	**3088**	**4243**	**7985**	**4149**	**3836**	**6997**	**4066**	**2931**
60	1447	621	826	1686	916	770	1356	826	530
61	1488	609	879	1356	700	656	1254	746	508
62	1592	666	926	1879	933	946	1394	810	584
63	1608	669	939	1715	915	800	1809	1021	788
64	1196	523	673	1349	685	664	1184	663	521
65岁及以上	**14434**	**6887**	**7547**	**13476**	**7586**	**5890**	**10725**	**6578**	**4147**

5–5b 续表 4

单位：人

年龄	初婚年龄								
	24岁			25岁			26岁		
	小计	男	女	小计	男	女	小计	男	女
总　计	**81203**	**47781**	**33422**	**62904**	**39207**	**23697**	**45524**	**30189**	**15335**
20岁以下									
20–24岁	**327**	**149**	**178**						
20									
21									
22									
23									
24	327	149	178						
25–29岁	**6030**	**2894**	**3136**	**4779**	**2420**	**2359**	**3324**	**1796**	**1528**
25	797	346	451	306	144	162			
26	1038	493	545	800	391	409	265	137	128
27	1147	543	604	1098	532	566	749	398	351
28	1321	632	689	1129	568	561	1073	598	475
29	1727	880	847	1446	785	661	1237	663	574
30–34岁	**10735**	**5590**	**5145**	**9021**	**4885**	**4136**	**6943**	**4015**	**2928**
30	2291	1122	1169	2043	1072	971	1505	809	696
31	2100	1056	1044	1839	993	846	1444	819	625
32	2103	1105	998	1674	906	768	1312	760	552
33	2126	1150	976	1920	1048	872	1366	831	535
34	2115	1157	958	1545	866	679	1316	796	520
35–39岁	**9573**	**5451**	**4122**	**7902**	**4741**	**3161**	**5822**	**3736**	**2086**
35	1950	1094	856	1613	943	670	1099	686	413
36	2130	1247	883	1694	1019	675	1273	813	460
37	1757	999	758	1552	923	629	1170	769	401
38	1915	1102	813	1558	958	600	1252	797	455
39	1821	1009	812	1485	898	587	1028	671	357
40–44岁	**11217**	**6253**	**4964**	**9002**	**5514**	**3488**	**6816**	**4485**	**2331**
40	1786	948	838	1480	881	599	1142	755	387
41	2278	1278	1000	1794	1087	707	1353	894	459
42	2311	1301	1010	2054	1271	783	1454	961	493
43	2199	1238	961	1885	1175	710	1417	919	498
44	2643	1488	1155	1789	1100	689	1450	956	494
45–49岁	**12157**	**7099**	**5058**	**9090**	**5699**	**3391**	**6394**	**4270**	**2124**
45	2633	1497	1136	1967	1199	768	1223	817	406
46	2612	1469	1143	1945	1242	703	1409	929	480
47	2468	1487	981	1953	1210	743	1401	924	477
48	2214	1302	912	1661	1054	607	1181	790	391
49	2230	1344	886	1564	994	570	1180	810	370
50–54岁	**8699**	**5553**	**3146**	**6430**	**4299**	**2131**	**4784**	**3381**	**1403**
50	1957	1230	727	1741	1140	601	1195	822	373
51	1686	1072	614	1350	900	450	1072	763	309
52	1912	1217	695	1340	907	433	993	707	286
53	1303	865	438	1007	687	320	761	537	224
54	1841	1169	672	992	665	327	763	552	211
55–59岁	**7535**	**4903**	**2632**	**5258**	**3617**	**1641**	**3324**	**2446**	**878**
55	1778	1152	626	1226	844	382	597	439	158
56	1655	1088	567	1197	808	389	801	581	220
57	1728	1112	616	1279	907	372	815	619	196
58	1388	925	463	966	653	313	688	484	204
59	986	626	360	590	405	185	423	323	100
60–64岁	**5856**	**3876**	**1980**	**4316**	**3056**	**1260**	**2901**	**2232**	**669**
60	1151	758	393	933	651	282	515	392	123
61	1010	692	318	690	491	199	548	419	129
62	1295	875	420	929	661	268	627	495	132
63	1202	783	419	1004	720	284	665	510	155
64	1198	768	430	760	533	227	546	416	130
65岁及以上	**9074**	**6013**	**3061**	**7106**	**4976**	**2130**	**5216**	**3828**	**1388**

5-5b　续表 5

单位：人

年　龄	初婚年龄								
	27岁			28岁			29岁		
	小计	男	女	小计	男	女	小计	男	女
总　计	**32653**	**22454**	**10199**	**22659**	**15942**	**6717**	**16001**	**11166**	**4835**
20岁以下									
20-24岁									
20									
21									
22									
23									
24									
25-29岁	**1943**	**1115**	**828**	**815**	**492**	**323**	**221**	**126**	**95**
25									
26									
27	293	167	126						
28	673	355	318	243	143	100			
29	977	593	384	572	349	223	221	126	95
30-34岁	**5240**	**3164**	**2076**	**3822**	**2355**	**1467**	**2677**	**1649**	**1028**
30	1273	754	519	959	573	386	563	326	237
31	996	610	386	769	466	303	592	349	243
32	1033	619	414	654	396	258	510	322	188
33	1072	640	432	773	475	298	529	336	193
34	866	541	325	667	445	222	483	316	167
35-39岁	**4334**	**2879**	**1455**	**3132**	**2127**	**1005**	**2070**	**1371**	**699**
35	877	580	297	631	410	221	429	285	144
36	859	549	310	691	458	233	419	266	153
37	847	569	278	558	387	171	429	286	143
38	895	606	289	639	456	183	401	263	138
39	856	575	281	613	416	197	392	271	121
40-44岁	**4936**	**3433**	**1503**	**3606**	**2551**	**1055**	**2746**	**1968**	**778**
40	763	525	238	595	406	189	384	272	112
41	1014	716	298	696	497	199	553	406	147
42	1063	734	329	761	533	228	633	465	168
43	1032	730	302	762	542	220	555	387	168
44	1064	728	336	792	573	219	621	438	183
45-49岁	**4550**	**3204**	**1346**	**3121**	**2289**	**832**	**2292**	**1652**	**640**
45	936	655	281	726	533	193	539	399	140
46	895	656	239	625	449	176	556	387	169
47	1014	695	319	584	424	160	455	322	133
48	857	603	254	615	461	154	334	247	87
49	848	595	253	571	422	149	408	297	111
50-54岁	**3472**	**2516**	**956**	**2536**	**1842**	**694**	**1836**	**1313**	**523**
50	794	547	247	616	421	195	375	257	118
51	755	539	216	547	395	152	448	317	131
52	800	586	214	553	404	149	418	307	111
53	549	409	140	434	316	118	289	210	79
54	574	435	139	386	306	80	306	222	84
55-59岁	**2177**	**1670**	**507**	**1338**	**1034**	**304**	**952**	**724**	**228**
55	484	374	110	338	263	75	241	188	53
56	379	298	81	307	246	61	206	155	51
57	539	418	121	250	182	68	231	173	58
58	479	357	122	260	202	58	144	105	39
59	296	223	73	183	141	42	130	103	27
60-64岁	**1948**	**1483**	**465**	**1394**	**1086**	**308**	**973**	**718**	**255**
60	342	263	79	241	192	49	178	138	40
61	317	240	77	216	161	55	167	128	39
62	475	360	115	296	235	61	208	142	66
63	425	332	93	381	296	85	213	150	63
64	389	288	101	260	202	58	207	160	47
65岁及以上	**4053**	**2990**	**1063**	**2895**	**2166**	**729**	**2234**	**1645**	**589**

5—5b 续表 6

单位：人

年 龄	初婚年龄								
	30岁			31岁			32岁		
	小计	男	女	小计	男	女	小计	男	女
总 计	**11417**	**7827**	**3590**	**8326**	**5620**	**2706**	**6336**	**4142**	**2194**
20岁以下									
20—24岁									
20									
21									
22									
23									
24									
25—29岁									
25									
26									
27									
28									
29									
30—34岁	**1674**	**986**	**688**	**979**	**588**	**391**	**518**	**295**	**223**
30	211	128	83						
31	346	207	139	138	86	52			
32	404	236	168	258	156	102	89	49	40
33	385	218	167	327	192	135	221	128	93
34	328	197	131	256	154	102	208	118	90
35—39岁	**1677**	**1065**	**612**	**1235**	**748**	**487**	**1009**	**585**	**424**
35	346	216	130	229	137	92	173	95	78
36	322	199	123	268	162	106	227	132	95
37	327	199	128	239	146	93	207	114	93
38	364	233	131	276	162	114	222	133	89
39	318	218	100	223	141	82	180	111	69
40—44岁	**1976**	**1422**	**554**	**1479**	**983**	**496**	**1184**	**773**	**411**
40	295	209	86	212	136	76	187	122	65
41	378	270	108	318	210	108	202	129	73
42	468	331	137	338	240	98	276	180	96
43	410	301	109	327	207	120	254	163	91
44	425	311	114	284	190	94	265	179	86
45—49岁	**1715**	**1202**	**513**	**1329**	**914**	**415**	**1077**	**744**	**333**
45	433	300	133	307	208	99	245	171	74
46	391	265	126	312	213	99	226	148	78
47	380	270	110	290	197	93	239	163	76
48	281	198	83	222	148	74	186	126	60
49	230	169	61	198	148	50	181	136	45
50—54岁	**1314**	**925**	**389**	**961**	**672**	**289**	**668**	**440**	**228**
50	267	205	62	179	133	46	145	99	46
51	279	198	81	170	128	42	97	69	28
52	291	192	99	243	164	79	152	102	50
53	267	178	89	194	122	72	120	87	33
54	210	152	58	175	125	50	154	83	71
55—59岁	**724**	**519**	**205**	**580**	**439**	**141**	**558**	**390**	**168**
55	228	160	68	145	106	39	159	103	56
56	162	108	54	160	123	37	120	87	33
57	154	118	36	135	105	30	141	99	42
58	126	91	35	89	64	25	87	64	23
59	54	42	12	51	41	10	51	37	14
60—64岁	**638**	**472**	**166**	**480**	**354**	**126**	**335**	**235**	**100**
60	101	79	22	55	44	11	65	50	15
61	88	60	28	72	49	23	45	31	14
62	138	99	39	107	82	25	75	50	25
63	171	132	39	125	94	31	69	49	20
64	140	102	38	121	85	36	81	55	26
65岁及以上	**1699**	**1236**	**463**	**1283**	**922**	**361**	**987**	**680**	**307**

5-5b　续表 7

单位：人

年　龄	初婚年龄								
	33岁			34岁			35岁		
	小计	男	女	小计	男	女	小计	男	女
总　计	**4742**	**3134**	**1608**	**3735**	**2496**	**1239**	**2809**	**1889**	**920**
20岁以下									
20–24岁									
20									
21									
22									
23									
24									
25–29岁									
25									
26									
27									
28									
29									
30–34岁	**236**	**126**	**110**	**68**	**41**	**27**			
30									
31									
32									
33	85	47	38						
34	151	79	72	68	41	27			
35–39岁	**743**	**444**	**299**	**589**	**339**	**250**	**390**	**211**	**179**
35	133	78	55	101	54	47	53	32	21
36	151	86	65	128	71	57	84	43	41
37	143	88	55	105	64	41	86	50	36
38	145	83	62	125	75	50	74	36	38
39	171	109	62	130	75	55	93	50	43
40–44岁	**968**	**625**	**343**	**774**	**479**	**295**	**601**	**407**	**194**
40	156	92	64	136	77	59	100	72	28
41	190	131	59	142	95	47	134	85	49
42	190	132	58	160	97	63	130	90	40
43	216	134	82	152	100	52	133	86	47
44	216	136	80	184	110	74	104	74	30
45–49岁	**860**	**574**	**286**	**694**	**488**	**206**	**632**	**415**	**217**
45	212	132	80	160	116	44	158	97	61
46	207	150	57	175	125	50	127	89	38
47	170	120	50	143	106	37	139	94	45
48	143	88	55	113	70	43	110	71	39
49	128	84	44	103	71	32	98	64	34
50–54岁	**468**	**334**	**134**	**381**	**275**	**106**	**285**	**210**	**75**
50	114	80	34	111	78	33	82	55	27
51	93	68	25	85	60	25	67	47	20
52	94	68	26	72	53	19	61	47	14
53	67	48	19	49	37	12	39	36	3
54	100	70	30	64	47	17	36	25	11
55–59岁	**472**	**348**	**124**	**358**	**262**	**96**	**224**	**167**	**57**
55	137	96	41	72	49	23	44	33	11
56	97	76	21	111	86	25	39	31	8
57	115	82	33	89	67	22	67	51	16
58	89	68	21	58	38	20	58	37	21
59	34	26	8	28	22	6	16	15	1
60–64岁	**237**	**154**	**83**	**192**	**145**	**47**	**132**	**94**	**38**
60	53	32	21	48	36	12	32	22	10
61	36	24	12	39	31	8	24	18	6
62	38	26	12	37	23	14	24	17	7
63	60	40	20	25	23	2	31	23	8
64	50	32	18	43	32	11	21	14	7
65岁及以上	**758**	**529**	**229**	**679**	**467**	**212**	**545**	**385**	**160**

5-5b 续表 8

单位：人

年 龄	初婚年龄								
	36岁			37岁			38岁		
	小计	男	女	小计	男	女	小计	男	女
总 计	**2133**	**1411**	**722**	**1648**	**1061**	**587**	**1414**	**922**	**492**
20岁以下									
20-24岁									
20									
21									
22									
23									
24									
25-29岁									
25									
26									
27									
28									
29									
30-34岁									
30									
31									
32									
33									
34									
35-39岁	**232**	**130**	**102**	**153**	**85**	**68**	**84**	**44**	**40**
35									
36	40	24	16						
37	58	29	29	31	12	19			
38	67	37	30	49	28	21	30	14	16
39	67	40	27	73	45	28	54	30	24
40-44岁	**519**	**324**	**195**	**381**	**233**	**148**	**312**	**212**	**100**
40	81	48	33	56	32	24	51	30	21
41	99	52	47	70	44	26	37	30	7
42	110	76	34	87	63	24	69	52	17
43	111	75	36	83	46	37	60	35	25
44	118	73	45	85	48	37	95	65	30
45-49岁	**463**	**309**	**154**	**384**	**238**	**146**	**297**	**198**	**99**
45	84	53	31	79	50	29	74	46	28
46	112	81	31	66	40	26	61	44	17
47	108	67	41	81	51	30	56	34	22
48	90	60	30	85	54	31	47	33	14
49	69	48	21	73	43	30	59	41	18
50-54岁	**242**	**175**	**67**	**214**	**157**	**57**	**190**	**135**	**55**
50	60	49	11	50	30	20	61	37	24
51	47	31	16	49	35	14	38	32	6
52	66	45	21	50	43	7	40	31	9
53	34	25	9	37	26	11	22	15	7
54	35	25	10	28	23	5	29	20	9
55-59岁	**191**	**131**	**60**	**110**	**78**	**32**	**105**	**77**	**28**
55	28	21	7	19	13	6	31	23	8
56	23	12	11	12	10	2	20	12	8
57	62	40	22	33	25	8	17	15	2
58	52	42	10	25	15	10	18	14	4
59	26	16	10	21	15	6	19	13	6
60-64岁	**134**	**99**	**35**	**98**	**66**	**32**	**134**	**76**	**58**
60	29	18	11	24	13	11	29	19	10
61	27	21	6	17	12	5	28	14	14
62	19	12	7	17	13	4	25	15	10
63	34	30	4	25	19	6	32	18	14
64	25	18	7	15	9	6	20	10	10
65岁及以上	**352**	**243**	**109**	**308**	**204**	**104**	**292**	**180**	**112**

5-5b　续表 9

单位：人

年　龄	初婚年龄					
	39岁			40岁及以上		
	小计	男	女	小计	男	女
总　计	**1168**	**753**	**415**	**6303**	**3797**	**2506**
20岁以下						
20-24岁						
20						
21						
22						
23						
24						
25-29岁						
25						
26						
27						
28						
29						
30-34岁						
30						
31						
32						
33						
34						
35-39岁	**18**	**3**	**15**			
35						
36						
37						
38						
39	18	3	15			
40-44岁	**282**	**174**	**108**	**584**	**307**	**277**
40	40	21	19	14	8	6
41	55	33	22	75	31	44
42	76	46	30	149	74	75
43	45	30	15	149	91	58
44	66	44	22	197	103	94
45-49岁	**250**	**163**	**87**	**1209**	**745**	**464**
45	69	43	26	196	107	89
46	65	44	21	250	149	101
47	44	25	19	275	170	105
48	37	24	13	250	159	91
49	35	27	8	238	160	78
50-54岁	**176**	**122**	**54**	**1085**	**695**	**390**
50	36	23	13	221	154	67
51	38	29	9	241	152	89
52	41	29	12	248	150	98
53	26	17	9	172	106	66
54	35	24	11	203	133	70
55-59岁	**94**	**71**	**23**	**817**	**536**	**281**
55	23	16	7	206	129	77
56	22	19	3	169	113	56
57	23	16	7	205	133	72
58	13	11	2	165	116	49
59	13	9	4	72	45	27
60-64岁	**112**	**73**	**39**	**608**	**363**	**245**
60	9	5	4	114	80	34
61	17	12	5	97	61	36
62	31	20	11	103	63	40
63	30	19	11	162	94	68
64	25	17	8	132	65	67
65岁及以上	**236**	**147**	**89**	**2000**	**1151**	**849**

5–5c 全省分年龄、性别、初婚年龄的人口(乡村)

单位：人

年龄	初婚年龄					
	合计			15岁以下		
	合计	男	女	小计	男	女
总计	**1294818**	**633672**	**661146**	**2831**	**348**	**2483**
20岁以下	**809**	**160**	**649**	**22**	**1**	**21**
20–24岁	**18420**	**5675**	**12745**	**60**	**6**	**54**
20	1013	183	830	4		4
21	1834	362	1472	8	1	7
22	3475	934	2541	11	1	10
23	5126	1622	3504	17	2	15
24	6972	2574	4398	20	2	18
25–29岁	**66805**	**29592**	**37213**	**122**	**19**	**103**
25	9168	3608	5560	21	1	20
26	9869	4079	5790	24	3	21
27	12553	5491	7062	22	4	18
28	15581	7177	8404	16	4	12
29	19634	9237	10397	39	7	32
30–34岁	**120924**	**59491**	**61433**	**215**	**44**	**171**
30	26762	13000	13762	49	12	37
31	24753	12109	12644	43	12	31
32	22873	11225	11648	39	3	36
33	25144	12465	12679	46	10	36
34	21392	10692	10700	38	7	31
35–39岁	**105390**	**53524**	**51866**	**163**	**23**	**140**
35	20974	10654	10320	40	8	32
36	22455	11463	10992	30	4	26
37	20357	10338	10019	37	5	32
38	21847	11103	10744	25	1	24
39	19757	9966	9791	31	5	26
40–44岁	**132018**	**67550**	**64468**	**206**	**33**	**173**
40	18845	9536	9309	30	3	27
41	24804	12717	12087	32	6	26
42	27679	14239	13440	44	8	36
43	28329	14608	13721	48	3	45
44	32361	16450	15911	52	13	39
45–49岁	**163250**	**82818**	**80432**	**222**	**26**	**196**
45	31732	16185	15547	70	8	62
46	34612	17617	16995	43	7	36
47	34444	17481	16963	45	7	38
48	30982	15627	15355	28		28
49	31480	15908	15572	36	4	32
50–54岁	**169468**	**84003**	**85465**	**298**	**38**	**260**
50	33424	16464	16960	57	3	54
51	33102	16608	16494	50	9	41
52	37831	18742	19089	61	11	50
53	30844	15151	15693	60	4	56
54	34267	17038	17229	70	11	59
55–59岁	**136082**	**67958**	**68124**	**221**	**16**	**205**
55	32106	16173	15933	61	4	57
56	29103	14466	14637	37	1	36
57	32395	16139	16256	58	5	53
58	26842	13516	13326	39	4	35
59	15636	7664	7972	26	2	24
60–64岁	**109880**	**55123**	**54757**	**304**	**35**	**269**
60	20039	10125	9914	46	6	40
61	18285	9329	8956	50	10	40
62	23216	11609	11607	68	5	63
63	26350	13245	13105	80	10	70
64	21990	10815	11175	60	4	56
65岁及以上	**271772**	**127778**	**143994**	**998**	**107**	**891**

5–5c　续表 1

单位：人

年　龄	初婚年龄								
	15岁			16岁			17岁		
	小计	男	女	小计	男	女	小计	男	女
总　计	**14049**	**1649**	**12400**	**26204**	**3185**	**23019**	**47783**	**7363**	**40420**
20岁以下	**100**	**18**	**82**	**176**	**26**	**150**	**255**	**48**	**207**
20–24岁	**378**	**68**	**310**	**773**	**140**	**633**	**1292**	**251**	**1041**
20	41	7	34	73	17	56	152	22	130
21	51	8	43	118	23	95	203	35	168
22	86	12	74	181	30	151	255	46	209
23	101	17	84	184	37	147	313	54	259
24	99	24	75	217	33	184	369	94	275
25–29岁	**658**	**111**	**547**	**1266**	**240**	**1026**	**2441**	**572**	**1869**
25	139	27	112	214	39	175	432	96	336
26	114	18	96	240	43	197	406	90	316
27	130	21	109	267	53	214	473	119	354
28	137	23	114	263	47	216	564	120	444
29	138	22	116	282	58	224	566	147	419
30–34岁	**996**	**189**	**807**	**1777**	**330**	**1447**	**3293**	**690**	**2603**
30	241	46	195	362	68	294	747	170	577
31	205	49	156	379	87	292	690	144	546
32	199	39	160	364	63	301	671	153	518
33	201	33	168	357	60	297	658	139	519
34	150	22	128	315	52	263	527	84	443
35–39岁	**827**	**111**	**716**	**1535**	**204**	**1331**	**2625**	**390**	**2235**
35	204	42	162	249	30	219	511	82	429
36	195	30	165	395	75	320	501	74	427
37	158	13	145	328	39	289	534	83	451
38	140	10	130	306	34	272	580	85	495
39	130	16	114	257	26	231	499	66	433
40–44岁	**892**	**145**	**747**	**1660**	**273**	**1387**	**2937**	**520**	**2417**
40	124	17	107	218	29	189	440	60	380
41	188	21	167	328	52	276	564	95	469
42	180	29	151	368	66	302	604	106	498
43	196	36	160	328	52	276	599	117	482
44	204	42	162	418	74	344	730	142	588
45–49岁	**1200**	**166**	**1034**	**2429**	**337**	**2092**	**4763**	**834**	**3929**
45	238	37	201	353	53	300	687	119	568
46	264	41	223	541	77	464	767	137	630
47	254	34	220	606	88	518	1167	214	953
48	233	33	200	455	70	385	1098	191	907
49	211	21	190	474	49	425	1044	173	871
50–54岁	**1436**	**189**	**1247**	**2802**	**340**	**2462**	**5657**	**941**	**4716**
50	278	34	244	469	51	418	1030	153	877
51	296	45	251	609	80	529	1116	205	911
52	302	35	267	622	76	546	1429	256	1173
53	287	43	244	536	66	470	1034	151	883
54	273	32	241	566	67	499	1048	176	872
55–59岁	**1343**	**119**	**1224**	**2393**	**242**	**2151**	**4785**	**609**	**4176**
55	361	52	309	469	56	413	1083	161	922
56	285	25	260	602	69	533	940	132	808
57	324	25	299	610	68	542	1264	147	1117
58	215	9	206	484	34	450	969	121	848
59	158	8	150	228	15	213	529	48	481
60–64岁	**1324**	**121**	**1203**	**2460**	**226**	**2234**	**4381**	**489**	**3892**
60	214	12	202	356	26	330	626	45	581
61	202	23	179	402	39	363	684	80	604
62	305	30	275	505	51	454	1003	116	887
63	349	32	317	596	60	536	1134	131	1003
64	254	24	230	601	50	551	934	117	817
65岁及以上	**4895**	**412**	**4483**	**8933**	**827**	**8106**	**15354**	**2019**	**13335**

5-5c 续表 2

单位：人

年　龄	初婚年龄								
	18岁			19岁			20岁		
	小计	男	女	小计	男	女	小计	男	女
总　计	**77888**	**15889**	**61999**	**124764**	**34851**	**89913**	**166672**	**59042**	**107630**
20岁以下	**191**	**52**	**139**	**65**	**15**	**50**			
20-24岁	**2049**	**462**	**1587**	**2851**	**702**	**2149**	**3620**	**996**	**2624**
20	299	61	238	278	52	226	166	24	142
21	310	50	260	475	90	385	516	115	401
22	364	86	278	593	123	470	928	246	682
23	513	120	393	665	182	483	979	284	695
24	563	145	418	840	255	585	1031	327	704
25-29岁	**3994**	**1081**	**2913**	**6076**	**1862**	**4214**	**8008**	**2747**	**5261**
25	638	160	478	967	283	684	1319	434	885
26	659	183	476	954	273	681	1257	448	809
27	767	195	572	1138	331	807	1487	496	991
28	856	239	617	1265	423	842	1824	645	1179
29	1074	304	770	1752	552	1200	2121	724	1397
30-34岁	**5668**	**1419**	**4249**	**9715**	**2912**	**6803**	**13944**	**4958**	**8986**
30	1336	368	968	2182	719	1463	3189	1142	2047
31	1134	322	812	2000	601	1399	2827	1006	1821
32	1064	232	832	1823	548	1275	2659	991	1668
33	1166	281	885	1994	590	1404	2865	999	1866
34	968	216	752	1716	454	1262	2404	820	1584
35-39岁	**4402**	**916**	**3486**	**7575**	**1800**	**5775**	**11370**	**3650**	**7720**
35	857	199	658	1579	360	1219	2449	848	1601
36	923	202	721	1658	394	1264	2442	818	1624
37	800	177	623	1414	347	1067	2213	716	1497
38	960	193	767	1449	371	1078	2328	707	1621
39	862	145	717	1475	328	1147	1938	561	1377
40-44岁	**5472**	**1091**	**4381**	**10356**	**2597**	**7759**	**15169**	**4467**	**10702**
40	763	140	623	1440	382	1058	2144	633	1511
41	1003	206	797	1977	466	1511	2817	836	1981
42	1104	204	900	2155	530	1625	3209	907	2302
43	1213	262	951	2190	563	1627	3263	976	2287
44	1389	279	1110	2594	656	1938	3736	1115	2621
45-49岁	**8124**	**1802**	**6322**	**13900**	**3937**	**9963**	**19217**	**6537**	**12680**
45	1283	275	1008	2564	672	1892	3900	1242	2658
46	1443	313	1130	2717	757	1960	4030	1313	2717
47	1524	334	1190	2716	771	1945	3987	1380	2607
48	1889	389	1500	2506	706	1800	3695	1252	2443
49	1985	491	1494	3397	1031	2366	3605	1350	2255
50-54岁	**10377**	**2203**	**8174**	**18026**	**5408**	**12618**	**24771**	**9392**	**15379**
50	2074	439	1635	3643	1094	2549	4846	1779	3067
51	1965	447	1518	3418	1073	2345	5040	1991	3049
52	2312	496	1816	3877	1172	2705	5551	2085	3466
53	1996	413	1583	3271	983	2288	4377	1642	2735
54	2030	408	1622	3817	1086	2731	4957	1895	3062
55-59岁	**8287**	**1531**	**6756**	**13597**	**3597**	**10000**	**18684**	**6834**	**11850**
55	1829	380	1449	3305	929	2376	4689	1736	2953
56	1855	366	1489	2733	759	1974	4018	1465	2553
57	1819	335	1484	3204	805	2399	4342	1631	2711
58	1802	301	1501	2570	669	1901	3640	1301	2339
59	982	149	833	1785	435	1350	1995	701	1294
60-64岁	**6902**	**1058**	**5844**	**10403**	**2607**	**7796**	**13734**	**4850**	**8884**
60	1147	130	1017	1725	414	1311	2900	957	1943
61	1025	153	872	1662	416	1246	2227	774	1453
62	1381	199	1182	2046	472	1574	2847	961	1886
63	1795	325	1470	2577	678	1899	3080	1157	1923
64	1554	251	1303	2393	627	1766	2680	1001	1679
65岁及以上	**22422**	**4274**	**18148**	**32200**	**9414**	**22786**	**38155**	**14611**	**23544**

5−5c　续表 3

单位：人

年　龄	初婚年龄								
	21岁			22岁			23岁		
	小计	男	女	小计	男	女	小计	男	女
总　计	**172548**	**81585**	**90963**	**168029**	**96046**	**71983**	**131041**	**80613**	**50428**
20岁以下									
20−24岁	**3178**	**1108**	**2070**	**2667**	**1207**	**1460**	**1244**	**588**	**656**
20									
21	153	40	113						
22	728	235	493	329	155	174			
23	1116	390	726	939	402	537	299	134	165
24	1181	443	738	1399	650	749	945	454	491
25−29岁	**8677**	**3675**	**5002**	**9085**	**4552**	**4533**	**7870**	**4013**	**3857**
25	1289	511	778	1410	664	746	1416	693	723
26	1296	538	758	1420	697	723	1178	572	606
27	1659	684	975	1748	879	869	1384	700	684
28	1909	815	1094	2030	1024	1006	1812	934	878
29	2524	1127	1397	2477	1288	1189	2080	1114	966
30−34岁	**15450**	**6857**	**8593**	**16192**	**8692**	**7500**	**13197**	**7585**	**5612**
30	3024	1362	1662	3472	1775	1697	2798	1552	1246
31	3347	1496	1851	3058	1640	1418	2720	1488	1232
32	2970	1337	1633	3244	1754	1490	2235	1279	956
33	3324	1427	1897	3405	1858	1547	3006	1801	1205
34	2785	1235	1550	3013	1665	1348	2438	1465	973
35−39岁	**13703**	**6033**	**7670**	**14355**	**7964**	**6391**	**12279**	**7409**	**4870**
35	2704	1227	1477	2848	1635	1213	2510	1491	1019
36	3100	1381	1719	3076	1750	1326	2522	1541	981
37	2708	1223	1485	2973	1665	1308	2286	1395	891
38	2817	1225	1592	2900	1545	1355	2652	1592	1060
39	2374	977	1397	2558	1369	1189	2309	1390	919
40−44岁	**17078**	**7448**	**9630**	**18108**	**9997**	**8111**	**14452**	**8657**	**5795**
40	2133	888	1245	2429	1319	1110	2052	1203	849
41	3154	1343	1811	2971	1608	1363	2733	1661	1072
42	3565	1562	2003	3863	2142	1721	2695	1569	1126
43	3960	1760	2200	3943	2197	1746	3300	2005	1295
44	4266	1895	2371	4902	2731	2171	3672	2219	1453
45−49岁	**22746**	**10675**	**12071**	**23371**	**13375**	**9996**	**18705**	**11438**	**7267**
45	4427	2007	2420	4577	2581	1996	3742	2247	1495
46	5206	2352	2854	5119	2906	2213	3835	2340	1495
47	4760	2269	2491	5309	3010	2299	4027	2461	1566
48	4101	1980	2121	4304	2520	1784	3783	2301	1482
49	4252	2067	2185	4062	2358	1704	3318	2089	1229
50−54岁	**25310**	**12519**	**12791**	**22895**	**13435**	**9460**	**16525**	**10367**	**6158**
50	4190	2006	2184	4277	2511	1766	3272	1988	1284
51	5340	2639	2701	3686	2191	1495	3052	1890	1162
52	6011	3053	2958	5487	3199	2288	3144	1980	1164
53	4679	2296	2383	4575	2682	1893	3347	2114	1233
54	5090	2525	2565	4870	2852	2018	3710	2395	1315
55−59岁	**20249**	**10196**	**10053**	**19655**	**11916**	**7739**	**14647**	**9494**	**5153**
55	4836	2440	2396	4544	2772	1772	3445	2199	1246
56	4585	2327	2258	4235	2514	1721	2972	1918	1054
57	4773	2382	2391	4977	3021	1956	3404	2191	1213
58	3822	1964	1858	3812	2343	1469	3102	2038	1064
59	2233	1083	1150	2087	1266	821	1724	1148	576
60−64岁	**14126**	**6687**	**7439**	**14087**	**8161**	**5926**	**11528**	**7519**	**4009**
60	2602	1262	1340	2787	1718	1069	2133	1444	689
61	2730	1279	1451	2140	1265	875	2050	1353	697
62	2951	1356	1595	3311	1891	1420	2187	1443	744
63	3391	1617	1774	3151	1776	1375	3054	1945	1109
64	2452	1173	1279	2698	1511	1187	2104	1334	770
65岁及以上	**32031**	**16387**	**15644**	**27614**	**16747**	**10867**	**20594**	**13543**	**7051**

5-5c 续表 4

单位：人

年龄	初婚年龄								
	24岁			25岁			26岁		
	小计	男	女	小计	男	女	小计	男	女
总 计	**99645**	**65610**	**34035**	**71650**	**49846**	**21804**	**50489**	**36125**	**14364**
20岁以下									
20-24岁	**308**	**147**	**161**						
20									
21									
22									
23									
24	308	147	161						
25-29岁	**7054**	**3814**	**3240**	**4980**	**2907**	**2073**	**3411**	**2039**	**1372**
25	1003	514	489	320	186	134			
26	1305	665	640	752	415	337	264	134	130
27	1267	711	556	1190	678	512	766	460	306
28	1533	868	665	1254	746	508	1183	719	464
29	1946	1056	890	1464	882	582	1198	726	472
30-34岁	**10519**	**6338**	**4181**	**8281**	**5222**	**3059**	**6328**	**4084**	**2244**
30	2552	1464	1088	2169	1329	840	1507	934	573
31	2084	1247	837	1750	1080	670	1438	907	531
32	1974	1176	798	1450	907	543	1153	737	416
33	1998	1242	756	1593	1032	561	1208	793	415
34	1911	1209	702	1319	874	445	1022	713	309
35-39岁	**9741**	**6313**	**3428**	**7305**	**5058**	**2247**	**4991**	**3623**	**1368**
35	1841	1166	675	1485	1018	467	900	640	260
36	2153	1444	709	1505	1018	487	1074	782	292
37	1809	1132	677	1391	977	414	960	685	275
38	2000	1306	694	1487	1050	437	1071	781	290
39	1938	1265	673	1437	995	442	986	735	251
40-44岁	**11549**	**7451**	**4098**	**8375**	**5787**	**2588**	**6319**	**4619**	**1700**
40	1769	1116	653	1449	1026	423	934	658	276
41	2293	1498	795	1649	1124	525	1297	966	331
42	2386	1531	855	1823	1266	557	1381	1057	324
43	2203	1447	756	1714	1187	527	1287	920	367
44	2898	1859	1039	1740	1184	556	1420	1018	402
45-49岁	**14111**	**9081**	**5030**	**9636**	**6613**	**3023**	**6526**	**4597**	**1929**
45	2780	1770	1010	1916	1322	594	1139	821	318
46	3083	1960	1123	2022	1379	643	1456	1032	424
47	2887	1841	1046	2064	1391	673	1385	970	415
48	2624	1737	887	1789	1223	566	1316	912	404
49	2737	1773	964	1845	1298	547	1230	862	368
50-54岁	**11482**	**7733**	**3749**	**7970**	**5629**	**2341**	**5483**	**3942**	**1541**
50	2465	1610	855	2071	1439	632	1204	843	361
51	2280	1542	738	1656	1175	481	1303	947	356
52	2437	1645	792	1666	1175	491	1201	882	319
53	1680	1140	540	1293	920	373	881	633	248
54	2620	1796	824	1284	920	364	894	637	257
55-59岁	**10271**	**7175**	**3096**	**6739**	**4916**	**1823**	**4114**	**3073**	**1041**
55	2447	1705	742	1571	1143	428	753	583	170
56	2274	1553	721	1391	1021	370	877	650	227
57	2293	1606	687	1692	1219	473	1075	802	273
58	2003	1429	574	1301	959	342	928	701	227
59	1254	882	372	784	574	210	481	337	144
60-64岁	**8669**	**6329**	**2340**	**6134**	**4746**	**1388**	**4301**	**3405**	**896**
60	1667	1210	457	1247	935	312	708	535	173
61	1420	1051	369	1038	806	232	807	656	151
62	1824	1363	461	1279	985	294	946	760	186
63	1806	1320	486	1470	1172	298	990	786	204
64	1952	1385	567	1100	848	252	850	668	182
65岁及以上	**15941**	**11229**	**4712**	**12230**	**8968**	**3262**	**9016**	**6743**	**2273**

5-5c 续表 5

单位：人

年龄	初婚年龄								
	27岁			28岁			29岁		
	小计	男	女	小计	男	女	小计	男	女
总　计	**35918**	**26212**	**9706**	**25632**	**18722**	**6910**	**18626**	**13621**	**5005**
20岁以下									
20-24岁									
20									
21									
22									
23									
24									
25-29岁	**2038**	**1254**	**784**	**916**	**577**	**339**	**209**	**129**	**80**
25									
26									
27	255	160	95						
28	679	408	271	256	162	94			
29	1104	686	418	660	415	245	209	129	80
30-34岁	**4860**	**3232**	**1628**	**3888**	**2591**	**1297**	**2841**	**1882**	**959**
30	1217	769	448	1054	697	357	636	445	191
31	994	658	336	791	531	260	701	451	250
32	930	627	303	687	436	251	556	369	187
33	999	696	303	747	493	254	512	326	186
34	720	482	238	609	434	175	436	291	145
35-39岁	**3657**	**2653**	**1004**	**2629**	**1880**	**749**	**1989**	**1396**	**593**
35	761	529	232	522	381	141	419	278	141
36	707	507	200	545	375	170	402	274	128
37	733	541	192	436	304	132	402	287	115
38	758	556	202	618	439	179	372	272	100
39	698	520	178	508	381	127	394	285	109
40-44岁	**4528**	**3450**	**1078**	**3378**	**2576**	**802**	**2454**	**1897**	**557**
40	673	500	173	515	386	129	384	275	109
41	863	667	196	669	512	157	475	363	112
42	1043	796	247	688	546	142	554	447	107
43	930	721	209	752	563	189	506	399	107
44	1019	766	253	754	569	185	535	413	122
45-49岁	**4557**	**3319**	**1238**	**2995**	**2208**	**787**	**2177**	**1660**	**517**
45	936	717	219	684	514	170	483	377	106
46	886	627	259	652	496	156	533	411	122
47	955	698	257	552	411	141	433	325	108
48	832	611	221	547	392	155	343	261	82
49	948	666	282	560	395	165	385	286	99
50-54岁	**4078**	**2993**	**1085**	**2907**	**2089**	**818**	**2208**	**1545**	**663**
50	988	678	310	703	478	225	420	293	127
51	855	643	212	578	417	161	497	347	150
52	938	697	241	633	465	168	512	344	168
53	623	468	155	509	367	142	366	262	104
54	674	507	167	484	362	122	413	299	114
55-59岁	**2611**	**1983**	**628**	**1749**	**1364**	**385**	**1333**	**1027**	**306**
55	547	413	134	448	356	92	356	270	86
56	435	329	106	362	282	80	291	213	78
57	696	532	164	307	236	71	302	238	64
58	569	440	129	399	314	85	214	176	38
59	364	269	95	233	176	57	170	130	40
60-64岁	**3002**	**2401**	**601**	**2189**	**1718**	**471**	**1465**	**1169**	**296**
60	514	405	109	346	260	86	230	184	46
61	540	425	115	306	237	69	243	194	49
62	702	574	128	503	402	101	309	244	65
63	728	585	143	561	449	112	363	285	78
64	518	412	106	473	370	103	320	262	58
65岁及以上	**6587**	**4927**	**1660**	**4981**	**3719**	**1262**	**3950**	**2916**	**1034**

5–5c 续表 6

单位：人

年 龄	初婚年龄								
	30岁			31岁			32岁		
	小计	男	女	小计	男	女	小计	男	女
总 计	**14041**	**10152**	**3889**	**10151**	**7205**	**2946**	**7838**	**5662**	**2176**
20岁以下									
20–24岁									
20									
21									
22									
23									
24									
25–29岁									
25									
26									
27									
28									
29									
30–34岁	**1862**	**1263**	**599**	**1059**	**681**	**378**	**558**	**348**	**210**
30	227	148	79						
31	438	300	138	154	90	64			
32	481	327	154	276	189	87	98	58	40
33	396	272	124	370	222	148	210	136	74
34	320	216	104	259	180	79	250	154	96
35–39岁	**1595**	**1082**	**513**	**1230**	**804**	**426**	**991**	**669**	**322**
35	334	214	120	240	163	77	196	131	65
36	343	225	118	273	176	97	188	123	65
37	304	198	106	241	150	91	182	121	61
38	339	242	97	243	158	85	217	153	64
39	275	203	72	233	157	76	208	141	67
40–44岁	**1922**	**1428**	**494**	**1407**	**1017**	**390**	**1208**	**883**	**325**
40	291	195	96	188	130	58	186	133	53
41	424	309	115	296	207	89	207	156	51
42	443	339	104	335	244	91	285	205	80
43	352	281	71	297	221	76	256	184	72
44	412	304	108	291	215	76	274	205	69
45–49岁	**1555**	**1167**	**388**	**1285**	**964**	**321**	**1012**	**760**	**252**
45	370	271	99	286	219	67	244	191	53
46	371	291	80	306	229	77	198	144	54
47	332	240	92	269	204	65	219	155	64
48	263	202	61	200	143	57	183	138	45
49	219	163	56	224	169	55	168	132	36
50–54岁	**1803**	**1250**	**553**	**1235**	**889**	**346**	**903**	**683**	**220**
50	305	240	65	189	137	52	162	126	36
51	321	221	100	223	150	73	130	100	30
52	523	340	183	254	190	64	182	140	42
53	343	241	102	301	211	90	170	129	41
54	311	208	103	268	201	67	259	188	71
55–59岁	**1055**	**787**	**268**	**909**	**637**	**272**	**778**	**563**	**215**
55	302	206	96	249	180	69	211	156	55
56	245	181	64	235	160	75	175	126	49
57	239	179	60	217	144	73	192	137	55
58	168	133	35	138	103	35	131	92	39
59	101	88	13	70	50	20	69	52	17
60–64岁	**1087**	**857**	**230**	**742**	**580**	**162**	**532**	**419**	**113**
60	156	127	29	95	74	21	79	62	17
61	195	148	47	112	95	17	61	50	11
62	235	189	46	182	132	50	105	81	24
63	268	212	56	184	149	35	153	121	32
64	233	181	52	169	130	39	134	105	29
65岁及以上	**3162**	**2318**	**844**	**2284**	**1633**	**651**	**1856**	**1337**	**519**

5-5c 续表 7

单位：人

年 龄	初婚年龄								
	33岁			34岁			35岁		
	小计	男	女	小计	男	女	小计	男	女
总 计	**5739**	**4122**	**1617**	**4423**	**3201**	**1222**	**3454**	**2474**	**980**
20岁以下									
20-24岁									
20									
21									
22									
23									
24									
25-29岁									
25									
26									
27									
28									
29									
30-34岁	**220**	**139**	**81**	**61**	**35**	**26**			
30									
31									
32									
33	89	55	34						
34	131	84	47	61	35	26			
35-39岁	**766**	**490**	**276**	**652**	**434**	**218**	**447**	**300**	**147**
35	148	96	52	117	82	35	60	34	26
36	155	104	51	137	84	53	87	56	31
37	137	81	56	114	77	37	100	70	30
38	158	102	56	130	95	35	107	70	37
39	168	107	61	154	96	58	93	70	23
40-44岁	**940**	**698**	**242**	**773**	**555**	**218**	**640**	**479**	**161**
40	139	97	42	137	95	42	117	86	31
41	180	135	45	151	112	39	136	104	32
42	186	152	34	160	115	45	132	100	32
43	234	170	64	143	107	36	125	92	33
44	201	144	57	182	126	56	130	97	33
45-49岁	**830**	**600**	**230**	**648**	**483**	**165**	**578**	**409**	**169**
45	223	169	54	163	112	51	109	77	32
46	183	132	51	180	134	46	168	122	46
47	142	104	38	116	90	26	127	89	38
48	142	105	37	92	72	20	85	59	26
49	140	90	50	97	75	22	89	62	27
50-54岁	**598**	**466**	**132**	**401**	**314**	**87**	**334**	**262**	**72**
50	147	106	41	81	69	12	87	68	19
51	119	92	27	88	63	25	62	50	12
52	105	85	20	75	58	17	74	55	19
53	92	75	17	63	50	13	55	48	7
54	135	108	27	94	74	20	56	41	15
55-59岁	**615**	**454**	**161**	**459**	**325**	**134**	**313**	**229**	**84**
55	169	128	41	105	74	31	48	37	11
56	122	81	41	103	66	37	55	38	17
57	137	99	38	105	80	25	94	73	21
58	115	90	25	92	63	29	72	51	21
59	72	56	16	54	42	12	44	30	14
60-64岁	**405**	**314**	**91**	**291**	**237**	**54**	**245**	**170**	**75**
60	80	61	19	52	42	10	64	41	23
61	55	43	12	48	40	8	45	27	18
62	69	51	18	58	48	10	50	33	17
63	108	86	22	52	41	11	49	42	7
64	93	73	20	81	66	15	37	27	10
65岁及以上	**1365**	**961**	**404**	**1138**	**818**	**320**	**897**	**625**	**272**

5-5c 续表 8

单位：人

年龄	初婚年龄								
	36岁			37岁			38岁		
	小计	男	女	小计	男	女	小计	男	女
总计	**2584**	**1871**	**713**	**2193**	**1566**	**627**	**1690**	**1167**	**523**
20岁以下									
20-24岁									
20									
21									
22									
23									
24									
25-29岁									
25									
26									
27									
28									
29									
30-34岁									
30									
31									
32									
33									
34									
35-39岁	**267**	**159**	**108**	**171**	**91**	**80**	**98**	**58**	**40**
35									
36	44	26	18						
37	60	32	28	37	20	17			
38	91	58	33	65	34	31	34	24	10
39	72	43	29	69	37	32	64	34	30
40-44岁	**496**	**374**	**122**	**424**	**309**	**115**	**340**	**227**	**113**
40	74	47	27	63	46	17	53	29	24
41	108	86	22	72	54	18	58	35	23
42	111	87	24	96	70	26	75	55	20
43	95	75	20	92	66	26	78	51	27
44	108	79	29	101	73	28	76	57	19
45-49岁	**452**	**330**	**122**	**420**	**318**	**102**	**295**	**223**	**72**
45	99	74	25	96	75	21	61	47	14
46	109	81	28	78	62	16	61	45	16
47	107	76	31	92	67	25	58	44	14
48	83	57	26	78	57	21	56	45	11
49	54	42	12	76	57	19	59	42	17
50-54岁	**271**	**220**	**51**	**223**	**174**	**49**	**202**	**151**	**51**
50	67	54	13	64	48	16	42	33	9
51	63	52	11	46	34	12	46	35	11
52	53	42	11	54	44	10	43	32	11
53	41	34	7	28	22	6	35	23	12
54	47	38	9	31	26	5	36	28	8
55-59岁	**236**	**182**	**54**	**148**	**110**	**38**	**89**	**67**	**22**
55	32	24	8	37	30	7	13	11	2
56	53	44	9	19	12	7	16	14	2
57	45	34	11	35	29	6	14	9	5
58	61	49	12	25	22	3	30	24	6
59	45	31	14	32	17	15	16	9	7
60-64岁	**208**	**155**	**53**	**210**	**148**	**62**	**209**	**129**	**80**
60	34	21	13	41	30	11	46	29	17
61	44	36	8	37	22	15	35	23	12
62	56	41	15	53	39	14	39	21	18
63	41	30	11	44	32	12	52	31	21
64	33	27	6	35	25	10	37	25	12
65岁及以上	**654**	**451**	**203**	**597**	**416**	**181**	**457**	**312**	**145**

5-5c　续表 9

单位：人

年　龄	初婚年龄					
	39岁			40岁及以上		
	小计	男	女	小计	男	女
总　计	**1409**	**919**	**490**	**7527**	**4626**	**2901**
20岁以下						
20-24岁						
20						
21						
22						
23						
24						
25-29岁						
25						
26						
27						
28						
29						
30-34岁						
30						
31						
32						
33						
34						
35-39岁	**27**	**14**	**13**			
35						
36						
37						
38						
39	27	14	13			
40-44岁	**278**	**168**	**110**	**657**	**404**	**253**
40	62	29	33	38	14	24
41	57	39	18	102	56	46
42	57	35	22	137	71	66
43	44	27	17	181	126	55
44	58	38	20	199	137	62
45-49岁	**267**	**192**	**75**	**1229**	**767**	**462**
45	57	43	14	245	145	100
46	59	42	17	302	187	115
47	62	41	21	249	167	82
48	34	29	5	223	142	81
49	55	37	18	210	126	84
50-54岁	**166**	**124**	**42**	**1107**	**707**	**400**
50	47	35	12	246	149	97
51	31	20	11	232	150	82
52	34	27	7	251	158	93
53	23	17	6	179	117	62
54	31	25	6	199	133	66
55-59岁	**98**	**74**	**24**	**704**	**438**	**266**
55	23	15	8	173	113	60
56	21	18	3	167	102	65
57	18	11	7	159	101	58
58	20	15	5	121	71	50
59	16	15	1	84	51	33
60-64岁	**164**	**96**	**68**	**778**	**497**	**281**
60	21	16	5	123	79	44
61	19	11	8	108	73	35
62	48	23	25	154	99	55
63	40	27	13	234	146	88
64	36	19	17	159	100	59
65岁及以上	**409**	**251**	**158**	**3052**	**1813**	**1239**

5-6 全省分性别、受教育程度、初婚年龄的人口

单位：人

受教育程度	初婚年龄					
	合计			15岁以下		
	合计	男	女	小计	男	女
总　计	**2957811**	**1429801**	**1528010**	**4899**	**655**	**4244**
未上过学	80706	12801	67905	455	11	444
学前教育	3628	854	2774	18		18
小　学	795872	303884	491988	2293	186	2107
初　中	1327242	690696	636546	1615	314	1301
高　中	435284	247374	187910	377	96	281
大学专科	185780	100907	84873	102	32	70
大学本科	118774	67238	51536	37	15	22
硕士研究生	9239	5154	4085	2	1	1
博士研究生	1286	893	393			

5-6 续表 1

单位：人

受教育程度	初婚年龄								
	15岁			16岁			17岁		
	小计	男	女	小计	男	女	小计	男	女
总　计	**24770**	**3341**	**21429**	**46520**	**5937**	**40583**	**85541**	**13151**	**72390**
未上过学	2136	57	2079	3835	94	3741	6469	186	6283
学前教育	83	6	77	155	5	150	245	15	230
小　学	11483	840	10643	21496	1571	19925	38285	3709	34576
初　中	8534	1621	6913	16712	3028	13684	32651	6894	25757
高　中	1830	549	1281	3274	891	2383	6218	1785	4433
大学专科	488	182	306	730	224	506	1281	410	871
大学本科	208	81	127	307	119	188	374	147	227
硕士研究生	7	5	2	11	5	6	16	4	12
博士研究生	1		1				2	1	1

5-6　续表 2

单位：人

受教育程度	初婚年龄								
	18岁			19岁			20岁		
	小计	男	女	小计	男	女	小计	男	女
总　计	**141212**	**28152**	**113060**	**234595**	**62733**	**171862**	**323911**	**106371**	**217540**
未上过学	8779	358	8421	11543	906	10637	12087	1275	10812
学前教育	355	25	330	454	61	393	487	84	403
小　学	59820	8112	51708	90293	18368	71925	110108	29775	80333
初　中	57980	14928	43052	104003	33094	70909	152911	56723	96188
高　中	11211	3696	7515	22002	8280	13722	36022	14666	21356
大学专科	2331	745	1586	4861	1531	3330	9194	2917	6277
大学本科	712	279	433	1401	474	927	3020	903	2117
硕士研究生	21	8	13	34	16	18	74	25	49
博士研究生	3	1	2	4	3	1	8	3	5

5-6　续表 3

单位：人

受教育程度	初婚年龄								
	21岁			22岁			23岁		
	小计	男	女	小计	男	女	小计	男	女
总　计	**354102**	**153307**	**200795**	**370362**	**192949**	**177413**	**319288**	**176453**	**142835**
未上过学	8825	1478	7347	6838	1556	5282	4638	1224	3414
学前教育	422	94	328	330	99	231	256	108	148
小　学	102887	38172	64715	91868	42622	49246	68977	35836	33141
初　中	175594	83140	92454	185634	104120	81514	154508	91294	63214
高　中	47470	23201	24269	57028	31719	25309	54900	31401	23499
大学专科	13756	5298	8458	19797	9060	10737	23076	10934	12142
大学本科	4990	1864	3126	8553	3628	4925	12358	5404	6954
硕士研究生	139	48	91	274	119	155	514	218	296
博士研究生	19	12	7	40	26	14	61	34	27

5-6 续表 4

单位：人

受教育程度	初婚年龄								
	24岁			25岁			26岁		
	小计	男	女	小计	男	女	小计	男	女
总　计	**265340**	**158074**	**107266**	**207683**	**131374**	**76309**	**153677**	**102232**	**51445**
未上过学	3458	1148	2310	2424	893	1531	1838	725	1113
学前教育	185	72	113	145	63	82	95	49	46
小　学	51453	29543	21910	36692	22818	13874	25590	16782	8808
初　中	120508	76269	44239	87760	58469	29291	61355	42624	18731
高　中	48619	29711	18908	39682	25674	14008	29670	20306	9364
大学专科	24294	12978	11316	22471	13196	9275	18193	11483	6710
大学本科	15821	7860	7961	17149	9584	7565	15375	9438	5937
硕士研究生	912	442	470	1202	581	621	1395	716	679
博士研究生	90	51	39	158	96	62	166	109	57

5-6 续表 5

单位：人

受教育程度	初婚年龄								
	27岁			28岁			29岁		
	小计	男	女	小计	男	女	小计	男	女
总　计	**111895**	**77347**	**34548**	**79717**	**56209**	**23508**	**56958**	**40427**	**16531**
未上过学	1349	551	798	1087	417	670	860	356	504
学前教育	76	35	41	49	20	29	51	27	24
小　学	18724	12463	6261	13661	9326	4335	10450	7070	3380
初　中	43036	30769	12267	30420	21924	8496	21966	15692	6274
高　中	21361	15309	6052	14815	10781	4034	10335	7613	2722
大学专科	13764	9350	4414	9714	6823	2891	6521	4695	1826
大学本科	12100	8048	4052	8733	6161	2572	5923	4379	1544
硕士研究生	1340	726	614	1088	656	432	739	507	232
博士研究生	145	96	49	150	101	49	113	88	25

5-6　续表 6

单位：人

受教育程度	初婚年龄								
	30岁			31岁			32岁		
	小计	男	女	小计	男	女	小计	男	女
总　计	**41108**	**28917**	**12191**	**29780**	**20678**	**9102**	**22344**	**15462**	**6882**
未上过学	726	300	426	605	230	375	448	192	256
学前教育	43	20	23	31	14	17	23	11	12
小　学	8373	5552	2821	6185	4100	2085	4974	3336	1638
初　中	16204	11432	4772	12103	8409	3694	9209	6360	2849
高　中	7202	5238	1964	5271	3775	1496	3905	2779	1126
大学专科	4279	3152	1127	2941	2172	769	1986	1414	572
大学本科	3695	2795	900	2249	1696	553	1552	1175	377
硕士研究生	499	361	138	323	221	102	204	157	47
博士研究生	87	67	20	72	61	11	43	38	5

5-6　续表 7

单位：人

受教育程度	初婚年龄								
	33岁			34岁			35岁		
	小计	男	女	小计	男	女	小计	男	女
总　计	**16788**	**11489**	**5299**	**13064**	**9014**	**4050**	**9944**	**6835**	**3109**
未上过学	339	133	206	313	134	179	246	103	143
学前教育	19	8	11	22	8	14	10	2	8
小　学	3652	2410	1242	3011	1984	1027	2419	1622	797
初　中	7161	4956	2205	5473	3840	1633	4128	2900	1228
高　中	3020	2141	879	2318	1649	669	1727	1193	534
大学专科	1400	956	444	1026	725	301	778	549	229
大学本科	1045	768	277	785	589	196	557	407	150
硕士研究生	119	87	32	92	66	26	64	47	17
博士研究生	33	30	3	24	19	5	15	12	3

5-6　续表 8

单位：人

受教育程度	初婚年龄								
	36岁			37岁			38岁		
	小计	男	女	小计	男	女	小计	男	女
总　计	**7598**	**5225**	**2373**	**6038**	**4098**	**1940**	**4846**	**3281**	**1565**
未上过学	180	72	108	170	55	115	148	63	85
学前教育	12	9	3	10	6	4	9	4	5
小　学	1773	1168	605	1570	1034	536	1311	813	498
初　中	3216	2240	976	2534	1755	779	2005	1392	613
高　中	1323	929	394	994	696	298	774	545	229
大学专科	631	456	175	424	294	130	351	266	85
大学本科	400	301	99	297	228	69	209	164	45
硕士研究生	48	37	11	24	18	6	30	26	4
博士研究生	15	13	2	15	12	3	9	8	1

5-6　续表 9

单位：人

受教育程度	初婚年龄					
	39岁			40岁及以上		
	小计	男	女	小计	男	女
总　计	**4041**	**2627**	**1414**	**21790**	**13463**	**8327**
未上过学	109	32	77	301	252	549
学前教育	2		2	41	9	32
小　学	1179	710	469	7345	3962	3383
初　中	1654	1083	571	8368	5426	2942
高　中	659	470	189	3277	2281	996
大学专科	252	184	68	1139	881	258
大学本科	166	131	35	758	600	158
硕士研究生	16	14	2	52	43	9
博士研究生	4	3	1	9	9	

5–6a　全省分性别、受教育程度、初婚年龄的人口(城市)

单位：人

受教育程度	初婚年龄					
	合　计			15岁以下		
	合计	男	女	小计	男	女
总　计	**808304**	**386532**	**421772**	**885**	**145**	**740**
未上过学	11325	1812	9513	68	1	67
学前教育	486	149	337	1		1
小　学	127451	47858	79593	294	26	268
初　中	308345	147906	160439	335	62	273
高　中	180569	93177	87392	125	35	90
大学专科	96623	49683	46940	47	15	32
大学本科	74916	41056	33860	13	5	8
硕士研究生	7523	4139	3384	2	1	1
博士研究生	1066	752	314			

5–6a　续表 1

单位：人

受教育程度	初婚年龄								
	15岁			16岁			17岁		
	小计	男	女	小计	男	女	小计	男	女
总　计	**4528**	**739**	**3789**	**8478**	**1128**	**7350**	**15872**	**2348**	**13524**
未上过学	273	4	269	530	9	521	951	28	923
学前教育	6	1	5	22	1	21	28	2	26
小　学	1599	135	1464	3088	213	2875	5662	498	5164
初　中	1660	311	1349	3240	503	2737	6470	1122	5348
高　中	632	175	457	1098	244	854	2005	467	1538
大学专科	233	72	161	332	97	235	530	139	391
大学本科	120	38	82	159	57	102	211	88	123
硕士研究生	5	3	2	9	4	5	13	3	10
博士研究生							2	1	1

5-6a 续表 2

单位：人

受教育程度	初婚年龄								
	18岁			19岁			20岁		
	小计	男	女	小计	男	女	小计	男	女
总　计	**26490**	**4859**	**21631**	**45473**	**10976**	**34497**	**66242**	**18654**	**47588**
未上过学	1249	44	1205	1523	104	1419	1518	144	1374
学前教育	39	2	37	59	12	47	48	10	38
小　学	8786	1069	7717	13233	2523	10710	15816	3956	11860
初　中	11452	2431	9021	20730	5467	15263	30957	9357	21600
高　中	3598	910	2688	7101	2087	5014	12208	3741	8467
大学专科	983	259	724	2050	539	1511	4039	994	3045
大学本科	364	137	227	753	234	519	1600	434	1166
硕士研究生	16	6	10	22	8	14	53	16	37
博士研究生	3	1	2	2	2		3	2	1

5-6a 续表 3

单位：人

受教育程度	初婚年龄								
	21岁			22岁			23岁		
	小计	男	女	小计	男	女	小计	男	女
总　计	**78195**	**28937**	**49258**	**92083**	**41489**	**50594**	**91431**	**43397**	**48034**
未上过学	1182	193	989	996	220	776	686	176	510
学前教育	52	13	39	49	15	34	41	19	22
小　学	15530	5186	10344	14699	6421	8278	11905	5786	6119
初　中	36082	14430	21652	40723	19712	21011	36823	18865	17958
高　中	16355	6244	10111	21157	9550	11607	22466	10635	11831
大学专科	6151	1940	4211	9342	3648	5694	11570	4777	6793
大学本科	2729	889	1840	4884	1824	3060	7474	2940	4534
硕士研究生	99	32	67	210	84	126	418	170	248
博士研究生	15	10	5	23	15	8	48	29	19

5-6a　续表 4

单位：人

受教育程度	初婚年龄								
	24岁			25岁			26岁		
	小计	男	女	小计	男	女	小计	男	女
总　计	**84492**	**44683**	**39809**	**73129**	**42321**	**30808**	**57664**	**35918**	**21746**
未上过学	551	168	383	391	145	246	283	110	173
学前教育	38	14	24	21	12	9	12	6	6
小　学	9463	5124	4339	6863	4047	2816	4899	3130	1769
初　中	30267	17203	13064	23423	14313	9110	16994	11033	5961
高　中	20960	11113	9847	18287	10745	7542	14397	9134	5263
大学专科	12586	6151	6435	12122	6683	5439	9942	5995	3947
大学本科	9827	4544	5283	10874	5817	5057	9862	5837	4025
硕士研究生	728	324	404	1016	481	535	1126	572	554
博士研究生	72	42	30	132	78	54	149	101	48

5-6a　续表 5

单位：人

受教育程度	初婚年龄								
	27岁			28岁			29岁		
	小计	男	女	小计	男	女	小计	男	女
总　计	**43324**	**28681**	**14643**	**31426**	**21545**	**9881**	**22331**	**15640**	**6691**
未上过学	201	89	112	164	64	100	135	60	75
学前教育	18	8	10	4	3	1	13	8	5
小　学	3496	2193	1303	2465	1622	843	1922	1283	639
初　中	12232	8277	3955	8841	6112	2729	6322	4331	1991
高　中	10619	7328	3291	7574	5374	2200	5382	3872	1510
大学专科	7673	5064	2609	5571	3762	1809	3883	2710	1173
大学本科	7857	5045	2812	5801	3994	1807	3970	2875	1095
硕士研究生	1104	595	509	879	526	353	614	429	185
博士研究生	124	82	42	127	88	39	90	72	18

5-6a 续表 6

单位：人

受教育程度	初婚年龄								
	30岁			31岁			32岁		
	小计	男	女	小计	男	女	小计	男	女
总　计	**15650**	**10938**	**4712**	**11303**	**7853**	**3450**	**8170**	**5658**	**2512**
未上过学	101	49	52	83	36	47	68	31	37
学前教育	7	6	1	6	5	1	3	2	1
小　学	1540	982	558	1167	755	412	831	534	297
初　中	4610	3092	1518	3479	2335	1144	2639	1785	854
高　中	3813	2699	1114	2843	1983	860	2082	1454	628
大学专科	2570	1863	707	1817	1325	492	1227	865	362
大学本科	2532	1898	634	1590	1189	401	1116	827	289
硕士研究生	410	298	112	259	176	83	165	126	39
博士研究生	67	51	16	59	49	10	39	34	5

5-6a 续表 7

单位：人

受教育程度	初婚年龄								
	33岁			34岁			35岁		
	小计	男	女	小计	男	女	小计	男	女
总　计	**6307**	**4233**	**2074**	**4906**	**3317**	**1589**	**3681**	**2472**	**1209**
未上过学	55	29	26	45	18	27	36	16	20
学前教育	4	2	2	3	3		3		3
小　学	662	413	249	552	330	222	438	282	156
初　中	2147	1400	747	1669	1111	558	1261	828	433
高　中	1627	1131	496	1277	879	398	955	646	309
大学专科	914	602	312	680	474	206	506	352	154
大学本科	764	552	212	580	431	149	417	298	119
硕士研究生	102	75	27	79	55	24	54	41	13
博士研究生	32	29	3	21	16	5	11	9	2

5-6a　续表 8

单位：人

受教育程度	初婚年龄								
	36岁			37岁			38岁		
	小计	男	女	小计	男	女	小计	男	女
总　计	**2881**	**1943**	**938**	**2197**	**1471**	**726**	**1742**	**1192**	**550**
未上过学	23	9	14	27	9	18	22	10	12
学前教育	1	1		1	1		3	2	1
小　学	328	202	126	265	155	110	218	132	86
初　中	1024	667	357	782	520	262	640	423	217
高　中	726	486	240	569	391	178	441	307	134
大学专科	413	302	111	283	183	100	230	166	64
大学本科	312	232	80	236	184	52	155	123	32
硕士研究生	40	32	8	20	16	4	25	22	3
博士研究生	14	12	2	14	12	2	8	7	1

5-6a　续表 9

单位：人

受教育程度	初婚年龄					
	39岁			40岁及以上		
	小计	男	女	小计	男	女
总　计	**1464**	**955**	**509**	**7960**	**5040**	**2920**
未上过学	19	2	17	145	44	101
学前教育				4	1	3
小　学	202	125	77	1528	736	792
初　中	542	327	215	3001	1889	1112
高　中	381	255	126	1891	1292	599
大学专科	177	133	44	752	573	179
大学本科	124	97	27	592	467	125
硕士研究生	15	13	2	40	31	9
博士研究生	4	3	1	7	7	

5-6b 全省分性别、受教育程度、初婚年龄的人口(镇)

单位：人

受教育程度	初婚年龄					
	合计			15岁以下		
	合计	男	女	小计	男	女
总　计	**854689**	**409597**	**445092**	**1183**	**162**	**1021**
未上过学	18012	2910	15102	77	2	75
学前教育	809	197	612	1		1
小　学	196456	72881	123575	487	33	454
初　中	398835	197800	201035	438	88	350
高　中	142366	80370	61996	123	23	100
大学专科	62160	34434	27726	37	9	28
大学本科	34493	20106	14387	20	7	13
硕士研究生	1379	784	595			
博士研究生	179	115	64			

5-6b 续表 1

单位：人

受教育程度	初婚年龄								
	15岁			16岁			17岁		
	小计	男	女	小计	男	女	小计	男	女
总　计	**6193**	**953**	**5240**	**11838**	**1624**	**10214**	**21886**	**3440**	**18446**
未上过学	438	17	421	805	17	788	1371	42	1329
学前教育	15		15	26	1	25	52	4	48
小　学	2501	188	2313	4974	394	4580	8843	855	7988
初　中	2396	462	1934	4608	792	3816	9040	1802	7238
高　中	613	193	420	1040	295	745	1975	544	1431
大学专科	161	65	96	276	85	191	482	155	327
大学本科	66	26	40	108	40	68	121	38	83
硕士研究生	2	2		1		1	2		2
博士研究生	1		1						

5-6b　续表 2

单位：人

受教育程度	初婚年龄								
	18岁			19岁			20岁		
	小计	男	女	小计	男	女	小计	男	女
总　计	**36834**	**7404**	**29430**	**64358**	**16906**	**47452**	**90997**	**28675**	**62322**
未上过学	1854	76	1778	2538	241	2297	2650	293	2357
学前教育	84	10	74	91	12	79	106	26	80
小　学	14080	1922	12158	21953	4366	17587	26856	7030	19826
初　中	16094	3867	12227	30107	8941	21166	44845	15230	29615
高　中	3589	1144	2445	7365	2597	4768	12063	4685	7378
大学专科	875	283	592	1818	574	1244	3377	1085	2292
大学本科	253	100	153	479	170	309	1085	319	766
硕士研究生	5	2	3	6	4	2	13	6	7
博士研究生				1	1		2	1	1

5-6b　续表 3

单位：人

受教育程度	初婚年龄								
	21岁			22岁			23岁		
	小计	男	女	小计	男	女	小计	男	女
总　计	**103359**	**42785**	**60574**	**110250**	**55414**	**54836**	**96816**	**52443**	**44373**
未上过学	2029	339	1690	1579	330	1249	1132	290	842
学前教育	95	15	80	78	23	55	67	29	38
小　学	25597	9125	16472	23391	10275	13116	17592	8722	8870
初　中	52566	22934	29632	55979	29512	26467	47592	26699	20893
高　中	16280	7676	8604	19285	10574	8711	18360	10674	7686
大学专科	5052	1999	3053	7084	3370	3714	8096	4098	3998
大学本科	1701	682	1019	2790	1295	1495	3890	1891	1999
硕士研究生	36	14	22	51	27	24	77	36	41
博士研究生	3	1	2	13	8	5	10	4	6

5-6b 续表 4

单位：人

受教育程度	初婚年龄								
	24岁			25岁			26岁		
	小计	男	女	小计	男	女	小计	男	女
总　计	**81203**	**47781**	**33422**	**62904**	**39207**	**23697**	**45524**	**30189**	**15335**
未上过学	789	249	540	570	212	358	388	158	230
学前教育	45	24	21	27	7	20	24	9	15
小　学	13348	7296	6052	9287	5505	3782	6304	3909	2395
初　中	37705	22798	14907	27586	17449	10137	18838	12631	6207
高　中	16209	10200	6009	12926	8516	4410	9375	6592	2783
大学专科	8228	4602	3626	7325	4494	2831	5942	3932	2010
大学本科	4721	2518	2203	5009	2934	2075	4419	2840	1579
硕士研究生	144	88	56	152	76	76	218	110	108
博士研究生	14	6	8	22	14	8	16	8	8

5-6b 续表 5

单位：人

受教育程度	初婚年龄								
	27岁			28岁			29岁		
	小计	男	女	小计	男	女	小计	男	女
总　计	**32653**	**22454**	**10199**	**22659**	**15942**	**6717**	**16001**	**11166**	**4835**
未上过学	327	127	200	245	79	166	202	77	125
学前教育	17	7	10	15	8	7	14	5	9
小　学	4703	2997	1706	3354	2226	1128	2548	1630	918
初　中	13079	9071	4008	9138	6420	2718	6667	4565	2102
高　中	6652	4794	1858	4526	3292	1234	3064	2257	807
大学专科	4324	3007	1317	2912	2124	788	1881	1398	483
大学本科	3350	2337	1013	2285	1687	598	1512	1164	348
硕士研究生	185	102	83	165	96	69	98	60	38
博士研究生	16	12	4	19	10	9	15	10	5

5-6b　续表 6

单位：人

受教育程度	初婚年龄								
	30岁			31岁			32岁		
	小计	男	女	小计	男	女	小计	男	女
总　计	**11417**	**7827**	**3590**	**8326**	**5620**	**2706**	**6336**	**4142**	**2194**
未上过学	181	68	113	155	59	96	104	39	65
学前教育	9	4	5	8	3	5	12	5	7
小　学	2018	1244	774	1544	980	564	1302	815	487
初　中	4923	3317	1606	3705	2456	1249	2811	1787	1024
高　中	2064	1520	544	1505	1072	433	1130	771	359
大学专科	1224	917	307	811	600	211	575	407	168
大学本科	907	690	217	530	402	128	366	289	77
硕士研究生	72	52	20	56	37	19	32	25	7
博士研究生	19	15	4	12	11	1	4	4	

5-6b　续表 7

单位：人

受教育程度	初婚年龄								
	33岁			34岁			35岁		
	小计	男	女	小计	男	女	小计	男	女
总　计	**4742**	**3134**	**1608**	**3735**	**2496**	**1239**	**2809**	**1889**	**920**
未上过学	75	26	49	78	27	51	60	27	33
学前教育	3		3	4	2	2	1		1
小　学	924	568	356	770	499	271	614	400	214
初　中	2200	1440	760	1709	1137	572	1282	870	412
高　中	904	636	268	711	493	218	507	346	161
大学专科	386	274	112	280	201	79	217	153	64
大学本科	235	180	55	168	124	44	116	86	30
硕士研究生	14	9	5	12	10	2	9	5	4
博士研究生	1	1		3	3		3	2	1

5-6b 续表 8 单位：人

受教育程度	初婚年龄								
	36岁			37岁			38岁		
	小计	男	女	小计	男	女	小计	男	女
总　计	**2133**	**1411**	**722**	**1648**	**1061**	**587**	**1414**	**922**	**492**
未上过学	42	15	27	39	16	23	36	9	27
学前教育	2	2		2	1	1	2		2
小　学	440	267	173	393	238	155	337	188	149
初　中	977	645	332	742	474	268	654	440	214
高　中	414	299	115	293	199	94	234	161	73
大学专科	179	122	57	120	92	28	98	82	16
大学本科	70	55	15	55	40	15	47	37	10
硕士研究生	8	5	3	3	1	2	5	4	1
博士研究生	1	1		1		1	1	1	

5-6b 续表 9 单位：人

受教育程度	初婚年龄					
	39岁			40岁及以上		
	小计	男	女	小计	男	女
总　计	**1168**	**753**	**415**	**6303**	**3797**	**2506**
未上过学	37	13	24	211	62	149
学前教育				9		9
小　学	309	177	132	1987	1032	955
初　中	522	339	183	2632	1634	998
高　中	201	152	49	958	665	293
大学专科	62	42	20	338	264	74
大学本科	36	29	7	154	126	28
硕士研究生	1	1		12	12	
博士研究生				2	2	

5-6c　全省分性别、受教育程度、初婚年龄的人口(乡村)

单位：人

受教育程度	初婚年龄					
	合　计			15岁以下		
	合计	男	女	小计	男	女
总　计	**1294818**	**633672**	**661146**	**2831**	**348**	**2483**
未上过学	51369	8079	43290	310	8	302
学前教育	2333	508	1825	16		16
小　学	471965	183145	288820	1512	127	1385
初　中	620062	344990	275072	842	164	678
高　中	112349	73827	38522	129	38	91
大学专科	26997	16790	10207	18	8	10
大学本科	9365	6076	3289	4	3	1
硕士研究生	337	231	106			
博士研究生	41	26	15			

5-6c　续表 1

单位：人

受教育程度	初婚年龄								
	15岁			16岁			17岁		
	小计	男	女	小计	男	女	小计	男	女
总　计	**14049**	**1649**	**12400**	**26204**	**3185**	**23019**	**47783**	**7363**	**40420**
未上过学	1425	36	1389	2500	68	2432	4147	116	4031
学前教育	62	5	57	107	3	104	165	9	156
小　学	7383	517	6866	13434	964	12470	23780	2356	21424
初　中	4478	848	3630	8864	1733	7131	17141	3970	13171
高　中	585	181	404	1136	352	784	2238	774	1464
大学专科	94	45	49	122	42	80	269	116	153
大学本科	22	17	5	40	22	18	42	21	21
硕士研究生				1	1		1	1	
博士研究生									

5-6c 续表 2

单位：人

受教育程度	初婚年龄								
	18岁			19岁			20岁		
	小计	男	女	小计	男	女	小计	男	女
总　计	**77888**	**15889**	**61999**	**124764**	**34851**	**89913**	**166672**	**59042**	**107630**
未上过学	5676	238	5438	7482	561	6921	7919	838	7081
学前教育	232	13	219	304	37	267	333	48	285
小　学	36954	5121	31833	55107	11479	43628	67436	18789	48647
初　中	30434	8630	21804	53166	18686	34480	77109	32136	44973
高　中	4024	1642	2382	7536	3596	3940	11751	6240	5511
大学专科	473	203	270	993	418	575	1778	838	940
大学本科	95	42	53	169	70	99	335	150	185
硕士研究生				6	4	2	8	3	5
博士研究生				1		1	3		3

5-6c 续表 3

单位：人

受教育程度	初婚年龄								
	21岁			22岁			23岁		
	小计	男	女	小计	男	女	小计	男	女
总　计	**172548**	**81585**	**90963**	**168029**	**96046**	**71983**	**131041**	**80613**	**50428**
未上过学	5614	946	4668	4263	1006	3257	2820	758	2062
学前教育	275	66	209	203	61	142	148	60	88
小　学	61760	23861	37899	53778	25926	27852	39480	21328	18152
初　中	86946	45776	41170	88932	54896	34036	70093	45730	24363
高　中	14835	9281	5554	16586	11595	4991	14074	10092	3982
大学专科	2553	1359	1194	3371	2042	1329	3410	2059	1351
大学本科	560	293	267	879	509	370	994	573	421
硕士研究生	4	2	2	13	8	5	19	12	7
博士研究生	1	1		4	3	1	3	1	2

5-6c　续表 4

单位：人

受教育程度	初婚年龄								
	24岁			25岁			26岁		
	小计	男	女	小计	男	女	小计	男	女
总　计	**99645**	**65610**	**34035**	**71650**	**49846**	**21804**	**50489**	**36125**	**14364**
未上过学	2118	731	1387	1463	536	927	1167	457	710
学前教育	102	34	68	97	44	53	59	34	25
小　学	28642	17123	11519	20542	13266	7276	14387	9743	4644
初　中	52536	36268	16268	36751	26707	10044	25523	18960	6563
高　中	11450	8398	3052	8469	6413	2056	5898	4580	1318
大学专科	3480	2225	1255	3024	2019	1005	2309	1556	753
大学本科	1273	798	475	1266	833	433	1094	761	333
硕士研究生	40	30	10	34	24	10	51	34	17
博士研究生	4	3	1	4	4		1		1

5-6c　续表 5

单位：人

受教育程度	初婚年龄								
	27岁			28岁			29岁		
	小计	男	女	小计	男	女	小计	男	女
总　计	**35918**	**26212**	**9706**	**25632**	**18722**	**6910**	**18626**	**13621**	**5005**
未上过学	821	335	486	678	274	404	523	219	304
学前教育	41	20	21	30	9	21	24	14	10
小　学	10525	7273	3252	7842	5478	2364	5980	4157	1823
初　中	17725	13421	4304	12441	9392	3049	8977	6796	2181
高　中	4090	3187	903	2715	2115	600	1889	1484	405
大学专科	1767	1279	488	1231	937	294	757	587	170
大学本科	893	666	227	647	480	167	441	340	101
硕士研究生	51	29	22	44	34	10	27	18	9
博士研究生	5	2	3	4	3	1	8	6	2

5-6c　续表 6

单位：人

受教育程度	初婚年龄								
	30岁			31岁			32岁		
	小计	男	女	小计	男	女	小计	男	女
总　计	**14041**	**10152**	**3889**	**10151**	**7205**	**2946**	**7838**	**5662**	**2176**
未上过学	444	183	261	367	135	232	276	122	154
学前教育	27	10	17	17	6	11	8	4	4
小　学	4815	3326	1489	3474	2365	1109	2841	1987	854
初　中	6671	5023	1648	4919	3618	1301	3759	2788	971
高　中	1325	1019	306	923	720	203	693	554	139
大学专科	485	372	113	313	247	66	184	142	42
大学本科	256	207	49	129	105	24	70	59	11
硕士研究生	17	11	6	8	8		7	6	1
博士研究生	1	1		1	1				

5-6c　续表 7

单位：人

受教育程度	初婚年龄								
	33岁			34岁			35岁		
	小计	男	女	小计	男	女	小计	男	女
总　计	**5739**	**4122**	**1617**	**4423**	**3201**	**1222**	**3454**	**2474**	**980**
未上过学	209	78	131	190	89	101	150	60	90
学前教育	12	6	6	15	3	12	6	2	4
小　学	2066	1429	637	1689	1155	534	1367	940	427
初　中	2814	2116	698	2095	1592	503	1585	1202	383
高　中	489	374	115	330	277	53	265	201	64
大学专科	100	80	20	66	50	16	55	44	11
大学本科	46	36	10	37	34	3	24	23	1
硕士研究生	3	3		1	1		1	1	
博士研究生							1	1	

5-6c　续表 8

单位：人

受教育程度	初婚年龄								
	36岁			37岁			38岁		
	小计	男	女	小计	男	女	小计	男	女
总　计	**2584**	**1871**	**713**	**2193**	**1566**	**627**	**1690**	**1167**	**523**
未上过学	115	48	67	104	30	74	90	44	46
学前教育	9	6	3	7	4	3	4	2	2
小　学	1005	699	306	912	641	271	756	493	263
初　中	1215	928	287	1010	761	249	711	529	182
高　中	183	144	39	132	106	26	99	77	22
大学专科	39	32	7	21	19	2	23	18	5
大学本科	18	14	4	6	4	2	7	4	3
硕士研究生				1	1				
博士研究生									

5-6c　续表 9

单位：人

受教育程度	初婚年龄					
	39岁			40岁及以上		
	小计	男	女	小计	男	女
总　计	**1409**	**919**	**490**	**7527**	**4626**	**2901**
未上过学	53	17	36	445	146	299
学前教育	2		2	28	8	20
小　学	668	408	260	3830	2194	1636
初　中	590	417	173	2735	1903	832
高　中	77	63	14	428	324	104
大学专科	13	9	4	49	44	5
大学本科	6	5	1	12	7	5
硕士研究生						
博士研究生						

第二部分 长表数据资料

第六卷 生育

6－1 各地区分性别、孩次的出生人口
(2019.11.1－2020.10.31)

单位：人

地区	出生人数				第一孩			
	合计	男	女	性别比(女=100)	小计	男	女	性别比(女=100)
全省	**41633**	**22941**	**18692**	**122.73**	**16527**	**9008**	**7519**	**119.80**
南昌市	**5832**	**3133**	**2699**	**116.08**	**2666**	**1409**	**1257**	**112.09**
东湖区	309	163	146	111.64	163	85	78	108.97
西湖区	410	215	195	110.26	215	107	108	99.07
青云谱区	286	141	145	97.24	139	69	70	98.57
青山湖区	1231	678	553	122.60	595	322	273	117.95
新建区	907	476	431	110.44	390	190	200	95.00
红谷滩区	536	294	242	121.49	240	128	112	114.29
南昌县	1450	779	671	116.10	651	358	293	122.18
安义县	199	115	84	136.90	80	49	31	158.06
进贤县	504	272	232	117.24	193	101	92	109.78
景德镇市	**1343**	**734**	**609**	**120.53**	**572**	**299**	**273**	**109.52**
昌江区	173	86	87	98.85	83	42	41	102.44
珠山区	309	173	136	127.21	163	89	74	120.27
浮梁县	244	135	109	123.85	103	51	52	98.08
乐平市	617	340	277	122.74	223	117	106	110.38
萍乡市	**1608**	**871**	**737**	**118.18**	**672**	**359**	**313**	**114.70**
安源区	464	232	232	100.00	219	113	106	106.60
湘东区	232	139	93	149.46	93	57	36	158.33
莲花县	230	130	100	130.00	76	43	33	130.30
上栗县	464	250	214	116.82	191	93	98	94.90
芦溪县	218	120	98	122.45	93	53	40	132.50
九江市	**4003**	**2228**	**1775**	**125.52**	**1614**	**888**	**726**	**122.31**
濂溪区	354	207	147	140.82	166	93	73	127.40
浔阳区	342	187	155	120.65	153	77	76	101.32
柴桑区	276	161	115	140.00	109	70	39	179.49
武宁县	294	152	142	107.04	102	51	51	100.00
修水县	636	341	295	115.59	251	127	124	102.42
永修县	228	127	101	125.74	101	58	43	134.88
德安县	128	72	56	128.57	41	22	19	115.79
都昌县	561	312	249	125.30	222	128	94	136.17
湖口县	198	103	95	108.42	89	44	45	97.78
彭泽县	208	119	89	133.71	89	51	38	134.21
瑞昌市	437	254	183	138.80	157	98	59	166.10
共青城市	127	70	57	122.81	48	25	23	108.70
庐山市	214	123	91	135.16	86	44	42	104.76
新余市	**925**	**517**	**408**	**126.72**	**308**	**160**	**148**	**108.11**
渝水区	693	384	309	124.27	239	123	116	106.03
分宜县	232	133	99	134.34	69	37	32	115.63
鹰潭市	**1041**	**573**	**468**	**122.44**	**441**	**226**	**215**	**105.12**
月湖区	281	146	135	108.15	129	57	72	79.17
余江区	309	176	133	132.33	137	73	64	114.06
贵溪市	451	251	200	125.50	175	96	79	121.52
赣州市	**9129**	**5140**	**3989**	**128.85**	**3499**	**1994**	**1505**	**132.49**
章贡区	1219	677	542	124.91	526	296	230	128.70
南康区	845	499	346	144.22	337	205	132	155.30
赣县区	525	281	244	115.16	198	102	96	106.25
信丰县	531	296	235	125.96	196	107	89	120.22
大余县	228	131	97	135.05	87	50	37	135.14
上犹县	255	135	120	112.50	92	49	43	113.95
崇义县	220	123	97	126.80	81	39	42	92.86
安远县	332	194	138	140.58	131	72	59	122.03
定南县	203	116	87	133.33	79	40	39	102.56
全南县	211	110	101	108.91	75	37	38	97.37

6-1　续表 1

单位：人

地　区	出生人数				第　一　孩			
	合计	男	女	性别比（女=100）	小计	男	女	性别比（女=100）
宁都县	780	460	320	143.75	281	163	118	138.14
于都县	1028	576	452	127.43	405	249	156	159.62
兴国县	792	440	352	125.00	244	136	108	125.93
会昌县	539	323	216	149.54	204	128	76	168.42
寻乌县	308	168	140	120.00	109	52	57	91.23
石城县	270	156	114	136.84	103	60	43	139.53
瑞金市	554	301	253	118.97	230	137	93	147.31
龙南市	289	154	135	114.07	121	72	49	146.94
吉安市	**4123**	**2274**	**1849**	**122.99**	**1401**	**769**	**632**	**121.68**
吉州区	369	195	174	112.07	155	76	79	96.20
青原区	268	139	129	107.75	89	46	43	106.98
吉安县	386	225	161	139.75	141	82	59	138.98
吉水县	358	217	141	153.90	106	70	36	194.44
峡江县	138	75	63	119.05	48	25	23	108.70
新干县	281	154	127	121.26	97	48	49	97.96
永丰县	370	203	167	121.56	114	61	53	115.09
泰和县	444	228	216	105.56	152	83	69	120.29
遂川县	473	267	206	129.61	141	78	63	123.81
万安县	251	136	115	118.26	92	50	42	119.05
安福县	242	135	107	126.17	72	38	34	111.76
永新县	422	236	186	126.88	152	89	63	141.27
井冈山市	121	64	57	112.28	42	23	19	121.05
宜春市	**4282**	**2334**	**1948**	**119.82**	**1585**	**842**	**743**	**113.32**
袁州区	1109	618	491	125.87	412	227	185	122.70
奉新县	200	113	87	129.89	74	43	31	138.71
万载县	462	241	221	109.05	141	74	67	110.45
上高县	271	141	130	108.46	92	47	45	104.44
宜丰县	198	108	90	120.00	78	43	35	122.86
靖安县	89	45	44	102.27	38	20	18	111.11
铜鼓县	106	57	49	116.33	47	26	21	123.81
丰城市	817	434	383	113.32	330	174	156	111.54
樟树市	378	208	170	122.35	151	74	77	96.10
高安市	652	369	283	130.39	222	114	108	105.56
抚州市	**3359**	**1849**	**1510**	**122.45**	**1301**	**704**	**597**	**117.92**
临川区	1055	598	457	130.85	420	226	194	116.49
东乡区	315	162	153	105.88	109	56	53	105.66
南城县	184	95	89	106.74	89	46	43	106.98
黎川县	233	122	111	109.91	110	63	47	134.04
南丰县	196	99	97	102.06	71	32	39	82.05
崇仁县	365	193	172	112.21	130	71	59	120.34
乐安县	295	175	120	145.83	97	56	41	136.59
宜黄县	177	92	85	108.24	78	39	39	100.00
金溪县	284	165	119	138.66	101	57	44	129.55
资溪县	67	39	28	139.29	25	15	10	150.00
广昌县	188	109	79	137.97	71	43	28	153.57
上饶市	**5988**	**3288**	**2700**	**121.78**	**2468**	**1358**	**1110**	**122.34**
信州区	599	331	268	123.51	284	154	130	118.46
广丰区	804	445	359	123.96	347	205	142	144.37
广信区	748	392	356	110.11	325	183	142	128.87
玉山县	389	209	180	116.11	156	87	69	126.09
铅山县	257	145	112	129.46	114	56	58	96.55
横峰县	123	65	58	112.07	38	19	19	100.00
弋阳县	275	153	122	125.41	101	53	48	110.42
余干县	852	489	363	134.71	316	180	136	132.35
鄱阳县	1134	607	527	115.18	452	231	221	104.52
万年县	298	173	125	138.40	122	77	45	171.11
婺源县	282	149	133	112.03	123	66	57	115.79
德兴市	227	130	97	134.02	90	47	43	109.30

6−1 续表 2

单位：人

地区	第二孩				第三孩			
	小计	男	女	性别比（女=100）	小计	男	女	性别比（女=100）
全 省	**18095**	**9615**	**8480**	**113.38**	**5779**	**3541**	**2238**	**158.22**
南昌市	**2463**	**1292**	**1171**	**110.33**	**585**	**354**	**231**	**153.25**
东湖区	121	63	58	108.62	23	13	10	130.00
西湖区	171	95	76	125.00	21	10	11	90.91
青云谱区	129	62	67	92.54	13	8	5	160.00
青山湖区	517	278	239	116.32	106	70	36	194.44
新建区	336	180	156	115.38	140	79	61	129.51
红谷滩区	247	132	115	114.78	39	27	12	225.00
南昌县	628	317	311	101.93	140	84	56	150.00
安义县	77	42	35	120.00	38	22	16	137.50
进贤县	237	123	114	107.89	65	41	24	170.83
景德镇市	**624**	**347**	**277**	**125.27**	**128**	**78**	**50**	**156.00**
昌江区	73	37	36	102.78	16	6	10	60.00
珠山区	132	75	57	131.58	13	9	4	225.00
浮梁县	124	75	49	153.06	13	7	6	116.67
乐平市	295	160	135	118.52	86	56	30	186.67
萍乡市	**750**	**395**	**355**	**111.27**	**158**	**97**	**61**	**159.02**
安源区	219	107	112	95.54	25	12	13	92.31
湘东区	114	64	50	128.00	24	17	7	242.86
莲花县	119	65	54	120.37	31	20	11	181.82
上栗县	202	109	93	117.20	53	32	21	152.38
芦溪县	96	50	46	108.70	25	16	9	177.78
九江市	**1851**	**995**	**856**	**116.24**	**462**	**294**	**168**	**175.00**
濂溪区	167	98	69	142.03	21	16	5	320.00
浔阳区	169	96	73	131.51	18	13	5	260.00
柴桑区	126	71	55	129.09	35	19	16	118.75
武宁县	139	68	71	95.77	47	29	18	161.11
修水县	293	165	128	128.91	83	42	41	102.44
永修县	87	43	44	97.73	31	19	12	158.33
德安县	74	40	34	117.65	12	10	2	500.00
都昌县	244	123	121	101.65	81	55	26	211.54
湖口县	93	48	45	106.67	13	9	4	225.00
彭泽县	99	54	45	120.00	14	10	4	250.00
瑞昌市	217	113	104	108.65	55	36	19	189.47
共青城市	59	31	28	110.71	17	11	6	183.33
庐山市	84	45	39	115.38	35	25	10	250.00
新余市	**476**	**260**	**216**	**120.37**	**135**	**93**	**42**	**221.43**
渝水区	365	198	167	118.56	87	62	25	248.00
分宜县	111	62	49	126.53	48	31	17	182.35
鹰潭市	**446**	**244**	**202**	**120.79**	**135**	**89**	**46**	**193.48**
月湖区	113	63	50	126.00	36	24	12	200.00
余江区	122	72	50	144.00	44	27	17	158.82
贵溪市	211	109	102	106.86	55	38	17	223.53
赣州市	**3756**	**2017**	**1739**	**115.99**	**1441**	**873**	**568**	**153.70**
章贡区	544	289	255	113.33	126	77	49	157.14
南康区	346	192	154	124.68	131	81	50	162.00
赣县区	216	120	96	125.00	91	46	45	102.22
信丰县	226	124	102	121.57	84	53	31	170.97
大余县	107	58	49	118.37	29	20	9	222.22
上犹县	111	59	52	113.46	38	21	17	123.53
崇义县	96	56	40	140.00	37	24	13	184.62
安远县	127	73	54	135.19	55	37	18	205.56
定南县	99	60	39	153.85	22	14	8	175.00
全南县	92	46	46	100.00	31	21	10	210.00

6-1 续表 3

单位：人

地 区	第二孩				第三孩			
	小计	男	女	性别比(女=100)	小计	男	女	性别比(女=100)
宁都县	285	162	123	131.71	149	98	51	192.16
于都县	376	175	201	87.06	177	111	66	168.18
兴国县	319	171	148	115.54	163	97	66	146.97
会昌县	220	128	92	139.13	86	49	37	132.43
寻乌县	133	74	59	125.42	50	29	21	138.10
石城县	111	58	53	109.43	48	33	15	220.00
瑞金市	214	107	107	100.00	94	49	45	108.89
龙南市	134	65	69	94.20	30	13	17	76.47
吉安市	**1821**	**948**	**873**	**108.59**	**763**	**460**	**303**	**151.82**
吉州区	163	89	74	120.27	44	25	19	131.58
青原区	129	65	64	101.56	43	22	21	104.76
吉安县	148	78	70	111.43	83	54	29	186.21
吉水县	160	85	75	113.33	78	51	27	188.89
峡江县	54	27	27	100.00	29	18	11	163.64
新干县	115	57	58	98.28	60	43	17	252.94
永丰县	143	75	68	110.29	91	51	40	127.50
泰和县	219	109	110	99.09	67	32	35	91.43
遂川县	203	112	91	123.08	105	63	42	150.00
万安县	109	52	57	91.23	37	23	14	164.29
安福县	127	69	58	118.97	43	28	15	186.67
永新县	193	98	95	103.16	65	42	23	182.61
井冈山市	58	32	26	123.08	18	8	10	80.00
宜春市	**1816**	**954**	**862**	**110.67**	**736**	**445**	**291**	**152.92**
袁州区	447	239	208	114.90	199	121	78	155.13
奉新县	94	52	42	123.81	28	16	12	133.33
万载县	164	84	80	105.00	112	57	55	103.64
上高县	126	65	61	106.56	49	26	23	113.04
宜丰县	91	46	45	102.22	25	17	8	212.50
靖安县	37	17	20	85.00	11	5	6	83.33
铜鼓县	45	23	22	104.55	12	8	4	200.00
丰城市	346	172	174	98.85	128	78	50	156.00
樟树市	168	90	78	115.38	51	38	13	292.31
高安市	298	166	132	125.76	121	79	42	188.10
抚州市	**1469**	**775**	**694**	**111.67**	**477**	**298**	**179**	**166.48**
临川区	444	246	198	124.24	160	105	55	190.91
东乡区	160	85	75	113.33	36	18	18	100.00
南城县	69	36	33	109.09	24	12	12	100.00
黎川县	100	48	52	92.31	21	10	11	90.91
南丰县	102	51	51	100.00	21	16	5	320.00
崇仁县	151	73	78	93.59	56	32	24	133.33
乐安县	114	65	49	132.65	67	43	24	179.17
宜黄县	79	39	40	97.50	16	11	5	220.00
金溪县	136	73	63	115.87	38	27	11	245.45
资溪县	31	16	15	106.67	9	6	3	200.00
广昌县	83	43	40	107.50	29	18	11	163.64
上饶市	**2623**	**1388**	**1235**	**112.39**	**759**	**460**	**299**	**153.85**
信州区	261	144	117	123.08	50	33	17	194.12
广丰区	328	175	153	114.38	109	55	54	101.85
广信区	320	153	167	91.62	84	49	35	140.00
玉山县	190	98	92	106.52	31	16	15	106.67
铅山县	110	63	47	134.04	32	25	7	357.14
横峰县	65	33	32	103.13	17	11	6	183.33
弋阳县	127	69	58	118.97	35	23	12	191.67
余干县	357	198	159	124.53	157	94	63	149.21
鄱阳县	488	255	233	109.44	169	106	63	168.25
万年县	130	64	66	96.97	34	22	12	183.33
婺源县	137	71	66	107.58	20	11	9	122.22
德兴市	110	65	45	144.44	21	15	6	250.00

6-1 续表 4

单位：人

地区	第四孩				第五孩及以上			
	小计	男	女	性别比（女=100）	小计	男	女	性别比（女=100）
全　省	**966**	**618**	**348**	**177.59**	**266**	**159**	**107**	**148.60**
南昌市	**94**	**62**	**32**	**193.75**	**24**	**16**	**8**	**200.00**
东湖区	1	1			1	1		
西湖区					3	3		
青云谱区	5	2	3	66.67				
青山湖区	13	8	5	160.00				
新建区	30	20	10	200.00	11	7	4	175.00
红谷滩区	7	5	2	250.00	3	2	1	200.00
南昌县	28	18	10	180.00	3	2	1	200.00
安义县	2	1	1	100.00	2	1	1	100.00
进贤县	8	7	1	700.00	1		1	
景德镇市	**17**	**8**	**9**	**88.89**	**2**	**2**		
昌江区					1	1		
珠山区	1		1					
浮梁县	4	2	2	100.00				
乐平市	12	6	6	100.00	1	1		
萍乡市	**25**	**17**	**8**	**212.50**	**3**	**3**		
安源区	1		1					
湘东区	1	1						
莲花县	3	1	2	50.00	1	1		
上栗县	16	14	2	700.00	2	2		
芦溪县	4	1	3	33.33				
九江市	**60**	**40**	**20**	**200.00**	**16**	**11**	**5**	**220.00**
濂溪区								
浔阳区	2	1	1	100.00				
柴桑区	5	1	4	25.00	1		1	
武宁县	5	3	2	150.00	1	1		
修水县	8	6	2	300.00	1	1		
永修县	6	6			3	1	2	50.00
德安县	1		1					
都昌县	11	5	6	83.33	3	1	2	50.00
湖口县	3	2	1	200.00				
彭泽县	6	4	2	200.00				
瑞昌市	5	4	1	400.00	3	3		
共青城市	1	1			2	2		
庐山市	7	7			2	2		
新余市	**6**	**4**	**2**	**200.00**				
渝水区	2	1	1	100.00				
分宜县	4	3	1	300.00				
鹰潭市	**17**	**12**	**5**	**240.00**	**2**	**2**		
月湖区	3	2	1	200.00				
余江区	6	4	2	200.00				
贵溪市	8	6	2	300.00	2	2		
赣州市	**318**	**188**	**130**	**144.62**	**115**	**68**	**47**	**144.68**
章贡区	18	12	6	200.00	5	3	2	150.00
南康区	23	16	7	228.57	8	5	3	166.67
赣县区	15	10	5	200.00	5	3	2	150.00
信丰县	17	6	11	54.55	8	6	2	300.00
大余县	5	3	2	150.00				
上犹县	9	3	6	50.00	5	3	2	150.00
崇义县	6	4	2	200.00				
安远县	12	8	4	200.00	7	4	3	133.33
定南县	3	2	1	200.00				
全南县	12	6	6	100.00	1		1	

6-1　续表 5

单位：人

地　区	第四孩				第五孩及以上			
	小计	男	女	性别比（女=100）	小计	男	女	性别比（女=100）
宁都县	48	27	21	128.57	17	10	7	142.86
于都县	48	28	20	140.00	22	13	9	144.44
兴国县	45	26	19	136.84	21	10	11	90.91
会昌县	21	11	10	110.00	8	7	1	700.00
寻乌县	14	12	2	600.00	2	1	1	100.00
石城县	5	3	2	150.00	3	2	1	200.00
瑞金市	13	7	6	116.67	3	1	2	50.00
龙南市	4	4						
吉安市	**116**	**82**	**34**	**241.18**	**22**	**15**	**7**	**214.29**
吉州区	5	3	2	150.00	2	2		
青原区	6	5	1	500.00	1	1		
吉安县	10	9	1	900.00	4	2	2	100.00
吉水县	14	11	3	366.67				
峡江县	7	5	2	250.00				
新干县	8	5	3	166.67	1	1		
永丰县	20	14	6	233.33	2	2		
泰和县	5	4	1	400.00	1		1	
遂川县	19	11	8	137.50	5	3	2	150.00
万安县	9	8	1	800.00	4	3	1	300.00
安福县								
永新县	10	6	4	150.00	2	1	1	100.00
井冈山市	3	1	2	50.00				
宜春市	**109**	**75**	**34**	**220.59**	**36**	**18**	**18**	**100.00**
袁州区	38	25	13	192.31	13	6	7	85.71
奉新县	2	1	1	100.00	2	1	1	100.00
万载县	32	21	11	190.91	13	5	8	62.50
上高县	4	3	1	300.00				
宜丰县	4	2	2	100.00				
靖安县	2	2			1	1		
铜鼓县	1		1		1		1	
丰城市	12	9	3	300.00	1	1		
樟树市	7	5	2	250.00	1	1		
高安市	7	7			4	3	1	300.00
抚州市	**91**	**60**	**31**	**193.55**	**21**	**12**	**9**	**133.33**
临川区	25	17	8	212.50	6	4	2	200.00
东乡区	8	3	5	60.00	2		2	
南城县	1		1		1	1		
黎川县	2	1	1	100.00				
南丰县	2		2					
崇仁县	20	13	7	185.71	8	4	4	100.00
乐安县	16	11	5	220.00	1		1	
宜黄县	3	2	1	200.00	1	1		
金溪县	9	8	1	800.00				
资溪县	2	2						
广昌县	3	3			2	2		
上饶市	**113**	**70**	**43**	**162.79**	**25**	**12**	**13**	**92.31**
信州区	3		3		1		1	
广丰区	15	9	6	150.00	5	1	4	25.00
广信区	17	7	10	70.00	2		2	
玉山县	9	5	4	125.00	3	3		
铅山县					1	1		
横峰县	2	1	1	100.00	1	1		
弋阳县	10	7	3	233.33	2	1	1	100.00
余干县	19	15	4	375.00	3	2	1	200.00
鄱阳县	20	14	6	233.33	5	1	4	25.00
万年县	10	8	2	400.00	2	2		
婺源县	2	1	1	100.00				
德兴市	6	3	3	100.00				

6－1a 各地区分性别、孩次的出生人口
(2019.11.1－2020.10.31)(城市)

单位：人

地区	出生人数				第一孩			
	合计	男	女	性别比(女=100)	小计	男	女	性别比(女=100)
全省	**12656**	**6919**	**5737**	**120.60**	**5445**	**2923**	**2522**	**115.90**
南昌市	**3074**	**1655**	**1419**	**116.63**	**1468**	**764**	**704**	**108.52**
东湖区	275	147	128	114.84	150	78	72	108.33
西湖区	410	215	195	110.26	215	107	108	99.07
青云谱区	284	140	144	97.22	139	69	70	98.57
青山湖区	1077	595	482	123.44	519	282	237	118.99
新建区	518	281	237	118.57	219	110	109	100.92
红谷滩区	506	274	232	118.10	225	117	108	108.33
南昌县	4	3	1	300.00	1	1		
安义县								
进贤县								
景德镇市	**609**	**318**	**291**	**109.28**	**283**	**144**	**139**	**103.60**
昌江区	134	62	72	86.11	64	29	35	82.86
珠山区	294	163	131	124.43	153	83	70	118.57
浮梁县	16	8	8	100.00	5	1	4	25.00
乐平市	165	85	80	106.25	61	31	30	103.33
萍乡市	**515**	**274**	**241**	**113.69**	**242**	**132**	**110**	**120.00**
安源区	411	208	203	102.46	197	104	93	111.83
湘东区	101	64	37	172.97	45	28	17	164.71
莲花县								
上栗县	3	2	1	200.00				
芦溪县								
九江市	**1048**	**601**	**447**	**134.45**	**462**	**254**	**208**	**122.12**
濂溪区	301	178	123	144.72	142	79	63	125.40
浔阳区	342	187	155	120.65	153	77	76	101.32
柴桑区	107	61	46	132.61	41	25	16	156.25
武宁县								
修水县								
永修县								
德安县								
都昌县								
湖口县								
彭泽县								
瑞昌市	135	82	53	154.72	60	36	24	150.00
共青城市	78	45	33	136.36	30	18	12	150.00
庐山市	85	48	37	129.73	36	19	17	111.76
新余市	**580**	**330**	**250**	**132.00**	**201**	**108**	**93**	**116.13**
渝水区	580	330	250	132.00	201	108	93	116.13
分宜县								
鹰潭市	**529**	**296**	**233**	**127.04**	**233**	**116**	**117**	**99.15**
月湖区	265	136	129	105.43	121	51	70	72.86
余江区	87	55	32	171.88	43	26	17	152.94
贵溪市	177	105	72	145.83	69	39	30	130.00
赣州市	**2144**	**1189**	**955**	**124.50**	**882**	**506**	**376**	**134.57**
章贡区	1078	597	481	124.12	462	260	202	128.71
南康区	434	246	188	130.85	177	103	74	139.19
赣县区	234	124	110	112.73	88	46	42	109.52
信丰县								
大余县								
上犹县								
崇义县								
安远县								
定南县								
全南县								

6—1a　续表 1

单位：人

地　区	出生人数				第　一　孩			
	合计	男	女	性别比(女=100)	小计	男	女	性别比(女=100)
宁都县								
于都县								
兴国县								
会昌县								
寻乌县	1	1						
石城县								
瑞金市	237	132	105	125.71	89	56	33	169.70
龙南市	160	89	71	125.35	66	41	25	164.00
吉安市	**493**	**258**	**235**	**109.79**	**180**	**88**	**92**	**95.65**
吉州区	304	165	139	118.71	126	64	62	103.23
青原区	146	73	73	100.00	44	21	23	91.30
吉安县								
吉水县								
峡江县								
新干县								
永丰县								
泰和县								
遂川县								
万安县								
安福县								
永新县								
井冈山市	43	20	23	86.96	10	3	7	42.86
宜春市	**1452**	**803**	**649**	**123.73**	**562**	**302**	**260**	**116.15**
袁州区	699	409	290	141.03	281	163	118	138.14
奉新县								
万载县								
上高县								
宜丰县								
靖安县								
铜鼓县								
丰城市	318	162	156	103.85	132	67	65	103.08
樟树市	194	101	93	108.60	75	36	39	92.31
高安市	241	131	110	119.09	74	36	38	94.74
抚州市	**769**	**416**	**353**	**117.85**	**296**	**163**	**133**	**122.56**
临川区	562	315	247	127.53	223	123	100	123.00
东乡区	207	101	106	95.28	73	40	33	121.21
南城县								
黎川县								
南丰县								
崇仁县								
乐安县								
宜黄县								
金溪县								
资溪县								
广昌县								
上饶市	**1443**	**779**	**664**	**117.32**	**636**	**346**	**290**	**119.31**
信州区	473	266	207	128.50	224	122	102	119.61
广丰区	400	218	182	119.78	167	99	68	145.59
广信区	388	200	188	106.38	168	93	75	124.00
玉山县								
铅山县	1	1			1	1		
横峰县								
弋阳县								
余干县	36	15	21	71.43	16	2	14	14.29
鄱阳县	1		1					
万年县								
婺源县								
德兴市	144	79	65	121.54	60	29	31	93.55

6-1a 续表 2

单位：人

地 区	第二孩 小计	第二孩 男	第二孩 女	第二孩 性别比（女=100）	第三孩 小计	第三孩 男	第三孩 女	第三孩 性别比（女=100）
全 省	**5783**	**3100**	**2683**	**115.54**	**1241**	**778**	**463**	**168.03**
南昌市	**1307**	**704**	**603**	**116.75**	**257**	**159**	**98**	**162.24**
东湖区	106	59	47	125.53	17	8	9	88.89
西湖区	171	95	76	125.00	21	10	11	90.91
青云谱区	127	61	66	92.42	13	8	5	160.00
青山湖区	457	245	212	115.57	92	62	30	206.67
新建区	207	115	92	125.00	76	45	31	145.16
红谷滩区	236	127	109	116.51	38	26	12	216.67
南昌县	3	2	1	200.00				
安义县								
进贤县								
景德镇市	**282**	**149**	**133**	**112.03**	**42**	**24**	**18**	**133.33**
昌江区	57	27	30	90.00	13	6	7	85.71
珠山区	127	71	56	126.79	13	9	4	225.00
浮梁县	10	7	3	233.33	1		1	
乐平市	88	44	44	100.00	15	9	6	150.00
萍乡市	**242**	**124**	**118**	**105.08**	**28**	**16**	**12**	**133.33**
安源区	191	92	99	92.93	22	12	10	120.00
湘东区	49	31	18	172.22	6	4	2	200.00
莲花县								
上栗县	2	1	1	100.00				
芦溪县								
九江市	**492**	**282**	**210**	**134.29**	**83**	**58**	**25**	**232.00**
濂溪区	141	85	56	151.79	18	14	4	350.00
浔阳区	169	96	73	131.51	18	13	5	260.00
柴桑区	49	26	23	113.04	14	10	4	250.00
武宁县								
修水县								
永修县								
德安县								
都昌县								
湖口县								
彭泽县								
瑞昌市	58	33	25	132.00	13	9	4	225.00
共青城市	40	23	17	135.29	7	3	4	75.00
庐山市	35	19	16	118.75	13	9	4	225.00
新余市	**312**	**173**	**139**	**124.46**	**66**	**48**	**18**	**266.67**
渝水区	312	173	139	124.46	66	48	18	266.67
分宜县								
鹰潭市	**227**	**133**	**94**	**141.49**	**63**	**42**	**21**	**200.00**
月湖区	107	60	47	127.66	35	24	11	218.18
余江区	33	21	12	175.00	10	7	3	233.33
贵溪市	87	52	35	148.57	18	11	7	157.14
赣州市	**985**	**515**	**470**	**109.57**	**228**	**137**	**91**	**150.55**
章贡区	494	260	234	111.11	101	63	38	165.79
南康区	187	98	89	110.11	54	35	19	184.21
赣县区	113	62	51	121.57	25	12	13	92.31
信丰县								
大余县								
上犹县								
崇义县								
安远县								
定南县								
全南县								

6−1a 续表 3

单位：人

地 区	第二孩				第三孩			
	小计	男	女	性别比(女=100)	小计	男	女	性别比(女=100)
宁都县								
于都县								
兴国县								
会昌县								
寻乌县					1	1		
石城县								
瑞金市	111	55	56	98.21	35	20	15	133.33
龙南市	80	40	40	100.00	12	6	6	100.00
吉安市	**251**	**136**	**115**	**118.26**	**56**	**30**	**26**	**115.38**
吉州区	146	82	64	128.13	29	17	12	141.67
青原区	77	40	37	108.11	22	10	12	83.33
吉安县								
吉水县								
峡江县								
新干县								
永丰县								
泰和县								
遂川县								
万安县								
安福县								
永新县								
井冈山市	28	14	14	100.00	5	3	2	150.00
宜春市	**664**	**348**	**316**	**110.13**	**200**	**134**	**66**	**203.03**
袁州区	294	163	131	124.43	106	71	35	202.86
奉新县								
万载县								
上高县								
宜丰县								
靖安县								
铜鼓县								
丰城市	145	68	77	88.31	37	24	13	184.62
樟树市	102	52	50	104.00	16	12	4	300.00
高安市	123	65	58	112.07	41	27	14	192.86
抚州市	**377**	**191**	**186**	**102.69**	**80**	**51**	**29**	**175.86**
临川区	265	140	125	112.00	63	43	20	215.00
东乡区	112	51	61	83.61	17	8	9	88.89
南城县								
黎川县								
南丰县								
崇仁县								
乐安县								
宜黄县								
金溪县								
资溪县								
广昌县								
上饶市	**644**	**345**	**299**	**115.38**	**138**	**79**	**59**	**133.90**
信州区	217	126	91	138.46	28	18	10	180.00
广丰区	178	90	88	102.27	48	25	23	108.70
广信区	175	83	92	90.22	37	22	15	146.67
玉山县								
铅山县								
横峰县								
弋阳县								
余干县	11	9	2	450.00	9	4	5	80.00
鄱阳县	1		1					
万年县								
婺源县								
德兴市	62	37	25	148.00	16	10	6	166.67

6-1a 续表 4

单位：人

地　区	第四孩				第五孩及以上			
	小计	男	女	性别比（女=100）	小计	男	女	性别比（女=100）
全　省	**151**	**95**	**56**	**169.64**	**36**	**23**	**13**	**176.92**
南昌市	**32**	**20**	**12**	**166.67**	**10**	**8**	**2**	**400.00**
东湖区	1	1			1	1		
西湖区					3	3		
青云谱区	5	2	3	66.67				
青山湖区	9	6	3	200.00				
新建区	12	8	4	200.00	4	3	1	300.00
红谷滩区	5	3	2	150.00	2	1	1	100.00
南昌县								
安义县								
进贤县								
景德镇市	**2**	**1**	**1**	**100.00**				
昌江区								
珠山区	1		1					
浮梁县								
乐平市	1	1						
萍乡市	**3**	**2**	**1**	**200.00**				
安源区	1		1					
湘东区	1	1						
莲花县								
上栗县	1	1						
芦溪县								
九江市	**8**	**5**	**3**	**166.67**	**3**	**2**	**1**	**200.00**
濂溪区								
浔阳区	2	1	1	100.00				
柴桑区	2		2		1		1	
武宁县								
修水县								
永修县								
德安县								
都昌县								
湖口县								
彭泽县								
瑞昌市	3	3			1	1		
共青城市					1	1		
庐山市	1	1						
新余市	**1**	**1**						
渝水区	1	1						
分宜县								
鹰潭市	**5**	**4**	**1**	**400.00**	**1**	**1**		
月湖区	2	1	1	100.00				
余江区	1	1						
贵溪市	2	2			1	1		
赣州市	**39**	**25**	**14**	**178.57**	**10**	**6**	**4**	**150.00**
章贡区	16	11	5	220.00	5	3	2	150.00
南康区	13	8	5	160.00	3	2	1	200.00
赣县区	7	3	4	75.00	1	1		
信丰县								
大余县								
上犹县								
崇义县								
安远县								
定南县								
全南县								

6-1a　续表 5

单位：人

地　　区	第　四　孩				第五孩及以上			
	小计	男	女	性别比（女=100）	小计	男	女	性别比（女=100）
宁都县								
于都县								
兴国县								
会昌县								
寻乌县								
石城县								
瑞金市	1	1			1		1	
龙南市	2	2						
吉安市	**5**	**3**	**2**	**150.00**	**1**	**1**		
吉州区	2	1	1	100.00	1	1		
青原区	3	2	1	200.00				
吉安县								
吉水县								
峡江县								
新干县								
永丰县								
泰和县								
遂川县								
万安县								
安福县								
永新县								
井冈山市								
宜春市	**24**	**17**	**7**	**242.86**	**2**	**2**		
袁州区	17	11	6	183.33	1	1		
奉新县								
万载县								
上高县								
宜丰县								
靖安县								
铜鼓县								
丰城市	4	3	1	300.00				
樟树市	1	1						
高安市	2	2			1	1		
抚州市	**10**	**8**	**2**	**400.00**	**6**	**3**	**3**	**100.00**
临川区	7	6	1	600.00	4	3	1	300.00
东乡区	3	2	1	200.00	2		2	
南城县								
黎川县								
南丰县								
崇仁县								
乐安县								
宜黄县								
金溪县								
资溪县								
广昌县								
上饶市	**22**	**9**	**13**	**69.23**	**3**		**3**	
信州区	3		3		1		1	
广丰区	6	4	2	200.00	1		1	
广信区	7	2	5	40.00	1		1	
玉山县								
铅山县								
横峰县								
弋阳县								
余干县								
鄱阳县								
万年县								
婺源县								
德兴市	6	3	3	100.00				

6-1b 各地区分性别、孩次的出生人口 (2019.11.1-2020.10.31)(镇)

单位：人

地区	出生人数				第一孩			
	合计	男	女	性别比(女=100)	小计	男	女	性别比(女=100)
全省	**12745**	**7044**	**5701**	**123.56**	**4959**	**2729**	**2230**	**122.38**
南昌市	**1519**	**823**	**696**	**118.25**	**674**	**361**	**313**	**115.34**
东湖区	5	1	4	25.00	1		1	
西湖区								
青云谱区	2	1	1	100.00				
青山湖区	90	44	46	95.65	51	25	26	96.15
新建区	49	28	21	133.33	23	13	10	130.00
红谷滩区								
南昌县	1045	569	476	119.54	465	254	211	120.38
安义县	97	54	43	125.58	41	21	20	105.00
进贤县	231	126	105	120.00	93	48	45	106.67
景德镇市	**248**	**143**	**105**	**136.19**	**93**	**49**	**44**	**111.36**
昌江区	6	5	1	500.00	3	2	1	200.00
珠山区	10	6	4	150.00	6	2	4	50.00
浮梁县	136	78	58	134.48	54	30	24	125.00
乐平市	96	54	42	128.57	30	15	15	100.00
萍乡市	**558**	**303**	**255**	**118.82**	**222**	**110**	**112**	**98.21**
安源区	50	23	27	85.19	21	9	12	75.00
湘东区	45	25	20	125.00	13	7	6	116.67
莲花县	107	64	43	148.84	39	25	14	178.57
上栗县	234	124	110	112.73	91	37	54	68.52
芦溪县	122	67	55	121.82	58	32	26	123.08
九江市	**1372**	**762**	**610**	**124.92**	**564**	**317**	**247**	**128.34**
濂溪区	16	11	5	220.00	9	7	2	350.00
浔阳区								
柴桑区	35	19	16	118.75	12	8	4	200.00
武宁县	141	76	65	116.92	47	26	21	123.81
修水县	337	189	148	127.70	140	73	67	108.96
永修县	131	70	61	114.75	60	34	26	130.77
德安县	99	54	45	120.00	37	19	18	105.56
都昌县	259	146	113	129.20	112	67	45	148.89
湖口县	99	48	51	94.12	45	22	23	95.65
彭泽县	108	65	43	151.16	48	29	19	152.63
瑞昌市	112	67	45	148.89	40	25	15	166.67
共青城市								
庐山市	35	17	18	94.44	14	7	7	100.00
新余市	**167**	**91**	**76**	**119.74**	**48**	**24**	**24**	**100.00**
渝水区	15	4	11	36.36	6	2	4	50.00
分宜县	152	87	65	133.85	42	22	20	110.00
鹰潭市	**127**	**78**	**49**	**159.18**	**58**	**29**	**29**	**100.00**
月湖区	6	4	2	200.00	4	3	1	300.00
余江区	55	34	21	161.90	22	11	11	100.00
贵溪市	66	40	26	153.85	32	15	17	88.24
赣州市	**2892**	**1639**	**1253**	**130.81**	**1106**	**639**	**467**	**136.83**
章贡区	6	4	2	200.00	4	3	1	300.00
南康区	37	17	20	85.00	13	6	7	85.71
赣县区	78	35	43	81.40	32	13	19	68.42
信丰县	261	147	114	128.95	101	57	44	129.55
大余县	118	69	49	140.82	45	28	17	164.71
上犹县	120	67	53	126.42	41	24	17	141.18
崇义县	111	62	49	126.53	35	18	17	105.88
安远县	164	94	70	134.29	73	37	36	102.78
定南县	138	73	65	112.31	51	23	28	82.14
全南县	131	67	64	104.69	45	26	19	136.84

6-1b　续表 1

单位：人

地　区	出生人数				第　一　孩			
	合计	男	女	性别比（女=100）	小计	男	女	性别比（女=100）
宁都县	358	219	139	157.55	135	88	47	187.23
于都县	389	222	167	132.93	169	108	61	177.05
兴国县	336	195	141	138.30	105	60	45	133.33
会昌县	262	154	108	142.59	110	70	40	175.00
寻乌县	178	95	83	114.46	63	28	35	80.00
石城县	152	85	67	126.87	57	32	25	128.00
瑞金市	31	19	12	158.33	16	10	6	166.67
龙南市	22	15	7	214.29	11	8	3	266.67
吉安市	**1788**	**1006**	**782**	**128.64**	**604**	**348**	**256**	**135.94**
吉州区	14	5	9	55.56	4		4	
青原区	18	14	4	350.00	7	5	2	250.00
吉安县	188	115	73	157.53	72	42	30	140.00
吉水县	209	127	82	154.88	61	38	23	165.22
峡江县	82	45	37	121.62	31	18	13	138.46
新干县	142	76	66	115.15	51	25	26	96.15
永丰县	213	119	94	126.60	69	39	30	130.00
泰和县	252	132	120	110.00	92	56	36	155.56
遂川县	199	110	89	123.60	64	34	30	113.33
万安县	115	59	56	105.36	41	21	20	105.00
安福县	111	67	44	152.27	29	17	12	141.67
永新县	212	117	95	123.16	67	43	24	179.17
井冈山市	33	20	13	153.85	16	10	6	166.67
宜春市	**1061**	**563**	**498**	**113.05**	**389**	**205**	**184**	**111.41**
袁州区	71	36	35	102.86	22	10	12	83.33
奉新县	132	79	53	149.06	47	29	18	161.11
万载县	239	119	120	99.17	82	42	40	105.00
上高县	161	85	76	111.84	56	31	25	124.00
宜丰县	125	61	64	95.31	49	25	24	104.17
靖安县	47	25	22	113.64	23	12	11	109.09
铜鼓县	58	33	25	132.00	27	15	12	125.00
丰城市	100	55	45	122.22	43	20	23	86.96
樟树市	18	9	9	100.00	9	6	3	200.00
高安市	110	61	49	124.49	31	15	16	93.75
抚州市	**1139**	**604**	**535**	**112.90**	**459**	**237**	**222**	**106.76**
临川区	65	32	33	96.97	28	11	17	64.71
东乡区	25	12	13	92.31	8	3	5	60.00
南城县	120	58	62	93.55	62	31	31	100.00
黎川县	136	66	70	94.29	64	31	33	93.94
南丰县	134	60	74	81.08	49	20	29	68.97
崇仁县	178	95	83	114.46	65	37	28	132.14
乐安县	126	74	52	142.31	43	26	17	152.94
宜黄县	84	51	33	154.55	44	24	20	120.00
金溪县	119	68	51	133.33	39	17	22	77.27
资溪县	42	25	17	147.06	17	10	7	142.86
广昌县	110	63	47	134.04	40	27	13	207.69
上饶市	**1874**	**1032**	**842**	**122.57**	**742**	**410**	**332**	**123.49**
信州区	7	5	2	250.00	4	4		
广丰区	116	62	54	114.81	50	30	20	150.00
广信区	65	31	34	91.18	26	12	14	85.71
玉山县	240	131	109	120.18	90	43	47	91.49
铅山县	142	79	63	125.40	61	32	29	110.34
横峰县	80	44	36	122.22	23	11	12	91.67
弋阳县	141	74	67	110.45	57	28	29	96.55
余干县	333	195	138	141.30	120	74	46	160.87
鄱阳县	449	242	207	116.91	183	101	82	123.17
万年县	134	82	52	157.69	50	35	15	233.33
婺源县	159	79	80	98.75	74	36	38	94.74
德兴市	8	8			4	4		

6-1b　续表 2　　　　　　　　　　　　　　　　　　　　　　　　　　单位：人

地　区	第　二　孩				第　三　孩			
	小计	男	女	性别比（女=100）	小计	男	女	性别比（女=100）
全　省	**5683**	**3020**	**2663**	**113.41**	**1747**	**1078**	**669**	**161.14**
南昌市	**686**	**358**	**328**	**109.15**	**136**	**88**	**48**	**183.33**
东湖区	3		3		1	1		
西湖区								
青云谱区	2	1	1	100.00				
青山湖区	33	17	16	106.25	4	2	2	100.00
新建区	17	8	9	88.89	5	4	1	400.00
红谷滩区								
南昌县	482	254	228	111.40	84	51	33	154.55
安义县	43	24	19	126.32	13	9	4	225.00
进贤县	106	54	52	103.85	29	21	8	262.50
景德镇市	**129**	**78**	**51**	**152.94**	**21**	**13**	**8**	**162.50**
昌江区	2	2						
珠山区	4	4						
浮梁县	69	41	28	146.43	10	5	5	100.00
乐平市	54	31	23	134.78	11	8	3	266.67
萍乡市	**272**	**151**	**121**	**124.79**	**56**	**37**	**19**	**194.74**
安源区	26	14	12	116.67	3		3	
湘东区	26	13	13	100.00	6	5	1	500.00
莲花县	57	32	25	128.00	9	6	3	200.00
上栗县	113	66	47	140.43	26	18	8	225.00
芦溪县	50	26	24	108.33	12	8	4	200.00
九江市	**622**	**328**	**294**	**111.56**	**160**	**99**	**61**	**162.30**
濂溪区	6	3	3	100.00	1	1		
浔阳区								
柴桑区	16	9	7	128.57	7	2	5	40.00
武宁县	64	31	33	93.94	25	16	9	177.78
修水县	150	89	61	145.90	45	25	20	125.00
永修县	47	24	23	104.35	19	9	10	90.00
德安县	53	28	25	112.00	8	7	1	700.00
都昌县	115	57	58	98.28	27	19	8	237.50
湖口县	48	22	26	84.62	5	3	2	150.00
彭泽县	49	29	20	145.00	8	5	3	166.67
瑞昌市	60	32	28	114.29	10	8	2	400.00
共青城市								
庐山市	14	4	10	40.00	5	4	1	400.00
新余市	**84**	**44**	**40**	**110.00**	**32**	**21**	**11**	**190.91**
渝水区	6	1	5	20.00	3	1	2	50.00
分宜县	78	43	35	122.86	29	20	9	222.22
鹰潭市	**53**	**39**	**14**	**278.57**	**15**	**9**	**6**	**150.00**
月湖区	1	1			1		1	
余江区	26	19	7	271.43	7	4	3	133.33
贵溪市	26	19	7	271.43	7	5	2	250.00
赣州市	**1218**	**651**	**567**	**114.81**	**448**	**280**	**168**	**166.67**
章贡区	1		1		1	1		
南康区	14	4	10	40.00	7	4	3	133.33
赣县区	23	9	14	64.29	21	12	9	133.33
信丰县	109	57	52	109.62	40	28	12	233.33
大余县	62	33	29	113.79	9	7	2	350.00
上犹县	57	31	26	119.23	18	11	7	157.14
崇义县	58	34	24	141.67	15	8	7	114.29
安远县	65	39	26	150.00	21	15	6	250.00
定南县	69	39	30	130.00	17	10	7	142.86
全南县	58	28	30	93.33	20	11	9	122.22

6-1b 续表 3

单位：人

地区	第二孩				第三孩			
	小计	男	女	性别比(女=100)	小计	男	女	性别比(女=100)
宁都县	143	82	61	134.43	60	35	25	140.00
于都县	151	74	77	96.10	57	36	21	171.43
兴国县	139	81	58	139.66	67	39	28	139.29
会昌县	104	56	48	116.67	36	20	16	125.00
寻乌县	80	44	36	122.22	27	17	10	170.00
石城县	68	32	36	88.89	23	18	5	360.00
瑞金市	10	4	6	66.67	5	5		
龙南市	7	4	3	133.33	4	3	1	300.00
吉安市	**815**	**429**	**386**	**111.14**	**312**	**194**	**118**	**164.41**
吉州区	7	3	4	75.00	1	1		
青原区	8	6	2	300.00	2	2		
吉安县	79	46	33	139.39	32	23	9	255.56
吉水县	95	50	45	111.11	41	30	11	272.73
峡江县	31	16	15	106.67	18	10	8	125.00
新干县	59	28	31	90.32	26	19	7	271.43
永丰县	85	46	39	117.95	49	28	21	133.33
泰和县	128	63	65	96.92	31	12	19	63.16
遂川县	91	51	40	127.50	38	21	17	123.53
万安县	56	29	27	107.41	15	7	8	87.50
安福县	61	35	26	134.62	21	15	6	250.00
永新县	106	50	56	89.29	33	23	10	230.00
井冈山市	9	6	3	200.00	5	3	2	150.00
宜春市	**454**	**239**	**215**	**111.16**	**175**	**94**	**81**	**116.05**
袁州区	18	10	8	125.00	23	12	11	109.09
奉新县	69	39	30	130.00	14	10	4	250.00
万载县	83	43	40	107.50	50	20	30	66.67
上高县	75	39	36	108.33	27	13	14	92.86
宜丰县	63	28	35	80.00	12	8	4	200.00
靖安县	18	8	10	80.00	4	3	1	300.00
铜鼓县	25	14	11	127.27	5	4	1	400.00
丰城市	44	28	16	175.00	12	6	6	100.00
樟树市	7	1	6	16.67	2	2		
高安市	52	29	23	126.09	26	16	10	160.00
抚州市	**508**	**263**	**245**	**107.35**	**143**	**86**	**57**	**150.88**
临川区	21	9	12	75.00	12	8	4	200.00
东乡区	14	8	6	133.33	3	1	2	50.00
南城县	45	22	23	95.65	11	4	7	57.14
黎川县	60	30	30	100.00	10	4	6	66.67
南丰县	74	34	40	85.00	9	6	3	200.00
崇仁县	74	36	38	94.74	29	17	12	141.67
乐安县	55	30	25	120.00	22	14	8	175.00
宜黄县	32	21	11	190.91	8	6	2	300.00
金溪县	62	37	25	148.00	17	13	4	325.00
资溪县	19	11	8	137.50	5	3	2	150.00
广昌县	52	25	27	92.59	17	10	7	142.86
上饶市	**842**	**440**	**402**	**109.45**	**249**	**157**	**92**	**170.65**
信州区	1		1		2	1	1	100.00
广丰区	39	20	19	105.26	22	11	11	100.00
广信区	24	12	12	100.00	13	6	7	85.71
玉山县	126	72	54	133.33	18	12	6	200.00
铅山县	63	35	28	125.00	18	12	6	200.00
横峰县	44	23	21	109.52	12	9	3	300.00
弋阳县	66	34	32	106.25	15	10	5	200.00
余干县	146	80	66	121.21	59	36	23	156.52
鄱阳县	198	95	103	92.23	59	41	18	227.78
万年县	60	30	30	100.00	18	11	7	157.14
婺源县	71	35	36	97.22	13	8	5	160.00
德兴市	4	4						

6-1b 续表 4

单位：人

地区	第四孩				第五孩及以上			
	小计	男	女	性别比(女=100)	小计	男	女	性别比(女=100)
全　省	**268**	**165**	**103**	**160.19**	**88**	**52**	**36**	**144.44**
南昌市	**18**	**12**	**6**	**200.00**	**5**	**4**	**1**	**400.00**
东湖区								
西湖区								
青云谱区								
青山湖区	2		2					
新建区	2	1	1	100.00	2	2		
红谷滩区								
南昌县	11	8	3	266.67	3	2	1	200.00
安义县								
进贤县	3	3						
景德镇市	**4**	**2**	**2**	**100.00**	**1**	**1**		
昌江区					1	1		
珠山区								
浮梁县	3	2	1	200.00				
乐平市	1		1					
萍乡市	**7**	**4**	**3**	**133.33**	**1**	**1**		
安源区								
湘东区								
莲花县	2	1	1	100.00				
上栗县	3	2	1	200.00	1	1		
芦溪县	2	1	1	100.00				
九江市	**20**	**14**	**6**	**233.33**	**6**	**4**	**2**	**200.00**
濂溪区								
浔阳区								
柴桑区								
武宁县	4	2	2	100.00	1	1		
修水县	2	2						
永修县	2	2			3	1	2	50.00
德安县	1		1					
都昌县	5	3	2	150.00				
湖口县	1	1						
彭泽县	3	2	1	200.00				
瑞昌市					2	2		
共青城市								
庐山市	2	2						
新余市	**3**	**2**	**1**	**200.00**				
渝水区								
分宜县	3	2	1	200.00				
鹰潭市					**1**	**1**		
月湖区								
余江区								
贵溪市					1	1		
赣州市	**85**	**49**	**36**	**136.11**	**35**	**20**	**15**	**133.33**
章贡区								
南康区	3	3						
赣县区	1	1			1		1	
信丰县	8	2	6	33.33	3	3		
大余县	2	1	1	100.00				
上犹县	3	1	2	50.00	1		1	
崇义县	3	2	1	200.00				
安远县	3	2	1	200.00	2	1	1	100.00
定南县	1	1						
全南县	7	2	5	40.00	1		1	

6-1b　续表 5

单位：人

地　区	第四孩				第五孩及以上			
	小计	男	女	性别比(女=100)	小计	男	女	性别比(女=100)
宁都县	15	11	4	275.00	5	3	2	150.00
于都县	8	3	5	60.00	4	1	3	33.33
兴国县	14	8	6	133.33	11	7	4	175.00
会昌县	7	4	3	133.33	5	4	1	400.00
寻乌县	7	6	1	600.00	1		1	
石城县	3	2	1	200.00	1	1		
瑞金市								
龙南市								
吉安市	**50**	**31**	**19**	**163.16**	**7**	**4**	**3**	**133.33**
吉州区	2	1	1	100.00				
青原区	1	1						
吉安县	3	3			2	1	1	100.00
吉水县	12	9	3	300.00				
峡江县	2	1	1	100.00				
新干县	5	3	2	150.00	1	1		
永丰县	9	5	4	125.00	1	1		
泰和县	1	1						
遂川县	5	3	2	150.00	1	1		
万安县	2	2			1		1	
安福县								
永新县	5	1	4	25.00	1		1	
井冈山市	3	1	2	50.00				
宜春市	**28**	**18**	**10**	**180.00**	**15**	**7**	**8**	**87.50**
袁州区	4	2	2	100.00	4	2	2	100.00
奉新县					2	1	1	100.00
万载县	16	10	6	166.67	8	4	4	100.00
上高县	3	2	1	200.00				
宜丰县	1		1					
靖安县	2	2						
铜鼓县					1		1	
丰城市	1	1						
樟树市								
高安市	1	1						
抚州市	**21**	**14**	**7**	**200.00**	**8**	**4**	**4**	**100.00**
临川区	4	4						
东乡区								
南城县	1		1		1	1		
黎川县	2	1	1	100.00				
南丰县	2		2					
崇仁县	5	3	2	150.00	5	2	3	66.67
乐安县	5	4	1	400.00	1		1	
宜黄县								
金溪县	1	1						
资溪县	1	1						
广昌县					1	1		
上饶市	**32**	**19**	**13**	**146.15**	**9**	**6**	**3**	**200.00**
信州区								
广丰区	5	1	4	25.00				
广信区	1	1			1		1	
玉山县	4	2	2	100.00	2	2		
铅山县								
横峰县	1	1						
弋阳县	3	2	1	200.00				
余干县	5	3	2	150.00	3	2	1	200.00
鄱阳县	8	5	3	166.67	1		1	
万年县	4	4			2	2		
婺源县	1		1					
德兴市								

6-1c 各地区分性别、孩次的出生人口
(2019.11.1-2020.10.31)(乡村)

单位：人

地　　区	出生人数				第　一　孩			
	合计	男	女	性别比(女=100)	小计	男	女	性别比(女=100)
全　省	**16232**	**8978**	**7254**	**123.77**	**6123**	**3356**	**2767**	**121.29**
南昌市	**1239**	**655**	**584**	**112.16**	**524**	**284**	**240**	**118.33**
东湖区	29	15	14	107.14	12	7	5	140.00
西湖区								
青云谱区								
青山湖区	64	39	25	156.00	25	15	10	150.00
新建区	340	167	173	96.53	148	67	81	82.72
红谷滩区	30	20	10	200.00	15	11	4	275.00
南昌县	401	207	194	106.70	185	103	82	125.61
安义县	102	61	41	148.78	39	28	11	254.55
进贤县	273	146	127	114.96	100	53	47	112.77
景德镇市	**486**	**273**	**213**	**128.17**	**196**	**106**	**90**	**117.78**
昌江区	33	19	14	135.71	16	11	5	220.00
珠山区	5	4	1	400.00	4	4		
浮梁县	92	49	43	113.95	44	20	24	83.33
乐平市	356	201	155	129.68	132	71	61	116.39
萍乡市	**535**	**294**	**241**	**121.99**	**208**	**117**	**91**	**128.57**
安源区	3	1	2	50.00	1		1	
湘东区	86	50	36	138.89	35	22	13	169.23
莲花县	123	66	57	115.79	37	18	19	94.74
上栗县	227	124	103	120.39	100	56	44	127.27
芦溪县	96	53	43	123.26	35	21	14	150.00
九江市	**1583**	**865**	**718**	**120.47**	**588**	**317**	**271**	**116.97**
濂溪区	37	18	19	94.74	15	7	8	87.50
浔阳区								
柴桑区	134	81	53	152.83	56	37	19	194.74
武宁县	153	76	77	98.70	55	25	30	83.33
修水县	299	152	147	103.40	111	54	57	94.74
永修县	97	57	40	142.50	41	24	17	141.18
德安县	29	18	11	163.64	4	3	1	300.00
都昌县	302	166	136	122.06	110	61	49	124.49
湖口县	99	55	44	125.00	44	22	22	100.00
彭泽县	100	54	46	117.39	41	22	19	115.79
瑞昌市	190	105	85	123.53	57	37	20	185.00
共青城市	49	25	24	104.17	18	7	11	63.64
庐山市	94	58	36	161.11	36	18	18	100.00
新余市	**178**	**96**	**82**	**117.07**	**59**	**28**	**31**	**90.32**
渝水区	98	50	48	104.17	32	13	19	68.42
分宜县	80	46	34	135.29	27	15	12	125.00
鹰潭市	**385**	**199**	**186**	**106.99**	**150**	**81**	**69**	**117.39**
月湖区	10	6	4	150.00	4	3	1	300.00
余江区	167	87	80	108.75	72	36	36	100.00
贵溪市	208	106	102	103.92	74	42	32	131.25
赣州市	**4093**	**2312**	**1781**	**129.81**	**1511**	**849**	**662**	**128.25**
章贡区	135	76	59	128.81	60	33	27	122.22
南康区	374	236	138	171.01	147	96	51	188.24
赣县区	213	122	91	134.07	78	43	35	122.86
信丰县	270	149	121	123.14	95	50	45	111.11
大余县	110	62	48	129.17	42	22	20	110.00
上犹县	135	68	67	101.49	51	25	26	96.15
崇义县	109	61	48	127.08	46	21	25	84.00
安远县	168	100	68	147.06	58	35	23	152.17
定南县	65	43	22	195.45	28	17	11	154.55
全南县	80	43	37	116.22	30	11	19	57.89

6−1c　续表 1

单位：人

地　区	出生人数				第　一　孩			
	合计	男	女	性别比（女=100）	小计	男	女	性别比（女=100）
宁都县	422	241	181	133.15	146	75	71	105.63
于都县	639	354	285	124.21	236	141	95	148.42
兴国县	456	245	211	116.11	139	76	63	120.63
会昌县	277	169	108	156.48	94	58	36	161.11
寻乌县	129	72	57	126.32	46	24	22	109.09
石城县	118	71	47	151.06	46	28	18	155.56
瑞金市	286	150	136	110.29	125	71	54	131.48
龙南市	107	50	57	87.72	44	23	21	109.52
吉安市	**1842**	**1010**	**832**	**121.39**	**617**	**333**	**284**	**117.25**
吉州区	51	25	26	96.15	25	12	13	92.31
青原区	104	52	52	100.00	38	20	18	111.11
吉安县	198	110	88	125.00	69	40	29	137.93
吉水县	149	90	59	152.54	45	32	13	246.15
峡江县	56	30	26	115.38	17	7	10	70.00
新干县	139	78	61	127.87	46	23	23	100.00
永丰县	157	84	73	115.07	45	22	23	95.65
泰和县	192	96	96	100.00	60	27	33	81.82
遂川县	274	157	117	134.19	77	44	33	133.33
万安县	136	77	59	130.51	51	29	22	131.82
安福县	131	68	63	107.94	43	21	22	95.45
永新县	210	119	91	130.77	85	46	39	117.95
井冈山市	45	24	21	114.29	16	10	6	166.67
宜春市	**1769**	**968**	**801**	**120.85**	**634**	**335**	**299**	**112.04**
袁州区	339	173	166	104.22	109	54	55	98.18
奉新县	68	34	34	100.00	27	14	13	107.69
万载县	223	122	101	120.79	59	32	27	118.52
上高县	110	56	54	103.70	36	16	20	80.00
宜丰县	73	47	26	180.77	29	18	11	163.64
靖安县	42	20	22	90.91	15	8	7	114.29
铜鼓县	48	24	24	100.00	20	11	9	122.22
丰城市	399	217	182	119.23	155	87	68	127.94
樟树市	166	98	68	144.12	67	32	35	91.43
高安市	301	177	124	142.74	117	63	54	116.67
抚州市	**1451**	**829**	**622**	**133.28**	**546**	**304**	**242**	**125.62**
临川区	428	251	177	141.81	169	92	77	119.48
东乡区	83	49	34	144.12	28	13	15	86.67
南城县	64	37	27	137.04	27	15	12	125.00
黎川县	97	56	41	136.59	46	32	14	228.57
南丰县	62	39	23	169.57	22	12	10	120.00
崇仁县	187	98	89	110.11	65	34	31	109.68
乐安县	169	101	68	148.53	54	30	24	125.00
宜黄县	93	41	52	78.85	34	15	19	78.95
金溪县	165	97	68	142.65	62	40	22	181.82
资溪县	25	14	11	127.27	8	5	3	166.67
广昌县	78	46	32	143.75	31	16	15	106.67
上饶市	**2671**	**1477**	**1194**	**123.70**	**1090**	**602**	**488**	**123.36**
信州区	119	60	59	101.69	56	28	28	100.00
广丰区	288	165	123	134.15	130	76	54	140.74
广信区	295	161	134	120.15	131	78	53	147.17
玉山县	149	78	71	109.86	66	44	22	200.00
铅山县	114	65	49	132.65	52	23	29	79.31
横峰县	43	21	22	95.45	15	8	7	114.29
弋阳县	134	79	55	143.64	44	25	19	131.58
余干县	483	279	204	136.76	180	104	76	136.84
鄱阳县	684	365	319	114.42	269	130	139	93.53
万年县	164	91	73	124.66	72	42	30	140.00
婺源县	123	70	53	132.08	49	30	19	157.89
德兴市	75	43	32	134.38	26	14	12	116.67

6－1c 续表 2

单位：人

地区	第二孩				第三孩			
	小计	男	女	性别比（女=100）	小计	男	女	性别比（女=100）
全 省	**6629**	**3495**	**3134**	**111.52**	**2791**	**1685**	**1106**	**152.35**
南昌市	**470**	**230**	**240**	**95.83**	**192**	**107**	**85**	**125.88**
东湖区	12	4	8	50.00	5	4	1	400.00
西湖区								
青云谱区								
青山湖区	27	16	11	145.45	10	6	4	150.00
新建区	112	57	55	103.64	59	30	29	103.45
红谷滩区	11	5	6	83.33	1	1		
南昌县	143	61	82	74.39	56	33	23	143.48
安义县	34	18	16	112.50	25	13	12	108.33
进贤县	131	69	62	111.29	36	20	16	125.00
景德镇市	**213**	**120**	**93**	**129.03**	**65**	**41**	**24**	**170.83**
昌江区	14	8	6	133.33	3		3	
珠山区	1		1					
浮梁县	45	27	18	150.00	2	2		
乐平市	153	85	68	125.00	60	39	21	185.71
萍乡市	**236**	**120**	**116**	**103.45**	**74**	**44**	**30**	**146.67**
安源区	2	1	1	100.00				
湘东区	39	20	19	105.26	12	8	4	200.00
莲花县	62	33	29	113.79	22	14	8	175.00
上栗县	87	42	45	93.33	27	14	13	107.69
芦溪县	46	24	22	109.09	13	8	5	160.00
九江市	**737**	**385**	**352**	**109.38**	**219**	**137**	**82**	**167.07**
濂溪区	20	10	10	100.00	2	1	1	100.00
浔阳区								
柴桑区	61	36	25	144.00	14	7	7	100.00
武宁县	75	37	38	97.37	22	13	9	144.44
修水县	143	76	67	113.43	38	17	21	80.95
永修县	40	19	21	90.48	12	10	2	500.00
德安县	21	12	9	133.33	4	3	1	300.00
都昌县	129	66	63	104.76	54	36	18	200.00
湖口县	45	26	19	136.84	8	6	2	300.00
彭泽县	50	25	25	100.00	6	5	1	500.00
瑞昌市	99	48	51	94.12	32	19	13	146.15
共青城市	19	8	11	72.73	10	8	2	400.00
庐山市	35	22	13	169.23	17	12	5	240.00
新余市	**80**	**43**	**37**	**116.22**	**37**	**24**	**13**	**184.62**
渝水区	47	24	23	104.35	18	13	5	260.00
分宜县	33	19	14	135.71	19	11	8	137.50
鹰潭市	**166**	**72**	**94**	**76.60**	**57**	**38**	**19**	**200.00**
月湖区	5	2	3	66.67				
余江区	63	32	31	103.23	27	16	11	145.45
贵溪市	98	38	60	63.33	30	22	8	275.00
赣州市	**1553**	**851**	**702**	**121.23**	**765**	**456**	**309**	**147.57**
章贡区	49	29	20	145.00	24	13	11	118.18
南康区	145	90	55	163.64	70	42	28	150.00
赣县区	80	49	31	158.06	45	22	23	95.65
信丰县	117	67	50	134.00	44	25	19	131.58
大余县	45	25	20	125.00	20	13	7	185.71
上犹县	54	28	26	107.69	20	10	10	100.00
崇义县	38	22	16	137.50	22	16	6	266.67
安远县	62	34	28	121.43	34	22	12	183.33
定南县	30	21	9	233.33	5	4	1	400.00
全南县	34	18	16	112.50	11	10	1	1000.00

6-1c　续表 3

单位：人

地　区	第二孩				第三孩			
	小计	男	女	性别比(女=100)	小计	男	女	性别比(女=100)
宁都县	142	80	62	129.03	89	63	26	242.31
于都县	225	101	124	81.45	120	75	45	166.67
兴国县	180	90	90	100.00	96	58	38	152.63
会昌县	116	72	44	163.64	50	29	21	138.10
寻乌县	53	30	23	130.43	22	11	11	100.00
石城县	43	26	17	152.94	25	15	10	150.00
瑞金市	93	48	45	106.67	54	24	30	80.00
龙南市	47	21	26	80.77	14	4	10	40.00
吉安市	**755**	**383**	**372**	**102.96**	**395**	**236**	**159**	**148.43**
吉州区	10	4	6	66.67	14	7	7	100.00
青原区	44	19	25	76.00	19	10	9	111.11
吉安县	69	32	37	86.49	51	31	20	155.00
吉水县	65	35	30	116.67	37	21	16	131.25
峡江县	23	11	12	91.67	11	8	3	266.67
新干县	56	29	27	107.41	34	24	10	240.00
永丰县	58	29	29	100.00	42	23	19	121.05
泰和县	91	46	45	102.22	36	20	16	125.00
遂川县	112	61	51	119.61	67	42	25	168.00
万安县	53	23	30	76.67	22	16	6	266.67
安福县	66	34	32	106.25	22	13	9	144.44
永新县	87	48	39	123.08	32	19	13	146.15
井冈山市	21	12	9	133.33	8	2	6	33.33
宜春市	**698**	**367**	**331**	**110.88**	**361**	**217**	**144**	**150.69**
袁州区	135	66	69	95.65	70	38	32	118.75
奉新县	25	13	12	108.33	14	6	8	75.00
万载县	81	41	40	102.50	62	37	25	148.00
上高县	51	26	25	104.00	22	13	9	144.44
宜丰县	28	18	10	180.00	13	9	4	225.00
靖安县	19	9	10	90.00	7	2	5	40.00
铜鼓县	20	9	11	81.82	7	4	3	133.33
丰城市	157	76	81	93.83	79	48	31	154.84
樟树市	59	37	22	168.18	33	24	9	266.67
高安市	123	72	51	141.18	54	36	18	200.00
抚州市	**584**	**321**	**263**	**122.05**	**254**	**161**	**93**	**173.12**
临川区	158	97	61	159.02	85	54	31	174.19
东乡区	34	26	8	325.00	16	9	7	128.57
南城县	24	14	10	140.00	13	8	5	160.00
黎川县	40	18	22	81.82	11	6	5	120.00
南丰县	28	17	11	154.55	12	10	2	500.00
崇仁县	77	37	40	92.50	27	15	12	125.00
乐安县	59	35	24	145.83	45	29	16	181.25
宜黄县	47	18	29	62.07	8	5	3	166.67
金溪县	74	36	38	94.74	21	14	7	200.00
资溪县	12	5	7	71.43	4	3	1	300.00
广昌县	31	18	13	138.46	12	8	4	200.00
上饶市	**1137**	**603**	**534**	**112.92**	**372**	**224**	**148**	**151.35**
信州区	43	18	25	72.00	20	14	6	233.33
广丰区	111	65	46	141.30	39	19	20	95.00
广信区	121	58	63	92.06	34	21	13	161.54
玉山县	64	26	38	68.42	13	4	9	44.44
铅山县	47	28	19	147.37	14	13	1	1300.00
横峰县	21	10	11	90.91	5	2	3	66.67
弋阳县	61	35	26	134.62	20	13	7	185.71
余干县	200	109	91	119.78	89	54	35	154.29
鄱阳县	289	160	129	124.03	110	65	45	144.44
万年县	70	34	36	94.44	16	11	5	220.00
婺源县	66	36	30	120.00	7	3	4	75.00
德兴市	44	24	20	120.00	5	5		

6-1c 续表 4

单位：人

地　区	第　四　孩				第五孩及以上			
	小计	男	女	性别比（女=100）	小计	男	女	性别比（女=100）
全　省	**547**	**358**	**189**	**189.42**	**142**	**84**	**58**	**144.83**
南昌市	**44**	**30**	**14**	**214.29**	**9**	**4**	**5**	**80.00**
东湖区								
西湖区								
青云谱区								
青山湖区	2	2						
新建区	16	11	5	220.00	5	2	3	66.67
红谷滩区	2	2			1	1		
南昌县	17	10	7	142.86				
安义县	2	1	1	100.00	2	1	1	100.00
进贤县	5	4	1	400.00	1		1	
景德镇市	**11**	**5**	**6**	**83.33**	**1**	**1**		
昌江区								
珠山区								
浮梁县	1		1					
乐平市	10	5	5	100.00	1	1		
萍乡市	**15**	**11**	**4**	**275.00**	**2**	**2**		
安源区								
湘东区								
莲花县	1		1		1	1		
上栗县	12	11	1	1100.00	1	1		
芦溪县	2		2					
九江市	**32**	**21**	**11**	**190.91**	**7**	**5**	**2**	**250.00**
濂溪区								
浔阳区								
柴桑区	3	1	2	50.00				
武宁县	1	1						
修水县	6	4	2	200.00	1	1		
永修县	4	4						
德安县								
都昌县	6	2	4	50.00	3	1	2	50.00
湖口县	2	1	1	100.00				
彭泽县	3	2	1	200.00				
瑞昌市	2	1	1	100.00				
共青城市	1	1			1	1		
庐山市	4	4			2	2		
新余市	**2**	**1**	**1**	**100.00**				
渝水区	1		1					
分宜县	1	1						
鹰潭市	**12**	**8**	**4**	**200.00**				
月湖区	1	1						
余江区	5	3	2	150.00				
贵溪市	6	4	2	200.00				
赣州市	**194**	**114**	**80**	**142.50**	**70**	**42**	**28**	**150.00**
章贡区	2	1	1	100.00				
南康区	7	5	2	250.00	5	3	2	150.00
赣县区	7	6	1	600.00	3	2	1	200.00
信丰县	9	4	5	80.00	5	3	2	150.00
大余县	3	2	1	200.00				
上犹县	6	2	4	50.00	4	3	1	300.00
崇义县	3	2	1	200.00				
安远县	9	6	3	200.00	5	3	2	150.00
定南县	2	1	1	100.00				
全南县	5	4	1	400.00				

6-1c　续表 5　　　　单位：人

地　区	第　四　孩				第五孩及以上			
	小计	男	女	性别比（女=100）	小计	男	女	性别比（女=100）
宁都县	33	16	17	94.12	12	7	5	140.00
于都县	40	25	15	166.67	18	12	6	200.00
兴国县	31	18	13	138.46	10	3	7	42.86
会昌县	14	7	7	100.00	3	3		
寻乌县	7	6	1	600.00	1	1		
石城县	2	1	1	100.00	2	1	1	100.00
瑞金市	12	6	6	100.00	2	1	1	100.00
龙南市	2	2						
吉安市	**61**	**48**	**13**	**369.23**	**14**	**10**	**4**	**250.00**
吉州区	1	1			1	1		
青原区	2	2			1	1		
吉安县	7	6	1	600.00	2	1	1	100.00
吉水县	2	2						
峡江县	5	4	1	400.00				
新干县	3	2	1	200.00				
永丰县	11	9	2	450.00	1	1		
泰和县	4	3	1	300.00	1		1	
遂川县	14	8	6	133.33	4	2	2	100.00
万安县	7	6	1	600.00	3	3		
安福县								
永新县	5	5			1	1		
井冈山市								
宜春市	**57**	**40**	**17**	**235.29**	**19**	**9**	**10**	**90.00**
袁州区	17	12	5	240.00	8	3	5	60.00
奉新县	2	1	1	100.00				
万载县	16	11	5	220.00	5	1	4	25.00
上高县	1	1						
宜丰县	3	2	1	200.00				
靖安县					1	1		
铜鼓县	1		1					
丰城市	7	5	2	250.00	1	1		
樟树市	6	4	2	200.00	1	1		
高安市	4	4			3	2	1	200.00
抚州市	**60**	**38**	**22**	**172.73**	**7**	**5**	**2**	**250.00**
临川区	14	7	7	100.00	2	1	1	100.00
东乡区	5	1	4	25.00				
南城县								
黎川县								
南丰县								
崇仁县	15	10	5	200.00	3	2	1	200.00
乐安县	11	7	4	175.00				
宜黄县	3	2	1	200.00	1	1		
金溪县	8	7	1	700.00				
资溪县	1	1						
广昌县	3	3			1	1		
上饶市	**59**	**42**	**17**	**247.06**	**13**	**6**	**7**	**85.71**
信州区								
广丰区	4	4			4	1	3	33.33
广信区	9	4	5	80.00				
玉山县	5	3	2	150.00	1	1		
铅山县					1	1		
横峰县	1		1		1	1		
弋阳县	7	5	2	250.00	2	1	1	100.00
余干县	14	12	2	600.00				
鄱阳县	12	9	3	300.00	4	1	3	33.33
万年县	6	4	2	200.00				
婺源县	1	1						
德兴市								

6-2 全省按年龄、受教育程度、生育孩次

受教育程度 年　　龄	合　计	生男孩的妇女人数	生女孩的妇女人数	一　孩		
				小计	男	女
总　计	**41633**	**22941**	**18692**	**16527**	**9008**	**7519**
15-19岁	**585**	**325**	**260**	**488**	**270**	**218**
15	10	6	4	10	6	4
16	26	14	12	25	14	11
17	76	36	40	67	33	34
18	152	87	65	129	72	57
19	321	182	139	257	145	112
20-24岁	**7985**	**4336**	**3649**	**5067**	**2769**	**2298**
20	604	333	271	448	251	197
21	1090	569	521	755	392	363
22	1739	925	814	1140	604	536
23	2087	1126	961	1288	709	579
24	2465	1383	1082	1436	813	623
25-29岁	**14904**	**8142**	**6762**	**6732**	**3608**	**3124**
25	2807	1533	1274	1523	833	690
26	2683	1455	1228	1372	737	635
27	2966	1603	1363	1378	727	651
28	3165	1727	1438	1309	698	611
29	3283	1824	1459	1150	613	537
30-34岁	**12642**	**7036**	**5606**	**3261**	**1813**	**1448**
30	3591	1971	1620	1138	613	525
31	2971	1648	1323	791	442	349
32	2412	1323	1089	566	304	262
33	2151	1202	949	455	265	190
34	1517	892	625	311	189	122
35-39岁	**3936**	**2232**	**1704**	**691**	**379**	**312**
35	1153	652	501	204	115	89
36	1018	594	424	174	100	74
37	707	394	313	123	64	59
38	614	350	264	102	54	48
39	444	242	202	88	46	42
40-44岁	**1103**	**590**	**513**	**187**	**99**	**88**
40	300	177	123	55	31	24
41	254	127	127	38	21	17
42	217	110	107	30	14	16
43	183	97	86	32	19	13
44	149	79	70	32	14	18
45-49岁	**478**	**280**	**198**	**101**	**70**	**31**
45	106	74	32	20	18	2
46	96	47	49	18	10	8
47	87	46	41	15	9	6
48	98	63	35	21	17	4
49	91	50	41	27	16	11

分的育龄妇女人数(2019.11.1—2020.10.31)

单位：人

二孩			三孩及以上		
小计	男	女	小计	男	女
18095	**9615**	**8480**	**7011**	**4318**	**2693**
91	**51**	**40**	**6**	**4**	**2**
1		1			
8	2	6	1	1	
22	14	8	1	1	
60	35	25	4	2	2
2472	**1298**	**1174**	**446**	**269**	**177**
140	73	67	16	9	7
302	156	146	33	21	12
516	270	246	83	51	32
667	339	328	132	78	54
847	460	387	182	110	72
6240	**3327**	**2913**	**1932**	**1207**	**725**
1026	546	480	258	154	104
1034	551	483	277	167	110
1198	627	571	390	249	141
1420	756	664	436	273	163
1562	847	715	571	364	207
6461	**3400**	**3061**	**2920**	**1823**	**1097**
1781	944	837	672	414	258
1503	771	732	677	435	242
1256	638	618	590	381	209
1132	599	533	564	338	226
789	448	341	417	255	162
2003	**1080**	**923**	**1242**	**773**	**469**
595	319	276	354	218	136
500	267	233	344	227	117
361	191	170	223	139	84
320	184	136	192	112	80
227	119	108	129	77	52
570	**310**	**260**	**346**	**181**	**165**
145	81	64	100	65	35
130	68	62	86	38	48
119	62	57	68	34	34
101	52	49	50	26	24
75	47	28	42	18	24
258	**149**	**109**	**119**	**61**	**58**
55	35	20	31	21	10
48	26	22	30	11	19
55	27	28	17	10	7
52	32	20	25	14	11
48	29	19	16	5	11

6-2 续表 1

受教育程度 年 龄	合 计	生男孩的 妇女人数	生女孩的 妇女人数	一 孩		
				小计	男	女
未上过学	**58**	**34**	**24**	**22**	**12**	**10**
15-19岁						
15						
16						
17						
18						
19						
20-24岁	**15**	**7**	**8**	**10**	**4**	**6**
20	3		3	2		2
21	3	2	1	2	1	1
22	4	3	1	3	2	1
23	3	1	2	1		1
24	2	1	1	2	1	1
25-29岁	**15**	**8**	**7**	**3**	**2**	**1**
25	4	3	1			
26	2		2			
27	4	2	2	1	1	
28	2	1	1	1		1
29	3	2	1	1	1	
30-34岁	**11**	**7**	**4**	**3**	**2**	**1**
30	1		1	1		1
31	3	2	1	2	2	
32	2	1	1			
33	1	1				
34	4	3	1			
35-39岁	**11**	**7**	**4**	**3**	**1**	**2**
35	2	1	1	1	1	
36	3	2	1	1		1
37	1	1				
38	5	3	2	1		1
39						
40-44岁	**4**	**3**	**1**	**1**	**1**	
40	1	1		1	1	
41						
42	1		1			
43	2	2				
44						
45-49岁	**2**	**2**		**2**	**2**	
45	1	1		1	1	
46						
47						
48						
49	1	1		1	1	

单位：人

二孩			三孩及以上		
小计	男	女	小计	男	女
18	**11**	**7**	**18**	**11**	**7**
4	**2**	**2**	**1**	**1**	
1		1			
1	1				
1	1				
1		1	1	1	
6	**4**	**2**	**6**	**2**	**4**
2	2		2	1	1
			2		2
3	1	2			
1	1				
			2	1	1
4	**3**	**1**	**4**	**2**	**2**
			1		1
2	1	1			
1	1				
1	1		3	2	1
3	**1**	**2**	**5**	**5**	
1		1			
			2	2	
			1	1	
2	1	1	2	2	
1	**1**		**2**	**1**	**1**
			1		1
1	1		1	1	

6−2 续表 2

受教育程度 年　　龄	合　计	生男孩的妇女人数	生女孩的妇女人数	一　孩		
				小计	男	女
学前教育	**10**	**3**	**7**	**4**	**2**	**2**
15−19岁	**1**	**1**		**1**	**1**	
15						
16	1	1		1	1	
17						
18						
19						
20−24岁						
20						
21						
22						
23						
24						
25−29岁						
25						
26						
27						
28						
29						
30−34岁	**4**		**4**	**1**		**1**
30						
31	1		1			
32	1		1	1		1
33	1		1			
34	1		1			
35−39岁	**3**	**1**	**2**	**1**		**1**
35	1		1	1		1
36	2	1	1			
37						
38						
39						
40−44岁						
40						
41						
42						
43						
44						
45−49岁	**2**	**1**	**1**	**1**	**1**	
45						
46						
47	1		1			
48						
49	1	1		1	1	

单位：人

二孩			三孩及以上		
小计	男	女	小计	男	女
2	**1**	**1**	**4**		**4**
			3		**3**
			1		1
			1		1
			1		1
1	**1**		**1**		**1**
1	1		1		1
1		**1**			
1		1			

6-2 续表 3

受教育程度 年　　龄	合　计	生男孩的妇女人数	生女孩的妇女人数	一　孩		
				小计	男	女
小　学	**1693**	**953**	**740**	**407**	**245**	**162**
15-19岁	**27**	**11**	**16**	**20**	**8**	**12**
15						
16	4	2	2	4	2	2
17	5	2	3	4	1	3
18	8	4	4	6	3	3
19	10	3	7	6	2	4
20-24岁	**242**	**147**	**95**	**109**	**74**	**35**
20	19	13	6	11	9	2
21	30	18	12	16	10	6
22	53	34	19	32	23	9
23	58	34	24	24	14	10
24	82	48	34	26	18	8
25-29岁	**420**	**241**	**179**	**122**	**69**	**53**
25	80	47	33	27	16	11
26	72	43	29	28	17	11
27	84	41	43	29	14	15
28	78	50	28	17	9	8
29	106	60	46	21	13	8
30-34岁	**467**	**260**	**207**	**86**	**54**	**32**
30	93	53	40	17	10	7
31	123	64	59	30	17	13
32	95	48	47	15	10	5
33	83	59	24	12	11	1
34	73	36	37	12	6	6
35-39岁	**254**	**142**	**112**	**41**	**24**	**17**
35	60	37	23	9	6	3
36	72	41	31	11	10	1
37	46	23	23	5	2	3
38	49	23	26	11	3	8
39	27	18	9	5	3	2
40-44岁	**157**	**84**	**73**	**17**	**8**	**9**
40	29	19	10	5	2	3
41	29	18	11	3	2	1
42	36	16	20	5	3	2
43	32	17	15	3	1	2
44	31	14	17	1		1
45-49岁	**126**	**68**	**58**	**12**	**8**	**4**
45	17	12	5	3	3	
46	25	11	14	1		1
47	27	12	15			
48	34	19	15	5	4	1
49	23	14	9	3	1	2

单位：人

二孩			三孩及以上		
小计	男	女	小计	男	女
729	**395**	**334**	**557**	**313**	**244**
6	**2**	**4**	**1**	**1**	
			1	1	
2	1	1			
4	1	3			
106	**57**	**49**	**27**	**16**	**11**
7	3	4	1	1	
14	8	6			
16	8	8	5	3	2
23	14	9	11	6	5
46	24	22	10	6	4
176	**97**	**79**	**122**	**75**	**47**
35	17	18	18	14	4
27	17	10	17	9	8
28	14	14	27	13	14
41	27	14	20	14	6
45	22	23	40	25	15
203	**107**	**96**	**178**	**99**	**79**
41	20	21	35	23	12
48	23	25	45	24	21
41	18	23	39	20	19
39	27	12	32	21	11
34	19	15	27	11	16
95	**49**	**46**	**118**	**69**	**49**
21	11	10	30	20	10
33	16	17	28	15	13
15	9	6	26	12	14
13	6	7	25	14	11
13	7	6	9	8	1
71	**41**	**30**	**69**	**35**	**34**
8	6	2	16	11	5
13	10	3	13	6	7
19	8	11	12	5	7
15	7	8	14	9	5
16	10	6	14	4	10
72	**42**	**30**	**42**	**18**	**24**
9	6	3	5	3	2
9	6	3	15	5	10
21	8	13	6	4	2
18	11	7	11	4	7
15	11	4	5	2	3

6-2 续表 4

受教育程度 年　　龄	合　计	生男孩的 妇女人数	生女孩的 妇女人数	一　孩		
				小计	男	女
初　中	**19054**	**10551**	**8503**	**6180**	**3396**	**2784**
15—19岁	**397**	**218**	**179**	**324**	**174**	**150**
15	10	6	4	10	6	4
16	15	7	8	14	7	7
17	53	23	30	46	21	25
18	99	58	41	83	46	37
19	220	124	96	171	94	77
20—24岁	**4334**	**2332**	**2002**	**2423**	**1317**	**1106**
20	396	207	189	288	157	131
21	643	337	306	407	208	199
22	995	533	462	579	314	265
23	1127	606	521	593	331	262
24	1173	649	524	556	307	249
25—29岁	**6134**	**3375**	**2759**	**1932**	**1070**	**862**
25	1293	716	577	516	291	225
26	1136	616	520	416	238	178
27	1170	655	515	356	202	154
28	1243	679	564	342	179	163
29	1292	709	583	302	160	142
30—34岁	**5420**	**3051**	**2369**	**1045**	**581**	**464**
30	1464	819	645	320	182	138
31	1242	694	548	236	123	113
32	1017	580	437	175	97	78
33	999	551	448	186	106	80
34	698	407	291	128	73	55
35—39岁	**1957**	**1121**	**836**	**315**	**165**	**150**
35	534	314	220	89	52	37
36	525	301	224	72	38	34
37	351	198	153	51	23	28
38	305	175	130	52	28	24
39	242	133	109	51	24	27
40—44岁	**545**	**296**	**249**	**85**	**47**	**38**
40	161	95	66	24	15	9
41	115	56	59	12	5	7
42	110	58	52	15	7	8
43	82	46	36	18	12	6
44	77	41	36	16	8	8
45—49岁	**267**	**158**	**109**	**56**	**42**	**14**
45	67	45	22	12	10	2
46	50	30	20	10	9	1
47	50	27	23	10	6	4
48	49	33	16	11	9	2
49	51	23	28	13	8	5

单位：人

二孩			三孩及以上		
小计	男	女	小计	男	女
8363	**4372**	**3991**	**4511**	**2783**	**1728**
68	**41**	**27**	**5**	**3**	**2**
1		1			
7	2	5			
15	11	4	1	1	
45	28	17	4	2	2
1592	**827**	**765**	**319**	**188**	**131**
96	44	52	12	6	6
208	111	97	28	18	10
356	183	173	60	36	24
436	215	221	98	60	38
496	274	222	121	68	53
2949	**1537**	**1412**	**1253**	**768**	**485**
597	320	277	180	105	75
536	270	266	184	108	76
556	282	274	258	171	87
623	332	291	278	168	110
637	333	304	353	216	137
2518	**1291**	**1227**	**1857**	**1179**	**678**
705	365	340	439	272	167
585	298	287	421	273	148
466	227	239	376	256	120
448	228	220	365	217	148
314	173	141	256	161	95
834	**454**	**380**	**808**	**502**	**306**
220	121	99	225	141	84
216	111	105	237	152	85
156	82	74	144	93	51
141	85	56	112	62	50
101	55	46	90	54	36
256	**142**	**114**	**204**	**107**	**97**
76	41	35	61	39	22
48	26	22	55	25	30
52	29	23	43	22	21
43	25	18	21	9	12
37	21	16	24	12	12
146	**80**	**66**	**65**	**36**	**29**
33	19	14	22	16	6
29	17	12	11	4	7
29	15	14	11	6	5
27	16	11	11	8	3
28	13	15	10	2	8

6-2 续表 5

受教育程度 年龄	合计	生男孩的妇女人数	生女孩的妇女人数	一孩		
				小计	男	女
高中	**8622**	**4713**	**3909**	**3730**	**2004**	**1726**
15-19岁	**143**	**83**	**60**	**127**	**76**	**51**
15						
16	6	4	2	6	4	2
17	17	10	7	16	10	6
18	43	23	20	38	21	17
19	77	46	31	67	41	26
20-24岁	**1883**	**983**	**900**	**1299**	**681**	**618**
20	127	72	55	98	52	46
21	275	132	143	207	101	106
22	406	212	194	287	149	138
23	484	252	232	337	181	156
24	591	315	276	370	198	172
25-29岁	**3127**	**1700**	**1427**	**1417**	**741**	**676**
25	645	343	302	375	208	167
26	571	317	254	294	155	139
27	609	333	276	265	138	127
28	652	344	308	261	132	129
29	650	363	287	222	108	114
30-34岁	**2515**	**1408**	**1107**	**689**	**395**	**294**
30	757	419	338	264	137	127
31	597	340	257	151	93	58
32	470	257	213	128	75	53
33	407	225	182	92	55	37
34	284	167	117	54	35	19
35-39岁	**719**	**417**	**302**	**139**	**79**	**60**
35	230	128	102	48	24	24
36	161	99	62	31	21	10
37	141	87	54	32	19	13
38	111	67	44	14	8	6
39	76	36	40	14	7	7
40-44岁	**173**	**82**	**91**	**36**	**18**	**18**
40	51	26	25	12	7	5
41	51	26	25	8	5	3
42	23	10	13	5	2	3
43	29	11	18	3	1	2
44	19	9	10	8	3	5
45-49岁	**62**	**40**	**22**	**23**	**14**	**9**
45	17	12	5	3	3	
46	17	5	12	6	1	5
47	5	5		3	3	
48	9	7	2	3	2	1
49	14	11	3	8	5	3

单位：人

二孩			三孩及以上		
小计	男	女	小计	男	女
3690	**1954**	**1736**	**1202**	**755**	**447**
16	**7**	**9**			
1		1			
5	2	3			
10	5	5			
508	**254**	**254**	**76**	**48**	**28**
26	18	8	3	2	1
64	29	35	4	2	2
107	56	51	12	7	5
126	61	65	21	10	11
185	90	95	36	27	9
1344	**722**	**622**	**366**	**237**	**129**
227	109	118	43	26	17
220	122	98	57	40	17
275	156	119	69	39	30
306	155	151	85	57	28
316	180	136	112	75	37
1301	**683**	**618**	**525**	**330**	**195**
373	206	167	120	76	44
318	163	155	128	84	44
238	117	121	104	65	39
218	109	109	97	61	36
154	88	66	76	44	32
399	**224**	**175**	**181**	**114**	**67**
124	70	54	58	34	24
91	51	40	39	27	12
77	46	31	32	22	10
60	35	25	37	24	13
47	22	25	15	7	8
91	**43**	**48**	**46**	**21**	**25**
23	10	13	16	9	7
32	17	15	11	4	7
11	5	6	7	3	4
17	6	11	9	4	5
8	5	3	3	1	2
31	**21**	**10**	**8**	**5**	**3**
10	7	3	4	2	2
8	2	6	3	2	1
2	2				
6	5	1			
5	5		1	1	

6–2 续表 6

受教育程度 年龄	合计	生男孩的妇女人数	生女孩的妇女人数	一孩		
				小计	男	女
大学专科	**7048**	**3899**	**3149**	**3515**	**1910**	**1605**
15–19岁	**14**	**10**	**4**	**13**	**9**	**4**
15						
16						
17	1	1		1	1	
18	2	2		2	2	
19	11	7	4	10	6	4
20–24岁	**1210**	**695**	**515**	**972**	**552**	**420**
20	50	36	14	41	29	12
21	123	72	51	108	64	44
22	228	114	114	195	95	100
23	334	188	146	265	146	119
24	475	285	190	363	218	145
25–29岁	**2970**	**1617**	**1353**	**1729**	**914**	**815**
25	519	273	246	392	201	191
26	557	308	249	364	194	170
27	623	339	284	383	203	180
28	616	327	289	305	160	145
29	655	370	285	285	156	129
30–34岁	**2227**	**1221**	**1006**	**673**	**361**	**312**
30	690	363	327	253	133	120
31	537	299	238	174	93	81
32	422	219	203	119	63	56
33	327	183	144	70	36	34
34	251	157	94	57	36	21
35–39岁	**497**	**275**	**222**	**93**	**53**	**40**
35	171	86	85	27	15	12
36	126	79	47	28	14	14
37	78	45	33	17	11	6
38	69	38	31	14	9	5
39	53	27	26	7	4	3
40–44岁	**119**	**74**	**45**	**32**	**19**	**13**
40	34	20	14	11	5	6
41	30	14	16	9	5	4
42	23	17	6	3	2	1
43	17	12	5	6	5	1
44	15	11	4	3	2	1
45–49岁	**11**	**7**	**4**	**3**	**2**	**1**
45	2	2				
46	3	1	2			
47	3	2	1	1		1
48	3	2	1	2	2	
49						

单位：人

二孩			三孩及以上		
小计	男	女	小计	男	女
2987	**1638**	**1349**	**546**	**351**	**195**
1	**1**				
1	1				
220	**131**	**89**	**18**	**12**	**6**
9	7	2			
14	7	7	1	1	
30	17	13	3	2	1
68	41	27	1	1	
99	59	40	13	8	5
1086	**598**	**488**	**155**	**105**	**50**
114	65	49	13	7	6
178	104	74	15	10	5
209	114	95	31	22	9
268	139	129	43	28	15
317	176	141	53	38	15
1292	**697**	**595**	**262**	**163**	**99**
379	198	181	58	32	26
305	166	139	58	40	18
249	123	126	54	33	21
209	118	91	48	29	19
150	92	58	44	29	15
313	**163**	**150**	**91**	**59**	**32**
113	53	60	31	18	13
71	42	29	27	23	4
50	28	22	11	6	5
45	23	22	10	6	4
34	17	17	12	6	6
69	**43**	**26**	**18**	**12**	**6**
19	11	8	4	4	
16	7	9	5	2	3
15	11	4	5	4	1
8	6	2	3	1	2
11	8	3	1	1	
6	**5**	**1**	**2**		**2**
2	2				
2	1	1	1		1
2	2				
			1		1

6-2 续表 7

受教育程度 年龄	合计	生男孩的妇女人数	生女孩的妇女人数	一孩		
				小计	男	女
大学本科	**4675**	**2542**	**2133**	**2401**	**1299**	**1102**
15-19岁	**3**	**2**	**1**	**3**	**2**	**1**
15						
16						
17						
18						
19	3	2	1	3	2	1
20-24岁	**296**	**170**	**126**	**249**	**139**	**110**
20	8	5	3	7	4	3
21	16	8	8	15	8	7
22	53	29	24	44	21	23
23	80	45	35	67	37	30
24	139	83	56	116	69	47
25-29岁	**2073**	**1116**	**957**	**1402**	**744**	**658**
25	256	146	110	205	113	92
26	332	162	170	260	125	135
27	447	222	225	317	158	159
28	525	299	226	345	196	149
29	513	287	226	275	152	123
30-34岁	**1763**	**963**	**800**	**649**	**360**	**289**
30	525	286	239	244	133	111
31	413	221	192	164	96	68
32	351	187	164	108	50	58
33	297	165	132	84	51	33
34	177	104	73	49	30	19
35-39岁	**439**	**242**	**197**	**79**	**48**	**31**
35	135	76	59	21	14	7
36	118	66	52	27	15	12
37	77	34	43	14	8	6
38	71	42	29	9	5	4
39	38	24	14	8	6	2
40-44岁	**93**	**45**	**48**	**15**	**5**	**10**
40	22	15	7	2	1	1
41	22	9	13	5	3	2
42	22	9	13	2		2
43	20	8	12	2		2
44	7	4	3	4	1	3
45-49岁	**8**	**4**	**4**	**4**	**1**	**3**
45	2	2		1	1	
46	1		1	1		1
47	1		1	1		1
48	3	2	1			
49	1		1	1		1

单位：人

二孩			三孩及以上		
小计	男	女	小计	男	女
2108	**1143**	**965**	**166**	**100**	**66**
42	**27**	**15**	**5**	**4**	**1**
1	1				
1		1			
6	5	1	3	3	
13	8	5			
21	13	8	2	1	1
642	**353**	**289**	**29**	**19**	**10**
49	32	17	2	1	1
70	37	33	2		2
125	60	65	5	4	1
171	98	73	9	5	4
227	126	101	11	9	2
1025	**555**	**470**	**89**	**48**	**41**
262	143	119	19	10	9
226	111	115	23	14	9
227	131	96	16	6	10
192	104	88	21	10	11
118	66	52	10	8	2
325	**172**	**153**	**35**	**22**	**13**
105	58	47	9	4	5
82	44	38	9	7	2
54	21	33	9	5	4
56	33	23	6	4	2
28	16	12	2	2	
72	**35**	**37**	**6**	**5**	**1**
18	12	6	2	2	
15	5	10	2	1	1
20	9	11			
16	6	10	2	2	
3	3				
2	**1**	**1**	**2**	**2**	
1	1				
1		1	2	2	

6–2 续表 8

受教育程度 年　龄	合　计	生男孩的妇女人数	生女孩的妇女人数	一孩 小计	一孩 男	一孩 女
硕士研究生	**433**	**220**	**213**	**249**	**129**	**120**
15—19岁						
15						
16						
17						
18						
19						
20—24岁	**4**	**2**	**2**	**4**	**2**	**2**
20						
21						
22						
23	1		1	1		1
24	3	2	1	3	2	1
25—29岁	**157**	**81**	**76**	**122**	**66**	**56**
25	10	5	5	8	4	4
26	12	9	3	9	8	1
27	28	11	17	26	11	15
28	49	27	22	38	22	16
29	58	29	29	41	21	20
30—34岁	**211**	**109**	**102**	**104**	**52**	**52**
30	58	30	28	37	17	20
31	46	20	26	28	13	15
32	50	27	23	19	8	11
33	31	16	15	10	6	4
34	26	16	10	10	8	2
35—39岁	**50**	**22**	**28**	**18**	**8**	**10**
35	18	9	9	6	2	4
36	11	5	6	4	2	2
37	11	4	7	4	1	3
38	4	2	2	1	1	
39	6	2	4	3	2	1
40—44岁	**11**	**6**	**5**	**1**	**1**	
40	2	1	1			
41	7	4	3	1	1	
42	1		1			
43	1	1				
44						
45—49岁						
45						
46						
47						
48						
49						

单位：人

二孩			三孩及以上		
小计	男	女	小计	男	女
178	**87**	**91**	**6**	**4**	**2**
34	**14**	**20**	**1**	**1**	
2	1	1			
3	1	2			
2		2			
10	4	6	1	1	
17	8	9			
106	**56**	**50**	**1**	**1**	
20	12	8	1	1	
18	7	11			
31	19	12			
21	10	11			
16	8	8			
29	**12**	**17**	**3**	**2**	**1**
11	6	5	1	1	
6	2	4	1	1	
7	3	4			
3	1	2			
2		2	1		1
9	**5**	**4**	**1**		**1**
1	1		1		1
6	3	3			
1		1			
1	1				

6–2 续表 9

受教育程度 年龄	合计	生男孩的妇女人数	生女孩的妇女人数	一孩		
				小计	男	女
博士研究生	**40**	**26**	**14**	**19**	**11**	**8**
15–19岁						
15						
16						
17						
18						
19						
20–24岁	**1**		**1**	**1**		**1**
20	1		1	1		1
21						
22						
23						
24						
25–29岁	**8**	**4**	**4**	**5**	**2**	**3**
25						
26	1		1	1		1
27	1		1	1		1
28						
29	6	4	2	3	2	1
30–34岁	**24**	**17**	**7**	**11**	**8**	**3**
30	3	1	2	2	1	1
31	9	8	1	6	5	1
32	4	4		1	1	
33	5	2	3	1		1
34	3	2	1	1	1	
35–39岁	**6**	**5**	**1**	**2**	**1**	**1**
35	2	1	1	2	1	1
36						
37	2	2				
38						
39	2	2				
40–44岁	**1**		**1**			
40						
41						
42	1		1			
43						
44						
45–49岁						
45						
46						
47						
48						
49						

单位：人

二孩			三孩及以上		
小计	男	女	小计	男	女
20	**14**	**6**	**1**	**1**	
3	**2**	**1**			
3	2	1			
12	**8**	**4**	**1**	**1**	
1		1			
3	3				
2	2		1	1	
4	2	2			
2	1	1			
4	**4**				
2	2				
2	2				
1		**1**			
1		1			

6-2a 全省按年龄、受教育程度、生育孩次

受教育程度 年龄	合计	生男孩的妇女人数	生女孩的妇女人数	一孩		
				小计	男	女
总计	**12656**	**6919**	**5737**	**5445**	**2923**	**2522**
15-19岁	**117**	**64**	**53**	**102**	**56**	**46**
15	2	2		2	2	
16	5	2	3	5	2	3
17	15	7	8	14	7	7
18	30	13	17	27	12	15
19	65	40	25	54	33	21
20-24岁	**1791**	**956**	**835**	**1236**	**660**	**576**
20	125	70	55	96	55	41
21	235	116	119	172	85	87
22	363	192	171	255	137	118
23	440	227	213	315	164	151
24	628	351	277	398	219	179
25-29岁	**4504**	**2464**	**2040**	**2388**	**1260**	**1128**
25	700	386	314	420	233	187
26	783	411	372	461	234	227
27	950	502	448	528	275	253
28	1009	551	458	508	268	240
29	1062	614	448	471	250	221
30-34岁	**4301**	**2353**	**1948**	**1325**	**729**	**596**
30	1180	635	545	457	242	215
31	975	526	449	324	185	139
32	894	483	411	256	133	123
33	724	401	323	165	95	70
34	528	308	220	123	74	49
35-39岁	**1391**	**781**	**610**	**281**	**157**	**124**
35	431	244	187	79	44	35
36	348	208	140	76	42	34
37	235	121	114	56	28	28
38	215	121	94	36	21	15
39	162	87	75	34	22	12
40-44岁	**405**	**209**	**196**	**78**	**39**	**39**
40	117	65	52	26	15	11
41	96	50	46	19	12	7
42	84	39	45	15	5	10
43	57	27	30	8	4	4
44	51	28	23	10	3	7
45-49岁	**147**	**92**	**55**	**35**	**22**	**13**
45	42	33	9	7	7	
46	25	13	12	4	2	2
47	22	13	9	2	1	1
48	29	16	13	8	6	2
49	29	17	12	14	6	8

分的育龄妇女人数(2019.11.1—2020.10.31)(城市)

单位：人

二孩			三孩及以上		
小计	男	女	小计	男	女
5783	**3100**	**2683**	**1428**	**896**	**532**
15	**8**	**7**			
1		1			
3	1	2			
11	7	4			
490	**256**	**234**	**65**	**40**	**25**
26	13	13	3	2	1
59	29	30	4	2	2
94	44	50	14	11	3
107	52	55	18	11	7
204	118	86	26	14	12
1771	**969**	**802**	**345**	**235**	**110**
233	121	112	47	32	15
278	148	130	44	29	15
345	176	169	77	51	26
417	229	188	84	54	30
498	295	203	93	69	24
2356	**1248**	**1108**	**620**	**376**	**244**
588	310	278	135	83	52
527	268	259	124	73	51
501	267	234	137	83	54
427	228	199	132	78	54
313	175	138	92	59	33
828	**442**	**386**	**282**	**182**	**100**
259	143	116	93	57	36
198	113	85	74	53	21
135	65	70	44	28	16
136	75	61	43	25	18
100	46	54	28	19	9
239	**125**	**114**	**88**	**45**	**43**
64	32	32	27	18	9
57	30	27	20	8	12
47	23	24	22	11	11
41	19	22	8	4	4
30	21	9	11	4	7
84	**52**	**32**	**28**	**18**	**10**
24	19	5	11	7	4
17	9	8	4	2	2
15	8	7	5	4	1
13	5	8	8	5	3
15	11	4			

6-2a 续表 1

受教育程度 年龄	合计	生男孩的妇女人数	生女孩的妇女人数	一孩		
				小计	男	女
未上过学	**9**	**3**	**6**	**3**	**1**	**2**
15-19岁						
15						
16						
17						
18						
19						
20-24岁	**2**	**1**	**1**	**2**	**1**	**1**
20						
21						
22	1	1		1	1	
23	1		1	1		1
24						
25-29岁	**3**	**2**	**1**	**1**		**1**
25	1	1				
26						
27	1	1				
28	1		1	1		1
29						
30-34岁	**2**		**2**			
30						
31	1		1			
32	1		1			
33						
34						
35-39岁	**1**		**1**			
35	1		1			
36						
37						
38						
39						
40-44岁	**1**		**1**			
40						
41						
42	1		1			
43						
44						
45-49岁						
45						
46						
47						
48						
49						

单位：人

二孩			三孩及以上		
小计	男	女	小计	男	女
4	**2**	**2**	**2**		**2**
2	**2**				
1	1				
1	1				
1		**1**	**1**		**1**
			1		1
1		1			
1		**1**			
1		1			
			1		**1**
			1		1

6-2a 续表 2

受教育程度 年龄	合计	生男孩的妇女人数	生女孩的妇女人数	一孩		
				小计	男	女
学前教育	**1**		**1**	**1**		**1**
15-19岁						
15						
16						
17						
18						
19						
20-24岁						
20						
21						
22						
23						
24						
25-29岁						
25						
26						
27						
28						
29						
30-34岁						
30						
31						
32						
33						
34						
35-39岁	**1**		**1**	**1**		**1**
35	1		1	1		1
36						
37						
38						
39						
40-44岁						
40						
41						
42						
43						
44						
45-49岁						
45						
46						
47						
48						
49						

单位：人

二孩			三孩及以上		
小计	男	女	小计	男	女

6-2a 续表 3

受教育程度 年　　龄	合　计	生男孩的 妇女人数	生女孩的 妇女人数	一　　孩		
				小计	男	女
小　学	**305**	**185**	**120**	**78**	**49**	**29**
15-19岁	**3**		**3**	**3**		**3**
15						
16						
17	1		1	1		1
18	1		1	1		1
19	1		1	1		1
20-24岁	**42**	**32**	**10**	**24**	**18**	**6**
20	2	2		2	2	
21	2	1	1	2	1	1
22	9	6	3	6	4	2
23	11	9	2	4	3	1
24	18	14	4	10	8	2
25-29岁	**79**	**52**	**27**	**27**	**16**	**11**
25	17	11	6	8	4	4
26	14	10	4	6	4	2
27	20	10	10	7	3	4
28	12	9	3	3	2	1
29	16	12	4	3	3	
30-34岁	**90**	**52**	**38**	**15**	**10**	**5**
30	18	10	8	3	1	2
31	19	11	8	1		1
32	22	13	9	5	4	1
33	16	10	6	4	3	1
34	15	8	7	2	2	
35-39岁	**45**	**25**	**20**	**7**	**4**	**3**
35	8	2	6	2	1	1
36	16	10	6	2	1	1
37	9	7	2	1	1	
38	6	2	4	1		1
39	6	4	2	1	1	
40-44岁	**21**	**12**	**9**			
40	4	2	2			
41	6	4	2			
42	3	2	1			
43	3	2	1			
44	5	2	3			
45-49岁	**25**	**12**	**13**	**2**	**1**	**1**
45	2	2				
46	4	3	1			
47	5	1	4			
48	9	3	6	1	1	
49	5	3	2	1		1

单位：人

二孩			三孩及以上		
小计	男	女	小计	男	女
150	**91**	**59**	**77**	**45**	**32**
14	**10**	**4**	**4**	**4**	
2	1	1	1	1	
5	4	1	2	2	
7	5	2	1	1	
36	**25**	**11**	**16**	**11**	**5**
6	4	2	3	3	
4	3	1	4	3	1
8	5	3	5	2	3
9	7	2			
9	6	3	4	3	1
50	**26**	**24**	**25**	**16**	**9**
9	4	5	6	5	1
12	8	4	6	3	3
10	4	6	7	5	2
9	5	4	3	2	1
10	5	5	3	1	2
20	**12**	**8**	**18**	**9**	**9**
3	1	2	3		3
12	8	4	2	1	1
2	2		6	4	2
			5	2	3
3	1	2	2	2	
12	**8**	**4**	**9**	**4**	**5**
2	1	1	2	1	1
3	3		3	1	2
2	1	1	1	1	
1	1		2	1	1
4	2	2	1		1
18	**10**	**8**	**5**	**1**	**4**
2	2				
3	3		1		1
5	1	4			
4	1	3	4	1	3
4	3	1			

6-2a 续表 4

受教育程度 年龄	合计	生男孩的妇女人数	生女孩的妇女人数	一孩		
				小计	男	女
初中	**3478**	**1913**	**1565**	**1135**	**632**	**503**
15-19岁	**63**	**33**	**30**	**53**	**26**	**27**
15	2	2		2	2	
16	4	2	2	4	2	2
17	7	3	4	6	3	3
18	16	6	10	15	5	10
19	34	20	14	26	14	12
20-24岁	**702**	**368**	**334**	**407**	**214**	**193**
20	70	32	38	52	26	26
21	112	57	55	68	34	34
22	152	78	74	92	49	43
23	165	86	79	99	53	46
24	203	115	88	96	52	44
25-29岁	**1090**	**601**	**489**	**364**	**204**	**160**
25	214	112	102	78	44	34
26	201	112	89	73	44	29
27	224	133	91	74	45	29
28	220	118	102	66	35	31
29	231	126	105	73	36	37
30-34岁	**991**	**547**	**444**	**196**	**121**	**75**
30	255	144	111	58	33	25
31	212	118	94	45	29	16
32	203	113	90	40	24	16
33	195	105	90	30	23	7
34	126	67	59	23	12	11
35-39岁	**400**	**232**	**168**	**71**	**41**	**30**
35	112	64	48	17	12	5
36	103	64	39	18	10	8
37	67	37	30	13	6	7
38	66	38	28	12	7	5
39	52	29	23	11	6	5
40-44岁	**155**	**81**	**74**	**27**	**14**	**13**
40	47	29	18	11	8	3
41	28	13	15	4	2	2
42	34	17	17	6	2	4
43	22	9	13	3	1	2
44	24	13	11	3	1	2
45-49岁	**77**	**51**	**26**	**17**	**12**	**5**
45	26	21	5	5	5	
46	9	5	4	1	1	
47	14	10	4	1	1	
48	13	7	6	3	2	1
49	15	8	7	7	3	4

单位：人

二孩			三孩及以上		
小计	男	女	小计	男	女
1619	**823**	**796**	**724**	**458**	**266**
10	**7**	**3**			
1		1			
1	1				
8	6	2			
250	**126**	**124**	**45**	**28**	**17**
15	4	11	3	2	1
40	21	19	4	2	2
51	22	29	9	7	2
52	24	28	14	9	5
92	55	37	15	8	7
549	**282**	**267**	**177**	**115**	**62**
105	50	55	31	18	13
106	54	52	22	14	8
113	61	52	37	27	10
111	58	53	43	25	18
114	59	55	44	31	13
500	**239**	**261**	**295**	**187**	**108**
134	69	65	63	42	21
108	54	54	59	35	24
99	47	52	64	42	22
91	37	54	74	45	29
68	32	36	35	23	12
189	**101**	**88**	**140**	**90**	**50**
51	26	25	44	26	18
44	25	19	41	29	12
32	16	16	22	15	7
35	20	15	19	11	8
27	14	13	14	9	5
78	**42**	**36**	**50**	**25**	**25**
20	10	10	16	11	5
14	7	7	10	4	6
14	9	5	14	6	8
16	7	9	3	1	2
14	9	5	7	3	4
43	**26**	**17**	**17**	**13**	**4**
14	11	3	7	5	2
6	3	3	2	1	1
8	5	3	5	4	1
7	2	5	3	3	
8	5	3			

6-2a 续表 5

受教育程度 年 龄	合 计	生男孩的 妇女人数	生女孩的 妇女人数	一 孩		
				小计	男	女
高 中	**2735**	**1482**	**1253**	**1186**	**617**	**569**
15-19岁	**45**	**27**	**18**	**41**	**27**	**14**
15						
16	1		1	1		1
17	7	4	3	7	4	3
18	12	6	6	10	6	4
19	25	17	8	23	17	6
20-24岁	**460**	**227**	**233**	**325**	**165**	**160**
20	31	23	8	24	16	8
21	66	26	40	50	20	30
22	98	53	45	66	39	27
23	111	52	59	89	43	46
24	154	73	81	96	47	49
25-29岁	**935**	**516**	**419**	**462**	**235**	**227**
25	174	94	80	103	54	49
26	169	83	86	95	45	50
27	192	104	88	88	46	42
28	198	107	91	96	49	47
29	202	128	74	80	41	39
30-34岁	**866**	**473**	**393**	**266**	**143**	**123**
30	249	136	113	97	46	51
31	201	105	96	61	34	27
32	180	98	82	56	33	23
33	143	75	68	34	17	17
34	93	59	34	18	13	5
35-39岁	**305**	**174**	**131**	**61**	**30**	**31**
35	102	60	42	20	9	11
36	61	37	24	12	6	6
37	59	33	26	18	9	9
38	47	27	20	5	2	3
39	36	17	19	6	4	2
40-44岁	**89**	**43**	**46**	**20**	**11**	**9**
40	24	13	11	6	4	2
41	28	14	14	5	3	2
42	15	5	10	4	1	3
43	12	5	7	1	1	
44	10	6	4	4	2	2
45-49岁	**35**	**22**	**13**	**11**	**6**	**5**
45	12	8	4	1	1	
46	10	4	6	3	1	2
47	1	1				
48	4	3	1	2	1	1
49	8	6	2	5	3	2

单位：人

二孩			三孩及以上		
小计	男	女	小计	男	女
1231	**660**	**571**	**318**	**205**	**113**
4		**4**			
2		2			
2		2			
125	**56**	**69**	**10**	**6**	**4**
7	7				
16	6	10			
29	12	17	3	2	1
20	9	11	2		2
53	22	31	5	4	1
394	**221**	**173**	**79**	**60**	**19**
61	32	29	10	8	2
63	30	33	11	8	3
87	47	40	17	11	6
86	45	41	16	13	3
97	67	30	25	20	5
455	**244**	**211**	**145**	**86**	**59**
118	67	51	34	23	11
111	57	54	29	14	15
90	45	45	34	20	14
85	43	42	24	15	9
51	32	19	24	14	10
184	**103**	**81**	**60**	**41**	**19**
60	37	23	22	14	8
34	20	14	15	11	4
33	18	15	8	6	2
31	18	13	11	7	4
26	10	16	4	3	1
50	**23**	**27**	**19**	**9**	**10**
12	5	7	6	4	2
19	10	9	4	1	3
7	2	5	4	2	2
9	3	6	2	1	1
3	3		3	1	2
19	**13**	**6**	**5**	**3**	**2**
7	5	2	4	2	2
6	2	4	1	1	
1	1				
2	2				
3	3				

6-2a 续表 6

受教育程度 年龄	合计	生男孩的妇女人数	生女孩的妇女人数	一孩		
				小计	男	女
大学专科	**3099**	**1708**	**1391**	**1518**	**820**	**698**
15-19岁	**5**	**4**	**1**	**4**	**3**	**1**
15						
16						
17						
18	1	1		1	1	
19	4	3	1	3	2	1
20-24岁	**474**	**270**	**204**	**386**	**214**	**172**
20	18	10	8	14	8	6
21	51	30	21	48	28	20
22	89	47	42	78	39	39
23	119	64	55	94	50	44
24	197	119	78	152	89	63
25-29岁	**1182**	**644**	**538**	**698**	**372**	**326**
25	175	100	75	136	78	58
26	219	121	98	146	75	71
27	243	125	118	155	81	74
28	261	133	128	131	65	66
29	284	165	119	130	73	57
30-34岁	**1086**	**596**	**490**	**346**	**183**	**163**
30	314	162	152	124	65	59
31	246	132	114	85	48	37
32	219	117	102	68	33	35
33	154	92	62	32	16	16
34	153	93	60	37	21	16
35-39岁	**279**	**150**	**129**	**63**	**36**	**27**
35	90	49	41	15	8	7
36	71	44	27	20	11	9
37	39	18	21	11	6	5
38	46	21	25	11	7	4
39	33	18	15	6	4	2
40-44岁	**68**	**40**	**28**	**19**	**10**	**9**
40	26	13	13	7	2	5
41	14	9	5	5	4	1
42	13	8	5	3	2	1
43	8	6	2	3	2	1
44	7	4	3	1		1
45-49岁	**5**	**4**	**1**	**2**	**2**	
45						
46	2	1	1			
47	1	1				
48	2	2		2	2	
49						

单位：人

二孩			三孩及以上		
小计	男	女	小计	男	女
1368	**757**	**611**	**213**	**131**	**82**
1	**1**				
1	1				
83	**54**	**29**	**5**	**2**	**3**
4	2	2			
3	2	1			
10	7	3	1	1	
25	14	11			
41	29	12	4	1	3
428	**234**	**194**	**56**	**38**	**18**
36	19	17	3	3	
68	42	26	5	4	1
74	37	37	14	7	7
111	55	56	19	13	6
139	81	58	15	11	4
634	**353**	**281**	**106**	**60**	**46**
171	90	81	19	7	12
143	72	71	18	12	6
130	73	57	21	11	10
98	62	36	24	14	10
92	56	36	24	16	8
176	**89**	**87**	**40**	**25**	**15**
59	29	30	16	12	4
43	27	16	8	6	2
23	11	12	5	1	4
30	12	18	5	2	3
21	10	11	6	4	2
43	**24**	**19**	**6**	**6**	
17	9	8	2	2	
8	4	4	1	1	
8	4	4	2	2	
4	3	1	1	1	
6	4	2			
3	**2**	**1**			
2	1	1			
1	1				

6-2a 续表 7

受教育程度 年龄	合计	生男孩的妇女人数	生女孩的妇女人数	一孩		
				小计	男	女
大学本科	**2662**	**1437**	**1225**	**1317**	**695**	**622**
15-19岁	**1**		**1**	**1**		**1**
15						
16						
17						
18						
19	1		1	1		1
20-24岁	**109**	**58**	**51**	**90**	**48**	**42**
20	3	3		3	3	
21	4	2	2	4	2	2
22	14	7	7	12	5	7
23	32	16	16	27	15	12
24	56	30	26	44	23	21
25-29岁	**1093**	**582**	**511**	**745**	**381**	**364**
25	111	64	47	89	50	39
26	169	77	92	133	59	74
27	248	121	127	183	92	91
28	286	165	121	189	103	86
29	279	155	124	151	77	74
30-34岁	**1084**	**589**	**495**	**408**	**224**	**184**
30	293	156	137	140	80	60
31	255	140	115	104	60	44
32	229	121	108	73	34	39
33	188	104	84	57	31	26
34	119	68	51	34	19	15
35-39岁	**309**	**176**	**133**	**58**	**37**	**21**
35	98	59	39	16	11	5
36	86	48	38	20	12	8
37	49	21	28	9	5	4
38	47	32	15	6	4	2
39	29	16	13	7	5	2
40-44岁	**61**	**29**	**32**	**12**	**4**	**8**
40	14	7	7	2	1	1
41	15	8	7	5	3	2
42	16	7	9	2		2
43	11	4	7	1		1
44	5	3	2	2		2
45-49岁	**5**	**3**	**2**	**3**	**1**	**2**
45	2	2		1	1	
46						
47	1		1	1		1
48	1	1				
49	1		1	1		1

单位：人

二孩			三孩及以上		
小计	男	女	小计	男	女
1257	**689**	**568**	**88**	**53**	**35**
18	**10**	**8**	**1**		**1**
2	2				
5	1	4			
11	7	4	1		1
332	**191**	**141**	**16**	**10**	**6**
22	14	8			
34	18	16	2		2
61	25	36	4	4	
92	60	32	5	2	3
123	74	49	5	4	1
629	**339**	**290**	**47**	**26**	**21**
140	70	70	13	6	7
140	71	69	11	9	2
146	83	63	10	4	6
124	71	53	7	2	5
79	44	35	6	5	1
230	**124**	**106**	**21**	**15**	**6**
75	44	31	7	4	3
59	31	28	7	5	2
37	14	23	3	2	1
38	25	13	3	3	
21	10	11	1	1	
47	**24**	**23**	**2**	**1**	**1**
12	6	6			
8	4	4	2	1	1
14	7	7			
10	4	6			
3	3				
1	**1**		**1**	**1**	
1	1				
			1	1	

6-2a 续表 8

受教育程度 年龄	合计	生男孩的妇女人数	生女孩的妇女人数	一孩		
				小计	男	女
硕士研究生	**337**	**174**	**163**	**192**	**102**	**90**
15-19岁						
15						
16						
17						
18						
19						
20-24岁	**1**		**1**	**1**		**1**
20						
21						
22						
23	1		1	1		1
24						
25-29岁	**116**	**65**	**51**	**88**	**52**	**36**
25	8	4	4	6	3	3
26	10	8	2	7	7	
27	21	8	13	20	8	12
28	31	19	12	22	14	8
29	46	26	20	33	20	13
30-34岁	**164**	**84**	**80**	**85**	**42**	**43**
30	49	26	23	33	16	17
31	36	16	20	24	11	13
32	37	18	19	13	4	9
33	23	13	10	7	5	2
34	19	11	8	8	6	2
35-39岁	**47**	**21**	**26**	**18**	**8**	**10**
35	17	9	8	6	2	4
36	11	5	6	4	2	2
37	11	4	7	4	1	3
38	3	1	2	1	1	
39	5	2	3	3	2	1
40-44岁	**9**	**4**	**5**			
40	2	1	1			
41	5	2	3			
42	1		1			
43	1	1				
44						
45-49岁						
45						
46						
47						
48						
49						

单位：人

二孩			三孩及以上		
小计	男	女	小计	男	女
140	**69**	**71**	**5**	**3**	**2**
27	**12**	**15**	**1**	**1**	
2	1	1			
3	1	2			
1		1			
8	4	4	1	1	
13	6	7			
79	**42**	**37**			
16	10	6			
12	5	7			
24	14	10			
16	8	8			
11	5	6			
26	**11**	**15**	**3**	**2**	**1**
10	6	4	1	1	
6	2	4	1	1	
7	3	4			
2		2			
1		1	1		1
8	**4**	**4**	**1**		**1**
1	1		1		1
5	2	3			
1		1			
1	1				

6-2a 续表 9

受教育程度 年龄	合计	生男孩的妇女人数	生女孩的妇女人数	一孩		
				小计	男	女
博士研究生	**30**	**17**	**13**	**15**	**7**	**8**
15-19岁						
15						
16						
17						
18						
19						
20-24岁	**1**		**1**	**1**		**1**
20	1		1	1		1
21						
22						
23						
24						
25-29岁	**6**	**2**	**4**	**3**		**3**
25						
26	1		1	1		1
27	1		1	1		1
28						
29	4	2	2	1		1
30-34岁	**18**	**12**	**6**	**9**	**6**	**3**
30	2	1	1	2	1	1
31	5	4	1	4	3	1
32	3	3		1	1	
33	5	2	3	1		1
34	3	2	1	1	1	
35-39岁	**4**	**3**	**1**	**2**	**1**	**1**
35	2	1	1	2	1	1
36						
37	1	1				
38						
39	1	1				
40-44岁	**1**		**1**			
40						
41						
42	1		1			
43						
44						
45-49岁						
45						
46						
47						
48						
49						

单位：人

二孩			三孩及以上		
小计	男	女	小计	男	女
14	**9**	**5**	**1**	**1**	
3	**2**	**1**			
3	2	1			
8	**5**	**3**	**1**	**1**	
1	1				
1	1		1	1	
4	2	2			
2	1	1			
2	**2**				
1	1				
1	1				
1		**1**			
1		1			

6-2b 全省按年龄、受教育程度、生育孩次

受教育程度 年龄	合计	生男孩的妇女人数	生女孩的妇女人数	一孩		
				小计	男	女
总计	**12745**	**7044**	**5701**	**4959**	**2729**	**2230**
15-19岁	**141**	**85**	**56**	**124**	**75**	**49**
15	4	2	2	4	2	2
16	7	5	2	7	5	2
17	16	9	7	14	8	6
18	40	25	15	33	19	14
19	74	44	30	66	41	25
20-24岁	**2239**	**1211**	**1028**	**1466**	**793**	**673**
20	150	75	75	113	61	52
21	276	154	122	201	109	92
22	485	260	225	332	175	157
23	604	330	274	382	210	172
24	724	392	332	438	238	200
25-29岁	**4568**	**2523**	**2045**	**2098**	**1159**	**939**
25	876	489	387	510	285	225
26	796	439	357	426	238	188
27	910	491	419	439	238	201
28	977	538	439	399	213	186
29	1009	566	443	324	185	139
30-34岁	**3995**	**2208**	**1787**	**984**	**533**	**451**
30	1136	609	527	346	179	167
31	943	527	416	239	128	111
32	752	404	348	156	79	77
33	674	382	292	139	81	58
34	490	286	204	104	66	38
35-39岁	**1290**	**731**	**559**	**187**	**105**	**82**
35	386	207	179	56	30	26
36	341	202	139	48	29	19
37	222	135	87	29	17	12
38	198	112	86	27	16	11
39	143	75	68	27	13	14
40-44岁	**361**	**197**	**164**	**56**	**32**	**24**
40	89	61	28	12	7	5
41	95	46	49	11	6	5
42	67	37	30	7	5	2
43	62	27	35	12	7	5
44	48	26	22	14	7	7
45-49岁	**151**	**89**	**62**	**44**	**32**	**12**
45	33	21	12	8	7	1
46	31	14	17	9	5	4
47	30	13	17	9	4	5
48	28	20	8	7	7	
49	29	21	8	11	9	2

分的育龄妇女人数(2019.11.1—2020.10.31)(镇)

单位：人

二孩			三孩及以上		
小计	男	女	小计	男	女
5683	**3020**	**2663**	**2103**	**1295**	**808**
17	**10**	**7**			
2	1	1			
7	6	1			
8	3	5			
668	**352**	**316**	**105**	**66**	**39**
35	14	21	2		2
67	39	28	8	6	2
135	74	61	18	11	7
193	103	90	29	17	12
238	122	116	48	32	16
1927	**1034**	**893**	**543**	**330**	**213**
302	166	136	64	38	26
296	158	138	74	43	31
378	201	177	93	52	41
446	240	206	132	85	47
505	269	236	180	112	68
2128	**1118**	**1010**	**883**	**557**	**326**
590	308	282	200	122	78
521	281	240	183	118	65
410	205	205	186	120	66
351	181	170	184	120	64
256	143	113	130	77	53
684	**363**	**321**	**419**	**263**	**156**
218	114	104	112	63	49
163	83	80	130	90	40
122	68	54	71	50	21
106	59	47	65	37	28
75	39	36	41	23	18
178	**100**	**78**	**127**	**65**	**62**
40	26	14	37	28	9
50	27	23	34	13	21
39	23	16	21	9	12
30	13	17	20	7	13
19	11	8	15	8	7
81	**43**	**38**	**26**	**14**	**12**
18	8	10	7	6	1
15	7	8	7	2	5
17	8	9	4	1	3
16	10	6	5	3	2
15	10	5	3	2	1

6-2b 续表 1

受教育程度 年龄	合计	生男孩的妇女人数	生女孩的妇女人数	一孩		
				小计	男	女
未上过学	**13**	**9**	**4**	**7**	**5**	**2**
15-19岁						
15						
16						
17						
18						
19						
20-24岁	**4**	**3**	**1**	**2**	**1**	**1**
20						
21	1	1				
22	2	1	1	1		1
23						
24	1	1		1	1	
25-29岁	**3**	**1**	**2**	**1**	**1**	
25						
26	1		1			
27	1		1			
28						
29	1	1		1	1	
30-34岁	**2**	**1**	**1**	**2**	**1**	**1**
30	1		1	1		1
31	1	1		1	1	
32						
33						
34						
35-39岁	**2**	**2**				
35						
36						
37	1	1				
38	1	1				
39						
40-44岁						
40						
41						
42						
43						
44						
45-49岁	**2**	**2**		**2**	**2**	
45	1	1		1	1	
46						
47						
48						
49	1	1		1	1	

单位：人

二孩			三孩及以上		
小计	男	女	小计	男	女
3	**2**	**1**	**3**	**2**	**1**
2	**2**				
1	1				
1	1				
1		**1**	**1**		**1**
			1		1
1		1			
			2	**2**	
			1	1	
			1	1	

6-2b 续表 2

受教育程度 年龄	合计	生男孩的妇女人数	生女孩的妇女人数	一孩		
				小计	男	女
学前教育	**5**	**1**	**4**	**2**	**1**	**1**
15-19岁						
15						
16						
17						
18						
19						
20-24岁						
20						
21						
22						
23						
24						
25-29岁						
25						
26						
27						
28						
29						
30-34岁	**2**		**2**	**1**		**1**
30						
31	1		1			
32	1		1	1		1
33						
34						
35-39岁	**1**		**1**			
35						
36	1		1			
37						
38						
39						
40-44岁						
40						
41						
42						
43						
44						
45-49岁	**2**	**1**	**1**	**1**	**1**	
45						
46						
47	1		1			
48						
49	1	1		1	1	

单位：人

二孩			三孩及以上		
小计	男	女	小计	男	女
1		**1**	**2**		**2**
			1		**1**
			1		1
			1		**1**
			1		1
1		**1**			
1		1			

6-2b 续表 3

受教育程度 年龄	合 计	生男孩的妇女人数	生女孩的妇女人数	一 孩		
				小计	男	女
小 学	**439**	**244**	**195**	**102**	**62**	**40**
15-19岁	**2**	**2**		**2**	**2**	
15						
16	1	1		1	1	
17						
18						
19	1	1		1	1	
20-24岁	**53**	**30**	**23**	**25**	**16**	**9**
20	4	1	3	2	1	1
21	4	3	1	2	1	1
22	11	5	6	9	4	5
23	15	11	4	7	6	1
24	19	10	9	5	4	1
25-29岁	**130**	**73**	**57**	**40**	**20**	**20**
25	21	13	8	8	4	4
26	21	13	8	7	3	4
27	26	11	15	13	7	6
28	31	16	15	8	4	4
29	31	20	11	4	2	2
30-34岁	**131**	**67**	**64**	**21**	**11**	**10**
30	26	9	17	4	2	2
31	34	17	17	9	4	5
32	25	15	10	3	2	1
33	26	17	9	3	3	
34	20	9	11	2		2
35-39岁	**48**	**28**	**20**	**5**	**5**	
35	14	9	5	2	2	
36	18	7	11	2	2	
37	4	4				
38	7	5	2	1	1	
39	5	3	2			
40-44岁	**44**	**23**	**21**	**4**	**3**	**1**
40	8	5	3	1		1
41	11	7	4	2	2	
42	7	3	4	1	1	
43	9	3	6			
44	9	5	4			
45-49岁	**31**	**21**	**10**	**5**	**5**	
45	3	2	1	1	1	
46	5	2	3			
47	6	3	3			
48	10	8	2	3	3	
49	7	6	1	1	1	

单位：人

二孩			三孩及以上		
小计	男	女	小计	男	女
207	**107**	**100**	**130**	**75**	**55**
22	**11**	**11**	**6**	**3**	**3**
2		2			
2	2				
2	1	1			
5	3	2	3	2	1
11	5	6	3	1	2
60	**33**	**27**	**30**	**20**	**10**
8	4	4	5	5	
11	8	3	3	2	1
9	3	6	4	1	3
13	6	7	10	6	4
19	12	7	8	6	2
63	**30**	**33**	**47**	**26**	**21**
13	4	9	9	3	6
16	8	8	9	5	4
10	4	6	12	9	3
11	7	4	12	7	5
13	7	6	5	2	3
20	**7**	**13**	**23**	**16**	**7**
5	2	3	7	5	2
8	1	7	8	4	4
1	1		3	3	
2	1	1	4	3	1
4	2	2	1	1	
19	**11**	**8**	**21**	**9**	**12**
3	2	1	4	3	1
5	4	1	4	1	3
2	1	1	4	1	3
5	1	4	4	2	2
4	3	1	5	2	3
23	**15**	**8**	**3**	**1**	**2**
2	1	1			
4	2	2	1		1
5	3	2	1		1
6	4	2	1	1	
6	5	1			

6-2b 续表 4

受教育程度 年龄	合计	生男孩的妇女人数	生女孩的妇女人数	一孩		
				小计	男	女
初中	**5425**	**3013**	**2412**	**1725**	**965**	**760**
15-19岁	**103**	**63**	**40**	**89**	**54**	**35**
15	4	2	2	4	2	2
16	5	3	2	5	3	2
17	13	7	6	11	6	5
18	32	21	11	26	16	10
19	49	30	19	43	27	16
20-24岁	**1065**	**576**	**489**	**616**	**334**	**282**
20	88	40	48	66	34	32
21	147	82	65	97	49	48
22	248	139	109	152	85	67
23	277	154	123	147	85	62
24	305	161	144	154	81	73
25-29岁	**1653**	**931**	**722**	**552**	**322**	**230**
25	335	198	137	144	89	55
26	288	152	136	117	69	48
27	327	175	152	107	63	44
28	340	200	140	104	52	52
29	363	206	157	80	49	31
30-34岁	**1639**	**908**	**731**	**317**	**169**	**148**
30	412	214	198	81	41	40
31	379	211	168	74	39	35
32	308	163	145	53	28	25
33	302	182	120	62	33	29
34	238	138	100	47	28	19
35-39岁	**697**	**391**	**306**	**101**	**54**	**47**
35	193	110	83	29	15	14
36	187	110	77	21	13	8
37	123	71	52	14	7	7
38	109	57	52	17	9	8
39	85	43	42	20	10	10
40-44岁	**183**	**99**	**84**	**26**	**15**	**11**
40	49	33	16	4	3	1
41	45	21	24	3	1	2
42	40	21	19	5	3	2
43	26	12	14	6	4	2
44	23	12	11	8	4	4
45-49岁	**85**	**45**	**40**	**24**	**17**	**7**
45	22	12	10	4	3	1
46	20	11	9	6	5	1
47	18	6	12	6	2	4
48	11	8	3	3	3	
49	14	8	6	5	4	1

单位：人

二孩			三孩及以上		
小计	男	女	小计	男	女
2411	**1266**	**1145**	**1289**	**782**	**507**
14	**9**	**5**			
2	1	1			
6	5	1			
6	3	3			
385	**204**	**181**	**64**	**38**	**26**
20	6	14	2		2
43	28	15	7	5	2
87	47	40	9	7	2
109	57	52	21	12	9
126	66	60	25	14	11
782	**425**	**357**	**319**	**184**	**135**
153	86	67	38	23	15
123	59	64	48	24	24
161	79	82	59	33	26
163	99	64	73	49	24
182	102	80	101	55	46
789	**402**	**387**	**533**	**337**	**196**
208	96	112	123	77	46
206	109	97	99	63	36
145	66	79	110	69	41
128	74	54	112	75	37
102	57	45	89	53	36
319	**165**	**154**	**277**	**172**	**105**
91	53	38	73	42	31
77	37	40	89	60	29
59	30	29	50	34	16
55	29	26	37	19	18
37	16	21	28	17	11
79	**43**	**36**	**78**	**41**	**37**
23	13	10	22	17	5
19	11	8	23	9	14
21	11	10	14	7	7
10	5	5	10	3	7
6	3	3	9	5	4
43	**18**	**25**	**18**	**10**	**8**
11	3	8	7	6	1
10	5	5	4	1	3
9	3	6	3	1	2
6	4	2	2	1	1
7	3	4	2	1	1

6-2b 续表 5

受教育程度 年　　龄	合　计	生男孩的 妇女人数	生女孩的 妇女人数	一　孩		
				小计	男	女
高　中	**2884**	**1588**	**1296**	**1169**	**633**	**536**
15-19岁	**29**	**16**	**13**	**26**	**15**	**11**
15						
16	1	1		1	1	
17	3	2	1	3	2	1
18	7	3	4	6	2	4
19	18	10	8	16	10	6
20-24岁	**588**	**300**	**288**	**410**	**211**	**199**
20	43	23	20	35	20	15
21	81	41	40	66	35	31
22	126	66	60	90	47	43
23	152	78	74	99	52	47
24	186	92	94	120	57	63
25-29岁	**1022**	**557**	**465**	**439**	**240**	**199**
25	219	118	101	129	75	54
26	184	108	76	93	52	41
27	187	101	86	83	41	42
28	216	112	104	73	37	36
29	216	118	98	61	35	26
30-34岁	**910**	**515**	**395**	**230**	**129**	**101**
30	278	156	122	92	49	43
31	215	126	89	52	30	22
32	168	96	72	33	17	16
33	140	74	66	28	18	10
34	109	63	46	25	15	10
35-39岁	**253**	**155**	**98**	**41**	**26**	**15**
35	82	47	35	15	8	7
36	60	39	21	10	8	2
37	45	29	16	6	4	2
38	38	25	13	4	4	
39	28	15	13	6	2	4
40-44岁	**60**	**29**	**31**	**13**	**5**	**8**
40	16	8	8	3	1	2
41	18	11	7	3	2	1
42	7	5	2	1	1	
43	10	2	8	2		2
44	9	3	6	4	1	3
45-49岁	**22**	**16**	**6**	**10**	**7**	**3**
45	5	4	1	2	2	
46	4	1	3	2		2
47	3	3		2	2	
48	4	3	1	1	1	
49	6	5	1	3	2	1

单位：人

二孩			三孩及以上		
小计	男	女	小计	男	女
1294	**690**	**604**	**421**	**265**	**156**
3	**1**	**2**			
1	1				
2		2			
155	**74**	**81**	**23**	**15**	**8**
8	3	5			
15	6	9			
31	18	13	5	1	4
48	23	25	5	3	2
53	24	29	13	11	2
453	**235**	**218**	**130**	**82**	**48**
76	38	38	14	5	9
74	42	32	17	14	3
85	52	33	19	8	11
108	51	57	35	24	11
110	52	58	45	31	14
495	**270**	**225**	**185**	**116**	**69**
145	83	62	41	24	17
119	66	53	44	30	14
93	50	43	42	29	13
79	37	42	33	19	14
59	34	25	25	14	11
146	**86**	**60**	**66**	**43**	**23**
49	27	22	18	12	6
36	21	15	14	10	4
28	17	11	11	8	3
18	11	7	16	10	6
15	10	5	7	3	4
32	**17**	**15**	**15**	**7**	**8**
6	3	3	7	4	3
12	7	5	3	2	1
4	3	1	2	1	1
5	2	3	3		3
5	2	3			
10	**7**	**3**	**2**	**2**	
3	2	1			
1		1	1	1	
1	1				
3	2	1			
2	2		1	1	

6−2b 续表 6

受教育程度 年　　龄	合　计	生男孩的 妇女人数	生女孩的 妇女人数	一　孩		
				小计	男	女
大学专科	**2384**	**1320**	**1064**	**1132**	**615**	**517**
15−19岁	**7**	**4**	**3**	**7**	**4**	**3**
15						
16						
17						
18	1	1		1	1	
19	6	3	3	6	3	3
20−24岁	**404**	**229**	**175**	**309**	**175**	**134**
20	12	10	2	8	6	2
21	36	23	13	29	20	9
22	75	38	37	60	31	29
23	126	66	60	103	53	50
24	155	92	63	109	65	44
25−29岁	**1019**	**562**	**457**	**569**	**303**	**266**
25	198	100	98	149	72	77
26	193	113	80	125	72	53
27	213	125	88	127	73	54
28	205	105	100	90	46	44
29	210	119	91	78	40	38
30−34岁	**734**	**397**	**337**	**213**	**113**	**100**
30	236	125	111	86	46	40
31	178	106	72	53	26	27
32	135	64	71	33	17	16
33	123	63	60	27	13	14
34	62	39	23	14	11	3
35−39岁	**172**	**97**	**75**	**23**	**13**	**10**
35	64	28	36	8	5	3
36	44	29	15	8	3	5
37	29	19	10	5	4	1
38	19	14	5	2	1	1
39	16	7	9			
40−44岁	**42**	**28**	**14**	**10**	**7**	**3**
40	8	7	1	4	3	1
41	13	4	9	2		2
42	7	6	1			
43	8	6	2	3	3	
44	6	5	1	1	1	
45−49岁	**6**	**3**	**3**	**1**		**1**
45	2	2				
46	1		1			
47	2	1	1	1		1
48	1		1			
49						

单位：人

二孩			三孩及以上		
小计	男	女	小计	男	女
1050	**569**	**481**	**202**	**136**	**66**
86	**47**	**39**	**9**	**7**	**2**
4	4				
6	2	4	1	1	
13	6	7	2	1	1
23	13	10			
40	22	18	6	5	1
396	**221**	**175**	**54**	**38**	**16**
44	24	20	5	4	1
63	38	25	5	3	2
76	42	34	10	10	
103	54	49	12	5	7
110	63	47	22	16	6
432	**222**	**210**	**89**	**62**	**27**
128	65	63	22	14	8
101	62	39	24	18	6
86	36	50	16	11	5
76	36	40	20	14	6
41	23	18	7	5	2
110	**59**	**51**	**39**	**25**	**14**
44	19	25	12	4	8
20	12	8	16	14	2
22	13	9	2	2	
13	10	3	4	3	1
11	5	6	5	2	3
23	**17**	**6**	**9**	**4**	**5**
2	2		2	2	
7	3	4	4	1	3
6	6		1		1
4	3	1	1		1
4	3	1	1	1	
3	**3**		**2**		**2**
2	2				
			1		1
1	1				
			1		1

6-2b 续表 7

受教育程度 年龄	合计	生男孩的妇女人数	生女孩的妇女人数	一孩		
				小计	男	女
大学本科	**1506**	**823**	**683**	**771**	**421**	**350**
15-19岁						
15						
16						
17						
18						
19						
20-24岁	**122**	**71**	**51**	**101**	**54**	**47**
20	3	1	2	2		2
21	7	4	3	7	4	3
22	23	11	12	20	8	12
23	34	21	13	26	14	12
24	55	34	21	46	28	18
25-29岁	**707**	**385**	**322**	**468**	**260**	**208**
25	101	59	42	78	44	34
26	107	52	55	82	41	41
27	151	77	74	104	52	52
28	172	99	73	113	68	45
29	176	98	78	91	55	36
30-34岁	**531**	**294**	**237**	**182**	**99**	**83**
30	174	101	73	79	40	39
31	125	61	64	45	25	20
32	101	56	45	27	11	16
33	76	43	33	17	13	4
34	55	33	22	14	10	4
35-39岁	**113**	**56**	**57**	**17**	**7**	**10**
35	32	13	19	2		2
36	31	17	14	7	3	4
37	20	11	9	4	2	2
38	23	9	14	3	1	2
39	7	6	1	1	1	
40-44岁	**30**	**16**	**14**	**2**	**1**	**1**
40	8	8				
41	6	1	5			
42	6	2	4			
43	9	4	5	1		1
44	1	1		1	1	
45-49岁	**3**	**1**	**2**	**1**		**1**
45						
46	1		1	1		1
47						
48	2	1	1			
49						

单位：人

二孩			三孩及以上		
小计	男	女	小计	男	女
680	**368**	**312**	**55**	**34**	**21**
18	**14**	**4**	**3**	**3**	
1	1				
1	1		2	2	
8	7	1			
8	5	3	1	1	
230	**119**	**111**	**9**	**6**	**3**
21	14	7	2	1	1
25	11	14			
46	25	21	1		1
57	30	27	2	1	1
81	39	42	4	4	
322	**180**	**142**	**27**	**15**	**12**
91	58	33	4	3	1
74	34	40	6	2	4
68	43	25	6	2	4
52	25	27	7	5	2
37	20	17	4	3	1
85	**44**	**41**	**11**	**5**	**6**
28	13	15	2		2
22	12	10	2	2	
12	7	5	4	2	2
17	7	10	3	1	2
6	5	1			
24	**11**	**13**	**4**	**4**	
6	6		2	2	
6	1	5			
6	2	4			
6	2	4	2	2	
1		**1**	**1**	**1**	
1		1	1	1	

6-2b 续表 8

受教育程度 年龄	合计	生男孩的妇女人数	生女孩的妇女人数	一孩		
				小计	男	女
硕士研究生	**80**	**38**	**42**	**47**	**23**	**24**
15-19岁						
15						
16						
17						
18						
19						
20-24岁	**3**	**2**	**1**	**3**	**2**	**1**
20						
21						
22						
23						
24	3	2	1	3	2	1
25-29岁	**32**	**12**	**20**	**27**	**11**	**16**
25	2	1	1	2	1	1
26	2	1	1	2	1	1
27	5	2	3	5	2	3
28	13	6	7	11	6	5
29	10	2	8	7	1	6
30-34岁	**40**	**21**	**19**	**16**	**9**	**7**
30	8	4	4	3	1	2
31	6	1	5	3	1	2
32	13	9	4	6	4	2
33	7	3	4	2	1	1
34	6	4	2	2	2	
35-39岁	**3**	**1**	**2**			
35	1		1			
36						
37						
38	1	1				
39	1		1			
40-44岁	**2**	**2**		**1**	**1**	
40						
41	2	2		1	1	
42						
43						
44						
45-49岁						
45						
46						
47						
48						
49						

单位：人

二孩			三孩及以上		
小计	男	女	小计	男	女
32	**14**	**18**	**1**	**1**	
5	**1**	**4**			
2		2			
3	1	2			
23	**11**	**12**	**1**	**1**	
4	2	2	1	1	
3		3			
7	5	2			
5	2	3			
4	2	2			
3	**1**	**2**			
1		1			
1	1				
1		1			
1	**1**				
1	1				

6－2b　续表 9

受教育程度 年　　龄	合　计	生男孩的 妇女人数	生女孩的 妇女人数	一　孩		
				小计	男	女
博士研究生	**9**	**8**	**1**	**4**	**4**	
15—19岁						
15						
16						
17						
18						
19						
20—24岁						
20						
21						
22						
23						
24						
25—29岁	**2**	**2**		**2**	**2**	
25						
26						
27						
28						
29	2	2		2	2	
30—34岁	**6**	**5**	**1**	**2**	**2**	
30	1		1			
31	4	4		2	2	
32	1	1				
33						
34						
35—39岁	**1**	**1**				
35						
36						
37						
38						
39	1	1				
40—44岁						
40						
41						
42						
43						
44						
45—49岁						
45						
46						
47						
48						
49						

单位：人

二孩			三孩及以上		
小计	男	女	小计	男	女
5	**4**	**1**			
4	**3**	**1**			
1		1			
2	2				
1	1				
1	**1**				
1	1				

6–2c 全省按年龄、受教育程度、生育孩次

受教育程度 / 年龄	合计	生男孩的妇女人数	生女孩的妇女人数	一孩		
				小计	男	女
总计	**16232**	**8978**	**7254**	**6123**	**3356**	**2767**
15–19岁	**327**	**176**	**151**	**262**	**139**	**123**
15	4	2	2	4	2	2
16	14	7	7	13	7	6
17	45	20	25	39	18	21
18	82	49	33	69	41	28
19	182	98	84	137	71	66
20–24岁	**3955**	**2169**	**1786**	**2365**	**1316**	**1049**
20	329	188	141	239	135	104
21	579	299	280	382	198	184
22	891	473	418	553	292	261
23	1043	569	474	591	335	256
24	1113	640	473	600	356	244
25–29岁	**5832**	**3155**	**2677**	**2246**	**1189**	**1057**
25	1231	658	573	593	315	278
26	1104	605	499	485	265	220
27	1106	610	496	411	214	197
28	1179	638	541	402	217	185
29	1212	644	568	355	178	177
30–34岁	**4346**	**2475**	**1871**	**952**	**551**	**401**
30	1275	727	548	335	192	143
31	1053	595	458	228	129	99
32	766	436	330	154	92	62
33	753	419	334	151	89	62
34	499	298	201	84	49	35
35–39岁	**1255**	**720**	**535**	**223**	**117**	**106**
35	336	201	135	69	41	28
36	329	184	145	50	29	21
37	250	138	112	38	19	19
38	201	117	84	39	17	22
39	139	80	59	27	11	16
40–44岁	**337**	**184**	**153**	**53**	**28**	**25**
40	94	51	43	17	9	8
41	63	31	32	8	3	5
42	66	34	32	8	4	4
43	64	43	21	12	8	4
44	50	25	25	8	4	4
45–49岁	**180**	**99**	**81**	**22**	**16**	**6**
45	31	20	11	5	4	1
46	40	20	20	5	3	2
47	35	20	15	4	4	
48	41	27	14	6	4	2
49	33	12	21	2	1	1

分的育龄妇女人数(2019.11.1–2020.10.31)(乡村)

单位：人

二孩			三孩及以上		
小计	男	女	小计	男	女
6629	**3495**	**3134**	**3480**	**2127**	**1353**
59	**33**	**26**	**6**	**4**	**2**
1		1			
5	1	4	1	1	
12	7	5	1	1	
41	25	16	4	2	2
1314	**690**	**624**	**276**	**163**	**113**
79	46	33	11	7	4
176	88	88	21	13	8
287	152	135	51	29	22
367	184	183	85	50	35
405	220	185	108	64	44
2542	**1324**	**1218**	**1044**	**642**	**402**
491	259	232	147	84	63
460	245	215	159	95	64
475	250	225	220	146	74
557	287	270	220	134	86
559	283	276	298	183	115
1977	**1034**	**943**	**1417**	**890**	**527**
603	326	277	337	209	128
455	222	233	370	244	126
345	166	179	267	178	89
354	190	164	248	140	108
220	130	90	195	119	76
491	**275**	**216**	**541**	**328**	**213**
118	62	56	149	98	51
139	71	68	140	84	56
104	58	46	108	61	47
78	50	28	84	50	34
52	34	18	60	35	25
153	**85**	**68**	**131**	**71**	**60**
41	23	18	36	19	17
23	11	12	32	17	15
33	16	17	25	14	11
30	20	10	22	15	7
26	15	11	16	6	10
93	**54**	**39**	**65**	**29**	**36**
13	8	5	13	8	5
16	10	6	19	7	12
23	11	12	8	5	3
23	17	6	12	6	6
18	8	10	13	3	10

6－2c　续表 1

受教育程度 年　　龄	合　计	生男孩的妇女人数	生女孩的妇女人数	一　孩		
				小计	男	女
未上过学	**36**	**22**	**14**	**12**	**6**	**6**
15－19岁						
15						
16						
17						
18						
19						
20－24岁	**9**	**3**	**6**	**6**	**2**	**4**
20	3		3	2		2
21	2	1	1	2	1	1
22	1	1		1	1	
23	2	1	1			
24	1		1	1		1
25－29岁	**9**	**5**	**4**	**1**	**1**	
25	3	2	1			
26	1		1			
27	2	1	1	1	1	
28	1	1				
29	2	1	1			
30－34岁	**7**	**6**	**1**	**1**	**1**	
30						
31	1	1		1	1	
32	1	1				
33	1	1				
34	4	3	1			
35－39岁	**8**	**5**	**3**	**3**	**1**	**2**
35	1	1		1	1	
36	3	2	1	1		1
37						
38	4	2	2	1		1
39						
40－44岁	**3**	**3**		**1**	**1**	
40	1	1		1	1	
41						
42						
43	2	2				
44						
45－49岁						
45						
46						
47						
48						
49						

单位：人

二孩			三孩及以上		
小计	男	女	小计	男	女
11	**7**	**4**	**13**	**9**	**4**
2		**2**	**1**	**1**	
1		1			
1		1	1	1	
3	**2**	**1**	**5**	**2**	**3**
1	1		2	1	1
			1		1
1		1			
1	1				
			2	1	1
3	**3**		**3**	**2**	**1**
1	1				
1	1				
1	1		3	2	1
2	**1**	**1**	**3**	**3**	
			2	2	
2	1	1	1	1	
1	**1**		**1**	**1**	
1	1		1	1	

6－2c　续表 2

受教育程度 年　　龄	合　计	生男孩的 妇女人数	生女孩的 妇女人数	一　孩		
				小计	男	女
学前教育	**4**	**2**	**2**	**1**	**1**	
15—19岁	**1**	**1**		**1**	**1**	
15						
16	1	1		1	1	
17						
18						
19						
20—24岁						
20						
21						
22						
23						
24						
25—29岁						
25						
26						
27						
28						
29						
30—34岁	**2**		**2**			
30						
31						
32						
33	1		1			
34	1		1			
35—39岁	**1**	**1**				
35						
36	1	1				
37						
38						
39						
40—44岁						
40						
41						
42						
43						
44						
45—49岁						
45						
46						
47						
48						
49						

单位：人

二孩			三孩及以上		
小计	男	女	小计	男	女
1	**1**		**2**		**2**
			2		**2**
			1		1
			1		1
1	**1**				
1	1				

6-2c 续表 3

受教育程度 年龄	合 计	生男孩的 妇女人数	生女孩的 妇女人数	一孩		
				小计	男	女
小 学	**949**	**524**	**425**	**227**	**134**	**93**
15-19岁	**22**	**9**	**13**	**15**	**6**	**9**
15						
16	3	1	2	3	1	2
17	4	2	2	3	1	2
18	7	4	3	5	3	2
19	8	2	6	4	1	3
20-24岁	**147**	**85**	**62**	**60**	**40**	**20**
20	13	10	3	7	6	1
21	24	14	10	12	8	4
22	33	23	10	17	15	2
23	32	14	18	13	5	8
24	45	24	21	11	6	5
25-29岁	**211**	**116**	**95**	**55**	**33**	**22**
25	42	23	19	11	8	3
26	37	20	17	15	10	5
27	38	20	18	9	4	5
28	35	25	10	6	3	3
29	59	28	31	14	8	6
30-34岁	**246**	**141**	**105**	**50**	**33**	**17**
30	49	34	15	10	7	3
31	70	36	34	20	13	7
32	48	20	28	7	4	3
33	41	32	9	5	5	
34	38	19	19	8	4	4
35-39岁	**161**	**89**	**72**	**29**	**15**	**14**
35	38	26	12	5	3	2
36	38	24	14	7	7	
37	33	12	21	4	1	3
38	36	16	20	9	2	7
39	16	11	5	4	2	2
40-44岁	**92**	**49**	**43**	**13**	**5**	**8**
40	17	12	5	4	2	2
41	12	7	5	1		1
42	26	11	15	4	2	2
43	20	12	8	3	1	2
44	17	7	10	1		1
45-49岁	**70**	**35**	**35**	**5**	**2**	**3**
45	12	8	4	2	2	
46	16	6	10	1		1
47	16	8	8			
48	15	8	7	1		1
49	11	5	6	1		1

单位：人

二孩			三孩及以上		
小计	男	女	小计	男	女
372	**197**	**175**	**350**	**193**	**157**
6	**2**	**4**	**1**	**1**	
			1	1	
2	1	1			
4	1	3			
70	**36**	**34**	**17**	**9**	**8**
5	3	2	1	1	
12	6	6			
12	6	6	4	2	2
13	7	6	6	2	4
28	14	14	6	4	2
80	**39**	**41**	**76**	**44**	**32**
21	9	12	10	6	4
12	6	6	10	4	6
11	6	5	18	10	8
19	14	5	10	8	2
17	4	13	28	16	12
90	**51**	**39**	**106**	**57**	**49**
19	12	7	20	15	5
20	7	13	30	16	14
21	10	11	20	6	14
19	15	4	17	12	5
11	7	4	19	8	11
55	**30**	**25**	**77**	**44**	**33**
13	8	5	20	15	5
13	7	6	18	10	8
12	6	6	17	5	12
11	5	6	16	9	7
6	4	2	6	5	1
40	**22**	**18**	**39**	**22**	**17**
3	3		10	7	3
5	3	2	6	4	2
15	6	9	7	3	4
9	5	4	8	6	2
8	5	3	8	2	6
31	**17**	**14**	**34**	**16**	**18**
5	3	2	5	3	2
2	1	1	13	5	8
11	4	7	5	4	1
8	6	2	6	2	4
5	3	2	5	2	3

6–2c 续表 4

受教育程度 年龄	合计	生男孩的妇女人数	生女孩的妇女人数	一孩 小计	一孩 男	一孩 女
初 中	**10151**	**5625**	**4526**	**3320**	**1799**	**1521**
15–19岁	**231**	**122**	**109**	**182**	**94**	**88**
15	4	2	2	4	2	2
16	6	2	4	5	2	3
17	33	13	20	29	12	17
18	51	31	20	42	25	17
19	137	74	63	102	53	49
20–24岁	**2567**	**1388**	**1179**	**1400**	**769**	**631**
20	238	135	103	170	97	73
21	384	198	186	242	125	117
22	595	316	279	335	180	155
23	685	366	319	347	193	154
24	665	373	292	306	174	132
25–29岁	**3391**	**1843**	**1548**	**1016**	**544**	**472**
25	744	406	338	294	158	136
26	647	352	295	226	125	101
27	619	347	272	175	94	81
28	683	361	322	172	92	80
29	698	377	321	149	75	74
30–34岁	**2790**	**1596**	**1194**	**532**	**291**	**241**
30	797	461	336	181	108	73
31	651	365	286	117	55	62
32	506	304	202	82	45	37
33	502	264	238	94	50	44
34	334	202	132	58	33	25
35–39岁	**860**	**498**	**362**	**143**	**70**	**73**
35	229	140	89	43	25	18
36	235	127	108	33	15	18
37	161	90	71	24	10	14
38	130	80	50	23	12	11
39	105	61	44	20	8	12
40–44岁	**207**	**116**	**91**	**32**	**18**	**14**
40	65	33	32	9	4	5
41	42	22	20	5	2	3
42	36	20	16	4	2	2
43	34	25	9	9	7	2
44	30	16	14	5	3	2
45–49岁	**105**	**62**	**43**	**15**	**13**	**2**
45	19	12	7	3	2	1
46	21	14	7	3	3	
47	18	11	7	3	3	
48	25	18	7	5	4	1
49	22	7	15	1	1	

单位：人

二孩			三孩及以上		
小计	男	女	小计	男	女
4333	**2283**	**2050**	**2498**	**1543**	**955**
44	**25**	**19**	**5**	**3**	**2**
1		1			
4	1	3			
8	5	3	1	1	
31	19	12	4	2	2
957	**497**	**460**	**210**	**122**	**88**
61	34	27	7	4	3
125	62	63	17	11	6
218	114	104	42	22	20
275	134	141	63	39	24
278	153	125	81	46	35
1618	**830**	**788**	**757**	**469**	**288**
339	184	155	111	64	47
307	157	150	114	70	44
282	142	140	162	111	51
349	175	174	162	94	68
341	172	169	208	130	78
1229	**650**	**579**	**1029**	**655**	**374**
363	200	163	253	153	100
271	135	136	263	175	88
222	114	108	202	145	57
229	117	112	179	97	82
144	84	60	132	85	47
326	**188**	**138**	**391**	**240**	**151**
78	42	36	108	73	35
95	49	46	107	63	44
65	36	29	72	44	28
51	36	15	56	32	24
37	25	12	48	28	20
99	**57**	**42**	**76**	**41**	**35**
33	18	15	23	11	12
15	8	7	22	12	10
17	9	8	15	9	6
17	13	4	8	5	3
17	9	8	8	4	4
60	**36**	**24**	**30**	**13**	**17**
8	5	3	8	5	3
13	9	4	5	2	3
12	7	5	3	1	2
14	10	4	6	4	2
13	5	8	8	1	7

6－2c 续表 5

受教育程度 年龄	合计	生男孩的妇女人数	生女孩的妇女人数	一孩		
				小计	男	女
高中	**3003**	**1643**	**1360**	**1375**	**754**	**621**
15－19岁	**69**	**40**	**29**	**60**	**34**	**26**
15						
16	4	3	1	4	3	1
17	7	4	3	6	4	2
18	24	14	10	22	13	9
19	34	19	15	28	14	14
20－24岁	**835**	**456**	**379**	**564**	**305**	**259**
20	53	26	27	39	16	23
21	128	65	63	91	46	45
22	182	93	89	131	63	68
23	221	122	99	149	86	63
24	251	150	101	154	94	60
25－29岁	**1170**	**627**	**543**	**516**	**266**	**250**
25	252	131	121	143	79	64
26	218	126	92	106	58	48
27	230	128	102	94	51	43
28	238	125	113	92	46	46
29	232	117	115	81	32	49
30－34岁	**739**	**420**	**319**	**193**	**123**	**70**
30	230	127	103	75	42	33
31	181	109	72	38	29	9
32	122	63	59	39	25	14
33	124	76	48	30	20	10
34	82	45	37	11	7	4
35－39岁	**161**	**88**	**73**	**37**	**23**	**14**
35	46	21	25	13	7	6
36	40	23	17	9	7	2
37	37	25	12	8	6	2
38	26	15	11	5	2	3
39	12	4	8	2	1	1
40－44岁	**24**	**10**	**14**	**3**	**2**	**1**
40	11	5	6	3	2	1
41	5	1	4			
42	1		1			
43	7	4	3			
44						
45－49岁	**5**	**2**	**3**	**2**	**1**	**1**
45						
46	3		3	1		1
47	1	1		1	1	
48	1	1				
49						

单位：人

二孩			三孩及以上		
小计	男	女	小计	男	女
1165	**604**	**561**	**463**	**285**	**178**
9	**6**	**3**			
1		1			
2	1	1			
6	5	1			
228	**124**	**104**	**43**	**27**	**16**
11	8	3	3	2	1
33	17	16	4	2	2
47	26	21	4	4	
58	29	29	14	7	7
79	44	35	18	12	6
497	**266**	**231**	**157**	**95**	**62**
90	39	51	19	13	6
83	50	33	29	18	11
103	57	46	33	20	13
112	59	53	34	20	14
109	61	48	42	24	18
351	**169**	**182**	**195**	**128**	**67**
110	56	54	45	29	16
88	40	48	55	40	15
55	22	33	28	16	12
54	29	25	40	27	13
44	22	22	27	16	11
69	**35**	**34**	**55**	**30**	**25**
15	6	9	18	8	10
21	10	11	10	6	4
16	11	5	13	8	5
11	6	5	10	7	3
6	2	4	4	1	3
9	**3**	**6**	**12**	**5**	**7**
5	2	3	3	1	2
1		1	4	1	3
			1		1
3	1	2	4	3	1
2	**1**	**1**	**1**		**1**
1		1	1		1
1	1				

6-2c 续表 6

受教育程度 年龄	合计	生男孩的妇女人数	生女孩的妇女人数	一孩		
				小计	男	女
大学专科	**1565**	**871**	**694**	**865**	**475**	**390**
15-19岁	**2**	**2**		**2**	**2**	
15						
16						
17	1	1		1	1	
18						
19	1	1		1	1	
20-24岁	**332**	**196**	**136**	**277**	**163**	**114**
20	20	16	4	19	15	4
21	36	19	17	31	16	15
22	64	29	35	57	25	32
23	89	58	31	68	43	25
24	123	74	49	102	64	38
25-29岁	**769**	**411**	**358**	**462**	**239**	**223**
25	146	73	73	107	51	56
26	145	74	71	93	47	46
27	167	89	78	101	49	52
28	150	89	61	84	49	35
29	161	86	75	77	43	34
30-34岁	**407**	**228**	**179**	**114**	**65**	**49**
30	140	76	64	43	22	21
31	113	61	52	36	19	17
32	68	38	30	18	13	5
33	50	28	22	11	7	4
34	36	25	11	6	4	2
35-39岁	**46**	**28**	**18**	**7**	**4**	**3**
35	17	9	8	4	2	2
36	11	6	5			
37	10	8	2	1	1	
38	4	3	1	1	1	
39	4	2	2	1		1
40-44岁	**9**	**6**	**3**	**3**	**2**	**1**
40						
41	3	1	2	2	1	1
42	3	3				
43	1		1			
44	2	2		1	1	
45-49岁						
45						
46						
47						
48						
49						

单位：人

二孩			三孩及以上		
小计	男	女	小计	男	女
569	**312**	**257**	**131**	**84**	**47**
51	**30**	**21**	**4**	**3**	**1**
1	1				
5	3	2			
7	4	3			
20	14	6	1	1	
18	8	10	3	2	1
262	**143**	**119**	**45**	**29**	**16**
34	22	12	5		5
47	24	23	5	3	2
59	35	24	7	5	2
54	30	24	12	10	2
68	32	36	16	11	5
226	**122**	**104**	**67**	**41**	**26**
80	43	37	17	11	6
61	32	29	16	10	6
33	14	19	17	11	6
35	20	15	4	1	3
17	13	4	13	8	5
27	**15**	**12**	**12**	**9**	**3**
10	5	5	3	2	1
8	3	5	3	3	
5	4	1	4	3	1
2	1	1	1	1	
2	2		1		1
3	**2**	**1**	**3**	**2**	**1**
1		1			
1	1		2	2	
			1		1
1	1				

6–2c 续表 7

受教育程度 年　　龄	合　计	生男孩的 妇女人数	生女孩的 妇女人数	一　　孩		
				小计	男	女
大学本科	**507**	**282**	**225**	**313**	**183**	**130**
15–19岁	**2**	**2**		**2**	**2**	
15						
16						
17						
18						
19	2	2		2	2	
20–24岁	**65**	**41**	**24**	**58**	**37**	**21**
20	2	1	1	2	1	1
21	5	2	3	4	2	2
22	16	11	5	12	8	4
23	14	8	6	14	8	6
24	28	19	9	26	18	8
25–29岁	**273**	**149**	**124**	**189**	**103**	**86**
25	44	23	21	38	19	19
26	56	33	23	45	25	20
27	48	24	24	30	14	16
28	67	35	32	43	25	18
29	58	34	24	33	20	13
30–34岁	**148**	**80**	**68**	**59**	**37**	**22**
30	58	29	29	25	13	12
31	33	20	13	15	11	4
32	21	10	11	8	5	3
33	33	18	15	10	7	3
34	3	3		1	1	
35–39岁	**17**	**10**	**7**	**4**	**4**	
35	5	4	1	3	3	
36	1	1				
37	8	2	6	1	1	
38	1	1				
39	2	2				
40–44岁	**2**		**2**	**1**		**1**
40						
41	1		1			
42						
43						
44	1		1	1		1
45–49岁						
45						
46						
47						
48						
49						

单位：人

二孩			三孩及以上		
小计	男	女	小计	男	女
171	**86**	**85**	**23**	**13**	**10**
6	**3**	**3**	**1**	**1**	
1		1			
3	2	1	1	1	
2	1	1			
80	**43**	**37**	**4**	**3**	**1**
6	4	2			
11	8	3			
18	10	8			
22	8	14	2	2	
23	13	10	2	1	1
74	**36**	**38**	**15**	**7**	**8**
31	15	16	2	1	1
12	6	6	6	3	3
13	5	8			
16	8	8	7	3	4
2	2				
10	**4**	**6**	**3**	**2**	**1**
2	1	1			
1	1				
5		5	2	1	1
1	1				
1	1		1	1	
1		**1**			
1		1			

6−2c 续表 8

受教育程度 年 龄	合 计	生男孩的妇女人数	生女孩的妇女人数	一孩		
				小计	男	女
硕士研究生	**16**	**8**	**8**	**10**	**4**	**6**
15−19岁						
15						
16						
17						
18						
19						
20−24岁						
20						
21						
22						
23						
24						
25−29岁	**9**	**4**	**5**	**7**	**3**	**4**
25						
26						
27	2	1	1	1	1	
28	5	2	3	5	2	3
29	2	1	1	1		1
30−34岁	**7**	**4**	**3**	**3**	**1**	**2**
30	1		1	1		1
31	4	3	1	1	1	
32						
33	1		1	1		1
34	1	1				
35−39岁						
35						
36						
37						
38						
39						
40−44岁						
40						
41						
42						
43						
44						
45−49岁						
45						
46						
47						
48						
49						

单位：人

二孩			三孩及以上		
小计	男	女	小计	男	女
6	**4**	**2**			
2	**1**	**1**			
1		1			
1	1				
4	**3**	**1**			
3	2	1			
1	1				

6-2c 续表 9

受教育程度 年龄	合计	生男孩的妇女人数	生女孩的妇女人数	一孩		
				小计	男	女
博士研究生	**1**	**1**				
15-19岁						
15						
16						
17						
18						
19						
20-24岁						
20						
21						
22						
23						
24						
25-29岁						
25						
26						
27						
28						
29						
30-34岁						
30						
31						
32						
33						
34						
35-39岁	**1**	**1**				
35						
36						
37	1	1				
38						
39						
40-44岁						
40						
41						
42						
43						
44						
45-49岁						
45						
46						
47						
48						
49						

单位：人

二孩			三孩及以上		
小计	男	女	小计	男	女
1	**1**				
1	**1**				
1	1				

6—3 全省育龄妇女分年龄、孩次的生育状况
(2019.11.1—2020.10.31)

单位：人、‰

年龄	平均育龄妇女人数	出生人数	生育率	第一孩		第二孩		第三孩及以上	
				出生数	生育率	出生数	生育率	出生数	生育率
总计	**1134229**	**41676**	**36.74**	**16535**	**14.58**	**18121**	**15.98**	**7020**	**6.19**
15—19岁	**166855**	**835**	**5.00**	**679**	**4.07**	**143**	**0.86**	**13**	**0.08**
15	37092	18	0.49	18	0.49				
16	34498	39	1.13	37	1.07	2	0.06		
17	30927	109	3.52	93	3.01	14	0.45	2	0.06
18	31718	225	7.09	186	5.86	38	1.20	1	0.03
19	32620	444	13.61	345	10.58	89	2.73	10	0.31
20—24岁	**132023**	**9294**	**70.40**	**5727**	**43.38**	**2979**	**22.56**	**588**	**4.45**
20	30591	848	27.72	604	19.74	220	7.19	24	0.78
21	27454	1393	50.74	946	34.46	395	14.39	52	1.89
22	24893	1878	75.44	1187	47.68	579	23.26	112	4.50
23	24304	2391	98.38	1421	58.47	807	33.20	163	6.71
24	24781	2784	112.34	1569	63.31	978	39.47	237	9.56
25—29岁	**138251**	**15305**	**110.70**	**6518**	**47.15**	**6641**	**48.04**	**2146**	**15.52**
25	22804	2637	115.64	1407	61.70	987	43.28	243	10.66
26	23119	2799	121.07	1337	57.83	1136	49.14	326	14.10
27	25085	3044	121.35	1354	53.98	1286	51.27	404	16.11
28	30315	3283	108.30	1259	41.53	1515	49.98	509	16.79
29	36928	3542	95.92	1161	31.44	1717	46.50	664	17.98
30—34岁	**177508**	**11315**	**63.74**	**2734**	**15.40**	**5831**	**32.85**	**2750**	**15.49**
30	39298	3173	80.74	889	22.62	1624	41.33	660	16.79
31	36623	2809	76.70	732	19.99	1423	38.86	654	17.86
32	36424	2261	62.07	501	13.75	1176	32.29	584	16.03
33	33721	1739	51.57	347	10.29	924	27.40	468	13.88
34	31442	1333	42.40	265	8.43	684	21.75	384	12.21
35—39岁	**146339**	**3455**	**23.61**	**602**	**4.11**	**1743**	**11.91**	**1110**	**7.59**
35	31752	1097	34.55	186	5.86	554	17.45	357	11.24
36	29935	809	27.03	138	4.61	416	13.90	255	8.52
37	29790	664	22.29	113	3.79	339	11.38	212	7.12
38	29255	545	18.63	100	3.42	277	9.47	168	5.74
39	25607	340	13.28	65	2.54	157	6.13	118	4.61
40—44岁	**180913**	**1008**	**5.57**	**177**	**0.98**	**530**	**2.93**	**301**	**1.66**
40	29817	287	9.63	56	1.88	142	4.76	89	2.98
41	34905	220	6.30	28	0.80	124	3.55	68	1.95
42	36953	202	5.47	30	0.81	109	2.95	63	1.70
43	39059	183	4.69	37	0.95	96	2.46	50	1.28
44	40179	116	2.89	26	0.65	59	1.47	31	0.77
45—49岁	**192340**	**464**	**2.41**	**98**	**0.51**	**254**	**1.32**	**112**	**0.58**
45	39983	92	2.30	13	0.33	49	1.23	30	0.75
46	40681	92	2.26	16	0.39	53	1.30	23	0.57
47	38796	99	2.55	25	0.64	52	1.34	22	0.57
48	35911	92	2.56	18	0.50	52	1.45	22	0.61
49	36969	89	2.41	26	0.70	48	1.30	15	0.41

6-3a 全省育龄妇女分年龄、孩次的生育状况 (2019.11.1-2020.10.31)(城市)

单位：人、‰

年龄	平均育龄妇女人数	出生人数	生育率	第一孩		第二孩		第三孩及以上	
				出生数	生育率	出生数	生育率	出生数	生育率
总计	**363228**	**12667**	**34.87**	**5448**	**15.00**	**5790**	**15.94**	**1429**	**3.93**
15-19岁	**59960**	**164**	**2.74**	**138**	**2.30**	**25**	**0.42**	**1**	**0.02**
15	11492	5	0.44	5	0.44				
16	11024	7	0.63	7	0.63				
17	10826	24	2.22	23	2.12	1	0.09		
18	12698	44	3.47	34	2.68	10	0.79		
19	13920	84	6.03	69	4.96	14	1.01	1	0.07
20-24岁	**47393**	**2112**	**44.56**	**1420**	**29.96**	**607**	**12.81**	**85**	**1.79**
20	12885	182	14.12	137	10.63	42	3.26	3	0.23
21	10362	294	28.37	211	20.36	75	7.24	8	0.77
22	8506	412	48.44	292	34.33	102	11.99	18	2.12
23	7782	542	69.65	359	46.13	160	20.56	23	2.96
24	7858	682	86.79	421	53.58	228	29.02	33	4.20
25-29岁	**44693**	**4772**	**106.77**	**2421**	**54.17**	**1961**	**43.88**	**390**	**8.73**
25	7477	769	102.85	464	62.06	255	34.10	50	6.69
26	7612	838	110.09	477	62.66	301	39.54	60	7.88
27	8251	975	118.17	511	61.93	389	47.15	75	9.09
28	9617	1026	106.69	503	52.30	440	45.75	83	8.63
29	11736	1164	99.18	466	39.71	576	49.08	122	10.40
30-34岁	**58461**	**3914**	**66.95**	**1118**	**19.12**	**2191**	**37.48**	**605**	**10.35**
30	12695	1076	84.76	366	28.83	568	44.74	142	11.19
31	12120	965	79.62	314	25.91	525	43.32	126	10.40
32	11937	786	65.85	193	16.17	457	38.28	136	11.39
33	11237	587	52.24	138	12.28	343	30.52	106	9.43
34	10472	500	47.75	107	10.22	298	28.46	95	9.07
35-39岁	**46586**	**1195**	**25.65**	**245**	**5.26**	**705**	**15.13**	**245**	**5.26**
35	10296	372	36.13	72	6.99	220	21.37	80	7.77
36	9782	284	29.03	65	6.64	159	16.25	60	6.13
37	9723	222	22.83	46	4.73	136	13.99	40	4.11
38	9201	192	20.87	38	4.13	119	12.93	35	3.80
39	7584	125	16.48	24	3.16	71	9.36	30	3.96
40-44岁	**53761**	**381**	**7.09**	**73**	**1.36**	**226**	**4.20**	**82**	**1.53**
40	9123	118	12.93	28	3.07	68	7.45	22	2.41
41	10551	83	7.87	12	1.14	47	4.45	24	2.27
42	11077	68	6.14	12	1.08	44	3.97	12	1.08
43	11421	66	5.78	13	1.14	40	3.50	13	1.14
44	11589	46	3.97	8	0.69	27	2.33	11	0.95
45-49岁	**52374**	**129**	**2.46**	**33**	**0.63**	**75**	**1.43**	**21**	**0.40**
45	10979	22	2.00	4	0.36	14	1.28	4	0.36
46	10927	26	2.38	3	0.27	19	1.74	4	0.37
47	10481	27	2.58	6	0.57	14	1.34	7	0.67
48	9846	26	2.64	7	0.71	14	1.42	5	0.51
49	10141	28	2.76	13	1.28	14	1.38	1	0.10

6-3b 全省育龄妇女分年龄、孩次的生育状况(2019.11.1-2020.10.31)(镇)

单位：人、‰

年龄	平均育龄妇女人数	出生人数	生育率	第一孩		第二孩		第三孩及以上	
				出生数	生育率	出生数	生育率	出生数	生育率
总计	**352211**	**12751**	**36.20**	**4962**	**14.09**	**5684**	**16.14**	**2105**	**5.98**
15-19岁	**52580**	**210**	**3.99**	**181**	**3.44**	**28**	**0.53**	**1**	**0.02**
15	12381	7	0.57	7	0.57				
16	11978	8	0.67	8	0.67				
17	9936	24	2.42	19	1.91	5	0.50		
18	9148	54	5.90	48	5.25	6	0.66		
19	9137	117	12.81	99	10.84	17	1.86	1	0.11
20-24岁	**37080**	**2671**	**72.03**	**1710**	**46.12**	**822**	**22.17**	**139**	**3.75**
20	8376	194	23.16	141	16.83	48	5.73	5	0.60
21	7419	384	51.76	274	36.93	96	12.94	14	1.89
22	7013	516	73.58	334	47.63	160	22.81	22	3.14
23	7052	705	99.97	445	63.10	225	31.91	35	4.96
24	7220	872	120.78	516	71.47	293	40.58	63	8.73
25-29岁	**41375**	**4695**	**113.47**	**1997**	**48.27**	**2078**	**50.22**	**620**	**14.98**
25	6575	768	116.81	425	64.64	282	42.89	61	9.28
26	6829	862	126.23	424	62.09	356	52.13	82	12.01
27	7508	935	124.53	436	58.07	386	51.41	113	15.05
28	9230	1037	112.35	365	39.54	510	55.25	162	17.55
29	11233	1093	97.30	347	30.89	544	48.43	202	17.98
30-34岁	**56095**	**3581**	**63.84**	**811**	**14.46**	**1932**	**34.44**	**838**	**14.94**
30	12189	982	80.56	259	21.25	533	43.73	190	15.59
31	11380	908	79.79	224	19.68	501	44.02	183	16.08
32	11447	673	58.79	138	12.06	359	31.36	176	15.38
33	10835	574	52.98	117	10.80	296	27.32	161	14.86
34	10244	444	43.34	73	7.13	243	23.72	128	12.50
35-39岁	**47584**	**1128**	**23.71**	**167**	**3.51**	**583**	**12.25**	**378**	**7.94**
35	10285	369	35.88	61	5.93	191	18.57	117	11.38
36	9626	263	27.32	29	3.01	140	14.54	94	9.77
37	9518	211	22.17	30	3.15	113	11.87	68	7.14
38	9569	175	18.29	27	2.82	94	9.82	54	5.64
39	8586	110	12.81	20	2.33	45	5.24	45	5.24
40-44岁	**58900**	**327**	**5.55**	**55**	**0.93**	**167**	**2.84**	**105**	**1.78**
40	9951	89	8.94	11	1.11	44	4.42	34	3.42
41	11497	81	7.05	9	0.78	53	4.61	19	1.65
42	12025	65	5.41	9	0.75	30	2.49	26	2.16
43	12603	58	4.60	13	1.03	28	2.22	17	1.35
44	12824	34	2.65	13	1.01	12	0.94	9	0.70
45-49岁	**58597**	**139**	**2.37**	**41**	**0.70**	**74**	**1.26**	**24**	**0.41**
45	12660	29	2.29	5	0.39	15	1.18	9	0.71
46	12595	32	2.54	8	0.64	21	1.67	3	0.24
47	11960	27	2.26	10	0.84	12	1.00	5	0.42
48	10638	31	2.91	11	1.03	16	1.50	4	0.38
49	10744	20	1.86	7	0.65	10	0.93	3	0.28

6-3c 全省育龄妇女分年龄、孩次的生育状况(2019.11.1-2020.10.31)(乡村)

单位：人、‰

年龄	平均育龄妇女人数	出生人数	生育率	第一孩		第二孩		第三孩及以上	
				出生数	生育率	出生数	生育率	出生数	生育率
总计	**418790**	**16258**	**38.82**	**6125**	**14.63**	**6647**	**15.87**	**3486**	**8.32**
15-19岁	**54315**	**461**	**8.49**	**360**	**6.63**	**90**	**1.66**	**11**	**0.20**
15	13219	6	0.45	6	0.45				
16	11496	24	2.09	22	1.91	2	0.17		
17	10165	61	6.00	51	5.02	8	0.79	2	0.20
18	9872	127	12.86	104	10.53	22	2.23	1	0.10
19	9563	243	25.41	177	18.51	58	6.07	8	0.84
20-24岁	**47550**	**4511**	**94.87**	**2597**	**54.62**	**1550**	**32.60**	**364**	**7.66**
20	9330	472	50.59	326	34.94	130	13.93	16	1.71
21	9673	715	73.92	461	47.66	224	23.16	30	3.10
22	9374	950	101.34	561	59.85	317	33.82	72	7.68
23	9470	1144	120.80	617	65.15	422	44.56	105	11.09
24	9703	1230	126.76	632	65.13	457	47.10	141	14.53
25-29岁	**52183**	**5838**	**111.88**	**2100**	**40.24**	**2602**	**49.86**	**1136**	**21.77**
25	8752	1100	125.69	518	59.19	450	51.42	132	15.08
26	8678	1099	126.64	436	50.24	479	55.20	184	21.20
27	9326	1134	121.60	407	43.64	511	54.79	216	23.16
28	11468	1220	106.38	391	34.09	565	49.27	264	23.02
29	13959	1285	92.06	348	24.93	597	42.77	340	24.36
30-34岁	**62952**	**3820**	**60.68**	**805**	**12.79**	**1708**	**27.13**	**1307**	**20.76**
30	14414	1115	77.36	264	18.32	523	36.28	328	22.76
31	13123	936	71.33	194	14.78	397	30.25	345	26.29
32	13040	802	61.50	170	13.04	360	27.61	272	20.86
33	11649	578	49.62	92	7.90	285	24.47	201	17.25
34	10726	389	36.27	85	7.92	143	13.33	161	15.01
35-39岁	**52169**	**1132**	**21.70**	**190**	**3.64**	**455**	**8.72**	**487**	**9.34**
35	11171	356	31.87	53	4.74	143	12.80	160	14.32
36	10527	262	24.89	44	4.18	117	11.11	101	9.59
37	10549	231	21.90	37	3.51	90	8.53	104	9.86
38	10485	178	16.98	35	3.34	64	6.10	79	7.53
39	9437	105	11.13	21	2.23	41	4.34	43	4.56
40-44岁	**68252**	**300**	**4.40**	**49**	**0.72**	**137**	**2.01**	**114**	**1.67**
40	10743	80	7.45	17	1.58	30	2.79	33	3.07
41	12857	56	4.36	7	0.54	24	1.87	25	1.94
42	13851	69	4.98	9	0.65	35	2.53	25	1.80
43	15035	59	3.92	11	0.73	28	1.86	20	1.33
44	15766	36	2.28	5	0.32	20	1.27	11	0.70
45-49岁	**81369**	**196**	**2.41**	**24**	**0.29**	**105**	**1.29**	**67**	**0.82**
45	16344	41	2.51	4	0.24	20	1.22	17	1.04
46	17159	34	1.98	5	0.29	13	0.76	16	0.93
47	16355	45	2.75	9	0.55	26	1.59	10	0.61
48	15427	35	2.27			22	1.43	13	0.84
49	16084	41	2.55	6	0.37	24	1.49	11	0.68

6-4 各地区育龄妇女年龄别生育率

单位：‰

地 区	15-19岁	20-24岁	25-29岁	30-34岁	35-39岁	40-44岁	45-49岁	总和生育率
全 省	**5.00**	**70.40**	**110.70**	**63.74**	**23.61**	**5.57**	**2.41**	**1407.21**
南昌市	**2.93**	**44.56**	**100.14**	**64.81**	**20.71**	**5.34**	**2.57**	**1205.30**
东湖区	4.78	22.84	73.15	62.10	27.45	4.25	2.30	984.31
西湖区	0.94	34.44	100.87	61.95	19.94	4.31	0.54	1115.04
青云谱区	3.42	47.02	105.69	69.42	19.51	5.56	2.07	1263.45
青山湖区	2.23	32.02	100.17	70.71	21.96	5.08	2.01	1170.85
新建区	7.62	81.70	110.29	62.02	21.71	7.53	4.34	1475.99
红谷滩区	1.11	15.71	88.98	76.12	31.27	9.35		1112.68
南昌县	2.47	54.01	111.90	68.21	20.20	2.70	2.83	1311.63
安义县		69.77	86.48	43.39	15.77	8.81	6.69	1154.52
进贤县	4.06	80.35	89.72	47.64	8.38	5.59	2.49	1191.15
景德镇市	**3.09**	**73.67**	**91.86**	**46.91**	**18.36**	**5.38**	**2.21**	**1207.38**
昌江区	5.14	58.56	118.94	45.45	21.31	14.88	2.43	1333.59
珠山区	3.77	53.81	95.41	57.81	19.22	4.45	1.30	1178.88
浮梁县	0.62	41.64	98.13	46.86	25.81	5.43	3.52	1110.01
乐平市	4.21	107.37	79.62	41.69	15.23	3.56	2.13	1269.05
萍乡市	**5.10**	**72.76**	**124.92**	**72.25**	**24.76**	**5.38**	**2.52**	**1538.49**
安源区	1.32	38.93	110.45	65.89	29.51	7.32	2.59	1280.04
湘东区	2.70	69.58	112.27	66.47	23.78	3.19	6.12	1420.54
莲花县	8.88	111.11	192.22	103.29	36.23	4.79		2282.66
上栗县	11.09	105.98	117.43	75.28	14.93	5.48	1.53	1658.60
芦溪县	6.14	73.66	141.14	66.23	23.07	3.77	1.89	1579.53
九江市	**3.19**	**49.96**	**109.56**	**62.97**	**27.18**	**5.50**	**2.15**	**1302.56**
濂溪区	1.92	21.22	107.97	62.04	19.58	9.78	2.59	1125.53
浔阳区	1.12	18.82	99.54	66.52	27.26	7.68	1.56	1112.45
柴桑区	1.27	54.23	106.32	59.30	20.21	6.58		1239.65
武宁县	4.92	66.78	112.28	64.94	38.68	4.91	0.68	1465.89
修水县	4.86	76.41	120.17	68.32	25.71	5.67	1.33	1512.34
永修县	7.28	78.40	87.01	65.20	29.80	3.31		1355.02
德安县	5.78	39.68	100.47	67.77	26.12	13.12	1.42	1271.82
都昌县	2.81	68.66	122.22	50.73	21.88	2.23	1.55	1350.39
湖口县	8.42	69.83	131.28	69.68	28.88	3.05	5.58	1583.58
彭泽县	1.11	54.55	102.80	66.60	33.01	0.80	2.69	1307.79
瑞昌市	2.09	55.79	101.47	68.73	32.82	8.55	7.06	1382.56
共青城市	2.05	16.28	84.51	61.51	28.00	5.75	1.79	999.41
庐山市	4.59	100.15	119.94	46.51	26.67	2.33		1500.95
新余市	**2.74**	**52.42**	**125.46**	**72.55**	**31.05**	**7.39**	**1.72**	**1466.67**
渝水区	1.94	46.88	123.96	69.47	27.82	7.23	0.99	1391.42
分宜县	7.13	75.47	131.48	83.15	43.02	7.99	4.15	1762.01
鹰潭市	**8.39**	**87.11**	**105.31**	**52.34**	**23.64**	**4.81**	**1.31**	**1414.58**
月湖区	4.75	73.77	120.47	64.89	34.45	5.42	0.85	1522.96
余江区	10.71	106.21	87.58	45.19	16.43	5.21	1.79	1365.60
贵溪市	8.49	79.38	109.92	49.20	22.11	4.29	1.20	1372.94
赣州市	**6.39**	**78.29**	**117.93**	**66.54**	**23.15**	**5.45**	**2.87**	**1503.16**
章贡区	1.72	34.69	116.95	79.86	28.39	8.47	1.74	1359.04
南康区	7.98	72.32	131.41	69.38	25.27	4.20	2.97	1567.67
赣县区	12.59	90.78	111.69	60.66	23.56	4.36	0.84	1522.43
信丰县	3.74	78.52	93.22	55.31	16.83	3.15	0.89	1258.31
大余县	10.93	60.00	109.44	85.86	15.08	3.48	2.31	1435.46
上犹县	3.10	84.55	141.24	62.84	33.19	4.86	4.42	1670.98
崇义县	10.93	118.31	144.16	100.86	52.89	4.76	3.27	2175.95
安远县	9.86	85.23	125.46	54.92	15.69	10.96	3.84	1529.78
定南县	3.95	66.82	107.34	82.10	20.97	6.20	3.51	1454.47
全南县	1.97	75.95	169.30	117.47	40.28	5.60	7.15	2088.63

6-4　续表

单位：‰

地　　区	15–19岁	20–24岁	25–29岁	30–34岁	35–39岁	40–44岁	45–49岁	总　和 生育率
宁都县	4.33	73.44	118.55	61.91	19.46	3.75	2.72	1420.84
于都县	8.78	103.08	106.85	49.42	16.88	5.40	5.00	1477.06
兴国县	11.07	113.22	137.52	67.72	28.62	6.69	1.94	1833.89
会昌县	12.85	107.07	112.60	57.84	25.42	5.09	2.02	1614.49
寻乌县	3.36	106.19	119.64	83.17	22.84	2.50	2.65	1701.76
石城县	5.43	72.29	109.18	69.95	14.32	7.36	5.28	1419.04
瑞金市	4.09	71.15	111.17	52.30	14.83	6.64	3.90	1320.42
龙南市	3.38	66.09	125.82	57.05	26.22	4.41	3.01	1429.94
吉安市	**4.57**	**94.62**	**137.83**	**76.70**	**28.77**	**7.24**	**2.61**	**1761.65**
吉州区	2.55	75.19	125.00	71.52	22.61	11.52	3.19	1557.90
青原区	7.10	66.75	156.39	82.68	27.03	7.82	3.29	1755.30
吉安县	5.83	108.04	101.11	60.62	30.67	6.14	2.13	1572.76
吉水县	2.80	108.55	140.73	57.79	29.01	6.93	5.54	1756.78
峡江县		75.40	140.72	88.97	50.85	9.49	2.95	1841.88
新干县	5.59	98.16	147.88	83.71	27.59	5.37	3.81	1860.56
永丰县	8.42	131.53	152.99	85.84	34.63	8.40	2.59	2121.99
泰和县	3.35	95.24	163.05	80.33	26.01	7.59	2.64	1891.09
遂川县	6.41	106.83	138.69	81.74	24.45	3.38	2.04	1817.67
万安县	3.84	79.48	135.22	87.89	31.21	11.05	0.85	1747.70
安福县	1.60	85.86	119.05	86.06	31.63	3.12		1636.63
永新县	3.21	85.27	144.21	76.34	28.42	7.95	2.53	1739.62
井冈山市	10.27	126.76	140.22	69.66	30.99	9.04	1.52	1942.34
宜春市	**6.23**	**89.98**	**120.47**	**62.52**	**25.20**	**5.47**	**2.59**	**1562.30**
袁州区	6.39	85.04	125.04	71.61	32.59	7.18	3.89	1658.74
奉新县	5.58	75.00	138.54	59.52	21.17	5.73	3.54	1545.41
万载县	8.63	124.72	141.97	85.60	34.98	8.53	1.17	2027.96
上高县	8.81	90.40	130.17	62.24	26.60	6.64	1.95	1633.97
宜丰县	1.87	103.17	160.26	58.90	37.96	6.04	0.88	1845.36
靖安县		79.27	130.16	71.84	15.42	6.48	1.97	1525.71
铜鼓县	15.77	84.91	118.11	83.90	36.94	4.22		1719.24
丰城市	6.20	100.29	95.96	43.69	14.50	3.95	2.70	1336.43
樟树市	3.42	61.85	113.44	59.09	18.38	2.10	1.41	1298.40
高安市	5.56	82.95	127.48	58.58	22.06	5.02	3.31	1524.76
抚州市	**8.16**	**90.97**	**103.44**	**56.37**	**18.81**	**4.15**	**2.25**	**1420.77**
临川区	10.02	100.68	101.85	55.05	21.61	4.86	1.79	1479.36
东乡区	7.43	94.23	99.40	64.14	17.17	4.08	2.33	1443.90
南城县	4.20	55.90	72.68	55.13	16.30	4.13	2.11	1052.25
黎川县	10.16	110.53	116.77	73.66	22.86	2.11	2.63	1693.54
南丰县	5.87	89.24	109.19	51.38	14.10	1.76		1357.69
崇仁县	10.36	96.91	111.11	53.26	20.57	5.97	3.95	1510.64
乐安县	2.86	64.60	118.64	56.76	21.34	4.13	2.74	1355.36
宜黄县	4.69	74.13	86.79	48.73	10.54	3.88		1143.81
金溪县	9.75	110.09	111.39	62.11	23.15	5.95	6.17	1643.03
资溪县	6.25	68.70	78.18	35.48	11.94	4.49	2.09	1035.64
广昌县	7.39	75.39	117.57	55.00	12.78	1.17	1.09	1351.95
上饶市	**4.85**	**77.88**	**96.59**	**60.09**	**22.26**	**5.57**	**2.02**	**1346.28**
信州区	4.44	42.05	99.38	72.13	27.16	10.69	1.64	1287.48
广丰区	1.83	59.13	91.76	62.57	32.35	8.83	4.01	1302.47
广信区	5.18	90.87	100.41	67.50	20.92	5.04	0.32	1451.26
玉山县	4.31	77.00	122.11	61.69	20.49	3.47	2.22	1456.43
铅山县	5.94	70.83	82.95	40.41	18.10	2.48		1103.57
横峰县	6.07	91.50	84.71	51.40	27.48	4.21	2.69	1340.32
弋阳县	7.04	96.10	98.43	56.60	23.49	5.21	2.00	1444.39
余干县	3.91	101.85	92.59	61.80	18.75	6.47	2.70	1440.33
鄱阳县	7.13	82.53	92.43	53.79	20.11	5.17	2.31	1317.35
万年县	6.54	105.84	91.91	43.57	16.96	4.73	2.87	1362.13
婺源县	3.82	72.67	107.77	66.40	19.54	1.44	0.68	1361.63
德兴市	5.92	80.00	115.57	69.94	24.02	2.54	0.77	1493.76

6—4a 各地区育龄妇女年龄别生育率(城市)

单位：‰

地 区	15—19岁	20—24岁	25—29岁	30—34岁	35—39岁	40—44岁	45—49岁	总 和 生育率
全 省	**2.74**	**44.56**	**106.77**	**66.95**	**25.65**	**7.09**	**2.46**	**1281.12**
南昌市	**2.68**	**32.18**	**97.91**	**68.04**	**23.67**	**5.92**	**1.86**	**1161.27**
东湖区	3.03	19.51	68.21	62.54	27.13	4.46	2.46	936.71
西湖区	0.94	34.44	100.87	61.95	19.94	4.31	0.54	1115.04
青云谱区	3.42	47.51	104.55	69.73	19.61	5.58	2.07	1262.37
青山湖区	2.26	32.08	98.91	69.63	23.39	4.82	1.99	1165.43
新建区	10.12	89.58	123.97	63.13	18.20	8.24	4.08	1586.62
红谷滩区	0.68	13.38	88.49	77.15	31.84	9.85		1106.90
南昌县	37.04	62.50	83.33	35.71				1092.92
安义县								
进贤县								
景德镇市	**2.22**	**60.61**	**99.11**	**50.40**	**20.01**	**7.41**	**2.24**	**1209.98**
昌江区		42.42	121.21	48.62	26.80	20.15	3.42	1313.17
珠山区	2.60	51.28	97.05	57.07	19.94	4.60	1.34	1169.41
浮梁县	22.73	52.63	109.59	45.45	18.18	15.38		1319.84
乐平市	1.38	86.33	85.01	40.66	16.37	4.12	3.12	1185.00
萍乡市	**1.61**	**41.98**	**113.61**	**64.71**	**25.93**	**7.14**	**3.49**	**1292.36**
安源区	1.47	38.55	110.20	64.14	30.65	7.81	3.03	1279.25
湘东区	2.32	57.14	128.83	71.58	7.18	5.02	5.30	1386.88
莲花县								
上栗县		52.63	95.24					739.35
芦溪县								
九江市	**1.66**	**21.24**	**109.69**	**63.85**	**26.12**	**7.63**	**2.20**	**1161.98**
濂溪区	1.63	15.66	118.86	62.27	23.61	10.09	1.62	1168.71
浔阳区	1.12	18.87	100.00	66.84	27.39	7.69	1.56	1117.38
柴桑区	3.58	69.67	121.04	60.08	26.96	11.04		1461.85
武宁县								
修水县								
永修县								
德安县								
都昌县								
湖口县								
彭泽县								
瑞昌市	1.77	65.52	95.03	71.66	30.35	4.42	7.24	1379.92
共青城市	1.63	7.51	82.76	64.24	21.34	2.67	2.58	913.61
庐山市	2.96	77.92	161.94	46.96	23.33	6.02		1595.71
新余市	**2.09**	**46.90**	**125.98**	**69.49**	**28.58**	**7.85**	**1.30**	**1411.04**
渝水区	2.09	46.90	125.98	69.49	28.58	7.85	1.30	1411.04
分宜县								
鹰潭市	**7.51**	**79.17**	**105.08**	**57.81**	**26.93**	**7.02**	**2.37**	**1429.47**
月湖区	5.58	70.93	120.54	62.40	35.54	4.73	0.90	1503.15
余江区	7.14	100.00	80.75	48.35	10.94	9.41	4.38	1304.84
贵溪市	9.30	77.75	96.89	56.02	24.88	8.51	3.12	1382.33
赣州市	**2.53**	**42.51**	**113.25**	**72.04**	**26.10**	**7.05**	**2.72**	**1330.96**
章贡区	1.19	30.72	116.09	82.62	29.84	9.06	2.05	1357.92
南康区	4.44	52.84	113.62	67.55	23.72	3.43	2.06	1338.26
赣县区	5.34	77.31	105.33	61.52	25.77	6.88	2.22	1421.81
信丰县								
大余县								
上犹县								
崇义县								
安远县								
定南县								
全南县								

6–4a　续表　　　　　　　　　　　　　　　　　　　　　　　　　　　　单位：‰

地　区	15–19岁	20–24岁	25–29岁	30–34岁	35–39岁	40–44岁	45–49岁	总和生育率
宁都县								
于都县								
兴国县								
会昌县								
寻乌县				333.33				1666.67
石城县								
瑞金市	4.63	55.76	105.65	59.34	19.35	7.39	6.70	1294.14
龙南市	3.26	60.27	117.17	51.18	23.74	6.96	2.55	1325.69
吉安市	**1.83**	**54.07**	**130.47**	**76.58**	**28.34**	**11.26**	**3.81**	**1531.85**
吉州区	0.98	62.79	133.70	74.36	24.77	10.61	3.28	1552.46
青原区	2.05	39.74	131.78	81.88	32.89	12.61	5.03	1529.87
吉安县								
吉水县								
峡江县								
新干县								
永丰县								
泰和县								
遂川县								
万安县								
安福县								
永新县								
井冈山市	7.69	97.22	99.10	75.58	38.25	12.20	4.52	1672.83
宜春市	**2.89**	**68.49**	**118.13**	**63.35**	**24.81**	**6.03**	**3.60**	**1436.52**
袁州区	3.80	62.13	116.77	76.10	28.28	7.44	4.74	1496.33
奉新县								
万载县								
上高县								
宜丰县								
靖安县								
铜鼓县								
丰城市	2.76	102.30	108.13	44.34	23.32	4.21	2.17	1436.16
樟树市	1.07	40.00	128.99	58.76	21.01	2.05	2.02	1269.51
高安市	1.06	61.14	126.57	58.72	22.14	8.19	4.15	1409.86
抚州市	**5.85**	**86.00**	**101.81**	**63.45**	**23.89**	**5.31**	**2.69**	**1444.98**
临川区	5.39	79.26	96.56	60.56	24.97	5.44	1.88	1370.36
东乡区	8.81	116.97	118.04	71.76	21.10	4.94	4.71	1731.72
南城县								
黎川县								
南丰县								
崇仁县								
乐安县								
宜黄县								
金溪县								
资溪县								
广昌县								
上饶市	**2.00**	**56.52**	**96.51**	**73.16**	**30.68**	**9.15**	**2.07**	**1350.41**
信州区	2.31	33.22	97.28	79.42	28.57	12.61	1.09	1272.50
广丰区	0.91	57.74	86.40	66.25	41.63	13.05	5.71	1358.45
广信区	1.66	84.87	99.38	72.10	26.40	4.68		1445.42
玉山县								
铅山县		200.00						1000.00
横峰县								
弋阳县								
余干县	20.62	98.77	119.05	49.08	28.57			1580.41
鄱阳县				166.67				833.33
万年县								
婺源县								
德兴市	2.84	73.96	117.80	80.48	25.18	4.13	1.17	1527.85

6-4b 各地区育龄妇女年龄别生育率(镇)

单位：‰

地　区	15-19岁	20-24岁	25-29岁	30-34岁	35-39岁	40-44岁	45-49岁	总和生育率
全　省	**3.99**	**72.03**	**113.47**	**63.84**	**23.71**	**5.55**	**2.37**	**1424.85**
南昌市	**1.58**	**46.87**	**114.42**	**66.66**	**18.57**	**5.18**	**3.30**	**1282.88**
东湖区			125.00	95.24	76.92			1485.81
西湖区								
青云谱区			285.71					1428.57
青山湖区	1.52	19.90	110.75	88.74	11.43	4.22	3.56	1200.54
新建区	2.34	110.17	162.79	51.72	26.09	12.58		1828.46
红谷滩区								
南昌县	1.50	46.00	120.92	73.58	23.00	3.59	3.00	1357.92
安义县		43.65	82.47	51.49	13.73	11.56	8.99	1059.47
进贤县	3.04	89.45	95.35	46.12	9.86	5.71	2.12	1258.22
景德镇市		**50.36**	**99.06**	**52.07**	**25.24**	**5.52**	**2.83**	**1175.49**
昌江区		125.00	125.00	38.46				1442.31
珠山区		120.00	43.48	67.57				1155.23
浮梁县		29.22	110.49	45.70	34.48	6.41	5.38	1158.39
乐平市		123.08	88.15	58.97	19.89	5.18		1476.37
萍乡市	**6.41**	**75.70**	**123.54**	**69.04**	**26.59**	**4.71**	**2.01**	**1539.97**
安源区		52.63	122.70	82.25	16.04	3.94		1387.81
湘东区		32.26	65.48	47.39	70.09	4.02	17.02	1181.29
莲花县	5.33	60.40	221.72	82.19	35.53	6.77		2059.76
上栗县	9.94	87.46	106.87	68.14	16.30	6.22	1.01	1479.64
芦溪县	5.09	90.53	127.03	64.96	22.77	1.57		1559.76
九江市	**4.05**	**65.29**	**115.87**	**63.07**	**31.38**	**4.58**	**1.62**	**1429.26**
濂溪区		62.50	75.76	74.63		14.49	27.03	1272.02
浔阳区								
柴桑区		50.51	56.82	82.47	19.35	5.59		1073.69
武宁县	4.96	63.97	123.08	59.84	37.68	4.46		1469.94
修水县	4.36	81.48	125.95	77.60	28.24	7.09	0.67	1626.96
永修县	3.45	72.58	97.11	52.80	34.61	2.75		1316.48
德安县	8.40	48.19	100.00	74.77	30.93	16.26		1392.75
都昌县	4.37	58.89	133.73	46.74	26.07	2.22		1360.16
湖口县	7.43	55.25	127.33	58.06	35.09	1.74	6.97	1459.35
彭泽县		53.46	100.00	69.57	36.61		2.69	1311.62
瑞昌市	4.63	77.78	128.05	61.51	46.84	5.15	4.71	1643.32
共青城市								
庐山市		68.03	97.90	43.90	12.90			1113.67
新余市	**2.47**	**64.13**	**115.91**	**73.77**	**35.77**	**7.72**	**5.63**	**1527.03**
渝水区		32.26	115.38	48.19	28.17			1120.02
分宜县	5.08	73.17	115.98	77.04	36.76	8.60	6.27	1614.47
鹰潭市	**4.26**	**66.78**	**86.77**	**48.67**	**17.27**	**4.98**	**1.41**	**1150.65**
月湖区		214.29	111.11	142.86				2341.27
余江区	8.73	88.54	81.08	44.30	7.91	3.77	3.17	1187.57
贵溪市	3.52	49.59	91.30	48.86	27.13	6.13		1132.67
赣州市	**4.59**	**76.35**	**112.85**	**67.78**	**21.90**	**5.11**	**2.89**	**1457.39**
章贡区		15.87	37.50	11.63	16.95			409.75
南康区	6.10	126.58	127.91	59.32	63.49			1917.00
赣县区	16.19	73.47	103.70	70.34	22.42			1430.63
信丰县	3.49	58.76	83.60	48.28	16.27	2.99	0.56	1069.83
大余县	8.90	42.21	104.22	89.09	10.27	6.80	2.99	1322.39
上犹县		76.36	140.11	57.88	21.14	8.56	6.63	1553.47
崇义县		78.43	173.91	109.92	57.32	7.44	2.25	2146.40
安远县	7.96	73.29	127.93	57.57	16.42	15.02	4.58	1513.80
定南县	3.38	61.59	109.91	87.84	23.62	7.33	1.90	1477.89
全南县	3.22	99.38	194.44	130.43	45.18	7.30	13.51	2467.34

6-4b　续表

单位：‰

地　　区	15-19岁	20-24岁	25-29岁	30-34岁	35-39岁	40-44岁	45-49岁	总　和 生育率
宁都县	2.31	68.97	115.64	72.19	11.86	3.02	4.33	1391.51
于都县	6.23	72.42	92.96	45.56	18.11	5.47	3.68	1222.10
兴国县	4.04	94.93	123.47	63.52	26.85	6.07		1594.34
会昌县	4.74	94.84	101.16	62.64	27.40	5.26		1480.23
寻乌县	3.98	103.80	126.25	91.53	27.83	1.63	3.67	1793.38
石城县	7.44	85.63	133.19	88.29	12.11	2.02	3.90	1662.87
瑞金市		64.81	141.41	74.38	10.42			1455.13
龙南市		63.83	184.62	58.82	44.78		14.29	1831.65
吉安市	**3.43**	**90.03**	**134.98**	**71.45**	**26.02**	**7.49**	**2.46**	**1679.29**
吉州区		57.14	89.29	56.34	24.39	8.55		1178.52
青原区		76.92	234.04	30.30	51.28			1962.75
吉安县	6.15	92.05	79.41	45.91	25.87	5.49	1.01	1279.47
吉水县	1.53	93.18	145.76	55.12	31.55	8.51	6.10	1708.77
峡江县		58.44	142.13	96.77	61.61	7.83	6.01	1863.99
新干县	2.57	110.20	143.70	80.79	28.93	5.60	3.11	1874.49
永丰县	6.98	133.96	156.07	82.61	31.37	12.35	2.76	2130.40
泰和县	2.79	75.00	145.12	73.75	17.18	8.98	2.68	1627.49
遂川县	5.18	89.08	140.74	89.16	14.08	2.22	2.55	1715.06
万安县	2.36	70.09	156.35	79.40	26.57	13.27		1740.23
安福县	2.80	40.00	113.37	81.91	28.41			1332.47
永新县	1.18	96.86	147.48	68.92	27.23	11.35	1.99	1775.04
井冈山市	11.49	153.85	142.86	60.00	18.07	4.07		1951.67
宜春市	**5.58**	**86.96**	**116.56**	**60.81**	**25.46**	**8.39**	**1.59**	**1526.77**
袁州区	14.60	141.41	200.00	63.11	31.45	20.41	4.24	2376.06
奉新县	6.21	81.70	129.12	60.75	19.64	5.67	4.18	1536.37
万载县	4.15	97.33	122.45	80.27	31.47	12.70		1741.79
上高县	6.38	79.65	102.94	55.75	29.73	10.00	2.18	1433.19
宜丰县		94.26	142.86	59.35	34.22	7.35		1690.23
靖安县		63.06	92.68	76.23	7.97	6.85		1233.98
铜鼓县	19.35	38.76	130.43	55.69	40.72	6.97		1509.68
丰城市	13.11	103.23	86.54	53.19	9.09	8.02	3.47	1383.25
樟树市		27.78	75.00	47.62	9.35	6.80		832.73
高安市	3.70	85.63	110.84	36.50	21.78	2.97	1.22	1313.13
抚州市	**7.37**	**95.79**	**110.53**	**57.76**	**19.55**	**3.21**	**2.82**	**1485.13**
临川区	16.13	122.73	96.45	39.57	17.78		3.44	1480.43
东乡区		98.36	111.11	57.55	20.41			1437.17
南城县	4.96	56.41	85.29	53.22	20.55	3.93	3.73	1140.42
黎川县	13.89	117.26	118.31	81.84	26.25	1.84	1.52	1804.54
南丰县	6.35	109.31	121.90	56.07	22.62	1.66		1589.52
崇仁县	10.22	119.75	127.52	60.09	21.61	7.91	4.40	1757.50
乐安县	2.22	69.49	108.55	54.16	22.99	1.77	3.29	1362.31
宜黄县	7.07	85.11	86.72	38.31	11.79	3.72		1163.55
金溪县	5.97	109.43	117.82	53.67	19.46	3.72	7.21	1636.40
资溪县	12.50	85.94	102.56	48.31	5.99	4.08	3.98	1316.82
广昌县	3.27	84.39	130.55	58.08	13.55	2.08	2.07	1469.92
上饶市	**4.54**	**80.28**	**97.32**	**56.47**	**21.38**	**4.94**	**1.61**	**1332.74**
信州区		43.48	65.22	14.49		13.70		684.44
广丰区	2.56	84.44	94.51	53.95	17.01	2.38		1274.20
广信区		98.21	114.83	45.11	14.35	12.24	3.68	1442.18
玉山县	2.98	69.81	116.22	54.92	19.08	3.77	2.25	1395.12
铅山县	7.17	62.38	92.28	40.96	18.89	2.26		1119.77
横峰县	6.78	97.70	84.00	53.41	31.78	2.41		1430.45
弋阳县	6.29	102.56	103.60	54.22	25.30	4.47	1.33	1488.85
余干县	2.57	84.34	93.66	59.69	16.99	8.48	2.76	1342.43
鄱阳县	6.10	75.63	91.67	54.67	24.18	6.00	1.48	1298.62
万年县	4.46	91.60	98.20	41.98	18.90	5.54	2.70	1316.90
婺源县	6.92	81.40	97.31	75.79	26.15		1.35	1444.61
德兴市			173.91	76.92	28.57			1397.04

6—4c 各地区育龄妇女年龄别生育率(乡村)

单位：‰

地　区	15—19岁	20—24岁	25—29岁	30—34岁	35—39岁	40—44岁	45—49岁	总　和 生育率
全　省	**8.49**	**94.87**	**111.88**	**60.68**	**21.70**	**4.40**	**2.41**	**1522.08**
南昌市	**5.82**	**80.09**	**90.33**	**53.63**	**14.79**	**4.14**	**3.19**	**1259.95**
东湖区	40.00	106.06	135.42	50.42	22.73			1773.12
西湖区								
青云谱区								
青山湖区	7.94	99.06	109.52	71.73		12.20		1502.21
新建区	6.74	72.70	83.77	61.85	26.74	5.90	5.18	1314.41
红谷滩区	25.64	110.09	98.21	47.06	15.38			1481.95
南昌县	4.81	80.16	92.73	55.59	14.08	1.16	2.65	1255.85
安义县		111.82	90.07	35.36	18.52	5.14	4.07	1324.94
进贤县	4.88	73.97	85.46	48.93	6.95	5.47	2.77	1142.20
景德镇市	**7.29**	**107.63**	**79.10**	**40.38**	**13.47**	**2.59**	**1.92**	**1261.92**
昌江区	19.05	100.00	109.49	35.09	7.19			1354.09
珠山区	200.00	111.11	111.11	100.00				2611.11
浮梁县		85.03	82.07	48.46	15.92	2.40	2.02	1179.59
乐平市	6.98	113.54	74.71	38.59	13.61	2.89	2.08	1262.00
萍乡市	**10.48**	**110.11**	**140.39**	**88.31**	**20.71**	**3.84**	**2.03**	**1879.29**
安源区		16.67		55.56	52.63			624.27
湘东区	6.13	107.48	121.32	71.65	14.93		1.97	1617.42
莲花县	15.96	150.26	165.29	128.71	37.16	2.55		2499.66
上栗县	13.27	128.44	132.98	88.83	13.80	4.81	2.13	1921.30
芦溪县	7.75	53.66	158.78	68.45	23.53	7.06	3.73	1614.83
九江市	**4.12**	**73.08**	**104.61**	**62.22**	**23.97**	**4.87**	**2.56**	**1377.12**
濂溪区	5.24	76.92	56.41	57.14		5.78		1007.46
浔阳区								
柴桑区		46.00	112.68	52.84	15.65	3.43		1153.02
武宁县	4.88	69.54	103.23	69.80	39.74	5.45	1.36	1469.93
修水县	5.49	72.22	114.93	58.62	22.91	4.26	1.97	1401.97
永修县	13.09	85.53	71.20	85.21	22.41	4.15		1407.92
德安县		23.26	101.45	47.87	13.51	5.15	4.24	977.41
都昌县	1.01	76.58	113.53	54.76	17.34	2.23	2.73	1340.86
湖口县	9.71	81.82	135.59	84.99	19.31	4.93	3.98	1701.61
彭泽县	2.20	55.56	105.59	63.14	28.57	1.78	2.68	1297.57
瑞昌市	1.54	41.67	93.35	70.73	27.10	13.66	7.94	1279.91
共青城市	4.33	180.00	89.55	56.25	41.42	13.99		1927.69
庐山市	9.85	134.02	93.86	47.62	37.29			1613.21
新余市	**6.61**	**61.22**	**132.23**	**82.73**	**35.89**	**5.53**		**1621.06**
渝水区	3.48	51.37	114.46	73.39	23.08	4.99		1353.88
分宜县	11.98	80.54	171.05	98.81	58.30	6.60		2136.38
鹰潭市	**13.25**	**106.18**	**112.23**	**44.87**	**20.42**	**1.71**		**1493.33**
月湖区		55.56	121.21	133.33		25.64		1678.71
余江区	14.16	115.38	93.91	43.34	25.64	3.06		1477.47
贵溪市	13.14	99.15	127.19	43.00	17.68			1500.77
赣州市	**10.40**	**101.48**	**124.77**	**61.51**	**22.32**	**4.84**	**2.93**	**1641.29**
章贡区	8.20	89.29	138.57	65.31	16.67	5.57		1617.95
南康区	13.78	96.11	158.30	73.93	22.44	5.84	4.13	1872.69
赣县区	17.56	110.40	123.60	54.46	20.87	3.25		1650.72
信丰县	4.02	103.67	105.76	65.75	17.66	3.37	1.25	1507.41
大余县	12.66	76.02	115.85	81.48	22.65		1.58	1551.26
上犹县	6.49	91.18	142.44	68.72	46.40	1.54	2.65	1797.10
崇义县	22.64	148.51	117.39	90.34	48.11	2.29	4.23	2167.58
安远县	11.88	93.86	122.91	51.82	14.83	6.55	3.09	1524.69
定南县	4.76	75.95	102.46	70.18	15.69	3.83	6.08	1394.71
全南县		51.61	145.37	101.35	33.47	3.30		1675.56

6-4c　续表

单位：‰

地　　区	15-19岁	20-24岁	25-29岁	30-34岁	35-39岁	40-44岁	45-49岁	总　和 生育率
宁都县	6.36	77.22	121.02	52.63	26.30	4.42	1.46	1447.03
于都县	11.17	126.06	118.05	53.32	15.47	5.34	5.90	1676.50
兴国县	17.00	126.28	152.05	72.29	30.46	7.24	3.28	2042.89
会昌县	22.42	119.32	126.60	51.62	22.89	4.89	4.09	1759.18
寻乌县	2.56	109.69	111.98	70.29	17.28	3.46	1.71	1584.90
石城县	3.86	61.90	88.12	50.97	16.47	13.13	6.41	1204.32
瑞金市	3.98	82.40	112.75	43.82	10.87	6.66	2.14	1313.16
龙南市	4.12	73.94	129.97	68.60	27.86		2.11	1533.06
吉安市	**7.11**	**114.04**	**143.13**	**83.12**	**32.26**	**5.84**	**2.50**	**1940.03**
吉州区	14.39	142.86	87.50	57.89	6.45	18.87	3.82	1658.88
青原区	21.39	160.71	181.82	90.28	12.24	2.79	2.17	2357.00
吉安县	5.28	129.58	132.55	86.89	38.06	7.35	3.38	2015.43
吉水县	4.78	131.31	133.65	61.48	24.83	4.27	4.87	1826.04
峡江县		102.04	138.69	79.83	34.97	12.05		1837.86
新干县	9.17	86.07	152.05	86.72	26.07	5.08	4.49	1848.22
永丰县	10.60	128.68	148.83	90.53	39.27	3.23	2.44	2117.83
泰和县	4.20	125.00	197.47	93.75	42.33	5.19	2.59	2352.62
遂川县	7.60	117.86	137.17	74.86	33.18	4.27	1.70	1883.19
万安县	5.60	85.63	117.49	95.67	35.80	8.73	1.51	1752.13
安福县		132.65	125.00	91.10	35.40	7.08		1956.14
永新县	7.56	76.78	141.22	85.54	29.85	3.46	3.10	1737.49
井冈山市	13.33	134.83	192.77	73.17	37.04	11.63		2313.86
宜春市	**11.80**	**111.36**	**125.02**	**63.00**	**25.36**	**2.84**	**2.54**	**1709.60**
袁州区	16.29	137.58	132.32	60.98	44.50	4.35	2.23	1991.18
奉新县	4.27	63.22	155.78	56.74	24.69	5.83	2.43	1564.79
万载县	16.95	164.80	172.41	93.02	40.00	2.87	2.42	2462.43
上高县	14.22	109.38	183.45	77.35	19.93		1.60	2029.64
宜丰县	6.90	119.40	198.63	57.85	46.22	3.18	2.53	2173.55
靖安县		113.21	200.00	64.00	28.99	5.85	4.44	2082.43
铜鼓县	12.35	156.63	96.77	113.77	31.65			2055.82
丰城市	8.15	98.44	89.87	40.87	8.72	2.67	2.81	1257.68
樟树市	8.93	95.57	103.13	61.20	16.27	1.28	1.06	1437.19
高安市	16.16	97.81	135.28	71.28	22.12	2.56	3.75	1744.78
抚州市	**10.29**	**90.54**	**99.07**	**51.90**	**15.60**	**4.38**	**1.71**	**1367.42**
临川区	18.80	129.55	111.21	48.85	17.06	4.90	1.46	1659.13
东乡区	7.35	65.34	63.25	53.80	10.59	3.66		1020.00
南城县	3.22	55.12	54.71	58.06	7.27	4.48		914.33
黎川县	4.90	102.66	115.02	63.29	17.79	2.46	4.15	1551.38
南丰县	5.10	63.16	90.91	44.64		1.88		1028.46
崇仁县	10.48	82.45	99.53	47.56	19.70	4.24	3.58	1337.69
乐安县	3.35	61.18	125.60	51.13	19.78	6.19	2.35	1347.93
宜黄县	2.81	65.34	86.85	59.30	8.96	4.05		1136.54
金溪县	13.05	110.54	106.84	60.98	26.50	7.84	5.39	1655.69
资溪县		52.24	52.98	24.59	17.86	5.00		763.33
广昌县	12.77	65.42	102.94	51.22	11.67			1220.13
上饶市	**7.09**	**87.64**	**96.11**	**55.57**	**18.74**	**4.41**	**2.28**	**1359.19**
信州区	15.12	81.08	112.57	46.71	24.27	3.83	3.64	1436.10
广丰区	3.28	50.62	97.71	60.99	25.30	5.93	3.60	1237.16
广信区	11.92	95.42	98.58	65.74	14.72	4.05		1452.11
玉山县	7.75	85.84	132.87	55.08	23.21	2.91	2.18	1549.16
铅山县	4.65	79.19	72.73	40.67	17.18	2.77		1085.93
横峰县	5.03	83.33	85.71	30.17	20.33	6.71	5.93	1186.08
弋阳县	8.00	89.92	93.33	59.21	21.70	5.94	2.67	1403.89
余干县	4.19	113.15	89.86	64.60	19.56	5.40	2.84	1497.99
鄱阳县	8.02	87.19	93.05	52.98	17.23	4.63	2.85	1329.78
万年县	8.51	116.73	86.59	45.07	15.11	3.96	3.00	1394.80
婺源县		63.95	118.26	54.98	10.50	3.02		1253.55
德兴市	14.29	92.92	105.50	51.15	21.54			1427.00

6-5 各地区按活产子女数分的15-64岁妇女人数

单位：人

地 区	15-64岁妇女人数	活产0个	活产1个	活产2个	活产3个	活产4个	活产5个及以上
全 省	**1584030**	**372567**	**319451**	**661059**	**185875**	**35569**	**9509**
南昌市	**227109**	**73565**	**53857**	**74218**	**20118**	**4151**	**1200**
东湖区	15260	4516	6549	3484	583	104	24
西湖区	17177	4237	7356	4675	766	112	31
青云谱区	11723	2771	4968	3325	569	76	14
青山湖区	47283	18838	11827	12886	3063	535	134
新建区	28084	8501	3777	8968	4805	1470	563
红谷滩区	22248	10648	5304	4680	1217	297	102
南昌县	52149	16820	9505	20136	4802	756	130
安义县	8930	2277	1135	3837	1342	280	59
进贤县	24255	4957	3436	12227	2971	521	143
景德镇市	**57796**	**12661**	**15580**	**22689**	**5660**	**950**	**256**
昌江区	6532	1239	2310	2335	521	86	41
珠山区	13421	2716	6607	3548	472	71	7
浮梁县	11019	3467	1981	4552	874	122	23
乐平市	26824	5239	4682	12254	3793	671	185
萍乡市	**60854**	**12609**	**15815**	**24966**	**5990**	**1156**	**318**
安源区	20344	5196	8363	5939	709	113	24
湘东区	10162	1857	2320	4668	1102	179	36
莲花县	6658	1136	1001	3423	920	141	37
上栗县	15184	2945	2311	7008	2245	509	166
芦溪县	8506	1475	1820	3928	1014	214	55
九江市	**165802**	**38015**	**36777**	**68237**	**18586**	**3343**	**844**
濂溪区	14993	4970	4925	4184	739	136	39
浔阳区	15898	4187	7072	4046	502	77	14
柴桑区	11207	2194	2138	5173	1306	296	100
武宁县	11559	2016	2462	5016	1727	285	53
修水县	24538	4895	4274	11137	3465	630	137
永修县	10310	2063	2073	4469	1353	249	103
德安县	5352	797	1320	2503	610	96	26
都昌县	22170	5188	2853	9618	3578	742	191
湖口县	7511	1162	1586	3821	807	112	23
彭泽县	10478	2070	2230	4923	1036	185	34
瑞昌市	16604	3309	3546	7766	1661	266	56
共青城市	7406	3607	881	2179	628	93	18
庐山市	7776	1557	1417	3402	1174	176	50
新余市	**38309**	**7857**	**10880**	**16544**	**2661**	**314**	**53**
渝水区	29952	6479	9028	12441	1780	189	35
分宜县	8357	1378	1852	4103	881	125	18
鹰潭市	**42844**	**9041**	**10014**	**18352**	**4587**	**705**	**145**
月湖区	10004	1926	3565	3551	821	110	31
余江区	12757	2519	2184	6153	1618	244	39
贵溪市	20083	4596	4265	8648	2148	351	75
赣州市	**318925**	**79151**	**55349**	**132550**	**40663**	**8587**	**2625**
章贡区	41479	14054	12054	12537	2344	397	93
南康区	28994	6311	4896	13616	3367	597	207
赣县区	18722	4397	3139	8046	2476	512	152
信丰县	23724	5003	4082	11634	2458	412	135
大余县	9220	1874	2067	4275	826	141	37
上犹县	9710	1952	2032	4395	1078	199	54
崇义县	6502	1123	1408	3135	713	102	21
安远县	11301	2787	1480	4819	1650	431	134
定南县	6925	1415	1365	3124	846	146	29
全南县	6048	1211	1194	2831	645	129	38

6-5　续表

单位：人

地　区	15-64岁妇女人数	活产0个	活产1个	活产2个	活产3个	活产4个	活产5个及以上
宁都县	29541	7432	4008	11832	4918	1075	276
于都县	34976	9248	4583	13453	5869	1385	438
兴国县	24378	5489	3303	10480	3894	911	301
会昌县	15999	4356	1998	6391	2509	552	193
寻乌县	9496	2123	1203	4140	1526	352	152
石城县	9338	2230	1358	3956	1451	265	78
瑞金市	21785	6002	2848	8914	3010	785	226
龙南市	10787	2144	2331	4972	1083	196	61
吉安市	**141318**	**25529**	**24484**	**67382**	**19505**	**3536**	**882**
吉州区	12871	2644	4161	4898	964	165	39
青原区	7603	1842	1179	3283	1059	191	49
吉安县	14252	2454	2180	7134	2060	347	77
吉水县	13174	2219	1604	6773	2091	405	82
峡江县	4552	761	701	2058	800	189	43
新干县	9570	1505	1273	5243	1291	206	52
永丰县	10778	1785	1390	4968	2062	445	128
泰和县	14699	2501	2628	7048	2047	369	106
遂川县	16109	3092	2393	7483	2558	464	119
万安县	8767	1756	1527	4035	1159	228	62
安福县	9955	1442	2246	4842	1185	193	47
永新县	14454	2885	2275	7470	1577	206	41
井冈山市	4534	643	927	2147	652	128	37
宜春市	**162169**	**32158**	**27284**	**76686**	**21100**	**3888**	**1053**
袁州区	36196	9439	6386	14011	4955	1101	304
奉新县	8465	1543	1501	3976	1165	224	56
万载县	14589	3032	1741	5836	2948	760	272
上高县	10401	1646	2021	5544	1049	123	18
宜丰县	7893	1138	1702	3952	902	151	48
靖安县	3846	612	889	1850	423	58	14
铜鼓县	3802	712	927	1573	464	95	31
丰城市	34506	6792	4866	17386	4542	741	179
樟树市	16740	3039	3488	8304	1643	220	46
高安市	25731	4205	3763	14254	3009	415	85
抚州市	**130630**	**25592**	**25878**	**58795**	**16422**	**3189**	**754**
临川区	37834	8810	7470	16275	4352	757	170
东乡区	12940	2100	2454	6287	1715	315	69
南城县	9935	1691	2556	4813	728	129	18
黎川县	7953	1267	2206	3690	655	109	26
南丰县	8791	1242	2075	4243	999	183	49
崇仁县	12347	2849	1384	4972	2351	621	170
乐安县	11397	2298	1514	5129	1930	426	100
宜黄县	8565	1641	1861	4024	890	116	33
金溪县	9805	1683	2144	4379	1284	258	57
资溪县	3860	778	963	1707	335	64	13
广昌县	7203	1233	1251	3276	1183	211	49
上饶市	**238274**	**56389**	**43533**	**100640**	**30583**	**5750**	**1379**
信州区	22474	6713	7174	6836	1430	264	57
广丰区	30398	9076	3949	10950	5001	1142	280
广信区	26405	6548	3936	11105	3830	796	190
玉山县	17772	4121	3211	7994	2063	312	71
铅山县	13836	2902	3122	6067	1492	206	47
横峰县	5955	1044	1266	2897	621	93	34
弋阳县	11787	2294	2323	5416	1487	209	58
余干县	30567	7235	4022	13154	4895	1009	252
鄱阳县	44157	9500	6805	20442	5980	1142	288
万年县	13164	2718	2174	6315	1655	258	44
婺源县	11826	2212	2776	5489	1177	153	19
德兴市	9933	2026	2775	3975	952	166	39

6-6 全省按受教育程度、活产子女数分的15-64岁妇女人数

单位：人

受教育程度	15-64岁妇女人数	活产0个	活产1个	活产2个	活产3个	活产4个	活产5个及以上
总　计	**1584030**	**372567**	**319451**	**661059**	**185875**	**35569**	**9509**
未上过学	20051	1196	2587	9497	4934	1364	473
学前教育	1186	152	178	524	235	75	22
小　学	326411	10006	44708	181055	69736	16006	4900
初　中	659372	80404	129310	339353	91368	15370	3567
高　中	299395	129510	72428	79717	15037	2238	465
大学专科	156807	80340	40632	31873	3495	406	61
大学本科	111402	65421	27112	17716	1027	105	21
硕士研究生	8786	5255	2259	1230	38	4	
博士研究生	620	283	237	94	5	1	

6-7 全省按职业、活产子女数分的15-64岁妇女人数

单位：人

职业大类	15-64岁妇女人数	活产0个	活产1个	活产2个	活产3个	活产4个	活产5个及以上	妇女平均活产子女数
总　计	**891011**	**138234**	**191923**	**427064**	**109305**	**19459**	**5026**	**3.64**
党的机关、国家机关、群众团体和社会组织、企事业单位负责人	14324	1653	4379	6706	1347	207	32	3.24
专业技术人员	101725	33944	34011	30136	3187	387	60	1.83
办事人员和有关人员	45773	11099	17654	15033	1716	226	45	2.09
社会生产服务和生活服务人员	313317	52442	73793	146326	34001	5468	1287	3.38
农、林、牧、渔业生产及辅助人员	165839	8755	20402	92802	34104	7583	2193	5.15
生产制造及有关人员	245930	28636	41027	134698	34647	5533	1389	4.04
不便分类的其他从业人员	4103	1705	657	1363	303	55	20	2.41

6-8 各地区按存活子女数分的15-64岁妇女人数

单位：人

地 区	15-64岁妇女人数	存活0个	存活1个	存活2个	存活3个	存活4个	存活5个及以上
全 省	**1584030**	**394298**	**317801**	**651582**	**179694**	**32829**	**7826**
南昌市	**227109**	**77541**	**52758**	**72395**	**19438**	**3909**	**1068**
东湖区	15260	4926	6319	3347	550	95	23
西湖区	17177	4662	7171	4498	726	94	26
青云谱区	11723	3114	4840	3161	530	69	9
青山湖区	47283	19763	11474	12473	2955	504	114
新建区	28084	8888	3762	8840	4664	1411	519
红谷滩区	22248	10865	5248	4565	1194	282	94
南昌县	52149	17569	9411	19715	4640	711	103
安义县	8930	2366	1139	3788	1322	262	53
进贤县	24255	5388	3394	12008	2857	481	127
景德镇市	**57796**	**13672**	**15427**	**22358**	**5342**	**826**	**171**
昌江区	6532	1367	2354	2295	436	71	9
珠山区	13421	2996	6451	3458	445	66	5
浮梁县	11019	3633	1985	4451	828	105	17
乐平市	26824	5676	4637	12154	3633	584	140
萍乡市	**60854**	**13612**	**15719**	**24512**	**5741**	**1029**	**241**
安源区	20344	5538	8253	5750	677	109	17
湘东区	10162	1986	2345	4604	1051	157	19
莲花县	6658	1290	990	3349	871	128	30
上栗县	15184	3176	2311	6930	2168	461	138
芦溪县	8506	1622	1820	3879	974	174	37
九江市	**165802**	**40505**	**36456**	**67123**	**17971**	**3053**	**694**
濂溪区	14993	5289	4820	4032	697	120	35
浔阳区	15898	4388	6988	3965	475	72	10
柴桑区	11207	2327	2135	5086	1289	279	91
武宁县	11559	2291	2432	4914	1622	261	39
修水县	24538	5100	4311	11056	3380	587	104
永修县	10310	2292	2016	4386	1311	226	79
德安县	5352	831	1331	2490	593	84	23
都昌县	22170	5532	2849	9461	3481	675	172
湖口县	7511	1239	1589	3795	773	99	16
彭泽县	10478	2396	2161	4749	989	162	21
瑞昌市	16604	3494	3550	7663	1607	240	50
共青城市	7406	3660	873	2155	616	86	16
庐山市	7776	1666	1401	3371	1138	162	38
新余市	**38309**	**8346**	**10825**	**16288**	**2531**	**286**	**33**
渝水区	29952	6858	8965	12247	1688	173	21
分宜县	8357	1488	1860	4041	843	113	12
鹰潭市	**42844**	**9624**	**9935**	**18056**	**4452**	**662**	**115**
月湖区	10004	2134	3490	3466	787	100	27
余江区	12757	2651	2200	6063	1579	235	29
贵溪市	20083	4839	4245	8527	2086	327	59
赣州市	**318925**	**82428**	**55419**	**131186**	**39562**	**8090**	**2240**
章贡区	41479	14378	11952	12394	2300	373	82
南康区	28994	6684	4866	13442	3255	564	183
赣县区	18722	4617	3151	7960	2386	485	123
信丰县	23724	5370	4052	11440	2368	381	113
大余县	9220	1983	2091	4195	785	136	30
上犹县	9710	2067	2045	4338	1037	183	40
崇义县	6502	1174	1427	3111	682	92	16
安远县	11301	2911	1469	4771	1631	406	113
定南县	6925	1481	1361	3098	819	142	24
全南县	6048	1341	1176	2766	621	117	27

6-8 续表

单位：人

地　　区	15-64岁妇女人数	存活0个	存活1个	存活2个	存活3个	存活4个	存活5个及以上
宁都县	29541	7704	4025	11739	4788	1036	249
于都县	34976	9481	4625	13389	5772	1321	388
兴国县	24378	5716	3375	10408	3799	833	247
会昌县	15999	4474	2028	6363	2441	520	173
寻乌县	9496	2216	1219	4107	1485	332	137
石城县	9338	2313	1359	3939	1412	253	62
瑞金市	21785	6209	2863	8842	2957	733	181
龙南市	10787	2309	2335	4884	1024	183	52
吉安市	**141318**	**27407**	**24563**	**66565**	**18873**	**3208**	**702**
吉州区	12871	2959	4064	4744	922	149	33
青原区	7603	2002	1193	3189	1009	171	39
吉安县	14252	2613	2190	7066	2010	312	61
吉水县	13174	2454	1631	6643	2014	364	68
峡江县	4552	802	715	2048	776	178	33
新干县	9570	1547	1305	5235	1255	186	42
永丰县	10778	1869	1418	4946	2034	414	97
泰和县	14699	2631	2638	7022	1984	331	93
遂川县	16109	3282	2404	7402	2494	429	98
万安县	8767	1881	1538	3970	1118	207	53
安福县	9955	1560	2262	4805	1125	173	30
永新县	14454	3123	2274	7336	1500	187	34
井冈山市	4534	684	931	2159	632	107	21
宜春市	**162169**	**34551**	**27412**	**75548**	**20270**	**3563**	**825**
袁州区	36196	10161	6285	13719	4764	1014	253
奉新县	8465	1717	1483	3884	1141	199	41
万载县	14589	3243	1784	5804	2836	721	201
上高县	10401	1696	2050	5534	1005	102	14
宜丰县	7893	1219	1714	3921	865	135	39
靖安县	3846	690	886	1806	400	52	12
铜鼓县	3802	766	933	1548	449	84	22
丰城市	34506	7369	4942	16994	4366	685	150
樟树市	16740	3190	3516	8225	1571	205	33
高安市	25731	4500	3819	14113	2873	366	60
抚州市	**130630**	**26937**	**25920**	**58201**	**15962**	**2975**	**635**
临川区	37834	9076	7513	16165	4233	706	141
东乡区	12940	2311	2438	6185	1663	291	52
南城县	9935	1784	2548	4770	699	117	17
黎川县	7953	1407	2194	3621	613	101	17
南丰县	8791	1332	2088	4198	971	162	40
崇仁县	12347	2943	1390	4968	2302	594	150
乐安县	11397	2380	1527	5101	1891	412	86
宜黄县	8565	1777	1864	3940	855	101	28
金溪县	9805	1809	2143	4326	1243	235	49
资溪县	3860	827	955	1679	333	55	11
广昌县	7203	1291	1260	3248	1159	201	44
上饶市	**238274**	**59675**	**43367**	**99350**	**29552**	**5228**	**1102**
信州区	22474	6913	7122	6761	1387	246	45
广丰区	30398	9364	3937	10848	4916	1084	249
广信区	26405	6913	3926	10990	3718	708	150
玉山县	17772	4328	3205	7898	1995	285	61
铅山县	13836	3042	3133	6004	1437	187	33
横峰县	5955	1194	1256	2817	587	78	23
弋阳县	11787	2439	2311	5376	1432	182	47
余干县	30567	7681	4013	12981	4747	938	207
鄱阳县	44157	10062	6811	20249	5771	1035	229
万年县	13164	3080	2142	6135	1555	224	28
婺源县	11826	2450	2748	5383	1108	126	11
德兴市	9933	2209	2763	3908	899	135	19

6–9 全省按受教育程度、存活子女数分的15–64岁妇女人数

单位：人

受教育程度	15–64岁妇女人数	存活0个	存活1个	存活2个	存活3个	存活4个	存活5个及以上
总 计	**1584030**	**394298**	**317801**	**651582**	**179694**	**32829**	**7826**
未上过学	20051	1531	2729	9442	4722	1255	372
学前教育	1186	172	180	522	233	64	15
小 学	326411	15254	46138	179051	67183	14697	4088
初 中	659372	90481	128485	334564	88601	14322	2919
高 中	299395	133024	71180	78199	14578	2041	373
大学专科	156807	81868	39964	31205	3363	363	44
大学本科	111402	66332	26684	17311	975	85	15
硕士研究生	8786	5343	2208	1200	34	1	
博士研究生	620	293	233	88	5	1	

6–10 全省按职业、存活子女数分的15–64岁妇女人数

单位：人

职业大类	15–64岁妇女人数	存活0个	存活1个	存活2个	存活3个	存活4个	存活5个及以上	妇女平均存活子女数
总 计	**891011**	**151119**	**190957**	**421269**	**105717**	**17861**	**4088**	**3.62**
党的机关、国家机关、群众团体和社会组织、企事业单位负责人	14324	1896	4295	6608	1309	191	25	3.23
专业技术人员	101725	35283	33506	29505	3045	342	44	1.82
办事人员和有关人员	45773	11785	17350	14758	1653	196	31	2.08
社会生产服务和生活服务人员	313317	57434	73095	143874	32847	5028	1039	3.36
农、林、牧、渔业生产及辅助人员	165839	10822	21165	92199	32911	6956	1786	5.10
生产制造及有关人员	245930	32134	40900	132996	33654	5099	1147	4.02
不便分类的其他从业人员	4103	1765	646	1329	298	49	16	2.40

6-11 各地区15-64岁妇女平均活产子女数和平均存活子女数

单位：人、%

地区	15-64岁妇女人数	活产子女总数			存活子女总数			存活子女数占活产子女数的百分比	妇女平均活产子女数	妇女平均存活子女数
		合计	男	女	合计	男	女			
全省	**1584030**	**2392784**	**1332923**	**1059861**	**2333088**	**1295656**	**1037432**	**97.51**	**1.51**	**1.47**
南昌市	**227109**	**285774**	**158386**	**127388**	**277240**	**153224**	**124016**	**97.01**	**1.26**	**1.22**
东湖区	15260	15813	8634	7179	15168	8254	6914	95.92	1.04	0.99
西湖区	17177	19622	10652	8970	18862	10192	8670	96.13	1.14	1.10
青云谱区	11723	13700	7431	6269	13073	7082	5991	95.42	1.17	1.12
青山湖区	47283	49650	27609	22041	47908	26574	21334	96.49	1.05	1.01
新建区	28084	45092	24850	20242	43877	24101	19776	97.31	1.61	1.56
红谷滩区	22248	20062	10800	9262	19603	10520	9083	97.71	0.90	0.88
南昌县	52149	67909	38381	29528	66159	37317	28842	97.42	1.30	1.27
安义县	8930	14270	7963	6307	14010	7802	6208	98.18	1.60	1.57
进贤县	24255	39656	22066	17590	38580	21382	17198	97.29	1.63	1.59
景德镇市	**57796**	**83114**	**46494**	**36620**	**80376**	**44827**	**35549**	**96.71**	**1.44**	**1.39**
昌江区	6532	9105	5079	4026	8583	4772	3811	94.27	1.39	1.31
珠山区	13421	15439	8490	6949	14992	8249	6743	97.10	1.15	1.12
浮梁县	11019	14316	7793	6523	13879	7530	6349	96.95	1.30	1.26
乐平市	26824	44254	25132	19122	42922	24276	18646	96.99	1.65	1.60
萍乡市	**60854**	**90036**	**47814**	**42222**	**87343**	**46143**	**41200**	**97.01**	**1.48**	**1.44**
安源区	20344	22941	12096	10845	22305	11701	10604	97.23	1.13	1.10
湘东区	10162	15871	8342	7529	15434	8062	7372	97.25	1.56	1.52
莲花县	6658	11375	6098	5277	10972	5875	5097	96.46	1.71	1.65
上栗县	15184	25980	13964	12016	25243	13495	11748	97.16	1.71	1.66
芦溪县	8506	13869	7314	6555	13389	7010	6379	96.54	1.63	1.57
九江市	**165802**	**246899**	**135117**	**111782**	**240491**	**131245**	**109246**	**97.40**	**1.49**	**1.45**
濂溪区	14993	16264	8800	7464	15639	8452	7187	96.16	1.08	1.04
浔阳区	15898	17054	9260	7794	16686	9064	7622	97.84	1.07	1.05
柴桑区	11207	18116	10077	8039	17767	9852	7915	98.07	1.62	1.59
武宁县	11559	19094	10216	8878	18372	9730	8642	96.22	1.65	1.59
修水县	24538	40192	21538	18654	39452	21111	18341	98.16	1.64	1.61
永修县	10310	16629	9019	7610	16051	8695	7356	96.52	1.61	1.56
德安县	5352	8679	4684	3995	8547	4604	3943	98.48	1.62	1.60
都昌县	22170	36823	20567	16256	35830	19949	15881	97.30	1.66	1.62
湖口县	7511	12216	6690	5526	11977	6533	5444	98.04	1.63	1.59
彭泽县	10478	16106	8592	7514	15384	8184	7200	95.52	1.54	1.47
瑞昌市	16604	25424	14203	11221	24920	13888	11032	98.02	1.53	1.50
共青城市	7406	7588	4278	3310	7457	4198	3259	98.27	1.02	1.01
庐山市	7776	12714	7193	5521	12409	6985	5424	97.60	1.64	1.60
新余市	**38309**	**53491**	**30625**	**22866**	**52311**	**29867**	**22444**	**97.79**	**1.40**	**1.37**
渝水区	29952	40190	23053	17137	39323	22502	16821	97.84	1.34	1.31
分宜县	8357	13301	7572	5729	12988	7365	5623	97.65	1.59	1.55
鹰潭市	**42844**	**64076**	**36232**	**27844**	**62658**	**35336**	**27322**	**97.79**	**1.50**	**1.46**
月湖区	10004	13735	7672	6063	13326	7449	5877	97.02	1.37	1.33
余江区	12757	20525	11642	8883	20149	11391	8758	98.17	1.61	1.58
贵溪市	20083	29816	16918	12898	29183	16496	12687	97.88	1.48	1.45
赣州市	**318925**	**491001**	**275911**	**215090**	**480823**	**269340**	**211483**	**97.93**	**1.54**	**1.51**
章贡区	41479	46236	25566	20670	45561	25136	20425	98.54	1.11	1.10
南康区	28994	45734	25856	19878	44747	25256	19491	97.84	1.58	1.54
赣县区	18722	29536	16604	12932	28826	16151	12675	97.60	1.58	1.54
信丰县	23724	37077	20861	16216	36144	20247	15897	97.48	1.56	1.52
大余县	9220	13859	7714	6145	13543	7511	6032	97.72	1.50	1.47
上犹县	9710	15142	8378	6764	14774	8156	6618	97.57	1.56	1.52
崇义县	6502	10338	5680	4658	10146	5548	4598	98.14	1.59	1.56
安远县	11301	18519	10398	8121	18135	10142	7993	97.93	1.64	1.60
定南县	6925	10886	5910	4976	10706	5805	4901	98.35	1.57	1.55
全南县	6048	9508	5246	4262	9183	5033	4150	96.58	1.57	1.52

6-11　续表

单位：人、%

地　区	15-64岁妇女人数	活产子女总数			存活子女总数			存活子女数占活产子女数的百分比	妇女平均活产子女数	妇女平均存活子女数
		合计	男	女	合计	男	女			
宁都县	29541	48215	27487	20728	47335	26934	20401	98.17	1.63	1.60
于都县	34976	57030	32304	24726	56097	31727	24370	98.36	1.63	1.60
兴国县	24378	41224	23387	17837	40243	22745	17498	97.62	1.69	1.65
会昌县	15999	25573	14408	11165	25092	14109	10983	98.12	1.60	1.57
寻乌县	9496	16294	8993	7301	15953	8771	7182	97.91	1.72	1.68
石城县	9338	15112	8718	6394	14820	8496	6324	98.07	1.62	1.59
瑞金市	21785	34088	19378	14710	33341	18855	14486	97.81	1.56	1.53
龙南市	10787	16630	9023	7607	16177	8718	7459	97.28	1.54	1.50
吉安市	**141318**	**236645**	**132188**	**104457**	**230895**	**128582**	**102313**	**97.57**	**1.67**	**1.63**
吉州区	12871	17716	9768	7948	17089	9386	7703	96.46	1.38	1.33
青原区	7603	11956	6726	5230	11497	6446	5051	96.16	1.57	1.51
吉安县	14252	24426	13745	10681	23921	13419	10502	97.93	1.71	1.68
吉水县	13174	23476	13585	9891	22772	13162	9610	97.00	1.78	1.73
峡江县	4552	8206	4708	3498	8029	4596	3433	97.84	1.80	1.76
新干县	9570	16735	9602	7133	16508	9468	7040	98.64	1.75	1.72
永丰县	10778	19978	11477	8501	19589	11214	8375	98.05	1.85	1.82
泰和县	14699	24913	13735	11178	24458	13446	11012	98.17	1.69	1.66
遂川县	16109	27532	15347	12185	26935	14955	11980	97.83	1.71	1.67
万安县	8767	14314	7855	6459	13938	7620	6318	97.37	1.63	1.59
安福县	9955	16504	8872	7632	16094	8602	7492	97.52	1.66	1.62
永新县	14454	22998	12620	10378	22380	12257	10123	97.31	1.59	1.55
井冈山市	4534	7891	4148	3743	7685	4011	3674	97.39	1.74	1.69
宜春市	**162169**	**265234**	**147455**	**117779**	**257992**	**142915**	**115077**	**97.27**	**1.64**	**1.59**
袁州区	36196	55331	29906	25425	53427	28760	24667	96.56	1.53	1.48
奉新县	8465	14139	7828	6311	13683	7555	6128	96.77	1.67	1.62
万载县	14589	26795	14431	12364	25879	13855	12024	96.58	1.84	1.77
上高县	10401	16843	9494	7349	16615	9340	7275	98.65	1.62	1.60
宜丰县	7893	13161	7117	6044	12888	6947	5941	97.93	1.67	1.63
靖安县	3846	6167	3305	2862	5972	3192	2780	96.84	1.60	1.55
铜鼓县	3802	6028	3170	2858	5836	3048	2788	96.81	1.59	1.53
丰城市	34506	57204	32694	24510	55577	31658	23919	97.16	1.66	1.61
樟树市	16740	26142	14515	11627	25667	14199	11468	98.18	1.56	1.53
高安市	25731	43424	24995	18429	42448	24361	18087	97.75	1.69	1.65
抚州市	**130630**	**209489**	**118697**	**90792**	**205437**	**116120**	**89317**	**98.07**	**1.60**	**1.57**
临川区	37834	57003	32604	24399	56106	32045	24061	98.43	1.51	1.48
东乡区	12940	21803	12307	9496	21235	11941	9294	97.39	1.68	1.64
南城县	9935	14975	8570	6405	14741	8421	6320	98.44	1.51	1.48
黎川县	7953	12125	6889	5236	11766	6658	5108	97.04	1.52	1.48
南丰县	8791	14557	8174	6383	14261	7983	6278	97.97	1.66	1.62
崇仁县	12347	21770	12394	9376	21396	12148	9248	98.28	1.76	1.73
乐安县	11397	19788	11160	8628	19498	10988	8510	98.53	1.74	1.71
宜黄县	8565	13220	7397	5823	12861	7159	5702	97.28	1.54	1.50
金溪县	9805	16090	9183	6907	15719	8958	6761	97.69	1.64	1.60
资溪县	3860	5707	3078	2629	5588	2998	2590	97.91	1.48	1.45
广昌县	7203	12451	6941	5510	12266	6821	5445	98.51	1.73	1.70
上饶市	**238274**	**367025**	**204004**	**163021**	**357522**	**198057**	**159465**	**97.41**	**1.54**	**1.50**
信州区	22474	26496	14315	12181	26024	14018	12006	98.22	1.18	1.16
广丰区	30398	46945	26013	20932	46070	25448	20622	98.14	1.54	1.52
广信区	26405	41888	22685	19203	40716	21938	18778	97.20	1.59	1.54
玉山县	17772	27032	14650	12382	26464	14278	12186	97.90	1.52	1.49
铅山县	13836	20806	11590	9216	20370	11326	9044	97.90	1.50	1.47
横峰县	5955	9473	5391	4082	9081	5143	3938	95.86	1.59	1.52
弋阳县	11787	18757	10554	8203	18337	10289	8048	97.76	1.59	1.56
余干县	30567	50390	28720	21670	49051	27904	21147	97.34	1.65	1.60
鄱阳县	44157	71742	40662	31080	69971	39511	30460	97.53	1.62	1.58
万年县	13164	21041	12032	9009	20123	11477	8646	95.64	1.60	1.53
婺源县	11826	17999	9534	8465	17400	9190	8210	96.67	1.52	1.47
德兴市	9933	14456	7858	6598	13915	7535	6380	96.26	1.46	1.40

6-12 全省按年龄分的15-64岁妇女平均活产子女数和平均存活子女数

单位：人、%

年龄	15-64岁妇女人数	活产子女总数			存活子女总数			存活子女数占活产子女数的百分比	妇女平均活产子女数	妇女平均存活子女数
		合计	男	女	合计	男	女			
总计	**1584030**	**2392784**	**1332923**	**1059861**	**2333088**	**1295656**	**1037432**	**97.51**	**1.51**	**1.47**
15-19岁	**167997**	**972**	**517**	**455**	**958**	**509**	**449**	**98.56**	**0.01**	**0.01**
15	35617	20	9	11	20	9	11	100.00		
16	37211	35	20	15	35	20	15	100.00		
17	31693	100	50	50	98	49	49	98.00		
18	30322	234	126	108	230	123	107	98.29	0.01	0.01
19	33154	583	312	271	575	308	267	98.63	0.02	0.02
20-24岁	**134538**	**31559**	**16980**	**14579**	**30984**	**16631**	**14353**	**98.18**	**0.23**	**0.23**
20	31884	1460	798	662	1432	777	655	98.08	0.05	0.04
21	27860	3121	1690	1431	3066	1658	1408	98.24	0.11	0.11
22	26921	5735	3086	2649	5638	3031	2607	98.31	0.21	0.21
23	24289	8764	4670	4094	8604	4576	4028	98.17	0.36	0.35
24	23584	12479	6736	5743	12244	6589	5655	98.12	0.53	0.52
25-29岁	**130421**	**144097**	**77666**	**66431**	**141146**	**75866**	**65280**	**97.95**	**1.10**	**1.08**
25	24381	17177	9250	7927	16839	9060	7779	98.03	0.70	0.69
26	22426	20223	10840	9383	19830	10597	9233	98.06	0.90	0.88
27	24683	27048	14549	12499	26458	14178	12280	97.82	1.10	1.07
28	27048	34423	18599	15824	33721	18187	15534	97.96	1.27	1.25
29	31883	45226	24428	20798	44298	23844	20454	97.95	1.42	1.39
30-34岁	**182758**	**314052**	**170769**	**143283**	**307587**	**166881**	**140706**	**97.94**	**1.72**	**1.68**
30	40731	63370	34197	29173	62087	33414	28673	97.98	1.56	1.52
31	37564	62319	33938	28381	61051	33181	27870	97.97	1.66	1.63
32	34650	60539	32864	27675	59293	32101	27192	97.94	1.75	1.71
33	37288	67588	36841	30747	66209	36013	30196	97.96	1.81	1.78
34	32525	60236	32929	27307	58947	32172	26775	97.86	1.85	1.81
35-39岁	**149377**	**289511**	**160481**	**129030**	**283305**	**156711**	**126594**	**97.86**	**1.94**	**1.90**
35	30488	57928	31856	26072	56703	31124	25579	97.89	1.90	1.86
36	31937	61711	34179	27532	60402	33373	27029	97.88	1.93	1.89
37	28889	56326	31238	25088	55086	30480	24606	97.80	1.95	1.91
38	30868	60170	33529	26641	58892	32760	26132	97.88	1.95	1.91
39	27195	53376	29679	23697	52222	28974	23248	97.84	1.96	1.92
40-44岁	**173557**	**334351**	**187883**	**146468**	**327001**	**183312**	**143689**	**97.80**	**1.93**	**1.88**
40	25951	50879	28227	22652	49802	27567	22235	97.88	1.96	1.92
41	33523	65272	36684	28588	63834	35741	28093	97.80	1.95	1.90
42	36644	70541	39519	31022	68984	38555	30429	97.79	1.93	1.88
43	36752	70457	39632	30825	68870	38673	30197	97.75	1.92	1.87
44	40687	77202	43821	33381	75511	42776	32735	97.81	1.90	1.86
45-49岁	**193120**	**357422**	**204189**	**153233**	**348766**	**198673**	**150093**	**97.58**	**1.85**	**1.81**
45	39378	73990	42106	31884	72300	41024	31276	97.72	1.88	1.84
46	40842	76485	43650	32835	74678	42499	32179	97.64	1.87	1.83
47	40261	74486	42520	31966	72772	41425	31347	97.70	1.85	1.81
48	36565	66887	38233	28654	65219	37182	28037	97.51	1.83	1.78
49	36074	65574	37680	27894	63797	36543	27254	97.29	1.82	1.77
50-54岁	**186937**	**351213**	**199466**	**151747**	**341566**	**193374**	**148192**	**97.25**	**1.88**	**1.83**
50	38551	70149	40167	29982	68291	38983	29308	97.35	1.82	1.77
51	36896	67916	38800	29116	66016	37592	28424	97.20	1.84	1.79
52	41445	77455	43999	33456	75267	42649	32618	97.18	1.87	1.82
53	33308	63897	35997	27900	62158	34921	27237	97.28	1.92	1.87
54	36737	71796	40503	31293	69834	39229	30605	97.27	1.95	1.90
55-59岁	**150109**	**308767**	**171814**	**136953**	**299511**	**165962**	**133549**	**97.00**	**2.06**	**2.00**
55	34923	69219	38850	30369	67187	37553	29634	97.06	1.98	1.92
56	32706	66018	36851	29167	64083	35624	28459	97.07	2.02	1.96
57	36278	75026	41613	33413	72726	40163	32563	96.93	2.07	2.00
58	28744	61028	33883	27145	59194	32730	26464	96.99	2.12	2.06
59	17458	37476	20617	16859	36321	19892	16429	96.92	2.15	2.08
60-64岁	**115216**	**260840**	**143158**	**117682**	**252264**	**137737**	**114527**	**96.71**	**2.26**	**2.19**
60	21619	46928	25797	21131	45420	24819	20601	96.79	2.17	2.10
61	19387	42729	23437	19292	41342	22567	18775	96.75	2.20	2.13
62	24410	55087	30328	24759	53351	29240	24111	96.85	2.26	2.19
63	27009	62546	34292	28254	60373	32933	27440	96.53	2.32	2.24
64	22791	53550	29304	24246	51778	28178	23600	96.69	2.35	2.27

6-13　全省按受教育程度分的15-64岁妇女平均活产子女数和平均存活子女数

单位：人、%

受教育程度	15-64岁妇女人数	活产子女总数		
		合计	男	女
总　计	**1584030**	**2392784**	**1332923**	**1059861**
未上过学	20051	44428	24955	19473
学前教育	1186	2346	1341	1005
小　学	326411	706591	396940	309651
初　中	659372	1162744	647225	515519
高　中	299395	288407	159309	129098
大学专科	156807	116812	64097	52715
大学本科	111402	66163	36263	29900
硕士研究生	8786	4849	2551	2298
博士研究生	620	444	242	202

6-13　续表

单位：人、%

受教育程度	存活子女总数			存活子女数占活产子女数的百分比	妇女平均活产子女数	妇女平均存活子女数
	合计	男	女			
总　计	**2333088**	**1295656**	**1037432**	**97.51**	**1.51**	**1.47**
未上过学	42798	23958	18840	96.33	2.22	2.13
学前教育	2257	1275	982	96.21	1.98	1.90
小　学	686458	384188	302270	97.15	2.16	2.10
初　中	1136176	630609	505567	97.72	1.76	1.72
高　中	281458	155035	126423	97.59	0.96	0.94
大学专科	114144	62520	51624	97.72	0.74	0.73
大学本科	64655	35360	29295	97.72	0.59	0.58
硕士研究生	4714	2478	2236	97.22	0.55	0.54
博士研究生	428	233	195	96.40	0.72	0.69

第二部分 长表数据资料

第七卷 迁移和户口登记地

7-1　全省按现住地、户口登记地类型分的户口登记地在外乡镇街道人口

单位：人

现住地	合计					省内				
	合计	乡	镇的村委会	镇的居委会	街道	小计	乡	镇的村委会	镇的居委会	街道
全　省	**1234479**	**306625**	**536660**	**159723**	**231471**	**1127381**	**285554**	**487312**	**146336**	**208179**
南昌市	**299013**	**63442**	**118118**	**41976**	**75477**	**259722**	**56629**	**100796**	**36859**	**65438**
东湖区	15522	1519	3991	1804	8208	13765	1315	3436	1587	7427
西湖区	21154	2708	5432	2434	10580	18761	2193	4444	2216	9908
青云谱区	18311	2423	5910	1368	8610	16713	2151	5183	1263	8116
青山湖区	82068	13897	37060	14743	16368	69558	11889	31407	12984	13278
新建区	38246	12461	17390	3659	4736	35552	11913	16060	3399	4180
红谷滩区	35225	4949	12395	4834	13047	27249	3817	9269	3800	10363
南昌县	66956	15646	28279	10233	12798	58620	13911	24454	8907	11348
安义县	5754	921	3129	1046	658	4231	635	2256	919	421
进贤县	15777	8918	4532	1855	472	15273	8805	4287	1784	397
景德镇市	**43430**	**6289**	**16564**	**6006**	**14571**	**39803**	**5724**	**15202**	**5481**	**13396**
昌江区	7550	1460	2648	967	2475	7069	1358	2430	913	2368
珠山区	17826	1843	4574	2725	8684	16642	1696	4232	2519	8195
浮梁县	8735	2494	3349	1464	1428	7239	2227	2795	1241	976
乐平市	9319	492	5993	850	1984	8853	443	5745	808	1857
萍乡市	**40007**	**6354**	**17654**	**8060**	**7939**	**36200**	**5611**	**15853**	**7404**	**7332**
安源区	23497	2241	8215	6298	6743	21640	2044	7556	5774	6266
湘东区	4002	707	2683	249	363	3556	581	2414	235	326
莲花县	2872	1324	1197	228	123	2531	1178	1040	218	95
上栗县	5786	1422	3226	635	503	5031	1234	2769	568	460
芦溪县	3850	660	2333	650	207	3442	574	2074	609	185
九江市	**132482**	**37070**	**53061**	**15944**	**26407**	**119935**	**34391**	**47401**	**14519**	**23624**
濂溪区	20925	3207	6744	2544	8430	18298	2823	5652	2235	7588
浔阳区	17651	2216	4906	2027	8502	15201	1780	3849	1782	7790
柴桑区	7712	3509	2720	422	1061	6713	3162	2212	361	978
武宁县	7958	2965	3601	428	964	7574	2835	3434	398	907
修水县	15130	2370	10649	1929	182	14663	2307	10363	1848	145
永修县	7586	2643	3070	1332	541	6813	2434	2759	1204	416
德安县	7061	3538	2534	738	251	6462	3327	2261	685	189
都昌县	6957	3588	2043	1056	270	6641	3478	1951	967	245
湖口县	5786	2106	2093	1060	527	5351	1968	1933	973	477
彭泽县	5693	898	3775	849	171	4614	807	2911	786	110
瑞昌市	16990	6649	5456	2225	2660	16424	6486	5225	2142	2571
共青城市	10125	2715	3854	808	2748	8414	2344	3309	637	2124
庐山市	2908	666	1616	526	100	2767	640	1542	501	84
新余市	**47669**	**7184**	**27743**	**3554**	**9188**	**45209**	**6759**	**26461**	**3337**	**8652**
渝水区	38486	5460	22224	3127	7675	36324	5093	21123	2927	7181
分宜县	9183	1724	5519	427	1513	8885	1666	5338	410	1471
鹰潭市	**31332**	**5531**	**14310**	**3540**	**7951**	**28979**	**5153**	**13095**	**3284**	**7447**
月湖区	13944	1826	5535	1846	4737	13021	1712	5128	1716	4465
余江区	5309	1954	2094	959	302	4794	1826	1814	903	251
贵溪市	12079	1751	6681	735	2912	11164	1615	6153	665	2731
赣州市	**226997**	**71199**	**104673**	**30761**	**20364**	**211229**	**67951**	**96756**	**28733**	**17789**
章贡区	51548	8771	21754	8472	12551	45669	7732	19278	7685	10974
南康区	33210	13457	14116	2162	3475	31115	12866	12987	1977	3285
赣县区	13786	2578	8151	2531	526	12717	2374	7493	2402	448
信丰县	13159	2027	9774	1126	232	12155	1922	9027	1032	174
大余县	3230	389	1557	652	632	2840	352	1339	579	570
上犹县	7264	4171	1829	1090	174	6996	4078	1709	1052	157
崇义县	3582	1618	1591	243	130	3418	1568	1511	225	114
安远县	4985	1286	2537	914	248	4754	1244	2398	886	226
定南县	7862	1063	5965	441	393	7219	1032	5491	378	318
全南县	4772	837	3116	593	226	4291	780	2857	501	153

7—1 续表 1

单位：人

现住地	合计					省内				
	合计	乡	镇的村委会	镇的居委会	街道	小计	乡	镇的村委会	镇的居委会	街道
宁都县	13513	5734	6172	1319	288	13050	5607	5981	1263	199
于都县	19359	7178	5943	6087	151	18878	7064	5775	5930	109
兴国县	12461	6796	4323	1006	336	11746	6546	4012	921	267
会昌县	6866	3352	2434	800	280	6586	3264	2310	767	245
寻乌县	6896	2140	4198	473	85	6609	2064	4056	428	61
石城县	4897	1742	2454	638	63	4753	1725	2364	611	53
瑞金市	10465	5155	4066	998	246	10175	5069	3934	961	211
龙南市	9142	2905	4693	1216	328	8258	2664	4234	1135	225
吉安市	**82199**	**22242**	**38699**	**12226**	**9032**	**77053**	**21046**	**36198**	**11529**	**8280**
吉州区	12668	1685	4455	1797	4731	12004	1601	4165	1727	4511
青原区	7438	1143	3614	973	1708	6571	946	3270	870	1485
吉安县	10785	2368	6664	1196	557	9980	2187	6209	1095	489
吉水县	6946	1555	3893	1330	168	6595	1507	3664	1280	144
峡江县	1797	298	953	504	42	1666	245	909	484	28
新干县	5782	2247	2552	655	328	5541	2175	2446	612	308
永丰县	5578	2514	1477	1485	102	5370	2441	1397	1447	85
泰和县	7764	1643	4756	1108	257	7408	1553	4572	1051	232
遂川县	4985	1508	2780	600	97	4671	1458	2576	559	78
万安县	3066	793	1592	593	88	2857	746	1503	551	57
安福县	4268	2313	1209	446	300	3932	2212	1060	387	273
永新县	7194	2676	3368	806	344	6778	2568	3141	756	313
井冈山市	3928	1499	1386	733	310	3680	1407	1286	710	277
宜春市	**125966**	**25399**	**60421**	**11380**	**28766**	**117196**	**23798**	**55887**	**10528**	**26983**
袁州区	44073	9146	20024	2637	12266	41030	8589	18669	2315	11457
奉新县	6998	1486	3948	1311	253	6548	1399	3699	1243	207
万载县	6615	2252	2844	355	1164	6168	2141	2602	326	1099
上高县	9436	2915	4642	812	1067	8985	2819	4399	787	980
宜丰县	6764	1601	4065	953	145	6107	1455	3688	880	84
靖安县	2662	778	1148	556	180	2344	703	964	515	162
铜鼓县	2003	452	998	337	216	1842	424	892	321	205
丰城市	16692	2009	6981	1919	5783	15678	1870	6435	1814	5559
樟树市	12438	2302	5281	662	4193	11815	2175	5016	625	3999
高安市	18285	2458	10490	1838	3499	16679	2223	9523	1702	3231
抚州市	**100778**	**31536**	**45669**	**10997**	**12576**	**95742**	**30229**	**43548**	**10277**	**11688**
临川区	33976	7152	12615	3328	10881	31790	6530	11803	3122	10335
东乡区	12356	3189	7252	1380	535	11938	3046	7066	1328	498
南城县	7572	3250	3445	759	118	7296	3170	3313	715	98
黎川县	7494	4482	2104	802	106	7148	4361	1954	758	75
南丰县	6177	2021	3659	345	152	5954	1989	3557	300	108
崇仁县	6404	2878	2553	817	156	6186	2816	2461	782	127
乐安县	6849	1995	3922	718	214	6661	1969	3814	697	181
宜黄县	6004	1744	3059	1026	175	5542	1715	2852	882	93
金溪县	5840	2714	2505	514	107	5594	2630	2400	485	79
资溪县	2217	283	1326	508	100	1974	252	1204	445	73
广昌县	5889	1828	3229	800	32	5659	1751	3124	763	21
上饶市	**104606**	**30379**	**39748**	**15279**	**19200**	**96313**	**28263**	**36115**	**14385**	**17550**
信州区	22267	2321	7071	3736	9139	20237	2104	6234	3442	8457
广丰区	8767	1000	4055	1709	2003	8166	918	3704	1642	1902
广信区	17678	6592	7162	1549	2375	16154	6012	6511	1460	2171
玉山县	10094	3091	4947	1345	711	9209	2880	4497	1239	593
铅山县	2944	747	1118	825	254	2724	686	1029	777	232
横峰县	3534	2270	825	202	237	3266	2151	702	192	221
弋阳县	5317	1598	2116	1184	419	5006	1514	1951	1154	387
余干县	7993	3586	2333	1543	531	7551	3362	2222	1523	444
鄱阳县	9702	4893	3031	885	893	9077	4668	2767	839	803
万年县	5352	1757	2293	1039	263	5010	1675	2143	988	204
婺源县	5759	1532	3088	484	655	5381	1449	2907	450	575
德兴市	5199	992	1709	778	1720	4532	844	1448	679	1561

7-1　续表 2

单位：人

现住地	省外									
	小计					北京				
	小计	乡	镇的村委会	镇的居委会	街道	小计	乡	镇的村委会	镇的居委会	街道
全　省	**107098**	**21071**	**49348**	**13387**	**23292**	**507**	**31**	**63**	**82**	**331**
南昌市	**39291**	**6813**	**17322**	**5117**	**10039**	**253**	**11**	**29**	**34**	**179**
东湖区	1757	204	555	217	781	29	1		2	26
西湖区	2393	515	988	218	672	22		1	9	12
青云谱区	1598	272	727	105	494	7				7
青山湖区	12510	2008	5653	1759	3090	45		11	10	24
新建区	2694	548	1330	260	556	19		1		18
红谷滩区	7976	1132	3126	1034	2684	70	2	3	7	58
南昌县	8336	1735	3825	1326	1450	57	8	11	5	33
安义县	1523	286	873	127	237	2		2		
进贤县	504	113	245	71	75	2			1	1
景德镇市	**3627**	**565**	**1362**	**525**	**1175**	**21**	**1**	**1**	**4**	**15**
昌江区	481	102	218	54	107	2		1		1
珠山区	1184	147	342	206	489	13			4	9
浮梁县	1496	267	554	223	452	5	1			4
乐平市	466	49	248	42	127	1				1
萍乡市	**3807**	**743**	**1801**	**656**	**607**	**15**	**1**	**3**	**2**	**9**
安源区	1857	197	659	524	477	9		1	2	6
湘东区	446	126	269	14	37	1		1		
莲花县	341	146	157	10	28	1	1			
上栗县	755	188	457	67	43	1		1		
芦溪县	408	86	259	41	22	3				3
九江市	**12547**	**2679**	**5660**	**1425**	**2783**	**43**	**4**	**7**	**5**	**27**
濂溪区	2627	384	1092	309	842	7	1	2		4
浔阳区	2450	436	1057	245	712	19	2		3	14
柴桑区	999	347	508	61	83	1			1	
武宁县	384	130	167	30	57	1				1
修水县	467	63	286	81	37	1				1
永修县	773	209	311	128	125	8		4		4
德安县	599	211	273	53	62					
都昌县	316	110	92	89	25	1	1			
湖口县	435	138	160	87	50					
彭泽县	1079	91	864	63	61					
瑞昌市	566	163	231	83	89	2				2
共青城市	1711	371	545	171	624	1			1	
庐山市	141	26	74	25	16	2		1		1
新余市	**2460**	**425**	**1282**	**217**	**536**	**5**			**1**	**4**
渝水区	2162	367	1101	200	494	4			1	3
分宜县	298	58	181	17	42	1				1
鹰潭市	**2353**	**378**	**1215**	**256**	**504**	**8**				**8**
月湖区	923	114	407	130	272	7				7
余江区	515	128	280	56	51					
贵溪市	915	136	528	70	181	1				1
赣州市	**15768**	**3248**	**7917**	**2028**	**2575**	**44**	**8**	**8**	**13**	**15**
章贡区	5879	1039	2476	787	1577	19	3	2	7	7
南康区	2095	591	1129	185	190	4		1	1	2
赣县区	1069	204	658	129	78	2	1	1		
信丰县	1004	105	747	94	58					
大余县	390	37	218	73	62	1			1	
上犹县	268	93	120	38	17	1		1		
崇义县	164	50	80	18	16					
安远县	231	42	139	28	22	1				1
定南县	643	31	474	63	75	3			3	
全南县	481	57	259	92	73	1				1

7—1 续表 3

单位：人

现住地	省外									
	小计					北京				
	小计	乡	镇的村委会	镇的居委会	街道	小计	乡	镇的村委会	镇的居委会	街道
宁都县	463	127	191	56	89	2	1	1		
于都县	481	114	168	157	42	4	2	1	1	
兴国县	715	250	311	85	69	2				2
会昌县	280	88	124	33	35	3	1			2
寻乌县	287	76	142	45	24	1		1		
石城县	144	17	90	27	10					
瑞金市	290	86	132	37	35					
龙南市	884	241	459	81	103					
吉安市	**5146**	**1196**	**2501**	**697**	**752**	**23**	**2**	**6**	**5**	**10**
吉州区	664	84	290	70	220	9		1	2	6
青原区	867	197	344	103	223	4		2		2
吉安县	805	181	455	101	68					
吉水县	351	48	229	50	24	1			1	
峡江县	131	53	44	20	14					
新干县	241	72	106	43	20					
永丰县	208	73	80	38	17					
泰和县	356	90	184	57	25	2		1	1	
遂川县	314	50	204	41	19					
万安县	209	47	89	42	31	1			1	
安福县	336	101	149	59	27	2				2
永新县	416	108	227	50	31	1		1		
井冈山市	248	92	100	23	33	3	2	1		
宜春市	**8770**	**1601**	**4534**	**852**	**1783**	**41**		**4**	**5**	**32**
袁州区	3043	557	1355	322	809	23			4	19
奉新县	450	87	249	68	46					
万载县	447	111	242	29	65	1				1
上高县	451	96	243	25	87	1		1		
宜丰县	657	146	377	73	61	2		1		1
靖安县	318	75	184	41	18					
铜鼓县	161	28	106	16	11					
丰城市	1014	139	546	105	224					
樟树市	623	127	265	37	194	3				3
高安市	1606	235	967	136	268	11		2	1	8
抚州市	**5036**	**1307**	**2121**	**720**	**888**	**20**	**1**	**1**	**5**	**13**
临川区	2186	622	812	206	546	14	1		3	10
东乡区	418	143	186	52	37					
南城县	276	80	132	44	20	1				1
黎川县	346	121	150	44	31					
南丰县	223	32	102	45	44					
崇仁县	218	62	92	35	29	1				1
乐安县	188	26	108	21	33	2			1	1
宜黄县	462	29	207	144	82					
金溪县	246	84	105	29	28					
资溪县	243	31	122	63	27					
广昌县	230	77	105	37	11	2		1	1	
上饶市	**8293**	**2116**	**3633**	**894**	**1650**	**34**	**3**	**4**	**8**	**19**
信州区	2030	217	837	294	682	16		1	2	13
广丰区	601	82	351	67	101	1		1		
广信区	1524	580	651	89	204	4			2	2
玉山县	885	211	450	106	118	2		1		1
铅山县	220	61	89	48	22					
横峰县	268	119	123	10	16					
弋阳县	311	84	165	30	32					
余干县	442	224	111	20	87	1	1			
鄱阳县	625	225	264	46	90	6	1	1	2	2
万年县	342	82	150	51	59					
婺源县	378	83	181	34	80	1	1			
德兴市	667	148	261	99	159	3			2	1

7-1　续表 4　　　　单位：人

现住地	省外									
	天津					河北				
	小计	乡	镇的村委会	镇的居委会	街道	小计	乡	镇的村委会	镇的居委会	街道
全　省	**633**	**54**	**95**	**93**	**391**	**2780**	**554**	**1248**	**350**	**628**
南昌市	**264**	**9**	**56**	**46**	**153**	**1391**	**265**	**629**	**174**	**323**
东湖区	9		1	2	6	50	10	14	8	18
西湖区	6		1		5	121	35	67	3	16
青云谱区	3				3	61	8	37		16
青山湖区	94	2	21	12	59	445	69	210	64	102
新建区	25	2	9	4	10	73	24	32	4	13
红谷滩区	89	3	10	22	54	303	50	105	41	107
南昌县	31	2	7	6	16	316	65	152	53	46
安义县	7		7			15	3	10	1	1
进贤县						7	1	2		4
景德镇市	**129**	**5**		**20**	**104**	**123**	**18**	**47**	**21**	**37**
昌江区	4				4	20	1	14	3	2
珠山区	118	5		20	93	34	7	15	6	6
浮梁县	7				7	62	10	14	12	26
乐平市						7		4		3
萍乡市	**15**		**2**	**1**	**12**	**69**	**12**	**39**	**10**	**8**
安源区	13			1	12	38	1	25	5	7
湘东区						2	1	1		
莲花县						2		2		
上栗县	2		2			22	10	10	2	
芦溪县						5		1	3	1
九江市	**74**	**13**	**13**	**5**	**43**	**246**	**55**	**86**	**30**	**75**
濂溪区	7			1	6	54	8	15	9	22
浔阳区	4			1	3	35	8	8	5	14
柴桑区	1			1		16	1	13	2	
武宁县	5	3			2	4	1	3		
修水县						4		2	2	
永修县	2				2	3		1		2
德安县						13	11	2		
都昌县	3		3			1			1	
湖口县	1		1			15	6	5	4	
彭泽县	1		1			15		11		4
瑞昌市						11	4	2	5	
共青城市	50	10	8	2	30	75	16	24	2	33
庐山市										
新余市	**1**				**1**	**74**	**18**	**37**	**9**	**10**
渝水区	1				1	73	17	37	9	10
分宜县						1	1			
鹰潭市	**9**		**2**		**7**	**79**	**10**	**49**	**6**	**14**
月湖区	2				2	21	4	7	4	6
余江区	2				2	8	2	5		1
贵溪市	5		2		3	50	4	37	2	7
赣州市	**55**	**5**	**11**	**4**	**35**	**313**	**62**	**134**	**52**	**65**
章贡区	45	3	11	4	27	178	30	69	29	50
南康区						39	5	13	15	6
赣县区	1				1	30	4	22	4	
信丰县	2				2	10	8		2	
大余县										
上犹县						1				1
崇义县						4	3	1		
安远县						3	2		1	
定南县						7		7		
全南县										

7-1 续表 5

单位：人

现住地	省外									
	天津					河北				
	小计	乡	镇的村委会	镇的居委会	街道	小计	乡	镇的村委会	镇的居委会	街道
宁都县						8	4	2		2
于都县						5	1	4		
兴国县						10	2	6	1	1
会昌县	2	2								
寻乌县										
石城县	1				1	2		2		
瑞金市						1				1
龙南市	4				4	15	3	8		4
吉安市	**14**	**3**		**4**	**7**	**106**	**19**	**46**	**15**	**26**
吉州区	2				2	22		16		6
青原区	11	3		3	5	54	12	16	9	17
吉安县						5		4	1	
吉水县						1		1		
峡江县										
新干县						2	2			
永丰县						2	1		1	
泰和县	1			1		2		2		
遂川县						8	2	1	3	2
万安县						1				1
安福县						6	2	4		
永新县						2		1	1	
井冈山市						1		1		
宜春市	**22**	**3**	**5**	**8**	**6**	**165**	**33**	**85**	**17**	**30**
袁州区	13	2	3	3	5	63	17	30	7	9
奉新县						1		1		
万载县						4	1	2		1
上高县	5			5		2			1	1
宜丰县	1		1			7	1	3		3
靖安县						10	1	7	2	
铜鼓县						8		7		1
丰城市	2	1			1	11	2	6	3	
樟树市	1		1			24	7	11		6
高安市						35	4	18	4	9
抚州市	**22**	**10**	**1**	**2**	**9**	**65**	**23**	**27**	**8**	**7**
临川区	15	9	1	1	4	40	15	17	3	5
东乡区						2	1		1	
南城县						4	2	1	1	
黎川县						5	3		2	
南丰县	1	1				3	1		1	1
崇仁县	2				2					
乐安县	1			1		4		4		
宜黄县	3				3	1				1
金溪县						4	1	3		
资溪县						2		2		
广昌县										
上饶市	**28**	**6**	**5**	**3**	**14**	**149**	**39**	**69**	**8**	**33**
信州区	6		2	1	3	64	5	35	3	21
广丰区	1				1	3	1	1		1
广信区	9	6		1	2	20	10	10		
玉山县						14	5	8		1
铅山县						3	1	1		1
横峰县										
弋阳县						1		1		
余干县	1		1			14	9	2		3
鄱阳县	5		1		4	7	4	1	2	
万年县	3		1	1	1	9		5	3	1
婺源县						10	4	5		1
德兴市	3				3	4				4

7-1　续表 6

单位：人

现住地	省外									
	山西					内蒙古				
	小计	乡	镇的村委会	镇的居委会	街道	小计	乡	镇的村委会	镇的居委会	街道
全　省	**1682**	**249**	**713**	**225**	**495**	**1102**	**174**	**334**	**190**	**404**
南昌市	**832**	**121**	**329**	**120**	**262**	**643**	**71**	**191**	**126**	**255**
东湖区	30	7	6	3	14	22	1	6	6	9
西湖区	36	6	14	5	11	28	2	8	3	15
青云谱区	22	4	9	6	3	14	3	1	2	8
青山湖区	310	44	112	49	105	230	28	63	35	104
新建区	36	9	15	4	8	24	4	14	1	5
红谷滩区	215	22	90	31	72	186	18	48	36	84
南昌县	160	22	74	20	44	133	14	49	42	28
安义县	13	4	5		4	5	1	2	1	1
进贤县	10	3	4	2	1	1				1
景德镇市	**84**	**8**	**32**	**19**	**25**	**39**	**3**	**7**	**3**	**26**
昌江区	10		7	1	2	2				2
珠山区	15	3	6	4	2	14	2	1	1	10
浮梁县	54	5	17	13	19	19		3	2	14
乐平市	5		2	1	2	4	1	3		
萍乡市	**16**	**3**	**9**	**1**	**3**	**10**	**1**	**3**	**2**	**4**
安源区	8	1	6		1	6	1	1	2	2
湘东区	4	2	1		1	3		2		1
莲花县						1				1
上栗县	2		1	1						
芦溪县	2		1		1					
九江市	**199**	**19**	**86**	**24**	**70**	**109**	**23**	**38**	**17**	**31**
濂溪区	61	5	27	10	19	43	7	11	8	17
浔阳区	20	1	6	1	12	17	3	8	2	4
柴桑区	11	2	8		1	5	5			
武宁县	2		1		1					
修水县	4	1	1	1	1	4		1		3
永修县	14		10		4	1	1			
德安县						4		2		2
都昌县	2		1	1		2		1	1	
湖口县	2	1		1		4		2	2	
彭泽县	14		13	1		12	2	10		
瑞昌市	4	1			3	1	1			
共青城市	61	8	15	9	29	15	3	3	4	5
庐山市	4		4			1	1			
新余市	**26**	**1**	**16**	**2**	**7**	**30**	**4**	**12**	**1**	**13**
渝水区	26	1	16	2	7	29	4	11	1	13
分宜县						1		1		
鹰潭市	**18**		**10**	**5**	**3**	**9**	**2**	**5**		**2**
月湖区	12		5	4	3	6	2	2		2
余江区	2		1	1		1		1		
贵溪市	4		4			2		2		
赣州市	**207**	**36**	**90**	**30**	**51**	**103**	**31**	**29**	**8**	**35**
章贡区	125	21	44	17	43	60	18	12	7	23
南康区	3	3				7	1	3		3
赣县区	10	4	4	2		19	8	3	1	7
信丰县	8		5	1	2	1	1			
大余县	2		1	1						
上犹县	1				1					
崇义县										
安远县	1			1						
定南县	15		9	5	1	3		3		
全南县	2		2			2		2		

7-1 续表 7

单位：人

现住地	省外									
	山西					内蒙古				
	小计	乡	镇的村委会	镇的居委会	街道	小计	乡	镇的村委会	镇的居委会	街道
宁都县	3	1	2			1		1		
于都县	2				2	1	1			
兴国县	9	4		3	2	1	1			
会昌县										
寻乌县										
石城县	1		1			4	1	3		
瑞金市						1		1		
龙南市	25	3	22			3		1		2
吉安市	**48**	**10**	**23**	**2**	**13**	**39**	**13**	**8**	**8**	**10**
吉州区	7	1			6	4		1	1	2
青原区	20	8	6		6	23	9	6	2	6
吉安县	10		9	1						
吉水县	3		3							
峡江县										
新干县	1		1			4	2		1	1
永丰县	1			1		1	1			
泰和县	1		1							
遂川县						1			1	
万安县	1	1				2	1	1		
安福县						3			3	
永新县	4		3		1	1				1
井冈山市										
宜春市	**90**	**13**	**49**	**6**	**22**	**35**	**3**	**15**	**6**	**11**
袁州区	39	7	14	3	15	16	1	6	4	5
奉新县	3		3							
万载县	1				1	1				1
上高县	3	1	2			3				3
宜丰县	5	1	4			2	2			
靖安县	2	1		1						
铜鼓县	2		1	1						
丰城市	16	1	12	1	2	6		5		1
樟树市	4		3		1	2		1	1	
高安市	15	2	10		3	5		3	1	1
抚州市	**44**	**11**	**20**	**6**	**7**	**41**	**12**	**12**	**8**	**9**
临川区	32	10	13	3	6	28	7	8	5	8
东乡区	2		2			4	1		2	1
南城县						2		2		
黎川县	3	1		1	1	1			1	
南丰县						1		1		
崇仁县	2		1	1		3	2	1		
乐安县	4		3	1						
宜黄县										
金溪县						2	2			
资溪县										
广昌县	1		1							
上饶市	**118**	**27**	**49**	**10**	**32**	**44**	**11**	**14**	**11**	**8**
信州区	54	3	25	6	20	13		6	2	5
广丰区	2		1		1	2	1	1		
广信区	22	18	2		2	13	6	3	4	
玉山县	4		1	2	1	1		1		
铅山县						2			2	
横峰县	1		1							
弋阳县	1		1			2			2	
余干县	14	1	12		1	2	2			
鄱阳县	4		2		2	2	1		1	
万年县	5	1	2	2		1	1			
婺源县	4	3			1	2		1		1
德兴市	7	1	2		4	4		2		2

7-1 续表 8

单位：人

现住地	省外									
	辽宁					吉林				
	小计	乡	镇的村委会	镇的居委会	街道	小计	乡	镇的村委会	镇的居委会	街道
全省	**1328**	**158**	**458**	**177**	**535**	**1048**	**177**	**343**	**151**	**377**
南昌市	**617**	**62**	**197**	**80**	**278**	**503**	**73**	**150**	**75**	**205**
东湖区	33	2	8	5	18	31	2	4	5	20
西湖区	48	4	12	7	25	22	4	5	3	10
青云谱区	28	2	8	1	17	21	2	10	1	8
青山湖区	223	20	78	33	92	204	28	70	31	75
新建区	21	5	6	3	7	20	6	8	1	5
红谷滩区	151	13	42	18	78	136	13	39	19	65
南昌县	99	13	38	10	38	61	16	12	14	19
安义县	9	2	4	1	2	6	2	1	1	2
进贤县	5	1	1	2	1	2		1		1
景德镇市	**60**	**4**	**11**	**16**	**29**	**27**	**3**	**8**	**2**	**14**
昌江区	4	2			2	2		2		
珠山区	24	2	4	8	10	12	2	1	1	8
浮梁县	25		6	2	17	12	1	4	1	6
乐平市	7		1	6		1		1		
萍乡市	**28**	**6**	**10**	**10**	**2**	**37**	**4**	**12**	**10**	**11**
安源区	17		5	10	2	34	2	11	10	11
湘东区	2		2							
莲花县	5	5				1	1			
上栗县	3	1	2			1		1		
芦溪县	1		1			1	1			
九江市	**153**	**14**	**61**	**10**	**68**	**125**	**23**	**41**	**15**	**46**
濂溪区	31		10	1	20	20	3	6		11
浔阳区	38	3	17	5	13	35	6	15	4	10
柴桑区	3		3			7	4	3		
武宁县						1	1			
修水县	2		1	1		5		5		
永修县	10		8		2	8	5	1		2
德安县	5	3	2							
都昌县	2	1	1			1			1	
湖口县	9	2	1	1	5	5	1		3	1
彭泽县	10		7	1	2	14		8	4	2
瑞昌市	1		1			1			1	
共青城市	42	5	10	1	26	27	3	2	2	20
庐山市						1		1		
新余市	**30**	**3**	**13**	**5**	**9**	**22**	**5**	**6**		**11**
渝水区	25	3	8	5	9	19	3	5		11
分宜县	5		5			3	2	1		
鹰潭市	**36**	**5**	**8**	**7**	**16**	**20**	**3**	**4**	**2**	**11**
月湖区	11	1	3	3	4	11	1	2		8
余江区	1	1				2			2	
贵溪市	24	3	5	4	12	7	2	2		3
赣州市	**161**	**14**	**70**	**27**	**50**	**142**	**38**	**59**	**18**	**27**
章贡区	87	5	31	10	41	79	23	27	12	17
南康区	7	1	3	2	1	5		2	1	2
赣县区	15	2	11	2		5	1	3	1	
信丰县	7		5	1	1	6		4	1	1
大余县	1			1		4		1	1	2
上犹县	5		1	4		2	1			1
崇义县										
安远县										
定南县	15		13	1	1	2		2		
全南县										

7-1 续表 9

单位：人

现住地	省外									
	辽宁					吉林				
	小计	乡	镇的村委会	镇的居委会	街道	小计	乡	镇的村委会	镇的居委会	街道
宁都县	4		1	2	1	7	5		1	1
于都县	6	1		4	1	3	2		1	
兴国县	6	4	2			21	3	18		
会昌县	1				1	3	1			2
寻乌县	1		1			1				1
石城县	1		1							
瑞金市	3		1		2					
龙南市	2	1			1	4	2	2		
吉安市	**28**	**3**	**8**	**5**	**12**	**23**	**6**	**8**	**3**	**6**
吉州区	2				2	1			1	
青原区	14	2	5	2	5	6	2			4
吉安县	5		2		3	11	2	6	1	2
吉水县										
峡江县										
新干县	4	1	1	2						
永丰县										
泰和县						3	1	2		
遂川县										
万安县	1			1						
安福县	1				1	1	1			
永新县	1				1					
井冈山市						1			1	
宜春市	**75**	**11**	**23**	**9**	**32**	**61**	**5**	**24**	**16**	**16**
袁州区	27	3	9	4	11	30	2	15	3	10
奉新县	1		1			3			2	1
万载县	2				2	3			2	1
上高县	6	2	1	3						
宜丰县	12	3	6		3	6		3	3	
靖安县	2		1		1	3	2	1		
铜鼓县						1				1
丰城市	7	1	3	1	2	2		1	1	
樟树市	3	2			1	4		2		2
高安市	15		2	1	12	9	1	2	5	1
抚州市	**59**	**19**	**21**	**5**	**14**	**55**	**13**	**17**	**8**	**17**
临川区	43	17	14	3	9	46	10	14	6	16
东乡区	1	1				2		1	1	
南城县	2	1	1			1	1			
黎川县	4				4					
南丰县						3	1	2		
崇仁县										
乐安县										
宜黄县	6		4	2		1			1	
金溪县						1				1
资溪县	3		2		1					
广昌县						1	1			
上饶市	**81**	**17**	**36**	**3**	**25**	**33**	**4**	**14**	**2**	**13**
信州区	28	1	12	1	14	10		5		5
广丰区						1				1
广信区	15	7	5	1	2	7	2	1		4
玉山县						2		1		1
铅山县	1	1				1		1		
横峰县	1		1							
弋阳县	3	2	1			1	1			
余干县	5	2	1		2	2	1			1
鄱阳县	10	3	5		2	1			1	
万年县						1		1		
婺源县	4		1		3	4		4		
德兴市	14	1	10	1	2	3		1	1	1

7-1 续表 10

单位：人

现住地	省外									
	黑龙江					上海				
	小计	乡	镇的村委会	镇的居委会	街道	小计	乡	镇的村委会	镇的居委会	街道
全省	**1494**	**255**	**462**	**233**	**544**	**1358**	**80**	**185**	**224**	**869**
南昌市	**692**	**98**	**187**	**112**	**295**	**487**	**27**	**51**	**71**	**338**
东湖区	46	2	6	6	32	47	2	3	6	36
西湖区	42	13	6	5	18	32			2	30
青云谱区	33	6	7	4	16	41		1	2	38
青山湖区	209	32	68	25	84	122	6	12	27	77
新建区	40	4	12	7	17	34	1	10	4	19
红谷滩区	143	12	33	23	75	86	1	6	10	69
南昌县	140	22	46	39	33	120	17	18	17	68
安义县	36	6	7	3	20	3		1	2	
进贤县	3	1	2			2			1	1
景德镇市	**72**	**10**	**16**	**10**	**36**	**65**	**4**	**7**	**8**	**46**
昌江区	2	2				6	2		1	3
珠山区	32	2	6	7	17	35		1	5	29
浮梁县	27	3	6	3	15	21	2	6	2	11
乐平市	11	3	4		4	3				3
萍乡市	**27**	**13**	**9**	**3**	**2**	**25**		**7**	**9**	**9**
安源区	16	8	4	2	2	19		2	9	8
湘东区	2	2				1		1		
莲花县	2	2				3		2		1
上栗县	3		3			1		1		
芦溪县	4	1	2	1		1		1		
九江市	**194**	**43**	**59**	**24**	**68**	**150**	**6**	**22**	**11**	**111**
濂溪区	61	10	17	10	24	20	1	2	2	15
浔阳区	32	6	14	3	9	43		4	2	37
柴桑区	5	5				4	1			3
武宁县	1	1				2	1			1
修水县	6	1	4	1		2			1	1
永修县	24	9	5	2	8	12	2	1	2	7
德安县	1				1	10	1		1	8
都昌县	1		1			7		4		3
湖口县	2				2	5			2	3
彭泽县	8		5	2	1	4		3		1
瑞昌市	8	1	3	4		8		1		7
共青城市	45	10	10	2	23	33		7	1	25
庐山市										
新余市	**21**	**6**	**4**	**3**	**8**	**33**	**2**	**2**	**8**	**21**
渝水区	20	6	3	3	8	29		2	8	19
分宜县	1		1			4	2			2
鹰潭市	**25**	**4**	**6**	**8**	**7**	**38**		**3**	**8**	**27**
月湖区	9		4	4	1	18			6	12
余江区	8	3		4	1	5		2		3
贵溪市	8	1	2		5	15		1	2	12
赣州市	**207**	**22**	**92**	**31**	**62**	**85**	**5**	**12**	**16**	**52**
章贡区	119	14	41	15	49	56	2	8	8	38
南康区	15	1	10	2	2	2	1			1
赣县区	6	1	5			4		1	1	2
信丰县	6		1	5		1		1		
大余县	2		2			3		1	2	
上犹县						1		1		
崇义县	4		1	3		3			2	1
安远县	1			1		1				1
定南县	17		11		6					
全南县	2		1		1	3				3

7−1 续表 11

单位：人

现住地	省外									
	黑龙江					上海				
	小计	乡	镇的村委会	镇的居委会	街道	小计	乡	镇的村委会	镇的居委会	街道
宁都县	4		2	2						
于都县	6		2	2	2	1	1			
兴国县	5	1	2	1	1	3				3
会昌县	3	2	1							
寻乌县	1				1	4	1			3
石城县	6	1	5			3			3	
瑞金市	1		1							
龙南市	9	2	7							
吉安市	**45**	**12**	**21**	**6**	**6**	**48**	**3**	**4**	**15**	**26**
吉州区	5	1	1	1	2	10				10
青原区	10	2	4	1	3	15	2	2	6	5
吉安县	6	1	1	3	1	4			1	3
吉水县	7	5	1	1		1				1
峡江县						4		1		3
新干县	3		3			4		1	1	2
永丰县	2	1	1			1			1	
泰和县	6		6			2			2	
遂川县						2			2	
万安县	2		2							
安福县	2		2							
永新县						4			2	2
井冈山市	2	2				1	1			
宜春市	**76**	**8**	**29**	**13**	**26**	**187**	**10**	**20**	**32**	**125**
袁州区	36	2	8	6	20	143	7	13	25	98
奉新县	1		1			7	1	3	1	2
万载县	4			3	1	4	1	1	1	1
上高县	4		4			4				4
宜丰县	5		3	1	1	5		1	2	2
靖安县	2		2			4			3	1
铜鼓县										
丰城市	8	4	1	2	1	6		1		5
樟树市	5		2		3	9				9
高安市	11	2	8	1		5	1	1		3
抚州市	**59**	**23**	**17**	**9**	**10**	**71**	**8**	**14**	**19**	**30**
临川区	32	16	7	2	7	30	3	2	3	22
东乡区	1	1				3	1	1	1	
南城县						6		5	1	
黎川县	9	5	1		3	6	1		4	1
南丰县	11	1	7	3		5	1		1	3
崇仁县						1		1		
乐安县						2			1	1
宜黄县	2		1	1						
金溪县	3		1	2		5	2		3	
资溪县	1			1		8			5	3
广昌县						5		5		
上饶市	**76**	**16**	**22**	**14**	**24**	**169**	**15**	**43**	**27**	**84**
信州区	29	2	9	4	14	65	4	6	6	49
广丰区	3	2			1	30	4	18		8
广信区	12	7	3		2	17	2	3	1	11
玉山县	7	1		4	2	6		3	2	1
铅山县	6		2	3	1	8		1	6	1
横峰县						5		5		
弋阳县	3	2		1		7	2	1	4	
余干县	2		1	1		1	1			
鄱阳县						2			1	1
万年县	1		1			6	2	1	3	
婺源县	2			1	1	14			4	10
德兴市	11	2	6		3	8		5		3

7-1　续表 12

单位：人

现住地	省外									
	江苏					浙江				
	小计	乡	镇的村委会	镇的居委会	街道	小计	乡	镇的村委会	镇的居委会	街道
全省	**4006**	**527**	**1674**	**653**	**1152**	**7036**	**1132**	**2974**	**981**	**1949**
南昌市	**1673**	**202**	**711**	**255**	**505**	**2216**	**274**	**920**	**262**	**760**
东湖区	76	4	24	12	36	88	7	26	7	48
西湖区	110	16	45	10	39	195	24	74	11	86
青云谱区	67	12	24	7	24	89	4	52	4	29
青山湖区	533	61	229	90	153	606	71	282	83	170
新建区	108	19	48	13	28	159	28	56	19	56
红谷滩区	368	25	153	53	137	440	40	158	50	192
南昌县	378	59	173	64	82	520	91	230	67	132
安义县	25	5	10	4	6	98	7	35	15	41
进贤县	8	1	5	2		21	2	7	6	6
景德镇市	**192**	**10**	**57**	**35**	**90**	**303**	**33**	**130**	**42**	**98**
昌江区	27	3	4	6	14	38	6	13	3	16
珠山区	66	3	20	12	31	82	13	25	14	30
浮梁县	64	2	23	13	26	93	11	32	19	31
乐平市	35	2	10	4	19	90	3	60	6	21
萍乡市	**95**	**10**	**50**	**23**	**12**	**187**	**35**	**70**	**37**	**45**
安源区	53	3	22	17	11	110	20	27	27	36
湘东区	3		3			17	5	6	3	3
莲花县	3	2	1			18	2	12	1	3
上栗县	18	1	11	5	1	17	4	10		3
芦溪县	18	4	13	1		25	4	15	6	
九江市	**528**	**104**	**214**	**75**	**135**	**561**	**73**	**270**	**92**	**126**
濂溪区	76	7	39	7	23	70	7	17	19	27
浔阳区	77	4	30	19	24	98	15	53	6	24
柴桑区	37	10	14	2	11	29	9	15		5
武宁县	17	6	6	1	4	32	6	13	7	6
修水县	13	2	5	3	3	43	1	23	13	6
永修县	22	1	14	5	2	33	6	9	14	4
德安县	27	11	3	4	9	22	2	11	4	5
都昌县	16	9	2	4	1	22	7	7	8	
湖口县	29	9	6	5	9	24	8	9	1	6
彭泽县	73	7	56	3	7	79		66	3	10
瑞昌市	15	6	2	3	4	13	1	6	2	4
共青城市	120	31	35	17	37	84	9	33	13	29
庐山市	6	1	2	2	1	12	2	8	2	
新余市	**79**	**7**	**28**	**12**	**32**	**119**	**26**	**45**	**19**	**29**
渝水区	78	7	27	12	32	105	24	36	17	28
分宜县	1		1			14	2	9	2	1
鹰潭市	**88**	**8**	**44**	**16**	**20**	**257**	**24**	**121**	**41**	**71**
月湖区	37	3	19	7	8	120	12	48	20	40
余江区	20	3	12	4	1	41	5	14	9	13
贵溪市	31	2	13	5	11	96	7	59	12	18
赣州市	**360**	**42**	**152**	**61**	**105**	**593**	**126**	**227**	**90**	**150**
章贡区	213	14	84	30	85	298	48	118	44	88
南康区	34	4	19	6	5	60	25	30	2	3
赣县区	30	1	23	4	2	17	3	5	4	5
信丰县	9	1	6	1	1	26	2	16	4	4
大余县	4		3	1		9		2	3	4
上犹县	4	1	2	1		3	1	1	1	
崇义县						21	12	4		5
安远县	4	4				14	10	3		1
定南县	2		2			7		2	1	4
全南县	6		2	4		14	3	4	2	5

7-1 续表 13

单位：人

现住地	省外									
	江苏					浙江				
	小计	乡	镇的村委会	镇的居委会	街道	小计	乡	镇的村委会	镇的居委会	街道
宁都县	11	3			8	27	7	4	4	12
于都县	10	2		7	1	14	2	3	8	1
兴国县	12	5	2	4	1	35	7	15	4	9
会昌县	3	1		2		9	1	6	2	
寻乌县	4		4			8		8		
石城县	3		2	1		9	2	1	4	2
瑞金市	4	4				10	3		4	3
龙南市	7	2	3		2	12		5	3	4
吉安市	**132**	**30**	**45**	**25**	**32**	**304**	**66**	**125**	**44**	**69**
吉州区	28	3	10	5	10	44	1	20	3	20
青原区	23	7	7		9	61	10	18	9	24
吉安县	11	1	6		4	15	1	5	6	3
吉水县						17		10	6	1
峡江县	4	1	3			31	13	10	1	7
新干县	12	3	1	6	2	8		6	2	
永丰县	6		1	1	4	41	22	11	7	1
泰和县	12	2	5	5		12	3	3	4	2
遂川县	1			1		11	1	9	1	
万安县	9	6	1	1	1	6		2		4
安福县	12	5	2	5		21	4	16	1	
永新县	12	1	9	1	1	20	9	6	1	4
井冈山市	2	1			1	17	2	9	3	3
宜春市	**356**	**39**	**166**	**55**	**96**	**605**	**88**	**275**	**82**	**160**
袁州区	161	15	66	30	50	245	39	90	31	85
奉新县	19	4	10	3	2	59	8	31	12	8
万载县	11		6	2	3	13	2	5	3	3
上高县	24	1	16	2	5	32	9	14		9
宜丰县	17	3		8	6	63	1	37	14	11
靖安县	29	5	21	2	1	33	9	21	3	
铜鼓县	2	1	1			13		9	2	2
丰城市	15		7	3	5	47	2	27	7	11
樟树市	27	2	7	4	14	35	14	11	2	8
高安市	51	8	32	1	10	65	4	30	8	23
抚州市	**217**	**37**	**84**	**54**	**42**	**420**	**84**	**154**	**105**	**77**
临川区	75	21	25	6	23	129	31	39	18	41
东乡区	29	3	16	9	1	44	19	14	6	5
南城县	7	4	1	1	1	48	5	28	10	5
黎川县	2	2				36	11	14	5	6
南丰县	8	1	5	1	1	21	2	11	7	1
崇仁县	3		1	2		19	6	3	5	5
乐安县	20		15	5		7		6	1	
宜黄县	34	1	11	14	8	58	2	16	36	4
金溪县	24	4	8	8	4	18	4	8	4	2
资溪县	6		1	1	4	23		12	5	6
广昌县	9	1	1	7		17	4	3	8	2
上饶市	**286**	**38**	**123**	**42**	**83**	**1471**	**303**	**637**	**167**	**364**
信州区	88	8	28	13	39	286	18	108	47	113
广丰区	12	1	4	6	1	111	13	77	6	15
广信区	41	12	13	7	9	166	52	72	12	30
玉山县	30	3	14	5	8	267	51	128	34	54
铅山县	5	1	2	2		48	8	19	12	9
横峰县	17	4	11		2	108	50	49	5	4
弋阳县	17	3	9		5	64	14	33	2	15
余干县	8	1	5	2		36	19	9	1	7
鄱阳县	30	2	19	5	4	104	24	43	8	29
万年县	18	2	8	1	7	60	10	12	5	33
婺源县	4	1	2		1	92	14	31	16	31
德兴市	16		8	1	7	129	30	56	19	24

7-1　续表 14　　单位：人

现住地	省外									
	安徽					福建				
	小计	乡	镇的村委会	镇的居委会	街道	小计	乡	镇的村委会	镇的居委会	街道
全省	**8034**	**1560**	**4133**	**965**	**1376**	**6532**	**1267**	**2944**	**893**	**1428**
南昌市	**3423**	**568**	**1799**	**453**	**603**	**2046**	**345**	**937**	**242**	**522**
东湖区	161	30	54	8	69	97	6	36	7	48
西湖区	200	48	95	24	33	184	34	82	9	59
青云谱区	168	34	96	14	24	162	31	86	11	34
青山湖区	1208	184	646	157	221	560	92	260	87	121
新建区	253	48	159	20	26	175	34	79	17	45
红谷滩区	587	85	296	75	131	347	34	149	46	118
南昌县	700	120	374	131	75	462	101	225	52	84
安义县	124	16	64	21	23	25	9	5	5	6
进贤县	22	3	15	3	1	34	4	15	8	7
景德镇市	**455**	**98**	**203**	**52**	**102**	**209**	**21**	**89**	**40**	**59**
昌江区	87	24	41	6	16	26	2	11	12	1
珠山区	130	17	56	13	44	96	8	37	19	32
浮梁县	197	50	86	30	31	65	10	27	8	20
乐平市	41	7	20	3	11	22	1	14	1	6
萍乡市	**140**	**42**	**55**	**21**	**22**	**129**	**19**	**57**	**29**	**24**
安源区	51	3	16	15	17	83	14	24	21	24
湘东区	8	3	4		1	8		8		
莲花县	17	12	4		1					
上栗县	40	14	20	6		24	5	15	4	
芦溪县	24	10	11		3	14		10	4	
九江市	**1395**	**286**	**680**	**145**	**284**	**584**	**92**	**258**	**89**	**145**
濂溪区	331	40	163	28	100	104	12	41	17	34
浔阳区	268	53	121	22	72	127	14	55	16	42
柴桑区	110	41	52	9	8	22	2	14	1	5
武宁县	30	10	18		2	16	3	11		2
修水县	40	7	28	5		33	5	24	3	1
永修县	65	21	31	8	5	23	4	11	5	3
德安县	67	23	32	4	8	24	5	15	2	2
都昌县	29	6	11	7	5	26	7	12	7	
湖口县	60	8	22	22	8	18	7	6	3	2
彭泽县	219	45	146	12	16	19		16	2	1
瑞昌市	24	8	7	1	8	38	4	15	16	3
共青城市	136	21	44	26	45	123	26	33	15	49
庐山市	16	3	5	1	7	11	3	5	2	1
新余市	**151**	**29**	**78**	**14**	**30**	**148**	**31**	**77**	**9**	**31**
渝水区	139	29	68	14	28	137	25	73	9	30
分宜县	12		10		2	11	6	4		1
鹰潭市	**174**	**30**	**103**	**13**	**28**	**191**	**48**	**78**	**24**	**41**
月湖区	62	8	28	9	17	97	21	38	19	19
余江区	40	9	25	1	5	24	9	11	1	3
贵溪市	72	13	50	3	6	70	18	29	4	19
赣州市	**717**	**155**	**364**	**88**	**110**	**1211**	**265**	**562**	**178**	**206**
章贡区	297	58	118	46	75	592	99	269	90	134
南康区	127	27	80	6	14	101	31	43	13	14
赣县区	82	8	58	7	9	54	11	32	8	3
信丰县	30	4	19	4	3	38	8	24	6	
大余县	3			1	2	23	1	13	2	7
上犹县	16	4	8	4		22	9	10	1	2
崇义县	8	4	4			4		2	1	1
安远县	1		1			13	1	10	1	1
定南县	14		12	1	1	17		8	9	
全南县	12	2	10			31	12	14	4	1

7－1 续表 15

单位：人

现住地	省外									
	安徽					福建				
	小计	乡	镇的村委会	镇的居委会	街道	小计	乡	镇的村委会	镇的居委会	街道
宁都县	17	4	10	1	2	46	21	15	5	5
于都县	13	2	5	4	2	27	9	10	5	3
兴国县	46	33	4	7	2	50	21	20	6	3
会昌县	6	2	4			49	11	13	11	14
寻乌县	3		3			12	1	10	1	
石城县	4		4			25	2	17	4	2
瑞金市	7	2	1	4		79	17	39	8	15
龙南市	31	5	23	3		28	11	13	3	1
吉安市	**219**	**48**	**103**	**48**	**20**	**332**	**67**	**151**	**45**	**69**
吉州区	32	6	14	6	6	70	15	33	4	18
青原区	44	10	23	6	5	77	15	26	16	20
吉安县	26	6	13	6	1	12		6	4	2
吉水县	13		3	9	1	18		13	1	4
峡江县	9	4	3	2						
新干县	9	1	7	1		30	7	13	8	2
永丰县	13	2	5	5	1	12	3	7	1	1
泰和县	17	8	7	2		24	2	10	3	9
遂川县	11	1	8		2	29	6	19	4	
万安县	16	4	4	7	1	5	4	1		
安福县	11	2	4	2	3	11	5	4	1	1
永新县	7	1	6			21	3	8	3	7
井冈山市	11	3	6	2		23	7	11		5
宜春市	**445**	**70**	**299**	**35**	**41**	**490**	**76**	**273**	**42**	**99**
袁州区	158	25	101	13	19	168	30	85	22	31
奉新县	41	8	28	3	2	19	1	8	6	4
万载县	11	3	7	1		26	5	20		1
上高县	12	3	7	1	1	49	11	34		4
宜丰县	23	3	17	3		16	1	15		
靖安县	28	5	17	3	3	8	1	6	1	
铜鼓县	10		7	3		4		4		
丰城市	65	2	48	3	12	58	4	28	4	22
樟树市	42	13	21	5	3	45	4	19		22
高安市	55	8	46		1	97	19	54	9	15
抚州市	**295**	**68**	**136**	**44**	**47**	**589**	**175**	**236**	**86**	**92**
临川区	147	41	57	15	34	206	49	84	26	47
东乡区	23	5	16		2	19	5	8	3	3
南城县	10	1	7	2		29	18	4	2	5
黎川县	16		9	7		56	37	11	3	5
南丰县	16	3	6	3	4	33	10	10	9	4
崇仁县	16	1	13	2		12	4	3	2	3
乐安县	5	1	3	1		21		12	3	6
宜黄县	31	1	13	11	6	9	5	3		1
金溪县	18	11	6		1	39	8	19	4	8
资溪县	9	1	6	2		110	16	53	32	9
广昌县	4	3		1		55	23	29	2	1
上饶市	**620**	**166**	**313**	**52**	**89**	**603**	**128**	**226**	**109**	**140**
信州区	136	29	46	24	37	224	29	79	45	71
广丰区	45	4	29	7	5	50	5	22	13	10
广信区	100	23	55	5	17	101	26	41	10	24
玉山县	75	20	46	4	5	41	5	16	12	8
铅山县	16	8	4	3	1	20	7	3	7	3
横峰县	18	8	7		3	11	4	4	1	2
弋阳县	37	12	24		1	12	2	4	4	2
余干县	20	11	7	1	1	30	18	9	2	1
鄱阳县	75	29	36	2	8	33	10	16	3	4
万年县	20	5	13		2	11	4	2	5	
婺源县	43	6	34	1	2	11	1	2	1	7
德兴市	35	11	12	5	7	59	17	28	6	8

7-1 续表 16

单位：人

现住地	省外									
	山东					河南				
	小计	乡	镇的村委会	镇的居委会	街道	小计	乡	镇的村委会	镇的居委会	街道
全 省	**3635**	**488**	**1736**	**464**	**947**	**8687**	**2187**	**4410**	**850**	**1240**
南昌市	**1805**	**213**	**815**	**276**	**501**	**3614**	**859**	**1839**	**403**	**513**
东湖区	87	9	30	6	42	140	19	62	20	39
西湖区	82	5	45	7	25	190	59	87	16	28
青云谱区	48	8	21	1	18	175	36	104	5	30
青山湖区	720	82	330	102	206	1091	242	545	150	154
新建区	124	16	73	14	21	255	70	122	29	34
红谷滩区	326	24	120	59	123	683	127	339	80	137
南昌县	398	66	187	86	59	869	261	446	91	71
安义县	11		9	1	1	166	37	107	6	16
进贤县	9	3			6	45	8	27	6	4
景德镇市	**157**	**21**	**62**	**22**	**52**	**300**	**66**	**130**	**36**	**68**
昌江区	10	4	5		1	22	6	9	1	6
珠山区	49	4	26	5	14	72	8	36	11	17
浮梁县	91	12	26	17	36	158	48	51	21	38
乐平市	7	1	5		1	48	4	34	3	7
萍乡市	**59**	**11**	**23**	**13**	**12**	**205**	**21**	**128**	**23**	**33**
安源区	35	6	10	9	10	115	9	64	19	23
湘东区	4		2		2	16	3	12	1	
莲花县	2	1	1			14	3	6	1	4
上栗县	9	2	7			44	4	34	1	5
芦溪县	9	2	3	4		16	2	12	1	1
九江市	**341**	**58**	**162**	**28**	**93**	**1188**	**280**	**655**	**102**	**151**
濂溪区	73	7	21	10	35	213	32	99	15	67
浔阳区	49	12	27	2	8	133	45	48	13	27
柴桑区	25	6	16	1	2	83	30	45	6	2
武宁县	6	1	4	1		22	8	10	3	1
修水县	10		8	1	1	25	2	16	2	5
永修县	10	1	3	2	4	84	33	36	14	1
德安县	7	2	3	1	1	96	49	28	11	8
都昌县	6	2	1	2	1	29	8	6	11	4
湖口县	13	8	1	4		39	22	14	3	
彭泽县	51		49	2		299	5	287	5	2
瑞昌市	5	2			3	35	10	17	6	2
共青城市	85	16	29	2	38	120	35	43	10	32
庐山市	1	1				10	1	6	3	
新余市	**119**	**20**	**60**	**17**	**22**	**121**	**37**	**69**	**7**	**8**
渝水区	101	10	57	13	21	115	35	65	7	8
分宜县	18	10	3	4	1	6	2	4		
鹰潭市	**46**	**3**	**23**	**4**	**16**	**159**	**49**	**77**	**12**	**21**
月湖区	27		14	4	9	66	18	29	6	13
余江区	4	1	3			40	21	16	1	2
贵溪市	15	2	6		7	53	10	32	5	6
赣州市	**409**	**76**	**198**	**35**	**100**	**1156**	**298**	**597**	**82**	**179**
章贡区	224	43	75	24	82	429	90	180	41	118
南康区	47	11	33	1	2	128	47	57	2	22
赣县区	41	4	35	2		145	28	102	10	5
信丰县	15	2	13			87	7	72	5	3
大余县	4		4			12		11		1
上犹县						13	5	7		1
崇义县	8		8			11	3	3	5	
安远县	4		3	1		8		5	2	1
定南县						37	1	33	2	1
全南县	12	2	6	2	2	17	3	13		1

7-1 续表 17

单位：人

现住地	省外									
	山东					河南				
	小计	乡	镇的村委会	镇的居委会	街道	小计	乡	镇的村委会	镇的居委会	街道
宁都县	2		1		1	15	3	7		5
于都县	1	1				42	23	7	7	5
兴国县	19	4	5	3	7	47	25	18	3	1
会昌县	3	1	2			20	10	4	1	5
寻乌县	6	6				1		1		
石城县	10		10			15		15		
瑞金市	2	2				27	6	15	3	3
龙南市	11		3	2	6	102	47	47	1	7
吉安市	**135**	**17**	**83**	**9**	**26**	**370**	**79**	**218**	**43**	**30**
吉州区	17	1	8		8	51	6	25	6	14
青原区	37	7	10	4	16	65	12	39	5	9
吉安县	6		6			111	23	79	8	1
吉水县	37		37			15	3	10	2	
峡江县	1			1		2	2			
新干县						18	3	13	1	1
永丰县	13		12		1	9	4	4	1	
泰和县	5		4	1		27	6	11	7	3
遂川县	4	1	3			16	3	9	2	2
万安县	2		1	1		15	3	6	6	
安福县	3	1		2		12	7	3	2	
永新县	8	7	1			23	4	17	2	
井冈山市	2		1		1	6	3	2	1	
宜春市	**264**	**28**	**153**	**25**	**58**	**633**	**187**	**324**	**35**	**87**
袁州区	83	11	41	10	21	216	53	123	11	29
奉新县	8		7	1		28	7	18	3	
万载县	11	5	3	2	1	15	7	6	1	1
上高县	14		11		3	33	8	12		13
宜丰县	9		8	1		20	8	10	1	1
靖安县	3		2	1		18	4	13		1
铜鼓县	4		2	1	1	7	2	5		
丰城市	40	3	26	3	8	92	41	40	3	8
樟树市	17		12		5	43	16	16	2	9
高安市	75	9	41	6	19	161	41	81	14	25
抚州市	**105**	**21**	**53**	**9**	**22**	**312**	**78**	**146**	**37**	**51**
临川区	51	14	24	1	12	133	46	61	4	22
东乡区	13	3	6	2	2	33	8	14	3	8
南城县	2		1		1	12	3	4	4	1
黎川县	12	1	6	2	3	24	7	12	4	1
南丰县						7	2	3	1	1
崇仁县						14	4	7		3
乐安县	3		3			2	1	1		
宜黄县	5			1	4	54	1	26	15	12
金溪县	3	1	1	1		11	4	4		3
资溪县	4	2	1	1		9		3	6	
广昌县	12		11	1		13	2	11		
上饶市	**195**	**20**	**104**	**26**	**45**	**629**	**233**	**227**	**70**	**99**
信州区	72	7	25	10	30	142	31	49	24	38
广丰区	4		1	1	2	29	10	13		6
广信区	40	8	27		5	140	78	45	6	11
玉山县	13		11	2		32	11	14	5	2
铅山县	5	1	2	2		22	4	12	3	3
横峰县	3		3			14	8	6		
弋阳县	20	1	18	1		16	4	10		2
余干县	2	1			1	35	18	13	2	2
鄱阳县	9	2	4	1	2	52	31	15	1	5
万年县	2		1	1		38	18	9	8	3
婺源县	13		6	6	1	31	8	22		1
德兴市	12		6	2	4	78	12	19	21	26

7-1　续表 18

单位：人

现住地	省外									
	湖北					湖南				
	小计	乡	镇的村委会	镇的居委会	街道	小计	乡	镇的村委会	镇的居委会	街道
全省	**9744**	**1886**	**4952**	**1089**	**1817**	**11615**	**2521**	**6105**	**1405**	**1584**
南昌市	**3238**	**558**	**1542**	**422**	**716**	**3302**	**703**	**1718**	**366**	**515**
东湖区	176	23	56	20	77	133	20	34	16	63
西湖区	261	50	122	27	62	188	44	97	21	26
青云谱区	147	21	57	15	54	165	52	62	8	43
青山湖区	1055	138	564	169	184	960	196	506	117	141
新建区	245	45	145	16	39	251	51	146	20	34
红谷滩区	584	85	258	68	173	667	146	327	71	123
南昌县	634	155	278	90	111	697	153	385	101	58
安义县	98	31	53	6	8	197	36	127	11	23
进贤县	38	10	9	11	8	44	5	34	1	4
景德镇市	**212**	**29**	**83**	**32**	**68**	**233**	**47**	**108**	**27**	**51**
昌江区	47	7	20	5	15	40	13	18	5	4
珠山区	76	11	14	19	32	60	15	27	10	8
浮梁县	61	8	38	5	10	93	13	46	9	25
乐平市	28	3	11	3	11	40	6	17	3	14
萍乡市	**247**	**41**	**137**	**41**	**28**	**1211**	**207**	**583**	**209**	**212**
安源区	75	3	36	22	14	593	62	196	165	170
湘东区	60	13	35	3	9	138	36	88	6	8
莲花县	21	8	8	3	2	91	39	41	3	8
上栗县	49	7	27	13	2	298	56	194	26	22
芦溪县	42	10	31		1	91	14	64	9	4
九江市	**2695**	**602**	**1293**	**267**	**533**	**814**	**185**	**416**	**96**	**117**
濂溪区	709	105	319	76	209	114	20	56	13	25
浔阳区	895	179	440	70	206	112	15	61	8	28
柴桑区	284	89	162	17	16	87	34	34	7	12
武宁县	68	28	19	4	17	38	6	23	4	5
修水县	64	13	40	11		73	15	44	13	1
永修县	54	7	20	21	6	99	27	47	13	12
德安县	81	26	43	9	3	49	11	31	3	4
都昌县	38	20	12	4	2	33	11	10	10	2
湖口县	77	26	35	12	4	53	16	25	8	4
彭泽县	65	11	48	3	3	50	9	34	5	2
瑞昌市	205	62	95	22	26	35	8	19	3	5
共青城市	144	32	58	15	39	63	12	30	5	16
庐山市	11	4	2	3	2	8	1	2	4	1
新余市	**133**	**21**	**71**	**10**	**31**	**351**	**63**	**203**	**39**	**46**
渝水区	115	16	62	8	29	301	56	169	36	40
分宜县	18	5	9	2	2	50	7	34	3	6
鹰潭市	**199**	**28**	**110**	**24**	**37**	**224**	**30**	**135**	**24**	**35**
月湖区	92	14	45	10	23	77	5	42	7	23
余江区	56	8	38	9	1	69	16	47	4	2
贵溪市	51	6	27	5	13	78	9	46	13	10
赣州市	**1127**	**207**	**694**	**108**	**118**	**2028**	**484**	**1136**	**253**	**155**
章贡区	397	63	229	39	66	614	128	327	73	86
南康区	142	37	85	12	8	519	176	275	36	32
赣县区	89	4	65	10	10	131	26	79	21	5
信丰县	86	13	69	2	2	154	9	126	17	2
大余县	22	2	11	2	7	67	11	36	11	9
上犹县	4	2	2			56	20	29	6	1
崇义县	3	1	2			43	17	24		2
安远县	19	4	13	1	1	17	2	8	4	3
定南县	66		61	3	2	54	3	41	8	2
全南县	26	1	24		1	33	7	20	6	

7-1 续表 19

单位：人

现住地	省外									
	湖北					湖南				
	小计	乡	镇的村委会	镇的居委会	街道	小计	乡	镇的村委会	镇的居委会	街道
宁都县	39	6	18	12	3	38	12	11	9	6
于都县	39	13	7	12	7	66	13	25	28	
兴国县	81	26	43	9	3	50	11	26	9	4
会昌县	19	6	9	2	2	52	13	33	5	1
寻乌县	7	1	3	3		17	7	9	1	
石城县	6	3	3			6	2	3	1	
瑞金市	12	3	8		1	23	9	11	2	1
龙南市	70	22	42	1	5	88	18	53	16	1
吉安市	**416**	**93**	**226**	**53**	**44**	**807**	**192**	**419**	**113**	**83**
吉州区	47	6	27	5	9	88	16	41	8	23
青原区	40	7	23	1	9	86	29	29	8	20
吉安县	98	17	63	15	3	161	30	96	21	14
吉水县	35	6	21	5	3	48	6	32	6	4
峡江县	2	1	1			18	7	4	6	1
新干县	14	6	3	3	2	26	7	11	8	
永丰县	24	10	7	7		19	7	4	6	2
泰和县	34	12	17	3	2	32	8	15	7	2
遂川县	42	5	32	3	2	61	10	37	11	3
万安县	24	8	6	3	7	33	5	19	4	5
安福县	18	5	10	1	2	78	13	49	11	5
永新县	25	2	13	6	4	75	24	44	7	
井冈山市	13	8	3	1	1	82	30	38	10	4
宜春市	**622**	**91**	**360**	**56**	**115**	**1522**	**331**	**833**	**132**	**226**
袁州区	153	29	70	17	37	548	119	274	49	106
奉新县	27	5	17	3	2	92	30	44	13	5
万载县	44	9	27	1	7	112	31	65	4	12
上高县	31	3	23	2	3	80	23	41	3	13
宜丰县	47	9	32	4	2	147	44	79	10	14
靖安县	21	6	10	3	2	35	16	15	4	
铜鼓县	4	2	1	1		65	13	42	7	3
丰城市	120	12	55	17	36	129	15	76	16	22
樟树市	60	6	41	1	12	77	8	38	12	19
高安市	115	10	84	7	14	237	32	159	14	32
抚州市	**317**	**81**	**164**	**33**	**39**	**485**	**128**	**254**	**50**	**53**
临川区	135	30	69	11	25	209	67	99	13	30
东乡区	40	11	24	2	3	36	8	22	4	2
南城县	11	4	6	1		45	19	24	2	
黎川县	8	3	4	1		45	8	35	2	
南丰县	21	1	9	4	7	23	3	12	3	5
崇仁县	25	14	7	4		26	5	14	3	4
乐安县	21	6	14	1		10	2	5	2	1
宜黄县	16	2	4	8	2	41	3	14	16	8
金溪县	18	7	9	1	1	17	2	12	3	
资溪县	10		9		1	11		9	1	1
广昌县	12	3	9			22	11	8	1	2
上饶市	**538**	**135**	**272**	**43**	**88**	**638**	**151**	**300**	**96**	**91**
信州区	88	8	34	13	33	198	13	112	35	38
广丰区	36	3	28	1	4	49	5	20	20	4
广信区	152	55	72	5	20	156	54	72	16	14
玉山县	48	10	23	9	6	45	14	20	4	7
铅山县	19	8	8	3		13	5	7		1
横峰县	6	1	4	1		9	3	5	1	
弋阳县	20	9	6	3	2	14	5	8	1	
余干县	20	9	6	1	4	22	11	5	1	5
鄱阳县	60	16	38	2	4	46	16	19	8	3
万年县	27	4	20	2	1	20	4	13	2	1
婺源县	23	3	15		5	18	12	6		
德兴市	39	9	18	3	9	48	9	13	8	18

7-1　续表 20

单位：人

现住地	省外									
	广东					广西				
	小计	乡	镇的村委会	镇的居委会	街道	小计	乡	镇的村委会	镇的居委会	街道
全　省	**7507**	**956**	**2535**	**1428**	**2588**	**3117**	**662**	**1768**	**295**	**392**
南昌市	**1918**	**183**	**532**	**312**	**891**	**987**	**197**	**508**	**118**	**164**
东湖区	83	4	19	9	51	45	3	20	7	15
西湖区	166	24	45	15	82	52	17	21	2	12
青云谱区	98	5	14	8	71	27	6	16	2	3
青山湖区	583	53	152	124	254	300	41	159	47	53
新建区	108	9	38	14	47	62	12	30	13	7
红谷滩区	398	23	113	43	219	173	35	78	16	44
南昌县	401	47	120	86	148	202	58	95	27	22
安义县	37	7	14	4	12	75	8	57	2	8
进贤县	44	11	17	9	7	51	17	32	2	
景德镇市	**169**	**7**	**47**	**35**	**80**	**97**	**15**	**54**	**6**	**22**
昌江区	19		11	3	5	17	2	12	1	2
珠山区	64	6	3	14	41	13	1	4	1	7
浮梁县	71	1	28	16	26	49	11	24	2	12
乐平市	15		5	2	8	18	1	14	2	1
萍乡市	**291**	**39**	**74**	**89**	**89**	**126**	**26**	**78**	**17**	**5**
安源区	167	5	26	74	62	40	3	15	17	5
湘东区	30	11	13		6	19	7	12		
莲花县	19	6	6	1	6	22	7	15		
上栗县	38	12	13	6	7	17	8	9		
芦溪县	37	5	16	8	8	28	1	27		
九江市	**534**	**101**	**114**	**116**	**203**	**208**	**50**	**108**	**20**	**30**
濂溪区	74	12	17	10	35	63	7	32	6	18
浔阳区	111	9	13	24	65	18	9	7	1	1
柴桑区	28	11	5	2	10	13	3	9	1	
武宁县	24	9	7	1	7	8	1	6		1
修水县	33	2	15	12	4	11	1	10		
永修县	65	19	11	14	21	23	14	9		
德安县	15	5	3	4	3	13	1	11	1	
都昌县	32	11	3	15	3	7	1	4	2	
湖口县	16	1	6	5	4	6	1	3	2	
彭泽县	18	1	7	6	4	2			2	
瑞昌市	24	5	2	7	10	10	2	4	3	1
共青城市	91	16	25	15	35	31	8	13	1	9
庐山市	3			1	2	3	2		1	
新余市	**166**	**14**	**87**	**11**	**54**	**118**	**24**	**72**	**4**	**18**
渝水区	139	12	75	9	43	109	23	65	4	17
分宜县	27	2	12	2	11	9	1	7		1
鹰潭市	**91**	**4**	**29**	**11**	**47**	**51**	**6**	**29**	**3**	**13**
月湖区	42		4	5	33	18	1	10	3	4
余江区	24	2	11	5	6	11	2	7		2
贵溪市	25	2	14	1	8	22	3	12		7
赣州市	**2478**	**374**	**1057**	**493**	**554**	**684**	**142**	**446**	**44**	**52**
章贡区	646	78	213	131	224	165	31	96	16	22
南康区	205	46	93	40	26	125	29	81	4	11
赣县区	105	16	54	17	18	35	7	21	4	3
信丰县	217	34	129	27	27	67	4	62	1	
大余县	136	8	72	36	20	11	2	6	1	2
上犹县	48	16	19	8	5	26	5	18	1	2
崇义县	29	5	19	2	3	8	3	2	1	2
安远县	60	12	30	10	8	5		5		
定南县	183	19	89	23	52	35	1	32		2
全南县	188	18	66	57	47	38	3	27	5	3

7-1 续表 21

单位：人

现住地	省外									
	广东					广西				
	小计	乡	镇的村委会	镇的居委会	街道	小计	乡	镇的村委会	镇的居委会	街道
宁都县	67	13	23	11	20	13	3	7		3
于都县	52	11	30	10	1	25	5	13	7	
兴国县	94	21	41	15	17	30	13	14	2	1
会昌县	31	8	14	5	4	6	2	4		
寻乌县	157	27	76	38	16	19	6	12	1	
石城县	18	1	8	4	5	1	1			
瑞金市	54	10	20	15	9	8	5	3		
龙南市	188	31	61	44	52	67	22	43	1	1
吉安市	**510**	**58**	**195**	**112**	**145**	**229**	**55**	**130**	**28**	**16**
吉州区	97	4	26	10	57	21	3	6	6	6
青原区	59	5	21	12	21	25	4	17	2	2
吉安县	55	9	20	14	12	35	9	15	7	4
吉水县	30	1	12	11	6	20	3	14	3	
峡江县	15	1	6	6	2	6	4	1	1	
新干县	19		7	6	6	10	5	5		
永丰县	12	4	3	1	4	17	4	8	4	1
泰和县	50	9	25	16		34	10	21	2	1
遂川县	38	3	22	7	6	14		13	1	
万安县	42	4	15	14	9	10	2	8		
安福县	27	6	13	2	6	20	6	13		1
永新县	40	9	17	11	3	16	5	8	2	1
井冈山市	26	3	8	2	13	1		1		
宜春市	**683**	**71**	**204**	**119**	**289**	**285**	**53**	**175**	**24**	**33**
袁州区	258	34	68	34	122	81	15	51	5	10
奉新县	22		5	8	9	12	2	8	2	
万载县	38	8	10	5	15	23	10	11	2	
上高县	43	6	16	4	17	24	3	18	1	2
宜丰县	28	2	14	7	5	10	1	8	1	
靖安县	17	1	1	12	3	4	2	2		
铜鼓县	9	2	4		3	6	2	4		
丰城市	105	9	33	25	38	35	3	15	3	14
樟树市	64	1	15	5	43	21	4	13		4
高安市	99	8	38	19	34	69	11	45	10	3
抚州市	**342**	**63**	**73**	**77**	**129**	**147**	**44**	**79**	**10**	**14**
临川区	170	25	27	23	95	53	18	23	4	8
东乡区	16	4	4	6	2	15	2	11		2
南城县	22	4	6	10	2	6		4	1	1
黎川县	24	11		7	6	22	9	12	1	
南丰县	22	1	8	8	5	12	1	8	1	2
崇仁县	13	1	5	6	1	7	3	4		
乐安县	10	1	3	2	4	2		2		
宜黄县	7	2	2		3	3	1	2		
金溪县	6	2			4	21	9	10	1	1
资溪县	27	8	13	5	1	1		1		
广昌县	25	4	5	10	6	5	1	2	2	
上饶市	**325**	**42**	**123**	**53**	**107**	**185**	**50**	**89**	**21**	**25**
信州区	78	4	18	21	35	35	7	17	2	9
广丰区	40	2	19	2	17	12		10	2	
广信区	46	7	22	4	13	29	10	16	1	2
玉山县	26	3	13	3	7	22	5	10	7	
铅山县	9	3	3	2	1	4		1	2	1
横峰县	13	7	5		1	8		5	1	2
弋阳县	13	5	2	5	1	3		3		
余干县	25	6	14	1	4	15	6	1	3	5
鄱阳县	31	3	14	5	9	27	12	12	1	2
万年县	12		6		6	2	1		1	
婺源县	16	2	3	3	8	15	7	7	1	
德兴市	16		4	7	5	13	2	7		4

7-1　续表 22　　　　　　　　　　　　　　　　　　　　　　　　　　　　单位：人

现住地	省外									
	海南					重庆				
	小计	乡	镇的村委会	镇的居委会	街道	小计	乡	镇的村委会	镇的居委会	街道
全　省	**1118**	**131**	**404**	**250**	**333**	**2756**	**538**	**1345**	**289**	**584**
南昌市	**621**	**64**	**217**	**160**	**180**	**955**	**154**	**417**	**108**	**276**
东湖区	16	1	4	4	7	42	5	16	5	16
西湖区	13		7	1	5	67	8	29	5	25
青云谱区	7	2	1		4	34	5	15		14
青山湖区	185	21	58	45	61	294	59	110	32	93
新建区	25	4	12	4	5	102	15	56	11	20
红谷滩区	121	6	38	27	50	181	17	80	21	63
南昌县	223	30	76	73	44	155	26	66	29	34
安义县	31		21	6	4	59	14	33	3	9
进贤县						21	5	12	2	2
景德镇市	**32**		**8**	**11**	**13**	**96**	**26**	**45**	**8**	**17**
昌江区						15	3	7	4	1
珠山区	7		1	2	4	15	2	5	2	6
浮梁县	22		4	9	9	53	20	22	2	9
乐平市	3		3			13	1	11		1
萍乡市	**44**	**7**	**14**	**8**	**15**	**76**	**11**	**48**	**6**	**11**
安源区	34	6	5	8	15	37	3	19	6	9
湘东区	6		6			12	1	11		
莲花县	1		1			6	1	5		
上栗县	2	1	1			14	4	8		2
芦溪县	1		1			7	2	5		
九江市	**115**	**18**	**50**	**17**	**30**	**215**	**56**	**97**	**23**	**39**
濂溪区	27	6	9	6	6	38	8	13	5	12
浔阳区	9		4	1	4	40	3	22	4	11
柴桑区	1	1				19	4	11	1	3
武宁县	7	6			1	6	5	1		
修水县	3		3			10	1	6	1	2
永修县	19	2	12	3	2	27	12	10	3	2
德安县	2				2	22	7	12	2	1
都昌县	1		1			12	9	1	1	1
湖口县	1		1			2		2		
彭泽县						17		13	4	
瑞昌市	3	1	2			7	2	3	1	1
共青城市	42	2	18	7	15	15	5	3	1	6
庐山市										
新余市	**20**		**9**	**4**	**7**	**41**	**4**	**21**	**6**	**10**
渝水区	19		8	4	7	37	4	17	6	10
分宜县	1		1			4		4		
鹰潭市	**4**			**1**	**3**	**94**	**4**	**60**	**10**	**20**
月湖区	1				1	26		17	3	6
余江区						19	2	11	6	
贵溪市	3			1	2	49	2	32	1	14
赣州市	**128**	**8**	**54**	**25**	**41**	**499**	**111**	**264**	**54**	**70**
章贡区	97	5	40	16	36	151	25	76	12	38
南康区	4		3		1	93	19	62	7	5
赣县区	7		6	1		36	3	18	12	3
信丰县	3	1	2			34	3	25	1	5
大余县	2				2	11	6	2	2	1
上犹县						10	7	3		
崇义县						2		1		1
安远县						4	1	2	1	
定南县	2		1	1		16	1	15		
全南县	3			3		25	1	17	4	3

7-1 续表 23

单位：人

现住地	省外									
	海南					重庆				
	小计	乡	镇的村委会	镇的居委会	街道	小计	乡	镇的村委会	镇的居委会	街道
宁都县						17	4	11	2	
于都县	1				1	21	3	5	6	7
兴国县						31	17	6	4	4
会昌县	1				1	5	3	2		
寻乌县	2	1	1			5	1	2		2
石城县	4			4		7	1	6		
瑞金市						6	1	5		
龙南市	2	1	1			25	15	6	3	1
吉安市	**33**	**7**	**18**	**2**	**6**	**146**	**40**	**61**	**24**	**21**
吉州区	4	3			1	13	4	4	2	3
青原区	10	3	6		1	26	6	12	2	6
吉安县	1	1				18	2	8	4	4
吉水县	4		4			3	1	1		1
峡江县						3	1	1	1	
新干县						4	3	1		
永丰县						14	5	7	2	
泰和县						4		4		
遂川县						20	5	11	3	1
万安县						4	2	1	1	
安福县	4		2		2	13	6	4		3
永新县	6		4	1	1	13	1	2	7	3
井冈山市	4		2	1	1	11	4	5	2	
宜春市	**48**	**1**	**21**	**8**	**18**	**257**	**41**	**157**	**15**	**44**
袁州区	30		15	6	9	62	16	26	4	16
奉新县	1		1			5		1	2	2
万载县						11	1	9		1
上高县	2				2	4	2			2
宜丰县						21	2	14		5
靖安县	4	1	1	2		16	2	12		2
铜鼓县						2		2		
丰城市	6		1		5	28	4	17	1	6
樟树市	1				1	20	4	13		3
高安市	4		3		1	88	10	63	8	7
抚州市	**45**	**17**	**2**	**13**	**13**	**137**	**26**	**66**	**19**	**26**
临川区	31	16	2	6	7	53	11	22	5	15
东乡区	6			5	1	11	5	2	1	3
南城县	1	1				8		4	2	2
黎川县	1				1	11		11		
南丰县	3				3	7	2	2	1	2
崇仁县	1				1	11	2	5	3	1
乐安县						2		2		
宜黄县	2			2		15		11	1	3
金溪县						10	4	4	2	
资溪县						4		1	3	
广昌县						5	2	2	1	
上饶市	**28**	**9**	**11**	**1**	**7**	**240**	**65**	**109**	**16**	**50**
信州区	14	2	6		6	67	4	39	4	20
广丰区						22	5	9	1	7
广信区	5	3	2			40	11	16	3	10
玉山县						13		9	2	2
铅山县	3	3				2		2		
横峰县						2		2		
弋阳县	1		1			11	5	3	1	2
余干县						24	20	2		2
鄱阳县	3	1	2			20	9	8	1	2
万年县	2			1	1	4		2	2	
婺源县						12	1	6		5
德兴市						23	10	11	2	

7-1　续表 24

单位：人

现住地	省外									
	四川					贵州				
	小计	乡	镇的村委会	镇的居委会	街道	小计	乡	镇的村委会	镇的居委会	街道
全　省	**6067**	**1498**	**3168**	**618**	**783**	**5701**	**1730**	**2971**	**452**	**548**
南昌市	**1908**	**410**	**953**	**225**	**320**	**1650**	**404**	**831**	**176**	**239**
东湖区	119	23	46	19	31	51	9	25	7	10
西湖区	104	35	37	12	20	77	33	26	9	9
青云谱区	67	6	46	6	9	41	7	25	2	7
青山湖区	523	96	264	75	88	454	118	225	38	73
新建区	168	41	92	12	23	119	33	61	8	17
红谷滩区	371	71	170	39	91	332	86	145	28	73
南昌县	336	80	179	42	35	355	78	179	69	29
安义县	174	41	102	14	17	197	35	126	15	21
进贤县	46	17	17	6	6	24	5	19		
景德镇市	**191**	**50**	**82**	**21**	**38**	**139**	**39**	**59**	**17**	**24**
昌江区	37	6	24	1	6	16	11	4	1	
珠山区	55	19	18	5	13	34	5	11	9	9
浮梁县	75	20	29	11	15	65	15	35	5	10
乐平市	24	5	11	4	4	24	8	9	2	5
萍乡市	**200**	**68**	**94**	**29**	**9**	**291**	**107**	**151**	**23**	**10**
安源区	81	12	36	25	8	94	14	51	23	6
湘东区	25	6	17	1	1	42	25	15		2
莲花县	35	25	9	1		65	25	39		1
上栗县	24	7	16	1		69	35	33		1
芦溪县	35	18	16	1		21	8	13		
九江市	**582**	**171**	**252**	**74**	**85**	**427**	**137**	**200**	**32**	**58**
濂溪区	79	19	26	15	19	70	19	29	6	16
浔阳区	70	15	25	10	20	48	13	22	3	10
柴桑区	67	33	28	3	3	36	13	22	1	
武宁县	45	21	20	2	2	24	4	14	3	3
修水县	32	4	18	5	5	25	3	17	2	3
永修县	61	10	23	10	18	28	9	14	4	1
德安县	34	9	20	4	1	28	10	14	2	2
都昌县	16	7	2	6	1	17	8	7	1	1
湖口县	10	3	5	2		17	7	5	4	1
彭泽县	49	6	38	4	1	14		13	1	
瑞昌市	41	12	18	6	5	9	4	4		1
共青城市	60	26	20	4	10	98	47	27	4	20
庐山市	18	6	9	3		13		12	1	
新余市	**135**	**10**	**89**	**11**	**25**	**248**	**58**	**147**	**8**	**35**
渝水区	114	7	78	9	20	195	49	103	8	35
分宜县	21	3	11	2	5	53	9	44		
鹰潭市	**192**	**43**	**113**	**7**	**29**	**136**	**27**	**96**	**11**	**2**
月湖区	72	8	41	4	19	47	9	32	5	1
余江区	56	15	33	3	5	37	9	24	3	1
贵溪市	64	20	39		5	52	9	40	3	
赣州市	**1156**	**269**	**677**	**118**	**92**	**708**	**195**	**404**	**59**	**50**
章贡区	302	69	142	33	58	192	67	86	14	25
南康区	155	43	91	13	8	138	42	72	12	12
赣县区	105	38	58	8	1	52	23	23	3	3
信丰县	86	2	75	6	3	44	2	37	3	2
大余县	25	2	17	4	2	16	2	13		1
上犹县	24	9	7	8		15	7	6	1	1
崇义县	6	1	5			3		2	1	
安远县	41	1	38	1	1	15	1	14		
定南县	92	3	83	5	1	17	1	16		
全南县	17	2	12		3	17	3	13	1	

7–1 续表 25

单位：人

现住地	省外									
	四川					贵州				
	小计	乡	镇的村委会	镇的居委会	街道	小计	乡	镇的村委会	镇的居委会	街道
宁都县	42	19	19	2	2	26	3	20	2	1
于都县	66	12	24	28	2	46	3	21	20	2
兴国县	64	17	37	6	4	28	11	16	1	
会昌县	9	2	6		1	21		18	1	2
寻乌县	13	9	3	1		14	12	2		
石城县	3		3			4	2	2		
瑞金市	16	10	6			17	5	12		
龙南市	90	30	51	3	6	43	11	31		1
吉安市	**290**	**76**	**173**	**23**	**18**	**487**	**188**	**250**	**31**	**18**
吉州区	34	3	25	2	4	30	3	18	5	4
青原区	40	10	17	7	6	47	11	27	5	4
吉安县	57	12	42	1	2	82	46	32	2	2
吉水县	24	5	17	1	1	50	17	33		
峡江县	8	8				26	11	12	2	1
新干县	20	10	8	1	1	27	6	15	3	3
永丰县	5	2	2		1	6	1	5		
泰和县	25	6	16	2	1	38	16	20	1	1
遂川县	25	5	19	1		18	6	11	1	
万安县	14	1	9	3	1	5	1	2		2
安福县	15	8	5	2		49	25	14	10	
永新县	16	3	9	3	1	96	35	59	2	
井冈山市	7	3	4			13	10	2		1
宜春市	**571**	**139**	**329**	**41**	**62**	**610**	**175**	**362**	**37**	**36**
袁州区	170	47	98	5	20	118	35	60	9	14
奉新县	37	8	20	5	4	41	7	28	3	3
万载县	30	14	10		6	54	10	42	1	1
上高县	20	10	5	2	3	14		14		
宜丰县	39	5	23	10	1	104	46	49	6	3
靖安县	27	6	19	2		41	13	25	1	2
铜鼓县	10	2	8			8	3	5		
丰城市	79	8	54	8	9	66	10	51	2	3
樟树市	19	11	2	2	4	32	17	8	1	6
高安市	140	28	90	7	15	132	34	80	14	4
抚州市	**323**	**93**	**157**	**38**	**35**	**363**	**139**	**177**	**22**	**25**
临川区	98	33	34	10	21	130	51	61	4	14
东乡区	24	13	11			64	37	23	4	
南城县	16	6	6	3	1	19	4	11	4	
黎川县	39	16	20	3		17	5	11	1	
南丰县	4		3		1	9		8	1	
崇仁县	11		7	3	1	20	11	5	1	3
乐安县	10	4	5	1		17	5	12		
宜黄县	91	9	54	17	11	40	2	25	6	7
金溪县	13	2	11			21	13	8		
资溪县	2	1		1		10	3	6		1
广昌县	15	9	6			16	8	7	1	
上饶市	**519**	**169**	**249**	**31**	**70**	**642**	**261**	**294**	**36**	**51**
信州区	112	14	70	9	19	65	16	33	4	12
广丰区	47	10	25		12	67	10	49	3	5
广信区	120	59	49	1	11	112	46	55	8	3
玉山县	47	17	27	2	1	133	45	78	4	6
铅山县	4	2	2			19	6	13		
横峰县	19	15	3	1		17	11	5		1
弋阳县	16	1	10	4	1	30	13	16		1
余干县	42	16	8	3	15	60	44	4		12
鄱阳县	33	23	7	1	2	34	23	10		1
万年县	41	6	26	7	2	27	14	11	2	
婺源县	15	3	10	1	1	13	5	8		
德兴市	23	3	12	2	6	65	28	12	15	10

7-1　续表 26

单位：人

现住地	省外									
	云南					西藏				
	小计	乡	镇的村委会	镇的居委会	街道	小计	乡	镇的村委会	镇的居委会	街道
全　省	**3023**	**741**	**1603**	**275**	**404**	**283**	**97**	**80**	**24**	**82**
南昌市	**948**	**181**	**463**	**101**	**203**	**214**	**75**	**60**	**19**	**60**
东湖区	33	3	14	3	13					
西湖区	33	11	12	4	6	1	1			
青云谱区	20	7	5	1	7					
青山湖区	300	54	141	43	62	28	4	8	2	14
新建区	58	15	33	4	6	3	1	2		
红谷滩区	194	23	72	30	69	134	58	26	11	39
南昌县	239	53	141	16	29	32	1	23	6	2
安义县	54	13	36		5					
进贤县	17	2	9		6	16	10	1		5
景德镇市	**79**	**17**	**39**	**10**	**13**	**2**		**1**	**1**	
昌江区	17	2	12		3					
珠山区	15	4	3	6	2					
浮梁县	37	8	18	3	8	2		1	1	
乐平市	10	3	6	1						
萍乡市	**110**	**34**	**51**	**14**	**11**	**21**	**10**	**10**		**1**
安源区	30	5	5	13	7	21	10	10		1
湘东区	26	8	15		3					
莲花县	9	3	5		1					
上栗县	38	14	24							
芦溪县	7	4	2	1						
九江市	**313**	**93**	**158**	**24**	**38**	**7**	**1**	**3**		**3**
濂溪区	44	9	23	3	9					
浔阳区	36	8	15	3	10	6		3		3
柴桑区	53	24	27	2						
武宁县	7		6	1						
修水县	8		8							
永修县	30	14	11	2	3					
德安县	30	9	19		2					
都昌县	7		1	5	1					
湖口县	9	5	4							
彭泽县	7	1	3	2	1					
瑞昌市	19	6	11	2		1	1			
共青城市	44	16	14	2	12					
庐山市	19	1	16	2						
新余市	**82**	**17**	**46**	**3**	**16**	**4**		**1**		**3**
渝水区	72	13	41	3	15	4		1		3
分宜县	10	4	5		1					
鹰潭市	**96**	**29**	**62**	**3**	**2**					
月湖区	8	1	6		1					
余江区	27	14	11	2						
贵溪市	61	14	45	1	1					
赣州市	**443**	**126**	**237**	**35**	**45**	**2**	**1**			**1**
章贡区	113	33	48	11	21	2	1			1
南康区	64	20	34	2	8					
赣县区	23	5	13	4	1					
信丰县	28	3	25							
大余县	13		11	2						
上犹县	5	1	2		2					
崇义县	5	1	1	2	1					
安远县	12	4	4	3	1					
定南县	23	2	19		2					
全南县	19		15	2	2					

7-1 续表 27

单位：人

现住地	省外									
	云南					西藏				
	小计	乡	镇的村委会	镇的居委会	街道	小计	乡	镇的村委会	镇的居委会	街道
宁都县	14	6	5	1	2					
于都县	26	6	8	7	5					
兴国县	23	7	16							
会昌县	19	17	2							
寻乌县	3	1	2							
石城县	1	1								
瑞金市	16	8	8							
龙南市	36	11	24	1						
吉安市	**161**	**50**	**84**	**21**	**6**	**1**	**1**			
吉州区	8	2	4	1	1					
青原区	20	9	10		1	1	1			
吉安县	33	7	20	3	3					
吉水县	10		10							
峡江县	2		2							
新干县	24	16	8							
永丰县	4	2	1		1					
泰和县	4	1	3							
遂川县	9	2	7							
万安县	14	4	10							
安福县	19		3	16						
永新县	10	3	6	1						
井冈山市	4	4								
宜春市	**249**	**51**	**169**	**14**	**15**	**19**	**2**	**4**		**13**
袁州区	79	18	45	9	7	14	2	4		8
奉新县	9	1	8							
万载县	11	3	8							
上高县	13	1	12							
宜丰县	31	10	20	1						
靖安县	6		4	1	1					
铜鼓县	4		4							
丰城市	26	10	10		6					
樟树市	19	7	11	1		4				4
高安市	51	1	47	2	1	1				1
抚州市	**257**	**57**	**137**	**35**	**28**	**4**	**3**			**1**
临川区	145	34	72	20	19	1				1
东乡区	18	8	9		1					
南城县	21	5	16							
黎川县	3		3							
南丰县	4	1	2	1						
崇仁县	13		11	2		3	3			
乐安县	14	5	9							
宜黄县	27		10	11	6					
金溪县	4	1	1		2					
资溪县	1		1							
广昌县	7	3	3	1						
上饶市	**285**	**86**	**157**	**15**	**27**	**9**	**4**	**1**	**4**	
信州区	50	4	38	4	4					
广丰区	28	4	22	2						
广信区	53	27	20	2	4					
玉山县	31	12	17	2						
铅山县	7	1	6							
横峰县	6	1	5			4	4			
弋阳县	8	2	6							
余干县	41	15	8	2	16					
鄱阳县	13	6	7			1		1		
万年县	14	4	10			4			4	
婺源县	7	3	3		1					
德兴市	27	7	15	3	2					

7-1　续表 28　　　　　　　　　　　　　　　　　　　　　　　　　　　　　　单位：人

现住地	省外									
	陕西					甘肃				
	小计	乡	镇的村委会	镇的居委会	街道	小计	乡	镇的村委会	镇的居委会	街道
全　省	**2115**	**403**	**984**	**239**	**489**	**2375**	**636**	**1026**	**245**	**468**
南昌市	**855**	**122**	**379**	**114**	**240**	**1120**	**311**	**480**	**109**	**220**
东湖区	41	3	15	8	15	31	4	11	5	11
西湖区	47	15	22	3	7	38	20	12	4	2
青云谱区	26	4	15	4	3	18	4	12	1	1
青山湖区	287	42	127	39	79	485	134	220	32	99
新建区	76	14	33	4	25	62	18	24	9	11
红谷滩区	195	14	77	30	74	198	32	72	27	67
南昌县	149	26	67	20	36	248	92	109	26	21
安义县	23	4	15	3	1	28	4	18	1	5
进贤县	11		8	3		12	3	2	4	3
景德镇市	**48**	**10**	**17**	**8**	**13**	**68**	**18**	**17**	**13**	**20**
昌江区	3	1	1		1	8	5	2	1	
珠山区	25	1	13	6	5	21	6	8	2	5
浮梁县	15	8	1	2	4	35	7	6	9	13
乐平市	5		2		3	4		1	1	2
萍乡市	**40**	**7**	**25**	**7**	**1**	**51**	**5**	**31**	**10**	**5**
安源区	17	3	7	6	1	28	1	13	9	5
湘东区	9	2	7			8	1	7		
莲花县	1	1				2	2			
上栗县	9	1	7	1		5	1	3	1	
芦溪县	4		4			8		8		
九江市	**231**	**62**	**94**	**22**	**53**	**333**	**71**	**156**	**38**	**68**
濂溪区	31	6	9	3	13	149	27	67	21	34
浔阳区	19	3	6	4	6	42	7	20	2	13
柴桑区	30	11	13	4	2	21	7	14		
武宁县	10	6	4			7	2	1	3	1
修水县	7	3	4			8	2	2	4	
永修县	24	5	10	1	8	19	4	8	5	2
德安县	2	1	1			6	4	2		
都昌县						3	2	1		
湖口县	4	1	1	1	1	12	5	5	2	
彭泽县	15		10	1	4	23	3	20		
瑞昌市	31	17	10	1	3	15	5	9		1
共青城市	56	9	25	7	15	28	3	7	1	17
庐山市	2		1		1					
新余市	**44**	**5**	**23**	**4**	**12**	**96**	**19**	**50**	**5**	**22**
渝水区	30	5	13	4	8	89	17	49	5	18
分宜县	14		10		4	7	2	1		4
鹰潭市	**68**	**11**	**37**	**7**	**13**	**31**	**9**	**8**	**9**	**5**
月湖区	20	4	7	3	6	10	2	2	4	2
余江区	13	2	7	1	3	4	4			
贵溪市	35	5	23	3	4	17	3	6	5	3
赣州市	**317**	**59**	**170**	**44**	**44**	**229**	**54**	**96**	**31**	**48**
章贡区	105	22	38	14	31	126	22	41	23	40
南康区	53	13	33	5	2	8	2	4	2	
赣县区	15	4	10	1		7	1	4	2	
信丰县	28		21	7		10	1	9		
大余县	12	1	10		1	3	2	1		
上犹县	4		1	3		6	5	1		
崇义县	1		1							
安远县	5		1	1	3	1		1		
定南县	8		7	1		2		2		
全南县	13		11	2						

7-1 续表 29

单位：人

现住地	省外									
	陕西					甘肃				
	小计	乡	镇的村委会	镇的居委会	街道	小计	乡	镇的村委会	镇的居委会	街道
宁都县	13	2	8	1	2	27	8	15		4
于都县	4	1	3							
兴国县	21	10	8	3		25	6	12	4	3
会昌县	11	1	6	4		4	4			
寻乌县	6	3	3			2		1		1
石城县	1			1		1		1		
瑞金市	1			1		2	1	1		
龙南市	16	2	9		5	5	2	3		
吉安市	**89**	**34**	**38**	**7**	**10**	**72**	**19**	**42**	**4**	**7**
吉州区	7	3	4			6	2	4		
青原区	18	7	4		7	23	4	12	3	4
吉安县	15	4	9	2		23	10	10	1	2
吉水县	10	1	5	4		2		2		
峡江县										
新干县	2		2							
永丰县	5	4	1							
泰和县	8	2	6			1		1		
遂川县	3		2		1					
万安县	2	1	1							
安福县	5	3	1	1		2	2			
永新县	1		1			11	1	9		1
井冈山市	13	9	2		2	4		4		
宜春市	**178**	**34**	**100**	**11**	**33**	**127**	**34**	**59**	**6**	**28**
袁州区	41	9	19	2	11	54	16	17	5	16
奉新县	9	5	4			2		1		1
万载县	13	1	8	1	3	3		2		1
上高县	11	6	3	1	1	16	7	9		
宜丰县	24	2	19	1	2	10	2	8		
靖安县	3		2		1	2		2		
铜鼓县	1			1		1	1			
丰城市	21		17	2	2	11	6	4		1
樟树市	29	11	11	1	6	10		6		4
高安市	26		17	2	7	18	2	10	1	5
抚州市	**101**	**21**	**30**	**6**	**44**	**90**	**27**	**32**	**8**	**23**
临川区	38	10	11	4	13	61	16	18	5	22
东乡区	6	3	2		1	5	4		1	
南城县	3	2	1							
黎川县	2	1	1							
南丰县	7		3		4	1		1		
崇仁县	5	1	2		2	7	5	1		1
乐安县	24		4		20	7	1	5	1	
宜黄县	8		4	1	3	8		7	1	
金溪县	3	2			1	1	1			
资溪县	1		1							
广昌县	4	2	1	1						
上饶市	**144**	**38**	**71**	**9**	**26**	**158**	**69**	**55**	**12**	**22**
信州区	20		10	2	8	46	4	15	10	17
广丰区	6	2	1	3						
广信区	33	10	18		5	60	37	23		
玉山县	10	3	4	1	2	11	6	5		
铅山县	1	1				1			1	
横峰县	3	1	1		1	2	2			
弋阳县	8	1	5	2		3		3		
余干县	9	4			5	11	8	3		
鄱阳县	12	7	3		2	3	1		1	1
万年县	10	5	5			3	1	1		1
婺源县	12		12			11	8	3		
德兴市	20	4	12	1	3	7	2	2		3

7−1　续表 30

单位：人

现住地	省外									
	青海					宁夏				
	小计	乡	镇的村委会	镇的居委会	街道	小计	乡	镇的村委会	镇的居委会	街道
全　省	**528**	**109**	**208**	**63**	**148**	**472**	**92**	**179**	**52**	**149**
南昌市	**317**	**79**	**121**	**38**	**79**	**291**	**62**	**116**	**30**	**83**
东湖区	12		9	1	2	10	1	2	7	
西湖区	9	1	6	1	1	1				1
青云谱区	3	1	1		1	2		2		
青山湖区	114	26	51	8	29	166	33	75	13	45
新建区	9	2	5		2	4				4
红谷滩区	106	34	25	17	30	36	5	6	7	18
南昌县	56	14	19	10	13	72	23	31	3	15
安义县	4	1	2		1					
进贤县	4		3	1						
景德镇市	**4**			**2**	**2**	**8**	**2**	**2**	**1**	**3**
昌江区										
珠山区						3	1	1		1
浮梁县	4			2	2	5	1	1	1	2
乐平市										
萍乡市	**11**	**2**	**5**	**2**	**2**	**9**	**1**	**7**	**1**	
安源区	10	2	4	2	2	6		5	1	
湘东区										
莲花县										
上栗县	1		1			3	1	2		
芦溪县										
九江市	**64**	**6**	**24**	**11**	**23**	**50**	**7**	**18**	**7**	**18**
濂溪区	23	3	10	4	6	29	2	11	4	12
浔阳区	24		7	5	12	8	1	2	2	3
柴桑区	1	1								
武宁县										
修水县						1		1		
永修县	1		1			4	3	1		
德安县						1		1		
都昌县	1			1						
湖口县						1		1		
彭泽县						1	1			
瑞昌市										
共青城市	14	2	6	1	5	5		1	1	3
庐山市										
新余市	**23**		**9**	**2**	**12**	**12**	**1**	**7**	**2**	**2**
渝水区	19		5	2	12	10	1	7		2
分宜县	4		4			2			2	
鹰潭市	**6**		**2**		**4**	**2**				**2**
月湖区	2		2			2				2
余江区										
贵溪市	4				4					
赣州市	**50**	**10**	**27**	**4**	**9**	**55**	**8**	**13**	**9**	**25**
章贡区	32	6	16	3	7	45	5	10	9	21
南康区	3	3								
赣县区	1		1			2	1	1		
信丰县										
大余县						1		1		
上犹县										
崇义县	1			1						
安远县										
定南县										
全南县										

7−1 续表 31

单位：人

现住地	省外									
	青海					宁夏				
	小计	乡	镇的村委会	镇的居委会	街道	小计	乡	镇的村委会	镇的居委会	街道
宁都县	10		8		2	6	2			4
于都县										
兴国县	1	1								
会昌县										
寻乌县										
石城县	1		1			1		1		
瑞金市										
龙南市	1		1							
吉安市	**10**	**1**	**5**		**4**	**16**	**4**	**8**		**4**
吉州区	2	1	1							
青原区	2				2	1		1		
吉安县	1		1			2		2		
吉水县	2				2					
峡江县										
新干县										
永丰县										
泰和县						12	4	4		4
遂川县						1		1		
万安县										
安福县										
永新县	3		3							
井冈山市										
宜春市	**12**	**3**	**5**		**4**	**9**	**1**	**1**	**1**	**6**
袁州区	8	3	4		1	1				1
奉新县	1		1			1				1
万载县						1				1
上高县	1				1					
宜丰县										
靖安县										
铜鼓县										
丰城市						4	1			3
樟树市										
高安市	2				2	2		1	1	
抚州市	**14**	**4**	**5**	**2**	**3**	**6**	**2**	**1**		**3**
临川区	11	4	4	1	2	5	2			3
东乡区	1			1						
南城县										
黎川县										
南丰县										
崇仁县	2		1		1					
乐安县										
宜黄县										
金溪县										
资溪县						1		1		
广昌县										
上饶市	**17**	**4**	**5**	**2**	**6**	**14**	**4**	**6**	**1**	**3**
信州区	9	1	3		5	7	1	3	1	2
广丰区										
广信区	2		1		1	6	3	3		
玉山县	2			2						
铅山县	1	1								
横峰县	1		1							
弋阳县										
余干县										
鄱阳县	1	1				1				1
万年县										
婺源县	1	1								
德兴市										

7-1　续表 32

单位：人

现住地	省外				
	新疆				
	小计	乡	镇的村委会	镇的居委会	街道
全　省	**815**	**178**	**248**	**132**	**257**
南昌市	**508**	**112**	**145**	**90**	**161**
东湖区	19	3	4	3	9
西湖区	18	6	10		2
青云谱区	4	2			2
青山湖区	176	32	56	20	68
新建区	36	18	9	5	4
红谷滩区	156	28	48	29	51
南昌县	93	22	15	31	25
安义县	1			1	
进贤县	5	1	3	1	
景德镇市	**13**			**3**	**10**
昌江区					
珠山区	4				4
浮梁县	9			3	6
乐平市					
萍乡市	**22**		**16**	**6**	
安源区	17		13	4	
湘东区					
莲花县					
上栗县	1		1		
芦溪县	4		2	2	
九江市	**69**	**26**	**25**	**6**	**12**
濂溪区	6	1	1		4
浔阳区	17	2	4	4	7
柴桑区					
武宁县	1	1			
修水县					
永修县					
德安县	40	21	18	1	
都昌县	1			1	
湖口县	1	1			
彭泽县					
瑞昌市					
共青城市	3		2		1
庐山市					
新余市	**8**			**1**	**7**
渝水区	8			1	7
分宜县					
鹰潭市	**2**	**1**	**1**		
月湖区					
余江区	1		1		
贵溪市	1	1			
赣州市	**101**	**17**	**37**	**18**	**29**
章贡区	71	13	25	9	24
南康区	7	4	2	1	
赣县区					
信丰县	1		1		
大余县	3			2	1
上犹县	1		1		
崇义县					
安远县	1		1		
定南县	6		6		
全南县					

7—1　续表 33

单位：人

现住地	省外				
	新疆				
	小计	乡	镇的村委会	镇的居委会	街道
宁都县	4			1	3
于都县					
兴国县	1				1
会昌县					
寻乌县					
石城县	6		1	5	
瑞金市					
龙南市					
吉安市	**13**		**3**	**2**	**8**
吉州区	3		1	2	
青原区	5		1		4
吉安县	2				2
吉水县					
峡江县					
新干县					
永丰县	1		1		
泰和县					
遂川县					
万安县					
安福县	1				1
永新县					
井冈山市	1				1
宜春市	**33**		**11**	**2**	**20**
袁州区	5			1	4
奉新县	1			1	
万载县					
上高县					
宜丰县	3		2		1
靖安县					
铜鼓县					
丰城市	9		8		1
樟树市	3		1		2
高安市	12				12
抚州市	**31**	**19**	**5**	**2**	**5**
临川区	25	15	4	1	5
东乡区					
南城县					
黎川县					
南丰县	1		1		
崇仁县	1			1	
乐安县					
宜黄县					
金溪县	4	4			
资溪县					
广昌县					
上饶市	**15**	**3**	**5**	**2**	**5**
信州区	8	2	3	1	2
广丰区					
广信区	3	1	2		
玉山县	3				3
铅山县					
横峰县					
弋阳县					
余干县					
鄱阳县					
万年县	1			1	
婺源县					
德兴市					

7-1a　全省按现住地、户口登记地类型分的户口登记地在外乡镇街道人口(城市)

单位：人

现住地	合计					省内				
	合计	乡	镇的村委会	镇的居委会	街道	小计	乡	镇的村委会	镇的居委会	街道
全　省	**675281**	**129848**	**273598**	**85717**	**186118**	**616928**	**119347**	**249730**	**78107**	**169744**
南昌市	**191209**	**34650**	**71919**	**27040**	**57600**	**167260**	**30634**	**62068**	**23828**	**50730**
东湖区	15196	1394	3826	1795	8181	13499	1213	3301	1583	7402
西湖区	21154	2708	5432	2434	10580	18761	2193	4444	2216	9908
青云谱区	18151	2404	5823	1357	8567	16573	2136	5106	1255	8076
青山湖区	70872	12174	31110	13639	13949	61892	10628	27195	12132	11937
新建区	30859	11023	13536	2990	3310	29381	10635	12845	2844	3057
红谷滩区	34928	4927	12173	4819	13009	27108	3811	9158	3792	10347
南昌县	49	20	19	6	4	46	18	19	6	3
安义县										
进贤县										
景德镇市	**31600**	**3520**	**11694**	**3990**	**12396**	**29705**	**3261**	**11028**	**3713**	**11703**
昌江区	7225	1429	2401	956	2439	6799	1328	2231	905	2335
珠山区	17098	1756	4383	2373	8586	15930	1610	4041	2180	8099
浮梁县	91	11	42	8	30	84	11	36	8	29
乐平市	7186	324	4868	653	1341	6892	312	4720	620	1240
萍乡市	**25329**	**2462**	**10166**	**5865**	**6836**	**23365**	**2219**	**9409**	**5393**	**6344**
安源区	22289	2093	7963	5666	6567	20554	1908	7351	5201	6094
湘东区	2832	344	2038	199	251	2641	304	1912	192	233
莲花县										
上栗县	208	25	165		18	170	7	146		17
芦溪县										
九江市	**62919**	**13617**	**20563**	**6984**	**21755**	**55901**	**12284**	**17874**	**6205**	**19538**
濂溪区	19060	2943	5764	2407	7946	16675	2583	4829	2115	7148
浔阳区	17628	2215	4886	2027	8500	15179	1779	3830	1782	7788
柴桑区	5411	2597	1731	315	768	5140	2475	1636	291	738
武宁县										
修水县										
永修县										
德安县										
都昌县										
湖口县										
彭泽县										
瑞昌市	8924	2926	3148	975	1875	8703	2875	3065	941	1822
共青城市	9391	2417	3557	787	2630	7754	2060	3060	620	2014
庐山市	2505	519	1477	473	36	2450	512	1454	456	28
新余市	**35793**	**5129**	**20380**	**2994**	**7290**	**34112**	**4877**	**19598**	**2809**	**6828**
渝水区	35793	5129	20380	2994	7290	34112	4877	19598	2809	6828
分宜县										
鹰潭市	**27341**	**4731**	**11983**	**3135**	**7492**	**25867**	**4501**	**11377**	**2926**	**7063**
月湖区	13768	1787	5453	1822	4706	12867	1677	5061	1695	4434
余江区	3936	1554	1343	843	196	3713	1481	1262	798	172
贵溪市	9637	1390	5187	470	2590	9287	1343	5054	433	2457
赣州市	**105306**	**28695**	**45666**	**14521**	**16424**	**96987**	**27048**	**42031**	**13388**	**14520**
章贡区	48564	7852	19956	8308	12448	43118	6910	17782	7541	10885
南康区	28375	11744	11657	1804	3170	26833	11320	10846	1662	3005
赣县区	11375	1978	6646	2368	383	10853	1896	6369	2254	334
信丰县										
大余县										
上犹县										
崇义县										
安远县										
定南县										
全南县										

7－1a 续表 1

单位：人

现住地	合计					省内				
	合计	乡	镇的村委会	镇的居委会	街道	小计	乡	镇的村委会	镇的居委会	街道
宁都县										
于都县										
兴国县										
会昌县										
寻乌县	39	3	30	6		39	3	30	6	
石城县										
瑞金市	8586	4449	3165	859	113	8398	4400	3087	826	85
龙南市	8367	2669	4212	1176	310	7746	2519	3917	1099	211
吉安市	**21450**	**3268**	**8374**	**3273**	**6535**	**19969**	**2984**	**7799**	**3097**	**6089**
吉州区	12172	1610	4120	1759	4683	11566	1536	3872	1693	4465
青原区	7016	1091	3376	922	1627	6230	915	3084	820	1411
吉安县										
吉水县										
峡江县										
新干县										
永丰县										
泰和县										
遂川县										
万安县										
安福县										
永新县										
井冈山市	2262	567	878	592	225	2173	533	843	584	213
宜春市	**80918**	**14208**	**36794**	**5954**	**23962**	**76447**	**13430**	**34793**	**5508**	**22716**
袁州区	42027	8530	19036	2561	11900	39379	8043	17909	2258	11169
奉新县										
万载县										
上高县										
宜丰县										
靖安县										
铜鼓县										
丰城市	15006	1709	6267	1599	5431	14233	1609	5853	1526	5245
樟树市	11717	2151	4987	570	4009	11243	2059	4799	549	3836
高安市	12168	1818	6504	1224	2622	11592	1719	6232	1175	2466
抚州市	**42755**	**9409**	**18052**	**4410**	**10884**	**40799**	**8779**	**17457**	**4193**	**10370**
临川区	31456	6541	11329	3149	10437	29844	6048	10865	2974	9957
东乡区	11299	2868	6723	1261	447	10955	2731	6592	1219	413
南城县										
黎川县										
南丰县										
崇仁县										
乐安县										
宜黄县										
金溪县										
资溪县										
广昌县										
上饶市	**50661**	**10159**	**18007**	**7551**	**14944**	**46516**	**9330**	**16296**	**7047**	**13843**
信州区	21244	2144	6398	3679	9023	19392	1953	5689	3401	8349
广丰区	7513	860	3147	1603	1903	7116	799	2951	1550	1816
广信区	16936	6265	6849	1517	2305	15563	5752	6259	1434	2118
玉山县										
铅山县	12		12			9		9		
横峰县										
弋阳县										
余干县	84	68	13	2	1	74	67	4	2	1
鄱阳县	1			1		1			1	
万年县										
婺源县										
德兴市	4871	822	1588	749	1712	4361	759	1384	659	1559

7-1a　续表 2　　　　单位：人

现住地	省外									
	小计					北京				
	小计	乡	镇的村委会	镇的居委会	街道	小计	乡	镇的村委会	镇的居委会	街道
全　省	**58353**	**10501**	**23868**	**7610**	**16374**	**353**	**10**	**28**	**64**	**251**
南昌市	**23949**	**4016**	**9851**	**3212**	**5870**	**182**	**3**	**12**	**28**	**139**
东湖区	1697	181	525	212	779	29	1		2	26
西湖区	2393	515	988	218	672	22		1	9	12
青云谱区	1578	268	717	102	491	7				7
青山湖区	8980	1546	3915	1507	2012	38		7	10	21
新建区	1478	388	691	146	253	16		1		15
红谷滩区	7820	1116	3015	1027	2662	70	2	3	7	58
南昌县	3	2			1					
安义县										
进贤县										
景德镇市	**1895**	**259**	**666**	**277**	**693**	**15**		**1**	**4**	**10**
昌江区	426	101	170	51	104	2		1		1
珠山区	1168	146	342	193	487	13			4	9
浮梁县	7		6		1					
乐平市	294	12	148	33	101					
萍乡市	**1964**	**243**	**757**	**472**	**492**	**10**		**2**	**2**	**6**
安源区	1735	185	612	465	473	9		1	2	6
湘东区	191	40	126	7	18	1		1		
莲花县										
上栗县	38	18	19		1					
芦溪县										
九江市	**7018**	**1333**	**2689**	**779**	**2217**	**28**	**3**	**2**	**5**	**18**
濂溪区	2385	360	935	292	798	6	1	2		3
浔阳区	2449	436	1056	245	712	19	2		3	14
柴桑区	271	122	95	24	30	1			1	
武宁县										
修水县										
永修县										
德安县										
都昌县										
湖口县										
彭泽县										
瑞昌市	221	51	83	34	53	1				1
共青城市	1637	357	497	167	616	1			1	
庐山市	55	7	23	17	8					
新余市	**1681**	**252**	**782**	**185**	**462**	**4**			**1**	**3**
渝水区	1681	252	782	185	462	4			1	3
分宜县										
鹰潭市	**1474**	**230**	**606**	**209**	**429**	**8**				**8**
月湖区	901	110	392	127	272	7				7
余江区	223	73	81	45	24					
贵溪市	350	47	133	37	133	1				1
赣州市	**8319**	**1647**	**3635**	**1133**	**1904**	**23**	**3**	**4**	**8**	**8**
章贡区	5446	942	2174	767	1563	18	2	2	7	7
南康区	1542	424	811	142	165	3		1	1	1
赣县区	522	82	277	114	49	2	1	1		
信丰县										
大余县										
上犹县										
崇义县										
安远县										
定南县										
全南县										

7−1a　续表 3

单位：人

现住地	省外									
	小计					北京				
	小计	乡	镇的村委会	镇的居委会	街道	小计	乡	镇的村委会	镇的居委会	街道
宁都县										
于都县										
兴国县										
会昌县										
寻乌县										
石城县										
瑞金市	188	49	78	33	28					
龙南市	621	150	295	77	99					
吉安市	**1481**	**284**	**575**	**176**	**446**	**13**		**3**	**2**	**8**
吉州区	606	74	248	66	218	9		1	2	6
青原区	786	176	292	102	216	4		2		2
吉安县										
吉水县										
峡江县										
新干县										
永丰县										
泰和县										
遂川县										
万安县										
安福县										
永新县										
井冈山市	89	34	35	8	12					
宜春市	**4471**	**778**	**2001**	**446**	**1246**	**32**		**2**	**5**	**25**
袁州区	2648	487	1127	303	731	21			4	17
奉新县										
万载县										
上高县										
宜丰县										
靖安县										
铜鼓县										
丰城市	773	100	414	73	186					
樟树市	474	92	188	21	173	2				2
高安市	576	99	272	49	156	9		2	1	6
抚州市	**1956**	**630**	**595**	**217**	**514**	**14**	**1**		**3**	**10**
临川区	1612	493	464	175	480	14	1		3	10
东乡区	344	137	131	42	34					
南城县										
黎川县										
南丰县										
崇仁县										
乐安县										
宜黄县										
金溪县										
资溪县										
广昌县										
上饶市	**4145**	**829**	**1711**	**504**	**1101**	**24**		**2**	**6**	**16**
信州区	1852	191	709	278	674	16		1	2	13
广丰区	397	61	196	53	87	1		1		
广信区	1373	513	590	83	187	4			2	2
玉山县										
铅山县	3		3							
横峰县										
弋阳县										
余干县	10	1	9							
鄱阳县										
万年县										
婺源县										
德兴市	510	63	204	90	153	3			2	1

7-1a　续表 4　　　　单位：人

现住地	省外									
	天津					河北				
	小计	乡	镇的村委会	镇的居委会	街道	小计	乡	镇的村委会	镇的居委会	街道
全　省	**490**	**42**	**53**	**73**	**322**	**1736**	**319**	**735**	**228**	**454**
南昌市	**180**	**4**	**28**	**36**	**112**	**867**	**168**	**374**	**110**	**215**
东湖区	9		1	2	6	46	8	12	8	18
西湖区	6		1		5	121	35	67	3	16
青云谱区	3				3	61	8	37		16
青山湖区	67	1	12	12	42	292	48	135	55	54
新建区	6		4		2	43	19	18	3	3
红谷滩区	89	3	10	22	54	303	50	105	41	107
南昌县						1				1
安义县										
进贤县										
景德镇市	**122**	**5**		**20**	**97**	**49**	**8**	**23**	**9**	**9**
昌江区	4				4	10	1	4	3	2
珠山区	118	5		20	93	34	7	15	6	6
浮梁县										
乐平市						5		4		1
萍乡市	**13**			**1**	**12**	**39**	**1**	**26**	**5**	**7**
安源区	13			1	12	38	1	25	5	7
湘东区						1		1		
莲花县										
上栗县										
芦溪县										
九江市	**60**	**10**	**8**	**4**	**38**	**164**	**33**	**46**	**18**	**67**
濂溪区	6			1	5	50	8	13	9	20
浔阳区	4			1	3	35	8	8	5	14
柴桑区						4	1	1	2	
武宁县										
修水县										
永修县										
德安县										
都昌县										
湖口县										
彭泽县										
瑞昌市										
共青城市	50	10	8	2	30	75	16	24	2	33
庐山市										
新余市	**1**				**1**	**55**	**4**	**32**	**9**	**10**
渝水区	1				1	55	4	32	9	10
分宜县										
鹰潭市	**5**				**5**	**41**	**5**	**18**	**4**	**14**
月湖区	2				2	21	4	7	4	6
余江区	1				1	6	1	4		1
贵溪市	2				2	14		7		7
赣州市	**49**	**2**	**11**	**4**	**32**	**219**	**32**	**82**	**45**	**60**
章贡区	44	2	11	4	27	174	29	66	29	50
南康区						28	2	9	12	5
赣县区	1				1	8		4	4	
信丰县										
大余县										
上犹县										
崇义县										
安远县										
定南县										
全南县										

7-1a 续表 5

单位：人

现住地	省外									
	天津					河北				
	小计	乡	镇的村委会	镇的居委会	街道	小计	乡	镇的村委会	镇的居委会	街道
宁都县										
于都县										
兴国县										
会昌县										
寻乌县										
石城县										
瑞金市						1				1
龙南市	4				4	8	1	3		4
吉安市	**13**	**3**		**3**	**7**	**75**	**12**	**31**	**9**	**23**
吉州区	2				2	22		16		6
青原区	11	3		3	5	52	12	14	9	17
吉安县										
吉水县										
峡江县										
新干县										
永丰县										
泰和县										
遂川县										
万安县										
安福县										
永新县										
井冈山市						1		1		
宜春市	**16**	**3**	**4**	**3**	**6**	**112**	**27**	**54**	**13**	**18**
袁州区	13	2	3	3	5	61	17	28	7	9
奉新县										
万载县										
上高县										
宜丰县										
靖安县										
铜鼓县										
丰城市	2	1			1	11	2	6	3	
樟树市	1		1			18	7	7		4
高安市						22	1	13	3	5
抚州市	**14**	**9**		**1**	**4**	**28**	**14**	**6**	**3**	**5**
临川区	14	9		1	4	26	13	6	2	5
东乡区						2	1		1	
南城县										
黎川县										
南丰县										
崇仁县										
乐安县										
宜黄县										
金溪县										
资溪县										
广昌县										
上饶市	**17**	**6**	**2**	**1**	**8**	**87**	**15**	**43**	**3**	**26**
信州区	6		2	1	3	63	5	34	3	21
广丰区	1				1	2		1		1
广信区	7	6			1	18	10	8		
玉山县										
铅山县										
横峰县										
弋阳县										
余干县										
鄱阳县										
万年县										
婺源县										
德兴市	3				3	4				4

7-1a　续表 6

单位：人

现住地	省外									
	山西					内蒙古				
	小计	乡	镇的村委会	镇的居委会	街道	小计	乡	镇的村委会	镇的居委会	街道
全　省	**1053**	**162**	**412**	**149**	**330**	**726**	**118**	**205**	**121**	**282**
南昌市	**491**	**69**	**191**	**86**	**145**	**407**	**51**	**110**	**76**	**170**
东湖区	29	6	6	3	14	21	1	6	6	8
西湖区	36	6	14	5	11	28	2	8	3	15
青云谱区	20	4	7	6	3	14	3	1	2	8
青山湖区	178	26	71	37	44	146	23	38	30	55
新建区	14	5	4	4	1	14	4	9		1
红谷滩区	214	22	89	31	72	184	18	48	35	83
南昌县										
安义县										
进贤县										
景德镇市	**28**	**3**	**14**	**5**	**6**	**20**	**3**	**4**	**1**	**12**
昌江区	10		7	1	2	2				2
珠山区	14	3	6	3	2	14	2	1	1	10
浮梁县										
乐平市	4		1	1	2	4	1	3		
萍乡市	**9**	**1**	**7**		**1**	**7**	**1**	**1**	**2**	**3**
安源区	8	1	6		1	6	1	1	2	2
湘东区	1		1			1				1
莲花县										
上栗县										
芦溪县										
九江市	**149**	**15**	**51**	**20**	**63**	**74**	**14**	**22**	**13**	**25**
濂溪区	60	5	26	10	19	40	6	11	7	16
浔阳区	20	1	6	1	12	17	3	8	2	4
柴桑区						1	1			
武宁县										
修水县										
永修县										
德安县										
都昌县										
湖口县										
彭泽县										
瑞昌市	4	1			3	1	1			
共青城市	61	8	15	9	29	15	3	3	4	5
庐山市	4		4							
新余市	**23**	**1**	**14**	**2**	**6**	**26**	**4**	**9**		**13**
渝水区	23	1	14	2	6	26	4	9		13
分宜县										
鹰潭市	**14**		**6**	**5**	**3**	**8**	**2**	**4**		**2**
月湖区	12		5	4	3	6	2	2		2
余江区	1			1						
贵溪市	1		1			2		2		
赣州市	**135**	**25**	**48**	**19**	**43**	**75**	**21**	**18**	**8**	**28**
章贡区	123	21	42	17	43	59	17	12	7	23
南康区	3	3				7	1	3		3
赣县区	3		1	2		5	3	1	1	
信丰县										
大余县										
上犹县										
崇义县										
安远县										
定南县										
全南县										

7−1a 续表 7

单位：人

现住地	省外									
	山西					内蒙古				
	小计	乡	镇的村委会	镇的居委会	街道	小计	乡	镇的村委会	镇的居委会	街道
宁都县										
于都县										
兴国县										
会昌县										
寻乌县										
石城县										
瑞金市						1		1		
龙南市	6	1	5			3		1		2
吉安市	**25**	**8**	**5**		**12**	**27**	**9**	**7**	**3**	**8**
吉州区	7	1			6	4		1	1	2
青原区	18	7	5		6	23	9	6	2	6
吉安县										
吉水县										
峡江县										
新干县										
永丰县										
泰和县										
遂川县										
万安县										
安福县										
永新县										
井冈山市										
宜春市	**64**	**9**	**33**	**4**	**18**	**28**	**1**	**14**	**6**	**7**
袁州区	39	7	14	3	15	16	1	6	4	5
奉新县										
万载县										
上高县										
宜丰县										
靖安县										
铜鼓县										
丰城市	15	1	11	1	2	6		5		1
樟树市	4		3		1	2		1	1	
高安市	6	1	5			4		2	1	1
抚州市	**32**	**9**	**15**	**2**	**6**	**25**	**6**	**5**	**7**	**7**
临川区	30	9	13	2	6	21	5	5	5	6
东乡区	2		2			4	1		2	1
南城县										
黎川县										
南丰县										
崇仁县										
乐安县										
宜黄县										
金溪县										
资溪县										
广昌县										
上饶市	**83**	**22**	**28**	**6**	**27**	**29**	**6**	**11**	**5**	**7**
信州区	54	3	25	6	20	13		6	2	5
广丰区	1				1	2	1	1		
广信区	21	18	1		2	11	5	3	3	
玉山县										
铅山县										
横峰县										
弋阳县										
余干县										
鄱阳县										
万年县										
婺源县										
德兴市	7	1	2		4	3		1		2

7-1a　续表 8

单位：人

现住地	省外									
	辽宁					吉林				
	小计	乡	镇的村委会	镇的居委会	街道	小计	乡	镇的村委会	镇的居委会	街道
全　省	**864**	**93**	**264**	**125**	**382**	**704**	**107**	**203**	**97**	**297**
南昌市	**427**	**40**	**128**	**64**	**195**	**370**	**49**	**108**	**52**	**161**
东湖区	33	2	8	5	18	31	2	4	5	20
西湖区	48	4	12	7	25	22	4	5	3	10
青云谱区	28	2	8	1	17	21	2	10	1	8
青山湖区	160	16	57	31	56	145	24	45	23	53
新建区	8	3	2	2	1	15	4	5	1	5
红谷滩区	150	13	41	18	78	136	13	39	19	65
南昌县										
安义县										
进贤县										
景德镇市	**34**	**4**	**5**	**13**	**12**	**14**	**2**	**3**	**1**	**8**
昌江区	4	2			2	1		1		
珠山区	23	2	4	7	10	12	2	1	1	8
浮梁县										
乐平市	7		1	6		1		1		
萍乡市	**16**		**5**	**9**	**2**	**33**	**2**	**11**	**9**	**11**
安源区	15		4	9	2	33	2	11	9	11
湘东区	1		1							
莲花县										
上栗县										
芦溪县										
九江市	**110**	**8**	**37**	**7**	**58**	**79**	**11**	**23**	**7**	**38**
濂溪区	29		9	1	19	17	3	6		8
浔阳区	38	3	17	5	13	35	6	15	4	10
柴桑区										
武宁县										
修水县										
永修县										
德安县										
都昌县										
湖口县										
彭泽县										
瑞昌市	1		1			1			1	
共青城市	42	5	10	1	26	26	2	2	2	20
庐山市										
新余市	**23**	**3**	**8**	**4**	**8**	**19**	**3**	**5**		**11**
渝水区	23	3	8	4	8	19	3	5		11
分宜县										
鹰潭市	**18**	**2**	**3**	**4**	**9**	**15**	**2**	**4**	**1**	**8**
月湖区	11	1	3	3	4	11	1	2		8
余江区						1			1	
贵溪市	7	1		1	5	3	1	2		
赣州市	**91**	**6**	**28**	**12**	**45**	**80**	**22**	**26**	**14**	**18**
章贡区	79	5	24	9	41	72	20	23	12	17
南康区	7	1	3	2	1	3		1	1	1
赣县区	1			1		4	1	2	1	
信丰县										
大余县										
上犹县										
崇义县										
安远县										
定南县										
全南县										

7-1a 续表 9

单位：人

现住地	省外									
	辽宁					吉林				
	小计	乡	镇的村委会	镇的居委会	街道	小计	乡	镇的村委会	镇的居委会	街道
宁都县										
于都县										
兴国县										
会昌县										
寻乌县										
石城县										
瑞金市	3		1		2					
龙南市	1				1	1	1			
吉安市	**16**	**2**	**5**	**2**	**7**	**7**	**2**		**1**	**4**
吉州区	2				2	1			1	
青原区	14	2	5	2	5	6	2			4
吉安县										
吉水县										
峡江县										
新干县										
永丰县										
泰和县										
遂川县										
万安县										
安福县										
永新县										
井冈山市										
宜春市	**46**	**3**	**13**	**6**	**24**	**30**	**2**	**11**	**6**	**11**
袁州区	26	2	9	4	11	21	2	8	3	8
奉新县										
万载县										
上高县										
宜丰县										
靖安县										
铜鼓县										
丰城市	7	1	3	1	2	1			1	
樟树市	1				1	4		2		2
高安市	12		1	1	10	4		1	2	1
抚州市	**26**	**16**	**5**	**1**	**4**	**38**	**10**	**7**	**5**	**16**
临川区	25	15	5	1	4	37	10	6	5	16
东乡区	1	1				1		1		
南城县										
黎川县										
南丰县										
崇仁县										
乐安县										
宜黄县										
金溪县										
资溪县										
广昌县										
上饶市	**57**	**9**	**27**	**3**	**18**	**19**	**2**	**5**	**1**	**11**
信州区	28	1	12	1	14	9		4		5
广丰区						1				1
广信区	15	7	5	1	2	6	2			4
玉山县										
铅山县										
横峰县										
弋阳县										
余干县										
鄱阳县										
万年县										
婺源县										
德兴市	14	1	10	1	2	3		1	1	1

7-1a　续表 10　　　　　　　　　　　　　　　　　　　　　　　　　　　　　单位：人

现住地	省外									
	黑龙江					上海				
	小计	乡	镇的村委会	镇的居委会	街道	小计	乡	镇的村委会	镇的居委会	街道
全　省	**941**	**163**	**252**	**132**	**394**	**908**	**36**	**81**	**132**	**659**
南昌市	**440**	**62**	**111**	**67**	**200**	**326**	**8**	**18**	**47**	**253**
东湖区	45	2	5	6	32	46	2	2	6	36
西湖区	42	13	6	5	18	32			2	30
青云谱区	33	6	7	4	16	41		1	2	38
青山湖区	156	27	50	23	56	104	5	8	24	67
新建区	21	2	10	6	3	17		1	3	13
红谷滩区	143	12	33	23	75	86	1	6	10	69
南昌县										
安义县										
进贤县										
景德镇市	**45**	**7**	**10**	**7**	**21**	**41**	**2**	**1**	**5**	**33**
昌江区	2	2				6	2		1	3
珠山区	32	2	6	7	17	34		1	4	29
浮梁县										
乐平市	11	3	4		4	1				1
萍乡市	**17**	**9**	**4**	**2**	**2**	**20**		**3**	**9**	**8**
安源区	16	8	4	2	2	19		2	9	8
湘东区	1	1				1		1		
莲花县										
上栗县										
芦溪县										
九江市	**128**	**23**	**39**	**14**	**52**	**102**	**1**	**14**	**5**	**82**
濂溪区	49	7	13	9	20	18	1	2	2	13
浔阳区	32	6	14	3	9	43		4	2	37
柴桑区	1	1								
武宁县										
修水县										
永修县										
德安县										
都昌县										
湖口县										
彭泽县										
瑞昌市	2		2			8		1		7
共青城市	44	9	10	2	23	33		7	1	25
庐山市										
新余市	**20**	**6**	**3**	**3**	**8**	**29**		**2**	**8**	**19**
渝水区	20	6	3	3	8	29		2	8	19
分宜县										
鹰潭市	**21**	**4**	**3**	**8**	**6**	**34**		**1**	**8**	**25**
月湖区	8		3	4	1	18			6	12
余江区	8	3		4	1	1				1
贵溪市	5	1			4	15		1	2	12
赣州市	**126**	**15**	**43**	**17**	**51**	**61**	**3**	**9**	**9**	**40**
章贡区	113	12	37	15	49	56	2	8	8	38
南康区	9	1	4	2	2	2	1			1
赣县区						3		1	1	1
信丰县										
大余县										
上犹县										
崇义县										
安远县										
定南县										
全南县										

7—1a 续表 11

单位：人

现住地	省外									
	黑龙江					上海				
	小计	乡	镇的村委会	镇的居委会	街道	小计	乡	镇的村委会	镇的居委会	街道
宁都县										
于都县										
兴国县										
会昌县										
寻乌县										
石城县										
瑞金市	1		1							
龙南市	3	2	1							
吉安市	**13**	**2**	**4**	**2**	**5**	**25**	**2**	**2**	**6**	**15**
吉州区	4		1	1	2	10				10
青原区	9	2	3	1	3	15	2	2	6	5
吉安县										
吉水县										
峡江县										
新干县										
永丰县										
泰和县										
遂川县										
万安县										
安福县										
永新县										
井冈山市										
宜春市	**47**	**6**	**10**	**7**	**24**	**135**	**8**	**10**	**24**	**93**
袁州区	34	2	6	6	20	122	7	9	24	82
奉新县										
万载县										
上高县										
宜丰县										
靖安县										
铜鼓县										
丰城市	7	4	1	1	1	4		1		3
樟树市	4		1		3	6				6
高安市	2		2			3	1			2
抚州市	**29**	**16**	**7**	**1**	**5**	**31**	**4**	**3**	**4**	**20**
临川区	28	15	7	1	5	28	3	2	3	20
东乡区	1	1				3	1	1	1	
南城县										
黎川县										
南丰县										
崇仁县										
乐安县										
宜黄县										
金溪县										
资溪县										
广昌县										
上饶市	**55**	**13**	**18**	**4**	**20**	**104**	**8**	**18**	**7**	**71**
信州区	29	2	9	4	14	63	4	4	6	49
广丰区	3	2			1	24	4	12		8
广信区	12	7	3		2	14		2	1	11
玉山县										
铅山县										
横峰县										
弋阳县										
余干县										
鄱阳县										
万年县										
婺源县										
德兴市	11	2	6		3	3				3

7-1a 续表 12 单位：人

现住地	省外									
	江苏					浙江				
	小计	乡	镇的村委会	镇的居委会	街道	小计	乡	镇的村委会	镇的居委会	街道
全　省	**2365**	**289**	**894**	**375**	**807**	**3536**	**511**	**1365**	**471**	**1189**
南昌市	**1066**	**124**	**423**	**168**	**351**	**1293**	**140**	**525**	**151**	**477**
东湖区	75	4	23	12	36	85	7	23	7	48
西湖区	110	16	45	10	39	195	24	74	11	86
青云谱区	67	12	24	7	24	89	4	52	4	29
青山湖区	377	49	154	77	97	439	53	205	70	111
新建区	75	18	28	11	18	45	12	13	9	11
红谷滩区	362	25	149	51	137	440	40	158	50	192
南昌县										
安义县										
进贤县										
景德镇市	**116**	**8**	**29**	**19**	**60**	**175**	**19**	**72**	**22**	**62**
昌江区	25	3	4	6	12	34	6	9	3	16
珠山区	66	3	20	12	31	81	13	25	13	30
浮梁县						1		1		
乐平市	25	2	5	1	17	59		37	6	16
萍乡市	**55**	**3**	**25**	**17**	**10**	**98**	**19**	**27**	**17**	**35**
安源区	52	3	22	17	10	91	16	24	16	35
湘东区	3		3			7	3	3	1	
莲花县										
上栗县										
芦溪县										
九江市	**275**	**50**	**93**	**43**	**89**	**267**	**38**	**108**	**37**	**84**
濂溪区	60	7	24	6	23	60	7	12	15	26
浔阳区	76	4	29	19	24	98	15	53	6	24
柴桑区	16	6	7		3	14	7	6		1
武宁县										
修水县										
永修县										
德安县										
都昌县										
湖口县										
彭泽县										
瑞昌市	6	2		1	3	9	1	3	1	4
共青城市	114	31	31	16	36	83	8	33	13	29
庐山市	3		2	1		3		1	2	
新余市	**61**	**3**	**21**	**9**	**28**	**83**	**19**	**24**	**16**	**24**
渝水区	61	3	21	9	28	83	19	24	16	24
分宜县										
鹰潭市	**58**	**5**	**26**	**8**	**19**	**161**	**16**	**59**	**30**	**56**
月湖区	36	3	19	6	8	118	12	47	19	40
余江区	4	1	2		1	24	2	6	8	8
贵溪市	18	1	5	2	10	19	2	6	3	8
赣州市	**245**	**17**	**101**	**36**	**91**	**376**	**75**	**146**	**55**	**100**
章贡区	194	9	75	27	83	293	48	113	44	88
南康区	30	4	16	5	5	56	25	26	2	3
赣县区	15		10	4	1	9		2	2	5
信丰县										
大余县										
上犹县										
崇义县										
安远县										
定南县										
全南县										

7-1a　续表 13　　　　　　　　　　　　　　　　　　　　　　　　　　　　单位：人

现 住 地	省外									
	江苏					浙江				
	小计	乡	镇 的 村委会	镇 的 居委会	街道	小计	乡	镇 的 村委会	镇 的 居委会	街道
宁都县										
于都县										
兴国县										
会昌县										
寻乌县										
石城县										
瑞金市	4	4				6	2		4	
龙南市	2				2	12		5	3	4
吉安市	**50**	**11**	**15**	**5**	**19**	**106**	**11**	**36**	**13**	**46**
吉州区	28	3	10	5	10	40	1	16	3	20
青原区	21	7	5		9	60	10	17	9	24
吉安县										
吉水县										
峡江县										
新干县										
永丰县										
泰和县										
遂川县										
万安县										
安福县										
永新县										
井冈山市	1	1				6		3	1	2
宜春市	**199**	**24**	**80**	**31**	**64**	**299**	**52**	**119**	**36**	**92**
袁州区	147	15	63	25	44	208	33	84	29	62
奉新县										
万载县										
上高县										
宜丰县										
靖安县										
铜鼓县										
丰城市	11		4	2	5	38	2	22	5	9
樟树市	21	2	5	4	10	31	14	8	2	7
高安市	20	7	8		5	22	3	5		14
抚州市	**88**	**23**	**32**	**13**	**20**	**134**	**43**	**32**	**18**	**41**
临川区	61	20	16	6	19	101	26	23	16	36
东乡区	27	3	16	7	1	33	17	9	2	5
南城县										
黎川县										
南丰县										
崇仁县										
乐安县										
宜黄县										
金溪县										
资溪县										
广昌县										
上饶市	**152**	**21**	**49**	**26**	**56**	**544**	**79**	**217**	**76**	**172**
信州区	84	8	25	12	39	250	15	80	44	111
广丰区	12	1	4	6	1	61	9	38	3	11
广信区	40	12	12	7	9	134	42	55	11	26
玉山县										
铅山县						3		3		
横峰县										
弋阳县										
余干县										
鄱阳县										
万年县										
婺源县										
德兴市	16		8	1	7	96	13	41	18	24

7—1a　续表 14

单位：人

现住地	省外									
	安徽					福建				
	小计	乡	镇的村委会	镇的居委会	街道	小计	乡	镇的村委会	镇的居委会	街道
全　省	**4520**	**836**	**2114**	**548**	**1022**	**3856**	**648**	**1617**	**543**	**1048**
南昌市	**2121**	**377**	**1067**	**264**	**413**	**1312**	**206**	**589**	**152**	**365**
东湖区	152	24	51	8	69	95	4	36	7	48
西湖区	200	48	95	24	33	184	34	82	9	59
青云谱区	166	33	95	14	24	162	31	86	11	34
青山湖区	870	150	447	129	144	422	79	193	70	80
新建区	150	37	87	14	12	102	24	43	9	26
红谷滩区	583	85	292	75	131	347	34	149	46	118
南昌县										
安义县										
进贤县										
景德镇市	**234**	**41**	**106**	**18**	**69**	**139**	**10**	**62**	**29**	**38**
昌江区	84	24	39	5	16	26	2	11	12	1
珠山区	127	17	56	10	44	91	7	37	16	31
浮梁县	2		2							
乐平市	21		9	3	9	22	1	14	1	6
萍乡市	**53**	**4**	**19**	**13**	**17**	**89**	**14**	**30**	**21**	**24**
安源区	49	3	16	13	17	83	14	24	21	24
湘东区	3	1	2			6		6		
莲花县										
上栗县	1		1							
芦溪县										
九江市	**753**	**139**	**299**	**82**	**233**	**385**	**56**	**137**	**62**	**130**
濂溪区	288	38	125	26	99	103	12	40	17	34
浔阳区	268	53	121	22	72	127	14	55	16	42
柴桑区	39	20	7	7	5	8		4		4
武宁县										
修水县										
永修县										
德安县										
都昌县										
湖口县										
彭泽县										
瑞昌市	13	6	2		5	22	4	4	13	1
共青城市	134	20	43	26	45	123	26	33	15	49
庐山市	11	2	1	1	7	2		1	1	
新余市	**127**	**26**	**59**	**14**	**28**	**89**	**17**	**39**	**8**	**25**
渝水区	127	26	59	14	28	89	17	39	8	25
分宜县										
鹰潭市	**105**	**22**	**50**	**11**	**22**	**134**	**33**	**46**	**21**	**34**
月湖区	55	8	22	8	17	95	20	37	19	19
余江区	15	3	11	1		14	8	4	1	1
贵溪市	35	11	17	2	5	25	5	5	1	14
赣州市	**422**	**77**	**188**	**62**	**95**	**745**	**135**	**334**	**113**	**163**
章贡区	279	57	103	46	73	558	87	254	83	134
南康区	102	18	65	6	13	81	19	38	12	12
赣县区	29	2	12	6	9	44	9	24	8	3
信丰县										
大余县										
上犹县										
崇义县										
安远县										
定南县										
全南县										

7-1a 续表 15

单位：人

现住地	省外									
	安徽					福建				
	小计	乡	镇的村委会	镇的居委会	街道	小计	乡	镇的村委会	镇的居委会	街道
宁都县										
于都县										
兴国县										
会昌县										
寻乌县										
石城县										
瑞金市	4			4		51	14	16	7	14
龙南市	8		8			11	6	2	3	
吉安市	**72**	**11**	**37**	**13**	**11**	**146**	**29**	**57**	**20**	**40**
吉州区	27	2	13	6	6	65	13	30	4	18
青原区	43	9	23	6	5	74	15	23	16	20
吉安县										
吉水县										
峡江县										
新干县										
永丰县										
泰和县										
遂川县										
万安县										
安福县										
永新县										
井冈山市	2		1	1		7	1	4		2
宜春市	**220**	**40**	**128**	**18**	**34**	**270**	**44**	**124**	**24**	**78**
袁州区	129	22	77	11	19	145	24	73	19	29
奉新县										
万载县										
上高县										
宜丰县										
靖安县										
铜鼓县										
丰城市	48	2	32	2	12	41	2	22	2	15
樟树市	29	11	10	5	3	41	4	16		21
高安市	14	5	9			43	14	13	3	13
抚州市	**139**	**42**	**49**	**13**	**35**	**182**	**49**	**60**	**29**	**44**
临川区	126	37	43	13	33	166	44	54	26	42
东乡区	13	5	6		2	16	5	6	3	2
南城县										
黎川县										
南丰县										
崇仁县										
乐安县										
宜黄县										
金溪县										
资溪县										
广昌县										
上饶市	**274**	**57**	**112**	**40**	**65**	**365**	**55**	**139**	**64**	**107**
信州区	130	29	40	24	37	214	26	76	42	70
广丰区	26	4	11	6	5	28	1	10	7	10
广信区	90	19	50	5	16	91	22	35	10	24
玉山县										
铅山县										
横峰县										
弋阳县										
余干县						3		3		
鄱阳县										
万年县										
婺源县										
德兴市	28	5	11	5	7	29	6	15	5	3

7-1a　续表 16

单位：人

现住地	省外									
	山东					河南				
	小计	乡	镇的村委会	镇的居委会	街道	小计	乡	镇的村委会	镇的居委会	街道
全　省	**2206**	**292**	**939**	**274**	**701**	**4550**	**1118**	**2064**	**505**	**863**
南昌市	**1116**	**123**	**473**	**171**	**349**	**2069**	**465**	**995**	**271**	**338**
东湖区	84	9	27	6	42	129	15	55	20	39
西湖区	82	5	45	7	25	190	59	87	16	28
青云谱区	48	8	21	1	18	173	35	103	5	30
青山湖区	512	62	222	91	137	774	183	368	131	92
新建区	65	15	38	7	5	141	51	56	19	15
红谷滩区	325	24	120	59	122	662	122	326	80	134
南昌县										
安义县										
进贤县										
景德镇市	**65**	**8**	**36**	**5**	**16**	**118**	**14**	**61**	**14**	**29**
昌江区	10	4	5		1	21	6	8	1	6
珠山区	49	4	26	5	14	72	8	36	11	17
浮梁县										
乐平市	6		5		1	25		17	2	6
萍乡市	**35**	**6**	**11**	**8**	**10**	**127**	**10**	**75**	**20**	**22**
安源区	34	6	10	8	10	114	9	64	19	22
湘东区	1		1			10	1	8	1	
莲花县										
上栗县						3		3		
芦溪县										
九江市	**207**	**37**	**77**	**14**	**79**	**469**	**125**	**179**	**43**	**122**
濂溪区	70	7	20	10	33	177	32	67	15	63
浔阳区	49	12	27	2	8	133	45	48	13	27
柴桑区	4	2	2			23	8	13	2	
武宁县										
修水县										
永修县										
德安县										
都昌县										
湖口县										
彭泽县										
瑞昌市						14	5	8		1
共青城市	84	16	28	2	38	113	35	37	10	31
庐山市						9		6	3	
新余市	**87**	**8**	**47**	**12**	**20**	**87**	**22**	**50**	**7**	**8**
渝水区	87	8	47	12	20	87	22	50	7	8
分宜县										
鹰潭市	**40**	**1**	**20**	**4**	**15**	**91**	**30**	**32**	**11**	**18**
月湖区	27		14	4	9	58	15	24	6	13
余江区						18	13	3	1	1
贵溪市	13	1	6		6	15	2	5	4	4
赣州市	**280**	**55**	**107**	**28**	**90**	**634**	**159**	**272**	**54**	**149**
章贡区	221	42	73	24	82	388	81	152	39	116
南康区	35	11	22		2	95	34	39	1	21
赣县区	13	1	10	2		53	13	26	10	4
信丰县										
大余县										
上犹县										
崇义县										
安远县										
定南县										
全南县										

7-1a 续表 17

单位：人

现住地	省外									
	山东					河南				
	小计	乡	镇的村委会	镇的居委会	街道	小计	乡	镇的村委会	镇的居委会	街道
宁都县										
于都县										
兴国县										
会昌县										
寻乌县										
石城县										
瑞金市	1	1				25	4	15	3	3
龙南市	10		2	2	6	73	27	40	1	5
吉安市	**54**	**8**	**18**	**4**	**24**	**105**	**18**	**55**	**11**	**21**
吉州区	17	1	8		8	48	6	22	6	14
青原区	37	7	10	4	16	57	12	33	5	7
吉安县										
吉水县										
峡江县										
新干县										
永丰县										
泰和县										
遂川县										
万安县										
安福县										
永新县										
井冈山市										
宜春市	**163**	**18**	**88**	**13**	**44**	**364**	**110**	**181**	**21**	**52**
袁州区	83	11	41	10	21	187	51	96	11	29
奉新县										
万载县										
上高县										
宜丰县										
靖安县										
铜鼓县										
丰城市	38	3	25	2	8	61	19	34	3	5
樟树市	14		9		5	37	12	15	1	9
高安市	28	4	13	1	10	79	28	36	6	9
抚州市	**38**	**13**	**10**	**2**	**13**	**137**	**47**	**60**	**6**	**24**
临川区	30	10	9		11	109	39	50	4	16
东乡区	8	3	1	2	2	28	8	10	2	8
南城县										
黎川县										
南丰县										
崇仁县										
乐安县										
宜黄县										
金溪县										
资溪县										
广昌县										
上饶市	**121**	**15**	**52**	**13**	**41**	**349**	**118**	**104**	**47**	**80**
信州区	69	7	22	10	30	118	27	32	22	37
广丰区	3			1	2	26	8	12		6
广信区	37	8	24		5	134	76	41	6	11
玉山县										
铅山县										
横峰县										
弋阳县										
余干县										
鄱阳县										
万年县										
婺源县										
德兴市	12		6	2	4	71	7	19	19	26

7-1a 续表 18

单位：人

现住地	省外									
	湖北					湖南				
	小计	乡	镇的村委会	镇的居委会	街道	小计	乡	镇的村委会	镇的居委会	街道
全　省	**5814**	**992**	**2788**	**660**	**1374**	**5925**	**1235**	**2803**	**782**	**1105**
南昌市	**2144**	**326**	**1003**	**292**	**523**	**1984**	**443**	**956**	**224**	**361**
东湖区	173	22	54	20	77	127	20	32	12	63
西湖区	261	50	122	27	62	188	44	97	21	26
青云谱区	137	19	54	12	52	161	52	59	8	42
青山湖区	848	117	437	151	143	697	154	352	99	92
新建区	157	33	90	14	20	159	32	97	13	17
红谷滩区	566	83	246	68	169	652	141	319	71	121
南昌县	2	2								
安义县										
进贤县										
景德镇市	**133**	**17**	**40**	**23**	**53**	**129**	**32**	**56**	**16**	**25**
昌江区	41	6	18	3	14	40	13	18	5	4
珠山区	73	11	14	17	31	60	15	27	10	8
浮梁县	1		1							
乐平市	18		7	3	8	29	4	11	1	13
萍乡市	**80**	**5**	**44**	**15**	**16**	**652**	**85**	**239**	**150**	**178**
安源区	63	3	31	15	14	561	62	184	145	170
湘东区	15	1	12		2	81	23	46	5	7
莲花县										
上栗县	2	1	1			10		9		1
芦溪县										
九江市	**1818**	**360**	**834**	**174**	**450**	**299**	**54**	**147**	**28**	**70**
濂溪区	650	101	286	73	190	102	15	51	11	25
浔阳区	895	179	440	70	206	112	15	61	8	28
柴桑区	72	29	31	6	6	24	12	6	2	4
武宁县										
修水县										
永修县										
德安县										
都昌县										
湖口县										
彭泽县										
瑞昌市	70	18	31	10	11	11	2	8	1	
共青城市	124	31	44	13	36	47	10	20	4	13
庐山市	7	2	2	2	1	3		1	2	
新余市	**90**	**8**	**50**	**4**	**28**	**215**	**35**	**111**	**34**	**35**
渝水区	90	8	50	4	28	215	35	111	34	35
分宜县										
鹰潭市	**149**	**23**	**68**	**23**	**35**	**134**	**16**	**65**	**22**	**31**
月湖区	91	14	44	10	23	77	5	42	7	23
余江区	23	6	9	8		22	7	10	4	1
贵溪市	35	3	15	5	12	35	4	13	11	7
赣州市	**578**	**101**	**339**	**54**	**84**	**1092**	**267**	**570**	**139**	**116**
章贡区	352	59	191	37	65	539	112	272	70	85
南康区	105	27	64	7	7	391	127	206	31	27
赣县区	56	1	40	9	6	76	10	42	21	3
信丰县										
大余县										
上犹县										
崇义县										
安远县										
定南县										
全南县										

7-1a 续表 19

单位：人

现住地	省外									
	湖北					湖南				
	小计	乡	镇的村委会	镇的居委会	街道	小计	乡	镇的村委会	镇的居委会	街道
宁都县										
于都县										
兴国县										
会昌县										
寻乌县										
石城县										
瑞金市	9	1	7		1	17	6	10	1	
龙南市	56	13	37	1	5	69	12	40	16	1
吉安市	**66**	**14**	**30**	**4**	**18**	**183**	**47**	**76**	**17**	**43**
吉州区	32	6	14	3	9	83	16	37	7	23
青原区	33	7	16	1	9	75	21	27	7	20
吉安县										
吉水县										
峡江县										
新干县										
永丰县										
泰和县										
遂川县										
万安县										
安福县										
永新县										
井冈山市	1	1				25	10	12	3	
宜春市	**343**	**48**	**173**	**39**	**83**	**678**	**130**	**325**	**68**	**155**
袁州区	141	28	63	17	33	479	101	230	49	99
奉新县										
万载县										
上高县										
宜丰县										
靖安县										
铜鼓县										
丰城市	97	12	36	16	33	91	13	52	7	19
樟树市	47	2	32	1	12	43	3	18	3	19
高安市	58	6	42	5	5	65	13	25	9	18
抚州市	**138**	**34**	**70**	**12**	**22**	**150**	**51**	**68**	**12**	**19**
临川区	100	23	47	10	20	119	43	51	8	17
东乡区	38	11	23	2	2	31	8	17	4	2
南城县										
黎川县										
南丰县										
崇仁县										
乐安县										
宜黄县										
金溪县										
资溪县										
广昌县										
上饶市	**275**	**56**	**137**	**20**	**62**	**409**	**75**	**190**	**72**	**72**
信州区	79	5	30	12	32	178	11	98	32	37
广丰区	24	3	19		2	37	4	11	18	4
广信区	143	48	70	5	20	149	51	70	15	13
玉山县										
铅山县										
横峰县										
弋阳县										
余干县										
鄱阳县										
万年县										
婺源县										
德兴市	29		18	3	8	45	9	11	7	18

7−1a　续表 20

单位：人

现住地	省外									
	广东					广西				
	小计	乡	镇的村委会	镇的居委会	街道	小计	乡	镇的村委会	镇的居委会	街道
全　省	**3824**	**390**	**998**	**715**	**1721**	**1416**	**275**	**707**	**162**	**272**
南昌市	**1238**	**106**	**315**	**191**	**626**	**540**	**101**	**260**	**75**	**104**
东湖区	83	4	19	9	51	42	2	20	6	14
西湖区	166	24	45	15	82	52	17	21	2	12
青云谱区	98	5	14	8	71	27	6	16	2	3
青山湖区	455	45	115	115	180	211	33	110	38	30
新建区	40	5	9	2	24	36	8	16	11	1
红谷滩区	396	23	113	42	218	172	35	77	16	44
南昌县										
安义县										
进贤县										
景德镇市	**88**	**6**	**11**	**19**	**52**	**37**	**3**	**21**	**3**	**10**
昌江区	13		5	3	5	11	2	6	1	2
珠山区	64	6	3	14	41	13	1	4	1	7
浮梁县						2		2		
乐平市	11		3	2	6	11		9	1	1
萍乡市	**175**	**9**	**36**	**67**	**63**	**44**	**5**	**18**	**16**	**5**
安源区	157	5	24	67	61	38	3	14	16	5
湘东区	16	4	10		2	5	2	3		
莲花县										
上栗县	2		2			1		1		
芦溪县										
九江市	**301**	**44**	**52**	**55**	**150**	**120**	**25**	**53**	**13**	**29**
濂溪区	72	12	15	10	35	62	7	31	6	18
浔阳区	111	9	13	24	65	18	9	7	1	1
柴桑区	14	6	1	2	5	3		2	1	
武宁县										
修水县										
永修县										
德安县										
都昌县										
湖口县										
彭泽县										
瑞昌市	15	2		3	10	6	1	1	3	1
共青城市	88	15	23	15	35	30	8	12	1	9
庐山市	1			1		1			1	
新余市	**109**	**12**	**45**	**9**	**43**	**70**	**18**	**31**	**4**	**17**
渝水区	109	12	45	9	43	70	18	31	4	17
分宜县										
鹰潭市	**69**	**1**	**17**	**11**	**40**	**34**	**2**	**16**	**3**	**13**
月湖区	42		4	5	33	18	1	10	3	4
余江区	13		4	5	4	4	1	1		2
贵溪市	14	1	9	1	3	12		5		7
赣州市	**1011**	**136**	**326**	**233**	**316**	**296**	**66**	**175**	**22**	**33**
章贡区	590	61	179	130	220	140	25	79	15	21
南康区	153	32	63	32	26	91	21	56	4	10
赣县区	61	9	26	15	11	9		6	2	1
信丰县										
大余县										
上犹县										
崇义县										
安远县										
定南县										
全南县										

7—1a 续表 21

单位：人

现住地	省外									
	广东					广西				
	小计	乡	镇的村委会	镇的居委会	街道	小计	乡	镇的村委会	镇的居委会	街道
宁都县										
于都县										
兴国县										
会昌县										
寻乌县										
石城县										
瑞金市	37	5	12	13	7	5	5			
龙南市	170	29	46	43	52	51	15	34	1	1
吉安市	**152**	**8**	**43**	**22**	**79**	**36**	**7**	**13**	**8**	**8**
吉州区	89	4	21	9	55	21	3	6	6	6
青原区	53	4	18	12	19	15	4	7	2	2
吉安县										
吉水县										
峡江县										
新干县										
永丰县										
泰和县										
遂川县										
万安县										
安福县										
永新县										
井冈山市	10		4	1	5					
宜春市	**386**	**35**	**92**	**57**	**202**	**128**	**20**	**70**	**9**	**29**
袁州区	229	28	55	34	112	67	12	41	4	10
奉新县										
万载县										
上高县										
宜丰县										
靖安县										
铜鼓县										
丰城市	63	6	19	14	24	29	2	11	3	13
樟树市	54		13	1	40	17	3	10		4
高安市	40	1	5	8	26	15	3	8	2	2
抚州市	**147**	**21**	**18**	**21**	**87**	**39**	**13**	**13**	**4**	**9**
临川区	138	19	16	17	86	31	11	9	4	7
东乡区	9	2	2	4	1	8	2	4		2
南城县										
黎川县										
南丰县										
崇仁县										
乐安县										
宜黄县										
金溪县										
资溪县										
广昌县										
上饶市	**148**	**12**	**43**	**30**	**63**	**72**	**15**	**37**	**5**	**15**
信州区	74	4	14	21	35	28	6	11	2	9
广丰区	21	1	6	2	12	8		6	2	
广信区	38	6	18	3	11	25	7	15	1	2
玉山县										
铅山县										
横峰县										
弋阳县										
余干县	3	1	2							
鄱阳县										
万年县										
婺源县										
德兴市	12		3	4	5	11	2	5		4

7−1a　续表 22

单位：人

现住地	省外									
	海南					重庆				
	小计	乡	镇的村委会	镇的居委会	街道	小计	乡	镇的村委会	镇的居委会	街道
全省	**669**	**76**	**226**	**133**	**234**	**1379**	**230**	**596**	**157**	**396**
南昌市	**309**	**29**	**97**	**71**	**112**	**576**	**91**	**228**	**66**	**191**
东湖区	16	1	4	4	7	42	5	16	5	16
西湖区	13		7	1	5	67	8	29	5	25
青云谱区	7	2	1		4	34	5	15		14
青山湖区	139	17	40	38	44	207	47	72	29	59
新建区	13	3	7	1	2	64	9	33	6	16
红谷滩区	121	6	38	27	50	162	17	63	21	61
南昌县										
安义县										
进贤县										
景德镇市	**7**		**1**	**2**	**4**	**36**	**6**	**16**	**6**	**8**
昌江区						15	3	7	4	1
珠山区	7		1	2	4	15	2	5	2	6
浮梁县						1				1
乐平市						5	1	4		
萍乡市	**36**	**6**	**8**	**7**	**15**	**37**	**3**	**21**	**4**	**9**
安源区	33	6	5	7	15	34	3	18	4	9
湘东区	3		3			2		2		
莲花县										
上栗县						1		1		
芦溪县										
九江市	**81**	**9**	**33**	**14**	**25**	**98**	**20**	**38**	**10**	**30**
濂溪区	27	6	9	6	6	36	8	11	5	12
浔阳区	9		4	1	4	40	3	22	4	11
柴桑区						4	2	1		1
武宁县										
修水县										
永修县										
德安县										
都昌县										
湖口县										
彭泽县										
瑞昌市	3	1	2			3	2	1		
共青城市	42	2	18	7	15	15	5	3	1	6
庐山市										
新余市	**18**		**8**	**4**	**6**	**28**	**4**	**9**	**6**	**9**
渝水区	18		8	4	6	28	4	9	6	9
分宜县										
鹰潭市	**4**			**1**	**3**	**58**	**2**	**30**	**8**	**18**
月湖区	1				1	26		17	3	6
余江区						11	2	4	5	
贵溪市	3			1	2	21		9		12
赣州市	**108**	**6**	**48**	**17**	**37**	**231**	**41**	**115**	**29**	**46**
章贡区	96	5	39	16	36	138	24	64	12	38
南康区	3		2		1	61	12	38	6	5
赣县区	7		6	1		17	1	6	8	2
信丰县										
大余县										
上犹县										
崇义县										
安远县										
定南县										
全南县										

7-1a 续表 23

单位：人

现住地	省外									
	海南					重庆				
	小计	乡	镇的村委会	镇的居委会	街道	小计	乡	镇的村委会	镇的居委会	街道
宁都县										
于都县										
兴国县										
会昌县										
寻乌县										
石城县										
瑞金市						2		2		
龙南市	2	1	1			13	4	5	3	1
吉安市	**15**	**6**	**6**	**1**	**2**	**34**	**14**	**7**	**5**	**8**
吉州区	4	3			1	11	4	2	2	3
青原区	10	3	6		1	17	6	4	2	5
吉安县										
吉水县										
峡江县										
新干县										
永丰县										
泰和县										
遂川县										
万安县										
安福县										
永新县										
井冈山市	1			1		6	4	1	1	
宜春市	**39**		**17**	**6**	**16**	**120**	**17**	**65**	**9**	**29**
袁州区	29		14	6	9	55	12	24	4	15
奉新县										
万载县										
上高县										
宜丰县										
靖安县										
铜鼓县										
丰城市	5				5	24	2	15	1	6
樟树市	1				1	16	2	11		3
高安市	4		3		1	25	1	15	4	5
抚州市	**34**	**16**		**10**	**8**	**46**	**15**	**9**	**5**	**17**
临川区	28	16		5	7	36	10	8	4	14
东乡区	6			5	1	10	5	1	1	3
南城县										
黎川县										
南丰县										
崇仁县										
乐安县										
宜黄县										
金溪县										
资溪县										
广昌县										
上饶市	**18**	**4**	**8**		**6**	**115**	**17**	**58**	**9**	**31**
信州区	14	2	6		6	56	4	31	3	18
广丰区						13	2	6	1	4
广信区	4	2	2			38	11	15	3	9
玉山县										
铅山县										
横峰县										
弋阳县										
余干县										
鄱阳县										
万年县										
婺源县										
德兴市						8		6	2	

7-1a 续表 24

单位：人

现住地	省外									
	四川					贵州				
	小计	乡	镇的村委会	镇的居委会	街道	小计	乡	镇的村委会	镇的居委会	街道
全省	**2886**	**682**	**1364**	**320**	**520**	**2375**	**738**	**1062**	**218**	**357**
南昌市	**1103**	**220**	**510**	**148**	**225**	**867**	**258**	**375**	**82**	**152**
东湖区	112	18	44	19	31	50	8	25	7	10
西湖区	104	35	37	12	20	77	33	26	9	9
青云谱区	67	6	46	6	9	41	7	25	2	7
青山湖区	386	66	185	69	66	323	95	150	33	45
新建区	85	27	42	6	10	66	29	26	3	8
红谷滩区	349	68	156	36	89	310	86	123	28	73
南昌县										
安义县										
进贤县										
景德镇市	**88**	**25**	**33**	**8**	**22**	**60**	**16**	**19**	**11**	**14**
昌江区	22	6	9	1	6	15	11	3	1	
珠山区	54	19	18	4	13	34	5	11	9	9
浮梁县										
乐平市	12		6	3	3	11		5	1	5
萍乡市	**84**	**14**	**39**	**22**	**9**	**87**	**24**	**34**	**21**	**8**
安源区	76	12	34	22	8	66	8	31	21	6
湘东区	8	2	5		1	4		2		2
莲花县										
上栗县						17	16	1		
芦溪县										
九江市	**246**	**82**	**83**	**30**	**51**	**213**	**78**	**75**	**14**	**46**
濂溪区	71	16	23	14	18	60	16	22	6	16
浔阳区	70	15	25	10	20	48	13	22	3	10
柴桑区	37	24	11	1	1	4	3	1		
武宁县										
修水县										
永修县										
德安县										
都昌县										
湖口县										
彭泽县										
瑞昌市	9	1	6		2	4	2	2		
共青城市	54	23	17	4	10	93	44	25	4	20
庐山市	5	3	1	1		4		3	1	
新余市	**95**	**4**	**65**	**9**	**17**	**133**	**30**	**62**	**7**	**34**
渝水区	95	4	65	9	17	133	30	62	7	34
分宜县										
鹰潭市	**109**	**21**	**60**	**7**	**21**	**77**	**20**	**46**	**9**	**2**
月湖区	72	8	41	4	19	47	9	32	5	1
余江区	23	7	13	3		10	4	3	2	1
贵溪市	14	6	6		2	20	7	11	2	
赣州市	**512**	**145**	**245**	**53**	**69**	**317**	**108**	**160**	**19**	**30**
章贡区	273	65	118	33	57	180	63	78	14	25
南康区	99	31	53	9	6	77	24	46	4	3
赣县区	62	17	36	8	1	31	14	15	1	1
信丰县										
大余县										
上犹县										
崇义县										
安远县										
定南县										
全南县										

7-1a 续表 25

单位：人

现住地	省外									
	四川					贵州				
	小计	乡	镇的村委会	镇的居委会	街道	小计	乡	镇的村委会	镇的居委会	街道
宁都县										
于都县										
兴国县										
会昌县										
寻乌县										
石城县										
瑞金市	10	5	5			8	1	7		
龙南市	68	27	33	3	5	21	6	14		1
吉安市	**69**	**10**	**41**	**9**	**9**	**77**	**21**	**38**	**10**	**8**
吉州区	32	3	23	2	4	27	3	15	5	4
青原区	34	7	15	7	5	41	9	23	5	4
吉安县										
吉水县										
峡江县										
新干县										
永丰县										
泰和县										
遂川县										
万安县										
安福县										
永新县										
井冈山市	3		3			9	9			
宜春市	**240**	**55**	**135**	**14**	**36**	**197**	**58**	**108**	**11**	**20**
袁州区	129	38	69	4	18	98	31	45	9	13
奉新县										
万载县										
上高县										
宜丰县										
靖安县										
铜鼓县										
丰城市	72	8	48	7	9	48	7	38		3
樟树市	7	3		2	2	27	16	7	1	3
高安市	32	6	18	1	7	24	4	18	1	1
抚州市	**105**	**42**	**35**	**9**	**19**	**117**	**62**	**33**	**8**	**14**
临川区	81	29	24	9	19	64	27	19	4	14
东乡区	24	13	11			53	35	14	4	
南城县										
黎川县										
南丰县										
崇仁县										
乐安县										
宜黄县										
金溪县										
资溪县										
广昌县										
上饶市	**235**	**64**	**118**	**11**	**42**	**230**	**63**	**112**	**26**	**29**
信州区	89	9	52	9	19	52	12	26	2	12
广丰区	29	8	9		12	47	7	33	2	5
广信区	96	44	47		5	93	34	49	8	2
玉山县										
铅山县										
横峰县										
弋阳县										
余干县	2		2							
鄱阳县										
万年县										
婺源县										
德兴市	19	3	8	2	6	38	10	4	14	10

7−1a　续表 26

单位：人

现住地	省外									
	云南					西藏				
	小计	乡	镇的村委会	镇的居委会	街道	小计	乡	镇的村委会	镇的居委会	街道
全　省	**1283**	**288**	**572**	**154**	**269**	**210**	**77**	**49**	**13**	**71**
南昌市	**503**	**98**	**197**	**70**	**138**	**157**	**63**	**32**	**13**	**49**
东湖区	30	3	11	3	13					
西湖区	33	11	12	4	6	1	1			
青云谱区	20	7	5	1	7					
青山湖区	210	43	95	32	40	20	3	5	2	10
新建区	27	11	13		3	2	1	1		
红谷滩区	183	23	61	30	69	134	58	26	11	39
南昌县										
安义县										
进贤县										
景德镇市	**33**	**6**	**15**	**7**	**5**					
昌江区	17	2	12		3					
珠山区	15	4	3	6	2					
浮梁县										
乐平市	1			1						
萍乡市	**38**	**6**	**9**	**13**	**10**	**21**	**10**	**10**		**1**
安源区	28	3	5	13	7	21	10	10		1
湘东区	9	2	4		3					
莲花县										
上栗县	1	1								
芦溪县										
九江市	**131**	**34**	**56**	**10**	**31**	**6**		**3**		**3**
濂溪区	43	9	22	3	9					
浔阳区	36	8	15	3	10	6		3		3
柴桑区										
武宁县										
修水县										
永修县										
德安县										
都昌县										
湖口县										
彭泽县										
瑞昌市	8	1	6	1						
共青城市	43	16	13	2	12					
庐山市	1			1						
新余市	**43**	**3**	**23**	**3**	**14**	**3**				**3**
渝水区	43	3	23	3	14	3				3
分宜县										
鹰潭市	**29**	**11**	**16**		**2**					
月湖区	8	1	6		1					
余江区	15	10	5							
贵溪市	6		5		1					
赣州市	**172**	**48**	**77**	**18**	**29**	**2**	**1**			**1**
章贡区	102	27	43	11	21	2	1			1
南康区	52	19	23	2	8					
赣县区	5		1	4						
信丰县										
大余县										
上犹县										
崇义县										
安远县										
定南县										
全南县										

7−1a　续表 27

单位：人

现住地	省外									
	云南					西藏				
	小计	乡	镇的村委会	镇的居委会	街道	小计	乡	镇的村委会	镇的居委会	街道
宁都县										
于都县										
兴国县										
会昌县										
寻乌县										
石城县										
瑞金市										
龙南市	13	2	10	1						
吉安市	**23**	**6**	**14**	**1**	**2**	**1**	**1**			
吉州区	8	2	4	1	1					
青原区	15	4	10		1	1	1			
吉安县										
吉水县										
峡江县										
新干县										
永丰县										
泰和县										
遂川县										
万安县										
安福县										
永新县										
井冈山市										
宜春市	**88**	**22**	**52**	**5**	**9**	**19**	**2**	**4**		**13**
袁州区	51	12	28	5	6	14	2	4		8
奉新县										
万载县										
上高县										
宜丰县										
靖安县										
铜鼓县										
丰城市	13	6	4		3					
樟树市	4	3	1			4				4
高安市	20	1	19			1				1
抚州市	**82**	**21**	**26**	**16**	**19**	**1**				**1**
临川区	68	13	21	16	18	1				1
东乡区	14	8	5		1					
南城县										
黎川县										
南丰县										
崇仁县										
乐安县										
宜黄县										
金溪县										
资溪县										
广昌县										
上饶市	**141**	**33**	**87**	**11**	**10**					
信州区	47	4	35	4	4					
广丰区	21	4	15	2						
广信区	51	25	20	2	4					
玉山县										
铅山县										
横峰县										
弋阳县										
余干县	2		2							
鄱阳县										
万年县										
婺源县										
德兴市	20		15	3	2					

7-1a　续表 28

单位：人

现住地	省外									
	陕西					甘肃				
	小计	乡	镇的村委会	镇的居委会	街道	小计	乡	镇的村委会	镇的居委会	街道
全省	**1170**	**201**	**500**	**146**	**323**	**1439**	**353**	**577**	**159**	**350**
南昌市	**554**	**78**	**231**	**80**	**165**	**638**	**169**	**258**	**62**	**149**
东湖区	41	3	15	8	15	31	4	11	5	11
西湖区	47	15	22	3	7	38	20	12	4	2
青云谱区	26	4	15	4	3	18	4	12	1	1
青山湖区	204	31	84	34	55	333	98	142	25	68
新建区	51	12	21	1	17	20	11	9		
红谷滩区	185	13	74	30	68	198	32	72	27	67
南昌县										
安义县										
进贤县										
景德镇市	**30**	**2**	**15**	**6**	**7**	**32**	**11**	**11**	**4**	**6**
昌江区	3	1	1		1	8	5	2	1	
珠山区	25	1	13	6	5	21	6	8	2	5
浮梁县										
乐平市	2		1		1	3		1	1	1
萍乡市	**22**	**3**	**12**	**6**	**1**	**34**	**1**	**19**	**9**	**5**
安源区	17	3	7	6	1	28	1	13	9	5
湘东区	5		5			6		6		
莲花县										
上栗县										
芦溪县										
九江市	**114**	**18**	**45**	**14**	**37**	**217**	**36**	**92**	**24**	**65**
濂溪区	29	5	8	3	13	146	26	65	21	34
浔阳区	19	3	6	4	6	42	7	20	2	13
柴桑区						2		2		
武宁县										
修水县										
永修县										
德安县										
都昌县										
湖口县										
彭泽县										
瑞昌市	9	1	5		3	1				1
共青城市	56	9	25	7	15	26	3	5	1	17
庐山市	1		1							
新余市	**26**	**4**	**10**	**4**	**8**	**82**	**17**	**45**	**5**	**15**
渝水区	26	4	10	4	8	82	17	45	5	15
分宜县										
鹰潭市	**32**	**6**	**11**	**5**	**10**	**18**	**6**	**3**	**5**	**4**
月湖区	20	4	7	3	6	10	2	2	4	2
余江区	5	1	2	1	1	4	4			
贵溪市	7	1	2	1	3	4		1	1	2
赣州市	**154**	**27**	**72**	**17**	**38**	**134**	**27**	**41**	**26**	**40**
章贡区	98	20	33	14	31	122	22	37	23	40
南康区	38	6	29	1	2	6	2	3	1	
赣县区	4		3	1		2			2	
信丰县										
大余县										
上犹县										
崇义县										
安远县										
定南县										
全南县										

7-1a 续表 29

单位：人

现住地	省外									
	陕西					甘肃				
	小计	乡	镇的村委会	镇的居委会	街道	小计	乡	镇的村委会	镇的居委会	街道
宁都县										
于都县										
兴国县										
会昌县										
寻乌县										
石城县										
瑞金市	1			1		2	1	1		
龙南市	13	1	7		5	2	2			
吉安市	**31**	**15**	**8**		**8**	**33**	**6**	**20**	**3**	**4**
吉州区	2		2			6	2	4		
青原区	17	7	4		6	23	4	12	3	4
吉安县										
吉水县										
峡江县										
新干县										
永丰县										
泰和县										
遂川县										
万安县										
安福县										
永新县										
井冈山市	12	8	2		2	4		4		
宜春市	**87**	**19**	**44**	**5**	**19**	**79**	**21**	**32**	**5**	**21**
袁州区	38	9	17	2	10	52	15	16	5	16
奉新县										
万载县										
上高县										
宜丰县										
靖安县										
铜鼓县										
丰城市	17		13	2	2	11	6	4		1
樟树市	26	10	11		5	10		6		4
高安市	6		3	1	2	6		6		
抚州市	**42**	**13**	**12**	**3**	**14**	**62**	**19**	**16**	**6**	**21**
临川区	36	10	10	3	13	57	15	16	5	21
东乡区	6	3	2		1	5	4		1	
南城县										
黎川县										
南丰县										
崇仁县										
乐安县										
宜黄县										
金溪县										
资溪县										
广昌县										
上饶市	**78**	**16**	**40**	**6**	**16**	**110**	**40**	**40**	**10**	**20**
信州区	20		10	2	8	45	3	15	10	17
广丰区	6	2	1	3						
广信区	32	10	17		5	60	37	23		
玉山县										
铅山县										
横峰县										
弋阳县										
余干县										
鄱阳县										
万年县										
婺源县										
德兴市	20	4	12	1	3	5		2		3

7-1a　续表 30

单位：人

现住地	省外									
	青海					宁夏				
	小计	乡	镇的村委会	镇的居委会	街道	小计	乡	镇的村委会	镇的居委会	街道
全　省	**356**	**76**	**130**	**41**	**109**	**269**	**45**	**96**	**39**	**89**
南昌市	**199**	**51**	**74**	**24**	**50**	**138**	**28**	**52**	**21**	**37**
东湖区	12		9	1	2	10	1	2	7	
西湖区	9	1	6	1	1	1				1
青云谱区	3	1	1		1	2		2		
青山湖区	66	14	32	5	15	87	22	42	7	16
新建区	3	1	1		1	2				2
红谷滩区	106	34	25	17	30	36	5	6	7	18
南昌县										
安义县										
进贤县										
景德镇市						**3**	**1**	**1**		**1**
昌江区										
珠山区						3	1	1		1
浮梁县										
乐平市										
萍乡市	**10**	**2**	**4**	**2**	**2**	**6**		**5**	**1**	
安源区	10	2	4	2	2	6		5	1	
湘东区										
莲花县										
上栗县										
芦溪县										
九江市	**59**	**5**	**23**	**8**	**23**	**40**	**3**	**13**	**7**	**17**
濂溪区	21	3	10	2	6	28	2	11	4	11
浔阳区	24		7	5	12	8	1	2	2	3
柴桑区										
武宁县										
修水县										
永修县										
德安县										
都昌县										
湖口县										
彭泽县										
瑞昌市										
共青城市	14	2	6	1	5	4			1	3
庐山市										
新余市	**17**		**3**	**2**	**12**	**10**	**1**	**7**		**2**
渝水区	17		3	2	12	10	1	7		2
分宜县										
鹰潭市	**6**		**2**		**4**	**2**				**2**
月湖区	2		2			2				2
余江区										
贵溪市	4				4					
赣州市	**32**	**9**	**13**	**3**	**7**	**46**	**5**	**11**	**9**	**21**
章贡区	27	6	11	3	7	45	5	10	9	21
南康区	3	3								
赣县区	1		1			1		1		
信丰县										
大余县										
上犹县										
崇义县										
安远县										
定南县										
全南县										

7－1a 续表 31

单位：人

现住地	省外									
	青海					宁夏				
	小计	乡	镇的村委会	镇的居委会	街道	小计	乡	镇的村委会	镇的居委会	街道
宁都县										
于都县										
兴国县										
会昌县										
寻乌县										
石城县										
瑞金市										
龙南市	1		1							
吉安市	**4**	**1**	**1**		**2**	**1**		**1**		
吉州区	2	1	1							
青原区	2				2	1		1		
吉安县										
吉水县										
峡江县										
新干县										
永丰县										
泰和县										
遂川县										
万安县										
安福县										
永新县										
井冈山市										
宜春市	**8**	**3**	**4**		**1**	**5**	**1**			**4**
袁州区	8	3	4		1	1				1
奉新县										
万载县										
上高县										
宜丰县										
靖安县										
铜鼓县										
丰城市						4	1			3
樟树市										
高安市										
抚州市	**10**	**4**	**2**	**2**	**2**	**5**	**2**			**3**
临川区	9	4	2	1	2	5	2			3
东乡区	1			1						
南城县										
黎川县										
南丰县										
崇仁县										
乐安县										
宜黄县										
金溪县										
资溪县										
广昌县										
上饶市	**11**	**1**	**4**		**6**	**13**	**4**	**6**	**1**	**2**
信州区	9	1	3		5	7	1	3	1	2
广丰区										
广信区	2		1		1	6	3	3		
玉山县										
铅山县										
横峰县										
弋阳县										
余干县										
鄱阳县										
万年县										
婺源县										
德兴市										

7-1a　续表 32

单位：人

现住地	省外				
	新疆				
	小计	乡	镇的村委会	镇的居委会	街道
全　省	**530**	**99**	**174**	**74**	**183**
南昌市	**332**	**66**	**111**	**50**	**105**
东湖区	19	3	4	3	9
西湖区	18	6	10		2
青云谱区	4	2			2
青山湖区	114	15	42	17	40
新建区	21	12	7	1	1
红谷滩区	156	28	48	29	51
南昌县					
安义县					
进贤县					
景德镇市	**4**				**4**
昌江区					
珠山区	4				4
浮梁县					
乐平市					
萍乡市	**17**		**13**	**4**	
安源区	17		13	4	
湘东区					
莲花县					
上栗县					
芦溪县					
九江市	**25**	**2**	**7**	**4**	**12**
濂溪区	5		1		4
浔阳区	17	2	4	4	7
柴桑区					
武宁县					
修水县					
永修县					
德安县					
都昌县					
湖口县					
彭泽县					
瑞昌市					
共青城市	3		2		1
庐山市					
新余市	**8**			**1**	**7**
渝水区	8			1	7
分宜县					
鹰潭市					
月湖区					
余江区					
贵溪市					
赣州市	**73**	**13**	**26**	**10**	**24**
章贡区	71	13	25	9	24
南康区	2		1	1	
赣县区					
信丰县					
大余县					
上犹县					
崇义县					
安远县					
定南县					
全南县					

7-1a 续表 33

单位：人

现住地	省外				
	新疆				
	小计	乡	镇的村委会	镇的居委会	街道
宁都县					
于都县					
兴国县					
会昌县					
寻乌县					
石城县					
瑞金市					
龙南市					
吉安市	**9**		**2**	**2**	**5**
吉州区	3		1	2	
青原区	5		1		4
吉安县					
吉水县					
峡江县					
新干县					
永丰县					
泰和县					
遂川县					
万安县					
安福县					
永新县					
井冈山市	1				1
宜春市	**29**		**9**	**1**	**19**
袁州区	5			1	4
奉新县					
万载县					
上高县					
宜丰县					
靖安县					
铜鼓县					
丰城市	9		8		1
樟树市	3		1		2
高安市	12				12
抚州市	**23**	**15**	**2**	**1**	**5**
临川区	23	15	2	1	5
东乡区					
南城县					
黎川县					
南丰县					
崇仁县					
乐安县					
宜黄县					
金溪县					
资溪县					
广昌县					
上饶市	**10**	**3**	**4**	**1**	**2**
信州区	8	2	3	1	2
广丰区					
广信区	2	1	1		
玉山县					
铅山县					
横峰县					
弋阳县					
余干县					
鄱阳县					
万年县					
婺源县					
德兴市					

7-1b 全省按现住地、户口登记地类型分的户口登记地在外乡镇街道人口(镇)

单位：人

现住地	合计					省内				
	合计	乡	镇的村委会	镇的居委会	街道	小计	乡	镇的村委会	镇的居委会	街道
全省	**492089**	**157094**	**228641**	**68518**	**37836**	**457028**	**150443**	**210852**	**63486**	**32247**
南昌市	**93654**	**25320**	**38838**	**13514**	**15982**	**81732**	**23302**	**33249**	**11889**	**13292**
东湖区	98	42	47	4	5	89	35	45	4	5
西湖区										
青云谱区	160	19	87	11	43	140	15	77	8	40
青山湖区	9661	1311	4950	1062	2338	6640	969	3567	819	1285
新建区	2231	480	1199	219	333	2120	452	1141	209	318
红谷滩区										
南昌县	61416	13965	25590	9533	12328	54350	12661	22382	8332	10975
安义县	5372	848	2922	1004	598	3989	590	2133	886	380
进贤县	14716	8655	4043	1681	337	14404	8580	3904	1631	289
景德镇市	**10617**	**2510**	**4128**	**1968**	**2011**	**9218**	**2341**	**3603**	**1725**	**1549**
昌江区	81	13	56	4	8	77	13	53	3	8
珠山区	681	67	168	348	98	665	66	168	335	96
浮梁县	8281	2339	3122	1445	1375	6966	2182	2634	1223	927
乐平市	1574	91	782	171	530	1510	80	748	164	518
萍乡市	**11750**	**2816**	**6204**	**1900**	**830**	**10626**	**2649**	**5484**	**1741**	**752**
安源区	744	20	65	539	120	664	19	38	489	118
湘东区	579	171	333	18	57	520	156	298	18	48
莲花县	2349	1045	1033	186	85	2165	995	927	178	65
上栗县	4844	1101	2731	594	418	4315	1027	2372	529	387
芦溪县	3234	479	2042	563	150	2962	452	1849	527	134
九江市	**60531**	**20406**	**28491**	**8229**	**3405**	**56774**	**19573**	**26479**	**7705**	**3017**
濂溪区	498	17	392	18	71	432	17	332	14	69
浔阳区										
柴桑区	736	190	428	31	87	489	157	240	18	74
武宁县	7304	2782	3224	392	906	7076	2712	3125	375	864
修水县	14685	2223	10389	1909	164	14316	2189	10165	1828	134
永修县	6996	2527	2792	1218	459	6404	2354	2572	1124	354
德安县	6223	3155	2194	658	216	5719	2991	1957	612	159
都昌县	6598	3478	1918	990	212	6344	3384	1864	901	195
湖口县	5516	1997	2021	1010	488	5150	1897	1882	923	448
彭泽县	5198	869	3351	828	150	4287	786	2644	767	90
瑞昌市	6563	3083	1718	1150	612	6385	3007	1658	1126	594
共青城市	19	10	5	1	3	16	10	3		3
庐山市	195	75	59	24	37	156	69	37	17	33
新余市	**10493**	**1753**	**6552**	**491**	**1697**	**9979**	**1669**	**6217**	**462**	**1631**
渝水区	2083	202	1518	100	263	1740	146	1270	87	237
分宜县	8410	1551	5034	391	1434	8239	1523	4947	375	1394
鹰潭市	**3219**	**584**	**1883**	**358**	**394**	**2518**	**470**	**1393**	**319**	**336**
月湖区	164	37	72	24	31	143	34	57	21	31
余江区	1057	264	620	89	84	827	216	464	82	65
贵溪市	1998	283	1191	245	279	1548	220	872	216	240
赣州市	**103755**	**36778**	**49008**	**15002**	**2967**	**98979**	**35915**	**46364**	**14243**	**2457**
章贡区	971	492	390	57	32	857	447	336	50	24
南康区	908	204	503	139	62	873	191	488	134	60
赣县区	1712	442	1092	99	79	1319	350	812	88	69
信丰县	12589	1880	9457	1040	212	11741	1820	8804	957	160
大余县	2645	347	1161	567	570	2399	325	1055	504	515
上犹县	6864	3955	1670	1076	163	6655	3893	1575	1039	148
崇义县	3258	1496	1457	203	102	3141	1454	1412	185	90
安远县	4654	1160	2370	887	237	4480	1137	2264	862	217
定南县	6490	950	4751	428	361	5956	925	4374	368	289
全南县	3965	692	2562	528	183	3639	666	2400	447	126

7-1b 续表 1

单位：人

现住地	合计					省内				
	合计	乡	镇的村委会	镇的居委会	街道	小计	乡	镇的村委会	镇的居委会	街道
宁都县	12210	5040	5754	1215	201	11905	4977	5620	1164	144
于都县	18891	6982	5747	6035	127	18475	6895	5612	5878	90
兴国县	11455	6494	3751	933	277	10885	6301	3501	869	214
会昌县	6463	3145	2282	770	266	6273	3085	2207	743	238
寻乌县	6151	1918	3801	395	37	5980	1879	3727	353	21
石城县	4229	1527	2057	611	34	4165	1519	2034	584	28
瑞金市	105	42	41	4	18	98	41	35	4	18
龙南市	195	12	162	15	6	138	10	108	14	6
吉安市	**56736**	**17782**	**28570**	**8416**	**1968**	**54019**	**17173**	**27157**	**7950**	**1739**
吉州区	427	61	286	37	43	387	52	261	33	41
青原区	111	7	45	34	25	104	6	42	34	22
吉安县	10400	2231	6529	1166	474	9683	2081	6105	1074	423
吉水县	6679	1520	3743	1279	137	6404	1491	3567	1229	117
峡江县	1602	216	882	482	22	1525	194	853	464	14
新干县	5638	2222	2473	631	312	5433	2156	2394	589	294
永丰县	5232	2382	1365	1400	85	5104	2351	1318	1365	70
泰和县	7223	1552	4492	1006	173	6986	1494	4381	952	159
遂川县	4631	1413	2582	567	69	4395	1381	2429	530	55
万安县	2890	729	1504	582	75	2717	688	1442	541	46
安福县	3839	2155	1102	357	225	3609	2099	983	324	203
永新县	6766	2528	3175	771	292	6465	2450	3024	724	267
井冈山市	1298	766	392	104	36	1207	730	358	91	28
宜春市	**39615**	**10050**	**20892**	**5032**	**3641**	**36600**	**9549**	**19125**	**4658**	**3268**
袁州区	635	321	202	34	78	596	318	179	27	72
奉新县	6812	1464	3833	1292	223	6402	1385	3616	1224	177
万载县	6034	2059	2549	321	1105	5734	1991	2400	294	1049
上高县	9122	2832	4478	802	1010	8713	2738	4270	778	927
宜丰县	6289	1444	3813	912	120	5787	1357	3517	842	71
靖安县	2316	656	1011	526	123	2118	629	887	491	111
铜鼓县	1783	424	860	313	186	1652	400	777	297	178
丰城市	1069	202	463	254	150	955	198	398	227	132
樟树市	437	97	191	65	84	368	92	154	50	72
高安市	5118	551	3492	513	562	4275	441	2927	428	479
抚州市	**53457**	**20877**	**25170**	**6202**	**1208**	**51097**	**20403**	**24062**	**5733**	**899**
临川区	948	240	517	45	146	656	185	321	30	120
东乡区	719	232	329	101	57	689	228	309	97	55
南城县	6882	3202	2835	731	114	6658	3133	2743	687	95
黎川县	7079	4295	1930	757	97	6823	4222	1814	717	70
南丰县	5943	1989	3513	328	113	5761	1962	3437	286	76
崇仁县	6226	2826	2467	792	141	6063	2778	2411	759	115
乐安县	6449	1843	3758	670	178	6328	1835	3698	649	146
宜黄县	5851	1692	2990	999	170	5396	1666	2787	855	88
金溪县	5695	2666	2452	497	80	5478	2596	2361	468	53
资溪县	2159	269	1300	505	85	1929	240	1183	443	63
广昌县	5506	1623	3079	777	27	5316	1558	2998	742	18
上饶市	**48262**	**18218**	**18905**	**7406**	**3733**	**45486**	**17399**	**17719**	**7061**	**3307**
信州区	147	13	96	13	25	129	13	87	7	22
广丰区	517	41	362	88	26	457	38	317	79	23
广信区	241	73	122	22	24	219	70	107	19	23
玉山县	9470	2940	4566	1311	653	8761	2771	4236	1210	544
铅山县	2523	489	1016	802	216	2346	445	950	754	197
横峰县	3322	2184	718	191	229	3158	2111	649	184	214
弋阳县	5081	1562	1990	1132	397	4834	1493	1865	1105	371
余干县	7267	3116	2173	1497	481	6944	2961	2098	1479	406
鄱阳县	9200	4680	2813	852	855	8718	4520	2617	807	774
万年县	4998	1634	2135	1011	218	4727	1559	2014	965	189
婺源县	5427	1470	2877	471	609	5145	1405	2758	438	544
德兴市	69	16	37	16		48	13	21	14	

7-1b　续表 2

单位：人

现住地	省外									
	小计					北京				
	小计	乡	镇的村委会	镇的居委会	街道	小计	乡	镇的村委会	镇的居委会	街道
全　省	**35061**	**6651**	**17789**	**5032**	**5589**	**128**	**16**	**26**	**18**	**68**
南昌市	**11922**	**2018**	**5589**	**1625**	**2690**	**63**	**8**	**13**	**6**	**36**
东湖区	9	7	2							
西湖区										
青云谱区	20	4	10	3	3					
青山湖区	3021	342	1383	243	1053	7		4		3
新建区	111	28	58	10	15					
红谷滩区										
南昌县	7066	1304	3208	1201	1353	52	8	7	5	32
安义县	1383	258	789	118	218	2		2		
进贤县	312	75	139	50	48	2			1	1
景德镇市	**1399**	**169**	**525**	**243**	**462**	**6**	**1**			**5**
昌江区	4		3	1						
珠山区	16	1		13	2					
浮梁县	1315	157	488	222	448	5	1			4
乐平市	64	11	34	7	12	1				1
萍乡市	**1124**	**167**	**720**	**159**	**78**	**4**		**1**		**3**
安源区	80	1	27	50	2					
湘东区	59	15	35		9					
莲花县	184	50	106	8	20					
上栗县	529	74	359	65	31	1		1		
芦溪县	272	27	193	36	16	3				3
九江市	**3757**	**833**	**2012**	**524**	**388**	**10**	**1**	**4**		**5**
濂溪区	66		60	4	2					
浔阳区										
柴桑区	247	33	188	13	13					
武宁县	228	70	99	17	42	1				1
修水县	369	34	224	81	30	1				1
永修县	592	173	220	94	105	6		4		2
德安县	504	164	237	46	57					
都昌县	254	94	54	89	17	1	1			
湖口县	366	100	139	87	40					
彭泽县	911	83	707	61	60					
瑞昌市	178	76	60	24	18	1				1
共青城市	3		2	1						
庐山市	39	6	22	7	4					
新余市	**514**	**84**	**335**	**29**	**66**	**1**				**1**
渝水区	343	56	248	13	26					
分宜县	171	28	87	16	40	1				1
鹰潭市	**701**	**114**	**490**	**39**	**58**					
月湖区	21	3	15	3						
余江区	230	48	156	7	19					
贵溪市	450	63	319	29	39					
赣州市	**4776**	**863**	**2644**	**759**	**510**	**18**	**3**	**3**	**5**	**7**
章贡区	114	45	54	7	8					
南康区	35	13	15	5	2	1				1
赣县区	393	92	280	11	10					
信丰县	848	60	653	83	52					
大余县	246	22	106	63	55	1			1	
上犹县	209	62	95	37	15	1		1		
崇义县	117	42	45	18	12					
安远县	174	23	106	25	20	1				1
定南县	534	25	377	60	72	3			3	
全南县	326	26	162	81	57	1				1

7－1b 续表 3

单位：人

现住地	省外									
	小计					北京				
	小计	乡	镇的村委会	镇的居委会	街道	小计	乡	镇的村委会	镇的居委会	街道
宁都县	305	63	134	51	57	1		1		
于都县	416	87	135	157	37	4	2	1	1	
兴国县	570	193	250	64	63	2				2
会昌县	190	60	75	27	28	3	1			2
寻乌县	171	39	74	42	16					
石城县	64	8	23	27	6					
瑞金市	7	1	6							
龙南市	57	2	54	1						
吉安市	**2717**	**609**	**1413**	**466**	**229**	**8**	**2**	**1**	**3**	**2**
吉州区	40	9	25	4	2					
青原区	7	1	3		3					
吉安县	717	150	424	92	51					
吉水县	275	29	176	50	20	1			1	
峡江县	77	22	29	18	8					
新干县	205	66	79	42	18					
永丰县	128	31	47	35	15					
泰和县	237	58	111	54	14	2		1	1	
遂川县	236	32	153	37	14					
万安县	173	41	62	41	29	1			1	
安福县	230	56	119	33	22	2				2
永新县	301	78	151	47	25					
井冈山市	91	36	34	13	8	2	2			
宜春市	**3015**	**501**	**1767**	**374**	**373**	**4**		**1**		**3**
袁州区	39	3	23	7	6					
奉新县	410	79	217	68	46					
万载县	300	68	149	27	56	1				1
上高县	409	94	208	24	83	1		1		
宜丰县	502	87	296	70	49	1				1
靖安县	198	27	124	35	12					
铜鼓县	131	24	83	16	8					
丰城市	114	4	65	27	18					
樟树市	69	5	37	15	12					
高安市	843	110	565	85	83	1				1
抚州市	**2360**	**474**	**1108**	**469**	**309**	**6**		**1**	**2**	**3**
临川区	292	55	196	15	26					
东乡区	30	4	20	4	2					
南城县	224	69	92	44	19	1				1
黎川县	256	73	116	40	27					
南丰县	182	27	76	42	37					
崇仁县	163	48	56	33	26	1				1
乐安县	121	8	60	21	32	2			1	1
宜黄县	455	26	203	144	82					
金溪县	217	70	91	29	27					
资溪县	230	29	117	62	22					
广昌县	190	65	81	35	9	2		1	1	
上饶市	**2776**	**819**	**1186**	**345**	**426**	**8**	**1**	**2**	**2**	**3**
信州区	18		9	6	3					
广丰区	60	3	45	9	3					
广信区	22	3	15	3	1					
玉山县	709	169	330	101	109	2		1		1
铅山县	177	44	66	48	19					
横峰县	164	73	69	7	15					
弋阳县	247	69	125	27	26					
余干县	323	155	75	18	75					
鄱阳县	482	160	196	45	81	5		1	2	2
万年县	271	75	121	46	29					
婺源县	282	65	119	33	65	1	1			
德兴市	21	3	16	2						

7-1b　续表 4

单位：人

现住地	省外									
	天津					河北				
	小计	乡	镇的村委会	镇的居委会	街道	小计	乡	镇的村委会	镇的居委会	街道
全　省	**110**	**5**	**32**	**16**	**57**	**824**	**152**	**407**	**108**	**157**
南昌市	**64**	**3**	**22**	**6**	**33**	**455**	**72**	**226**	**58**	**99**
东湖区										
西湖区										
青云谱区										
青山湖区	27	1	9		17	147	19	71	9	48
新建区	1				1	2	1			1
红谷滩区										
南昌县	30	2	7	6	15	286	49	143	49	45
安义县	6		6			13	2	10		1
进贤县						7	1	2		4
景德镇市	**6**				**6**	**59**	**5**	**14**	**12**	**28**
昌江区										
珠山区										
浮梁县	6				6	57	5	14	12	26
乐平市						2				2
萍乡市	**1**		**1**			**22**	**10**	**6**	**5**	**1**
安源区										
湘东区										
莲花县						1		1		
上栗县	1		1			16	10	4	2	
芦溪县						5		1	3	1
九江市	**10**		**5**	**1**	**4**	**61**	**16**	**29**	**11**	**5**
濂溪区										
浔阳区										
柴桑区	1			1		10		10		
武宁县	2				2					
修水县						4		2	2	
永修县	2				2	2		1		1
德安县						13	11	2		
都昌县	3		3			1			1	
湖口县	1		1			13	4	5	4	
彭泽县	1		1			13		9		4
瑞昌市						5	1		4	
共青城市										
庐山市										
新余市						**4**		**4**		
渝水区						4		4		
分宜县										
鹰潭市	**3**		**1**		**2**	**34**	**5**	**28**	**1**	
月湖区										
余江区	1				1	1	1			
贵溪市	2		1		1	33	4	28	1	
赣州市	**5**	**2**			**3**	**52**	**16**	**30**	**2**	**4**
章贡区										
南康区										
赣县区						19	2	17		
信丰县	2				2	9	8		1	
大余县										
上犹县						1				1
崇义县						1		1		
安远县						2	1		1	
定南县										
全南县										

7－1b 续表 5

单位：人

现住地	省外									
	天津					河北				
	小计	乡	镇的村委会	镇的居委会	街道	小计	乡	镇的村委会	镇的居委会	街道
宁都县						6	3	1		2
于都县						1		1		
兴国县						9	2	6		1
会昌县	2	2								
寻乌县										
石城县	1				1					
瑞金市										
龙南市						4		4		
吉安市	**1**			**1**		**23**	**4**	**11**	**6**	**2**
吉州区										
青原区										
吉安县						5		4	1	
吉水县						1		1		
峡江县										
新干县						2	2			
永丰县						1			1	
泰和县	1			1		1		1		
遂川县						4			3	1
万安县						1				1
安福县						6	2	4		
永新县						2		1	1	
井冈山市										
宜春市	**6**		**1**	**5**		**50**	**6**	**28**	**4**	**12**
袁州区										
奉新县						1		1		
万载县						4	1	2		1
上高县	5			5		2			1	1
宜丰县	1		1			7	1	3		3
靖安县						10	1	7	2	
铜鼓县						8		7		1
丰城市										
樟树市						5		3		2
高安市						13	3	5	1	4
抚州市	**6**			**1**	**5**	**29**	**8**	**15**	**4**	**2**
临川区						8	1	7		
东乡区										
南城县						4	2	1	1	
黎川县						5	3		2	
南丰县						3	1		1	1
崇仁县	2				2					
乐安县	1			1		2		2		
宜黄县	3				3	1				1
金溪县						4	1	3		
资溪县						2		2		
广昌县										
上饶市	**8**		**2**	**2**	**4**	**35**	**10**	**16**	**5**	**4**
信州区										
广丰区										
广信区	1			1		2		2		
玉山县						14	5	8		1
铅山县						1				1
横峰县										
弋阳县						1		1		
余干县	1		1			3	1	2		
鄱阳县	4				4	7	4	1	2	
万年县	2		1	1		6		2	3	1
婺源县						1				1
德兴市										

7-1b　续表 6

单位：人

现住地	省外									
	山西					内蒙古				
	小计	乡	镇的村委会	镇的居委会	街道	小计	乡	镇的村委会	镇的居委会	街道
全　省	**513**	**63**	**229**	**73**	**148**	**301**	**40**	**98**	**62**	**101**
南昌市	**288**	**40**	**112**	**33**	**103**	**211**	**18**	**70**	**48**	**75**
东湖区	1	1								
西湖区										
青云谱区	2		2							
青山湖区	125	14	40	12	59	83	5	25	5	48
新建区						1		1		
红谷滩区										
南昌县	139	18	62	19	40	125	13	44	42	26
安义县	12	4	4		4	2			1	1
进贤县	9	3	4	2						
景德镇市	**55**	**5**	**17**	**14**	**19**	**19**		**3**	**2**	**14**
昌江区										
珠山区	1			1						
浮梁县	54	5	17	13	19	19		3	2	14
乐平市										
萍乡市	**4**		**1**	**1**	**2**	**1**				**1**
安源区										
湘东区	1				1					
莲花县						1				1
上栗县	2		1	1						
芦溪县	1				1					
九江市	**38**	**1**	**27**	**4**	**6**	**20**	**2**	**10**	**3**	**5**
濂溪区										
浔阳区										
柴桑区	6		5		1					
武宁县	2		1		1					
修水县	4	1	1	1	1	4		1		3
永修县	11		8		3					
德安县						4		2		2
都昌县	2		1	1		2		1	1	
湖口县	1			1		4		2	2	
彭泽县	12		11	1		6	2	4		
瑞昌市										
共青城市										
庐山市										
新余市	**3**		**2**		**1**	**3**		**3**		
渝水区	3		2		1	2		2		
分宜县						1		1		
鹰潭市	**3**		**3**							
月湖区										
余江区	1		1							
贵溪市	2		2							
赣州市	**42**	**8**	**18**	**10**	**6**	**12**	**8**	**4**		
章贡区										
南康区										
赣县区	5	3	2			5	5			
信丰县	4		2	1	1	1	1			
大余县										
上犹县	1				1					
崇义县										
安远县	1			1						
定南县	13		7	5	1	2		2		
全南县						1		1		

7－1b 续表 7

单位：人

现住地	省外									
	山西					内蒙古				
	小计	乡	镇的村委会	镇的居委会	街道	小计	乡	镇的村委会	镇的居委会	街道
宁都县	2	1	1			1		1		
于都县	1				1	1	1			
兴国县	9	4		3	2	1	1			
会昌县										
寻乌县										
石城县										
瑞金市										
龙南市	6		6							
吉安市	**18**	**1**	**14**	**2**	**1**	**11**	**3**	**1**	**5**	**2**
吉州区										
青原区										
吉安县	9		8	1						
吉水县	3		3							
峡江县										
新干县						4	2		1	1
永丰县	1			1						
泰和县	1		1							
遂川县						1			1	
万安县	1	1				2	1	1		
安福县						3			3	
永新县	3		2		1	1				1
井冈山市										
宜春市	**23**	**4**	**13**	**2**	**4**	**7**	**2**	**1**		**4**
袁州区										
奉新县	1		1							
万载县	1				1	1				1
上高县	3	1	2			3				3
宜丰县	5	1	4			2	2			
靖安县	2	1		1						
铜鼓县	2		1	1						
丰城市	1		1							
樟树市										
高安市	8	1	4		3	1		1		
抚州市	**9**	**1**	**4**	**3**	**1**	**9**	**4**	**4**	**1**	
临川区	1	1				1		1		
东乡区										
南城县						2		2		
黎川县	2			1	1	1			1	
南丰县						1		1		
崇仁县	1			1		2	2			
乐安县	4		3	1						
宜黄县										
金溪县						2	2			
资溪县										
广昌县	1		1							
上饶市	**30**	**3**	**18**	**4**	**5**	**8**	**3**	**2**	**3**	
信州区										
广丰区										
广信区										
玉山县	3			2	1	1		1		
铅山县						2			2	
横峰县	1		1							
弋阳县	1		1							
余干县	14	1	12		1	2	2			
鄱阳县	4		2		2	2	1		1	
万年县	5	1	2	2						
婺源县	2	1			1	1		1		
德兴市										

7-1b　续表 8

单位：人

现住地	省外									
	辽宁					吉林				
	小计	乡	镇的村委会	镇的居委会	街道	小计	乡	镇的村委会	镇的居委会	街道
全　省	**395**	**51**	**164**	**45**	**135**	**263**	**47**	**102**	**47**	**67**
南昌市	**167**	**19**	**60**	**12**	**76**	**114**	**19**	**33**	**20**	**42**
东湖区										
西湖区										
青云谱区										
青山湖区	62	4	20	2	36	56	4	23	7	22
新建区	1		1							
红谷滩区										
南昌县	93	12	36	8	37	52	13	9	12	18
安义县	6	2	2		2	5	2		1	2
进贤县	5	1	1	2	1	1		1		
景德镇市	**24**		**4**	**3**	**17**	**12**	**1**	**4**	**1**	**6**
昌江区										
珠山区	1			1						
浮梁县	23		4	2	17	12	1	4	1	6
乐平市										
萍乡市	**5**	**1**	**3**	**1**		**3**	**1**	**1**	**1**	
安源区	2		1	1		1			1	
湘东区										
莲花县										
上栗县	3	1	2			1		1		
芦溪县						1	1			
九江市	**35**	**4**	**20**	**3**	**8**	**31**	**4**	**15**	**8**	**4**
濂溪区										
浔阳区										
柴桑区						3		3		
武宁县						1	1			
修水县	2		1	1		3		3		
永修县	10		8		2	5	3	1		1
德安县	5	3	2							
都昌县	1		1			1			1	
湖口县	7	1	1	1	4	4			3	1
彭泽县	10		7	1	2	14		8	4	2
瑞昌市										
共青城市										
庐山市										
新余市	**5**		**5**			**1**		**1**		
渝水区										
分宜县	5		5			1		1		
鹰潭市	**18**	**3**	**5**	**3**	**7**	**4**	**1**			**3**
月湖区										
余江区	1	1								
贵溪市	17	2	5	3	7	4	1			3
赣州市	**57**	**7**	**33**	**13**	**4**	**47**	**11**	**28**	**2**	**6**
章贡区						1		1		
南康区										
赣县区	14	2	11	1		1		1		
信丰县	6		5		1	5		4		1
大余县	1			1		1				1
上犹县	5		1	4		2	1			1
崇义县										
安远县										
定南县	15		13	1	1	2		2		
全南县										

7—1b 续表 9

单位：人

现住地	省外									
	辽宁					吉林				
	小计	乡	镇的村委会	镇的居委会	街道	小计	乡	镇的村委会	镇的居委会	街道
宁都县	3			2	1	6	5		1	
于都县	6	1		4	1	1			1	
兴国县	6	4	2			21	3	18		
会昌县						3	1			2
寻乌县	1		1			1				1
石城县										
瑞金市										
龙南市						3	1	2		
吉安市	**8**	**1**	**3**	**3**	**1**	**12**	**3**	**6**	**2**	**1**
吉州区										
青原区										
吉安县	2		2			9	1	6	1	1
吉水县										
峡江县										
新干县	4	1	1	2						
永丰县										
泰和县						1	1			
遂川县										
万安县	1			1						
安福县						1	1			
永新县	1				1					
井冈山市						1			1	
宜春市	**23**	**5**	**8**	**3**	**7**	**20**	**2**	**5**	**10**	**3**
袁州区										
奉新县						3			2	1
万载县	2				2	3			2	1
上高县	6	2	1	3						
宜丰县	12	3	6		3	5		2	3	
靖安县						3	2	1		
铜鼓县						1				1
丰城市						1		1		
樟树市										
高安市	3		1		2	4		1	3	
抚州市	**31**	**3**	**15**	**4**	**9**	**8**	**3**	**2**	**2**	**1**
临川区	16	2	8	2	4					
东乡区						1			1	
南城县	2	1	1			1	1			
黎川县	4				4					
南丰县						3	1	2		
崇仁县										
乐安县										
宜黄县	6		4	2		1			1	
金溪县						1				1
资溪县	3		2		1					
广昌县						1	1			
上饶市	**22**	**8**	**8**		**6**	**11**	**2**	**7**	**1**	**1**
信州区										
广丰区										
广信区						1		1		
玉山县						1		1		
铅山县	1	1								
横峰县	1		1							
弋阳县	2	2				1	1			
余干县	4	2	1		1	2	1			1
鄱阳县	10	3	5		2	1			1	
万年县						1		1		
婺源县	4		1		3	4		4		
德兴市										

7-1b　续表 10

单位：人

现住地	省外									
	黑龙江					上海				
	小计	乡	镇的村委会	镇的居委会	街道	小计	乡	镇的村委会	镇的居委会	街道
全省	**431**	**67**	**147**	**93**	**124**	**344**	**35**	**60**	**88**	**161**
南昌市	**218**	**32**	**64**	**43**	**79**	**143**	**17**	**24**	**24**	**78**
东湖区										
西湖区										
青云谱区										
青山湖区	49	5	15	2	27	17		4	3	10
新建区	1				1	3		1	1	1
红谷滩区										
南昌县	130	20	41	38	31	118	17	18	17	66
安义县	35	6	6	3	20	3		1	2	
进贤县	3	1	2			2			1	1
景德镇市	**25**	**2**	**5**	**3**	**15**	**22**	**2**	**6**	**3**	**11**
昌江区										
珠山区						1			1	
浮梁县	25	2	5	3	15	21	2	6	2	11
乐平市										
萍乡市	**6**		**5**	**1**		**4**		**4**		
安源区										
湘东区										
莲花县						2		2		
上栗县	3		3			1		1		
芦溪县	3		2	1		1		1		
九江市	**38**	**10**	**11**	**5**	**12**	**34**	**3**	**4**	**6**	**21**
濂溪区										
浔阳区										
柴桑区										
武宁县	1	1				1				1
修水县	5		4	1		2			1	1
永修县	22	9	3	2	8	11	2		2	7
德安县	1				1	9	1		1	7
都昌县						5		2		3
湖口县	2				2	3			2	1
彭泽县	7		4	2	1	3		2		1
瑞昌市										
共青城市										
庐山市										
新余市	**1**		**1**			**2**				**2**
渝水区										
分宜县	1		1			2				2
鹰潭市	**4**		**3**		**1**	**2**				**2**
月湖区	1		1							
余江区						2				2
贵溪市	3		2		1					
赣州市	**50**	**3**	**25**	**14**	**8**	**20**	**2**	**2**	**7**	**9**
章贡区	2	1	1							
南康区										
赣县区	4	1	3							
信丰县	6		1	5						
大余县	2		2			3		1	2	
上犹县						1		1		
崇义县	4		1	3		3			2	1
安远县	1			1		1				1
定南县	17		11		6					
全南县						1				1

7-1b 续表 11

单位：人

现住地	省外									
	黑龙江					上海				
	小计	乡	镇的村委会	镇的居委会	街道	小计	乡	镇的村委会	镇的居委会	街道
宁都县	4		2	2						
于都县	3		1	2		1	1			
兴国县	4		2	1	1	3				3
会昌县	1		1							
寻乌县	1				1	4	1			3
石城县	1	1				3			3	
瑞金市										
龙南市										
吉安市	**25**	**9**	**11**	**4**	**1**	**15**	**1**		**6**	**8**
吉州区										
青原区										
吉安县	6	1	1	3	1	3				3
吉水县	7	5	1	1		1				1
峡江县										
新干县	3		3			3			1	2
永丰县	1	1				1			1	
泰和县	3		3			2			2	
遂川县						2			2	
万安县	2		2							
安福县	1		1							
永新县						2				2
井冈山市	2	2				1	1			
宜春市	**20**	**1**	**11**	**6**	**2**	**26**	**2**	**3**	**7**	**14**
袁州区										
奉新县						6	1	2	1	2
万载县	4			3	1	4	1	1	1	1
上高县	3		3			4				4
宜丰县	3		1	1	1	3			2	1
靖安县	2		2			4			3	1
铜鼓县										
丰城市	1			1		2				2
樟树市						3				3
高安市	7	1	5	1						
抚州市	**24**	**7**	**8**	**7**	**2**	**35**	**4**	**7**	**15**	**9**
临川区	3	1		1	1	1				1
东乡区										
南城县						2		1	1	
黎川县	6	5			1	6	1		4	1
南丰县	9	1	6	2		5	1		1	3
崇仁县						1		1		
乐安县						2			1	1
宜黄县	2		1	1						
金溪县	3		1	2		5	2		3	
资溪县	1			1		8			5	3
广昌县						5		5		
上饶市	**20**	**3**	**3**	**10**	**4**	**41**	**4**	**10**	**20**	**7**
信州区										
广丰区						4		4		
广信区						1		1		
玉山县	7	1		4	2	5		2	2	1
铅山县	5		1	3	1	8		1	6	1
横峰县						2		2		
弋阳县	3	2		1		6	2		4	
余干县	2		1	1						
鄱阳县						2			1	1
万年县	1		1			5	2		3	
婺源县	2			1	1	8			4	4
德兴市										

7-1b 续表 12

单位：人

现住地	省外									
	江苏					浙江				
	小计	乡	镇的村委会	镇的居委会	街道	小计	乡	镇的村委会	镇的居委会	街道
全　省	**1245**	**157**	**563**	**238**	**287**	**2597**	**393**	**1152**	**445**	**607**
南昌市	**486**	**58**	**214**	**76**	**138**	**772**	**112**	**327**	**96**	**237**
东湖区										
西湖区										
青云谱区										
青山湖区	132	4	60	13	55	160	18	72	13	57
新建区						15	6	6	1	2
红谷滩区										
南昌县	327	49	142	57	79	485	81	210	62	132
安义县	20	4	8	4	4	97	7	34	15	41
进贤县	7	1	4	2		15		5	5	5
景德镇市	**67**	**2**	**24**	**16**	**25**	**90**	**6**	**33**	**20**	**31**
昌江区						2		2		
珠山区						1			1	
浮梁县	63	2	23	13	25	86	6	30	19	31
乐平市	4		1	3		1		1		
萍乡市	**32**	**1**	**24**	**6**	**1**	**61**	**3**	**35**	**14**	**9**
安源区	1				1	7			7	
湘东区						7	2	2		3
莲花县	1	1				14	1	9	1	3
上栗县	16		11	5		13		10		3
芦溪县	14		13	1		20		14	6	
九江市	**160**	**30**	**72**	**25**	**33**	**198**	**19**	**101**	**42**	**36**
濂溪区	6		6			2		1	1	
浔阳区										
柴桑区	7		2	2	3	7		6		1
武宁县	10	2	4		4	19	3	8	2	6
修水县	9		3	3	3	35		17	13	5
永修县	15		12	2	1	18	2	2	10	4
德安县	27	11	3	4	9	21	2	11	4	4
都昌县	16	9	2	4	1	20	7	5	8	
湖口县	16	1	5	5	5	14	3	4	1	6
彭泽县	51	6	35	3	7	53		40	3	10
瑞昌市	2	1		1						
共青城市										
庐山市	1			1		9	2	7		
新余市	**12**		**5**	**3**	**4**	**28**	**6**	**15**	**3**	**4**
渝水区	12		5	3	4	21	5	12	1	3
分宜县						7	1	3	2	1
鹰潭市	**18**	**1**	**10**	**6**	**1**	**84**	**5**	**56**	**10**	**13**
月湖区	1			1		2		1	1	
余江区	5	1	2	2		15	3	6	1	5
贵溪市	12		8	3	1	67	2	49	8	8
赣州市	**60**	**12**	**28**	**17**	**3**	**170**	**41**	**52**	**33**	**44**
章贡区	6	3	1	1	1	3		3		
南康区	1		1							
赣县区	9		9			8	3	3	2	
信丰县	9	1	6	1	1	19	2	9	4	4
大余县	1		1			8		1	3	4
上犹县	3		2	1		3	1	1	1	
崇义县						20	12	3		5
安远县	1	1				14	10	3		1
定南县	2		2			5		1	1	3
全南县						9	2	1	2	4

7－1b 续表 13

单位：人

现住地	省外									
	江苏					浙江				
	小计	乡	镇的村委会	镇的居委会	街道	小计	乡	镇的村委会	镇的居委会	街道
宁都县	1				1	20	2	3	4	11
于都县	9	2		7		14	2	3	8	1
兴国县	11	5	2	4		32	5	14	4	9
会昌县	2			2						
寻乌县	3		3			6		6		
石城县	1			1		9	2	1	4	2
瑞金市										
龙南市	1		1							
吉安市	**64**	**17**	**20**	**16**	**11**	**148**	**27**	**73**	**30**	**18**
吉州区						4		4		
青原区										
吉安县	10	1	6		3	10	1	3	5	1
吉水县						15		9	6	
峡江县	4	1	3			23	7	8	1	7
新干县	11	3	1	5	2	8		6	2	
永丰县	5		1		4	18	3	7	7	1
泰和县	8	2	1	5		11	3	3	4	1
遂川县	1			1		11	1	9	1	
万安县	8	6		1	1	5		1		4
安福县	8	3	2	3		17	3	13	1	
永新县	9	1	6	1	1	17	8	4	1	4
井冈山市						9	1	6	2	
宜春市	**119**	**10**	**66**	**19**	**24**	**229**	**23**	**123**	**42**	**41**
袁州区	4		3		1	3		1		2
奉新县	19	4	10	3	2	57	8	29	12	8
万载县	11		6	2	3	12	2	4	3	3
上高县	23	1	15	2	5	30	8	13		9
宜丰县	15	3		8	4	56	1	32	12	11
靖安县	22		19	2	1	20	3	14	3	
铜鼓县	2	1	1			7		4	2	1
丰城市	3		2	1		2			2	
樟树市	6		2		4	3		2		1
高安市	14	1	8	1	4	39	1	24	8	6
抚州市	**117**	**13**	**44**	**39**	**21**	**240**	**33**	**98**	**80**	**29**
临川区	7		4		3	17	2	12	1	2
东乡区						4	2	2		
南城县	7	4	1	1	1	40	5	20	10	5
黎川县	2	2				34	11	13	4	6
南丰县	8	1	5	1	1	18	2	8	7	1
崇仁县	3		1	2		15	2	3	5	5
乐安县	19		14	5		5		4	1	
宜黄县	33	1	10	14	8	57	1	16	36	4
金溪县	23	4	7	8	4	17	4	7	4	2
资溪县	6		1	1	4	18		11	4	3
广昌县	9	1	1	7		15	4	2	8	1
上饶市	**110**	**13**	**56**	**15**	**26**	**577**	**118**	**239**	**75**	**145**
信州区						9		4	3	2
广丰区						10		8	1	1
广信区						9		8		1
玉山县	24	1	10	5	8	213	40	92	31	50
铅山县	5	1	2	2		41	6	14	12	9
横峰县	13	3	8		2	51	19	26	2	4
弋阳县	14	3	6		5	39	7	18	2	12
余干县	7	1	4	2		25	11	7		7
鄱阳县	27	1	17	5	4	79	15	30	7	27
万年县	16	2	7	1	6	22	9	6	1	6
婺源县	4	1	2		1	73	11	20	16	26
德兴市						6		6		

7-1b　续表 14

单位：人

现住地	省外									
	安徽					福建				
	小计	乡	镇的村委会	镇的居委会	街道	小计	乡	镇的村委会	镇的居委会	街道
全　省	**2701**	**509**	**1512**	**373**	**307**	**1930**	**374**	**937**	**309**	**310**
南昌市	**1068**	**148**	**582**	**169**	**169**	**589**	**105**	**276**	**77**	**131**
东湖区	7	5	2							
西湖区										
青云谱区	2	1	1							
青山湖区	283	26	156	25	76	120	13	52	17	38
新建区	17	1	16							
红谷滩区										
南昌县	635	98	345	120	72	429	88	213	48	80
安义县	111	16	53	21	21	15		5	4	6
进贤县	13	1	9	3		25	4	6	8	7
景德镇市	**183**	**29**	**87**	**34**	**33**	**67**	**10**	**26**	**11**	**20**
昌江区	1			1						
珠山区	3			3		5	1		3	1
浮梁县	168	29	78	30	31	62	9	26	8	19
乐平市	11		9		2					
萍乡市	**63**	**19**	**32**	**8**	**4**	**34**	**3**	**23**	**8**	
安源区	2			2						
湘东区	1	1				2		2		
莲花县	6	1	4		1					
上栗县	38	14	18	6		22	3	15	4	
芦溪县	16	3	10		3	10		6	4	
九江市	**473**	**100**	**279**	**54**	**40**	**134**	**26**	**72**	**24**	**12**
濂溪区	23		22	1						
浔阳区										
柴桑区	30	4	25		1	4		4		
武宁县	19	5	13		1	13	2	9		2
修水县	28	3	20	5		22	5	14	3	
永修县	53	15	28	6	4	21	4	9	5	3
德安县	54	21	24	1	8	18	5	9	2	2
都昌县	16	3	5	7	1	16	5	4	7	
湖口县	58	7	21	22	8	12	5	2	3	2
彭泽县	190	41	121	12	16	16		13	2	1
瑞昌市	2	1			1	6		4	1	1
共青城市										
庐山市						6		4	1	1
新余市	**15**	**2**	**11**		**2**	**41**	**10**	**24**	**1**	**6**
渝水区	6	2	4			36	7	23	1	5
分宜县	9		7		2	5	3	1		1
鹰潭市	**56**	**7**	**42**	**2**	**5**	**38**	**4**	**26**	**2**	**6**
月湖区	7		6	1		1		1		
余江区	22	6	12		4	10	1	7		2
贵溪市	27	1	24	1	1	27	3	18	2	4
赣州市	**195**	**53**	**114**	**15**	**13**	**269**	**55**	**132**	**50**	**32**
章贡区	6		5		1	8	5	2	1	
南康区	4	4				2			1	1
赣县区	52	5	46	1		6	2	4		
信丰县	25	4	14	4	3	33	7	20	6	
大余县	2				2	17		9	1	7
上犹县	13	4	5	4		10		9	1	
崇义县	7	3	4			2			1	1
安远县	1		1			11		9	1	1
定南县	13		11	1	1	15		8	7	
全南县	3		3			19	2	14	3	

7-1b 续表 15

单位：人

现住地	省外									
	安徽					福建				
	小计	乡	镇的村委会	镇的居委会	街道	小计	乡	镇的村委会	镇的居委会	街道
宁都县	13	2	8	1	2	19	9	7	1	2
于都县	11	1	4	4	2	21	6	7	5	3
兴国县	36	30	4		2	39	14	17	6	2
会昌县	2		2			39	7	8	11	13
寻乌县	1		1			11	1	9	1	
石城县	3		3			10	1	3	4	2
瑞金市						1	1			
龙南市	3		3			6		6		
吉安市	**119**	**29**	**51**	**32**	**7**	**135**	**28**	**62**	**23**	**22**
吉州区	4	4				2	2			
青原区						3		3		
吉安县	24	6	12	6		9		4	4	1
吉水县	13		3	9	1	18		13	1	4
峡江县	6	2	3	1						
新干县	8	1	6	1		19	6	4	8	1
永丰县	9	2	1	5	1	3	1	1		1
泰和县	9	6	1	2		22	2	9	3	8
遂川县	11	1	8		2	26	5	17	4	
万安县	14	4	3	6	1	4	3	1		
安福县	9	2	4	1	2	11	5	4	1	1
永新县	6		6			15	1	6	2	6
井冈山市	6	1	4	1		3	3			
宜春市	**149**	**18**	**110**	**16**	**5**	**172**	**21**	**121**	**15**	**15**
袁州区	1			1		8		5	1	2
奉新县	41	8	28	3	2	19	1	8	6	4
万载县	10	3	6	1		17	5	11		1
上高县	12	3	7	1	1	48	11	33		4
宜丰县	16	1	12	3		15		15		
靖安县	17	2	10	3	2	8	1	6	1	
铜鼓县	5		2	3		4		4		
丰城市	14		13	1		7		3	1	3
樟树市	6		6			3		3		
高安市	27	1	26			43	3	33	6	1
抚州市	**133**	**21**	**70**	**31**	**11**	**314**	**82**	**134**	**57**	**41**
临川区	8		6	2		15		13		2
东乡区	3		3			2		2		
南城县	10	1	7	2		23	15	1	2	5
黎川县	16		9	7		23	12	5	3	3
南丰县	16	3	6	3	4	30	10	7	9	4
崇仁县	15	1	12	2		12	4	3	2	3
乐安县	5	1	3	1		11		3	3	5
宜黄县	31	1	13	11	6	6	3	2		1
金溪县	17	10	6		1	38	7	19	4	8
资溪县	8	1	5	2		110	16	53	32	9
广昌县	4	3		1		44	15	26	2	1
上饶市	**247**	**83**	**134**	**12**	**18**	**137**	**30**	**41**	**41**	**25**
信州区	1		1			5		1	3	1
广丰区	7		6	1		7	2		5	
广信区	1		1							
玉山县	66	19	38	4	5	36	3	14	11	8
铅山县	15	8	3	3	1	15	4	3	7	1
横峰县	14	7	4		3	8	4	1	1	2
弋阳县	32	12	20			10	1	3	4	2
余干县	11	5	4	1	1	15	9	3	2	1
鄱阳县	54	20	27	2	5	18	4	8	3	3
万年县	19	5	12		2	10	3	2	5	
婺源县	26	6	18	1	1	9		2		7
德兴市	1	1				4		4		

7-1b　续表 16

单位：人

现住地	省外									
	山东					河南				
	小计	乡	镇的村委会	镇的居委会	街道	小计	乡	镇的村委会	镇的居委会	街道
全　省	**1150**	**141**	**631**	**174**	**204**	**3007**	**682**	**1725**	**311**	**289**
南昌市	**569**	**68**	**284**	**95**	**122**	**1080**	**237**	**597**	**117**	**129**
东湖区										
西湖区										
青云谱区						2	1	1		
青山湖区	198	20	100	11	67	254	35	139	19	61
新建区	1			1		10	4	2	4	
红谷滩区										
南昌县	355	45	175	82	53	617	153	330	83	51
安义县	11		9	1	1	162	36	105	6	15
进贤县	4	3			1	35	8	20	5	2
景德镇市	**89**	**12**	**24**	**17**	**36**	**134**	**19**	**54**	**22**	**39**
昌江区										
珠山区										
浮梁县	88	11	24	17	36	120	16	45	21	38
乐平市	1	1				14	3	9	1	1
萍乡市	**17**	**2**	**9**	**5**	**1**	**53**	**3**	**39**	**2**	**9**
安源区	1			1		1				1
湘东区	2		1		1					
莲花县						8		3	1	4
上栗县	6	1	5			33	2	27		4
芦溪县	8	1	3	4		11	1	9	1	
九江市	**100**	**10**	**70**	**12**	**8**	**547**	**96**	**382**	**48**	**21**
濂溪区	2		1		1	10		9		1
浔阳区										
柴桑区	17	3	14			14		13		1
武宁县	4	1	2	1		15	7	6	2	
修水县	10		8	1	1	19		12	2	5
永修县	6	1		1	4	67	28	28	10	1
德安县	7	2	3	1	1	66	28	20	10	8
都昌县	5	2		2	1	23	6	4	11	2
湖口县	5		1	4		38	21	14	3	
彭泽县	43		41	2		284	5	273	4	2
瑞昌市						11	1	3	6	1
共青城市										
庐山市	1	1								
新余市	**29**	**10**	**12**	**5**	**2**	**27**	**11**	**16**		
渝水区	11		9	1	1	24	11	13		
分宜县	18	10	3	4	1	3		3		
鹰潭市	**5**	**2**	**2**		**1**	**57**	**18**	**37**		**2**
月湖区						8	3	5		
余江区	3	1	2			18	7	11		
贵溪市	2	1			1	31	8	21		2
赣州市	**66**	**9**	**44**	**5**	**8**	**359**	**87**	**224**	**26**	**22**
章贡区						13	3	7	2	1
南康区	2		1	1		3	3			
赣县区	25	3	22			89	15	73		1
信丰县	10	1	9			68	4	58	5	1
大余县	1		1			6		6		
上犹县						10	2	7		1
崇义县	2		2			11	3	3	5	
安远县	4		3	1		4		2	1	1
定南县						32	1	28	2	1
全南县	2			2		7		6		1

7—1b 续表 17

单位：人

现住地	省外									
	山东					河南				
	小计	乡	镇的村委会	镇的居委会	街道	小计	乡	镇的村委会	镇的居委会	街道
宁都县	1				1	12	3	5		4
于都县	1	1				42	23	7	7	5
兴国县	13	3	2	1	7	42	20	18	3	1
会昌县	3	1	2			18	10	2	1	5
寻乌县										
石城县	1		1			1		1		
瑞金市										
龙南市	1		1			1		1		
吉安市	**73**	**9**	**59**	**5**		**228**	**53**	**140**	**31**	**4**
吉州区						3		3		
青原区										
吉安县	4		4			109	22	78	8	1
吉水县	37		37			15	3	10	2	
峡江县	1			1		1	1			
新干县						18	3	13	1	1
永丰县	12		12			7	4	2	1	
泰和县	3		2	1		23	4	10	7	2
遂川县	3	1	2			13	2	9	2	
万安县	1			1		9	2	1	6	
安福县	3	1		2		8	5	2	1	
永新县	8	7	1			17	4	11	2	
井冈山市	1		1			5	3	1	1	
宜春市	**93**	**9**	**59**	**12**	**13**	**175**	**48**	**93**	**14**	**20**
袁州区										
奉新县	7		6	1		26	6	17	3	
万载县	11	5	3	2	1	13	6	5	1	1
上高县	13		11		2	33	8	12		13
宜丰县	9		8	1		17	5	10	1	1
靖安县	3		2	1		16	3	12		1
铜鼓县	4		2	1	1	6	2	4		
丰城市	1			1		3	3			
樟树市	1		1			3	2		1	
高安市	44	4	26	5	9	58	13	33	8	4
抚州市	**48**	**6**	**28**	**5**	**9**	**146**	**22**	**68**	**31**	**25**
临川区	11	2	7	1	1	13	1	7		5
东乡区	2		2			3		2	1	
南城县	2		1		1	11	3	3	4	1
黎川县	11	1	6	1	3	19	7	7	4	1
南丰县						6	1	3	1	1
崇仁县						9	3	3		3
乐安县	3		3			1		1		
宜黄县	5			1	4	53	1	25	15	12
金溪县	3	1	1	1		9	4	3		2
资溪县	4	2	1	1		9		3	6	
广昌县	7		7			13	2	11		
上饶市	**61**	**4**	**40**	**13**	**4**	**201**	**88**	**75**	**20**	**18**
信州区										
广丰区						1		1		
广信区										
玉山县	13		11	2		26	9	10	5	2
铅山县	3	1		2		20	3	11	3	3
横峰县	1		1			11	5	6		
弋阳县	20	1	18	1		14	4	8		2
余干县	2	1			1	34	17	13	2	2
鄱阳县	8	1	4	1	2	39	26	7	1	5
万年县	1			1		36	18	7	8	3
婺源县	13		6	6	1	19	6	12		1
德兴市						1			1	

7-1b　续表 18

单位：人

现住地	省外									
	湖北					湖南				
	小计	乡	镇的村委会	镇的居委会	街道	小计	乡	镇的村委会	镇的居委会	街道
全　省	**2754**	**612**	**1472**	**347**	**323**	**4125**	**830**	**2423**	**533**	**339**
南昌市	**814**	**187**	**367**	**104**	**156**	**967**	**185**	**553**	**114**	**115**
东湖区										
西湖区										
青云谱区	10	2	3	3	2	4		3		1
青山湖区	154	15	85	16	38	213	35	113	18	47
新建区	16	5	7		4	14	6	8		
红谷滩区										
南昌县	524	128	219	77	100	537	105	294	86	52
安义县	91	31	47	5	8	181	36	121	10	14
进贤县	19	6	6	3	4	18	3	14		1
景德镇市	**48**	**7**	**21**	**7**	**13**	**94**	**13**	**46**	**10**	**25**
昌江区										
珠山区	3			2	1					
浮梁县	37	4	18	5	10	92	13	45	9	25
乐平市	8	3	3		2	2		1	1	
萍乡市	**90**	**14**	**51**	**23**	**2**	**396**	**54**	**268**	**52**	**22**
安源区	7			7		28		11	17	
湘东区	5	1	4			22	1	20		1
莲花县	13	3	7	3		55	24	26	1	4
上栗县	33	2	16	13	2	227	20	166	26	15
芦溪县	32	8	24			64	9	45	8	2
九江市	**540**	**158**	**278**	**64**	**40**	**380**	**99**	**198**	**55**	**28**
濂溪区	10		9	1		4		3	1	
浔阳区										
柴桑区	70	12	51	3	4	26	11	10	5	
武宁县	42	17	11	2	12	27	4	18	3	2
修水县	58	9	38	11		60	11	36	13	
永修县	47	7	18	17	5	80	24	39	5	12
德安县	67	18	39	7	3	44	10	29	2	3
都昌县	29	19	5	4	1	31	10	9	10	2
湖口县	70	25	30	12	3	53	16	25	8	4
彭泽县	55	9	40	3	3	37	9	21	5	2
瑞昌市	90	42	37	3	8	11	4	5		2
共青城市						3		2	1	
庐山市	2			1	1	4		1	2	1
新余市	**32**	**8**	**17**	**6**	**1**	**97**	**12**	**70**	**5**	**10**
渝水区	19	4	10	4	1	63	7	50	2	4
分宜县	13	4	7	2		34	5	20	3	6
鹰潭市	**40**	**3**	**36**		**1**	**76**	**12**	**60**	**2**	**2**
月湖区	1		1							
余江区	27	2	24		1	36	8	28		
贵溪市	12	1	11			40	4	32	2	2
赣州市	**357**	**51**	**235**	**42**	**29**	**597**	**117**	**355**	**96**	**29**
章贡区	6		5		1	19	8	8	2	1
南康区	5	1	3	1		4	1	3		
赣县区	17		13		4	41	13	26		2
信丰县	72	8	64			147	5	125	15	2
大余县	14	1	4	2	7	42	6	16	11	9
上犹县	2	1	1			48	18	23	6	1
崇义县	1		1			35	16	17		2
安远县	13	2	9	1	1	14	2	7	3	2
定南县	50		45	3	2	45	3	32	8	2
全南县	15		14		1	21	3	14	4	

7-1b 续表 19

单位：人

现住地	省外									
	湖北					湖南				
	小计	乡	镇的村委会	镇的居委会	街道	小计	乡	镇的村委会	镇的居委会	街道
宁都县	36	5	16	12	3	26	7	7	9	3
于都县	34	9	7	12	6	62	10	24	28	
兴国县	74	22	41	8	3	32	7	17	4	4
会昌县	9	1	5	2	1	48	10	32	5	1
寻乌县	3	1	1	1		8	6	2		
石城县	2		2			3	2		1	
瑞金市										
龙南市	4		4			2		2		
吉安市	**279**	**69**	**145**	**46**	**19**	**515**	**108**	**288**	**89**	**30**
吉州区	8		6	2		5		4	1	
青原区										
吉安县	94	17	60	14	3	148	29	93	18	8
吉水县	29	6	17	5	1	41	4	27	6	4
峡江县	1	1				13	4	3	6	
新干县	12	6	2	3	1	22	6	8	8	
永丰县	14	4	3	7		14	5	1	6	2
泰和县	28	12	13	3		25	7	11	5	2
遂川县	27	5	18	2	2	49	9	28	10	2
万安县	23	8	6	3	6	28	5	15	4	4
安福县	14	3	8	1	2	68	8	44	11	5
永新县	23	2	11	6	4	61	16	38	7	
井冈山市	6	5	1			41	15	16	7	3
宜春市	**208**	**26**	**144**	**14**	**24**	**633**	**132**	**391**	**59**	**51**
袁州区	3		3			3		3		
奉新县	24	5	14	3	2	79	26	35	13	5
万载县	33	8	22		3	83	19	49	4	11
上高县	31	3	23	2	3	73	23	34	3	13
宜丰县	39	4	29	4	2	103	28	59	10	6
靖安县	14	2	8	2	2	16	6	9	1	
铜鼓县	4	2	1	1		60	12	39	7	2
丰城市	7		3	1	3	31		22	7	2
樟树市	2		2			26		17	9	
高安市	51	2	39	1	9	159	18	124	5	12
抚州市	**136**	**36**	**64**	**20**	**16**	**212**	**42**	**124**	**32**	**14**
临川区	19	2	13		4	26	5	19	2	
东乡区	1				1					
南城县	11	4	6	1		31	13	16	2	
黎川县	6	2	3	1		33	4	29		
南丰县	20		9	4	7	13	3	7	2	1
崇仁县	24	14	6	4		15	2	7	3	3
乐安县	5	2	2	1		9	1	5	2	1
宜黄县	16	2	4	8	2	41	3	14	16	8
金溪县	18	7	9	1	1	15	1	11	3	
资溪县	10		9		1	10		9	1	
广昌县	6	3	3			19	10	7	1	1
上饶市	**210**	**53**	**114**	**21**	**22**	**158**	**56**	**70**	**19**	**13**
信州区	1		1							
广丰区	6		5		1	5		3	2	
广信区	2	2				1			1	
玉山县	43	8	20	9	6	39	11	19	4	5
铅山县	18	7	8	3		11	3	7		1
横峰县	6	1	4	1		9	3	5	1	
弋阳县	15	4	6	3	2	14	5	8	1	
余干县	19	9	5	1	4	14	8	2	1	3
鄱阳县	54	15	33	2	4	37	13	13	8	3
万年县	26	4	19	2	1	11	3	6	1	1
婺源县	20	3	13		4	16	10	6		
德兴市						1		1		

7-1b　续表 20

单位：人

现住地	省外									
	广东					广西				
	小计	乡	镇的村委会	镇的居委会	街道	小计	乡	镇的村委会	镇的居委会	街道
全　省	**2669**	**334**	**975**	**645**	**715**	**1083**	**201**	**662**	**119**	**101**
南昌市	**552**	**62**	**154**	**100**	**236**	**332**	**57**	**187**	**35**	**53**
东湖区										
西湖区										
青云谱区										
青山湖区	116	8	27	9	72	68	6	30	9	23
新建区	8	1	3	1	3	2		2		
红谷滩区										
南昌县	369	41	103	81	144	155	37	73	23	22
安义县	34	5	14	4	11	72	6	56	2	8
进贤县	25	7	7	5	6	35	8	26	1	
景德镇市	**72**	**1**	**28**	**16**	**27**	**46**	**11**	**21**	**2**	**12**
昌江区	1		1							
珠山区										
浮梁县	70	1	27	16	26	46	11	21	2	12
乐平市	1				1					
萍乡市	**74**	**9**	**26**	**18**	**21**	**43**	**5**	**38**		
安源区	8		1	7		1		1		
湘东区	8	5			3	1	1			
莲花县	10	1	3	1	5	7		7		
上栗县	25	3	9	6	7	8	3	5		
芦溪县	23		13	4	6	26	1	25		
九江市	**181**	**37**	**41**	**59**	**44**	**58**	**18**	**32**	**7**	**1**
濂溪区	1		1			1		1		
浔阳区										
柴桑区	3		2		1	3		3		
武宁县	10	3	1		6	6	1	4		1
修水县	29		13	12	4	6	1	5		
永修县	56	17	6	13	20	16	12	4		
德安县	15	5	3	4	3	12	1	10	1	
都昌县	30	9	3	15	3	5	1	2	2	
湖口县	14	1	6	5	2	4	1	1	2	
彭泽县	16	1	5	6	4	2			2	
瑞昌市	6	1	1	4		3	1	2		
共青城市										
庐山市	1				1					
新余市	**45**		**33**	**1**	**11**	**21**	**2**	**18**		**1**
渝水区	25		25			18	2	16		
分宜县	20		8	1	11	3		2		1
鹰潭市	**13**	**2**	**8**		**3**	**12**	**2**	**10**		
月湖区										
余江区	6	1	5			5	1	4		
贵溪市	7	1	3		3	7	1	6		
赣州市	**992**	**119**	**442**	**233**	**198**	**221**	**22**	**166**	**21**	**12**
章贡区	21	15	4		2	4	1	2	1	
南康区	3		1	2						
赣县区	18	3	14		1	4		1	2	1
信丰县	182	15	117	24	26	59		58	1	
大余县	96	5	41	33	17	5		3		2
上犹县	35	7	15	8	5	22	4	15	1	2
崇义县	14	5	6	2	1	4	2	1	1	
安远县	37	3	17	9	8	2		2		
定南县	152	14	66	22	50	29	1	26		2
全南县	162	14	50	56	42	29	1	22	5	1

7–1b 续表 21

单位：人

现住地	省外									
	广东					广西				
	小计	乡	镇的村委会	镇的居委会	街道	小计	乡	镇的村委会	镇的居委会	街道
宁都县	39	3	8	10	18	8	1	4		3
于都县	35	8	16	10	1	18	1	10	7	
兴国县	55	8	22	12	13	20	9	8	2	1
会昌县	20	6	9	2	3	2		2		
寻乌县	99	12	39	38	10	10	1	8	1	
石城县	12	1	6	4	1					
瑞金市	4		4			2		2		
龙南市	8		7	1		3	1	2		
吉安市	**273**	**31**	**101**	**88**	**53**	**122**	**32**	**66**	**18**	**6**
吉州区	4		1	1	2					
青原区	2	1			1					
吉安县	45	7	14	13	11	30	7	14	5	4
吉水县	25	1	8	11	5	14	1	10	3	
峡江县	11		5	6		4	3		1	
新干县	16		4	6	6	8	4	4		
永丰县	10	2	3	1	4	12		7	4	1
泰和县	42	8	19	15		10	5	3	2	
遂川县	25		12	7	6	10		9	1	
万安县	34	2	9	14	9	4	2	2		
安福县	19	3	9	2	5	16	5	11		
永新县	36	7	17	11	1	13	5	5	2	1
井冈山市	4			1	3	1		1		
宜春市	**200**	**21**	**63**	**58**	**58**	**97**	**16**	**64**	**14**	**3**
袁州区	4	1	3			2		2		
奉新县	19		2	8	9	11	2	7	2	
万载县	28	6	5	4	13	10	2	6	2	
上高县	34	5	10	3	16	17	3	11	1	2
宜丰县	24	2	11	6	5	6	1	4	1	
靖安县	12			11	1	2		2		
铜鼓县	6	2	2		2	5	2	3		
丰城市	23		4	11	8	1		1		
樟树市	4			4						
高安市	46	5	26	11	4	43	6	28	8	1
抚州市	**155**	**35**	**37**	**51**	**32**	**61**	**19**	**32**	**6**	**4**
临川区	5		4	1		9	5	4		
东乡区	6	2	1	2	1					
南城县	18	4	3	10	1	5		3	1	1
黎川县	23	10		7	6	8	3	4	1	
南丰县	21	1	7	8	5	8		5	1	2
崇仁县	11	1	3	6	1	5	1	4		
乐安县	10	1	3	2	4					
宜黄县	6	2	1		3	3	1	2		
金溪县	6	2			4	18	8	8	1	1
资溪县	27	8	13	5	1	1		1		
广昌县	22	4	2	10	6	4	1	1	2	
上饶市	**112**	**17**	**42**	**21**	**32**	**70**	**17**	**28**	**16**	**9**
信州区						2		2		
广丰区	7		7			1		1		
广信区	2		1	1						
玉山县	17	2	6	3	6	14	4	3	7	
铅山县	7	2	2	2	1	3		1	2	
横峰县	3	2	1			3			1	2
弋阳县	13	5	2	5	1	3		3		
余干县	14	3	6	1	4	9	1		3	5
鄱阳县	25	3	9	5	8	19	5	11	1	2
万年县	11		6		5	1			1	
婺源县	12		2	3	7	14	7	6	1	
德兴市	1			1		1		1		

7-1b　续表 22

单位：人

现住地	省外									
	海南					重庆				
	小计	乡	镇的村委会	镇的居委会	街道	小计	乡	镇的村委会	镇的居委会	街道
全　省	**374**	**42**	**136**	**107**	**89**	**945**	**176**	**512**	**108**	**149**
南昌市	**287**	**33**	**109**	**82**	**63**	**270**	**41**	**126**	**32**	**71**
东湖区										
西湖区										
青云谱区										
青山湖区	45	4	17	7	17	73	6	32	3	32
新建区						8	1	7		
红谷滩区										
南昌县	211	29	71	69	42	131	18	59	24	30
安义县	31		21	6	4	47	13	22	3	9
进贤县						11	3	6	2	
景德镇市	**22**		**4**	**9**	**9**	**39**	**2**	**27**	**2**	**8**
昌江区										
珠山区										
浮梁县	22		4	9	9	34	2	22	2	8
乐平市						5		5		
萍乡市	**4**	**1**	**2**	**1**		**22**	**5**	**15**	**2**	
安源区	1			1		2			2	
湘东区										
莲花县	1		1			4		4		
上栗县	2	1	1			10	4	6		
芦溪县						6	1	5		
九江市	**13**	**3**	**5**	**2**	**3**	**89**	**28**	**45**	**11**	**5**
濂溪区										
浔阳区										
柴桑区						8		8		
武宁县	3	2			1	3	3			
修水县	3		3			7	1	3	1	2
永修县	4	1	1	2		22	10	8	3	1
德安县	2				2	20	6	11	2	1
都昌县						11	8	1	1	1
湖口县	1		1			2		2		
彭泽县						16		12	4	
瑞昌市										
共青城市										
庐山市										
新余市	**1**				**1**	**9**		**8**		**1**
渝水区	1				1	8		7		1
分宜县						1		1		
鹰潭市						**24**	**1**	**20**	**2**	**1**
月湖区										
余江区						6		5	1	
贵溪市						18	1	15	1	1
赣州市	**12**		**2**	**8**	**2**	**156**	**35**	**80**	**20**	**21**
章贡区						3		3		
南康区										
赣县区						5		2	3	
信丰县	1		1			33	3	24	1	5
大余县	1				1	8	4	1	2	1
上犹县						10	7	3		
崇义县						1				1
安远县						3		2	1	
定南县	2		1	1		16	1	15		
全南县	3			3		11		7	1	3

7—1b 续表 23

单位：人

现住地	省外									
	海南					重庆				
	小计	乡	镇的村委会	镇的居委会	街道	小计	乡	镇的村委会	镇的居委会	街道
宁都县						14	2	10	2	
于都县	1				1	18	1	4	6	7
兴国县						28	16	4	4	4
会昌县										
寻乌县						2	1	1		
石城县	4			4		4		4		
瑞金市										
龙南市										
吉安市	**12**	**1**	**7**	**1**	**3**	**84**	**20**	**39**	**15**	**10**
吉州区						2		2		
青原区						1				1
吉安县	1	1				18	2	8	4	4
吉水县	4		4			2		1		1
峡江县						2		1	1	
新干县						4	3	1		
永丰县						11	5	5	1	
泰和县						3		3		
遂川县						16	5	10	1	
万安县						4	2	1	1	
安福县	2				2	10	3	4		3
永新县	2		1	1		10		2	7	1
井冈山市	3		2		1	1		1		
宜春市	**6**	**1**	**2**	**1**	**2**	**104**	**12**	**74**	**6**	**12**
袁州区										
奉新县	1		1			5		1	2	2
万载县						7	1	5		1
上高县	2				2	2	2			
宜丰县						16	1	10		5
靖安县	3	1	1	1		14		12		2
铜鼓县						2		2		
丰城市						3	1	2		
樟树市						1	1			
高安市						54	6	42	4	2
抚州市	**9**		**2**	**2**	**5**	**80**	**9**	**50**	**12**	**9**
临川区	2		2			12		11		1
东乡区										
南城县						7		3	2	2
黎川县	1				1	11		11		
南丰县	3				3	6	2	1	1	2
崇仁县	1				1	9	1	5	2	1
乐安县						1		1		
宜黄县	2			2		15		11	1	3
金溪县						10	4	4	2	
资溪县						4		1	3	
广昌县						5	2	2	1	
上饶市	**8**	**3**	**3**	**1**	**1**	**68**	**23**	**28**	**6**	**11**
信州区										
广丰区						2		1		1
广信区										
玉山县						10		6	2	2
铅山县	3	3				2		2		
横峰县						2		2		
弋阳县	1		1			9	5	2	1	1
余干县						15	12	2		1
鄱阳县	2		2			13	5	6	1	1
万年县	2			1	1	4		2	2	
婺源县						11	1	5		5
德兴市										

7–1b　续表 24

单位：人

现住地	省外									
	四川					贵州				
	小计	乡	镇的村委会	镇的居委会	街道	小计	乡	镇的村委会	镇的居委会	街道
全　省	**2182**	**504**	**1214**	**259**	**205**	**1949**	**491**	**1124**	**191**	**143**
南昌市	**572**	**129**	**312**	**58**	**73**	**557**	**102**	**302**	**78**	**75**
东湖区	1	1								
西湖区										
青云谱区										
青山湖区	114	24	63	6	21	99	12	55	4	28
新建区	5	1	2	2						
红谷滩区										
南昌县	282	60	154	36	32	272	57	129	59	27
安义县	153	36	89	12	16	172	30	107	15	20
进贤县	17	7	4	2	4	14	3	11		
景德镇市	**65**	**11**	**26**	**13**	**15**	**59**	**12**	**31**	**6**	**10**
昌江区										
珠山区	1			1						
浮梁县	59	9	24	11	15	54	10	29	5	10
乐平市	5	2	2	1		5	2	2	1	
萍乡市	**48**	**21**	**22**	**5**		**85**	**8**	**75**	**1**	**1**
安源区	5		2	3		12		11	1	
湘东区	5	2	3			2		2		
莲花县	20	14	5	1		39	4	34		1
上栗县	11	4	7			29	4	25		
芦溪县	7	1	5	1		3		3		
九江市	**203**	**44**	**103**	**36**	**20**	**110**	**29**	**60**	**13**	**8**
濂溪区	1		1			4		4		
浔阳区										
柴桑区	11		9	1	1	15	3	12		
武宁县	21	10	9	1	1	9	2	4	2	1
修水县	24	1	17	5	1	17		12	2	3
永修县	40	6	13	9	12	12	9	1	1	1
德安县	28	7	16	4	1	18	3	13	2	
都昌县	14	5	2	6	1	12	7	3	1	1
湖口县	7	1	4	2		14	5	4	4	1
彭泽县	32	5	24	3		6		5	1	
瑞昌市	19	7	5	4	3	1				1
共青城市										
庐山市	6	2	3	1		2		2		
新余市	**32**	**4**	**19**	**2**	**7**	**58**	**10**	**46**	**1**	**1**
渝水区	14	1	11		2	47	10	35	1	1
分宜县	18	3	8	2	5	11		11		
鹰潭市	**69**	**20**	**42**		**7**	**44**	**5**	**37**	**2**	
月湖区										
余江区	31	8	19		4	24	4	19	1	
贵溪市	38	12	23		3	20	1	18	1	
赣州市	**441**	**71**	**291**	**60**	**19**	**201**	**34**	**130**	**30**	**7**
章贡区	7	3	3		1	3		3		
南康区	5		5			1		1		
赣县区	34	20	14			10	5	3	2	
信丰县	75		66	6	3	26	1	21	2	2
大余县	11	2	4	3	2	13	1	11		1
上犹县	21	7	6	8		7	4	2		1
崇义县	5	1	4			2		1	1	
安远县	35		33	1	1	12		12		
定南县	70	2	62	5	1	16	1	15		
全南县	13	1	9		3	14	3	10	1	

7-1b 续表 25

单位：人

现住地	省外									
	四川					贵州				
	小计	乡	镇的村委会	镇的居委会	街道	小计	乡	镇的村委会	镇的居委会	街道
宁都县	26	11	12	2	1	18		15	2	1
于都县	62	9	23	28	2	40	2	16	20	2
兴国县	58	13	35	6	4	19	5	13	1	
会昌县	4		3		1	6		5	1	
寻乌县	5	2	2	1		12	11	1		
石城县						2	1	1		
瑞金市										
龙南市	10		10							
吉安市	**173**	**45**	**108**	**13**	**7**	**182**	**59**	**99**	**16**	**8**
吉州区	2		2			1		1		
青原区										
吉安县	52	11	38	1	2	54	23	28	2	1
吉水县	22	4	16	1	1	12	4	8		
峡江县	3	3				6		4	1	1
新干县	19	10	7	1	1	22	5	11	3	3
永丰县	2	1	1			2		2		
泰和县	20	3	14	2	1	12	2	9	1	
遂川县	18	3	14	1		8		7	1	
万安县	12	1	7	3	1	5	1	2		2
安福县	11	6	4	1		17	2	9	6	
永新县	11	2	5	3	1	41	22	17	2	
井冈山市	1	1				2		1		1
宜春市	**217**	**51**	**118**	**26**	**22**	**233**	**52**	**146**	**25**	**10**
袁州区	5	2	2	1		2		1		1
奉新县	32	7	16	5	4	37	5	26	3	3
万载县	18	6	7		5	13	1	10	1	1
上高县	20	10	5	2	3	14		14		
宜丰县	24	2	11	10	1	62	19	34	6	3
靖安县	14	4	8	2		8	1	5	1	1
铜鼓县	8	1	7			4	1	3		
丰城市	2		2			8		7	1	
樟树市	2	1			1					
高安市	92	18	60	6	8	85	25	46	13	1
抚州市	**179**	**39**	**97**	**29**	**14**	**170**	**46**	**102**	**13**	**9**
临川区	5	2	2	1		43	14	29		
东乡区						8		8		
南城县	12	5	3	3	1	17	4	9	4	
黎川县	30	9	18	3		10	2	7	1	
南丰县	3		2		1	5		5		
崇仁县	7		3	3	1	13	9	1	1	2
乐安县	8	2	5	1		4	1	3		
宜黄县	91	9	54	17	11	40	2	25	6	7
金溪县	7	2	5			11	5	6		
资溪县	2	1		1		5	1	4		
广昌县	14	9	5			14	8	5	1	
上饶市	**183**	**69**	**76**	**17**	**21**	**250**	**134**	**96**	**6**	**14**
信州区										
广丰区	5	1	4			5		5		
广信区	1	1								
玉山县	39	16	20	2	1	84	31	44	4	5
铅山县	2		2			8	3	5		
横峰县	15	13	1	1		13	8	4		1
弋阳县	9	1	5	3		26	13	12		1
余干县	37	15	5	2	15	54	44	3		7
鄱阳县	21	13	5	1	2	25	18	7		
万年县	38	6	23	7	2	24	13	9	2	
婺源县	14	3	9	1	1	9	4	5		
德兴市	2		2			2		2		

7-1b　续表 26

单位：人

现住地	省外									
	云南					西藏				
	小计	乡	镇的村委会	镇的居委会	街道	小计	乡	镇的村委会	镇的居委会	街道
全　省	**1064**	**235**	**623**	**91**	**115**	**71**	**20**	**29**	**11**	**11**
南昌市	**300**	**44**	**179**	**22**	**55**	**56**	**12**	**27**	**6**	**11**
东湖区										
西湖区										
青云谱区										
青山湖区	80	10	39	9	22	8	1	3		4
新建区	1		1							
红谷滩区										
南昌县	163	20	106	13	24	32	1	23	6	2
安义县	48	13	32		3					
进贤县	8	1	1		6	16	10	1		5
景德镇市	**26**	**4**	**12**	**2**	**8**	**2**		**1**	**1**	
昌江区										
珠山区										
浮梁县	25	4	11	2	8	2		1	1	
乐平市	1		1							
萍乡市	**21**	**3**	**16**	**1**	**1**					
安源区	1	1								
湘东区										
莲花县	2	1			1					
上栗县	16		16							
芦溪县	2	1		1						
九江市	**91**	**25**	**48**	**12**	**6**	**1**	**1**			
濂溪区										
浔阳区										
柴桑区	5		4	1						
武宁县	5		4	1						
修水县	5		5							
永修县	24	13	7	1	3					
德安县	24	4	18		2					
都昌县	5			5						
湖口县	8	4	4							
彭泽县	5	1	1	2	1					
瑞昌市	3	2		1		1	1			
共青城市										
庐山市	7	1	5	1						
新余市	**21**	**7**	**12**		**2**	**1**		**1**		
渝水区	20	7	12		1	1		1		
分宜县	1				1					
鹰潭市	**59**	**15**	**41**	**3**						
月湖区										
余江区	10	2	6	2						
贵溪市	49	13	35	1						
赣州市	**168**	**46**	**93**	**17**	**12**					
章贡区	6	5	1							
南康区										
赣县区	15	4	10		1					
信丰县	24		24							
大余县	3		1	2						
上犹县	5	1	2		2					
崇义县	3			2	1					
安远县	11	4	4	3						
定南县	21	2	17		2					
全南县	12		10	2						

7-1b 续表 27

单位：人

现住地	省外									
	云南					西藏				
	小计	乡	镇的村委会	镇的居委会	街道	小计	乡	镇的村委会	镇的居委会	街道
宁都县	6	1	3	1	1					
于都县	26	6	8	7	5					
兴国县	17	6	11							
会昌县	18	17	1							
寻乌县										
石城县										
瑞金市										
龙南市	1		1							
吉安市	**92**	**29**	**55**	**4**	**4**					
吉州区										
青原区										
吉安县	32	7	19	3	3					
吉水县	2		2							
峡江县	2		2							
新干县	20	14	6							
永丰县	4	2	1		1					
泰和县	4	1	3							
遂川县	7		7							
万安县	12	2	10							
安福县										
永新县	8	2	5	1						
井冈山市	1	1								
宜春市	**69**	**13**	**47**	**8**	**1**					
袁州区	4			4						
奉新县	8	1	7							
万载县	1	1								
上高县	2	1	1							
宜丰县	27	9	17	1						
靖安县	4		3	1						
铜鼓县	1		1							
丰城市										
樟树市	3	1	1	1						
高安市	19		17	1	1					
抚州市	**127**	**24**	**76**	**18**	**9**	**3**	**3**			
临川区	68	17	46	4	1					
东乡区										
南城县	16	5	11							
黎川县	3		3							
南丰县	2		1	1						
崇仁县	2		1	1		3	3			
乐安县	2		2							
宜黄县	27		10	11	6					
金溪县	3		1		2					
资溪县										
广昌县	4	2	1	1						
上饶市	**90**	**25**	**44**	**4**	**17**	**8**	**4**		**4**	
信州区										
广丰区										
广信区										
玉山县	28	10	16	2						
铅山县	5	1	4							
横峰县	2	1	1			4	4			
弋阳县	5		5							
余干县	22	3	1	2	16					
鄱阳县	10	5	5							
万年县	12	3	9			4			4	
婺源县	6	2	3		1					
德兴市										

7-1b　续表 28　　　　单位：人

现住地	省外									
	陕西					甘肃				
	小计	乡	镇的村委会	镇的居委会	街道	小计	乡	镇的村委会	镇的居委会	街道
全　省	**670**	**144**	**323**	**68**	**135**	**698**	**203**	**337**	**69**	**89**
南昌市	**217**	**30**	**105**	**25**	**57**	**332**	**92**	**155**	**32**	**53**
东湖区										
西湖区										
青云谱区										
青山湖区	64	6	30	5	23	109	16	55	7	31
新建区	1	1				2				2
红谷滩区										
南昌县	122	19	53	17	33	184	69	80	20	15
安义县	21	4	15	1	1	28	4	18	1	5
进贤县	9		7	2		9	3	2	4	
景德镇市	**15**	**7**		**2**	**6**	**35**	**6**	**6**	**9**	**14**
昌江区										
珠山区										
浮梁县	13	7		2	4	34	6	6	9	13
乐平市	2				2	1				1
萍乡市	**14**	**3**	**10**	**1**		**12**	**1**	**10**	**1**	
安源区										
湘东区	2	2				1		1		
莲花县										
上栗县	8	1	6	1		3	1	1	1	
芦溪县	4		4			8		8		
九江市	**72**	**24**	**33**	**2**	**13**	**82**	**21**	**47**	**14**	
濂溪区	1		1			1		1		
浔阳区										
柴桑区	2		2			5		5		
武宁县	7	3	4			6	2	1	3	
修水县	3		3			8	2	2	4	
永修县	23	5	10		8	17	4	8	5	
德安县	2	1	1			6	4	2		
都昌县						3	2	1		
湖口县	4	1	1	1	1	11	4	5	2	
彭泽县	15		10	1	4	23	3	20		
瑞昌市	15	14	1			2		2		
共青城市										
庐山市										
新余市	**7**		**3**		**4**	**10**	**2**	**3**		**5**
渝水区	3		3			3		2		1
分宜县	4				4	7	2	1		4
鹰潭市	**24**	**5**	**17**	**2**		**13**	**3**	**5**	**4**	**1**
月湖区										
余江区	5	1	4							
贵溪市	19	4	13	2		13	3	5	4	1
赣州市	**100**	**21**	**54**	**21**	**4**	**71**	**23**	**41**	**3**	**4**
章贡区	2	1	1			3		3		
南康区										
赣县区	6	4	2			5	1	4		
信丰县	25		18	7		6		6		
大余县	6	1	4		1	2	2			
上犹县	3			3		5	5			
崇义县	1		1							
安远县	5		1	1	3					
定南县	6		5	1		2		2		
全南县	3		1	2						

7－1b 续表 29

单位：人

现住地	省外									
	陕西					甘肃				
	小计	乡	镇的村委会	镇的居委会	街道	小计	乡	镇的村委会	镇的居委会	街道
宁都县	10	1	8	1		21	6	15		
于都县	4	1	3							
兴国县	18	10	6	2		19	5	8	3	3
会昌县	6		3	3		4	4			
寻乌县	3	3				1				1
石城县	1			1						
瑞金市										
龙南市	1		1			3		3		
吉安市	**48**	**15**	**25**	**6**	**2**	**38**	**13**	**21**	**1**	**3**
吉州区	5	3	2							
青原区	1				1					
吉安县	15	4	9	2		23	10	10	1	2
吉水县	9	1	4	4		2		2		
峡江县										
新干县	2		2							
永丰县	1	1								
泰和县	6	2	4							
遂川县	3		2		1					
万安县	2	1	1							
安福县	2	2				2	2			
永新县	1		1			11	1	9		1
井冈山市	1	1								
宜春市	**77**	**14**	**46**	**5**	**12**	**44**	**12**	**25**	**1**	**6**
袁州区										
奉新县	9	5	4			2		1		1
万载县	10	1	5	1	3	3		2		1
上高县	11	6	3	1	1	16	7	9		
宜丰县	21	2	17	1	1	10	2	8		
靖安县	2		1		1	2		2		
铜鼓县	1			1		1	1			
丰城市	4		4							
樟树市	1				1					
高安市	18		12	1	5	10	2	3	1	4
抚州市	**44**	**4**	**12**	**1**	**27**	**20**	**6**	**11**	**2**	**1**
临川区	1		1			1				1
东乡区										
南城县	2	2								
黎川县	2	1	1							
南丰县	1				1					
崇仁县	4		2		2	5	5			
乐安县	22		2		20	5		4	1	
宜黄县	8		4	1	3	8		7	1	
金溪县	2	1			1	1	1			
资溪县	1		1							
广昌县	1		1							
上饶市	**52**	**21**	**18**	**3**	**10**	**41**	**24**	**13**	**2**	**2**
信州区										
广丰区										
广信区										
玉山县	9	3	3	1	2	11	6	5		
铅山县						1			1	
横峰县	3	1	1		1	2	2			
弋阳县	7	1	4	2		2		2		
余干县	9	4			5	8	5	3		
鄱阳县	12	7	3		2	2			1	1
万年县	10	5	5			3	1	1		1
婺源县	2		2			10	8	2		
德兴市						2	2			

7-1b　续表 30

单位：人

现住地	省外									
	青海					宁夏				
	小计	乡	镇的村委会	镇的居委会	街道	小计	乡	镇的村委会	镇的居委会	街道
全　省	**134**	**28**	**53**	**17**	**36**	**148**	**30**	**57**	**13**	**48**
南昌市	**95**	**24**	**31**	**12**	**28**	**127**	**25**	**49**	**9**	**44**
东湖区										
西湖区										
青云谱区										
青山湖区	37	10	10	3	14	60	4	21	6	29
新建区										
红谷滩区										
南昌县	53	13	19	8	13	67	21	28	3	15
安义县	4	1	2		1					
进贤县	1			1						
景德镇市	**4**			**2**	**2**	**5**	**1**	**1**	**1**	**2**
昌江区										
珠山区										
浮梁县	4			2	2	5	1	1	1	2
乐平市										
萍乡市	**1**		**1**							
安源区										
湘东区										
莲花县										
上栗县	1		1							
芦溪县										
九江市	**2**		**1**	**1**		**4**	**2**	**2**		
濂溪区										
浔阳区										
柴桑区										
武宁县										
修水县						1		1		
永修县	1		1			1	1			
德安县						1		1		
都昌县	1			1						
湖口县										
彭泽县						1	1			
瑞昌市										
共青城市										
庐山市										
新余市	**6**		**6**			**2**			**2**	
渝水区	2		2							
分宜县	4		4			2			2	
鹰潭市										
月湖区										
余江区										
贵溪市										
赣州市	**10**	**1**	**8**	**1**		**2**	**2**			
章贡区	1		1							
南康区										
赣县区						1	1			
信丰县										
大余县										
上犹县										
崇义县	1			1						
安远县										
定南县										
全南县										

7-1b 续表 31

单位：人

现住地	省外									
	青海					宁夏				
	小计	乡	镇的村委会	镇的居委会	街道	小计	乡	镇的村委会	镇的居委会	街道
宁都县	7		7			1	1			
于都县										
兴国县	1	1								
会昌县										
寻乌县										
石城县										
瑞金市										
龙南市										
吉安市	**6**		**4**		**2**	**3**		**3**		
吉州区										
青原区										
吉安县	1		1			2		2		
吉水县	2				2					
峡江县										
新干县										
永丰县										
泰和县										
遂川县						1		1		
万安县										
安福县										
永新县	3		3							
井冈山市										
宜春市	**4**		**1**		**3**	**3**		**1**	**1**	**1**
袁州区										
奉新县	1		1			1				1
万载县										
上高县	1				1					
宜丰县										
靖安县										
铜鼓县										
丰城市										
樟树市										
高安市	2				2	2		1	1	
抚州市	**2**		**1**		**1**	**1**		**1**		
临川区										
东乡区										
南城县										
黎川县										
南丰县										
崇仁县	2		1		1					
乐安县										
宜黄县										
金溪县										
资溪县						1		1		
广昌县										
上饶市	**4**	**3**		**1**		**1**				**1**
信州区										
广丰区										
广信区										
玉山县	1			1						
铅山县	1	1								
横峰县										
弋阳县										
余干县										
鄱阳县	1	1				1				1
万年县										
婺源县	1	1								
德兴市										

7−1b　续表 32

单位：人

现住地	省外				
	新疆				
	小计	乡	镇的村委会	镇的居委会	街道
全　省	**256**	**69**	**64**	**54**	**69**
南昌市	**157**	**39**	**29**	**36**	**53**
东湖区					
西湖区					
青云谱区					
青山湖区	61	17	13	3	28
新建区	2	1	1		
红谷滩区					
南昌县	91	20	15	31	25
安义县	1			1	
进贤县	2	1		1	
景德镇市	**9**			**3**	**6**
昌江区					
珠山区					
浮梁县	9			3	6
乐平市					
萍乡市	**4**		**2**	**2**	
安源区					
湘东区					
莲花县					
上栗县					
芦溪县	4		2	2	
九江市	**42**	**22**	**18**	**2**	
濂溪区					
浔阳区					
柴桑区					
武宁县	1	1			
修水县					
永修县					
德安县	40	21	18	1	
都昌县	1			1	
湖口县					
彭泽县					
瑞昌市					
共青城市					
庐山市					
新余市					
渝水区					
分宜县					
鹰潭市	**1**		**1**		
月湖区					
余江区	1		1		
贵溪市					
赣州市	**26**	**4**	**10**	**8**	**4**
章贡区					
南康区	4	4			
赣县区					
信丰县	1		1		
大余县	2			2	
上犹县	1		1		
崇义县					
安远县	1		1		
定南县	6		6		
全南县					

7－1b 续表 33

单位：人

现住地	省外				
	新疆				
	小计	乡	镇的村委会	镇的居委会	街道
宁都县	4			1	3
于都县					
兴国县	1				1
会昌县					
寻乌县					
石城县	6		1	5	
瑞金市					
龙南市					
吉安市	**2**				**2**
吉州区					
青原区					
吉安县	2				2
吉水县					
峡江县					
新干县					
永丰县					
泰和县					
遂川县					
万安县					
安福县					
永新县					
井冈山市					
宜春市	**4**		**2**	**1**	**1**
袁州区					
奉新县	1			1	
万载县					
上高县					
宜丰县	3		2		1
靖安县					
铜鼓县					
丰城市					
樟树市					
高安市					
抚州市	**6**	**4**	**1**	**1**	
临川区					
东乡区					
南城县					
黎川县					
南丰县	1		1		
崇仁县	1			1	
乐安县					
宜黄县					
金溪县	4	4			
资溪县					
广昌县					
上饶市	**5**		**1**	**1**	**3**
信州区					
广丰区					
广信区	1		1		
玉山县	3				3
铅山县					
横峰县					
弋阳县					
余干县					
鄱阳县					
万年县	1			1	
婺源县					
德兴市					

7－1c 全省按现住地、户口登记地类型分的户口登记地在外乡镇街道人口(乡村)

单位：人

现住地	合计					省内				
	合计	乡	镇的村委会	镇的居委会	街道	小计	乡	镇的村委会	镇的居委会	街道
全　省	**67109**	**19683**	**34421**	**5488**	**7517**	**53425**	**15764**	**26730**	**4743**	**6188**
南昌市	**14150**	**3472**	**7361**	**1422**	**1895**	**10730**	**2693**	**5479**	**1142**	**1416**
东湖区	228	83	118	5	22	177	67	90		20
西湖区										
青云谱区										
青山湖区	1535	412	1000	42	81	1026	292	645	33	56
新建区	5156	958	2655	450	1093	4051	826	2074	346	805
红谷滩区	297	22	222	15	38	141	6	111	8	16
南昌县	5491	1661	2670	694	466	4224	1232	2053	569	370
安义县	382	73	207	42	60	242	45	123	33	41
进贤县	1061	263	489	174	135	869	225	383	153	108
景德镇市	**1213**	**259**	**742**	**48**	**164**	**880**	**122**	**571**	**43**	**144**
昌江区	244	18	191	7	28	193	17	146	5	25
珠山区	47	20	23	4		47	20	23	4	
浮梁县	363	144	185	11	23	189	34	125	10	20
乐平市	559	77	343	26	113	451	51	277	24	99
萍乡市	**2928**	**1076**	**1284**	**295**	**273**	**2209**	**743**	**960**	**270**	**236**
安源区	464	128	187	93	56	422	117	167	84	54
湘东区	591	192	312	32	55	395	121	204	25	45
莲花县	523	279	164	42	38	366	183	113	40	30
上栗县	734	296	330	41	67	546	200	251	39	56
芦溪县	616	181	291	87	57	480	122	225	82	51
九江市	**9032**	**3047**	**4007**	**731**	**1247**	**7260**	**2534**	**3048**	**609**	**1069**
濂溪区	1367	247	588	119	413	1191	223	491	106	371
浔阳区	23	1	20		2	22	1	19		2
柴桑区	1565	722	561	76	206	1084	530	336	52	166
武宁县	654	183	377	36	58	498	123	309	23	43
修水县	445	147	260	20	18	347	118	198	20	11
永修县	590	116	278	114	82	409	80	187	80	62
德安县	838	383	340	80	35	743	336	304	73	30
都昌县	359	110	125	66	58	297	94	87	66	50
湖口县	270	109	72	50	39	201	71	51	50	29
彭泽县	495	29	424	21	21	327	21	267	19	20
瑞昌市	1503	640	590	100	173	1336	604	502	75	155
共青城市	715	288	292	20	115	644	274	246	17	107
庐山市	208	72	80	29	27	161	59	51	28	23
新余市	**1383**	**302**	**811**	**69**	**201**	**1118**	**213**	**646**	**66**	**193**
渝水区	610	129	326	33	122	472	70	255	31	116
分宜县	773	173	485	36	79	646	143	391	35	77
鹰潭市	**772**	**216**	**444**	**47**	**65**	**594**	**182**	**325**	**39**	**48**
月湖区	12	2	10			11	1	10		
余江区	316	136	131	27	22	254	129	88	23	14
贵溪市	444	78	303	20	43	329	52	227	16	34
赣州市	**17936**	**5726**	**9999**	**1238**	**973**	**15263**	**4988**	**8361**	**1102**	**812**
章贡区	2013	427	1408	107	71	1694	375	1160	94	65
南康区	3927	1509	1956	219	243	3409	1355	1653	181	220
赣县区	699	158	413	64	64	545	128	312	60	45
信丰县	570	147	317	86	20	414	102	223	75	14
大余县	585	42	396	85	62	441	27	284	75	55
上犹县	400	216	159	14	11	341	185	134	13	9
崇义县	324	122	134	40	28	277	114	99	40	24
安远县	331	126	167	27	11	274	107	134	24	9
定南县	1372	113	1214	13	32	1263	107	1117	10	29
全南县	807	145	554	65	43	652	114	457	54	27

7-1c 续表 1

单位：人

现住地	合计					省内				
	合计	乡	镇的村委会	镇的居委会	街道	小计	乡	镇的村委会	镇的居委会	街道
宁都县	1303	694	418	104	87	1145	630	361	99	55
于都县	468	196	196	52	24	403	169	163	52	19
兴国县	1006	302	572	73	59	861	245	511	52	53
会昌县	403	207	152	30	14	313	179	103	24	7
寻乌县	706	219	367	72	48	590	182	299	69	40
石城县	668	215	397	27	29	588	206	330	27	25
瑞金市	1774	664	860	135	115	1679	628	812	131	108
龙南市	580	224	319	25	12	374	135	209	22	8
吉安市	**4013**	**1192**	**1755**	**537**	**529**	**3065**	**889**	**1242**	**482**	**452**
吉州区	69	14	49	1	5	51	13	32	1	5
青原区	311	45	193	17	56	237	25	144	16	52
吉安县	385	137	135	30	83	297	106	104	21	66
吉水县	267	35	150	51	31	191	16	97	51	27
峡江县	195	82	71	22	20	141	51	56	20	14
新干县	144	25	79	24	16	108	19	52	23	14
永丰县	346	132	112	85	17	266	90	79	82	15
泰和县	541	91	264	102	84	422	59	191	99	73
遂川县	354	95	198	33	28	276	77	147	29	23
万安县	176	64	88	11	13	140	58	61	10	11
安福县	429	158	107	89	75	323	113	77	63	70
永新县	428	148	193	35	52	313	118	117	32	46
井冈山市	368	166	116	37	49	300	144	85	35	36
宜春市	**5433**	**1141**	**2735**	**394**	**1163**	**4149**	**819**	**1969**	**362**	**999**
袁州区	1411	295	786	42	288	1055	228	581	30	216
奉新县	186	22	115	19	30	146	14	83	19	30
万载县	581	193	295	34	59	434	150	202	32	50
上高县	314	83	164	10	57	272	81	129	9	53
宜丰县	475	157	252	41	25	320	98	171	38	13
靖安县	346	122	137	30	57	226	74	77	24	51
铜鼓县	220	28	138	24	30	190	24	115	24	27
丰城市	617	98	251	66	202	490	63	184	61	182
樟树市	284	54	103	27	100	204	24	63	26	91
高安市	999	89	494	101	315	812	63	364	99	286
抚州市	**4566**	**1250**	**2447**	**385**	**484**	**3846**	**1047**	**2029**	**351**	**419**
临川区	1572	371	769	134	298	1290	297	617	118	258
东乡区	338	89	200	18	31	294	87	165	12	30
南城县	690	48	610	28	4	638	37	570	28	3
黎川县	415	187	174	45	9	325	139	140	41	5
南丰县	234	32	146	17	39	193	27	120	14	32
崇仁县	178	52	86	25	15	123	38	50	23	12
乐安县	400	152	164	48	36	333	134	116	48	35
宜黄县	153	52	69	27	5	146	49	65	27	5
金溪县	145	48	53	17	27	116	34	39	17	26
资溪县	58	14	26	3	15	45	12	21	2	10
广昌县	383	205	150	23	5	343	193	126	21	3
上饶市	**5683**	**2002**	**2836**	**322**	**523**	**4311**	**1534**	**2100**	**277**	**400**
信州区	876	164	577	44	91	716	138	458	34	86
广丰区	737	99	546	18	74	593	81	436	13	63
广信区	501	254	191	10	46	372	190	145	7	30
玉山县	624	151	381	34	58	448	109	261	29	49
铅山县	409	258	90	23	38	369	241	70	23	35
横峰县	212	86	107	11	8	108	40	53	8	7
弋阳县	236	36	126	52	22	172	21	86	49	16
余干县	642	402	147	44	49	533	334	120	42	37
鄱阳县	501	213	218	32	38	358	148	150	31	29
万年县	354	123	158	28	45	283	116	129	23	15
婺源县	332	62	211	13	46	236	44	149	12	31
德兴市	259	154	84	13	8	123	72	43	6	2

7-1c　续表 2

单位：人

现住地	省外									
	小计					北京				
	小计	乡	镇的村委会	镇的居委会	街道	小计	乡	镇的村委会	镇的居委会	街道
全　省	**13684**	**3919**	**7691**	**745**	**1329**	**26**	**5**	**9**		**12**
南昌市	**3420**	**779**	**1882**	**280**	**479**	**8**		**4**		**4**
东湖区	51	16	28	5	2					
西湖区										
青云谱区										
青山湖区	509	120	355	9	25					
新建区	1105	132	581	104	288	3				3
红谷滩区	156	16	111	7	22					
南昌县	1267	429	617	125	96	5		4		1
安义县	140	28	84	9	19					
进贤县	192	38	106	21	27					
景德镇市	**333**	**137**	**171**	**5**	**20**					
昌江区	51	1	45	2	3					
珠山区										
浮梁县	174	110	60	1	3					
乐平市	108	26	66	2	14					
萍乡市	**719**	**333**	**324**	**25**	**37**	**1**	**1**			
安源区	42	11	20	9	2					
湘东区	196	71	108	7	10					
莲花县	157	96	51	2	8	1	1			
上栗县	188	96	79	2	11					
芦溪县	136	59	66	5	6					
九江市	**1772**	**513**	**959**	**122**	**178**	**5**		**1**		**4**
濂溪区	176	24	97	13	42	1				1
浔阳区	1		1							
柴桑区	481	192	225	24	40					
武宁县	156	60	68	13	15					
修水县	98	29	62		7					
永修县	181	36	91	34	20	2				2
德安县	95	47	36	7	5					
都昌县	62	16	38		8					
湖口县	69	38	21		10					
彭泽县	168	8	157	2	1					
瑞昌市	167	36	88	25	18					
共青城市	71	14	46	3	8					
庐山市	47	13	29	1	4	2		1		1
新余市	**265**	**89**	**165**	**3**	**8**					
渝水区	138	59	71	2	6					
分宜县	127	30	94	1	2					
鹰潭市	**178**	**34**	**119**	**8**	**17**					
月湖区	1	1								
余江区	62	7	43	4	8					
贵溪市	115	26	76	4	9					
赣州市	**2673**	**738**	**1638**	**136**	**161**	**3**	**2**	**1**		
章贡区	319	52	248	13	6	1	1			
南康区	518	154	303	38	23					
赣县区	154	30	101	4	19					
信丰县	156	45	94	11	6					
大余县	144	15	112	10	7					
上犹县	59	31	25	1	2					
崇义县	47	8	35		4					
安远县	57	19	33	3	2					
定南县	109	6	97	3	3					
全南县	155	31	97	11	16					

7-1c 续表 3

单位：人

现住地	省外									
	小计					北京				
	小计	乡	镇的村委会	镇的居委会	街道	小计	乡	镇的村委会	镇的居委会	街道
宁都县	158	64	57	5	32	1	1			
于都县	65	27	33		5					
兴国县	145	57	61	21	6					
会昌县	90	28	49	6	7					
寻乌县	116	37	68	3	8	1		1		
石城县	80	9	67		4					
瑞金市	95	36	48	4	7					
龙南市	206	89	110	3	4					
吉安市	**948**	**303**	**513**	**55**	**77**	**2**		**2**		
吉州区	18	1	17							
青原区	74	20	49	1	4					
吉安县	88	31	31	9	17					
吉水县	76	19	53		4					
峡江县	54	31	15	2	6					
新干县	36	6	27	1	2					
永丰县	80	42	33	3	2					
泰和县	119	32	73	3	11					
遂川县	78	18	51	4	5					
万安县	36	6	27	1	2					
安福县	106	45	30	26	5					
永新县	115	30	76	3	6	1		1		
井冈山市	68	22	31	2	13	1		1		
宜春市	**1284**	**322**	**766**	**32**	**164**	**5**		**1**		**4**
袁州区	356	67	205	12	72	2				2
奉新县	40	8	32							
万载县	147	43	93	2	9					
上高县	42	2	35	1	4					
宜丰县	155	59	81	3	12	1		1		
靖安县	120	48	60	6	6					
铜鼓县	30	4	23		3					
丰城市	127	35	67	5	20					
樟树市	80	30	40	1	9	1				1
高安市	187	26	130	2	29	1				1
抚州市	**720**	**203**	**418**	**34**	**65**					
临川区	282	74	152	16	40					
东乡区	44	2	35	6	1					
南城县	52	11	40		1					
黎川县	90	48	34	4	4					
南丰县	41	5	26	3	7					
崇仁县	55	14	36	2	3					
乐安县	67	18	48		1					
宜黄县	7	3	4							
金溪县	29	14	14		1					
资溪县	13	2	5	1	5					
广昌县	40	12	24	2	2					
上饶市	**1372**	**468**	**736**	**45**	**123**	**2**	**2**			
信州区	150	26	119	10	5					
广丰区	144	18	110	5	11					
广信区	129	64	46	3	16					
玉山县	176	42	120	5	9					
铅山县	40	17	20		3					
横峰县	104	46	54	3	1					
弋阳县	64	15	40	3	6					
余干县	109	68	27	2	12	1	1			
鄱阳县	143	65	68	1	9	1	1			
万年县	71	7	29	5	30					
婺源县	96	18	62	1	15					
德兴市	136	82	41	7	6					

7-1c　续表 4

单位：人

现住地	省外									
	天津					河北				
	小计	乡	镇的村委会	镇的居委会	街道	小计	乡	镇的村委会	镇的居委会	街道
全　省	**33**	**7**	**10**	**4**	**12**	**220**	**83**	**106**	**14**	**17**
南昌市	**20**	**2**	**6**	**4**	**8**	**69**	**25**	**29**	**6**	**9**
东湖区						4	2	2		
西湖区										
青云谱区										
青山湖区						6	2	4		
新建区	18	2	5	4	7	28	4	14	1	9
红谷滩区										
南昌县	1				1	29	16	9	4	
安义县	1		1			2	1		1	
进贤县										
景德镇市	**1**				**1**	**15**	**5**	**10**		
昌江区						10		10		
珠山区										
浮梁县	1				1	5	5			
乐平市										
萍乡市	**1**		**1**			**8**	**1**	**7**		
安源区										
湘东区						1	1			
莲花县						1		1		
上栗县	1		1			6		6		
芦溪县										
九江市	**4**	**3**			**1**	**21**	**6**	**11**	**1**	**3**
濂溪区	1				1	4		2		2
浔阳区										
柴桑区						2		2		
武宁县	3	3				4	1	3		
修水县										
永修县						1				1
德安县										
都昌县										
湖口县						2	2			
彭泽县						2		2		
瑞昌市						6	3	2	1	
共青城市										
庐山市										
新余市						**15**	**14**	**1**		
渝水区						14	13	1		
分宜县						1	1			
鹰潭市	**1**		**1**			**4**		**3**	**1**	
月湖区										
余江区						1		1		
贵溪市	1		1			3		2	1	
赣州市	**1**	**1**				**42**	**14**	**22**	**5**	**1**
章贡区	1	1				4	1	3		
南康区						11	3	4	3	1
赣县区						3	2	1		
信丰县						1			1	
大余县										
上犹县										
崇义县						3	3			
安远县						1	1			
定南县						7		7		
全南县										

7－1c 续表 5

单位：人

现住地	省外									
	天津					河北				
	小计	乡	镇的村委会	镇的居委会	街道	小计	乡	镇的村委会	镇的居委会	街道
宁都县						2	1	1		
于都县						4	1	3		
兴国县						1			1	
会昌县										
寻乌县										
石城县						2		2		
瑞金市										
龙南市						3	2	1		
吉安市						**8**	**3**	**4**		**1**
吉州区										
青原区						2		2		
吉安县										
吉水县										
峡江县										
新干县										
永丰县						1	1			
泰和县						1		1		
遂川县						4	2	1		1
万安县										
安福县										
永新县										
井冈山市										
宜春市						**3**		**3**		
袁州区						2		2		
奉新县										
万载县										
上高县										
宜丰县										
靖安县										
铜鼓县										
丰城市										
樟树市						1		1		
高安市										
抚州市	**2**	**1**	**1**			**8**	**1**	**6**	**1**	
临川区	1		1			6	1	4	1	
东乡区										
南城县										
黎川县										
南丰县	1	1								
崇仁县										
乐安县						2		2		
宜黄县										
金溪县										
资溪县										
广昌县										
上饶市	**3**		**1**		**2**	**27**	**14**	**10**		**3**
信州区						1		1		
广丰区						1	1			
广信区	1				1					
玉山县										
铅山县						2	1	1		
横峰县										
弋阳县										
余干县						11	8			3
鄱阳县	1		1							
万年县	1				1	3		3		
婺源县						9	4	5		
德兴市										

7-1c　续表 6

单位：人

现住地	省外									
	山西					内蒙古				
	小计	乡	镇的村委会	镇的居委会	街道	小计	乡	镇的村委会	镇的居委会	街道
全　省	**116**	**24**	**72**	**3**	**17**	**75**	**16**	**31**	**7**	**21**
南昌市	**53**	**12**	**26**	**1**	**14**	**25**	**2**	**11**	**2**	**10**
东湖区						1				1
西湖区										
青云谱区										
青山湖区	7	4	1		2	1				1
新建区	22	4	11		7	9		4	1	4
红谷滩区	1		1			2			1	1
南昌县	21	4	12	1	4	8	1	5		2
安义县	1		1			3	1	2		
进贤县	1				1	1				1
景德镇市	**1**		**1**							
昌江区										
珠山区										
浮梁县										
乐平市	1		1							
萍乡市	**3**	**2**	**1**			**2**		**2**		
安源区										
湘东区	2	2				2		2		
莲花县										
上栗县										
芦溪县	1		1							
九江市	**12**	**3**	**8**		**1**	**15**	**7**	**6**	**1**	**1**
濂溪区	1		1			3	1		1	1
浔阳区										
柴桑区	5	2	3			4	4			
武宁县										
修水县										
永修县	3		2		1	1	1			
德安县										
都昌县										
湖口县	1	1								
彭泽县	2		2			6		6		
瑞昌市										
共青城市										
庐山市						1	1			
新余市						**1**			**1**	
渝水区						1			1	
分宜县										
鹰潭市	**1**		**1**			**1**		**1**		
月湖区										
余江区						1		1		
贵溪市	1		1							
赣州市	**30**	**3**	**24**	**1**	**2**	**16**	**2**	**7**		**7**
章贡区	2		2			1	1			
南康区										
赣县区	2	1	1			9		2		7
信丰县	4		3		1					
大余县	2		1	1						
上犹县										
崇义县										
安远县										
定南县	2		2			1		1		
全南县	2		2			1		1		

7—1c　续表 7

单位：人

现住地	省外									
	山西					内蒙古				
	小计	乡	镇的村委会	镇的居委会	街道	小计	乡	镇的村委会	镇的居委会	街道
宁都县	1		1							
于都县	1				1					
兴国县										
会昌县										
寻乌县										
石城县	1		1			4	1	3		
瑞金市										
龙南市	13	2	11							
吉安市	**5**	**1**	**4**			**1**	**1**			
吉州区										
青原区	2	1	1							
吉安县	1		1							
吉水县										
峡江县										
新干县	1		1							
永丰县						1	1			
泰和县										
遂川县										
万安县										
安福县										
永新县	1		1							
井冈山市										
宜春市	**3**		**3**							
袁州区										
奉新县	2		2							
万载县										
上高县										
宜丰县										
靖安县										
铜鼓县										
丰城市										
樟树市										
高安市	1		1							
抚州市	**3**	**1**	**1**	**1**		**7**	**2**	**3**		**2**
临川区	1			1		6	2	2		2
东乡区										
南城县										
黎川县	1	1								
南丰县										
崇仁县	1		1			1		1		
乐安县										
宜黄县										
金溪县										
资溪县										
广昌县										
上饶市	**5**	**2**	**3**			**7**	**2**	**1**	**3**	**1**
信州区										
广丰区	1		1							
广信区	1		1			2	1		1	
玉山县	1		1							
铅山县										
横峰县										
弋阳县						2			2	
余干县										
鄱阳县										
万年县						1	1			
婺源县	2	2				1				1
德兴市						1		1		

7−1c　续表 8

单位：人

现住地	省外									
	辽宁					吉林				
	小计	乡	镇的村委会	镇的居委会	街道	小计	乡	镇的村委会	镇的居委会	街道
全省	**69**	**14**	**30**	**7**	**18**	**81**	**23**	**38**	**7**	**13**
南昌市	**23**	**3**	**9**	**4**	**7**	**19**	**5**	**9**	**3**	**2**
东湖区										
西湖区										
青云谱区										
青山湖区	1		1			3		2	1	
新建区	12	2	3	1	6	5	2	3		
红谷滩区	1		1							
南昌县	6	1	2	2	1	9	3	3	2	1
安义县	3		2	1		1		1		
进贤县						1				1
景德镇市	**2**		**2**			**1**		**1**		
昌江区						1		1		
珠山区										
浮梁县	2		2							
乐平市										
萍乡市	**7**	**5**	**2**			**1**	**1**			
安源区										
湘东区	1		1							
莲花县	5	5				1	1			
上栗县										
芦溪县	1		1							
九江市	**8**	**2**	**4**		**2**	**15**	**8**	**3**		**4**
濂溪区	2		1		1	3				3
浔阳区										
柴桑区	3		3			4	4			
武宁县										
修水县						2		2		
永修县						3	2			1
德安县										
都昌县	1	1								
湖口县	2	1			1	1	1			
彭泽县										
瑞昌市										
共青城市						1	1			
庐山市						1		1		
新余市	**2**			**1**	**1**	**2**	**2**			
渝水区	2			1	1					
分宜县						2	2			
鹰潭市						**1**			**1**	
月湖区										
余江区						1			1	
贵溪市										
赣州市	**13**	**1**	**9**	**2**	**1**	**15**	**5**	**5**	**2**	**3**
章贡区	8		7	1		6	3	3		
南康区						2		1		1
赣县区										
信丰县	1			1		1			1	
大余县						3		1	1	1
上犹县										
崇义县										
安远县										
定南县										
全南县										

7-1c 续表 9

单位：人

现住地	省外									
	辽宁					吉林				
	小计	乡	镇的村委会	镇的居委会	街道	小计	乡	镇的村委会	镇的居委会	街道
宁都县	1		1			1				1
于都县						2	2			
兴国县										
会昌县	1				1					
寻乌县										
石城县	1		1							
瑞金市										
龙南市	1	1								
吉安市	**4**				**4**	**4**	**1**	**2**		**1**
吉州区										
青原区										
吉安县	3				3	2	1			1
吉水县										
峡江县										
新干县										
永丰县										
泰和县						2		2		
遂川县										
万安县										
安福县	1				1					
永新县										
井冈山市										
宜春市	**6**	**3**	**2**		**1**	**11**	**1**	**8**		**2**
袁州区	1	1				9		7		2
奉新县	1		1							
万载县										
上高县										
宜丰县						1		1		
靖安县	2		1		1					
铜鼓县										
丰城市										
樟树市	2	2								
高安市						1	1			
抚州市	**2**		**1**		**1**	**9**		**8**	**1**	
临川区	2		1		1	9		8	1	
东乡区										
南城县										
黎川县										
南丰县										
崇仁县										
乐安县										
宜黄县										
金溪县										
资溪县										
广昌县										
上饶市	**2**		**1**		**1**	**3**		**2**		**1**
信州区						1		1		
广丰区										
广信区										
玉山县						1				1
铅山县						1		1		
横峰县										
弋阳县	1		1							
余干县	1				1					
鄱阳县										
万年县										
婺源县										
德兴市										

7-1c　续表 10

单位：人

现住地	省外									
	黑龙江					上海				
	小计	乡	镇的村委会	镇的居委会	街道	小计	乡	镇的村委会	镇的居委会	街道
全　省	**122**	**25**	**63**	**8**	**26**	**106**	**9**	**44**	**4**	**49**
南昌市	**34**	**4**	**12**	**2**	**16**	**18**	**2**	**9**		**7**
东湖区	1		1			1		1		
西湖区										
青云谱区										
青山湖区	4		3		1	1	1			
新建区	18	2	2	1	13	14	1	8		5
红谷滩区										
南昌县	10	2	5	1	2	2				2
安义县	1		1							
进贤县										
景德镇市	**2**	**1**	**1**			**2**				**2**
昌江区										
珠山区										
浮梁县	2	1	1							
乐平市						2				2
萍乡市	**4**	**4**				**1**				**1**
安源区										
湘东区	1	1								
莲花县	2	2				1				1
上栗县										
芦溪县	1	1								
九江市	**28**	**10**	**9**	**5**	**4**	**14**	**2**	**4**		**8**
濂溪区	12	3	4	1	4	2				2
浔阳区										
柴桑区	4	4				4	1			3
武宁县						1	1			
修水县	1	1								
永修县	2		2			1		1		
德安县						1				1
都昌县	1		1			2		2		
湖口县						2				2
彭泽县	1		1			1		1		
瑞昌市	6	1	1	4						
共青城市	1	1								
庐山市										
新余市						**2**	**2**			
渝水区										
分宜县						2	2			
鹰潭市						**2**		**2**		
月湖区										
余江区						2		2		
贵溪市										
赣州市	**31**	**4**	**24**		**3**	**4**		**1**		**3**
章贡区	4	1	3							
南康区	6		6							
赣县区	2		2			1				1
信丰县						1		1		
大余县										
上犹县										
崇义县										
安远县										
定南县										
全南县	2		1		1	2				2

7－1c　续表 11

单位：人

现住地	省外									
	黑龙江					上海				
	小计	乡	镇的村委会	镇的居委会	街道	小计	乡	镇的村委会	镇的居委会	街道
宁都县										
于都县	3		1		2					
兴国县	1	1								
会昌县	2	2								
寻乌县										
石城县	5		5							
瑞金市										
龙南市	6		6							
吉安市	**7**	**1**	**6**			**8**		**2**	**3**	**3**
吉州区	1	1								
青原区	1		1							
吉安县						1			1	
吉水县										
峡江县						4		1		3
新干县						1		1		
永丰县	1		1							
泰和县	3		3							
遂川县										
万安县										
安福县	1		1							
永新县						2			2	
井冈山市										
宜春市	**9**	**1**	**8**			**26**		**7**	**1**	**18**
袁州区	2		2			21		4	1	16
奉新县	1		1			1		1		
万载县										
上高县	1		1							
宜丰县	2		2			2		1		1
靖安县										
铜鼓县										
丰城市										
樟树市	1		1							
高安市	2	1	1			2		1		1
抚州市	**6**		**2**	**1**	**3**	**5**		**4**		**1**
临川区	1				1	1				1
东乡区										
南城县						4		4		
黎川县	3		1		2					
南丰县	2		1	1						
崇仁县										
乐安县										
宜黄县										
金溪县										
资溪县										
广昌县										
上饶市	**1**		**1**			**24**	**3**	**15**		**6**
信州区						2		2		
广丰区						2		2		
广信区						2	2			
玉山县						1		1		
铅山县	1		1							
横峰县						3		3		
弋阳县						1		1		
余干县						1	1			
鄱阳县										
万年县						1		1		
婺源县						6				6
德兴市						5		5		

7-1c　续表 12

单位：人

现住地	省外									
	江苏					浙江				
	小计	乡	镇的村委会	镇的居委会	街道	小计	乡	镇的村委会	镇的居委会	街道
全　省	**396**	**81**	**217**	**40**	**58**	**903**	**228**	**457**	**65**	**153**
南昌市	**121**	**20**	**74**	**11**	**16**	**151**	**22**	**68**	**15**	**46**
东湖区	1		1			3		3		
西湖区										
青云谱区										
青山湖区	24	8	15		1	7		5		2
新建区	33	1	20	2	10	99	10	37	9	43
红谷滩区	6		4	2						
南昌县	51	10	31	7	3	35	10	20	5	
安义县	5	1	2		2	1		1		
进贤县	1		1			6	2	2	1	1
景德镇市	**9**		**4**		**5**	**38**	**8**	**25**		**5**
昌江区	2				2	2		2		
珠山区										
浮梁县	1				1	6	5	1		
乐平市	6		4		2	30	3	22		5
萍乡市	**8**	**6**	**1**		**1**	**28**	**13**	**8**	**6**	**1**
安源区						12	4	3	4	1
湘东区						3		1	2	
莲花县	2	1	1			4	1	3		
上栗县	2	1			1	4	4			
芦溪县	4	4				5	4	1		
九江市	**93**	**24**	**49**	**7**	**13**	**96**	**16**	**61**	**13**	**6**
濂溪区	10		9	1		8		4	3	1
浔阳区	1		1							
柴桑区	14	4	5		5	8	2	3		3
武宁县	7	4	2	1		13	3	5	5	
修水县	4	2	2			8	1	6		1
永修县	7	1	2	3	1	15	4	7	4	
德安县						1				1
都昌县						2		2		
湖口县	13	8	1		4	10	5	5		
彭泽县	22	1	21			26		26		
瑞昌市	7	3	2	1	1	4		3	1	
共青城市	6		4	1	1	1	1			
庐山市	2	1			1					
新余市	**6**	**4**	**2**			**8**	**1**	**6**		**1**
渝水区	5	4	1			1				1
分宜县	1		1			7	1	6		
鹰潭市	**12**	**2**	**8**	**2**		**12**	**3**	**6**	**1**	**2**
月湖区										
余江区	11	1	8	2		2		2		
贵溪市	1	1				10	3	4	1	2
赣州市	**55**	**13**	**23**	**8**	**11**	**47**	**10**	**29**	**2**	**6**
章贡区	13	2	8	2	1	2		2		
南康区	3		2	1		4		4		
赣县区	6	1	4		1					
信丰县						7		7		
大余县	3		2	1		1		1		
上犹县	1	1								
崇义县						1		1		
安远县	3	3								
定南县						2		1		1
全南县	6		2	4		5	1	3		1

7-1c 续表 13

单位：人

现住地	省外									
	江苏					浙江				
	小计	乡	镇的村委会	镇的居委会	街道	小计	乡	镇的村委会	镇的居委会	街道
宁都县	10	3			7	7	5	1		1
于都县	1				1					
兴国县	1				1	3	2	1		
会昌县	1	1				9	1	6	2	
寻乌县	1		1			2		2		
石城县	2		2							
瑞金市						4	1			3
龙南市	4	2	2							
吉安市	**18**	**2**	**10**	**4**	**2**	**50**	**28**	**16**	**1**	**5**
吉州区										
青原区	2		2			1		1		
吉安县	1				1	5		2	1	2
吉水县						2		1		1
峡江县						8	6	2		
新干县	1			1						
永丰县	1			1		23	19	4		
泰和县	4		4			1				1
遂川县										
万安县	1		1			1		1		
安福县	4	2		2		4	1	3		
永新县	3		3			3	1	2		
井冈山市	1				1	2	1			1
宜春市	**38**	**5**	**20**	**5**	**8**	**77**	**13**	**33**	**4**	**27**
袁州区	10			5	5	34	6	5	2	21
奉新县						2		2		
万载县						1		1		
上高县	1		1			2	1	1		
宜丰县	2				2	7		5	2	
靖安县	7	5	2			13	6	7		
铜鼓县						6		5		1
丰城市	1		1			7		5		2
樟树市						1		1		
高安市	17		16		1	4		1		3
抚州市	**12**	**1**	**8**	**2**	**1**	**46**	**8**	**24**	**7**	**7**
临川区	7	1	5		1	11	3	4	1	3
东乡区	2			2		7		3	4	
南城县						8		8		
黎川县						2		1	1	
南丰县						3		3		
崇仁县						4	4			
乐安县	1		1			2		2		
宜黄县	1		1			1	1			
金溪县	1		1			1		1		
资溪县						5		1	1	3
广昌县						2		1		1
上饶市	**24**	**4**	**18**	**1**	**1**	**350**	**106**	**181**	**16**	**47**
信州区	4		3	1		27	3	24		
广丰区						40	4	31	2	3
广信区	1		1			23	10	9	1	3
玉山县	6	2	4			54	11	36	3	4
铅山县						4	2	2		
横峰县	4	1	3			57	31	23	3	
弋阳县	3		3			25	7	15		3
余干县	1		1			11	8	2	1	
鄱阳县	3	1	2			25	9	13	1	2
万年县	2		1		1	38	1	6	4	27
婺源县						19	3	11		5
德兴市						27	17	9	1	

7-1c 续表 14

单位：人

现住地	省外									
	安徽					福建				
	小计	乡	镇的村委会	镇的居委会	街道	小计	乡	镇的村委会	镇的居委会	街道
全　省	**813**	**215**	**507**	**44**	**47**	**746**	**245**	**390**	**41**	**70**
南昌市	**234**	**43**	**150**	**20**	**21**	**145**	**34**	**72**	**13**	**26**
东湖区	2	1	1			2	2			
西湖区										
青云谱区										
青山湖区	55	8	43	3	1	18		15		3
新建区	86	10	56	6	14	73	10	36	8	19
红谷滩区	4		4							
南昌县	65	22	29	11	3	33	13	12	4	4
安义县	13		11		2	10	9		1	
进贤县	9	2	6		1	9		9		
景德镇市	**38**	**28**	**10**			**3**	**1**	**1**		**1**
昌江区	2		2							
珠山区										
浮梁县	27	21	6			3	1	1		1
乐平市	9	7	2							
萍乡市	**24**	**19**	**4**		**1**	**6**	**2**	**4**		
安源区										
湘东区	4	1	2		1					
莲花县	11	11								
上栗县	1		1			2	2			
芦溪县	8	7	1			4		4		
九江市	**169**	**47**	**102**	**9**	**11**	**65**	**10**	**49**	**3**	**3**
濂溪区	20	2	16	1	1	1		1		
浔阳区										
柴桑区	41	17	20	2	2	10	2	6	1	1
武宁县	11	5	5		1	3	1	2		
修水县	12	4	8			11		10		1
永修县	12	6	3	2	1	2		2		
德安县	13	2	8	3		6		6		
都昌县	13	3	6		4	10	2	8		
湖口县	2	1	1			6	2	4		
彭泽县	29	4	25			3		3		
瑞昌市	9	1	5	1	2	10		7	2	1
共青城市	2	1	1							
庐山市	5	1	4			3	3			
新余市	**9**	**1**	**8**			**18**	**4**	**14**		
渝水区	6	1	5			12	1	11		
分宜县	3		3			6	3	3		
鹰潭市	**13**	**1**	**11**		**1**	**19**	**11**	**6**	**1**	**1**
月湖区						1	1			
余江区	3		2		1					
贵溪市	10	1	9			18	10	6	1	1
赣州市	**100**	**25**	**62**	**11**	**2**	**197**	**75**	**96**	**15**	**11**
章贡区	12	1	10		1	26	7	13	6	
南康区	21	5	15		1	18	12	5		1
赣县区	1	1				4		4		
信丰县	5		5			5	1	4		
大余县	1			1		6	1	4	1	
上犹县	3		3			12	9	1		2
崇义县	1	1				2		2		
安远县						2	1	1		
定南县	1		1			2			2	
全南县	9	2	7			12	10		1	1

7-1c 续表 15

单位：人

现住地	省外									
	安徽					福建				
	小计	乡	镇的村委会	镇的居委会	街道	小计	乡	镇的村委会	镇的居委会	街道
宁都县	4	2	2			27	12	8	4	3
于都县	2	1	1			6	3	3		
兴国县	10	3		7		11	7	3		1
会昌县	4	2	2			10	4	5		1
寻乌县	2		2			1		1		
石城县	1		1			15	1	14		
瑞金市	3	2	1			27	2	23	1	1
龙南市	20	5	12	3		11	5	5		1
吉安市	**28**	**8**	**15**	**3**	**2**	**51**	**10**	**32**	**2**	**7**
吉州区	1		1			3		3		
青原区	1	1								
吉安县	2		1		1	3		2		1
吉水县										
峡江县	3	2		1						
新干县	1		1			11	1	9		1
永丰县	4		4			9	2	6	1	
泰和县	8	2	6			2		1		1
遂川县						3	1	2		
万安县	2		1	1		1	1			
安福县	2			1	1					
永新县	1	1				6	2	2	1	1
井冈山市	3	2	1			13	3	7		3
宜春市	**76**	**12**	**61**	**1**	**2**	**48**	**11**	**28**	**3**	**6**
袁州区	28	3	24	1		15	6	7	2	
奉新县										
万载县	1		1			9		9		
上高县						1		1		
宜丰县	7	2	5			1	1			
靖安县	11	3	7		1					
铜鼓县	5		5							
丰城市	3		3			10	2	3	1	4
樟树市	7	2	5			1				1
高安市	14	2	11		1	11	2	8		1
抚州市	**23**	**5**	**17**		**1**	**93**	**44**	**42**		**7**
临川区	13	4	8		1	25	5	17		3
东乡区	7		7			1				1
南城县						6	3	3		
黎川县						33	25	6		2
南丰县						3		3		
崇仁县	1		1							
乐安县						10		9		1
宜黄县						3	2	1		
金溪县	1	1				1	1			
资溪县	1		1							
广昌县						11	8	3		
上饶市	**99**	**26**	**67**		**6**	**101**	**43**	**46**	**4**	**8**
信州区	5		5			5	3	2		
广丰区	12		12			15	2	12	1	
广信区	9	4	4		1	10	4	6		
玉山县	9	1	8			5	2	2	1	
铅山县	1		1			5	3			2
横峰县	4	1	3			3		3		
弋阳县	5		4		1	2	1	1		
余干县	9	6	3			12	9	3		
鄱阳县	21	9	9		3	15	6	8		1
万年县	1		1			1	1			
婺源县	17		16		1	2	1		1	
德兴市	6	5	1			26	11	9	1	5

7-1c　续表 16

单位：人

现住地	省外									
	山东					河南				
	小计	乡	镇的村委会	镇的居委会	街道	小计	乡	镇的村委会	镇的居委会	街道
全　省	**279**	**55**	**166**	**16**	**42**	**1130**	**387**	**621**	**34**	**88**
南昌市	**120**	**22**	**58**	**10**	**30**	**465**	**157**	**247**	**15**	**46**
东湖区	3		3			11	4	7		
西湖区										
青云谱区										
青山湖区	10		8		2	63	24	38		1
新建区	58	1	35	6	16	104	15	64	6	19
红谷滩区	1				1	21	5	13		3
南昌县	43	21	12	4	6	252	108	116	8	20
安义县						4	1	2		1
进贤县	5				5	10		7	1	2
景德镇市	**3**	**1**	**2**			**48**	**33**	**15**		
昌江区						1		1		
珠山区										
浮梁县	3	1	2			38	32	6		
乐平市						9	1	8		
萍乡市	**7**	**3**	**3**		**1**	**25**	**8**	**14**	**1**	**2**
安源区										
湘东区	1				1	6	2	4		
莲花县	2	1	1			6	3	3		
上栗县	3	1	2			8	2	4	1	1
芦溪县	1	1				5	1	3		1
九江市	**34**	**11**	**15**	**2**	**6**	**172**	**59**	**94**	**11**	**8**
濂溪区	1				1	26		23		3
浔阳区										
柴桑区	4	1		1	2	46	22	19	4	1
武宁县	2		2			7	1	4	1	1
修水县						6	2	4		
永修县	4		3	1		17	5	8	4	
德安县						30	21	8	1	
都昌县	1		1			6	2	2		2
湖口县	8	8				1	1			
彭泽县	8		8			15		14	1	
瑞昌市	5	2			3	10	4	6		
共青城市	1		1			7		6		1
庐山市						1	1			
新余市	**3**	**2**	**1**			**7**	**4**	**3**		
渝水区	3	2	1			4	2	2		
分宜县						3	2	1		
鹰潭市	**1**		**1**			**11**	**1**	**8**	**1**	**1**
月湖区										
余江区	1		1			4	1	2		1
贵溪市						7		6	1	
赣州市	**63**	**12**	**47**	**2**	**2**	**163**	**52**	**101**	**2**	**8**
章贡区	3	1	2			28	6	21		1
南康区	10		10			30	10	18	1	1
赣县区	3		3			3		3		
信丰县	5	1	4			19	3	14		2
大余县	3		3			6		5		1
上犹县						3	3			
崇义县	6		6							
安远县						4		3	1	
定南县						5		5		
全南县	10	2	6		2	10	3	7		

7-1c　续表 17　　　　单位：人

现住地	省外									
	山东					河南				
	小计	乡	镇的村委会	镇的居委会	街道	小计	乡	镇的村委会	镇的居委会	街道
宁都县	1		1			3		2		1
于都县										
兴国县	6	1	3	2		5	5			
会昌县						2		2		
寻乌县	6	6				1		1		
石城县	9		9			14		14		
瑞金市	1	1				2	2			
龙南市						28	20	6		2
吉安市	**8**		**6**		**2**	**37**	**8**	**23**	**1**	**5**
吉州区										
青原区						8		6		2
吉安县	2		2			2	1	1		
吉水县										
峡江县						1	1			
新干县										
永丰县	1				1	2		2		
泰和县	2		2			4	2	1		1
遂川县	1		1			3	1			2
万安县	1		1			6	1	5		
安福县						4	2	1	1	
永新县						6		6		
井冈山市	1				1	1		1		
宜春市	**8**	**1**	**6**		**1**	**94**	**29**	**50**		**15**
袁州区						29	2	27		
奉新县	1		1			2	1	1		
万载县						2	1	1		
上高县	1				1					
宜丰县						3	3			
靖安县						2	1	1		
铜鼓县						1		1		
丰城市	1		1			28	19	6		3
樟树市	2		2			3	2	1		
高安市	3	1	2			24		12		12
抚州市	**19**	**2**	**15**	**2**		**29**	**9**	**18**		**2**
临川区	10	2	8			11	6	4		1
东乡区	3		3			2		2		
南城县						1		1		
黎川县	1			1		5		5		
南丰县						1	1			
崇仁县						5	1	4		
乐安县						1	1			
宜黄县						1		1		
金溪县						2		1		1
资溪县										
广昌县	5		4	1						
上饶市	**13**	**1**	**12**			**79**	**27**	**48**	**3**	**1**
信州区	3		3			24	4	17	2	1
广丰区	1		1			2	2			
广信区	3		3			6	2	4		
玉山县						6	2	4		
铅山县	2		2			2	1	1		
横峰县	2		2			3	3			
弋阳县						2		2		
余干县						1	1			
鄱阳县	1	1				13	5	8		
万年县	1		1			2		2		
婺源县						12	2	10		
德兴市						6	5		1	

7-1c　续表 18

单位：人

现住地	省外									
	湖北					湖南				
	小计	乡	镇的村委会	镇的居委会	街道	小计	乡	镇的村委会	镇的居委会	街道
全省	**1176**	**282**	**692**	**82**	**120**	**1565**	**456**	**879**	**90**	**140**
南昌市	**280**	**45**	**172**	**26**	**37**	**351**	**75**	**209**	**28**	**39**
东湖区	3	1	2			6		2	4	
西湖区										
青云谱区										
青山湖区	53	6	42	2	3	50	7	41		2
新建区	72	7	48	2	15	78	13	41	7	17
红谷滩区	18	2	12		4	15	5	8		2
南昌县	108	25	59	13	11	160	48	91	15	6
安义县	7		6	1		16		6	1	9
进贤县	19	4	3	8	4	26	2	20	1	3
景德镇市	**31**	**5**	**22**	**2**	**2**	**10**	**2**	**6**	**1**	**1**
昌江区	6	1	2	2	1					
珠山区										
浮梁县	23	4	19			1		1		
乐平市	2		1		1	9	2	5	1	1
萍乡市	**77**	**22**	**42**	**3**	**10**	**163**	**68**	**76**	**7**	**12**
安源区	5		5			4		1	3	
湘东区	40	11	19	3	7	35	12	22	1	
莲花县	8	5	1		2	36	15	15	2	4
上栗县	14	4	10			61	36	19		6
芦溪县	10	2	7		1	27	5	19	1	2
九江市	**337**	**84**	**181**	**29**	**43**	**135**	**32**	**71**	**13**	**19**
濂溪区	49	4	24	2	19	8	5	2	1	
浔阳区										
柴桑区	142	48	80	8	6	37	11	18		8
武宁县	26	11	8	2	5	11	2	5	1	3
修水县	6	4	2			13	4	8		1
永修县	7		2	4	1	19	3	8	8	
德安县	14	8	4	2		5	1	2	1	1
都昌县	9	1	7		1	2	1	1		
湖口县	7	1	5		1					
彭泽县	10	2	8			13		13		
瑞昌市	45	2	27	9	7	13	2	6	2	3
共青城市	20	1	14	2	3	13	2	8		3
庐山市	2	2				1	1			
新余市	**11**	**5**	**4**		**2**	**39**	**16**	**22**		**1**
渝水区	6	4	2			23	14	8		1
分宜县	5	1	2		2	16	2	14		
鹰潭市	**10**	**2**	**6**	**1**	**1**	**14**	**2**	**10**		**2**
月湖区										
余江区	6		5	1		11	1	9		1
贵溪市	4	2	1		1	3	1	1		1
赣州市	**192**	**55**	**120**	**12**	**5**	**339**	**100**	**211**	**18**	**10**
章贡区	39	4	33	2		56	8	47	1	
南康区	32	9	18	4	1	124	48	66	5	5
赣县区	16	3	12	1		14	3	11		
信丰县	14	5	5	2	2	7	4	1	2	
大余县	8	1	7			25	5	20		
上犹县	2	1	1			8	2	6		
崇义县	2	1	1			8	1	7		
安远县	6	2	4			3		1	1	1
定南县	16		16			9		9		
全南县	11	1	10			12	4	6	2	

7-1c　续表 19

单位：人

现住地	省外									
	湖北					湖南				
	小计	乡	镇的村委会	镇的居委会	街道	小计	乡	镇的村委会	镇的居委会	街道
宁都县	3	1	2			12	5	4		3
于都县	5	4			1	4	3	1		
兴国县	7	4	2	1		18	4	9	5	
会昌县	10	5	4		1	4	3	1		
寻乌县	4		2	2		9	1	7	1	
石城县	4	3	1			3		3		
瑞金市	3	2	1			6	3	1	1	1
龙南市	10	9	1			17	6	11		
吉安市	**71**	**10**	**51**	**3**	**7**	**109**	**37**	**55**	**7**	**10**
吉州区	7		7							
青原区	7		7			11	8	2	1	
吉安县	4		3	1		13	1	3	3	6
吉水县	6		4		2	7	2	5		
峡江县	1		1			5	3	1		1
新干县	2		1		1	4	1	3		
永丰县	10	6	4			5	2	3		
泰和县	6		4		2	7	1	4	2	
遂川县	15		14	1		12	1	9	1	1
万安县	1				1	5		4		1
安福县	4	2	2			10	5	5		
永新县	2		2			14	8	6		
井冈山市	6	2	2	1	1	16	5	10		1
宜春市	**71**	**17**	**43**	**3**	**8**	**211**	**69**	**117**	**5**	**20**
袁州区	9	1	4		4	66	18	41		7
奉新县	3		3			13	4	9		
万载县	11	1	5	1	4	29	12	16		1
上高县						7		7		
宜丰县	8	5	3			44	16	20		8
靖安县	7	4	2	1		19	10	6	3	
铜鼓县						5	1	3		1
丰城市	16		16			7	2	2	2	1
樟树市	11	4	7			8	5	3		
高安市	6	2	3	1		13	1	10		2
抚州市	**43**	**11**	**30**	**1**	**1**	**123**	**35**	**62**	**6**	**20**
临川区	16	5	9	1	1	64	19	29	3	13
东乡区	1		1			5		5		
南城县						14	6	8		
黎川县	2	1	1			12	4	6	2	
南丰县	1	1				10		5	1	4
崇仁县	1		1			11	3	7		1
乐安县	16	4	12			1	1			
宜黄县										
金溪县						2	1	1		
资溪县						1				1
广昌县	6		6			3	1	1		1
上饶市	**53**	**26**	**21**	**2**	**4**	**71**	**20**	**40**	**5**	**6**
信州区	8	3	3	1	1	20	2	14	3	1
广丰区	6		4	1	1	7	1	6		
广信区	7	5	2			6	3	2		1
玉山县	5	2	3			6	3	1		2
铅山县	1	1				2	2			
横峰县										
弋阳县	5	5								
余干县	1		1			8	3	3		2
鄱阳县	6	1	5			9	3	6		
万年县	1		1			9	1	7	1	
婺源县	3		2		1	2	2			
德兴市	10	9			1	2		1	1	

7-1c　续表 20

单位：人

现住地	省外									
	广东					广西				
	小计	乡	镇的村委会	镇的居委会	街道	小计	乡	镇的村委会	镇的居委会	街道
全　省	**1014**	**232**	**562**	**68**	**152**	**618**	**186**	**399**	**14**	**19**
南昌市	**128**	**15**	**63**	**21**	**29**	**115**	**39**	**61**	**8**	**7**
东湖区						3	1		1	1
西湖区										
青云谱区										
青山湖区	12		10		2	21	2	19		
新建区	60	3	26	11	20	24	4	12	2	6
红谷滩区	2			1	1	1		1		
南昌县	32	6	17	5	4	47	21	22	4	
安义县	3	2			1	3	2	1		
进贤县	19	4	10	4	1	16	9	6	1	
景德镇市	**9**		**8**		**1**	**14**	**1**	**12**	**1**	
昌江区	5		5			6		6		
珠山区										
浮梁县	1		1			1		1		
乐平市	3		2		1	7	1	5	1	
萍乡市	**42**	**21**	**12**	**4**	**5**	**39**	**16**	**22**	**1**	
安源区	2		1		1	1			1	
湘东区	6	2	3		1	13	4	9		
莲花县	9	5	3		1	15	7	8		
上栗县	11	9	2			8	5	3		
芦溪县	14	5	3	4	2	2		2		
九江市	**52**	**20**	**21**	**2**	**9**	**30**	**7**	**23**		
濂溪区	1		1							
浔阳区										
柴桑区	11	5	2		4	7	3	4		
武宁县	14	6	6	1	1	2		2		
修水县	4	2	2			5		5		
永修县	9	2	5	1	1	7	2	5		
德安县						1		1		
都昌县	2	2				2		2		
湖口县	2				2	2		2		
彭泽县	2		2							
瑞昌市	3	2	1			1		1		
共青城市	3	1	2			1		1		
庐山市	1				1	2	2			
新余市	**12**	**2**	**9**	**1**		**27**	**4**	**23**		
渝水区	5		5			21	3	18		
分宜县	7	2	4	1		6	1	5		
鹰潭市	**9**	**1**	**4**		**4**	**5**	**2**	**3**		
月湖区										
余江区	5	1	2		2	2		2		
贵溪市	4		2		2	3	2	1		
赣州市	**475**	**119**	**289**	**27**	**40**	**167**	**54**	**105**	**1**	**7**
章贡区	35	2	30	1	2	21	5	15		1
南康区	49	14	29	6		34	8	25		1
赣县区	26	4	14	2	6	22	7	14		1
信丰县	35	19	12	3	1	8	4	4		
大余县	40	3	31	3	3	6	2	3	1	
上犹县	13	9	4			4	1	3		
崇义县	15		13		2	4	1	1		2
安远县	23	9	13	1		3		3		
定南县	31	5	23	1	2	6		6		
全南县	26	4	16	1	5	9	2	5		2

7－1c　续表 21

单位：人

现住地	省外									
	广东					广西				
	小计	乡	镇的村委会	镇的居委会	街道	小计	乡	镇的村委会	镇的居委会	街道
宁都县	28	10	15	1	2	5	2	3		
于都县	17	3	14			7	4	3		
兴国县	39	13	19	3	4	10	4	6		
会昌县	11	2	5	3	1	4	2	2		
寻乌县	58	15	37		6	9	5	4		
石城县	6		2		4	1	1			
瑞金市	13	5	4	2	2	1		1		
龙南市	10	2	8			13	6	7		
吉安市	**85**	**19**	**51**	**2**	**13**	**71**	**16**	**51**	**2**	**2**
吉州区	4		4							
青原区	4		3		1	10		10		
吉安县	10	2	6	1	1	5	2	1	2	
吉水县	5		4		1	6	2	4		
峡江县	4	1	1		2	2	1	1		
新干县	3		3			2	1	1		
永丰县	2	2				5	4	1		
泰和县	8	1	6	1		24	5	18		1
遂川县	13	3	10			4		4		
万安县	8	2	6			6		6		
安福县	8	3	4		1	4	1	2		1
永新县	4	2			2	3		3		
井冈山市	12	3	4		5					
宜春市	**97**	**15**	**49**	**4**	**29**	**60**	**17**	**41**	**1**	**1**
袁州区	25	5	10		10	12	3	8	1	
奉新县	3		3			1		1		
万载县	10	2	5	1	2	13	8	5		
上高县	9	1	6	1	1	7		7		
宜丰县	4		3	1		4		4		
靖安县	5	1	1	1	2	2	2			
铜鼓县	3		2		1	1		1		
丰城市	19	3	10		6	5	1	3		1
樟树市	6	1	2		3	4	1	3		
高安市	13	2	7		4	11	2	9		
抚州市	**40**	**7**	**18**	**5**	**10**	**47**	**12**	**34**		**1**
临川区	27	6	7	5	9	13	2	10		1
东乡区	1		1			7		7		
南城县	4		3		1	1		1		
黎川县	1	1				14	6	8		
南丰县	1		1			4	1	3		
崇仁县	2		2			2	2			
乐安县						2		2		
宜黄县	1		1							
金溪县						3	1	2		
资溪县										
广昌县	3		3			1		1		
上饶市	**65**	**13**	**38**	**2**	**12**	**43**	**18**	**24**		**1**
信州区	4		4			5	1	4		
广丰区	12	1	6		5	3		3		
广信区	6	1	3		2	4	3	1		
玉山县	9	1	7		1	8	1	7		
铅山县	2	1	1			1				1
横峰县	10	5	4		1	5		5		
弋阳县										
余干县	8	2	6			6	5	1		
鄱阳县	6		5		1	8	7	1		
万年县	1				1	1	1			
婺源县	4	2	1		1	1		1		
德兴市	3		1	2		1		1		

7-1c 续表 22

单位：人

现住地	省外									
	海南					重庆				
	小计	乡	镇的村委会	镇的居委会	街道	小计	乡	镇的村委会	镇的居委会	街道
全　省	**75**	**13**	**42**	**10**	**10**	**432**	**132**	**237**	**24**	**39**
南昌市	**25**	**2**	**11**	**7**	**5**	**109**	**22**	**63**	**10**	**14**
东湖区										
西湖区										
青云谱区										
青山湖区	1		1			14	6	6		2
新建区	12	1	5	3	3	30	5	16	5	4
红谷滩区						19		17		2
南昌县	12	1	5	4	2	24	8	7	5	4
安义县						12	1	11		
进贤县						10	2	6		2
景德镇市	**3**		**3**			**21**	**18**	**2**		**1**
昌江区										
珠山区										
浮梁县						18	18			
乐平市	3		3			3		2		1
萍乡市	**4**		**4**			**17**	**3**	**12**		**2**
安源区						1		1		
湘东区	3		3			10	1	9		
莲花县						2	1	1		
上栗县						3		1		2
芦溪县	1		1			1	1			
九江市	**21**	**6**	**12**	**1**	**2**	**28**	**8**	**14**	**2**	**4**
濂溪区						2		2		
浔阳区										
柴桑区	1	1				7	2	2	1	2
武宁县	4	4				3	2	1		
修水县						3		3		
永修县	15	1	11	1	2	5	2	2		1
德安县						2	1	1		
都昌县	1		1			1	1			
湖口县										
彭泽县						1		1		
瑞昌市						4		2	1	1
共青城市										
庐山市										
新余市	**1**		**1**			**4**		**4**		
渝水区						1		1		
分宜县	1		1			3		3		
鹰潭市						**12**	**1**	**10**		**1**
月湖区										
余江区						2		2		
贵溪市						10	1	8		1
赣州市	**8**	**2**	**4**		**2**	**112**	**35**	**69**	**5**	**3**
章贡区	1		1			10	1	9		
南康区	1		1			32	7	24	1	
赣县区						14	2	10	1	1
信丰县	2	1	1			1		1		
大余县	1				1	3	2	1		
上犹县										
崇义县						1		1		
安远县						1	1			
定南县										
全南县						14	1	10	3	

7-1c 续表 23

单位：人

现住地	省外									
	海南					重庆				
	小计	乡	镇的村委会	镇的居委会	街道	小计	乡	镇的村委会	镇的居委会	街道
宁都县						3	2	1		
于都县						3	2	1		
兴国县						3	1	2		
会昌县	1				1	5	3	2		
寻乌县	2	1	1			3		1		2
石城县						3	1	2		
瑞金市						4	1	3		
龙南市						12	11	1		
吉安市	**6**		**5**		**1**	**28**	**6**	**15**	**4**	**3**
吉州区										
青原区						8		8		
吉安县										
吉水县						1	1			
峡江县						1	1			
新干县										
永丰县						3		2	1	
泰和县						1		1		
遂川县						4		1	2	1
万安县										
安福县	2		2			3	3			
永新县	4		3		1	3	1			2
井冈山市						4		3	1	
宜春市	**3**		**2**	**1**		**33**	**12**	**18**		**3**
袁州区	1		1			7	4	2		1
奉新县										
万载县						4		4		
上高县						2				2
宜丰县						5	1	4		
靖安县	1			1		2	2			
铜鼓县										
丰城市	1		1			1	1			
樟树市						3	1	2		
高安市						9	3	6		
抚州市	**2**	**1**		**1**		**11**	**2**	**7**	**2**	
临川区	1			1		5	1	3	1	
东乡区						1		1		
南城县	1	1				1		1		
黎川县										
南丰县						1		1		
崇仁县						2	1		1	
乐安县						1		1		
宜黄县										
金溪县										
资溪县										
广昌县										
上饶市	**2**	**2**				**57**	**25**	**23**	**1**	**8**
信州区						11		8	1	2
广丰区						7	3	2		2
广信区	1	1				2		1		1
玉山县						3		3		
铅山县										
横峰县										
弋阳县						2		1		1
余干县						9	8			1
鄱阳县	1	1				7	4	2		1
万年县										
婺源县						1		1		
德兴市						15	10	5		

7-1c　续表 24

单位：人

现住地	省外									
	四川					贵州				
	小计	乡	镇的村委会	镇的居委会	街道	小计	乡	镇的村委会	镇的居委会	街道
全　省	**999**	**312**	**590**	**39**	**58**	**1377**	**501**	**785**	**43**	**48**
南昌市	**233**	**61**	**131**	**19**	**22**	**226**	**44**	**154**	**16**	**12**
东湖区	6	4	2			1	1			
西湖区										
青云谱区										
青山湖区	23	6	16		1	32	11	20	1	
新建区	78	13	48	4	13	53	4	35	5	9
红谷滩区	22	3	14	3	2	22		22		
南昌县	54	20	25	6	3	83	21	50	10	2
安义县	21	5	13	2	1	25	5	19		1
进贤县	29	10	13	4	2	10	2	8		
景德镇市	**38**	**14**	**23**		**1**	**20**	**11**	**9**		
昌江区	15		15			1		1		
珠山区										
浮梁县	16	11	5			11	5	6		
乐平市	7	3	3		1	8	6	2		
萍乡市	**68**	**33**	**33**	**2**		**119**	**75**	**42**	**1**	**1**
安源区						16	6	9	1	
湘东区	12	2	9	1		36	25	11		
莲花县	15	11	4			26	21	5		
上栗县	13	3	9	1		23	15	7		1
芦溪县	28	17	11			18	8	10		
九江市	**133**	**45**	**66**	**8**	**14**	**104**	**30**	**65**	**5**	**4**
濂溪区	7	3	2	1	1	6	3	3		
浔阳区										
柴桑区	19	9	8	1	1	17	7	9	1	
武宁县	24	11	11	1	1	15	2	10	1	2
修水县	8	3	1		4	8	3	5		
永修县	21	4	10	1	6	16		13	3	
德安县	6	2	4			10	7	1		2
都昌县	2	2				5	1	4		
湖口县	3	2	1			3	2	1		
彭泽县	17	1	14	1	1	8		8		
瑞昌市	13	4	7	2		4	2	2		
共青城市	6	3	3			5	3	2		
庐山市	7	1	5	1		7		7		
新余市	**8**	**2**	**5**		**1**	**57**	**18**	**39**		
渝水区	5	2	2		1	15	9	6		
分宜县	3		3			42	9	33		
鹰潭市	**14**	**2**	**11**		**1**	**15**	**2**	**13**		
月湖区										
余江区	2		1		1	3	1	2		
贵溪市	12	2	10			12	1	11		
赣州市	**203**	**53**	**141**	**5**	**4**	**190**	**53**	**114**	**10**	**13**
章贡区	22	1	21			9	4	5		
南康区	51	12	33	4	2	60	18	25	8	9
赣县区	9	1	8			11	4	5		2
信丰县	11	2	9			18	1	16	1	
大余县	14		13	1		3	1	2		
上犹县	3	2	1			8	3	4	1	
崇义县	1		1			1		1		
安远县	6	1	5			3	1	2		
定南县	22	1	21			1		1		
全南县	4	1	3			3		3		

7-1c 续表 25

单位：人

现住地	省外									
	四川					贵州				
	小计	乡	镇的村委会	镇的居委会	街道	小计	乡	镇的村委会	镇的居委会	街道
宁都县	16	8	7		1	8	3	5		
于都县	4	3	1			6	1	5		
兴国县	6	4	2			9	6	3		
会昌县	5	2	3			15		13		2
寻乌县	8	7	1			2	1	1		
石城县	3		3			2	1	1		
瑞金市	6	5	1			9	4	5		
龙南市	12	3	8		1	22	5	17		
吉安市	**48**	**21**	**24**	**1**	**2**	**228**	**108**	**113**	**5**	**2**
吉州区						2		2		
青原区	6	3	2		1	6	2	4		
吉安县	5	1	4			28	23	4		1
吉水县	2	1	1			38	13	25		
峡江县	5	5				20	11	8	1	
新干县	1		1			5	1	4		
永丰县	3	1	1		1	4	1	3		
泰和县	5	3	2			26	14	11		1
遂川县	7	2	5			10	6	4		
万安县	2		2							
安福县	4	2	1	1		32	23	5	4	
永新县	5	1	4			55	13	42		
井冈山市	3	2	1			2	1	1		
宜春市	**114**	**33**	**76**	**1**	**4**	**180**	**65**	**108**	**1**	**6**
袁州区	36	7	27		2	18	4	14		
奉新县	5	1	4			4	2	2		
万载县	12	8	3		1	41	9	32		
上高县										
宜丰县	15	3	12			42	27	15		
靖安县	13	2	11			33	12	20		1
铜鼓县	2	1	1			4	2	2		
丰城市	5		4	1		10	3	6	1	
樟树市	10	7	2		1	5	1	1		3
高安市	16	4	12			23	5	16		2
抚州市	**39**	**12**	**25**		**2**	**76**	**31**	**42**	**1**	**2**
临川区	12	2	8		2	23	10	13		
东乡区						3	2	1		
南城县	4	1	3			2		2		
黎川县	9	7	2			7	3	4		
南丰县	1		1			4		3	1	
崇仁县	4		4			7	2	4		1
乐安县	2	2				13	4	9		
宜黄县										
金溪县	6		6			10	8	2		
资溪县						5	2	2		1
广昌县	1		1			2		2		
上饶市	**101**	**36**	**55**	**3**	**7**	**162**	**64**	**86**	**4**	**8**
信州区	23	5	18			13	4	7	2	
广丰区	13	1	12			15	3	11	1	
广信区	23	14	2	1	6	19	12	6		1
玉山县	8	1	7			49	14	34		1
铅山县	2	2				11	3	8		
横峰县	4	2	2			4	3	1		
弋阳县	7		5	1	1	4		4		
余干县	3	1	1	1		6		1		5
鄱阳县	12	10	2			9	5	3		1
万年县	3		3			3	1	2		
婺源县	1		1			4	1	3		
德兴市	2		2			25	18	6	1	

7−1c　续表 26

单位：人

现住地	省外									
	云南					西藏				
	小计	乡	镇的村委会	镇的居委会	街道	小计	乡	镇的村委会	镇的居委会	街道
全　省	**676**	**218**	**408**	**30**	**20**	**2**		**2**		
南昌市	**145**	**39**	**87**	**9**	**10**	**1**		**1**		
东湖区	3		3							
西湖区										
青云谱区										
青山湖区	10	1	7	2						
新建区	30	4	19	4	3	1		1		
红谷滩区	11		11							
南昌县	76	33	35	3	5					
安义县	6		4		2					
进贤县	9	1	8							
景德镇市	**20**	**7**	**12**	**1**						
昌江区										
珠山区										
浮梁县	12	4	7	1						
乐平市	8	3	5							
萍乡市	**51**	**25**	**26**							
安源区	1	1								
湘东区	17	6	11							
莲花县	7	2	5							
上栗县	21	13	8							
芦溪县	5	3	2							
九江市	**91**	**34**	**54**	**2**	**1**					
濂溪区	1		1							
浔阳区										
柴桑区	48	24	23	1						
武宁县	2		2							
修水县	3		3							
永修县	6	1	4	1						
德安县	6	5	1							
都昌县	2		1		1					
湖口县	1	1								
彭泽县	2		2							
瑞昌市	8	3	5							
共青城市	1		1							
庐山市	11		11							
新余市	**18**	**7**	**11**							
渝水区	9	3	6							
分宜县	9	4	5							
鹰潭市	**8**	**3**	**5**							
月湖区										
余江区	2	2								
贵溪市	6	1	5							
赣州市	**103**	**32**	**67**		**4**					
章贡区	5	1	4							
南康区	12	1	11							
赣县区	3	1	2							
信丰县	4	3	1							
大余县	10		10							
上犹县										
崇义县	2	1	1							
安远县	1				1					
定南县	2		2							
全南县	7		5		2					

7－1c 续表 27

单位：人

现住地	省外									
	云南					西藏				
	小计	乡	镇的村委会	镇的居委会	街道	小计	乡	镇的村委会	镇的居委会	街道
宁都县	8	5	2		1					
于都县										
兴国县	6	1	5							
会昌县	1		1							
寻乌县	3	1	2							
石城县	1	1								
瑞金市	16	8	8							
龙南市	22	9	13							
吉安市	**46**	**15**	**15**	**16**						
吉州区										
青原区	5	5								
吉安县	1		1							
吉水县	8		8							
峡江县										
新干县	4	2	2							
永丰县										
泰和县										
遂川县	2	2								
万安县	2	2								
安福县	19		3	16						
永新县	2	1	1							
井冈山市	3	3								
宜春市	**92**	**16**	**70**	**1**	**5**					
袁州区	24	6	17		1					
奉新县	1		1							
万载县	10	2	8							
上高县	11		11							
宜丰县	4	1	3							
靖安县	2		1		1					
铜鼓县	3		3							
丰城市	13	4	6		3					
樟树市	12	3	9							
高安市	12		11	1						
抚州市	**48**	**12**	**35**	**1**						
临川区	9	4	5							
东乡区	4		4							
南城县	5		5							
黎川县										
南丰县	2	1	1							
崇仁县	11		10	1						
乐安县	12	5	7							
宜黄县										
金溪县	1	1								
资溪县	1		1							
广昌县	3	1	2							
上饶市	**54**	**28**	**26**			**1**		**1**		
信州区	3		3							
广丰区	7		7							
广信区	2	2								
玉山县	3	2	1							
铅山县	2		2							
横峰县	4		4							
弋阳县	3	2	1							
余干县	17	12	5							
鄱阳县	3	1	2			1		1		
万年县	2	1	1							
婺源县	1	1								
德兴市	7	7								

7-1c　续表 28

单位：人

现住地	省外									
	陕西					甘肃				
	小计	乡	镇的村委会	镇的居委会	街道	小计	乡	镇的村委会	镇的居委会	街道
全　省	**275**	**58**	**161**	**25**	**31**	**238**	**80**	**112**	**17**	**29**
南昌市	**84**	**14**	**43**	**9**	**18**	**150**	**50**	**67**	**15**	**18**
东湖区										
西湖区										
青云谱区										
青山湖区	19	5	13		1	43	20	23		
新建区	24	1	12	3	8	40	7	15	9	9
红谷滩区	10	1	3		6					
南昌县	27	7	14	3	3	64	23	29	6	6
安义县	2			2						
进贤县	2		1	1		3				3
景德镇市	**3**	**1**	**2**			**1**	**1**			
昌江区										
珠山区										
浮梁县	2	1	1			1	1			
乐平市	1		1							
萍乡市	**4**	**1**	**3**			**5**	**3**	**2**		
安源区										
湘东区	2		2			1	1			
莲花县	1	1				2	2			
上栗县	1		1			2		2		
芦溪县										
九江市	**45**	**20**	**16**	**6**	**3**	**34**	**14**	**17**		**3**
濂溪区	1	1				2	1	1		
浔阳区										
柴桑区	28	11	11	4	2	14	7	7		
武宁县	3	3				1				1
修水县	4	3	1							
永修县	1			1		2				2
德安县										
都昌县										
湖口县						1	1			
彭泽县										
瑞昌市	7	2	4	1		12	5	7		
共青城市						2		2		
庐山市	1				1					
新余市	**11**	**1**	**10**			**4**		**2**		**2**
渝水区	1	1				4		2		2
分宜县	10		10							
鹰潭市	**12**		**9**		**3**					
月湖区										
余江区	3		1		2					
贵溪市	9		8		1					
赣州市	**63**	**11**	**44**	**6**	**2**	**24**	**4**	**14**	**2**	**4**
章贡区	5	1	4			1		1		
南康区	15	7	4	4		2		1	1	
赣县区	5		5							
信丰县	3		3			4	1	3		
大余县	6		6			1		1		
上犹县	1		1			1		1		
崇义县										
安远县						1		1		
定南县	2		2							
全南县	10		10							

7－1c 续表 29

单位：人

现住地	省外									
	陕西					甘肃				
	小计	乡	镇的村委会	镇的居委会	街道	小计	乡	镇的村委会	镇的居委会	街道
宁都县	3	1			2	6	2			4
于都县										
兴国县	3		2	1		6	1	4	1	
会昌县	5	1	3	1						
寻乌县	3		3			1		1		
石城县						1		1		
瑞金市										
龙南市	2	1	1							
吉安市	**10**	**4**	**5**	**1**		**1**		**1**		
吉州区										
青原区										
吉安县										
吉水县	1		1							
峡江县										
新干县										
永丰县	4	3	1							
泰和县	2		2			1		1		
遂川县										
万安县										
安福县	3	1	1	1						
永新县										
井冈山市										
宜春市	**14**	**1**	**10**	**1**	**2**	**4**	**1**	**2**		**1**
袁州区	3		2		1	2	1	1		
奉新县										
万载县	3		3							
上高县										
宜丰县	3		2		1					
靖安县	1		1							
铜鼓县										
丰城市										
樟树市	2	1		1						
高安市	2		2			2		1		1
抚州市	**15**	**4**	**6**	**2**	**3**	**8**	**2**	**5**		**1**
临川区	1			1		3	1	2		
东乡区										
南城县	1		1							
黎川县										
南丰县	6		3		3	1		1		
崇仁县	1	1				2		1		1
乐安县	2		2			2	1	1		
宜黄县										
金溪县	1	1								
资溪县										
广昌县	3	2		1						
上饶市	**14**	**1**	**13**			**7**	**5**	**2**		
信州区						1	1			
广丰区										
广信区	1		1							
玉山县	1		1							
铅山县	1	1								
横峰县										
弋阳县	1		1			1		1		
余干县						3	3			
鄱阳县						1	1			
万年县										
婺源县	10		10			1		1		
德兴市										

7–1c　续表 30

单位：人

现住地	省外									
	青海					宁夏				
	小计	乡	镇的村委会	镇的居委会	街道	小计	乡	镇的村委会	镇的居委会	街道
全　省	**38**	**5**	**25**	**5**	**3**	**55**	**17**	**26**		**12**
南昌市	**23**	**4**	**16**	**2**	**1**	**26**	**9**	**15**		**2**
东湖区										
西湖区										
青云谱区										
青山湖区	11	2	9			19	7	12		
新建区	6	1	4		1	2				2
红谷滩区										
南昌县	3	1		2		5	2	3		
安义县										
进贤县	3		3							
景德镇市										
昌江区										
珠山区										
浮梁县										
乐平市										
萍乡市						**3**	**1**	**2**		
安源区										
湘东区										
莲花县										
上栗县						3	1	2		
芦溪县										
九江市	**3**	**1**		**2**		**6**	**2**	**3**		**1**
濂溪区	2			2		1				1
浔阳区										
柴桑区	1	1								
武宁县										
修水县										
永修县						3	2	1		
德安县										
都昌县										
湖口县						1		1		
彭泽县										
瑞昌市										
共青城市						1		1		
庐山市										
新余市										
渝水区										
分宜县										
鹰潭市										
月湖区										
余江区										
贵溪市										
赣州市	**8**		**6**		**2**	**7**	**1**	**2**		**4**
章贡区	4		4							
南康区										
赣县区										
信丰县										
大余县						1		1		
上犹县										
崇义县										
安远县										
定南县										
全南县										

7-1c 续表 31

单位：人

现住地	省外									
	青海					宁夏				
	小计	乡	镇的村委会	镇的居委会	街道	小计	乡	镇的村委会	镇的居委会	街道
宁都县	3		1		2	5	1			4
于都县										
兴国县										
会昌县										
寻乌县										
石城县	1		1			1		1		
瑞金市										
龙南市										
吉安市						**12**	**4**	**4**		**4**
吉州区										
青原区										
吉安县										
吉水县										
峡江县										
新干县										
永丰县										
泰和县						12	4	4		4
遂川县										
万安县										
安福县										
永新县										
井冈山市										
宜春市						**1**				**1**
袁州区										
奉新县										
万载县						1				1
上高县										
宜丰县										
靖安县										
铜鼓县										
丰城市										
樟树市										
高安市										
抚州市	**2**		**2**							
临川区	2		2							
东乡区										
南城县										
黎川县										
南丰县										
崇仁县										
乐安县										
宜黄县										
金溪县										
资溪县										
广昌县										
上饶市	**2**		**1**	**1**						
信州区										
广丰区										
广信区										
玉山县	1			1						
铅山县										
横峰县	1		1							
弋阳县										
余干县										
鄱阳县										
万年县										
婺源县										
德兴市										

7−1c　续表 32

单位：人

现住地	省外				
	新疆				
	小计	乡	镇的村委会	镇的居委会	街道
全　省	**29**	**10**	**10**	**4**	**5**
南昌市	**19**	**7**	**5**	**4**	**3**
东湖区					
西湖区					
青云谱区					
青山湖区	1		1		
新建区	13	5	1	4	3
红谷滩区					
南昌县	2	2			
安义县					
进贤县	3		3		
景德镇市					
昌江区					
珠山区					
浮梁县					
乐平市					
萍乡市	**1**		**1**		
安源区					
湘东区					
莲花县					
上栗县	1		1		
芦溪县					
九江市	**2**	**2**			
濂溪区	1	1			
浔阳区					
柴桑区					
武宁县					
修水县					
永修县					
德安县					
都昌县					
湖口县	1	1			
彭泽县					
瑞昌市					
共青城市					
庐山市					
新余市					
渝水区					
分宜县					
鹰潭市	**1**	**1**			
月湖区					
余江区					
贵溪市	1	1			
赣州市	**2**		**1**		**1**
章贡区					
南康区	1		1		
赣县区					
信丰县					
大余县	1				1
上犹县					
崇义县					
安远县					
定南县					
全南县					

7-1c 续表 33

单位：人

现住地	省外				
	新疆				
	小计	乡	镇的村委会	镇的居委会	街道
宁都县					
于都县					
兴国县					
会昌县					
寻乌县					
石城县					
瑞金市					
龙南市					
吉安市	**2**		**1**		**1**
吉州区					
青原区					
吉安县					
吉水县					
峡江县					
新干县					
永丰县	1		1		
泰和县					
遂川县					
万安县					
安福县	1				1
永新县					
井冈山市					
宜春市					
袁州区					
奉新县					
万载县					
上高县					
宜丰县					
靖安县					
铜鼓县					
丰城市					
樟树市					
高安市					
抚州市	**2**		**2**		
临川区	2		2		
东乡区					
南城县					
黎川县					
南丰县					
崇仁县					
乐安县					
宜黄县					
金溪县					
资溪县					
广昌县					
上饶市					
信州区					
广丰区					
广信区					
玉山县					
铅山县					
横峰县					
弋阳县					
余干县					
鄱阳县					
万年县					
婺源县					
德兴市					

7–2　全省按现住地、职业和性别分的户口登记地在本省其他乡镇街道人口

单位：人

现住地	合计			党的机关、国家机关、群众团体和社会组织、企事业单位负责人		
	合计	男	女	小计	男	女
全　省	**500231**	**288473**	**211758**	**17956**	**12881**	**5075**
南昌市	**109636**	**65586**	**44050**	**4397**	**3157**	**1240**
东湖区	7120	3818	3302	281	196	85
西湖区	9225	5162	4063	615	428	187
青云谱区	7830	4700	3130	363	265	98
青山湖区	27799	16731	11068	879	647	232
新建区	14788	9195	5593	456	325	131
红谷滩区	11138	6395	4743	744	538	206
南昌县	23940	14791	9149	908	653	255
安义县	2157	1416	741	36	27	9
进贤县	5639	3378	2261	115	78	37
景德镇市	**17703**	**10338**	**7365**	**495**	**351**	**144**
昌江区	3270	1958	1312	87	67	20
珠山区	7958	4753	3205	217	151	66
浮梁县	2451	1491	960	61	45	16
乐平市	4024	2136	1888	130	88	42
萍乡市	**18338**	**9243**	**9095**	**599**	**407**	**192**
安源区	10790	5473	5317	421	278	143
湘东区	1687	861	826	46	32	14
莲花县	1355	649	706	25	20	5
上栗县	2742	1383	1359	73	49	24
芦溪县	1764	877	887	34	28	6
九江市	**53072**	**29776**	**23296**	**1954**	**1359**	**595**
濂溪区	7271	4303	2968	337	238	99
浔阳区	6948	3953	2995	439	310	129
柴桑区	3609	2051	1558	70	51	19
武宁县	2434	1403	1031	48	37	11
修水县	6349	3770	2579	435	289	146
永修县	2897	1638	1259	73	53	20
德安县	3814	1953	1861	47	31	16
都昌县	2710	1305	1405	73	52	21
湖口县	2404	1435	969	42	32	10
彭泽县	2185	1153	1032	88	54	34
瑞昌市	8717	4696	4021	199	143	56
共青城市	2626	1493	1133	87	55	32
庐山市	1108	623	485	16	14	2
新余市	**18111**	**11190**	**6921**	**684**	**489**	**195**
渝水区	14226	8797	5429	564	405	159
分宜县	3885	2393	1492	120	84	36
鹰潭市	**14099**	**7732**	**6367**	**548**	**355**	**193**
月湖区	6444	3550	2894	308	203	105
余江区	2218	1226	992	110	68	42
贵溪市	5437	2956	2481	130	84	46
赣州市	**100427**	**57544**	**42883**	**3022**	**2229**	**793**
章贡区	20885	12202	8683	656	498	158
南康区	17242	9856	7386	642	471	171
赣县区	6866	3988	2878	158	103	55
信丰县	6337	3462	2875	172	123	49
大余县	1496	877	619	61	48	13
上犹县	3100	1708	1392	116	81	35
崇义县	1505	884	621	57	50	7
安远县	2219	1198	1021	36	28	8
定南县	3187	1951	1236	71	52	19
全南县	2063	1135	928	36	29	7

7—2 续表 1

单位：人

现住地	合计			党的机关、国家机关、群众团体和社会组织、企事业单位负责人		
	合计	男	女	小计	男	女
宁都县	5180	3240	1940	154	128	26
于都县	8957	4871	4086	117	88	29
兴国县	5185	2763	2422	230	157	73
会昌县	3148	1773	1375	81	57	24
寻乌县	2941	1730	1211	67	52	15
石城县	2045	1226	819	105	74	31
瑞金市	3951	2339	1612	133	95	38
龙南市	4120	2341	1779	130	95	35
吉安市	**35388**	**18896**	**16492**	**1294**	**973**	**321**
吉州区	4912	2717	2195	272	201	71
青原区	2685	1521	1164	178	125	53
吉安县	5615	2890	2725	71	58	13
吉水县	3197	1732	1465	73	49	24
峡江县	614	367	247	29	21	8
新干县	2283	1324	959	148	121	27
永丰县	2349	1346	1003	68	60	8
泰和县	4284	2176	2108	182	133	49
遂川县	2039	1064	975	60	47	13
万安县	1303	629	674	31	25	6
安福县	1777	970	807	45	37	8
永新县	2667	1278	1389	82	58	24
井冈山市	1663	882	781	55	38	17
宜春市	**52256**	**30065**	**22191**	**2020**	**1484**	**536**
袁州区	16045	9502	6543	849	612	237
奉新县	3051	1726	1325	47	35	12
万载县	2732	1444	1288	130	91	39
上高县	4171	2450	1721	170	126	44
宜丰县	3489	1850	1639	65	51	14
靖安县	1157	682	475	37	29	8
铜鼓县	899	508	391	28	23	5
丰城市	6117	3632	2485	235	156	79
樟树市	5371	3031	2340	205	160	45
高安市	9224	5240	3984	254	201	53
抚州市	**39658**	**23771**	**15887**	**1220**	**873**	**347**
临川区	11494	7030	4464	385	274	111
东乡区	4572	2807	1765	110	79	31
南城县	3208	1993	1215	103	80	23
黎川县	3529	2113	1416	96	66	30
南丰县	2848	1702	1146	46	38	8
崇仁县	2312	1393	919	54	38	16
乐安县	2748	1689	1059	59	48	11
宜黄县	3262	1769	1493	31	26	5
金溪县	2185	1278	907	63	47	16
资溪县	665	397	268	42	23	19
广昌县	2835	1600	1235	231	154	77
上饶市	**41543**	**24332**	**17211**	**1723**	**1204**	**519**
信州区	11088	6592	4496	528	344	184
广丰区	2823	1591	1232	98	68	30
广信区	7749	4586	3163	266	194	72
玉山县	3044	1820	1224	166	123	43
铅山县	1054	615	439	52	35	17
横峰县	1412	837	575	33	25	8
弋阳县	2100	1165	935	151	98	53
余干县	2587	1561	1026	22	19	3
鄱阳县	3110	1820	1290	75	60	15
万年县	1749	1050	699	67	44	23
婺源县	2783	1496	1287	175	127	48
德兴市	2044	1199	845	90	67	23

7-2　续表 2

单位：人

现住地	专业技术人员			办事人员和有关人员			社会生产服务和生活服务人员		
	小计	男	女	小计	男	女	小计	男	女
全　省	**63524**	**27915**	**35609**	**41635**	**25863**	**15772**	**198079**	**105179**	**92900**
南昌市	**17690**	**7926**	**9764**	**11617**	**6774**	**4843**	**46998**	**26548**	**20450**
东湖区	1582	616	966	1098	624	474	3267	1673	1594
西湖区	1640	658	982	1289	733	556	4814	2651	2163
青云谱区	1182	508	674	776	456	320	3807	2225	1582
青山湖区	4924	2352	2572	2837	1552	1285	11431	6706	4725
新建区	1795	804	991	1344	888	456	6438	3488	2950
红谷滩区	2590	1139	1451	1772	1035	737	4710	2592	2118
南昌县	3338	1590	1748	2098	1233	865	10124	5912	4212
安义县	154	62	92	93	48	45	454	280	174
进贤县	485	197	288	310	205	105	1953	1021	932
景德镇市	**2051**	**904**	**1147**	**1600**	**1006**	**594**	**7214**	**3730**	**3484**
昌江区	334	162	172	309	196	113	1288	682	606
珠山区	942	394	548	806	498	308	3300	1789	1511
浮梁县	321	142	179	267	161	106	839	454	385
乐平市	454	206	248	218	151	67	1787	805	982
萍乡市	**2606**	**984**	**1622**	**1870**	**1142**	**728**	**9089**	**3839**	**5250**
安源区	1572	584	988	1318	783	535	5769	2493	3276
湘东区	251	100	151	114	70	44	603	270	333
莲花县	174	75	99	92	61	31	633	220	413
上栗县	379	138	241	221	145	76	1202	516	686
芦溪县	230	87	143	125	83	42	882	340	542
九江市	**6148**	**2706**	**3442**	**4115**	**2636**	**1479**	**20830**	**10452**	**10378**
濂溪区	1045	492	553	690	406	284	3126	1670	1456
浔阳区	1187	496	691	956	627	329	3012	1520	1492
柴桑区	337	152	185	174	117	57	1202	561	641
武宁县	296	100	196	187	127	60	963	492	471
修水县	789	373	416	415	298	117	3016	1559	1457
永修县	401	148	253	225	127	98	1144	574	570
德安县	261	120	141	217	131	86	1584	675	909
都昌县	298	157	141	107	80	27	1168	495	673
湖口县	247	111	136	208	138	70	679	343	336
彭泽县	260	114	146	121	75	46	722	342	380
瑞昌市	671	298	373	501	307	194	3108	1608	1500
共青城市	271	116	155	251	162	89	631	365	266
庐山市	85	29	56	63	41	22	475	248	227
新余市	**1837**	**814**	**1023**	**1241**	**779**	**462**	**7502**	**4098**	**3404**
渝水区	1474	662	812	1027	645	382	6088	3312	2776
分宜县	363	152	211	214	134	80	1414	786	628
鹰潭市	**1722**	**671**	**1051**	**1395**	**907**	**488**	**6420**	**3133**	**3287**
月湖区	893	378	515	813	506	307	3095	1493	1602
余江区	276	101	175	143	96	47	760	372	388
贵溪市	553	192	361	439	305	134	2565	1268	1297
赣州市	**10967**	**5040**	**5927**	**6548**	**4135**	**2413**	**35253**	**19204**	**16049**
章贡区	3143	1459	1684	1851	1163	688	9444	5183	4261
南康区	1416	589	827	1147	636	511	5488	2846	2642
赣县区	786	370	416	425	267	158	2531	1400	1131
信丰县	559	252	307	339	209	130	1830	1016	814
大余县	188	91	97	136	99	37	473	233	240
上犹县	336	136	200	194	124	70	896	474	422
崇义县	208	94	114	183	121	62	479	238	241
安远县	217	91	126	157	118	39	623	330	293
定南县	235	110	125	139	92	47	1047	612	435
全南县	265	119	146	113	81	32	642	327	315

7-2 续表 3

单位：人

现住地	专业技术人员			办事人员和有关人员			社会生产服务和生活服务人员		
	小计	男	女	小计	男	女	小计	男	女
宁都县	664	321	343	265	192	73	1850	1147	703
于都县	718	367	351	364	206	158	2716	1488	1228
兴国县	626	278	348	298	204	94	1672	819	853
会昌县	349	185	164	217	161	56	1157	621	536
寻乌县	258	111	147	151	98	53	852	502	350
石城县	229	112	117	151	101	50	674	406	268
瑞金市	371	172	199	168	112	56	1642	889	753
龙南市	399	183	216	250	151	99	1237	673	564
吉安市	**4401**	**1967**	**2434**	**2520**	**1576**	**944**	**11682**	**5933**	**5749**
吉州区	886	378	508	600	337	263	2035	1073	962
青原区	430	170	260	230	131	99	1140	597	543
吉安县	487	225	262	151	86	65	1105	596	509
吉水县	363	164	199	178	128	50	949	474	475
峡江县	67	29	38	49	27	22	224	139	85
新干县	223	90	133	170	103	67	821	421	400
永丰县	292	136	156	124	98	26	922	467	455
泰和县	487	259	228	337	217	120	1287	620	667
遂川县	333	149	184	130	88	42	653	336	317
万安县	169	69	100	76	47	29	425	218	207
安福县	178	80	98	72	52	20	574	287	287
永新县	248	118	130	191	127	64	833	368	465
井冈山市	238	100	138	212	135	77	714	337	377
宜春市	**6734**	**2822**	**3912**	**4282**	**2714**	**1568**	**20454**	**10534**	**9920**
袁州区	2310	995	1315	1475	924	551	6511	3362	3149
奉新县	306	135	171	191	115	76	1173	586	587
万载县	403	161	242	173	104	69	1020	495	525
上高县	400	159	241	319	190	129	1637	921	716
宜丰县	280	102	178	175	106	69	1454	619	835
靖安县	125	53	72	112	66	46	428	192	236
铜鼓县	140	49	91	95	63	32	368	181	187
丰城市	1058	489	569	687	492	195	2401	1214	1187
樟树市	795	307	488	467	262	205	2352	1234	1118
高安市	917	372	545	588	392	196	3110	1730	1380
抚州市	**3949**	**1713**	**2236**	**2719**	**1802**	**917**	**14830**	**8035**	**6795**
临川区	1745	755	990	1218	759	459	4620	2416	2204
东乡区	430	164	266	247	178	69	1783	1025	758
南城县	193	95	98	150	105	45	1175	693	482
黎川县	240	111	129	157	104	53	1406	770	636
南丰县	161	63	98	92	69	23	859	524	335
崇仁县	215	97	118	141	92	49	892	479	413
乐安县	336	162	174	215	173	42	907	539	368
宜黄县	170	77	93	121	65	56	1130	509	621
金溪县	189	79	110	112	72	40	722	370	352
资溪县	48	16	32	83	52	31	238	117	121
广昌县	222	94	128	183	133	50	1098	593	505
上饶市	**5419**	**2368**	**3051**	**3728**	**2392**	**1336**	**17807**	**9673**	**8134**
信州区	1551	690	861	1225	751	474	5894	3369	2525
广丰区	354	148	206	252	161	91	1019	536	483
广信区	1004	460	544	528	309	219	2971	1613	1358
玉山县	396	160	236	246	171	75	1065	558	507
铅山县	120	54	66	106	71	35	439	209	230
横峰县	138	79	59	79	49	30	649	368	281
弋阳县	300	121	179	177	114	63	800	406	394
余干县	341	159	182	164	121	43	1212	719	493
鄱阳县	473	197	276	422	291	131	1266	649	617
万年县	219	87	132	101	64	37	736	426	310
婺源县	255	106	149	203	134	69	1044	496	548
德兴市	268	107	161	225	156	69	712	324	388

7-2 续表 4

单位：人

现住地	农、林、牧、渔业生产及辅助人员			生产制造及有关人员			不便分类的其他从业人员		
	小计	男	女	小计	男	女	小计	男	女
全　省	**17401**	**10433**	**6968**	**159494**	**104865**	**54629**	**2142**	**1337**	**805**
南昌市	**1439**	**941**	**498**	**27153**	**20009**	**7144**	**342**	**231**	**111**
东湖区	46	26	20	813	664	149	33	19	14
西湖区	29	19	10	822	660	162	16	13	3
青云谱区	35	24	11	1663	1218	445	4	4	
青山湖区	332	221	111	7326	5211	2115	70	42	28
新建区	267	186	81	4361	3416	945	127	88	39
红谷滩区	59	35	24	1220	1026	194	43	30	13
南昌县	400	245	155	7048	5139	1909	24	19	5
安义县	38	29	9	1381	969	412	1	1	
进贤县	233	156	77	2519	1706	813	24	15	9
景德镇市	**467**	**233**	**234**	**5701**	**4000**	**1701**	**175**	**114**	**61**
昌江区	42	25	17	1100	755	345	110	71	39
珠山区	44	28	16	2607	1864	743	42	29	13
浮梁县	64	41	23	890	644	246	9	4	5
乐平市	317	139	178	1104	737	367	14	10	4
萍乡市	**761**	**374**	**387**	**3375**	**2477**	**898**	**38**	**20**	**18**
安源区	123	71	52	1564	1252	312	23	12	11
湘东区	268	114	154	400	274	126	5	1	4
莲花县	167	91	76	264	182	82			
上栗县	108	45	63	752	486	266	7	4	3
芦溪县	95	53	42	395	283	112	3	3	
九江市	**1595**	**888**	**707**	**18000**	**11479**	**6521**	**430**	**256**	**174**
濂溪区	95	67	28	1919	1394	525	59	36	23
浔阳区	29	17	12	1259	945	314	66	38	28
柴桑区	73	42	31	1738	1119	619	15	9	6
武宁县	86	67	19	731	520	211	123	60	63
修水县	205	131	74	1480	1113	367	9	7	2
永修县	201	106	95	847	625	222	6	5	1
德安县	129	69	60	1559	913	646	17	14	3
都昌县	113	45	68	934	468	466	17	8	9
湖口县	55	25	30	1168	782	386	5	4	1
彭泽县	99	45	54	857	498	359	38	25	13
瑞昌市	396	197	199	3795	2111	1684	47	32	15
共青城市	58	44	14	1309	739	570	19	12	7
庐山市	56	33	23	404	252	152	9	6	3
新余市	**787**	**534**	**253**	**5999**	**4432**	**1567**	**61**	**44**	**17**
渝水区	478	318	160	4534	3411	1123	61	44	17
分宜县	309	216	93	1465	1021	444			
鹰潭市	**390**	**240**	**150**	**3609**	**2416**	**1193**	**15**	**10**	**5**
月湖区	102	64	38	1221	899	322	12	7	5
余江区	120	70	50	807	517	290	2	2	
贵溪市	168	106	62	1581	1000	581	1	1	
赣州市	**3887**	**2449**	**1438**	**40350**	**24249**	**16101**	**400**	**238**	**162**
章贡区	132	68	64	5598	3794	1804	61	37	24
南康区	149	87	62	8345	5192	3153	55	35	20
赣县区	260	163	97	2694	1677	1017	12	8	4
信丰县	184	141	43	3250	1719	1531	3	2	1
大余县	85	50	35	498	328	170	55	28	27
上犹县	104	59	45	1441	828	613	13	6	7
崇义县	76	51	25	499	327	172	3	3	
安远县	272	168	104	913	462	451	1	1	
定南县	234	153	81	1445	921	524	16	11	5
全南县	113	73	40	892	506	386	2		2

7-2 续表 5

单位：人

现住地	农、林、牧、渔业生产及辅助人员			生产制造及有关人员			不便分类的其他从业人员		
	小计	男	女	小计	男	女	小计	男	女
宁都县	456	333	123	1708	1073	635	83	46	37
于都县	112	74	38	4925	2644	2281	5	4	1
兴国县	139	85	54	2188	1199	989	32	21	11
会昌县	353	196	157	988	551	437	3	2	1
寻乌县	793	451	342	813	512	301	7	4	3
石城县	91	65	26	769	451	318	26	17	9
瑞金市	193	140	53	1421	918	503	23	13	10
龙南市	141	92	49	1963	1147	816			
吉安市	**1586**	**899**	**687**	**13744**	**7446**	**6298**	**161**	**102**	**59**
吉州区	67	45	22	1041	677	364	11	6	5
青原区	56	38	18	606	434	172	45	26	19
吉安县	167	102	65	3632	1822	1810	2	1	1
吉水县	118	73	45	1500	833	667	16	11	5
峡江县	45	26	19	200	125	75			
新干县	75	43	32	830	535	295	16	11	5
永丰县	163	106	57	773	472	301	7	7	
泰和县	343	183	160	1631	755	876	17	9	8
遂川县	128	56	72	735	388	347			
万安县	40	27	13	561	243	318	1		1
安福县	123	83	40	743	403	340	42	28	14
永新县	155	66	89	1154	538	616	4	3	1
井冈山市	106	51	55	338	221	117			
宜春市	**1864**	**1043**	**821**	**16769**	**11385**	**5384**	**133**	**83**	**50**
袁州区	274	175	99	4597	3416	1181	29	18	11
奉新县	196	103	93	1114	738	376	24	14	10
万载县	98	42	56	904	548	356	4	3	1
上高县	207	148	59	1414	889	525	24	17	7
宜丰县	219	128	91	1295	843	452	1	1	
靖安县	42	22	20	410	318	92	3	2	1
铜鼓县	59	34	25	209	158	51			
丰城市	201	101	100	1507	1164	343	28	16	12
樟树市	287	132	155	1258	932	326	7	4	3
高安市	281	158	123	4061	2379	1682	13	8	5
抚州市	**3573**	**2165**	**1408**	**13202**	**9080**	**4122**	**165**	**103**	**62**
临川区	260	169	91	3192	2609	583	74	48	26
东乡区	199	158	41	1771	1185	586	32	18	14
南城县	426	271	155	1158	747	411	3	2	1
黎川县	391	260	131	1228	796	432	11	6	5
南丰县	1165	642	523	509	356	153	16	10	6
崇仁县	250	138	112	745	541	204	15	8	7
乐安县	31	25	6	1195	738	457	5	4	1
宜黄县	167	100	67	1640	989	651	3	3	
金溪县	369	226	143	728	482	246	2	2	
资溪县	28	19	9	226	170	56			
广昌县	287	157	130	810	467	343	4	2	2
上饶市	**1052**	**667**	**385**	**11592**	**7892**	**3700**	**222**	**136**	**86**
信州区	144	99	45	1691	1302	389	55	37	18
广丰区	80	50	30	985	612	373	35	16	19
广信区	101	67	34	2859	1928	931	20	15	5
玉山县	128	81	47	1011	704	307	32	23	9
铅山县	38	30	8	297	215	82	2	1	1
横峰县	33	24	9	476	291	185	4	1	3
弋阳县	93	57	36	573	365	208	6	4	2
余干县	137	83	54	685	443	242	26	17	9
鄱阳县	114	76	38	759	547	212	1		1
万年县	29	23	6	571	393	178	26	13	13
婺源县	90	47	43	1011	582	429	5	4	1
德兴市	65	30	35	674	510	164	10	5	5

7—3　全省按现住地、职业和性别分的户口登记地在外省人口

单位：人

现住地	合计			党的机关、国家机关、群众团体和社会组织、企事业单位负责人		
	合计	男	女	小计	男	女
全　省	**59209**	**39906**	**19303**	**2619**	**2044**	**575**
南昌市	**17291**	**12050**	**5241**	**826**	**663**	**163**
东湖区	1019	631	388	39	31	8
西湖区	1606	1080	526	135	106	29
青云谱区	975	664	311	49	35	14
青山湖区	4568	3162	1406	174	145	29
新建区	1353	1005	348	57	48	9
红谷滩区	2915	2153	762	214	169	45
南昌县	3534	2433	1101	130	105	25
安义县	988	723	265	18	17	1
进贤县	333	199	134	10	7	3
景德镇市	**1707**	**1064**	**643**	**62**	**44**	**18**
昌江区	303	196	107	9	6	3
珠山区	716	433	283	33	24	9
浮梁县	358	243	115	11	6	5
乐平市	330	192	138	9	8	1
萍乡市	**2559**	**1583**	**976**	**115**	**76**	**39**
安源区	1082	641	441	74	45	29
湘东区	332	218	114	9	8	1
莲花县	245	149	96	6	5	1
上栗县	616	409	207	15	10	5
芦溪县	284	166	118	11	8	3
九江市	**7000**	**4633**	**2367**	**278**	**210**	**68**
濂溪区	1055	671	384	72	47	25
浔阳区	1356	878	478	75	57	18
柴桑区	835	580	255	16	14	2
武宁县	202	125	77	10	10	
修水县	283	153	130	16	12	4
永修县	553	369	184	11	8	3
德安县	473	263	210	8	7	1
都昌县	255	165	90	14	11	3
湖口县	306	231	75	10	9	1
彭泽县	913	728	185	20	14	6
瑞昌市	403	235	168	11	8	3
共青城市	254	158	96	13	11	2
庐山市	112	77	35	2	2	
新余市	**1050**	**722**	**328**	**100**	**69**	**31**
渝水区	882	605	277	98	67	31
分宜县	168	117	51	2	2	
鹰潭市	**1781**	**1133**	**648**	**71**	**53**	**18**
月湖区	659	384	275	31	18	13
余江区	434	295	139	15	13	2
贵溪市	688	454	234	25	22	3
赣州市	**10203**	**6960**	**3243**	**353**	**283**	**70**
章贡区	2633	1786	847	103	90	13
南康区	1659	1178	481	59	46	13
赣县区	902	667	235	15	10	5
信丰县	834	534	300	43	38	5
大余县	269	169	100	11	8	3
上犹县	173	101	72	9	6	3
崇义县	88	48	40	3	2	1
安远县	177	127	50	3	3	
定南县	475	326	149	2	1	1
全南县	327	213	114	12	10	2

7-3 续表 1

单位：人

现住地	合计			党的机关、国家机关、群众团体和社会组织、企事业单位负责人		
	合计	男	女	小计	男	女
宁都县	324	199	125	12	10	2
于都县	406	296	110	6	5	1
兴国县	542	380	162	18	13	5
会昌县	205	122	83	4	2	2
寻乌县	177	104	73	13	8	5
石城县	93	68	25	3	3	
瑞金市	204	128	76	10	8	2
龙南市	715	514	201	27	20	7
吉安市	**3202**	**1996**	**1206**	**158**	**126**	**32**
吉州区	368	211	157	31	23	8
青原区	247	143	104	23	15	8
吉安县	636	414	222	20	15	5
吉水县	260	148	112	4	4	
峡江县	92	66	26	7	6	1
新干县	178	121	57	6	6	
永丰县	140	95	45	9	8	1
泰和县	256	157	99	11	8	3
遂川县	227	142	85	10	9	1
万安县	141	78	63	8	7	1
安福县	230	155	75	8	8	
永新县	264	168	96	7	6	1
井冈山市	163	98	65	14	11	3
宜春市	**5507**	**3812**	**1695**	**257**	**209**	**48**
袁州区	1353	903	450	76	63	13
奉新县	333	231	102	11	9	2
万载县	272	151	121	5	5	
上高县	307	196	111	31	21	10
宜丰县	493	331	162	14	12	2
靖安县	261	207	54	5	5	
铜鼓县	97	61	36	8	5	3
丰城市	741	525	216	36	29	7
樟树市	424	287	137	22	17	5
高安市	1226	920	306	49	43	6
抚州市	**3214**	**2086**	**1128**	**137**	**105**	**32**
临川区	1073	724	349	37	30	7
东乡区	314	205	109	14	10	4
南城县	216	129	87	12	10	2
黎川县	266	191	75	16	11	5
南丰县	142	87	55	9	7	2
崇仁县	157	81	76	10	4	6
乐安县	142	100	42	4	3	1
宜黄县	427	280	147	2	2	
金溪县	182	122	60	4	4	
资溪县	118	56	62	8	6	2
广昌县	177	111	66	21	18	3
上饶市	**5695**	**3867**	**1828**	**262**	**206**	**56**
信州区	1224	786	438	66	49	17
广丰区	415	248	167	19	16	3
广信区	1112	815	297	58	46	12
玉山县	517	300	217	36	25	11
铅山县	166	108	58	10	7	3
横峰县	209	148	61	5	4	1
弋阳县	235	162	73	12	10	2
余干县	364	250	114	13	12	1
鄱阳县	441	303	138	12	10	2
万年县	261	188	73	11	8	3
婺源县	241	156	85	11	10	1
德兴市	510	403	107	9	9	

7-3 续表 2

单位：人

现住地	专业技术人员			办事人员和有关人员			社会生产服务和生活服务人员		
	小计	男	女	小计	男	女	小计	男	女
全　省	**6477**	**3953**	**2524**	**3315**	**2042**	**1273**	**19017**	**10891**	**8126**
南昌市	**2632**	**1610**	**1022**	**1184**	**718**	**466**	**6245**	**3957**	**2288**
东湖区	188	97	91	88	47	41	497	287	210
西湖区	204	113	91	121	70	51	834	521	313
青云谱区	123	69	54	48	27	21	492	317	175
青山湖区	822	510	312	320	187	133	1582	1056	526
新建区	184	119	65	106	82	24	388	233	155
红谷滩区	499	326	173	246	145	101	998	656	342
南昌县	521	319	202	213	137	76	1240	771	469
安义县	52	31	21	19	11	8	109	66	43
进贤县	39	26	13	23	12	11	105	50	55
景德镇市	**204**	**127**	**77**	**128**	**78**	**50**	**587**	**290**	**297**
昌江区	14	9	5	21	15	6	110	56	54
珠山区	123	78	45	61	36	25	286	144	142
浮梁县	39	26	13	28	16	12	63	30	33
乐平市	28	14	14	18	11	7	128	60	68
萍乡市	**226**	**135**	**91**	**140**	**85**	**55**	**1000**	**474**	**526**
安源区	111	55	56	74	45	29	568	278	290
湘东区	19	14	5	20	13	7	114	60	54
莲花县	36	28	8	6	2	4	53	15	38
上栗县	35	23	12	34	23	11	168	80	88
芦溪县	25	15	10	6	2	4	97	41	56
九江市	**592**	**336**	**256**	**329**	**201**	**128**	**2340**	**1292**	**1048**
濂溪区	131	61	70	58	36	22	453	256	197
浔阳区	131	66	65	67	38	29	691	398	293
柴桑区	52	34	18	35	26	9	151	85	66
武宁县	21	16	5	9	6	3	53	26	27
修水县	35	22	13	16	13	3	111	44	67
永修县	53	34	19	21	11	10	149	72	77
德安县	35	25	10	15	5	10	141	70	71
都昌县	19	10	9	9	5	4	117	75	42
湖口县	29	15	14	20	16	4	80	49	31
彭泽县	27	16	11	28	17	11	170	92	78
瑞昌市	28	17	11	21	9	12	115	60	55
共青城市	22	14	8	25	16	9	73	42	31
庐山市	9	6	3	5	3	2	36	23	13
新余市	**118**	**76**	**42**	**39**	**25**	**14**	**373**	**220**	**153**
渝水区	104	66	38	36	23	13	319	187	132
分宜县	14	10	4	3	2	1	54	33	21
鹰潭市	**168**	**96**	**72**	**127**	**81**	**46**	**575**	**296**	**279**
月湖区	70	33	37	67	40	27	301	156	145
余江区	42	28	14	21	14	7	107	65	42
贵溪市	56	35	21	39	27	12	167	75	92
赣州市	**938**	**612**	**326**	**494**	**291**	**203**	**2884**	**1618**	**1266**
章贡区	269	165	104	145	76	69	1087	631	456
南康区	103	72	31	64	39	25	463	267	196
赣县区	85	55	30	40	24	16	170	85	85
信丰县	74	50	24	53	33	20	167	88	79
大余县	43	22	21	21	13	8	70	38	32
上犹县	8	5	3	8	4	4	50	24	26
崇义县	11	7	4	7	3	4	34	19	15
安远县	10	5	5	4		4	32	19	13
定南县	42	27	15	20	7	13	99	47	52
全南县	41	22	19	16	11	5	81	45	36

7-3 续表 3　　　　单位：人

现住地	专业技术人员			办事人员和有关人员			社会生产服务和生活服务人员		
	小计	男	女	小计	男	女	小计	男	女
宁都县	39	31	8	17	10	7	80	43	37
于都县	20	18	2	7	3	4	102	70	32
兴国县	76	64	12	29	27	2	119	57	62
会昌县	16	7	9	20	12	8	55	29	26
寻乌县	19	8	11	3	3		67	42	25
石城县	13	7	6	4	3	1	28	17	11
瑞金市	12	6	6	11	8	3	63	38	25
龙南市	57	41	16	25	15	10	117	59	58
吉安市	**339**	**214**	**125**	**142**	**74**	**68**	**841**	**434**	**407**
吉州区	59	26	33	27	15	12	169	89	80
青原区	38	25	13	23	14	9	96	48	48
吉安县	60	50	10	16	11	5	78	38	40
吉水县	27	16	11	16	6	10	44	23	21
峡江县	4	3	1	5	1	4	32	22	10
新干县	8	4	4	8	5	3	39	19	20
永丰县	15	9	6	2	1	1	44	22	22
泰和县	23	15	8	15	8	7	69	35	34
遂川县	35	22	13	8	1	7	42	20	22
万安县	21	12	9	6	1	5	34	18	16
安福县	17	11	6	4	2	2	53	31	22
永新县	18	15	3	9	9		71	34	37
井冈山市	14	6	8	3		3	70	35	35
宜春市	**570**	**351**	**219**	**299**	**205**	**94**	**1584**	**886**	**698**
袁州区	207	117	90	107	75	32	464	254	210
奉新县	28	17	11	9	6	3	62	30	32
万载县	25	12	13	18	10	8	113	64	49
上高县	27	15	12	29	20	9	91	47	44
宜丰县	24	11	13	19	12	7	104	57	47
靖安县	27	19	8	10	8	2	51	29	22
铜鼓县	8	4	4	4	2	2	44	25	19
丰城市	88	68	20	38	25	13	190	104	86
樟树市	52	33	19	20	12	8	153	84	69
高安市	84	55	29	45	35	10	312	192	120
抚州市	**220**	**124**	**96**	**137**	**81**	**56**	**832**	**417**	**415**
临川区	123	75	48	60	31	29	354	187	167
东乡区	24	18	6	4	1	3	62	27	35
南城县	10	3	7	6	4	2	56	24	32
黎川县	10	5	5	15	13	2	55	32	23
南丰县	14	9	5	2	2		46	15	31
崇仁县	7	3	4	10	4	6	50	23	27
乐安县	7	5	2	5	3	2	61	39	22
宜黄县	3		3	4	2	2	23	9	14
金溪县	8	4	4	15	13	2	47	29	18
资溪县	6		6	7	5	2	37	14	23
广昌县	8	2	6	9	3	6	41	18	23
上饶市	**470**	**272**	**198**	**296**	**203**	**93**	**1756**	**1007**	**749**
信州区	150	77	73	87	63	24	623	372	251
广丰区	32	17	15	14	7	7	127	69	58
广信区	110	72	38	50	32	18	256	155	101
玉山县	21	10	11	22	15	7	142	72	70
铅山县	12	3	9	13	12	1	41	21	20
横峰县	9	7	2	4	2	2	71	46	25
弋阳县	19	10	9	11	8	3	64	37	27
余干县	16	12	4	21	15	6	81	51	30
鄱阳县	32	19	13	42	28	14	108	54	54
万年县	9	4	5	14	13	1	48	28	20
婺源县	21	13	8	7	4	3	82	40	42
德兴市	39	28	11	11	4	7	113	62	51

7-3　续表 4

单位：人

现 住 地	农、林、牧、渔业生产及辅助人员			生产制造及有关人员			不便分类的其他从业人员		
	小计	男	女	小计	男	女	小计	男	女
全　省	**1510**	**752**	**758**	**26102**	**20121**	**5981**	**169**	**103**	**66**
南昌市	**143**	**86**	**57**	**6240**	**5005**	**1235**	**21**	**11**	**10**
东湖区	4	2	2	200	166	34	3	1	2
西湖区	2	1	1	310	269	41			
青云谱区	25	13	12	238	203	35			
青山湖区	28	21	7	1639	1241	398	3	2	1
新建区	17	9	8	595	509	86	6	5	1
红谷滩区	6	3	3	943	851	92	9	3	6
南昌县	16	9	7	1414	1092	322			
安义县	5	2	3	785	596	189			
进贤县	40	26	14	116	78	38			
景德镇市	**49**	**23**	**26**	**650**	**486**	**164**	**27**	**16**	**11**
昌江区	5	3	2	123	94	29	21	13	8
珠山区	2		2	208	149	59	3	2	1
浮梁县	17	9	8	199	156	43	1		1
乐平市	25	11	14	120	87	33	2	1	1
萍乡市	**114**	**33**	**81**	**946**	**765**	**181**	**18**	**15**	**3**
安源区	19	10	9	233	206	27	3	2	1
湘东区	25	6	19	145	117	28			
莲花县	34	12	22	110	87	23			
上栗县	23	4	19	340	268	72	1	1	
芦溪县	13	1	12	118	87	31	14	12	2
九江市	**161**	**75**	**86**	**3261**	**2492**	**769**	**39**	**27**	**12**
濂溪区	13	6	7	319	258	61	9	7	2
浔阳区	5	4	1	380	309	71	7	6	1
柴桑区	12	7	5	566	413	153	3	1	2
武宁县	8	3	5	99	64	35	2		2
修水县	29	6	23	76	56	20			
永修县	28	15	13	289	227	62	2	2	
德安县	13	5	8	261	151	110			
都昌县	10	5	5	84	58	26	2	1	1
湖口县	2	1	1	165	141	24			
彭泽县	22	13	9	638	569	69	8	7	1
瑞昌市	14	7	7	213	134	79	1		1
共青城市	1	1		116	71	45	4	3	1
庐山市	4	2	2	55	41	14	1		1
新余市	**20**	**12**	**8**	**399**	**319**	**80**	**1**	**1**	
渝水区	10	7	3	314	254	60	1	1	
分宜县	10	5	5	85	65	20			
鹰潭市	**54**	**18**	**36**	**786**	**589**	**197**			
月湖区	3	1	2	187	136	51			
余江区	10	3	7	239	172	67			
贵溪市	41	14	27	360	281	79			
赣州市	**349**	**198**	**151**	**5163**	**3947**	**1216**	**22**	**11**	**11**
章贡区	10	7	3	1013	815	198	6	2	4
南康区	35	23	12	929	728	201	6	3	3
赣县区	29	16	13	561	475	86	2	2	
信丰县	21	11	10	476	314	162			
大余县	6	5	1	116	82	34	2	1	1
上犹县	7	4	3	91	58	33			
崇义县	3		3	30	17	13			
安远县	18	12	6	110	88	22			
定南县	11	4	7	298	238	60	3	2	1
全南县	26	12	14	150	113	37	1		1

7−3 续表 5

单位：人

现住地	农、林、牧、渔业生产及辅助人员			生产制造及有关人员			不便分类的其他从业人员		
	小计	男	女	小计	男	女	小计	男	女
宁都县	33	17	16	143	88	55			
于都县	8	6	2	263	194	69			
兴国县	38	23	15	260	195	65	2	1	1
会昌县	24	14	10	86	58	28			
寻乌县	19	7	12	56	36	20			
石城县	5	3	2	40	35	5			
瑞金市	33	18	15	75	50	25			
龙南市	23	16	7	466	363	103			
吉安市	**176**	**85**	**91**	**1541**	**1061**	**480**	**5**	**2**	**3**
吉州区	2	2		79	56	23	1		1
青原区	5	2	3	62	39	23			
吉安县	16	8	8	445	291	154	1	1	
吉水县	20	8	12	148	90	58	1	1	
峡江县	4	2	2	40	32	8			
新干县	4	1	3	113	86	27			
永丰县	9	4	5	60	51	9	1		1
泰和县	31	17	14	106	74	32	1		1
遂川县	11	2	9	121	88	33			
万安县	8	1	7	64	39	25			
安福县	38	21	17	110	82	28			
永新县	15	6	9	144	98	46			
井冈山市	13	11	2	49	35	14			
宜春市	**139**	**70**	**69**	**2643**	**2083**	**560**	**15**	**8**	**7**
袁州区	13	6	7	482	386	96	4	2	2
奉新县	7	6	1	214	163	51	2		2
万载县	15	1	14	96	59	37			
上高县	20	13	7	109	80	29			
宜丰县	34	21	13	298	218	80			
靖安县	14	11	3	152	133	19	2	2	
铜鼓县	3	1	2	30	24	6			
丰城市	14	4	10	372	293	79	3	2	1
樟树市	4	1	3	170	139	31	3	1	2
高安市	15	6	9	720	588	132	1	1	
抚州市	**149**	**85**	**64**	**1731**	**1268**	**463**	**8**	**6**	**2**
临川区	14	10	4	481	389	92	4	2	2
东乡区	8	5	3	202	144	58			
南城县	3	2	1	129	86	43			
黎川县	43	29	14	127	101	26			
南丰县	14	3	11	57	51	6			
崇仁县	25	10	15	55	37	18			
乐安县	11	8	3	54	42	12			
宜黄县	1		1	394	267	127			
金溪县	20	12	8	88	60	28			
资溪县	2	2		58	29	29			
广昌县	8	4	4	86	62	24	4	4	
上饶市	**156**	**67**	**89**	**2742**	**2106**	**636**	**13**	**6**	**7**
信州区	26	14	12	269	210	59	3	1	2
广丰区	15	4	11	205	133	72	3	2	1
广信区	8	3	5	627	505	122	3	2	1
玉山县	20	3	17	275	175	100	1		1
铅山县	6	2	4	84	63	21			
横峰县	12	8	4	108	81	27			
弋阳县	8	4	4	121	93	28			
余干县	17	7	10	214	153	61	2		2
鄱阳县	18	11	7	229	181	48			
万年县	2		2	176	134	42	1	1	
婺源县	17	7	10	103	82	21			
德兴市	7	4	3	331	296	35			

7-4　全省按现住地、户口登记地类型、受教育程度分的户口登记地在本省其他乡镇街道人口

单位：人

现住地	合计					未上过学				
	合计	乡	镇的村委会	镇的居委会	街道	小计	乡	镇的村委会	镇的居委会	街道
全　省	**1104286**	**279512**	**477011**	**143515**	**204248**	**12996**	**4092**	**5765**	**1341**	**1798**
南昌市	**254756**	**55489**	**98734**	**36212**	**64321**	**3817**	**1126**	**1646**	**370**	**675**
东湖区	13570	1297	3389	1567	7317	183	28	62	20	73
西湖区	18434	2148	4352	2190	9744	300	55	77	29	139
青云谱区	16376	2116	5064	1240	7956	231	46	81	20	84
青山湖区	68306	11697	30812	12724	13073	872	164	488	109	111
新建区	34684	11606	15649	3324	4105	689	285	322	39	43
红谷滩区	26859	3770	9137	3750	10202	325	70	149	25	81
南昌县	57410	13609	23925	8765	11111	803	203	368	94	138
安义县	4184	630	2234	900	420	18	2	12	3	1
进贤县	14933	8616	4172	1752	393	396	273	87	31	5
景德镇市	**39152**	**5615**	**14925**	**5405**	**13207**	**558**	**114**	**242**	**67**	**135**
昌江区	6935	1335	2381	896	2323	122	27	48	14	33
珠山区	16387	1669	4153	2485	8080	217	30	74	34	79
浮梁县	7105	2174	2737	1225	969	96	43	42	2	9
乐平市	8725	437	5654	799	1835	123	14	78	17	14
萍乡市	**35441**	**5495**	**15537**	**7239**	**7170**	**142**	**28**	**62**	**23**	**29**
安源区	21220	1999	7430	5662	6129	71	8	20	17	26
湘东区	3486	576	2361	229	320	18	2	14		2
莲花县	2474	1147	1024	210	93	21	10	9	2	
上栗县	4902	1216	2693	545	448	17	5	11	1	
芦溪县	3359	557	2029	593	180	15	3	8	3	1
九江市	**117508**	**33644**	**46444**	**14207**	**23213**	**1635**	**584**	**634**	**182**	**235**
濂溪区	18030	2782	5569	2212	7467	250	53	72	23	102
浔阳区	14968	1759	3798	1750	7661	166	34	46	19	67
柴桑区	6542	3091	2151	349	951	99	43	35	9	12
武宁县	7390	2773	3337	389	891	98	42	49	1	6
修水县	14362	2265	10160	1799	138	96	20	59	15	2
永修县	6655	2376	2693	1172	414	94	41	38	12	3
德安县	6270	3222	2199	665	184	72	46	17	7	2
都昌县	6552	3429	1932	950	241	145	79	35	25	6
湖口县	5209	1909	1886	958	456	87	46	31	5	5
彭泽县	4516	792	2844	771	109	175	42	106	27	
瑞昌市	16009	6314	5100	2080	2515	189	84	65	23	17
共青城市	8301	2305	3264	625	2107	110	35	54	8	13
庐山市	2704	627	1511	487	79	54	19	27	8	
新余市	**44111**	**6611**	**25785**	**3254**	**8461**	**696**	**159**	**389**	**41**	**107**
渝水区	35463	4982	20599	2857	7025	524	109	294	38	83
分宜县	8648	1629	5186	397	1436	172	50	95	3	24
鹰潭市	**28420**	**5045**	**12859**	**3225**	**7291**	**230**	**36**	**96**	**26**	**72**
月湖区	12747	1674	5026	1681	4366	167	24	62	20	61
余江区	4700	1795	1770	891	244	17	5	8	2	2
贵溪市	10973	1576	6063	653	2681	46	7	26	4	9
赣州市	**207138**	**66596**	**94855**	**28204**	**17483**	**2048**	**747**	**973**	**247**	**81**
章贡区	44923	7624	18928	7556	10815	225	35	117	41	32
南康区	30597	12657	12778	1945	3217	382	183	149	25	25
赣县区	12468	2326	7345	2356	441	141	42	83	15	1
信丰县	11874	1870	8826	1005	173	122	17	94	9	2
大余县	2796	343	1324	569	560	29	5	14	7	3
上犹县	6818	3976	1677	1014	151	79	47	23	9	
崇义县	3345	1534	1482	220	109	60	22	33	4	1
安远县	4653	1214	2347	870	222	96	26	57	9	4
定南县	7040	1009	5348	368	315	55	5	47	1	2
全南县	4174	759	2778	488	149	35	13	17	4	1

7-4 续表 1

单位：人

现住地	合计					未上过学				
	合计	乡	镇的村委会	镇的居委会	街道	小计	乡	镇的村委会	镇的居委会	街道
宁都县	12798	5513	5862	1228	195	217	94	99	24	
于都县	18643	6956	5721	5860	106	241	91	78	71	1
兴国县	11531	6410	3957	907	257	68	37	24	5	2
会昌县	6411	3174	2247	754	236	63	27	27	5	4
寻乌县	6446	2017	3952	419	58	51	35	16		
石城县	4621	1673	2306	590	52	58	19	31	7	1
瑞金市	9939	4946	3841	946	206	62	29	27	6	
龙南市	8061	2595	4136	1109	221	64	20	37	5	2
吉安市	**75416**	**20604**	**35424**	**11299**	**8089**	**776**	**271**	**335**	**88**	**82**
吉州区	11714	1566	4057	1686	4405	127	16	47	15	49
青原区	6402	922	3175	850	1455	88	24	45	6	13
吉安县	9788	2146	6085	1075	482	88	28	52	6	2
吉水县	6484	1476	3600	1266	142	64	26	29	7	2
峡江县	1623	239	887	469	28	33	8	15	10	
新干县	5429	2127	2401	597	304	91	30	41	12	8
永丰县	5215	2363	1358	1409	85	57	26	16	15	
泰和县	7314	1529	4525	1031	229	29	7	19	2	1
遂川县	4553	1425	2504	553	71	37	17	16	4	
万安县	2799	738	1468	540	53	20	7	11	2	
安福县	3847	2162	1038	382	265	36	27	4	1	4
永新县	6660	2533	3077	746	304	54	24	23	5	2
井冈山市	3588	1378	1249	695	266	52	31	17	3	1
宜春市	**114420**	**23213**	**54545**	**10291**	**26371**	**802**	**184**	**365**	**76**	**177**
袁州区	39994	8372	18200	2255	11167	292	68	133	19	72
奉新县	6407	1379	3622	1203	203	39	9	26	3	1
万载县	6014	2080	2542	318	1074	22	6	10	2	4
上高县	8741	2760	4252	770	959	98	31	48	10	9
宜丰县	5953	1414	3595	861	83	46	6	30	9	1
靖安县	2293	690	948	500	155	23	5	8	9	1
铜鼓县	1792	411	866	315	200	14	4	8		2
丰城市	15390	1825	6322	1784	5459	122	27	35	13	47
樟树市	11507	2112	4881	614	3900	50	12	19	2	17
高安市	16329	2170	9317	1671	3171	96	16	48	9	23
抚州市	**93434**	**29476**	**42482**	**10042**	**11434**	**1511**	**515**	**738**	**133**	**125**
临川区	31067	6372	11521	3056	10118	394	94	160	35	105
东乡区	11627	2982	6865	1297	483	229	59	147	15	8
南城县	7137	3095	3246	700	96	171	81	69	19	2
黎川县	6952	4242	1903	734	73	109	73	20	12	4
南丰县	5779	1945	3443	290	101	126	34	87	4	1
崇仁县	6022	2731	2403	764	124	64	30	25	8	1
乐安县	6516	1918	3738	684	176	56	9	40	5	2
宜黄县	5426	1667	2794	872	93	18	7	9	2	
金溪县	5469	2570	2342	478	79	135	67	61	6	1
资溪县	1927	247	1180	430	70	58	7	36	14	1
广昌县	5512	1707	3047	737	21	151	54	84	13	
上饶市	**94490**	**27724**	**35421**	**14137**	**17208**	**781**	**328**	**285**	**88**	**80**
信州区	19901	2062	6112	3406	8321	51	7	23	10	11
广丰区	8026	909	3647	1616	1854	50	9	19	7	15
广信区	15800	5882	6361	1437	2120	212	94	86	10	22
玉山县	9018	2820	4415	1206	577	45	18	20	5	2
铅山县	2683	682	1008	765	228	15	5	6	2	2
横峰县	3198	2100	690	191	217	29	24	4		1
弋阳县	4922	1482	1925	1137	378	48	15	16	15	2
余干县	7424	3324	2175	1489	436	75	34	26	13	2
鄱阳县	8912	4592	2711	822	787	191	104	62	12	13
万年县	4920	1644	2110	964	202	25	9	6	7	3
婺源县	5249	1399	2846	444	560	30	5	15	5	5
德兴市	4437	828	1421	660	1528	10	4	2	2	2

7-4　续表 2

单位：人

现住地	学前教育 小计	学前教育 乡	学前教育 镇的村委会	学前教育 镇的居委会	学前教育 街道	小学 小计	小学 乡	小学 镇的村委会	小学 镇的居委会	小学 街道
全　省	**40630**	**11031**	**18347**	**4849**	**6403**	**213433**	**64430**	**101809**	**21517**	**25677**
南昌市	**7865**	**1866**	**3239**	**1014**	**1746**	**39415**	**11179**	**17786**	**4139**	**6311**
东湖区	306	29	89	23	165	1743	198	647	173	725
西湖区	543	70	149	67	257	2616	421	792	272	1131
青云谱区	540	64	201	37	238	2681	410	1099	181	991
青山湖区	1882	286	940	343	313	8672	1776	4711	1174	1011
新建区	1407	462	685	137	123	7650	2857	3733	542	518
红谷滩区	580	65	193	73	249	2323	366	1123	186	648
南昌县	1917	492	784	254	387	8840	2439	4102	1119	1180
安义县	81	14	35	30	2	609	92	359	134	24
进贤县	609	384	163	50	12	4281	2620	1220	358	83
景德镇市	**1243**	**214**	**552**	**134**	**343**	**8203**	**1406**	**3747**	**856**	**2194**
昌江区	256	51	105	29	71	1575	334	679	163	399
珠山区	472	67	151	66	188	3254	450	1029	434	1341
浮梁县	193	80	78	22	13	1056	473	429	97	57
乐平市	322	16	218	17	71	2318	149	1610	162	397
萍乡市	**1274**	**200**	**561**	**271**	**242**	**5170**	**1091**	**2437**	**873**	**769**
安源区	705	60	245	195	205	2516	276	964	634	642
湘东区	115	8	92	6	9	568	129	361	30	48
莲花县	104	55	33	11	5	617	332	233	38	14
上栗县	189	48	99	28	14	831	229	474	89	39
芦溪县	161	29	92	31	9	638	125	405	82	26
九江市	**4424**	**1373**	**1867**	**497**	**687**	**22451**	**7707**	**9579**	**2256**	**2909**
濂溪区	471	76	148	34	213	2212	412	717	195	888
浔阳区	436	42	125	51	218	1863	246	547	172	898
柴桑区	286	145	84	18	39	1259	636	431	51	141
武宁县	416	147	205	21	43	2062	832	971	85	174
修水县	597	89	433	72	3	2917	608	2033	257	19
永修县	258	88	118	36	16	1503	652	592	208	51
德安县	289	165	103	15	6	1648	913	571	138	26
都昌县	233	131	54	37	11	1654	881	513	204	56
湖口县	238	89	85	50	14	1344	569	513	189	73
彭泽县	190	29	125	34	2	1018	197	658	149	14
瑞昌市	691	285	221	94	91	3230	1281	1110	425	414
共青城市	216	61	109	16	30	1142	334	630	50	128
庐山市	103	26	57	19	1	599	146	293	133	27
新余市	**1811**	**242**	**1156**	**113**	**300**	**9290**	**1581**	**5925**	**447**	**1337**
渝水区	1433	176	916	96	245	7220	1138	4621	397	1064
分宜县	378	66	240	17	55	2070	443	1304	50	273
鹰潭市	**1027**	**217**	**439**	**107**	**264**	**5520**	**1081**	**2929**	**498**	**1012**
月湖区	518	84	209	65	160	2629	436	1308	283	602
余江区	154	69	48	26	11	698	277	276	124	21
贵溪市	355	64	182	16	93	2193	368	1345	91	389
赣州市	**7580**	**2583**	**3448**	**994**	**555**	**40656**	**14501**	**19420**	**4685**	**2050**
章贡区	1266	183	554	225	304	5404	871	2683	811	1039
南康区	988	409	399	68	112	6226	2799	2608	312	507
赣县区	481	112	281	73	15	2748	587	1769	354	38
信丰县	467	81	343	38	5	2335	390	1763	166	16
大余县	96	15	36	20	25	512	70	239	97	106
上犹县	334	228	58	46	2	1971	1266	452	236	17
崇义县	149	71	57	10	11	855	435	364	44	12
安远县	158	42	83	22	11	1110	326	608	133	43
定南县	333	42	268	12	11	1736	236	1351	73	76
全南县	194	30	141	19	4	875	153	615	91	16

7-4 续表 3 单位：人

现住地	学前教育					小学				
	小计	乡	镇的村委会	镇的居委会	街道	小计	乡	镇的村委会	镇的居委会	街道
宁都县	494	212	234	41	7	2947	1306	1383	237	21
于都县	595	248	167	177	3	4351	1684	1236	1408	23
兴国县	468	287	131	37	13	2268	1330	797	119	22
会昌县	285	147	89	42	7	1399	669	572	118	40
寻乌县	323	93	204	24	2	1335	455	808	64	8
石城县	235	68	116	50	1	1118	411	609	93	5
瑞金市	375	197	130	38	10	1938	1031	728	148	31
龙南市	339	118	157	52	12	1528	482	835	181	30
吉安市	**3297**	**952**	**1541**	**485**	**319**	**17298**	**5437**	**8459**	**2109**	**1293**
吉州区	535	56	214	75	190	2272	311	998	242	721
青原区	302	36	165	37	64	1336	205	754	164	213
吉安县	336	77	211	39	9	2142	536	1313	215	78
吉水县	266	74	158	32	2	1754	452	1025	261	16
峡江县	96	14	50	31	1	360	66	200	92	2
新干县	268	113	119	22	14	1540	611	711	152	66
永丰县	314	140	82	88	4	1541	771	444	320	6
泰和县	219	52	122	39	6	1128	257	688	150	33
遂川县	214	69	115	27	3	1097	338	649	101	9
万安县	109	26	61	21	1	563	155	318	83	7
安福县	185	117	39	21	8	914	566	232	66	50
永新县	299	115	144	34	6	1787	758	802	169	58
井冈山市	154	63	61	19	11	864	411	325	94	34
宜春市	**4829**	**1079**	**2363**	**394**	**993**	**21914**	**5009**	**11429**	**1594**	**3882**
袁州区	1738	388	812	100	438	7777	1874	3933	340	1630
奉新县	291	62	170	55	4	1307	310	750	211	36
万载县	301	120	119	19	43	1113	417	463	45	188
上高县	466	142	249	33	42	2003	623	1052	146	182
宜丰县	231	50	154	25	2	1275	332	802	132	9
靖安县	116	38	41	28	9	455	171	182	80	22
铜鼓县	76	13	36	21	6	435	115	214	67	39
丰城市	506	77	205	54	170	2685	367	1295	274	749
樟树市	508	91	242	9	166	1976	381	975	78	542
高安市	596	98	335	50	113	2888	419	1763	221	485
抚州市	**4075**	**1355**	**1938**	**401**	**381**	**26232**	**9314**	**12993**	**2070**	**1855**
临川区	1174	268	474	86	346	6797	1715	2959	486	1637
东乡区	532	130	323	65	14	3854	1025	2416	315	98
南城县	274	122	126	20	6	2375	1051	1132	175	17
黎川县	322	200	88	33	1	2310	1463	663	172	12
南丰县	312	104	183	22	3	2020	694	1234	75	17
崇仁县	314	144	129	39	2	1893	885	796	188	24
乐安县	295	89	171	31	4	2045	636	1232	153	24
宜黄县	255	91	126	38		954	334	508	108	4
金溪县	243	120	108	14	1	1838	879	814	136	9
资溪县	96	12	62	19	3	537	74	357	96	10
广昌县	258	75	148	34	1	1609	558	882	166	3
上饶市	**3205**	**950**	**1243**	**439**	**573**	**17284**	**6124**	**7105**	**1990**	**2065**
信州区	575	81	188	78	228	1937	298	786	255	598
广丰区	236	26	98	39	73	1099	141	515	185	258
广信区	518	183	230	25	80	3788	1563	1674	168	383
玉山县	347	94	176	54	23	1700	579	822	221	78
铅山县	85	20	35	24	6	528	112	243	139	34
横峰县	153	101	32	10	10	757	530	158	31	38
弋阳县	180	48	72	41	19	1237	392	543	231	71
余干县	247	111	49	68	19	1315	636	362	229	88
鄱阳县	308	148	115	22	23	1889	984	601	162	142
万年县	177	54	76	43	4	921	351	385	160	25
婺源县	237	58	137	12	30	1352	396	754	85	117
德兴市	142	26	35	23	58	761	142	262	124	233

7-4　续表 4

单位：人

现住地	初中					高中				
	小计	乡	镇的村委会	镇的居委会	街道	小计	乡	镇的村委会	镇的居委会	街道
全　省	**358611**	**100484**	**170446**	**38699**	**48982**	**242499**	**57465**	**101029**	**34763**	**49242**
南昌市	**66911**	**17680**	**29705**	**7679**	**11847**	**46151**	**9137**	**15997**	**7293**	**13724**
东湖区	3278	405	1077	378	1418	2982	256	643	372	1711
西湖区	4851	671	1349	528	2303	4416	427	897	559	2533
青云谱区	4942	782	1939	327	1894	3921	425	1041	330	2125
青山湖区	15497	3106	8482	2027	1882	11856	1934	4971	2453	2498
新建区	11004	4132	5210	872	790	6091	2013	2699	614	765
红谷滩区	3805	493	1668	445	1199	3815	514	1120	542	1639
南昌县	15798	4325	7189	2119	2165	9888	2166	3566	1851	2305
安义县	1839	274	1121	346	98	668	89	332	187	60
进贤县	5897	3492	1670	637	98	2514	1313	728	385	88
景德镇市	**12877**	**2035**	**5494**	**1473**	**3875**	**8258**	**966**	**2855**	**1253**	**3184**
昌江区	2563	558	970	300	735	1301	224	345	228	504
珠山区	5363	585	1596	771	2411	4042	357	864	660	2161
浮梁县	1888	746	864	148	130	879	310	377	96	96
乐平市	3063	146	2064	254	599	2036	75	1269	269	423
萍乡市	**10977**	**1942**	**5236**	**2075**	**1724**	**9027**	**1261**	**3846**	**1846**	**2074**
安源区	6000	644	2277	1628	1451	5015	394	1474	1425	1722
湘东区	1176	264	766	72	74	1099	97	827	65	110
莲花县	842	389	356	59	38	599	265	287	34	13
上栗县	1748	417	1054	153	124	1411	380	719	150	162
芦溪县	1211	228	783	163	37	903	125	539	172	67
九江市	**37201**	**11708**	**16047**	**3801**	**5645**	**26178**	**6978**	**10126**	**3467**	**5607**
濂溪区	4498	723	1444	441	1890	3760	449	971	529	1811
浔阳区	3544	441	981	356	1766	3290	304	669	382	1935
柴桑区	2585	1209	888	130	358	1384	653	454	71	206
武宁县	3012	1144	1400	138	330	1136	413	466	82	175
修水县	5657	892	4183	544	38	3364	436	2436	460	32
永修县	2256	880	934	350	92	1519	489	636	309	85
德安县	2634	1371	983	225	55	1026	485	349	149	43
都昌县	1923	1008	583	270	62	1941	1037	592	245	67
湖口县	1619	624	627	272	96	1162	387	417	229	129
彭泽县	1393	282	917	179	15	1063	164	665	211	23
瑞昌市	5389	2341	1752	611	685	4790	1788	1426	651	925
共青城市	1897	580	974	107	236	861	215	407	76	163
庐山市	794	213	381	178	22	882	158	638	73	13
新余市	**16617**	**2665**	**10541**	**1016**	**2395**	**8300**	**1084**	**4548**	**677**	**1991**
渝水区	12604	1897	7993	845	1869	7094	866	3887	611	1730
分宜县	4013	768	2548	171	526	1206	218	661	66	261
鹰潭市	**9307**	**1876**	**4599**	**909**	**1923**	**6900**	**1200**	**2999**	**837**	**1864**
月湖区	4105	625	1899	465	1116	2776	308	974	398	1096
余江区	1632	691	607	271	63	1643	580	665	316	82
贵溪市	3570	560	2093	173	744	2481	312	1360	123	686
赣州市	**75399**	**25698**	**37119**	**8197**	**4385**	**49818**	**15428**	**22373**	**7355**	**4662**
章贡区	11794	2274	5783	1532	2205	13598	2529	5839	2100	3130
南康区	13269	5597	5727	745	1200	5825	2336	2434	391	664
赣县区	4599	878	2946	665	110	2602	446	1426	602	128
信丰县	5661	916	4323	373	49	2079	309	1523	186	61
大余县	1143	148	558	235	202	561	59	282	105	115
上犹县	2459	1437	642	359	21	1235	666	332	190	47
崇义县	1157	536	534	56	31	648	270	324	39	15
安远县	1579	494	835	175	75	1231	236	558	401	36
定南县	3209	463	2476	157	113	1141	175	825	81	60
全南县	1782	346	1234	162	40	864	126	566	141	31

7-4 续表 5

单位：人

现住地	初中					高中				
	小计	乡	镇的村委会	镇的居委会	街道	小计	乡	镇的村委会	镇的居委会	街道
宁都县	4709	2006	2257	392	54	3098	1422	1415	223	38
于都县	7013	2972	2140	1874	27	4658	1324	1578	1727	29
兴国县	4039	2396	1335	266	42	3404	1746	1293	255	110
会昌县	1819	766	782	198	73	1639	1001	438	159	41
寻乌县	2353	746	1455	123	29	1683	517	1051	107	8
石城县	1642	600	872	158	12	977	407	450	117	3
瑞金市	3698	1972	1389	297	40	2848	1284	1146	310	108
龙南市	3474	1151	1831	430	62	1727	575	893	221	38
吉安市	**27297**	**7751**	**13840**	**3448**	**2258**	**15955**	**3948**	**7482**	**2711**	**1814**
吉州区	3263	423	1243	392	1205	2533	252	734	533	1014
青原区	1944	288	1074	236	346	1014	98	451	153	312
吉安县	3904	873	2488	383	160	2357	447	1547	244	119
吉水县	2756	667	1571	473	45	987	168	579	225	15
峡江县	706	107	410	178	11	216	21	120	70	5
新干县	1901	783	833	188	97	1086	401	498	119	68
永丰县	1709	811	464	414	20	990	408	230	331	21
泰和县	3438	732	2234	384	88	1717	323	1123	227	44
遂川县	1504	443	912	137	12	1116	401	582	113	20
万安县	945	252	581	103	9	840	227	350	251	12
安福县	1559	893	421	145	100	805	404	265	81	55
永新县	2452	947	1151	241	113	1575	561	760	181	73
井冈山市	1216	532	458	174	52	719	237	243	183	56
宜春市	**41671**	**9205**	**21305**	**3296**	**7865**	**27029**	**4841**	**12858**	**2575**	**6755**
袁州区	13982	3451	6798	652	3081	8464	1427	3802	553	2682
奉新县	2657	569	1604	425	59	1412	315	771	277	49
万载县	2074	777	909	70	318	1754	532	826	111	285
上高县	3402	1023	1773	282	324	1846	667	753	183	243
宜丰县	2660	663	1654	317	26	1215	248	733	206	28
靖安县	825	264	356	146	59	593	146	276	145	26
铜鼓县	742	177	393	105	67	268	57	122	51	38
丰城市	4926	571	2047	557	1751	4745	604	2101	485	1555
樟树市	4046	774	1910	192	1170	2614	472	990	125	1027
高安市	6357	936	3861	550	1010	4118	373	2484	439	822
抚州市	**33432**	**11093**	**15864**	**3193**	**3282**	**15245**	**4234**	**6696**	**1956**	**2359**
临川区	9719	2090	3896	824	2909	5677	928	2008	635	2106
东乡区	4295	1189	2526	422	158	1643	368	942	238	95
南城县	2800	1306	1216	253	25	904	288	487	113	16
黎川县	2373	1438	681	237	17	1243	752	315	157	19
南丰县	2292	794	1355	108	35	657	237	375	31	14
崇仁县	2359	1179	903	240	37	853	336	355	139	23
乐安县	2359	720	1403	204	32	1024	294	585	128	17
宜黄县	2352	723	1268	331	30	1259	352	638	231	38
金溪县	1960	891	864	184	21	847	419	355	64	9
资溪县	700	96	445	145	14	342	35	210	80	17
广昌县	2223	667	1307	245	4	796	225	426	140	5
上饶市	**26922**	**8831**	**10696**	**3612**	**3783**	**29638**	**8388**	**11249**	**4793**	**5208**
信州区	4255	577	1615	689	1374	6162	511	1726	1277	2648
广丰区	1969	257	885	340	487	3656	378	1742	871	665
广信区	4934	1888	2231	230	585	3701	1413	1358	442	488
玉山县	2799	970	1314	363	152	3212	910	1718	406	178
铅山县	772	165	313	228	66	982	346	322	234	80
横峰县	1287	853	296	67	71	635	417	136	41	41
弋阳县	1631	541	628	353	109	1255	382	508	275	90
余干县	2295	1035	619	487	154	2746	1234	923	466	123
鄱阳县	2528	1293	769	255	211	2850	1641	820	185	204
万年县	1407	504	593	270	40	1817	568	845	313	91
婺源县	1717	489	987	115	126	1116	273	614	115	114
德兴市	1328	259	446	215	408	1506	315	537	168	486

7-4 续表 6

单位：人

现住地	大学专科					大学本科				
	小计	乡	镇的村委会	镇的居委会	街道	小计	乡	镇的村委会	镇的居委会	街道
全省	**130578**	**25688**	**48711**	**22110**	**34069**	**98071**	**15495**	**29291**	**18811**	**34474**
南昌市	**46036**	**8296**	**17767**	**7281**	**12692**	**40026**	**5766**	**11699**	**7526**	**15035**
东湖区	2214	193	423	297	1301	2494	172	397	262	1663
西湖区	3002	291	643	416	1652	2423	196	406	292	1529
青云谱区	2367	266	510	203	1388	1561	118	181	135	1127
青山湖区	14402	2328	6536	2674	2864	13604	1949	4369	3526	3760
新建区	3888	1006	1573	517	792	3675	808	1360	556	951
红谷滩区	6011	1075	2136	868	1932	8826	1103	2544	1372	3807
南昌县	12817	2678	5517	2024	2598	6625	1196	2212	1181	2036
安义县	569	104	229	121	115	374	54	133	76	111
进贤县	766	355	200	161	50	444	170	97	126	51
景德镇市	**4106**	**470**	**1130**	**772**	**1734**	**3692**	**374**	**867**	**815**	**1636**
昌江区	533	70	141	69	253	540	64	84	84	308
珠山区	1688	113	293	305	977	1275	60	142	202	871
浮梁县	1342	266	422	350	304	1570	235	506	497	332
乐平市	543	21	274	48	200	307	15	135	32	125
萍乡市	**5462**	**634**	**2355**	**1276**	**1197**	**3260**	**330**	**1019**	**827**	**1084**
安源区	4314	401	1775	1057	1081	2485	207	658	663	957
湘东区	325	59	197	30	39	185	17	104	26	38
莲花县	178	67	56	40	15	110	29	49	25	7
上栗县	380	74	197	61	48	323	63	138	63	59
芦溪县	265	33	130	88	14	157	14	70	50	23
九江市	**14576**	**3572**	**4935**	**2292**	**3777**	**10597**	**1676**	**3164**	**1653**	**4104**
濂溪区	4489	904	1425	693	1467	2202	157	776	284	985
浔阳区	3522	511	1049	458	1504	2015	175	368	294	1178
柴桑区	649	291	187	47	124	265	106	70	23	66
武宁县	376	115	150	38	73	278	75	93	23	87
修水县	1067	151	644	250	22	640	68	356	195	21
永修县	653	156	258	143	96	348	68	109	108	63
德安县	380	172	115	73	20	213	69	57	58	29
都昌县	458	222	92	125	19	190	67	62	43	18
湖口县	514	139	151	142	82	237	53	61	68	55
彭泽县	355	43	208	86	18	314	33	163	81	37
瑞昌市	1018	333	330	134	221	675	200	185	137	153
共青城市	903	488	239	54	122	3146	590	838	313	1405
庐山市	192	47	87	49	9	74	15	26	26	7
新余市	**4208**	**472**	**1938**	**536**	**1262**	**3066**	**403**	**1244**	**408**	**1011**
渝水区	3710	411	1716	489	1094	2765	381	1130	365	889
分宜县	498	61	222	47	168	301	22	114	43	122
鹰潭市	**3568**	**464**	**1347**	**533**	**1224**	**1776**	**167**	**425**	**307**	**877**
月湖区	1424	127	363	237	697	1072	68	201	209	594
余江区	326	123	91	81	31	220	49	72	67	32
贵溪市	1818	214	893	215	496	484	50	152	31	251
赣州市	**18545**	**4975**	**7252**	**3476**	**2842**	**12328**	**2539**	**4056**	**3087**	**2646**
章贡区	6838	1106	2339	1376	2017	5332	578	1505	1370	1879
南康区	2311	854	904	204	349	1525	460	545	192	328
赣县区	1134	165	533	355	81	732	91	292	283	66
信丰县	793	97	560	115	21	411	58	216	118	19
大余县	253	28	105	64	56	198	18	88	40	52
上犹县	404	192	98	93	21	321	136	65	80	40
崇义县	250	107	90	34	19	210	86	77	31	16
安远县	239	53	114	53	19	230	35	89	73	33
定南县	366	57	250	35	24	189	30	123	8	28
全南县	252	62	125	37	28	163	29	75	30	29

7-4 续表 7

单位：人

现住地	大学专科					大学本科				
	小计	乡	镇的村委会	镇的居委会	街道	小计	乡	镇的村委会	镇的居委会	街道
宁都县	758	274	293	157	34	551	192	171	149	39
于都县	1247	464	391	375	17	524	167	125	226	6
兴国县	854	452	254	114	34	415	156	122	103	34
会昌县	776	375	207	140	54	412	183	123	90	16
寻乌县	526	133	334	53	6	172	38	83	46	5
石城县	351	119	147	77	8	233	47	78	87	21
瑞金市	635	290	260	79	6	364	136	152	66	10
龙南市	558	147	248	115	48	346	99	127	95	25
吉安市	**6222**	**1476**	**2297**	**1307**	**1142**	**4382**	**745**	**1422**	**1107**	**1108**
吉州区	1862	418	572	236	636	1055	83	234	184	554
青原区	610	69	256	101	184	1068	197	422	149	300
吉安县	627	126	336	102	63	313	57	130	80	46
吉水县	393	65	145	142	41	253	24	91	117	21
峡江县	120	18	60	40	2	91	5	31	48	7
新干县	340	118	129	69	24	198	70	68	33	27
永丰县	383	154	76	135	18	217	53	44	105	15
泰和县	451	98	209	121	23	325	59	129	103	34
遂川县	320	91	143	73	13	261	63	86	98	14
万安县	207	55	91	45	16	108	14	53	33	8
安福县	225	109	48	42	26	120	45	29	25	21
永新县	322	83	138	68	33	165	43	57	48	17
井冈山市	362	72	94	133	63	208	32	48	84	44
宜春市	**10405**	**1753**	**3935**	**1287**	**3430**	**7380**	**1093**	**2199**	**1030**	**3058**
袁州区	4034	617	1601	252	1564	3513	529	1082	327	1575
奉新县	417	77	191	125	24	275	36	106	106	27
万载县	397	130	118	30	119	339	95	93	39	112
上高县	528	137	226	65	100	388	132	148	50	58
宜丰县	309	73	139	89	8	206	41	79	78	8
靖安县	158	40	48	53	17	116	25	34	38	19
铜鼓县	143	23	62	38	20	108	21	30	29	28
丰城市	1302	105	392	207	598	1032	67	229	189	547
樟树市	1585	294	556	140	595	695	82	179	65	369
高安市	1532	257	602	288	385	708	65	219	109	315
抚州市	**8115**	**1743**	**2927**	**1418**	**2027**	**4538**	**1176**	**1254**	**826**	**1282**
临川区	4424	587	1429	624	1784	2692	672	560	345	1115
东乡区	740	144	367	147	82	316	62	136	91	27
南城县	386	153	135	76	22	218	91	77	42	8
黎川县	401	225	85	83	8	186	85	50	39	12
南丰县	255	64	140	34	17	112	17	66	16	13
崇仁县	338	105	122	92	19	187	49	69	52	17
乐安县	498	128	224	104	42	227	40	77	56	54
宜黄县	391	113	167	98	13	189	44	74	63	8
金溪县	281	132	87	43	19	154	57	50	30	17
资溪县	113	14	43	41	15	78	9	26	33	10
广昌县	288	78	128	76	6	179	50	69	59	1
上饶市	**9335**	**1833**	**2828**	**1932**	**2742**	**7026**	**1226**	**1942**	**1225**	**2633**
信州区	3324	266	895	530	1633	3445	308	843	539	1755
广丰区	631	65	244	107	215	371	30	141	63	137
广信区	1705	445	494	470	296	892	282	276	86	248
玉山县	514	150	223	87	54	382	97	136	68	81
铅山县	182	23	57	81	21	113	11	30	53	19
横峰县	208	112	44	25	27	124	61	19	16	28
弋阳县	331	65	100	120	46	237	39	58	99	41
余干县	447	177	112	127	31	295	96	82	99	18
鄱阳县	711	254	213	121	123	420	164	126	64	66
万年县	379	110	132	116	21	187	48	71	50	18
婺源县	517	126	232	67	92	269	50	104	43	72
德兴市	386	40	82	81	183	291	40	56	45	150

7-4　续表 8

单位：人

现住地	硕士研究生					博士研究生				
	小计	乡	镇的村委会	镇的居委会	街道	小计	乡	镇的村委会	镇的居委会	街道
全　省	**6885**	**787**	**1539**	**1290**	**3269**	**583**	**40**	**74**	**135**	**334**
南昌市	**4154**	**419**	**856**	**812**	**2067**	**381**	**20**	**39**	**98**	**224**
东湖区	337	16	50	37	234	33		1	5	27
西湖区	269	17	39	25	188	14			2	12
青云谱区	124	4	9	7	104	9	1	3		5
青山湖区	1364	144	292	367	561	157	10	23	51	73
新建区	250	43	65	41	101	30		2	6	22
红谷滩区	1073	78	198	215	582	101	6	6	24	65
南昌县	689	109	183	114	283	33	1	4	9	19
安义县	23		13	2	8	3	1		1	1
进贤县	25	8	7	4	6	1	1			
景德镇市	**195**	**33**	**38**	**32**	**92**	**20**	**3**		**3**	**14**
昌江区	41	6	9	9	17	4	1			3
珠山区	68	7	4	12	45	8			1	7
浮梁县	74	19	19	11	25	7	2		2	3
乐平市	12	1	6		5	1				1
萍乡市	**119**	**9**	**20**	**43**	**47**	**10**		**1**	**5**	**4**
安源区	104	9	16	38	41	10		1	5	4
湘东区										
莲花县	3		1	1	1					
上栗县	3		1		2					
芦溪县	9		2	4	3					
九江市	**414**	**43**	**88**	**56**	**227**	**32**	**3**	**4**	**3**	**22**
濂溪区	133	8	15	13	97	15		1		14
浔阳区	122	5	12	17	88	10	1	1	1	7
柴桑区	14	7	2		5	1	1			
武宁县	11	4	3	1	3	1	1			
修水县	24	1	16	6	1					
永修县	23	2	8	5	8	1			1	
德安县	8	1	4		3					
都昌县	8	4	1	1	2					
湖口县	8	2	1	3	2					
彭泽县	8	2	2	4						
瑞昌市	24	2	10	4	8	3		1	1	1
共青城市	25	2	12	1	10	1		1		
庐山市	6	3	2	1						
新余市	**116**	**5**	**40**	**15**	**56**	**7**		**4**	**1**	**2**
渝水区	106	4	38	15	49	7		4	1	2
分宜县	10	1	2		7					
鹰潭市	**90**	**4**	**24**	**8**	**54**	**2**		**1**		**1**
月湖区	55	2	10	4	39	1				1
余江区	9	1	2	4	2	1		1		
贵溪市	26	1	12		13					
赣州市	**707**	**120**	**201**	**149**	**237**	**57**	**5**	**13**	**14**	**25**
章贡区	432	47	104	92	189	34	1	4	9	20
南康区	64	19	10	7	28	7		2	1	4
赣县区	31	5	15	9	2					
信丰县	5	2	3			1		1		
大余县	4		2	1	1					
上犹县	15	4	7	1	3					
崇义县	15	7	2	2	4	1		1		
安远县	10	2	3	4	1					
定南县	10	1	7	1	1	1		1		
全南县	9		5	4						

7-4 续表 9

单位：人

现住地	硕士研究生					博士研究生				
	小计	乡	镇的村委会	镇的居委会	街道	小计	乡	镇的村委会	镇的居委会	街道
宁都县	22	7	8	5	2	2		2		
于都县	13	5	6	2		1	1			
兴国县	14	6	1	7		1			1	
会昌县	16	5	8	2	1	2	1	1		
寻乌县	3		1	2						
石城县	6	1	3	1	1	1	1			
瑞金市	18	6	9	2	1	1	1			
龙南市	20	3	7	7	3	5		1	3	1
吉安市	**174**	**21**	**46**	**43**	**64**	**15**	**3**	**2**	**1**	**9**
吉州区	63	5	15	9	34	4	2			2
青原区	32	5	8	3	16	8			1	7
吉安县	20	2	7	6	5	1		1		
吉水县	11		2	9						
峡江县	1		1							
新干县	5	1	2	2						
永丰县	4		2	1	1					
泰和县	7	1	1	5						
遂川县	2	2				2	1	1		
万安县	7	2	3	2						
安福县	3	1		1	1					
永新县	6	2	2		2					
井冈山市	13		3	5	5					
宜春市	**364**	**47**	**88**	**36**	**193**	**26**	**2**	**3**	**3**	**18**
袁州区	179	17	38	11	113	15	1	1	1	12
奉新县	9	1	4	1	3					
万载县	14	3	4	2	5					
上高县	10	5	3	1	1					
宜丰县	10	1	3	5	1	1		1		
靖安县	7	1	3	1	2					
铜鼓县	5	1	1	3		1			1	
丰城市	68	7	17	4	40	4		1	1	2
樟树市	30	5	10	3	12	3	1			2
高安市	32	6	5	5	16	2				2
抚州市	**272**	**43**	**68**	**43**	**118**	**14**	**3**	**4**	**2**	**5**
临川区	182	17	34	20	111	8	1	1	1	5
东乡区	17	5	8	3	1	1			1	
南城县	8	3	3	2		1		1		
黎川县	7	5	1	1		1	1			
南丰县	5	1	3		1					
崇仁县	14	3	4	6	1					
乐安县	11	2	5	3	1	1		1		
宜黄县	7	2	4	1		1	1			
金溪县	10	5	2	1	2	1		1		
资溪县	3		1	2						
广昌县	8		3	4	1					
上饶市	**280**	**43**	**70**	**53**	**114**	**19**	**1**	**3**	**5**	**10**
信州区	144	14	36	25	69	8			3	5
广丰区	12	3	3	3	3	2			1	1
广信区	46	13	12	5	16	4	1		1	2
玉山县	18	2	6	2	8	1				1
铅山县	6		2	4						
横峰县	5	2	1	1	1					
弋阳县	3			3						
余干县	3	1	1		1	1		1		
鄱阳县	13	4	4	1	4	2		1		1
万年县	7		2	5						
婺源县	10	2	2	2	4	1		1		
德兴市	13	2	1	2	8					

7-5 全省按现住地、户口登记地类型、受教育程度分的户口登记地在外省人口

单位：人

现住地	合计					未上过学				
	合计	乡	镇的村委会	镇的居委会	街道	小计	乡	镇的村委会	镇的居委会	街道
全省	**105864**	**20854**	**48796**	**13216**	**22998**	**657**	**153**	**325**	**77**	**102**
南昌市	**38941**	**6753**	**17150**	**5077**	**9961**	**227**	**53**	**118**	**21**	**35**
东湖区	1742	204	548	215	775	11	2	3		6
西湖区	2355	510	970	213	662	26	6	11	1	8
青云谱区	1571	267	714	104	486	15	3	7		5
青山湖区	12407	1994	5592	1748	3073	75	11	46	12	6
新建区	2659	541	1312	255	551	17	6	8	2	1
红谷滩区	7941	1126	3112	1031	2672	33	11	12	4	6
南昌县	8254	1714	3790	1317	1433	36	12	22	1	1
安义县	1520	286	871	127	236	10		8		2
进贤县	492	111	241	67	73	4	2	1	1	
景德镇市	**3574**	**555**	**1349**	**517**	**1153**	**24**	**8**	**7**	**2**	**7**
昌江区	469	101	213	53	102	4		1	1	2
珠山区	1153	141	337	200	475	8	1	2	1	4
浮梁县	1493	265	553	223	452	7	5	1		1
乐平市	459	48	246	41	124	5	2	3		
萍乡市	**3726**	**732**	**1760**	**642**	**592**	**24**	**7**	**8**	**6**	**3**
安源区	1828	196	650	514	468	8	1	1	5	1
湘东区	430	124	259	14	33	3		2		1
莲花县	332	143	154	9	26	3	2	1		
上栗县	743	185	449	66	43	6	3	2	1	
芦溪县	393	84	248	39	22	4	1	2		1
九江市	**12408**	**2658**	**5583**	**1411**	**2756**	**115**	**17**	**69**	**13**	**16**
濂溪区	2600	382	1077	307	834	25	3	11	3	8
浔阳区	2416	432	1037	243	704	34	5	25	2	2
柴桑区	985	344	499	60	82	6	1	5		
武宁县	378	126	165	30	57	1		1		
修水县	457	61	279	80	37	1				1
永修县	764	208	306	126	124	6	2	1	2	1
德安县	596	211	272	52	61	2		2		
都昌县	313	108	92	89	24	1		1		
湖口县	424	138	154	84	48	3	1	2		
彭泽县	1073	90	861	62	60	16	4	7	3	2
瑞昌市	559	163	227	83	86	10	1	5	2	2
共青城市	1704	369	542	170	623	9		8	1	
庐山市	139	26	72	25	16	1		1		
新余市	**2428**	**418**	**1272**	**212**	**526**	**13**	**1**	**9**	**1**	**2**
渝水区	2140	363	1095	196	486	12	1	8	1	2
分宜县	288	55	177	16	40	1		1		
鹰潭市	**2320**	**370**	**1203**	**253**	**494**	**17**		**8**	**2**	**7**
月湖区	906	110	403	128	265	11		5	2	4
余江区	512	127	279	55	51	2		2		
贵溪市	902	133	521	70	178	4		1		3
赣州市	**15612**	**3226**	**7855**	**1997**	**2534**	**56**	**9**	**29**	**9**	**9**
章贡区	5845	1033	2462	779	1571	9	2	4	1	2
南康区	2076	588	1121	180	187	12	3	8		1
赣县区	1061	204	653	128	76	3		2	1	
信丰县	998	105	744	94	55	2		1		1
大余县	386	37	215	73	61	5	2	2	1	
上犹县	261	91	117	36	17	1		1		
崇义县	159	49	77	18	15					
安远县	229	42	137	28	22	1		1		
定南县	637	31	471	63	72	3		2	1	
全南县	471	56	257	88	70	3		1	1	1

7-5 续表 1

单位：人

现住地	合计					未上过学				
	合计	乡	镇的村委会	镇的居委会	街道	小计	乡	镇的村委会	镇的居委会	街道
宁都县	456	126	188	56	86					
于都县	479	114	167	156	42	3			3	
兴国县	701	245	309	85	62	2		1		1
会昌县	279	87	124	33	35	3		2		1
寻乌县	278	75	137	42	24	2		2		
石城县	143	16	90	27	10	2			1	1
瑞金市	283	86	132	35	30	2	1	1		
龙南市	870	241	454	76	99	3	1	1		1
吉安市	**5070**	**1180**	**2465**	**686**	**739**	**48**	**16**	**21**	**9**	**2**
吉州区	647	84	280	68	215	6		5	1	
青原区	861	196	341	101	223	6		3	3	
吉安县	799	178	452	101	68	9	6	1	1	1
吉水县	350	48	228	50	24	2		2		
峡江县	130	53	43	20	14					
新干县	237	71	105	41	20	4		2	2	
永丰县	203	73	78	36	16	3	1	1	1	
泰和县	351	88	181	57	25	4	2	2		
遂川县	308	48	201	41	18	3	2	1		
万安县	206	45	89	42	30					
安福县	329	100	147	58	24					
永新县	406	107	220	49	30	6	3	2	1	
井冈山市	243	89	100	22	32	5	2	2		1
宜春市	**8663**	**1585**	**4488**	**836**	**1754**	**57**	**15**	**29**	**6**	**7**
袁州区	3015	551	1345	318	801	15	3	8	1	3
奉新县	445	87	246	66	46					
万载县	439	109	237	29	64	6	2	4		
上高县	442	94	240	25	83	3		3		
宜丰县	643	144	372	69	58	6	1	4	1	
靖安县	316	74	183	41	18	3	2	1		
铜鼓县	154	27	101	16	10	1	1			
丰城市	1004	139	543	103	219	9	4	3	1	1
樟树市	616	126	264	37	189	7	1	3	1	2
高安市	1589	234	957	132	266	7	1	3	2	1
抚州市	**4955**	**1288**	**2086**	**707**	**874**	**41**	**13**	**14**	**5**	**9**
临川区	2156	615	796	205	540	16	6	4	1	5
东乡区	410	141	182	51	36	6	4	2		
南城县	270	79	130	43	18	2	1	1		
黎川县	339	117	150	41	31	3			1	2
南丰县	216	30	99	44	43	1		1		
崇仁县	215	61	92	34	28	1		1		
乐安县	188	26	108	21	33					
宜黄县	459	29	206	144	80					
金溪县	238	82	102	27	27	2	1		1	
资溪县	240	31	120	62	27	7		3	2	2
广昌县	224	77	101	35	11	3	1	2		
上饶市	**8167**	**2089**	**3585**	**878**	**1615**	**35**	**14**	**13**	**3**	**5**
信州区	2007	216	828	289	674	4		3		1
广丰区	589	82	342	66	99	1	1			
广信区	1498	573	642	87	196	12	5	4	1	2
玉山县	863	207	441	103	112	7	3	3		1
铅山县	217	59	89	47	22					
横峰县	262	115	121	10	16	3	2	1		
弋阳县	306	84	163	29	30	1	1			
余干县	437	221	110	19	87					
鄱阳县	617	221	261	46	89	2	1			1
万年县	338	82	149	50	57	1	1			
婺源县	371	82	179	34	76	2		1	1	
德兴市	662	147	260	98	157	2		1	1	

7–5　续表 2

单位：人

现住地	学前教育					小　学				
	小计	乡	镇的村委会	镇的居委会	街道	小计	乡	镇的村委会	镇的居委会	街道
全　省	**2174**	**437**	**978**	**291**	**468**	**11269**	**2726**	**6078**	**1081**	**1384**
南昌市	**617**	**133**	**265**	**72**	**147**	**3082**	**703**	**1800**	**208**	**371**
东湖区	23	4	8	2	9	133	27	58	15	33
西湖区	66	13	25	5	23	261	78	130	13	40
青云谱区	47	6	20	4	17	256	60	144	9	43
青山湖区	204	36	101	36	31	808	173	491	73	71
新建区	49	13	15	10	11	298	83	181	11	23
红谷滩区	69	8	29	4	28	443	78	290	17	58
南昌县	136	49	56	8	23	671	159	373	59	80
安义县	11	1	7	2	1	140	28	94	7	11
进贤县	12	3	4	1	4	72	17	39	4	12
景德镇市	**78**	**15**	**32**	**7**	**24**	**371**	**69**	**178**	**41**	**83**
昌江区	11	3	6		2	93	27	35	10	21
珠山区	48	12	13	6	17	134	12	60	22	40
浮梁县	4		4			69	23	39	2	5
乐平市	15		9	1	5	75	7	44	7	17
萍乡市	**122**	**23**	**63**	**21**	**15**	**568**	**138**	**278**	**86**	**66**
安源区	45	4	17	14	10	207	23	69	69	46
湘东区	16	2	13	1		76	26	49	1	
莲花县	14	6	5		3	87	41	37		9
上栗县	25	7	14	4		113	34	64	7	8
芦溪县	22	4	14	2	2	85	14	59	9	3
九江市	**252**	**47**	**124**	**30**	**51**	**1563**	**381**	**814**	**152**	**216**
濂溪区	46	6	17	6	17	291	62	140	22	67
浔阳区	45	5	27	3	10	362	67	193	28	74
柴桑区	19	6	9	3	1	137	53	71	5	8
武宁县	19	6	9		4	77	21	36	6	14
修水县	12		10	2		64	7	41	11	5
永修县	13	1	5	3	4	103	28	51	19	5
德安县	21	9	7	1	4	114	43	52	13	6
都昌县	5	2	2		1	23	11	9	3	
湖口县	21	3	9	6	3	60	20	24	10	6
彭泽县	22	5	11	2	4	123	22	86	8	7
瑞昌市	15	4	8	1	2	90	19	44	18	9
共青城市	10		8	1	1	84	19	46	7	12
庐山市	4		2	2		35	9	21	2	3
新余市	**48**	**10**	**21**	**6**	**11**	**236**	**51**	**129**	**16**	**40**
渝水区	45	9	19	6	11	182	37	96	11	38
分宜县	3	1	2			54	14	33	5	2
鹰潭市	**51**	**9**	**23**	**5**	**14**	**272**	**42**	**145**	**26**	**59**
月湖区	19	1	10	2	6	128	20	62	11	35
余江区	13	7	4	2		31	6	16	4	5
贵溪市	19	1	9	1	8	113	16	67	11	19
赣州市	**325**	**60**	**162**	**48**	**55**	**1696**	**420**	**920**	**199**	**157**
章贡区	90	11	46	13	20	427	112	214	47	54
南康区	58	12	38	4	4	289	80	173	15	21
赣县区	13	3	4	2	4	123	32	69	17	5
信丰县	14	1	5	5	3	100	22	58	15	5
大余县	4		1	1	2	61	4	40	7	10
上犹县	8	5	1		2	46	20	20	6	
崇义县	8	3	4	1		28	6	15	4	3
安远县	4	1	3			46	4	34	4	4
定南县	17	3	9	2	3	103	3	87	7	6
全南县	16	1	6	2	7	74	11	38	18	7

7-5 续表 3

单位：人

现住地	学前教育					小学				
	小计	乡	镇的村委会	镇的居委会	街道	小计	乡	镇的村委会	镇的居委会	街道
宁都县	15	2	6	3	4	45	12	10	14	9
于都县	3		1	2		43	9	19	10	5
兴国县	15	4	6	4	1	58	19	30	7	2
会昌县	10	2	6	1	1	35	13	13	5	4
寻乌县	16	2	10	4		41	19	15	6	1
石城县	8	1	5	2		22	1	13	4	4
瑞金市	8	4	3		1	50	13	24	7	6
龙南市	18	5	8	2	3	105	40	48	6	11
吉安市	**147**	**38**	**57**	**25**	**27**	**740**	**216**	**368**	**93**	**63**
吉州区	21	3	7	3	8	82	13	48	6	15
青原区	13	2	4	4	3	77	21	30	9	17
吉安县	14	4	7	3		99	33	52	10	4
吉水县	11	2	4	3	2	56	13	29	9	5
峡江县	5		3	2		21	9	9		3
新干县	7	1		2	4	37	13	21	3	
永丰县	3		3			37	18	11	6	2
泰和县	12	7	2	2	1	55	15	29	7	4
遂川县	9	1	6	2		38	10	19	7	2
万安县	7	3	2	1	1	30	6	18	3	3
安福县	9	4	3	2		58	23	23	11	1
永新县	25	8	13		4	106	25	63	15	3
井冈山市	11	3	3	1	4	44	17	16	7	4
宜春市	**219**	**37**	**104**	**22**	**56**	**1125**	**258**	**643**	**73**	**151**
袁州区	74	11	30	6	27	288	63	152	19	54
奉新县	9	4	4	1		54	16	32	5	1
万载县	19	4	11	1	3	68	25	34	3	6
上高县	16	2	11	1	2	64	14	37	4	9
宜丰县	20	6	7	5	2	108	31	63	8	6
靖安县	2		1	1		60	21	33	6	
铜鼓县	7		7			25	3	20	1	1
丰城市	18		10	3	5	126	18	67	13	28
樟树市	23	6	9	1	7	70	21	32	3	14
高安市	31	4	14	3	10	262	46	173	11	32
抚州市	**108**	**22**	**44**	**20**	**22**	**687**	**190**	**345**	**87**	**65**
临川区	48	10	16	6	16	234	49	114	31	40
东乡区	7	1	6			84	37	41	5	1
南城县	3	1		2		50	16	28	5	1
黎川县	6	2	3	1		55	26	26	2	1
南丰县	8	1	2	3	2	48	9	24	9	6
崇仁县	7	1	1	4	1	20	6	6	2	6
乐安县	5		5			40	1	37	1	1
宜黄县	5		4		1	15	2	8	3	2
金溪县	3	1	2			45	18	18	6	3
资溪县	8		4	2	2	49	9	21	16	3
广昌县	8	5	1	2		47	17	22	7	1
上饶市	**207**	**43**	**83**	**35**	**46**	**929**	**258**	**458**	**100**	**113**
信州区	44	8	14	7	15	114	10	70	15	19
广丰区	17	2	3	6	6	71	7	45	7	12
广信区	42	8	22	4	8	181	74	91	1	15
玉山县	35	9	17	6	3	117	29	67	8	13
铅山县	4		1	3		20	6	5	8	1
横峰县	3	2			1	39	17	20		2
弋阳县	8	1	3	3	1	38	11	18	5	4
余干县	3		3			58	30	13	2	13
鄱阳县	19	7	7	3	2	106	28	62	7	9
万年县	3		1		2	48	15	20	11	2
婺源县	16	5	6	1	4	49	11	22	5	11
德兴市	13	1	6	2	4	88	20	25	31	12

7-5 续表 4

单位：人

现住地	初中					高中				
	小计	乡	镇的村委会	镇的居委会	街道	小计	乡	镇的村委会	镇的居委会	街道
全　省	**31320**	**7685**	**17697**	**2601**	**3337**	**18699**	**3648**	**9081**	**2337**	**3633**
南昌市	**7840**	**1832**	**4665**	**547**	**796**	**4752**	**934**	**2308**	**529**	**981**
东湖区	377	47	173	54	103	268	28	89	33	118
西湖区	707	173	372	41	121	545	97	209	60	179
青云谱区	484	85	293	24	82	323	46	135	22	120
青山湖区	1974	449	1282	120	123	1289	235	708	163	183
新建区	665	156	389	50	70	363	98	180	22	63
红谷滩区	979	186	629	59	105	659	104	345	57	153
南昌县	1785	533	975	143	134	1032	260	497	143	132
安义县	670	159	438	30	43	155	34	92	12	17
进贤县	199	44	114	26	15	118	32	53	17	16
景德镇市	**858**	**221**	**408**	**88**	**141**	**469**	**85**	**192**	**47**	**145**
昌江区	190	35	110	22	23	79	19	32	10	18
珠山区	267	49	101	45	72	218	31	64	30	93
浮梁县	206	103	89	6	8	87	31	44		12
乐平市	195	34	108	15	38	85	4	52	7	22
萍乡市	**1434**	**360**	**783**	**174**	**117**	**675**	**118**	**322**	**122**	**113**
安源区	496	62	227	136	71	372	50	128	99	95
湘东区	218	75	120	5	18	73	16	49	3	5
莲花县	165	79	78	2	6	33	12	16	4	1
上栗县	392	99	252	24	17	127	27	84	9	7
芦溪县	163	45	106	7	5	70	13	45	7	5
九江市	**3718**	**988**	**1842**	**339**	**549**	**2339**	**466**	**1148**	**296**	**429**
濂溪区	587	82	275	54	176	390	64	146	51	129
浔阳区	712	164	315	55	178	435	60	177	55	143
柴桑区	457	164	252	19	22	228	80	100	19	29
武宁县	190	68	95	11	16	57	17	18	9	13
修水县	224	34	142	30	18	80	9	46	18	7
永修县	297	108	124	35	30	168	51	53	35	29
德安县	313	108	154	25	26	96	37	38	6	15
都昌县	87	35	27	14	11	120	40	38	37	5
湖口县	166	68	54	34	10	87	28	38	15	6
彭泽县	283	36	215	17	15	430	16	388	15	11
瑞昌市	185	63	84	17	21	158	49	57	23	29
共青城市	159	49	70	20	20	66	10	41	6	9
庐山市	58	9	35	8	6	24	5	8	7	4
新余市	**669**	**152**	**408**	**31**	**78**	**528**	**82**	**275**	**38**	**133**
渝水区	519	127	300	27	65	488	73	256	36	123
分宜县	150	25	108	4	13	40	9	19	2	10
鹰潭市	**875**	**166**	**536**	**54**	**119**	**551**	**94**	**281**	**69**	**107**
月湖区	291	42	155	31	63	197	24	88	28	57
余江区	206	50	134	8	14	189	47	101	23	18
贵溪市	378	74	247	15	42	165	23	92	18	32
赣州市	**5858**	**1448**	**3511**	**495**	**404**	**3785**	**749**	**1894**	**518**	**624**
章贡区	1206	276	697	102	131	1698	340	751	213	394
南康区	1064	332	586	84	62	400	101	205	46	48
赣县区	572	117	391	34	30	212	31	131	31	19
信丰县	503	54	396	36	17	207	12	168	19	8
大余县	173	18	109	29	17	65	7	28	17	13
上犹县	122	44	63	10	5	52	18	21	11	2
崇义县	64	23	30	6	5	32	10	16	3	3
安远县	98	26	61	3	8	47	7	27	8	5
定南县	277	12	220	24	21	155	10	115	14	16
全南县	220	34	137	26	23	95	5	58	17	15

7-5 续表 5

单位：人

现住地	初中					高中				
	小计	乡	镇的村委会	镇的居委会	街道	小计	乡	镇的村委会	镇的居委会	街道
宁都县	235	76	113	19	27	90	26	41	5	18
于都县	193	67	76	36	14	156	24	46	69	17
兴国县	336	129	168	25	14	169	59	72	16	22
会昌县	90	33	47	4	6	67	21	28	10	8
寻乌县	118	35	65	10	8	54	14	28	7	5
石城县	42	8	25	8	1	48	1	39	7	1
瑞金市	139	50	68	16	5	47	12	25	6	4
龙南市	406	114	259	23	10	191	51	95	19	26
吉安市	**1904**	**456**	**1095**	**205**	**148**	**948**	**198**	**497**	**128**	**125**
吉州区	209	28	117	20	44	134	23	52	15	44
青原区	135	21	79	14	21	86	18	51	8	9
吉安县	307	74	175	37	21	211	34	146	20	11
吉水县	177	16	137	18	6	56	10	34	6	6
峡江县	60	30	17	6	7	19	8	6	4	1
新干县	111	41	53	15	2	43	11	16	8	8
永丰县	90	27	39	18	6	45	20	15	6	4
泰和县	171	40	103	22	6	60	15	27	12	6
遂川县	145	26	105	10	4	69	5	50	8	6
万安县	79	17	42	13	7	44	9	18	9	8
安福县	152	47	83	12	10	68	12	32	16	8
永新县	165	48	97	13	7	67	15	30	13	9
井冈山市	103	41	48	7	7	46	18	20	3	5
宜春市	**3274**	**628**	**2001**	**263**	**382**	**1745**	**283**	**874**	**191**	**397**
袁州区	815	169	462	61	123	539	75	225	72	167
奉新县	237	43	140	32	22	92	21	42	17	12
万载县	190	44	119	11	16	93	26	43	7	17
上高县	160	38	94	5	23	124	28	62	8	26
宜丰县	344	82	212	24	26	105	17	60	15	13
靖安县	156	37	102	10	7	52	5	31	12	4
铜鼓县	66	13	43	7	3	33	2	22	6	3
丰城市	437	56	281	40	60	227	39	117	22	49
樟树市	215	53	108	17	37	143	27	60	8	48
高安市	654	93	440	56	65	337	43	212	24	58
抚州市	**1851**	**465**	**978**	**205**	**203**	**924**	**198**	**375**	**173**	**178**
临川区	626	146	339	47	94	310	67	113	37	93
东乡区	175	61	88	15	11	70	22	25	13	10
南城县	128	36	74	15	3	53	20	20	8	5
黎川县	173	54	90	17	12	69	28	25	6	10
南丰县	81	11	48	12	10	34	5	14	8	7
崇仁县	109	39	50	9	11	45	11	24	5	5
乐安县	90	23	41	2	24	35	1	20	9	5
宜黄县	166	14	82	49	21	170	8	79	58	25
金溪县	112	38	59	9	6	40	11	15	7	7
资溪县	89	11	51	20	7	54	10	25	14	5
广昌县	102	32	56	10	4	44	15	15	8	6
上饶市	**3039**	**969**	**1470**	**200**	**400**	**1983**	**441**	**915**	**226**	**401**
信州区	430	63	237	43	87	543	50	206	89	198
广丰区	230	45	140	15	30	171	22	103	19	27
广信区	531	186	261	20	64	336	134	147	20	35
玉山县	386	107	217	30	32	216	42	106	39	29
铅山县	81	31	38	8	4	66	14	35	11	6
横峰县	154	73	68	5	8	42	11	25	3	3
弋阳县	137	49	77	3	8	63	15	35	8	5
余干县	234	132	44	6	52	107	47	39	8	13
鄱阳县	273	119	123	11	20	125	45	46	9	25
万年县	135	37	70	16	12	86	18	47	8	13
婺源县	139	41	69	9	20	78	15	47	3	13
德兴市	309	86	126	34	63	150	28	79	9	34

7-5　续表 6

单位：人

现住地	大学专科					大学本科				
	小计	乡	镇的村委会	镇的居委会	街道	小计	乡	镇的村委会	镇的居委会	街道
全　省	**14785**	**2468**	**6095**	**2476**	**3746**	**24511**	**3426**	**7830**	**3882**	**9373**
南昌市	**6109**	**972**	**2581**	**1011**	**1545**	**14550**	**1906**	**4833**	**2338**	**5473**
东湖区	294	31	71	35	157	562	56	132	65	309
西湖区	388	89	136	48	115	323	48	77	39	159
青云谱区	252	47	69	27	109	176	18	44	16	98
青山湖区	1723	275	811	263	374	5604	708	1915	932	2049
新建区	446	63	219	48	116	765	112	307	106	240
红谷滩区	981	161	396	131	293	4190	529	1215	612	1834
南昌县	1532	249	657	391	235	2813	419	1104	542	748
安义县	452	50	206	63	133	74	11	25	13	25
进贤县	41	7	16	5	13	43	5	14	13	11
景德镇市	**579**	**68**	**160**	**143**	**208**	**1036**	**67**	**338**	**169**	**462**
昌江区	42	11	15	5	11	40	6	14	4	16
珠山区	177	18	57	36	66	255	14	38	52	151
浮梁县	322	38	73	95	116	701	47	275	110	269
乐平市	38	1	15	7	15	40		11	3	26
萍乡市	**458**	**46**	**191**	**118**	**103**	**420**	**40**	**113**	**101**	**166**
安源区	332	28	120	93	91	350	28	88	88	146
湘东区	31	4	21	2	4	13	1	5	2	5
莲花县	20	2	13	2	3	10	1	4	1	4
上栗县	52	9	26	14	3	23	6	5	5	7
芦溪县	23	3	11	7	2	24	4	11	5	4
九江市	**1919**	**408**	**800**	**279**	**432**	**2430**	**345**	**773**	**294**	**1018**
濂溪区	630	138	219	91	182	607	27	265	78	237
浔阳区	526	94	218	62	152	275	35	79	35	126
柴桑区	98	29	46	9	14	38	10	15	5	8
武宁县	22	9	5	3	5	12	5	1	1	5
修水县	48	4	27	12	5	27	6	13	7	1
永修县	115	12	58	22	23	56	4	13	10	29
德安县	31	9	13	3	6	18	5	6	4	3
都昌县	53	15	12	24	2	24	5	3	11	5
湖口县	51	12	15	13	11	31	6	11	3	11
彭泽县	145	6	116	11	12	51	1	37	6	7
瑞昌市	69	21	20	16	12	32	6	9	6	11
共青城市	122	56	48	10	8	1251	235	319	125	572
庐山市	9	3	3	3		8		2	3	3
新余市	**421**	**70**	**227**	**46**	**78**	**500**	**52**	**199**	**74**	**175**
渝水区	398	64	219	44	71	487	52	194	71	170
分宜县	23	6	8	2	7	13		5	3	5
鹰潭市	**357**	**40**	**152**	**60**	**105**	**183**	**19**	**53**	**36**	**75**
月湖区	155	14	55	33	53	95	9	25	21	40
余江区	36	12	9	8	7	32	5	11	9	7
贵溪市	166	14	88	19	45	56	5	17	6	28
赣州市	**1557**	**263**	**702**	**272**	**320**	**2140**	**242**	**600**	**408**	**890**
章贡区	657	96	289	112	160	1599	165	429	257	748
南康区	151	38	75	11	27	95	21	34	18	22
赣县区	75	10	42	19	4	58	11	14	21	12
信丰县	108	12	80	7	9	59	3	36	9	11
大余县	38	3	19	8	8	39	3	16	9	11
上犹县	16	3	4	6	3	14	1	6	2	5
崇义县	13	3	7	2	1	12	4	3	2	3
安远县	14	3	7	2	2	18	1	4	11	2
定南县	57	1	31	10	15	24	2	7	5	10
全南县	40	2	15	10	13	21	2	2	13	4

7–5 续表 7

单位：人

现住地	大学专科					大学本科				
	小计	乡	镇的村委会	镇的居委会	街道	小计	乡	镇的村委会	镇的居委会	街道
宁都县	41	7	14	2	18	28	3	4	13	8
于都县	59	11	15	28	5	22	3	10	8	1
兴国县	83	29	26	17	11	36	5	6	16	9
会昌县	55	13	19	11	12	18	4	9	2	3
寻乌县	27	3	12	9	3	20	2	5	6	7
石城县	10	3	4	1	2	10	2	4	3	1
瑞金市	29	4	10	5	10	8	2	1	1	4
龙南市	84	22	33	12	17	59	8	10	12	29
吉安市	**497**	**87**	**205**	**97**	**108**	**762**	**168**	**218**	**123**	**253**
吉州区	117	13	41	13	50	69	4	9	8	48
青原区	38	9	13	4	12	502	125	160	59	158
吉安县	101	14	52	18	17	56	12	19	12	13
吉水县	26	5	13	6	2	19	2	9	6	2
峡江县	13	3	5	3	2	12	3	3	5	1
新干县	20	2	10	7	1	15	3	3	4	5
永丰县	17	5	7	2	3	7	2	1	3	1
泰和县	31	5	14	10	2	17	4	4	3	6
遂川县	35	4	18	9	4	9		2	5	2
万安县	26	8	7	6	5	19	2	1	10	6
安福县	32	10	5	13	4	9	4	1	3	1
永新县	20	4	11	4	1	17	4	4	3	6
井冈山市	21	5	9	2	5	11	3	2	2	4
宜春市	**1046**	**184**	**434**	**124**	**304**	**1110**	**175**	**384**	**149**	**402**
袁州区	460	90	183	55	132	769	137	271	99	262
奉新县	24	1	15	5	3	29	2	13	6	8
万载县	36	6	18	4	8	23	2	8	2	11
上高县	47	7	20	5	15	28	5	13	2	8
宜丰县	30	4	14	8	4	29	3	12	8	6
靖安县	24	3	9	8	4	19	6	6	4	3
铜鼓县	16	5	9		2	5	3		1	1
丰城市	106	13	43	15	35	70	8	19	9	34
樟树市	100	14	34	3	49	54	4	18	4	28
高安市	203	41	89	21	52	84	5	24	14	41
抚州市	**801**	**135**	**266**	**146**	**254**	**511**	**258**	**61**	**62**	**130**
临川区	502	91	172	61	178	396	240	35	19	102
东乡区	48	14	14	10	10	19	2	6	7	4
南城县	18	3	7	4	4	14	2		7	5
黎川县	22	6	5	7	4	11	1	1	7	2
南丰县	34	4	8	7	15	10		2	5	3
崇仁县	24	2	9	10	3	9	2	1	4	2
乐安县	13		3	7	3	5	1	2	2	
宜黄县	93	4	30	29	30	9	1	3	4	1
金溪县	19	5	6	3	5	15	7	2	1	5
资溪县	14	1	8	3	2	18		8	4	6
广昌县	14	5	4	5		5	2	1	2	
上饶市	**1041**	**195**	**377**	**180**	**289**	**869**	**154**	**258**	**128**	**329**
信州区	380	36	134	60	150	464	48	158	73	185
广丰区	69	2	37	15	15	28	3	13	4	8
广信区	235	93	84	36	22	145	64	31	5	45
玉山县	63	11	22	12	18	39	6	9	8	16
铅山县	25	5	5	10	5	19	2	5	6	6
横峰县	12	5	4	2	1	8	4	3		1
弋阳县	42	6	24	6	6	16	1	6	3	6
余干县	17	4	5	2	6	18	8	6	1	3
鄱阳县	47	11	14	9	13	38	8	8	7	15
万年县	35	10	7	8	10	29	1	4	7	17
婺源县	66	9	27	10	20	20	1	6	5	8
德兴市	50	3	14	10	23	45	8	9	9	19

7-5　续表 8

单位：人

现住地	硕士研究生					博士研究生				
	小计	乡	镇的村委会	镇的居委会	街道	小计	乡	镇的村委会	镇的居委会	街道
全　省	**2257**	**293**	**675**	**421**	**868**	**192**	**18**	**37**	**50**	**87**
南昌市	**1649**	**210**	**558**	**313**	**568**	**115**	**10**	**22**	**38**	**45**
东湖区	69	8	14	8	39	5	1		3	1
西湖区	38	6	10	6	16	1				1
青云谱区	18	2	2	2	12					
青山湖区	667	101	226	125	215	63	6	12	24	21
新建区	51	10	13	3	25	5			3	2
红谷滩区	556	47	188	141	180	31	2	8	6	15
南昌县	239	32	104	28	75	10	1	2	2	5
安义县	8	3	1		4					
进贤县	3	1			2					
景德镇市	**146**	**21**	**33**	**18**	**74**	**13**	**1**	**1**	**2**	**9**
昌江区	8			1	7	2				2
珠山区	43	4	2	7	30	3			1	2
浮梁县	90	17	28	9	36	7	1		1	5
乐平市	5		3	1	1	1		1		
萍乡市	**23**		**2**	**13**	**8**	**2**			**1**	**1**
安源区	17			10	7	1				1
湘东区										
莲花县										
上栗县	4		2	1	1	1			1	
芦溪县	2			2						
九江市	**59**	**4**	**12**	**6**	**37**	**13**	**2**	**1**	**2**	**8**
濂溪区	16		3	1	12	8		1	1	6
浔阳区	25	2	3	2	18	2			1	1
柴桑区	1		1			1	1			
武宁县										
修水县	1	1								
永修县	4	1	1		2	2	1			1
德安县	1				1					
都昌县										
湖口县	5		1	3	1					
彭泽县	3		1		2					
瑞昌市										
共青城市	3		2		1					
庐山市										
新余市	**13**		**4**		**9**					
渝水区	9		3		6					
分宜县	4		1		3					
鹰潭市	**13**		**4**	**1**	**8**	**1**		**1**		
月湖区	9		2		7	1		1		
余江区	3		2	1						
贵溪市	1				1					
赣州市	**181**	**35**	**33**	**45**	**68**	**14**		**4**	**3**	**7**
章贡区	146	31	28	32	55	13		4	2	7
南康区	7	1	2	2	2					
赣县区	4			2	2	1			1	
信丰县	5	1		3	1					
大余县	1			1						
上犹县	2		1	1						
崇义县	2		2							
安远县	1				1					
定南县	1				1					
全南县	2	1		1						

7－5 续表 9

单位：人

现住地	硕士研究生					博士研究生				
	小计	乡	镇的村委会	镇的居委会	街道	小计	乡	镇的村委会	镇的居委会	街道
宁都县	2				2					
于都县										
兴国县	2				2					
会昌县	1	1								
寻乌县										
石城县	1			1						
瑞金市										
龙南市	4			2	2					
吉安市	**19**	**1**	**3**	**3**	**12**	**5**		**1**	**3**	**1**
吉州区	8		1	1	6	1			1	
青原区	3		1		2	1				1
吉安县	2	1			1					
吉水县	2			1	1	1			1	
峡江县										
新干县										
永丰县						1		1		
泰和县	1			1						
遂川县										
万安县	1		1							
安福县						1			1	
永新县										
井冈山市	2				2					
宜春市	**70**	**3**	**14**	**7**	**46**	**17**	**2**	**5**	**1**	**9**
袁州区	41	1	11	4	25	14	2	3	1	8
奉新县										
万载县	3			1	2	1				1
上高县										
宜丰县	1				1					
靖安县										
铜鼓县	1			1						
丰城市	9	1	1		7	2		2		
樟树市	4				4					
高安市	11	1	2	1	7					
抚州市	**31**	**7**	**3**	**9**	**12**	**1**				**1**
临川区	23	6	3	3	11	1				1
东乡区	1			1						
南城县	2			2						
黎川县										
南丰县										
崇仁县										
乐安县										
宜黄县	1			1						
金溪县	2	1			1					
资溪县	1			1						
广昌县	1			1						
上饶市	**53**	**12**	**9**	**6**	**26**	**11**	**3**	**2**		**6**
信州区	24	1	6	2	15	4				4
广丰区	2		1		1					
广信区	10	6	1		3	6	3	1		2
玉山县										
铅山县	2	1		1						
横峰县	1	1								
弋阳县	1			1						
余干县										
鄱阳县	7	2	1		4					
万年县	1				1					
婺源县						1		1		
德兴市	5	1		2	2					

7-6　全省按现住地和出生地分的人口

单位：人

现住地	出生地							
	合计	省内		省外				
		本县市区	本省其他县市区	北京	天津	河北	山西	内蒙古
全　省	**4810312**	**4282622**	**383437**	**706**	**398**	**3202**	**1900**	**1254**
南昌市	**655501**	**441777**	**167189**	**326**	**219**	**1606**	**961**	**714**
东湖区	42612	29730	10304	22	6	69	34	25
西湖区	48405	32187	12744	36	8	159	47	40
青云谱区	33918	19782	11770	17	7	80	33	18
青山湖区	131794	59964	57289	80	72	518	368	256
新建区	86076	72154	10756	20	20	80	44	27
红谷滩区	58426	23847	25537	59	73	338	248	198
南昌县	151206	107620	34742	59	25	331	165	142
安义县	28060	23616	2626	21	7	23	13	6
进贤县	75004	72877	1421	12	1	8	9	2
景德镇市	**172650**	**151434**	**16328**	**23**	**11**	**147**	**83**	**40**
昌江区	19108	14730	3869	2		23	8	2
珠山区	37156	27201	8255	12	6	61	22	15
浮梁县	31066	25942	3181	6	5	55	49	19
乐平市	85320	83561	1023	3		8	4	4
萍乡市	**184698**	**167911**	**11624**	**15**	**7**	**83**	**31**	**13**
安源区	56771	47048	7794	4	6	41	15	10
湘东区	31906	29838	1003	7		10	7	2
莲花县	21731	20548	533			3	1	1
上栗县	47397	45049	1373	1	1	24	4	
芦溪县	26893	25428	921	3		5	4	
九江市	**496877**	**440427**	**35058**	**90**	**34**	**284**	**213**	**120**
濂溪区	40010	24117	11760	24	8	83	83	54
浔阳区	42802	27924	9386	27	6	73	46	28
柴桑区	34839	32130	1557	1	2	13	8	5
武宁县	36279	34535	570	5	2	12	3	
修水县	76095	74726	539	2		8	3	4
永修县	32455	28948	1750	12	3	12	16	2
德安县	16268	13742	1355			14	1	4
都昌县	68174	67217	512	2		4	1	1
湖口县	23758	21818	1275	2		15	9	3
彭泽县	32196	29580	537	5	1	11	17	11
瑞昌市	50274	47784	1442	6		14	7	2
共青城市	18803	13609	3969	3	12	22	18	5
庐山市	24924	24297	406	1		3	1	1
新余市	**116844**	**102077**	**11082**	**10**	**6**	**94**	**41**	**42**
渝水区	89944	76387	10305	8	6	92	41	41
分宜县	26900	25690	777	2		2		1
鹰潭市	**130366**	**115287**	**11175**	**28**	**11**	**107**	**32**	**30**
月湖区	28782	19786	7308	3	4	30	20	10
余江区	39544	38021	920	1	1	10	1	2
贵溪市	62040	57480	2947	24	6	67	11	18
赣州市	**970491**	**899530**	**52541**	**54**	**45**	**325**	**185**	**109**
章贡区	114442	75479	32441	38	38	190	121	67
南康区	86738	78427	6309	3		27	2	6
赣县区	58117	54332	2682	1	1	27	7	20
信丰县	71475	69643	900		2	10	7	1
大余县	28212	26998	771			1	2	
上犹县	30326	29138	775	2		3		1
崇义县	19999	19178	555			3		
安远县	35386	34754	336	1		2	1	1
定南县	21542	20426	606			9	7	3
全南县	18995	17765	615			2	2	

7-6 续表 1

单位：人

现住地	出生地							
	合计	省内		省外				
		本县市区	本省其他县市区	北京	天津	河北	山西	内蒙古
宁都县	92528	91150	735			7	2	
于都县	107955	105994	1271	2		6	1	
兴国县	78054	75599	1356	2		12	9	2
会昌县	48728	47406	765					1
寻乌县	29557	28793	361			1		
石城县	29192	28576	275	5	1	5	1	4
瑞金市	66708	65029	1050			3		
龙南市	32537	30843	738		3	17	23	3
吉安市	**448042**	**418212**	**20748**	**64**	**13**	**120**	**66**	**32**
吉州区	37580	30829	5782	31	4	25	13	7
青原区	23286	18712	3672	9	3	41	21	10
吉安县	44765	40336	3303	6	2	6	10	2
吉水县	43400	41890	783	2	1	3	4	
峡江县	14963	14198	281			1		
新干县	30573	29195	780	1		7	5	5
永丰县	36239	35592	318			3		1
泰和县	45389	43863	931	1	1	3	2	
遂川县	52318	51243	540	2		7	1	1
万安县	27499	26328	706	7	1	2	1	1
安福县	31892	30010	921			12	2	3
永新县	45878	44506	581			6	4	2
井冈山市	14260	11510	2150	5	1	4	3	
宜春市	**504959**	**471935**	**20370**	**41**	**24**	**190**	**112**	**47**
袁州区	110123	99028	7626	21	12	75	55	24
奉新县	26577	24903	822	4	1	2	3	1
万载县	46540	45033	826			4	1	
上高县	32136	30396	1200		5	5	2	4
宜丰县	24444	22242	1036	2	1	9	6	
靖安县	12115	10809	710			12		
铜鼓县	11370	10567	401			8		1
丰城市	110096	105810	2304	3	4	12	26	9
樟树市	51638	47918	2628	4	1	27	4	1
高安市	79920	75229	2817	7		36	15	7
抚州市	**399893**	**379919**	**12356**	**26**	**17**	**78**	**50**	**43**
临川区	112173	102254	7284	13	13	52	34	32
东乡区	40199	38631	984	4		2	1	5
南城县	29909	29194	426			5		2
黎川县	24491	23738	315	1		2	2	2
南丰县	27095	26182	509			2		
崇仁县	39512	38347	641	3		2	1	1
乐安县	36758	35966	377	2	1	2	3	
宜黄县	25307	24043	557		3	2		
金溪县	30310	29005	522	2		7	6	1
资溪县	11618	10797	354	1		2		
广昌县	22521	21762	387				3	
上饶市	**729991**	**694113**	**24966**	**29**	**11**	**168**	**126**	**64**
信州区	60892	47669	10922	11	8	69	62	20
广丰区	92717	90918	1130	1		3	2	2
广信区	80079	74866	3731	7		22	21	13
玉山县	54635	52374	1248	2		16	4	2
铅山县	42629	41702	606			1	4	1
横峰县	18997	18327	443					
弋阳县	37589	35927	1102		1	4		2
余干县	98273	97240	414			18	10	4
鄱阳县	136498	134092	1256	2	1	5	7	6
万年县	40988	39719	856	1	1	5	4	
婺源县	36117	34989	508	5		9	4	2
德兴市	30577	26290	2750			16	8	12

7-6　续表 2

单位：人

现住地	出生地							
	省外							
	辽宁	吉林	黑龙江	上海	江苏	浙江	安徽	福建
全　省	**1847**	**1363**	**1922**	**2496**	**6393**	**11984**	**11032**	**7955**
南昌市	**831**	**672**	**896**	**1025**	**2616**	**2732**	**3935**	**2383**
东湖区	64	56	72	117	193	147	223	142
西湖区	82	44	66	118	250	321	266	246
青云谱区	58	37	49	113	203	178	211	189
青山湖区	281	255	249	295	805	735	1299	667
新建区	38	29	58	54	234	164	277	176
红谷滩区	178	158	190	126	440	502	731	407
南昌县	118	82	161	154	420	516	748	474
安义县	8	7	45	30	62	135	137	22
进贤县	4	4	6	18	9	34	43	60
景德镇市	**87**	**40**	**140**	**115**	**278**	**695**	**639**	**249**
昌江区	15	1	5	11	30	37	94	23
珠山区	39	24	99	67	116	162	217	99
浮梁县	23	14	28	28	87	343	265	86
乐平市	10	1	8	9	45	153	63	41
萍乡市	**37**	**32**	**30**	**33**	**91**	**179**	**179**	**136**
安源区	22	27	20	17	51	99	53	68
湘东区	3	1	4	5	9	21	26	20
莲花县	7	1	2	6	4	23	25	6
上栗县	3	1		2	9	9	49	24
芦溪县	2	2	4	3	18	27	26	18
九江市	**232**	**148**	**235**	**332**	**1148**	**1513**	**2964**	**659**
濂溪区	72	37	73	78	208	119	431	129
浔阳区	98	60	78	142	328	195	576	191
柴桑区	2	5	4	9	50	31	132	30
武宁县		2	2	1	38	410	82	21
修水县	5	3	8	3	20	115	54	31
永修县	13	16	27	19	112	198	254	47
德安县	10		5	18	89	123	115	43
都昌县	1	1	3	4	15	30	54	32
湖口县	11	6	4	8	29	35	115	23
彭泽县	12	13	12	13	93	97	913	37
瑞昌市	6		9	18	50	23	52	40
共青城市	1	3	6	11	107	124	166	27
庐山市	1	2	4	8	9	13	20	8
新余市	**62**	**35**	**48**	**125**	**282**	**182**	**244**	**179**
渝水区	55	31	47	118	273	151	222	163
分宜县	7	4	1	7	9	31	22	16
鹰潭市	**128**	**57**	**47**	**50**	**178**	**470**	**331**	**247**
月湖区	26	13	22	36	102	246	120	136
余江区	4	2	8	6	25	40	52	37
贵溪市	98	42	17	8	51	184	159	74
赣州市	**177**	**152**	**205**	**122**	**404**	**618**	**700**	**1612**
章贡区	115	91	128	64	260	301	296	592
南康区	5	8	13	6	26	42	120	100
赣县区	13	4	5	6	21	24	65	59
信丰县	6	8	4	5	9	28	25	29
大余县	1	4	2	1	5	8	3	23
上犹县	2	2		3	7	8	15	46
崇义县		1	4	2	2	13	8	22
安远县			1		3	13	1	18
定南县	5	3	15		2	8	5	15
全南县			4	7	14	15	14	29

7－6 续表 3

单位：人

现住地	出生地							
	省外							
	辽宁	吉林	黑龙江	上海	江苏	浙江	安徽	福建
宁都县	6	5	7	1	10	30	26	110
于都县	6		4	3	2	14	16	55
兴国县	6	20	7	8	15	45	50	114
会昌县	1	2	3	3	9	13	7	94
寻乌县	1	1		2	6	7	3	20
石城县	4		4	2	3	11	2	92
瑞金市	3		1	6	1	28	11	155
龙南市	3	3	3	3	9	10	33	39
吉安市	**38**	**34**	**49**	**121**	**220**	**733**	**301**	**423**
吉州区	9	4	14	34	43	45	48	73
青原区	12	12	4	9	26	54	36	71
吉安县	7	9	6	10	19	59	29	24
吉水县			3	3	9	25	15	21
峡江县		1		11	5	81	11	6
新干县	4	2	3	8	15	132	21	37
永丰县			1	3	7	83	13	26
泰和县		4	6	5	14	22	13	22
遂川县				4	4	21	21	41
万安县	1		4	3	9	29	24	30
安福县	5	1	1	9	23	90	31	16
永新县			1	9	19	52	19	29
井冈山市		1	6	13	27	40	20	27
宜春市	**82**	**69**	**96**	**257**	**493**	**792**	**551**	**628**
袁州区	35	35	53	131	186	249	181	183
奉新县	1	3	1	33	29	75	53	22
万载县	2	4	3	6	10	38	18	39
上高县	4		1	2	23	35	20	44
宜丰县	8	6	7	14	40	69	33	21
靖安县	3	2	4	12	52	56	34	9
铜鼓县		1		3	7	16	17	7
丰城市	10	2	9	25	38	116	69	142
樟树市	3	5	7	18	49	57	64	53
高安市	16	11	11	13	59	81	62	108
抚州市	**62**	**67**	**71**	**144**	**282**	**1572**	**391**	**654**
临川区	45	52	39	74	110	179	197	202
东乡区	2	3	1	15	36	59	22	54
南城县	2	2	1	4	8	40	17	36
黎川县	4		10	2		66	22	82
南丰县		3	8	6	5	187	10	25
崇仁县			3	24	16	110	22	22
乐安县		1		4	24	39	13	24
宜黄县	6	1	3	1	36	264	32	13
金溪县		5	5	10	21	355	36	58
资溪县	3		1		9	250	9	86
广昌县				4	17	23	11	52
上饶市	**111**	**57**	**105**	**172**	**401**	**2498**	**797**	**785**
信州区	33	13	40	70	121	326	149	244
广丰区	1	2	1	15	11	125	39	75
广信区	18	4	17	10	35	191	109	90
玉山县		2	8	6	28	276	77	55
铅山县	1	2	6	1	10	83	25	20
横峰县	1			6	13	64	16	5
弋阳县	4	4	3	10	39	204	58	23
余干县	11	3	2	3	7	53	32	70
鄱阳县	14	2	1	4	41	231	122	98
万年县	1	1	3	8	24	77	22	22
婺源县	3	5	3	6	13	195	74	15
德兴市	24	19	21	33	59	673	74	68

7-6　续表 4

单位：人

现住地	出生地								
	省外								
	山东	河南	湖北	湖南	广东	广西	海南	重庆	四川
全　省	**4823**	**10167**	**14141**	**16858**	**10961**	**4649**	**1112**	**3068**	**8152**
南昌市	**2406**	**4010**	**3882**	**4105**	**2085**	**1112**	**588**	**1006**	**2255**
东湖区	192	179	256	212	79	54	17	45	156
西湖区	172	228	326	303	155	75	11	64	142
青云谱区	111	193	201	256	83	46	6	35	94
青山湖区	885	1251	1209	1203	652	332	178	306	580
新建区	160	265	290	348	132	80	24	98	196
红谷滩区	403	803	726	788	396	188	116	184	418
南昌县	444	879	708	715	468	209	200	187	390
安义县	25	164	112	211	66	77	36	64	204
进贤县	14	48	54	69	54	51		23	75
景德镇市	**229**	**349**	**267**	**345**	**164**	**112**	**27**	**120**	**268**
昌江区	21	21	35	51	16	12	1	11	33
珠山区	101	113	118	114	46	20	4	17	87
浮梁县	97	153	75	114	68	45	20	83	95
乐平市	10	62	39	66	34	35	2	9	53
萍乡市	**81**	**273**	**311**	**1876**	**347**	**258**	**43**	**78**	**289**
安源区	50	115	84	680	112	57	21	30	103
湘东区	8	35	91	475	66	62	11	17	50
莲花县	3	36	34	188	61	50	1	10	53
上栗县	15	59	52	413	52	37	4	12	41
芦溪县	5	28	50	120	56	52	6	9	42
九江市	**517**	**1657**	**5468**	**1363**	**855**	**408**	**97**	**325**	**951**
濂溪区	166	301	1222	212	115	72	22	66	142
浔阳区	146	323	2220	259	153	49	9	61	137
柴桑区	16	96	351	102	46	27	2	18	65
武宁县	4	53	206	73	47	26	5	7	72
修水县	6	28	91	117	107	37	5	11	59
永修县	30	147	156	186	96	35	20	64	138
德安县	18	153	210	85	33	27	3	28	65
都昌县	6	32	50	42	62	20	4	13	23
湖口县	19	51	131	62	28	22		5	25
彭泽县	61	324	91	77	51	26	5	27	74
瑞昌市	12	53	406	75	73	37	2	16	63
共青城市	26	86	294	55	39	21	20	9	60
庐山市	7	10	40	18	5	9			28
新余市	**165**	**179**	**192**	**644**	**208**	**152**	**21**	**51**	**179**
渝水区	151	157	164	559	180	132	19	45	156
分宜县	14	22	28	85	28	20	2	6	23
鹰潭市	**120**	**207**	**254**	**373**	**105**	**71**	**5**	**78**	**384**
月湖区	74	87	106	170	60	31	3	36	227
余江区	8	44	52	70	19	19	1	16	65
贵溪市	38	76	96	133	26	21	1	26	92
赣州市	**447**	**1193**	**1241**	**2184**	**3667**	**956**	**120**	**451**	**1364**
章贡区	257	437	422	739	805	211	91	146	366
南康区	50	124	148	425	257	131	3	89	157
赣县区	36	146	85	125	173	61		26	97
信丰县	14	79	92	112	245	60	1	14	84
大余县	2	19	25	65	164	30	5	5	32
上犹县	1	15	15	55	118	42		11	25
崇义县	4	15	11	76	48	17		3	17
安远县	6	14	23	22	84	22	1	3	46
定南县		14	50	48	143	36	3	12	91
全南县	17	31	34	59	223	51	3	22	28

7–6 续表 5

单位：人

现住地	出生地								
	省外								
	山东	河南	湖北	湖南	广东	广西	海南	重庆	四川
宁都县	6	20	50	54	104	30	1	11	44
于都县		45	38	76	175	54	2	21	81
兴国县	18	57	100	96	245	56		33	88
会昌县	1	14	23	50	236	19	1	6	19
寻乌县	6	4	12	22	225	29	2	5	20
石城县	10	22	16	17	77	9	1	5	15
瑞金市	1	32	24	42	186	27	1	14	34
龙南市	18	105	73	101	159	71	5	25	120
吉安市	**162**	**489**	**629**	**1790**	**1304**	**502**	**30**	**190**	**526**
吉州区	25	64	80	121	132	50	4	18	43
青原区	35	65	42	117	91	42	7	29	57
吉安县	10	111	111	212	137	52	5	24	92
吉水县	39	36	50	104	177	49	2	11	42
峡江县	1	4	11	178	29	19		22	20
新干县	3	28	39	67	51	25		5	39
永丰县	13	12	27	26	34	26	1	9	15
泰和县	5	34	44	95	129	49	2	6	38
遂川县	3	24	64	92	103	42		18	36
万安县	5	22	25	66	126	26		7	31
安福县	6	33	46	330	94	62	2	13	39
永新县	11	42	61	139	131	50	4	19	57
井冈山市	6	14	29	243	70	10	3	9	17
宜春市	**327**	**745**	**830**	**2705**	**1165**	**584**	**107**	**379**	**819**
袁州区	107	220	182	675	263	108	26	57	194
奉新县	12	38	47	257	34	21	2	51	77
万载县	11	29	48	149	103	47	10	12	43
上高县	12	28	41	115	32	38	1	7	28
宜丰县	16	39	52	510	50	34	4	17	50
靖安县	7	24	26	108	13	13	2	85	52
铜鼓县	6	5	14	201	28	15	3	6	38
丰城市	51	116	169	256	327	150	42	38	122
樟树市	25	69	95	150	161	54	9	29	69
高安市	80	177	156	284	154	104	8	77	146
抚州市	**138**	**390**	**402**	**708**	**594**	**241**	**44**	**159**	**455**
临川区	67	161	137	312	186	84	31	51	133
东乡区	10	36	62	48	43	27	2	8	33
南城县	2	14	16	42	13	8		8	23
黎川县	12	23	14	53	31	24	2	17	44
南丰县	1	17	16	25	20	24	4	5	17
崇仁县	6	22	31	55	69	14	1	33	26
乐安县	12	15	32	65	65	10	1	8	15
宜黄县	4	58	20	39	13	6	1	13	99
金溪县	9	16	40	32	16	32	2	9	37
资溪县	5	10	18	6	24	1			9
广昌县	10	18	16	31	114	11		7	19
上饶市	**231**	**675**	**665**	**765**	**467**	**253**	**30**	**231**	**662**
信州区	91	138	120	208	93	40	13	62	120
广丰区	6	34	33	55	38	14	1	20	49
广信区	25	133	143	133	56	37	4	35	130
玉山县	18	32	50	60	29	25	2	14	58
铅山县	9	21	15	27	14	9	3	4	13
横峰县	3	15	11	15	9	8		3	19
弋阳县	8	28	32	26	17	9		14	22
余干县	3	39	27	26	67	21	1	23	63
鄱阳县	23	68	105	78	88	45	4	19	74
万年县	4	38	29	26	12	6	1	5	42
婺源县	14	38	39	35	23	19	1	7	31
德兴市	27	91	61	76	21	20		25	41

7-6　续表 6

单位：人

现住地	出生地								
	省外								港澳台或国外
	贵州	云南	西藏	陕西	甘肃	青海	宁夏	新疆	
全　省	**7015**	**3368**	**234**	**2522**	**2610**	**528**	**470**	**952**	**171**
南昌市	**1705**	**978**	**189**	**956**	**1131**	**297**	**281**	**584**	**49**
东湖区	62	38	1	42	29	10	10	22	4
西湖区	92	46	1	74	47	14	5	21	15
青云谱区	41	21		46	21	3	4	9	3
青山湖区	458	310	21	314	473	110	145	223	11
新建区	110	54	2	71	63	7	7	38	
红谷滩区	345	200	116	196	205	91	39	167	13
南昌县	356	223	33	170	241	53	70	101	2
安义县	209	62		34	33	4	1		
进贤县	32	24	15	9	19	5		3	1
景德镇市	**180**	**85**	**1**	**96**	**70**	**5**	**7**	**13**	**3**
昌江区	26	12		8	10			1	
珠山区	28	15	1	61	28	1	3	4	
浮梁县	81	41		18	28	3	4	8	2
乐平市	45	17		9	4	1			1
萍乡市	**399**	**146**	**20**	**80**	**50**	**11**	**9**	**22**	**4**
安源区	99	39	20	21	30	10	6	17	2
湘东区	78	32		13	11			1	
莲花县	110	15		5	4			1	
上栗县	72	46		34	4	1	3	1	2
芦溪县	40	14		7	1			2	
九江市	**583**	**329**	**5**	**287**	**351**	**74**	**47**	**88**	**15**
濂溪区	83	46		68	156	25	29	9	
浔阳区	66	42	4	47	52	31	8	30	7
柴桑区	34	47		32	19	3	1	1	
武宁县	67	12		11	11		1		1
修水县	67	24		12	8		1	1	
永修县	45	45		34	23	3	2		2
德安县	37	32		7	8	1	2	40	
都昌县	30	5		4	4	2			
湖口县	28	10		6	16		1	1	
彭泽县	40	16		23	25	2	1		1
瑞昌市	24	22	1	20	16			1	
共青城市	49	18		19	13	6		5	
庐山市	13	10		4		1	1		4
新余市	**271**	**75**		**45**	**105**	**21**	**14**	**12**	**1**
渝水区	203	67		34	95	17	12	12	1
分宜县	68	8		11	10	4	2		
鹰潭市	**185**	**154**		**68**	**149**	**16**	**6**	**8**	**5**
月湖区	65	16		20	12	3	5	3	2
余江区	51	43		16	7			1	2
贵溪市	69	95		32	130	13	1	4	1
赣州市	**825**	**440**	**5**	**349**	**242**	**53**	**49**	**121**	**5**
章贡区	202	116	3	125	138	33	44	84	2
南康区	125	65	1	49	8	3		9	
赣县区	57	20		15	6	1	1	1	
信丰县	46	18		22	9			2	
大余县	21	9		11	1			3	1
上犹县	18	15		2	6			1	
崇义县	8	6		3		1		1	1
安远县	15	12		5	1			1	
定南县	15	10		8	2			6	
全南县	22	21	1	15	1				

7-6 续表 7

单位：人

现住地	出生地								
	省外								港澳台或国外
	贵州	云南	西藏	陕西	甘肃	青海	宁夏	新疆	
宁都县	42	15		16	27	11	3	5	
于都县	58	28		1	1			1	
兴国县	40	19		27	28	1		1	
会昌县	25	18		10	1	1			
寻乌县	22	5		7	3				
石城县	14	5		6	2	1	1	6	
瑞金市	34	20		3	2				1
龙南市	61	38		24	6	1			
吉安市	**689**	**242**	**1**	**137**	**100**	**9**	**16**	**16**	**36**
吉州区	30	16		15	13	3		4	1
青原区	49	15		18	23	2		2	
吉安县	92	46		15	24	2	1	2	1
吉水县	97	15		14	4		1		
峡江县	50	2		1					31
新干县	39	54		6	2				
永丰县	14	7		7	1				
泰和县	60	10	1	12	3	1	12		1
遂川县	29	12		7	1		1		1
万安县	21	16		5	3				
安福县	94	25		12	7			4	1
永新县	94	18		7	14	1	1	1	
井冈山市	20	6		18	5			3	
宜春市	**831**	**311**	**7**	**223**	**145**	**15**	**12**	**39**	**28**
袁州区	169	88	7	53	59	10	1	8	2
奉新县	60	10		8	3	1		2	1
万载县	67	16		15	4		2		
上高县	30	17		14	13	1			18
宜丰县	107	33		25	9			3	1
靖安县	62	7		9	4				
铜鼓县	17	7			2				
丰城市	123	45		37	19		7	12	3
樟树市	61	38		25	11			3	
高安市	135	50		37	21	3	2	11	3
抚州市	**477**	**290**	**2**	**117**	**88**	**13**	**10**	**30**	**3**
临川区	150	147	2	40	56	8	5	23	
东乡区	69	23		8	6	1	2	1	1
南城县	24	19		3					
黎川县	17	3		3					2
南丰县	12	8		6	3				
崇仁县	29	14		9	6	3	1	1	
乐安县	34	17		25	2		1		
宜黄县	48	30		7	8				
金溪县	46	18		10	5			5	
资溪县	25	3		2	1	1	1		
广昌县	23	8		4	1				
上饶市	**870**	**318**	**4**	**164**	**179**	**14**	**19**	**19**	**22**
信州区	81	51		31	54	6	13	12	2
广丰区	100	30		7	1				4
广信区	129	36		26	48	2	5	2	1
玉山县	182	42		10	14	1			
铅山县	34	11		3		1			3
横峰县	24	8	1	4	1				1
弋阳县	29	12		5	4				2
余干县	73	41		13	5		1		3
鄱阳县	62	25	1	17	2	1			4
万年县	42	22	2	10	3			1	1
婺源县	39	12		13	14	1			
德兴市	75	28		25	33	2		4	1

7-7 全省按现住地和五年前常住地分的人口

单位：人

现住地	五年前常住地							
	合计	省内		省外				
		本县市区	本省其他县市区	北京	天津	河北	山西	内蒙古
全　省	**4537741**	**4251958**	**164306**	**1917**	**538**	**2077**	**1459**	**922**
南昌市	**620977**	**509723**	**77445**	**868**	**274**	**1014**	**669**	**531**
东湖区	40735	36871	2640	33	6	39	30	12
西湖区	45930	41666	2877	59	4	55	22	14
青云谱区	32350	28620	2820	30	3	18	10	16
青山湖区	125291	88061	26940	188	98	326	251	201
新建区	80772	72466	6183	60	24	41	28	9
红谷滩区	55230	34120	14050	153	80	250	190	162
南昌县	143021	116948	19390	114	30	227	114	106
安义县	26518	21474	1903	153	18	52	18	9
进贤县	71130	69497	642	78	11	6	6	2
景德镇市	**163334**	**155688**	**4432**	**36**	**12**	**92**	**69**	**25**
昌江区	18056	17003	847	1		14	6	1
珠山区	35367	33583	1195	21	7	12	7	3
浮梁县	29424	25734	2166	5	5	59	52	20
乐平市	80487	79368	224	9		7	4	1
萍乡市	**174523**	**165129**	**5337**	**48**	**15**	**45**	**17**	**8**
安源区	53942	49217	3697	12	11	11	7	5
湘东区	30403	29205	510	15		2	4	2
莲花县	20358	18855	301	9	2	4	1	1
上栗县	44430	43281	475	6	2	24	2	
芦溪县	25390	24571	354	6		4	3	
九江市	**470191**	**439719**	**15501**	**247**	**74**	**195**	**172**	**81**
濂溪区	38076	29735	6316	30	4	43	62	39
浔阳区	40690	35927	3124	37	8	18	14	15
柴桑区	32956	31262	695	8	4	6	9	
武宁县	34012	32878	258	10	5	31	6	
修水县	71719	69505	282	4	4	10	7	3
永修县	30661	28479	984	30	2	10	16	1
德安县	15384	14547	391	3		13		
都昌县	64538	62289	736	33	9	6	1	1
湖口县	22477	21070	494	21	7	6	14	5
彭泽县	30681	28220	395	32	2	24	19	11
瑞昌市	47535	46629	181	29	16	13	3	2
共青城市	18021	16019	1481	6	13	15	20	2
庐山市	23441	23159	164	4			1	2
新余市	**110147**	**103942**	**4003**	**15**	**2**	**59**	**31**	**25**
渝水区	85001	79287	3845	14	2	59	31	24
分宜县	25146	24655	158	1				1
鹰潭市	**123596**	**117295**	**3802**	**33**	**17**	**72**	**40**	**16**
月湖区	27229	24560	1991	8	2	14	14	6
余江区	37574	36332	378	16	7	19	16	7
贵溪市	58793	56403	1433	9	8	39	10	3
赣州市	**914028**	**874686**	**20828**	**111**	**58**	**222**	**158**	**90**
章贡区	108002	90547	12875	44	37	121	98	56
南康区	82262	78300	2366	8	1	24	3	4
赣县区	54810	52771	908	2	1	29	8	14
信丰县	67220	66031	340			3	5	1
大余县	26754	25979	299		1	1	1	
上犹县	28630	27738	369	7	1	2	2	
崇义县	18832	18347	279	3		3	1	
安远县	33227	32813	128			2	1	
定南县	20301	19710	252		1	4	5	5
全南县	17845	16970	311	3		1	2	1

7−7 续表 1

单位：人

现住地	五年前常住地							
	合计	省内		省外				
		本县市区	本省其他县市区	北京	天津	河北	山西	内蒙古
宁都县	87503	86782	226	3		6	3	
于都县	101369	98926	665	11		4	3	
兴国县	73096	70560	608	13	1	9	5	1
会昌县	45575	44374	224	1		1		
寻乌县	27670	27001	161	1	1			
石城县	27389	26768	127	8		1	2	4
瑞金市	62966	61664	323	7		2	1	1
龙南市	30577	29405	367		14	9	18	3
吉安市	**419628**	**401922**	**7924**	**187**	**17**	**60**	**57**	**20**
吉州区	35238	32483	2103	60	3	7	5	1
青原区	21691	19610	1373	24	6	27	13	9
吉安县	41859	39592	1172	22		3	7	
吉水县	40873	39941	292	3	1	2	3	1
峡江县	14008	13806	108				2	
新干县	28707	27609	245	5		3	14	4
永丰县	33686	33016	167	3	1	4	1	1
泰和县	42447	41610	236	5		2		1
遂川县	49050	48078	262	8	1	1	3	
万安县	25764	24664	290	37	4	2	1	
安福县	29725	28872	281	2		3		1
永新县	43216	40652	417	7	1	4	4	1
井冈山市	13364	11989	978	11		2	4	1
宜春市	**475380**	**452799**	**10045**	**182**	**30**	**146**	**105**	**39**
袁州区	103248	96283	4063	43	13	55	44	20
奉新县	25109	24333	301	13	3	1	1	
万载县	43493	42542	284	7	2	6	3	1
上高县	30234	29494	354	2			4	1
宜丰县	23158	22409	298	9		2	5	1
靖安县	11418	10779	283	1		12		
铜鼓县	10763	10554	67			4	2	2
丰城市	103792	98167	1548	79	7	29	30	8
樟树市	48759	46219	1331	9	4	13	1	1
高安市	75406	72019	1516	19	1	24	15	5
抚州市	**377031**	**364260**	**5975**	**102**	**14**	**68**	**45**	**48**
临川区	105711	99289	4133	39	13	39	34	25
东乡区	37903	36677	280	17		6	1	11
南城县	28421	27990	148	12		6		1
黎川县	23033	22388	155	4		2	3	3
南丰县	25547	25243	137	4	1	1		
崇仁县	37000	36367	225	7		3		
乐安县	34558	33859	199	8			1	1
宜黄县	24070	23314	311	1		1		
金溪县	28549	27697	205	8		1	4	
资溪县	11083	10854	77			9	2	7
广昌县	21156	20582	105	2				
上饶市	**688906**	**666795**	**9014**	**88**	**25**	**104**	**96**	**39**
信州区	57868	52478	3782	18	7	30	54	14
广丰区	87096	85656	617	2	2	3	1	
广信区	75613	72524	1582	9	2	10	15	7
玉山县	51739	49859	532	15	1	12	3	4
铅山县	40523	39710	286			1		
横峰县	18001	17604	108			2		
弋阳县	35558	34653	246	1	3			
余干县	92322	90112	431	14		15	10	8
鄱阳县	128248	125141	469	10	3	7	5	2
万年县	38789	37743	330	3	1	4		2
婺源县	34099	33197	211	12	6	14	4	
德兴市	29050	28118	420	4		6	4	2

7–7　续表 2

单位：人

现住地	五年前常住地							
	省　外							
	辽宁	吉林	黑龙江	上海	江苏	浙江	安徽	福建
全　省	**1024**	**748**	**971**	**4269**	**5140**	**18156**	**4492**	**10023**
南昌市	**498**	**385**	**514**	**1165**	**1836**	**2671**	**2062**	**1773**
东湖区	19	18	32	38	52	80	80	63
西湖区	26	9	22	55	49	106	80	87
青云谱区	20	9	14	31	28	82	64	69
青山湖区	191	161	147	291	468	689	707	495
新建区	21	15	27	78	117	165	136	163
红谷滩区	131	108	129	193	340	438	394	336
南昌县	73	53	99	198	312	534	440	350
安义县	7	7	42	239	444	452	142	102
进贤县	10	5	2	42	26	125	19	108
景德镇市	**40**	**20**	**43**	**114**	**154**	**857**	**207**	**202**
昌江区	1	1	2	6	6	38	22	3
珠山区	10	6	11	40	37	104	27	48
浮梁县	22	12	27	36	72	205	137	88
乐平市	7	1	3	32	39	510	21	63
萍乡市	**18**	**22**	**14**	**104**	**118**	**362**	**91**	**192**
安源区	7	17	6	19	26	96	25	44
湘东区	3	1	2	21	13	42	8	47
莲花县	5	1	2	39	30	134	14	52
上栗县	1	2	1	7	23	32	33	17
芦溪县	2	1	3	18	26	58	11	32
九江市	**120**	**70**	**100**	**715**	**777**	**2800**	**621**	**1172**
濂溪区	27	16	34	60	74	148	161	92
浔阳区	31	26	23	80	50	140	118	69
柴桑区	5	1	1	98	63	113	45	74
武宁县	1	3	1	26	56	238	20	56
修水县	15	4	2	41	35	667	16	144
永修县	7	3	14	67	74	222	32	109
德安县			2	6	17	50	21	69
都昌县			1	83	80	428	25	131
湖口县	12	2	2	38	83	227	21	76
彭泽县	16	13	11	173	158	366	122	238
瑞昌市	4		6	36	42	139	8	67
共青城市	2	1	3	6	39	51	28	33
庐山市		1		1	6	11	4	14
新余市	**23**	**15**	**14**	**68**	**72**	**266**	**78**	**142**
渝水区	18	11	13	50	67	209	71	103
分宜县	5	4	1	18	5	57	7	39
鹰潭市	**37**	**14**	**20**	**154**	**136**	**459**	**107**	**312**
月湖区	4	3	7	70	39	88	27	63
余江区	16	4	3	36	42	148	27	133
贵溪市	17	7	10	48	55	223	53	116
赣州市	**100**	**91**	**118**	**278**	**414**	**822**	**437**	**2043**
章贡区	54	45	87	95	200	224	189	407
南康区	3	4	11	18	41	62	79	67
赣县区	15	3	4	14	23	22	56	72
信丰县	5	5	2	10	7	22	8	12
大余县	1	3	1	7	11	13	3	32
上犹县	1	1	1	10	14	14	7	72
崇义县	1	1		2	1	9	3	12
安远县			1		4	7	1	16
定南县	3			1	2	3	6	7
全南县			2	4	6	20	12	30

7—7 续表 3

单位：人

现住地	五年前常住地							
	省外							
	辽宁	吉林	黑龙江	上海	江苏	浙江	安徽	福建
宁都县	3	2	2	6	21	35	15	134
于都县	5	2	3	27	9	114	5	233
兴国县	2	19	3	30	22	96	25	275
会昌县	3	2		20	18	46	2	168
寻乌县	1	1			3	17	1	21
石城县	2			7	8	17	2	175
瑞金市				16	16	88	1	281
龙南市	1	3	1	11	8	13	22	29
吉安市	**19**	**15**	**14**	**260**	**287**	**1301**	**113**	**689**
吉州区	2		2	41	22	40	6	43
青原区	3	6	2	26	16	64	17	39
吉安县	4	3	6	25	38	121	11	37
吉水县				13	11	54	6	24
峡江县				4	1	16	5	4
新干县	3		3	16	47	146	13	91
永丰县	2			13	27	172	8	72
泰和县		3		20	16	47	6	17
遂川县				9	7	55	13	123
万安县	1			22	28	89	9	71
安福县	2	2		15	10	111	8	16
永新县	2		1	46	54	322	7	124
井冈山市		1		10	10	64	4	28
宜春市	**54**	**53**	**54**	**467**	**450**	**1542**	**273**	**1140**
袁州区	21	29	24	133	141	436	110	184
奉新县	1	3		65	33	42	16	35
万载县	1		4	28	10	145	7	63
上高县	1		2	6	19	55	6	33
宜丰县	2	4	3	8	20	40	16	25
靖安县	1	3		42	48	60	10	11
铜鼓县		1		4	1	31	5	11
丰城市	7	1	9	75	71	440	37	514
樟树市	2	4	2	68	30	148	27	59
高安市	18	8	10	38	77	145	39	205
抚州市	**48**	**43**	**35**	**380**	**351**	**989**	**183**	**1021**
临川区	28	33	28	133	121	219	104	212
东乡区	2	2		56	58	181	10	216
南城县	1	1		30	8	36	5	44
黎川县	4	1	2	27	7	62	13	143
南丰县				17	9	29	2	16
崇仁县	2			39	18	77	6	49
乐安县		3		15	19	116	3	50
宜黄县	5	1	2	1	31	74	27	9
金溪县	6	1	2	23	31	119	4	193
资溪县			1	3	8	19	6	34
广昌县		1		36	41	57	3	55
上饶市	**67**	**20**	**45**	**564**	**545**	**6087**	**320**	**1337**
信州区	19	10	19	108	79	309	83	136
广丰区	1		1	76	43	322	9	92
广信区	13	1	6	60	54	591	52	114
玉山县	6	2	2	83	70	766	36	70
铅山县	1	1	3	13	16	318	9	45
横峰县				8	14	162	7	17
弋阳县	2		2	16	19	454	24	32
余干县	10	1	3	73	47	498	15	492
鄱阳县	12	2		42	100	1758	46	178
万年县				21	29	385	8	94
婺源县	2		3	42	50	367	17	19
德兴市	1	3	6	22	24	157	14	48

7-7　续表 4

单位：人

现住地	五年前常住地								
	省外								
	山东	河南	湖北	湖南	广东	广西	海南	重庆	四川
全　省	**2735**	**5609**	**5723**	**6443**	**27604**	**2477**	**1266**	**1733**	**3827**
南昌市	**1396**	**2414**	**2139**	**2063**	**2973**	**777**	**587**	**715**	**1411**
东湖区	64	78	104	70	93	28	13	31	73
西湖区	36	84	126	90	157	24	5	29	66
青云谱区	28	77	68	93	95	12	4	21	36
青山湖区	526	739	658	611	890	241	166	214	353
新建区	100	129	135	175	196	48	22	65	105
红谷滩区	268	537	457	483	515	148	116	152	293
南昌县	303	638	415	371	615	167	202	110	223
安义县	57	100	142	133	234	71	52	70	205
进贤县	14	32	34	37	178	38	7	23	57
景德镇市	**127**	**199**	**109**	**127**	**261**	**75**	**29**	**55**	**92**
昌江区	3	6	12	12	21	11		5	14
珠山区	34	31	32	19	48	5	2	4	15
浮梁县	86	147	50	78	105	44	23	41	53
乐平市	4	15	15	18	87	15	4	5	10
萍乡市	**35**	**129**	**163**	**604**	**1337**	**86**	**33**	**44**	**109**
安源区	21	62	34	204	127	25	13	21	42
湘东区	3	10	53	104	220	24	5	12	24
莲花县	6	10	16	53	717	25	8	5	15
上栗县	3	40	31	199	134	5	1	4	11
芦溪县	2	7	29	44	139	7	6	2	17
九江市	**248**	**709**	**1308**	**405**	**3267**	**180**	**109**	**124**	**334**
濂溪区	70	94	334	54	220	49	22	24	56
浔阳区	34	64	385	59	186	22	8	27	40
柴桑区	14	42	137	28	252	7	3	10	11
武宁县	5	34	38	20	198	28	12	6	35
修水县	10	5	31	61	774	7	3	11	15
永修县	13	54	39	50	244	16	22	13	45
德安县	5	29	30	18	78	6	2	8	16
都昌县	1	18	47	16	570	6	6		17
湖口县	22	44	84	21	181	5		1	2
彭泽县	54	277	57	31	338	9	8	11	34
瑞昌市	10	16	75	16	159	9		10	21
共青城市	9	31	47	22	48	14	21	3	27
庐山市	1	1	4	9	19	2	2		15
新余市	**76**	**97**	**60**	**196**	**374**	**69**	**21**	**29**	**88**
渝水区	70	90	54	167	308	61	21	26	74
分宜县	6	7	6	29	66	8		3	14
鹰潭市	**50**	**90**	**101**	**137**	**205**	**30**	**9**	**59**	**127**
月湖区	17	26	48	39	70	12	5	21	32
余江区	20	22	28	48	95	11		14	52
贵溪市	13	42	25	50	40	7	4	24	43
赣州市	**306**	**701**	**595**	**952**	**8249**	**359**	**120**	**260**	**655**
章贡区	166	271	196	323	924	97	88	91	201
南康区	37	68	74	227	505	57	6	47	76
赣县区	33	114	48	50	467	20	2	18	57
信丰县	9	40	24	46	544	15	1	3	25
大余县	4	8	15	14	306	5	4	5	17
上犹县	2	14	4	22	299	15	4	4	5
崇义县	1	3	3	15	129	3		2	3
安远县	2	6	18	12	152	5			37
定南县		4	24	15	176	20		12	34
全南县	11	9	11	22	353	18	2	15	9

7—7 续表 5

单位：人

现住地	五年前常住地								
	省外								
	山东	河南	湖北	湖南	广东	广西	海南	重庆	四川
宁都县	1	5	22	22	111	7	3	11	18
于都县	5	23	23	43	1107	19	3	14	51
兴国县	13	17	68	34	1143	20	3	12	34
会昌县	5	6	12	43	599	8	1	2	7
寻乌县	1	2	6	8	403	9		3	10
石城县	10	15	7	11	204	3		4	5
瑞金市	1	20	12	11	461	15	2	1	15
龙南市	5	76	28	34	366	23	1	16	51
吉安市	**107**	**189**	**256**	**417**	**4668**	**179**	**63**	**94**	**163**
吉州区	2	30	23	27	252	15	4	5	20
青原区	26	28	20	32	228	9	9	11	16
吉安县	8	42	51	90	448	26	3	10	33
吉水县	37	9	21	22	373	11	2	5	12
峡江县				9	33	2		7	5
新干县	2	24	21	14	327	13	7	3	8
永丰县	7	4	11	12	124	10		7	7
泰和县	2	10	13	17	356	29	6	1	7
遂川县	2	10	42	41	323	13	1	16	15
万安县	2	4	13	14	461	8	4	4	11
安福县	2	11	13	47	256	21		4	7
永新县	16	15	20	62	1304	22	23	16	18
井冈山市	1	2	8	30	183		4	5	4
宜春市	**189**	**509**	**496**	**869**	**3570**	**472**	**201**	**139**	**333**
袁州区	63	128	79	344	557	49	24	31	97
奉新县	5	14	16	34	118	11		6	17
万载县	9	6	10	58	208	13	6	7	15
上高县	13	13	17	32	113	9		1	11
宜丰县	6	8	20	50	109	7	2	6	15
靖安县	1	11	13	28	33	4	2	8	12
铜鼓县	5	2	3	31	19	1	1		5
丰城市	19	161	215	99	1350	330	146	18	68
樟树市	13	35	51	49	559	15	13	13	13
高安市	55	131	72	144	504	33	7	49	80
抚州市	**82**	**225**	**199**	**333**	**1396**	**140**	**42**	**84**	**239**
临川区	38	97	84	167	339	46	34	40	65
东乡区	9	16	8	13	238	17	1	5	9
南城县	3	4	7	16	70	2	1	6	9
黎川县	15	17	7	33	90	17	2	6	14
南丰县		4	4	11	35	7	1	1	8
崇仁县		7	22	23	111	10	2	3	6
乐安县	1	10	14	6	185	7		2	2
宜黄县	4	52	11	33	17	2		10	91
金溪县	4	7	34	14	80	26	1	2	24
资溪县	2	2	3	3	25	3		4	2
广昌县	6	9	5	14	206	3		5	9
上饶市	**119**	**347**	**297**	**340**	**1304**	**110**	**52**	**130**	**276**
信州区	45	83	59	119	122	22	12	38	61
广丰区	2	8	17	33	82	13	5	10	37
广信区	15	79	67	71	116	13	3	18	60
玉山县	7	10	17	26	93	4	10	1	29
铅山县	2	17	6	13	55	2	1	1	3
横峰县	2	10	1	2	30	5		1	5
弋阳县		7	16	7	37	4	1	8	8
余干县	5	22	16	18	345	8	12	21	29
鄱阳县	15	32	42	21	269	24	6	12	13
万年县	1	18	17	7	79	1	1	2	11
婺源县	18	12	15	13	35	9		5	10
德兴市	7	49	24	10	41	5	1	13	10

7–7　续表 6

单位：人

现住地	五年前常住地								
	省外								港澳台或国外
	贵州	云南	西藏	陕西	甘肃	青海	宁夏	新疆	
全　省	**3811**	**2594**	**262**	**1595**	**1816**	**458**	**449**	**837**	**502**
南昌市	**1238**	**862**	**197**	**674**	**861**	**262**	**272**	**517**	**191**
东湖区	31	29		29	20	2	9	15	33
西湖区	52	32	2	31	20	6	1	15	23
青云谱区	18	8	1	14	14	3		5	19
青山湖区	319	269	19	211	365	93	142	215	46
新建区	70	48	3	45	47	6	6	36	3
红谷滩区	274	174	119	162	159	92	28	141	38
南昌县	258	195	36	100	189	51	69	69	22
安义县	195	66	1	57	43	4	13	13	
进贤县	21	41	16	25	4	5	4	8	7
景德镇市	**94**	**57**	**1**	**34**	**47**	**6**	**9**	**12**	**9**
昌江区	10	5		1	5				
珠山区	16	13		15	9	1	3	1	8
浮梁县	58	32		14	31	4	6	11	1
乐平市	10	7	1	4	2	1			
萍乡市	**198**	**91**	**21**	**38**	**42**	**11**	**6**	**27**	**29**
安源区	74	28	21	7	26	11	4	20	2
湘东区	27	23		7	7		1	2	6
莲花县	30	10			3			2	8
上栗县	48	16		22	3		1		6
芦溪县	19	14		2	3			3	7
九江市	**278**	**227**	**9**	**157**	**239**	**61**	**40**	**74**	**58**
濂溪区	59	38		26	128	22	25	5	9
浔阳区	36	28	5	17	36	13	10	20	20
柴桑区	19	22	1	14	4	6	2		
武宁县	16	14		11	3		1		2
修水县	15	28		7	9		1	1	2
永修县	25	35		27	13	7		4	4
德安县	18	12		1	1			39	2
都昌县	14	9		2	2	2		2	3
湖口县	13	4	1	12	2			1	6
彭泽县	15	7		14	20			1	5
瑞昌市	7	10	2	12	10	2			1
共青城市	34	13		14	11	7		1	
庐山市	7	7				2	1		4
新余市	**179**	**60**	**1**	**21**	**75**	**21**	**12**	**7**	**6**
渝水区	145	55	1	12	72	18	10	7	6
分宜县	34	5		9	3	3	2		
鹰潭市	**68**	**91**	**6**	**46**	**27**	**5**	**3**	**13**	**15**
月湖区	26	5		11	5	3	2	5	6
余江区	18	45	6	12	5	2	1	7	4
贵溪市	24	41		23	17			1	5
赣州市	**460**	**318**	**2**	**183**	**187**	**41**	**48**	**88**	**48**
章贡区	133	94	2	71	115	27	43	67	14
南康区	82	52		23	5	3		1	8
赣县区	24	15		11	6	1	1		1
信丰县	22	13		17	6			2	2
大余县	10	3		5	2			2	2
上犹县	8	10		1				1	2
崇义县	2	7		1					1
安远县	12	6		1				2	1
定南县	8	4		3	1				1
全南县	8	11		12		1			1

7-7 续表 7

单位：人

现住地	五年前常住地								
	省外								港澳台或国外
	贵州	云南	西藏	陕西	甘肃	青海	宁夏	新疆	
宁都县	11	13		5	22	7	2	3	2
于都县	40	26						4	4
兴国县	19	17		19	24			2	2
会昌县	11	17		4			1		
寻乌县	14			4				1	1
石城县	1	1			2	1	1		3
瑞金市	14	7		2	1			3	1
龙南市	41	22		4	3	1			2
吉安市	**211**	**186**	**6**	**66**	**60**	**6**	**14**	**25**	**33**
吉州区	13	4	2	4	3	1		2	13
青原区	29	15		9	16	2		4	2
吉安县	47	30		6	18			4	2
吉水县	11	9		7	3				
峡江县	2	1		1	1				1
新干县	13	64	1	7	2	1			1
永丰县	8	2		5	1			1	
泰和县	13	7	1	4			12	1	5
遂川县	13	7	1	3			2		1
万安县	4	14		4	1	1		1	
安福县	15	13	1	4	2			2	4
永新县	39	14			13	1		9	2
井冈山市	4	6		12				1	2
宜春市	**517**	**277**	**13**	**188**	**103**	**18**	**26**	**31**	**50**
袁州区	115	62	9	16	50	9	1	4	11
奉新县	25	5		3		1	1	3	3
万载县	36	6	1	5	1		2	1	6
上高县	17	15		6	6	1	1		2
宜丰县	57	21		10	1			2	2
靖安县	28	16		4	2	2			4
铜鼓县	3	6		1	2				2
丰城市	133	83	1	90	19	1	19	9	9
樟树市	24	20	1	19	7	1		3	5
高安市	79	43	1	34	15	3	2	9	6
抚州市	**279**	**202**	**2**	**103**	**74**	**14**	**5**	**29**	**21**
临川区	102	107	1	36	58	8	5	22	12
东乡区	38	23		3	1	1		1	3
南城县	10	9		1					1
黎川县	9	3		5		1			
南丰县	5	3		5					4
崇仁县	9	4		2	4	3		1	
乐安县	16	11	1	28				1	
宜黄县	36	27		7	3				
金溪县	33	8		10	7			4	1
资溪县	16			2		1			
广昌县	5	7		4	1				
上饶市	**289**	**223**	**4**	**85**	**101**	**13**	**14**	**14**	**42**
信州区	38	33	1	20	40	5	11	8	5
广丰区	31	25		2	2	2			2
广信区	48	24		13	33	1	2	1	9
玉山县	45	18		6	4			4	4
铅山县	11	6		1		1			1
横峰县	10	6	1	2	2				2
弋阳县	5	7		3	2	1			
余干县	29	70		6	3	1	1		7
鄱阳县	11	11		9	1	1			6
万年县	15	4	2	7	1			1	2
婺源县	8	4		13	11	1			1
德兴市	38	15		3	2				3

第二部分　长表数据资料

第八卷　老年人口

8-1 各地区分性别、健康状况的60岁及以上老年人口

单位：人

地区	60岁及以上人口			健康		
	合计	男	女	小计	男	女
全省	**761001**	**369323**	**391678**	**462082**	**236030**	**226052**
南昌市	**94467**	**45813**	**48654**	**60636**	**30706**	**29930**
东湖区	9453	4488	4965	6664	3313	3351
西湖区	9710	4675	5035	6574	3271	3303
青云谱区	6866	3308	3558	4441	2262	2179
青山湖区	14402	6981	7421	9686	4829	4857
新建区	11045	5479	5566	6445	3365	3080
红谷滩区	4895	2381	2514	3767	1857	1910
南昌县	21225	10250	10975	13504	6865	6639
安义县	4246	2151	2095	2498	1334	1164
进贤县	12625	6100	6525	7057	3610	3447
景德镇市	**26144**	**12783**	**13361**	**15436**	**8012**	**7424**
昌江区	3141	1549	1592	1903	995	908
珠山区	6597	3242	3355	3942	2047	1895
浮梁县	4360	2212	2148	2400	1291	1109
乐平市	12046	5780	6266	7191	3679	3512
萍乡市	**34722**	**16919**	**17803**	**20261**	**10338**	**9923**
安源区	9806	4664	5142	6112	3033	3079
湘东区	6973	3407	3566	4469	2282	2187
莲花县	4648	2182	2466	2700	1333	1367
上栗县	7938	3968	3970	4025	2122	1903
芦溪县	5357	2698	2659	2955	1568	1387
九江市	**81470**	**40212**	**41258**	**48474**	**25256**	**23218**
濂溪区	5540	2757	2783	3615	1871	1744
浔阳区	7232	3554	3678	5103	2586	2517
柴桑区	5626	2795	2831	3724	1929	1795
武宁县	6299	3138	3161	3426	1837	1589
修水县	12854	6454	6400	7024	3745	3279
永修县	6008	2921	3087	3664	1883	1781
德安县	2690	1329	1361	1500	782	718
都昌县	11118	5410	5708	6387	3311	3076
湖口县	4723	2294	2429	2820	1450	1370
彭泽县	5973	2895	3078	3339	1734	1605
瑞昌市	7529	3717	3812	4462	2354	2108
共青城市	1790	911	879	1021	543	478
庐山市	4088	2037	2051	2389	1231	1158
新余市	**20150**	**9670**	**10480**	**12433**	**6351**	**6082**
渝水区	14939	7144	7795	9486	4834	4652
分宜县	5211	2526	2685	2947	1517	1430
鹰潭市	**20916**	**10207**	**10709**	**13288**	**6774**	**6514**
月湖区	4485	2201	2284	2769	1424	1345
余江区	6383	3058	3325	4133	2071	2062
贵溪市	10048	4948	5100	6386	3279	3107
赣州市	**142510**	**67554**	**74956**	**84542**	**42255**	**42287**
章贡区	15213	7319	7894	9628	4831	4797
南康区	12908	5974	6934	7369	3592	3777
赣县区	9105	4354	4751	5571	2744	2827
信丰县	10357	4805	5552	5837	2923	2914
大余县	4705	2175	2530	2512	1226	1286
上犹县	5143	2415	2728	3035	1520	1515
崇义县	3320	1608	1712	1707	885	822
安远县	5020	2253	2767	2721	1314	1407
定南县	3201	1496	1705	1781	890	891
全南县	3141	1464	1677	1923	954	969

8-1 续表 1

单位：人

地 区	60岁及以上人口			健 康		
	合计	男	女	小计	男	女
宁都县	12683	6158	6525	8000	4050	3950
于都县	15299	7224	8075	8152	4018	4134
兴国县	12280	5995	6285	7495	3810	3685
会昌县	6847	3264	3583	3473	1789	1684
寻乌县	4262	2025	2237	2557	1303	1254
石城县	4396	2095	2301	2934	1481	1453
瑞金市	9421	4534	4887	6723	3369	3354
龙南市	5209	2396	2813	3124	1556	1568
吉安市	**77136**	**36881**	**40255**	**46057**	**23422**	**22635**
吉州区	6464	3132	3332	4174	2125	2049
青原区	3362	1616	1746	2191	1095	1096
吉安县	7190	3384	3806	4358	2181	2177
吉水县	7852	3762	4090	4640	2405	2235
峡江县	2652	1281	1371	1506	782	724
新干县	4990	2343	2647	2739	1388	1351
永丰县	6168	2955	3213	3789	1922	1867
泰和县	8087	3782	4305	5142	2527	2615
遂川县	8262	3971	4291	5112	2557	2555
万安县	4625	2250	2375	2826	1467	1359
安福县	6484	3213	3271	3343	1780	1563
永新县	8345	3936	4409	4826	2461	2365
井冈山市	2655	1256	1399	1411	732	679
宜春市	**87667**	**42649**	**45018**	**56817**	**28900**	**27917**
袁州区	17427	8577	8850	10921	5598	5323
奉新县	4902	2465	2437	2986	1583	1403
万载县	7403	3646	3757	4442	2293	2149
上高县	5783	2771	3012	3556	1807	1749
宜丰县	4798	2405	2393	2923	1530	1393
靖安县	2446	1219	1227	1440	769	671
铜鼓县	2012	1012	1000	836	471	365
丰城市	19841	9331	10510	13645	6674	6971
樟树市	9466	4526	4940	6896	3444	3452
高安市	13589	6697	6892	9172	4731	4441
抚州市	**60386**	**29273**	**31113**	**36171**	**18483**	**17688**
临川区	17339	8422	8917	9789	4981	4808
东乡区	6941	3328	3613	4260	2155	2105
南城县	4709	2269	2440	2956	1504	1452
黎川县	3830	1909	1921	2497	1307	1190
南丰县	4255	2062	2193	2608	1374	1234
崇仁县	5202	2485	2717	3234	1601	1633
乐安县	5033	2446	2587	3251	1641	1610
宜黄县	3497	1732	1765	2178	1144	1034
金溪县	4296	2108	2188	2393	1250	1143
资溪县	1910	908	1002	923	472	451
广昌县	3374	1604	1770	2082	1054	1028
上饶市	**115433**	**57362**	**58071**	**67967**	**35533**	**32434**
信州区	9413	4668	4745	6844	3509	3335
广丰区	13593	6915	6678	8749	4638	4111
广信区	11932	5980	5952	7017	3665	3352
玉山县	10380	5191	5189	6481	3393	3088
铅山县	7127	3547	3580	4180	2181	1999
横峰县	3589	1771	1818	2465	1255	1210
弋阳县	6606	3294	3312	4168	2160	2008
余干县	14314	6930	7384	7515	3847	3668
鄱阳县	20373	10115	10258	10080	5409	4671
万年县	6446	3200	3246	3317	1769	1548
婺源县	6376	3166	3210	4036	2115	1921
德兴市	5284	2585	2699	3115	1592	1523

8-1 续表 2

单位：人

地 区	基本健康			不健康，但生活能自理			不健康，生活不能自理		
	小计	男	女	小计	男	女	小计	男	女
全 省	**229013**	**101054**	**127959**	**57342**	**26647**	**30695**	**12564**	**5592**	**6972**
南昌市	**26890**	**11904**	**14986**	**5299**	**2492**	**2807**	**1642**	**711**	**931**
东湖区	2203	926	1277	433	188	245	153	61	92
西湖区	2446	1092	1354	481	234	247	209	78	131
青云谱区	2008	851	1157	303	150	153	114	45	69
青山湖区	3849	1720	2129	598	304	294	269	128	141
新建区	3634	1672	1962	746	357	389	220	85	135
红谷滩区	919	428	491	143	66	77	66	30	36
南昌县	6109	2664	3445	1283	576	707	329	145	184
安义县	1343	618	725	331	168	163	74	31	43
进贤县	4379	1933	2446	981	449	532	208	108	100
景德镇市	**8336**	**3685**	**4651**	**1945**	**899**	**1046**	**427**	**187**	**240**
昌江区	991	446	545	213	98	115	34	10	24
珠山区	2245	1015	1230	314	136	178	96	44	52
浮梁县	1418	656	762	451	222	229	91	43	48
乐平市	3682	1568	2114	967	443	524	206	90	116
萍乡市	**11044**	**5045**	**5999**	**2720**	**1250**	**1470**	**697**	**286**	**411**
安源区	3056	1365	1691	464	204	260	174	62	112
湘东区	1886	857	1029	469	201	268	149	67	82
莲花县	1526	670	856	325	137	188	97	42	55
上栗县	2849	1340	1509	902	436	466	162	70	92
芦溪县	1727	813	914	560	272	288	115	45	70
九江市	**24662**	**11146**	**13516**	**6943**	**3214**	**3729**	**1391**	**596**	**795**
濂溪区	1537	705	832	313	142	171	75	39	36
浔阳区	1668	755	913	360	163	197	101	50	51
柴桑区	1427	652	775	379	177	202	96	37	59
武宁县	2059	904	1155	666	333	333	148	64	84
修水县	4296	2007	2289	1329	617	712	205	85	120
永修县	1698	747	951	524	237	287	122	54	68
德安县	870	398	472	263	120	143	57	29	28
都昌县	3491	1545	1946	1062	482	580	178	72	106
湖口县	1397	606	791	446	217	229	60	21	39
彭泽县	1957	855	1102	568	259	309	109	47	62
瑞昌市	2255	1010	1245	661	293	368	151	60	91
共青城市	597	289	308	132	59	73	40	20	20
庐山市	1410	673	737	240	115	125	49	18	31
新余市	**5801**	**2467**	**3334**	**1589**	**719**	**870**	**327**	**133**	**194**
渝水区	4178	1750	2428	1021	456	565	254	104	150
分宜县	1623	717	906	568	263	305	73	29	44
鹰潭市	**5949**	**2645**	**3304**	**1381**	**644**	**737**	**298**	**144**	**154**
月湖区	1360	607	753	279	132	147	77	38	39
余江区	1734	752	982	437	196	241	79	39	40
贵溪市	2855	1286	1569	665	316	349	142	67	75
赣州市	**45385**	**19639**	**25746**	**10344**	**4644**	**5700**	**2239**	**1016**	**1223**
章贡区	4499	2009	2490	798	350	448	288	129	159
南康区	4362	1874	2488	967	416	551	210	92	118
赣县区	2743	1222	1521	660	322	338	131	66	65
信丰县	3773	1557	2216	634	266	368	113	59	54
大余县	1717	730	987	375	173	202	101	46	55
上犹县	1638	692	946	374	158	216	96	45	51
崇义县	1249	561	688	310	145	165	54	17	37
安远县	1931	781	1150	293	126	167	75	32	43
定南县	1030	446	584	324	126	198	66	34	32
全南县	979	402	577	179	74	105	60	34	26

8-1 续表 3

单位：人

地 区	基本健康			不健康，但生活能自理			不健康，生活不能自理		
	小计	男	女	小计	男	女	小计	男	女
宁都县	3576	1573	2003	959	468	491	148	67	81
于都县	5741	2554	3187	1168	551	617	238	101	137
兴国县	3493	1572	1921	1080	522	558	212	91	121
会昌县	2629	1166	1463	646	269	377	99	40	59
寻乌县	1246	524	722	374	157	217	85	41	44
石城县	1119	463	656	282	125	157	61	26	35
瑞金市	2045	862	1183	548	248	300	105	55	50
龙南市	1615	651	964	373	148	225	97	41	56
吉安市	**23100**	**9823**	**13277**	**6679**	**3011**	**3668**	**1300**	**625**	**675**
吉州区	1795	768	1027	390	182	208	105	57	48
青原区	907	386	521	222	111	111	42	24	18
吉安县	2127	885	1242	592	257	335	113	61	52
吉水县	2340	977	1363	734	313	421	138	67	71
峡江县	835	366	469	270	117	153	41	16	25
新干县	1692	700	992	489	221	268	70	34	36
永丰县	1774	753	1021	518	244	274	87	36	51
泰和县	2265	953	1312	576	259	317	104	43	61
遂川县	2413	1074	1339	602	274	328	135	66	69
万安县	1343	580	763	354	155	199	102	48	54
安福县	2210	982	1228	774	374	400	157	77	80
永新县	2526	1039	1487	857	373	484	136	63	73
井冈山市	873	360	513	301	131	170	70	33	37
宜春市	**22766**	**9951**	**12815**	**6464**	**3094**	**3370**	**1620**	**704**	**916**
袁州区	4805	2148	2657	1383	694	689	318	137	181
奉新县	1440	650	790	396	198	198	80	34	46
万载县	1996	891	1105	766	372	394	199	90	109
上高县	1623	680	943	498	242	256	106	42	64
宜丰县	1384	644	740	369	179	190	122	52	70
靖安县	718	330	388	234	101	133	54	19	35
铜鼓县	833	367	466	278	144	134	65	30	35
丰城市	4712	2002	2710	1136	507	629	348	148	200
樟树市	1862	760	1102	580	259	321	128	63	65
高安市	3393	1479	1914	824	398	426	200	89	111
抚州市	**18781**	**8268**	**10513**	**4638**	**2165**	**2473**	**796**	**357**	**439**
临川区	5895	2687	3208	1412	642	770	243	112	131
东乡区	1966	836	1130	592	277	315	123	60	63
南城县	1418	612	806	298	137	161	37	16	21
黎川县	988	431	557	297	148	149	48	23	25
南丰县	1257	502	755	327	161	166	63	25	38
崇仁县	1494	677	817	411	181	230	63	26	37
乐安县	1380	610	770	348	172	176	54	23	31
宜黄县	1068	478	590	207	95	112	44	15	29
金溪县	1488	668	820	369	175	194	46	15	31
资溪县	794	343	451	153	74	79	40	19	21
广昌县	1033	424	609	224	103	121	35	23	12
上饶市	**36299**	**16481**	**19818**	**9340**	**4515**	**4825**	**1827**	**833**	**994**
信州区	2087	930	1157	354	164	190	128	65	63
广丰区	3769	1740	2029	903	460	443	172	77	95
广信区	3856	1783	2073	886	454	432	173	78	95
玉山县	2918	1302	1616	846	438	408	135	58	77
铅山县	2388	1093	1295	471	234	237	88	39	49
横峰县	905	402	503	176	95	81	43	19	24
弋阳县	1863	860	1003	463	228	235	112	46	66
余干县	5398	2441	2957	1160	522	638	241	120	121
鄱阳县	7345	3338	4007	2545	1191	1354	403	177	226
万年县	2429	1102	1327	583	271	312	117	58	59
婺源县	1733	763	970	500	237	263	107	51	56
德兴市	1608	727	881	453	221	232	108	45	63

8-1a　各地区分性别、健康状况的60岁及以上老年人口(城市)

单位：人

地　区	60岁及以上人口			健　康		
	合计	男	女	小计	男	女
全　省	**181880**	**87946**	**93934**	**121653**	**61180**	**60473**
南昌市	**46981**	**22640**	**24341**	**32393**	**16173**	**16220**
东湖区	9037	4280	4757	6439	3188	3251
西湖区	9710	4675	5035	6574	3271	3303
青云谱区	6844	3296	3548	4433	2257	2176
青山湖区	12749	6168	6581	8724	4343	4381
新建区	3943	1941	2002	2502	1281	1221
红谷滩区	4600	2231	2369	3630	1784	1846
南昌县	98	49	49	91	49	42
安义县						
进贤县						
景德镇市	**12130**	**5934**	**6196**	**7364**	**3786**	**3578**
昌江区	2319	1150	1169	1408	733	675
珠山区	6423	3159	3264	3812	1985	1827
浮梁县	341	176	165	177	92	85
乐平市	3047	1449	1598	1967	976	991
萍乡市	**10721**	**5104**	**5617**	**7072**	**3502**	**3570**
安源区	8081	3840	4241	5300	2618	2682
湘东区	2551	1215	1336	1710	848	862
莲花县						
上栗县	89	49	40	62	36	26
芦溪县						
九江市	**16263**	**8140**	**8123**	**11096**	**5757**	**5339**
濂溪区	3695	1841	1854	2490	1294	1196
浔阳区	7178	3526	3652	5069	2566	2503
柴桑区	1487	764	723	1159	618	541
武宁县						
修水县						
永修县						
德安县						
都昌县						
湖口县						
彭泽县						
瑞昌市	1927	991	936	1266	674	592
共青城市	912	473	439	512	277	235
庐山市	1064	545	519	600	328	272
新余市	**8153**	**3882**	**4271**	**5470**	**2750**	**2720**
渝水区	8153	3882	4271	5470	2750	2720
分宜县						
鹰潭市	**8689**	**4213**	**4476**	**5585**	**2841**	**2744**
月湖区	4213	2073	2140	2646	1360	1286
余江区	1430	661	769	1047	507	540
贵溪市	3046	1479	1567	1892	974	918
赣州市	**23911**	**11393**	**12518**	**15861**	**7823**	**8038**
章贡区	12800	6196	6604	8309	4178	4131
南康区	3748	1728	2020	2497	1187	1310
赣县区	1966	920	1046	1259	591	668
信丰县						
大余县						
上犹县						
崇义县						
安远县						
定南县						
全南县						

8-1a 续表 1

单位：人

地区	60岁及以上人口			健康		
	合计	男	女	小计	男	女
宁都县						
于都县						
兴国县						
会昌县						
寻乌县	21	9	12	14	6	8
石城县						
瑞金市	3045	1472	1573	2232	1110	1122
龙南市	2331	1068	1263	1550	751	799
吉安市	**6695**	**3257**	**3438**	**4451**	**2267**	**2184**
吉州区	5114	2489	2625	3361	1710	1651
青原区	1060	511	549	747	375	372
吉安县						
吉水县						
峡江县						
新干县						
永丰县						
泰和县						
遂川县						
万安县						
安福县						
永新县						
井冈山市	521	257	264	343	182	161
宜春市	**19220**	**9172**	**10048**	**13354**	**6646**	**6708**
袁州区	8014	3859	4155	5419	2730	2689
奉新县						
万载县						
上高县						
宜丰县						
靖安县						
铜鼓县						
丰城市	4992	2341	2651	3580	1734	1846
樟树市	3400	1621	1779	2535	1271	1264
高安市	2814	1351	1463	1820	911	909
抚州市	**9329**	**4398**	**4931**	**5718**	**2806**	**2912**
临川区	6944	3253	3691	4123	2004	2119
东乡区	2385	1145	1240	1595	802	793
南城县						
黎川县						
南丰县						
崇仁县						
乐安县						
宜黄县						
金溪县						
资溪县						
广昌县						
上饶市	**19788**	**9813**	**9975**	**13289**	**6829**	**6460**
信州区	6956	3420	3536	5280	2669	2611
广丰区	5141	2608	2533	3204	1678	1526
广信区	4175	2093	2082	2552	1347	1205
玉山县						
铅山县	40	20	20	17	9	8
横峰县						
弋阳县						
余干县	530	260	270	353	181	172
鄱阳县	29	11	18	8	4	4
万年县						
婺源县						
德兴市	2917	1401	1516	1875	941	934

8-1a　续表 2

单位：人

地　区	基本健康			不健康，但生活能自理			不健康，生活不能自理		
	小计	男	女	小计	男	女	小计	男	女
全　省	**48338**	**21424**	**26914**	**9021**	**4073**	**4948**	**2868**	**1269**	**1599**
南昌市	**11776**	**5165**	**6611**	**1982**	**953**	**1029**	**830**	**349**	**481**
东湖区	2061	864	1197	396	173	223	141	55	86
西湖区	2446	1092	1354	481	234	247	209	78	131
青云谱区	2005	849	1156	302	149	153	104	41	63
青山湖区	3289	1462	1827	504	252	252	232	111	121
新建区	1195	541	654	164	84	80	82	35	47
红谷滩区	775	357	418	133	61	72	62	29	33
南昌县	5		5	2		2			
安义县									
进贤县									
景德镇市	**3960**	**1779**	**2181**	**645**	**299**	**346**	**161**	**70**	**91**
昌江区	754	349	405	137	64	73	20	4	16
珠山区	2214	999	1215	305	132	173	92	43	49
浮梁县	129	61	68	31	19	12	4	4	
乐平市	863	370	493	172	84	88	45	19	26
萍乡市	**2992**	**1337**	**1655**	**471**	**196**	**275**	**186**	**69**	**117**
安源区	2343	1047	1296	311	135	176	127	40	87
湘东区	622	277	345	160	61	99	59	29	30
莲花县									
上栗县	27	13	14						
芦溪县									
九江市	**4105**	**1905**	**2200**	**839**	**373**	**466**	**223**	**105**	**118**
濂溪区	969	445	524	188	82	106	48	20	28
浔阳区	1654	750	904	355	160	195	100	50	50
柴桑区	238	106	132	69	34	35	21	6	15
武宁县									
修水县									
永修县									
德安县									
都昌县									
湖口县									
彭泽县									
瑞昌市	507	247	260	125	54	71	29	16	13
共青城市	326	159	167	57	28	29	17	9	8
庐山市	411	198	213	45	15	30	8	4	4
新余市	**2178**	**923**	**1255**	**377**	**161**	**216**	**128**	**48**	**80**
渝水区	2178	923	1255	377	161	216	128	48	80
分宜县									
鹰潭市	**2453**	**1084**	**1369**	**523**	**222**	**301**	**128**	**66**	**62**
月湖区	1239	554	685	257	122	135	71	37	34
余江区	297	119	178	76	29	47	10	6	4
贵溪市	917	411	506	190	71	119	47	23	24
赣州市	**6576**	**2930**	**3646**	**1110**	**470**	**640**	**364**	**170**	**194**
章贡区	3636	1643	1993	610	264	346	245	111	134
南康区	1028	441	587	189	82	107	34	18	16
赣县区	615	287	328	72	31	41	20	11	9
信丰县									
大余县									
上犹县									
崇义县									
安远县									
定南县									
全南县									

8－1a　续表 3

单位：人

地　区	基本健康			不健康，但生活能自理			不健康，生活不能自理		
	小计	男	女	小计	男	女	小计	男	女
宁都县									
于都县									
兴国县									
会昌县									
寻乌县	4	1	3	3	2	1			
石城县									
瑞金市	683	309	374	111	43	68	19	10	9
龙南市	610	249	361	125	48	77	46	20	26
吉安市	**1780**	**764**	**1016**	**358**	**171**	**187**	**106**	**55**	**51**
吉州区	1400	605	795	265	127	138	88	47	41
青原区	256	108	148	49	23	26	8	5	3
吉安县									
吉水县									
峡江县									
新干县									
永丰县									
泰和县									
遂川县									
万安县									
安福县									
永新县									
井冈山市	124	51	73	44	21	23	10	3	7
宜春市	**4468**	**1892**	**2576**	**1060**	**480**	**580**	**338**	**154**	**184**
袁州区	2000	847	1153	455	218	237	140	64	76
奉新县									
万载县									
上高县									
宜丰县									
靖安县									
铜鼓县									
丰城市	1034	450	584	276	114	162	102	43	59
樟树市	649	252	397	165	77	88	51	21	30
高安市	785	343	442	164	71	93	45	26	19
抚州市	**2901**	**1282**	**1619**	**566**	**238**	**328**	**144**	**72**	**72**
临川区	2289	1026	1263	425	167	258	107	56	51
东乡区	612	256	356	141	71	70	37	16	21
南城县									
黎川县									
南丰县									
崇仁县									
乐安县									
宜黄县									
金溪县									
资溪县									
广昌县									
上饶市	**5149**	**2363**	**2786**	**1090**	**510**	**580**	**260**	**111**	**149**
信州区	1405	624	781	192	82	110	79	45	34
广丰区	1523	720	803	349	183	166	65	27	38
广信区	1301	612	689	272	120	152	50	14	36
玉山县									
铅山县	12	6	6	10	5	5	1		1
横峰县									
弋阳县									
余干县	118	52	66	55	24	31	4	3	1
鄱阳县	10	2	8	10	4	6	1	1	
万年县									
婺源县									
德兴市	780	347	433	202	92	110	60	21	39

8-1b　各地区分性别、健康状况的60岁及以上老年人口(镇)

单位：人

地　区	60岁及以上人口			健　康		
	合计	男	女	小计	男	女
全　省	**191830**	**93238**	**98592**	**115317**	**58623**	**56694**
南昌市	**16598**	**8056**	**8542**	**10603**	**5370**	**5233**
东湖区	59	31	28	21	13	8
西湖区						
青云谱区	22	12	10	8	5	3
青山湖区	894	424	470	503	248	255
新建区	673	354	319	363	214	149
红谷滩区						
南昌县	8956	4305	4651	6273	3133	3140
安义县	1507	794	713	797	451	346
进贤县	4487	2136	2351	2638	1306	1332
景德镇市	**3516**	**1714**	**1802**	**2072**	**1058**	**1014**
昌江区	147	64	83	59	31	28
珠山区	142	67	75	101	47	54
浮梁县	1693	854	839	976	516	460
乐平市	1534	729	805	936	464	472
萍乡市	**10762**	**5173**	**5589**	**6254**	**3150**	**3104**
安源区	1532	735	797	760	392	368
湘东区	1438	693	745	1022	507	515
莲花县	1765	812	953	1060	521	539
上栗县	3506	1707	1799	1989	1014	975
芦溪县	2521	1226	1295	1423	716	707
九江市	**23423**	**11590**	**11833**	**13617**	**7091**	**6526**
濂溪区	390	190	200	271	137	134
浔阳区						
柴桑区	915	443	472	618	310	308
武宁县	2606	1304	1302	1496	798	698
修水县	4749	2332	2417	2616	1368	1248
永修县	3057	1488	1569	1796	924	872
德安县	1261	631	630	851	429	422
都昌县	3884	1964	1920	2143	1156	987
湖口县	1698	806	892	1041	518	523
彭泽县	2596	1270	1326	1447	753	694
瑞昌市	1127	587	540	643	350	293
共青城市	32	16	16	19	10	9
庐山市	1108	559	549	676	338	338
新余市	**2690**	**1304**	**1386**	**1671**	**858**	**813**
渝水区	458	219	239	315	153	162
分宜县	2232	1085	1147	1356	705	651
鹰潭市	**2945**	**1466**	**1479**	**1897**	**994**	**903**
月湖区	102	46	56	44	23	21
余江区	1266	615	651	816	427	389
贵溪市	1577	805	772	1037	544	493
赣州市	**36349**	**17506**	**18843**	**20860**	**10488**	**10372**
章贡区	109	50	59	69	32	37
南康区	649	299	350	359	167	192
赣县区	1292	633	659	662	315	347
信丰县	4088	1912	2176	2251	1120	1131
大余县	2212	1038	1174	1193	586	607
上犹县	1625	775	850	1137	554	583
崇义县	1052	519	533	609	304	305
安远县	1948	895	1053	1011	485	526
定南县	1614	774	840	968	498	470
全南县	1427	680	747	873	454	419

8－1b 续表 1

单位：人

地区	60岁及以上人口			健康		
	合计	男	女	小计	男	女
宁都县	4670	2306	2364	2852	1449	1403
于都县	4792	2405	2387	2329	1217	1112
兴国县	3971	1952	2019	2544	1276	1268
会昌县	2922	1375	1547	1410	728	682
寻乌县	1493	714	779	972	490	482
石城县	1636	772	864	1045	516	529
瑞金市	493	245	248	368	186	182
龙南市	356	162	194	208	111	97
吉安市	**24412**	**11619**	**12793**	**14627**	**7317**	**7310**
吉州区	145	72	73	110	55	55
青原区	165	85	80	89	46	43
吉安县	2535	1201	1334	1561	774	787
吉水县	2917	1398	1519	1778	916	862
峡江县	884	416	468	544	267	277
新干县	1583	738	845	894	455	439
永丰县	2246	1064	1182	1385	692	693
泰和县	3240	1523	1717	2081	1006	1075
遂川县	2664	1250	1414	1577	757	820
万安县	1702	832	870	1030	529	501
安福县	2217	1100	1117	1114	592	522
永新县	3306	1563	1743	1984	992	992
井冈山市	808	377	431	480	236	244
宜春市	**18534**	**9009**	**9525**	**12103**	**6142**	**5961**
袁州区	1022	512	510	648	325	323
奉新县	2294	1126	1168	1465	755	710
万载县	3166	1522	1644	2021	1021	1000
上高县	2373	1130	1243	1552	764	788
宜丰县	2302	1121	1181	1519	764	755
靖安县	1135	553	582	747	385	362
铜鼓县	916	455	461	417	230	187
丰城市	2534	1173	1361	1719	822	897
樟树市	653	303	350	474	229	245
高安市	2139	1114	1025	1541	847	694
抚州市	**17223**	**8271**	**8952**	**10677**	**5337**	**5340**
临川区	1299	638	661	725	359	366
东乡区	736	347	389	496	242	254
南城县	2464	1168	1296	1574	775	799
黎川县	1840	897	943	1200	617	583
南丰县	1656	775	881	1067	536	531
崇仁县	2274	1080	1194	1425	693	732
乐安县	1609	793	816	1016	515	501
宜黄县	1375	696	679	853	443	410
金溪县	1570	747	823	880	427	453
资溪县	959	445	514	540	271	269
广昌县	1441	685	756	901	459	442
上饶市	**35378**	**17530**	**17848**	**20936**	**10818**	**10118**
信州区	292	149	143	222	115	107
广丰区	2036	1063	973	1280	694	586
广信区	1196	579	617	750	372	378
玉山县	5093	2539	2554	3272	1687	1585
铅山县	3815	1881	1934	2238	1153	1085
横峰县	1616	796	820	1124	563	561
弋阳县	2976	1463	1513	2031	1040	991
余干县	5474	2699	2775	2662	1359	1303
鄱阳县	7713	3791	3922	4073	2140	1933
万年县	2586	1278	1308	1568	801	767
婺源县	2359	1177	1182	1581	826	755
德兴市	222	115	107	135	68	67

8-1b 续表 2

单位：人

地 区	基本健康			不健康，但生活能自理			不健康，生活不能自理		
	小计	男	女	小计	男	女	小计	男	女
全 省	**59519**	**26692**	**32827**	**13813**	**6405**	**7408**	**3181**	**1518**	**1663**
南昌市	**4903**	**2187**	**2716**	**833**	**373**	**460**	**259**	**126**	**133**
东湖区	32	15	17	5	3	2	1		1
西湖区									
青云谱区	3	2	1	1	1		10	4	6
青山湖区	329	149	180	47	22	25	15	5	10
新建区	245	120	125	49	15	34	16	5	11
红谷滩区									
南昌县	2186	947	1239	372	161	211	125	64	61
安义县	629	297	332	69	39	30	12	7	5
进贤县	1479	657	822	290	132	158	80	41	39
景德镇市	**1058**	**477**	**581**	**323**	**146**	**177**	**63**	**33**	**30**
昌江区	71	24	47	16	8	8	1	1	
珠山区	28	15	13	9	4	5	4	1	3
浮梁县	516	240	276	165	79	86	36	19	17
乐平市	443	198	245	133	55	78	22	12	10
萍乡市	**3411**	**1529**	**1882**	**883**	**409**	**474**	**214**	**85**	**129**
安源区	592	262	330	140	63	77	40	18	22
湘东区	321	142	179	75	36	39	20	8	12
莲花县	561	235	326	104	44	60	40	12	28
上栗县	1153	522	631	305	146	159	59	25	34
芦溪县	784	368	416	259	120	139	55	22	33
九江市	**7457**	**3403**	**4054**	**1947**	**926**	**1021**	**402**	**170**	**232**
濂溪区	90	37	53	24	12	12	5	4	1
浔阳区									
柴桑区	224	104	120	59	27	32	14	2	12
武宁县	837	366	471	217	114	103	56	26	30
修水县	1692	770	922	367	162	205	74	32	42
永修县	907	395	512	285	138	147	69	31	38
德安县	309	148	161	74	40	34	27	14	13
都昌县	1286	598	688	387	184	203	68	26	42
湖口县	513	221	292	126	61	65	18	6	12
彭泽县	872	397	475	236	102	134	41	18	23
瑞昌市	390	192	198	78	39	39	16	6	10
共青城市	11	6	5	2		2			
庐山市	326	169	157	92	47	45	14	5	9
新余市	**774**	**333**	**441**	**204**	**98**	**106**	**41**	**15**	**26**
渝水区	95	43	52	36	18	18	12	5	7
分宜县	679	290	389	168	80	88	29	10	19
鹰潭市	**770**	**341**	**429**	**227**	**109**	**118**	**51**	**22**	**29**
月湖区	44	16	28	11	6	5	3	1	2
余江区	296	124	172	124	51	73	30	13	17
贵溪市	430	201	229	92	52	40	18	8	10
赣州市	**12504**	**5679**	**6825**	**2428**	**1078**	**1350**	**557**	**261**	**296**
章贡区	38	16	22	1	1		1	1	
南康区	219	103	116	51	21	30	20	8	12
赣县区	480	243	237	125	64	61	25	11	14
信丰县	1638	709	929	157	61	96	42	22	20
大余县	849	369	480	126	62	64	44	21	23
上犹县	362	163	199	96	41	55	30	17	13
崇义县	348	171	177	76	38	38	19	6	13
安远县	807	343	464	106	54	52	24	13	11
定南县	471	201	270	140	57	83	35	18	17
全南县	443	183	260	86	33	53	25	10	15

8-1b 续表 3

单位：人

地 区	基本健康			不健康，但生活能自理			不健康，生活不能自理		
	小计	男	女	小计	男	女	小计	男	女
宁都县	1487	696	791	292	138	154	39	23	16
于都县	2028	991	1037	356	163	193	79	34	45
兴国县	1046	491	555	295	145	150	86	40	46
会昌县	1224	544	680	259	95	164	29	8	21
寻乌县	390	167	223	102	43	59	29	14	15
石城县	475	207	268	95	38	57	21	11	10
瑞金市	97	46	51	26	11	15	2	2	
龙南市	102	36	66	39	13	26	7	2	5
吉安市	**7422**	**3199**	**4223**	**1939**	**882**	**1057**	**424**	**221**	**203**
吉州区	27	14	13	7	3	4	1		1
青原区	70	36	34	3	2	1	3	1	2
吉安县	738	315	423	195	85	110	41	27	14
吉水县	869	365	504	208	85	123	62	32	30
峡江县	256	108	148	77	38	39	7	3	4
新干县	529	210	319	135	61	74	25	12	13
永丰县	668	282	386	171	79	92	22	11	11
泰和县	941	411	530	181	86	95	37	20	17
遂川县	823	369	454	224	102	122	40	22	18
万安县	507	227	280	117	53	64	48	23	25
安福县	803	359	444	243	119	124	57	30	27
永新县	953	410	543	309	132	177	60	29	31
井冈山市	238	93	145	69	37	32	21	11	10
宜春市	**4706**	**2064**	**2642**	**1325**	**613**	**712**	**400**	**190**	**210**
袁州区	283	138	145	73	41	32	18	8	10
奉新县	630	288	342	163	69	94	36	14	22
万载县	721	299	422	321	148	173	103	54	49
上高县	625	274	351	167	77	90	29	15	14
宜丰县	577	268	309	131	57	74	75	32	43
靖安县	302	131	171	65	27	38	21	10	11
铜鼓县	366	152	214	107	56	51	26	17	9
丰城市	621	268	353	142	62	80	52	21	31
樟树市	127	46	81	43	24	19	9	4	5
高安市	454	200	254	113	52	61	31	15	16
抚州市	**5242**	**2301**	**2941**	**1088**	**520**	**568**	**216**	**113**	**103**
临川区	445	218	227	105	49	56	24	12	12
东乡区	168	71	97	61	27	34	11	7	4
南城县	715	319	396	161	69	92	14	5	9
黎川县	485	198	287	126	66	60	29	16	13
南丰县	490	192	298	74	35	39	25	12	13
崇仁县	661	302	359	154	68	86	34	17	17
乐安县	497	230	267	82	41	41	14	7	7
宜黄县	443	207	236	61	37	24	18	9	9
金溪县	559	256	303	116	59	57	15	5	10
资溪县	351	139	212	50	24	26	18	11	7
广昌县	428	169	259	98	45	53	14	12	2
上饶市	**11272**	**5179**	**6093**	**2616**	**1251**	**1365**	**554**	**282**	**272**
信州区	55	25	30	12	7	5	3	2	1
广丰区	575	271	304	155	84	71	26	14	12
广信区	356	160	196	73	37	36	17	10	7
玉山县	1414	635	779	350	190	160	57	27	30
铅山县	1316	608	708	224	102	122	37	18	19
横峰县	401	184	217	75	39	36	16	10	6
弋阳县	744	326	418	151	75	76	50	22	28
余干县	2292	1090	1202	402	184	218	118	66	52
鄱阳县	2650	1193	1457	844	384	460	146	74	72
万年县	818	390	428	161	72	89	39	15	24
婺源县	583	262	321	157	69	88	38	20	18
德兴市	68	35	33	12	8	4	7	4	3

8-1c 各地区分性别、健康状况的60岁及以上老年人口(乡村)

单位：人

地区	60岁及以上人口			健康		
	合计	男	女	小计	男	女
全省	**387291**	**188139**	**199152**	**225112**	**116227**	**108885**
南昌市	**30888**	**15117**	**15771**	**17640**	**9163**	**8477**
东湖区	357	177	180	204	112	92
西湖区						
青云谱区						
青山湖区	759	389	370	459	238	221
新建区	6429	3184	3245	3580	1870	1710
红谷滩区	295	150	145	137	73	64
南昌县	12171	5896	6275	7140	3683	3457
安义县	2739	1357	1382	1701	883	818
进贤县	8138	3964	4174	4419	2304	2115
景德镇市	**10498**	**5135**	**5363**	**6000**	**3168**	**2832**
昌江区	675	335	340	436	231	205
珠山区	32	16	16	29	15	14
浮梁县	2326	1182	1144	1247	683	564
乐平市	7465	3602	3863	4288	2239	2049
萍乡市	**13239**	**6642**	**6597**	**6935**	**3686**	**3249**
安源区	193	89	104	52	23	29
湘东区	2984	1499	1485	1737	927	810
莲花县	2883	1370	1513	1640	812	828
上栗县	4343	2212	2131	1974	1072	902
芦溪县	2836	1472	1364	1532	852	680
九江市	**41784**	**20482**	**21302**	**23761**	**12408**	**11353**
濂溪区	1455	726	729	854	440	414
浔阳区	54	28	26	34	20	14
柴桑区	3224	1588	1636	1947	1001	946
武宁县	3693	1834	1859	1930	1039	891
修水县	8105	4122	3983	4408	2377	2031
永修县	2951	1433	1518	1868	959	909
德安县	1429	698	731	649	353	296
都昌县	7234	3446	3788	4244	2155	2089
湖口县	3025	1488	1537	1779	932	847
彭泽县	3377	1625	1752	1892	981	911
瑞昌市	4475	2139	2336	2553	1330	1223
共青城市	846	422	424	490	256	234
庐山市	1916	933	983	1113	565	548
新余市	**9307**	**4484**	**4823**	**5292**	**2743**	**2549**
渝水区	6328	3043	3285	3701	1931	1770
分宜县	2979	1441	1538	1591	812	779
鹰潭市	**9282**	**4528**	**4754**	**5806**	**2939**	**2867**
月湖区	170	82	88	79	41	38
余江区	3687	1782	1905	2270	1137	1133
贵溪市	5425	2664	2761	3457	1761	1696
赣州市	**82250**	**38655**	**43595**	**47821**	**23944**	**23877**
章贡区	2304	1073	1231	1250	621	629
南康区	8511	3947	4564	4513	2238	2275
赣县区	5847	2801	3046	3650	1838	1812
信丰县	6269	2893	3376	3586	1803	1783
大余县	2493	1137	1356	1319	640	679
上犹县	3518	1640	1878	1898	966	932
崇义县	2268	1089	1179	1098	581	517
安远县	3072	1358	1714	1710	829	881
定南县	1587	722	865	813	392	421
全南县	1714	784	930	1050	500	550

8－1c 续表 1

单位：人

地区	60岁及以上人口			健康		
	合计	男	女	小计	男	女
宁都县	8013	3852	4161	5148	2601	2547
于都县	10507	4819	5688	5823	2801	3022
兴国县	8309	4043	4266	4951	2534	2417
会昌县	3925	1889	2036	2063	1061	1002
寻乌县	2748	1302	1446	1571	807	764
石城县	2760	1323	1437	1889	965	924
瑞金市	5883	2817	3066	4123	2073	2050
龙南市	2522	1166	1356	1366	694	672
吉安市	**46029**	**22005**	**24024**	**26979**	**13838**	**13141**
吉州区	1205	571	634	703	360	343
青原区	2137	1020	1117	1355	674	681
吉安县	4655	2183	2472	2797	1407	1390
吉水县	4935	2364	2571	2862	1489	1373
峡江县	1768	865	903	962	515	447
新干县	3407	1605	1802	1845	933	912
永丰县	3922	1891	2031	2404	1230	1174
泰和县	4847	2259	2588	3061	1521	1540
遂川县	5598	2721	2877	3535	1800	1735
万安县	2923	1418	1505	1796	938	858
安福县	4267	2113	2154	2229	1188	1041
永新县	5039	2373	2666	2842	1469	1373
井冈山市	1326	622	704	588	314	274
宜春市	**49913**	**24468**	**25445**	**31360**	**16112**	**15248**
袁州区	8391	4206	4185	4854	2543	2311
奉新县	2608	1339	1269	1521	828	693
万载县	4237	2124	2113	2421	1272	1149
上高县	3410	1641	1769	2004	1043	961
宜丰县	2496	1284	1212	1404	766	638
靖安县	1311	666	645	693	384	309
铜鼓县	1096	557	539	419	241	178
丰城市	12315	5817	6498	8346	4118	4228
樟树市	5413	2602	2811	3887	1944	1943
高安市	8636	4232	4404	5811	2973	2838
抚州市	**33834**	**16604**	**17230**	**19776**	**10340**	**9436**
临川区	9096	4531	4565	4941	2618	2323
东乡区	3820	1836	1984	2169	1111	1058
南城县	2245	1101	1144	1382	729	653
黎川县	1990	1012	978	1297	690	607
南丰县	2599	1287	1312	1541	838	703
崇仁县	2928	1405	1523	1809	908	901
乐安县	3424	1653	1771	2235	1126	1109
宜黄县	2122	1036	1086	1325	701	624
金溪县	2726	1361	1365	1513	823	690
资溪县	951	463	488	383	201	182
广昌县	1933	919	1014	1181	595	586
上饶市	**60267**	**30019**	**30248**	**33742**	**17886**	**15856**
信州区	2165	1099	1066	1342	725	617
广丰区	6416	3244	3172	4265	2266	1999
广信区	6561	3308	3253	3715	1946	1769
玉山县	5287	2652	2635	3209	1706	1503
铅山县	3272	1646	1626	1925	1019	906
横峰县	1973	975	998	1341	692	649
弋阳县	3630	1831	1799	2137	1120	1017
余干县	8310	3971	4339	4500	2307	2193
鄱阳县	12631	6313	6318	5999	3265	2734
万年县	3860	1922	1938	1749	968	781
婺源县	4017	1989	2028	2455	1289	1166
德兴市	2145	1069	1076	1105	583	522

8-1c　续表 2

单位：人

地　区	基本健康			不健康，但生活能自理			不健康，生活不能自理		
	小计	男	女	小计	男	女	小计	男	女
全　省	**121156**	**52938**	**68218**	**34508**	**16169**	**18339**	**6515**	**2805**	**3710**
南昌市	**10211**	**4552**	**5659**	**2484**	**1166**	**1318**	**553**	**236**	**317**
东湖区	110	47	63	32	12	20	11	6	5
西湖区									
青云谱区									
青山湖区	231	109	122	47	30	17	22	12	10
新建区	2194	1011	1183	533	258	275	122	45	77
红谷滩区	144	71	73	10	5	5	4	1	3
南昌县	3918	1717	2201	909	415	494	204	81	123
安义县	714	321	393	262	129	133	62	24	38
进贤县	2900	1276	1624	691	317	374	128	67	61
景德镇市	**3318**	**1429**	**1889**	**977**	**454**	**523**	**203**	**84**	**119**
昌江区	166	73	93	60	26	34	13	5	8
珠山区	3	1	2						
浮梁县	773	355	418	255	124	131	51	20	31
乐平市	2376	1000	1376	662	304	358	139	59	80
萍乡市	**4641**	**2179**	**2462**	**1366**	**645**	**721**	**297**	**132**	**165**
安源区	121	56	65	13	6	7	7	4	3
湘东区	943	438	505	234	104	130	70	30	40
莲花县	965	435	530	221	93	128	57	30	27
上栗县	1669	805	864	597	290	307	103	45	58
芦溪县	943	445	498	301	152	149	60	23	37
九江市	**13100**	**5838**	**7262**	**4157**	**1915**	**2242**	**766**	**321**	**445**
濂溪区	478	223	255	101	48	53	22	15	7
浔阳区	14	5	9	5	3	2	1		1
柴桑区	965	442	523	251	116	135	61	29	32
武宁县	1222	538	684	449	219	230	92	38	54
修水县	2604	1237	1367	962	455	507	131	53	78
永修县	791	352	439	239	99	140	53	23	30
德安县	561	250	311	189	80	109	30	15	15
都昌县	2205	947	1258	675	298	377	110	46	64
湖口县	884	385	499	320	156	164	42	15	27
彭泽县	1085	458	627	332	157	175	68	29	39
瑞昌市	1358	571	787	458	200	258	106	38	68
共青城市	260	124	136	73	31	42	23	11	12
庐山市	673	306	367	103	53	50	27	9	18
新余市	**2849**	**1211**	**1638**	**1008**	**460**	**548**	**158**	**70**	**88**
渝水区	1905	784	1121	608	277	331	114	51	63
分宜县	944	427	517	400	183	217	44	19	25
鹰潭市	**2726**	**1220**	**1506**	**631**	**313**	**318**	**119**	**56**	**63**
月湖区	77	37	40	11	4	7	3		3
余江区	1141	509	632	237	116	121	39	20	19
贵溪市	1508	674	834	383	193	190	77	36	41
赣州市	**26305**	**11030**	**15275**	**6806**	**3096**	**3710**	**1318**	**585**	**733**
章贡区	825	350	475	187	85	102	42	17	25
南康区	3115	1330	1785	727	313	414	156	66	90
赣县区	1648	692	956	463	227	236	86	44	42
信丰县	2135	848	1287	477	205	272	71	37	34
大余县	868	361	507	249	111	138	57	25	32
上犹县	1276	529	747	278	117	161	66	28	38
崇义县	901	390	511	234	107	127	35	11	24
安远县	1124	438	686	187	72	115	51	19	32
定南县	559	245	314	184	69	115	31	16	15
全南县	536	219	317	93	41	52	35	24	11

8–1c 续表 3

单位：人

地　区	基本健康			不健康，但生活能自理			不健康，生活不能自理		
	小计	男	女	小计	男	女	小计	男	女
宁都县	2089	877	1212	667	330	337	109	44	65
于都县	3713	1563	2150	812	388	424	159	67	92
兴国县	2447	1081	1366	785	377	408	126	51	75
会昌县	1405	622	783	387	174	213	70	32	38
寻乌县	852	356	496	269	112	157	56	27	29
石城县	644	256	388	187	87	100	40	15	25
瑞金市	1265	507	758	411	194	217	84	43	41
龙南市	903	366	537	209	87	122	44	19	25
吉安市	**13898**	**5860**	**8038**	**4382**	**1958**	**2424**	**770**	**349**	**421**
吉州区	368	149	219	118	52	66	16	10	6
青原区	581	242	339	170	86	84	31	18	13
吉安县	1389	570	819	397	172	225	72	34	38
吉水县	1471	612	859	526	228	298	76	35	41
峡江县	579	258	321	193	79	114	34	13	21
新干县	1163	490	673	354	160	194	45	22	23
永丰县	1106	471	635	347	165	182	65	25	40
泰和县	1324	542	782	395	173	222	67	23	44
遂川县	1590	705	885	378	172	206	95	44	51
万安县	836	353	483	237	102	135	54	25	29
安福县	1407	623	784	531	255	276	100	47	53
永新县	1573	629	944	548	241	307	76	34	42
井冈山市	511	216	295	188	73	115	39	19	20
宜春市	**13592**	**5995**	**7597**	**4079**	**2001**	**2078**	**882**	**360**	**522**
袁州区	2522	1163	1359	855	435	420	160	65	95
奉新县	810	362	448	233	129	104	44	20	24
万载县	1275	592	683	445	224	221	96	36	60
上高县	998	406	592	331	165	166	77	27	50
宜丰县	807	376	431	238	122	116	47	20	27
靖安县	416	199	217	169	74	95	33	9	24
铜鼓县	467	215	252	171	88	83	39	13	26
丰城市	3057	1284	1773	718	331	387	194	84	110
樟树市	1086	462	624	372	158	214	68	38	30
高安市	2154	936	1218	547	275	272	124	48	76
抚州市	**10638**	**4685**	**5953**	**2984**	**1407**	**1577**	**436**	**172**	**264**
临川区	3161	1443	1718	882	426	456	112	44	68
东乡区	1186	509	677	390	179	211	75	37	38
南城县	703	293	410	137	68	69	23	11	12
黎川县	503	233	270	171	82	89	19	7	12
南丰县	767	310	457	253	126	127	38	13	25
崇仁县	833	375	458	257	113	144	29	9	20
乐安县	883	380	503	266	131	135	40	16	24
宜黄县	625	271	354	146	58	88	26	6	20
金溪县	929	412	517	253	116	137	31	10	21
资溪县	443	204	239	103	50	53	22	8	14
广昌县	605	255	350	126	58	68	21	11	10
上饶市	**19878**	**8939**	**10939**	**5634**	**2754**	**2880**	**1013**	**440**	**573**
信州区	627	281	346	150	75	75	46	18	28
广丰区	1671	749	922	399	193	206	81	36	45
广信区	2199	1011	1188	541	297	244	106	54	52
玉山县	1504	667	837	496	248	248	78	31	47
铅山县	1060	479	581	237	127	110	50	21	29
横峰县	504	218	286	101	56	45	27	9	18
弋阳县	1119	534	585	312	153	159	62	24	38
余干县	2988	1299	1689	703	314	389	119	51	68
鄱阳县	4685	2143	2542	1691	803	888	256	102	154
万年县	1611	712	899	422	199	223	78	43	35
婺源县	1150	501	649	343	168	175	69	31	38
德兴市	760	345	415	239	121	118	41	20	21

8−2　全省分年龄、性别、健康状况的60岁及以上老年人口

单位：人

年　龄	60岁及以上人口			健　康		
	合计	男	女	小计	男	女
总　计	**761001**	**369323**	**391678**	**462082**	**236030**	**226052**
60−64岁	**232071**	**116855**	**115216**	**174511**	**90119**	**84392**
60	43899	22280	21619	34549	17910	16639
61	39620	20233	19387	30377	15888	14489
62	49224	24814	24410	37012	19175	17837
63	54272	27263	27009	39925	20577	19348
64	45056	22265	22791	32648	16569	16079
65−69岁	**207541**	**103224**	**104317**	**138478**	**71344**	**67134**
65	44346	22274	22072	31203	16147	15056
66	46264	23205	23059	31682	16397	15285
67	42015	20802	21213	27930	14417	13513
68	40977	20420	20557	26392	13554	12838
69	33939	16523	17416	21271	10829	10442
70−74岁	**142265**	**69606**	**72659**	**78746**	**40612**	**38134**
70	32574	15940	16634	19330	9897	9433
71	33437	16699	16738	18924	9880	9044
72	28357	13930	14427	15608	8050	7558
73	25388	12353	13035	13383	6954	6429
74	22509	10684	11825	11501	5831	5670
75−79岁	**83967**	**39582**	**44385**	**38460**	**19377**	**19083**
75	19237	9022	10215	9435	4741	4694
76	19024	9122	9902	8999	4626	4373
77	15766	7349	8417	7203	3575	3628
78	14559	6895	7664	6444	3232	3212
79	15381	7194	8187	6379	3203	3176
80−84岁	**57549**	**25522**	**32027**	**21176**	**10038**	**11138**
80	13483	6113	7370	5486	2627	2859
81	11618	5285	6333	4361	2123	2238
82	12309	5543	6766	4428	2112	2316
83	10791	4662	6129	3706	1753	1953
84	9348	3919	5429	3195	1423	1772
85−89岁	**27285**	**10847**	**16438**	**8299**	**3586**	**4713**
85	7740	3129	4611	2465	1086	1379
86	6510	2607	3903	1981	833	1148
87	5724	2268	3456	1772	763	1009
88	3953	1512	2441	1143	489	654
89	3358	1331	2027	938	415	523
90−94岁	**8343**	**3095**	**5248**	**2011**	**823**	**1188**
90	2832	1116	1716	771	333	438
91	1840	658	1182	434	163	271
92	1600	604	996	362	149	213
93	1203	428	775	243	96	147
94	868	289	579	201	82	119
95−99岁	**1796**	**541**	**1255**	**370**	**125**	**245**
95	657	228	429	148	52	96
96	493	147	346	104	34	70
97	303	83	220	54	16	38
98	192	49	143	36	15	21
99	151	34	117	28	8	20
100岁及以上	**184**	**51**	**133**	**31**	**6**	**25**

8-2 续表

单位：人

年 龄	基本健康			不健康，但生活能自理			不健康，生活不能自理		
	小计	男	女	小计	男	女	小计	男	女
总 计	**229013**	**101054**	**127959**	**57342**	**26647**	**30695**	**12564**	**5592**	**6972**
60—64岁	**47975**	**21628**	**26347**	**8174**	**4353**	**3821**	**1411**	**755**	**656**
60	7858	3558	4300	1274	695	579	218	117	101
61	7767	3534	4233	1261	688	573	215	123	92
62	10149	4521	5628	1780	966	814	283	152	131
63	11927	5401	6526	2048	1088	960	372	197	175
64	10274	4614	5660	1811	916	895	323	166	157
65—69岁	**56763**	**25452**	**31311**	**10612**	**5498**	**5114**	**1688**	**930**	**758**
65	10927	4938	5989	1919	1014	905	297	175	122
66	12136	5501	6635	2125	1119	1006	321	188	133
67	11569	5097	6472	2153	1095	1058	363	193	170
68	11792	5384	6408	2401	1264	1137	392	218	174
69	10339	4532	5807	2014	1006	1008	315	156	159
70—74岁	**50058**	**22375**	**27683**	**11501**	**5616**	**5885**	**1960**	**1003**	**957**
70	10708	4762	5946	2173	1076	1097	363	205	158
71	11481	5262	6219	2600	1341	1259	432	216	216
72	10010	4504	5506	2347	1161	1186	392	215	177
73	9319	4111	5208	2294	1093	1201	392	195	197
74	8540	3736	4804	2087	945	1142	381	172	209
75—79岁	**33981**	**14964**	**19017**	**9605**	**4333**	**5272**	**1921**	**908**	**1013**
75	7512	3245	4267	1942	880	1062	348	156	192
76	7517	3302	4215	2083	979	1104	425	215	210
77	6409	2802	3607	1800	802	998	354	170	184
78	5987	2683	3304	1767	804	963	361	176	185
79	6556	2932	3624	2013	868	1145	433	191	242
80—84岁	**24690**	**10673**	**14017**	**9412**	**3876**	**5536**	**2271**	**935**	**1336**
80	5669	2470	3199	1920	831	1089	408	185	223
81	5014	2218	2796	1823	763	1060	420	181	239
82	5377	2379	2998	2013	835	1178	491	217	274
83	4690	1958	2732	1905	758	1147	490	193	297
84	3940	1648	2292	1751	689	1062	462	159	303
85—89岁	**11550**	**4512**	**7038**	**5551**	**2113**	**3438**	**1885**	**636**	**1249**
85	3372	1298	2074	1451	577	874	452	168	284
86	2769	1114	1655	1346	519	827	414	141	273
87	2362	936	1426	1185	431	754	405	138	267
88	1651	617	1034	853	306	547	306	100	206
89	1396	547	849	716	280	436	308	89	219
90—94岁	**3278**	**1230**	**2048**	**2005**	**702**	**1303**	**1049**	**340**	**709**
90	1143	453	690	628	234	394	290	96	194
91	715	269	446	444	147	297	247	79	168
92	640	243	397	388	137	251	210	75	135
93	456	169	287	344	115	229	160	48	112
94	324	96	228	201	69	132	142	42	100
95—99岁	**662**	**201**	**461**	**437**	**142**	**295**	**327**	**73**	**254**
95	240	84	156	155	62	93	114	30	84
96	179	55	124	124	40	84	86	18	68
97	113	32	81	79	19	60	57	16	41
98	69	16	53	51	13	38	36	5	31
99	61	14	47	28	8	20	34	4	30
100岁及以上	**56**	**19**	**37**	**45**	**14**	**31**	**52**	**12**	**40**

8-2a　全省分年龄、性别、健康状况的60岁及以上老年人口(城市)

单位：人

年　龄	60岁及以上人口			健　康		
	合计	男	女	小计	男	女
总　计	**181880**	**87946**	**93934**	**121653**	**61180**	**60473**
60-64岁	**58940**	**29378**	**29562**	**46472**	**23536**	**22936**
60	11758	5900	5858	9560	4859	4701
61	10410	5278	5132	8275	4239	4036
62	12518	6301	6217	9879	5100	4779
63	13234	6532	6702	10278	5171	5107
64	11020	5367	5653	8480	4167	4313
65-69岁	**49574**	**24230**	**25344**	**35768**	**17871**	**17897**
65	10699	5362	5337	8046	4088	3958
66	11181	5426	5755	8216	4041	4175
67	10051	4890	5161	7218	3611	3607
68	9701	4776	4925	6847	3455	3392
69	7942	3776	4166	5441	2676	2765
70-74岁	**32032**	**15634**	**16398**	**20153**	**10262**	**9891**
70	7631	3763	3868	5109	2583	2526
71	7650	3737	3913	4888	2498	2390
72	6159	2963	3196	3858	1931	1927
73	5649	2765	2884	3359	1731	1628
74	4943	2406	2537	2939	1519	1420
75-79岁	**19194**	**9001**	**10193**	**10444**	**5245**	**5199**
75	4316	2046	2270	2479	1234	1245
76	4407	2094	2313	2470	1290	1180
77	3551	1690	1861	1921	967	954
78	3454	1614	1840	1824	911	913
79	3466	1557	1909	1750	843	907
80-84岁	**13229**	**5999**	**7230**	**5818**	**2861**	**2957**
80	3100	1436	1664	1508	754	754
81	2736	1279	1457	1204	606	598
82	2813	1261	1552	1251	594	657
83	2404	1102	1302	961	501	460
84	2176	921	1255	894	406	488
85-89岁	**6445**	**2750**	**3695**	**2372**	**1132**	**1240**
85	1841	778	1063	714	348	366
86	1520	625	895	576	257	319
87	1340	575	765	503	238	265
88	911	391	520	316	155	161
89	833	381	452	263	134	129
90-94岁	**2008**	**802**	**1206**	**523**	**233**	**290**
90	663	295	368	209	98	111
91	463	196	267	117	55	62
92	425	165	260	104	45	59
93	256	89	167	49	20	29
94	201	57	144	44	15	29
95-99岁	**415**	**140**	**275**	**92**	**38**	**54**
95	152	72	80	35	19	16
96	114	34	80	27	8	19
97	66	11	55	15	3	12
98	47	14	33	10	5	5
99	36	9	27	5	3	2
100岁及以上	**43**	**12**	**31**	**11**	**2**	**9**

8—2a　续表

单位：人

年　龄	基本健康			不健康，但生活能自理			不健康，生活不能自理		
	小计	男	女	小计	男	女	小计	男	女
总　计	**48338**	**21424**	**26914**	**9021**	**4073**	**4948**	**2868**	**1269**	**1599**
60—64岁	**10820**	**4964**	**5856**	**1388**	**725**	**663**	**260**	**153**	**107**
60	1943	903	1040	217	118	99	38	20	18
61	1845	875	970	243	129	114	47	35	12
62	2269	1008	1261	317	163	154	53	30	23
63	2558	1160	1398	328	161	167	70	40	30
64	2205	1018	1187	283	154	129	52	28	24
65—69岁	**11797**	**5306**	**6491**	**1668**	**850**	**818**	**341**	**203**	**138**
65	2271	1070	1201	312	161	151	70	43	27
66	2567	1176	1391	328	167	161	70	42	28
67	2409	1062	1347	357	176	181	67	41	26
68	2426	1084	1342	354	187	167	74	50	24
69	2124	914	1210	317	159	158	60	27	33
70—74岁	**9796**	**4400**	**5396**	**1670**	**749**	**921**	**413**	**223**	**190**
70	2121	981	1140	328	155	173	73	44	29
71	2297	1019	1278	361	161	200	104	59	45
72	1905	838	1067	321	154	167	75	40	35
73	1867	850	1017	345	144	201	78	40	38
74	1606	712	894	315	135	180	83	40	43
75—79岁	**6890**	**2933**	**3957**	**1422**	**622**	**800**	**438**	**201**	**237**
75	1489	643	846	279	134	145	69	35	34
76	1511	622	889	314	125	189	112	57	55
77	1299	566	733	254	121	133	77	36	41
78	1283	545	738	266	122	144	81	36	45
79	1308	557	751	309	120	189	99	37	62
80—84岁	**5396**	**2338**	**3058**	**1460**	**583**	**877**	**555**	**217**	**338**
80	1225	523	702	270	112	158	97	47	50
81	1123	507	616	289	117	172	120	49	71
82	1135	499	636	318	126	192	109	42	67
83	1020	444	576	316	118	198	107	39	68
84	893	365	528	267	110	157	122	40	82
85—89岁	**2643**	**1076**	**1567**	**955**	**382**	**573**	**475**	**160**	**315**
85	780	298	482	244	98	146	103	34	69
86	610	258	352	223	83	140	111	27	84
87	553	228	325	182	68	114	102	41	61
88	368	141	227	149	63	86	78	32	46
89	332	151	181	157	70	87	81	26	55
90—94岁	**827**	**344**	**483**	**365**	**127**	**238**	**293**	**98**	**195**
90	271	124	147	110	45	65	73	28	45
91	171	79	92	91	33	58	84	29	55
92	189	74	115	76	28	48	56	18	38
93	109	41	68	56	13	43	42	15	27
94	87	26	61	32	8	24	38	8	30
95—99岁	**158**	**57**	**101**	**85**	**32**	**53**	**80**	**13**	**67**
95	61	29	32	32	16	16	24	8	16
96	45	15	30	25	8	17	17	3	14
97	20	3	17	12	3	9	19	2	17
98	15	5	10	11	4	7	11		11
99	17	5	12	5	1	4	9		9
100岁及以上	**11**	**6**	**5**	**8**	**3**	**5**	**13**	**1**	**12**

8-2b 全省分年龄、性别、健康状况的60岁及以上老年人口(镇)

单位：人

年 龄	60岁及以上人口			健 康		
	合计	男	女	小计	男	女
总 计	**191830**	**93238**	**98592**	**115317**	**58623**	**56694**
60-64岁	**61515**	**30686**	**30829**	**45316**	**23173**	**22143**
60	11804	5972	5832	9119	4753	4366
61	10617	5326	5291	7969	4074	3895
62	13120	6553	6567	9655	4909	4746
63	14273	7088	7185	10327	5270	5057
64	11701	5747	5954	8246	4167	4079
65-69岁	**52946**	**26134**	**26812**	**34787**	**17744**	**17043**
65	11444	5603	5841	7889	3951	3938
66	11898	5934	5964	7992	4115	3877
67	10748	5319	5429	7005	3601	3404
68	10409	5172	5237	6637	3403	3234
69	8447	4106	4341	5264	2674	2590
70-74岁	**35199**	**17413**	**17786**	**19100**	**9894**	**9206**
70	8249	4098	4151	4890	2510	2380
71	8161	4118	4043	4477	2356	2121
72	7023	3455	3568	3774	1922	1852
73	6308	3117	3191	3238	1696	1542
74	5458	2625	2833	2721	1410	1311
75-79岁	**19963**	**9518**	**10445**	**8879**	**4509**	**4370**
75	4628	2249	2379	2201	1145	1056
76	4541	2202	2339	2086	1060	1026
77	3714	1737	1977	1676	829	847
78	3480	1666	1814	1502	762	740
79	3600	1664	1936	1414	713	701
80-84岁	**13380**	**5960**	**7420**	**4818**	**2249**	**2569**
80	3100	1380	1720	1259	592	667
81	2756	1269	1487	1024	478	546
82	2839	1303	1536	960	466	494
83	2482	1057	1425	842	382	460
84	2203	951	1252	733	331	402
85-89岁	**6378**	**2590**	**3788**	**1857**	**821**	**1036**
85	1761	719	1042	528	223	305
86	1549	632	917	456	199	257
87	1331	545	786	388	172	216
88	972	369	603	271	116	155
89	765	325	440	214	111	103
90-94岁	**1964**	**795**	**1169**	**459**	**200**	**259**
90	688	296	392	180	80	100
91	434	155	279	100	36	64
92	340	145	195	66	35	31
93	292	112	180	55	21	34
94	210	87	123	58	28	30
95-99岁	**436**	**129**	**307**	**95**	**31**	**64**
95	158	46	112	41	13	28
96	110	35	75	23	9	14
97	77	30	47	14	6	8
98	51	11	40	10	2	8
99	40	7	33	7	1	6
100岁及以上	**49**	**13**	**36**	**6**	**2**	**4**

8-2b 续表

单位：人

年 龄	基本健康			不健康，但生活能自理			不健康，生活不能自理		
	小计	男	女	小计	男	女	小计	男	女
总 计	**59519**	**26692**	**32827**	**13813**	**6405**	**7408**	**3181**	**1518**	**1663**
60-64岁	**13768**	**6216**	**7552**	**2057**	**1091**	**966**	**374**	**206**	**168**
60	2295	1023	1272	332	164	168	58	32	26
61	2270	1053	1217	317	165	152	61	34	27
62	2968	1360	1608	424	246	178	73	38	35
63	3356	1498	1858	503	273	230	87	47	40
64	2879	1282	1597	481	243	238	95	55	40
65-69岁	**15116**	**6800**	**8316**	**2607**	**1324**	**1283**	**436**	**266**	**170**
65	3001	1359	1642	482	251	231	72	42	30
66	3278	1474	1804	548	289	259	80	56	24
67	3129	1398	1731	519	262	257	95	58	37
68	3091	1414	1677	574	295	279	107	60	47
69	2617	1155	1462	484	227	257	82	50	32
70-74岁	**12819**	**5897**	**6922**	**2798**	**1375**	**1423**	**482**	**247**	**235**
70	2758	1288	1470	507	245	262	94	55	39
71	2947	1386	1561	638	327	311	99	49	50
72	2571	1190	1381	592	295	297	86	48	38
73	2398	1086	1312	573	278	295	99	57	42
74	2145	947	1198	488	230	258	104	38	66
75-79岁	**8339**	**3737**	**4602**	**2282**	**1040**	**1242**	**463**	**232**	**231**
75	1881	850	1031	461	220	241	85	34	51
76	1893	864	1029	463	228	235	99	50	49
77	1534	680	854	424	183	241	80	45	35
78	1439	651	788	446	201	245	93	52	41
79	1592	692	900	488	208	280	106	51	55
80-84岁	**5832**	**2599**	**3233**	**2142**	**852**	**1290**	**588**	**260**	**328**
80	1322	572	750	414	165	249	105	51	54
81	1213	556	657	411	180	231	108	55	53
82	1279	593	686	457	183	274	143	61	82
83	1082	461	621	436	163	273	122	51	71
84	936	417	519	424	161	263	110	42	68
85-89岁	**2711**	**1081**	**1630**	**1311**	**498**	**813**	**499**	**190**	**309**
85	779	311	468	330	130	200	124	55	69
86	653	252	401	326	134	192	114	47	67
87	550	231	319	290	103	187	103	39	64
88	395	148	247	228	76	152	78	29	49
89	334	139	195	137	55	82	80	20	60
90-94岁	**773**	**316**	**457**	**495**	**186**	**309**	**237**	**93**	**144**
90	276	126	150	158	64	94	74	26	48
91	178	62	116	103	32	71	53	25	28
92	146	60	86	80	32	48	48	18	30
93	112	45	67	99	37	62	26	9	17
94	61	23	38	55	21	34	36	15	21
95-99岁	**151**	**44**	**107**	**108**	**36**	**72**	**82**	**18**	**64**
95	52	14	38	37	14	23	28	5	23
96	37	8	29	29	12	17	21	6	15
97	27	13	14	23	5	18	13	6	7
98	15	6	9	15	3	12	11		11
99	20	3	17	4	2	2	9	1	8
100岁及以上	**10**	**2**	**8**	**13**	**3**	**10**	**20**	**6**	**14**

8-2c　全省分年龄、性别、健康状况的60岁及以上老年人口(乡村)

单位：人

年龄	60岁及以上人口			健康		
	合计	男	女	小计	男	女
总　计	**387291**	**188139**	**199152**	**225112**	**116227**	**108885**
60－64岁	**111616**	**56791**	**54325**	**82723**	**43410**	**39313**
60	20337	10408	9929	15870	8298	7572
61	18593	9629	8964	14133	7575	6558
62	23586	11960	11626	17478	9166	8312
63	26765	13643	13122	19320	10136	9184
64	22335	11151	11184	15922	8235	7687
65－69岁	**105021**	**52860**	**52161**	**67923**	**35729**	**32194**
65	22203	11309	10894	15268	8108	7160
66	23185	11845	11340	15474	8241	7233
67	21216	10593	10623	13707	7205	6502
68	20867	10472	10395	12908	6696	6212
69	17550	8641	8909	10566	5479	5087
70－74岁	**75034**	**36559**	**38475**	**39493**	**20456**	**19037**
70	16694	8079	8615	9331	4804	4527
71	17626	8844	8782	9559	5026	4533
72	15175	7512	7663	7976	4197	3779
73	13431	6471	6960	6786	3527	3259
74	12108	5653	6455	5841	2902	2939
75－79岁	**44810**	**21063**	**23747**	**19137**	**9623**	**9514**
75	10293	4727	5566	4755	2362	2393
76	10076	4826	5250	4443	2276	2167
77	8501	3922	4579	3606	1779	1827
78	7625	3615	4010	3118	1559	1559
79	8315	3973	4342	3215	1647	1568
80－84岁	**30940**	**13563**	**17377**	**10540**	**4928**	**5612**
80	7283	3297	3986	2719	1281	1438
81	6126	2737	3389	2133	1039	1094
82	6657	2979	3678	2217	1052	1165
83	5905	2503	3402	1903	870	1033
84	4969	2047	2922	1568	686	882
85－89岁	**14462**	**5507**	**8955**	**4070**	**1633**	**2437**
85	4138	1632	2506	1223	515	708
86	3441	1350	2091	949	377	572
87	3053	1148	1905	881	353	528
88	2070	752	1318	556	218	338
89	1760	625	1135	461	170	291
90－94岁	**4371**	**1498**	**2873**	**1029**	**390**	**639**
90	1481	525	956	382	155	227
91	943	307	636	217	72	145
92	835	294	541	192	69	123
93	655	227	428	139	55	84
94	457	145	312	99	39	60
95－99岁	**945**	**272**	**673**	**183**	**56**	**127**
95	347	110	237	72	20	52
96	269	78	191	54	17	37
97	160	42	118	25	7	18
98	94	24	70	16	8	8
99	75	18	57	16	4	12
100岁及以上	**92**	**26**	**66**	**14**	**2**	**12**

8-2c 续表

单位：人

年 龄	基本健康			不健康，但生活能自理			不健康，生活不能自理		
	小计	男	女	小计	男	女	小计	男	女
总 计	**121156**	**52938**	**68218**	**34508**	**16169**	**18339**	**6515**	**2805**	**3710**
60—64岁	**23387**	**10448**	**12939**	**4729**	**2537**	**2192**	**777**	**396**	**381**
60	3620	1632	1988	725	413	312	122	65	57
61	3652	1606	2046	701	394	307	107	54	53
62	4912	2153	2759	1039	557	482	157	84	73
63	6013	2743	3270	1217	654	563	215	110	105
64	5190	2314	2876	1047	519	528	176	83	93
65—69岁	**29850**	**13346**	**16504**	**6337**	**3324**	**3013**	**911**	**461**	**450**
65	5655	2509	3146	1125	602	523	155	90	65
66	6291	2851	3440	1249	663	586	171	90	81
67	6031	2637	3394	1277	657	620	201	94	107
68	6275	2886	3389	1473	782	691	211	108	103
69	5598	2463	3135	1213	620	593	173	79	94
70—74岁	**27443**	**12078**	**15365**	**7033**	**3492**	**3541**	**1065**	**533**	**532**
70	5829	2493	3336	1338	676	662	196	106	90
71	6237	2857	3380	1601	853	748	229	108	121
72	5534	2476	3058	1434	712	722	231	127	104
73	5054	2175	2879	1376	671	705	215	98	117
74	4789	2077	2712	1284	580	704	194	94	100
75—79岁	**18752**	**8294**	**10458**	**5901**	**2671**	**3230**	**1020**	**475**	**545**
75	4142	1752	2390	1202	526	676	194	87	107
76	4113	1816	2297	1306	626	680	214	108	106
77	3576	1556	2020	1122	498	624	197	89	108
78	3265	1487	1778	1055	481	574	187	88	99
79	3656	1683	1973	1216	540	676	228	103	125
80—84岁	**13462**	**5736**	**7726**	**5810**	**2441**	**3369**	**1128**	**458**	**670**
80	3122	1375	1747	1236	554	682	206	87	119
81	2678	1155	1523	1123	466	657	192	77	115
82	2963	1287	1676	1238	526	712	239	114	125
83	2588	1053	1535	1153	477	676	261	103	158
84	2111	866	1245	1060	418	642	230	77	153
85—89岁	**6196**	**2355**	**3841**	**3285**	**1233**	**2052**	**911**	**286**	**625**
85	1813	689	1124	877	349	528	225	79	146
86	1506	604	902	797	302	495	189	67	122
87	1259	477	782	713	260	453	200	58	142
88	888	328	560	476	167	309	150	39	111
89	730	257	473	422	155	267	147	43	104
90—94岁	**1678**	**570**	**1108**	**1145**	**389**	**756**	**519**	**149**	**370**
90	596	203	393	360	125	235	143	42	101
91	366	128	238	250	82	168	110	25	85
92	305	109	196	232	77	155	106	39	67
93	235	83	152	189	65	124	92	24	68
94	176	47	129	114	40	74	68	19	49
95—99岁	**353**	**100**	**253**	**244**	**74**	**170**	**165**	**42**	**123**
95	127	41	86	86	32	54	62	17	45
96	97	32	65	70	20	50	48	9	39
97	66	16	50	44	11	33	25	8	17
98	39	5	34	25	6	19	14	5	9
99	24	6	18	19	5	14	16	3	13
100岁及以上	**35**	**11**	**24**	**24**	**8**	**16**	**19**	**5**	**14**

8-3　全省分性别、婚姻状况、健康状况的60岁及以上老年人口

单位：人

婚姻状况	60岁及以上人口			健康		
	合计	男	女	小计	男	女
总　计	**761001**	**369323**	**391678**	**462082**	**236030**	**226052**
未　婚	8613	7634	979	3389	2914	475
有配偶	573362	315673	257689	379703	212382	167321
离　婚	7316	4442	2874	4448	2601	1847
丧　偶	171710	41574	130136	74542	18133	56409

8-3　续表

单位：人

婚姻状况	基本健康			不健康，但生活能自理			不健康，生活不能自理		
	小计	男	女	小计	男	女	小计	男	女
总　计	**229013**	**101054**	**127959**	**57342**	**26647**	**30695**	**12564**	**5592**	**6972**
未　婚	3153	2835	318	1753	1611	142	318	274	44
有配偶	155078	80689	74389	32069	18690	13379	6512	3912	2600
离　婚	2138	1317	821	624	457	167	106	67	39
丧　偶	68644	16213	52431	22896	5889	17007	5628	1339	4289

8-3a　全省分性别、婚姻状况、健康状况的60岁及以上老年人口(城市)

单位：人

婚姻状况	60岁及以上人口			健康		
	合计	男	女	小计	男	女
总　计	**181880**	**87946**	**93934**	**121653**	**61180**	**60473**
未　婚	1090	785	305	540	363	177
有配偶	143619	78304	65315	102708	56427	46281
离　婚	3440	1795	1645	2240	1110	1130
丧　偶	33731	7062	26669	16165	3280	12885

8-3a　续表

单位：人

婚姻状况	基本健康			不健康，但生活能自理			不健康，生活不能自理		
	小计	男	女	小计	男	女	小计	男	女
总　计	**48338**	**21424**	**26914**	**9021**	**4073**	**4948**	**2868**	**1269**	**1599**
未　婚	312	244	68	190	142	48	48	36	12
有配偶	34311	17955	16356	5162	3008	2154	1438	914	524
离　婚	958	522	436	195	134	61	47	29	18
丧　偶	12757	2703	10054	3474	789	2685	1335	290	1045

8-3b　全省分性别、婚姻状况、健康状况的60岁及以上老年人口(镇)

单位：人

婚姻状况	60岁及以上人口			健　　康		
	合计	男	女	小计	男	女
总　计	**191830**	**93238**	**98592**	**115317**	**58623**	**56694**
未　婚	1884	1611	273	671	548	123
有配偶	147197	80662	66535	96399	53475	42924
离　婚	1783	1037	746	1042	591	451
丧　偶	40966	9928	31038	17205	4009	13196

8-3b　续表

单位：人

婚姻状况	基本健康			不健康，但生活能自理			不健康，生活不能自理		
	小计	男	女	小计	男	女	小计	男	女
总　计	**59519**	**26692**	**32827**	**13813**	**6405**	**7408**	**3181**	**1518**	**1663**
未　婚	708	604	104	404	371	33	101	88	13
有配偶	41531	21702	19829	7670	4479	3191	1597	1006	591
离　婚	522	301	221	187	124	63	32	21	11
丧　偶	16758	4085	12673	5552	1431	4121	1451	403	1048

8−3c　全省分性别、婚姻状况、健康状况的60岁及以上老年人口(乡村)

单位：人

婚姻状况	60岁及以上人口			健　康		
	合计	男	女	小计	男	女
总　计	**387291**	**188139**	**199152**	**225112**	**116227**	**108885**
未　婚	5639	5238	401	2178	2003	175
有配偶	282546	156707	125839	180596	102480	78116
离　婚	2093	1610	483	1166	900	266
丧　偶	97013	24584	72429	41172	10844	30328

8−3c　续表

单位：人

婚姻状况	基本健康			不健康，但生活能自理			不健康，生活不能自理		
	小计	男	女	小计	男	女	小计	男	女
总　计	**121156**	**52938**	**68218**	**34508**	**16169**	**18339**	**6515**	**2805**	**3710**
未　婚	2133	1987	146	1159	1098	61	169	150	19
有配偶	79236	41032	38204	19237	11203	8034	3477	1992	1485
离　婚	658	494	164	242	199	43	27	17	10
丧　偶	39129	9425	29704	13870	3669	10201	2842	646	2196

8-4 全省分性别、主要生活来源、健康状况的60岁及以上老年人口

单位：人

主要生活来源	60岁及以上人口			健康		
	合计	男	女	小计	男	女
总　　计	**761001**	**369323**	**391678**	**462082**	**236030**	**226052**
劳动收入	191033	125434	65599	152768	101330	51438
离退休金/养老金	217554	114092	103462	141054	75588	65466
最低生活保障金	30214	15811	14403	8771	4374	4397
失业保险金	46	23	23	25	15	10
财产性收入	2453	1385	1068	1591	925	666
家庭其他成员供养	282082	95356	186726	135993	43796	92197
其　　他	37619	17222	20397	21880	10002	11878

8-4　续表

单位：人

主要生活来源	基本健康			不健康，但生活能自理			不健康，生活不能自理		
	小计	男	女	小计	男	女	小计	男	女
总　　计	**229013**	**101054**	**127959**	**57342**	**26647**	**30695**	**12564**	**5592**	**6972**
劳动收入	35934	22561	13373	2202	1468	734	129	75	54
离退休金/养老金	62826	31309	31517	10599	5569	5030	3075	1626	1449
最低生活保障金	11621	5953	5668	8130	4618	3512	1692	866	826
失业保险金	13	3	10	6	4	2	2	1	1
财产性收入	718	373	345	129	78	51	15	9	6
家庭其他成员供养	105662	35412	70250	33470	13456	20014	6957	2692	4265
其　　他	12239	5443	6796	2806	1454	1352	694	323	371

8-4a　全省分性别、主要生活来源、健康状况的60岁及以上老年人口(城市)

单位：人

主要生活来源	60岁及以上人口			健　康		
	合计	男	女	小计	男	女
总　计	**181880**	**87946**	**93934**	**121653**	**61180**	**60473**
劳动收入	17986	12647	5339	14953	10650	4303
离退休金/养老金	120315	59755	60560	81206	41543	39663
最低生活保障金	3195	1436	1759	1288	554	734
失业保险金	9	6	3	7	5	2
财产性收入	737	416	321	520	300	220
家庭其他成员供养	33079	10712	22367	19353	6126	13227
其　他	6559	2974	3585	4326	2002	2324

8-4a　续表

单位：人

主要生活来源	基本健康			不健康，但生活能自理			不健康，生活不能自理		
	小计	男	女	小计	男	女	小计	男	女
总　计	**48338**	**21424**	**26914**	**9021**	**4073**	**4948**	**2868**	**1269**	**1599**
劳动收入	2851	1882	969	170	107	63	12	8	4
离退休金/养老金	32422	14984	17438	4968	2406	2562	1719	822	897
最低生活保障金	1078	483	595	656	324	332	173	75	98
失业保险金	1		1	1	1				
财产性收入	184	98	86	31	17	14	2	1	1
家庭其他成员供养	10148	3264	6884	2789	1035	1754	789	287	502
其　他	1654	713	941	406	183	223	173	76	97

8-4b 全省分性别、主要生活来源、健康状况的60岁及以上老年人口(镇)

单位：人

主要生活来源	60岁及以上人口			健　康		
	合计	男	女	小计	男	女
总　计	**191830**	**93238**	**98592**	**115317**	**58623**	**56694**
劳动收入	38501	25858	12643	30775	20914	9861
离退休金/养老金	65827	35550	30277	41562	22859	18703
最低生活保障金	6714	3374	3340	2034	929	1105
失业保险金	27	11	16	15	7	8
财产性收入	700	401	299	442	256	186
家庭其他成员供养	69416	23104	46312	34426	10843	23583
其　他	10645	4940	5705	6063	2815	3248

8-4b 续表

单位：人

主要生活来源	基本健康			不健康，但生活能自理			不健康，生活不能自理		
	小计	男	女	小计	男	女	小计	男	女
总　计	**59519**	**26692**	**32827**	**13813**	**6405**	**7408**	**3181**	**1518**	**1663**
劳动收入	7278	4640	2638	418	287	131	30	17	13
离退休金/养老金	19998	10392	9606	3380	1793	1587	887	506	381
最低生活保障金	2503	1240	1263	1788	986	802	389	219	170
失业保险金	11	3	8				1	1	
财产性收入	217	115	102	35	24	11	6	6	
家庭其他成员供养	25838	8643	17195	7460	2932	4528	1692	686	1006
其　他	3674	1659	2015	732	383	349	176	83	93

8-4c　全省分性别、主要生活来源、健康状况的60岁及以上老年人口(乡村)

单位：人

主要生活来源	60岁及以上人口			健　康		
	合计	男	女	小计	男	女
总　　计	**387291**	**188139**	**199152**	**225112**	**116227**	**108885**
劳动收入	134546	86929	47617	107040	69766	37274
离退休金/养老金	31412	18787	12625	18286	11186	7100
最低生活保障金	20305	11001	9304	5449	2891	2558
失业保险金	10	6	4	3	3	
财产性收入	1016	568	448	629	369	260
家庭其他成员供养	179587	61540	118047	82214	26827	55387
其　　他	20415	9308	11107	11491	5185	6306

8-4c　续表

单位：人

主要生活来源	基本健康			不健康，但生活能自理			不健康，生活不能自理		
	小计	男	女	小计	男	女	小计	男	女
总　　计	**121156**	**52938**	**68218**	**34508**	**16169**	**18339**	**6515**	**2805**	**3710**
劳动收入	25805	16039	9766	1614	1074	540	87	50	37
离退休金/养老金	10406	5933	4473	2251	1370	881	469	298	171
最低生活保障金	8040	4230	3810	5686	3308	2378	1130	572	558
失业保险金	1		1	5	3	2	1		1
财产性收入	317	160	157	63	37	26	7	2	5
家庭其他成员供养	69676	23505	46171	23221	9489	13732	4476	1719	2757
其　　他	6911	3071	3840	1668	888	780	345	164	181

8-5 全省分性别、居住状况、健康状况的60岁及以上老年人口

单位：人

居住状况	60岁及以上人口			健康		
	合计	男	女	小计	男	女
总　计	**761001**	**369323**	**391678**	**462082**	**236030**	**226052**
与配偶和子女同住	205333	116000	89333	141766	81230	60536
与配偶同住	288322	157996	130326	184411	102787	81624
与子女同住	140118	38725	101393	69594	20410	49184
独居(有保姆)	1168	488	680	400	181	219
独居(无保姆)	80868	33582	47286	41461	18710	22751
养老机构	5833	3297	2536	999	581	418
其　他	39359	19235	20124	23451	12131	11320

8-5　续表

单位：人

居住状况	基本健康			不健康，但生活能自理			不健康，生活不能自理		
	小计	男	女	小计	男	女	小计	男	女
总　计	**229013**	**101054**	**127959**	**57342**	**26647**	**30695**	**12564**	**5592**	**6972**
与配偶和子女同住	50551	26907	23644	10678	6424	4254	2338	1439	899
与配偶同住	83064	43085	39979	17513	10124	7389	3334	2000	1334
与子女同住	50810	13180	37630	15570	4135	11435	4144	1000	3144
独居(有保姆)	360	159	201	170	73	97	238	75	163
独居(无保姆)	30017	11141	18876	8761	3501	5260	629	230	399
养老机构	2161	1282	879	1653	999	654	1020	435	585
其　他	12050	5300	6750	2997	1391	1606	861	413	448

8–5a　全省分性别、居住状况、健康状况的60岁及以上老年人口(城市)

单位：人

居住状况	60岁及以上人口			健康		
	合计	男	女	小计	男	女
总　计	**181880**	**87946**	**93934**	**121653**	**61180**	**60473**
与配偶和子女同住	58615	33058	25557	43650	24770	18880
与配偶同住	65005	35660	29345	44644	24743	19901
与子女同住	33680	8864	24816	19658	5431	14227
独居(有保姆)	341	136	205	96	38	58
独居(无保姆)	15394	5887	9507	8528	3499	5029
养老机构	1367	560	807	149	68	81
其　他	7478	3781	3697	4928	2631	2297

8–5a　续表

单位：人

居住状况	基本健康			不健康，但生活能自理			不健康，生活不能自理		
	小计	男	女	小计	男	女	小计	男	女
总　计	**48338**	**21424**	**26914**	**9021**	**4073**	**4948**	**2868**	**1269**	**1599**
与配偶和子女同住	12445	6737	5708	1979	1197	782	541	354	187
与配偶同住	17156	9009	8147	2539	1478	1061	666	430	236
与子女同住	10747	2640	8107	2382	578	1804	893	215	678
独居(有保姆)	105	47	58	54	22	32	86	29	57
独居(无保姆)	5445	1890	3555	1295	463	832	126	35	91
养老机构	508	229	279	332	136	196	378	127	251
其　他	1932	872	1060	440	199	241	178	79	99

8-5b 全省分性别、居住状况、健康状况的60岁及以上老年人口(镇)

单位：人

居住状况	60岁及以上人口			健康		
	合计	男	女	小计	男	女
总 计	**191830**	**93238**	**98592**	**115317**	**58623**	**56694**
与配偶和子女同住	59720	33674	26046	40544	23155	17389
与配偶同住	64521	35487	29034	40922	22849	18073
与子女同住	38371	10825	27546	19063	5546	13517
独居(有保姆)	336	154	182	110	54	56
独居(无保姆)	16778	6892	9886	8394	3726	4668
养老机构	1701	953	748	267	150	117
其 他	10403	5253	5150	6017	3143	2874

8-5b 续表

单位：人

居住状况	基本健康			不健康，但生活能自理			不健康，生活不能自理		
	小计	男	女	小计	男	女	小计	男	女
总 计	**59519**	**26692**	**32827**	**13813**	**6405**	**7408**	**3181**	**1518**	**1663**
与配偶和子女同住	15622	8356	7266	2914	1760	1154	640	403	237
与配偶同住	19206	10040	9166	3685	2144	1541	708	454	254
与子女同住	14183	3891	10292	4054	1087	2967	1071	301	770
独居(有保姆)	99	48	51	58	27	31	69	25	44
独居(无保姆)	6399	2399	4000	1855	711	1144	130	56	74
养老机构	594	339	255	508	308	200	332	156	176
其 他	3416	1619	1797	739	368	371	231	123	108

8－5c　全省分性别、居住状况、健康状况的60岁及以上老年人口(乡村)

单位：人

居住状况	60岁及以上人口			健　康		
	合计	男	女	小计	男	女
总　计	**387291**	**188139**	**199152**	**225112**	**116227**	**108885**
与配偶和子女同住	86998	49268	37730	57572	33305	24267
与配偶同住	158796	86849	71947	98845	55195	43650
与子女同住	68067	19036	49031	30873	9433	21440
独居(有保姆)	491	198	293	194	89	105
独居(无保姆)	48696	20803	27893	24539	11485	13054
养老机构	2765	1784	981	583	363	220
其　他	21478	10201	11277	12506	6357	6149

8－5c　续表

单位：人

居住状况	基本健康			不健康，但生活能自理			不健康，生活不能自理		
	小计	男	女	小计	男	女	小计	男	女
总　计	**121156**	**52938**	**68218**	**34508**	**16169**	**18339**	**6515**	**2805**	**3710**
与配偶和子女同住	22484	11814	10670	5785	3467	2318	1157	682	475
与配偶同住	46702	24036	22666	11289	6502	4787	1960	1116	844
与子女同住	25880	6649	19231	9134	2470	6664	2180	484	1696
独居(有保姆)	156	64	92	58	24	34	83	21	62
独居(无保姆)	18173	6852	11321	5611	2327	3284	373	139	234
养老机构	1059	714	345	813	555	258	310	152	158
其　他	6702	2809	3893	1818	824	994	452	211	241

8-6 各地区分性别、主要生活来源的60岁及以上老年人口

单位：人

地　区	60岁及以上人口			劳动收入		
	合计	男	女	小计	男	女
全　省	**761001**	**369323**	**391678**	**191033**	**125434**	**65599**
南昌市	**94467**	**45813**	**48654**	**13832**	**9868**	**3964**
东湖区	9453	4488	4965	477	314	163
西湖区	9710	4675	5035	325	227	98
青云谱区	6866	3308	3558	298	217	81
青山湖区	14402	6981	7421	1045	757	288
新建区	11045	5479	5566	2483	1778	705
红谷滩区	4895	2381	2514	427	293	134
南昌县	21225	10250	10975	4860	3451	1409
安义县	4246	2151	2095	905	684	221
进贤县	12625	6100	6525	3012	2147	865
景德镇市	**26144**	**12783**	**13361**	**6602**	**4310**	**2292**
昌江区	3141	1549	1592	321	240	81
珠山区	6597	3242	3355	354	247	107
浮梁县	4360	2212	2148	1162	847	315
乐平市	12046	5780	6266	4765	2976	1789
萍乡市	**34722**	**16919**	**17803**	**9940**	**5792**	**4148**
安源区	9806	4664	5142	578	385	193
湘东区	6973	3407	3566	2563	1504	1059
莲花县	4648	2182	2466	2530	1262	1268
上栗县	7938	3968	3970	2354	1445	909
芦溪县	5357	2698	2659	1915	1196	719
九江市	**81470**	**40212**	**41258**	**20938**	**13854**	**7084**
濂溪区	5540	2757	2783	680	495	185
浔阳区	7232	3554	3678	321	240	81
柴桑区	5626	2795	2831	1436	1003	433
武宁县	6299	3138	3161	1160	908	252
修水县	12854	6454	6400	3659	2522	1137
永修县	6008	2921	3087	1925	1193	732
德安县	2690	1329	1361	751	485	266
都昌县	11118	5410	5708	3613	2275	1338
湖口县	4723	2294	2429	1485	957	528
彭泽县	5973	2895	3078	2203	1344	859
瑞昌市	7529	3717	3812	2021	1310	711
共青城市	1790	911	879	453	328	125
庐山市	4088	2037	2051	1231	794	437
新余市	**20150**	**9670**	**10480**	**4856**	**3292**	**1564**
渝水区	14939	7144	7795	3366	2279	1087
分宜县	5211	2526	2685	1490	1013	477
鹰潭市	**20916**	**10207**	**10709**	**6127**	**4014**	**2113**
月湖区	4485	2201	2284	506	346	160
余江区	6383	3058	3325	2071	1386	685
贵溪市	10048	4948	5100	3550	2282	1268
赣州市	**142510**	**67554**	**74956**	**30817**	**19366**	**11451**
章贡区	15213	7319	7894	1027	683	344
南康区	12908	5974	6934	2278	1483	795
赣县区	9105	4354	4751	2067	1247	820
信丰县	10357	4805	5552	3377	1929	1448
大余县	4705	2175	2530	1001	574	427
上犹县	5143	2415	2728	1092	679	413
崇义县	3320	1608	1712	604	403	201
安远县	5020	2253	2767	1321	750	571
定南县	3201	1496	1705	552	364	188
全南县	3141	1464	1677	589	377	212

8-6　续表 1

单位：人

地　区	60岁及以上人口			劳动收入		
	合计	男	女	小计	男	女
宁都县	12683	6158	6525	4001	2609	1392
于都县	15299	7224	8075	2137	1463	674
兴国县	12280	5995	6285	3390	2094	1296
会昌县	6847	3264	3583	1460	920	540
寻乌县	4262	2025	2237	1075	644	431
石城县	4396	2095	2301	1114	732	382
瑞金市	9421	4534	4887	2812	1837	975
龙南市	5209	2396	2813	920	578	342
吉安市	**77136**	**36881**	**40255**	**24692**	**14786**	**9906**
吉州区	6464	3132	3332	797	523	274
青原区	3362	1616	1746	958	594	364
吉安县	7190	3384	3806	2617	1543	1074
吉水县	7852	3762	4090	2926	1805	1121
峡江县	2652	1281	1371	1164	665	499
新干县	4990	2343	2647	2023	1181	842
永丰县	6168	2955	3213	2276	1394	882
泰和县	8087	3782	4305	2435	1418	1017
遂川县	8262	3971	4291	2798	1600	1198
万安县	4625	2250	2375	1258	799	459
安福县	6484	3213	3271	2252	1344	908
永新县	8345	3936	4409	2504	1509	995
井冈山市	2655	1256	1399	684	411	273
宜春市	**87667**	**42649**	**45018**	**27934**	**17863**	**10071**
袁州区	17427	8577	8850	3476	2540	936
奉新县	4902	2465	2437	1370	951	419
万载县	7403	3646	3757	2231	1410	821
上高县	5783	2771	3012	1767	1166	601
宜丰县	4798	2405	2393	1786	1083	703
靖安县	2446	1219	1227	577	425	152
铜鼓县	2012	1012	1000	405	308	97
丰城市	19841	9331	10510	6113	3889	2224
樟树市	9466	4526	4940	3868	2297	1571
高安市	13589	6697	6892	6341	3794	2547
抚州市	**60386**	**29273**	**31113**	**15311**	**10545**	**4766**
临川区	17339	8422	8917	2980	2276	704
东乡区	6941	3328	3613	1914	1331	583
南城县	4709	2269	2440	1489	982	507
黎川县	3830	1909	1921	1206	827	379
南丰县	4255	2062	2193	1483	964	519
崇仁县	5202	2485	2717	1207	784	423
乐安县	5033	2446	2587	1236	898	338
宜黄县	3497	1732	1765	1167	760	407
金溪县	4296	2108	2188	1157	797	360
资溪县	1910	908	1002	328	233	95
广昌县	3374	1604	1770	1144	693	451
上饶市	**115433**	**57362**	**58071**	**29984**	**21744**	**8240**
信州区	9413	4668	4745	1164	889	275
广丰区	13593	6915	6678	3874	2876	998
广信区	11932	5980	5952	3010	2331	679
玉山县	10380	5191	5189	2576	1968	608
铅山县	7127	3547	3580	2069	1519	550
横峰县	3589	1771	1818	900	697	203
弋阳县	6606	3294	3312	1892	1373	519
余干县	14314	6930	7384	3898	2656	1242
鄱阳县	20373	10115	10258	5173	3806	1367
万年县	6446	3200	3246	1668	1278	390
婺源县	6376	3166	3210	2229	1388	841
德兴市	5284	2585	2699	1531	963	568

8-6 续表 2

单位：人

地 区	离退休金/养老金			最低生活保障金			失业保险金		
	小计	男	女	小计	男	女	小计	男	女
全 省	**217554**	**114092**	**103462**	**30214**	**15811**	**14403**	**46**	**23**	**23**
南昌市	**50683**	**24854**	**25829**	**2160**	**1120**	**1040**	**6**	**5**	**1**
东湖区	8426	3972	4454	61	27	34			
西湖区	8599	4139	4460	94	49	45			
青云谱区	6028	2893	3135	61	22	39			
青山湖区	10653	5222	5431	206	90	116			
新建区	3566	1789	1777	446	237	209	3	3	
红谷滩区	3737	1815	1922	82	41	41			
南昌县	7004	3517	3487	629	326	303	3	2	1
安义县	760	430	330	195	109	86			
进贤县	1910	1077	833	386	219	167			
景德镇市	**11160**	**5629**	**5531**	**914**	**460**	**454**			
昌江区	2153	1075	1078	94	38	56			
珠山区	5725	2803	2922	60	28	32			
浮梁县	747	419	328	299	166	133			
乐平市	2535	1332	1203	461	228	233			
萍乡市	**13343**	**6764**	**6579**	**1450**	**755**	**695**	**5**	**1**	**4**
安源区	8044	3852	4192	215	100	115			
湘东区	1933	1012	921	391	191	200			
莲花县	565	370	195	208	107	101	3	1	2
上栗县	1600	898	702	333	184	149	1		1
芦溪县	1201	632	569	303	173	130	1		1
九江市	**22287**	**12124**	**10163**	**3061**	**1679**	**1382**	**3**	**2**	**1**
濂溪区	3277	1701	1576	134	67	67			
浔阳区	6181	3058	3123	57	17	40			
柴桑区	1312	731	581	174	92	82			
武宁县	777	496	281	326	184	142	2	1	1
修水县	1574	928	646	762	439	323			
永修县	1816	926	890	222	115	107			
德安县	785	420	365	98	55	43			
都昌县	1544	984	560	465	261	204			
湖口县	871	522	349	158	91	67			
彭泽县	1087	603	484	259	137	122	1	1	
瑞昌市	1525	904	621	184	95	89			
共青城市	545	296	249	61	40	21			
庐山市	993	555	438	161	86	75			
新余市	**6742**	**3497**	**3245**	**804**	**375**	**429**	**2**	**1**	**1**
渝水区	5530	2842	2688	537	240	297	2	1	1
分宜县	1212	655	557	267	135	132			
鹰潭市	**6227**	**3225**	**3002**	**515**	**259**	**256**	**4**	**2**	**2**
月湖区	2890	1476	1414	92	32	60	3	2	1
余江区	1264	645	619	139	69	70			
贵溪市	2073	1104	969	284	158	126	1		1
赣州市	**28888**	**16778**	**12110**	**6527**	**3309**	**3218**	**5**	**3**	**2**
章贡区	10078	5109	4969	285	134	151			
南康区	1622	1117	505	598	320	278			
赣县区	1429	840	589	495	285	210			
信丰县	1077	693	384	349	172	177	2	1	1
大余县	1183	688	495	218	113	105			
上犹县	849	541	308	323	173	150			
崇义县	607	374	233	169	81	88			
安远县	582	363	219	224	113	111			
定南县	423	266	157	140	59	81			
全南县	868	480	388	154	81	73			

8-6　续表 3

单位：人

地　区	离退休金/养老金			最低生活保障金			失业保险金		
	小计	男	女	小计	男	女	小计	男	女
宁都县	1705	1039	666	629	306	323			
于都县	2527	1604	923	738	354	384			
兴国县	1472	960	512	580	316	264	2	1	1
会昌县	939	586	353	501	264	237			
寻乌县	558	351	207	276	126	150			
石城县	463	309	154	198	91	107			
瑞金市	1316	803	513	445	228	217	1	1	
龙南市	1190	655	535	205	93	112			
吉安市	**15328**	**8602**	**6726**	**3886**	**1947**	**1939**	**7**	**3**	**4**
吉州区	4154	2038	2116	171	84	87			
青原区	677	392	285	190	86	104			
吉安县	1233	691	542	387	175	212			
吉水县	978	584	394	385	187	198			
峡江县	361	207	154	174	79	95			
新干县	835	474	361	205	97	108			
永丰县	925	512	413	305	161	144			
泰和县	1307	780	527	500	245	255	1		1
遂川县	1227	716	511	425	231	194	6	3	3
万安县	731	433	298	231	126	105			
安福县	1208	767	441	353	188	165			
永新县	984	615	369	376	201	175			
井冈山市	708	393	315	184	87	97			
宜春市	**21533**	**11045**	**10488**	**4020**	**2173**	**1847**	**1**		**1**
袁州区	6372	3158	3214	812	461	351			
奉新县	1187	608	579	254	142	112			
万载县	1337	712	625	541	318	223			
上高县	1414	716	698	276	142	134	1		1
宜丰县	1377	685	692	256	150	106			
靖安县	786	385	401	188	95	93			
铜鼓县	645	321	324	139	76	63			
丰城市	3904	2081	1823	677	362	315			
樟树市	2477	1234	1243	306	142	164			
高安市	2034	1145	889	571	285	286			
抚州市	**14510**	**7481**	**7029**	**2290**	**1170**	**1120**	**1**	**1**	
临川区	5352	2704	2648	608	317	291	1	1	
东乡区	1366	748	618	230	116	114			
南城县	958	483	475	142	74	68			
黎川县	842	418	424	127	65	62			
南丰县	1056	498	558	166	70	96			
崇仁县	1016	567	449	198	96	102			
乐安县	732	445	287	318	168	150			
宜黄县	1357	627	730	90	48	42			
金溪县	710	390	320	168	91	77			
资溪县	377	200	177	82	49	33			
广昌县	744	401	343	161	76	85			
上饶市	**26853**	**14093**	**12760**	**4587**	**2564**	**2023**	**12**	**5**	**7**
信州区	5849	2919	2930	184	82	102			
广丰区	2059	1157	902	548	316	232	1		1
广信区	1770	989	781	409	245	164	1	1	
玉山县	1737	951	786	532	322	210			
铅山县	1428	721	707	178	118	60	9	4	5
横峰县	824	440	384	163	69	94			
弋阳县	1764	914	850	307	161	146			
余干县	2251	1213	1038	584	299	285			
鄱阳县	4617	2391	2226	905	512	393			
万年县	1051	602	449	358	204	154			
婺源县	1488	808	680	214	125	89	1		1
德兴市	2015	988	1027	205	111	94			

8-6 续表 4

单位：人

地区	财产性收入			家庭其他成员供养			其他		
	小计	男	女	小计	男	女	小计	男	女
全　省	**2453**	**1385**	**1068**	**282082**	**95356**	**186726**	**37619**	**17222**	**20397**
南昌市	**236**	**152**	**84**	**24165**	**8213**	**15952**	**3385**	**1601**	**1784**
东湖区	11	5	6	420	137	283	58	33	25
西湖区	24	14	10	556	196	360	112	50	62
青云谱区	11	8	3	379	127	252	89	41	48
青山湖区	71	42	29	1939	641	1298	488	229	259
新建区	22	19	3	3938	1381	2557	587	272	315
红谷滩区	15	10	5	539	176	363	95	46	49
南昌县	47	32	15	7637	2451	5186	1045	471	574
安义县	14	8	6	2178	818	1360	194	102	92
进贤县	21	14	7	6579	2286	4293	717	357	360
景德镇市	**80**	**48**	**32**	**6625**	**1984**	**4641**	**763**	**352**	**411**
昌江区	2	2		438	124	314	133	70	63
珠山区	20	13	7	381	120	261	57	31	26
浮梁县	15	8	7	1955	677	1278	182	95	87
乐平市	43	25	18	3851	1063	2788	391	156	235
萍乡市	**36**	**22**	**14**	**8915**	**3109**	**5806**	**1033**	**476**	**557**
安源区	1		1	813	272	541	155	55	100
湘东区	2	1	1	1870	606	1264	214	93	121
莲花县	8	5	3	1212	385	827	122	52	70
上栗县	13	8	5	3288	1257	2031	349	176	173
芦溪县	12	8	4	1732	589	1143	193	100	93
九江市	**255**	**137**	**118**	**30800**	**10430**	**20370**	**4126**	**1986**	**2140**
濂溪区	6	4	2	1202	370	832	241	120	121
浔阳区	8	4	4	533	173	360	132	62	70
柴桑区	5	2	3	2434	838	1596	265	129	136
武宁县	11	6	5	3476	1261	2215	547	282	265
修水县	97	45	52	5507	1959	3548	1255	561	694
永修县	29	16	13	1859	594	1265	157	77	80
德安县	6	3	3	975	324	651	75	42	33
都昌县	35	20	15	4904	1605	3299	557	265	292
湖口县	12	7	5	2058	650	1408	139	67	72
彭泽县	14	11	3	2250	720	1530	159	79	80
瑞昌市	12	6	6	3427	1218	2209	360	184	176
共青城市	3	2	1	660	216	444	68	29	39
庐山市	17	11	6	1515	502	1013	171	89	82
新余市	**56**	**28**	**28**	**6052**	**1803**	**4249**	**1638**	**674**	**964**
渝水区	42	21	21	4087	1195	2892	1375	566	809
分宜县	14	7	7	1965	608	1357	263	108	155
鹰潭市	**52**	**28**	**24**	**7291**	**2356**	**4935**	**700**	**323**	**377**
月湖区	17	7	10	817	264	553	160	74	86
余江区	8	5	3	2675	857	1818	226	96	130
贵溪市	27	16	11	3799	1235	2564	314	153	161
赣州市	**857**	**480**	**377**	**66693**	**23592**	**43101**	**8723**	**4026**	**4697**
章贡区	181	99	82	3162	1081	2081	480	213	267
南康区	160	81	79	7428	2604	4824	822	369	453
赣县区	53	30	23	4604	1748	2856	457	204	253
信丰县	39	19	20	4744	1638	3106	769	353	416
大余县	16	10	6	1962	637	1325	325	153	172
上犹县	23	11	12	2635	910	1725	221	101	120
崇义县	10	6	4	1759	645	1114	171	99	72
安远县	34	20	14	2519	867	1652	340	140	200
定南县	19	13	6	1850	686	1164	217	108	109
全南县	11	4	7	1374	461	913	145	61	84

8-6　续表 5

单位：人

地　区	财产性收入			家庭其他成员供养			其　他		
	小计	男	女	小计	男	女	小计	男	女
宁都县	40	25	15	5371	1755	3616	937	424	513
于都县	107	63	44	8842	3287	5555	946	452	494
兴国县	48	27	21	6072	2245	3827	718	353	365
会昌县	37	22	15	3370	1222	2148	540	250	290
寻乌县	15	10	5	2144	808	1336	194	86	108
石城县	12	7	5	2212	772	1440	397	184	213
瑞金市	23	15	8	4105	1326	2779	719	324	395
龙南市	29	18	11	2540	900	1640	325	152	173
吉安市	**133**	**77**	**56**	**29791**	**10036**	**19755**	**3299**	**1430**	**1869**
吉州区	20	12	8	1124	378	746	198	97	101
青原区	16	9	7	1327	457	870	194	78	116
吉安县	4	2	2	2629	838	1791	320	135	185
吉水县	15	9	6	3176	1007	2169	372	170	202
峡江县	2	1	1	809	273	536	142	56	86
新干县	1	1		1764	527	1237	162	63	99
永丰县	18	10	8	2417	773	1644	227	105	122
泰和县	12	8	4	3376	1134	2242	456	197	259
遂川县	19	8	11	3422	1260	2162	365	153	212
万安县	9	7	2	2125	775	1350	271	110	161
安福县	4	2	2	2486	840	1646	181	72	109
永新县	10	5	5	4129	1440	2689	342	166	176
井冈山市	3	3		1007	334	673	69	28	41
宜春市	**232**	**128**	**104**	**29947**	**9646**	**20301**	**4000**	**1794**	**2206**
袁州区	43	23	20	5879	2004	3875	845	391	454
奉新县	13	9	4	1867	657	1210	211	98	113
万载县	11	6	5	2933	1032	1901	350	168	182
上高县	10	7	3	1976	604	1372	339	136	203
宜丰县	16	10	6	1205	405	800	158	72	86
靖安县	3	2	1	826	283	543	66	29	37
铜鼓县	11	8	3	695	235	460	117	64	53
丰城市	48	24	24	8056	2513	5543	1043	462	581
樟树市	40	21	19	2478	719	1759	297	113	184
高安市	37	18	19	4032	1194	2838	574	261	313
抚州市	**213**	**110**	**103**	**24920**	**8513**	**16407**	**3141**	**1453**	**1688**
临川区	34	21	13	7426	2646	4780	938	457	481
东乡区	19	8	11	2898	910	1988	514	215	299
南城县	9	6	3	1951	640	1311	160	84	76
黎川县	7	2	5	1532	541	991	116	56	60
南丰县	11	9	2	1399	458	941	140	63	77
崇仁县	15	8	7	2435	884	1551	331	146	185
乐安县	13	7	6	2453	812	1641	281	116	165
宜黄县	2	1	1	796	250	546	85	46	39
金溪县	82	36	46	1943	675	1268	236	119	117
资溪县	6	3	3	917	325	592	200	98	102
广昌县	15	9	6	1170	372	798	140	53	87
上饶市	**303**	**175**	**128**	**46883**	**15674**	**31209**	**6811**	**3107**	**3704**
信州区	14	12	2	1924	632	1292	278	134	144
广丰区	26	11	15	5511	1870	3641	1574	685	889
广信区	31	21	10	6064	2100	3964	647	293	354
玉山县	17	11	6	4998	1684	3314	520	255	265
铅山县	20	15	5	3124	1029	2095	299	141	158
横峰县	7	4	3	1469	468	1001	226	93	133
弋阳县	10	6	4	2407	752	1655	226	88	138
余干县	36	19	17	6441	2208	4233	1104	535	569
鄱阳县	113	61	52	8533	2872	5661	1032	473	559
万年县	10	5	5	2925	918	2007	434	193	241
婺源县	10	5	5	2173	718	1455	261	122	139
德兴市	9	5	4	1314	423	891	210	95	115

8-6a 各地区分性别、主要生活来源的60岁及以上老年人口(城市)

单位：人

地区	60岁及以上人口			劳动收入		
	合计	男	女	小计	男	女
全省	**181880**	**87946**	**93934**	**17986**	**12647**	**5339**
南昌市	**46981**	**22640**	**24341**	**2555**	**1852**	**703**
东湖区	9037	4280	4757	301	201	100
西湖区	9710	4675	5035	325	227	98
青云谱区	6844	3296	3548	295	216	79
青山湖区	12749	6168	6581	815	595	220
新建区	3943	1941	2002	468	366	102
红谷滩区	4600	2231	2369	333	233	100
南昌县	98	49	49	18	14	4
安义县						
进贤县						
景德镇市	**12130**	**5934**	**6196**	**1237**	**824**	**413**
昌江区	2319	1150	1169	152	99	53
珠山区	6423	3159	3264	332	234	98
浮梁县	341	176	165	109	74	35
乐平市	3047	1449	1598	644	417	227
萍乡市	**10721**	**5104**	**5617**	**1060**	**664**	**396**
安源区	8081	3840	4241	421	282	139
湘东区	2551	1215	1336	627	371	256
莲花县						
上栗县	89	49	40	12	11	1
芦溪县						
九江市	**16263**	**8140**	**8123**	**1499**	**1088**	**411**
濂溪区	3695	1841	1854	244	181	63
浔阳区	7178	3526	3652	300	225	75
柴桑区	1487	764	723	263	192	71
武宁县						
修水县						
永修县						
德安县						
都昌县						
湖口县						
彭泽县						
瑞昌市	1927	991	936	335	232	103
共青城市	912	473	439	149	116	33
庐山市	1064	545	519	208	142	66
新余市	**8153**	**3882**	**4271**	**758**	**585**	**173**
渝水区	8153	3882	4271	758	585	173
分宜县						
鹰潭市	**8689**	**4213**	**4476**	**1389**	**906**	**483**
月湖区	4213	2073	2140	404	285	119
余江区	1430	661	769	246	178	68
贵溪市	3046	1479	1567	739	443	296
赣州市	**23911**	**11393**	**12518**	**1984**	**1341**	**643**
章贡区	12800	6196	6604	589	412	177
南康区	3748	1728	2020	420	279	141
赣县区	1966	920	1046	238	145	93
信丰县						
大余县						
上犹县						
崇义县						
安远县						
定南县						
全南县						

8-6a 续表 1

单位：人

地区	60岁及以上人口			劳动收入		
	合计	男	女	小计	男	女
宁都县						
于都县						
兴国县						
会昌县						
寻乌县	21	9	12			
石城县						
瑞金市	3045	1472	1573	502	354	148
龙南市	2331	1068	1263	235	151	84
吉安市	**6695**	**3257**	**3438**	**517**	**358**	**159**
吉州区	5114	2489	2625	278	194	84
青原区	1060	511	549	140	100	40
吉安县						
吉水县						
峡江县						
新干县						
永丰县						
泰和县						
遂川县						
万安县						
安福县						
永新县						
井冈山市	521	257	264	99	64	35
宜春市	**19220**	**9172**	**10048**	**2888**	**1986**	**902**
袁州区	8014	3859	4155	841	636	205
奉新县						
万载县						
上高县						
宜丰县						
靖安县						
铜鼓县						
丰城市	4992	2341	2651	741	503	238
樟树市	3400	1621	1779	633	415	218
高安市	2814	1351	1463	673	432	241
抚州市	**9329**	**4398**	**4931**	**879**	**655**	**224**
临川区	6944	3253	3691	555	416	139
东乡区	2385	1145	1240	324	239	85
南城县						
黎川县						
南丰县						
崇仁县						
乐安县						
宜黄县						
金溪县						
资溪县						
广昌县						
上饶市	**19788**	**9813**	**9975**	**3220**	**2388**	**832**
信州区	6956	3420	3536	521	361	160
广丰区	5141	2608	2533	1210	912	298
广信区	4175	2093	2082	806	660	146
玉山县						
铅山县	40	20	20	5	5	
横峰县						
弋阳县						
余干县	530	260	270	140	98	42
鄱阳县	29	11	18	4	4	
万年县						
婺源县						
德兴市	2917	1401	1516	534	348	186

8-6a 续表 2

单位：人

地　区	离退休金/养老金			最低生活保障金			失业保险金		
	小计	男	女	小计	男	女	小计	男	女
全　省	**120315**	**59755**	**60560**	**3195**	**1436**	**1759**	**9**	**6**	**3**
南昌市	**38288**	**18480**	**19808**	**512**	**232**	**280**	**1**	**1**	
东湖区	8382	3945	4437	31	19	12			
西湖区	8599	4139	4460	94	49	45			
青云谱区	6024	2891	3133	61	22	39			
青山湖区	9625	4715	4910	165	71	94			
新建区	1998	1013	985	82	31	51	1	1	
红谷滩区	3605	1752	1853	62	32	30			
南昌县	55	25	30	17	8	9			
安义县									
进贤县									
景德镇市	**9231**	**4544**	**4687**	**210**	**103**	**107**			
昌江区	1898	945	953	45	14	31			
珠山区	5593	2740	2853	57	27	30			
浮梁县	33	18	15	31	21	10			
乐平市	1707	841	866	77	41	36			
萍乡市	**8137**	**3907**	**4230**	**238**	**111**	**127**			
安源区	6803	3258	3545	110	54	56			
湘东区	1280	621	659	128	57	71			
莲花县									
上栗县	54	28	26						
芦溪县									
九江市	**11085**	**5703**	**5382**	**232**	**116**	**116**			
濂溪区	2735	1408	1327	49	21	28			
浔阳区	6175	3054	3121	54	16	38			
柴桑区	596	337	259	49	28	21			
武宁县									
修水县									
永修县									
德安县									
都昌县									
湖口县									
彭泽县									
瑞昌市	774	456	318	27	15	12			
共青城市	427	230	197	30	22	8			
庐山市	378	218	160	23	14	9			
新余市	**4827**	**2463**	**2364**	**180**	**72**	**108**	**2**	**1**	**1**
渝水区	4827	2463	2364	180	72	108	2	1	1
分宜县									
鹰潭市	**4907**	**2527**	**2380**	**150**	**54**	**96**	**3**	**2**	**1**
月湖区	2869	1466	1403	71	24	47	3	2	1
余江区	601	307	294	27	12	15			
贵溪市	1437	754	683	52	18	34			
赣州市	**13115**	**6814**	**6301**	**415**	**181**	**234**	**1**	**1**	
章贡区	9545	4803	4742	162	71	91			
南康区	801	501	300	90	37	53			
赣县区	859	466	393	66	30	36			
信丰县									
大余县									
上犹县									
崇义县									
安远县									
定南县									
全南县									

8-6a　续表 3

单位：人

地　区	离退休金/养老金			最低生活保障金			失业保险金		
	小计	男	女	小计	男	女	小计	男	女
宁都县									
于都县									
兴国县									
会昌县									
寻乌县	9	4	5	3	1	2			
石城县									
瑞金市	967	546	421	35	19	16	1	1	
龙南市	934	494	440	59	23	36			
吉安市	**4726**	**2359**	**2367**	**157**	**71**	**86**			
吉州区	4078	1995	2083	92	44	48			
青原区	434	238	196	48	18	30			
吉安县									
吉水县									
峡江县									
新干县									
永丰县									
泰和县									
遂川县									
万安县									
安福县									
永新县									
井冈山市	214	126	88	17	9	8			
宜春市	**10668**	**5292**	**5376**	**457**	**196**	**261**			
袁州区	5100	2480	2620	178	85	93			
奉新县									
万载县									
上高县									
宜丰县									
靖安县									
铜鼓县									
丰城市	2335	1178	1157	139	56	83			
樟树市	1929	956	973	69	26	43			
高安市	1304	678	626	71	29	42			
抚州市	**5385**	**2674**	**2711**	**168**	**66**	**102**			
临川区	4435	2166	2269	109	43	66			
东乡区	950	508	442	59	23	36			
南城县									
黎川县									
南丰县									
崇仁县									
乐安县									
宜黄县									
金溪县									
资溪县									
广昌县									
上饶市	**9946**	**4992**	**4954**	**476**	**234**	**242**	**2**	**1**	**1**
信州区	5537	2724	2813	54	18	36			
广丰区	1355	737	618	179	90	89	1		1
广信区	1203	647	556	118	62	56	1	1	
玉山县									
铅山县				2	2				
横峰县									
弋阳县									
余干县	122	58	64	17	9	8			
鄱阳县	2	1	1						
万年县									
婺源县									
德兴市	1727	825	902	106	53	53			

8-6a 续表 4

单位：人

地　区	财产性收入			家庭其他成员供养			其　他		
	小计	男	女	小计	男	女	小计	男	女
全　省	**737**	**416**	**321**	**33079**	**10712**	**22367**	**6559**	**2974**	**3585**
南昌市	**130**	**80**	**50**	**4563**	**1557**	**3006**	**932**	**438**	**494**
东湖区	10	4	6	266	83	183	47	28	19
西湖区	24	14	10	556	196	360	112	50	62
青云谱区	10	8	2	366	119	247	88	40	48
青山湖区	67	40	27	1646	549	1097	431	198	233
新建区	4	4		1212	440	772	178	86	92
红谷滩区	15	10	5	509	168	341	76	36	40
南昌县				8	2	6			
安义县									
进贤县									
景德镇市	**24**	**15**	**9**	**1223**	**354**	**869**	**205**	**94**	**111**
昌江区	2	2		152	59	93	70	31	39
珠山区	18	11	7	370	117	253	53	30	23
浮梁县				154	56	98	14	7	7
乐平市	4	2	2	547	122	425	68	26	42
萍乡市	**1**		**1**	**1095**	**348**	**747**	**190**	**74**	**116**
安源区	1		1	608	199	409	138	47	91
湘东区				464	139	325	52	27	25
莲花县									
上栗县				23	10	13			
芦溪县									
九江市	**26**	**16**	**10**	**2937**	**973**	**1964**	**484**	**244**	**240**
濂溪区	5	3	2	499	145	354	163	83	80
浔阳区	8	4	4	509	165	344	132	62	70
柴桑区	1		1	514	175	339	64	32	32
武宁县									
修水县									
永修县									
德安县									
都昌县									
湖口县									
彭泽县									
瑞昌市	6	4	2	732	258	474	53	26	27
共青城市	2	1	1	284	96	188	20	8	12
庐山市	4	4		399	134	265	52	33	19
新余市	**25**	**12**	**13**	**1615**	**436**	**1179**	**746**	**313**	**433**
渝水区	25	12	13	1615	436	1179	746	313	433
分宜县									
鹰潭市	**31**	**16**	**15**	**1952**	**591**	**1361**	**257**	**117**	**140**
月湖区	17	7	10	694	217	477	155	72	83
余江区	1		1	506	144	362	49	20	29
贵溪市	13	9	4	752	230	522	53	25	28
赣州市	**319**	**175**	**144**	**6811**	**2311**	**4500**	**1266**	**570**	**696**
章贡区	148	80	68	1998	675	1323	358	155	203
南康区	110	62	48	1978	690	1288	349	159	190
赣县区	37	19	18	710	234	476	56	26	30
信丰县									
大余县									
上犹县									
崇义县									
安远县									
定南县									
全南县									

8-6a　续表 5

单位：人

地　区	财产性收入			家庭其他成员供养			其　他		
	小计	男	女	小计	男	女	小计	男	女
宁都县									
于都县									
兴国县									
会昌县									
寻乌县				9	4	5			
石城县									
瑞金市	13	7	6	1165	387	778	362	158	204
龙南市	11	7	4	951	321	630	141	72	69
吉安市	**26**	**15**	**11**	**1038**	**347**	**691**	**231**	**107**	**124**
吉州区	20	12	8	538	187	351	108	57	51
青原区	6	3	3	332	110	222	100	42	58
吉安县									
吉水县									
峡江县									
新干县									
永丰县									
泰和县									
遂川县									
万安县									
安福县									
永新县									
井冈山市				168	50	118	23	8	15
宜春市	**77**	**38**	**39**	**4410**	**1335**	**3075**	**720**	**325**	**395**
袁州区	14	5	9	1561	493	1068	320	160	160
奉新县									
万载县									
上高县									
宜丰县									
靖安县									
铜鼓县									
丰城市	12	7	5	1543	497	1046	222	100	122
樟树市	33	17	16	628	168	460	108	39	69
高安市	18	9	9	678	177	501	70	26	44
抚州市	**25**	**13**	**12**	**2367**	**757**	**1610**	**505**	**233**	**272**
临川区	14	9	5	1561	493	1068	270	126	144
东乡区	11	4	7	806	264	542	235	107	128
南城县									
黎川县									
南丰县									
崇仁县									
乐安县									
宜黄县									
金溪县									
资溪县									
广昌县									
上饶市	**53**	**36**	**17**	**5068**	**1703**	**3365**	**1023**	**459**	**564**
信州区	14	12	2	634	206	428	196	99	97
广丰区	9	4	5	1832	632	1200	555	233	322
广信区	21	15	6	1835	618	1217	191	90	101
玉山县									
铅山县				29	9	20	4	4	
横峰县									
弋阳县									
余干县				240	89	151	11	6	5
鄱阳县				23	6	17			
万年县									
婺源县									
德兴市	9	5	4	475	143	332	66	27	39

8-6b 各地区分性别、主要生活来源的60岁及以上老年人口(镇)

单位：人

地　区	60岁及以上人口			劳动收入		
	合计	男	女	小计	男	女
全　省	**191830**	**93238**	**98592**	**38501**	**25858**	**12643**
南昌市	**16598**	**8056**	**8542**	**2056**	**1535**	**521**
东湖区	59	31	28	12	9	3
西湖区						
青云谱区	22	12	10	3	1	2
青山湖区	894	424	470	95	66	29
新建区	673	354	319	144	106	38
红谷滩区						
南昌县	8956	4305	4651	920	689	231
安义县	1507	794	713	233	188	45
进贤县	4487	2136	2351	649	476	173
景德镇市	**3516**	**1714**	**1802**	**970**	**637**	**333**
昌江区	147	64	83	24	18	6
珠山区	142	67	75	15	9	6
浮梁县	1693	854	839	345	257	88
乐平市	1534	729	805	586	353	233
萍乡市	**10762**	**5173**	**5589**	**3329**	**1850**	**1479**
安源区	1532	735	797	136	92	44
湘东区	1438	693	745	576	315	261
莲花县	1765	812	953	920	433	487
上栗县	3506	1707	1799	958	577	381
芦溪县	2521	1226	1295	739	433	306
九江市	**23423**	**11590**	**11833**	**4774**	**3286**	**1488**
濂溪区	390	190	200	82	56	26
浔阳区						
柴桑区	915	443	472	226	159	67
武宁县	2606	1304	1302	376	290	86
修水县	4749	2332	2417	748	562	186
永修县	3057	1488	1569	629	417	212
德安县	1261	631	630	254	165	89
都昌县	3884	1964	1920	1041	669	372
湖口县	1698	806	892	245	180	65
彭泽县	2596	1270	1326	690	447	243
瑞昌市	1127	587	540	193	145	48
共青城市	32	16	16	5	4	1
庐山市	1108	559	549	285	192	93
新余市	**2690**	**1304**	**1386**	**528**	**367**	**161**
渝水区	458	219	239	101	67	34
分宜县	2232	1085	1147	427	300	127
鹰潭市	**2945**	**1466**	**1479**	**897**	**623**	**274**
月湖区	102	46	56	41	22	19
余江区	1266	615	651	390	274	116
贵溪市	1577	805	772	466	327	139
赣州市	**36349**	**17506**	**18843**	**5611**	**3668**	**1943**
章贡区	109	50	59	26	16	10
南康区	649	299	350	67	44	23
赣县区	1292	633	659	189	121	68
信丰县	4088	1912	2176	741	455	286
大余县	2212	1038	1174	246	149	97
上犹县	1625	775	850	159	106	53
崇义县	1052	519	533	83	67	16
安远县	1948	895	1053	299	179	120
定南县	1614	774	840	200	148	52
全南县	1427	680	747	134	95	39

8–6b 续表 1

单位：人

地 区	60岁及以上人口			劳动收入		
	合计	男	女	小计	男	女
宁都县	4670	2306	2364	1027	700	327
于都县	4792	2405	2387	459	324	135
兴国县	3971	1952	2019	845	523	322
会昌县	2922	1375	1547	411	256	155
寻乌县	1493	714	779	204	131	73
石城县	1636	772	864	245	180	65
瑞金市	493	245	248	159	105	54
龙南市	356	162	194	117	69	48
吉安市	**24412**	**11619**	**12793**	**5640**	**3442**	**2198**
吉州区	145	72	73	46	29	17
青原区	165	85	80	31	20	11
吉安县	2535	1201	1334	536	341	195
吉水县	2917	1398	1519	777	483	294
峡江县	884	416	468	254	146	108
新干县	1583	738	845	342	206	136
永丰县	2246	1064	1182	611	386	225
泰和县	3240	1523	1717	741	421	320
遂川县	2664	1250	1414	663	379	284
万安县	1702	832	870	313	204	109
安福县	2217	1100	1117	433	262	171
永新县	3306	1563	1743	703	453	250
井冈山市	808	377	431	190	112	78
宜春市	**18534**	**9009**	**9525**	**4268**	**2875**	**1393**
袁州区	1022	512	510	231	174	57
奉新县	2294	1126	1168	479	338	141
万载县	3166	1522	1644	671	448	223
上高县	2373	1130	1243	409	282	127
宜丰县	2302	1121	1181	521	331	190
靖安县	1135	553	582	180	132	48
铜鼓县	916	455	461	96	78	18
丰城市	2534	1173	1361	563	360	203
樟树市	653	303	350	189	114	75
高安市	2139	1114	1025	929	618	311
抚州市	**17223**	**8271**	**8952**	**2970**	**2099**	**871**
临川区	1299	638	661	224	175	49
东乡区	736	347	389	190	132	58
南城县	2464	1168	1296	507	350	157
黎川县	1840	897	943	321	238	83
南丰县	1656	775	881	314	216	98
崇仁县	2274	1080	1194	313	226	87
乐安县	1609	793	816	224	165	59
宜黄县	1375	696	679	331	231	100
金溪县	1570	747	823	223	154	69
资溪县	959	445	514	89	64	25
广昌县	1441	685	756	234	148	86
上饶市	**35378**	**17530**	**17848**	**7458**	**5476**	**1982**
信州区	292	149	143	88	65	23
广丰区	2036	1063	973	564	446	118
广信区	1196	579	617	272	197	75
玉山县	5093	2539	2554	905	710	195
铅山县	3815	1881	1934	818	624	194
横峰县	1616	796	820	250	202	48
弋阳县	2976	1463	1513	627	438	189
余干县	5474	2699	2775	1059	752	307
鄱阳县	7713	3791	3922	1785	1294	491
万年县	2586	1278	1308	474	363	111
婺源县	2359	1177	1182	539	337	202
德兴市	222	115	107	77	48	29

8-6b 续表 2

单位：人

地　区	离退休金/养老金			最低生活保障金			失业保险金		
	小计	男	女	小计	男	女	小计	男	女
全　省	**65827**	**35550**	**30277**	**6714**	**3374**	**3340**	**27**	**11**	**16**
南昌市	**8471**	**4319**	**4152**	**302**	**143**	**159**	**1**	**1**	
东湖区	24	14	10	1		1			
西湖区									
青云谱区	4	2	2						
青山湖区	636	301	335	14	5	9			
新建区	362	184	178	22	10	12			
红谷滩区									
南昌县	5404	2703	2701	133	60	73	1	1	
安义县	609	336	273	34	17	17			
进贤县	1432	779	653	98	51	47			
景德镇市	**992**	**528**	**464**	**205**	**97**	**108**			
昌江区	56	26	30	10	4	6			
珠山区	118	56	62						
浮梁县	478	264	214	129	61	68			
乐平市	340	182	158	66	32	34			
萍乡市	**3836**	**1966**	**1870**	**488**	**238**	**250**	**4**	**1**	**3**
安源区	1161	553	608	56	23	33			
湘东区	369	194	175	75	42	33			
莲花县	375	233	142	74	33	41	3	1	2
上栗县	1066	559	507	159	74	85	1		1
芦溪县	865	427	438	124	66	58			
九江市	**7563**	**4232**	**3331**	**804**	**411**	**393**	**2**	**1**	**1**
濂溪区	175	89	86	14	8	6			
浔阳区									
柴桑区	274	143	131	18	6	12			
武宁县	623	397	226	95	56	39	1		1
修水县	1179	674	505	166	96	70			
永修县	1360	702	658	102	51	51			
德安县	649	337	312	23	8	15			
都昌县	1020	639	381	152	77	75			
湖口县	684	384	300	44	21	23			
彭泽县	859	455	404	132	58	74	1	1	
瑞昌市	346	204	142	15	8	7			
共青城市	7	4	3						
庐山市	387	204	183	43	22	21			
新余市	**1198**	**636**	**562**	**77**	**30**	**47**			
渝水区	164	87	77	27	14	13			
分宜县	1034	549	485	50	16	34			
鹰潭市	**656**	**360**	**296**	**89**	**48**	**41**			
月湖区	7	4	3	7	3	4			
余江区	334	176	158	30	13	17			
贵溪市	315	180	135	52	32	20			
赣州市	**10121**	**6134**	**3987**	**1260**	**591**	**669**	**2**	**1**	**1**
章贡区	32	13	19	12	5	7			
南康区	172	106	66	32	18	14			
赣县区	222	148	74	50	31	19			
信丰县	908	551	357	110	51	59	2	1	1
大余县	985	541	444	73	41	32			
上犹县	483	308	175	44	18	26			
崇义县	427	252	175	23	9	14			
安远县	447	279	168	102	61	41			
定南县	317	203	114	48	21	27			
全南县	688	387	301	49	22	27			

8-6b　续表 3

单位：人

地　　区	离退休金/养老金			最低生活保障金			失业保险金		
	小计	男	女	小计	男	女	小计	男	女
宁都县	1187	718	469	153	66	87			
于都县	1664	1035	629	127	47	80			
兴国县	1015	622	393	128	61	67			
会昌县	737	432	305	144	68	76			
寻乌县	386	233	153	75	34	41			
石城县	369	239	130	36	11	25			
瑞金市	59	48	11	40	20	20			
龙南市	23	19	4	14	7	7			
吉安市	**7801**	**4360**	**3441**	**983**	**467**	**516**	**7**	**3**	**4**
吉州区	32	17	15	7	4	3			
青原区	50	36	14	3	2	1			
吉安县	995	533	462	93	33	60			
吉水县	769	450	319	123	55	68			
峡江县	254	142	112	55	24	31			
新干县	660	359	301	51	21	30			
永丰县	686	363	323	89	49	40			
泰和县	1031	573	458	134	64	70	1		1
遂川县	780	433	347	88	42	46	6	3	3
万安县	537	306	231	61	34	27			
安福县	972	572	400	101	52	49			
永新县	711	416	295	138	65	73			
井冈山市	324	160	164	40	22	18			
宜春市	**7284**	**3663**	**3621**	**673**	**342**	**331**	**1**		**1**
袁州区	233	128	105	55	29	26			
奉新县	1002	504	498	75	36	39			
万载县	1104	560	544	196	104	92			
上高县	1180	583	597	60	29	31	1		1
宜丰县	1145	557	588	75	40	35			
靖安县	652	316	336	44	19	25			
铜鼓县	513	256	257	26	18	8			
丰城市	843	430	413	51	26	25			
樟树市	244	125	119	19	8	11			
高安市	368	204	164	72	33	39			
抚州市	**6379**	**3342**	**3037**	**453**	**234**	**219**			
临川区	270	143	127	70	46	24			
东乡区	164	104	60	18	9	9			
南城县	809	410	399	61	33	28			
黎川县	694	349	345	48	21	27			
南丰县	860	408	452	35	15	20			
崇仁县	833	451	382	64	27	37			
乐安县	497	301	196	52	31	21			
宜黄县	708	350	358	15	7	8			
金溪县	578	316	262	42	23	19			
资溪县	316	163	153	24	13	11			
广昌县	650	347	303	24	9	15			
上饶市	**11526**	**6010**	**5516**	**1380**	**773**	**607**	**10**	**4**	**6**
信州区	51	30	21	27	13	14			
广丰区	191	124	67	89	62	27			
广信区	179	103	76	44	31	13			
玉山县	1456	776	680	220	133	87			
铅山县	1287	643	644	87	56	31	9	4	5
横峰县	726	372	354	46	20	26			
弋阳县	1446	739	707	115	54	61			
余干县	1544	815	729	241	119	122			
鄱阳县	2608	1325	1283	308	177	131			
万年县	836	453	383	126	68	58			
婺源县	1098	581	517	67	35	32	1		1
德兴市	104	49	55	10	5	5			

8-6b 续表 4

单位：人

地 区	财产性收入			家庭其他成员供养			其 他		
	小计	男	女	小计	男	女	小计	男	女
全 省	**700**	**401**	**299**	**69416**	**23104**	**46312**	**10645**	**4940**	**5705**
南昌市	**47**	**29**	**18**	**4942**	**1645**	**3297**	**779**	**384**	**395**
东湖区				22	8	14			
西湖区									
青云谱区	1		1	13	8	5	1	1	
青山湖区	1		1	133	45	88	15	7	8
新建区				117	40	77	28	14	14
红谷滩区									
南昌县	25	16	9	2055	636	1419	418	200	218
安义县	4	2	2	550	209	341	77	42	35
进贤县	16	11	5	2052	699	1353	240	120	120
景德镇市	**15**	**8**	**7**	**1169**	**379**	**790**	**165**	**65**	**100**
昌江区				54	14	40	3	2	1
珠山区				7	2	5	2		2
浮梁县	15	8	7	649	225	424	77	39	38
乐平市				459	138	321	83	24	59
萍乡市	**26**	**17**	**9**	**2752**	**951**	**1801**	**327**	**150**	**177**
安源区				165	60	105	14	7	7
湘东区	2	1	1	370	121	249	46	20	26
莲花县	6	4	2	347	94	253	40	14	26
上栗县	9	5	4	1191	436	755	122	56	66
芦溪县	9	7	2	679	240	439	105	53	52
九江市	**116**	**60**	**56**	**8646**	**2878**	**5768**	**1518**	**722**	**796**
濂溪区				107	32	75	12	5	7
浔阳区									
柴桑区				340	108	232	57	27	30
武宁县	4	3	1	1244	425	819	263	133	130
修水县	70	34	36	1989	702	1287	597	264	333
永修县	7	5	2	866	263	603	93	50	43
德安县	2	1	1	313	110	203	20	10	10
都昌县	13	6	7	1417	456	961	241	117	124
湖口县	11	6	5	646	185	461	68	30	38
彭泽县	5	4	1	851	276	575	58	29	29
瑞昌市				510	198	312	63	32	31
共青城市				20	8	12			
庐山市	4	1	3	343	115	228	46	25	21
新余市	**4**	**3**	**1**	**768**	**214**	**554**	**115**	**54**	**61**
渝水区				148	45	103	18	6	12
分宜县	4	3	1	620	169	451	97	48	49
鹰潭市	**4**	**4**		**1179**	**372**	**807**	**120**	**59**	**61**
月湖区				47	17	30			
余江区	1	1		465	134	331	46	17	29
贵溪市	3	3		667	221	446	74	42	32
赣州市	**271**	**154**	**117**	**16623**	**5781**	**10842**	**2461**	**1177**	**1284**
章贡区	3	2	1	19	7	12	17	7	10
南康区	1		1	347	114	233	30	17	13
赣县区	8	6	2	750	296	454	73	31	42
信丰县	29	13	16	1955	674	1281	343	167	176
大余县	10	7	3	732	221	511	166	79	87
上犹县	21	10	11	844	296	548	74	37	37
崇义县	2	1	1	429	136	293	88	54	34
安远县	15	9	6	928	297	631	157	70	87
定南县	13	10	3	935	347	588	101	45	56
全南县	5	3	2	510	155	355	41	18	23

8-6b　续表 5

单位：人

地　区	财产性收入			家庭其他成员供养			其　他		
	小计	男	女	小计	男	女	小计	男	女
宁都县	25	14	11	1960	652	1308	318	156	162
于都县	74	42	32	2216	841	1375	252	116	136
兴国县	16	10	6	1739	617	1122	228	119	109
会昌县	26	14	12	1331	482	849	273	123	150
寻乌县	12	8	4	727	265	462	89	43	46
石城县	5	3	2	835	273	562	146	66	80
瑞金市				182	48	134	53	24	29
龙南市	6	2	4	184	60	124	12	5	7
吉安市	**47**	**27**	**20**	**8758**	**2829**	**5929**	**1176**	**491**	**685**
吉州区				44	16	28	16	6	10
青原区				70	21	49	11	6	5
吉安县	3	1	2	831	263	568	77	30	47
吉水县	8	4	4	1109	345	764	131	61	70
峡江县	1		1	234	72	162	86	32	54
新干县	1	1		468	128	340	61	23	38
永丰县	15	8	7	740	210	530	105	48	57
泰和县	8	5	3	1088	362	726	237	98	139
遂川县	1	1		1019	355	664	107	37	70
万安县	2	2		692	249	443	97	37	60
安福县				630	182	448	81	32	49
永新县	6	3	3	1594	549	1045	154	77	77
井冈山市	2	2		239	77	162	13	4	9
宜春市	**32**	**20**	**12**	**5393**	**1690**	**3703**	**883**	**419**	**464**
袁州区	1	1		419	141	278	83	39	44
奉新县	2	2		653	206	447	83	40	43
万载县	1		1	1050	341	709	144	69	75
上高县	7	5	2	563	163	400	153	68	85
宜丰县	4	1	3	502	169	333	55	23	32
靖安县	2	1	1	233	73	160	24	12	12
铜鼓县	4	3	1	238	79	159	39	21	18
丰城市	5	4	1	910	281	629	162	72	90
樟树市	1	1		170	42	128	30	13	17
高安市	5	2	3	655	195	460	110	62	48
抚州市	**50**	**24**	**26**	**6407**	**2127**	**4280**	**964**	**445**	**519**
临川区	9	5	4	600	203	397	126	66	60
东乡区	2	1	1	279	78	201	83	23	60
南城县	4	2	2	992	321	671	91	52	39
黎川县	5	1	4	701	255	446	71	33	38
南丰县	1	1		402	115	287	44	20	24
崇仁县	1		1	934	321	613	129	55	74
乐安县	10	6	4	726	254	472	100	36	64
宜黄县				295	94	201	26	14	12
金溪县	6	1	5	613	198	415	108	55	53
资溪县	3	2	1	375	127	248	152	76	76
广昌县	9	5	4	490	161	329	34	15	19
上饶市	**88**	**55**	**33**	**12779**	**4238**	**8541**	**2137**	**974**	**1163**
信州区				118	37	81	8	4	4
广丰区	8	5	3	921	312	609	263	114	149
广信区				582	199	383	119	49	70
玉山县	14	9	5	2258	784	1474	240	127	113
铅山县	18	13	5	1436	469	967	160	72	88
横峰县	7	4	3	478	153	325	109	45	64
弋阳县	1	1		717	203	514	70	28	42
余干县	15	9	6	2048	728	1320	567	276	291
鄱阳县	15	8	7	2693	864	1829	304	123	181
万年县	6	3	3	938	301	637	206	90	116
婺源县	4	3	1	563	178	385	87	43	44
德兴市				27	10	17	4	3	1

8-6c 各地区分性别、主要生活来源的60岁及以上老年人口(乡村)

单位：人

地区	60岁及以上人口			劳动收入		
	合计	男	女	小计	男	女
全省	**387291**	**188139**	**199152**	**134546**	**86929**	**47617**
南昌市	**30888**	**15117**	**15771**	**9221**	**6481**	**2740**
东湖区	357	177	180	164	104	60
西湖区						
青云谱区						
青山湖区	759	389	370	135	96	39
新建区	6429	3184	3245	1871	1306	565
红谷滩区	295	150	145	94	60	34
南昌县	12171	5896	6275	3922	2748	1174
安义县	2739	1357	1382	672	496	176
进贤县	8138	3964	4174	2363	1671	692
景德镇市	**10498**	**5135**	**5363**	**4395**	**2849**	**1546**
昌江区	675	335	340	145	123	22
珠山区	32	16	16	7	4	3
浮梁县	2326	1182	1144	708	516	192
乐平市	7465	3602	3863	3535	2206	1329
萍乡市	**13239**	**6642**	**6597**	**5551**	**3278**	**2273**
安源区	193	89	104	21	11	10
湘东区	2984	1499	1485	1360	818	542
莲花县	2883	1370	1513	1610	829	781
上栗县	4343	2212	2131	1384	857	527
芦溪县	2836	1472	1364	1176	763	413
九江市	**41784**	**20482**	**21302**	**14665**	**9480**	**5185**
濂溪区	1455	726	729	354	258	96
浔阳区	54	28	26	21	15	6
柴桑区	3224	1588	1636	947	652	295
武宁县	3693	1834	1859	784	618	166
修水县	8105	4122	3983	2911	1960	951
永修县	2951	1433	1518	1296	776	520
德安县	1429	698	731	497	320	177
都昌县	7234	3446	3788	2572	1606	966
湖口县	3025	1488	1537	1240	777	463
彭泽县	3377	1625	1752	1513	897	616
瑞昌市	4475	2139	2336	1493	933	560
共青城市	846	422	424	299	208	91
庐山市	1916	933	983	738	460	278
新余市	**9307**	**4484**	**4823**	**3570**	**2340**	**1230**
渝水区	6328	3043	3285	2507	1627	880
分宜县	2979	1441	1538	1063	713	350
鹰潭市	**9282**	**4528**	**4754**	**3841**	**2485**	**1356**
月湖区	170	82	88	61	39	22
余江区	3687	1782	1905	1435	934	501
贵溪市	5425	2664	2761	2345	1512	833
赣州市	**82250**	**38655**	**43595**	**23222**	**14357**	**8865**
章贡区	2304	1073	1231	412	255	157
南康区	8511	3947	4564	1791	1160	631
赣县区	5847	2801	3046	1640	981	659
信丰县	6269	2893	3376	2636	1474	1162
大余县	2493	1137	1356	755	425	330
上犹县	3518	1640	1878	933	573	360
崇义县	2268	1089	1179	521	336	185
安远县	3072	1358	1714	1022	571	451
定南县	1587	722	865	352	216	136
全南县	1714	784	930	455	282	173

8-6c　续表 1

单位：人

地　区	60岁及以上人口			劳动收入		
	合计	男	女	小计	男	女
宁都县	8013	3852	4161	2974	1909	1065
于都县	10507	4819	5688	1678	1139	539
兴国县	8309	4043	4266	2545	1571	974
会昌县	3925	1889	2036	1049	664	385
寻乌县	2748	1302	1446	871	513	358
石城县	2760	1323	1437	869	552	317
瑞金市	5883	2817	3066	2151	1378	773
龙南市	2522	1166	1356	568	358	210
吉安市	**46029**	**22005**	**24024**	**18535**	**10986**	**7549**
吉州区	1205	571	634	473	300	173
青原区	2137	1020	1117	787	474	313
吉安县	4655	2183	2472	2081	1202	879
吉水县	4935	2364	2571	2149	1322	827
峡江县	1768	865	903	910	519	391
新干县	3407	1605	1802	1681	975	706
永丰县	3922	1891	2031	1665	1008	657
泰和县	4847	2259	2588	1694	997	697
遂川县	5598	2721	2877	2135	1221	914
万安县	2923	1418	1505	945	595	350
安福县	4267	2113	2154	1819	1082	737
永新县	5039	2373	2666	1801	1056	745
井冈山市	1326	622	704	395	235	160
宜春市	**49913**	**24468**	**25445**	**20778**	**13002**	**7776**
袁州区	8391	4206	4185	2404	1730	674
奉新县	2608	1339	1269	891	613	278
万载县	4237	2124	2113	1560	962	598
上高县	3410	1641	1769	1358	884	474
宜丰县	2496	1284	1212	1265	752	513
靖安县	1311	666	645	397	293	104
铜鼓县	1096	557	539	309	230	79
丰城市	12315	5817	6498	4809	3026	1783
樟树市	5413	2602	2811	3046	1768	1278
高安市	8636	4232	4404	4739	2744	1995
抚州市	**33834**	**16604**	**17230**	**11462**	**7791**	**3671**
临川区	9096	4531	4565	2201	1685	516
东乡区	3820	1836	1984	1400	960	440
南城县	2245	1101	1144	982	632	350
黎川县	1990	1012	978	885	589	296
南丰县	2599	1287	1312	1169	748	421
崇仁县	2928	1405	1523	894	558	336
乐安县	3424	1653	1771	1012	733	279
宜黄县	2122	1036	1086	836	529	307
金溪县	2726	1361	1365	934	643	291
资溪县	951	463	488	239	169	70
广昌县	1933	919	1014	910	545	365
上饶市	**60267**	**30019**	**30248**	**19306**	**13880**	**5426**
信州区	2165	1099	1066	555	463	92
广丰区	6416	3244	3172	2100	1518	582
广信区	6561	3308	3253	1932	1474	458
玉山县	5287	2652	2635	1671	1258	413
铅山县	3272	1646	1626	1246	890	356
横峰县	1973	975	998	650	495	155
弋阳县	3630	1831	1799	1265	935	330
余干县	8310	3971	4339	2699	1806	893
鄱阳县	12631	6313	6318	3384	2508	876
万年县	3860	1922	1938	1194	915	279
婺源县	4017	1989	2028	1690	1051	639
德兴市	2145	1069	1076	920	567	353

8-6c 续表 2

单位：人

地 区	离退休金/养老金			最低生活保障金			失业保险金		
	小计	男	女	小计	男	女	小计	男	女
全 省	**31412**	**18787**	**12625**	**20305**	**11001**	**9304**	**10**	**6**	**4**
南昌市	**3924**	**2055**	**1869**	**1346**	**745**	**601**	**4**	**3**	**1**
东湖区	20	13	7	29	8	21			
西湖区									
青云谱区									
青山湖区	392	206	186	27	14	13			
新建区	1206	592	614	342	196	146	2	2	
红谷滩区	132	63	69	20	9	11			
南昌县	1545	789	756	479	258	221	2	1	1
安义县	151	94	57	161	92	69			
进贤县	478	298	180	288	168	120			
景德镇市	**937**	**557**	**380**	**499**	**260**	**239**			
昌江区	199	104	95	39	20	19			
珠山区	14	7	7	3	1	2			
浮梁县	236	137	99	139	84	55			
乐平市	488	309	179	318	155	163			
萍乡市	**1370**	**891**	**479**	**724**	**406**	**318**	**1**		**1**
安源区	80	41	39	49	23	26			
湘东区	284	197	87	188	92	96			
莲花县	190	137	53	134	74	60			
上栗县	480	311	169	174	110	64			
芦溪县	336	205	131	179	107	72	1		1
九江市	**3639**	**2189**	**1450**	**2025**	**1152**	**873**	**1**	**1**	
濂溪区	367	204	163	71	38	33			
浔阳区	6	4	2	3	1	2			
柴桑区	442	251	191	107	58	49			
武宁县	154	99	55	231	128	103	1	1	
修水县	395	254	141	596	343	253			
永修县	456	224	232	120	64	56			
德安县	136	83	53	75	47	28			
都昌县	524	345	179	313	184	129			
湖口县	187	138	49	114	70	44			
彭泽县	228	148	80	127	79	48			
瑞昌市	405	244	161	142	72	70			
共青城市	111	62	49	31	18	13			
庐山市	228	133	95	95	50	45			
新余市	**717**	**398**	**319**	**547**	**273**	**274**			
渝水区	539	292	247	330	154	176			
分宜县	178	106	72	217	119	98			
鹰潭市	**664**	**338**	**326**	**276**	**157**	**119**	**1**		**1**
月湖区	14	6	8	14	5	9			
余江区	329	162	167	82	44	38			
贵溪市	321	170	151	180	108	72	1		1
赣州市	**5652**	**3830**	**1822**	**4852**	**2537**	**2315**	**2**	**1**	**1**
章贡区	501	293	208	111	58	53			
南康区	649	510	139	476	265	211			
赣县区	348	226	122	379	224	155			
信丰县	169	142	27	239	121	118			
大余县	198	147	51	145	72	73			
上犹县	366	233	133	279	155	124			
崇义县	180	122	58	146	72	74			
安远县	135	84	51	122	52	70			
定南县	106	63	43	92	38	54			
全南县	180	93	87	105	59	46			

8-6c 续表 3

单位：人

地区	离退休金/养老金			最低生活保障金			失业保险金		
	小计	男	女	小计	男	女	小计	男	女
宁都县	518	321	197	476	240	236			
于都县	863	569	294	611	307	304	2	1	1
兴国县	457	338	119	452	255	197			
会昌县	202	154	48	357	196	161			
寻乌县	163	114	49	198	91	107			
石城县	94	70	24	162	80	82			
瑞金市	290	209	81	370	189	181			
龙南市	233	142	91	132	63	69			
吉安市	**2801**	**1883**	**918**	**2746**	**1409**	**1337**			
吉州区	44	26	18	72	36	36			
青原区	193	118	75	139	66	73			
吉安县	238	158	80	294	142	152			
吉水县	209	134	75	262	132	130			
峡江县	107	65	42	119	55	64			
新干县	175	115	60	154	76	78			
永丰县	239	149	90	216	112	104			
泰和县	276	207	69	366	181	185			
遂川县	447	283	164	337	189	148			
万安县	194	127	67	170	92	78			
安福县	236	195	41	252	136	116			
永新县	273	199	74	238	136	102			
井冈山市	170	107	63	127	56	71			
宜春市	**3581**	**2090**	**1491**	**2890**	**1635**	**1255**			
袁州区	1039	550	489	579	347	232			
奉新县	185	104	81	179	106	73			
万载县	233	152	81	345	214	131			
上高县	234	133	101	216	113	103			
宜丰县	232	128	104	181	110	71			
靖安县	134	69	65	144	76	68			
铜鼓县	132	65	67	113	58	55			
丰城市	726	473	253	487	280	207			
樟树市	304	153	151	218	108	110			
高安市	362	263	99	428	223	205			
抚州市	**2746**	**1465**	**1281**	**1669**	**870**	**799**	**1**	**1**	
临川区	647	395	252	429	228	201	1	1	
东乡区	252	136	116	153	84	69			
南城县	149	73	76	81	41	40			
黎川县	148	69	79	79	44	35			
南丰县	196	90	106	131	55	76			
崇仁县	183	116	67	134	69	65			
乐安县	235	144	91	266	137	129			
宜黄县	649	277	372	75	41	34			
金溪县	132	74	58	126	68	58			
资溪县	61	37	24	58	36	22			
广昌县	94	54	40	137	67	70			
上饶市	**5381**	**3091**	**2290**	**2731**	**1557**	**1174**			
信州区	261	165	96	103	51	52			
广丰区	513	296	217	280	164	116			
广信区	388	239	149	247	152	95			
玉山县	281	175	106	312	189	123			
铅山县	141	78	63	89	60	29			
横峰县	98	68	30	117	49	68			
弋阳县	318	175	143	192	107	85			
余干县	585	340	245	326	171	155			
鄱阳县	2007	1065	942	597	335	262			
万年县	215	149	66	232	136	96			
婺源县	390	227	163	147	90	57			
德兴市	184	114	70	89	53	36			

8-6c　续表 4

单位：人

地　区	财产性收入			家庭其他成员供养			其　他		
	小计	男	女	小计	男	女	小计	男	女
全　省	**1016**	**568**	**448**	**179587**	**61540**	**118047**	**20415**	**9308**	**11107**
南昌市	**59**	**43**	**16**	**14660**	**5011**	**9649**	**1674**	**779**	**895**
东湖区	1	1		132	46	86	11	5	6
西湖区									
青云谱区									
青山湖区	3	2	1	160	47	113	42	24	18
新建区	18	15	3	2609	901	1708	381	172	209
红谷滩区				30	8	22	19	10	9
南昌县	22	16	6	5574	1813	3761	627	271	356
安义县	10	6	4	1628	609	1019	117	60	57
进贤县	5	3	2	4527	1587	2940	477	237	240
景德镇市	**41**	**25**	**16**	**4233**	**1251**	**2982**	**393**	**193**	**200**
昌江区				232	51	181	60	37	23
珠山区	2	2		4	1	3	2	1	1
浮梁县				1152	396	756	91	49	42
乐平市	39	23	16	2845	803	2042	240	106	134
萍乡市	**9**	**5**	**4**	**5068**	**1810**	**3258**	**516**	**252**	**264**
安源区				40	13	27	3	1	2
湘东区				1036	346	690	116	46	70
莲花县	2	1	1	865	291	574	82	38	44
上栗县	4	3	1	2074	811	1263	227	120	107
芦溪县	3	1	2	1053	349	704	88	47	41
九江市	**113**	**61**	**52**	**19217**	**6579**	**12638**	**2124**	**1020**	**1104**
濂溪区	1	1		596	193	403	66	32	34
浔阳区				24	8	16			
柴桑区	4	2	2	1580	555	1025	144	70	74
武宁县	7	3	4	2232	836	1396	284	149	135
修水县	27	11	16	3518	1257	2261	658	297	361
永修县	22	11	11	993	331	662	64	27	37
德安县	4	2	2	662	214	448	55	32	23
都昌县	22	14	8	3487	1149	2338	316	148	168
湖口县	1	1		1412	465	947	71	37	34
彭泽县	9	7	2	1399	444	955	101	50	51
瑞昌市	6	2	4	2185	762	1423	244	126	118
共青城市	1	1		356	112	244	48	21	27
庐山市	9	6	3	773	253	520	73	31	42
新余市	**27**	**13**	**14**	**3669**	**1153**	**2516**	**777**	**307**	**470**
渝水区	17	9	8	2324	714	1610	611	247	364
分宜县	10	4	6	1345	439	906	166	60	106
鹰潭市	**17**	**8**	**9**	**4160**	**1393**	**2767**	**323**	**147**	**176**
月湖区				76	30	46	5	2	3
余江区	6	4	2	1704	579	1125	131	59	72
贵溪市	11	4	7	2380	784	1596	187	86	101
赣州市	**267**	**151**	**116**	**43259**	**15500**	**27759**	**4996**	**2279**	**2717**
章贡区	30	17	13	1145	399	746	105	51	54
南康区	49	19	30	5103	1800	3303	443	193	250
赣县区	8	5	3	3144	1218	1926	328	147	181
信丰县	10	6	4	2789	964	1825	426	186	240
大余县	6	3	3	1230	416	814	159	74	85
上犹县	2	1	1	1791	614	1177	147	64	83
崇义县	8	5	3	1330	509	821	83	45	38
安远县	19	11	8	1591	570	1021	183	70	113
定南县	6	3	3	915	339	576	116	63	53
全南县	6	1	5	864	306	558	104	43	61

8-6c 续表 5

单位：人

地 区	财产性收入			家庭其他成员供养			其 他		
	小计	男	女	小计	男	女	小计	男	女
宁都县	15	11	4	3411	1103	2308	619	268	351
于都县	33	21	12	6626	2446	4180	694	336	358
兴国县	32	17	15	4333	1628	2705	490	234	256
会昌县	11	8	3	2039	740	1299	267	127	140
寻乌县	3	2	1	1408	539	869	105	43	62
石城县	7	4	3	1377	499	878	251	118	133
瑞金市	10	8	2	2758	891	1867	304	142	162
龙南市	12	9	3	1405	519	886	172	75	97
吉安市	**60**	**35**	**25**	**19995**	**6860**	**13135**	**1892**	**832**	**1060**
吉州区				542	175	367	74	34	40
青原区	10	6	4	925	326	599	83	30	53
吉安县	1	1		1798	575	1223	243	105	138
吉水县	7	5	2	2067	662	1405	241	109	132
峡江县	1	1		575	201	374	56	24	32
新干县				1296	399	897	101	40	61
永丰县	3	2	1	1677	563	1114	122	57	65
泰和县	4	3	1	2288	772	1516	219	99	120
遂川县	18	7	11	2403	905	1498	258	116	142
万安县	7	5	2	1433	526	907	174	73	101
安福县	4	2	2	1856	658	1198	100	40	60
永新县	4	2	2	2535	891	1644	188	89	99
井冈山市	1	1		600	207	393	33	16	17
宜春市	**123**	**70**	**53**	**20144**	**6621**	**13523**	**2397**	**1050**	**1347**
袁州区	28	17	11	3899	1370	2529	442	192	250
奉新县	11	7	4	1214	451	763	128	58	70
万载县	10	6	4	1883	691	1192	206	99	107
上高县	3	2	1	1413	441	972	186	68	118
宜丰县	12	9	3	703	236	467	103	49	54
靖安县	1	1		593	210	383	42	17	25
铜鼓县	7	5	2	457	156	301	78	43	35
丰城市	31	13	18	5603	1735	3868	659	290	369
樟树市	6	3	3	1680	509	1171	159	61	98
高安市	14	7	7	2699	822	1877	394	173	221
抚州市	**138**	**73**	**65**	**16146**	**5629**	**10517**	**1672**	**775**	**897**
临川区	11	7	4	5265	1950	3315	542	265	277
东乡区	6	3	3	1813	568	1245	196	85	111
南城县	5	4	1	959	319	640	69	32	37
黎川县	2	1	1	831	286	545	45	23	22
南丰县	10	8	2	997	343	654	96	43	53
崇仁县	14	8	6	1501	563	938	202	91	111
乐安县	3	1	2	1727	558	1169	181	80	101
宜黄县	2	1	1	501	156	345	59	32	27
金溪县	76	35	41	1330	477	853	128	64	64
资溪县	3	1	2	542	198	344	48	22	26
广昌县	6	4	2	680	211	469	106	38	68
上饶市	**162**	**84**	**78**	**29036**	**9733**	**19303**	**3651**	**1674**	**1977**
信州区				1172	389	783	74	31	43
广丰区	9	2	7	2758	926	1832	756	338	418
广信区	10	6	4	3647	1283	2364	337	154	183
玉山县	3	2	1	2740	900	1840	280	128	152
铅山县	2	2		1659	551	1108	135	65	70
横峰县				991	315	676	117	48	69
弋阳县	9	5	4	1690	549	1141	156	60	96
余干县	21	10	11	4153	1391	2762	526	253	273
鄱阳县	98	53	45	5817	2002	3815	728	350	378
万年县	4	2	2	1987	617	1370	228	103	125
婺源县	6	2	4	1610	540	1070	174	79	95
德兴市				812	270	542	140	65	75

8-7 全省分年龄、性别、主要生活来源的人口

单位：人

年 龄	15岁及以上人口			劳动收入		
	合计	男	女	小计	男	女
总 计	**3786171**	**1925679**	**1860492**	**2243623**	**1328920**	**914703**
45岁以下	**1949765**	**1011117**	**938648**	**1275294**	**722647**	**552647**
45—49岁	**395195**	**202075**	**193120**	**326101**	**188320**	**137781**
45	80375	40997	39378	67672	38397	29275
46	83349	42507	40842	69791	39769	30022
47	82807	42546	40261	68469	39687	28782
48	74733	38168	36565	61087	35500	25587
49	73931	37857	36074	59082	34967	24115
50—54岁	**377324**	**190387**	**186937**	**269826**	**169879**	**99947**
50	77513	38962	38551	58988	35740	23248
51	75152	38256	36896	54997	34526	20471
52	83726	42281	41445	59839	37703	22136
53	66983	33675	33308	46396	29644	16752
54	73950	37213	36737	49606	32266	17340
55—59岁	**302886**	**152777**	**150109**	**181369**	**122640**	**58729**
55	71004	36081	34923	45467	30264	15203
56	65999	33293	32706	40492	27330	13162
57	73366	37088	36278	43596	29791	13805
58	58044	29300	28744	33504	22896	10608
59	34473	17015	17458	18310	12359	5951
60—64岁	**232071**	**116855**	**115216**	**94177**	**61532**	**32645**
60	43899	22280	21619	20049	13128	6921
61	39620	20233	19387	16528	10899	5629
62	49224	24814	24410	19657	12802	6855
63	54272	27263	27009	21268	14009	7259
64	45056	22265	22791	16675	10694	5981
65—69岁	**207541**	**103224**	**104317**	**61864**	**40501**	**21363**
65	44346	22274	22072	15201	9898	5303
66	46264	23205	23059	14757	9732	5025
67	42015	20802	21213	12420	8114	4306
68	40977	20420	20557	11115	7289	3826
69	33939	16523	17416	8371	5468	2903

8-7　续表 1

单位：人

年　龄	15岁及以上人口			劳动收入		
	合计	男	女	小计	男	女
70-74岁	**142265**	**69606**	**72659**	**24494**	**16435**	**8059**
70	32574	15940	16634	6887	4522	2365
71	33437	16699	16738	6150	4159	1991
72	28357	13930	14427	4742	3211	1531
73	25388	12353	13035	3759	2540	1219
74	22509	10684	11825	2956	2003	953
75-79岁	**83967**	**39582**	**44385**	**7628**	**5170**	**2458**
75	19237	9022	10215	2184	1468	716
76	19024	9122	9902	1883	1300	583
77	15766	7349	8417	1393	930	463
78	14559	6895	7664	1139	764	375
79	15381	7194	8187	1029	708	321
80-84岁	**57549**	**25522**	**32027**	**2157**	**1380**	**777**
80	13483	6113	7370	717	469	248
81	11618	5285	6333	457	300	157
82	12309	5543	6766	411	269	142
83	10791	4662	6129	330	200	130
84	9348	3919	5429	242	142	100
85-89岁	**27285**	**10847**	**16438**	**607**	**362**	**245**
85	7740	3129	4611	209	139	70
86	6510	2607	3903	162	86	76
87	5724	2268	3456	128	72	56
88	3953	1512	2441	54	35	19
89	3358	1331	2027	54	30	24
90-94岁	**8343**	**3095**	**5248**	**92**	**47**	**45**
90	2832	1116	1716	44	22	22
91	1840	658	1182	8	4	4
92	1600	604	996	18	7	11
93	1203	428	775	10	6	4
94	868	289	579	12	8	4
95-99岁	**1796**	**541**	**1255**	**14**	**7**	**7**
95	657	228	429	6	2	4
96	493	147	346	6	4	2
97	303	83	220	1		1
98	192	49	143	1	1	
99	151	34	117			
100岁及以上	**184**	**51**	**133**			

8-7 续表 2

单位：人

年 龄	离退休金/养老金			最低生活保障金			失业保险金		
	小计	男	女	小计	男	女	小计	男	女
总 计	**275678**	**123512**	**152166**	**54483**	**29799**	**24684**	**419**	**240**	**179**
45岁以下	**28**	**10**	**18**	**10263**	**5935**	**4328**	**185**	**97**	**88**
45-49岁	**1162**	**26**	**1136**	**4234**	**2422**	**1812**	**101**	**53**	**48**
45	79	4	75	803	455	348	19	11	8
46	103	5	98	895	529	366	19	10	9
47	173	6	167	883	491	392	22	13	9
48	250	4	246	827	467	360	18	7	11
49	557	7	550	826	480	346	23	12	11
50-54岁	**19713**	**1715**	**17998**	**4914**	**2856**	**2058**	**61**	**50**	**11**
50	2812	134	2678	905	522	383	21	11	10
51	3691	257	3434	948	527	421	3	3	
52	4439	368	4071	1073	642	431	15	15	
53	3854	383	3471	920	535	385	9	8	1
54	4917	573	4344	1068	630	438	13	13	
55-59岁	**37221**	**7669**	**29552**	**4858**	**2775**	**2083**	**26**	**17**	**9**
55	6889	1085	5804	1039	628	411	11	11	
56	7484	1367	6117	1031	590	441			
57	9404	1884	7520	1150	655	495	6	1	5
58	7663	1681	5982	967	536	431	5	2	3
59	5781	1652	4129	671	366	305	4	3	1
60-64岁	**59332**	**30102**	**29230**	**5977**	**3270**	**2707**	**14**	**7**	**7**
60	10697	5272	5425	871	475	396	2	1	1
61	10306	5311	4995	959	539	420	3	2	1
62	12943	6635	6308	1252	679	573	2	1	1
63	13632	6934	6698	1537	846	691	5	2	3
64	11754	5950	5804	1358	731	627	2	1	1
65-69岁	**58899**	**30743**	**28156**	**7509**	**4041**	**3468**	**17**	**8**	**9**
65	11920	6215	5705	1393	772	621	5	3	2
66	12955	6703	6252	1514	823	691	5	3	2
67	12026	6233	5793	1567	818	749	4	1	3
68	11951	6370	5581	1695	911	784	3	1	2
69	10047	5222	4825	1340	717	623			

8-7 续表 3

单位：人

年 龄	离退休金/养老金			最低生活保障金			失业保险金		
	小计	男	女	小计	男	女	小计	男	女
70—74岁	**43317**	**23720**	**19597**	**6784**	**3672**	**3112**	**4**	**2**	**2**
70	9877	5410	4467	1414	762	652	1		1
71	10180	5605	4575	1565	862	703	2	2	
72	8545	4668	3877	1397	778	619			
73	7837	4268	3569	1219	628	591			
74	6878	3769	3109	1189	642	547	1		1
75—79岁	**26883**	**14393**	**12490**	**4412**	**2318**	**2094**	**4**	**1**	**3**
75	6085	3272	2813	937	446	491	1	1	
76	6140	3313	2827	1010	553	457	1		1
77	5047	2700	2347	817	441	376			
78	4785	2583	2202	773	416	357			
79	4826	2525	2301	875	462	413	2		2
80—84岁	**18056**	**9432**	**8624**	**3272**	**1612**	**1660**	**4**	**4**	
80	4317	2262	2055	779	392	387	1	1	
81	3705	1971	1734	654	323	331	1	1	
82	3844	1994	1850	683	354	329	2	2	
83	3267	1752	1515	630	309	321			
84	2923	1453	1470	526	234	292			
85—89岁	**8215**	**4192**	**4023**	**1591**	**680**	**911**	**2**	**1**	**1**
85	2375	1168	1207	452	209	243	1	1	
86	1911	971	940	373	161	212			
87	1724	878	846	354	152	202			
88	1148	575	573	228	94	134			
89	1057	600	457	184	64	120	1		1
90—94岁	**2382**	**1278**	**1104**	**529**	**183**	**346**			
90	859	475	384	156	63	93			
91	538	294	244	122	39	83			
92	447	237	210	112	41	71			
93	312	165	147	80	22	58			
94	226	107	119	59	18	41			
95—99岁	**428**	**211**	**217**	**129**	**32**	**97**	**1**		**1**
95	176	95	81	49	17	32			
96	99	54	45	37	5	32			
97	77	35	42	19	5	14			
98	47	17	30	14	2	12			
99	29	10	19	10	3	7	1		1
100岁及以上	**42**	**21**	**21**	**11**	**3**	**8**			

8－7 续表 4

单位：人

年 龄	财产性收入			家庭其他成员供养			其 他		
	小计	男	女	小计	男	女	小计	男	女
总 计	**14599**	**7716**	**6883**	**1028567**	**360077**	**668490**	**168802**	**75415**	**93387**
45岁以下	**6127**	**3049**	**3078**	**573152**	**240405**	**332747**	**84716**	**38974**	**45742**
45—49岁	**2154**	**1074**	**1080**	**46111**	**3958**	**42153**	**15332**	**6222**	**9110**
45	448	211	237	8419	682	7737	2935	1237	1698
46	423	211	212	8924	730	8194	3194	1253	1941
47	459	238	221	9544	832	8712	3257	1279	1978
48	397	211	186	9273	788	8485	2881	1191	1690
49	427	203	224	9951	926	9025	3065	1262	1803
50—54岁	**2211**	**1183**	**1028**	**63752**	**7946**	**55806**	**16847**	**6758**	**10089**
50	471	247	224	11062	1064	9998	3254	1244	2010
51	446	243	203	11794	1405	10389	3273	1295	1978
52	489	261	228	14125	1782	12343	3746	1510	2236
53	368	202	166	12356	1633	10723	3080	1270	1810
54	437	230	207	14415	2062	12353	3494	1439	2055
55—59岁	**1654**	**1025**	**629**	**63470**	**12412**	**51058**	**14288**	**6239**	**8049**
55	421	251	170	13916	2444	11472	3261	1398	1863
56	382	242	140	13535	2442	11093	3075	1322	1753
57	366	229	137	15343	3007	12336	3501	1521	1980
58	316	194	122	12857	2752	10105	2732	1239	1493
59	169	109	60	7819	1767	6052	1719	759	960
60—64岁	**959**	**539**	**420**	**60480**	**16448**	**44032**	**11132**	**4957**	**6175**
60	188	105	83	10024	2387	7637	2068	912	1156
61	183	104	79	9806	2544	7262	1835	834	1001
62	188	108	80	12872	3544	9328	2310	1045	1265
63	216	120	96	14924	4157	10767	2690	1195	1495
64	184	102	82	12854	3816	9038	2229	971	1258
65—69岁	**769**	**432**	**337**	**67944**	**22530**	**45414**	**10539**	**4969**	**5570**
65	201	102	99	13398	4218	9180	2228	1066	1162
66	176	111	65	14535	4754	9781	2322	1079	1243
67	142	83	59	13697	4552	9145	2159	1001	1158
68	133	76	57	14051	4781	9270	2029	992	1037
69	117	60	57	12263	4225	8038	1801	831	970

8-7　续表 5

单位：人

年　龄	财产性收入			家庭其他成员供养			其　他		
	小计	男	女	小计	男	女	小计	男	女
70—74岁	**404**	**229**	**175**	**59981**	**22086**	**37895**	**7281**	**3462**	**3819**
70	92	56	36	12682	4435	8247	1621	755	866
71	96	58	38	13689	5149	8540	1755	864	891
72	79	37	42	12158	4530	7628	1436	706	730
73	73	43	30	11201	4281	6920	1299	593	706
74	64	35	29	10251	3691	6560	1170	544	626
75—79岁	**183**	**113**	**70**	**40846**	**15687**	**25159**	**4011**	**1900**	**2111**
75	46	32	14	9009	3339	5670	975	464	511
76	46	33	13	9062	3492	5570	882	431	451
77	30	13	17	7754	2914	4840	725	351	374
78	29	16	13	7115	2793	4322	718	323	395
79	32	19	13	7906	3149	4757	711	331	380
80—84岁	**94**	**52**	**42**	**31222**	**11817**	**19405**	**2744**	**1225**	**1519**
80	15	7	8	6995	2688	4307	659	294	365
81	25	14	11	6225	2425	3800	551	251	300
82	21	13	8	6740	2628	4112	608	283	325
83	20	13	7	6026	2166	3860	518	222	296
84	13	5	8	5236	1910	3326	408	175	233
85—89岁	**32**	**17**	**15**	**15478**	**5084**	**10394**	**1360**	**511**	**849**
85	10	3	7	4320	1477	2843	373	132	241
86	7	4	3	3731	1258	2473	326	127	199
87	6	6		3219	1055	2164	293	105	188
88	3	1	2	2309	712	1597	211	95	116
89	6	3	3	1899	582	1317	157	52	105
90—94岁	**10**	**3**	**7**	**4909**	**1429**	**3480**	**421**	**155**	**266**
90	5	1	4	1614	498	1116	154	57	97
91	1	1		1087	287	800	84	33	51
92	3		3	941	292	649	79	27	52
93				742	205	537	59	30	29
94	1	1		525	147	378	45	8	37
95—99岁	**2**		**2**	**1100**	**250**	**850**	**122**	**41**	**81**
95	1		1	383	100	283	42	14	28
96	1		1	316	73	243	34	11	23
97				189	39	150	17	4	13
98				114	21	93	16	8	8
99				98	17	81	13	4	9
100岁及以上				**122**	**25**	**97**	**9**	**2**	**7**

8-7a 全省分年龄、性别、主要生活来源的人口(城市)

单位：人

年 龄	15岁及以上人口			劳动收入		
	合计	男	女	小计	男	女
总 计	**1087945**	**542202**	**545743**	**579702**	**337811**	**241891**
45岁以下	**621140**	**311201**	**309939**	**376939**	**205395**	**171544**
45-49岁	**106793**	**53954**	**52839**	**85574**	**49404**	**36170**
45	22319	11170	11149	18364	10301	8063
46	22191	11095	11096	18130	10235	7895
47	21922	11200	10722	17667	10297	7370
48	20333	10293	10040	16037	9385	6652
49	20028	10196	9832	15376	9186	6190
50-54岁	**97255**	**48632**	**48623**	**61670**	**41525**	**20145**
50	20940	10444	10496	14605	9263	5342
51	19716	9821	9895	12891	8532	4359
52	21430	10729	10701	13482	9133	4349
53	16733	8430	8303	10188	7093	3095
54	18436	9208	9228	10504	7504	3000
55-59岁	**80877**	**40469**	**40408**	**37533**	**28840**	**8693**
55	18420	9219	9201	9565	7106	2459
56	18125	9091	9034	8862	6785	2077
57	20404	10325	10079	9402	7349	2053
58	14770	7399	7371	6359	4995	1364
59	9158	4435	4723	3345	2605	740
60-64岁	**58940**	**29378**	**29562**	**10645**	**7560**	**3085**
60	11758	5900	5858	2648	1891	757
61	10410	5278	5132	1938	1385	553
62	12518	6301	6217	2181	1544	637
63	13234	6532	6702	2196	1560	636
64	11020	5367	5653	1682	1180	502
65-69岁	**49574**	**24230**	**25344**	**5174**	**3626**	**1548**
65	10699	5362	5337	1436	1003	433
66	11181	5426	5755	1239	869	370
67	10051	4890	5161	1014	730	284
68	9701	4776	4925	894	635	259
69	7942	3776	4166	591	389	202

8-7a　续表 1

单位：人

年　龄	15岁及以上人口			劳动收入		
	合计	男	女	小计	男	女
70-74岁	**32032**	**15634**	**16398**	**1523**	**1044**	**479**
70	7631	3763	3868	456	303	153
71	7650	3737	3913	404	280	124
72	6159	2963	3196	289	201	88
73	5649	2765	2884	214	152	62
74	4943	2406	2537	160	108	52
75-79岁	**19194**	**9001**	**10193**	**427**	**285**	**142**
75	4316	2046	2270	144	103	41
76	4407	2094	2313	98	68	30
77	3551	1690	1861	66	46	20
78	3454	1614	1840	63	31	32
79	3466	1557	1909	56	37	19
80-84岁	**13229**	**5999**	**7230**	**147**	**95**	**52**
80	3100	1436	1664	45	28	17
81	2736	1279	1457	28	22	6
82	2813	1261	1552	36	20	16
83	2404	1102	1302	19	13	6
84	2176	921	1255	19	12	7
85-89岁	**6445**	**2750**	**3695**	**51**	**24**	**27**
85	1841	778	1063	13	5	8
86	1520	625	895	11	6	5
87	1340	575	765	14	7	7
88	911	391	520	4	2	2
89	833	381	452	9	4	5
90-94岁	**2008**	**802**	**1206**	**14**	**10**	**4**
90	663	295	368	8	5	3
91	463	196	267			
92	425	165	260	3	2	1
93	256	89	167	1	1	
94	201	57	144	2	2	
95-99岁	**415**	**140**	**275**	**5**	**3**	**2**
95	152	72	80	2	1	1
96	114	34	80	2	1	1
97	66	11	55			
98	47	14	33	1	1	
99	36	9	27			
100岁及以上	**43**	**12**	**31**			

8－7a 续表 2

单位：人

年 龄	离退休金/养老金			最低生活保障金			失业保险金		
	小计	男	女	小计	男	女	小计	男	女
总 计	**158271**	**65646**	**92625**	**7675**	**3967**	**3708**	**204**	**123**	**81**
45岁以下	**19**	**6**	**13**	**1770**	**959**	**811**	**95**	**46**	**49**
45－49岁	**825**	**12**	**813**	**821**	**437**	**384**	**55**	**31**	**24**
45	51	2	49	141	75	66	13	8	5
46	70	1	69	158	94	64	8	4	4
47	121	2	119	169	88	81	10	7	3
48	194	2	192	177	92	85	11	5	6
49	389	5	384	176	88	88	13	7	6
50－54岁	**13163**	**1072**	**12091**	**953**	**562**	**391**	**37**	**33**	**4**
50	2001	100	1901	194	115	79	13	9	4
51	2534	167	2367	173	103	70	3	3	
52	2940	228	2712	219	127	92	8	8	
53	2473	209	2264	169	101	68	4	4	
54	3215	368	2847	198	116	82	9	9	
55－59岁	**23949**	**4801**	**19148**	**936**	**573**	**363**	**8**	**7**	**1**
55	4470	694	3776	199	120	79	4	4	
56	4939	839	4100	225	135	90			
57	6116	1227	4889	223	141	82	1	1	
58	4764	1023	3741	164	100	64	2	2	
59	3660	1018	2642	125	77	48	1		1
60－64岁	**34785**	**17163**	**17622**	**736**	**362**	**374**	**3**	**2**	**1**
60	6626	3227	3399	113	52	61			
61	6123	3096	3027	133	68	65			
62	7547	3763	3784	154	72	82			
63	7788	3857	3931	169	92	77	2	1	1
64	6701	3220	3481	167	78	89	1	1	
65－69岁	**32549**	**16230**	**16319**	**843**	**391**	**452**	**1**		**1**
65	6656	3421	3235	175	84	91			
66	7257	3563	3694	170	79	91			
67	6608	3261	3347	187	91	96			
68	6502	3276	3226	169	79	90	1		1
69	5526	2709	2817	142	58	84			

8-7a　续表 3

单位：人

年　龄	离退休金/养老金			最低生活保障金			失业保险金		
	小计	男	女	小计	男	女	小计	男	女
70—74岁	**22780**	**11629**	**11151**	**609**	**294**	**315**	**1**	**1**	
70	5404	2794	2610	133	56	77			
71	5402	2743	2659	138	74	64	1	1	
72	4366	2207	2159	122	56	66			
73	4040	2044	1996	118	59	59			
74	3568	1841	1727	98	49	49			
75—79岁	**14230**	**6993**	**7237**	**430**	**198**	**232**	**1**		**1**
75	3126	1561	1565	85	27	58			
76	3214	1597	1617	108	57	51			
77	2661	1318	1343	80	42	38			
78	2641	1290	1351	71	36	35			
79	2588	1227	1361	86	36	50	1		1
80—84岁	**9848**	**4795**	**5053**	**301**	**115**	**186**	**3**	**3**	
80	2347	1143	1204	75	24	51	1	1	
81	2036	1022	1014	62	28	34	1	1	
82	2079	996	1083	60	28	32	1	1	
83	1777	905	872	59	21	38			
84	1609	729	880	45	14	31			
85—89岁	**4578**	**2201**	**2377**	**183**	**57**	**126**			
85	1346	634	712	40	11	29			
86	1065	495	570	52	16	36			
87	952	462	490	44	17	27			
88	645	307	338	16	5	11			
89	570	303	267	31	8	23			
90—94岁	**1295**	**629**	**666**	**75**	**13**	**62**			
90	473	248	225	17	2	15			
91	296	153	143	17	4	13			
92	261	121	140	19	3	16			
93	153	69	84	12	2	10			
94	112	38	74	10	2	8			
95—99岁	**229**	**106**	**123**	**15**	**5**	**10**			
95	97	55	42	6	5	1			
96	52	25	27	3		3			
97	36	9	27	3		3			
98	26	10	16	2		2			
99	18	7	11	1		1			
100岁及以上	**21**	**9**	**12**	**3**	**1**	**2**			

8-7a 续表 4

单位：人

年 龄	财产性收入			家庭其他成员供养			其 他		
	小计	男	女	小计	男	女	小计	男	女
总 计	**5889**	**3043**	**2846**	**291654**	**110717**	**180937**	**44550**	**20895**	**23655**
45岁以下	**2552**	**1205**	**1347**	**215137**	**91999**	**123138**	**24628**	**11591**	**13037**
45-49岁	**935**	**438**	**497**	**13882**	**1622**	**12260**	**4701**	**2010**	**2691**
45	177	83	94	2666	293	2373	907	408	499
46	184	85	99	2702	295	2407	939	381	558
47	205	96	109	2801	326	2475	949	384	565
48	179	88	91	2840	331	2509	895	390	505
49	190	86	104	2873	377	2496	1011	447	564
50-54岁	**976**	**526**	**450**	**15659**	**2664**	**12995**	**4797**	**2250**	**2547**
50	216	118	98	2945	401	2544	966	438	528
51	214	104	110	2972	484	2488	929	428	501
52	218	124	94	3504	602	2902	1059	507	552
53	157	85	72	2879	527	2352	863	411	452
54	171	95	76	3359	650	2709	980	466	514
55-59岁	**689**	**458**	**231**	**13897**	**3720**	**10177**	**3865**	**2070**	**1795**
55	182	117	65	3117	717	2400	883	461	422
56	151	104	47	3121	782	2339	827	446	381
57	167	103	64	3467	973	2494	1028	531	497
58	127	88	39	2658	788	1870	696	403	293
59	62	46	16	1534	460	1074	431	229	202
60-64岁	**343**	**198**	**145**	**10084**	**3000**	**7084**	**2344**	**1093**	**1251**
60	59	33	26	1859	503	1356	453	194	259
61	73	41	32	1726	491	1235	417	197	220
62	71	44	27	2075	633	1442	490	245	245
63	79	46	33	2457	727	1730	543	249	294
64	61	34	27	1967	646	1321	441	208	233
65-69岁	**223**	**121**	**102**	**8976**	**3002**	**5974**	**1808**	**860**	**948**
65	69	32	37	1964	644	1320	399	178	221
66	46	26	20	2049	697	1352	420	192	228
67	40	24	16	1822	594	1228	380	190	190
68	37	24	13	1765	588	1177	333	174	159
69	31	15	16	1376	479	897	276	126	150

8-7a　续表 5

单位：人

年　龄	财产性收入			家庭其他成员供养			其　他		
	小计	男	女	小计	男	女	小计	男	女
70—74岁	**97**	**56**	**41**	**5933**	**2132**	**3801**	**1089**	**478**	**611**
70	23	13	10	1374	492	882	241	105	136
71	21	16	5	1426	508	918	258	115	143
72	25	13	12	1137	383	754	220	103	117
73	15	6	9	1062	420	642	200	84	116
74	13	8	5	934	329	605	170	71	99
75—79岁	**50**	**28**	**22**	**3483**	**1238**	**2245**	**573**	**259**	**314**
75	12	9	3	812	288	524	137	58	79
76	9	5	4	840	302	538	138	65	73
77	8	2	6	629	229	400	107	53	54
78	12	9	3	561	202	359	106	46	60
79	9	3	6	641	217	424	85	37	48
80—84岁	**12**	**6**	**6**	**2497**	**806**	**1691**	**421**	**179**	**242**
80	2	2		530	194	336	100	44	56
81				524	168	356	85	38	47
82	3	2	1	537	170	367	97	44	53
83	3	2	1	467	127	340	79	34	45
84	4		4	439	147	292	60	19	41
85—89岁	**8**	**5**	**3**	**1400**	**385**	**1015**	**225**	**78**	**147**
85	2	1	1	377	107	270	63	20	43
86	1	1		345	88	257	46	19	27
87	2	2		266	70	196	62	17	45
88	1		1	215	62	153	30	15	15
89	2	1	1	197	58	139	24	7	17
90—94岁	**3**	**2**	**1**	**546**	**126**	**420**	**75**	**22**	**53**
90	1	1		143	32	111	21	7	14
91				131	31	100	19	8	11
92	1		1	126	35	91	15	4	11
93				82	15	67	8	2	6
94	1	1		64	13	51	12	1	11
95—99岁	**1**		**1**	**144**	**21**	**123**	**21**	**5**	**16**
95				40	8	32	7	3	4
96	1		1	54	8	46	2		2
97				22	1	21	5	1	4
98				13	2	11	5	1	4
99				15	2	13	2		2
100岁及以上				**16**	**2**	**14**	**3**		**3**

8－7b 全省分年龄、性别、主要生活来源的人口(镇)

单位：人

年 龄	15岁及以上人口			劳动收入		
	合计	男	女	小计	男	女
总 计	**1097379**	**552377**	**545002**	**639310**	**373388**	**265922**
45岁以下	**594391**	**301701**	**292690**	**380932**	**209789**	**171143**
45－49岁	**120122**	**60599**	**59523**	**98540**	**56550**	**41990**
45	25130	12529	12601	21029	11761	9268
46	25432	12749	12683	21179	11954	9225
47	25396	12877	12519	20891	12042	8849
48	22564	11461	11103	18305	10623	7682
49	21600	10983	10617	17136	10170	6966
50－54岁	**107277**	**54572**	**52705**	**74697**	**48347**	**26350**
50	22371	11318	11053	16759	10385	6374
51	21645	11168	10477	15564	10040	5524
52	23765	12141	11624	16523	10766	5757
53	18858	9568	9290	12557	8275	4282
54	20638	10377	10261	13294	8881	4413
55－59岁	**83759**	**42267**	**41492**	**46640**	**32844**	**13796**
55	19891	10128	9763	12003	8292	3711
56	18278	9263	9015	10480	7362	3118
57	20076	10151	9925	11136	7953	3183
58	16072	8040	8032	8540	6035	2505
59	9442	4685	4757	4481	3202	1279
60－64岁	**61515**	**30686**	**30829**	**20458**	**13790**	**6668**
60	11804	5972	5832	4636	3165	1471
61	10617	5326	5291	3679	2483	1196
62	13120	6553	6567	4238	2842	1396
63	14273	7088	7185	4456	3035	1421
64	11701	5747	5954	3449	2265	1184
65－69岁	**52946**	**26134**	**26812**	**12046**	**8122**	**3924**
65	11444	5603	5841	2999	1984	1015
66	11898	5934	5964	2969	2011	958
67	10748	5319	5429	2438	1648	790
68	10409	5172	5237	2086	1414	672
69	8447	4106	4341	1554	1065	489

8-7b 续表 1

单位：人

年 龄	15岁及以上人口			劳动收入		
	合计	男	女	小计	男	女
70-74岁	**35199**	**17413**	**17786**	**4192**	**2787**	**1405**
70	8249	4098	4151	1279	836	443
71	8161	4118	4043	1002	662	340
72	7023	3455	3568	805	535	270
73	6308	3117	3191	633	415	218
74	5458	2625	2833	473	339	134
75-79岁	**19963**	**9518**	**10445**	**1335**	**879**	**456**
75	4628	2249	2379	379	244	135
76	4541	2202	2339	327	223	104
77	3714	1737	1977	245	164	81
78	3480	1666	1814	201	133	68
79	3600	1664	1936	183	115	68
80-84岁	**13380**	**5960**	**7420**	**349**	**215**	**134**
80	3100	1380	1720	95	67	28
81	2756	1269	1487	77	48	29
82	2839	1303	1536	63	36	27
83	2482	1057	1425	67	37	30
84	2203	951	1252	47	27	20
85-89岁	**6378**	**2590**	**3788**	**99**	**56**	**43**
85	1761	719	1042	35	20	15
86	1549	632	917	28	13	15
87	1331	545	786	23	14	9
88	972	369	603	10	7	3
89	765	325	440	3	2	1
90-94岁	**1964**	**795**	**1169**	**21**	**8**	**13**
90	688	296	392	13	5	8
91	434	155	279			
92	340	145	195	4	2	2
93	292	112	180	1		1
94	210	87	123	3	1	2
95-99岁	**436**	**129**	**307**	**1**	**1**	
95	158	46	112	1	1	
96	110	35	75			
97	77	30	47			
98	51	11	40			
99	40	7	33			
100岁及以上	**49**	**13**	**36**			

8-7b 续表 2

单位：人

年 龄	离退休金/养老金			最低生活保障金			失业保险金		
	小计	男	女	小计	男	女	小计	男	女
总 计	**83279**	**38538**	**44741**	**12812**	**6845**	**5967**	**144**	**72**	**72**
45岁以下	**4**	**2**	**2**	**2520**	**1449**	**1071**	**51**	**24**	**27**
45-49岁	**301**	**11**	**290**	**1089**	**595**	**494**	**34**	**16**	**18**
45	24	2	22	220	115	105	3	2	1
46	29	4	25	223	118	105	9	4	5
47	43	2	41	218	116	102	9	4	5
48	52	1	51	207	119	88	6	2	4
49	153	2	151	221	127	94	7	4	3
50-54岁	**5858**	**537**	**5321**	**1237**	**725**	**512**	**19**	**13**	**6**
50	741	29	712	222	122	100	7	2	5
51	1050	76	974	228	123	105			
52	1330	113	1217	281	171	110	6	6	
53	1232	148	1084	240	146	94	3	2	1
54	1505	171	1334	266	163	103	3	3	
55-59岁	**11289**	**2438**	**8851**	**1252**	**702**	**550**	**13**	**8**	**5**
55	2102	339	1763	267	157	110	7	7	
56	2170	448	1722	256	143	113			
57	2835	569	2266	315	171	144	4		4
58	2400	552	1848	248	139	109	1		1
59	1782	530	1252	166	92	74	1	1	
60-64岁	**18321**	**9529**	**8792**	**1408**	**714**	**694**	**9**	**4**	**5**
60	3209	1627	1582	210	108	102	1		1
61	3206	1674	1532	234	122	112	3	2	1
62	4084	2148	1936	278	135	143	2	1	1
63	4275	2212	2063	365	183	182	2	1	1
64	3547	1868	1679	321	166	155	1		1
65-69岁	**18206**	**9702**	**8504**	**1650**	**867**	**783**	**12**	**4**	**8**
65	3752	1915	1837	313	166	147	3	1	2
66	3928	2088	1840	358	188	170	3	1	2
67	3788	2029	1759	319	169	150	4	1	3
68	3718	2055	1663	376	190	186	2	1	1
69	3020	1615	1405	284	154	130			

8-7b 续表 3

单位：人

年 龄	离退休金/养老金			最低生活保障金			失业保险金		
	小计	男	女	小计	男	女	小计	男	女
70—74岁	**13234**	**7491**	**5743**	**1515**	**795**	**720**	**3**	**1**	**2**
70	2990	1694	1296	310	166	144	1		1
71	3070	1749	1321	351	183	168	1	1	
72	2645	1486	1159	308	154	154			
73	2424	1365	1059	280	155	125			
74	2105	1197	908	266	137	129	1		1
75—79岁	**7887**	**4394**	**3493**	**951**	**476**	**475**	**1**	**1**	
75	1837	1041	796	195	88	107	1	1	
76	1810	1009	801	218	109	109			
77	1472	807	665	179	98	81			
78	1334	747	587	182	100	82			
79	1434	790	644	177	81	96			
80—84岁	**5089**	**2742**	**2347**	**710**	**331**	**379**			
80	1219	657	562	186	92	94			
81	1063	583	480	136	62	74			
82	1095	580	515	154	85	69			
83	907	496	411	121	50	71			
84	805	426	379	113	42	71			
85—89岁	**2301**	**1220**	**1081**	**330**	**143**	**187**	**2**	**1**	**1**
85	660	332	328	99	45	54	1	1	
86	538	286	252	75	33	42			
87	486	256	230	61	27	34			
88	320	163	157	53	23	30			
89	297	183	114	42	15	27	1		1
90—94岁	**660**	**399**	**261**	**122**	**43**	**79**			
90	236	140	96	33	18	15			
91	154	84	70	24	5	19			
92	105	70	35	30	11	19			
93	97	58	39	21	7	14			
94	68	47	21	14	2	12			
95—99岁	**119**	**67**	**52**	**24**	**4**	**20**			
95	48	25	23	9	1	8			
96	24	16	8	6	1	5			
97	25	19	6	3		3			
98	16	6	10	4	1	3			
99	6	1	5	2	1	1			
100岁及以上	**10**	**6**	**4**	**4**	**1**	**3**			

8-7b 续表 4

单位：人

年 龄	财产性收入			家庭其他成员供养			其 他		
	小计	男	女	小计	男	女	小计	男	女
总 计	**4104**	**2208**	**1896**	**307663**	**109021**	**198642**	**50067**	**22305**	**27762**
45岁以下	**1641**	**809**	**832**	**184130**	**78182**	**105948**	**25113**	**11446**	**13667**
45-49岁	**613**	**316**	**297**	**14787**	**1177**	**13610**	**4758**	**1934**	**2824**
45	134	59	75	2762	192	2570	958	398	560
46	135	72	63	2882	223	2659	975	374	601
47	118	61	57	3097	250	2847	1020	402	618
48	116	69	47	2942	240	2702	936	407	529
49	110	55	55	3104	272	2832	869	353	516
50-54岁	**636**	**356**	**280**	**19679**	**2535**	**17144**	**5151**	**2059**	**3092**
50	142	77	65	3442	312	3130	1058	391	667
51	119	72	47	3697	454	3243	987	403	584
52	128	70	58	4360	557	3803	1137	458	679
53	103	61	42	3800	553	3247	923	383	540
54	144	76	68	4380	659	3721	1046	424	622
55-59岁	**514**	**326**	**188**	**19651**	**4023**	**15628**	**4400**	**1926**	**2474**
55	126	72	54	4360	814	3546	1026	447	579
56	125	86	39	4282	805	3477	965	419	546
57	107	67	40	4651	948	3703	1028	443	585
58	106	66	40	3944	874	3070	833	374	459
59	50	35	15	2414	582	1832	548	243	305
60-64岁	**265**	**151**	**114**	**17670**	**4949**	**12721**	**3384**	**1549**	**1835**
60	56	29	27	3053	738	2315	639	305	334
61	48	28	20	2862	735	2127	585	282	303
62	52	31	21	3776	1082	2694	690	314	376
63	52	32	20	4304	1269	3035	819	356	463
64	57	31	26	3675	1125	2550	651	292	359
65-69岁	**238**	**139**	**99**	**17842**	**5896**	**11946**	**2952**	**1404**	**1548**
65	67	38	29	3683	1183	2500	627	316	311
66	59	43	16	3917	1275	2642	664	328	336
67	34	16	18	3602	1208	2394	563	248	315
68	41	23	18	3589	1211	2378	597	278	319
69	37	19	18	3051	1019	2032	501	234	267

8-7b　续表 5

单位：人

年　龄	财产性收入			家庭其他成员供养			其　他		
	小计	男	女	小计	男	女	小计	男	女
70—74岁	**119**	**71**	**48**	**14140**	**5289**	**8851**	**1996**	**979**	**1017**
70	33	19	14	3160	1163	1997	476	220	256
71	21	12	9	3237	1249	1988	479	262	217
72	20	10	10	2860	1073	1787	385	197	188
73	24	18	6	2590	992	1598	357	172	185
74	21	12	9	2293	812	1481	299	128	171
75—79岁	**43**	**23**	**20**	**8690**	**3258**	**5432**	**1056**	**487**	**569**
75	11	7	4	1953	742	1211	252	126	126
76	11	6	5	1944	748	1196	231	107	124
77	6	3	3	1629	578	1051	183	87	96
78	7	3	4	1557	603	954	199	80	119
79	8	4	4	1607	587	1020	191	87	104
80—84岁	**25**	**13**	**12**	**6486**	**2354**	**4132**	**721**	**305**	**416**
80	5	2	3	1439	501	938	156	61	95
81	8	5	3	1317	500	817	155	71	84
82	5	2	3	1380	532	848	142	68	74
83	6	4	2	1228	412	816	153	58	95
84	1		1	1122	409	713	115	47	68
85—89岁	**9**	**4**	**5**	**3253**	**1016**	**2237**	**384**	**150**	**234**
85	3	1	2	867	285	582	96	35	61
86	2		2	800	255	545	106	45	61
87	1	1		690	220	470	70	27	43
88				524	148	376	65	28	37
89	3	2	1	372	108	264	47	15	32
90—94岁	**1**		**1**	**1042**	**295**	**747**	**118**	**50**	**68**
90	1		1	354	113	241	51	20	31
91				239	59	180	17	7	10
92				177	52	125	24	10	14
93				156	37	119	17	10	7
94				116	34	82	9	3	6
95—99岁				**259**	**41**	**218**	**33**	**16**	**17**
95				91	15	76	9	4	5
96				66	11	55	14	7	7
97				46	10	36	3	1	2
98				28	2	26	3	2	1
99				28	3	25	4	2	2
100岁及以上				**34**	**6**	**28**	**1**		**1**

8-7c 全省分年龄、性别、主要生活来源的人口(乡村)

单位：人

年 龄	15岁及以上人口			劳动收入		
	合计	男	女	小计	男	女
总 计	**1600847**	**831100**	**769747**	**1024611**	**617721**	**406890**
45岁以下	**734234**	**398215**	**336019**	**517423**	**307463**	**209960**
45-49岁	**168280**	**87522**	**80758**	**141987**	**82366**	**59621**
45	32926	17298	15628	28279	16335	11944
46	35726	18663	17063	30482	17580	12902
47	35489	18469	17020	29911	17348	12563
48	31836	16414	15422	26745	15492	11253
49	32303	16678	15625	26570	15611	10959
50-54岁	**172792**	**87183**	**85609**	**133459**	**80007**	**53452**
50	34202	17200	17002	27624	16092	11532
51	33791	17267	16524	26542	15954	10588
52	38531	19411	19120	29834	17804	12030
53	31392	15677	15715	23651	14276	9375
54	34876	17628	17248	25808	15881	9927
55-59岁	**138250**	**70041**	**68209**	**97196**	**60956**	**36240**
55	32693	16734	15959	23899	14866	9033
56	29596	14939	14657	21150	13183	7967
57	32886	16612	16274	23058	14489	8569
58	27202	13861	13341	18605	11866	6739
59	15873	7895	7978	10484	6552	3932
60-64岁	**111616**	**56791**	**54825**	**63074**	**40182**	**22892**
60	20337	10408	9929	12765	8072	4693
61	18593	9629	8964	10911	7031	3880
62	23586	11960	11626	13238	8416	4822
63	26765	13643	13122	14616	9414	5202
64	22335	11151	11184	11544	7249	4295
65-69岁	**105021**	**52860**	**52161**	**44644**	**28753**	**15891**
65	22203	11309	10894	10766	6911	3855
66	23185	11845	11340	10549	6852	3697
67	21216	10593	10623	8968	5736	3232
68	20867	10472	10395	8135	5240	2895
69	17550	8641	8909	6226	4014	2212

8-7c 续表 1

单位：人

年 龄	15岁及以上人口			劳动收入		
	合计	男	女	小计	男	女
70—74岁	**75034**	**36559**	**38475**	**18779**	**12604**	**6175**
70	16694	8079	8615	5152	3383	1769
71	17626	8844	8782	4744	3217	1527
72	15175	7512	7663	3648	2475	1173
73	13431	6471	6960	2912	1973	939
74	12108	5653	6455	2323	1556	767
75—79岁	**44810**	**21063**	**23747**	**5866**	**4006**	**1860**
75	10293	4727	5566	1661	1121	540
76	10076	4826	5250	1458	1009	449
77	8501	3922	4579	1082	720	362
78	7625	3615	4010	875	600	275
79	8315	3973	4342	790	556	234
80—84岁	**30940**	**13563**	**17377**	**1661**	**1070**	**591**
80	7283	3297	3986	577	374	203
81	6126	2737	3389	352	230	122
82	6657	2979	3678	312	213	99
83	5905	2503	3402	244	150	94
84	4969	2047	2922	176	103	73
85—89岁	**14462**	**5507**	**8955**	**457**	**282**	**175**
85	4138	1632	2506	161	114	47
86	3441	1350	2091	123	67	56
87	3053	1148	1905	91	51	40
88	2070	752	1318	40	26	14
89	1760	625	1135	42	24	18
90—94岁	**4371**	**1498**	**2873**	**57**	**29**	**28**
90	1481	525	956	23	12	11
91	943	307	636	8	4	4
92	835	294	541	11	3	8
93	655	227	428	8	5	3
94	457	145	312	7	5	2
95—99岁	**945**	**272**	**673**	**8**	**3**	**5**
95	347	110	237	3		3
96	269	78	191	4	3	1
97	160	42	118	1		1
98	94	24	70			
99	75	18	57			
100岁及以上	**92**	**26**	**66**			

8－7c　续表 2

单位：人

年　龄	离退休金/养老金			最低生活保障金			失业保险金		
	小计	男	女	小计	男	女	小计	男	女
总　计	**34128**	**19328**	**14800**	**33996**	**18987**	**15009**	**71**	**45**	**26**
45岁以下	**5**	**2**	**3**	**5973**	**3527**	**2446**	**39**	**27**	**12**
45－49岁	**36**	**3**	**33**	**2324**	**1390**	**934**	**12**	**6**	**6**
45	4		4	442	265	177	3	1	2
46	4		4	514	317	197	2	2	
47	9	2	7	496	287	209	3	2	1
48	4	1	3	443	256	187	1		1
49	15		15	429	265	164	3	1	2
50－54岁	**692**	**106**	**586**	**2724**	**1569**	**1155**	**5**	**4**	**1**
50	70	5	65	489	285	204	1		1
51	107	14	93	547	301	246			
52	169	27	142	573	344	229	1	1	
53	149	26	123	511	288	223	2	2	
54	197	34	163	604	351	253	1	1	
55－59岁	**1983**	**430**	**1553**	**2670**	**1500**	**1170**	**5**	**2**	**3**
55	317	52	265	573	351	222			
56	375	80	295	550	312	238			
57	453	88	365	612	343	269	1		1
58	499	106	393	555	297	258	2		2
59	339	104	235	380	197	183	2	2	
60－64岁	**6226**	**3410**	**2816**	**3833**	**2194**	**1639**	**2**	**1**	**1**
60	862	418	444	548	315	233	1	1	
61	977	541	436	592	349	243			
62	1312	724	588	820	472	348			
63	1569	865	704	1003	571	432	1		1
64	1506	862	644	870	487	383			
65－69岁	**8144**	**4811**	**3333**	**5016**	**2783**	**2233**	**4**	**4**	
65	1512	879	633	905	522	383	2	2	
66	1770	1052	718	986	556	430	2	2	
67	1630	943	687	1061	558	503			
68	1731	1039	692	1150	642	508			
69	1501	898	603	914	505	409			

8−7c　续表 3

单位：人

年　龄	离退休金/养老金			最低生活保障金			失业保险金		
	小计	男	女	小计	男	女	小计	男	女
70−74岁	**7303**	**4600**	**2703**	**4660**	**2583**	**2077**			
70	1483	922	561	971	540	431			
71	1708	1113	595	1076	605	471			
72	1534	975	559	967	568	399			
73	1373	859	514	821	414	407			
74	1205	731	474	825	456	369			
75−79岁	**4766**	**3006**	**1760**	**3031**	**1644**	**1387**	**2**		**2**
75	1122	670	452	657	331	326			
76	1116	707	409	684	387	297	1		1
77	914	575	339	558	301	257			
78	810	546	264	520	280	240			
79	804	508	296	612	345	267	1		1
80−84岁	**3119**	**1895**	**1224**	**2261**	**1166**	**1095**	**1**	**1**	
80	751	462	289	518	276	242			
81	606	366	240	456	233	223			
82	670	418	252	469	241	228	1	1	
83	583	351	232	450	238	212			
84	509	298	211	368	178	190			
85−89岁	**1336**	**771**	**565**	**1078**	**480**	**598**			
85	369	202	167	313	153	160			
86	308	190	118	246	112	134			
87	286	160	126	249	108	141			
88	183	105	78	159	66	93			
89	190	114	76	111	41	70			
90−94岁	**427**	**250**	**177**	**332**	**127**	**205**			
90	150	87	63	106	43	63			
91	88	57	31	81	30	51			
92	81	46	35	63	27	36			
93	62	38	24	47	13	34			
94	46	22	24	35	14	21			
95−99岁	**80**	**38**	**42**	**90**	**23**	**67**	**1**		**1**
95	31	15	16	34	11	23			
96	23	13	10	28	4	24			
97	16	7	9	13	5	8			
98	5	1	4	8	1	7			
99	5	2	3	7	2	5	1		1
100岁及以上	**11**	**6**	**5**	**4**	**1**	**3**			

8-7c　续表 4

单位：人

年　龄	财产性收入			家庭其他成员供养			其　他		
	小计	男	女	小计	男	女	小计	男	女
总　计	**4606**	**2465**	**2141**	**429250**	**140339**	**288911**	**74185**	**32215**	**41970**
45岁以下	**1934**	**1035**	**899**	**173885**	**70224**	**103661**	**34975**	**15937**	**19038**
45-49岁	**606**	**320**	**286**	**17442**	**1159**	**16283**	**5873**	**2278**	**3595**
45	137	69	68	2991	197	2794	1070	431	639
46	104	54	50	3340	212	3128	1280	498	782
47	136	81	55	3646	256	3390	1288	493	795
48	102	54	48	3491	217	3274	1050	394	656
49	127	62	65	3974	277	3697	1185	462	723
50-54岁	**599**	**301**	**298**	**28414**	**2747**	**25667**	**6899**	**2449**	**4450**
50	113	52	61	4675	351	4324	1230	415	815
51	113	67	46	5125	467	4658	1357	464	893
52	143	67	76	6261	623	5638	1550	545	1005
53	108	56	52	5677	553	5124	1294	476	818
54	122	59	63	6676	753	5923	1468	549	919
55-59岁	**451**	**241**	**210**	**29922**	**4669**	**25253**	**6023**	**2243**	**3780**
55	113	62	51	6439	913	5526	1352	490	862
56	106	52	54	6132	855	5277	1283	457	826
57	92	59	33	7225	1086	6139	1445	547	898
58	83	40	43	6255	1090	5165	1203	462	741
59	57	28	29	3871	725	3146	740	287	453
60-64岁	**351**	**190**	**161**	**32726**	**8499**	**24227**	**5404**	**2315**	**3089**
60	73	43	30	5112	1146	3966	976	413	563
61	62	35	27	5218	1318	3900	833	355	478
62	65	33	32	7021	1829	5192	1130	486	644
63	85	42	43	8163	2161	6002	1328	590	738
64	66	37	29	7212	2045	5167	1137	471	666
65-69岁	**308**	**172**	**136**	**41126**	**13632**	**27494**	**5779**	**2705**	**3074**
65	65	32	33	7751	2391	5360	1202	572	630
66	71	42	29	8569	2782	5787	1238	559	679
67	68	43	25	8273	2750	5523	1216	563	653
68	55	29	26	8697	2982	5715	1099	540	559
69	49	26	23	7836	2727	5109	1024	471	553

8-7c　续表 5

单位：人

年　龄	财产性收入			家庭其他成员供养			其　　他		
	小计	男	女	小计	男	女	小计	男	女
70–74岁	**188**	**102**	**86**	**39908**	**14665**	**25243**	**4196**	**2005**	**2191**
70	36	24	12	8148	2780	5368	904	430	474
71	54	30	24	9026	3392	5634	1018	487	531
72	34	14	20	8161	3074	5087	831	406	425
73	34	19	15	7549	2869	4680	742	337	405
74	30	15	15	7024	2550	4474	701	345	356
75–79岁	**90**	**62**	**28**	**28673**	**11191**	**17482**	**2382**	**1154**	**1228**
75	23	16	7	6244	2309	3935	586	280	306
76	26	22	4	6278	2442	3836	513	259	254
77	16	8	8	5496	2107	3389	435	211	224
78	10	4	6	4997	1988	3009	413	197	216
79	15	12	3	5658	2345	3313	435	207	228
80–84岁	**57**	**33**	**24**	**22239**	**8657**	**13582**	**1602**	**741**	**861**
80	8	3	5	5026	1993	3033	403	189	214
81	17	9	8	4384	1757	2627	311	142	169
82	13	9	4	4823	1926	2897	369	171	198
83	11	7	4	4331	1627	2704	286	130	156
84	8	5	3	3675	1354	2321	233	109	124
85–89岁	**15**	**8**	**7**	**10825**	**3683**	**7142**	**751**	**283**	**468**
85	5	1	4	3076	1085	1991	214	77	137
86	4	3	1	2586	915	1671	174	63	111
87	3	3		2263	765	1498	161	61	100
88	2	1	1	1570	502	1068	116	52	64
89	1		1	1330	416	914	86	30	56
90–94岁	**6**	**1**	**5**	**3321**	**1008**	**2313**	**228**	**83**	**145**
90	3		3	1117	353	764	82	30	52
91	1	1		717	197	520	48	18	30
92	2		2	638	205	433	40	13	27
93				504	153	351	34	18	16
94				345	100	245	24	4	20
95–99岁	**1**		**1**	**697**	**188**	**509**	**68**	**20**	**48**
95	1		1	252	77	175	26	7	19
96				196	54	142	18	4	14
97				121	28	93	9	2	7
98				73	17	56	8	5	3
99				55	12	43	7	2	5
100岁及以上				**72**	**17**	**55**	**5**	**2**	**3**

8−8 全省分性别、婚姻状况、主要生活来源的60岁及以上老年人口

单位：人

婚姻状况	60岁及以上人口			劳动收入		
	合计	男	女	小计	男	女
总　计	**761001**	**369323**	**391678**	**191033**	**125434**	**65599**
未　婚	8613	7634	979	1697	1540	157
有配偶	573362	315673	257689	169321	115274	54047
离　婚	7316	4442	2874	1454	1163	291
丧　偶	171710	41574	130136	18561	7457	11104

8−8　续表 1

单位：人

婚姻状况	离退休金/养老金			最低生活保障金			失业保险金		
	小计	男	女	小计	男	女	小计	男	女
总　计	**217554**	**114092**	**103462**	**30214**	**15811**	**14403**	**46**	**23**	**23**
未　婚	891	667	224	4212	4015	197	1	1	
有配偶	173303	100955	72348	15913	8627	7286	40	21	19
离　婚	3698	1915	1783	550	454	96			
丧　偶	39662	10555	29107	9539	2715	6824	5	1	4

8−8　续表 2

单位：人

婚姻状况	财产性收入			家庭其他成员供养			其　他		
	小计	男	女	小计	男	女	小计	男	女
总　计	**2453**	**1385**	**1068**	**282082**	**95356**	**186726**	**37619**	**17222**	**20397**
未　婚	21	14	7	466	347	119	1325	1050	275
有配偶	2078	1245	833	185254	75762	109492	27453	13789	13664
离　婚	22	15	7	1215	659	556	377	236	141
丧　偶	332	111	221	95147	18588	76559	8464	2147	6317

8-8a　全省分性别、婚姻状况、主要生活来源的60岁及以上老年人口(城市)

单位：人

婚姻状况	60岁及以上人口			劳动收入		
	合计	男	女	小计	男	女
总　计	**181880**	**87946**	**93934**	**17986**	**12647**	**5339**
未　婚	1090	785	305	166	125	41
有配偶	143619	78304	65315	16256	11879	4377
离　婚	3440	1795	1645	274	190	84
丧　偶	33731	7062	26669	1290	453	837

8-8a　续表 1

单位：人

婚姻状况	离退休金/养老金			最低生活保障金			失业保险金		
	小计	男	女	小计	男	女	小计	男	女
总　计	**120315**	**59755**	**60560**	**3195**	**1436**	**1759**	**9**	**6**	**3**
未　婚	394	240	154	228	211	17			
有配偶	96190	53504	42686	1848	939	909	9	6	3
离　婚	2723	1363	1360	109	80	29			
丧　偶	21008	4648	16360	1010	206	804			

8-8a　续表 2

单位：人

婚姻状况	财产性收入			家庭其他成员供养			其　他		
	小计	男	女	小计	男	女	小计	男	女
总　计	**737**	**416**	**321**	**33079**	**10712**	**22367**	**6559**	**2974**	**3585**
未　婚	10	7	3	102	71	31	190	131	59
有配偶	643	385	258	23668	9056	14612	5005	2535	2470
离　婚	7	4	3	220	100	120	107	58	49
丧　偶	77	20	57	9089	1485	7604	1257	250	1007

8－8b　全省分性别、婚姻状况、主要生活来源的60岁及以上老年人口(镇)

单位：人

婚姻状况	60岁及以上人口			劳动收入		
	合计	男	女	小计	男	女
总　计	**191830**	**93238**	**98592**	**38501**	**25858**	**12643**
未　婚	1884	1611	273	340	297	43
有配偶	147197	80662	66535	34472	24037	10435
离　婚	1783	1037	746	358	263	95
丧　偶	40966	9928	31038	3331	1261	2070

8－8b　续表 1

单位：人

婚姻状况	离退休金/养老金			最低生活保障金			失业保险金		
	小计	男	女	小计	男	女	小计	男	女
总　计	**65827**	**35550**	**30277**	**6714**	**3374**	**3340**	**27**	**11**	**16**
未　婚	224	179	45	846	782	64	1	1	
有配偶	53151	31619	21532	3685	1954	1731	22	9	13
离　婚	789	425	364	118	88	30			
丧　偶	11663	3327	8336	2065	550	1515	4	1	3

8－8b　续表 2

单位：人

婚姻状况	财产性收入			家庭其他成员供养			其　他		
	小计	男	女	小计	男	女	小计	男	女
总　计	**700**	**401**	**299**	**69416**	**23104**	**46312**	**10645**	**4940**	**5705**
未　婚	1	1		119	85	34	353	266	87
有配偶	597	364	233	47474	18727	28747	7796	3952	3844
离　婚	8	4	4	370	174	196	140	83	57
丧　偶	94	32	62	21453	4118	17335	2356	639	1717

8-8c　全省分性别、婚姻状况、主要生活来源的60岁及以上老年人口(乡村)

单位：人

婚姻状况	60岁及以上人口			劳动收入		
	合计	男	女	小计	男	女
总　计	**387291**	**188139**	**199152**	**134546**	**86929**	**47617**
未　婚	5639	5238	401	1191	1118	73
有配偶	282546	156707	125839	118593	79358	39235
离　婚	2093	1610	483	822	710	112
丧　偶	97013	24584	72429	13940	5743	8197

8-8c　续表 1

单位：人

婚姻状况	离退休金/养老金			最低生活保障金			失业保险金		
	小计	男	女	小计	男	女	小计	男	女
总　计	**31412**	**18787**	**12625**	**20305**	**11001**	**9304**	**10**	**6**	**4**
未　婚	273	248	25	3138	3022	116			
有配偶	23962	15832	8130	10380	5734	4646	9	6	3
离　婚	186	127	59	323	286	37			
丧　偶	6991	2580	4411	6464	1959	4505	1		1

8-8c　续表 2

单位：人

婚姻状况	财产性收入			家庭其他成员供养			其　他		
	小计	男	女	小计	男	女	小计	男	女
总　计	**1016**	**568**	**448**	**179587**	**61540**	**118047**	**20415**	**9308**	**11107**
未　婚	10	6	4	245	191	54	782	653	129
有配偶	838	496	342	114112	47979	66133	14652	7302	7350
离　婚	7	7		625	385	240	130	95	35
丧　偶	161	59	102	64605	12985	51620	4851	1258	3593

8-9 全省分性别、居住状况、主要生活来源的60岁及以上老年人口

单位：人

居住状况	60岁及以上人口			劳动收入		
	合计	男	女	小计	男	女
总　计	**761001**	**369323**	**391678**	**191033**	**125434**	**65599**
与配偶和子女同住	205333	116000	89333	60748	42600	18148
与配偶同住	288322	157996	130326	86805	57117	29688
与子女同住	140118	38725	101393	17956	8559	9397
独居(有保姆)	1168	488	680	126	85	41
独居(无保姆)	80868	33582	47286	15006	9764	5242
养老机构	5833	3297	2536	126	71	55
其　他	39359	19235	20124	10266	7238	3028

8-9 续表 1

单位：人

居住状况	离退休金/养老金			最低生活保障金			失业保险金		
	小计	男	女	小计	男	女	小计	男	女
总　计	**217554**	**114092**	**103462**	**30214**	**15811**	**14403**	**46**	**23**	**23**
与配偶和子女同住	62328	37018	25310	5115	2842	2273	17	9	8
与配偶同住	90702	52422	38280	9186	4975	4211	19	10	9
与子女同住	33090	10295	22795	5610	1554	4056	6	1	5
独居(有保姆)	511	231	280	59	29	30			
独居(无保姆)	21920	9307	12613	6454	3820	2634	3	2	1
养老机构	1286	614	672	1733	1249	484			
其　他	7717	4205	3512	2057	1342	715	1	1	

8-9 续表 2

单位：人

居住状况	财产性收入			家庭其他成员供养			其　他		
	小计	男	女	小计	男	女	小计	男	女
总　计	**2453**	**1385**	**1068**	**282082**	**95356**	**186726**	**37619**	**17222**	**20397**
与配偶和子女同住	789	489	300	67885	28612	39273	8451	4430	4021
与配偶同住	1023	599	424	87550	36341	51209	13037	6532	6505
与子女同住	303	120	183	77091	16435	60656	6062	1761	4301
独居(有保姆)	1	1		434	126	308	37	16	21
独居(无保姆)	240	124	116	33863	9274	24589	3382	1291	2091
养老机构	3	1	2	1453	553	900	1232	809	423
其　他	94	51	43	13806	4015	9791	5418	2383	3035

8−9a　全省分性别、居住状况、主要生活来源的60岁及以上老年人口(城市)

单位：人

居住状况	60岁及以上人口			劳动收入		
	合计	男	女	小计	男	女
总　计	**181880**	**87946**	**93934**	**17986**	**12647**	**5339**
与配偶和子女同住	58615	33058	25557	7581	5741	1840
与配偶同住	65005	35660	29345	5797	4135	1662
与子女同住	33680	8864	24816	1900	939	961
独居(有保姆)	341	136	205	11	7	4
独居(无保姆)	15394	5887	9507	1139	739	400
养老机构	1367	560	807	11	4	7
其　他	7478	3781	3697	1547	1082	465

8−9a　续表 1

单位：人

居住状况	离退休金/养老金			最低生活保障金			失业保险金		
	小计	男	女	小计	男	女	小计	男	女
总　计	**120315**	**59755**	**60560**	**3195**	**1436**	**1759**	**9**	**6**	**3**
与配偶和子女同住	36122	20726	15396	795	412	383	3	3	
与配偶同住	49547	27395	22152	840	433	407	6	3	3
与子女同住	18663	5184	13479	779	200	579			
独居(有保姆)	287	116	171	5	4	1			
独居(无保姆)	11253	4195	7058	518	232	286			
养老机构	778	313	465	75	50	25			
其　他	3665	1826	1839	183	105	78			

8−9a　续表 2

单位：人

居住状况	财产性收入			家庭其他成员供养			其　他		
	小计	男	女	小计	男	女	小计	男	女
总　计	**737**	**416**	**321**	**33079**	**10712**	**22367**	**6559**	**2974**	**3585**
与配偶和子女同住	309	196	113	11754	4876	6878	2051	1104	947
与配偶同住	251	143	108	6895	2687	4208	1669	864	805
与子女同住	99	35	64	10846	2139	8707	1393	367	1026
独居(有保姆)				33	6	27	5	3	2
独居(无保姆)	52	25	27	1992	528	1464	440	168	272
养老机构				345	114	231	158	79	79
其　他	26	17	9	1214	362	852	843	389	454

8-9b 全省分性别、居住状况、主要生活来源的60岁及以上老年人口(镇)

单位：人

居住状况	60岁及以上人口			劳动收入		
	合计	男	女	小计	男	女
总　计	**191830**	**93238**	**98592**	**38501**	**25858**	**12643**
与配偶和子女同住	59720	33674	26046	14742	10597	4145
与配偶同住	64521	35487	29034	14578	9878	4700
与子女同住	38371	10825	27546	4099	1973	2126
独居(有保姆)	336	154	182	32	23	9
独居(无保姆)	16778	6892	9886	2459	1552	907
养老机构	1701	953	748	28	13	15
其　他	10403	5253	5150	2563	1822	741

8-9b 续表 1

单位：人

居住状况	离退休金/养老金			最低生活保障金			失业保险金		
	小计	男	女	小计	男	女	小计	男	女
总　计	**65827**	**35550**	**30277**	**6714**	**3374**	**3340**	**27**	**11**	**16**
与配偶和子女同住	19590	11959	7631	1412	781	631	11	4	7
与配偶同住	27027	15833	11194	1826	966	860	10	5	5
与子女同住	9947	3431	6516	1371	369	1002	5	1	4
独居(有保姆)	158	74	84	19	12	7			
独居(无保姆)	6362	2729	3633	1161	633	528			
养老机构	270	144	126	472	332	140			
其　他	2473	1380	1093	453	281	172	1	1	

8-9b 续表 2

单位：人

居住状况	财产性收入			家庭其他成员供养			其　他		
	小计	男	女	小计	男	女	小计	男	女
总　计	**700**	**401**	**299**	**69416**	**23104**	**46312**	**10645**	**4940**	**5705**
与配偶和子女同住	246	155	91	20927	8684	12243	2792	1494	1298
与配偶同住	267	156	111	17737	7089	10648	3076	1560	1516
与子女同住	86	37	49	20978	4464	16514	1885	550	1335
独居(有保姆)	1	1		116	40	76	10	4	6
独居(无保姆)	76	41	35	5905	1629	4276	815	308	507
养老机构	1	1		566	222	344	364	241	123
其　他	23	10	13	3187	976	2211	1703	783	920

8－9c　全省分性别、居住状况、主要生活来源的60岁及以上老年人口(乡村)

单位：人

居住状况	60岁及以上人口			劳动收入		
	合计	男	女	小计	男	女
总　计	**387291**	**188139**	**199152**	**134546**	**86929**	**47617**
与配偶和子女同住	86998	49268	37730	38425	26262	12163
与配偶同住	158796	86849	71947	66430	43104	23326
与子女同住	68067	19036	49031	11957	5647	6310
独居(有保姆)	491	198	293	83	55	28
独居(无保姆)	48696	20803	27893	11408	7473	3935
养老机构	2765	1784	981	87	54	33
其　他	21478	10201	11277	6156	4334	1822

8－9c　续表 1

单位：人

居住状况	离退休金/养老金			最低生活保障金			失业保险金		
	小计	男	女	小计	男	女	小计	男	女
总　计	**31412**	**18787**	**12625**	**20305**	**11001**	**9304**	**10**	**6**	**4**
与配偶和子女同住	6616	4333	2283	2908	1649	1259	3	2	1
与配偶同住	14128	9194	4934	6520	3576	2944	3	2	1
与子女同住	4480	1680	2800	3450	985	2475	1		1
独居(有保姆)	66	41	25	35	13	22			
独居(无保姆)	4305	2383	1922	4775	2955	1820	3	2	1
养老机构	238	157	81	1186	867	319			
其　他	1579	999	580	1421	956	465			

8－9c　续表 2

单位：人

居住状况	财产性收入			家庭其他成员供养			其　他		
	小计	男	女	小计	男	女	小计	男	女
总　计	**1016**	**568**	**448**	**179587**	**61540**	**118047**	**20415**	**9308**	**11107**
与配偶和子女同住	234	138	96	35204	15052	20152	3608	1832	1776
与配偶同住	505	300	205	62918	26565	36353	8292	4108	4184
与子女同住	118	48	70	45267	9832	35435	2784	844	1940
独居(有保姆)				285	80	205	22	9	13
独居(无保姆)	112	58	54	25966	7117	18849	2127	815	1312
养老机构	2		2	542	217	325	710	489	221
其　他	45	24	21	9405	2677	6728	2872	1211	1661

8-10 各地区分性别、居住状况的60岁及以上老年人口

单位：人

地　区	60岁及以上人口			与配偶和子女同住		
	合计	男	女	小计	男	女
全　省	**761001**	**369323**	**391678**	**205333**	**116000**	**89333**
南昌市	**94467**	**45813**	**48654**	**24768**	**14153**	**10615**
东湖区	9453	4488	4965	2842	1576	1266
西湖区	9710	4675	5035	2979	1719	1260
青云谱区	6866	3308	3558	1901	1064	837
青山湖区	14402	6981	7421	4422	2520	1902
新建区	11045	5479	5566	2332	1374	958
红谷滩区	4895	2381	2514	1614	903	711
南昌县	21225	10250	10975	5513	3183	2330
安义县	4246	2151	2095	728	411	317
进贤县	12625	6100	6525	2437	1403	1034
景德镇市	**26144**	**12783**	**13361**	**7354**	**4208**	**3146**
昌江区	3141	1549	1592	887	502	385
珠山区	6597	3242	3355	1869	1078	791
浮梁县	4360	2212	2148	1161	675	486
乐平市	12046	5780	6266	3437	1953	1484
萍乡市	**34722**	**16919**	**17803**	**13327**	**7309**	**6018**
安源区	9806	4664	5142	3785	2070	1715
湘东区	6973	3407	3566	2670	1446	1224
莲花县	4648	2182	2466	1408	756	652
上栗县	7938	3968	3970	3470	1931	1539
芦溪县	5357	2698	2659	1994	1106	888
九江市	**81470**	**40212**	**41258**	**18699**	**10590**	**8109**
濂溪区	5540	2757	2783	1367	774	593
浔阳区	7232	3554	3678	1889	1044	845
柴桑区	5626	2795	2831	1288	731	557
武宁县	6299	3138	3161	1292	752	540
修水县	12854	6454	6400	3466	1940	1526
永修县	6008	2921	3087	1122	641	481
德安县	2690	1329	1361	553	323	230
都昌县	11118	5410	5708	2380	1352	1028
湖口县	4723	2294	2429	898	504	394
彭泽县	5973	2895	3078	1011	560	451
瑞昌市	7529	3717	3812	1965	1119	846
共青城市	1790	911	879	435	259	176
庐山市	4088	2037	2051	1033	591	442
新余市	**20150**	**9670**	**10480**	**3673**	**2081**	**1592**
渝水区	14939	7144	7795	2631	1489	1142
分宜县	5211	2526	2685	1042	592	450
鹰潭市	**20916**	**10207**	**10709**	**5993**	**3368**	**2625**
月湖区	4485	2201	2284	1007	587	420
余江区	6383	3058	3325	1777	990	787
贵溪市	10048	4948	5100	3209	1791	1418
赣州市	**142510**	**67554**	**74956**	**45034**	**25109**	**19925**
章贡区	15213	7319	7894	5537	3119	2418
南康区	12908	5974	6934	3672	2050	1622
赣县区	9105	4354	4751	2827	1521	1306
信丰县	10357	4805	5552	3434	1882	1552
大余县	4705	2175	2530	1274	696	578
上犹县	5143	2415	2728	1441	806	635
崇义县	3320	1608	1712	922	522	400
安远县	5020	2253	2767	1711	909	802
定南县	3201	1496	1705	1115	629	486
全南县	3141	1464	1677	882	470	412

8-10　续表 1

单位：人

地　区	60岁及以上人口			与配偶和子女同住		
	合计	男	女	小计	男	女
宁都县	12683	6158	6525	3607	2035	1572
于都县	15299	7224	8075	4577	2600	1977
兴国县	12280	5995	6285	4065	2295	1770
会昌县	6847	3264	3583	2051	1151	900
寻乌县	4262	2025	2237	1383	768	615
石城县	4396	2095	2301	1425	793	632
瑞金市	9421	4534	4887	3509	1961	1548
龙南市	5209	2396	2813	1602	902	700
吉安市	**77136**	**36881**	**40255**	**19165**	**10635**	**8530**
吉州区	6464	3132	3332	1833	1041	792
青原区	3362	1616	1746	890	495	395
吉安县	7190	3384	3806	1732	960	772
吉水县	7852	3762	4090	1493	850	643
峡江县	2652	1281	1371	436	238	198
新干县	4990	2343	2647	763	423	340
永丰县	6168	2955	3213	1416	785	631
泰和县	8087	3782	4305	1939	1069	870
遂川县	8262	3971	4291	2532	1399	1133
万安县	4625	2250	2375	1419	779	640
安福县	6484	3213	3271	1686	943	743
永新县	8345	3936	4409	2304	1250	1054
井冈山市	2655	1256	1399	722	403	319
宜春市	**87667**	**42649**	**45018**	**18940**	**10797**	**8143**
袁州区	17427	8577	8850	4551	2584	1967
奉新县	4902	2465	2437	1028	582	446
万载县	7403	3646	3757	2122	1213	909
上高县	5783	2771	3012	1206	690	516
宜丰县	4798	2405	2393	866	507	359
靖安县	2446	1219	1227	420	253	167
铜鼓县	2012	1012	1000	520	299	221
丰城市	19841	9331	10510	4156	2343	1813
樟树市	9466	4526	4940	1736	997	739
高安市	13589	6697	6892	2335	1329	1006
抚州市	**60386**	**29273**	**31113**	**13681**	**7881**	**5800**
临川区	17339	8422	8917	3677	2134	1543
东乡区	6941	3328	3613	1285	725	560
南城县	4709	2269	2440	1380	795	585
黎川县	3830	1909	1921	1088	637	451
南丰县	4255	2062	2193	1045	607	438
崇仁县	5202	2485	2717	1330	765	565
乐安县	5033	2446	2587	1172	645	527
宜黄县	3497	1732	1765	886	526	360
金溪县	4296	2108	2188	884	501	383
资溪县	1910	908	1002	473	274	199
广昌县	3374	1604	1770	461	272	189
上饶市	**115433**	**57362**	**58071**	**34699**	**19869**	**14830**
信州区	9413	4668	4745	3137	1779	1358
广丰区	13593	6915	6678	4992	2956	2036
广信区	11932	5980	5952	3644	2123	1521
玉山县	10380	5191	5189	2737	1593	1144
铅山县	7127	3547	3580	2497	1421	1076
横峰县	3589	1771	1818	995	550	445
弋阳县	6606	3294	3312	2020	1139	881
余干县	14314	6930	7384	3658	2016	1642
鄱阳县	20373	10115	10258	6177	3537	2640
万年县	6446	3200	3246	1573	887	686
婺源县	6376	3166	3210	1827	1049	778
德兴市	5284	2585	2699	1442	819	623

8-10 续表 2

单位：人

地区	与配偶同住			与子女同住			独居(有保姆)		
	小计	男	女	小计	男	女	小计	男	女
全省	**288322**	**157996**	**130326**	**140118**	**38725**	**101393**	**1168**	**488**	**680**
南昌市	**38297**	**21036**	**17261**	**16235**	**4194**	**12041**	**197**	**80**	**117**
东湖区	3670	1985	1685	1604	385	1219	32	10	22
西湖区	3540	1935	1605	1752	413	1339	22	13	9
青云谱区	2746	1509	1237	1206	317	889	18	9	9
青山湖区	5474	2976	2498	2667	694	1973	25	12	13
新建区	4922	2693	2229	1750	527	1223	20	8	12
红谷滩区	1732	959	773	942	231	711	7	1	6
南昌县	8626	4776	3850	3901	997	2904	38	12	26
安义县	2066	1128	938	487	157	330	12	7	5
进贤县	5521	3075	2446	1926	473	1453	23	8	15
景德镇市	**10028**	**5492**	**4536**	**4694**	**1323**	**3371**	**41**	**9**	**32**
昌江区	1272	715	557	512	142	370	4	1	3
珠山区	2748	1525	1223	1038	276	762	16	2	14
浮梁县	1674	934	740	725	215	510	6	2	4
乐平市	4334	2318	2016	2419	690	1729	15	4	11
萍乡市	**10061**	**5502**	**4559**	**7591**	**2200**	**5391**	**47**	**25**	**22**
安源区	2972	1630	1342	1982	497	1485	19	10	9
湘东区	2175	1185	990	1404	395	1009	11	6	5
莲花县	1683	885	798	895	248	647	6	3	3
上栗县	1655	924	731	2158	721	1437	8	6	2
芦溪县	1576	878	698	1152	339	813	3		3
九江市	**33481**	**18410**	**15071**	**13901**	**4084**	**9817**	**153**	**70**	**83**
濂溪区	2335	1300	1035	817	218	599	9	6	3
浔阳区	3245	1789	1456	1041	297	744	18	5	13
柴桑区	2460	1339	1121	840	265	575	12	5	7
武宁县	2406	1342	1064	1217	345	872	9	2	7
修水县	4646	2565	2081	2611	835	1776	34	15	19
永修县	2939	1606	1333	897	235	662	8	4	4
德安县	1165	638	527	413	115	298	9	5	4
都昌县	4374	2419	1955	1965	572	1393	13	7	6
湖口县	1950	1054	896	792	229	563	10	5	5
彭泽县	2780	1505	1275	991	291	700	12	5	7
瑞昌市	2673	1474	1199	1428	424	1004	11	6	5
共青城市	857	474	383	244	66	178	2	2	
庐山市	1651	905	746	645	192	453	6	3	3
新余市	**10110**	**5464**	**4646**	**2314**	**583**	**1731**	**24**	**7**	**17**
渝水区	7703	4164	3539	1695	417	1278	21	6	15
分宜县	2407	1300	1107	619	166	453	3	1	2
鹰潭市	**8329**	**4564**	**3765**	**3621**	**974**	**2647**	**36**	**16**	**20**
月湖区	2132	1177	955	640	161	479	6	4	2
余江区	2551	1389	1162	1069	267	802	11	5	6
贵溪市	3646	1998	1648	1912	546	1366	19	7	12
赣州市	**42956**	**23473**	**19483**	**31702**	**8770**	**22932**	**171**	**75**	**96**
章贡区	4543	2507	2036	3170	823	2347	21	7	14
南康区	4100	2202	1898	2890	721	2169	13	5	8
赣县区	2688	1446	1242	2040	616	1424	15	7	8
信丰县	2966	1607	1359	2418	687	1731	14	6	8
大余县	1697	914	783	942	232	710	5	2	3
上犹县	1526	863	663	1211	312	899	2	2	
崇义县	1091	621	470	724	198	526	7	3	4
安远县	1382	725	657	1279	351	928	4		4
定南县	717	397	320	849	237	612	4	2	2
全南县	970	539	431	738	199	539	2		2

8-10　续表 3

单位：人

地　区	与配偶同住			与子女同住			独居(有保姆)		
	小计	男	女	小计	男	女	小计	男	女
宁都县	4787	2585	2202	2306	691	1615	20	12	8
于都县	4186	2331	1855	3664	1046	2618	28	15	13
兴国县	3512	1933	1579	2846	839	2007	9	5	4
会昌县	1994	1100	894	1560	449	1111	8	3	5
寻乌县	1334	737	597	942	270	672	4	1	3
石城县	1401	741	660	958	284	674	1	1	
瑞金市	2465	1352	1113	1994	534	1460	10	2	8
龙南市	1597	873	724	1171	281	890	4	2	2
吉安市	**31298**	**16967**	**14331**	**13317**	**3585**	**9732**	**110**	**44**	**66**
吉州区	2665	1463	1202	986	250	736	8	2	6
青原区	1420	775	645	552	139	413	3		3
吉安县	3037	1627	1410	1224	300	924	17	4	13
吉水县	3771	2041	1730	1041	264	777	12	7	5
峡江县	1407	765	642	326	91	235	3	2	1
新干县	2581	1368	1213	540	134	406	11	2	9
永丰县	2676	1440	1236	1092	312	780	10	3	7
泰和县	3206	1735	1471	1422	341	1081	5	4	1
遂川县	2462	1367	1095	1914	572	1342	18	7	11
万安县	1530	846	684	932	265	667	3	2	1
安福县	2673	1453	1220	1112	326	786	4	2	2
永新县	2857	1542	1315	1657	456	1201	14	7	7
井冈山市	1013	545	468	519	135	384	2	2	
宜春市	**38301**	**20937**	**17364**	**14098**	**3751**	**10347**	**126**	**57**	**69**
袁州区	6970	3775	3195	2966	813	2153	21	9	12
奉新县	2362	1321	1041	712	184	528	12	3	9
万载县	2571	1426	1145	1577	443	1134	10	6	4
上高县	2686	1475	1211	825	196	629	8	3	5
宜丰县	2324	1262	1062	539	142	397	6	1	5
靖安县	1163	648	515	355	107	248	5	2	3
铜鼓县	728	409	319	456	152	304			
丰城市	8251	4491	3760	3466	904	2562	31	17	14
樟树市	4491	2434	2057	1370	322	1048	14	5	9
高安市	6755	3696	3059	1832	488	1344	19	11	8
抚州市	**24700**	**13659**	**11041**	**10613**	**2833**	**7780**	**104**	**45**	**59**
临川区	7444	4111	3333	2804	747	2057	33	13	20
东乡区	3054	1684	1370	1021	272	749	9	6	3
南城县	1746	978	768	916	223	693	7	1	6
黎川县	1367	766	601	722	193	529	7	3	4
南丰县	1694	946	748	847	224	623	9	2	7
崇仁县	1914	1047	867	1078	311	767	7	3	4
乐安县	2004	1089	915	985	287	698	18	10	8
宜黄县	1334	756	578	685	178	507	3	2	1
金溪县	1839	1029	810	694	188	506	7	4	3
资溪县	681	376	305	384	79	305	2	1	1
广昌县	1623	877	746	477	131	346	2		2
上饶市	**40761**	**22492**	**18269**	**22032**	**6428**	**15604**	**159**	**60**	**99**
信州区	3113	1722	1391	1606	416	1190	24	9	15
广丰区	3533	1996	1537	2889	879	2010	9	2	7
广信区	4224	2354	1870	2291	645	1646	10	1	9
玉山县	4094	2291	1803	1846	515	1331	12	5	7
铅山县	2310	1281	1029	1422	434	988	20	10	10
横峰县	1341	736	605	689	218	471	3		3
弋阳县	2519	1379	1140	1118	339	779	15	5	10
余干县	5380	2873	2507	2676	807	1869	11	4	7
鄱阳县	7242	3999	3243	4140	1215	2925	39	18	21
万年县	2478	1374	1104	1197	369	828	6	3	3
婺源县	2368	1301	1067	1201	316	885	7	2	5
德兴市	2159	1186	973	957	275	682	3	1	2

8-10 续表 4

单位：人

地 区	独居(无保姆)			养老机构			其 他		
	小计	男	女	小计	男	女	小计	男	女
全 省	**80868**	**33582**	**47286**	**5833**	**3297**	**2536**	**39359**	**19235**	**20124**
南昌市	**9920**	**3816**	**6104**	**566**	**294**	**272**	**4484**	**2240**	**2244**
东湖区	848	323	525	66	22	44	391	187	204
西湖区	995	398	597	62	19	43	360	178	182
青云谱区	746	287	459	21	10	11	228	112	116
青山湖区	1322	517	805	62	37	25	430	225	205
新建区	1281	512	769	66	22	44	674	343	331
红谷滩区	328	131	197	52	26	26	220	130	90
南昌县	2229	825	1404	94	51	43	824	406	418
安义县	536	209	327	12	8	4	405	231	174
进贤县	1635	614	1021	131	99	32	952	428	524
景德镇市	**2790**	**1135**	**1655**	**97**	**49**	**48**	**1140**	**567**	**573**
昌江区	342	134	208	6	6		118	49	69
珠山区	678	241	437	2		2	246	120	126
浮梁县	526	240	286	20	14	6	248	132	116
乐平市	1244	520	724	69	29	40	528	266	262
萍乡市	**2393**	**1142**	**1251**	**257**	**136**	**121**	**1046**	**605**	**441**
安源区	615	237	378	104	37	67	329	183	146
湘东区	504	260	244	49	25	24	160	90	70
莲花县	508	216	292	12	3	9	136	71	65
上栗县	374	217	157	25	19	6	248	150	98
芦溪县	392	212	180	67	52	15	173	111	62
九江市	**9921**	**4345**	**5576**	**783**	**453**	**330**	**4532**	**2260**	**2272**
濂溪区	760	323	437	30	14	16	222	122	100
浔阳区	691	237	454	88	37	51	260	145	115
柴桑区	681	284	397	43	20	23	302	151	151
武宁县	896	429	467	83	52	31	396	216	180
修水县	1094	583	511	163	115	48	840	401	439
永修县	756	300	456	36	22	14	250	113	137
德安县	425	189	236	4	3	1	121	56	65
都昌县	1418	592	826	116	56	60	852	412	440
湖口县	779	379	400	50	21	29	244	102	142
彭泽县	898	379	519	60	39	21	221	116	105
瑞昌市	851	374	477	77	53	24	524	267	257
共青城市	172	61	111	17	14	3	63	35	28
庐山市	500	215	285	16	7	9	237	124	113
新余市	**2887**	**1036**	**1851**	**301**	**107**	**194**	**841**	**392**	**449**
渝水区	2077	720	1357	231	76	155	581	272	309
分宜县	810	316	494	70	31	39	260	120	140
鹰潭市	**1939**	**797**	**1142**	**145**	**86**	**59**	**853**	**402**	**451**
月湖区	485	176	309	42	19	23	173	77	96
余江区	628	253	375	36	21	15	311	133	178
贵溪市	826	368	458	67	46	21	369	192	177
赣州市	**12554**	**5270**	**7284**	**1359**	**739**	**620**	**8734**	**4118**	**4616**
章贡区	1138	462	676	132	50	82	672	351	321
南康区	1405	596	809	73	44	29	755	356	399
赣县区	767	383	384	54	38	16	714	343	371
信丰县	928	355	573	40	27	13	557	241	316
大余县	453	190	263	38	22	16	296	119	177
上犹县	598	267	331	44	33	11	321	132	189
崇义县	347	150	197	20	6	14	209	108	101
安远县	350	140	210	91	46	45	203	82	121
定南县	301	119	182	20	16	4	195	96	99
全南县	361	161	200	14	8	6	174	87	87

8-10 续表 5

单位：人

地区	独居(无保姆)			养老机构			其他		
	小计	男	女	小计	男	女	小计	男	女
宁都县	1076	399	677	255	128	127	632	308	324
于都县	1311	500	811	80	50	30	1453	682	771
兴国县	854	412	442	169	97	72	825	414	411
会昌县	574	239	335	138	75	63	522	247	275
寻乌县	398	161	237	17	8	9	184	80	104
石城县	308	144	164	34	16	18	269	116	153
瑞金市	798	365	433	110	65	45	535	255	280
龙南市	587	227	360	30	10	20	218	101	117
吉安市	**9612**	**3863**	**5749**	**487**	**298**	**189**	**3147**	**1489**	**1658**
吉州区	731	264	467	40	15	25	201	97	104
青原区	342	128	214	13	7	6	142	72	70
吉安县	903	353	550	36	24	12	241	116	125
吉水县	1156	429	727	70	38	32	309	133	176
峡江县	403	151	252	2	2		75	32	43
新干县	885	305	580	32	26	6	178	85	93
永丰县	753	305	448	66	39	27	155	71	84
泰和县	1096	444	652	55	35	20	364	154	210
遂川县	891	397	494	39	28	11	406	201	205
万安县	423	199	224	58	33	25	260	126	134
安福县	760	353	407	31	20	11	218	116	102
永新县	966	412	554	36	25	11	511	244	267
井冈山市	303	123	180	9	6	3	87	42	45
宜春市	**11052**	**4436**	**6616**	**851**	**497**	**354**	**4299**	**2174**	**2125**
袁州区	1946	892	1054	250	150	100	723	354	369
奉新县	582	270	312	16	10	6	190	95	95
万载县	725	320	405	108	74	34	290	164	126
上高县	816	283	533	23	16	7	219	108	111
宜丰县	738	314	424	123	65	58	202	114	88
靖安县	370	148	222	2	1	1	131	60	71
铜鼓县	223	107	116	15	8	7	70	37	33
丰城市	2461	890	1571	188	114	74	1288	572	716
樟树市	1322	516	806	46	18	28	487	234	253
高安市	1869	696	1173	80	41	39	699	436	263
抚州市	**7140**	**2914**	**4226**	**425**	**249**	**176**	**3723**	**1692**	**2031**
临川区	2255	905	1350	136	75	61	990	437	553
东乡区	913	350	563	49	18	31	610	273	337
南城县	436	175	261	12	11	1	212	86	126
黎川县	406	182	224	49	30	19	191	98	93
南丰县	486	194	292	9	7	2	165	82	83
崇仁县	463	176	287	31	18	13	379	165	214
乐安县	503	233	270	38	24	14	313	158	155
宜黄县	428	180	248	14	12	2	147	78	69
金溪县	491	214	277	40	28	12	341	144	197
资溪县	197	91	106	19	11	8	154	76	78
广昌县	562	214	348	28	15	13	221	95	126
上饶市	**10660**	**4828**	**5832**	**562**	**389**	**173**	**6560**	**3296**	**3264**
信州区	726	302	424	58	31	27	749	409	340
广丰区	1074	497	577	88	69	19	1008	516	492
广信区	1083	521	562	39	24	15	641	312	329
玉山县	1218	552	666	9	8	1	464	227	237
铅山县	560	240	320	34	29	5	284	132	152
横峰县	365	165	200	39	30	9	157	72	85
弋阳县	619	270	349	39	23	16	276	139	137
余干县	1239	530	709	103	77	26	1247	623	624
鄱阳县	1779	841	938	79	43	36	917	462	455
万年县	761	360	401	43	32	11	388	175	213
婺源县	703	346	357	14	9	5	256	143	113
德兴市	533	204	329	17	14	3	173	86	87

8-10a 各地区分性别、居住状况的60岁及以上老年人口(城市)

单位：人

地区	60岁及以上人口			与配偶和子女同住		
	合计	男	女	小计	男	女
全　省	**181880**	**87946**	**93934**	**58615**	**33058**	**25557**
南昌市	**46981**	**22640**	**24341**	**14412**	**8173**	**6239**
东湖区	9037	4280	4757	2695	1496	1199
西湖区	9710	4675	5035	2979	1719	1260
青云谱区	6844	3296	3548	1899	1063	836
青山湖区	12749	6168	6581	3992	2270	1722
新建区	3943	1941	2002	1209	711	498
红谷滩区	4600	2231	2369	1591	888	703
南昌县	98	49	49	47	26	21
安义县						
进贤县						
景德镇市	**12130**	**5934**	**6196**	**3770**	**2157**	**1613**
昌江区	2319	1150	1169	666	382	284
珠山区	6423	3159	3264	1830	1057	773
浮梁县	341	176	165	91	52	39
乐平市	3047	1449	1598	1183	666	517
萍乡市	**10721**	**5104**	**5617**	**4209**	**2306**	**1903**
安源区	8081	3840	4241	3114	1710	1404
湘东区	2551	1215	1336	1046	569	477
莲花县						
上栗县	89	49	40	49	27	22
芦溪县						
九江市	**16263**	**8140**	**8123**	**4609**	**2599**	**2010**
濂溪区	3695	1841	1854	906	513	393
浔阳区	7178	3526	3652	1868	1033	835
柴桑区	1487	764	723	477	274	203
武宁县						
修水县						
永修县						
德安县						
都昌县						
湖口县						
彭泽县						
瑞昌市	1927	991	936	740	424	316
共青城市	912	473	439	213	125	88
庐山市	1064	545	519	405	230	175
新余市	**8153**	**3882**	**4271**	**2092**	**1184**	**908**
渝水区	8153	3882	4271	2092	1184	908
分宜县						
鹰潭市	**8689**	**4213**	**4476**	**2417**	**1361**	**1056**
月湖区	4213	2073	2140	951	553	398
余江区	1430	661	769	506	273	233
贵溪市	3046	1479	1567	960	535	425
赣州市	**23911**	**11393**	**12518**	**9320**	**5177**	**4143**
章贡区	12800	6196	6604	4641	2614	2027
南康区	3748	1728	2020	1481	809	672
赣县区	1966	920	1046	777	407	370
信丰县						
大余县						
上犹县						
崇义县						
安远县						
定南县						
全南县						

8-10a　续表 1

单位：人

地　区	60岁及以上人口			与配偶和子女同住		
	合计	男	女	小计	男	女
宁都县						
于都县						
兴国县						
会昌县						
寻乌县	21	9	12	6	3	3
石城县						
瑞金市	3045	1472	1573	1507	832	675
龙南市	2331	1068	1263	908	512	396
吉安市	**6695**	**3257**	**3438**	**2007**	**1137**	**870**
吉州区	5114	2489	2625	1479	839	640
青原区	1060	511	549	353	197	156
吉安县						
吉水县						
峡江县						
新干县						
永丰县						
泰和县						
遂川县						
万安县						
安福县						
永新县						
井冈山市	521	257	264	175	101	74
宜春市	**19220**	**9172**	**10048**	**5865**	**3302**	**2563**
袁州区	8014	3859	4155	2669	1505	1164
奉新县						
万载县						
上高县						
宜丰县						
靖安县						
铜鼓县						
丰城市	4992	2341	2651	1504	839	665
樟树市	3400	1621	1779	936	537	399
高安市	2814	1351	1463	756	421	335
抚州市	**9329**	**4398**	**4931**	**2603**	**1482**	**1121**
临川区	6944	3253	3691	1865	1059	806
东乡区	2385	1145	1240	738	423	315
南城县						
黎川县						
南丰县						
崇仁县						
乐安县						
宜黄县						
金溪县						
资溪县						
广昌县						
上饶市	**19788**	**9813**	**9975**	**7311**	**4180**	**3131**
信州区	6956	3420	3536	2266	1257	1009
广丰区	5141	2608	2533	2310	1340	970
广信区	4175	2093	2082	1749	1021	728
玉山县						
铅山县	40	20	20	20	12	8
横峰县						
弋阳县						
余干县	530	260	270	236	127	109
鄱阳县	29	11	18	6	3	3
万年县						
婺源县						
德兴市	2917	1401	1516	724	420	304

8-10a 续表 2

单位：人

地区	与配偶同住			与子女同住			独居(有保姆)		
	小计	男	女	小计	男	女	小计	男	女
全省	**65005**	**35660**	**29345**	**33680**	**8864**	**24816**	**341**	**136**	**205**
南昌市	**17596**	**9610**	**7986**	**8590**	**2162**	**6428**	**109**	**47**	**62**
东湖区	3538	1906	1632	1520	358	1162	30	10	20
西湖区	3540	1935	1605	1752	413	1339	22	13	9
青云谱区	2746	1509	1237	1205	316	889	18	9	9
青山湖区	4787	2606	2181	2382	608	1774	21	9	12
新建区	1384	769	615	815	242	573	11	5	6
红谷滩区	1575	871	704	895	220	675	7	1	6
南昌县	26	14	12	21	5	16			
安义县									
进贤县									
景德镇市	**4601**	**2547**	**2054**	**2126**	**581**	**1545**	**27**	**4**	**23**
昌江区	906	511	395	381	111	270	2		2
珠山区	2662	1479	1183	1012	270	742	16	2	14
浮梁县	133	74	59	61	23	38	1		1
乐平市	900	483	417	672	177	495	8	2	6
萍乡市	**3254**	**1786**	**1468**	**2181**	**547**	**1634**	**19**	**10**	**9**
安源区	2487	1368	1119	1629	398	1231	15	8	7
湘东区	758	412	346	524	136	388	4	2	2
莲花县									
上栗县	9	6	3	28	13	15			
芦溪县									
九江市	**6739**	**3713**	**3026**	**2504**	**752**	**1752**	**32**	**13**	**19**
濂溪区	1547	864	683	556	151	405	6	3	3
浔阳区	3226	1776	1450	1033	296	737	18	5	13
柴桑区	583	320	263	245	88	157	5	2	3
武宁县									
修水县									
永修县									
德安县									
都昌县									
湖口县									
彭泽县									
瑞昌市	585	315	270	389	131	258	1	1	
共青城市	443	243	200	127	39	88	2	2	
庐山市	355	195	160	154	47	107			
新余市	**3707**	**2011**	**1696**	**1175**	**296**	**879**	**11**	**3**	**8**
渝水区	3707	2011	1696	1175	296	879	11	3	8
分宜县									
鹰潭市	**3636**	**2008**	**1628**	**1430**	**377**	**1053**	**14**	**5**	**9**
月湖区	1987	1100	887	600	153	447	5	3	2
余江区	497	275	222	271	64	207	2		2
贵溪市	1152	633	519	559	160	399	7	2	5
赣州市	**6225**	**3418**	**2807**	**5480**	**1484**	**3996**	**34**	**12**	**22**
章贡区	3971	2200	1771	2573	679	1894	20	6	14
南康区	726	391	335	1099	296	803	3	1	2
赣县区	427	225	202	482	141	341	4	2	2
信丰县									
大余县									
上犹县									
崇义县									
安远县									
定南县									
全南县									

8-10a　续表 3

单位：人

地　区	与配偶同住			与子女同住			独居(有保姆)		
	小计	男	女	小计	男	女	小计	男	女
宁都县									
于都县									
兴国县									
会昌县									
寻乌县	8	4	4	3	1	2			
石城县									
瑞金市	517	285	232	701	202	499	6	2	4
龙南市	576	313	263	622	165	457	1	1	
吉安市	**2623**	**1450**	**1173**	**1096**	**284**	**812**	**10**	**2**	**8**
吉州区	2079	1149	930	770	194	576	8	2	6
青原区	371	207	164	206	52	154	2		2
吉安县									
吉水县									
峡江县									
新干县									
永丰县									
泰和县									
遂川县									
万安县									
安福县									
永新县									
井冈山市	173	94	79	120	38	82			
宜春市	**7178**	**3906**	**3272**	**3548**	**880**	**2668**	**36**	**19**	**17**
袁州区	2765	1506	1259	1516	390	1126	16	7	9
奉新县									
万载县									
上高县									
宜丰县									
靖安县									
铜鼓县									
丰城市	1800	969	831	1017	255	762	8	5	3
樟树市	1407	768	639	565	129	436	5	3	2
高安市	1206	663	543	450	106	344	7	4	3
抚州市	**3561**	**1963**	**1598**	**1665**	**404**	**1261**	**20**	**11**	**9**
临川区	2728	1495	1233	1198	281	917	15	8	7
东乡区	833	468	365	467	123	344	5	3	2
南城县									
黎川县									
南丰县									
崇仁县									
乐安县									
宜黄县									
金溪县									
资溪县									
广昌县									
上饶市	**5885**	**3248**	**2637**	**3885**	**1097**	**2788**	**29**	**10**	**19**
信州区	2336	1291	1045	1124	279	845	20	7	13
广丰区	1006	565	441	1189	394	795	2	1	1
广信区	1110	618	492	944	259	685	4	1	3
玉山县									
铅山县	4	2	2	10	2	8			
横峰县									
弋阳县									
余干县	165	84	81	98	30	68			
鄱阳县	16	8	8	4		4			
万年县									
婺源县									
德兴市	1248	680	568	516	133	383	3	1	2

8－10a　续表 4　　　　单位：人

地　区	独居(无保姆)			养老机构			其　他		
	小计	男	女	小计	男	女	小计	男	女
全　省	**15394**	**5887**	**9507**	**1367**	**560**	**807**	**7478**	**3781**	**3697**
南昌市	**4333**	**1694**	**2639**	**292**	**116**	**176**	**1649**	**838**	**811**
东湖区	822	315	507	60	18	42	372	177	195
西湖区	995	398	597	62	19	43	360	178	182
青云谱区	741	284	457	8	4	4	227	111	116
青山湖区	1142	455	687	60	36	24	365	184	181
新建区	345	130	215	50	13	37	129	71	58
红谷滩区	285	109	176	52	26	26	195	116	79
南昌县	3	3					1	1	
安义县									
进贤县									
景德镇市	**1188**	**443**	**745**	**12**	**6**	**6**	**406**	**196**	**210**
昌江区	274	105	169	4	4		86	37	49
珠山区	664	235	429	2		2	237	116	121
浮梁县	39	17	22	1	1		15	9	6
乐平市	211	86	125	5	1	4	68	34	34
萍乡市	**634**	**244**	**390**	**116**	**44**	**72**	**308**	**167**	**141**
安源区	476	178	298	103	37	66	257	141	116
湘东区	157	65	92	13	7	6	49	24	25
莲花县									
上栗县	1	1					2	2	
芦溪县									
九江市	**1603**	**640**	**963**	**164**	**81**	**83**	**612**	**342**	**270**
濂溪区	498	213	285	27	11	16	155	86	69
浔阳区	686	234	452	87	37	50	260	145	115
柴桑区	145	64	81	5	1	4	27	15	12
武宁县									
修水县									
永修县									
德安县									
都昌县									
湖口县									
彭泽县									
瑞昌市	101	59	42	27	17	10	84	44	40
共青城市	69	27	42	16	14	2	42	23	19
庐山市	104	43	61	2	1	1	44	29	15
新余市	**752**	**222**	**530**	**146**	**40**	**106**	**270**	**126**	**144**
渝水区	752	222	530	146	40	106	270	126	144
分宜县									
鹰潭市	**771**	**276**	**495**	**49**	**22**	**27**	**372**	**164**	**208**
月湖区	461	171	290	41	18	23	168	75	93
余江区	90	28	62	4	2	2	60	19	41
贵溪市	220	77	143	4	2	2	144	70	74
赣州市	**1512**	**626**	**886**	**160**	**59**	**101**	**1180**	**617**	**563**
章贡区	946	375	571	107	35	72	542	287	255
南康区	191	95	96	5	2	3	243	134	109
赣县区	82	42	40	18	10	8	176	93	83
信丰县									
大余县									
上犹县									
崇义县									
安远县									
定南县									
全南县									

8-10a　续表 5

单位：人

地　区	独居(无保姆)			养老机构			其　他		
	小计	男	女	小计	男	女	小计	男	女
宁都县									
于都县									
兴国县									
会昌县									
寻乌县	3	1	2				1		1
石城县									
瑞金市	155	71	84	10	7	3	149	73	76
龙南市	135	42	93	20	5	15	69	30	39
吉安市	**684**	**254**	**430**	**40**	**16**	**24**	**235**	**114**	**121**
吉州区	579	212	367	39	15	24	160	78	82
青原区	66	25	41	1	1		61	29	32
吉安县									
吉水县									
峡江县									
新干县									
永丰县									
泰和县									
遂川县									
万安县									
安福县									
永新县									
井冈山市	39	17	22				14	7	7
宜春市	**1586**	**587**	**999**	**187**	**61**	**126**	**820**	**417**	**403**
袁州区	656	256	400	93	30	63	299	165	134
奉新县									
万载县									
上高县									
宜丰县									
靖安县									
铜鼓县									
丰城市	357	133	224	41	13	28	265	127	138
樟树市	306	109	197	30	11	19	151	64	87
高安市	267	89	178	23	7	16	105	61	44
抚州市	**916**	**313**	**603**	**94**	**41**	**53**	**470**	**184**	**286**
临川区	708	245	463	77	33	44	353	132	221
东乡区	208	68	140	17	8	9	117	52	65
南城县									
黎川县									
南丰县									
崇仁县									
乐安县									
宜黄县									
金溪县									
资溪县									
广昌县									
上饶市	**1415**	**588**	**827**	**107**	**74**	**33**	**1156**	**616**	**540**
信州区	529	210	319	49	27	22	632	349	283
广丰区	331	151	180	33	26	7	270	131	139
广信区	193	90	103	13	10	3	162	94	68
玉山县									
铅山县	5	3	2	1	1				
横峰县									
弋阳县									
余干县	26	16	10				5	3	2
鄱阳县	3		3						
万年县									
婺源县									
德兴市	328	118	210	11	10	1	87	39	48

8-10b 各地区分性别、居住状况的60岁及以上老年人口(镇)

单位：人

地区	60岁及以上人口			与配偶和子女同住		
	合计	男	女	小计	男	女
全省	**191830**	**93238**	**98592**	**59720**	**33674**	**26046**
南昌市	**16598**	**8056**	**8542**	**4795**	**2754**	**2041**
东湖区	59	31	28	25	12	13
西湖区						
青云谱区	22	12	10	2	1	1
青山湖区	894	424	470	215	124	91
新建区	673	354	319	113	71	42
红谷滩区						
南昌县	8956	4305	4651	2915	1674	1241
安义县	1507	794	713	328	184	144
进贤县	4487	2136	2351	1197	688	509
景德镇市	**3516**	**1714**	**1802**	**1008**	**576**	**432**
昌江区	147	64	83	36	19	17
珠山区	142	67	75	30	16	14
浮梁县	1693	854	839	570	332	238
乐平市	1534	729	805	372	209	163
萍乡市	**10762**	**5173**	**5589**	**4453**	**2440**	**2013**
安源区	1532	735	797	615	330	285
湘东区	1438	693	745	571	303	268
莲花县	1765	812	953	617	332	285
上栗县	3506	1707	1799	1616	904	712
芦溪县	2521	1226	1295	1034	571	463
九江市	**23423**	**11590**	**11833**	**6111**	**3471**	**2640**
濂溪区	390	190	200	94	51	43
浔阳区						
柴桑区	915	443	472	177	93	84
武宁县	2606	1304	1302	591	347	244
修水县	4749	2332	2417	1525	849	676
永修县	3057	1488	1569	648	381	267
德安县	1261	631	630	356	210	146
都昌县	3884	1964	1920	1124	638	486
湖口县	1698	806	892	421	236	185
彭泽县	2596	1270	1326	452	254	198
瑞昌市	1127	587	540	458	258	200
共青城市	32	16	16	10	6	4
庐山市	1108	559	549	255	148	107
新余市	**2690**	**1304**	**1386**	**726**	**415**	**311**
渝水区	458	219	239	50	28	22
分宜县	2232	1085	1147	676	387	289
鹰潭市	**2945**	**1466**	**1479**	**956**	**544**	**412**
月湖区	102	46	56	13	8	5
余江区	1266	615	651	406	231	175
贵溪市	1577	805	772	537	305	232
赣州市	**36349**	**17506**	**18843**	**13640**	**7624**	**6016**
章贡区	109	50	59	53	30	23
南康区	649	299	350	220	119	101
赣县区	1292	633	659	461	247	214
信丰县	4088	1912	2176	1710	936	774
大余县	2212	1038	1174	697	388	309
上犹县	1625	775	850	676	378	298
崇义县	1052	519	533	383	221	162
安远县	1948	895	1053	733	393	340
定南县	1614	774	840	726	412	314
全南县	1427	680	747	488	264	224

8-10b　续表 1

单位：人

地　区	60岁及以上人口			与配偶和子女同住		
	合计	男	女	小计	男	女
宁都县	4670	2306	2364	1447	822	625
于都县	4792	2405	2387	1850	1052	798
兴国县	3971	1952	2019	1494	850	644
会昌县	2922	1375	1547	1073	591	482
寻乌县	1493	714	779	603	340	263
石城县	1636	772	864	706	396	310
瑞金市	493	245	248	216	126	90
龙南市	356	162	194	104	59	45
吉安市	**24412**	**11619**	**12793**	**7602**	**4156**	**3446**
吉州区	145	72	73	42	25	17
青原区	165	85	80	30	16	14
吉安县	2535	1201	1334	809	442	367
吉水县	2917	1398	1519	802	447	355
峡江县	884	416	468	170	90	80
新干县	1583	738	845	409	225	184
永丰县	2246	1064	1182	684	377	307
泰和县	3240	1523	1717	991	534	457
遂川县	2664	1250	1414	963	527	436
万安县	1702	832	870	625	347	278
安福县	2217	1100	1117	723	401	322
永新县	3306	1563	1743	1157	614	543
井冈山市	808	377	431	197	111	86
宜春市	**18534**	**9009**	**9525**	**4597**	**2608**	**1989**
袁州区	1022	512	510	300	169	131
奉新县	2294	1126	1168	610	341	269
万载县	3166	1522	1644	991	571	420
上高县	2373	1130	1243	632	361	271
宜丰县	2302	1121	1181	499	289	210
靖安县	1135	553	582	258	153	105
铜鼓县	916	455	461	238	134	104
丰城市	2534	1173	1361	609	337	272
樟树市	653	303	350	97	50	47
高安市	2139	1114	1025	363	203	160
抚州市	**17223**	**8271**	**8952**	**4774**	**2750**	**2024**
临川区	1299	638	661	233	134	99
东乡区	736	347	389	114	65	49
南城县	2464	1168	1296	857	495	362
黎川县	1840	897	943	643	378	265
南丰县	1656	775	881	502	295	207
崇仁县	2274	1080	1194	629	357	272
乐安县	1609	793	816	480	261	219
宜黄县	1375	696	679	368	224	144
金溪县	1570	747	823	472	262	210
资溪县	959	445	514	238	141	97
广昌县	1441	685	756	238	138	100
上饶市	**35378**	**17530**	**17848**	**11058**	**6336**	**4722**
信州区	292	149	143	90	58	32
广丰区	2036	1063	973	727	442	285
广信区	1196	579	617	335	199	136
玉山县	5093	2539	2554	1582	930	652
铅山县	3815	1881	1934	1386	787	599
横峰县	1616	796	820	506	276	230
弋阳县	2976	1463	1513	937	535	402
余干县	5474	2699	2775	1442	803	639
鄱阳县	7713	3791	3922	2386	1353	1033
万年县	2586	1278	1308	780	439	341
婺源县	2359	1177	1182	809	469	340
德兴市	222	115	107	78	45	33

8-10b 续表 2

单位：人

地　区	与配偶同住			与子女同住			独居(有保姆)		
	小计	男	女	小计	男	女	小计	男	女
全　省	**64521**	**35487**	**29034**	**38371**	**10825**	**27546**	**336**	**154**	**182**
南昌市	**6310**	**3495**	**2815**	**3147**	**842**	**2305**	**34**	**12**	**22**
东湖区	15	9	6	10	6	4	1		1
西湖区									
青云谱区				1	1				
青山湖区	380	202	178	161	48	113	2	1	1
新建区	329	183	146	86	24	62			
红谷滩区									
南昌县	3148	1748	1400	1849	477	1372	13	3	10
安义县	656	361	295	209	76	133	9	5	4
进贤县	1782	992	790	831	210	621	9	3	6
景德镇市	**1286**	**701**	**585**	**731**	**219**	**512**	**4**	**2**	**2**
昌江区	62	34	28	25	7	18			
珠山区	70	38	32	22	5	17			
浮梁县	575	323	252	307	84	223	2	1	1
乐平市	579	306	273	377	123	254	2	1	1
萍乡市	**2672**	**1443**	**1229**	**2584**	**762**	**1822**	**15**	**6**	**9**
安源区	427	230	197	294	82	212	4	2	2
湘东区	423	229	194	294	80	214	2	1	1
莲花县	548	289	259	390	100	290	4	2	2
上栗县	610	335	275	1037	337	700	3	1	2
芦溪县	664	360	304	569	163	406	2		2
九江市	**8817**	**4866**	**3951**	**4282**	**1296**	**2986**	**49**	**23**	**26**
濂溪区	186	100	86	51	14	37			
浔阳区									
柴桑区	447	243	204	130	31	99			
武宁县	959	538	421	551	155	396	5	1	4
修水县	1472	821	651	997	311	686	13	4	9
永修县	1410	774	636	475	129	346	5	3	2
德安县	467	261	206	236	69	167	7	4	3
都昌县	1274	710	564	657	223	434	6	5	1
湖口县	624	337	287	315	85	230	4	1	3
彭泽县	1200	649	551	435	137	298	8	4	4
瑞昌市	296	172	124	243	83	160	1	1	
共青城市	14	7	7	4		4			
庐山市	468	254	214	188	59	129			
新余市	**1142**	**618**	**524**	**375**	**109**	**266**	**2**	**1**	**1**
渝水区	268	142	126	49	13	36			
分宜县	874	476	398	326	96	230	2	1	1
鹰潭市	**1047**	**575**	**472**	**508**	**142**	**366**	**2**	**1**	**1**
月湖区	56	29	27	17	5	12			
余江区	463	254	209	207	58	149	1	1	
贵溪市	528	292	236	284	79	205	1		1
赣州市	**9108**	**5025**	**4083**	**8687**	**2535**	**6152**	**61**	**29**	**32**
章贡区	15	7	8	21	3	18			
南康区	164	90	74	154	44	110	1	1	
赣县区	318	177	141	310	92	218	4	2	2
信丰县	925	507	418	980	256	724	6		6
大余县	730	397	333	450	111	339	3	2	1
上犹县	336	193	143	468	132	336	1	1	
崇义县	229	130	99	304	92	212	3	1	2
安远县	477	258	219	492	137	355	1		1
定南县	245	138	107	492	150	342	2	1	1
全南县	374	221	153	375	105	270	2		2

8-10b　续表 3

单位：人

地　区	与配偶同住			与子女同住			独居(有保姆)		
	小计	男	女	小计	男	女	小计	男	女
宁都县	1715	926	789	830	254	576	11	8	3
于都县	961	538	423	1210	425	785	10	6	4
兴国县	990	539	451	929	270	659	7	3	4
会昌县	654	363	291	698	192	506	6	3	3
寻乌县	379	214	165	385	112	273	4	1	3
石城县	407	218	189	385	105	280			
瑞金市	81	46	35	126	40	86			
龙南市	108	63	45	78	15	63			
吉安市	**8499**	**4639**	**3860**	**4689**	**1274**	**3415**	**37**	**21**	**16**
吉州区	57	29	28	24	9	15			
青原区	73	42	31	27	10	17			
吉安县	942	515	427	488	128	360	5	3	2
吉水县	1236	669	567	438	106	332	5	4	1
峡江县	425	234	191	139	40	99	2	1	1
新干县	634	336	298	235	60	175	2		2
永丰县	838	452	386	441	117	324	2		2
泰和县	1085	590	495	618	160	458	2	1	1
遂川县	682	376	306	667	190	477	11	6	5
万安县	491	276	215	341	99	242	1	1	
安福县	765	422	343	399	116	283	1	1	
永新县	956	523	433	701	199	502	4	2	2
井冈山市	315	175	140	171	40	131	2	2	
宜春市	**7510**	**4146**	**3364**	**3154**	**820**	**2334**	**33**	**16**	**17**
袁州区	388	210	178	168	48	120			
奉新县	982	547	435	383	91	292	6	2	4
万载县	1038	573	465	721	184	537	5	3	2
上高县	982	542	440	384	103	281	5	2	3
宜丰县	1047	568	479	296	75	221	4	1	3
靖安县	542	299	243	151	45	106	2	1	1
铜鼓县	341	194	147	203	67	136			
丰城市	966	529	437	448	108	340	7	4	3
樟树市	311	166	145	79	17	62	2	1	1
高安市	913	518	395	321	82	239	2	2	
抚州市	**6186**	**3437**	**2749**	**3287**	**807**	**2480**	**41**	**16**	**25**
临川区	516	284	232	232	64	168	3	1	2
东乡区	327	177	150	85	19	66	1	1	
南城县	798	451	347	536	123	413	5	1	4
黎川县	598	335	263	354	80	274	5	2	3
南丰县	566	313	253	347	79	268	7	1	6
崇仁县	793	433	360	462	124	338	5	2	3
乐安县	560	305	255	291	85	206	7	5	2
宜黄县	524	306	218	263	67	196	3	2	1
金溪县	524	294	230	276	59	217	2		2
资溪县	336	185	151	204	38	166	1	1	
广昌县	644	354	290	237	69	168	2		2
上饶市	**11944**	**6542**	**5402**	**6927**	**2019**	**4908**	**58**	**27**	**31**
信州区	114	61	53	48	11	37			
广丰区	519	291	228	466	156	310	1		1
广信区	365	196	169	249	69	180			
玉山县	1806	1002	804	966	270	696	7	4	3
铅山县	1230	673	557	714	212	502	16	8	8
横峰县	549	303	246	328	101	227	1		1
弋阳县	1088	593	495	528	145	383	5	3	2
余干县	1805	960	845	1045	334	711	4	1	3
鄱阳县	2718	1498	1220	1488	388	1100	17	9	8
万年县	888	488	400	555	183	372	3	1	2
婺源县	779	434	345	508	137	371	4	1	3
德兴市	83	43	40	32	13	19			

8-10b 续表 4

单位：人

地　　区	独居(无保姆)			养老机构			其　　他		
	小计	男	女	小计	男	女	小计	男	女
全　省	**16778**	**6892**	**9886**	**1701**	**953**	**748**	**10403**	**5253**	**5150**
南昌市	**1421**	**501**	**920**	**93**	**45**	**48**	**798**	**407**	**391**
东湖区	5	1	4				3	3	
西湖区									
青云谱区	5	3	2	13	6	7	1	1	
青山湖区	103	31	72	2	1	1	31	17	14
新建区	110	56	54	3	1	2	32	19	13
红谷滩区									
南昌县	664	230	434	46	23	23	321	150	171
安义县	126	55	71	1		1	178	113	65
进贤县	408	125	283	28	14	14	232	104	128
景德镇市	**323**	**134**	**189**	**20**	**13**	**7**	**144**	**69**	**75**
昌江区	20	4	16				4		4
珠山区	12	5	7				8	3	5
浮梁县	152	65	87	13	11	2	74	38	36
乐平市	139	60	79	7	2	5	58	28	30
萍乡市	**646**	**307**	**339**	**40**	**19**	**21**	**352**	**196**	**156**
安源区	124	51	73				68	40	28
湘东区	107	58	49	6	1	5	35	21	14
莲花县	147	66	81	7		7	52	23	29
上栗县	125	68	57	8	5	3	107	57	50
芦溪县	143	64	79	19	13	6	90	55	35
九江市	**2492**	**1124**	**1368**	**299**	**146**	**153**	**1373**	**664**	**709**
濂溪区	51	21	30				8	4	4
浔阳区									
柴桑区	85	40	45	11	6	5	65	30	35
武宁县	315	156	159	42	24	18	143	83	60
修水县	394	190	204	55	27	28	293	130	163
永修县	368	137	231	31	18	13	120	46	74
德安县	133	59	74	1	1		61	27	34
都昌县	373	172	201	82	32	50	368	184	184
湖口县	181	88	93	36	12	24	117	47	70
彭泽县	379	155	224	34	23	11	88	48	40
瑞昌市	78	40	38	1	1		50	32	18
共青城市	3	2	1				1	1	
庐山市	132	64	68	6	2	4	59	32	27
新余市	**314**	**100**	**214**	**30**	**11**	**19**	**101**	**50**	**51**
渝水区	84	33	51	3	2	1	4	1	3
分宜县	230	67	163	27	9	18	97	49	48
鹰潭市	**278**	**123**	**155**	**16**	**9**	**7**	**138**	**72**	**66**
月湖区	13	3	10				3	1	2
余江区	113	38	75	4	1	3	72	32	40
贵溪市	152	82	70	12	8	4	63	39	24
赣州市	**2260**	**948**	**1312**	**490**	**258**	**232**	**2103**	**1087**	**1016**
章贡区	8	4	4				12	6	6
南康区	59	19	40	36	18	18	15	8	7
赣县区	94	53	41	16	12	4	89	50	39
信丰县	257	103	154	14	12	2	196	98	98
大余县	190	79	111	28	17	11	114	44	70
上犹县	95	42	53	2	1	1	47	28	19
崇义县	63	31	32				70	44	26
安远县	87	30	57	71	39	32	87	38	49
定南县	66	31	35	2	1	1	81	41	40
全南县	143	65	78	1		1	44	25	19

8-10b 续表 5

单位：人

地 区	独居(无保姆)			养老机构			其 他		
	小计	男	女	小计	男	女	小计	男	女
宁都县	339	123	216	93	44	49	235	129	106
于都县	232	105	127	7	5	2	522	274	248
兴国县	206	102	104	95	47	48	250	141	109
会昌县	190	74	116	84	44	40	217	108	109
寻乌县	79	29	50	6	3	3	37	15	22
石城县	77	28	49	4	1	3	57	24	33
瑞金市	24	11	13	31	14	17	15	8	7
龙南市	51	19	32				15	6	9
吉安市	**2441**	**935**	**1506**	**141**	**88**	**53**	**1003**	**506**	**497**
吉州区	14	4	10				8	5	3
青原区	20	9	11	2	2		13	6	7
吉安县	214	75	139	7	5	2	70	33	37
吉水县	282	103	179	22	12	10	132	57	75
峡江县	117	38	79				31	13	18
新干县	227	75	152	3	2	1	73	40	33
永丰县	216	84	132	13	9	4	52	25	27
泰和县	388	158	230	18	12	6	138	68	70
遂川县	235	92	143	3	1	2	103	58	45
万安县	146	55	91	17	6	11	81	48	33
安福县	210	93	117	24	15	9	95	52	43
永新县	285	118	167	24	18	6	179	89	90
井冈山市	87	31	56	8	6	2	28	12	16
宜春市	**1937**	**697**	**1240**	**222**	**125**	**97**	**1081**	**597**	**484**
袁州区	102	48	54	12	11	1	52	26	26
奉新县	219	96	123	11	8	3	83	41	42
万载县	252	97	155	42	26	16	117	68	49
上高县	248	61	187	16	13	3	106	48	58
宜丰县	282	100	182	74	31	43	100	57	43
靖安县	121	34	87				61	21	40
铜鼓县	106	46	60	11	6	5	17	8	9
丰城市	291	98	193	32	18	14	181	79	102
樟树市	100	30	70	2		2	62	39	23
高安市	216	87	129	22	12	10	302	210	92
抚州市	**1725**	**687**	**1038**	**108**	**69**	**39**	**1102**	**505**	**597**
临川区	195	82	113	27	24	3	93	49	44
东乡区	117	45	72	3	1	2	89	39	50
南城县	177	64	113				91	34	57
黎川县	153	54	99	22	14	8	65	34	31
南丰县	186	65	121	1		1	47	22	25
崇仁县	172	71	101	10	4	6	203	89	114
乐安县	139	69	70	6	3	3	126	65	61
宜黄县	146	59	87	4	3	1	67	35	32
金溪县	125	53	72	21	15	6	150	64	86
资溪县	79	36	43	7	3	4	94	41	53
广昌县	236	89	147	7	2	5	77	33	44
上饶市	**2941**	**1336**	**1605**	**242**	**170**	**72**	**2208**	**1100**	**1108**
信州区	20	12	8	1		1	19	7	12
广丰区	146	68	78	27	25	2	150	81	69
广信区	123	59	64	6	3	3	118	53	65
玉山县	501	218	283	5	4	1	226	111	115
铅山县	293	115	178	19	17	2	157	69	88
横峰县	141	65	76	26	18	8	65	33	32
弋阳县	289	123	166	15	5	10	114	59	55
余干县	405	176	229	75	59	16	698	366	332
鄱阳县	655	316	339	42	22	20	407	205	202
万年县	175	84	91	16	11	5	169	72	97
婺源县	176	94	82	10	6	4	73	36	37
德兴市	17	6	11				12	8	4

8-10c 各地区分性别、居住状况的60岁及以上老年人口(乡村)

单位：人

地区	60岁及以上人口			与配偶和子女同住		
	合计	男	女	小计	男	女
全省	**387291**	**188139**	**199152**	**86998**	**49268**	**37730**
南昌市	**30888**	**15117**	**15771**	**5561**	**3226**	**2335**
东湖区	357	177	180	122	68	54
西湖区						
青云谱区						
青山湖区	759	389	370	215	126	89
新建区	6429	3184	3245	1010	592	418
红谷滩区	295	150	145	23	15	8
南昌县	12171	5896	6275	2551	1483	1068
安义县	2739	1357	1382	400	227	173
进贤县	8138	3964	4174	1240	715	525
景德镇市	**10498**	**5135**	**5363**	**2576**	**1475**	**1101**
昌江区	675	335	340	185	101	84
珠山区	32	16	16	9	5	4
浮梁县	2326	1182	1144	500	291	209
乐平市	7465	3602	3863	1882	1078	804
萍乡市	**13239**	**6642**	**6597**	**4665**	**2563**	**2102**
安源区	193	89	104	56	30	26
湘东区	2984	1499	1485	1053	574	479
莲花县	2883	1370	1513	791	424	367
上栗县	4343	2212	2131	1805	1000	805
芦溪县	2836	1472	1364	960	535	425
九江市	**41784**	**20482**	**21302**	**7979**	**4520**	**3459**
濂溪区	1455	726	729	367	210	157
浔阳区	54	28	26	21	11	10
柴桑区	3224	1588	1636	634	364	270
武宁县	3693	1834	1859	701	405	296
修水县	8105	4122	3983	1941	1091	850
永修县	2951	1433	1518	474	260	214
德安县	1429	698	731	197	113	84
都昌县	7234	3446	3788	1256	714	542
湖口县	3025	1488	1537	477	268	209
彭泽县	3377	1625	1752	559	306	253
瑞昌市	4475	2139	2336	767	437	330
共青城市	846	422	424	212	128	84
庐山市	1916	933	983	373	213	160
新余市	**9307**	**4484**	**4823**	**855**	**482**	**373**
渝水区	6328	3043	3285	489	277	212
分宜县	2979	1441	1538	366	205	161
鹰潭市	**9282**	**4528**	**4754**	**2620**	**1463**	**1157**
月湖区	170	82	88	43	26	17
余江区	3687	1782	1905	865	486	379
贵溪市	5425	2664	2761	1712	951	761
赣州市	**82250**	**38655**	**43595**	**22074**	**12308**	**9766**
章贡区	2304	1073	1231	843	475	368
南康区	8511	3947	4564	1971	1122	849
赣县区	5847	2801	3046	1589	867	722
信丰县	6269	2893	3376	1724	946	778
大余县	2493	1137	1356	577	308	269
上犹县	3518	1640	1878	765	428	337
崇义县	2268	1089	1179	539	301	238
安远县	3072	1358	1714	978	516	462
定南县	1587	722	865	389	217	172
全南县	1714	784	930	394	206	188

8-10c　续表 1

单位：人

地　区	60岁及以上人口			与配偶和子女同住		
	合计	男	女	小计	男	女
宁都县	8013	3852	4161	2160	1213	947
于都县	10507	4819	5688	2727	1548	1179
兴国县	8309	4043	4266	2571	1445	1126
会昌县	3925	1889	2036	978	560	418
寻乌县	2748	1302	1446	774	425	349
石城县	2760	1323	1437	719	397	322
瑞金市	5883	2817	3066	1786	1003	783
龙南市	2522	1166	1356	590	331	259
吉安市	**46029**	**22005**	**24024**	**9556**	**5342**	**4214**
吉州区	1205	571	634	312	177	135
青原区	2137	1020	1117	507	282	225
吉安县	4655	2183	2472	923	518	405
吉水县	4935	2364	2571	691	403	288
峡江县	1768	865	903	266	148	118
新干县	3407	1605	1802	354	198	156
永丰县	3922	1891	2031	732	408	324
泰和县	4847	2259	2588	948	535	413
遂川县	5598	2721	2877	1569	872	697
万安县	2923	1418	1505	794	432	362
安福县	4267	2113	2154	963	542	421
永新县	5039	2373	2666	1147	636	511
井冈山市	1326	622	704	350	191	159
宜春市	**49913**	**24468**	**25445**	**8478**	**4887**	**3591**
袁州区	8391	4206	4185	1582	910	672
奉新县	2608	1339	1269	418	241	177
万载县	4237	2124	2113	1131	642	489
上高县	3410	1641	1769	574	329	245
宜丰县	2496	1284	1212	367	218	149
靖安县	1311	666	645	162	100	62
铜鼓县	1096	557	539	282	165	117
丰城市	12315	5817	6498	2043	1167	876
樟树市	5413	2602	2811	703	410	293
高安市	8636	4232	4404	1216	705	511
抚州市	**33834**	**16604**	**17230**	**6304**	**3649**	**2655**
临川区	9096	4531	4565	1579	941	638
东乡区	3820	1836	1984	433	237	196
南城县	2245	1101	1144	523	300	223
黎川县	1990	1012	978	445	259	186
南丰县	2599	1287	1312	543	312	231
崇仁县	2928	1405	1523	701	408	293
乐安县	3424	1653	1771	692	384	308
宜黄县	2122	1036	1086	518	302	216
金溪县	2726	1361	1365	412	239	173
资溪县	951	463	488	235	133	102
广昌县	1933	919	1014	223	134	89
上饶市	**60267**	**30019**	**30248**	**16330**	**9353**	**6977**
信州区	2165	1099	1066	781	464	317
广丰区	6416	3244	3172	1955	1174	781
广信区	6561	3308	3253	1560	903	657
玉山县	5287	2652	2635	1155	663	492
铅山县	3272	1646	1626	1091	622	469
横峰县	1973	975	998	489	274	215
弋阳县	3630	1831	1799	1083	604	479
余干县	8310	3971	4339	1980	1086	894
鄱阳县	12631	6313	6318	3785	2181	1604
万年县	3860	1922	1938	793	448	345
婺源县	4017	1989	2028	1018	580	438
德兴市	2145	1069	1076	640	354	286

8-10c 续表 2

单位：人

地 区	与配偶同住			与子女同住			独居(有保姆)		
	小计	男	女	小计	男	女	小计	男	女
全 省	**158796**	**86849**	**71947**	**68067**	**19036**	**49031**	**491**	**198**	**293**
南昌市	**14391**	**7931**	**6460**	**4498**	**1190**	**3308**	**54**	**21**	**33**
东湖区	117	70	47	74	21	53	1		1
西湖区									
青云谱区									
青山湖区	307	168	139	124	38	86	2	2	
新建区	3209	1741	1468	849	261	588	9	3	6
红谷滩区	157	88	69	47	11	36			
南昌县	5452	3014	2438	2031	515	1516	25	9	16
安义县	1410	767	643	278	81	197	3	2	1
进贤县	3739	2083	1656	1095	263	832	14	5	9
景德镇市	**4141**	**2244**	**1897**	**1837**	**523**	**1314**	**10**	**3**	**7**
昌江区	304	170	134	106	24	82	2	1	1
珠山区	16	8	8	4	1	3			
浮梁县	966	537	429	357	108	249	3	1	2
乐平市	2855	1529	1326	1370	390	980	5	1	4
萍乡市	**4135**	**2273**	**1862**	**2826**	**891**	**1935**	**13**	**9**	**4**
安源区	58	32	26	59	17	42			
湘东区	994	544	450	586	179	407	5	3	2
莲花县	1135	596	539	505	148	357	2	1	1
上栗县	1036	583	453	1093	371	722	5	5	
芦溪县	912	518	394	583	176	407	1		1
九江市	**17925**	**9831**	**8094**	**7115**	**2036**	**5079**	**72**	**34**	**38**
濂溪区	602	336	266	210	53	157	3	3	
浔阳区	19	13	6	8	1	7			
柴桑区	1430	776	654	465	146	319	7	3	4
武宁县	1447	804	643	666	190	476	4	1	3
修水县	3174	1744	1430	1614	524	1090	21	11	10
永修县	1529	832	697	422	106	316	3	1	2
德安县	698	377	321	177	46	131	2	1	1
都昌县	3100	1709	1391	1308	349	959	7	2	5
湖口县	1326	717	609	477	144	333	6	4	2
彭泽县	1580	856	724	556	154	402	4	1	3
瑞昌市	1792	987	805	796	210	586	9	4	5
共青城市	400	224	176	113	27	86			
庐山市	828	456	372	303	86	217	6	3	3
新余市	**5261**	**2835**	**2426**	**764**	**178**	**586**	**11**	**3**	**8**
渝水区	3728	2011	1717	471	108	363	10	3	7
分宜县	1533	824	709	293	70	223	1		1
鹰潭市	**3646**	**1981**	**1665**	**1683**	**455**	**1228**	**20**	**10**	**10**
月湖区	89	48	41	23	3	20	1	1	
余江区	1591	860	731	591	145	446	8	4	4
贵溪市	1966	1073	893	1069	307	762	11	5	6
赣州市	**27623**	**15030**	**12593**	**17535**	**4751**	**12784**	**76**	**34**	**42**
章贡区	557	300	257	576	141	435	1	1	
南康区	3210	1721	1489	1637	381	1256	9	3	6
赣县区	1943	1044	899	1248	383	865	7	3	4
信丰县	2041	1100	941	1438	431	1007	8	6	2
大余县	967	517	450	492	121	371	2		2
上犹县	1190	670	520	743	180	563	1	1	
崇义县	862	491	371	420	106	314	4	2	2
安远县	905	467	438	787	214	573	3		3
定南县	472	259	213	357	87	270	2	1	1
全南县	596	318	278	363	94	269			

8-10c 续表 3

单位：人

地 区	与配偶同住			与子女同住			独居(有保姆)		
	小计	男	女	小计	男	女	小计	男	女
宁都县	3072	1659	1413	1476	437	1039	9	4	5
于都县	3225	1793	1432	2454	621	1833	18	9	9
兴国县	2522	1394	1128	1917	569	1348	2	2	
会昌县	1340	737	603	862	257	605	2		2
寻乌县	947	519	428	554	157	397			
石城县	994	523	471	573	179	394	1	1	
瑞金市	1867	1021	846	1167	292	875	4		4
龙南市	913	497	416	471	101	370	3	1	2
吉安市	**20176**	**10878**	**9298**	**7532**	**2027**	**5505**	**63**	**21**	**42**
吉州区	529	285	244	192	47	145			
青原区	976	526	450	319	77	242	1		1
吉安县	2095	1112	983	736	172	564	12	1	11
吉水县	2535	1372	1163	603	158	445	7	3	4
峡江县	982	531	451	187	51	136	1	1	
新干县	1947	1032	915	305	74	231	9	2	7
永丰县	1838	988	850	651	195	456	8	3	5
泰和县	2121	1145	976	804	181	623	3	3	
遂川县	1780	991	789	1247	382	865	7	1	6
万安县	1039	570	469	591	166	425	2	1	1
安福县	1908	1031	877	713	210	503	3	1	2
永新县	1901	1019	882	956	257	699	10	5	5
井冈山市	525	276	249	228	57	171			
宜春市	**23613**	**12885**	**10728**	**7396**	**2051**	**5345**	**57**	**22**	**35**
袁州区	3817	2059	1758	1282	375	907	5	2	3
奉新县	1380	774	606	329	93	236	6	1	5
万载县	1533	853	680	856	259	597	5	3	2
上高县	1704	933	771	441	93	348	3	1	2
宜丰县	1277	694	583	243	67	176	2		2
靖安县	621	349	272	204	62	142	3	1	2
铜鼓县	387	215	172	253	85	168			
丰城市	5485	2993	2492	2001	541	1460	16	8	8
樟树市	2773	1500	1273	726	176	550	7	1	6
高安市	4636	2515	2121	1061	300	761	10	5	5
抚州市	**14953**	**8259**	**6694**	**5661**	**1622**	**4039**	**43**	**18**	**25**
临川区	4200	2332	1868	1374	402	972	15	4	11
东乡区	1894	1039	855	469	130	339	3	2	1
南城县	948	527	421	380	100	280	2		2
黎川县	769	431	338	368	113	255	2	1	1
南丰县	1128	633	495	500	145	355	2	1	1
崇仁县	1121	614	507	616	187	429	2	1	1
乐安县	1444	784	660	694	202	492	11	5	6
宜黄县	810	450	360	422	111	311			
金溪县	1315	735	580	418	129	289	5	4	1
资溪县	345	191	154	180	41	139	1		1
广昌县	979	523	456	240	62	178			
上饶市	**22932**	**12702**	**10230**	**11220**	**3312**	**7908**	**72**	**23**	**49**
信州区	663	370	293	434	126	308	4	2	2
广丰区	2008	1140	868	1234	329	905	6	1	5
广信区	2749	1540	1209	1098	317	781	6		6
玉山县	2288	1289	999	880	245	635	5	1	4
铅山县	1076	606	470	698	220	478	4	2	2
横峰县	792	433	359	361	117	244	2		2
弋阳县	1431	786	645	590	194	396	10	2	8
余干县	3410	1829	1581	1533	443	1090	7	3	4
鄱阳县	4508	2493	2015	2648	827	1821	22	9	13
万年县	1590	886	704	642	186	456	3	2	1
婺源县	1589	867	722	693	179	514	3	1	2
德兴市	828	463	365	409	129	280			

8-10c 续表 4

单位：人

地　区	独居(无保姆)			养老机构			其　他		
	小计	男	女	小计	男	女	小计	男	女
全　省	**48696**	**20803**	**27893**	**2765**	**1784**	**981**	**21478**	**10201**	**11277**
南昌市	**4166**	**1621**	**2545**	**181**	**133**	**48**	**2037**	**995**	**1042**
东湖区	21	7	14	6	4	2	16	7	9
西湖区									
青云谱区									
青山湖区	77	31	46				34	24	10
新建区	826	326	500	13	8	5	513	253	260
红谷滩区	43	22	21				25	14	11
南昌县	1562	592	970	48	28	20	502	255	247
安义县	410	154	256	11	8	3	227	118	109
进贤县	1227	489	738	103	85	18	720	324	396
景德镇市	**1279**	**558**	**721**	**65**	**30**	**35**	**590**	**302**	**288**
昌江区	48	25	23	2	2		28	12	16
珠山区	2	1	1				1	1	
浮梁县	335	158	177	6	2	4	159	85	74
乐平市	894	374	520	57	26	31	402	204	198
萍乡市	**1113**	**591**	**522**	**101**	**73**	**28**	**386**	**242**	**144**
安源区	15	8	7	1		1	4	2	2
湘东区	240	137	103	30	17	13	76	45	31
莲花县	361	150	211	5	3	2	84	48	36
上栗县	248	148	100	17	14	3	139	91	48
芦溪县	249	148	101	48	39	9	83	56	27
九江市	**5826**	**2581**	**3245**	**320**	**226**	**94**	**2547**	**1254**	**1293**
濂溪区	211	89	122	3	3		59	32	27
浔阳区	5	3	2	1		1			
柴桑区	451	180	271	27	13	14	210	106	104
武宁县	581	273	308	41	28	13	253	133	120
修水县	700	393	307	108	88	20	547	271	276
永修县	388	163	225	5	4	1	130	67	63
德安县	292	130	162	3	2	1	60	29	31
都昌县	1045	420	625	34	24	10	484	228	256
湖口县	598	291	307	14	9	5	127	55	72
彭泽县	519	224	295	26	16	10	133	68	65
瑞昌市	672	275	397	49	35	14	390	191	199
共青城市	100	32	68	1		1	20	11	9
庐山市	264	108	156	8	4	4	134	63	71
新余市	**1821**	**714**	**1107**	**125**	**56**	**69**	**470**	**216**	**254**
渝水区	1241	465	776	82	34	48	307	145	162
分宜县	580	249	331	43	22	21	163	71	92
鹰潭市	**890**	**398**	**492**	**80**	**55**	**25**	**343**	**166**	**177**
月湖区	11	2	9	1	1		2	1	1
余江区	425	187	238	28	18	10	179	82	97
贵溪市	454	209	245	51	36	15	162	83	79
赣州市	**8782**	**3696**	**5086**	**709**	**422**	**287**	**5451**	**2414**	**3037**
章贡区	184	83	101	25	15	10	118	58	60
南康区	1155	482	673	32	24	8	497	214	283
赣县区	591	288	303	20	16	4	449	200	249
信丰县	671	252	419	26	15	11	361	143	218
大余县	263	111	152	10	5	5	182	75	107
上犹县	503	225	278	42	32	10	274	104	170
崇义县	284	119	165	20	6	14	139	64	75
安远县	263	110	153	20	7	13	116	44	72
定南县	235	88	147	18	15	3	114	55	59
全南县	218	96	122	13	8	5	130	62	68

8-10c　续表 5

单位：人

地　区	独居(无保姆)			养老机构			其　他		
	小计	男	女	小计	男	女	小计	男	女
宁都县	737	276	461	162	84	78	397	179	218
于都县	1079	395	684	73	45	28	931	408	523
兴国县	648	310	338	74	50	24	575	273	302
会昌县	384	165	219	54	31	23	305	139	166
寻乌县	316	131	185	11	5	6	146	65	81
石城县	231	116	115	30	15	15	212	92	120
瑞金市	619	283	336	69	44	25	371	174	197
龙南市	401	166	235	10	5	5	134	65	69
吉安市	**6487**	**2674**	**3813**	**306**	**194**	**112**	**1909**	**869**	**1040**
吉州区	138	48	90	1		1	33	14	19
青原区	256	94	162	10	4	6	68	37	31
吉安县	689	278	411	29	19	10	171	83	88
吉水县	874	326	548	48	26	22	177	76	101
峡江县	286	113	173	2	2		44	19	25
新干县	658	230	428	29	24	5	105	45	60
永丰县	537	221	316	53	30	23	103	46	57
泰和县	708	286	422	37	23	14	226	86	140
遂川县	656	305	351	36	27	9	303	143	160
万安县	277	144	133	41	27	14	179	78	101
安福县	550	260	290	7	5	2	123	64	59
永新县	681	294	387	12	7	5	332	155	177
井冈山市	177	75	102	1		1	45	23	22
宜春市	**7529**	**3152**	**4377**	**442**	**311**	**131**	**2398**	**1160**	**1238**
袁州区	1188	588	600	145	109	36	372	163	209
奉新县	363	174	189	5	2	3	107	54	53
万载县	473	223	250	66	48	18	173	96	77
上高县	568	222	346	7	3	4	113	60	53
宜丰县	456	214	242	49	34	15	102	57	45
靖安县	249	114	135	2	1	1	70	39	31
铜鼓县	117	61	56	4	2	2	53	29	24
丰城市	1813	659	1154	115	83	32	842	366	476
樟树市	916	377	539	14	7	7	274	131	143
高安市	1386	520	866	35	22	13	292	165	127
抚州市	**4499**	**1914**	**2585**	**223**	**139**	**84**	**2151**	**1003**	**1148**
临川区	1352	578	774	32	18	14	544	256	288
东乡区	588	237	351	29	9	20	404	182	222
南城县	259	111	148	12	11	1	121	52	69
黎川县	253	128	125	27	16	11	126	64	62
南丰县	300	129	171	8	7	1	118	60	58
崇仁县	291	105	186	21	14	7	176	76	100
乐安县	364	164	200	32	21	11	187	93	94
宜黄县	282	121	161	10	9	1	80	43	37
金溪县	366	161	205	19	13	6	191	80	111
资溪县	118	55	63	12	8	4	60	35	25
广昌县	326	125	201	21	13	8	144	62	82
上饶市	**6304**	**2904**	**3400**	**213**	**145**	**68**	**3196**	**1580**	**1616**
信州区	177	80	97	8	4	4	98	53	45
广丰区	597	278	319	28	18	10	588	304	284
广信区	767	372	395	20	11	9	361	165	196
玉山县	717	334	383	4	4		238	116	122
铅山县	262	122	140	14	11	3	127	63	64
横峰县	224	100	124	13	12	1	92	39	53
弋阳县	330	147	183	24	18	6	162	80	82
余干县	808	338	470	28	18	10	544	254	290
鄱阳县	1121	525	596	37	21	16	510	257	253
万年县	586	276	310	27	21	6	219	103	116
婺源县	527	252	275	4	3	1	183	107	76
德兴市	188	80	108	6	4	2	74	39	35

8−11 全省分年龄、性别、居住状况的60岁及以上老年人口

单位：人

年 龄	60岁及以上人口			与配偶和子女同住		
	合计	男	女	小计	男	女
总 计	**761001**	**369323**	**391678**	**205333**	**116000**	**89333**
60−64岁	**232071**	**116855**	**115216**	**83082**	**44738**	**38344**
60	43899	22280	21619	16590	8916	7674
61	39620	20233	19387	14700	8010	6690
62	49224	24814	24410	17635	9494	8141
63	54272	27263	27009	18827	10132	8695
64	45056	22265	22791	15330	8186	7144
65−69岁	**207541**	**103224**	**104317**	**63225**	**34876**	**28349**
65	44346	22274	22072	14664	8050	6614
66	46264	23205	23059	14726	8067	6659
67	42015	20802	21213	12666	6969	5697
68	40977	20420	20557	11907	6650	5257
69	33939	16523	17416	9262	5140	4122
70−74岁	**142265**	**69606**	**72659**	**33453**	**19685**	**13768**
70	32574	15940	16634	8478	4827	3651
71	33437	16699	16738	8246	4856	3390
72	28357	13930	14427	6545	3912	2633
73	25388	12353	13035	5540	3316	2224
74	22509	10684	11825	4644	2774	1870
75−79岁	**83967**	**39582**	**44385**	**15034**	**9458**	**5576**
75	19237	9022	10215	3797	2273	1524
76	19024	9122	9902	3595	2279	1316
77	15766	7349	8417	2768	1692	1076
78	14559	6895	7664	2491	1633	858
79	15381	7194	8187	2383	1581	802
80−84岁	**57549**	**25522**	**32027**	**7608**	**5136**	**2472**
80	13483	6113	7370	2083	1352	731
81	11618	5285	6333	1671	1154	517
82	12309	5543	6766	1552	1047	505
83	10791	4662	6129	1255	862	393
84	9348	3919	5429	1047	721	326
85−89岁	**27285**	**10847**	**16438**	**2336**	**1658**	**678**
85	7740	3129	4611	744	512	232
86	6510	2607	3903	576	403	173
87	5724	2268	3456	498	355	143
88	3953	1512	2441	275	196	79
89	3358	1331	2027	243	192	51
90−94岁	**8343**	**3095**	**5248**	**517**	**393**	**124**
90	2832	1116	1716	191	145	46
91	1840	658	1182	135	105	30
92	1600	604	996	90	67	23
93	1203	428	775	68	50	18
94	868	289	579	33	26	7
95−99岁	**1796**	**541**	**1255**	**73**	**53**	**20**
95	657	228	429	28	24	4
96	493	147	346	19	12	7
97	303	83	220	11	10	1
98	192	49	143	10	5	5
99	151	34	117	5	2	3
100岁及以上	**184**	**51**	**133**	**5**	**3**	**2**

8-11　续表 1

单位：人

年　龄	与配偶同住			与子女同住			独居(有保姆)		
	小计	男	女	小计	男	女	小计	男	女
总　计	**288322**	**157996**	**130326**	**140118**	**38725**	**101393**	**1168**	**488**	**680**
60—64岁	**91240**	**46268**	**44972**	**27431**	**8668**	**18763**	**144**	**77**	**67**
60	16681	8450	8231	4857	1555	3302	24	14	10
61	15243	7805	7438	4564	1466	3098	18	10	8
62	19349	9831	9518	5913	1903	4010	34	19	15
63	21865	11053	10812	6467	2020	4447	38	18	20
64	18102	9129	8973	5630	1724	3906	30	16	14
65—69岁	**87096**	**45332**	**41764**	**28725**	**8753**	**19972**	**154**	**67**	**87**
65	18236	9344	8892	5610	1784	3826	32	15	17
66	19286	10014	9272	6080	1900	4180	35	16	19
67	17880	9257	8623	5817	1749	4068	22	10	12
68	17283	9112	8171	5970	1799	4171	35	13	22
69	14411	7605	6806	5248	1521	3727	30	13	17
70—74岁	**58644**	**32801**	**25843**	**26086**	**7093**	**18993**	**161**	**71**	**90**
70	13729	7420	6309	5311	1481	3830	24	13	11
71	13975	7822	6153	5829	1656	4173	33	19	14
72	11731	6549	5182	5304	1451	3853	40	16	24
73	10371	5909	4462	4933	1330	3603	34	7	27
74	8838	5101	3737	4709	1175	3534	30	16	14
75—79岁	**30230**	**18652**	**11578**	**20805**	**5067**	**15738**	**147**	**60**	**87**
75	7392	4327	3065	4299	1051	3248	28	14	14
76	7147	4363	2784	4410	1082	3328	28	7	21
77	5606	3499	2107	3952	931	3021	28	12	16
78	5028	3181	1847	3781	937	2844	32	10	22
79	5057	3282	1775	4363	1066	3297	31	17	14
80—84岁	**15306**	**10516**	**4790**	**19711**	**4967**	**14744**	**234**	**82**	**152**
80	4046	2677	1369	4097	1023	3074	40	11	29
81	3260	2190	1070	3775	991	2784	33	14	19
82	3316	2328	988	4209	1060	3149	61	24	37
83	2586	1859	727	4015	976	3039	41	14	27
84	2098	1462	636	3615	917	2698	59	19	40
85—89岁	**4835**	**3617**	**1218**	**11807**	**2855**	**8952**	**214**	**86**	**128**
85	1590	1159	431	3097	714	2383	55	18	37
86	1174	868	306	2798	700	2098	48	18	30
87	988	738	250	2460	592	1868	51	20	31
88	589	452	137	1816	427	1389	30	11	19
89	494	400	94	1636	422	1214	30	19	11
90—94岁	**877**	**731**	**146**	**4351**	**1054**	**3297**	**92**	**38**	**54**
90	384	311	73	1379	343	1036	37	15	22
91	179	148	31	960	206	754	26	11	15
92	138	114	24	874	236	638	13	4	9
93	106	95	11	651	162	489	8	4	4
94	70	63	7	487	107	380	8	4	4
95—99岁	**91**	**77**	**14**	**1081**	**236**	**845**	**17**	**5**	**12**
95	42	36	6	390	95	295	6	3	3
96	31	24	7	292	64	228	5	1	4
97	9	8	1	192	38	154	2		2
98	4	4		116	23	93	1		1
99	5	5		91	16	75	3	1	2
100岁及以上	**3**	**2**	**1**	**121**	**32**	**89**	**5**	**2**	**3**

8-11 续表 2

单位：人

年 龄	独居(无保姆)			养老机构			其 他		
	小计	男	女	小计	男	女	小计	男	女
总 计	**80868**	**33582**	**47286**	**5833**	**3297**	**2536**	**39359**	**19235**	**20124**
60—64岁	**16055**	**9137**	**6918**	**639**	**471**	**168**	**13480**	**7496**	**5984**
60	2893	1697	1196	84	60	24	2770	1588	1182
61	2619	1517	1102	92	69	23	2384	1356	1028
62	3330	1924	1406	133	97	36	2830	1546	1284
63	3856	2204	1652	169	119	50	3050	1717	1333
64	3357	1795	1562	161	126	35	2446	1289	1157
65—69岁	**17518**	**8417**	**9101**	**798**	**568**	**230**	**10025**	**5211**	**4814**
65	3378	1766	1612	134	102	32	2292	1213	1079
66	3723	1861	1862	155	124	31	2259	1223	1036
67	3478	1668	1810	165	114	51	1987	1035	952
68	3702	1763	1939	199	126	73	1881	957	924
69	3237	1359	1878	145	102	43	1606	783	823
70—74岁	**16424**	**6305**	**10119**	**1039**	**710**	**329**	**6458**	**2941**	**3517**
70	3358	1379	1979	191	135	56	1483	685	798
71	3640	1478	2162	229	172	57	1485	696	789
72	3208	1242	1966	216	145	71	1313	615	698
73	3176	1156	2020	191	123	68	1143	512	631
74	3042	1050	1992	212	135	77	1034	433	601
75—79岁	**12910**	**4142**	**8768**	**949**	**537**	**412**	**3892**	**1666**	**2226**
75	2673	862	1811	170	102	68	878	393	485
76	2785	898	1887	219	135	84	840	358	482
77	2481	784	1697	178	108	70	753	323	430
78	2322	743	1579	199	96	103	706	295	411
79	2649	855	1794	183	96	87	715	297	418
80—84岁	**10610**	**3203**	**7407**	**1125**	**534**	**591**	**2955**	**1084**	**1871**
80	2340	715	1625	218	100	118	659	235	424
81	2069	595	1474	210	100	110	600	241	359
82	2282	703	1579	229	116	113	660	265	395
83	2116	661	1455	232	107	125	546	183	363
84	1803	529	1274	236	111	125	490	160	330
85—89岁	**5551**	**1736**	**3815**	**802**	**311**	**491**	**1740**	**584**	**1156**
85	1574	481	1093	204	84	120	476	161	315
86	1336	423	913	193	74	119	385	121	264
87	1200	376	824	157	61	96	370	126	244
88	821	262	559	134	49	85	288	115	173
89	620	194	426	114	43	71	221	61	160
90—94岁	**1498**	**536**	**962**	**372**	**136**	**236**	**636**	**207**	**429**
90	527	184	343	105	44	61	209	74	135
91	325	118	207	85	33	52	130	37	93
92	294	113	181	75	28	47	116	42	74
93	207	68	139	55	17	38	108	32	76
94	145	53	92	52	14	38	73	22	51
95—99岁	**282**	**99**	**183**	**102**	**30**	**72**	**150**	**41**	**109**
95	112	46	66	34	11	23	45	13	32
96	75	27	48	31	6	25	40	13	27
97	46	13	33	17	7	10	26	7	19
98	26	8	18	10	3	7	25	6	19
99	23	5	18	10	3	7	14	2	12
100岁及以上	**20**	**7**	**13**	**7**		**7**	**23**	**5**	**18**

8-11a 全省分年龄、性别、居住状况的60岁及以上老年人口(城市)

单位：人

年龄	60岁及以上人口			与配偶和子女同住		
	合计	男	女	小计	男	女
总计	**181880**	**87946**	**93934**	**58615**	**33058**	**25557**
60-64岁	**58940**	**29378**	**29562**	**24126**	**13049**	**11077**
60	11758	5900	5858	4957	2660	2297
61	10410	5278	5132	4327	2382	1945
62	12518	6301	6217	5080	2774	2306
63	13234	6532	6702	5320	2885	2435
64	11020	5367	5653	4442	2348	2094
65-69岁	**49574**	**24230**	**25344**	**17960**	**9795**	**8165**
65	10699	5362	5337	4104	2261	1843
66	11181	5426	5755	4234	2278	1956
67	10051	4890	5161	3545	1865	1680
68	9701	4776	4925	3429	1903	1526
69	7942	3776	4166	2648	1488	1160
70-74岁	**32032**	**15634**	**16398**	**9231**	**5438**	**3793**
70	7631	3763	3868	2414	1368	1046
71	7650	3737	3913	2295	1370	925
72	6159	2963	3196	1786	1037	749
73	5649	2765	2884	1486	900	586
74	4943	2406	2537	1250	763	487
75-79岁	**19194**	**9001**	**10193**	**4175**	**2605**	**1570**
75	4316	2046	2270	1047	639	408
76	4407	2094	2313	1023	647	376
77	3551	1690	1861	785	480	305
78	3454	1614	1840	707	453	254
79	3466	1557	1909	613	386	227
80-84岁	**13229**	**5999**	**7230**	**2152**	**1450**	**702**
80	3100	1436	1664	603	392	211
81	2736	1279	1457	478	331	147
82	2813	1261	1552	414	271	143
83	2404	1102	1302	342	235	107
84	2176	921	1255	315	221	94
85-89岁	**6445**	**2750**	**3695**	**779**	**571**	**208**
85	1841	778	1063	249	171	78
86	1520	625	895	193	145	48
87	1340	575	765	147	106	41
88	911	391	520	98	70	28
89	833	381	452	92	79	13
90-94岁	**2008**	**802**	**1206**	**165**	**129**	**36**
90	663	295	368	58	47	11
91	463	196	267	47	38	9
92	425	165	260	34	24	10
93	256	89	167	17	13	4
94	201	57	144	9	7	2
95-99岁	**415**	**140**	**275**	**26**	**20**	**6**
95	152	72	80	9	9	
96	114	34	80	9	6	3
97	66	11	55	2	2	
98	47	14	33	6	3	3
99	36	9	27			
100岁及以上	**43**	**12**	**31**	**1**	**1**	

8—11a 续表 1

单位：人

年龄	与配偶同住			与子女同住			独居(有保姆)		
	小计	男	女	小计	男	女	小计	男	女
总 计	**65005**	**35660**	**29345**	**33680**	**8864**	**24816**	**341**	**136**	**205**
60—64岁	**20654**	**10611**	**10043**	**7787**	**2287**	**5500**	**28**	**15**	**13**
60	3977	2060	1917	1438	432	1006	5	2	3
61	3617	1891	1726	1342	395	947	3	2	1
62	4392	2260	2132	1718	542	1176	6	4	2
63	4777	2408	2369	1780	498	1282	7	3	4
64	3891	1992	1899	1509	420	1089	7	4	3
65—69岁	**18839**	**9703**	**9136**	**7449**	**2173**	**5276**	**34**	**9**	**25**
65	3920	2026	1894	1514	475	1039	7	2	5
66	4154	2123	2031	1631	458	1173	5	1	4
67	4000	2073	1927	1479	443	1036	6	3	3
68	3657	1922	1735	1549	458	1091	12	2	10
69	3108	1559	1549	1276	339	937	4	1	3
70—74岁	**12679**	**6998**	**5681**	**5982**	**1564**	**4418**	**31**	**19**	**12**
70	3042	1677	1365	1287	342	945	7	5	2
71	3094	1629	1465	1362	366	996	4	2	2
72	2392	1310	1082	1166	293	873	7	4	3
73	2235	1259	976	1110	287	823	7	3	4
74	1916	1123	793	1057	276	781	6	5	1
75—79岁	**7163**	**4289**	**2874**	**4586**	**1032**	**3554**	**41**	**17**	**24**
75	1673	940	733	939	235	704	4	4	
76	1676	998	678	1006	222	784	12	2	10
77	1339	836	503	839	180	659	7	3	4
78	1269	772	497	836	180	656	9	3	6
79	1206	743	463	966	215	751	9	5	4
80—84岁	**4002**	**2750**	**1252**	**4199**	**951**	**3248**	**64**	**20**	**44**
80	1040	664	376	866	205	661	8	4	4
81	871	600	271	800	182	618	10	4	6
82	843	598	245	923	204	719	23	5	18
83	678	501	177	843	201	642	5	3	2
84	570	387	183	767	159	608	18	4	14
85—89岁	**1365**	**1039**	**326**	**2494**	**587**	**1907**	**87**	**37**	**50**
85	438	331	107	683	134	549	20	9	11
86	337	249	88	562	120	442	20	7	13
87	272	209	63	523	139	384	20	7	13
88	161	125	36	375	102	273	13	5	8
89	157	125	32	351	92	259	14	9	5
90—94岁	**276**	**245**	**31**	**931**	**214**	**717**	**47**	**16**	**31**
90	128	111	17	269	64	205	19	5	14
91	57	53	4	211	49	162	13	5	8
92	46	40	6	212	54	158	8	2	6
93	27	23	4	128	32	96	4	2	2
94	18	18		111	15	96	3	2	1
95—99岁	**26**	**24**	**2**	**224**	**50**	**174**	**7**	**2**	**5**
95	12	11	1	79	28	51	3	2	1
96	7	6	1	57	10	47	1		1
97	2	2		40	4	36	1		1
98	2	2		26	5	21			
99	3	3		22	3	19	2		2
100岁及以上	**1**	**1**		**28**	**6**	**22**	**2**	**1**	**1**

8-11a　续表 2

单位：人

年　龄	独居(无保姆)			养老机构			其　他		
	小计	男	女	小计	男	女	小计	男	女
总　计	**15394**	**5887**	**9507**	**1367**	**560**	**807**	**7478**	**3781**	**3697**
60−64岁	**3401**	**1797**	**1604**	**73**	**39**	**34**	**2871**	**1580**	**1291**
60	692	364	328	8	1	7	681	381	300
61	579	305	274	15	10	5	527	293	234
62	740	404	336	17	11	6	565	306	259
63	739	399	340	20	12	8	591	327	264
64	651	325	326	13	5	8	507	273	234
65−69岁	**3255**	**1459**	**1796**	**108**	**66**	**42**	**1929**	**1025**	**904**
65	679	335	344	16	13	3	459	250	209
66	716	333	383	18	13	5	423	220	203
67	607	268	339	20	13	7	394	225	169
68	655	290	365	34	19	15	365	182	183
69	598	233	365	20	8	12	288	148	140
70−74岁	**2825**	**985**	**1840**	**171**	**86**	**85**	**1113**	**544**	**569**
70	581	220	361	25	16	9	275	135	140
71	601	222	379	30	17	13	264	131	133
72	559	197	362	39	19	20	210	103	107
73	569	192	377	35	17	18	207	107	100
74	515	154	361	42	17	25	157	68	89
75−79岁	**2387**	**667**	**1720**	**205**	**96**	**109**	**637**	**295**	**342**
75	479	143	336	27	14	13	147	71	76
76	511	142	369	44	20	24	135	63	72
77	432	123	309	38	17	21	111	51	60
78	467	130	337	46	22	24	120	54	66
79	498	129	369	50	23	27	124	56	68
80−84岁	**2026**	**532**	**1494**	**328**	**113**	**215**	**458**	**183**	**275**
80	430	122	308	49	13	36	104	36	68
81	412	101	311	70	22	48	95	39	56
82	441	115	326	70	25	45	99	43	56
83	391	103	288	71	28	43	74	31	43
84	352	91	261	68	25	43	86	34	52
85−89岁	**1125**	**313**	**812**	**297**	**102**	**195**	**298**	**101**	**197**
85	300	81	219	83	27	56	68	25	43
86	286	71	215	73	21	52	49	12	37
87	258	69	189	47	19	28	73	26	47
88	156	51	105	50	14	36	58	24	34
89	125	41	84	44	21	23	50	14	36
90−94岁	**313**	**109**	**204**	**144**	**45**	**99**	**132**	**44**	**88**
90	111	42	69	37	12	25	41	14	27
91	73	28	45	35	14	21	27	9	18
92	63	23	40	31	10	21	31	12	19
93	43	10	33	22	4	18	15	5	10
94	23	6	17	19	5	14	18	4	14
95−99岁	**57**	**22**	**35**	**39**	**13**	**26**	**36**	**9**	**27**
95	23	11	12	14	6	8	12	5	7
96	19	7	12	10	2	8	11	3	8
97	9	1	8	6	2	4	6		6
98	3	1	2	6	2	4	4	1	3
99	3	2	1	3	1	2	3		3
100岁及以上	**5**	**3**	**2**	**2**		**2**	**4**		**4**

8-11b 全省分年龄、性别、居住状况的60岁及以上老年人口(镇)

单位：人

年 龄	60岁及以上人口			与配偶和子女同住		
	合计	男	女	小计	男	女
总 计	**191830**	**93238**	**98592**	**59720**	**33674**	**26046**
60-64岁	**61515**	**30686**	**30829**	**24863**	**13298**	**11565**
60	11804	5972	5832	5004	2692	2312
61	10617	5326	5291	4420	2352	2068
62	13120	6553	6567	5336	2848	2488
63	14273	7088	7185	5609	3010	2599
64	11701	5747	5954	4494	2396	2098
65-69岁	**52946**	**26134**	**26812**	**18535**	**10214**	**8321**
65	11444	5603	5841	4310	2326	1984
66	11898	5934	5964	4341	2368	1973
67	10748	5319	5429	3737	2103	1634
68	10409	5172	5237	3488	1953	1535
69	8447	4106	4341	2659	1464	1195
70-74岁	**35199**	**17413**	**17786**	**9462**	**5659**	**3803**
70	8249	4098	4151	2494	1446	1048
71	8161	4118	4043	2296	1389	907
72	7023	3455	3568	1790	1090	700
73	6308	3117	3191	1628	983	645
74	5458	2625	2833	1254	751	503
75-79岁	**19963**	**9518**	**10445**	**4072**	**2582**	**1490**
75	4628	2249	2379	1057	636	421
76	4541	2202	2339	968	625	343
77	3714	1737	1977	757	461	296
78	3480	1666	1814	658	442	216
79	3600	1664	1936	632	418	214
80-84岁	**13380**	**5960**	**7420**	**2012**	**1385**	**627**
80	3100	1380	1720	533	341	192
81	2756	1269	1487	449	322	127
82	2839	1303	1536	431	309	122
83	2482	1057	1425	321	228	93
84	2203	951	1252	278	185	93
85-89岁	**6378**	**2590**	**3788**	**603**	**411**	**192**
85	1761	719	1042	187	125	62
86	1549	632	917	158	104	54
87	1331	545	786	126	83	43
88	972	369	603	73	50	23
89	765	325	440	59	49	10
90-94岁	**1964**	**795**	**1169**	**151**	**108**	**43**
90	688	296	392	54	38	16
91	434	155	279	37	27	10
92	340	145	195	22	17	5
93	292	112	180	23	14	9
94	210	87	123	15	12	3
95-99岁	**436**	**129**	**307**	**21**	**16**	**5**
95	158	46	112	10	7	3
96	110	35	75	3	3	
97	77	30	47	5	5	
98	51	11	40	1		1
99	40	7	33	2	1	1
100岁及以上	**49**	**13**	**36**	**1**	**1**	

8-11b　续表 1

单位：人

年　龄	与配偶同住			与子女同住			独居(有保姆)		
	小计	男	女	小计	男	女	小计	男	女
总　计	**64521**	**35487**	**29034**	**38371**	**10825**	**27546**	**336**	**154**	**182**
60-64岁	**21131**	**10796**	**10335**	**8175**	**2542**	**5633**	**43**	**24**	**19**
60	3940	2021	1919	1494	473	1021	5	4	1
61	3569	1840	1729	1404	443	961	6	3	3
62	4504	2308	2196	1726	530	1196	9	6	3
63	4972	2497	2475	1917	615	1302	12	5	7
64	4146	2130	2016	1634	481	1153	11	6	5
65-69岁	**19441**	**10154**	**9287**	**8344**	**2492**	**5852**	**47**	**24**	**23**
65	4096	2073	2023	1688	496	1192	9	4	5
66	4362	2276	2086	1780	543	1237	13	5	8
67	3989	2097	1892	1684	479	1205	6	3	3
68	3896	2072	1824	1676	497	1179	11	6	5
69	3098	1636	1462	1516	477	1039	8	6	2
70-74岁	**12947**	**7288**	**5659**	**7340**	**2052**	**5288**	**47**	**21**	**26**
70	3090	1677	1413	1505	433	1072	2	2	
71	2997	1698	1299	1649	462	1187	8	4	4
72	2618	1450	1168	1524	435	1089	13	5	8
73	2253	1310	943	1390	393	997	14	3	11
74	1989	1153	836	1272	329	943	10	7	3
75-79岁	**6535**	**4060**	**2475**	**5375**	**1365**	**4010**	**44**	**23**	**21**
75	1637	996	641	1113	291	822	7	3	4
76	1531	930	601	1160	319	841	6	2	4
77	1181	735	446	991	239	752	11	6	5
78	1100	697	403	979	239	740	8	5	3
79	1086	702	384	1132	277	855	12	7	5
80-84岁	**3173**	**2194**	**979**	**4890**	**1284**	**3606**	**67**	**23**	**44**
80	825	557	268	1022	245	777	11	3	8
81	666	448	218	1002	284	718	8	4	4
82	697	486	211	1018	262	756	19	10	9
83	548	391	157	961	234	727	14	2	12
84	437	312	125	887	259	628	15	4	11
85-89岁	**1065**	**807**	**258**	**2912**	**749**	**2163**	**58**	**26**	**32**
85	348	241	107	736	180	556	11	2	9
86	242	178	64	691	188	503	16	8	8
87	212	169	43	613	157	456	16	8	8
88	151	120	31	483	111	372	6	2	4
89	112	99	13	389	113	276	9	6	3
90-94岁	**211**	**173**	**38**	**1039**	**278**	**761**	**23**	**12**	**11**
90	90	69	21	334	93	241	11	7	4
91	41	32	9	242	56	186	7	3	4
92	33	28	5	201	57	144			
93	24	23	1	156	44	112	1		1
94	23	21	2	106	28	78	4	2	2
95-99岁	**17**	**15**	**2**	**264**	**54**	**210**	**5**	**1**	**4**
95	7	7		97	15	82			
96	7	6	1	62	15	47	3	1	2
97	3	2	1	43	12	31	1		1
98				36	8	28	1		1
99				26	4	22			
100岁及以上	**1**		**1**	**32**	**9**	**23**	**2**		**2**

8-11b 续表 2

单位：人

年 龄	独居(无保姆)			养老机构			其 他		
	小计	男	女	小计	男	女	小计	男	女
总 计	**16778**	**6892**	**9886**	**1701**	**953**	**748**	**10403**	**5253**	**5150**
60-64岁	**3381**	**1829**	**1552**	**208**	**147**	**61**	**3714**	**2050**	**1664**
60	589	341	248	30	21	9	742	420	322
61	560	310	250	26	19	7	632	359	273
62	690	388	302	44	32	12	811	441	370
63	838	436	402	57	38	19	868	487	381
64	704	354	350	51	37	14	661	343	318
65-69岁	**3625**	**1687**	**1938**	**219**	**153**	**66**	**2735**	**1410**	**1325**
65	664	340	324	42	31	11	635	333	302
66	746	379	367	43	31	12	613	332	281
67	762	348	414	43	26	17	527	263	264
68	774	350	424	48	32	16	516	262	254
69	679	270	409	43	33	10	444	220	224
70-74岁	**3422**	**1376**	**2046**	**309**	**209**	**100**	**1672**	**808**	**864**
70	695	306	389	62	39	23	401	195	206
71	765	325	440	72	52	20	374	188	186
72	690	265	425	64	45	19	324	165	159
73	663	253	410	61	41	20	299	134	165
74	609	227	382	50	32	18	274	126	148
75-79岁	**2686**	**870**	**1816**	**265**	**143**	**122**	**986**	**475**	**511**
75	539	178	361	49	33	16	226	112	114
76	613	193	420	64	39	25	199	94	105
77	517	160	357	54	29	25	203	107	96
78	493	174	319	61	25	36	181	84	97
79	524	165	359	37	17	20	177	78	99
80-84岁	**2199**	**628**	**1571**	**337**	**164**	**173**	**702**	**282**	**420**
80	488	137	351	68	28	40	153	69	84
81	431	123	308	57	30	27	143	58	85
82	450	136	314	63	33	30	161	67	94
83	444	120	324	69	36	33	125	46	79
84	386	112	274	80	37	43	120	42	78
85-89岁	**1101**	**351**	**750**	**233**	**88**	**145**	**406**	**158**	**248**
85	312	100	212	58	27	31	109	44	65
86	282	91	191	60	28	32	100	35	65
87	225	80	145	52	15	37	87	33	54
88	169	46	123	32	12	20	58	28	30
89	113	34	79	31	6	25	52	18	34
90-94岁	**292**	**124**	**168**	**108**	**43**	**65**	**140**	**57**	**83**
90	116	51	65	39	19	20	44	19	25
91	56	21	35	21	7	14	30	9	21
92	45	23	22	19	8	11	20	12	8
93	42	15	27	16	6	10	30	10	20
94	33	14	19	13	3	10	16	7	9
95-99岁	**68**	**26**	**42**	**19**	**6**	**13**	**42**	**11**	**31**
95	27	12	15	4	2	2	13	3	10
96	16	5	11	8	2	6	11	3	8
97	15	7	8	4	1	3	6	3	3
98	4	1	3	1		1	8	2	6
99	6	1	5	2	1	1	4		4
100岁及以上	**4**	**1**	**3**	**3**		**3**	**6**	**2**	**4**

8-11c　全省分年龄、性别、居住状况的60岁及以上老年人口(乡村)

单位：人

年　龄	60岁及以上人口			与配偶和子女同住		
	合计	男	女	小计	男	女
总　计	**387291**	**188139**	**199152**	**86998**	**49268**	**37730**
60—64岁	**111616**	**56791**	**54825**	**34093**	**18391**	**15702**
60	20337	10408	9929	6629	3564	3065
61	18593	9629	8964	5953	3276	2677
62	23586	11960	11626	7219	3872	3347
63	26765	13643	13122	7898	4237	3661
64	22335	11151	11184	6394	3442	2952
65—69岁	**105021**	**52860**	**52161**	**26730**	**14867**	**11863**
65	22203	11309	10894	6250	3463	2787
66	23185	11845	11340	6151	3421	2730
67	21216	10593	10623	5384	3001	2383
68	20867	10472	10395	4990	2794	2196
69	17550	8641	8909	3955	2188	1767
70—74岁	**75034**	**36559**	**38475**	**14760**	**8588**	**6172**
70	16694	8079	8615	3570	2013	1557
71	17626	8844	8782	3655	2097	1558
72	15175	7512	7663	2969	1785	1184
73	13431	6471	6960	2426	1433	993
74	12108	5653	6455	2140	1260	880
75—79岁	**44810**	**21063**	**23747**	**6787**	**4271**	**2516**
75	10293	4727	5566	1693	998	695
76	10076	4826	5250	1604	1007	597
77	8501	3922	4579	1226	751	475
78	7625	3615	4010	1126	738	388
79	8315	3973	4342	1138	777	361
80—84岁	**30940**	**13563**	**17377**	**3444**	**2301**	**1143**
80	7283	3297	3986	947	619	328
81	6126	2737	3389	744	501	243
82	6657	2979	3678	707	467	240
83	5905	2503	3402	592	399	193
84	4969	2047	2922	454	315	139
85—89岁	**14462**	**5507**	**8955**	**954**	**676**	**278**
85	4138	1632	2506	308	216	92
86	3441	1350	2091	225	154	71
87	3053	1148	1905	225	166	59
88	2070	752	1318	104	76	28
89	1760	625	1135	92	64	28
90—94岁	**4371**	**1498**	**2873**	**201**	**156**	**45**
90	1481	525	956	79	60	19
91	943	307	636	51	40	11
92	835	294	541	34	26	8
93	655	227	428	28	23	5
94	457	145	312	9	7	2
95—99岁	**945**	**272**	**673**	**26**	**17**	**9**
95	347	110	237	9	8	1
96	269	78	191	7	3	4
97	160	42	118	4	3	1
98	94	24	70	3	2	1
99	75	18	57	3	1	2
100岁及以上	**92**	**26**	**66**	**3**	**1**	**2**

8-11c 续表 1

单位：人

年 龄	与配偶同住			与子女同住			独居(有保姆)		
	小计	男	女	小计	男	女	小计	男	女
总 计	**158796**	**86849**	**71947**	**68067**	**19036**	**49031**	**491**	**198**	**293**
60-64岁	**49455**	**24861**	**24594**	**11469**	**3839**	**7630**	**73**	**38**	**35**
60	8764	4369	4395	1925	650	1275	14	8	6
61	8057	4074	3983	1818	628	1190	9	5	4
62	10453	5263	5190	2469	831	1638	19	9	10
63	12116	6148	5968	2770	907	1863	19	10	9
64	10065	5007	5058	2487	823	1664	12	6	6
65-69岁	**48816**	**25475**	**23341**	**12932**	**4088**	**8844**	**73**	**34**	**39**
65	10220	5245	4975	2408	813	1595	16	9	7
66	10770	5615	5155	2669	899	1770	17	10	7
67	9891	5087	4804	2654	827	1827	10	4	6
68	9730	5118	4612	2745	844	1901	12	5	7
69	8205	4410	3795	2456	705	1751	18	6	12
70-74岁	**33018**	**18515**	**14503**	**12764**	**3477**	**9287**	**83**	**31**	**52**
70	7597	4066	3531	2519	706	1813	15	6	9
71	7884	4495	3389	2818	828	1990	21	13	8
72	6721	3789	2932	2614	723	1891	20	7	13
73	5883	3340	2543	2433	650	1783	13	1	12
74	4933	2825	2108	2380	570	1810	14	4	10
75-79岁	**16532**	**10303**	**6229**	**10844**	**2670**	**8174**	**62**	**20**	**42**
75	4082	2391	1691	2247	525	1722	17	7	10
76	3940	2435	1505	2244	541	1703	10	3	7
77	3086	1928	1158	2122	512	1610	10	3	7
78	2659	1712	947	1966	518	1448	15	2	13
79	2765	1837	928	2265	574	1691	10	5	5
80-84岁	**8131**	**5572**	**2559**	**10622**	**2732**	**7890**	**103**	**39**	**64**
80	2181	1456	725	2209	573	1636	21	4	17
81	1723	1142	581	1973	525	1448	15	6	9
82	1776	1244	532	2268	594	1674	19	9	10
83	1360	967	393	2211	541	1670	22	9	13
84	1091	763	328	1961	499	1462	26	11	15
85-89岁	**2405**	**1771**	**634**	**6401**	**1519**	**4882**	**69**	**23**	**46**
85	804	587	217	1678	400	1278	24	7	17
86	595	441	154	1545	392	1153	12	3	9
87	504	360	144	1324	296	1028	15	5	10
88	277	207	70	958	214	744	11	4	7
89	225	176	49	896	217	679	7	4	3
90-94岁	**390**	**313**	**77**	**2381**	**562**	**1819**	**22**	**10**	**12**
90	166	131	35	776	186	590	7	3	4
91	81	63	18	507	101	406	6	3	3
92	59	46	13	461	125	336	5	2	3
93	55	49	6	367	86	281	3	2	1
94	29	24	5	270	64	206	1		1
95-99岁	**48**	**38**	**10**	**593**	**132**	**461**	**5**	**2**	**3**
95	23	18	5	214	52	162	3	1	2
96	17	12	5	173	39	134	1		1
97	4	4		109	22	87			
98	2	2		54	10	44			
99	2	2		43	9	34	1	1	
100岁及以上	**1**	**1**		**61**	**17**	**44**	**1**	**1**	

8-11c　续表 2

单位：人

年　龄	独居(无保姆)			养老机构			其　他		
	小计	男	女	小计	男	女	小计	男	女
总　计	**48696**	**20803**	**27893**	**2765**	**1784**	**981**	**21478**	**10201**	**11277**
60-64岁	**9273**	**5511**	**3762**	**358**	**285**	**73**	**6895**	**3866**	**3029**
60	1612	992	620	46	38	8	1347	787	560
61	1480	902	578	51	40	11	1225	704	521
62	1900	1132	768	72	54	18	1454	799	655
63	2279	1369	910	92	69	23	1591	903	688
64	2002	1116	886	97	84	13	1278	673	605
65-69岁	**10638**	**5271**	**5367**	**471**	**349**	**122**	**5361**	**2776**	**2585**
65	2035	1091	944	76	58	18	1198	630	568
66	2261	1149	1112	94	80	14	1223	671	552
67	2109	1052	1057	102	75	27	1066	547	519
68	2273	1123	1150	117	75	42	1000	513	487
69	1960	856	1104	82	61	21	874	415	459
70-74岁	**10177**	**3944**	**6233**	**559**	**415**	**144**	**3673**	**1589**	**2084**
70	2082	853	1229	104	80	24	807	355	452
71	2274	931	1343	127	103	24	847	377	470
72	1959	780	1179	113	81	32	779	347	432
73	1944	711	1233	95	65	30	637	271	366
74	1918	669	1249	120	86	34	603	239	364
75-79岁	**7837**	**2605**	**5232**	**479**	**298**	**181**	**2269**	**896**	**1373**
75	1655	541	1114	94	55	39	505	210	295
76	1661	563	1098	111	76	35	506	201	305
77	1532	501	1031	86	62	24	439	165	274
78	1362	439	923	92	49	43	405	157	248
79	1627	561	1066	96	56	40	414	163	251
80-84岁	**6385**	**2043**	**4342**	**460**	**257**	**203**	**1795**	**619**	**1176**
80	1422	456	966	101	59	42	402	130	272
81	1226	371	855	83	48	35	362	144	218
82	1391	452	939	96	58	38	400	155	245
83	1281	438	843	92	43	49	347	106	241
84	1065	326	739	88	49	39	284	84	200
85-89岁	**3325**	**1072**	**2253**	**272**	**121**	**151**	**1036**	**325**	**711**
85	962	300	662	63	30	33	299	92	207
86	768	261	507	60	25	35	236	74	162
87	717	227	490	58	27	31	210	67	143
88	496	165	331	52	23	29	172	63	109
89	382	119	263	39	16	23	119	29	90
90-94岁	**893**	**303**	**590**	**120**	**48**	**72**	**364**	**106**	**258**
90	300	91	209	29	13	16	124	41	83
91	196	69	127	29	12	17	73	19	54
92	186	67	119	25	10	15	65	18	47
93	122	43	79	17	7	10	63	17	46
94	89	33	56	20	6	14	39	11	28
95-99岁	**157**	**51**	**106**	**44**	**11**	**33**	**72**	**21**	**51**
95	62	23	39	16	3	13	20	5	15
96	40	15	25	13	2	11	18	7	11
97	22	5	17	7	4	3	14	4	10
98	19	6	13	3	1	2	13	3	10
99	14	2	12	5	1	4	7	2	5
100岁及以上	**11**	**3**	**8**	**2**		**2**	**13**	**3**	**10**

8-12 全省分性别、婚姻状况、居住状况的60岁及以上老年人口

单位：人

居住状况	60岁及以上人口			未婚		
	合计	男	女	小计	男	女
总 计	**761001**	**369323**	**391678**	**8613**	**7634**	**979**
与配偶和子女同住	205333	116000	89333			
与配偶同住	288322	157996	130326			
与子女同住	140118	38725	101393	212	155	57
独居(有保姆)	1168	488	680	37	33	4
独居(无保姆)	80868	33582	47286	3998	3712	286
养老机构	5833	3297	2536	1893	1643	250
其 他	39359	19235	20124	2473	2091	382

8-12 续表

单位：人

居住状况	有配偶			离婚			丧偶		
	小计	男	女	小计	男	女	小计	男	女
总 计	**573362**	**315673**	**257689**	**7316**	**4442**	**2874**	**171710**	**41574**	**130136**
与配偶和子女同住	205333	116000	89333						
与配偶同住	288322	157996	130326						
与子女同住	36532	15621	20911	2910	1527	1383	100464	21422	79042
独居(有保姆)	260	140	120	33	19	14	838	296	542
独居(无保姆)	19856	12669	7187	3238	2142	1096	53776	15059	38717
养老机构	888	486	402	120	93	27	2932	1075	1857
其 他	22171	12761	9410	1015	661	354	13700	3722	9978

8-12a　全省分性别、婚姻状况、居住状况的60岁及以上老年人口(城市)

单位：人

居住状况	60岁及以上人口			未　婚		
	合计	男	女	小计	男	女
总　计	**181880**	**87946**	**93934**	**1090**	**785**	**305**
与配偶和子女同住	58615	33058	25557			
与配偶同住	65005	35660	29345			
与子女同住	33680	8864	24816	55	32	23
独居(有保姆)	341	136	205	5	4	1
独居(无保姆)	15394	5887	9507	461	343	118
养老机构	1367	560	807	142	112	30
其　他	7478	3781	3697	427	294	133

8-12a　续表

单位：人

居住状况	有配偶			离　婚			丧　偶		
	小计	男	女	小计	男	女	小计	男	女
总　计	**143619**	**78304**	**65315**	**3440**	**1795**	**1645**	**33731**	**7062**	**26669**
与配偶和子女同住	58615	33058	25557						
与配偶同住	65005	35660	29345						
与子女同住	11048	4344	6704	1369	567	802	21208	3921	17287
独居(有保姆)	71	34	37	14	8	6	251	90	161
独居(无保姆)	3956	2384	1572	1553	904	649	9424	2256	7168
养老机构	250	139	111	35	25	10	940	284	656
其　他	4674	2685	1989	469	291	178	1908	511	1397

8-12b　全省分性别、婚姻状况、居住状况的60岁及以上老年人口(镇)

单位：人

居住状况	60岁及以上人口			未婚		
	合计	男	女	小计	男	女
总　计	**191830**	**93238**	**98592**	**1884**	**1611**	**273**
与配偶和子女同住	59720	33674	26046			
与配偶同住	64521	35487	29034			
与子女同住	38371	10825	27546	45	35	10
独居(有保姆)	336	154	182	13	12	1
独居(无保姆)	16778	6892	9886	735	672	63
养老机构	1701	953	748	489	422	67
其　他	10403	5253	5150	602	470	132

8-12b　续表

单位：人

居住状况	有配偶			离婚			丧偶		
	小计	男	女	小计	男	女	小计	男	女
总　计	**147197**	**80662**	**66535**	**1783**	**1037**	**746**	**40966**	**9928**	**31038**
与配偶和子女同住	59720	33674	26046						
与配偶同住	64521	35487	29034						
与子女同住	11593	4767	6826	772	402	370	25961	5621	20340
独居(有保姆)	78	39	39	5	3	2	240	100	140
独居(无保姆)	4525	2839	1686	725	449	276	10793	2932	7861
养老机构	293	156	137	29	21	8	890	354	536
其　他	6467	3700	2767	252	162	90	3082	921	2161

8–12c　全省分性别、婚姻状况、居住状况的60岁及以上老年人口(乡村)

单位：人

居住状况	60岁及以上人口			未婚		
	合计	男	女	小计	男	女
总　计	**387291**	**188139**	**199152**	**5639**	**5238**	**401**
与配偶和子女同住	86998	49268	37730			
与配偶同住	158796	86849	71947			
与子女同住	68067	19036	49031	112	88	24
独居(有保姆)	491	198	293	19	17	2
独居(无保姆)	48696	20803	27893	2802	2697	105
养老机构	2765	1784	981	1262	1109	153
其　他	21478	10201	11277	1444	1327	117

8–12c　续表

单位：人

居住状况	有配偶			离婚			丧偶		
	小计	男	女	小计	男	女	小计	男	女
总　计	**282546**	**156707**	**125839**	**2093**	**1610**	**483**	**97013**	**24584**	**72429**
与配偶和子女同住	86998	49268	37730						
与配偶同住	158796	86849	71947						
与子女同住	13891	6510	7381	769	558	211	53295	11880	41415
独居(有保姆)	111	67	44	14	8	6	347	106	241
独居(无保姆)	11375	7446	3929	960	789	171	33559	9871	23688
养老机构	345	191	154	56	47	9	1102	437	665
其　他	11030	6376	4654	294	208	86	8710	2290	6420

第二部分 长表数据资料

第九卷 住房

9–1　各地区按建筑层数、承重类型分的家庭户户数

单位：户

地　区	合　计	建筑层数				承重类型				
		平房	多层(7层及以下)	高层(8–33层)	超高层(34层及以上)	钢及钢筋混凝土结构	混合结构	砖木结构	竹草土坯结构	其他结构
全　省	**1340608**	**154987**	**1016084**	**167025**	**2512**	**836789**	**421808**	**74213**	**4014**	**3784**
南昌市	**176497**	**14163**	**105319**	**55785**	**1230**	**115560**	**52004**	**7975**	**36**	**922**
东湖区	14049	288	7914	5768	79	8016	5914	104		15
西湖区	16424	119	6812	9223	270	10712	5563	148		1
青云谱区	11623	279	7718	3618	8	6720	4604	298		1
青山湖区	33690	926	21258	11185	321	25163	7978	471	4	74
新建区	21788	3518	13298	4778	194	14176	5547	2029	8	28
红谷滩区	13468	292	4024	8933	219	12160	1169	133	3	3
南昌县	38226	4274	24014	9801	137	23301	11649	2504	4	768
安义县	6825	1118	5404	303		4691	1706	398	14	16
进贤县	20404	3349	14877	2176	2	10621	7874	1890	3	16
景德镇市	**49279**	**5312**	**38671**	**5236**	**60**	**27801**	**17463**	**3899**	**91**	**25**
昌江区	6150	561	4617	971	1	3488	2257	404	1	
珠山区	12978	699	9196	3024	59	10621	1908	447	1	1
浮梁县	7754	1669	5633	452		3712	2491	1446	87	18
乐平市	22397	2383	19225	789		9980	10807	1602	2	6
萍乡市	**51496**	**3000**	**45599**	**2837**	**60**	**38617**	**12201**	**630**	**23**	**25**
安源区	16453	244	13985	2164	60	14311	2108	31	2	1
湘东区	8970	291	8568	111		7181	1736	43	1	9
莲花县	6525	541	5882	102		2574	3634	316	1	
上栗县	12037	1239	10475	323		7991	3894	140	2	10
芦溪县	7511	685	6689	137		6560	829	100	17	5
九江市	**145810**	**15235**	**109103**	**21038**	**434**	**82590**	**57528**	**5340**	**170**	**182**
濂溪区	13014	450	6083	6227	254	10078	2773	155	6	2
浔阳区	14554	146	8171	6062	175	9860	4579	91		24
柴桑区	9803	1172	7420	1211		5341	4082	362	3	15
武宁县	10517	1134	8675	708		6513	2976	885	82	61
修水县	21502	3209	16959	1331	3	13621	7405	384	68	24
永修县	10050	1743	7510	797		4737	4482	813	4	14
德安县	5098	478	4192	428		3394	1483	219	1	1
都昌县	19336	2597	16327	411	1	8224	10036	1064		12
湖口县	7553	544	6412	596	1	3855	3535	159		4
彭泽县	9832	1497	7788	547		3271	6160	398		3
瑞昌市	13997	1189	11230	1578		7416	6031	546	2	2
共青城市	3560	240	2740	580		2333	1137	85		5
庐山市	6994	836	5596	562		3947	2849	179	4	15
新余市	**37172**	**2964**	**28277**	**5851**	**80**	**24770**	**10128**	**1948**	**6**	**320**
渝水区	28513	1823	21249	5361	80	19190	7896	1126	5	296
分宜县	8659	1141	7028	490		5580	2232	822	1	24
鹰潭市	**36595**	**3627**	**27913**	**5052**	**3**	**24927**	**9965**	**1625**	**11**	**67**
月湖区	9405	299	5904	3199	3	7921	1333	147		4
余江区	10177	1141	8518	518		7245	2345	539	7	41
贵溪市	17013	2187	13491	1335		9761	6287	939	4	22
赣州市	**254148**	**29005**	**198396**	**26354**	**393**	**166491**	**76001**	**8481**	**2079**	**1096**
章贡区	30862	819	18113	11557	373	23330	7158	244	52	78
南康区	24297	2860	18676	2755	6	16038	7161	733	202	163
赣县区	16204	1955	12424	1825		11436	4119	378	191	80
信丰县	18210	2947	13951	1312		11897	5707	529	44	33
大余县	8797	1422	7284	91		5069	3217	347	101	63
上犹县	8777	1504	7074	199		6031	2164	290	182	110
崇义县	5900	859	4766	275		3172	1763	199	550	216
安远县	8632	967	7304	360	1	6213	2060	307	36	16
定南县	5731	599	4729	403		4245	1098	251	75	62
全南县	5395	760	4452	183		3855	932	518	86	4

注：本表数据为居住在普通住宅的家庭户，下表同。

9-1 续表

单位：户

地　区	合　计	建筑层数				承重类型				
		平房	多层(7层及以下)	高层(8-33层)	超高层(34层及以上)	钢及钢筋混凝土结构	混合结构	砖木结构	竹草土坯结构	其他结构
宁都县	23272	3116	18749	1407		14492	7404	1204	122	50
于都县	26572	2879	22520	1173		17802	8270	436	28	36
兴国县	19773	1670	17218	878	7	9368	9930	421	15	39
会昌县	11113	1638	8817	658		8120	2498	436	44	15
寻乌县	8111	1347	6203	561		5899	1313	689	159	51
石城县	7175	678	5908	587	2	4166	2833	116	29	31
瑞金市	16054	1416	13380	1255	3	8675	6914	369	84	12
龙南市	9273	1569	6828	875	1	6683	1460	1014	79	37
吉安市	**134582**	**18915**	**105728**	**9894**	**45**	**75639**	**49164**	**9172**	**405**	**202**
吉州区	12023	492	7705	3822	4	9496	2304	218		5
青原区	6604	839	4326	1398	41	4240	2051	290	16	7
吉安县	12856	2158	9815	883		9135	2875	833	4	9
吉水县	13218	2303	10542	373		6338	5481	1390	1	8
峡江县	4836	859	3918	59		2595	1739	501	1	
新干县	9783	1494	7758	531		5189	3662	924	2	6
永丰县	10966	1990	8562	414		5753	4440	733	11	29
泰和县	14329	2180	11148	1001		9412	3909	897	64	47
遂川县	14570	2521	11690	359		7855	5873	693	125	24
万安县	7764	785	6868	111		4601	2557	449	113	44
安福县	10050	1602	8092	356		3231	5828	967	13	11
永新县	13010	1500	11019	491		5905	6196	899		10
井冈山市	4573	192	4285	96		1889	2249	378	55	2
宜春市	**147585**	**22067**	**112473**	**12966**	**79**	**80432**	**52980**	**13028**	**732**	**413**
袁州区	30873	2771	22839	5191	72	18777	11376	655	47	18
奉新县	8232	1627	6240	365		3613	3672	828	73	46
万载县	13267	2634	10006	627		6044	6287	787	103	46
上高县	10135	1097	7941	1092	5	5613	3599	907	3	13
宜丰县	8004	1324	6284	396		4766	2084	1063	44	47
靖安县	4084	627	3332	125		1313	2194	337	179	61
铜鼓县	3601	658	2796	147		2229	746	251	252	123
丰城市	30635	5853	22273	2509		17076	9392	4101	28	38
樟树市	15845	1962	12417	1464	2	11945	2481	1409	2	8
高安市	22909	3514	18345	1050		9056	11149	2690	1	13
抚州市	**116352**	**16095**	**89167**	**11064**	**26**	**68286**	**35799**	**11730**	**223**	**314**
临川区	32994	3671	23108	6191	24	19899	10851	2198	2	44
东乡区	12119	2105	8917	1096	1	6592	4170	1333	2	22
南城县	8614	1184	6784	646		6138	1741	726	4	5
黎川县	7149	839	5567	742	1	5072	1411	658	4	4
南丰县	8460	934	7153	373		6680	1320	409	33	18
崇仁县	10073	2112	7543	418		5056	3599	1383	17	18
乐安县	9966	1333	8255	378		5854	2862	1194	12	44
宜黄县	7275	885	6038	352		2359	3670	1148	41	57
金溪县	8713	1714	6566	433		4818	2505	1369	12	9
资溪县	3363	720	2537	106		1615	1019	576	83	70
广昌县	7626	598	6699	329		4203	2651	736	13	23
上饶市	**191092**	**24604**	**155438**	**10948**	**102**	**131676**	**48575**	**10385**	**238**	**218**
信州区	16204	814	11130	4258	2	12745	3266	167	2	24
广丰区	21574	4970	15938	664	2	14394	6223	882	38	37
广信区	20570	3480	14973	2117		15070	5016	420	29	35
玉山县	15744	1969	13013	762		11033	3787	838	51	35
铅山县	11245	1676	9189	380		7785	2729	702	12	17
横峰县	5597	561	4864	172		4361	1118	80	32	6
弋阳县	10518	1263	8986	269		6042	3886	581	4	5
余干县	24687	2882	21081	681	43	17778	5994	901	3	11
鄱阳县	35053	4150	29982	866	55	25836	6453	2739	1	24
万年县	11020	786	9780	454		4404	6266	344	3	3
婺源县	10027	935	8919	173		5740	2152	2090	37	8
德兴市	8853	1118	7583	152		6488	1685	641	26	13

9-1a　各地区按建筑层数、承重类型分的家庭户户数(城市)

单位：户

地　区	合　计	建筑层数				承重类型				
		平房	多层(7层及以下)	高层(8-33层)	超高层(34层及以上)	钢及钢筋混凝土结构	混合结构	砖木结构	竹草土坯结构	其他结构
全　省	**381802**	**12951**	**245148**	**121450**	**2253**	**294894**	**81260**	**5001**	**82**	**565**
南昌市	**95860**	**1628**	**50705**	**42437**	**1090**	**68427**	**26340**	**1007**		**86**
东湖区	13422	160	7446	5738	78	7579	5738	90		15
西湖区	16424	119	6812	9223	270	10712	5563	148		1
青云谱区	11580	279	7716	3577	8	6677	4604	298		1
青山湖区	30688	627	19022	10718	321	23050	7240	343		55
新建区	10702	363	5878	4267	194	8491	2112	87		12
红谷滩区	12921	51	3737	8914	219	11856	1058	5		2
南昌县	123	29	94			62	25	36		
安义县										
进贤县										
景德镇市	**23970**	**1497**	**18000**	**4413**	**60**	**17755**	**5294**	**911**	**10**	
昌江区	4658	345	3342	970	1	2978	1476	203	1	
珠山区	12507	671	8974	2803	59	10221	1849	436	1	
浮梁县	574	130	444			254	225	87	8	
乐平市	6231	351	5240	640		4302	1744	185		
萍乡市	**18114**	**228**	**15553**	**2273**	**60**	**15645**	**2436**	**31**		**2**
安源区	14228	103	11901	2164	60	12386	1818	23		1
湘东区	3736	125	3502	109		3109	618	8		1
莲花县										
上栗县	150		150			150				
芦溪县										
九江市	**36694**	**695**	**21106**	**14464**	**429**	**27085**	**9287**	**284**	**1**	**37**
濂溪区	10369	116	4179	5820	254	8552	1754	62		1
浔阳区	14484	144	8103	6062	175	9803	4569	89		23
柴桑区	3084	138	2201	745		2320	725	33		6
武宁县										
修水县										
永修县										
德安县										
都昌县										
湖口县										
彭泽县										
瑞昌市	4260	94	3399	767		3074	1120	65		1
共青城市	2243	40	1624	579		1760	460	20		3
庐山市	2254	163	1600	491		1576	659	15	1	3
新余市	**19942**	**187**	**14345**	**5330**	**80**	**15113**	**4507**	**38**	**1**	**283**
渝水区	19942	187	14345	5330	80	15113	4507	38	1	283
分宜县										
鹰潭市	**18319**	**656**	**12657**	**5003**	**3**	**15022**	**3086**	**205**	**1**	**5**
月湖区	8971	260	5520	3188	3	7671	1168	128		4
余江区	3003	73	2423	507		2623	351	28		1
贵溪市	6345	323	4714	1308		4728	1567	49	1	
赣州市	**55298**	**2168**	**34862**	**17885**	**383**	**46219**	**8340**	**628**	**47**	**64**
章贡区	27375	388	15223	11391	373	21443	5717	158	9	48
南康区	10878	551	7682	2639	6	9804	918	121	26	9
赣县区	5770	115	3868	1787		5308	432	23	3	4
信丰县										
大余县										
上犹县										
崇义县										
安远县										
定南县										
全南县										

9－1a 续表

单位：户

地区	合计	建筑层数				承重类型				
		平房	多层(7层及以下)	高层(8－33层)	超高层(34层及以上)	钢及钢筋混凝土结构	混合结构	砖木结构	竹草土坯结构	其他结构
宁都县										
于都县										
兴国县										
会昌县										
寻乌县	28	3	25			24		1	3	
石城县										
瑞金市	6573	656	4708	1206	3	5965	551	52	4	1
龙南市	4674	455	3356	862	1	3675	722	273	2	2
吉安市	**14168**	**373**	**8531**	**5219**	**45**	**11945**	**2109**	**109**	**2**	**3**
吉州区	9839	209	5865	3761	4	8290	1494	52		3
青原区	3002	131	1449	1381	41	2745	245	11	1	
吉安县										
吉水县										
峡江县										
新干县										
永丰县										
泰和县										
遂川县										
万安县										
安福县										
永新县										
井冈山市	1327	33	1217	77		910	370	46	1	
宜春市	**40514**	**1606**	**28801**	**10033**	**74**	**31978**	**7779**	**732**	**3**	**22**
袁州区	17519	338	11955	5154	72	14394	3046	67	3	9
奉新县										
万载县										
上高县										
宜丰县										
靖安县										
铜鼓县										
丰城市	9169	825	5889	2455		7473	1215	477		4
樟树市	6738	184	5098	1454	2	6031	601	101		5
高安市	7088	259	5859	970		4080	2917	87		4
抚州市	**21711**	**777**	**13685**	**7224**	**25**	**16923**	**4492**	**271**	**2**	**23**
临川区	16163	407	9581	6151	24	12470	3490	179	1	23
东乡区	5548	370	4104	1073	1	4453	1002	92	1	
南城县										
黎川县										
南丰县										
崇仁县										
乐安县										
宜黄县										
金溪县										
资溪县										
广昌县										
上饶市	**37212**	**3136**	**26903**	**7169**	**4**	**28782**	**7590**	**785**	**15**	**40**
信州区	12609	453	7902	4252	2	10158	2348	82		21
广丰区	9211	1530	7015	664	2	6679	2263	251	9	9
广信区	9101	542	6458	2101		7213	1802	82	1	3
玉山县										
铅山县	68	11	57			53	6	9		
横峰县										
弋阳县										
余干县	916	31	885			884	18	13	1	
鄱阳县	61	10	51			51	1	9		
万年县										
婺源县										
德兴市	5246	559	4535	152		3744	1152	339	4	7

9-1b　各地区按建筑层数、承重类型分的家庭户户数(镇)

单位：户

地　区	合　计	建筑层数				承重类型				
		平房	多层(7层及以下)	高层(8-33层)	超高层(34层及以上)	钢及钢筋混凝土结构	混合结构	砖木结构	竹草土坯结　构	其他结构
全　省	**373488**	**29494**	**300542**	**43197**	**255**	**264251**	**96205**	**11864**	**346**	**822**
南昌市	**37731**	**1612**	**23400**	**12581**	**138**	**29173**	**7398**	**700**	**3**	**457**
东湖区	102	18	78	6		80	14	8		
西湖区										
青云谱区	43		2	41		43				
青山湖区	1827	108	1255	464		1514	278	28		7
新建区	1304	207	895	202		746	497	59	1	1
红谷滩区										
南昌县	22398	549	12304	9409	136	17785	3862	311		440
安义县	2923	165	2458	300		2499	386	34	2	2
进贤县	9134	565	6408	2159	2	6506	2361	260		7
景德镇市	**7175**	**698**	**5656**	**821**		**3871**	**2834**	**456**	**10**	**4**
昌江区	300	30	269	1		166	89	45		
珠山区	423	24	178	221		356	57	9		1
浮梁县	3642	364	2827	451		2157	1232	243	10	
乐平市	2810	280	2382	148		1192	1456	159		3
萍乡市	**16490**	**1114**	**14818**	**558**		**12568**	**3734**	**179**	**3**	**6**
安源区	1975	114	1861			1678	287	8	2	
湘东区	1798	59	1738	1		1440	349	8		1
莲花县	2944	168	2675	101		1481	1383	80		
上栗县	5887	519	5046	322		4483	1354	47		3
芦溪县	3886	254	3498	134		3486	361	36	1	2
九江市	**46461**	**4013**	**36755**	**5688**	**5**	**29325**	**15928**	**1125**	**30**	**53**
濂溪区	611	55	512	44		437	160	11	3	
浔阳区										
柴桑区	1437	121	1231	85		892	499	39		7
武宁县	5132	270	4162	700		3961	994	137	15	25
修水县	9689	656	7700	1330	3	7139	2459	78	8	5
永修县	5628	627	4224	777		3336	1973	314	2	3
德安县	3049	143	2489	417		2480	519	49	1	
都昌县	7856	1062	6384	409	1	3755	3838	258		5
湖口县	3549	210	2759	579	1	2459	1033	55		2
彭泽县	4986	504	3938	544		2045	2860	80		1
瑞昌市	2721	29	1926	766		1988	719	14		
共青城市	43	14	29			2	31	10		
庐山市	1760	322	1401	37		831	843	80	1	5
新余市	**5373**	**222**	**4660**	**491**		**4077**	**1127**	**153**		**16**
渝水区	664	52	610	2		171	449	43		1
分宜县	4709	170	4050	489		3906	678	110		15
鹰潭市	**4453**	**575**	**3839**	**39**		**2652**	**1553**	**237**	**2**	**9**
月湖区	135	12	112	11		74	52	9		
余江区	1914	157	1756	1		1211	605	93	1	4
贵溪市	2404	406	1971	27		1367	896	135	1	5
赣州市	**72003**	**4835**	**59093**	**8066**	**9**	**55654**	**14828**	**1263**	**154**	**104**
章贡区	192	2	168	22		158	34			
南康区	1055	103	886	66		822	169	47	11	6
赣县区	2023	204	1799	20		1535	456	27	4	1
信丰县	8343	979	6058	1306		6931	1315	77	14	6
大余县	4273	531	3656	86		2686	1472	86	25	4
上犹县	3365	94	3073	198		2849	496	14	1	5
崇义县	2435	103	2064	268		2074	260	56	29	16
安远县	3670	205	3118	347		2913	664	84	4	5
定南县	3157	127	2652	378		2758	341	22	2	34
全南县	2611	253	2184	174		2101	306	178	26	

9-1b 续表

单位：户

地 区	合 计	建筑层数				承重类型				
		平房	多层(7层及以下)	高层(8-33层)	超高层(34层及以上)	钢及钢筋混凝土结构	混合结构	砖木结构	竹草土坯结构	其他结构
宁都县	10032	486	8153	1393		7767	2085	166	8	6
于都县	9760	298	8301	1161		6962	2697	96	3	2
兴国县	7598	377	6350	864	7	5075	2377	142	2	2
会昌县	5293	558	4089	646		4288	883	116	1	5
寻乌县	3710	183	2973	554		3333	277	79	18	3
石城县	3127	197	2352	576	2	2666	441	17	2	1
瑞金市	746	20	722	4		267	472	7		
龙南市	613	115	495	3		469	83	49	4	8
吉安市	**50129**	**4107**	**41392**	**4630**		**32472**	**15750**	**1815**	**63**	**29**
吉州区	316	18	237	61		161	140	15		
青原区	313	31	282			261	35	17		
吉安县	5637	320	4436	881		4480	1021	132	2	2
吉水县	6029	554	5107	368		4276	1482	271		
峡江县	2243	182	2002	59		1720	450	73		
新干县	3971	181	3265	525		2792	1043	132		4
永丰县	4937	566	3960	411		3272	1489	173	1	2
泰和县	6884	713	5174	997		5656	1019	190	15	4
遂川县	5358	542	4459	357		2809	2395	129	23	2
万安县	3066	151	2806	109		2003	954	91	13	5
安福县	4121	468	3297	356		1541	2281	283	6	10
永新县	5796	361	4948	487		2865	2710	221		
井冈山市	1458	20	1419	19		636	731	88	3	
宜春市	**35408**	**3757**	**28786**	**2860**	**5**	**21385**	**11879**	**2034**	**41**	**69**
袁州区	1647	238	1407	2		614	995	38		
奉新县	4545	348	3832	365		2501	1897	141		6
万载县	6436	964	4846	626		3614	2501	308	8	5
上高县	5488	190	4204	1089	5	3729	1620	127		12
宜丰县	4503	263	3845	395		3243	1023	229	5	3
靖安县	2114	171	1819	124		1079	964	61	2	8
铜鼓县	1905	135	1625	145		1499	275	76	24	31
丰城市	3962	763	3169	30		2399	1000	560	1	2
樟树市	1152	187	960	5		871	165	115	1	
高安市	3656	498	3079	79		1836	1439	379		2
抚州市	**37216**	**2564**	**30945**	**3707**		**28135**	**7461**	**1569**	**22**	**29**
临川区	2320	336	1973	11		1330	792	190		8
东乡区	1191	187	995	9		577	452	161		1
南城县	4778	283	3863	632		4020	635	116	4	3
黎川县	3912	215	2970	727		3518	250	143	1	
南丰县	4092	191	3534	367		3703	319	67	1	2
崇仁县	4568	484	3675	409		2779	1513	267	4	5
乐安县	3828	177	3286	365		3204	505	118		1
宜黄县	3373	101	2932	340		1859	1396	112	2	4
金溪县	3523	271	2824	428		2911	447	161	3	1
资溪县	1722	134	1482	106		1149	480	84	6	3
广昌县	3909	185	3411	313		3085	672	150	1	1
上饶市	**61049**	**5997**	**51198**	**3756**	**98**	**44939**	**13713**	**2333**	**18**	**46**
信州区	415	31	379	5		338	66	10		1
广丰区	3106	816	2290			2070	895	135	1	5
广信区	1891	511	1372	8		1150	677	60	2	2
玉山县	8769	763	7245	761		6885	1587	286	4	7
铅山县	6181	660	5141	380		4576	1392	203	4	6
横峰县	2995	214	2611	170		2541	423	25	5	1
弋阳县	5072	518	4287	267		3082	1726	262		2
余干县	9437	709	8008	677	43	7267	1982	181		7
鄱阳县	13589	1242	11430	862	55	10635	2201	744		9
万年县	4673	203	4016	454		2828	1752	91		2
婺源县	4593	270	4151	172		3319	968	302		4
德兴市	328	60	268			248	44	34	2	

9-1c　各地区按建筑层数、承重类型分的家庭户户数(乡村)

单位：户

地区	合计	建筑层数				承重类型				
		平房	多层(7层及以下)	高层(8-33层)	超高层(34层及以上)	钢及钢筋混凝土结构	混合结构	砖木结构	竹草土坯结构	其他结构
全省	**585318**	**112542**	**470394**	**2378**	**4**	**277644**	**244343**	**57348**	**3586**	**2397**
南昌市	**42906**	**10923**	**31214**	**767**	**2**	**17960**	**18266**	**6268**	**33**	**379**
东湖区	525	110	390	24	1	357	162	6		
西湖区										
青云谱区										
青山湖区	1175	191	981	3		599	460	100	4	12
新建区	9782	2948	6525	309		4939	2938	1883	7	15
红谷滩区	547	241	287	19		304	111	128	3	1
南昌县	15705	3696	11616	392	1	5454	7762	2157	4	328
安义县	3902	953	2946	3		2192	1320	364	12	14
进贤县	11270	2784	8469	17		4115	5513	1630	3	9
景德镇市	**18134**	**3117**	**15015**	**2**		**6175**	**9335**	**2532**	**71**	**21**
昌江区	1192	186	1006			344	692	156		
珠山区	48	4	44			44	2	2		
浮梁县	3538	1175	2362	1		1301	1034	1116	69	18
乐平市	13356	1752	11603	1		4486	7607	1258	2	3
萍乡市	**16892**	**1658**	**15228**	**6**		**10404**	**6031**	**420**	**20**	**17**
安源区	250	27	223			247	3			
湘东区	3436	107	3328	1		2632	769	27	1	7
莲花县	3581	373	3207	1		1093	2251	236	1	
上栗县	6000	720	5279	1		3358	2540	93	2	7
芦溪县	3625	431	3191	3		3074	468	64	16	3
九江市	**62655**	**10527**	**51242**	**886**		**26180**	**32313**	**3931**	**139**	**92**
濂溪区	2034	279	1392	363		1089	859	82	3	1
浔阳区	70	2	68			57	10	2		1
柴桑区	5282	913	3988	381		2129	2858	290	3	2
武宁县	5385	864	4513	8		2552	1982	748	67	36
修水县	11813	2553	9259	1		6482	4946	306	60	19
永修县	4422	1116	3286	20		1401	2509	499	2	11
德安县	2049	335	1703	11		914	964	170		1
都昌县	11480	1535	9943	2		4469	6198	806		7
湖口县	4004	334	3653	17		1396	2502	104		2
彭泽县	4846	993	3850	3		1226	3300	318		2
瑞昌市	7016	1066	5905	45		2354	4192	467	2	1
共青城市	1274	186	1087	1		571	646	55		2
庐山市	2980	351	2595	34		1540	1347	84	2	7
新余市	**11857**	**2555**	**9272**	**30**		**5580**	**4494**	**1757**	**5**	**21**
渝水区	7907	1584	6294	29		3906	2940	1045	4	12
分宜县	3950	971	2978	1		1674	1554	712	1	9
鹰潭市	**13823**	**2396**	**11417**	**10**		**7253**	**5326**	**1183**	**8**	**53**
月湖区	299	27	272			176	113	10		
余江区	5260	911	4339	10		3411	1389	418	6	36
贵溪市	8264	1458	6806			3666	3824	755	2	17
赣州市	**126847**	**22002**	**104441**	**403**	**1**	**64618**	**52833**	**6590**	**1878**	**928**
章贡区	3295	429	2722	144		1729	1407	86	43	30
南康区	12364	2206	10108	50		5412	6074	565	165	148
赣县区	8411	1636	6757	18		4593	3231	328	184	75
信丰县	9867	1968	7893	6		4966	4392	452	30	27
大余县	4524	891	3628	5		2383	1745	261	76	59
上犹县	5412	1410	4001	1		3182	1668	276	181	105
崇义县	3465	756	2702	7		1098	1503	143	521	200
安远县	4962	762	4186	13	1	3300	1396	223	32	11
定南县	2574	472	2077	25		1487	757	229	73	28
全南县	2784	507	2268	9		1754	626	340	60	4

9-1c 续表

单位：户

地 区	合 计	建筑层数				承重类型				
		平房	多层(7层及以下)	高层(8-33层)	超高层(34层及以上)	钢及钢筋混凝土结构	混合结构	砖木结构	竹草土坯结构	其他结构
宁都县	13240	2630	10596	14		6725	5319	1038	114	44
于都县	16812	2581	14219	12		10840	5573	340	25	34
兴国县	12175	1293	10868	14		4293	7553	279	13	37
会昌县	5820	1080	4728	12		3832	1615	320	43	10
寻乌县	4373	1161	3205	7		2542	1036	609	138	48
石城县	4048	481	3556	11		1500	2392	99	27	30
瑞金市	8735	740	7950	45		2443	5891	310	80	11
龙南市	3986	999	2977	10		2539	655	692	73	27
吉安市	**70285**	**14435**	**55805**	**45**		**31222**	**31305**	**7248**	**340**	**170**
吉州区	1868	265	1603			1045	670	151		2
青原区	3289	677	2595	17		1234	1771	262	15	7
吉安县	7219	1838	5379	2		4655	1854	701	2	7
吉水县	7189	1749	5435	5		2062	3999	1119	1	8
峡江县	2593	677	1916			875	1289	428	1	
新干县	5812	1313	4493	6		2397	2619	792	2	2
永丰县	6029	1424	4602	3		2481	2951	560	10	27
泰和县	7445	1467	5974	4		3756	2890	707	49	43
遂川县	9212	1979	7231	2		5046	3478	564	102	22
万安县	4698	634	4062	2		2598	1603	358	100	39
安福县	5929	1134	4795			1690	3547	684	7	1
永新县	7214	1139	6071	4		3040	3486	678		10
井冈山市	1788	139	1649			343	1148	244	51	2
宜春市	**71663**	**16704**	**54886**	**73**		**27069**	**33322**	**10262**	**688**	**322**
袁州区	11707	2195	9477	35		3769	7335	550	44	9
奉新县	3687	1279	2408			1112	1775	687	73	40
万载县	6831	1670	5160	1		2430	3786	479	95	41
上高县	4647	907	3737	3		1884	1979	780	3	1
宜丰县	3501	1061	2439	1		1523	1061	834	39	44
靖安县	1970	456	1513	1		234	1230	276	177	53
铜鼓县	1696	523	1171	2		730	471	175	228	92
丰城市	17504	4265	13215	24		7204	7177	3064	27	32
樟树市	7955	1591	6359	5		5043	1715	1193	1	3
高安市	12165	2757	9407	1		3140	6793	2224	1	7
抚州市	**57425**	**12754**	**44537**	**133**	**1**	**23228**	**23846**	**9890**	**199**	**262**
临川区	14511	2928	11554	29		6099	6569	1829	1	13
东乡区	5380	1548	3818	14		1562	2716	1080	1	21
南城县	3836	901	2921	14		2118	1106	610		2
黎川县	3237	624	2597	15	1	1554	1161	515	3	4
南丰县	4368	743	3619	6		2977	1001	342	32	16
崇仁县	5505	1628	3868	9		2277	2086	1116	13	13
乐安县	6138	1156	4969	13		2650	2357	1076	12	43
宜黄县	3902	784	3106	12		500	2274	1036	39	53
金溪县	5190	1443	3742	5		1907	2058	1208	9	8
资溪县	1641	586	1055			466	539	492	77	67
广昌县	3717	413	3288	16		1118	1979	586	12	22
上饶市	**92831**	**15471**	**77337**	**23**		**57955**	**27272**	**7267**	**205**	**132**
信州区	3180	330	2849	1		2249	852	75	2	2
广丰区	9257	2624	6633			5645	3065	496	28	23
广信区	9578	2427	7143	8		6707	2537	278	26	30
玉山县	6975	1206	5768	1		4148	2200	552	47	28
铅山县	4996	1005	3991			3156	1331	490	8	11
横峰县	2602	347	2253	2		1820	695	55	27	5
弋阳县	5446	745	4699	2		2960	2160	319	4	3
余干县	14334	2142	12188	4		9627	3994	707	2	4
鄱阳县	21403	2898	18501	4		15150	4251	1986	1	15
万年县	6347	583	5764			1576	4514	253	3	1
婺源县	5434	665	4768	1		2421	1184	1788	37	4
德兴市	3279	499	2780			2496	489	268	20	6

9–2　各地区按住房建成时间分的家庭户住房状况

单位：户、间、平方米

地　区	合　计			1949年以前		
	户数	间数	面积	户数	间数	面积
全　省	**1340608**	**5637487**	**222437041**	**2684**	**8305**	**275144**
南昌市	**176497**	**547759**	**20924219**	**174**	**558**	**19704**
东湖区	14049	32459	1183589	5	22	858
西湖区	16424	38297	1424428	29	72	2927
青云谱区	11623	26214	969107	6	35	837
青山湖区	33690	87192	3249226	3	7	280
新建区	21788	74934	2969380	27	73	2658
红谷滩区	13468	35385	1424696	3	12	418
南昌县	38226	139222	5223716	43	146	4773
安义县	6825	31245	1195834	28	99	3594
进贤县	20404	82811	3284243	30	92	3359
景德镇市	**49279**	**184528**	**8478845**	**310**	**787**	**25881**
昌江区	6150	20651	902926	8	27	1257
珠山区	12978	34802	1314245	144	304	8245
浮梁县	7754	34393	1491490	56	207	6803
乐平市	22397	94682	4770184	102	249	9576
萍乡市	**51496**	**233543**	**10035635**	**19**	**74**	**3005**
安源区	16453	58023	2332589	5	23	690
湘东区	8970	39052	1854596	1	1	75
莲花县	6525	35425	1633527	2	6	260
上栗县	12037	63660	2648592	5	20	820
芦溪县	7511	37383	1556331	6	24	1160
九江市	**145810**	**560536**	**22766742**	**133**	**388**	**12224**
濂溪区	13014	36967	1423182	12	36	1559
浔阳区	14554	38172	1430596	9	22	636
柴桑区	9803	40352	1696967	3	14	526
武宁县	10517	42892	1706420	10	27	1030
修水县	21502	95706	3565421	15	47	1740
永修县	10050	37089	1418088	3	13	580
德安县	5098	18880	757472	3	15	325
都昌县	19336	84324	3637828	14	44	1740
湖口县	7553	28883	1463673	2	7	182
彭泽县	9832	37868	1727434			
瑞昌市	13997	53561	2107904	3	14	485
共青城市	3560	13037	512518			
庐山市	6994	32805	1319239	59	149	3421
新余市	**37172**	**113333**	**4441158**	**28**	**59**	**2105**
渝水区	28513	82300	3230223	21	43	1595
分宜县	8659	31033	1210935	7	16	510
鹰潭市	**36595**	**145644**	**5933460**	**94**	**264**	**10017**
月湖区	9405	28278	1090621	5	12	410
余江区	10177	43963	1741590	56	147	5314
贵溪市	17013	73403	3101249	33	105	4293
赣州市	**254148**	**1182335**	**43212875**	**243**	**775**	**26096**
章贡区	30862	90492	3584801	20	58	2232
南康区	24297	112087	4176680	42	155	5278
赣县区	16204	76399	2633090	10	40	1296
信丰县	18210	87425	3599659	2	4	260
大余县	8797	46480	1331695	4	14	602
上犹县	8777	39402	1497861	4	9	278
崇义县	5900	28003	946598	5	14	440
安远县	8632	38293	1522852	6	15	634
定南县	5731	22779	762846	23	67	2206
全南县	5395	22874	722306	13	33	1100

9-2 续表 1

单位：户、间、平方米

地　区	合计			1949年以前		
	户数	间数	面积	户数	间数	面积
宁都县	23272	104264	3829197	14	32	1412
于都县	26572	151649	5061946	6	22	680
兴国县	19773	110354	3887231	5	16	590
会昌县	11113	60925	2115120	11	38	1199
寻乌县	8111	42742	1405331	31	110	3306
石城县	7175	36041	1426158	5	21	946
瑞金市	16054	77501	2756210	17	64	1957
龙南市	9273	34625	1353294	25	63	1680
吉安市	**134582**	**666194**	**24177992**	**354**	**1191**	**36175**
吉州区	12023	40459	1561119	29	103	3064
青原区	6604	28324	1106924	19	61	1780
吉安县	12856	59266	1844221	60	211	5832
吉水县	13218	63925	2630306	54	135	5020
峡江县	4836	19213	731504	5	14	519
新干县	9783	44605	1850410	29	84	2894
永丰县	10966	56888	2203010	14	57	2119
泰和县	14329	66404	2222103	57	181	5204
遂川县	14570	82098	3086515	16	61	1597
万安县	7764	46191	1484466	8	23	715
安福县	10050	51906	1931934	37	156	4191
永新县	13010	79202	2564890	21	83	2450
井冈山市	4573	27713	960590	5	22	790
宜春市	**147585**	**632199**	**25339341**	**465**	**1447**	**48558**
袁州区	30873	122867	4690285	9	17	609
奉新县	8232	33155	1198708	31	121	3809
万载县	13267	59029	2367170	32	86	3252
上高县	10135	44497	1865601	9	25	909
宜丰县	8004	29063	1171870	52	136	5250
靖安县	4084	16901	646174	22	65	2003
铜鼓县	3601	14017	522346	17	44	1845
丰城市	30635	150446	5910627	180	590	18870
樟树市	15845	60452	2457118	62	188	6299
高安市	22909	101772	4509442	51	175	5712
抚州市	**116352**	**472695**	**17774565**	**401**	**1094**	**32083**
临川区	32994	132370	5116006	68	201	5466
东乡区	12119	48667	2047875	29	67	2611
南城县	8614	36970	1288646	13	38	1126
黎川县	7149	25443	883666	71	166	4038
南丰县	8460	31462	1129111	35	84	2372
崇仁县	10073	45825	1723398	24	77	2228
乐安县	9966	51151	1861513	10	32	1093
宜黄县	7275	28404	916616	39	102	2457
金溪县	8713	34655	1385135	95	272	8929
资溪县	3363	11987	454198	8	30	1093
广昌县	7626	25761	968401	9	25	670
上饶市	**191092**	**898721**	**39352209**	**463**	**1668**	**59296**
信州区	16204	62613	2473084	11	51	1213
广丰区	21574	114312	4270761	60	245	6087
广信区	20570	105818	4250530	22	73	2001
玉山县	15744	79950	3581322	39	111	4005
铅山县	11245	52117	2291217	74	183	6503
横峰县	5597	24580	1063383	2	4	210
弋阳县	10518	48526	2136487	6	18	685
余干县	24687	118666	5715073	62	280	11780
鄱阳县	35053	160289	7581925	27	85	2992
万年县	11020	50056	2353160	10	43	1500
婺源县	10027	46248	1950193	139	541	20966
德兴市	8853	35546	1685074	11	34	1354

9-2　续表 2

单位：户、间、平方米

地　　区	1949—1959年			1960—1969年		
	户数	间数	面积	户数	间数	面积
全　省	**2631**	**7848**	**257667**	**6987**	**21707**	**720628**
南昌市	**570**	**1215**	**36206**	**1180**	**2850**	**91180**
东湖区	32	73	2467	152	319	9684
西湖区	92	176	5580	134	281	8095
青云谱区	249	421	11897	142	252	6885
青山湖区	91	206	4971	245	527	15631
新建区	27	88	2713	132	367	13239
红谷滩区	1	3	90	6	28	896
南昌县	32	88	2929	200	565	19182
安义县	12	48	1465	43	132	4725
进贤县	34	112	4094	126	379	12843
景德镇市	**207**	**493**	**16124**	**590**	**1520**	**49129**
昌江区	38	87	2532	46	113	3662
珠山区	88	173	4736	177	368	9291
浮梁县	28	91	3241	149	475	15683
乐平市	53	142	5615	218	564	20493
萍乡市	**37**	**146**	**7274**	**117**	**462**	**19234**
安源区	5	23	758	16	54	1630
湘东区	2	6	476	15	40	1915
莲花县	15	55	3013	40	182	7614
上栗县	6	27	1247	26	105	4660
芦溪县	9	35	1780	20	81	3415
九江市	**148**	**502**	**17938**	**452**	**1347**	**47146**
濂溪区	29	76	3954	73	173	6585
浔阳区	17	45	1312	45	115	3126
柴桑区	6	23	875	20	58	2011
武宁县	9	38	1499	44	143	5517
修水县	6	12	490	21	67	2619
永修县	12	36	980	53	137	4873
德安县	6	55	1070	14	65	1814
都昌县	22	82	3296	48	192	7258
湖口县	2	9	240	14	31	798
彭泽县	7	21	852	48	139	5451
瑞昌市	6	24	1189	25	71	2614
共青城市	3	6	181	1	4	120
庐山市	23	75	2000	46	152	4360
新余市	**32**	**70**	**2621**	**125**	**312**	**10347**
渝水区	22	49	1953	82	183	6572
分宜县	10	21	668	43	129	3775
鹰潭市	**63**	**200**	**8537**	**188**	**580**	**21991**
月湖区	6	19	864	21	69	2351
余江区	36	115	4697	55	171	5831
贵溪市	21	66	2976	112	340	13809
赣州市	**451**	**1606**	**49216**	**1039**	**3640**	**115709**
章贡区	22	42	1698	69	179	6640
南康区	38	133	5628	85	297	10469
赣县区	23	99	3222	40	170	4972
信丰县	3	10	418	39	153	5024
大余县	15	49	1531	28	85	2857
上犹县	10	35	1288	18	59	1778
崇义县	6	25	606	22	87	2552
安远县	6	22	948	13	46	1625
定南县	19	72	1803	38	207	4575
全南县	83	257	5418	100	319	7751

9-2 续表 3

单位：户、间、平方米

地区	1949—1959年			1960—1969年		
	户数	间数	面积	户数	间数	面积
宁都县	11	31	1159	66	179	6991
于都县	79	318	11239	68	325	11254
兴国县	17	71	2311	63	248	8057
会昌县	12	85	1673	37	158	5204
寻乌县	25	113	2964	55	207	5828
石城县	6	22	1157	24	92	3618
瑞金市	31	96	2986	84	300	9213
龙南市	45	126	3167	190	529	17301
吉安市	**216**	**818**	**24169**	**744**	**2841**	**91915**
吉州区	9	39	968	30	77	2120
青原区	10	28	862	21	67	2159
吉安县	32	116	3551	76	280	9550
吉水县	20	62	2354	54	161	6356
峡江县	8	20	698	38	101	3546
新干县	19	52	1727	60	199	6950
永丰县	9	35	1250	59	237	8400
泰和县	26	85	2351	67	274	7734
遂川县	22	98	2593	69	291	9926
万安县	10	51	1637	43	240	7068
安福县	17	49	1137	103	284	8490
永新县	26	132	3631	74	338	10413
井冈山市	8	51	1410	50	292	9203
宜春市	**235**	**739**	**24398**	**781**	**2542**	**78334**
袁州区	20	66	2190	52	164	5767
奉新县	17	66	2263	41	110	3254
万载县	7	25	1200	51	160	5956
上高县	8	18	628	28	83	2961
宜丰县	22	52	1906	94	250	8483
靖安县	5	13	370	28	89	3264
铜鼓县	1	3	120	35	138	4307
丰城市	91	303	9397	286	1064	28722
樟树市	37	102	3417	96	288	8998
高安市	27	91	2907	70	196	6622
抚州市	**216**	**614**	**20141**	**664**	**2042**	**64965**
临川区	52	150	4967	131	406	13314
东乡区	29	81	2923	53	145	4705
南城县	6	17	469	70	233	6851
黎川县	22	63	1587	47	145	4128
南丰县	22	56	1858	51	137	4126
崇仁县	22	67	2165	72	215	6748
乐安县	22	71	2416	52	179	6136
宜黄县	13	34	1073	57	180	4781
金溪县	18	53	1820	55	177	5547
资溪县	4	10	460	53	164	6597
广昌县	6	12	403	23	61	2032
上饶市	**456**	**1445**	**51043**	**1107**	**3571**	**130678**
信州区	70	187	4979	85	242	6545
广丰区	53	171	6127	159	684	24384
广信区	19	58	1801	44	123	4729
玉山县	39	110	3657	82	252	8877
铅山县	48	128	4290	95	252	8337
横峰县	6	15	700	16	49	1920
弋阳县	17	52	1800	56	152	5870
余干县	57	261	9987	133	417	17090
鄱阳县	34	96	3905	123	386	14464
万年县	8	23	1135	26	74	3557
婺源县	67	244	8892	165	609	22815
德兴市	38	100	3770	123	331	12090

9-2　续表 4

单位：户、间、平方米

地　区	1970-1979年			1980-1989年			1990-1999年		
	户数	间数	面积	户数	间数	面积	户数	间数	面积
全　省	**23255**	**73741**	**2499987**	**91850**	**318171**	**11220813**	**239096**	**962626**	**37320467**
南昌市	**4135**	**10473**	**341630**	**17435**	**48606**	**1661107**	**38648**	**116690**	**4287782**
东湖区	715	1544	48646	2883	6623	217416	6199	13101	453595
西湖区	491	977	30144	2019	4240	134421	5905	12132	429785
青云谱区	456	981	26910	1513	3211	102095	2827	5991	206403
青山湖区	683	1432	42273	3485	7794	245385	6009	14780	528300
新建区	461	1297	47065	1709	5324	196976	3501	11652	456050
红谷滩区	30	88	2783	130	509	17326	327	998	36396
南昌县	678	2120	69183	2833	10006	343618	6297	25759	941572
安义县	158	545	19965	752	3178	120469	2024	8899	330931
进贤县	463	1489	54661	2111	7721	283401	5559	23378	904750
景德镇市	**1762**	**4702**	**155423**	**4495**	**13745**	**504201**	**7935**	**28450**	**1275471**
昌江区	399	918	29111	760	1936	67042	993	3123	129044
珠山区	459	941	25247	1289	3131	95683	2238	6273	228977
浮梁县	425	1472	50027	984	3672	127260	1037	4265	180602
乐平市	479	1371	51038	1462	5006	214216	3667	14789	736848
萍乡市	**637**	**2554**	**110314**	**3905**	**16467**	**683205**	**10324**	**46818**	**1964966**
安源区	189	637	22024	1612	5625	202041	3516	12546	488882
湘东区	103	388	19011	772	3310	167617	1790	7729	358663
莲花县	75	325	16497	249	1066	48555	878	4516	206393
上栗县	179	791	36585	751	3832	160537	2408	12822	538492
芦溪县	91	413	16197	521	2634	104455	1732	9205	372536
九江市	**1849**	**5339**	**182775**	**7728**	**25478**	**962552**	**27825**	**106539**	**4275300**
濂溪区	134	377	12459	565	1680	63733	1534	5266	224424
浔阳区	285	639	18026	960	2272	75597	3768	9187	324285
柴桑区	77	251	8710	408	1517	59787	1585	6554	283142
武宁县	198	684	27037	788	2880	111425	1426	5835	221914
修水县	73	266	9083	566	1936	68364	3293	13927	517253
永修县	205	526	17332	619	1956	66846	2230	8440	310588
德安县	58	200	6499	386	1316	50024	956	3826	155203
都昌县	183	610	23784	1089	3764	151293	4612	19574	830785
湖口县	72	177	6780	315	978	38885	1293	4789	226819
彭泽县	171	510	18666	728	2434	99911	2439	9218	401799
瑞昌市	250	653	20430	707	2545	95062	2193	9134	355622
共青城市	11	29	1018	115	419	15309	821	3209	120091
庐山市	132	417	12951	482	1781	66316	1675	7580	303375
新余市	**569**	**1391**	**48893**	**2938**	**7647**	**273064**	**7617**	**23678**	**900240**
渝水区	350	806	28787	2126	5189	186621	5749	16823	643001
分宜县	219	585	20106	812	2458	86443	1868	6855	257239
鹰潭市	**637**	**2220**	**86213**	**3234**	**10848**	**407835**	**8398**	**34341**	**1388329**
月湖区	104	352	11387	892	2481	81958	2082	6411	231673
余江区	161	538	21185	849	3223	125789	2509	11568	463948
贵溪市	372	1330	53641	1493	5144	200088	3807	16362	692708
赣州市	**2938**	**10853**	**352411**	**10260**	**39649**	**1320386**	**34642**	**150820**	**5571126**
章贡区	275	669	23141	1234	3244	114770	5134	14458	574128
南康区	249	995	34465	844	3394	119047	3306	15372	582433
赣县区	144	602	17889	478	2162	68558	1556	7315	250600
信丰县	192	711	23648	530	2173	78607	2252	10432	445788
大余县	126	470	15054	421	1447	48421	1028	4930	192902
上犹县	163	634	20750	321	1207	38580	846	3568	131873
崇义县	123	520	15620	683	2913	87031	644	2510	83899
安远县	113	420	15610	330	1402	49920	853	3614	140708
定南县	65	221	7017	294	1264	36635	691	2662	91097
全南县	151	549	16194	438	1653	48896	629	2783	84000

9-2 续表 5

单位：户、间、平方米

地 区	1970—1979年			1980—1989年			1990—1999年		
	户数	间数	面积	户数	间数	面积	户数	间数	面积
宁都县	241	795	30253	889	3102	122532	3489	14377	529185
于都县	150	695	19774	675	2855	95788	4030	20143	687466
兴国县	98	445	15358	455	1981	69659	2196	11499	419764
会昌县	106	431	14051	361	1643	49506	1391	7350	251503
寻乌县	168	800	22355	653	3126	89010	915	4529	142837
石城县	55	183	7726	313	1360	51760	1114	5188	208437
瑞金市	225	833	26888	504	2024	68240	3328	15666	571216
龙南市	294	880	26618	837	2699	83426	1240	4424	183290
吉安市	**2355**	**9109**	**292108**	**8738**	**37313**	**1217816**	**24560**	**117420**	**4196111**
吉州区	72	259	8144	655	2000	64493	2712	8652	326155
青原区	80	252	8545	280	1113	39543	993	4588	171011
吉安县	219	905	26970	823	3581	105036	2170	10316	310531
吉水县	231	756	28615	1140	4438	169944	2948	14117	564832
峡江县	172	519	19942	442	1588	56924	1214	4898	182066
新干县	204	593	21710	838	3240	109824	2050	9716	395889
永丰县	149	553	20308	626	2618	97389	2158	10556	405831
泰和县	357	1212	37917	988	4214	126541	2953	13903	444009
遂川县	169	785	26063	516	2445	82569	1607	8592	334139
万安县	145	812	23310	506	2750	79464	1381	7719	239702
安福县	280	1019	30451	740	3175	105816	1852	9324	345935
永新县	168	784	21761	825	4225	122708	1848	11005	340540
井冈山市	109	660	18372	359	1926	57565	674	4034	135471
宜春市	**2667**	**8591**	**288059**	**12004**	**42575**	**1494178**	**27055**	**113128**	**4415909**
袁州区	201	682	24991	1202	4516	158647	5363	22832	856755
奉新县	163	592	19152	836	3251	112052	1606	6487	231827
万载县	161	505	19215	684	2470	95793	2265	9882	392874
上高县	138	379	14451	835	2813	106737	1671	6686	268970
宜丰县	245	652	23201	923	2785	107093	1595	5690	226068
靖安县	131	416	14680	605	2227	78881	953	3426	131773
铜鼓县	103	368	13603	409	1526	56129	526	1828	66752
丰城市	768	2633	81599	2625	9816	317961	5124	23983	894811
樟树市	344	1046	34461	1669	5507	189707	3515	13474	536153
高安市	413	1318	42706	2216	7664	271178	4437	18840	809926
抚州市	**2460**	**7886**	**252042**	**9869**	**34986**	**1141997**	**19111**	**75320**	**2759242**
临川区	480	1528	50854	2412	8453	288963	6073	23863	896086
东乡区	220	613	21825	1012	3470	124787	2140	8752	362598
南城县	228	754	22550	707	2598	78356	1332	5621	192097
黎川县	126	384	11164	448	1576	48036	1157	4313	144409
南丰县	193	593	20382	712	2197	73570	1535	5381	191237
崇仁县	283	930	28420	978	3518	111683	1548	6509	238951
乐安县	198	798	24963	885	3945	124157	1180	5783	197350
宜黄县	248	798	20740	936	3419	93526	1090	4311	134329
金溪县	196	682	21971	869	3005	101383	1350	5060	196570
资溪县	191	539	19336	420	1328	46340	531	1809	66489
广昌县	97	267	9837	490	1477	51196	1175	3918	139126
上饶市	**3246**	**10623**	**390119**	**11244**	**40857**	**1554472**	**32981**	**149422**	**6285991**
信州区	436	1219	36657	1750	5748	187901	3381	12997	496045
广丰区	406	1590	57768	1316	5615	198870	4598	23727	849251
广信区	141	463	17147	717	3049	112712	3329	17844	678759
玉山县	248	928	33937	809	3484	140804	3253	16655	743567
铅山县	270	781	27372	736	2684	103663	2162	9656	414747
横峰县	45	130	5457	294	1076	40093	1113	4503	195318
弋阳县	215	565	19555	587	1849	70099	1829	7813	333955
余干县	172	579	24706	748	2651	120969	3668	16679	770427
鄱阳县	408	1314	51521	1606	5569	225214	5106	21937	1024700
万年县	109	351	15341	465	1603	71668	1895	7907	361729
婺源县	459	1813	66932	1255	5126	196186	1148	4804	202067
德兴市	337	890	33726	961	2403	86293	1499	4900	215426

9-2 续表 6

单位：户、间、平方米

地区	2000—2009年			2010—2014年			2015年以后		
	户数	间数	面积	户数	间数	面积	户数	间数	面积
全省	**472215**	**2075775**	**83761358**	**331340**	**1462320**	**58389033**	**170550**	**706994**	**27991944**
南昌市	**59334**	**191062**	**7673364**	**33411**	**107199**	**4206871**	**21610**	**69106**	**2606375**
东湖区	2781	7636	316513	944	2339	102344	338	802	32066
西湖区	3402	8850	377286	2448	6744	263665	1904	4825	172525
青云谱区	4277	10058	409484	1222	3025	122017	931	2240	82579
青山湖区	11539	30759	1233535	7208	19352	743187	4427	12335	435664
新建区	7139	25003	1027126	4777	17266	690627	4015	13864	532926
红谷滩区	7151	18119	739537	3372	8935	362159	2448	6693	265091
南昌县	14018	52610	2051655	9059	30567	1149869	5066	17361	640935
安义县	1779	8432	320749	1220	5920	232621	809	3992	161315
进贤县	7248	29595	1197479	3161	13051	540382	1672	6994	283274
景德镇市	**16656**	**66062**	**3166167**	**11989**	**47384**	**2271967**	**5335**	**21385**	**1014482**
昌江区	1805	7030	332192	1623	5541	250340	478	1876	87746
珠山区	4663	13829	574349	2675	6765	260809	1245	3018	106908
浮梁县	1957	8985	408692	1957	9109	414856	1161	6117	284326
乐平市	8231	36218	1850934	5734	25969	1345962	2451	10374	535502
萍乡市	**18172**	**82771**	**3583712**	**11948**	**54263**	**2345764**	**6337**	**29988**	**1318161**
安源区	6131	21197	880852	3530	12248	501449	1449	5670	234263
湘东区	2400	10416	499637	2090	9159	430530	1797	8003	386672
莲花县	2634	14652	683789	1793	9938	453981	839	4685	213425
上栗县	4283	22985	949911	3000	15578	648500	1379	7500	307840
芦溪县	2724	13521	569523	1535	7340	311304	873	4130	175961
九江市	**52282**	**212427**	**8844062**	**35841**	**136782**	**5548046**	**19552**	**71734**	**2876699**
濂溪区	3070	9401	383492	4452	11668	432220	3145	8290	294756
浔阳区	4109	11620	476631	2627	6913	261074	2734	7359	269909
柴桑区	4035	16865	716517	2487	10167	421617	1182	4903	203782
武宁县	3503	14793	601339	3004	12460	496870	1535	6032	239789
修水县	8418	39164	1464872	6069	26398	982974	3041	13889	518026
永修县	3621	13472	528359	2261	8560	332807	1046	3949	155723
德安县	1756	6451	274297	1328	4999	192493	591	1953	75747
都昌县	7782	34741	1500771	3854	17367	763510	1732	7950	355391
湖口县	3017	12033	634936	1950	7367	373785	888	3492	181248
彭泽县	3265	13118	606867	2009	8011	384631	1165	4417	209257
瑞昌市	5757	23419	945905	3373	11816	458946	1683	5885	227651
共青城市	1317	4857	194478	929	3269	131676	363	1244	49645
庐山市	2632	12493	515598	1498	7787	315443	447	2371	95775
新余市	**12608**	**39754**	**1606011**	**9211**	**27861**	**1108241**	**4044**	**12561**	**489636**
渝水区	9827	28752	1161900	7230	21200	839737	3106	9255	360057
分宜县	2781	11002	444111	1981	6661	268504	938	3306	129579
鹰潭市	**12324**	**52897**	**2201372**	**8043**	**31147**	**1275019**	**3614**	**13147**	**534147**
月湖区	2608	8238	329246	2409	7050	288072	1278	3646	144660
余江区	3730	17051	685931	1947	7954	303089	834	3196	125806
贵溪市	5986	27608	1186195	3687	16143	683858	1502	6305	263681
赣州市	**94517**	**460867**	**17047189**	**76296**	**371363**	**13590277**	**33762**	**142762**	**5140465**
章贡区	10768	33934	1411986	7412	21665	845158	5928	16243	605048
南康区	8537	42853	1623769	7594	34026	1260979	3602	14862	534612
赣县区	5513	27057	934778	5082	24975	864175	3358	13979	487600
信丰县	7575	37287	1575555	5533	27750	1206715	2084	8905	363644
大余县	4156	22462	889044	2267	12931	519828	752	4092	161456
上犹县	3173	14542	558652	3141	14561	567151	1101	4787	177511
崇义县	1358	6453	229225	2068	10566	364189	991	4915	163036
安远县	3106	13976	566016	3145	14204	562698	1060	4594	184693
定南县	2115	8475	290940	1907	7599	254255	579	2212	74318
全南县	1746	7140	237890	1567	7165	228393	668	2975	92664

9-2 续表 7

单位：户、间、平方米

地区	2000-2009年			2010-2014年			2015年以后		
	户数	间数	面积	户数	间数	面积	户数	间数	面积
宁都县	8601	40613	1474085	6947	32425	1201160	3014	12710	462420
于都县	11085	64463	2142626	8246	49539	1655189	2233	13289	437930
兴国县	8384	48455	1725400	6302	35709	1230457	2253	11930	415635
会昌县	4364	24839	872830	3329	19376	675077	1502	7005	244077
寻乌县	2379	12841	426661	2997	16576	563633	888	4440	148737
石城县	2299	12100	482177	2436	12962	517755	923	4113	152582
瑞金市	6595	32836	1167248	3712	18960	666537	1558	6722	241925
龙南市	2763	10541	438307	2611	10374	406928	1268	4989	192577
吉安市	**46125**	**234752**	**8684329**	**32683**	**170055**	**6232275**	**18807**	**92695**	**3403094**
吉州区	3587	13242	534668	2506	8824	342981	2423	7263	278526
青原区	2430	10687	428590	1672	7136	283793	1099	4392	170641
吉安县	4920	22837	728156	2929	13665	428267	1627	7355	226328
吉水县	4046	19781	822994	3001	16045	671591	1724	8430	358600
峡江县	1416	5915	229463	1056	4139	157410	485	2019	80936
新干县	2941	13604	580491	2313	10880	463975	1329	6237	266950
永丰县	3903	21011	823770	2707	14403	555710	1341	7418	288233
泰和县	4886	22666	783229	3394	15729	536295	1601	8140	278823
遂川县	5165	29969	1154351	4484	26179	977370	2522	13678	497907
万安县	2607	15481	516686	1928	12209	394025	1136	6906	221859
安福县	3769	19805	751218	2164	12210	462481	1088	5884	222215
永新县	4719	29877	971265	3456	21248	702252	1873	11510	389870
井冈山市	1736	9877	359448	1073	7388	256125	559	3463	122206
宜春市	**49433**	**220217**	**9031151**	**35539**	**159296**	**6549094**	**19406**	**83664**	**3409660**
袁州区	10988	46279	1791548	8137	30755	1178176	4901	17556	671602
奉新县	2703	10710	398550	1856	7701	283115	979	4117	144686
万载县	4971	23548	946069	3238	14428	580092	1858	7925	322719
上高县	3568	15135	648656	2611	12796	547774	1267	6562	274515
宜丰县	2138	8045	333640	1936	7584	307652	999	3869	158577
靖安县	966	3960	154848	954	4375	170649	420	2330	89706
铜鼓县	894	3287	128572	983	4344	160782	633	2479	90236
丰城市	10082	52377	2118231	7651	40184	1646193	3828	19496	794843
樟树市	5118	20378	859048	3155	12633	534702	1849	6836	284333
高安市	8005	36498	1651989	5018	24496	1139959	2672	12494	578443
抚州市	**39309**	**166911**	**6474591**	**30026**	**126167**	**4837977**	**14296**	**57675**	**2191527**
临川区	11453	49690	1982542	8392	33625	1319608	3933	14454	554206
东乡区	4319	17928	773888	2970	12184	523259	1347	5427	231279
南城县	2974	12972	466836	2117	9877	348824	1167	4860	171537
黎川县	2403	8626	308862	1856	6824	241521	1019	3346	119921
南丰县	3128	12208	454842	1868	7259	259938	916	3547	120786
崇仁县	3707	18025	702372	2533	12267	471634	906	4217	159197
乐安县	3072	15842	582097	2774	15174	570193	1773	9327	353108
宜黄县	2008	8133	272209	2008	8138	275267	876	3289	112234
金溪县	2714	11274	463051	2476	10043	415127	940	4089	170737
资溪县	1164	4140	162330	744	2954	112201	248	1013	39352
广昌县	2367	8073	305562	2288	7822	300405	1171	4106	159170
上饶市	**71455**	**348055**	**15449410**	**46353**	**230803**	**10423502**	**23787**	**112277**	**5007698**
信州区	5154	22027	907163	3167	12665	522246	2150	7477	310335
广丰区	8844	48408	1831552	4079	23585	901179	2059	10287	395543
广信区	7929	40628	1647259	5061	27031	1102500	3308	16549	683622
玉山县	5747	29811	1339265	3440	17994	827608	2087	10605	479602
铅山县	3939	19288	865993	2738	13333	596352	1183	5812	263960
横峰县	2442	10886	466093	1113	5261	234854	566	2656	118738
弋阳县	4058	19209	853339	2717	13624	612338	1033	5244	238846
余干县	10935	53491	2584020	6217	32347	1601003	2695	11961	575091
鄱阳县	12710	59358	2852241	10314	49071	2340814	4725	22473	1066074
万年县	4295	21024	995979	2851	13246	633647	1361	5785	268604
婺源县	2669	12025	515014	2493	12427	542044	1632	8659	375277
德兴市	2733	11900	591492	2163	10219	508917	988	4769	232006

9−2a　各地区按住房建成时间分的家庭户住房状况(城市)

单位：户、间、平方米

地　区	合计			1949年以前		
	户数	间数	面积	户数	间数	面积
全　省	**381802**	**1136095**	**44208764**	**436**	**1156**	**36859**
南昌市	**95860**	**231675**	**8685465**	**42**	**133**	**4697**
东湖区	13422	29511	1068348	4	18	658
西湖区	16424	38297	1424428	29	72	2927
青云谱区	11580	26141	966465	6	35	837
青山湖区	30688	75760	2794154	2	5	210
新建区	10702	28312	1073632	1	3	65
红谷滩区	12921	32904	1334714			
南昌县	123	750	23724			
安义县						
进贤县						
景德镇市	**23970**	**70887**	**2866318**	**199**	**419**	**12342**
昌江区	4658	13544	542261	3	6	243
珠山区	12507	33453	1260905	144	304	8245
浮梁县	574	2602	120411	3	7	170
乐平市	6231	21288	942741	49	102	3684
萍乡市	**18114**	**62674**	**2601135**	**3**	**14**	**330**
安源区	14228	47338	1882478	3	14	330
湘东区	3736	14830	699211			
莲花县						
上栗县	150	506	19446			
芦溪县						
九江市	**36694**	**105274**	**4021114**	**23**	**59**	**1953**
濂溪区	10369	26792	987113	7	14	429
浔阳区	14484	37843	1414366	9	22	636
柴桑区	3084	11029	460781	3	14	526
武宁县						
修水县						
永修县						
德安县						
都昌县						
湖口县						
彭泽县						
瑞昌市	4260	14089	556177	1	2	95
共青城市	2243	6674	257067			
庐山市	2254	8847	345610	3	7	267
新余市	**19942**	**53753**	**2106376**	**2**	**4**	**126**
渝水区	19942	53753	2106376	2	4	126
分宜县						
鹰潭市	**18319**	**57683**	**2223033**	**12**	**32**	**1188**
月湖区	8971	26076	1001353	5	12	410
余江区	3003	10607	423305	5	15	573
贵溪市	6345	21000	798375	2	5	205
赣州市	**55298**	**165062**	**6280531**	**47**	**139**	**4625**
章贡区	27375	74229	2855539	15	41	1474
南康区	10878	33089	1122598	8	24	854
赣县区	5770	17115	636107	2	7	320
信丰县						
大余县						
上犹县						
崇义县						
安远县						
定南县						
全南县						

9-2a 续表 1　　　　单位：户、间、平方米

地　区	合　计			1949年以前		
	户数	间数	面积	户数	间数	面积
宁都县						
于都县						
兴国县						
会昌县						
寻乌县	28	102	5869			
石城县						
瑞金市	6573	25171	979039	7	28	867
龙南市	4674	15356	681379	15	39	1110
吉安市	**14168**	**42360**	**1685471**	**7**	**21**	**779**
吉州区	9839	27004	1092667	6	20	764
青原区	3002	9096	366800	1	1	15
吉安县						
吉水县						
峡江县						
新干县						
永丰县						
泰和县						
遂川县						
万安县						
安福县						
永新县						
井冈山市	1327	6260	226004			
宜春市	**40514**	**131096**	**5191916**	**43**	**144**	**4944**
袁州区	17519	53615	2076745	2	6	250
奉新县						
万载县						
上高县						
宜丰县						
靖安县						
铜鼓县						
丰城市	9169	35184	1375361	34	109	3734
樟树市	6738	19868	811271	6	27	890
高安市	7088	22429	928539	1	2	70
抚州市	**21711**	**64111**	**2582091**	**18**	**41**	**1660**
临川区	16163	45816	1829550	14	34	1251
东乡区	5548	18295	752541	4	7	409
南城县						
黎川县						
南丰县						
崇仁县						
乐安县						
宜黄县						
金溪县						
资溪县						
广昌县						
上饶市	**37212**	**151520**	**5965314**	**40**	**150**	**4215**
信州区	12609	39367	1492622	7	39	838
广丰区	9211	47527	1733849	25	79	2200
广信区	9101	41038	1655501	1	3	96
玉山县						
铅山县	68	294	14620			
横峰县						
弋阳县						
余干县	916	4961	267176	1	9	300
鄱阳县	61	303	15745			
万年县						
婺源县						
德兴市	5246	18030	785801	6	20	781

9-2a　续表 2

单位：户、间、平方米

地　区	1949-1959年			1960-1969年		
	户数	间数	面积	户数	间数	面积
全　省	**909**	**2006**	**61309**	**1673**	**3935**	**122691**
南昌市	**464**	**875**	**24751**	**665**	**1325**	**39815**
东湖区	32	73	2467	150	310	9334
西湖区	92	176	5580	134	281	8095
青云谱区	249	421	11897	142	252	6885
青山湖区	89	201	4621	218	433	13762
新建区	2	4	186	18	42	1463
红谷滩区				1	2	86
南昌县				2	5	190
安义县						
进贤县						
景德镇市	**147**	**315**	**9116**	**254**	**533**	**14616**
昌江区	36	83	2416	32	68	2122
珠山区	88	173	4736	175	358	9031
浮梁县	3	8	333	7	22	927
乐平市	20	51	1631	40	85	2536
萍乡市	**3**	**12**	**468**	**16**	**36**	**1082**
安源区	3	12	468	10	24	665
湘东区				6	12	417
莲花县						
上栗县						
芦溪县						
九江市	**40**	**117**	**3476**	**117**	**304**	**8699**
濂溪区	11	24	674	40	65	1571
浔阳区	17	45	1312	45	115	3126
柴桑区	2	8	280	9	25	892
武宁县						
修水县						
永修县						
德安县						
都昌县						
湖口县						
彭泽县						
瑞昌市				1	3	200
共青城市	1	3	100			
庐山市	9	37	1110	22	96	2910
新余市	**7**	**15**	**490**	**20**	**33**	**1176**
渝水区	7	15	490	20	33	1176
分宜县						
鹰潭市	**20**	**68**	**3013**	**38**	**117**	**3737**
月湖区	6	19	864	21	69	2351
余江区	12	39	1819	6	18	455
贵溪市	2	10	330	11	30	931
赣州市	**73**	**189**	**6595**	**211**	**576**	**20010**
章贡区	16	28	942	49	99	3272
南康区	15	49	2011	20	68	2159
赣县区	9	25	915	4	12	486
信丰县						
大余县						
上犹县						
崇义县						
安远县						
定南县						
全南县						

9－2a 续表 3

单位：户、间、平方米

地 区	1949－1959年			1960－1969年		
	户数	间数	面积	户数	间数	面积
宁都县						
于都县						
兴国县						
会昌县						
寻乌县				1	1	80
石城县						
瑞金市	20	56	1772	42	139	4527
龙南市	13	31	955	95	257	9486
吉安市	**8**	**21**	**725**	**18**	**38**	**1163**
吉州区	3	6	148	16	33	914
青原区	5	15	577	1	2	80
吉安县						
吉水县						
峡江县						
新干县						
永丰县						
泰和县						
遂川县						
万安县						
安福县						
永新县						
井冈山市				1	3	169
宜春市	**19**	**62**	**2088**	**69**	**224**	**6553**
袁州区	1	3	120	8	24	668
奉新县						
万载县						
上高县						
宜丰县						
靖安县						
铜鼓县						
丰城市	8	27	854	43	143	3970
樟树市	8	26	860	13	46	1481
高安市	2	6	254	5	11	434
抚州市	**6**	**13**	**439**	**38**	**103**	**3264**
临川区	4	9	333	28	80	2634
东乡区	2	4	106	10	23	630
南城县						
黎川县						
南丰县						
崇仁县						
乐安县						
宜黄县						
金溪县						
资溪县						
广昌县						
上饶市	**122**	**319**	**10148**	**227**	**646**	**22576**
信州区	66	173	4344	77	202	4715
广丰区	21	63	3010	58	207	9275
广信区	8	19	474	10	26	1086
玉山县						
铅山县						
横峰县						
弋阳县						
余干县				1	2	110
鄱阳县						
万年县						
婺源县						
德兴市	27	64	2320	81	209	7390

9-2a 续表 4

单位：户、间、平方米

地　区	1970-1979年			1980-1989年			1990-1999年		
	户数	间数	面积	户数	间数	面积	户数	间数	面积
全　省	**6138**	**14839**	**466621**	**26816**	**70119**	**2351983**	**70642**	**202529**	**7580567**
南昌市	**2333**	**4877**	**145854**	**9831**	**21304**	**673197**	**21883**	**46998**	**1651630**
东湖区	693	1454	45617	2730	5918	187366	5991	12018	413039
西湖区	491	977	30144	2019	4240	134421	5905	12132	429785
青云谱区	456	981	26910	1513	3211	102095	2827	5991	206403
青山湖区	607	1250	36470	3172	6845	211652	5467	12480	435521
新建区	79	184	6053	349	894	31440	1470	3775	145390
红谷滩区	2	4	110	27	70	2708	194	386	14802
南昌县	5	27	550	21	126	3515	29	216	6690
安义县									
进贤县									
景德镇市	**938**	**2069**	**60501**	**2424**	**6309**	**211766**	**4206**	**12654**	**500892**
昌江区	325	713	20245	616	1445	46867	765	2165	83310
珠山区	436	905	24587	1255	3064	93584	2209	6137	222581
浮梁县	38	107	3669	66	224	7911	110	471	20964
乐平市	139	344	12000	487	1576	63404	1122	3881	174037
萍乡市	**169**	**563**	**20406**	**1411**	**4833**	**185721**	**3593**	**12232**	**484849**
安源区	128	422	13865	1140	3788	131674	2914	9640	364548
湘东区	41	141	6541	271	1045	54047	679	2592	120301
莲花县									
上栗县									
芦溪县									
九江市	**520**	**1218**	**35786**	**1889**	**5254**	**187111**	**6237**	**17458**	**644756**
濂溪区	81	184	4513	365	934	31436	875	2295	80617
浔阳区	284	637	17946	954	2250	74427	3754	9130	321465
柴桑区	25	87	3206	140	576	22575	434	1673	76004
武宁县									
修水县									
永修县									
德安县									
都昌县									
湖口县									
彭泽县									
瑞昌市	102	211	6667	286	1019	40221	573	2355	91895
共青城市	5	13	368	31	81	2868	303	856	29002
庐山市	23	86	3086	113	394	15584	298	1149	45773
新余市	**136**	**301**	**9993**	**1220**	**2733**	**92361**	**2944**	**7321**	**264613**
渝水区	136	301	9993	1220	2733	92361	2944	7321	264613
分宜县									
鹰潭市	**208**	**713**	**25365**	**1659**	**4708**	**157697**	**4065**	**13735**	**515893**
月湖区	97	325	10337	847	2256	73123	1970	5833	208185
余江区	24	101	4731	126	461	19116	568	2472	104722
贵溪市	87	287	10297	686	1991	65458	1527	5430	202986
赣州市	**483**	**1314**	**43741**	**1963**	**5522**	**191226**	**8938**	**27142**	**1050486**
章贡区	239	542	17817	1126	2816	95975	4685	12191	468949
南康区	35	121	3896	222	700	23646	1369	4199	141972
赣县区	19	61	2121	74	220	7970	518	1531	58095
信丰县									
大余县									
上犹县									
崇义县									
安远县									
定南县									
全南县									

9－2a 续表 5

单位：户、间、平方米

地区	1970—1979年			1980—1989年			1990—1999年		
	户数	间数	面积	户数	间数	面积	户数	间数	面积
宁都县									
于都县									
兴国县									
会昌县									
寻乌县	2	5	320				1	6	300
石城县									
瑞金市	91	318	10955	217	827	29042	1656	6848	273976
龙南市	97	267	8632	324	959	34593	709	2367	107194
吉安市	**82**	**260**	**8165**	**599**	**1691**	**55500**	**2622**	**7356**	**285873**
吉州区	48	151	4930	522	1357	45362	2270	5962	234984
青原区	21	47	1277	32	108	3438	297	991	38039
吉安县									
吉水县									
峡江县									
新干县									
永丰县									
泰和县									
遂川县									
万安县									
安福县									
永新县									
井冈山市	13	62	1958	45	226	6700	55	403	12850
宜春市	**298**	**892**	**28299**	**1689**	**5053**	**168969**	**5811**	**18635**	**716087**
袁州区	61	181	6303	432	1298	44590	2128	6743	260672
奉新县									
万载县									
上高县									
宜丰县									
靖安县									
铜鼓县									
丰城市	105	336	9999	504	1682	53904	1315	4905	179966
樟树市	82	236	6932	459	1221	40492	1137	3243	127007
高安市	50	139	5065	294	852	29983	1231	3744	148442
抚州市	**170**	**416**	**14645**	**973**	**2757**	**96492**	**3258**	**9476**	**383900**
临川区	134	318	11002	804	2236	77242	2541	6902	279585
东乡区	36	98	3643	169	521	19250	717	2574	104315
南城县									
黎川县									
南丰县									
崇仁县									
乐安县									
宜黄县									
金溪县									
资溪县									
广昌县									
上饶市	**801**	**2216**	**73866**	**3158**	**9955**	**331943**	**7085**	**29522**	**1081588**
信州区	408	1099	32053	1576	4797	151337	2661	8493	310436
广丰区	120	421	15953	522	2142	75723	2122	11245	388949
广信区	42	136	5508	265	1148	42741	1073	5965	222827
玉山县									
铅山县	3	9	510	3	11	430	16	60	2890
横峰县									
弋阳县									
余干县	8	27	1180	7	27	1220	116	560	28309
鄱阳县				7	19	800	2	6	310
万年县									
婺源县									
德兴市	220	524	18662	778	1811	59692	1095	3193	127867

9-2a 续表 6

单位：户、间、平方米

地区	2000-2009年			2010-2014年			2015年以后		
	户数	间数	面积	户数	间数	面积	户数	间数	面积
全省	**129152**	**402108**	**16516485**	**89799**	**272379**	**10681752**	**56237**	**167024**	**6390497**
南昌市	**31364**	**78816**	**3213306**	**16958**	**44351**	**1723652**	**12320**	**32996**	**1208563**
东湖区	2590	6719	281016	901	2218	97672	331	783	31179
西湖区	3402	8850	377286	2448	6744	263665	1904	4825	172525
青云谱区	4273	10046	409105	1196	2977	120352	918	2227	81981
青山湖区	10452	26108	1040658	6522	16899	642162	4159	11539	409098
新建区	3663	9722	396005	2543	6703	242449	2577	6985	250581
红谷滩区	6923	17015	697077	3343	8790	356732	2431	6637	263199
南昌县	61	356	12159	5	20	620			
安义县									
进贤县									
景德镇市	**8515**	**27439**	**1190522**	**5217**	**15122**	**620817**	**2070**	**6027**	**245746**
昌江区	1316	4523	204550	1252	3561	142210	313	980	40298
珠山区	4524	13380	556447	2595	6549	251418	1081	2583	90276
浮梁县	146	721	34271	131	693	34267	70	349	17899
乐平市	2529	8815	395254	1239	4319	192922	606	2115	97273
萍乡市	**6549**	**22292**	**944640**	**4274**	**14513**	**603237**	**2096**	**8179**	**360402**
安源区	5637	18707	771159	3142	10075	409691	1251	4656	190078
湘东区	893	3523	171495	1035	4140	181986	811	3377	164424
莲花县									
上栗县	19	62	1986	97	298	11560	34	146	5900
芦溪县									
九江市	**11536**	**35586**	**1462572**	**9661**	**27416**	**1027626**	**6671**	**17862**	**649135**
濂溪区	2429	6540	263890	3700	9479	348067	2861	7257	255916
浔阳区	4071	11418	466761	2619	6880	259464	2731	7346	269229
柴桑区	1233	4507	199260	934	3170	119727	304	969	38311
武宁县									
修水县									
永修县									
德安县									
都昌县									
湖口县									
彭泽县									
瑞昌市	1845	6355	260235	1065	3052	116108	387	1092	40756
共青城市	894	2739	108703	718	2158	84375	291	824	31651
庐山市	1064	4027	163723	625	2677	99885	97	374	13272
新余市	**7412**	**20209**	**827671**	**5897**	**16506**	**654665**	**2304**	**6631**	**255281**
渝水区	7412	20209	827671	5897	16506	654665	2304	6631	255281
分宜县									
鹰潭市	**5295**	**17409**	**696743**	**4729**	**14159**	**553917**	**2293**	**6742**	**265480**
月湖区	2440	7351	293777	2333	6687	272617	1252	3524	139689
余江区	1038	3777	151710	807	2469	90881	417	1255	49298
贵溪市	1817	6281	251256	1589	5003	190419	624	1963	76493
赣州市	**18807**	**58092**	**2303552**	**14523**	**42756**	**1584295**	**10253**	**29332**	**1076001**
章贡区	9228	25992	1052393	6490	17674	665602	5527	14846	549115
南康区	3522	11101	393282	3851	11536	387564	1836	5291	167214
赣县区	1815	5404	198545	1686	4918	181326	1643	4937	186329
信丰县									
大余县									
上犹县									
崇义县									
安远县									
定南县									
全南县									

9-2a 续表 7

单位：户、间、平方米

地　　区	2000-2009年			2010-2014年			2015年以后		
	户数	间数	面积	户数	间数	面积	户数	间数	面积
宁都县									
于都县									
兴国县									
会昌县									
寻乌县	7	22	1350	8	38	2030	9	30	1789
石城县									
瑞金市	2632	10162	400835	1228	4439	169509	680	2354	87556
龙南市	1603	5411	257147	1260	4151	178264	558	1874	83998
吉安市	**4783**	**15233**	**642820**	**3054**	**9371**	**367797**	**2995**	**8369**	**322649**
吉州区	2848	8432	364933	1943	5303	217708	2183	5740	222924
青原区	1139	3579	154552	829	2359	91506	677	1994	77316
吉安县									
吉水县									
峡江县									
新干县									
永丰县									
泰和县									
遂川县									
万安县									
安福县									
永新县									
井冈山市	796	3222	123335	282	1709	58583	135	635	22409
宜春市	**14140**	**46131**	**1908660**	**11196**	**36287**	**1435876**	**7249**	**23668**	**920440**
袁州区	5728	17998	723212	5559	16434	624754	3600	10928	416176
奉新县									
万载县									
上高县									
宜丰县									
靖安县									
铜鼓县									
丰城市	3092	11788	484012	2561	10231	413906	1507	5963	225016
樟树市	2320	6918	304883	1617	4870	199713	1096	3281	129013
高安市	3000	9427	396553	1459	4752	197503	1046	3496	150235
抚州市	**7311**	**22437**	**942220**	**6619**	**19311**	**771400**	**3318**	**9557**	**368071**
临川区	5147	15282	643704	4873	13737	542732	2618	7218	271067
东乡区	2164	7155	298516	1746	5574	228668	700	2339	97004
南城县									
黎川县									
南丰县									
崇仁县									
乐安县									
宜黄县									
金溪县									
资溪县									
广昌县									
上饶市	**13440**	**58464**	**2383779**	**7671**	**32587**	**1338470**	**4668**	**17661**	**718729**
信州区	3817	13259	542476	2354	7075	279051	1643	4230	167372
广丰区	3913	20698	763348	1538	8590	323405	892	4082	151986
广信区	3768	16404	677193	2370	10625	431392	1564	6712	274184
玉山县									
铅山县	23	111	5640	13	66	3390	10	37	1760
横峰县									
弋阳县									
余干县	409	2202	122180	287	1685	88937	87	449	24940
鄱阳县	26	138	7595	17	93	4810	9	47	2230
万年县									
婺源县									
德兴市	1484	5652	265347	1092	4453	207485	463	2104	96257

9–2b　各地区按住房建成时间分的家庭户住房状况(镇)

单位：户、间、平方米

地　　区	合　　计			1949年以前		
	户数	间数	面积	户数	间数	面积
全　省	**373488**	**1458775**	**58356278**	**778**	**2348**	**76271**
南昌市	**37731**	**116027**	**4429341**	**25**	**77**	**2651**
东湖区	102	406	15539			
西湖区						
青云谱区	43	73	2642			
青山湖区	1827	5004	187049			
新建区	1304	3849	145094	2	4	150
红谷滩区						
南昌县	22398	65354	2417266	12	36	1145
安义县	2923	10130	398586	3	12	450
进贤县	9134	31211	1253165	8	25	906
景德镇市	**7175**	**29796**	**1405987**	**43**	**157**	**4468**
昌江区	300	1263	53351	1	2	70
珠山区	423	1020	37546			
浮梁县	3642	15547	707086	30	124	3358
乐平市	2810	11966	608004	12	31	1040
萍乡市	**16490**	**78754**	**3453802**	**5**	**19**	**840**
安源区	1975	9402	395911			
湘东区	1798	8023	395651			
莲花县	2944	13771	548736	2	6	260
上栗县	5887	29671	1239951	3	13	580
芦溪县	3886	17887	773553			
九江市	**46461**	**162695**	**6519934**	**70**	**195**	**5194**
濂溪区	611	2209	84554			
浔阳区						
柴桑区	1437	5501	248255			
武宁县	5132	17278	696755	1	6	240
修水县	9689	34343	1305699	6	21	760
永修县	5628	18704	722774	3	13	580
德安县	3049	9759	387609			
都昌县	7856	28874	1202313	5	14	500
湖口县	3549	10900	451316	1	3	100
彭泽县	4986	16846	724730			
瑞昌市	2721	9442	367829			
共青城市	43	177	9652			
庐山市	1760	8662	318448	54	138	3014
新余市	**5373**	**16627**	**631742**	**1**	**3**	**100**
渝水区	664	2325	84500			
分宜县	4709	14302	547242	1	3	100
鹰潭市	**4453**	**20669**	**849795**	**41**	**100**	**3734**
月湖区	135	688	25977			
余江区	1914	8186	321393	39	93	3434
贵溪市	2404	11795	502425	2	7	300
赣州市	**72003**	**287595**	**11094283**	**70**	**210**	**7419**
章贡区	192	562	23202			
南康区	1055	4305	151188	11	45	1411
赣县区	2023	9378	351686			
信丰县	8343	34553	1468438	1	2	130
大余县	4273	18787	760503	2	4	142
上犹县	3365	11318	433410			
崇义县	2435	8768	316463			
安远县	3670	13809	563493	3	5	179
定南县	3157	10886	392609	8	23	839
全南县	2611	8504	296644	10	26	845

9-2b 续表 1

单位：户、间、平方米

地　区	合　计			1949年以前		
	户数	间数	面积	户数	间数	面积
宁都县	10032	38445	1460730	7	11	632
于都县	9760	35807	1324325	5	17	460
兴国县	7598	33966	1360208	5	16	590
会昌县	5293	24145	898292	6	16	539
寻乌县	3710	15569	575397	8	28	935
石城县	3127	12798	495506	3	16	700
瑞金市	746	3652	128458			
龙南市	613	2343	93731	1	1	17
吉安市	**50129**	**215290**	**7952939**	**103**	**306**	**10353**
吉州区	316	1576	56274	3	11	370
青原区	313	1452	58648	6	19	640
吉安县	5637	20462	718535	16	44	1585
吉水县	6029	24570	973613	23	51	2015
峡江县	2243	6908	257964	3	9	310
新干县	3971	14634	598196	6	13	415
永丰县	4937	21335	831572	9	34	1251
泰和县	6884	26997	931522	12	33	1125
遂川县	5358	25807	1060042	6	25	677
万安县	3066	15491	531264	3	7	235
安福县	4121	17049	607805	7	24	682
永新县	5796	30892	1045826	8	32	928
井冈山市	1458	8117	281678	1	4	120
宜春市	**35408**	**132534**	**5252621**	**94**	**281**	**10286**
袁州区	1647	7519	298031			
奉新县	4545	15325	595132	9	33	1083
万载县	6436	25703	1020536	25	65	2482
上高县	5488	18148	744855			
宜丰县	4503	14312	584955	24	61	2637
靖安县	2114	7125	273077	3	13	475
铜鼓县	1905	6334	237337	5	11	638
丰城市	3962	18887	705779	12	42	1364
樟树市	1152	3967	154244	8	33	855
高安市	3656	15214	638675	8	23	752
抚州市	**37216**	**130194**	**4961253**	**164**	**464**	**11904**
临川区	2320	11024	424341	9	52	740
东乡区	1191	5359	231008	5	11	360
南城县	4778	18194	645487	9	27	838
黎川县	3912	12146	450984	56	123	2818
南丰县	4092	12341	476420	20	42	1098
崇仁县	4568	17562	693268	10	37	980
乐安县	3828	14421	539341	3	11	473
宜黄县	3373	10828	388333	20	48	1142
金溪县	3523	11723	466221	24	90	2755
资溪县	1722	5504	218232	1	2	120
广昌县	3909	11092	427618	7	21	580
上饶市	**61049**	**268594**	**11804581**	**162**	**536**	**19322**
信州区	415	2420	102537			
广丰区	3106	16326	612850	10	38	1139
广信区	1891	10935	429308	6	10	315
玉山县	8769	41021	1793637	23	58	2155
铅山县	6181	27636	1206333	44	110	3767
横峰县	2995	11884	510028	1	2	100
弋阳县	5072	20452	862875	5	16	625
余干县	9437	41169	1920199	29	149	5440
鄱阳县	13589	57715	2662844	17	49	1712
万年县	4673	18854	829854	6	26	790
婺源县	4593	18799	806054	19	72	2971
德兴市	328	1383	68062	2	6	308

9-2b 续表 2

单位：户、间、平方米

地 区	1949—1959年			1960—1969年		
	户数	间数	面积	户数	间数	面积
全 省	**668**	**2147**	**68862**	**1701**	**5284**	**167682**
南昌市	**26**	**83**	**2643**	**126**	**345**	**10491**
东湖区				1	3	70
西湖区						
青云谱区						
青山湖区				22	84	1499
新建区	3	9	209	15	45	1603
红谷滩区						
南昌县	11	20	778	55	137	4744
安义县	2	10	286	3	6	230
进贤县	10	44	1370	30	70	2345
景德镇市	**14**	**33**	**1487**	**137**	**365**	**10933**
昌江区				2	8	290
珠山区				1	2	80
浮梁县	6	19	730	54	155	4727
乐平市	8	14	757	80	200	5836
萍乡市	**12**	**47**	**2060**	**31**	**116**	**5100**
安源区	2	11	290	5	24	765
湘东区	1	3	180	5	13	660
莲花县	4	13	590	9	30	1410
上栗县	2	6	320	5	20	960
芦溪县	3	14	680	7	29	1305
九江市	**42**	**105**	**3387**	**109**	**281**	**8734**
濂溪区				2	4	60
浔阳区						
柴桑区	3	12	475	1	2	34
武宁县				3	10	250
修水县	4	8	340	7	24	1009
永修县	7	16	580	25	62	1945
德安县	1	2	90	3	6	222
都昌县	9	19	731	21	61	2253
湖口县	2	9	240	13	29	698
彭泽县	1	2	80	16	39	1307
瑞昌市						
共青城市	2	3	81			
庐山市	13	34	770	18	44	956
新余市	**3**	**6**	**188**	**23**	**60**	**1396**
渝水区				7	14	340
分宜县	3	6	188	16	46	1056
鹰潭市	**8**	**33**	**1232**	**27**	**78**	**3038**
月湖区						
余江区	5	23	830	9	31	1190
贵溪市	3	10	402	18	47	1848
赣州市	**194**	**656**	**19375**	**259**	**870**	**29439**
章贡区						
南康区	4	9	268	8	18	735
赣县区	2	7	190			
信丰县	3	10	418	9	43	1461
大余县	13	40	1216	11	34	885
上犹县				3	13	452
崇义县				2	5	170
安远县	4	13	558	6	16	800
定南县	8	32	685	6	33	637
全南县	75	225	4543	56	152	3382

9-2b 续表 3

单位：户、间、平方米

地 区	1949-1959年			1960-1969年		
	户数	间数	面积	户数	间数	面积
宁都县	2	6	350	17	58	2098
于都县	70	268	9683	45	168	7002
兴国县	2	6	280	41	143	4970
会昌县	3	14	374	19	67	2492
寻乌县	7	20	610	16	50	1470
石城县				10	36	1654
瑞金市	1	6	200	1	8	200
龙南市				9	26	1031
吉安市	**84**	**267**	**7687**	**236**	**828**	**26304**
吉州区				2	2	100
青原区	1	3	30	3	10	240
吉安县	9	23	780	18	61	2547
吉水县	7	18	725	14	47	1702
峡江县	6	18	588	14	34	1290
新干县	8	21	697	8	35	1120
永丰县	4	12	337	37	148	5047
泰和县	15	43	1090	18	69	1885
遂川县	8	29	908	15	59	2271
万安县				8	37	1208
安福县	10	22	297	67	161	3890
永新县	14	71	2015	23	98	2994
井冈山市	2	7	220	9	67	2010
宜春市	**50**	**175**	**4838**	**236**	**859**	**21441**
袁州区	2	8	240	3	6	179
奉新县	3	7	330	10	29	798
万载县	3	13	630	26	90	3185
上高县	7	15	508	13	35	1346
宜丰县	5	12	430	33	107	3189
靖安县				9	26	965
铜鼓县				26	105	2875
丰城市	25	103	2170	79	364	6413
樟树市	2	5	160	19	43	890
高安市	3	12	370	18	54	1601
抚州市	**84**	**222**	**6708**	**180**	**508**	**15054**
临川区	6	18	563	9	26	667
东乡区	4	12	335	9	22	757
南城县	4	11	287	32	94	2606
黎川县	15	45	985	10	26	757
南丰县	20	49	1681	25	64	1744
崇仁县	5	18	706	29	77	2181
乐安县	10	19	575	16	43	1687
宜黄县	9	24	733	20	66	1691
金溪县	6	18	570	16	57	1725
资溪县				8	18	737
广昌县	5	8	273	6	15	502
上饶市	**151**	**520**	**19257**	**337**	**974**	**35752**
信州区				1	2	50
广丰区	3	8	125	11	43	1426
广信区	3	8	250	4	13	390
玉山县	20	54	1930	23	62	1994
铅山县	31	77	2589	41	113	3671
横峰县	3	7	410	1	3	140
弋阳县	7	23	760	42	113	4140
余干县	50	234	8927	100	318	12309
鄱阳县	17	47	1681	61	163	5924
万年县	4	13	660	12	28	1388
婺源县	8	32	1225	29	83	3004
德兴市	5	17	700	12	33	1316

9−2b　续表 4

单位：户、间、平方米

地　区	1970−1979年			1980−1989年			1990−1999年		
	户数	间数	面积	户数	间数	面积	户数	间数	面积
全　省	**4896**	**15066**	**509938**	**20190**	**70493**	**2525770**	**63553**	**252820**	**9931318**
南昌市	**384**	**1076**	**37022**	**2186**	**6795**	**232163**	**5559**	**18866**	**705649**
东湖区	10	38	1243	37	163	6726	20	81	2918
西湖区									
青云谱区									
青山湖区	54	108	3265	180	384	11736	218	517	18643
新建区	30	74	2981	152	428	14742	169	529	21150
红谷滩区									
南昌县	166	464	15006	928	2819	91635	2435	8235	293165
安义县	29	121	4418	223	715	27553	993	3329	126551
进贤县	95	271	10109	666	2286	79771	1724	6175	243222
景德镇市	**239**	**691**	**21767**	**412**	**1380**	**54286**	**895**	**3651**	**175168**
昌江区	27	54	1488	22	60	2002	57	239	9014
珠山区	23	36	660	32	56	1580	10	20	463
浮梁县	91	285	9851	207	742	28458	403	1548	70174
乐平市	98	316	9768	151	522	22246	425	1844	95517
萍乡市	**203**	**833**	**35597**	**1281**	**5633**	**231261**	**3006**	**14614**	**639903**
安源区	58	193	7419	444	1700	64641	527	2523	108116
湘东区	23	86	4439	175	773	37103	318	1400	67343
莲花县	19	69	3086	104	376	16547	461	2083	98203
上栗县	52	269	12076	277	1443	60298	877	4477	190976
芦溪县	51	216	8577	281	1341	52672	823	4131	175265
九江市	**556**	**1502**	**48653**	**2438**	**7531**	**276548**	**8342**	**29791**	**1171246**
濂溪区	19	47	1489	84	247	8805	83	366	15459
浔阳区									
柴桑区	11	29	972	58	179	7874	218	813	36226
武宁县	26	88	4041	246	824	33363	668	2379	89111
修水县	28	95	3161	308	914	31015	1565	5301	197155
永修县	122	300	9373	325	1030	33053	1036	3501	129065
德安县	13	36	1088	242	709	26348	412	1397	56792
都昌县	78	249	10007	413	1280	52356	1851	6645	278131
湖口县	49	121	3959	211	617	22664	644	2168	83577
彭泽县	68	167	5314	303	909	36563	1139	3954	165149
瑞昌市	63	144	3120	51	156	5279	209	896	35999
共青城市				9	30	1201	15	55	2418
庐山市	79	226	6129	188	636	18027	502	2316	82164
新余市	**89**	**206**	**6203**	**335**	**902**	**30897**	**1108**	**3599**	**130253**
渝水区	24	50	1365	65	166	5442	136	534	18004
分宜县	65	156	4838	270	736	25455	972	3065	112249
鹰潭市	**87**	**313**	**11047**	**367**	**1441**	**56958**	**1047**	**4852**	**207881**
月湖区	4	20	730	17	95	3250	46	242	9414
余江区	26	89	2640	175	658	25138	458	2054	83881
贵溪市	57	204	7677	175	688	28570	543	2556	114586
赣州市	**539**	**1849**	**65899**	**2517**	**9067**	**328411**	**11299**	**45070**	**1733467**
章贡区							1	4	121
南康区	17	55	1829	65	261	8229	237	999	34998
赣县区	15	55	1711	68	273	11055	255	1404	51370
信丰县	69	242	8794	234	925	36074	1216	5137	221605
大余县	41	138	4921	242	790	27769	630	2766	111660
上犹县	8	24	883	27	85	3843	491	1787	70514
崇义县	18	77	2921	108	356	12135	378	1219	44718
安远县	56	204	7943	136	594	21422	483	1908	76883
定南县	9	26	836	82	274	9111	397	1402	51743
全南县	49	135	3656	223	671	21068	343	1215	41638

9-2b 续表 5

单位：户、间、平方米

地 区	1970-1979年			1980-1989年			1990-1999年		
	户数	间数	面积	户数	间数	面积	户数	间数	面积
宁都县	36	121	5013	232	778	31222	1718	6039	231848
于都县	66	213	6280	368	1211	43570	2042	7436	275814
兴国县	50	185	7109	215	782	30072	1011	4577	178929
会昌县	45	161	6385	141	540	18208	714	3375	122531
寻乌县	30	130	4361	162	670	23256	501	2123	75462
石城县	17	43	2177	161	655	24677	545	2307	91128
瑞金市	1	3	60	14	64	2029	224	963	35186
龙南市	12	37	1020	39	138	4671	113	409	17319
吉安市	**760**	**2554**	**80846**	**2695**	**10942**	**353508**	**9553**	**41964**	**1514985**
吉州区	3	10	430	13	54	1540	40	222	7942
青原区	1	3	90	6	25	890	42	197	8845
吉安县	42	161	5047	241	1053	31053	761	2972	97383
吉水县	71	204	7443	390	1471	53744	1411	5978	230125
峡江县	56	154	5931	104	319	10845	592	1897	69935
新干县	48	107	3866	210	755	24983	872	3729	152948
永丰县	49	169	5943	243	984	35630	984	4086	155174
泰和县	185	529	17544	361	1413	43855	1372	5827	187239
遂川县	35	160	5413	159	694	24965	820	3936	164567
万安县	50	223	6839	171	789	23608	595	2917	93891
安福县	144	469	11929	287	1171	35664	810	3441	124115
永新县	42	197	5684	343	1531	46409	878	4913	157581
井冈山市	34	168	4687	167	683	20322	376	1849	65240
宜春市	**644**	**1915**	**56618**	**2405**	**7903**	**269104**	**6717**	**25020**	**961929**
袁州区	3	7	300	65	242	8555	366	1720	68803
奉新县	34	121	3458	217	739	25581	812	2760	105561
万载县	61	203	7432	323	1161	45845	1149	4741	184610
上高县	41	105	4078	250	726	25804	883	2859	112567
宜丰县	80	195	6035	317	948	35289	864	2769	113686
靖安县	42	112	3811	212	644	23047	670	2123	81424
铜鼓县	45	135	4546	128	442	15244	376	1216	44118
丰城市	179	586	14298	447	1623	44424	710	3432	120678
樟树市	40	95	3060	156	423	13442	241	870	33319
高安市	119	356	9600	290	955	31873	646	2530	97163
抚州市	**587**	**1691**	**54821**	**2304**	**7454**	**249708**	**5335**	**18752**	**690935**
临川区	37	138	5019	210	814	29964	497	2160	78417
东乡区	40	102	3171	91	318	11467	233	946	38695
南城县	94	272	8230	296	1026	30837	691	2641	94485
黎川县	34	100	3070	139	461	14194	346	1146	40113
南丰县	74	206	7153	360	1004	34207	730	2184	83330
崇仁县	85	259	8432	331	1052	34858	681	2500	95432
乐安县	49	147	5054	145	548	17561	374	1485	51908
宜黄县	69	165	4726	212	621	18508	462	1590	54322
金溪县	39	141	4823	204	723	27471	492	1732	67894
资溪县	34	88	3069	144	432	15749	295	881	32496
广昌县	32	73	2074	172	455	14892	534	1487	53843
上饶市	**808**	**2436**	**91465**	**3250**	**11445**	**442926**	**10692**	**46641**	**1999902**
信州区	7	23	819	35	142	4642	83	467	19728
广丰区	56	208	7580	181	691	24563	712	3565	134067
广信区	18	67	2553	106	446	16476	384	2154	79413
玉山县	86	322	12733	435	1851	75198	1912	9455	406978
铅山县	123	331	11572	428	1479	55437	1227	5387	225838
横峰县	20	59	2399	203	705	24570	618	2234	93265
弋阳县	145	363	11058	435	1269	44951	1002	3770	151968
余干县	54	207	8286	243	856	38825	1460	6126	286456
鄱阳县	157	440	17126	640	2197	86883	1914	8120	372770
万年县	52	131	5435	219	688	28304	809	3138	134408
婺源县	66	211	9075	290	1004	37875	524	2045	86126
德兴市	24	74	2829	35	117	5202	47	180	8885

9-2b 续表 6

单位：户、间、平方米

地区	2000-2009年			2010-2014年			2015年以后		
	户数	间数	面积	户数	间数	面积	户数	间数	面积
全省	**138877**	**556905**	**22878767**	**98163**	**380350**	**15269050**	**44662**	**173362**	**6928620**
南昌市	**14477**	**44807**	**1808850**	**9852**	**28952**	**1079427**	**5096**	**15026**	**550445**
东湖区	23	97	3492	6	13	603	5	11	487
西湖区									
青云谱区	4	12	379	26	48	1665	13	13	598
青山湖区	647	1977	79979	462	1230	48203	244	704	23724
新建区	458	1331	51482	349	1044	39287	126	385	13490
红谷滩区									
南昌县	8673	25657	1020286	6614	18255	645541	3504	9731	344966
安义县	816	2874	113710	548	1989	83793	306	1074	41595
进贤县	3856	12859	539522	1847	6373	260335	898	3108	125585
景德镇市	**2225**	**9705**	**481644**	**2052**	**8598**	**407077**	**1158**	**5216**	**249157**
昌江区	102	433	20217	61	322	14075	28	145	6195
珠山区	118	292	10640	75	179	7491	164	435	16632
浮梁县	1087	4662	218427	1198	5073	232109	566	2939	139252
乐平市	918	4318	232360	718	3024	153402	400	1697	87078
萍乡市	**5645**	**27458**	**1213375**	**4212**	**20066**	**885409**	**2095**	**9968**	**440257**
安源区	434	2198	96803	328	1844	78332	177	909	39545
湘东区	506	2247	107534	383	1798	91802	387	1703	86590
莲花县	1172	5694	271522	847	3899	183616	326	1601	73502
上栗县	2156	10984	458065	1762	8614	359823	753	3845	156853
芦溪县	1377	6335	279451	892	3911	171836	452	1910	83767
九江市	**16856**	**61673**	**2542542**	**12699**	**43135**	**1710827**	**5349**	**18482**	**752803**
濂溪区	145	589	22570	234	740	28878	44	216	7293
浔阳区									
柴桑区	651	2402	105205	312	1296	58473	183	768	38996
武宁县	1839	6431	268706	1554	5076	203211	795	2464	97833
修水县	3635	13531	526090	3135	10627	398336	1001	3822	147833
永修县	2062	6980	281963	1388	4523	178713	660	2279	87502
德安县	1045	3340	144177	916	3032	112378	417	1237	46514
都昌县	3419	13019	542696	1508	5427	221670	552	2160	93969
湖口县	1179	3889	166714	1050	2931	120963	400	1133	52401
彭泽县	1680	5940	261800	1112	3696	163437	667	2139	91080
瑞昌市	727	2894	116759	1164	3764	144677	507	1588	61995
共青城市	17	89	5952						
庐山市	457	2569	99910	326	2023	80091	123	676	27387
新余市	**1506**	**4852**	**194454**	**1669**	**4985**	**195456**	**639**	**2014**	**72795**
渝水区	126	471	17360	276	948	36481	30	142	5508
分宜县	1380	4381	177094	1393	4037	158975	609	1872	67287
鹰潭市	**1633**	**7868**	**322776**	**896**	**4314**	**173940**	**347**	**1670**	**69189**
月湖区	29	152	5626	28	128	4990	11	51	1967
余江区	677	2988	117209	399	1706	65664	126	544	21407
贵溪市	927	4728	199941	469	2480	103286	210	1075	45815
赣州市	**29278**	**119951**	**4731243**	**19948**	**79612**	**3054332**	**7899**	**30310**	**1124698**
章贡区	133	404	17194	46	122	4623	12	32	1264
南康区	283	1247	42137	273	1096	41793	157	575	19788
赣县区	807	3862	147575	630	2736	102176	246	1041	37609
信丰县	3902	16815	720136	1866	7517	329473	1043	3862	150347
大余县	2279	10154	410559	791	3628	151842	264	1233	51509
上犹县	1452	4972	195830	1065	3389	123512	319	1048	38376
崇义县	705	2542	96703	835	3098	111834	389	1471	47982
安远县	1415	5502	229304	1171	4077	169477	396	1490	56927
定南县	1306	4536	166050	998	3405	120708	343	1155	42000
全南县	1082	3605	134708	556	1806	64332	217	669	22472

9－2b 续表 7

单位：户、间、平方米

地　区	2000－2009年			2010－2014年			2015年以后		
	户数	间数	面积	户数	间数	面积	户数	间数	面积
宁都县	4153	16608	632176	2657	10509	398335	1210	4315	159056
于都县	3897	14193	538402	2678	9944	362189	589	2357	80925
兴国县	3046	14231	587466	2353	10232	399186	875	3794	151606
会昌县	2069	9465	361353	1472	7214	267703	824	3293	118707
寻乌县	1273	5347	202731	1295	5442	199706	418	1759	66866
石城县	968	4078	163034	951	3973	152430	472	1690	59706
瑞金市	322	1636	55678	134	717	26542	49	255	8563
龙南市	186	754	30207	177	707	28471	76	271	10995
吉安市	**18322**	**79918**	**3061997**	**12446**	**52743**	**1946473**	**5930**	**25768**	**950786**
吉州区	92	584	21938	112	470	16165	51	223	7789
青原区	131	672	26860	88	391	15934	35	132	5119
吉安县	2273	7894	298349	1393	4998	171689	884	3256	110102
吉水县	2069	8166	330210	1242	5293	209961	802	3342	137688
峡江县	684	2138	83247	603	1777	65715	181	562	20103
新干县	1272	4727	200479	1015	3374	138660	532	1873	75028
永丰县	1816	8105	326700	1312	5441	209182	483	2356	92308
泰和县	2585	10177	369661	1734	6327	219299	602	2579	89824
遂川县	2128	10747	451066	1534	7205	293954	653	2952	116221
万安县	1133	5772	209718	737	3837	131068	369	1909	64697
安福县	1635	6648	248977	778	3574	127368	383	1539	54883
永新县	2107	11778	403260	1569	8004	276774	812	4268	150181
井冈山市	397	2510	91532	329	2052	70704	143	777	26843
宜春市	**11906**	**45272**	**1858212**	**9101**	**34309**	**1385235**	**4255**	**16800**	**684958**
袁州区	513	2517	100531	420	1801	71769	275	1218	47654
奉新县	1704	5663	228718	1155	3883	152246	601	2090	77357
万载县	2213	9369	379480	1765	6681	259557	871	3380	137315
上高县	2296	7445	310390	1426	4933	204685	572	2030	85477
宜丰县	1383	4457	189584	1252	4032	162503	545	1731	71602
靖安县	578	1946	77058	471	1672	64398	129	589	21899
铜鼓县	597	1858	71563	454	1614	61598	274	953	36755
丰城市	1088	5558	225250	1023	4964	202321	399	2215	88861
樟树市	353	1272	52530	230	784	30695	103	442	19293
高安市	1181	5187	223108	905	3945	175463	486	2152	98745
抚州市	**13268**	**47877**	**1893382**	**10210**	**35425**	**1359051**	**5084**	**17801**	**679690**
临川区	882	4458	174029	446	2181	83880	224	1177	51062
东乡区	388	1815	79172	267	1357	62228	154	776	34823
南城县	1626	6042	228239	1146	4726	162622	880	3355	117343
黎川县	1439	4535	175399	1146	3604	134593	727	2106	79055
南丰县	1455	4625	194338	895	2562	96749	513	1605	56120
崇仁县	1757	7167	291549	1248	4831	194091	422	1621	65039
乐安县	1474	5795	217987	1121	4072	155906	636	2301	88190
宜黄县	1011	3314	120269	1032	3316	123784	538	1684	63158
金溪县	1190	4126	167674	1187	3663	147519	365	1173	45790
资溪县	734	2298	94408	381	1326	53193	125	459	18460
广昌县	1312	3702	150318	1341	3787	144486	500	1544	60650
上饶市	**23761**	**107524**	**4770292**	**15078**	**68211**	**3071823**	**6810**	**30307**	**1353842**
信州区	160	984	43127	86	534	22768	43	268	11403
广丰区	1300	7055	265552	573	3312	126253	260	1406	52145
广信区	683	4122	161756	443	2709	110630	244	1406	57525
玉山县	3373	15796	690668	1858	8541	385384	1039	4882	216597
铅山县	2222	10589	472238	1532	6976	312152	533	2574	119069
横峰县	1339	5349	230992	564	2447	109707	246	1078	48445
弋阳县	1929	7967	350604	1110	4949	210389	397	1982	88380
余干县	4358	19235	898232	1996	9560	459477	1147	4484	202247
鄱阳县	4936	21611	1006619	4270	18254	848150	1577	6834	321979
万年县	1679	7602	337278	1231	4861	220817	661	2367	100774
婺源县	1714	6919	297706	1330	5652	245237	613	2781	122835
德兴市	68	295	15520	85	416	20859	50	245	12443

9–2c　各地区按住房建成时间分的家庭户住房状况(乡村)

单位：户、间、平方米

地　区	合　计			1949年以前		
	户数	间数	面积	户数	间数	面积
全　省	**585318**	**3042617**	**119871999**	**1470**	**4801**	**162014**
南昌市	**42906**	**200057**	**7809413**	**107**	**348**	**12356**
东湖区	525	2542	99702	1	4	200
西湖区						
青云谱区						
青山湖区	1175	6428	263023	1	2	70
新建区	9782	42773	1750654	24	66	2443
红谷滩区	547	2481	89982	3	12	418
南昌县	15705	73118	2782726	31	110	3628
安义县	3902	21115	797248	25	87	3144
进贤县	11270	51600	2021078	22	67	2453
景德镇市	**18134**	**83845**	**4206540**	**68**	**211**	**9071**
昌江区	1192	5844	307314	4	19	944
珠山区	48	329	15794			
浮梁县	3538	16244	663993	23	76	3275
乐平市	13356	61428	3219439	41	116	4852
萍乡市	**16892**	**92115**	**3980698**	**11**	**41**	**1835**
安源区	250	1283	54200	2	9	360
湘东区	3436	16199	769734	1	1	75
莲花县	3581	21654	984791			
上栗县	6000	33483	1389195	2	7	240
芦溪县	3625	19496	782778	6	24	1160
九江市	**62655**	**292567**	**12225694**	**40**	**134**	**5077**
濂溪区	2034	7966	351515	5	22	1130
浔阳区	70	329	16230			
柴桑区	5282	23822	987931			
武宁县	5385	25614	1009665	9	21	790
修水县	11813	61363	2259722	9	26	980
永修县	4422	18385	695314			
德安县	2049	9121	369863	3	15	325
都昌县	11480	55450	2435515	9	30	1240
湖口县	4004	17983	1012357	1	4	82
彭泽县	4846	21022	1002704			
瑞昌市	7016	30030	1183898	2	12	390
共青城市	1274	6186	245799			
庐山市	2980	15296	655181	2	4	140
新余市	**11857**	**42953**	**1703040**	**25**	**52**	**1879**
渝水区	7907	26222	1039347	19	39	1469
分宜县	3950	16731	663693	6	13	410
鹰潭市	**13823**	**67292**	**2860632**	**41**	**132**	**5095**
月湖区	299	1514	63291			
余江区	5260	25170	996892	12	39	1307
贵溪市	8264	40608	1800449	29	93	3788
赣州市	**126847**	**729678**	**25838061**	**126**	**426**	**14052**
章贡区	3295	15701	706060	5	17	758
南康区	12364	74693	2902894	23	86	3013
赣县区	8411	49906	1645297	8	33	976
信丰县	9867	52872	2231221	1	2	130
大余县	4524	27693	1071192	2	10	460
上犹县	5412	28084	1064451	4	9	278
崇义县	3465	19235	630135	5	14	440
安远县	4962	24484	959359	3	10	455
定南县	2574	11893	370237	15	44	1367
全南县	2784	14370	425662	3	7	255

9－2c 续表 1

单位：户、间、平方米

地 区	合 计			1949年以前		
	户数	间数	面积	户数	间数	面积
宁都县	13240	65819	2368467	7	21	780
于都县	16812	115842	3737621	1	5	220
兴国县	12175	76388	2527023			
会昌县	5820	36780	1216828	5	22	660
寻乌县	4373	27071	824065	23	82	2371
石城县	4048	23243	930652	2	5	246
瑞金市	8735	48678	1648713	10	36	1090
龙南市	3986	16926	578184	9	23	553
吉安市	**70285**	**408544**	**14539582**	**244**	**864**	**25043**
吉州区	1868	11879	412178	20	72	1930
青原区	3289	17776	681476	12	41	1125
吉安县	7219	38804	1125686	44	167	4247
吉水县	7189	39355	1656693	31	84	3005
峡江县	2593	12305	473540	2	5	209
新干县	5812	29971	1252214	23	71	2479
永丰县	6029	35553	1371438	5	23	868
泰和县	7445	39407	1290581	45	148	4079
遂川县	9212	56291	2026473	10	36	920
万安县	4698	30700	953202	5	16	480
安福县	5929	34857	1324129	30	132	3509
永新县	7214	48310	1519064	13	51	1522
井冈山市	1788	13336	452908	4	18	670
宜春市	**71663**	**368569**	**14894804**	**328**	**1022**	**33328**
袁州区	11707	61733	2315509	7	11	359
奉新县	3687	17830	603576	22	88	2726
万载县	6831	33326	1346634	7	21	770
上高县	4647	26349	1120746	9	25	909
宜丰县	3501	14751	586915	28	75	2613
靖安县	1970	9776	373097	19	52	1528
铜鼓县	1696	7683	285009	12	33	1207
丰城市	17504	96375	3829487	134	439	13772
樟树市	7955	36617	1491603	48	128	4554
高安市	12165	64129	2942228	42	150	4890
抚州市	**57425**	**278390**	**10231221**	**219**	**589**	**18519**
临川区	14511	75530	2862115	45	115	3475
东乡区	5380	25013	1064326	20	49	1842
南城县	3836	18776	643159	4	11	288
黎川县	3237	13297	432682	15	43	1220
南丰县	4368	19121	652691	15	42	1274
崇仁县	5505	28263	1030130	14	40	1248
乐安县	6138	36730	1322172	7	21	620
宜黄县	3902	17576	528283	19	54	1315
金溪县	5190	22932	918914	71	182	6174
资溪县	1641	6483	235966	7	28	973
广昌县	3717	14669	540783	2	4	90
上饶市	**92831**	**478607**	**21582314**	**261**	**982**	**35759**
信州区	3180	20826	877925	4	12	375
广丰区	9257	50459	1924062	25	128	2748
广信区	9578	53845	2165721	15	60	1590
玉山县	6975	38929	1787685	16	53	1850
铅山县	4996	24187	1070264	30	73	2736
横峰县	2602	12696	553355	1	2	110
弋阳县	5446	28074	1273612	1	2	60
余干县	14334	72536	3527698	32	122	6040
鄱阳县	21403	102271	4903336	10	36	1280
万年县	6347	31202	1523306	4	17	710
婺源县	5434	27449	1144139	120	469	17995
德兴市	3279	16133	831211	3	8	265

9-2c　续表 2

单位：户、间、平方米

地　　区	1949—1959年			1960—1969年		
	户数	间数	面积	户数	间数	面积
全　省	**1054**	**3695**	**127496**	**3613**	**12488**	**430255**
南昌市	**80**	**257**	**8812**	**389**	**1180**	**40874**
东湖区				1	6	280
西湖区						
青云谱区						
青山湖区	2	5	350	5	10	370
新建区	22	75	2318	99	280	10173
红谷滩区	1	3	90	5	26	810
南昌县	21	68	2151	143	423	14248
安义县	10	38	1179	40	126	4495
进贤县	24	68	2724	96	309	10498
景德镇市	**46**	**145**	**5521**	**199**	**622**	**23580**
昌江区	2	4	116	12	37	1250
珠山区				1	8	180
浮梁县	19	64	2178	88	298	10029
乐平市	25	77	3227	98	279	12121
萍乡市	**22**	**87**	**4746**	**70**	**310**	**13052**
安源区				1	6	200
湘东区	1	3	296	4	15	838
莲花县	11	42	2423	31	152	6204
上栗县	4	21	927	21	85	3700
芦溪县	6	21	1100	13	52	2110
九江市	**66**	**280**	**11075**	**226**	**762**	**29713**
濂溪区	18	52	3280	31	104	4954
浔阳区						
柴桑区	1	3	120	10	31	1085
武宁县	9	38	1499	41	133	5267
修水县	2	4	150	14	43	1610
永修县	5	20	400	28	75	2928
德安县	5	53	980	11	59	1592
都昌县	13	63	2565	27	131	5005
湖口县				1	2	100
彭泽县	6	19	772	32	100	4144
瑞昌市	6	24	1189	24	68	2414
共青城市				1	4	120
庐山市	1	4	120	6	12	494
新余市	**22**	**49**	**1943**	**82**	**219**	**7775**
渝水区	15	34	1463	55	136	5056
分宜县	7	15	480	27	83	2719
鹰潭市	**35**	**99**	**4292**	**123**	**385**	**15216**
月湖区						
余江区	19	53	2048	40	122	4186
贵溪市	16	46	2244	83	263	11030
赣州市	**184**	**761**	**23246**	**569**	**2194**	**66260**
章贡区	6	14	756	20	80	3368
南康区	19	75	3349	57	211	7575
赣县区	12	67	2117	36	158	4486
信丰县				30	110	3563
大余县	2	9	315	17	51	1972
上犹县	10	35	1288	15	46	1326
崇义县	6	25	606	20	82	2382
安远县	2	9	390	7	30	825
定南县	11	40	1118	32	174	3938
全南县	8	32	875	44	167	4369

9－2c 续表 3

单位：户、间、平方米

地 区	1949－1959年			1960－1969年		
	户数	间数	面积	户数	间数	面积
宁都县	9	25	809	49	121	4893
于都县	9	50	1556	23	157	4252
兴国县	15	65	2031	22	105	3087
会昌县	9	71	1299	18	91	2712
寻乌县	18	93	2354	38	156	4278
石城县	6	22	1157	14	56	1964
瑞金市	10	34	1014	41	153	4486
龙南市	32	95	2212	86	246	6784
吉安市	**124**	**530**	**15757**	**490**	**1975**	**64448**
吉州区	6	33	820	12	42	1106
青原区	4	10	255	17	55	1839
吉安县	23	93	2771	58	219	7003
吉水县	13	44	1629	40	114	4654
峡江县	2	2	110	24	67	2256
新干县	11	31	1030	52	164	5830
永丰县	5	23	913	22	89	3353
泰和县	11	42	1261	49	205	5849
遂川县	14	69	1685	54	232	7655
万安县	10	51	1637	35	203	5860
安福县	7	27	840	36	123	4600
永新县	12	61	1616	51	240	7419
井冈山市	6	44	1190	40	222	7024
宜春市	**166**	**502**	**17472**	**476**	**1459**	**50340**
袁州区	17	55	1830	41	134	4920
奉新县	14	59	1933	31	81	2456
万载县	4	12	570	25	70	2771
上高县	1	3	120	15	48	1615
宜丰县	17	40	1476	61	143	5294
靖安县	5	13	370	19	63	2299
铜鼓县	1	3	120	9	33	1432
丰城市	58	173	6373	164	557	18339
樟树市	27	71	2397	64	199	6627
高安市	22	73	2283	47	131	4587
抚州市	**126**	**379**	**12994**	**446**	**1431**	**46647**
临川区	42	123	4071	94	300	10013
东乡区	23	65	2482	34	100	3318
南城县	2	6	182	38	139	4245
黎川县	7	18	602	37	119	3371
南丰县	2	7	177	26	73	2382
崇仁县	17	49	1459	43	138	4567
乐安县	12	52	1841	36	136	4449
宜黄县	4	10	340	37	114	3090
金溪县	12	35	1250	39	120	3822
资溪县	4	10	460	45	146	5860
广昌县	1	4	130	17	46	1530
上饶市	**183**	**606**	**21638**	**543**	**1951**	**72350**
信州区	4	14	635	7	38	1780
广丰区	29	100	2992	90	434	13683
广信区	8	31	1077	30	84	3253
玉山县	19	56	1727	59	190	6883
铅山县	17	51	1701	54	139	4666
横峰县	3	8	290	15	46	1780
弋阳县	10	29	1040	14	39	1730
余干县	7	27	1060	32	97	4671
鄱阳县	17	49	2224	62	223	8540
万年县	4	10	475	14	46	2169
婺源县	59	212	7667	136	526	19811
德兴市	6	19	750	30	89	3384

9-2c　续表 4

单位：户、间、平方米

地　区	1970—1979年			1980—1989年			1990—1999年		
	户数	间数	面积	户数	间数	面积	户数	间数	面积
全　省	**12221**	**43836**	**1523428**	**44844**	**177559**	**6343060**	**104901**	**507277**	**19808582**
南昌市	**1418**	**4520**	**158754**	**5418**	**20507**	**755747**	**11206**	**50826**	**1930503**
东湖区	12	52	1786	116	542	23324	188	1002	37638
西湖区									
青云谱区									
青山湖区	22	74	2538	133	565	21997	324	1783	74136
新建区	352	1039	38031	1208	4002	150794	1862	7348	289510
红谷滩区	28	84	2673	103	439	14618	133	612	21594
南昌县	507	1629	53627	1884	7061	248468	3833	17308	641717
安义县	129	424	15547	529	2463	92916	1031	5570	204380
进贤县	368	1218	44552	1445	5435	203630	3835	17203	661528
景德镇市	**585**	**1942**	**73155**	**1659**	**6056**	**238149**	**2834**	**12145**	**599411**
昌江区	47	151	7378	122	431	18173	171	719	36720
珠山区				2	11	519	19	116	5933
浮梁县	296	1080	36507	711	2706	90891	524	2246	89464
乐平市	242	711	29270	824	2908	128566	2120	9064	467294
萍乡市	**265**	**1158**	**54311**	**1213**	**6001**	**266223**	**3725**	**19972**	**840214**
安源区	3	22	740	28	137	5726	75	383	16218
湘东区	39	161	8031	326	1492	76467	793	3737	171019
莲花县	56	256	13411	145	690	32008	417	2433	108190
上栗县	127	522	24509	474	2389	100239	1531	8345	347516
芦溪县	40	197	7620	240	1293	51783	909	5074	197271
九江市	**773**	**2619**	**98336**	**3401**	**12693**	**498893**	**13246**	**59290**	**2459298**
濂溪区	34	146	6457	116	499	23492	576	2605	128348
浔阳区	1	2	80	6	22	1170	14	57	2820
柴桑区	41	135	4532	210	762	29338	933	4068	170912
武宁县	172	596	22996	542	2056	78062	758	3456	132803
修水县	45	171	5922	258	1022	37349	1728	8626	320098
永修县	83	226	7959	294	926	33793	1194	4939	181523
德安县	45	164	5411	144	607	23676	544	2429	98411
都昌县	105	361	13777	676	2484	98937	2761	12929	552654
湖口县	23	56	2821	104	361	16221	649	2621	143242
彭泽县	103	343	13352	425	1525	63348	1300	5264	236650
瑞昌市	85	298	10643	370	1370	49562	1411	5883	227728
共青城市	6	16	650	75	308	11240	503	2298	88671
庐山市	30	105	3736	181	751	32705	875	4115	175438
新余市	**344**	**884**	**32697**	**1383**	**4012**	**149806**	**3565**	**12758**	**505374**
渝水区	190	455	17429	841	2290	88818	2669	8968	360384
分宜县	154	429	15268	542	1722	60988	896	3790	144990
鹰潭市	**342**	**1194**	**49801**	**1208**	**4699**	**193180**	**3286**	**15754**	**664555**
月湖区	3	7	320	28	130	5585	66	336	14074
余江区	111	348	13814	548	2104	81535	1483	7042	275345
贵溪市	228	839	35667	632	2465	106060	1737	8376	375136
赣州市	**1916**	**7690**	**242771**	**5780**	**25060**	**800749**	**14405**	**78608**	**2787173**
章贡区	36	127	5324	108	428	18795	448	2263	105058
南康区	197	819	28740	557	2433	87172	1700	10174	405463
赣县区	110	486	14057	336	1669	49533	783	4380	141135
信丰县	123	469	14854	296	1248	42533	1036	5295	224183
大余县	85	332	10133	179	657	20652	398	2164	81242
上犹县	155	610	19867	294	1122	34737	355	1781	61359
崇义县	105	443	12699	575	2557	74896	266	1291	39181
安远县	57	216	7667	194	808	28498	370	1706	63825
定南县	56	195	6181	212	990	27524	294	1260	39354
全南县	102	414	12538	215	982	27828	286	1568	42362

9-2c 续表 5

单位：户、间、平方米

地区	1970—1979年			1980—1989年			1990—1999年		
	户数	间数	面积	户数	间数	面积	户数	间数	面积
宁都县	205	674	25240	657	2324	91310	1771	8338	297337
于都县	84	482	13494	307	1644	52218	1988	12707	411652
兴国县	48	260	8249	240	1199	39587	1185	6922	240835
会昌县	61	270	7666	220	1103	31298	677	3975	128972
寻乌县	136	665	17674	491	2456	65754	413	2400	67075
石城县	38	140	5549	152	705	27083	569	2881	117309
瑞金市	133	512	15873	273	1133	37169	1448	7855	262054
龙南市	185	576	16966	474	1602	44162	418	1648	58777
吉安市	**1513**	**6295**	**203097**	**5444**	**24680**	**808808**	**12385**	**68100**	**2395253**
吉州区	21	98	2784	120	589	17591	402	2468	83229
青原区	58	202	7178	242	980	35215	654	3400	124127
吉安县	177	744	21923	582	2528	73983	1409	7344	213148
吉水县	160	552	21172	750	2967	116200	1537	8139	334707
峡江县	116	365	14011	338	1269	46079	622	3001	112131
新干县	156	486	17844	628	2485	84841	1178	5987	242941
永丰县	100	384	14365	383	1634	61759	1174	6470	250657
泰和县	172	683	20373	627	2801	82686	1581	8076	256770
遂川县	134	625	20650	357	1751	57604	787	4656	169572
万安县	95	589	16471	335	1961	55856	786	4802	145811
安福县	136	550	18522	453	2004	70152	1042	5883	221820
永新县	126	587	16077	482	2694	76299	970	6092	182959
井冈山市	62	430	11727	147	1017	30543	243	1782	57381
宜春市	**1725**	**5784**	**203142**	**7910**	**29619**	**1056105**	**14527**	**69473**	**2737893**
袁州区	137	494	18388	705	2976	105502	2869	14369	527280
奉新县	129	471	15694	619	2512	86471	794	3727	126266
万载县	100	302	11783	361	1309	49948	1116	5141	208264
上高县	97	274	10373	585	2087	80933	788	3827	156403
宜丰县	165	457	17166	606	1837	71804	731	2921	112382
靖安县	89	304	10869	393	1583	55834	283	1303	50349
铜鼓县	58	233	9057	281	1084	40885	150	612	22634
丰城市	484	1711	57302	1674	6511	219633	3099	15646	594167
樟树市	222	715	24469	1054	3863	135773	2137	9361	375827
高安市	244	823	28041	1632	5857	209322	2560	12566	564321
抚州市	**1703**	**5779**	**182576**	**6592**	**24775**	**795797**	**10518**	**47092**	**1684407**
临川区	309	1072	34833	1398	5403	181757	3035	14801	538084
东乡区	144	413	15011	752	2631	94070	1190	5232	219588
南城县	134	482	14320	411	1572	47519	641	2980	97612
黎川县	92	284	8094	309	1115	33842	811	3167	104296
南丰县	119	387	13229	352	1193	39363	805	3197	107907
崇仁县	198	671	19988	647	2466	76825	867	4009	143519
乐安县	149	651	19909	740	3397	106596	806	4298	145442
宜黄县	179	633	16014	724	2798	75018	628	2721	80007
金溪县	157	541	17148	665	2282	73912	858	3328	128676
资溪县	157	451	16267	276	896	30591	236	928	33993
广昌县	65	194	7763	318	1022	36304	641	2431	85283
上饶市	**1637**	**5971**	**224788**	**4836**	**19457**	**779603**	**15204**	**73259**	**3204501**
信州区	21	97	3785	139	809	31922	637	4037	165881
广丰区	230	961	34235	613	2782	98584	1764	8917	326235
广信区	81	260	9086	346	1455	53495	1872	9725	376519
玉山县	162	606	21204	374	1633	65606	1341	7200	336589
铅山县	144	441	15290	305	1194	47796	919	4209	186019
横峰县	25	71	3058	91	371	15523	495	2269	102053
弋阳县	70	202	8497	152	580	25148	827	4043	181987
余干县	110	345	15240	498	1768	80924	2092	9993	455662
鄱阳县	251	874	34395	959	3353	137531	3190	13811	651620
万年县	57	220	9906	246	915	43364	1086	4769	227321
婺源县	393	1602	57857	965	4122	158311	624	2759	115941
德兴市	93	292	12235	148	475	21399	357	1527	78674

9-2c 续表 6

单位：户、间、平方米

地区	2000—2009年			2010—2014年			2015年以后		
	户数	间数	面积	户数	间数	面积	户数	间数	面积
全省	**204186**	**1116762**	**44366106**	**143378**	**809591**	**32438231**	**69651**	**366608**	**14672827**
南昌市	**13493**	**67439**	**2651208**	**6601**	**33896**	**1403792**	**4194**	**21084**	**847367**
东湖区	168	820	32005	37	108	4069	2	8	400
西湖区									
青云谱区									
青山湖区	440	2674	112898	224	1223	52822	24	92	2842
新建区	3018	13950	579639	1885	9519	408891	1312	6494	268855
红谷滩区	228	1104	42460	29	145	5427	17	56	1892
南昌县	5284	26597	1019210	2440	12292	503708	1562	7630	295969
安义县	963	5558	207039	672	3931	148828	503	2918	119720
进贤县	3392	16736	657957	1314	6678	280047	774	3886	157689
景德镇市	**5916**	**28918**	**1494001**	**4720**	**23664**	**1244073**	**2107**	**10142**	**519579**
昌江区	387	2074	107425	310	1658	94055	137	751	41253
珠山区	21	157	7262	5	37	1900			
浮梁县	724	3602	155994	628	3343	148480	525	2829	127175
乐平市	4784	23085	1223320	3777	18626	999638	1445	6562	351151
萍乡市	**5978**	**33021**	**1425697**	**3462**	**19684**	**857118**	**2146**	**11841**	**517502**
安源区	60	292	12890	60	329	13426	21	105	4640
湘东区	1001	4646	220608	672	3221	156742	599	2923	135658
莲花县	1462	8958	412267	946	6039	270365	513	3084	139923
上栗县	2108	11939	489860	1141	6666	277117	592	3509	145087
芦溪县	1347	7186	290072	643	3429	139468	421	2220	92194
九江市	**23890**	**115168**	**4838948**	**13481**	**66231**	**2809593**	**7532**	**35390**	**1474761**
濂溪区	496	2272	97032	518	1449	55275	240	817	31547
浔阳区	38	202	9870	8	33	1610	3	13	680
柴桑区	2151	9956	412052	1241	5701	243417	695	3166	126475
武宁县	1664	8362	332633	1450	7384	293659	740	3568	141956
修水县	4783	25633	938782	2934	15771	584638	2040	10067	370193
永修县	1559	6492	246396	873	4037	154094	386	1670	68221
德安县	711	3111	130120	412	1967	80115	174	716	29233
都昌县	4363	21722	958075	2346	11940	541840	1180	5790	261422
湖口县	1838	8144	468222	900	4436	252822	488	2359	128847
彭泽县	1585	7178	345067	897	4315	221194	498	2278	118177
瑞昌市	3185	14170	568911	1144	5000	198161	789	3205	124900
共青城市	406	2029	79823	211	1111	47301	72	420	17994
庐山市	1111	5897	251965	547	3087	135467	227	1321	55116
新余市	**3690**	**14693**	**583886**	**1645**	**6370**	**258120**	**1101**	**3916**	**161560**
渝水区	2289	8072	316869	1057	3746	148591	772	2482	99268
分宜县	1401	6621	267017	588	2624	109529	329	1434	62292
鹰潭市	**5396**	**27620**	**1181853**	**2418**	**12674**	**547162**	**974**	**4735**	**199478**
月湖区	139	735	29843	48	235	10465	15	71	3004
余江区	2015	10286	417012	741	3779	146544	291	1397	55101
贵溪市	3242	16599	734998	1629	8660	390153	668	3267	141373
赣州市	**46432**	**282824**	**10012394**	**41825**	**248995**	**8951650**	**15610**	**83120**	**2939766**
章贡区	1407	7538	342399	876	3869	174933	389	1365	54669
南康区	4732	30505	1188350	3470	21394	831622	1609	8996	347610
赣县区	2891	17791	588658	2766	17321	580673	1469	8001	263662
信丰县	3673	20472	855419	3667	20233	877242	1041	5043	213297
大余县	1877	12308	478485	1476	9303	367986	488	2859	109947
上犹县	1721	9570	362822	2076	11172	443639	782	3739	139135
崇义县	653	3911	132522	1233	7468	252355	602	3444	115054
安远县	1691	8474	336712	1974	10127	393221	664	3104	127766
定南县	809	3939	124890	909	4194	133547	236	1057	32318
全南县	664	3535	103182	1011	5359	164061	451	2306	70192

9-2c 续表 7

单位：户、间、平方米

地区	2000—2009年			2010—2014年			2015年以后		
	户数	间数	面积	户数	间数	面积	户数	间数	面积
宁都县	4448	24005	841909	4290	21916	802825	1804	8395	303364
于都县	7188	50270	1604224	5568	39595	1293000	1644	10932	357005
兴国县	5338	34224	1137934	3949	25477	831271	1378	8136	264029
会昌县	2295	15374	511477	1857	12162	407374	678	3712	125370
寻乌县	1099	7472	222580	1694	11096	361897	461	2651	80082
石城县	1331	8022	319143	1485	8989	365325	451	2423	92876
瑞金市	3641	21038	710735	2350	13804	470486	829	4113	145806
龙南市	974	4376	150953	1174	5516	200193	634	2844	97584
吉安市	**23020**	**139601**	**4979512**	**17183**	**107941**	**3918005**	**9882**	**58558**	**2129659**
吉州区	647	4226	147797	451	3051	109108	189	1300	47813
青原区	1160	6436	247178	755	4386	176353	387	2266	88206
吉安县	2647	14943	429807	1536	8667	256578	743	4099	116226
吉水县	1977	11615	492784	1759	10752	461630	922	5088	220912
峡江县	732	3777	146216	453	2362	91695	304	1457	60833
新干县	1669	8877	380012	1298	7506	325315	797	4364	191922
永丰县	2087	12906	497070	1395	8962	346528	858	5062	195925
泰和县	2301	12489	413568	1660	9402	316996	999	5561	188999
遂川县	3037	19222	703285	2950	18974	683416	1869	10726	381686
万安县	1474	9709	306968	1191	8372	262957	767	4997	157162
安福县	2134	13157	502241	1386	8636	335113	705	4345	167332
永新县	2612	18099	568005	1887	13244	425478	1061	7242	239689
井冈山市	543	4145	144581	462	3627	126838	281	2051	72954
宜春市	**23387**	**128814**	**5264279**	**15242**	**88700**	**3727983**	**7902**	**43196**	**1804262**
袁州区	4747	25764	967805	2158	12520	481653	1026	5410	207772
奉新县	999	5047	169832	701	3818	130869	378	2027	67329
万载县	2758	14179	566589	1473	7747	320535	987	4545	185404
上高县	1272	7690	338266	1185	7863	343089	695	4532	189038
宜丰县	755	3588	144056	684	3552	145149	454	2138	86975
靖安县	388	2014	77790	483	2703	106251	291	1741	67807
铜鼓县	297	1429	57009	529	2730	99184	359	1526	53481
丰城市	5902	35031	1408969	4067	24989	1029966	1922	11318	480966
樟树市	2445	12188	501635	1308	6979	304294	650	3113	136027
高安市	3824	21884	1032328	2654	15799	766993	1140	6846	329463
抚州市	**18730**	**96597**	**3638989**	**13197**	**71431**	**2707526**	**5894**	**30317**	**1143766**
临川区	5424	29950	1164809	3073	17707	692996	1091	6059	232077
东乡区	1767	8958	396200	957	5253	232363	493	2312	99452
南城县	1348	6930	238597	971	5151	186202	287	1505	54194
黎川县	964	4091	133463	710	3220	106928	292	1240	40866
南丰县	1673	7583	260504	973	4697	163189	403	1942	64666
崇仁县	1950	10858	410823	1285	7436	277543	484	2596	94158
乐安县	1598	10047	364110	1653	11102	414287	1137	7026	264918
宜黄县	997	4819	151940	976	4822	151483	338	1605	49076
金溪县	1524	7148	295377	1289	6380	267608	575	2916	124947
资溪县	430	1842	67922	363	1628	59008	123	554	20892
广昌县	1055	4371	155244	947	4035	155919	671	2562	98520
上饶市	**34254**	**182067**	**8295339**	**23604**	**130005**	**6013209**	**12309**	**64309**	**2935127**
信州区	1177	7784	321560	727	5056	220427	464	2979	131560
广丰区	3631	20655	802652	1968	11683	451521	907	4799	191412
广信区	3478	20102	808310	2248	13697	560478	1500	8431	351913
玉山县	2374	14015	648597	1582	9453	442224	1048	5723	263005
铅山县	1694	8588	388115	1193	6291	280810	640	3201	143131
横峰县	1103	5537	235101	549	2814	125147	320	1578	70293
弋阳县	2129	11242	502735	1607	8675	401949	636	3262	150466
余干县	6168	32054	1563608	3934	21102	1052589	1461	7028	347904
鄱阳县	7748	37609	1838027	6027	30724	1487854	3139	15592	741865
万年县	2616	13422	658701	1620	8385	412830	700	3418	167830
婺源县	955	5106	217308	1163	6775	296807	1019	5878	252442
德兴市	1181	5953	310625	986	5350	280573	475	2420	123306

9–3 各地区按住房设施状况分的家庭户户数

单位：户

地区	合计	住房所在建筑有无电梯		主要炊事燃料				
		有	无	燃气	电	煤炭	柴草	其他
全省	**1340608**	**177559**	**1163049**	**1054574**	**94393**	**24108**	**146619**	**20914**
南昌市	**176497**	**51095**	**125402**	**156660**	**6940**	**788**	**8114**	**3995**
东湖区	14049	2868	11181	12738	991	56	12	252
西湖区	16424	6184	10240	15210	870	57		287
青云谱区	11623	3366	8257	11145	339	38	1	100
青山湖区	33690	11550	22140	31208	1607	102	19	754
新建区	21788	5171	16617	17951	593	227	2336	681
红谷滩区	13468	9531	3937	12100	836	12	230	290
南昌县	38226	10460	27766	35868	1156	62	375	765
安义县	6825	379	6446	4830	56	42	1686	211
进贤县	20404	1586	18818	15610	492	192	3455	655
景德镇市	**49279**	**5837**	**43442**	**43507**	**3644**	**640**	**772**	**716**
昌江区	6150	1049	5101	5670	199	67	51	163
珠山区	12978	3093	9885	12399	207	89	9	274
浮梁县	7754	563	7191	6696	220	140	478	220
乐平市	22397	1132	21265	18742	3018	344	234	59
萍乡市	**51496**	**3744**	**47752**	**43247**	**3059**	**4801**	**114**	**275**
安源区	16453	2402	14051	15209	1098	48	1	97
湘东区	8970	253	8717	8077	511	336	3	43
莲花县	6525	167	6358	3727	347	2418	12	21
上栗县	12037	589	11448	9672	529	1750	9	77
芦溪县	7511	333	7178	6562	574	249	89	37
九江市	**145810**	**23057**	**122753**	**130195**	**5086**	**868**	**7915**	**1746**
濂溪区	13014	6870	6144	12788	120	19	38	49
浔阳区	14554	5871	8683	14036	137	45	6	330
柴桑区	9803	1413	8390	8465	321	237	654	126
武宁县	10517	856	9661	8646	162	133	1444	132
修水县	21502	1631	19871	20026	232	143	929	172
永修县	10050	915	9135	9215	330	54	418	33
德安县	5098	504	4594	4700	108	22	255	13
都昌县	19336	654	18682	16673	1071	119	1284	189
湖口县	7553	706	6847	5613	1683	18	154	85
彭泽县	9832	571	9261	7826	512	12	1402	80
瑞昌市	13997	1782	12215	12887	141	26	723	220
共青城市	3560	631	2929	3227	76	22	80	155
庐山市	6994	653	6341	6093	193	18	528	162
新余市	**37172**	**6351**	**30821**	**28400**	**670**	**5556**	**1663**	**883**
渝水区	28513	5776	22737	22803	372	3258	1338	742
分宜县	8659	575	8084	5597	298	2298	325	141
鹰潭市	**36595**	**5385**	**31210**	**31144**	**1649**	**348**	**2022**	**1432**
月湖区	9405	2985	6420	8113	309	24	23	936
余江区	10177	686	9491	8529	615	121	685	227
贵溪市	17013	1714	15299	14502	725	203	1314	269
赣州市	**254148**	**29622**	**224526**	**158375**	**45339**	**985**	**46146**	**3303**
章贡区	30862	11935	18927	24510	5440	30	593	289
南康区	24297	2618	21679	15038	3826	267	4741	425
赣县区	16204	1981	14223	7921	3070	75	4696	442
信丰县	18210	1577	16633	13707	2875	35	1185	408
大余县	8797	143	8654	1985	5124	22	1612	54
上犹县	8777	288	8489	3844	2258	56	2482	137
崇义县	5900	309	5591	3234	621	14	1860	171
安远县	8632	533	8099	7309	1033	20	121	149
定南县	5731	466	5265	4720	561	11	385	54
全南县	5395	135	5260	4621	390	18	323	43

9-3 续表 1

单位：户

地区	合计	住房所在建筑有无电梯		主要炊事燃料				
		有	无	燃气	电	煤炭	柴草	其他
宁都县	23272	1768	21504	13353	605	73	9179	62
于都县	26572	1487	25085	14306	8384	87	3543	252
兴国县	19773	1332	18441	6873	2298	104	10296	202
会昌县	11113	875	10238	9142	1249	17	552	153
寻乌县	8111	630	7481	7233	756	1	110	11
石城县	7175	715	6460	5098	266	59	1496	256
瑞金市	16054	1784	14270	10332	3015	35	2543	129
龙南市	9273	1046	8227	5149	3568	61	429	66
吉安市	**134582**	**11192**	**123390**	**87083**	**6732**	**989**	**37972**	**1806**
吉州区	12023	3844	8179	10370	419	30	1088	116
青原区	6604	1498	5106	4635	263	62	1576	68
吉安县	12856	1009	11847	7943	332	68	4355	158
吉水县	13218	451	12767	6479	348	51	6241	99
峡江县	4836	115	4721	2522	96	4	1994	220
新干县	9783	583	9200	5175	136	14	4373	85
永丰县	10966	516	10450	7910	1565	28	1215	248
泰和县	14329	1224	13105	9187	512	29	4374	227
遂川县	14570	545	14025	7403	1465	42	5491	169
万安县	7764	194	7570	3011	280	20	4361	92
安福县	10050	454	9596	8241	397	20	1294	98
永新县	13010	620	12390	10960	612	597	662	179
井冈山市	4573	139	4434	3247	307	24	948	47
宜春市	**147585**	**14479**	**133106**	**113174**	**4718**	**5871**	**21541**	**2281**
袁州区	30873	5781	25092	26108	1617	2586	330	232
奉新县	8232	465	7767	5717	191	63	2174	87
万载县	13267	777	12490	8641	832	2555	1184	55
上高县	10135	894	9241	8622	145	116	1142	110
宜丰县	8004	482	7522	5652	220	20	2034	78
靖安县	4084	160	3924	3356	67	18	597	46
铜鼓县	3601	176	3425	2832	222	60	454	33
丰城市	30635	2875	27760	23292	945	157	5043	1198
樟树市	15845	1572	14273	13008	127	199	2348	163
高安市	22909	1297	21612	15946	352	97	6235	279
抚州市	**116352**	**12768**	**103584**	**97052**	**5958**	**657**	**11074**	**1611**
临川区	32994	6571	26423	29513	1569	96	1256	560
东乡区	12119	1275	10844	9886	714	104	1081	334
南城县	8614	874	7740	6970	144	18	1422	60
黎川县	7149	845	6304	5840	258	119	870	62
南丰县	8460	492	7968	6590	144	68	1592	66
崇仁县	10073	566	9507	8699	104	7	1101	162
乐安县	9966	504	9462	8122	725	16	1019	84
宜黄县	7275	499	6776	5518	587	151	935	84
金溪县	8713	590	8123	7502	291	38	777	105
资溪县	3363	138	3225	2924	17	3	337	82
广昌县	7626	414	7212	5488	1405	37	684	12
上饶市	**191092**	**14029**	**177063**	**165737**	**10598**	**2605**	**9286**	**2866**
信州区	16204	4470	11734	15367	517	166	63	91
广丰区	21574	980	20594	18971	1581	677	206	139
广信区	20570	2492	18078	18850	544	206	758	212
玉山县	15744	942	14802	14134	620	48	907	35
铅山县	11245	719	10526	9930	242	172	568	333
横峰县	5597	281	5316	4992	303	26	189	87
弋阳县	10518	417	10101	8858	229	87	951	393
余干县	24687	1114	23573	19953	847	830	2379	678
鄱阳县	35053	1489	33564	30516	2628	277	1036	596
万年县	11020	599	10421	8678	481	67	1602	192
婺源县	10027	302	9725	8072	1338	35	500	82
德兴市	8853	224	8629	7416	1268	14	127	28

9−3　续表 2

单位：户

地　区	住房内有无管道自来水		住房内有无厨房			住房内有无厕所	
	有	无	独立使用	与其他户合用	无	水冲式卫生厕所	水冲式非卫生厕所
全　省	**1141679**	**198929**	**1310588**	**10062**	**19958**	**1279668**	**21051**
南昌市	**152676**	**23821**	**171219**	**1402**	**3876**	**166439**	**3084**
东湖区	13892	157	13851	86	112	13755	122
西湖区	16288	136	16260	47	117	16297	41
青云谱区	11393	230	11450	82	91	11295	135
青山湖区	33013	677	33067	212	411	32958	291
新建区	17997	3791	20520	319	949	19978	443
红谷滩区	12938	530	13142	83	243	13107	50
南昌县	28389	9837	37095	197	934	34705	1312
安义县	5211	1614	6633	87	105	6279	123
进贤县	13555	6849	19201	289	914	18065	567
景德镇市	**46860**	**2419**	**48323**	**599**	**357**	**46051**	**847**
昌江区	5968	182	6040	78	32	5787	101
珠山区	12809	169	12731	128	119	12536	56
浮梁县	6745	1009	7585	91	78	6208	391
乐平市	21338	1059	21967	302	128	21520	299
萍乡市	**50202**	**1294**	**51152**	**201**	**143**	**49295**	**592**
安源区	16237	216	16367	44	42	16288	35
湘东区	8776	194	8952	11	7	8700	92
莲花县	6389	136	6472	31	22	6088	100
上栗县	11469	568	11912	67	58	10927	298
芦溪县	7331	180	7449	48	14	7292	67
九江市	**138378**	**7432**	**144580**	**712**	**518**	**141731**	**1697**
濂溪区	12819	195	12989	12	13	12710	236
浔阳区	14401	153	14495	16	43	14433	41
柴桑区	8796	1007	9696	57	50	9032	209
武宁县	9308	1209	10330	127	60	9945	100
修水县	21212	290	21388	57	57	21179	188
永修县	9610	440	9974	42	34	9803	170
德安县	5036	62	5075	14	9	4912	90
都昌县	17220	2116	19042	204	90	18545	446
湖口县	7459	94	7450	63	40	7421	56
彭泽县	9502	330	9767	44	21	9819	4
瑞昌市	13160	837	13881	49	67	13528	96
共青城市	3329	231	3542	10	8	3535	20
庐山市	6526	468	6951	17	26	6869	41
新余市	**35645**	**1527**	**36411**	**260**	**501**	**35150**	**352**
渝水区	27102	1411	27960	190	363	26778	309
分宜县	8543	116	8451	70	138	8372	43
鹰潭市	**26159**	**10436**	**35804**	**384**	**407**	**34448**	**1116**
月湖区	8710	695	9262	70	73	9234	45
余江区	5770	4407	9838	120	219	9408	342
贵溪市	11679	5334	16704	194	115	15806	729
赣州市	**229353**	**24795**	**251075**	**1754**	**1319**	**251129**	**1521**
章贡区	29383	1479	30507	75	280	30659	86
南康区	21332	2965	24047	117	133	24011	198
赣县区	13150	3054	16021	82	101	15904	124
信丰县	17612	598	18060	114	36	18071	97
大余县	7232	1565	8659	96	42	8679	41
上犹县	8059	718	8697	62	18	8707	31
崇义县	5451	449	5821	51	28	5704	29
安远县	8487	145	8570	56	6	8582	27
定南县	5269	462	5696	20	15	5698	15
全南县	5395		5349	22	24	5371	24

9-3 续表 3

单位：户

地　区	住房内有无管道自来水		住房内有无厨房			住房内有无厕所	
	有	无	独立使用	与其他户合用	无	水冲式卫生厕所	水冲式非卫生厕所
宁都县	18841	4431	22832	265	175	22813	210
于都县	23150	3422	26223	248	101	26279	180
兴国县	15513	4260	19358	203	212	19560	148
会昌县	11005	108	11049	44	20	11042	67
寻乌县	7963	148	8029	66	16	8086	17
石城县	7077	98	7081	68	26	7074	55
瑞金市	15323	731	15875	133	46	15791	113
龙南市	9111	162	9201	32	40	9098	59
吉安市	**100097**	**34485**	**130903**	**1060**	**2619**	**130508**	**1464**
吉州区	10332	1691	11810	21	192	11868	46
青原区	4261	2343	6452	47	105	6402	42
吉安县	7691	5165	12621	65	170	12612	87
吉水县	8669	4549	12767	191	260	12619	369
峡江县	3303	1533	4594	43	199	4599	71
新干县	5389	4394	9016	135	632	8766	228
永丰县	9460	1506	10829	72	65	10666	157
泰和县	7778	6551	13775	181	373	14013	107
遂川县	13776	794	14421	94	55	14382	76
万安县	5968	1796	7669	35	60	7582	72
安福县	7947	2103	9714	75	261	9778	59
永新县	11689	1321	12763	78	169	12739	113
井冈山市	3834	739	4472	23	78	4482	37
宜春市	**107473**	**40112**	**142324**	**914**	**4347**	**131554**	**4338**
袁州区	27248	3625	30435	167	271	27877	1276
奉新县	6374	1858	7592	66	574	7204	219
万载县	12175	1092	13034	107	126	11321	550
上高县	8956	1179	9876	51	208	9131	218
宜丰县	6547	1457	7874	44	86	7088	311
靖安县	3244	840	3865	38	181	3844	36
铜鼓县	3437	164	3575	20	6	3315	42
丰城市	17706	12929	28993	259	1383	25932	852
樟树市	8683	7162	15635	69	141	14787	376
高安市	13103	9806	21445	93	1371	21055	458
抚州市	**97909**	**18443**	**111985**	**1236**	**3131**	**109226**	**2251**
临川区	26774	6220	31558	236	1200	30768	700
东乡区	8003	4116	11092	178	849	11039	269
南城县	8088	526	8526	57	31	8363	95
黎川县	6992	157	7052	62	35	6897	66
南丰县	7988	472	8227	156	77	8029	125
崇仁县	7355	2718	9631	155	287	9215	273
乐安县	9297	669	9821	104	41	9794	70
宜黄县	7041	234	7188	32	55	6700	215
金溪县	5563	3150	8142	119	452	7802	289
资溪县	3242	121	3238	53	72	3185	69
广昌县	7566	60	7510	84	32	7434	80
上饶市	**156927**	**34165**	**186812**	**1540**	**2740**	**184137**	**3789**
信州区	14356	1848	16029	64	111	15943	91
广丰区	20448	1126	21275	165	134	21062	262
广信区	17404	3166	19932	213	425	19432	837
玉山县	12456	3288	15587	85	72	15512	86
铅山县	10112	1133	11065	48	132	11024	189
横峰县	5055	542	5565	18	14	5546	33
弋阳县	7868	2650	10178	151	189	10102	238
余干县	20053	4634	24216	243	228	24133	265
鄱阳县	25939	9114	33538	288	1227	33023	865
万年县	5443	5577	10738	156	126	10184	696
婺源县	9573	454	9905	92	30	9463	164
德兴市	8220	633	8784	17	52	8713	63

9-3　续表 4

单位：户

地　区	住房内有无厕所			住房内有无洗澡设施			
	卫生旱厕	普通旱厕	无	统一供热水	家庭自装热水器	其他	无
全　省	**9969**	**9123**	**20797**	**12324**	**1240871**	**46654**	**40759**
南昌市	**1009**	**1424**	**4541**	**1765**	**164571**	**3150**	**7011**
东湖区	31	96	45	154	13743	57	95
西湖区	5	29	52	145	16055	60	164
青云谱区	10	69	114	162	11233	61	167
青山湖区	71	114	256	467	32383	205	635
新建区	100	197	1070	160	19302	890	1436
红谷滩区	54	178	79	264	12871	105	228
南昌县	365	436	1408	265	36046	550	1365
安义县	52	90	281	43	6220	135	427
进贤县	321	215	1236	105	16718	1087	2494
景德镇市	**398**	**405**	**1578**	**278**	**46175**	**1116**	**1710**
昌江区	50	26	186	43	5811	180	116
珠山区	13	12	361	72	12557	95	254
浮梁县	270	332	553	53	6678	371	652
乐平市	65	35	478	110	21129	470	688
萍乡市	**677**	**753**	**179**	**503**	**48483**	**1848**	**662**
安源区	42	28	60	183	16152	85	33
湘东区	93	72	13	35	8414	434	87
莲花县	168	120	49	79	5943	390	113
上栗县	318	451	43	152	10842	684	359
芦溪县	56	82	14	54	7132	255	70
九江市	**826**	**825**	**731**	**1754**	**138465**	**3029**	**2562**
濂溪区	7	11	50	281	12618	47	68
浔阳区	9	22	49	523	13935	34	62
柴桑区	145	232	185	132	8989	309	373
武宁县	135	191	146	74	9681	363	399
修水县	57	64	14	152	20975	235	140
永修县	35	16	26	67	9807	114	62
德安县	69	5	22	20	4805	130	143
都昌县	164	114	67	103	18186	602	445
湖口县	30	18	28	54	7208	172	119
彭泽县	3		6	61	9310	367	94
瑞昌市	143	131	99	186	12766	513	532
共青城市			5	74	3335	105	46
庐山市	29	21	34	27	6850	38	79
新余市	**187**	**116**	**1367**	**444**	**31832**	**2411**	**2485**
渝水区	164	95	1167	373	24743	1440	1957
分宜县	23	21	200	71	7089	971	528
鹰潭市	**431**	**216**	**384**	**298**	**34147**	**858**	**1292**
月湖区	91	7	28	110	9053	166	76
余江区	122	99	206	70	9391	262	454
贵溪市	218	110	150	118	15703	430	762
赣州市	**380**	**324**	**794**	**2502**	**235599**	**12204**	**3843**
章贡区	4	1	112	687	29744	310	121
南康区	15	19	54	155	21876	1787	479
赣县区	68	50	58	150	14142	1377	535
信丰县	10	9	23	97	17241	729	143
大余县	16	8	53	52	8178	462	105
上犹县	15	4	20	105	7368	1067	237
崇义县	51	61	55	61	4801	782	256
安远县	7	7	9	47	8410	154	21
定南县	2	2	14	56	5342	295	38
全南县				44	5068	228	55

9-3 续表 5

单位：户

地　区	住房内有无厕所			住房内有无洗澡设施			
	卫生旱厕	普通旱厕	无	统一供热水	家庭自装热水器	其他	无
宁都县	67	58	124	86	21512	1173	501
于都县	42	32	39	403	24980	777	412
兴国县	13	7	45	160	18451	906	256
会昌县	1	1	2	75	10535	388	115
寻乌县	3		5	100	7815	176	20
石城县	12	7	27	52	6583	367	173
瑞金市	42	36	72	123	15096	577	258
龙南市	12	22	82	49	8457	649	118
吉安市	**261**	**171**	**2178**	**937**	**123632**	**5573**	**4440**
吉州区	9	2	98	77	11698	89	159
青原区	7	4	149	54	6247	101	202
吉安县	20	9	128	99	12214	270	273
吉水县	18	29	183	36	11643	805	734
峡江县	33	5	128	31	4481	132	192
新干县	24	48	717	50	8674	212	847
永丰县	7	4	132	46	10292	372	256
泰和县	32	12	165	272	13234	423	400
遂川县	35	19	58	123	12720	1444	283
万安县	21	21	68	28	6728	683	325
安福县	31	11	171	15	9553	256	226
永新县	16	6	136	77	12075	503	355
井冈山市	8	1	45	29	4073	283	188
宜春市	**3345**	**3441**	**4907**	**1157**	**131146**	**7989**	**7293**
袁州区	830	756	134	565	26890	2318	1100
奉新县	223	207	379	43	7379	349	461
万载县	731	601	64	121	10643	1813	690
上高县	171	236	379	42	9259	403	431
宜丰县	154	139	312	41	7129	466	368
靖安县	33	32	139	15	3723	144	202
铜鼓县	120	113	11	15	3178	285	123
丰城市	617	895	2339	160	26897	1034	2544
樟树市	212	144	326	58	14867	491	429
高安市	254	318	824	97	21181	686	945
抚州市	**888**	**849**	**3138**	**941**	**106451**	**3606**	**5354**
临川区	170	138	1218	331	30432	664	1567
东乡区	104	137	570	66	10354	375	1324
南城县	78	14	64	59	8097	234	224
黎川县	47	49	90	147	6540	256	206
南丰县	100	75	131	73	7632	497	258
崇仁县	109	147	329	110	9089	390	484
乐安县	11	10	81	58	9605	206	97
宜黄县	118	119	123	19	6642	339	275
金溪县	93	123	406	38	7762	247	666
资溪县	27	14	68	8	3110	85	160
广昌县	31	23	58	32	7188	313	93
上饶市	**1567**	**599**	**1000**	**1745**	**180370**	**4870**	**4107**
信州区	53	30	87	319	15454	172	259
广丰区	129	84	37	241	20548	468	317
广信区	148	69	84	171	19236	558	605
玉山县	74	30	42	132	14935	385	292
铅山县	7	12	13	64	10636	382	163
横峰县	13	1	4	29	5326	137	105
弋阳县	65	67	46	51	9773	298	396
余干县	126	42	121	218	23390	721	358
鄱阳县	667	171	327	341	32932	978	802
万年县	53	7	80	27	10209	334	450
婺源县	212	75	113	87	9386	280	274
德兴市	20	11	46	65	8545	157	86

9-3a　各地区按住房设施状况分的家庭户户数(城市)

单位：户

地　区	合　计	住房所在建筑有无电梯		主要炊事燃料				
		有	无	燃气	电	煤炭	柴草	其他
全　省	**381802**	**120224**	**261578**	**349910**	**20976**	**2183**	**1235**	**7498**
南昌市	**95860**	**37442**	**58418**	**89047**	**4485**	**386**	**8**	**1934**
东湖区	13422	2831	10591	12162	966	53		241
西湖区	16424	6184	10240	15210	870	57		287
青云谱区	11580	3325	8255	11119	323	38	1	99
青山湖区	30688	11007	19681	28444	1500	87	2	655
新建区	10702	4592	6110	10086	97	139	4	376
红谷滩区	12921	9503	3418	11903	729	12	1	276
南昌县	123		123	123				
安义县								
进贤县								
景德镇市	**23970**	**4618**	**19352**	**22641**	**679**	**202**	**59**	**389**
昌江区	4658	1020	3638	4317	149	37		155
珠山区	12507	2877	9630	11997	197	89	8	216
浮梁县	574	2	572	521		2	40	11
乐平市	6231	719	5512	5806	333	74	11	7
萍乡市	**18114**	**2523**	**15591**	**16976**	**937**	**97**	**1**	**103**
安源区	14228	2362	11866	13261	843	31		93
湘东区	3736	159	3577	3576	83	66	1	10
莲花县								
上栗县	150	2	148	139	11			
芦溪县								
九江市	**36694**	**15138**	**21556**	**35470**	**324**	**166**	**83**	**651**
濂溪区	10369	6434	3935	10231	90	5	1	42
浔阳区	14484	5871	8613	13967	137	45	5	330
柴桑区	3084	858	2226	2963	2	88	27	4
武宁县								
修水县								
永修县								
德安县								
都昌县								
湖口县								
彭泽县								
瑞昌市	4260	809	3451	4129	31	24	6	70
共青城市	2243	624	1619	2089	6			148
庐山市	2254	542	1712	2091	58	4	44	57
新余市	**19942**	**5682**	**14260**	**18720**	**208**	**457**	**6**	**551**
渝水区	19942	5682	14260	18720	208	457	6	551
分宜县								
鹰潭市	**18319**	**5036**	**13283**	**16509**	**504**	**154**	**55**	**1097**
月湖区	8971	2964	6007	7695	307	22	16	931
余江区	3003	598	2405	2829	116	21	8	29
贵溪市	6345	1474	4871	5985	81	111	31	137
赣州市	**55298**	**18485**	**36813**	**44197**	**9741**	**209**	**202**	**949**
章贡区	27375	11707	15668	23183	3842	25	68	257
南康区	10878	2339	8539	8466	1873	147	84	308
赣县区	5770	1855	3915	4516	942	9	1	302
信丰县								
大余县								
上犹县								
崇义县								
安远县								
定南县								
全南县								

9−3a 续表 1

单位：户

地　　区	合　计	住房所在建筑有无电梯		主要炊事燃料				
		有	无	燃气	电	煤炭	柴草	其他
宁都县								
于都县								
兴国县								
会昌县								
寻乌县	28		28	28				
石城县								
瑞金市	6573	1605	4968	4920	1543	8	33	69
龙南市	4674	979	3695	3084	1541	20	16	13
吉安市	**14168**	**5309**	**8859**	**13420**	**419**	**32**	**208**	**89**
吉州区	9839	3754	6085	9446	218	12	107	56
青原区	3002	1455	1547	2816	119	17	21	29
吉安县								
吉水县								
峡江县								
新干县								
永丰县								
泰和县								
遂川县								
万安县								
安福县								
永新县								
井冈山市	1327	100	1227	1158	82	3	80	4
宜春市	**40514**	**10736**	**29778**	**38002**	**1000**	**211**	**405**	**896**
袁州区	17519	5576	11943	16627	617	103	6	166
奉新县								
万载县								
上高县								
宜丰县								
靖安县								
铜鼓县								
丰城市	9169	2579	6590	8140	276	63	101	589
樟树市	6738	1507	5231	6540	46	44	50	58
高安市	7088	1074	6014	6695	61	1	248	83
抚州市	**21711**	**7452**	**14259**	**20319**	**669**	**69**	**21**	**633**
临川区	16163	6245	9918	15062	603	40	4	454
东乡区	5548	1207	4341	5257	66	29	17	179
南城县								
黎川县								
南丰县								
崇仁县								
乐安县								
宜黄县								
金溪县								
资溪县								
广昌县								
上饶市	**37212**	**7803**	**29409**	**34609**	**2010**	**200**	**187**	**206**
信州区	12609	4426	8183	12039	444	47	2	77
广丰区	9211	819	8392	8747	322	105	18	19
广信区	9101	2369	6732	8761	206	32	62	40
玉山县								
铅山县	68	1	67	63	1		4	
横峰县								
弋阳县								
余干县	916	13	903	812	2	2	49	51
鄱阳县	61		61	54			7	
万年县								
婺源县								
德兴市	5246	175	5071	4133	1035	14	45	19

9-3a　续表 2

单位：户

地　区	住房内有无管道自来水		住房内有无厨房			住房内有无厕所	
	有	无	独立使用	与其他户合用	无	水冲式卫生厕所	水冲式非卫生厕所
全　省	**371487**	**10315**	**377640**	**1683**	**2479**	**375655**	**2745**
南昌市	**94471**	**1389**	**94461**	**492**	**907**	**94577**	**580**
东湖区	13269	153	13230	80	112	13288	59
西湖区	16288	136	16260	47	117	16297	41
青云谱区	11350	230	11412	82	86	11252	135
青山湖区	30126	562	30171	156	361	30168	238
新建区	10569	133	10618	45	39	10575	85
红谷滩区	12865	56	12651	82	188	12888	18
南昌县	4	119	119		4	109	4
安义县							
进贤县							
景德镇市	**23535**	**435**	**23540**	**284**	**146**	**23112**	**180**
昌江区	4573	85	4569	74	15	4449	68
珠山区	12349	158	12270	128	109	12089	43
浮梁县	431	143	535	38	1	447	36
乐平市	6182	49	6166	44	21	6127	33
萍乡市	**17883**	**231**	**18024**	**46**	**44**	**17950**	**66**
安源区	14052	176	14145	42	41	14151	27
湘东区	3685	51	3729	4	3	3649	39
莲花县							
上栗县	146	4	150			150	
芦溪县							
九江市	**36247**	**447**	**36567**	**48**	**79**	**36435**	**95**
濂溪区	10315	54	10352	8	9	10302	26
浔阳区	14346	138	14426	16	42	14372	41
柴桑区	2949	135	3069	7	8	3028	17
武宁县							
修水县							
永修县							
德安县							
都昌县							
湖口县							
彭泽县							
瑞昌市	4213	47	4231	14	15	4243	6
共青城市	2220	23	2236	2	5	2240	3
庐山市	2204	50	2253	1		2250	2
新余市	**19592**	**350**	**19840**	**31**	**71**	**19699**	**102**
渝水区	19592	350	19840	31	71	19699	102
分宜县							
鹰潭市	**17297**	**1022**	**18068**	**149**	**102**	**17916**	**222**
月湖区	8643	328	8831	70	70	8807	45
余江区	2699	304	2984	13	6	2966	17
贵溪市	5955	390	6253	66	26	6143	160
赣州市	**54246**	**1052**	**54715**	**150**	**433**	**54770**	**335**
章贡区	26880	495	27060	46	269	27188	80
南康区	10553	325	10791	26	61	10699	158
赣县区	5692	78	5663	32	75	5753	9
信丰县							
大余县							
上犹县							
崇义县							
安远县							
定南县							
全南县							

9-3a 续表 3

单位：户

地区	住房内有无管道自来水		住房内有无厨房			住房内有无厕所	
	有	无	独立使用	与其他户合用	无	水冲式卫生厕所	水冲式非卫生厕所
宁都县							
于都县							
兴国县							
会昌县							
寻乌县	28		28			28	
石城县							
瑞金市	6491	82	6525	31	17	6478	60
龙南市	4602	72	4648	15	11	4624	28
吉安市	**13605**	**563**	**14011**	**51**	**106**	**14026**	**55**
吉州区	9455	384	9758	18	63	9757	31
青原区	2887	115	2961	25	16	2976	8
吉安县							
吉水县							
峡江县							
新干县							
永丰县							
泰和县							
遂川县							
万安县							
安福县							
永新县							
井冈山市	1263	64	1292	8	27	1293	16
宜春市	**38210**	**2304**	**40189**	**90**	**235**	**39411**	**390**
袁州区	17314	205	17415	48	56	17264	160
奉新县							
万载县							
上高县							
宜丰县							
靖安县							
铜鼓县							
丰城市	8080	1089	9035	25	109	8547	138
樟树市	6137	601	6706	11	21	6598	66
高安市	6679	409	7033	6	49	7002	26
抚州市	**21017**	**694**	**21516**	**120**	**75**	**21354**	**163**
临川区	15654	509	16049	63	51	15927	142
东乡区	5363	185	5467	57	24	5427	21
南城县							
黎川县							
南丰县							
崇仁县							
乐安县							
宜黄县							
金溪县							
资溪县							
广昌县							
上饶市	**35384**	**1828**	**36709**	**222**	**281**	**36405**	**557**
信州区	12312	297	12516	39	54	12496	39
广丰区	8953	258	9076	94	41	9050	70
广信区	8157	944	8861	73	167	8644	424
玉山县							
铅山县	67	1	68			68	
横峰县							
弋阳县							
余干县	751	165	906	4	6	901	9
鄱阳县	24	37	60	1		56	5
万年县							
婺源县							
德兴市	5120	126	5222	11	13	5190	10

9-3a　续表 4

单位：户

地　区	住房内有无厕所			住房内有无洗澡设施			
	卫生旱厕	普通旱厕	无	统　一 供热水	家庭自装 热水器	其他	无
全　省	**611**	**821**	**1970**	**5744**	**369231**	**3061**	**3766**
南昌市	**56**	**213**	**434**	**1220**	**92979**	**463**	**1198**
东湖区	11	27	37	153	13122	54	93
西湖区	5	29	52	145	16055	60	164
青云谱区	10	69	114	161	11191	61	167
青山湖区	22	71	189	444	29477	191	576
新建区	3	9	30	61	10485	48	108
红谷滩区	2	2	11	256	12532	47	86
南昌县	3	6	1		117	2	4
安义县							
进贤县							
景德镇市	**50**	**70**	**558**	**151**	**23083**	**330**	**406**
昌江区	5	16	120	38	4476	93	51
珠山区	13	12	350	58	12109	92	248
浮梁县	30	36	25	2	493	44	35
乐平市	2	6	63	53	6005	101	72
萍乡市	**46**	**37**	**15**	**201**	**17732**	**138**	**43**
安源区	27	12	11	179	13978	43	28
湘东区	19	25	4	21	3605	95	15
莲花县							
上栗县				1	149		
芦溪县							
九江市	**15**	**39**	**110**	**1055**	**35359**	**114**	**166**
濂溪区	1		40	264	10061	11	33
浔阳区	7	17	47	523	13868	34	59
柴桑区	6	15	18	62	2949	28	45
武宁县							
修水县							
永修县							
德安县							
都昌县							
湖口县							
彭泽县							
瑞昌市		7	4	121	4090	27	22
共青城市				74	2150	12	7
庐山市	1		1	11	2241	2	
新余市	**39**	**33**	**69**	**331**	**18992**	**329**	**290**
渝水区	39	33	69	331	18992	329	290
分宜县							
鹰潭市	**109**	**30**	**42**	**212**	**17741**	**193**	**173**
月湖区	89	7	23	108	8645	147	71
余江区	6	6	8	31	2951	7	14
贵溪市	14	17	11	73	6145	39	88
赣州市	**16**	**10**	**167**	**895**	**53649**	**475**	**279**
章贡区	1	1	105	609	26558	136	72
南康区	6	5	10	81	10574	152	71
赣县区		1	7	114	5559	57	40
信丰县							
大余县							
上犹县							
崇义县							
安远县							
定南县							
全南县							

9－3a　续表 5

单位：户

地　　区	住房内有无厕所			住房内有无洗澡设施			
	卫生旱厕	普通旱厕	无	统　一 供热水	家庭自装 热水器	其他	无
宁都县							
于都县							
兴国县							
会昌县							
寻乌县					28		
石城县							
瑞金市	5	1	29	60	6403	34	76
龙南市	4	2	16	31	4527	96	20
吉安市	**9**	**2**	**76**	**128**	**13871**	**90**	**79**
吉州区	3	2	46	73	9680	44	42
青原区	1		17	48	2928	15	11
吉安县							
吉水县							
峡江县							
新干县							
永丰县							
泰和县							
遂川县							
万安县							
安福县							
永新县							
井冈山市	5		13	7	1263	31	26
宜春市	**178**	**258**	**277**	**635**	**38882**	**462**	**535**
袁州区	20	48	27	479	16683	222	135
奉新县							
万载县							
上高县							
宜丰县							
靖安县							
铜鼓县							
丰城市	120	188	176	54	8661	149	305
樟树市	24	15	35	41	6592	43	62
高安市	14	7	39	61	6946	48	33
抚州市	**20**	**89**	**85**	**281**	**21089**	**114**	**227**
临川区	15	14	65	241	15723	72	127
东乡区	5	75	20	40	5366	42	100
南城县							
黎川县							
南丰县							
崇仁县							
乐安县							
宜黄县							
金溪县							
资溪县							
广昌县							
上饶市	**73**	**40**	**137**	**635**	**35854**	**353**	**370**
信州区	3	4	67	312	12190	31	76
广丰区	52	25	14	112	8784	170	145
广信区	16	4	13	146	8767	85	103
玉山县							
铅山县					56	7	5
横峰县							
弋阳县							
余干县		2	4	3	896	6	11
鄱阳县					60	1	
万年县							
婺源县							
德兴市	2	5	39	62	5101	53	30

9-3b　各地区按住房设施状况分的家庭户户数(镇)

单位：户

地　区	合　计	住房所在建筑有无电梯		主要炊事燃料				
		有	无	燃气	电	煤炭	柴草	其他
全　省	**373488**	**47558**	**325930**	**326176**	**22930**	**5333**	**13253**	**5796**
南昌市	**37731**	**12570**	**25161**	**35673**	**655**	**72**	**366**	**965**
东湖区	102	7	95	101	1			
西湖区								
青云谱区	43	41	2	26	16			1
青山湖区	1827	527	1300	1682	69	3	5	68
新建区	1304	212	1092	1166	51	6	65	16
红谷滩区								
南昌县	22398	9932	12466	21546	422	9	3	418
安义县	2923	354	2569	2686	4	3	69	161
进贤县	9134	1497	7637	8466	92	51	224	301
景德镇市	**7175**	**952**	**6223**	**6210**	**502**	**130**	**86**	**247**
昌江区	300	1	299	273	14	7	2	4
珠山区	423	216	207	355	10			58
浮梁县	3642	523	3119	3216	95	77	72	182
乐平市	2810	212	2598	2366	383	46	12	3
萍乡市	**16490**	**916**	**15574**	**13841**	**1143**	**1414**	**10**	**82**
安源区	1975	34	1941	1732	228	11	1	3
湘东区	1798	31	1767	1667	68	49		14
莲花县	2944	136	2808	2137	264	538	1	4
上栗县	5887	450	5437	4849	298	708	2	30
芦溪县	3886	265	3621	3456	285	108	6	31
九江市	**46461**	**6226**	**40235**	**43707**	**1103**	**205**	**841**	**605**
濂溪区	611	51	560	601			8	2
浔阳区								
柴桑区	1437	113	1324	1267	102	2	19	47
武宁县	5132	790	4342	4776	25	88	135	108
修水县	9689	1462	8227	9359	80	38	64	148
永修县	5628	843	4785	5323	110	34	130	31
德安县	3049	477	2572	2984	44	2	11	8
都昌县	7856	493	7363	7289	352	18	132	65
湖口县	3549	627	2922	3306	87	13	58	85
彭泽县	4986	513	4473	4564	221	5	142	54
瑞昌市	2721	830	1891	2710	7		4	
共青城市	43		43	31	12			
庐山市	1760	27	1733	1497	63	5	138	57
新余市	**5373**	**545**	**4828**	**4514**	**206**	**467**	**25**	**161**
渝水区	664	4	660	452	12	140	3	57
分宜县	4709	541	4168	4062	194	327	22	104
鹰潭市	**4453**	**136**	**4317**	**3829**	**290**	**21**	**136**	**177**
月湖区	135	20	115	130	1		4	
余江区	1914	24	1890	1524	217	17	49	107
贵溪市	2404	92	2312	2175	72	4	83	70
赣州市	**72003**	**8903**	**63100**	**54971**	**12359**	**278**	**3331**	**1064**
章贡区	192	40	152	166	21		1	4
南康区	1055	67	988	977	39	7	31	1
赣县区	2023	13	2010	1150	631	5	222	15
信丰县	8343	1432	6911	7055	945	25	119	199
大余县	4273	122	4151	1121	2965	13	163	11
上犹县	3365	236	3129	2787	361	48	46	123
崇义县	2435	251	2184	1997	194		101	143
安远县	3670	411	3259	3129	460	6	9	66
定南县	3157	403	2754	2934	180	4	4	35
全南县	2611	109	2502	2389	184	10	14	14

9－3b 续表 1

单位：户

地 区	合 计	住房所在建筑有无电梯		主要炊事燃料				
		有	无	燃气	电	煤炭	柴草	其他
宁都县	10032	1534	8498	8771	387	46	806	22
于都县	9760	1274	8486	5880	3629	41	183	27
兴国县	7598	996	6602	4935	984	50	1501	128
会昌县	5293	774	4519	4557	632	1	45	58
寻乌县	3710	582	3128	3440	264	1	3	2
石城县	3127	620	2507	2822	85	2	32	186
瑞金市	746	15	731	550	170		23	3
龙南市	613	24	589	311	228	19	28	27
吉安市	**50129**	**5155**	**44974**	**42749**	**1505**	**416**	**4626**	**833**
吉州区	316	70	246	271	16		29	
青原区	313		313	295			18	
吉安县	5637	937	4700	5051	104	43	351	88
吉水县	6029	395	5634	4937	56	46	932	58
峡江县	2243	96	2147	1857	47	2	184	153
新干县	3971	530	3441	3467	28	3	412	61
永丰县	4937	455	4482	4619	117	13	113	75
泰和县	6884	1131	5753	5991	180	9	600	104
遂川县	5358	428	4930	3984	417	8	908	41
万安县	3066	139	2927	2065	164		763	74
安福县	4121	389	3732	3830	140	12	71	68
永新县	5796	557	5239	5217	130	263	116	70
井冈山市	1458	28	1430	1165	106	17	129	41
宜春市	**35408**	**2913**	**32495**	**31124**	**1015**	**1243**	**1696**	**330**
袁州区	1647	19	1628	1319	160	159	7	2
奉新县	4545	388	4157	4105	123	48	227	42
万载县	6436	687	5749	5130	317	906	66	17
上高县	5488	850	4638	5214	60	30	135	49
宜丰县	4503	447	4056	4114	67	6	290	26
靖安县	2114	141	1973	1985	58	4	56	11
铜鼓县	1905	166	1739	1750	72	22	39	22
丰城市	3962	93	3869	3544	56	13	245	104
樟树市	1152	10	1142	987	6	26	113	20
高安市	3656	112	3544	2976	96	29	518	37
抚州市	**37216**	**4352**	**32864**	**34546**	**1377**	**229**	**726**	**338**
临川区	2320	94	2226	2094	118	21	75	12
东乡区	1191	18	1173	924	172	1	73	21
南城县	4778	772	4006	4479	60	10	199	30
黎川县	3912	764	3148	3589	151	80	45	47
南丰县	4092	419	3673	3896	68	3	101	24
崇仁县	4568	454	4114	4412	31	6	67	52
乐安县	3828	411	3417	3568	154	2	30	74
宜黄县	3373	441	2932	3014	206	65	56	32
金溪县	3523	502	3021	3375	79	6	28	35
资溪县	1722	119	1603	1694	10	1	11	6
广昌县	3909	358	3551	3501	328	34	41	5
上饶市	**61049**	**4890**	**56159**	**55012**	**2775**	**858**	**1410**	**994**
信州区	415	7	408	402	1	9	3	
广丰区	3106	47	3059	2638	272	181	9	6
广信区	1891	25	1866	1667	79	54	33	58
玉山县	8769	883	7886	8205	238	36	274	16
铅山县	6181	566	5615	5556	108	152	140	225
横峰县	2995	231	2764	2747	134	25	21	68
弋阳县	5072	332	4740	4670	134	26	180	62
余干县	9437	877	8560	8461	203	227	293	253
鄱阳县	13589	1137	12452	12046	974	111	278	180
万年县	4673	523	4150	4280	110	19	158	106
婺源县	4593	259	4334	4027	508	18	20	20
德兴市	328	3	325	313	14		1	

9-3b　续表 2

单位：户

地　　区	住房内有无管道自来水		住房内有无厨房			住房内有无厕所	
	有	无	独立使用	与其他户合用	无	水冲式卫生厕所	水冲式非卫生厕所
全　省	**345353**	**28135**	**367918**	**2398**	**3172**	**363348**	**4133**
南昌市	**35824**	**1907**	**37353**	**157**	**221**	**36776**	**484**
东湖区	99	3	102			89	1
西湖区							
青云谱区	43		38		5	43	
青山湖区	1809	18	1797	2	28	1798	
新建区	1202	102	1281	3	20	1207	48
红谷滩区							
南昌县	21320	1078	22264	52	82	21903	343
安义县	2827	96	2893	8	22	2872	16
进贤县	8524	610	8978	92	64	8864	76
景德镇市	**6840**	**335**	**7095**	**26**	**54**	**6635**	**126**
昌江区	293	7	293		7	263	9
珠山区	412	11	413		10	399	13
浮梁县	3351	291	3593	20	29	3321	81
乐平市	2784	26	2796	6	8	2652	23
萍乡市	**16042**	**448**	**16367**	**78**	**45**	**15927**	**142**
安源区	1954	21	1973	2		1899	7
湘东区	1728	70	1793	4	1	1758	7
莲花县	2909	35	2910	25	9	2821	40
上栗县	5637	250	5840	23	24	5636	64
芦溪县	3814	72	3851	24	11	3813	24
九江市	**45198**	**1263**	**45958**	**352**	**151**	**45610**	**421**
濂溪区	578	33	610		1	559	40
浔阳区							
柴桑区	1388	49	1429	4	4	1382	19
武宁县	4918	214	5067	55	10	5048	28
修水县	9543	146	9673	8	8	9574	89
永修县	5478	150	5591	21	16	5532	62
德安县	3029	20	3040	2	7	2976	25
都昌县	7472	384	7645	170	41	7628	109
湖口县	3521	28	3454	59	36	3473	31
彭泽县	4946	40	4951	24	11	4982	2
瑞昌市	2674	47	2720	1		2706	5
共青城市	43		43			43	
庐山市	1608	152	1735	8	17	1707	11
新余市	**5312**	**61**	**5313**	**15**	**45**	**5226**	**29**
渝水区	640	24	644	4	16	602	4
分宜县	4672	37	4669	11	29	4624	25
鹰潭市	**2984**	**1469**	**4324**	**90**	**39**	**4101**	**228**
月湖区	22	113	135			133	
余江区	1337	577	1822	65	27	1744	95
贵溪市	1625	779	2367	25	12	2224	133
赣州市	**69101**	**2902**	**71390**	**297**	**316**	**71583**	**246**
章贡区	191	1	189	3		191	1
南康区	994	61	1040	10	5	1044	8
赣县区	1743	280	2015	6	2	1991	27
信丰县	8150	193	8278	42	23	8304	21
大余县	3865	408	4236	27	10	4235	13
上犹县	3303	62	3334	23	8	3352	4
崇义县	2371	64	2414	6	15	2405	11
安远县	3612	58	3661	5	4	3660	4
定南县	3085	72	3138	8	11	3147	4
全南县	2611		2589	9	13	2597	14

9-3b 续表 3

单位：户

地　区	住房内有无管道自来水		住房内有无厨房			住房内有无厕所	
	有	无	独立使用	与其他户合用	无	水冲式卫生厕所	水冲式非卫生厕所
宁都县	9490	542	9922	51	59	9978	22
于都县	9416	344	9743	11	6	9714	40
兴国县	6909	689	7414	52	132	7531	36
会昌县	5292	1	5273	16	4	5282	11
寻乌县	3659	51	3693	11	6	3700	6
石城县	3077	50	3105	12	10	3103	17
瑞金市	736	10	746			744	2
龙南市	597	16	600	5	8	605	5
吉安市	**44084**	**6045**	**49337**	**394**	**398**	**49192**	**340**
吉州区	212	104	316			314	
青原区	254	59	304	4	5	300	6
吉安县	4775	862	5561	24	52	5546	31
吉水县	5343	686	5926	68	35	5919	54
峡江县	2133	110	2220	5	18	2200	6
新干县	3340	631	3823	34	114	3829	33
永丰县	4683	254	4904	23	10	4872	33
泰和县	5085	1799	6706	121	57	6775	32
遂川县	5253	105	5296	49	13	5300	38
万安县	2530	536	3037	11	18	3003	25
安福县	3854	267	4067	15	39	3980	29
永新县	5396	400	5743	27	26	5711	47
井冈山市	1226	232	1434	13	11	1443	6
宜春市	**31827**	**3581**	**34668**	**114**	**626**	**32809**	**866**
袁州区	1464	183	1600	5	42	1452	124
奉新县	4165	380	4470	16	59	4363	32
万载县	6184	252	6370	28	38	5627	300
上高县	5282	206	5452	9	27	5345	29
宜丰县	4302	201	4460	6	37	4277	97
靖安县	1858	256	2075	9	30	2081	1
铜鼓县	1820	85	1893	9	3	1783	26
丰城市	2959	1003	3848	15	99	3455	123
樟树市	855	297	1121	10	21	1045	20
高安市	2938	718	3379	7	270	3381	114
抚州市	**34596**	**2620**	**36460**	**356**	**400**	**36099**	**374**
临川区	1739	581	2238	26	56	2114	59
东乡区	671	520	1074	18	99	1068	26
南城县	4630	148	4737	26	15	4712	32
黎川县	3865	47	3876	24	12	3861	9
南丰县	4037	55	4048	27	17	4001	31
崇仁县	3894	674	4366	80	122	4312	120
乐安县	3711	117	3769	45	14	3776	5
宜黄县	3330	43	3355	9	9	3294	26
金溪县	3143	380	3432	51	40	3388	46
资溪县	1699	23	1697	20	5	1692	10
广昌县	3877	32	3868	30	11	3881	10
上饶市	**53545**	**7504**	**59653**	**519**	**877**	**59390**	**877**
信州区	305	110	413		2	398	9
广丰区	2917	189	3076	18	12	3054	11
广信区	1685	206	1857	19	15	1840	10
玉山县	7595	1174	8679	58	32	8697	38
铅山县	5749	432	6093	23	65	6049	115
横峰县	2790	205	2983	8	4	2973	12
弋阳县	4295	777	4925	101	46	4890	82
余干县	8227	1210	9288	88	61	9336	69
鄱阳县	11771	1818	12913	97	579	12876	301
万年县	3422	1251	4560	71	42	4467	162
婺源县	4474	119	4545	36	12	4511	39
德兴市	315	13	321		7	299	29

9-3b　续表 4

单位：户

地　区	住房内有无厕所			住房内有无洗澡设施			
	卫生旱厕	普通旱厕	无	统　一供热水	家庭自装热水器	其他	无
全　省	**1695**	**1503**	**2809**	**3777**	**357415**	**6820**	**5476**
南昌市	**81**	**135**	**255**	**298**	**36733**	**229**	**471**
东湖区	2	6	4		100	2	
西湖区							
青云谱区				1	42		
青山湖区	5	12	12	16	1796	4	11
新建区	7	11	31	16	1196	55	37
红谷滩区							
南昌县	13	55	84	193	22013	60	132
安义县	4	12	19	28	2844	14	37
进贤县	50	39	105	44	8742	94	254
景德镇市	**66**	**93**	**255**	**65**	**6728**	**162**	**220**
昌江区			28	3	272	6	19
珠山区			11	14	402	2	5
浮梁县	61	83	96	39	3390	85	128
乐平市	5	10	120	9	2664	69	68
萍乡市	**177**	**157**	**87**	**207**	**15552**	**518**	**213**
安源区	14	7	48	3	1937	35	
湘东区	19	10	4	11	1696	66	25
莲花县	47	25	11	67	2740	118	19
上栗县	82	89	16	91	5426	232	138
芦溪县	15	26	8	35	3753	67	31
九江市	**146**	**146**	**138**	**353**	**45031**	**601**	**476**
濂溪区		8	4	1	593	7	10
浔阳区							
柴桑区	3	9	24	10	1371	25	31
武宁县	19	20	17	52	4992	53	35
修水县	6	18	2	62	9576	31	20
永修县	11	12	11	56	5494	53	25
德安县	42	3	3	15	3004	16	14
都昌县	41	49	29	56	7432	179	189
湖口县	8	12	25	48	3320	104	77
彭泽县	1		1	20	4827	111	28
瑞昌市	2	6	2	26	2681	6	8
共青城市					43		
庐山市	13	9	20	7	1698	16	39
新余市	**9**	**11**	**98**	**55**	**4954**	**213**	**151**
渝水区	1	1	56	3	539	57	65
分宜县	8	10	42	52	4415	156	86
鹰潭市	**22**	**49**	**53**	**38**	**4152**	**126**	**137**
月湖区	1		1	1	131	2	1
余江区	13	28	34	14	1759	70	71
贵溪市	8	21	18	23	2262	54	65
赣州市	**41**	**25**	**108**	**904**	**69653**	**1098**	**348**
章贡区				4	184	4	
南康区			3	3	1007	35	10
赣县区	2		3	7	1880	111	25
信丰县	4	3	11	78	8092	139	34
大余县	2	3	20	22	4160	78	13
上犹县		2	7	73	3214	72	6
崇义县	6	5	8	11	2318	85	21
安远县	1	3	2	19	3594	54	3
定南县	1	2	3	43	3087	18	9
全南县				21	2554	26	10

9-3b 续表 5

单位：户

地　区	住房内有无厕所			住房内有无洗澡设施			
	卫生旱厕	普通旱厕	无	统　一供热水	家庭自装热水器	其他	无
宁都县	13	3	16	56	9806	72	98
于都县	2	1	3	347	9318	83	12
兴国县	5	3	23	74	7318	153	53
会昌县				45	5170	61	17
寻乌县	2		2	79	3619	7	5
石城县	1		6	13	3044	41	29
瑞金市				5	733	6	2
龙南市	2		1	4	555	53	1
吉安市	**92**	**66**	**439**	**561**	**47559**	**1118**	**891**
吉州区			2		305	4	7
青原区		2	5	1	296	6	10
吉安县	9	4	47	80	5450	46	61
吉水县	3	15	38	26	5627	214	162
峡江县	10	2	25	25	2162	22	34
新干县	4	11	94	27	3757	41	146
永丰县			32	31	4779	68	59
泰和县	26	9	42	251	6460	94	79
遂川县	9		11	32	5060	181	85
万安县	5	15	18	21	2877	74	94
安福县	22	6	84	8	3992	75	46
永新县	4	2	32	55	5461	202	78
井冈山市			9	4	1333	91	30
宜春市	**540**	**544**	**649**	**301**	**33096**	**1037**	**974**
袁州区	30	36	5	5	1452	99	91
奉新县	31	41	78	36	4377	69	63
万载县	255	223	31	104	5679	422	231
上高县	20	41	53	28	5334	63	63
宜丰县	34	37	58	31	4316	101	55
靖安县	7	9	16	13	2044	18	39
铜鼓县	55	32	9	8	1807	60	30
丰城市	50	83	251	58	3588	99	217
樟树市	26	21	40	2	1046	57	47
高安市	32	21	108	16	3453	49	138
抚州市	**115**	**123**	**505**	**337**	**35641**	**529**	**709**
临川区	28	14	105	11	2095	61	153
东乡区	14	12	71	16	1003	28	144
南城县	6	4	24	28	4693	20	37
黎川县	5	13	24	99	3742	38	33
南丰县	13	7	40	62	3923	71	36
崇仁县	16	25	95	31	4263	116	158
乐安县	2	2	43	31	3737	31	29
宜黄县	12	17	24	12	3308	25	28
金溪县	11	26	52	23	3365	69	66
资溪县	3	3	14	6	1670	29	17
广昌县	5		13	18	3842	41	8
上饶市	**406**	**154**	**222**	**658**	**58316**	**1189**	**886**
信州区	8				382	17	16
广丰区	18	19	4	50	2951	71	34
广信区	16	9	16	5	1757	59	70
玉山县	18	5	11	105	8413	175	76
铅山县	6	6	5	30	5919	174	58
横峰县	7		3	22	2925	30	18
弋阳县	31	48	21	20	4894	60	98
余干县	9	5	18	132	9029	190	86
鄱阳县	237	56	119	237	12793	279	280
万年县	16	4	24	12	4483	65	113
婺源县	40	2	1	45	4459	54	35
德兴市					311	15	2

9—3c　各地区按住房设施状况分的家庭户户数(乡村)

单位：户

地　　区	合　计	住房所在建筑有无电梯		主要炊事燃料				
		有	无	燃气	电	煤炭	柴草	其他
全　省	**585318**	**9777**	**575541**	**378488**	**50487**	**16592**	**132131**	**7620**
南昌市	**42906**	**1083**	**41823**	**31940**	**1800**	**330**	**7740**	**1096**
东湖区	525	30	495	475	24	3	12	11
西湖区								
青云谱区								
青山湖区	1175	16	1159	1082	38	12	12	31
新建区	9782	367	9415	5699	445	82	2267	289
红谷滩区	547	28	519	197	107		229	14
南昌县	15705	528	15177	14199	734	53	372	347
安义县	3902	25	3877	2144	52	39	1617	50
进贤县	11270	89	11181	7144	400	141	3231	354
景德镇市	**18134**	**267**	**17867**	**14656**	**2463**	**308**	**627**	**80**
昌江区	1192	28	1164	1080	36	23	49	4
珠山区	48		48	47			1	
浮梁县	3538	38	3500	2959	125	61	366	27
乐平市	13356	201	13155	10570	2302	224	211	49
萍乡市	**16892**	**305**	**16587**	**12430**	**979**	**3290**	**103**	**90**
安源区	250	6	244	216	27	6		1
湘东区	3436	63	3373	2834	360	221	2	19
莲花县	3581	31	3550	1590	83	1880	11	17
上栗县	6000	137	5863	4684	220	1042	7	47
芦溪县	3625	68	3557	3106	289	141	83	6
九江市	**62655**	**1693**	**60962**	**51018**	**3659**	**497**	**6991**	**490**
濂溪区	2034	385	1649	1956	30	14	29	5
浔阳区	70		70	69			1	
柴桑区	5282	442	4840	4235	217	147	608	75
武宁县	5385	66	5319	3870	137	45	1309	24
修水县	11813	169	11644	10667	152	105	865	24
永修县	4422	72	4350	3892	220	20	288	2
德安县	2049	27	2022	1716	64	20	244	5
都昌县	11480	161	11319	9384	719	101	1152	124
湖口县	4004	79	3925	2307	1596	5	96	
彭泽县	4846	58	4788	3262	291	7	1260	26
瑞昌市	7016	143	6873	6048	103	2	713	150
共青城市	1274	7	1267	1107	58	22	80	7
庐山市	2980	84	2896	2505	72	9	346	48
新余市	**11857**	**124**	**11733**	**5166**	**256**	**4632**	**1632**	**171**
渝水区	7907	90	7817	3631	152	2661	1329	134
分宜县	3950	34	3916	1535	104	1971	303	37
鹰潭市	**13823**	**213**	**13610**	**10806**	**855**	**173**	**1831**	**158**
月湖区	299	1	298	288	1	2	3	5
余江区	5260	64	5196	4176	282	83	628	91
贵溪市	8264	148	8116	6342	572	88	1200	62
赣州市	**126847**	**2234**	**124613**	**59207**	**23239**	**498**	**42613**	**1290**
章贡区	3295	188	3107	1161	1577	5	524	28
南康区	12364	212	12152	5595	1914	113	4626	116
赣县区	8411	113	8298	2255	1497	61	4473	125
信丰县	9867	145	9722	6652	1930	10	1066	209
大余县	4524	21	4503	864	2159	9	1449	43
上犹县	5412	52	5360	1057	1897	8	2436	14
崇义县	3465	58	3407	1237	427	14	1759	28
安远县	4962	122	4840	4180	573	14	112	83
定南县	2574	63	2511	1786	381	7	381	19
全南县	2784	26	2758	2232	206	8	309	29

9−3c　续表 1

单位：户

地　区	合　计	住房所在建筑有无电梯		主要炊事燃料				
		有	无	燃气	电	煤炭	柴草	其他
宁都县	13240	234	13006	4582	218	27	8373	40
于都县	16812	213	16599	8426	4755	46	3360	225
兴国县	12175	336	11839	1938	1314	54	8795	74
会昌县	5820	101	5719	4585	617	16	507	95
寻乌县	4373	48	4325	3765	492		107	9
石城县	4048	95	3953	2276	181	57	1464	70
瑞金市	8735	164	8571	4862	1302	27	2487	57
龙南市	3986	43	3943	1754	1799	22	385	26
吉安市	**70285**	**728**	**69557**	**30914**	**4808**	**541**	**33138**	**884**
吉州区	1868	20	1848	653	185	18	952	60
青原区	3289	43	3246	1524	144	45	1537	39
吉安县	7219	72	7147	2892	228	25	4004	70
吉水县	7189	56	7133	1542	292	5	5309	41
峡江县	2593	19	2574	665	49	2	1810	67
新干县	5812	53	5759	1708	108	11	3961	24
永丰县	6029	61	5968	3291	1448	15	1102	173
泰和县	7445	93	7352	3196	332	20	3774	123
遂川县	9212	117	9095	3419	1048	34	4583	128
万安县	4698	55	4643	946	116	20	3598	18
安福县	5929	65	5864	4411	257	8	1223	30
永新县	7214	63	7151	5743	482	334	546	109
井冈山市	1788	11	1777	924	119	4	739	2
宜春市	**71663**	**830**	**70833**	**44048**	**2703**	**4417**	**19440**	**1055**
袁州区	11707	186	11521	8162	840	2324	317	64
奉新县	3687	77	3610	1612	68	15	1947	45
万载县	6831	90	6741	3511	515	1649	1118	38
上高县	4647	44	4603	3408	85	86	1007	61
宜丰县	3501	35	3466	1538	153	14	1744	52
靖安县	1970	19	1951	1371	9	14	541	35
铜鼓县	1696	10	1686	1082	150	38	415	11
丰城市	17504	203	17301	11608	613	81	4697	505
樟树市	7955	55	7900	5481	75	129	2185	85
高安市	12165	111	12054	6275	195	67	5469	159
抚州市	**57425**	**964**	**56461**	**42187**	**3912**	**359**	**10327**	**640**
临川区	14511	232	14279	12357	848	35	1177	94
东乡区	5380	50	5330	3705	476	74	991	134
南城县	3836	102	3734	2491	84	8	1223	30
黎川县	3237	81	3156	2251	107	39	825	15
南丰县	4368	73	4295	2694	76	65	1491	42
崇仁县	5505	112	5393	4287	73	1	1034	110
乐安县	6138	93	6045	4554	571	14	989	10
宜黄县	3902	58	3844	2504	381	86	879	52
金溪县	5190	88	5102	4127	212	32	749	70
资溪县	1641	19	1622	1230	7	2	326	76
广昌县	3717	56	3661	1987	1077	3	643	7
上饶市	**92831**	**1336**	**91495**	**76116**	**5813**	**1547**	**7689**	**1666**
信州区	3180	37	3143	2926	72	110	58	14
广丰区	9257	114	9143	7586	987	391	179	114
广信区	9578	98	9480	8422	259	120	663	114
玉山县	6975	59	6916	5929	382	12	633	19
铅山县	4996	152	4844	4311	133	20	424	108
横峰县	2602	50	2552	2245	169	1	168	19
弋阳县	5446	85	5361	4188	95	61	771	331
余干县	14334	224	14110	10680	642	601	2037	374
鄱阳县	21403	352	21051	18416	1654	166	751	416
万年县	6347	76	6271	4398	371	48	1444	86
婺源县	5434	43	5391	4045	830	17	480	62
德兴市	3279	46	3233	2970	219		81	9

9−3c　续表 2

单位：户

地　区	住房内有无管道自来水		住房内有无厨房			住房内有无厕所	
	有	无	独立使用	与其他户合用	无	水冲式卫生厕所	水冲式非卫生厕所
全　省	**424839**	**160479**	**565030**	**5981**	**14307**	**540665**	**14173**
南昌市	**22381**	**20525**	**39405**	**753**	**2748**	**35086**	**2020**
东湖区	524	1	519	6		378	62
西湖区							
青云谱区							
青山湖区	1078	97	1099	54	22	992	53
新建区	6226	3556	8621	271	890	8196	310
红谷滩区	73	474	491	1	55	219	32
南昌县	7065	8640	14712	145	848	12693	965
安义县	2384	1518	3740	79	83	3407	107
进贤县	5031	6239	10223	197	850	9201	491
景德镇市	**16485**	**1649**	**17688**	**289**	**157**	**16304**	**541**
昌江区	1102	90	1178	4	10	1075	24
珠山区	48		48			48	
浮梁县	2963	575	3457	33	48	2440	274
乐平市	12372	984	13005	252	99	12741	243
萍乡市	**16277**	**615**	**16761**	**77**	**54**	**15418**	**384**
安源区	231	19	249		1	238	1
湘东区	3363	73	3430	3	3	3293	46
莲花县	3480	101	3562	6	13	3267	60
上栗县	5686	314	5922	44	34	5141	234
芦溪县	3517	108	3598	24	3	3479	43
九江市	**56933**	**5722**	**62055**	**312**	**288**	**59686**	**1181**
濂溪区	1926	108	2027	4	3	1849	170
浔阳区	55	15	69		1	61	
柴桑区	4459	823	5198	46	38	4622	173
武宁县	4390	995	5263	72	50	4897	72
修水县	11669	144	11715	49	49	11605	99
永修县	4132	290	4383	21	18	4271	108
德安县	2007	42	2035	12	2	1936	65
都昌县	9748	1732	11397	34	49	10917	337
湖口县	3938	66	3996	4	4	3948	25
彭泽县	4556	290	4816	20	10	4837	2
瑞昌市	6273	743	6930	34	52	6579	85
共青城市	1066	208	1263	8	3	1252	17
庐山市	2714	266	2963	8	9	2912	28
新余市	**10741**	**1116**	**11258**	**214**	**385**	**10225**	**221**
渝水区	6870	1037	7476	155	276	6477	203
分宜县	3871	79	3782	59	109	3748	18
鹰潭市	**5878**	**7945**	**13412**	**145**	**266**	**12431**	**666**
月湖区	45	254	296		3	294	
余江区	1734	3526	5032	42	186	4698	230
贵溪市	4099	4165	8084	103	77	7439	436
赣州市	**106006**	**20841**	**124970**	**1307**	**570**	**124776**	**940**
章贡区	2312	983	3258	26	11	3280	5
南康区	9785	2579	12216	81	67	12268	32
赣县区	5715	2696	8343	44	24	8160	88
信丰县	9462	405	9782	72	13	9767	76
大余县	3367	1157	4423	69	32	4444	28
上犹县	4756	656	5363	39	10	5355	27
崇义县	3080	385	3407	45	13	3299	18
安远县	4875	87	4909	51	2	4922	23
定南县	2184	390	2558	12	4	2551	11
全南县	2784		2760	13	11	2774	10

9-3c 续表 3

单位：户

地 区	住房内有无管道自来水		住房内有无厨房			住房内有无厕所	
	有	无	独立使用	与其他户合用	无	水冲式卫生厕所	水冲式非卫生厕所
宁都县	9351	3889	12910	214	116	12835	188
于都县	13734	3078	16480	237	95	16565	140
兴国县	8604	3571	11944	151	80	12029	112
会昌县	5713	107	5776	28	16	5760	56
寻乌县	4276	97	4308	55	10	4358	11
石城县	4000	48	3976	56	16	3971	38
瑞金市	8096	639	8604	102	29	8569	51
龙南市	3912	74	3953	12	21	3869	26
吉安市	**42408**	**27877**	**67555**	**615**	**2115**	**67290**	**1069**
吉州区	665	1203	1736	3	129	1797	15
青原区	1120	2169	3187	18	84	3126	28
吉安县	2916	4303	7060	41	118	7066	56
吉水县	3326	3863	6841	123	225	6700	315
峡江县	1170	1423	2374	38	181	2399	65
新干县	2049	3763	5193	101	518	4937	195
永丰县	4777	1252	5925	49	55	5794	124
泰和县	2693	4752	7069	60	316	7238	75
遂川县	8523	689	9125	45	42	9082	38
万安县	3438	1260	4632	24	42	4579	47
安福县	4093	1836	5647	60	222	5798	30
永新县	6293	921	7020	51	143	7028	66
井冈山市	1345	443	1746	2	40	1746	15
宜春市	**37436**	**34227**	**67467**	**710**	**3486**	**59334**	**3082**
袁州区	8470	3237	11420	114	173	9161	992
奉新县	2209	1478	3122	50	515	2841	187
万载县	5991	840	6664	79	88	5694	250
上高县	3674	973	4424	42	181	3786	189
宜丰县	2245	1256	3414	38	49	2811	214
靖安县	1386	584	1790	29	151	1763	35
铜鼓县	1617	79	1682	11	3	1532	16
丰城市	6667	10837	16110	219	1175	13930	591
樟树市	1691	6264	7808	48	99	7144	290
高安市	3486	8679	11033	80	1052	10672	318
抚州市	**42296**	**15129**	**54009**	**760**	**2656**	**51773**	**1714**
临川区	9381	5130	13271	147	1093	12727	499
东乡区	1969	3411	4551	103	726	4544	222
南城县	3458	378	3789	31	16	3651	63
黎川县	3127	110	3176	38	23	3036	57
南丰县	3951	417	4179	129	60	4028	94
崇仁县	3461	2044	5265	75	165	4903	153
乐安县	5586	552	6052	59	27	6018	65
宜黄县	3711	191	3833	23	46	3406	189
金溪县	2420	2770	4710	68	412	4414	243
资溪县	1543	98	1541	33	67	1493	59
广昌县	3689	28	3642	54	21	3553	70
上饶市	**67998**	**24833**	**90450**	**799**	**1582**	**88342**	**2355**
信州区	1739	1441	3100	25	55	3049	43
广丰区	8578	679	9123	53	81	8958	181
广信区	7562	2016	9214	121	243	8948	403
玉山县	4861	2114	6908	27	40	6815	48
铅山县	4296	700	4904	25	67	4907	74
横峰县	2265	337	2582	10	10	2573	21
弋阳县	3573	1873	5253	50	143	5212	156
余干县	11075	3259	14022	151	161	13896	187
鄱阳县	14144	7259	20565	190	648	20091	559
万年县	2021	4326	6178	85	84	5717	534
婺源县	5099	335	5360	56	18	4952	125
德兴市	2785	494	3241	6	32	3224	24

9-3c 续表 4

单位：户

地 区	住房内有无厕所			住房内有无洗澡设施			
	卫生旱厕	普通旱厕	无	统一供热水	家庭自装热水器	其他	无
全 省	**7663**	**6799**	**16018**	**2803**	**514225**	**36773**	**31517**
南昌市	**872**	**1076**	**3852**	**247**	**34859**	**2458**	**5342**
东湖区	18	63	4	1	521	1	2
西湖区							
青云谱区							
青山湖区	44	31	55	7	1110	10	48
新建区	90	177	1009	83	7621	787	1291
红谷滩区	52	176	68	8	339	58	142
南昌县	349	375	1323	72	13916	488	1229
安义县	48	78	262	15	3376	121	390
进贤县	271	176	1131	61	7976	993	2240
景德镇市	**282**	**242**	**765**	**62**	**16364**	**624**	**1084**
昌江区	45	10	38	2	1063	81	46
珠山区					46	1	1
浮梁县	179	213	432	12	2795	242	489
乐平市	58	19	295	48	12460	300	548
萍乡市	**454**	**559**	**77**	**95**	**15199**	**1192**	**406**
安源区	1	9	1	1	237	7	5
湘东区	55	37	5	3	3113	273	47
莲花县	121	95	38	12	3203	272	94
上栗县	236	362	27	60	5267	452	221
芦溪县	41	56	6	19	3379	188	39
九江市	**665**	**640**	**483**	**346**	**58075**	**2314**	**1920**
濂溪区	6	3	6	16	1964	29	25
浔阳区	2	5	2		67		3
柴桑区	136	208	143	60	4669	256	297
武宁县	116	171	129	22	4689	310	364
修水县	51	46	12	90	11399	204	120
永修县	24	4	15	11	4313	61	37
德安县	27	2	19	5	1801	114	129
都昌县	123	65	38	47	10754	423	256
湖口县	22	6	3	6	3888	68	42
彭泽县	2		5	41	4483	256	66
瑞昌市	141	118	93	39	5995	480	502
共青城市			5		1142	93	39
庐山市	15	12	13	9	2911	20	40
新余市	**139**	**72**	**1200**	**58**	**7886**	**1869**	**2044**
渝水区	124	61	1042	39	5212	1054	1602
分宜县	15	11	158	19	2674	815	442
鹰潭市	**300**	**137**	**289**	**48**	**12254**	**539**	**982**
月湖区	1		4	1	277	17	4
余江区	103	65	164	25	4681	185	369
贵溪市	196	72	121	22	7296	337	609
赣州市	**323**	**289**	**519**	**703**	**112297**	**10631**	**3216**
章贡区	3		7	74	3002	170	49
南康区	9	14	41	71	10295	1600	398
赣县区	66	49	48	29	6703	1209	470
信丰县	6	6	12	19	9149	590	109
大余县	14	5	33	30	4018	384	92
上犹县	15	2	13	32	4154	995	231
崇义县	45	56	47	50	2483	697	235
安远县	6	4	7	28	4816	100	18
定南县	1		11	13	2255	277	29
全南县				23	2514	202	45

9-3c 续表 5

单位：户

地区	住房内有无厕所			住房内有无洗澡设施			
	卫生旱厕	普通旱厕	无	统一供热水	家庭自装热水器	其他	无
宁都县	54	55	108	30	11706	1101	403
于都县	40	31	36	56	15662	694	400
兴国县	8	4	22	86	11133	753	203
会昌县	1	1	2	30	5365	327	98
寻乌县	1		3	21	4168	169	15
石城县	11	7	21	39	3539	326	144
瑞金市	37	35	43	58	7960	537	180
龙南市	6	20	65	14	3375	500	97
吉安市	**160**	**103**	**1663**	**248**	**62202**	**4365**	**3470**
吉州区	6		50	4	1713	41	110
青原区	6	2	127	5	3023	80	181
吉安县	11	5	81	19	6764	224	212
吉水县	15	14	145	10	6016	591	572
峡江县	23	3	103	6	2319	110	158
新干县	20	37	623	23	4917	171	701
永丰县	7	4	100	15	5513	304	197
泰和县	6	3	123	21	6774	329	321
遂川县	26	19	47	91	7660	1263	198
万安县	16	6	50	7	3851	609	231
安福县	9	5	87	7	5561	181	180
永新县	12	4	104	22	6614	301	277
井冈山市	3	1	23	18	1477	161	132
宜春市	**2627**	**2639**	**3981**	**221**	**59168**	**6490**	**5784**
袁州区	780	672	102	81	8755	1997	874
奉新县	192	166	301	7	3002	280	398
万载县	476	378	33	17	4964	1391	459
上高县	151	195	326	14	3925	340	368
宜丰县	120	102	254	10	2813	365	313
靖安县	26	23	123	2	1679	126	163
铜鼓县	65	81	2	7	1371	225	93
丰城市	447	624	1912	48	14648	786	2022
樟树市	162	108	251	15	7229	391	320
高安市	208	290	677	20	10782	589	774
抚州市	**753**	**637**	**2548**	**323**	**49721**	**2963**	**4418**
临川区	127	110	1048	79	12614	531	1287
东乡区	85	50	479	10	3985	305	1080
南城县	72	10	40	31	3404	214	187
黎川县	42	36	66	48	2798	218	173
南丰县	87	68	91	11	3709	426	222
崇仁县	93	122	234	79	4826	274	326
乐安县	9	8	38	27	5868	175	68
宜黄县	106	102	99	7	3334	314	247
金溪县	82	97	354	15	4397	178	600
资溪县	24	11	54	2	1440	56	143
广昌县	26	23	45	14	3346	272	85
上饶市	**1088**	**405**	**641**	**452**	**86200**	**3328**	**2851**
信州区	42	26	20	7	2882	124	167
广丰区	59	40	19	79	8813	227	138
广信区	116	56	55	20	8712	414	432
玉山县	56	25	31	27	6522	210	216
铅山县	1	6	8	34	4661	201	100
横峰县	6	1	1	7	2401	107	87
弋阳县	34	19	25	31	4879	238	298
余干县	117	35	99	83	13465	525	261
鄱阳县	430	115	208	104	20079	698	522
万年县	37	3	56	15	5726	269	337
婺源县	172	73	112	42	4927	226	239
德兴市	18	6	7	3	3133	89	54

9–4　各地区按住房来源分的家庭户户数

单位：户

地　区	合　计	租赁廉租住房/公租房	租　赁其他住房	购买新建商品房	购　买二手房	购买原公有住房	购买经济适用房/两限房	自建住房	继承或赠　予	其　他
全　省	**1340608**	**38604**	**71505**	**280286**	**54962**	**45629**	**14801**	**787554**	**12647**	**34620**
南昌市	**176497**	**4238**	**20649**	**54601**	**18974**	**16090**	**2230**	**48188**	**2762**	**8765**
东湖区	14049	73	2199	2897	2815	4241	134	730	292	668
西湖区	16424	825	2400	5423	3064	3317	59	229	415	692
青云谱区	11623	539	1835	3118	1571	2770	272	379	348	791
青山湖区	33690	1141	6900	11145	3879	3597	760	3212	461	2595
新建区	21788	487	1826	5791	1825	591	676	9295	332	965
红谷滩区	13468	342	2864	6925	1761	68	46	645	131	686
南昌县	38226	491	1991	13123	3102	960	129	16165	375	1890
安义县	6825	177	149	1234	112	283	36	4578	77	179
进贤县	20404	163	485	4945	845	263	118	12955	331	299
景德镇市	**49279**	**1818**	**2623**	**9447**	**1925**	**2991**	**1352**	**27365**	**538**	**1220**
昌江区	6150	281	629	1451	245	848	61	2305	64	266
珠山区	12978	1082	1226	4535	999	1682	1083	1439	210	722
浮梁县	7754	85	191	976	170	161	56	5976	78	61
乐平市	22397	370	577	2485	511	300	152	17645	186	171
萍乡市	**51496**	**1245**	**1241**	**9146**	**1781**	**1527**	**699**	**35013**	**186**	**658**
安源区	16453	773	720	6366	1094	1313	486	5192	81	428
湘东区	8970	137	93	648	362	97	51	7492	16	74
莲花县	6525	71	224	356	48	25	14	5748	17	22
上栗县	12037	158	104	814	102	47	94	10589	42	87
芦溪县	7511	106	100	962	175	45	54	5992	30	47
九江市	**145810**	**5725**	**5904**	**33183**	**5858**	**5084**	**1613**	**80633**	**1312**	**6498**
濂溪区	13014	2354	543	4527	732	750	794	1790	114	1410
浔阳区	14554	915	915	6298	2041	2171	125	366	335	1388
柴桑区	9803	133	293	1806	199	138	15	6624	148	447
武宁县	10517	367	230	2387	301	99	89	6382	94	568
修水县	21502	353	907	3697	478	309	127	14888	104	639
永修县	10050	168	354	1916	477	439	82	6247	65	302
德安县	5098	167	246	1817	249	176	53	2279	22	89
都昌县	19336	236	962	1725	192	193	83	15577	121	247
湖口县	7553	225	575	1253	244	146	48	4892	15	155
彭泽县	9832	188	307	1338	308	261	104	7043	80	203
瑞昌市	13997	358	249	3850	422	273	27	8138	132	548
共青城市	3560	25	105	1486	143	57	16	1368	30	330
庐山市	6994	236	218	1083	72	72	50	5039	52	172
新余市	**37172**	**1060**	**2589**	**14320**	**1603**	**1653**	**652**	**13695**	**214**	**1386**
渝水区	28513	732	2190	11945	1321	1384	509	8963	180	1289
分宜县	8659	328	399	2375	282	269	143	4732	34	97
鹰潭市	**36595**	**1562**	**1487**	**8221**	**1333**	**1958**	**629**	**20477**	**365**	**563**
月湖区	9405	590	745	4066	775	1124	296	1487	80	242
余江区	10177	499	234	1464	235	100	71	7377	71	126
贵溪市	17013	473	508	2691	323	734	262	11613	214	195
赣州市	**254148**	**8388**	**16230**	**46797**	**7075**	**3810**	**2757**	**160844**	**1670**	**6577**
章贡区	30862	3724	3940	10731	2241	1931	546	5020	212	2517
南康区	24297	389	3911	4116	467	270	241	13969	188	746
赣县区	16204	320	1058	3574	457	85	457	9697	92	464
信丰县	18210	364	845	2843	257	63	138	13431	80	189
大余县	8797	47	234	1433	150	100	38	6592	58	145
上犹县	8777	262	394	2063	165	42	77	5641	43	90
崇义县	5900	188	469	869	190	42	44	3907	59	132
安远县	8632	261	97	1205	267	14	32	6624	46	86
定南县	5731	253	434	1574	166	83	164	2912	27	118
全南县	5395	192	267	1053	264	302	81	3023	31	182

9-4 续表

单位：户

地区	合计	租赁廉租住房/公租房	租赁其他住房	购买新建商品房	购买二手房	购买原公有住房	购买经济适用房/两限房	自建住房	继承或赠予	其他
宁都县	23272	410	613	3107	533	133	339	17383	197	557
于都县	26572	271	1234	3981	566	373	160	19617	100	270
兴国县	19773	529	873	1657	227	128	122	15849	86	302
会昌县	11113	319	197	1662	173	76	101	8353	73	159
寻乌县	8111	131	483	1216	225	33	31	5719	94	179
石城县	7175	125	201	1387	194	18	21	5047	77	105
瑞金市	16054	365	437	2907	320	61	82	11619	77	186
龙南市	9273	238	543	1419	213	56	83	6441	130	150
吉安市	**134582**	**3790**	**4785**	**22384**	**3223**	**2531**	**809**	**94223**	**1115**	**1722**
吉州区	12023	1040	587	5316	768	1031	267	2639	96	279
青原区	6604	129	315	1827	289	49	55	3755	67	118
吉安县	12856	319	372	2682	301	97	32	8828	95	130
吉水县	13218	232	658	1871	380	82	21	9777	113	84
峡江县	4836	179	69	937	93	165	96	3100	43	154
新干县	9783	305	361	1373	180	131	51	7125	99	158
永丰县	10966	280	405	1267	195	99	23	8530	47	120
泰和县	14329	438	422	2263	165	281	42	10363	177	178
遂川县	14570	255	304	1152	144	59	52	12432	70	102
万安县	7764	112	168	700	158	69	16	6394	73	74
安福县	10050	217	293	1274	259	259	48	7496	87	117
永新县	13010	162	607	983	81	74	27	10845	109	122
井冈山市	4573	122	224	739	210	135	79	2939	39	86
宜春市	**147585**	**3782**	**6619**	**30223**	**5709**	**3787**	**1898**	**91036**	**1418**	**3113**
袁州区	30873	1257	2091	9820	1429	557	542	14311	214	652
奉新县	8232	263	331	1996	371	196	87	4667	124	197
万载县	13267	365	331	1771	501	114	155	9769	117	144
上高县	10135	152	569	2597	252	346	72	5666	95	386
宜丰县	8004	156	358	2058	493	259	65	4411	88	116
靖安县	4084	117	195	673	173	263	43	2434	60	126
铜鼓县	3601	160	147	659	164	122	59	2023	57	210
丰城市	30635	625	556	4026	859	587	449	23026	293	214
樟树市	15845	206	652	3080	635	679	358	9423	241	571
高安市	22909	481	1389	3543	832	664	68	15306	129	497
抚州市	**116352**	**3718**	**4281**	**28381**	**3523**	**2600**	**783**	**69097**	**1741**	**2228**
临川区	32994	1448	1461	8579	1133	1364	186	17688	423	712
东乡区	12119	327	514	3023	246	241	58	7368	213	129
南城县	8614	255	186	2387	298	135	83	5073	34	163
黎川县	7149	232	174	2611	287	93	44	3532	61	115
南丰县	8460	279	212	1967	655	76	37	5002	148	84
崇仁县	10073	210	354	1572	186	140	46	6989	248	328
乐安县	9966	206	417	1613	116	59	116	7208	128	103
宜黄县	7275	204	257	1811	132	200	49	4357	109	156
金溪县	8713	199	236	1729	263	101	66	5789	229	101
资溪县	3363	64	150	744	60	76	19	2052	47	151
广昌县	7626	294	320	2345	147	115	79	4039	101	186
上饶市	**191092**	**3278**	**5097**	**23583**	**3958**	**3598**	**1379**	**146983**	**1326**	**1890**
信州区	16204	923	1276	5801	998	1331	384	4768	124	599
广丰区	21574	198	236	1284	251	83	61	19232	109	120
广信区	20570	141	811	3479	396	114	112	15276	100	141
玉山县	15744	221	477	2321	287	37	73	12058	115	155
铅山县	11245	270	86	1388	124	162	34	8951	131	99
横峰县	5597	118	166	873	88	202	9	4101	15	25
弋阳县	10518	170	339	1131	341	292	77	8024	81	63
余干县	24687	149	288	1784	270	86	41	21549	209	311
鄱阳县	35053	412	583	1999	406	202	52	31136	122	141
万年县	11020	201	306	1208	209	133	94	8759	51	59
婺源县	10027	213	328	1433	325	134	15	7333	180	66
德兴市	8853	262	201	882	263	822	427	5796	89	111

9-4a　各地区按住房来源分的家庭户户数(城市)

单位：户

地　区	合　计	租赁廉租住房/公租房	租　赁其他住房	购买新建商品房	购　买二手房	购买原公有住房	购买经济适用房/两限房	自建住房	继承或赠　予	其　他
全　省	**381802**	**22730**	**43864**	**155183**	**34670**	**33421**	**8526**	**61353**	**3714**	**18341**
南昌市	**95860**	**3274**	**17492**	**34057**	**14562**	**14032**	**1270**	**3735**	**1552**	**5886**
东湖区	13422	72	2171	2883	2815	4227	66	236	287	665
西湖区	16424	825	2400	5423	3064	3317	59	229	415	692
青云谱区	11580	539	1817	3097	1569	2770	272	379	348	789
青山湖区	30688	1090	6601	10611	3683	3301	631	2184	295	2292
新建区	10702	406	1639	5140	1672	349	192	462	83	759
红谷滩区	12921	341	2864	6903	1759	68	46	132	123	685
南昌县	123	1					4	113	1	4
安义县										
进贤县										
景德镇市	**23970**	**1602**	**2355**	**7908**	**1687**	**2692**	**1278**	**5131**	**299**	**1018**
昌江区	4658	280	619	1434	223	811	58	931	42	260
珠山区	12507	1082	1206	4247	974	1633	1072	1392	207	694
浮梁县	574		1	1	6	12		546	6	2
乐平市	6231	240	529	2226	484	236	148	2262	44	62
萍乡市	**18114**	**610**	**784**	**6890**	**1388**	**1352**	**442**	**6086**	**85**	**477**
安源区	14228	450	709	6330	1075	1258	401	3511	78	416
湘东区	3736	129	74	558	311	94	37	2471	7	55
莲花县										
上栗县	150	31	1	2	2		4	104		6
芦溪县										
九江市	**36694**	**3315**	**1886**	**16727**	**3428**	**3198**	**721**	**3552**	**521**	**3346**
濂溪区	10369	2036	503	4474	708	643	527	290	64	1124
浔阳区	14484	915	915	6298	2041	2171	125	296	335	1388
柴桑区	3084	87	134	1330	138	115	8	1061	11	200
武宁县										
修水县										
永修县										
德安县										
都昌县										
湖口县										
彭泽县										
瑞昌市	4260	247	185	2140	336	160	10	857	63	262
共青城市	2243	14	100	1485	138	47	10	134	17	298
庐山市	2254	16	49	1000	67	62	41	914	31	74
新余市	**19942**	**649**	**1990**	**11807**	**1260**	**1293**	**499**	**1276**	**108**	**1060**
渝水区	19942	649	1990	11807	1260	1293	499	1276	108	1060
分宜县										
鹰潭市	**18319**	**1503**	**1306**	**7826**	**1213**	**1888**	**601**	**3476**	**132**	**374**
月湖区	8971	590	743	4040	775	1124	295	1083	80	241
余江区	3003	445	99	1225	153	66	52	909	11	43
贵溪市	6345	468	464	2561	285	698	254	1484	41	90
赣州市	**55298**	**4879**	**8942**	**21427**	**3480**	**2370**	**1226**	**9595**	**329**	**3050**
章贡区	27375	3644	3722	10713	2239	1930	533	2201	160	2233
南康区	10878	381	3437	3701	404	262	192	1873	92	536
赣县区	5770	267	911	2912	397	77	368	632	8	198
信丰县										
大余县										
上犹县										
崇义县										
安远县										
定南县										
全南县										

9－4a 续表

单位：户

地区	合计	租赁廉租住房/公租房	租赁其他住房	购买新建商品房	购买二手房	购买原公有住房	购买经济适用房/两限房	自建住房	继承或赠予	其他
宁都县										
于都县										
兴国县										
会昌县										
寻乌县	28		2	2				23	1	
石城县										
瑞金市	6573	354	367	2785	254	47	74	2639	16	37
龙南市	4674	233	503	1314	186	54	59	2227	52	46
吉安市	**14168**	**1186**	**915**	**7585**	**1173**	**1081**	**382**	**1382**	**116**	**348**
吉州区	9839	978	577	5306	766	1030	267	596	79	240
青原区	3002	126	280	1738	277	46	43	368	32	92
吉安县										
吉水县										
峡江县										
新干县										
永丰县										
泰和县										
遂川县										
万安县										
安福县										
永新县										
井冈山市	1327	82	58	541	130	5	72	418	5	16
宜春市	**40514**	**2462**	**3952**	**18540**	**3344**	**1761**	**942**	**7975**	**217**	**1321**
袁州区	17519	1251	1925	9168	1355	517	516	2139	89	559
奉新县										
万载县										
上高县										
宜丰县										
靖安县										
铜鼓县										
丰城市	9169	608	407	3661	692	240	48	3379	36	98
樟树市	6738	196	568	2844	587	538	323	1168	67	447
高安市	7088	407	1052	2867	710	466	55	1289	25	217
抚州市	**21711**	**1740**	**1800**	**11065**	**1272**	**1484**	**197**	**3437**	**105**	**611**
临川区	16163	1424	1348	8177	1058	1346	160	2011	84	555
东乡区	5548	316	452	2888	214	138	37	1426	21	56
南城县										
黎川县										
南丰县										
崇仁县										
乐安县										
宜黄县										
金溪县										
资溪县										
广昌县										
上饶市	**37212**	**1510**	**2442**	**11351**	**1863**	**2270**	**968**	**15708**	**250**	**850**
信州区	12609	919	1258	5768	991	1328	381	1268	110	586
广丰区	9211	190	211	1261	245	81	52	7052	40	79
广信区	9101	140	776	3443	373	96	108	4058	21	86
玉山县										
铅山县	68				1			63		4
横峰县										
弋阳县										
余干县	916			1				913	1	1
鄱阳县	61							61		
万年县										
婺源县										
德兴市	5246	261	197	878	253	765	427	2293	78	94

9−4b　各地区按住房来源分的家庭户户数(镇)

单位：户

地　区	合　计	租赁廉租住房/公租房	租　赁其他住房	购买新建商品房	购　买二手房	购买原公有住房	购买经济适用房/两限房	自建住房	继承或赠　予	其　他
全　省	**373488**	**14878**	**24492**	**119166**	**18115**	**11120**	**5112**	**167562**	**2803**	**10240**
南昌市	**37731**	**878**	**2633**	**19792**	**4184**	**1804**	**551**	**5378**	**401**	**2110**
东湖区	102		9	2		10	24	55	1	1
西湖区										
青云谱区	43		18	21	2					2
青山湖区	1827	47	221	530	183	295	124	51	85	291
新建区	1304	42	70	352	53	97	148	390	80	72
红谷滩区										
南昌县	22398	463	1728	12853	3051	891	113	1765	138	1396
安义县	2923	177	140	1225	102	275	34	817	13	140
进贤县	9134	149	447	4809	793	236	108	2300	84	208
景德镇市	**7175**	**210**	**244**	**1523**	**194**	**272**	**67**	**4451**	**83**	**131**
昌江区	300	1	7	17	15	30		224	4	2
珠山区	423		18	288	25	49	11	1	3	28
浮梁县	3642	85	174	970	143	138	56	2023	20	33
乐平市	2810	124	45	248	11	55		2203	56	68
萍乡市	**16490**	**617**	**416**	**2129**	**303**	**157**	**231**	**12456**	**47**	**134**
安源区	1975	318	10	26	19	48	83	1456	3	12
湘东区	1798	6	8	66	24	2	9	1668	4	11
莲花县	2944	69	218	355	45	24	14	2200	7	12
上栗县	5887	125	95	799	69	45	83	4591	12	68
芦溪县	3886	99	85	883	146	38	42	2541	21	31
九江市	**46461**	**1904**	**3663**	**15529**	**2157**	**1684**	**799**	**18063**	**434**	**2228**
濂溪区	611		12	32	10	73	254	180	35	15
浔阳区										
柴桑区	1437	18	32	100	33	22		961	108	163
武宁县	5132	288	201	2302	241	90	76	1404	35	495
修水县	9689	352	890	3630	440	275	110	3360	72	560
永修县	5628	161	334	1761	447	331	77	2192	46	279
德安县	3049	146	191	1775	201	176	38	447	6	69
都昌县	7856	233	947	1700	185	192	78	4251	67	203
湖口县	3549	213	558	1245	239	146	48	942	10	148
彭泽县	4986	187	306	1317	294	261	100	2322	40	159
瑞昌市	2721	91	37	1645	62	107	11	699	11	58
共青城市	43				3	5		34	1	
庐山市	1760	215	155	22	2	6	7	1271	3	79
新余市	**5373**	**407**	**449**	**2414**	**260**	**346**	**148**	**1242**	**16**	**91**
渝水区	664	82	109	64	18	78	5	288	5	15
分宜县	4709	325	340	2350	242	268	143	954	11	76
鹰潭市	**4453**	**57**	**151**	**346**	**79**	**57**	**24**	**3567**	**60**	**112**
月湖区	135		1	19			1	113		1
余江区	1914	52	113	213	50	22	18	1380	24	42
贵溪市	2404	5	37	114	29	35	5	2074	36	69
赣州市	**72003**	**3307**	**6104**	**23874**	**3062**	**1358**	**1186**	**31124**	**356**	**1632**
章贡区	192	1	48				3	28	3	109
南康区	1055	2	132	284	38	2	9	559	13	16
赣县区	2023	46	98	468	41	4	39	1242	18	67
信丰县	8343	360	833	2801	246	59	137	3801	26	80
大余县	4273	43	212	1415	133	93	28	2240	26	83
上犹县	3365	234	331	1895	145	42	70	628	3	17
崇义县	2435	186	456	808	172	39	27	704	8	35
安远县	3670	260	89	1170	248	12	18	1807	11	55
定南县	3157	249	334	1467	88	78	157	728	9	47
全南县	2611	182	236	979	250	300	59	483	18	104

9-4b 续表

单位：户

地 区	合 计	租赁廉租住房/公租房	租赁其他住房	购买新建商品房	购买二手房	购买原公有住房	购买经济适用房/两限房	自建住房	继承或赠予	其 他
宁都县	10032	397	541	2970	455	123	281	4818	67	380
于都县	9760	257	1131	3932	535	369	145	3187	28	176
兴国县	7598	522	814	1569	190	125	89	4088	32	169
会昌县	5293	315	170	1575	132	70	89	2847	24	71
寻乌县	3710	128	458	1194	210	26	24	1495	35	140
石城县	3127	123	183	1308	157	15	9	1251	28	53
瑞金市	746	2	16	7	9	1		697		14
龙南市	613		22	32	13		2	521	7	16
吉安市	**50129**	**2568**	**3664**	**14571**	**1933**	**1372**	**389**	**24377**	**311**	**944**
吉州区	316	62	2	9	1			209	2	31
青原区	313	2	16	67	6	1	8	198	11	4
吉安县	5637	319	354	2656	292	84	31	1768	26	107
吉水县	6029	225	642	1857	372	79	19	2745	46	44
峡江县	2243	179	55	925	87	155	91	588	19	144
新干县	3971	305	354	1363	177	130	50	1449	30	113
永丰县	4937	278	382	1236	176	97	21	2638	17	92
泰和县	6884	435	402	2242	151	273	39	3163	47	132
遂川县	5358	254	285	1126	133	56	46	3421	13	24
万安县	3066	109	158	674	134	67	15	1846	16	47
安福县	4121	213	280	1261	252	241	42	1713	34	85
永新县	5796	148	572	964	78	68	22	3842	37	65
井冈山市	1458	39	162	191	74	121	5	797	13	56
宜春市	**35408**	**1270**	**2360**	**11115**	**2064**	**1845**	**835**	**14430**	**291**	**1198**
袁州区	1647		74	368	40	24	14	1093	7	27
奉新县	4545	263	314	1971	339	183	70	1255	17	133
万载县	6436	363	315	1719	468	107	127	3206	62	69
上高县	5488	150	549	2514	225	333	63	1255	40	359
宜丰县	4503	141	309	2016	420	193	59	1252	28	85
靖安县	2114	117	180	670	156	239	36	646	12	58
铜鼓县	1905	158	131	645	133	100	36	555	25	122
丰城市	3962	11	135	333	137	340	400	2519	36	51
樟树市	1152	3	71	224	37	133	21	584	17	62
高安市	3656	64	282	655	109	193	9	2065	47	232
抚州市	**37216**	**1926**	**2279**	**15791**	**1955**	**1024**	**497**	**12395**	**331**	**1018**
临川区	2320	16	78	271	36	13	17	1753	79	57
东乡区	1191	9	55	54	22	93	19	902	15	22
南城县	4778	250	175	2104	261	132	78	1613	20	145
黎川县	3912	228	149	2312	238	90	29	783	13	70
南丰县	4092	279	196	1915	619	73	32	876	48	54
崇仁县	4568	210	348	1524	170	122	38	1891	51	214
乐安县	3828	202	401	1515	95	55	108	1392	16	44
宜黄县	3373	200	232	1581	104	197	34	900	19	106
金溪县	3523	191	223	1696	243	96	61	903	43	67
资溪县	1722	63	137	697	57	52	18	556	11	131
广昌县	3909	278	285	2122	110	101	63	826	16	108
上饶市	**61049**	**1734**	**2529**	**12082**	**1924**	**1201**	**385**	**40079**	**473**	**642**
信州区	415	1	13	29	1			369	1	1
广丰区	3106	5	19	10	4		2	3038	19	9
广信区	1891	1	19	12	9	8	4	1816	12	10
玉山县	8769	217	469	2317	263	37	72	5224	60	110
铅山县	6181	270	81	1369	105	148	34	4063	71	40
横峰县	2995	118	160	857	86	201	6	1547	9	11
弋阳县	5072	169	334	1120	337	267	75	2665	64	41
余干县	9437	136	274	1769	256	77	40	6480	142	263
鄱阳县	13589	406	562	1985	388	193	47	9862	52	94
万年县	4673	200	283	1195	175	131	93	2541	23	32
婺源县	4593	211	314	1415	296	107	12	2190	19	29
德兴市	328		1	4	4	32		284	1	2

9-4c　各地区按住房来源分的家庭户户数(乡村)

单位：户

地　区	合　计	租赁廉租住房/公租房	租赁其他住房	购买新建商品房	购买二手房	购买原公有住房	购买经济适用房/两限房	自建住房	继承或赠予	其　他
全　省	**585318**	**996**	**3149**	**5937**	**2177**	**1088**	**1163**	**558639**	**6130**	**6039**
南昌市	**42906**	**86**	**524**	**752**	**228**	**254**	**409**	**39075**	**809**	**769**
东湖区	525	1	19	12		4	44	439	4	2
西湖区										
青云谱区										
青山湖区	1175	4	78	4	13	1	5	977	81	12
新建区	9782	39	117	299	100	145	336	8443	169	134
红谷滩区	547	1		22	2			513	8	1
南昌县	15705	27	263	270	51	69	12	14287	236	490
安义县	3902		9	9	10	8	2	3761	64	39
进贤县	11270	14	38	136	52	27	10	10655	247	91
景德镇市	**18134**	**6**	**24**	**16**	**44**	**27**	**7**	**17783**	**156**	**71**
昌江区	1192		3		7	7	3	1150	18	4
珠山区	48		2					46		
浮梁县	3538		16	5	21	11		3407	52	26
乐平市	13356	6	3	11	16	9	4	13180	86	41
萍乡市	**16892**	**18**	**41**	**127**	**90**	**18**	**26**	**16471**	**54**	**47**
安源区	250	5	1	10		7	2	225		
湘东区	3436	2	11	24	27	1	5	3353	5	8
莲花县	3581	2	6	1	3	1		3548	10	10
上栗县	6000	2	8	13	31	2	7	5894	30	13
芦溪县	3625	7	15	79	29	7	12	3451	9	16
九江市	**62655**	**506**	**355**	**927**	**273**	**202**	**93**	**59018**	**357**	**924**
濂溪区	2034	318	28	21	14	34	13	1320	15	271
浔阳区	70							70		
柴桑区	5282	28	127	376	28	1	7	4602	29	84
武宁县	5385	79	29	85	60	9	13	4978	59	73
修水县	11813	1	17	67	38	34	17	11528	32	79
永修县	4422	7	20	155	30	108	5	4055	19	23
德安县	2049	21	55	42	48		15	1832	16	20
都昌县	11480	3	15	25	7	1	5	11326	54	44
湖口县	4004	12	17	8	5			3950	5	7
彭泽县	4846	1	1	21	14		4	4721	40	44
瑞昌市	7016	20	27	65	24	6	6	6582	58	228
共青城市	1274	11	5	1	2	5	6	1200	12	32
庐山市	2980	5	14	61	3	4	2	2854	18	19
新余市	**11857**	**4**	**150**	**99**	**83**	**14**	**5**	**11177**	**90**	**235**
渝水区	7907	1	91	74	43	13	5	7399	67	214
分宜县	3950	3	59	25	40	1		3778	23	21
鹰潭市	**13823**	**2**	**30**	**49**	**41**	**13**	**4**	**13434**	**173**	**77**
月湖区	299		1	7				291		
余江区	5260	2	22	26	32	12	1	5088	36	41
贵溪市	8264		7	16	9	1	3	8055	137	36
赣州市	**126847**	**202**	**1184**	**1496**	**533**	**82**	**345**	**120125**	**985**	**1895**
章贡区	3295	79	170	18	2	1	10	2791	49	175
南康区	12364	6	342	131	25	6	40	11537	83	194
赣县区	8411	7	49	194	19	4	50	7823	66	199
信丰县	9867	4	12	42	11	4	1	9630	54	109
大余县	4524	4	22	18	17	7	10	4352	32	62
上犹县	5412	28	63	168	20		7	5013	40	73
崇义县	3465	2	13	61	18	3	17	3203	51	97
安远县	4962	1	8	35	19	2	14	4817	35	31
定南县	2574	4	100	107	78	5	7	2184	18	71
全南县	2784	10	31	74	14	2	22	2540	13	78

9—4c 续表

单位：户

地　区	合　计	租赁廉租住房/公租房	租　赁其他住房	购买新建商品房	购　买二手房	购买原公有住房	购买经济适用房/两限房	自建住房	继承或赠　予	其　他
宁都县	13240	13	72	137	78	10	58	12565	130	177
于都县	16812	14	103	49	31	4	15	16430	72	94
兴国县	12175	7	59	88	37	3	33	11761	54	133
会昌县	5820	4	27	87	41	6	12	5506	49	88
寻乌县	4373	3	23	20	15	7	7	4201	58	39
石城县	4048	2	18	79	37	3	12	3796	49	52
瑞金市	8735	9	54	115	57	13	8	8283	61	135
龙南市	3986	5	18	73	14	2	22	3693	71	88
吉安市	**70285**	**36**	**206**	**228**	**117**	**78**	**38**	**68464**	**688**	**430**
吉州区	1868		8	1	1	1		1834	15	8
青原区	3289	1	19	22	6	2	4	3189	24	22
吉安县	7219		18	26	9	13	1	7060	69	23
吉水县	7189	7	16	14	8	3	2	7032	67	40
峡江县	2593		14	12	6	10	5	2512	24	10
新干县	5812		7	10	3	1	1	5676	69	45
永丰县	6029	2	23	31	19	2	2	5892	30	28
泰和县	7445	3	20	21	14	8	3	7200	130	46
遂川县	9212	1	19	26	11	3	6	9011	57	78
万安县	4698	3	10	26	24	2	1	4548	57	27
安福县	5929	4	13	13	7	18	6	5783	53	32
永新县	7214	14	35	19	3	6	5	7003	72	57
井冈山市	1788	1	4	7	6	9	2	1724	21	14
宜春市	**71663**	**50**	**307**	**568**	**301**	**181**	**121**	**68631**	**910**	**594**
袁州区	11707	6	92	284	34	16	12	11079	118	66
奉新县	3687		17	25	32	13	17	3412	107	64
万载县	6831	2	16	52	33	7	28	6563	55	75
上高县	4647	2	20	83	27	13	9	4411	55	27
宜丰县	3501	15	49	42	73	66	6	3159	60	31
靖安县	1970		15	3	17	24	7	1788	48	68
铜鼓县	1696	2	16	14	31	22	23	1468	32	88
丰城市	17504	6	14	32	30	7	1	17128	221	65
樟树市	7955	7	13	12	11	8	14	7671	157	62
高安市	12165	10	55	21	13	5	4	11952	57	48
抚州市	**57425**	**52**	**202**	**1525**	**296**	**92**	**89**	**53265**	**1305**	**599**
临川区	14511	8	35	131	39	5	9	13924	260	100
东乡区	5380	2	7	81	10	10	2	5040	177	51
南城县	3836	5	11	283	37	3	5	3460	14	18
黎川县	3237	4	25	299	49	3	15	2749	48	45
南丰县	4368		16	52	36	3	5	4126	100	30
崇仁县	5505		6	48	16	18	8	5098	197	114
乐安县	6138	4	16	98	21	4	8	5816	112	59
宜黄县	3902	4	25	230	28	3	15	3457	90	50
金溪县	5190	8	13	33	20	5	5	4886	186	34
资溪县	1641	1	13	47	3	24	1	1496	36	20
广昌县	3717	16	35	223	37	14	16	3213	85	78
上饶市	**92831**	**34**	**126**	**150**	**171**	**127**	**26**	**91196**	**603**	**398**
信州区	3180	3	5	4	6	3	3	3131	13	12
广丰区	9257	3	6	13	2	2	7	9142	50	32
广信区	9578		16	24	14	10		9402	67	45
玉山县	6975	4	8	4	24		1	6834	55	45
铅山县	4996		5	19	18	14		4825	60	55
横峰县	2602		6	16	2	1	3	2554	6	14
弋阳县	5446	1	5	11	4	25	2	5359	17	22
余干县	14334	13	14	14	14	9	1	14156	66	47
鄱阳县	21403	6	21	14	18	9	5	21213	70	47
万年县	6347	1	23	13	34	2	1	6218	28	27
婺源县	5434	2	14	18	29	27	3	5143	161	37
德兴市	3279	1	3		6	25		3219	10	15

9–5　各地区按月租房费用分的家庭户户数

单位：户

地　区	合　计	200元以下	200–499元	500–999元	1000–1999元
全　省	**110109**	**24768**	**32875**	**30580**	**17427**
南昌市	**24887**	**1617**	**4465**	**7644**	**8757**
东湖区	2272	70	278	654	1042
西湖区	3225	409	398	698	1387
青云谱区	2374	101	621	773	782
青山湖区	8041	277	1635	3241	2364
新建区	2313	284	299	706	941
红谷滩区	3206	78	220	592	1312
南昌县	2482	218	614	664	865
安义县	326	56	161	96	8
进贤县	648	124	239	220	56
景德镇市	**4441**	**1538**	**1180**	**1153**	**465**
昌江区	910	307	233	303	45
珠山区	2308	815	670	522	257
浮梁县	276	57	35	111	59
乐平市	947	359	242	217	104
萍乡市	**2486**	**1012**	**610**	**614**	**213**
安源区	1493	550	308	434	181
湘东区	230	136	55	34	5
莲花县	295	88	143	53	6
上栗县	262	136	53	50	15
芦溪县	206	102	51	43	6
九江市	**11629**	**2869**	**4619**	**2651**	**1276**
濂溪区	2897	334	1851	483	217
浔阳区	1830	474	574	284	413
柴桑区	426	77	101	172	70
武宁县	597	182	263	133	18
修水县	1260	289	248	486	189
永修县	522	150	76	164	115
德安县	413	172	113	113	13
都昌县	1198	139	578	385	86
湖口县	800	172	429	150	34
彭泽县	495	116	204	134	34
瑞昌市	607	372	118	76	38
共青城市	130	16	39	47	23
庐山市	454	376	25	24	26
新余市	**3649**	**1275**	**1555**	**670**	**136**
渝水区	2922	946	1339	528	103
分宜县	727	329	216	142	33
鹰潭市	**3049**	**1181**	**767**	**780**	**281**
月湖区	1335	438	313	395	172
余江区	733	350	270	74	30
贵溪市	981	393	184	311	79
赣州市	**24618**	**3763**	**9787**	**8015**	**2423**
章贡区	7664	793	3320	1804	1473
南康区	4300	265	1861	1941	144
赣县区	1378	95	406	703	153
信丰县	1209	55	666	350	122
大余县	281	62	99	82	31
上犹县	656	255	173	190	29
崇义县	657	138	156	330	24
安远县	358	112	176	52	14
定南县	687	246	249	174	13
全南县	459	70	266	97	22

9–5 续表 1

单位：户

地 区	合 计	200元以下	200–499元	500–999元	1000–1999元
宁都县	1023	245	391	328	53
于都县	1505	226	316	841	87
兴国县	1402	371	560	349	75
会昌县	516	120	270	92	24
寻乌县	614	66	307	224	10
石城县	326	63	153	57	7
瑞金市	802	350	117	244	76
龙南市	781	231	301	157	66
吉安市	**8575**	**3268**	**2724**	**1581**	**786**
吉州区	1627	741	372	175	303
青原区	444	27	70	168	168
吉安县	691	270	182	154	76
吉水县	890	239	340	196	67
峡江县	248	170	49	19	6
新干县	666	165	294	167	27
永丰县	685	289	181	174	34
泰和县	860	526	220	72	21
遂川县	559	219	228	76	23
万安县	280	108	64	89	12
安福县	510	220	119	132	12
永新县	769	161	487	84	21
井冈山市	346	133	118	75	16
宜春市	**10401**	**2718**	**2972**	**3275**	**1151**
袁州区	3348	670	842	1186	586
奉新县	594	272	108	168	43
万载县	696	278	173	140	89
上高县	721	148	407	124	17
宜丰县	514	170	145	136	28
靖安县	312	116	53	130	12
铜鼓县	307	146	61	56	28
丰城市	1181	195	558	259	128
樟树市	858	195	147	369	129
高安市	1870	528	478	707	91
抚州市	**7999**	**3201**	**2248**	**1951**	**468**
临川区	2909	825	810	959	264
东乡区	841	302	300	166	52
南城县	441	268	79	83	6
黎川县	406	228	98	57	18
南丰县	491	299	98	69	21
崇仁县	564	235	196	113	13
乐安县	623	271	126	206	14
宜黄县	461	293	128	33	6
金溪县	435	103	187	85	38
资溪县	214	66	70	64	9
广昌县	614	311	156	116	27
上饶市	**8375**	**2326**	**1948**	**2246**	**1471**
信州区	2199	354	686	469	562
广丰区	434	171	106	88	51
广信区	952	39	130	442	292
玉山县	698	192	120	249	118
铅山县	356	277	45	27	7
横峰县	284	122	82	49	31
弋阳县	509	138	128	185	50
余干县	437	122	112	125	55
鄱阳县	995	395	178	236	163
万年县	507	89	179	127	36
婺源县	541	178	119	147	66
德兴市	463	249	63	102	40

9–5　续表 2

单位：户

地　区	2000–2999元	3000–3999元	4000–5999元	6000–7999元	8000–9999元	10000元及以上
全　省	**2984**	**782**	**389**	**147**	**52**	**105**
南昌市	**1772**	**432**	**148**	**19**	**12**	**21**
东湖区	180	35	9	3		1
西湖区	268	49	12	2	1	1
青云谱区	84	5	4		1	3
青山湖区	419	62	24	7	2	10
新建区	68	10	4			1
红谷滩区	651	255	83	4	6	5
南昌县	96	14	9	1	1	
安义县	1		1	2	1	
进贤县	5	2	2			
景德镇市	**59**	**23**	**13**	**6**	**2**	**2**
昌江区	12	2	5	2	1	
珠山区	29	9	4	2		
浮梁县	8	3	1	1		1
乐平市	10	9	3	1	1	1
萍乡市	**25**	**7**	**4**	**1**		
安源区	16	2	2			
湘东区						
莲花县	3	2				
上栗县	6	1	1			
芦溪县		2	1	1		
九江市	**162**	**23**	**16**	**6**	**4**	**3**
濂溪区	10		1		1	
浔阳区	73	8	4			
柴桑区	6					
武宁县		1				
修水县	34	5	7	1		1
永修县	16	1				
德安县		1	1			
都昌县	7	1		1		1
湖口县	4	6	3	1	1	
彭泽县	4			2	1	
瑞昌市	3					
共青城市	2			1	1	1
庐山市	3					
新余市	**7**	**1**	**1**		**2**	**2**
渝水区	4	1			1	
分宜县	3		1		1	2
鹰潭市	**26**	**4**	**10**			
月湖区	12	2	3			
余江区	5	1	3			
贵溪市	9	1	4			
赣州市	**378**	**147**	**67**	**24**	**2**	**12**
章贡区	214	42	14	1	1	2
南康区	31	34	12	7		5
赣县区	15	2	4			
信丰县	14	1		1		
大余县	4	2	1			
上犹县	4	2	3			
崇义县	4	3	1	1		
安远县	1	2	1			
定南县	1		2	2		
全南县	3	1				

9-5 续表 3

单位：户

地　区	2000－2999元	3000－3999元	4000－5999元	6000－7999元	8000－9999元	10000元及以上
宁都县	4			1		1
于都县	18	12	5			
兴国县	26	12	9			
会昌县	6	4				
寻乌县	5	1				1
石城县	2	21	11	9	1	2
瑞金市	10	2	2	1		
龙南市	16	6	2	1		1
吉安市	**109**	**29**	**33**	**26**	**13**	**6**
吉州区	35	1				
青原区	6	2	1	1	1	
吉安县	6		1		1	1
吉水县	14	8	14	9	1	2
峡江县	1	1	2			
新干县	4	1	2	4	2	
永丰县	5	1	1			
泰和县	13	4	2	1	1	
遂川县	7	5				1
万安县	2	2	1	1		1
安福县	3	1	7	10	5	1
永新县	9	3	2		2	
井冈山市	4					
宜春市	**125**	**46**	**48**	**35**	**8**	**23**
袁州区	47	11	6			
奉新县	2	1				
万载县	13					3
上高县	4	4	11	5	1	
宜丰县	5	7	10	7	3	3
靖安县	1					
铜鼓县	1	2	4	5	1	3
丰城市	22	10	4	1		4
樟树市	13	3	2			
高安市	17	8	11	17	3	10
抚州市	**78**	**17**	**17**	**8**	**1**	**10**
临川区	33	9	5	2		2
东乡区	15	3		1	1	1
南城县	1	1	1			2
黎川县	3	1		1		
南丰县	3		1			
崇仁县	6	1				
乐安县	5			1		
宜黄县			1			
金溪县	8	2	6	2		4
资溪县	2		2	1		
广昌县	2		1			1
上饶市	**243**	**53**	**32**	**22**	**8**	**26**
信州区	86	26	7	7		2
广丰区	9	3	1	1	1	3
广信区	35	6	2	3		3
玉山县	11	2	1	2	2	1
铅山县						
横峰县						
弋阳县	2		2		2	2
余干县	13	4	2	1		3
鄱阳县	10	1	10			2
万年县	58	6	3	5	1	3
婺源县	16	4	3	2	2	4
德兴市	3	1	1	1		3

9-5a　各地区按月租房费用分的家庭户户数(城市)

单位：户

地　区	合　计	200元以下	200-499元	500-999元	1000-1999元
全　省	**66594**	**11561**	**18710**	**19347**	**13689**
南昌市	**20766**	**1131**	**3301**	**6421**	**7675**
东湖区	2243	70	270	648	1031
西湖区	3225	409	398	698	1387
青云谱区	2356	101	621	767	770
青山湖区	7691	252	1574	3102	2256
新建区	2045	221	217	614	920
红谷滩区	3205	78	220	592	1311
南昌县	1		1		
安义县					
进贤县					
景德镇市	**3957**	**1338**	**1118**	**1033**	**393**
昌江区	899	302	230	303	42
珠山区	2288	806	666	517	255
浮梁县	1			1	
乐平市	769	230	222	212	96
萍乡市	**1394**	**382**	**348**	**462**	**183**
安源区	1159	226	304	431	179
湘东区	203	125	44	30	4
莲花县					
上栗县	32	31		1	
芦溪县					
九江市	**5201**	**1124**	**2284**	**962**	**725**
濂溪区	2539	316	1532	471	209
浔阳区	1830	474	574	284	413
柴桑区	221	57	53	80	28
武宁县					
修水县					
永修县					
德安县					
都昌县					
湖口县					
彭泽县					
瑞昌市	432	255	81	67	28
共青城市	114	6	37	46	22
庐山市	65	16	7	14	25
新余市	**2639**	**839**	**1244**	**452**	**99**
渝水区	2639	839	1244	452	99
分宜县					
鹰潭市	**2809**	**1094**	**683**	**732**	**272**
月湖区	1333	437	313	394	172
余江区	544	273	201	40	25
贵溪市	932	384	169	298	75
赣州市	**13821**	**1612**	**5636**	**4426**	**1761**
章贡区	7366	781	3225	1670	1418
南康区	3818	235	1650	1764	100
赣县区	1178	39	365	635	128
信丰县					
大余县					
上犹县					
崇义县					
安远县					
定南县					
全南县					

9-5a 续表 1

单位：户

地　区	合　计	200元以下	200-499元	500-999元	1000-1999元
宁都县					
于都县					
兴国县					
会昌县					
寻乌县	2			2	
石城县					
瑞金市	721	337	102	209	63
龙南市	736	220	294	146	52
吉安市	**2101**	**805**	**416**	**356**	**476**
吉州区	1555	727	321	170	301
青原区	406	16	55	159	166
吉安县					
吉水县					
峡江县					
新干县					
永丰县					
泰和县					
遂川县					
万安县					
安福县					
永新县					
井冈山市	140	62	40	27	9
宜春市	**6414**	**1378**	**1678**	**2351**	**877**
袁州区	3176	639	792	1120	566
奉新县					
万载县					
上高县					
宜丰县					
靖安县					
铜鼓县					
丰城市	1015	174	474	238	109
樟树市	764	160	112	349	127
高安市	1459	405	300	644	75
抚州市	**3540**	**1074**	**1038**	**1071**	**297**
临川区	2772	789	770	924	249
东乡区	768	285	268	147	48
南城县					
黎川县					
南丰县					
崇仁县					
乐安县					
宜黄县					
金溪县					
资溪县					
广昌县					
上饶市	**3952**	**784**	**964**	**1081**	**931**
信州区	2177	348	680	465	560
广丰区	401	157	96	85	48
广信区	916	32	125	430	283
玉山县					
铅山县					
横峰县					
弋阳县					
余干县					
鄱阳县					
万年县					
婺源县					
德兴市	458	247	63	101	40

9-5a 续表 2

单位：户

地 区	2000–2999元	3000–3999元	4000–5999元	6000–7999元	8000–9999元	10000元及以上
全 省	**2370**	**578**	**215**	**60**	**19**	**45**
南昌市	**1649**	**413**	**133**	**16**	**9**	**18**
东湖区	177	34	9	3		1
西湖区	268	49	12	2	1	1
青云谱区	84	5	4		1	3
青山湖区	408	61	22	7	1	8
新建区	61	9	3			
红谷滩区	651	255	83	4	6	5
南昌县						
安义县						
进贤县						
景德镇市	**46**	**13**	**10**	**4**	**1**	**1**
昌江区	12	2	5	2	1	
珠山区	29	9	4	2		
浮梁县						
乐平市	5	2	1			1
萍乡市	**16**	**2**	**1**			
安源区	16	2	1			
湘东区						
莲花县						
上栗县						
芦溪县						
九江市	**89**	**8**	**5**	**1**	**2**	**1**
濂溪区	9		1		1	
浔阳区	73	8	4			
柴桑区	3					
武宁县						
修水县						
永修县						
德安县						
都昌县						
湖口县						
彭泽县						
瑞昌市	1					
共青城市				1	1	1
庐山市	3					
新余市	**4**	**1**				
渝水区	4	1				
分宜县						
鹰潭市	**20**	**3**	**5**			
月湖区	12	2	3			
余江区	3		2			
贵溪市	5	1				
赣州市	**267**	**73**	**29**	**8**	**1**	**8**
章贡区	213	41	14	1	1	2
南康区	22	27	10	5		5
赣县区	9		2			
信丰县						
大余县						
上犹县						
崇义县						
安远县						
定南县						
全南县						

9—5a 续表 3

单位：户

地 区	2000—2999元	3000—3999元	4000—5999元	6000—7999元	8000—9999元	10000元及以上
宁都县						
于都县						
兴国县						
会昌县						
寻乌县						
石城县						
瑞金市	7	1	1	1		
龙南市	16	4	2	1		1
吉安市	**42**	**3**	**1**	**1**	**1**	
吉州区	35	1				
青原区	5	2	1	1	1	
吉安县						
吉水县						
峡江县						
新干县						
永丰县						
泰和县						
遂川县						
万安县						
安福县						
永新县						
井冈山市	2					
宜春市	**65**	**22**	**18**	**15**	**3**	**7**
袁州区	42	11	6			
奉新县						
万载县						
上高县						
宜丰县						
靖安县						
铜鼓县						
丰城市	10	4	3	1		2
樟树市	11	3	2			
高安市	2	4	7	14	3	5
抚州市	**44**	**8**	**3**	**3**	**1**	**1**
临川区	30	5	3	2		
东乡区	14	3		1	1	1
南城县						
黎川县						
南丰县						
崇仁县						
乐安县						
宜黄县						
金溪县						
资溪县						
广昌县						
上饶市	**128**	**32**	**10**	**12**	**1**	**9**
信州区	84	24	7	7		2
广丰区	8	2		1	1	3
广信区	34	5	2	3		2
玉山县						
铅山县						
横峰县						
弋阳县						
余干县						
鄱阳县						
万年县						
婺源县						
德兴市	2	1	1	1		2

9–5b 各地区按月租房费用分的家庭户户数(镇)

单位：户

地 区	合 计	200元以下	200–499元	500–999元	1000–1999元
全 省	**39370**	**12260**	**12603**	**10105**	**3345**
南昌市	**3511**	**357**	**996**	**1031**	**985**
东湖区	9		3	2	4
西湖区					
青云谱区	18			6	12
青山湖区	268	16	34	109	97
新建区	112	25	50	27	7
红谷滩区					
南昌县	2191	164	522	582	809
安义县	317	54	157	94	8
进贤县	596	98	230	211	48
景德镇市	**454**	**192**	**56**	**109**	**70**
昌江区	8	4	2		2
珠山区	18	9	4	4	1
浮梁县	259	56	31	102	59
乐平市	169	123	19	3	8
萍乡市	**1033**	**601**	**247**	**144**	**27**
安源区	328	319	4	3	1
湘东区	14	6	5	2	1
莲花县	287	83	141	53	5
上栗县	220	102	52	46	14
芦溪县	184	91	45	40	6
九江市	**5567**	**1556**	**1881**	**1544**	**487**
濂溪区	12	3	7	2	
浔阳区					
柴桑区	50	18	6	18	6
武宁县	489	96	257	122	13
修水县	1242	285	243	479	189
永修县	495	145	68	158	110
德安县	337	142	87	93	13
都昌县	1180	136	572	379	83
湖口县	771	172	406	147	31
彭泽县	493	116	202	134	34
瑞昌市	128	92	19	7	8
共青城市					
庐山市	370	351	14	5	
新余市	**856**	**419**	**213**	**188**	**31**
渝水区	191	98	26	67	
分宜县	665	321	187	121	31
鹰潭市	**208**	**79**	**76**	**36**	**6**
月湖区	1	1			
余江区	165	70	63	25	4
贵溪市	42	8	13	11	2
赣州市	**9411**	**1931**	**3642**	**3093**	**529**
章贡区	49		8	27	14
南康区	134	13	41	41	26
赣县区	144	48	31	44	13
信丰县	1193	52	655	349	121
大余县	255	55	88	77	29
上犹县	565	194	154	182	28
崇义县	642	132	155	324	23
安远县	349	109	174	48	14
定南县	583	241	187	138	12
全南县	418	66	243	84	21

9-5b 续表 1

单位：户

地 区	合 计	200元以下	200-499元	500-999元	1000-1999元
宁都县	938	204	369	315	45
于都县	1388	215	298	779	63
兴国县	1336	366	533	328	64
会昌县	485	117	254	83	22
寻乌县	586	57	302	212	8
石城县	306	59	146	52	6
瑞金市	18	2	3	4	7
龙南市	22	1	1	6	13
吉安市	**6232**	**2362**	**2243**	**1168**	**297**
吉州区	64	11	51		2
青原区	18	3	6	7	1
吉安县	673	264	177	149	74
吉水县	867	225	333	195	66
峡江县	234	168	38	18	6
新干县	659	163	291	166	26
永丰县	660	271	179	169	34
泰和县	837	513	214	69	20
遂川县	539	211	223	70	22
万安县	267	104	61	86	11
安福县	493	217	115	125	10
永新县	720	142	478	69	18
井冈山市	201	70	77	45	7
宜春市	**3630**	**1231**	**1169**	**835**	**246**
袁州区	74	19	23	20	8
奉新县	577	260	106	166	42
万载县	678	271	167	137	87
上高县	699	140	398	121	15
宜丰县	450	137	121	131	27
靖安县	297	106	50	130	10
铜鼓县	289	140	54	53	27
丰城市	146	16	78	16	17
樟树市	74	29	28	13	2
高安市	346	113	144	48	11
抚州市	**4205**	**2035**	**1133**	**836**	**150**
临川区	94	27	26	26	13
东乡区	64	14	29	17	3
南城县	425	264	72	80	5
黎川县	377	217	90	53	14
南丰县	475	295	92	67	18
崇仁县	558	233	193	113	12
乐安县	603	261	122	201	13
宜黄县	432	282	115	31	3
金溪县	414	97	181	81	38
资溪县	200	58	65	63	9
广昌县	563	287	148	104	22
上饶市	**4263**	**1497**	**947**	**1121**	**517**
信州区	14	6	1	3	1
广丰区	24	7	9	3	3
广信区	20	5	1	5	6
玉山县	686	185	120	247	116
铅山县	351	272	45	27	7
横峰县	278	120	78	49	31
弋阳县	503	135	127	183	50
余干县	410	117	106	115	50
鄱阳县	968	389	171	225	160
万年县	483	85	176	121	29
婺源县	525	175	113	143	64
德兴市	1	1			

9-5b　续表 2

单位：户

地　区	2000-2999元	3000-3999元	4000-5999元	6000-7999元	8000-9999元	10000元及以上
全　省	**561**	**183**	**154**	**83**	**30**	**46**
南昌市	**112**	**14**	**11**	**3**	**2**	
东湖区						
西湖区						
青云谱区						
青山湖区	11		1			
新建区	3					
红谷滩区						
南昌县	93	12	7	1	1	
安义县			1	2	1	
进贤县	5	2	2			
景德镇市	**11**	**10**	**3**	**2**	**1**	
昌江区						
珠山区						
浮梁县	6	3	1	1		
乐平市	5	7	2	1	1	
萍乡市	**7**	**5**	**2**			
安源区			1			
湘东区						
莲花县	3	2				
上栗县	4	1	1			
芦溪县		2				
九江市	**65**	**14**	**11**	**5**	**2**	**2**
濂溪区						
浔阳区						
柴桑区	2					
武宁县		1				
修水县	32	5	7	1		1
永修县	14					
德安县		1	1			
都昌县	7	1		1		1
湖口县	4	6	3	1	1	
彭泽县	4			2	1	
瑞昌市	2					
共青城市						
庐山市						
新余市	**2**		**1**		**1**	**1**
渝水区						
分宜县	2		1		1	1
鹰潭市	**5**	**1**	**5**			
月湖区						
余江区	1	1	1			
贵溪市	4		4			
赣州市	**98**	**66**	**33**	**15**	**1**	**3**
章贡区						
南康区	5	7		1		
赣县区	4	2	2			
信丰县	14	1		1		
大余县	4	1	1			
上犹县	4	1	2			
崇义县	4	2	1	1		
安远县	1	2	1			
定南县	1		2	2		
全南县	3	1				

9－5b 续表 3

单位：户

地　区	2000－2999元	3000－3999元	4000－5999元	6000－7999元	8000－9999元	10000元及以上
宁都县	4			1		
于都县	16	12	5			
兴国县	24	12	9			
会昌县	6	3				
寻乌县	5	1				1
石城县	2	19	10	9	1	2
瑞金市	1	1				
龙南市		1				
吉安市	**65**	**25**	**30**	**25**	**11**	**6**
吉州区						
青原区	1					
吉安县	6		1		1	1
吉水县	14	8	14	9	1	2
峡江县	1	1	2			
新干县	4	1	2	4	2	
永丰县	5	1	1			
泰和县	13	4	2	1	1	
遂川县	7	5				1
万安县	2	1		1		1
安福县	3	1	6	10	5	1
永新县	7	3	2		1	
井冈山市	2					
宜春市	**57**	**24**	**28**	**20**	**5**	**15**
袁州区	4					
奉新县	2	1				
万载县	13					3
上高县	4	4	11	5	1	
宜丰县	5	7	9	7	3	3
靖安县	1					
铜鼓县	1	2	4	5	1	2
丰城市	10	6	1			2
樟树市	2					
高安市	15	4	3	3		5
抚州市	**28**	**5**	**10**	**4**		**4**
临川区	1		1			
东乡区	1					
南城县		1	1			2
黎川县	2	1				
南丰县	2		1			
崇仁县	6	1				
乐安县	5			1		
宜黄县			1			
金溪县	8	2	4	2		1
资溪县	2		2	1		
广昌县	1					1
上饶市	**111**	**19**	**20**	**9**	**7**	**15**
信州区	2	1				
广丰区	1	1				
广信区	1	1				1
玉山县	11	2	1	2	2	
铅山县						
横峰县						
弋阳县	2		2		2	2
余干县	12	4	2	1		3
鄱阳县	10	1	10			2
万年县	57	5	2	4	1	3
婺源县	15	4	3	2	2	4
德兴市						

9–5c 各地区按月租房费用分的家庭户户数(乡村)

单位：户

地 区	合 计	200元以下	200–499元	500–999元	1000–1999元
全 省	**4145**	**947**	**1562**	**1128**	**393**
南昌市	**610**	**129**	**168**	**192**	**97**
东湖区	20		5	4	7
西湖区					
青云谱区					
青山湖区	82	9	27	30	11
新建区	156	38	32	65	14
红谷滩区	1				1
南昌县	290	54	91	82	56
安义县	9	2	4	2	
进贤县	52	26	9	9	8
景德镇市	**30**	**8**	**6**	**11**	**2**
昌江区	3	1	1		1
珠山区	2			1	1
浮梁县	16	1	4	8	
乐平市	9	6	1	2	
萍乡市	**59**	**29**	**15**	**8**	**3**
安源区	6	5			1
湘东区	13	5	6	2	
莲花县	8	5	2		1
上栗县	10	3	1	3	1
芦溪县	22	11	6	3	
九江市	**861**	**189**	**454**	**145**	**64**
濂溪区	346	15	312	10	8
浔阳区					
柴桑区	155	2	42	74	36
武宁县	108	86	6	11	5
修水县	18	4	5	7	
永修县	27	5	8	6	5
德安县	76	30	26	20	
都昌县	18	3	6	6	3
湖口县	29		23	3	3
彭泽县	2		2		
瑞昌市	47	25	18	2	2
共青城市	16	10	2	1	1
庐山市	19	9	4	5	1
新余市	**154**	**17**	**98**	**30**	**6**
渝水区	92	9	69	9	4
分宜县	62	8	29	21	2
鹰潭市	**32**	**8**	**8**	**12**	**3**
月湖区	1			1	
余江区	24	7	6	9	1
贵溪市	7	1	2	2	2
赣州市	**1386**	**220**	**509**	**496**	**133**
章贡区	249	12	87	107	41
南康区	348	17	170	136	18
赣县区	56	8	10	24	12
信丰县	16	3	11	1	1
大余县	26	7	11	5	2
上犹县	91	61	19	8	1
崇义县	15	6	1	6	1
安远县	9	3	2	4	
定南县	104	5	62	36	1
全南县	41	4	23	13	1

9-5c 续表 1

单位：户

地 区	合 计	200元以下	200-499元	500-999元	1000-1999元
宁都县	85	41	22	13	8
于都县	117	11	18	62	24
兴国县	66	5	27	21	11
会昌县	31	3	16	9	2
寻乌县	26	9	5	10	2
石城县	20	4	7	5	1
瑞金市	63	11	12	31	6
龙南市	23	10	6	5	1
吉安市	**242**	**101**	**65**	**57**	**13**
吉州区	8	3		5	
青原区	20	8	9	2	1
吉安县	18	6	5	5	2
吉水县	23	14	7	1	1
峡江县	14	2	11	1	
新干县	7	2	3	1	1
永丰县	25	18	2	5	
泰和县	23	13	6	3	1
遂川县	20	8	5	6	1
万安县	13	4	3	3	1
安福县	17	3	4	7	2
永新县	49	19	9	15	3
井冈山市	5	1	1	3	
宜春市	**357**	**109**	**125**	**89**	**28**
袁州区	98	12	27	46	12
奉新县	17	12	2	2	1
万载县	18	7	6	3	2
上高县	22	8	9	3	2
宜丰县	64	33	24	5	1
靖安县	15	10	3		2
铜鼓县	18	6	7	3	1
丰城市	20	5	6	5	2
樟树市	20	6	7	7	
高安市	65	10	34	15	5
抚州市	**254**	**92**	**77**	**44**	**21**
临川区	43	9	14	9	2
东乡区	9	3	3	2	1
南城县	16	4	7	3	1
黎川县	29	11	8	4	4
南丰县	16	4	6	2	3
崇仁县	6	2	3		1
乐安县	20	10	4	5	1
宜黄县	29	11	13	2	3
金溪县	21	6	6	4	
资溪县	14	8	5	1	
广昌县	51	24	8	12	5
上饶市	**160**	**45**	**37**	**44**	**23**
信州区	8		5	1	1
广丰区	9	7	1		
广信区	16	2	4	7	3
玉山县	12	7		2	2
铅山县	5	5			
横峰县	6	2	4		
弋阳县	6	3	1	2	
余干县	27	5	6	10	5
鄱阳县	27	6	7	11	3
万年县	24	4	3	6	7
婺源县	16	3	6	4	2
德兴市	4	1		1	

9−5c　续表 2

单位：户

地　区	2000−2999元	3000−3999元	4000−5999元	6000−7999元	8000−9999元	10000元及以上
全　省	**53**	**21**	**20**	**4**	**3**	**14**
南昌市	**11**	**5**	**4**		**1**	**3**
东湖区	3	1				
西湖区						
青云谱区						
青山湖区		1	1		1	2
新建区	4	1	1			1
红谷滩区						
南昌县	3	2	2			
安义县	1					
进贤县						
景德镇市	**2**					**1**
昌江区						
珠山区						
浮梁县	2					1
乐平市						
萍乡市	**2**		**1**	**1**		
安源区						
湘东区						
莲花县						
上栗县	2					
芦溪县			1	1		
九江市	**8**	**1**				
濂溪区	1					
浔阳区						
柴桑区	1					
武宁县						
修水县	2					
永修县	2	1				
德安县						
都昌县						
湖口县						
彭泽县						
瑞昌市						
共青城市	2					
庐山市						
新余市	**1**				**1**	**1**
渝水区					1	
分宜县	1					1
鹰潭市	**1**					
月湖区						
余江区	1					
贵溪市						
赣州市	**13**	**8**	**5**	**1**		**1**
章贡区	1	1				
南康区	4		2	1		
赣县区	2					
信丰县						
大余县		1				
上犹县		1	1			
崇义县		1				
安远县						
定南县						
全南县						

9—5c　续表 3

单位：户

地　　区	2000—2999元	3000—3999元	4000—5999元	6000—7999元	8000—9999元	10000元及以上
宁都县						1
于都县	2					
兴国县	2					
会昌县		1				
寻乌县						
石城县		2	1			
瑞金市	2		1			
龙南市		1				
吉安市	**2**	**1**	**2**		**1**	
吉州区						
青原区						
吉安县						
吉水县						
峡江县						
新干县						
永丰县						
泰和县						
遂川县						
万安县		1	1			
安福县			1			
永新县	2				1	
井冈山市						
宜春市	**3**		**2**			**1**
袁州区	1					
奉新县						
万载县						
上高县						
宜丰县			1			
靖安县						
铜鼓县						1
丰城市	2					
樟树市						
高安市			1			
抚州市	**6**	**4**	**4**	**1**		**5**
临川区	2	4	1			2
东乡区						
南城县	1					
黎川县	1			1		
南丰县	1					
崇仁县						
乐安县						
宜黄县						
金溪县			2			3
资溪县						
广昌县	1		1			
上饶市	**4**	**2**	**2**	**1**		**2**
信州区		1				
广丰区			1			
广信区						
玉山县						1
铅山县						
横峰县						
弋阳县						
余干县	1					
鄱阳县						
万年县	1	1	1	1		
婺源县	1					
德兴市	1					1

9−6 各地区按住房来源分的同时拥有厨房和厕所的家庭户户数

单位：户

地　区	合　计	租赁廉租住房/公租房	租　赁其他住房	购买新建商品房	购　买二手房	购买原公有住房	购买经济适用房/两限房	自建住房	继承或赠　予	其　他
全　省	**1305458**	**37989**	**69013**	**280079**	**54659**	**44848**	**14769**	**759600**	**11126**	**33375**
南昌市	**169722**	**4142**	**19815**	**54541**	**18914**	**15898**	**2226**	**43244**	**2476**	**8466**
东湖区	13912	72	2137	2884	2809	4235	133	720	288	634
西湖区	16278	821	2320	5412	3059	3292	59	223	408	684
青云谱区	11454	531	1767	3117	1570	2714	272	372	342	769
青山湖区	33109	1085	6573	11130	3875	3554	759	3141	452	2540
新建区	20250	479	1784	5790	1313	573	674	7907	296	934
红谷滩区	13184	338	2702	6916	1755	67	46	556	127	677
南昌县	36342	484	1941	13116	3088	924	129	14578	290	1792
安义县	6487	175	142	1233	111	282	36	4288	58	162
进贤县	18706	157	449	4943	834	257	118	11459	215	274
景德镇市	**47515**	**1715**	**2444**	**9445**	**1906**	**2827**	**1352**	**26323**	**429**	**1074**
昌江区	5949	279	593	1451	241	805	61	2248	55	216
珠山区	12577	1008	1109	4535	992	1607	1083	1375	187	681
浮梁县	7150	85	185	974	165	137	56	5452	48	48
乐平市	21839	343	557	2485	508	278	152	17248	139	129
萍乡市	**51215**	**1191**	**1209**	**9140**	**1773**	**1523**	**699**	**34858**	**177**	**645**
安源区	16357	725	696	6360	1091	1312	486	5187	81	419
湘东区	8955	137	91	648	362	97	51	7480	16	73
莲花县	6460	66	224	356	47	25	14	5691	16	21
上栗县	11956	158	99	814	101	46	94	10522	37	85
芦溪县	7487	105	99	962	172	43	54	5978	27	47
九江市	**144722**	**5706**	**5728**	**33174**	**5848**	**5049**	**1611**	**79917**	**1281**	**6408**
濂溪区	12958	2353	523	4525	732	744	794	1780	110	1397
浔阳区	14479	910	882	6296	2040	2162	125	363	331	1370
柴桑区	9585	132	284	1806	198	123	14	6439	147	442
武宁县	10333	367	217	2386	296	98	88	6238	85	558
修水县	21437	353	904	3697	478	309	127	14829	104	636
永修县	9997	168	342	1914	476	439	82	6211	65	300
德安县	5067	167	242	1817	248	176	53	2259	21	84
都昌县	19198	234	928	1725	192	193	83	15478	121	244
湖口县	7508	221	549	1253	244	143	48	4886	14	150
彭泽县	9805	188	303	1338	308	261	104	7022	80	201
瑞昌市	13861	356	242	3848	421	273	27	8038	125	531
共青城市	3548	24	103	1486	143	57	16	1362	30	327
庐山市	6946	233	209	1083	72	71	50	5012	48	168
新余市	**35564**	**1054**	**2500**	**14315**	**1593**	**1624**	**652**	**12301**	**189**	**1336**
渝水区	27200	728	2127	11940	1313	1362	509	7816	158	1247
分宜县	8364	326	373	2375	280	262	143	4485	31	89
鹰潭市	**35919**	**1554**	**1434**	**8207**	**1323**	**1937**	**629**	**19961**	**333**	**541**
月湖区	9314	583	713	4060	770	1114	296	1464	77	237
余江区	9813	498	226	1461	231	92	71	7057	59	118
贵溪市	16792	473	495	2686	322	731	262	11440	197	186
赣州市	**252203**	**8306**	**15643**	**46774**	**7048**	**3777**	**2748**	**159878**	**1605**	**6424**
章贡区	30510	3662	3721	10724	2239	1924	538	4997	207	2498
南康区	24122	388	3817	4113	465	270	241	13911	180	737
赣县区	16056	317	988	3573	454	84	457	9636	90	457
信丰县	18154	364	833	2843	257	61	138	13396	78	184
大余县	8710	47	225	1433	145	87	38	6536	57	142
上犹县	8742	262	388	2063	165	42	77	5615	42	88
崇义县	5822	188	457	868	187	41	44	3859	48	130
安远县	8619	260	97	1205	267	14	32	6617	44	83
定南县	5703	252	423	1573	165	83	164	2902	27	114
全南县	5371	191	258	1053	264	300	81	3018	31	175

9-6 续表

单位：户

地　区	合　计	租赁廉租住房/公租房	租　赁其他住房	购买新建商品房	购　买二手房	购买原公有住房	购买经济适用房/两限房	自建住房	继承或赠　予	其　他
宁都县	22995	407	606	3106	529	133	339	17179	188	508
于都县	26442	271	1232	3981	566	372	160	19502	97	261
兴国县	19526	523	773	1655	226	122	121	15740	84	282
会昌县	11091	319	195	1662	173	76	101	8337	73	155
寻乌县	8090	130	481	1214	224	33	31	5707	92	178
石城县	7128	125	194	1387	193	18	21	5013	74	103
瑞金市	15960	362	424	2905	317	61	82	11552	74	183
龙南市	9162	238	531	1416	212	56	83	6361	119	146
吉安市	**130302**	**3777**	**4653**	**22357**	**3211**	**2450**	**805**	**90447**	**962**	**1640**
吉州区	11766	1036	573	5310	767	1029	267	2419	89	276
青原区	6378	126	310	1826	289	49	54	3558	55	111
吉安县	12578	319	355	2671	300	87	30	8600	87	129
吉水县	12811	232	637	1871	379	79	21	9420	96	76
峡江县	4544	179	66	937	91	164	96	2829	33	149
新干县	8618	305	341	1367	177	130	51	6047	67	133
永丰县	10784	279	400	1267	195	98	23	8362	43	117
泰和县	13860	437	413	2263	165	281	42	9942	157	160
遂川县	14462	254	298	1152	143	59	52	12337	65	102
万安县	7651	112	160	699	157	69	16	6298	68	72
安福县	9654	216	287	1273	258	198	48	7186	73	115
永新县	12740	160	606	982	81	73	27	10600	93	118
井冈山市	4456	122	207	739	209	134	78	2849	36	82
宜春市	**139650**	**3743**	**6485**	**30193**	**5620**	**3655**	**1897**	**84007**	**1097**	**2953**
袁州区	30524	1255	2069	9804	1420	556	542	14060	189	629
奉新县	7504	261	323	1993	363	192	87	4026	74	185
万载县	13105	358	317	1769	497	112	154	9651	111	136
上高县	9623	152	561	2596	247	334	72	5212	81	368
宜丰县	7650	147	340	2057	481	239	65	4141	71	109
靖安县	3849	117	190	673	173	258	43	2238	44	113
铜鼓县	3584	156	145	659	163	122	59	2017	55	208
丰城市	27366	622	531	4022	831	531	449	20053	141	186
樟树市	15436	197	640	3078	626	668	358	9094	223	552
高安市	21009	478	1369	3542	819	643	68	13515	108	467
抚州市	**111011**	**3654**	**4137**	**28363**	**3493**	**2540**	**778**	**64631**	**1346**	**2069**
临川区	30913	1445	1425	8576	1127	1355	185	15847	289	664
东乡区	10965	325	500	3017	240	228	58	6351	140	106
南城县	8525	250	177	2385	298	133	82	5011	32	157
黎川县	7042	219	168	2611	286	93	44	3464	49	108
南丰县	8284	278	202	1967	653	75	37	4880	114	78
崇仁县	9542	209	341	1570	181	115	45	6572	202	307
乐安县	9849	181	406	1612	114	58	115	7142	123	98
宜黄县	7111	199	248	1809	130	197	49	4233	99	147
金溪县	8011	193	216	1727	260	96	65	5208	162	84
资溪县	3230	64	143	744	60	76	19	1938	39	147
广昌县	7539	291	311	2345	144	114	79	3985	97	173
上饶市	**187635**	**3147**	**4965**	**23570**	**3930**	**3568**	**1372**	**144033**	**1231**	**1819**
信州区	16033	896	1239	5798	997	1318	384	4692	119	590
广丰区	21420	198	230	1281	251	83	61	19104	100	112
广信区	20088	123	781	3478	392	109	107	14879	91	128
玉山县	15637	220	464	2320	287	36	73	11977	107	153
铅山县	11105	270	86	1388	122	162	34	8821	123	99
横峰县	5581	118	165	871	88	202	8	4092	13	24
弋阳县	10291	140	329	1131	334	291	76	7851	77	62
余干县	24383	149	282	1784	267	85	41	21272	201	302
鄱阳县	33609	388	573	1997	400	196	52	29775	102	126
万年县	10843	201	299	1207	204	133	94	8605	41	59
婺源县	9887	213	321	1433	325	134	15	7216	169	61
德兴市	8758	231	196	882	263	819	427	5749	88	103

9－6a　各地区按住房来源分的同时拥有厨房和厕所的家庭户户数(城市)

单位：户

地　区	合　计	租赁廉租住房/公租房	租　赁其他住房	购买新建商品房	购　买二手房	购买原公有住房	购买经济适用房/两限房	自建住房	继承或赠　予	其　他
全　省	**377896**	**22408**	**42274**	**155066**	**34595**	**33102**	**8509**	**60386**	**3607**	**17949**
南昌市	**94687**	**3215**	**16781**	**34007**	**14538**	**13899**	**1267**	**3689**	**1528**	**5763**
东湖区	13293	71	2109	2870	2809	4221	65	233	283	632
西湖区	16278	821	2320	5412	3059	3292	59	223	408	684
青云谱区	11416	531	1753	3096	1568	2714	272	372	342	768
青山湖区	30209	1048	6287	10596	3681	3259	630	2165	292	2251
新建区	10645	406	1610	5139	1668	346	191	455	82	748
红谷滩区	12727	337	2702	6894	1753	67	46	132	120	676
南昌县	119	1					4	109	1	4
安义县										
进贤县										
景德镇市	**23351**	**1520**	**2199**	**7908**	**1674**	**2582**	**1278**	**4993**	**269**	**928**
昌江区	4532	279	588	1434	219	779	58	924	39	212
珠山区	12117	1008	1099	4247	967	1558	1072	1328	184	654
浮梁县	549		1	1	6	11		524	4	2
乐平市	6153	233	511	2226	482	234	148	2217	42	60
萍乡市	**18062**	**609**	**759**	**6884**	**1385**	**1351**	**442**	**6079**	**85**	**468**
安源区	14181	449	685	6324	1072	1257	401	3508	78	407
湘东区	3731	129	73	558	311	94	37	2467	7	55
莲花县										
上栗县	150	31	1	2	2		4	104		6
芦溪县										
九江市	**36533**	**3308**	**1820**	**16721**	**3427**	**3182**	**721**	**3533**	**515**	**3306**
濂溪区	10326	2035	484	4472	708	638	527	287	62	1113
浔阳区	14411	910	882	6296	2040	2162	125	295	331	1370
柴桑区	3061	87	128	1330	138	113	8	1047	11	199
武宁县										
修水县										
永修县										
德安县										
都昌县										
湖口县										
彭泽县										
瑞昌市	4244	247	179	2138	336	160	10	857	63	254
共青城市	2238	13	98	1485	138	47	10	134	17	296
庐山市	2253	16	49	1000	67	62	41	913	31	74
新余市	**19832**	**645**	**1944**	**11804**	**1258**	**1292**	**499**	**1236**	**105**	**1049**
渝水区	19832	645	1944	11804	1258	1292	499	1236	105	1049
分宜县										
鹰潭市	**18187**	**1496**	**1258**	**7815**	**1208**	**1877**	**601**	**3443**	**128**	**361**
月湖区	8886	583	711	4034	770	1114	295	1066	77	236
余江区	2990	445	96	1224	153	66	52	903	10	41
贵溪市	6311	468	451	2557	285	697	254	1474	41	84
赣州市	**54754**	**4811**	**8578**	**21414**	**3472**	**2362**	**1218**	**9560**	**317**	**3022**
章贡区	27039	3582	3503	10706	2237	1923	525	2194	155	2214
南康区	10813	381	3384	3700	403	262	192	1870	89	532
赣县区	5691	264	842	2911	396	76	368	631	8	195
信丰县										
大余县										
上犹县										
崇义县										
安远县										
定南县										
全南县										

9－6a 续表

单位：户

地　　区	合　计	租赁廉租住房/公租房	租　　赁其他住房	购买新建商品房	购　买二手房	购买原公有住房	购买经济适用房/两限房	自建住房	继承或赠　予	其　他
宁都县										
于都县										
兴国县										
会昌县										
寻乌县	28		2	2				23	1	
石城县										
瑞金市	6533	351	355	2783	251	47	74	2620	15	37
龙南市	4650	233	492	1312	185	54	59	2222	49	44
吉安市	**14014**	**1179**	**894**	**7579**	**1171**	**1079**	**381**	**1278**	**112**	**341**
吉州区	9753	974	563	5300	765	1028	267	543	76	237
青原区	2972	123	277	1738	277	46	42	349	31	89
吉安县										
吉水县										
峡江县										
新干县										
永丰县										
泰和县										
遂川县										
万安县										
安福县										
永新县										
井冈山市	1289	82	54	541	129	5	72	386	5	15
宜春市	**40072**	**2449**	**3909**	**18525**	**3336**	**1742**	**942**	**7666**	**205**	**1298**
袁州区	17443	1249	1905	9155	1354	516	516	2112	86	550
奉新县										
万载县										
上高县										
宜丰县										
靖安县										
铜鼓县										
丰城市	8916	608	398	3661	685	225	48	3166	30	95
樟树市	6693	187	560	2842	587	535	323	1154	66	439
高安市	7020	405	1046	2867	710	466	55	1234	23	214
抚州市	**21576**	**1740**	**1765**	**11062**	**1268**	**1482**	**197**	**3372**	**99**	**591**
临川区	16064	1424	1323	8175	1056	1345	160	1962	79	540
东乡区	5512	316	442	2887	212	137	37	1410	20	51
南城县										
黎川县										
南丰县										
崇仁县										
乐安县										
宜黄县										
金溪县										
资溪县										
广昌县										
上饶市	**36828**	**1436**	**2367**	**11347**	**1858**	**2254**	**963**	**15537**	**244**	**822**
信州区	12508	892	1222	5765	990	1315	381	1258	108	577
广丰区	9159	190	205	1261	245	81	52	7013	37	75
广信区	8927	123	747	3442	369	95	103	3951	20	77
玉山县										
铅山县	68				1			63		4
横峰县										
弋阳县										
余干县	909			1				906	1	1
鄱阳县	61							61		
万年县										
婺源县										
德兴市	5196	231	193	878	253	763	427	2285	78	88

9-6b　各地区按住房来源分的同时拥有厨房和厕所的家庭户户数(镇)

单位：户

地　区	合　计	租赁廉租住房/公租房	租　赁其他住房	购买新建商品房	购　买二手房	购买原公有住房	购买经济适用房/两限房	自建住房	继承或赠　予	其　他
全　省	**368186**	**14622**	**23755**	**119099**	**17990**	**10766**	**5106**	**164426**	**2557**	**9865**
南昌市	**37320**	**850**	**2550**	**19784**	**4165**	**1775**	**550**	**5214**	**374**	**2058**
东湖区	98		9	2		10	24	52	1	
西湖区										
青云谱区	38		14	21	2					1
青山湖区	1791	33	213	530	182	294	124	50	83	282
新建区	1254	34	63	352	50	97	147	367	79	65
红谷滩区										
南昌县	22261	461	1693	12847	3042	866	113	1720	136	1383
安义县	2886	175	137	1224	102	275	34	800	12	127
进贤县	8992	147	421	4808	787	233	108	2225	63	200
景德镇市	**6887**	**193**	**226**	**1521**	**191**	**223**	**67**	**4336**	**41**	**89**
昌江区	270		2	17	15	19		215	1	1
珠山区	412		8	288	25	49	11	1	3	27
浮梁县	3521	85	173	968	140	119	56	1940	11	29
乐平市	2684	108	43	248	11	36		2180	26	32
萍乡市	**16372**	**564**	**411**	**2129**	**300**	**155**	**231**	**12408**	**41**	**133**
安源区	1927	271	10	26	19	48	83	1455	3	12
湘东区	1794	6	8	66	24	2	9	1664	4	11
莲花县	2926	64	218	355	44	24	14	2189	6	12
上栗县	5855	125	91	799	69	45	83	4566	10	67
芦溪县	3870	98	84	883	144	36	42	2534	18	31
九江市	**46215**	**1895**	**3559**	**15526**	**2153**	**1667**	**798**	**17980**	**429**	**2208**
濂溪区	607		11	32	10	72	254	179	34	15
浔阳区										
柴桑区	1410	18	32	100	32	9		949	108	162
武宁县	5106	288	190	2301	240	90	75	1395	34	493
修水县	9681	352	887	3630	440	275	110	3356	72	559
永修县	5603	161	322	1759	446	331	77	2184	46	277
德安县	3039	146	187	1775	200	176	38	445	6	66
都昌县	7794	231	913	1700	185	192	78	4226	67	202
湖口县	3509	209	532	1245	239	143	48	941	9	143
彭泽县	4974	187	302	1317	294	261	100	2315	40	158
瑞昌市	2719	91	37	1645	62	107	11	697	11	58
共青城市	43				3	5		34	1	
庐山市	1730	212	146	22	2	6	7	1259	1	75
新余市	**5259**	**405**	**418**	**2414**	**256**	**322**	**148**	**1198**	**15**	**83**
渝水区	602	82	102	64	14	61	5	258	4	12
分宜县	4657	323	316	2350	242	261	143	940	11	71
鹰潭市	**4376**	**57**	**148**	**343**	**78**	**54**	**24**	**3510**	**56**	**106**
月湖区	134		1	19			1	112		1
余江区	1863	52	110	211	50	21	18	1341	22	38
贵溪市	2379	5	37	113	28	33	5	2057	34	67
赣州市	**71600**	**3295**	**5932**	**23866**	**3050**	**1336**	**1186**	**31030**	**348**	**1557**
章贡区	192	1	48				3	28	3	109
南康区	1047	2	129	283	37	2	9	557	13	15
赣县区	2018	46	98	468	39	4	39	1239	18	67
信丰县	8311	360	821	2801	246	57	137	3789	24	76
大余县	4245	43	203	1415	130	82	28	2235	26	83
上犹县	3350	234	327	1895	145	42	70	618	3	16
崇义县	2415	186	445	807	170	38	27	701	7	34
安远县	3665	259	89	1170	248	12	18	1806	11	52
定南县	3144	248	326	1466	87	78	157	728	9	45
全南县	2598	181	227	979	250	298	59	483	18	103

9-6b 续表

单位：户

地　区	合　计	租赁廉租住房/公租房	租　赁其他住房	购买新建商品房	购　买二手房	购买原公有住房	购买经济适用房/两限房	自建住房	继承或赠　予	其　他
宁都县	9963	394	537	2969	453	123	281	4800	66	340
于都县	9751	257	1129	3932	535	369	145	3184	27	173
兴国县	7447	516	715	1568	190	119	89	4064	30	156
会昌县	5289	315	169	1575	132	70	89	2846	24	69
寻乌县	3702	128	456	1192	209	26	24	1493	34	140
石城县	3112	123	176	1308	157	15	9	1245	28	51
瑞金市	746	2	16	7	9	1		697		14
龙南市	605		21	31	13		2	517	7	14
吉安市	**49372**	**2562**	**3560**	**14551**	**1928**	**1298**	**387**	**23894**	**278**	**914**
吉州区	314	62	2	9	1			207	2	31
青原区	303	2	15	66	6	1	8	195	9	1
吉安县	5545	319	339	2645	291	75	29	1714	26	107
吉水县	5960	225	621	1857	372	76	19	2705	43	42
峡江县	2207	179	52	925	86	154	91	560	16	144
新干县	3797	305	334	1357	176	130	50	1315	24	106
永丰县	4898	277	377	1236	176	97	21	2610	15	89
泰和县	6789	434	393	2242	151	273	39	3090	45	122
遂川县	5334	253	281	1126	133	56	46	3403	12	24
万安县	3036	109	151	673	133	67	15	1828	15	45
安福县	4007	212	274	1260	251	181	42	1674	29	84
永新县	5744	146	571	964	78	68	22	3799	31	65
井冈山市	1438	39	150	191	74	120	5	794	11	54
宜春市	**34299**	**1252**	**2292**	**11105**	**2018**	**1751**	**835**	**13660**	**252**	**1134**
袁州区	1603		72	365	37	24	14	1068	6	17
奉新县	4442	261	309	1969	335	180	70	1176	14	128
万载县	6378	356	302	1718	467	105	127	3176	61	66
上高县	5418	150	543	2513	223	322	63	1219	37	348
宜丰县	4419	137	298	2015	415	182	59	1207	22	84
靖安县	2077	117	177	670	156	239	36	621	8	53
铜鼓县	1893	154	130	645	132	100	36	551	24	121
丰城市	3638	11	122	331	123	299	400	2287	20	45
樟树市	1099	3	68	224	31	126	21	554	15	57
高安市	3332	63	271	655	99	174	9	1801	45	215
抚州市	**36450**	**1870**	**2182**	**15786**	**1943**	**991**	**495**	**11946**	**277**	**960**
临川区	2183	16	71	270	35	8	17	1643	67	56
东乡区	1060	7	52	54	19	85	19	795	11	18
南城县	4743	245	166	2102	261	130	77	1602	19	141
黎川县	3880	215	144	2312	237	90	29	777	10	66
南丰县	4047	278	188	1915	618	73	32	852	41	50
崇仁县	4381	209	336	1523	170	113	37	1757	36	200
乐安县	3773	177	390	1515	93	54	108	1378	16	42
宜黄县	3345	195	224	1581	103	194	34	898	18	98
金溪县	3445	189	204	1695	241	91	61	871	33	60
资溪县	1707	63	130	697	57	52	18	553	10	127
广昌县	3886	276	277	2122	109	101	63	820	16	102
上饶市	**60036**	**1679**	**2477**	**12074**	**1908**	**1194**	**385**	**39250**	**446**	**623**
信州区	413	1	13	29	1			367	1	1
广丰区	3091	5	19	7	4		2	3026	19	9
广信区	1866		18	12	9	8	4	1795	10	10
玉山县	8728	216	458	2316	263	36	72	5201	57	109
铅山县	6113	270	81	1369	105	148	34	3999	67	40
横峰县	2990	118	159	856	86	201	6	1546	8	10
弋阳县	5006	139	324	1120	331	266	75	2648	63	40
余干县	9363	136	268	1769	254	76	40	6419	142	259
鄱阳县	12945	383	553	1983	384	189	47	9276	44	86
万年县	4619	200	276	1194	171	131	93	2506	16	32
婺源县	4581	211	307	1415	296	107	12	2189	18	26
德兴市	321		1	4	4	32		278	1	1

9–6c　各地区按住房来源分的同时拥有厨房和厕所的家庭户户数(乡村)

单位：户

地　　区	合　计	租赁廉租住房/公租房	租　　赁其他住房	购买新建商品房	购　买二手房	购买原公有住房	购买经济适用房/两限房	自建住房	继承或赠　予	其　他
全　省	**559376**	**959**	**2984**	**5914**	**2074**	**980**	**1154**	**534788**	**4962**	**5561**
南昌市	**37715**	**77**	**484**	**750**	**211**	**224**	**409**	**34341**	**574**	**645**
东湖区	521	1	19	12		4	44	435	4	2
西湖区										
青云谱区										
青山湖区	1109	4	73	4	12	1	5	926	77	7
新建区	8351	39	111	299	95	130	336	7085	135	121
红谷滩区	457	1		22	2			424	7	1
南昌县	13962	22	248	269	46	58	12	12749	153	405
安义县	3601		5	9	9	7	2	3488	46	35
进贤县	9714	10	28	135	47	24	10	9234	152	74
景德镇市	**17277**	**2**	**19**	**16**	**41**	**22**	**7**	**16994**	**119**	**57**
昌江区	1147		3		7	7	3	1109	15	3
珠山区	48		2					46		
浮梁县	3080		11	5	19	7		2988	33	17
乐平市	13002	2	3	11	15	8	4	12851	71	37
萍乡市	**16781**	**18**	**39**	**127**	**88**	**17**	**26**	**16371**	**51**	**44**
安源区	249	5	1	10		7	2	224		
湘东区	3430	2	10	24	27	1	5	3349	5	7
莲花县	3534	2	6	1	3	1		3502	10	9
上栗县	5951	2	7	13	30	1	7	5852	27	12
芦溪县	3617	7	15	79	28	7	12	3444	9	16
九江市	**61974**	**503**	**349**	**927**	**268**	**200**	**92**	**58404**	**337**	**894**
濂溪区	2025	318	28	21	14	34	13	1314	14	269
浔阳区	68							68		
柴桑区	5114	27	124	376	28	1	6	4443	28	81
武宁县	5227	79	27	85	56	8	13	4843	51	65
修水县	11756	1	17	67	38	34	17	11473	32	77
永修县	4394	7	20	155	30	108	5	4027	19	23
德安县	2028	21	55	42	48		15	1814	15	18
都昌县	11404	3	15	25	7	1	5	11252	54	42
湖口县	3999	12	17	8	5			3945	5	7
彭泽县	4831	1	1	21	14		4	4707	40	43
瑞昌市	6898	18	26	65	23	6	6	6484	51	219
共青城市	1267	11	5	1	2	5	6	1194	12	31
庐山市	2963	5	14	61	3	3	2	2840	16	19
新余市	**10473**	**4**	**138**	**97**	**79**	**10**	**5**	**9867**	**69**	**204**
渝水区	6766	1	81	72	41	9	5	6322	49	186
分宜县	3707	3	57	25	38	1		3545	20	18
鹰潭市	**13356**	**1**	**28**	**49**	**37**	**6**	**4**	**13008**	**149**	**74**
月湖区	294		1	7				286		
余江区	4960	1	20	26	28	5	1	4813	27	39
贵溪市	8102		7	16	9	1	3	7909	122	35
赣州市	**125849**	**200**	**1133**	**1494**	**526**	**79**	**344**	**119288**	**940**	**1845**
章贡区	3279	79	170	18	2	1	10	2775	49	175
南康区	12262	5	304	130	25	6	40	11484	78	190
赣县区	8347	7	48	194	19	4	50	7766	64	195
信丰县	9843	4	12	42	11	4	1	9607	54	108
大余县	4465	4	22	18	15	5	10	4301	31	59
上犹县	5392	28	61	168	20		7	4997	39	72
崇义县	3407	2	12	61	17	3	17	3158	41	96
安远县	4954	1	8	35	19	2	14	4811	33	31
定南县	2559	4	97	107	78	5	7	2174	18	69
全南县	2773	10	31	74	14	2	22	2535	13	72

9－6c 续表

单位：户

地区	合计	租赁廉租住房/公租房	租赁其他住房	购买新建商品房	购买二手房	购买原公有住房	购买经济适用房/两限房	自建住房	继承或赠予	其他
宁都县	13032	13	69	137	76	10	58	12379	122	168
于都县	16691	14	103	49	31	3	15	16318	70	88
兴国县	12079	7	58	87	36	3	32	11676	54	126
会昌县	5802	4	26	87	41	6	12	5491	49	86
寻乌县	4360	2	23	20	15	7	7	4191	57	38
石城县	4016	2	18	79	36	3	12	3768	46	52
瑞金市	8681	9	53	115	57	13	8	8235	59	132
龙南市	3907	5	18	73	14	2	22	3622	63	88
吉安市	**66916**	**36**	**199**	**227**	**112**	**73**	**37**	**65275**	**572**	**385**
吉州区	1699		8	1	1	1		1669	11	8
青原区	3103	1	18	22	6	2	4	3014	15	21
吉安县	7033		16	26	9	12	1	6886	61	22
吉水县	6851	7	16	14	7	3	2	6715	53	34
峡江县	2337		14	12	5	10	5	2269	17	5
新干县	4821		7	10	1		1	4732	43	27
永丰县	5886	2	23	31	19	1	2	5752	28	28
泰和县	7071	3	20	21	14	8	3	6852	112	38
遂川县	9128	1	17	26	10	3	6	8934	53	78
万安县	4615	3	9	26	24	2	1	4470	53	27
安福县	5647	4	13	13	7	17	6	5512	44	31
永新县	6996	14	35	18	3	5	5	6801	62	53
井冈山市	1729	1	3	7	6	9	1	1669	20	13
宜春市	**65279**	**42**	**284**	**563**	**266**	**162**	**120**	**62681**	**640**	**521**
袁州区	11478	6	92	284	29	16	12	10880	97	62
奉新县	3062		14	24	28	12	17	2850	60	57
万载县	6727	2	15	51	30	7	27	6475	50	70
上高县	4205	2	18	83	24	12	9	3993	44	20
宜丰县	3231	10	42	42	66	57	6	2934	49	25
靖安县	1772		13	3	17	19	7	1617	36	60
铜鼓县	1691	2	15	14	31	22	23	1466	31	87
丰城市	14812	3	11	30	23	7	1	14600	91	46
樟树市	7644	7	12	12	8	7	14	7386	142	56
高安市	10657	10	52	20	10	3	4	10480	40	38
抚州市	**52985**	**44**	**190**	**1515**	**282**	**67**	**86**	**49313**	**970**	**518**
临川区	12666	5	31	131	36	2	8	12242	143	68
东乡区	4393	2	6	76	9	6	2	4146	109	37
南城县	3782	5	11	283	37	3	5	3409	13	16
黎川县	3162	4	24	299	49	3	15	2687	39	42
南丰县	4237		14	52	35	2	5	4028	73	28
崇仁县	5161		5	47	11	2	8	4815	166	107
乐安县	6076	4	16	97	21	4	7	5764	107	56
宜黄县	3766	4	24	228	27	3	15	3335	81	49
金溪县	4566	4	12	32	19	5	4	4337	129	24
资溪县	1523	1	13	47	3	24	1	1385	29	20
广昌县	3653	15	34	223	35	13	16	3165	81	71
上饶市	**90771**	**32**	**121**	**149**	**164**	**120**	**24**	**89246**	**541**	**374**
信州区	3112	3	4	4	6	3	3	3067	10	12
广丰区	9170	3	6	13	2	2	7	9065	44	28
广信区	9295		16	24	14	6		9133	61	41
玉山县	6909	4	6	4	24		1	6776	50	44
铅山县	4924		5	19	16	14		4759	56	55
横峰县	2591		6	15	2	1	2	2546	5	14
弋阳县	5285	1	5	11	3	25	1	5203	14	22
余干县	14111	13	14	14	13	9	1	13947	58	42
鄱阳县	20603	5	20	14	16	7	5	20438	58	40
万年县	6224	1	23	13	33	2	1	6099	25	27
婺源县	5306	2	14	18	29	27	3	5027	151	35
德兴市	3241		2		6	24		3186	9	14

9-7 全省按户主的受教育程度、住房来源分的家庭户户数

单位：户

受教育程度	合计	租赁廉租住房/公租房	租赁其他住房	购买新建商品房	购买二手房	购买原公有住房	购买经济适用房/两限房	自建住房	继承或赠予	其他
总计	**1247195**	**38021**	**70206**	**273222**	**53304**	**43552**	**14407**	**709262**	**11617**	**33604**
未上过学	21355	639	820	1661	441	649	164	15429	432	1120
学前教育	1177	22	51	94	25	51	2	874	16	42
小学	311935	6710	10778	28738	6804	6678	2090	239148	2903	8086
初中	569169	17269	30788	99319	20102	14746	6203	361542	5292	13908
高中	195265	8530	13878	63837	12083	12080	3695	73176	1864	6122
大学专科	83915	2893	8105	41820	6955	5420	1475	13978	726	2543
大学本科	58490	1594	5191	34459	6011	3582	745	4941	354	1613
硕士研究生	5119	227	516	2963	789	287	30	159	23	125
博士研究生	770	137	79	331	94	59	3	15	7	45

9-7a 全省按户主的受教育程度、住房来源分的家庭户户数(城市)

单位：户

受教育程度	合计	租赁廉租住房/公租房	租赁其他住房	购买新建商品房	购买二手房	购买原公有住房	购买经济适用房/两限房	自建住房	继承或赠予	其他
总计	**371654**	**22470**	**43227**	**151670**	**33673**	**31858**	**8374**	**58872**	**3589**	**17921**
未上过学	3681	375	453	752	202	399	58	973	92	377
学前教育	238	13	31	58	12	31	1	67	5	20
小学	50539	3636	5694	12790	3160	4467	976	15900	610	3306
初中	136356	9706	17071	47261	11154	10332	3252	28817	1422	7341
高中	85594	5475	8976	36851	8225	9249	2486	9436	873	4023
大学专科	49653	1900	6229	26529	5222	4161	1049	2510	352	1701
大学本科	40576	1075	4266	24567	4888	2911	525	1119	212	1013
硕士研究生	4361	178	447	2563	724	255	26	46	19	103
博士研究生	656	112	60	299	86	53	1	4	4	37

9−7b　全省按户主的受教育程度、住房来源分的家庭户户数(镇)

单位：户

受教育程度	合　计	租赁廉租住房/公租房	租　赁其他住房	购买新建商品房	购　买二手房	购买原公有住房	购买经济适用房/两限房	自建住房	继承或赠　予	其　他
总　计	**357629**	**14600**	**23988**	**116504**	**17689**	**10675**	**4981**	**156579**	**2649**	**9964**
未上过学	5071	247	333	847	193	199	75	2748	92	337
学前教育	259	9	17	33	12	12		164	3	9
小　学	76055	2871	4437	14788	2923	1880	819	45229	682	2426
初　中	168547	7144	12017	49303	8017	3983	2388	80184	1162	4349
高　中	63705	2860	4463	26298	3667	2696	1092	20629	422	1578
大学专科	27297	911	1758	15058	1699	1219	397	5346	199	710
大学本科	15926	486	876	9762	1107	651	205	2224	87	528
硕士研究生	665	47	68	384	63	29	4	51		19
博士研究生	104	25	19	31	8	6	1	4	2	8

9−7c　全省按户主的受教育程度、住房来源分的家庭户户数(乡村)

单位：户

受教育程度	合　计	租赁廉租住房/公租房	租　赁其他住房	购买新建商品房	购　买二手房	购买原公有住房	购买经济适用房/两限房	自建住房	继承或赠　予	其　他
总　计	**517912**	**951**	**2991**	**5048**	**1942**	**1019**	**1052**	**493811**	**5379**	**5719**
未上过学	12603	17	34	62	46	51	31	11708	248	406
学前教育	680		3	3	1	8	1	643	8	13
小　学	185341	203	647	1160	721	331	295	178019	1611	2354
初　中	264266	419	1700	2755	931	431	563	252541	2708	2218
高　中	45966	195	439	688	191	135	117	43111	569	521
大学专科	6965	82	118	233	34	40	29	6122	175	132
大学本科	1988	33	49	130	16	20	15	1598	55	72
硕士研究生	93	2	1	16	2	3		62	4	3
博士研究生	10			1			1	7	1	

9-8　全省按户主的受教育程度、月租房费用分的家庭户户数

单位：户

受教育程度	合　计	200元以下	200-499元	500-999元	1000-1999元
总　计	**108227**	**24356**	**32413**	**30038**	**17068**
未上过学	1459	557	526	268	89
学前教育	73	28	22	15	6
小　学	17488	5393	5995	4405	1387
初　中	48057	11801	15435	14082	5577
高　中	22408	4752	6670	6153	3889
大学专科	10998	1186	2409	3275	3271
大学本科	6785	554	1180	1655	2514
硕士研究生	743	52	123	135	282
博士研究生	216	33	53	50	53

9-8　续表

单位：户

受教育程度	2000-2999元	3000-3999元	4000-5999元	6000-7999元	8000-9999元	10000元及以上
总　计	**2911**	**765**	**380**	**145**	**52**	**99**
未上过学	13	2	4			
学前教育	1		1			
小　学	169	49	47	19	8	16
初　中	666	230	137	63	20	46
高　中	642	158	70	38	13	23
大学专科	658	117	54	16	3	9
大学本科	627	180	58	8	6	3
硕士研究生	113	26	8	1	1	2
博士研究生	22	3	1		1	

9—8a 全省按户主的受教育程度、月租房费用分的家庭户户数(城市)

单位：户

受教育程度	合 计	200元以下	200—499元	500—999元	1000—1999元
总 计	**65697**	**11394**	**18551**	**19087**	**13450**
未上过学	828	282	291	178	64
学前教育	44	15	13	9	6
小 学	9330	2382	3165	2621	987
初 中	26777	5478	8275	8350	4051
高 中	14451	2400	4250	4058	3087
大学专科	8129	534	1606	2449	2784
大学本科	5341	239	817	1278	2178
硕士研究生	625	38	93	106	244
博士研究生	172	26	41	38	49

9—8a 续表

单位：户

受教育程度	2000—2999元	3000—3999元	4000—5999元	6000—7999元	8000—9999元	10000元及以上
总 计	**2315**	**565**	**212**	**60**	**19**	**44**
未上过学	10	2	1			
学前教育	1					
小 学	110	22	23	8	3	9
初 中	396	123	57	23	6	18
高 中	488	101	34	19	5	9
大学专科	593	110	41	6	2	4
大学本科	596	178	48	3	2	2
硕士研究生	107	26	7	1	1	2
博士研究生	14	3	1			

9-8b　全省按户主的受教育程度、月租房费用分的家庭户户数(镇)

单位：户

受教育程度	合　计	200元以下	200-499元	500-999元	1000-1999元
总　计	**38588**	**12050**	**12368**	**9888**	**3253**
未上过学	580	249	215	86	25
学前教育	26	13	9	4	
小　学	7308	2717	2538	1596	340
初　中	19161	5877	6377	5099	1332
高　中	7323	2259	2132	1927	736
大学专科	2669	620	717	783	455
大学本科	1362	295	339	352	323
硕士研究生	115	13	29	29	38
博士研究生	44	7	12	12	4

9-8b　续表

单位：户

受教育程度	2000-2999元	3000-3999元	4000-5999元	6000-7999元	8000-9999元	10000元及以上
总　计	**547**	**179**	**150**	**81**	**30**	**42**
未上过学	2		3			
学前教育						
小　学	52	23	22	10	5	5
初　中	242	95	70	38	12	19
高　中	147	52	33	18	7	12
大学专科	59	7	12	10	1	5
大学本科	31	2	10	5	4	1
硕士研究生	6					
博士研究生	8				1	

9-8c 全省按户主的受教育程度、月租房费用分的家庭户户数(乡村)

单位：户

受教育程度	合 计	200元以下	200-499元	500-999元	1000-1999元
总 计	**3942**	**912**	**1494**	**1063**	**365**
未上过学	51	26	20	4	
学前教育	3			2	
小 学	850	294	292	188	60
初 中	2119	446	783	633	194
高 中	634	93	288	168	66
大学专科	200	32	86	43	32
大学本科	82	20	24	25	13
硕士研究生	3	1	1		
博士研究生					

9-8c 续表

单位：户

受教育程度	2000-2999元	3000-3999元	4000-5999元	6000-7999元	8000-9999元	10000元及以上
总 计	**49**	**21**	**18**	**4**	**3**	**13**
未上过学	1					
学前教育			1			
小 学	7	4	2	1		2
初 中	28	12	10	2	2	9
高 中	7	5	3	1	1	2
大学专科	6		1			
大学本科						
硕士研究生			1			
博士研究生						

9-9　全省按户主的职业、住房来源分的家庭户户数

单位：户

职业大类	合　计	租赁廉租住房/公租房	租　赁其他住房	购买新建商品房	购　买二手房
总　计	**892326**	**22754**	**53781**	**197715**	**37280**
党的机关、国家机关、群众团体和社会组织、企事业单位负责人	26404	475	2138	11620	1873
专业技术人员	62181	2243	5184	29494	5377
办事人员和有关人员	56308	2136	3041	25830	4227
社会生产服务和生活服务人员	252987	10359	25152	73457	15199
农、林、牧、渔业生产及辅助人员	192840	466	1277	6646	1414
生产制造及有关人员	298528	6964	16807	49825	9031
不便分类的其他从业人员	3078	111	182	843	159

9-9　续表

单位：户

职业大类	购买原公有住房	购买经济适用房/两限房	自建住房	继承或赠　予	其　他
总　计	**16486**	**9069**	**528791**	**7391**	**19059**
党的机关、国家机关、群众团体和社会组织、企事业单位负责人	601	278	8642	176	601
专业技术人员	2770	925	13897	398	1893
办事人员和有关人员	3100	904	14892	472	1706
社会生产服务和生活服务人员	5825	3472	109584	2604	7335
农、林、牧、渔业生产及辅助人员	428	494	179358	1280	1477
生产制造及有关人员	3653	2966	200921	2437	5924
不便分类的其他从业人员	109	30	1497	24	123

9－9a　全省按户主的职业、住房来源分的家庭户户数(城市)

单位：户

职业大类	合　计	租赁廉租住房/公租房	租　　赁其他住房	购买新建商品房	购　买二手房
总　计	**245169**	**13308**	**33726**	**107903**	**23543**
党的机关、国家机关、群众团体和社会组织、企事业单位负责人	12439	281	1453	7194	1367
专业技术人员	33560	1421	3843	18524	4080
办事人员和有关人员	29147	1263	2192	16150	3114
社会生产服务和生活服务人员	97487	6555	16317	40699	9773
农、林、牧、渔业生产及辅助人员	8256	142	361	1726	300
生产制造及有关人员	63192	3568	9438	23157	4805
不便分类的其他从业人员	1088	78	122	453	104

9－9a　续表

单位：户

职业大类	购买原公有住房	购买经济适用房/两限房	自建住房	继承或赠　予	其　他
总　计	**11320**	**5218**	**38390**	**1883**	**9878**
党的机关、国家机关、群众团体和社会组织、企事业单位负责人	441	171	1105	60	367
专业技术人员	2012	630	1740	200	1110
办事人员和有关人员	2249	564	2382	222	1011
社会生产服务和生活服务人员	4135	2104	12868	843	4193
农、林、牧、渔业生产及辅助人员	100	100	5305	50	172
生产制造及有关人员	2318	1637	14834	499	2936
不便分类的其他从业人员	65	12	156	9	89

9–9b 全省按户主的职业、住房来源分的家庭户户数(镇)

单位：户

职业大类	合 计	租赁廉租住房/公租房	租 赁其他住房	购买新建商品房	购 买二手房
总 计	**252937**	**8756**	**17645**	**85960**	**12312**
党的机关、国家机关、群众团体和社会组织、企事业单位负责人	8702	183	610	4282	484
专业技术人员	20262	772	1245	10792	1241
办事人员和有关人员	18824	819	771	9513	1076
社会生产服务和生活服务人员	84319	3552	7913	31603	5018
农、林、牧、渔业生产及辅助人员	33635	280	674	4335	722
生产制造及有关人员	86196	3124	6375	25066	3726
不便分类的其他从业人员	999	26	57	369	45

9–9b 续表

单位：户

职业大类	购买原公有住房	购买经济适用房/两限房	自建住房	继承或赠 予	其 他
总 计	**4668**	**3147**	**112836**	**1648**	**5965**
党的机关、国家机关、群众团体和社会组织、企事业单位负责人	150	89	2665	42	197
专业技术人员	716	265	4485	103	643
办事人员和有关人员	824	309	4820	136	556
社会生产服务和生活服务人员	1559	1135	30586	662	2291
农、林、牧、渔业生产及辅助人员	189	223	26693	169	350
生产制造及有关人员	1196	1109	43163	531	1906
不便分类的其他从业人员	34	17	424	5	22

9-9c 全省按户主的职业、住房来源分的家庭户户数(乡村)

单位：户

职业大类	合 计	租赁廉租住房/公租房	租 赁其他住房	购买新建商品房	购 买二手房
总 计	**394220**	**690**	**2410**	**3852**	**1425**
党的机关、国家机关、群众团体和社会组织、企事业单位负责人	5263	11	75	144	22
专业技术人员	8359	50	96	178	56
办事人员和有关人员	8337	54	78	167	37
社会生产服务和生活服务人员	71181	252	922	1155	408
农、林、牧、渔业生产及辅助人员	150949	44	242	585	392
生产制造及有关人员	149140	272	994	1602	500
不便分类的其他从业人员	991	7	3	21	10

9-9c 续表

单位：户

职业大类	购买原公有住房	购买经济适用房/两限房	自建住房	继承或赠 予	其 他
总 计	**498**	**704**	**377565**	**3860**	**3216**
党的机关、国家机关、群众团体和社会组织、企事业单位负责人	10	18	4872	74	37
专业技术人员	42	30	7672	95	140
办事人员和有关人员	27	31	7690	114	139
社会生产服务和生活服务人员	131	233	66130	1099	851
农、林、牧、渔业生产及辅助人员	139	171	147360	1061	955
生产制造及有关人员	139	220	142924	1407	1082
不便分类的其他从业人员	10	1	917	10	12

9-10　全省按户主的职业、月租房费用分的家庭户户数

单位：户

职业大类	合　计	200元以下	200-499元	500-999元	1000-1999元
总　计	**76535**	**13551**	**22613**	**23073**	**13685**
党的机关、国家机关、群众团体和社会组织、企事业单位负责人	2613	208	413	734	851
专业技术人员	7427	964	1747	2055	2110
办事人员和有关人员	5177	1074	1402	1219	1125
社会生产服务和生活服务人员	35511	6020	9795	10699	7140
农、林、牧、渔业生产及辅助人员	1743	494	615	505	101
生产制造及有关人员	23771	4740	8521	7791	2317
不便分类的其他从业人员	293	51	120	70	41

9-10　续表

单位：户

职业大类	2000-2999元	3000-3999元	4000-5999元	6000-7999元	8000-9999元	10000元及以上
总　计	**2377**	**672**	**318**	**118**	**42**	**86**
党的机关、国家机关、群众团体和社会组织、企事业单位负责人	251	72	51	15	6	12
专业技术人员	419	91	24	8	5	4
办事人员和有关人员	257	64	18	9	2	7
社会生产服务和生活服务人员	1190	362	174	61	22	48
农、林、牧、渔业生产及辅助人员	14	5	4	1	3	1
生产制造及有关人员	238	75	47	24	4	14
不便分类的其他从业人员	8	3				

9-10a 全省按户主的职业、月租房费用分的家庭户户数(城市)

单位：户

职业大类	合　计	200元以下	200-499元	500-999元	1000-1999元
总　计	**47034**	**5973**	**12847**	**14777**	**10763**
党的机关、国家机关、群众团体和社会组织、企事业单位负责人	1734	78	235	448	660
专业技术人员	5264	387	1128	1481	1780
办事人员和有关人员	3455	480	876	827	948
社会生产服务和生活服务人员	22872	2973	5881	7100	5614
农、林、牧、渔业生产及辅助人员	503	83	164	190	57
生产制造及有关人员	13006	1943	4484	4684	1667
不便分类的其他从业人员	200	29	79	47	37

9-10a 续表

单位：户

职业大类	2000-2999元	3000-3999元	4000-5999元	6000-7999元	8000-9999元	10000元及以上
总　计	**1892**	**494**	**177**	**54**	**17**	**40**
党的机关、国家机关、群众团体和社会组织、企事业单位负责人	199	63	29	12	3	7
专业技术人员	380	86	17		2	3
办事人员和有关人员	242	59	13	5	1	4
社会生产服务和生活服务人员	901	242	100	29	8	24
农、林、牧、渔业生产及辅助人员	5	1	1	1	1	
生产制造及有关人员	159	41	17	7	2	2
不便分类的其他从业人员	6	2				

9-10b 全省按户主的职业、月租房费用分的家庭户户数(镇)

单位：户

职业大类	合计	200元以下	200-499元	500-999元	1000-1999元
总计	**26401**	**6945**	**8592**	**7417**	**2604**
党的机关、国家机关、群众团体和社会组织、企事业单位负责人	793	121	153	266	174
专业技术人员	2017	541	569	538	306
办事人员和有关人员	1590	559	477	357	168
社会生产服务和生活服务人员	11465	2884	3455	3252	1371
农、林、牧、渔业生产及辅助人员	954	289	362	255	33
生产制造及有关人员	9499	2529	3545	2726	548
不便分类的其他从业人员	83	22	31	23	4

9-10b 续表

单位：户

职业大类	2000-2999元	3000-3999元	4000-5999元	6000-7999元	8000-9999元	10000元及以上
总计	**438**	**162**	**124**	**60**	**22**	**37**
党的机关、国家机关、群众团体和社会组织、企事业单位负责人	46	8	16	3	2	4
专业技术人员	39	5	7	8	3	1
办事人员和有关人员	12	5	4	4	1	3
社会生产服务和生活服务人员	260	110	69	29	13	22
农、林、牧、渔业生产及辅助人员	8	2	3		2	
生产制造及有关人员	71	31	25	16	1	7
不便分类的其他从业人员	2	1				

9-10c 全省按户主的职业、月租房费用分的家庭户户数(乡村)

单位：户

职业大类	合 计	200元以下	200-499元	500-999元	1000-1999元
总 计	**3100**	**633**	**1174**	**879**	**318**
党的机关、国家机关、群众团体和社会组织、企事业单位负责人	86	9	25	20	17
专业技术人员	146	36	50	36	24
办事人员和有关人员	132	35	49	35	9
社会生产服务和生活服务人员	1174	163	459	347	155
农、林、牧、渔业生产及辅助人员	286	122	89	60	11
生产制造及有关人员	1266	268	492	381	102
不便分类的其他从业人员	10		10		

9-10c 续表

单位：户

职业大类	2000-2999元	3000-3999元	4000-5999元	6000-7999元	8000-9999元	10000元及以上
总 计	**47**	**16**	**17**	**4**	**3**	**9**
党的机关、国家机关、群众团体和社会组织、企事业单位负责人	6	1	6		1	1
专业技术人员						
办事人员和有关人员	3		1			
社会生产服务和生活服务人员	29	10	5	3	1	2
农、林、牧、渔业生产及辅助人员	1	2				1
生产制造及有关人员	8	3	5	1	1	5
不便分类的其他从业人员						

9-11　全省按户主的职业分的家庭户住房状况

职业大类	户　数（户）	人　数（人）	平均每户住房间数（间/户）	人均住房建筑面积（平方米/人）	人均住房间　数（间/人）
总　计	**892326**	**3168965**	**4.29**	**48.17**	**1.21**
党的机关、国家机关、群众团体和社会组织、企事业单位负责人	26404	92013	3.78	44.22	1.08
专业技术人员	62181	192767	3.31	42.57	1.07
办事人员和有关人员	56308	180916	3.45	43.09	1.07
社会生产服务和生活服务人员	252987	862553	3.80	44.36	1.12
农、林、牧、渔业生产及辅助人员	192840	712368	5.13	54.74	1.39
生产制造及有关人员	298528	1117971	4.57	49.07	1.22
不便分类的其他从业人员	3078	10377	4.00	46.29	1.19

9-11a　全省按户主的职业分的家庭户住房状况(城市)

职业大类	户　数（户）	人　数（人）	平均每户住房间数（间/户）	人均住房建筑面积（平方米/人）	人均住房间　数（间/人）
总　计	**245169**	**795957**	**3.02**	**36.61**	**0.93**
党的机关、国家机关、群众团体和社会组织、企事业单位负责人	12439	41466	3.06	37.41	0.92
专业技术人员	33560	99849	2.79	36.89	0.94
办事人员和有关人员	29147	90004	2.91	37.60	0.94
社会生产服务和生活服务人员	97487	307295	2.88	35.37	0.91
农、林、牧、渔业生产及辅助人员	8256	32119	4.49	48.29	1.15
生产制造及有关人员	63192	221728	3.22	35.96	0.92
不便分类的其他从业人员	1088	3496	2.96	35.91	0.92

9—11b　全省按户主的职业分的家庭户住房状况(镇)

职业大类	户　数 (户)	人　数 (人)	平均每户住房间数 (间/户)	人均住房建筑面积 (平方米/人)	人均住房间　数 (间/人)
总　计	**252937**	**904268**	**3.96**	**44.78**	**1.11**
党的机关、国家机关、群众团体和社会组织、企事业单位负责人	8702	31293	3.78	42.90	1.05
专业技术人员	20262	64504	3.39	42.75	1.07
办事人员和有关人员	18824	61417	3.51	43.60	1.07
社会生产服务和生活服务人员	84319	293070	3.71	42.75	1.07
农、林、牧、渔业生产及辅助人员	33635	129263	4.81	51.26	1.25
生产制造及有关人员	86196	321385	4.12	44.86	1.10
不便分类的其他从业人员	999	3336	3.88	44.92	1.16

9—11c　全省按户主的职业分的家庭户住房状况(乡村)

职业大类	户　数 (户)	人　数 (人)	平均每户住房间数 (间/户)	人均住房建筑面积 (平方米/人)	人均住房间　数 (间/人)
总　计	**394220**	**1468740**	**5.29**	**56.53**	**1.42**
党的机关、国家机关、群众团体和社会组织、企事业单位负责人	5263	19254	5.46	61.03	1.49
专业技术人员	8359	28414	5.23	62.11	1.54
办事人员和有关人员	8337	29495	5.21	58.76	1.47
社会生产服务和生活服务人员	71181	262188	5.18	56.69	1.41
农、林、牧、渔业生产及辅助人员	150949	550986	5.24	55.93	1.43
生产制造及有关人员	149140	574858	5.41	56.47	1.40
不便分类的其他从业人员	991	3545	5.26	57.80	1.47

9-12　全省按户主的职业、人均住房建筑面积分的家庭户户数

单位：户

职业大类	合　计	人均住房建筑面积(平方米)			
		8及以下	9-12	13-16	17-19
总　计	**892326**	**3068**	**11967**	**28006**	**24917**
党的机关、国家机关、群众团体和社会组织、企事业单位负责人	26404	69	285	756	800
专业技术人员	62181	148	687	1860	2033
办事人员和有关人员	56308	157	726	1698	1819
社会生产服务和生活服务人员	252987	1171	4579	10158	8605
农、林、牧、渔业生产及辅助人员	192840	293	1260	3811	3372
生产制造及有关人员	298528	1217	4368	9617	8202
不便分类的其他从业人员	3078	13	62	106	86

9-12　续表

单位：户

职业大类	人均住房建筑面积(平方米)					
	20-29	30-39	40-49	50-59	60-69	70及以上
总　计	**153083**	**142022**	**120802**	**77517**	**90288**	**240656**
党的机关、国家机关、群众团体和社会组织、企事业单位负责人	5584	5217	3741	1870	2271	5811
专业技术人员	12822	12413	9804	4654	5305	12455
办事人员和有关人员	11021	10905	9224	4347	5040	11371
社会生产服务和生活服务人员	51127	43988	33223	19891	22285	57960
农、林、牧、渔业生产及辅助人员	21568	23649	26312	20085	23959	68531
生产制造及有关人员	50386	45338	38124	26419	31142	83715
不便分类的其他从业人员	575	512	374	251	286	813

9-12a 全省按户主的职业、人均住房建筑面积分的家庭户户数(城市)

单位：户

职业大类	合 计	人均住房建筑面积(平方米)			
		8及以下	9-12	13-16	17-19
总 计	**245169**	**1353**	**5729**	**12906**	**11654**
党的机关、国家机关、群众团体和社会组织、企事业单位负责人	12439	34	153	452	518
专业技术人员	33560	77	430	1239	1381
办事人员和有关人员	29147	84	460	1062	1182
社会生产服务和生活服务人员	97487	577	2514	5751	4872
农、林、牧、渔业生产及辅助人员	8256	20	108	283	296
生产制造及有关人员	63192	554	2031	4061	3361
不便分类的其他从业人员	1088	7	33	58	44

9-12a 续表

单位：户

职业大类	人均住房建筑面积(平方米)					
	20-29	30-39	40-49	50-59	60-69	70及以上
总 计	**62103**	**49224**	**33499**	**16553**	**16459**	**35689**
党的机关、国家机关、群众团体和社会组织、企事业单位负责人	3162	2751	1869	787	814	1899
专业技术人员	8119	7302	5451	2412	2345	4804
办事人员和有关人员	6774	6215	4895	2058	2104	4313
社会生产服务和生活服务人员	25320	19376	12719	6590	6196	13572
农、林、牧、渔业生产及辅助人员	1415	1140	1057	784	895	2258
生产制造及有关人员	17024	12236	7362	3849	4043	8671
不便分类的其他从业人员	289	204	146	73	62	172

9-12b　全省按户主的职业、人均住房建筑面积分的家庭户户数(镇)

单位：户

职业大类	合　计	人均住房建筑面积(平方米)			
		8及以下	9-12	13-16	17-19
总　计	**252937**	**1083**	**3868**	**8130**	**7602**
党的机关、国家机关、群众团体和社会组织、企事业单位负责人	8702	28	103	235	236
专业技术人员	20262	58	206	493	570
办事人员和有关人员	18824	52	217	490	524
社会生产服务和生活服务人员	84319	432	1540	3014	2748
农、林、牧、渔业生产及辅助人员	33635	96	293	792	729
生产制造及有关人员	86196	411	1492	3074	2771
不便分类的其他从业人员	999	6	17	32	24

9-12b　续表

单位：户

职业大类	人均住房建筑面积(平方米)					
	20-29	30-39	40-49	50-59	60-69	70及以上
总　计	**49264**	**46181**	**35404**	**19594**	**24241**	**57570**
党的机关、国家机关、群众团体和社会组织、企事业单位负责人	1904	1881	1242	591	752	1730
专业技术人员	3946	4226	3367	1434	1950	4012
办事人员和有关人员	3419	3761	3276	1485	1905	3695
社会生产服务和生活服务人员	17738	16136	11547	6107	7430	17627
农、林、牧、渔业生产及辅助人员	4789	4662	4580	3176	3997	10521
生产制造及有关人员	17291	15319	11271	6721	8107	19739
不便分类的其他从业人员	177	196	121	80	100	246

9-12c 全省按户主的职业、人均住房建筑面积分的家庭户户数(乡村)

单位：户

职业大类	合 计	人均住房建筑面积(平方米)			
		8及以下	9-12	13-16	17-19
总 计	**394220**	**632**	**2370**	**6970**	**5661**
党的机关、国家机关、群众团体和社会组织、企事业单位负责人	5263	7	29	69	46
专业技术人员	8359	13	51	128	82
办事人员和有关人员	8337	21	49	146	113
社会生产服务和生活服务人员	71181	162	525	1393	985
农、林、牧、渔业生产及辅助人员	150949	177	859	2736	2347
生产制造及有关人员	149140	252	845	2482	2070
不便分类的其他从业人员	991		12	16	18

9-12c 续表

单位：户

职业大类	人均住房建筑面积(平方米)					
	20-29	30-39	40-49	50-59	60-69	70及以上
总 计	**41716**	**46617**	**51899**	**41370**	**49588**	**147397**
党的机关、国家机关、群众团体和社会组织、企事业单位负责人	518	585	630	492	705	2182
专业技术人员	757	885	986	808	1010	3639
办事人员和有关人员	828	929	1053	804	1031	3363
社会生产服务和生活服务人员	8069	8476	8957	7194	8659	26761
农、林、牧、渔业生产及辅助人员	15364	17847	20675	16125	19067	55752
生产制造及有关人员	16071	17783	19491	15849	18992	55305
不便分类的其他从业人员	109	112	107	98	124	395

9-13 各地区按拥有全部家用汽车总价分的家庭户户数

单位：户

地区	合计	不满10万元	10万元以上，不满20万元	20万元以上，不满30万元	30万元以上，不满50万元	50万元以上，不满100万元	100万元及以上	没有汽车
全省	**1340608**	**173468**	**293568**	**59011**	**25501**	**9170**	**2545**	**777345**
南昌市	**176497**	**21670**	**42470**	**11498**	**6016**	**2507**	**780**	**91556**
东湖区	14049	1199	3070	912	428	137	43	8260
西湖区	16424	1416	3695	1224	657	307	93	9032
青云谱区	11623	1302	2428	642	375	136	37	6703
青山湖区	33690	4197	8607	2445	1215	462	158	16606
新建区	21788	3611	4670	1035	489	232	68	11683
红谷滩区	13468	1227	3801	1666	1148	510	183	4933
南昌县	38226	5440	9980	2015	993	414	111	19273
安义县	6825	1029	2173	579	280	96	38	2630
进贤县	20404	2249	4046	980	431	213	49	12436
景德镇市	**49279**	**6995**	**9129**	**1703**	**797**	**291**	**63**	**30301**
昌江区	6150	938	1208	240	110	32	5	3617
珠山区	12978	1917	2326	450	216	99	28	7942
浮梁县	7754	1784	1638	268	130	57	12	3865
乐平市	22397	2356	3957	745	341	103	18	14877
萍乡市	**51496**	**7540**	**11364**	**1895**	**703**	**239**	**73**	**29682**
安源区	16453	2053	4219	871	333	115	35	8827
湘东区	8970	1148	1773	237	90	39	13	5670
莲花县	6525	926	1215	233	83	14	3	4051
上栗县	12037	2168	2526	319	117	46	14	6847
芦溪县	7511	1245	1631	235	80	25	8	4287
九江市	**145810**	**19676**	**35272**	**5448**	**2599**	**856**	**209**	**80750**
濂溪区	13014	2181	3141	594	227	91	17	6763
浔阳区	14554	1765	3899	1029	531	204	50	7076
柴桑区	9803	1778	2291	409	158	40	8	5119
武宁县	10517	1389	2763	489	203	65	11	5597
修水县	21502	2359	5346	971	238	82	26	12480
永修县	10050	1226	2149	419	169	59	18	6010
德安县	5098	742	1373	219	82	41	10	2631
都昌县	19336	2259	3641	557	276	66	16	12521
湖口县	7553	1136	2182	361	79	26	9	3760
彭泽县	9832	1151	2266	380	224	49	10	5752
瑞昌市	13997	1991	3290	508	178	76	15	7939
共青城市	3560	603	979	149	72	21	6	1730
庐山市	6994	1096	1952	363	162	36	13	3372
新余市	**37172**	**4823**	**8015**	**1164**	**523**	**180**	**63**	**22404**
渝水区	28513	3831	6514	981	392	144	51	16600
分宜县	8659	992	1501	183	131	36	12	5804
鹰潭市	**36595**	**3315**	**7786**	**1571**	**605**	**201**	**80**	**23037**
月湖区	9405	858	2200	532	221	79	24	5491
余江区	10177	872	1824	402	154	64	28	6833
贵溪市	17013	1585	3762	637	230	58	28	10713
赣州市	**254148**	**36229**	**52482**	**9931**	**3565**	**1169**	**369**	**150403**
章贡区	30862	4749	8133	2164	801	245	84	14686
南康区	24297	3685	6096	1029	451	195	85	12756
赣县区	16204	2731	3654	671	198	55	18	8877
信丰县	18210	2589	3785	568	198	45	13	11012
大余县	8797	1317	1475	258	88	41	9	5609
上犹县	8777	1486	1598	246	79	36	18	5314
崇义县	5900	1209	1236	149	75	31	5	3195
安远县	8632	1092	1585	258	88	23	3	5583
定南县	5731	674	1072	152	56	12	5	3760
全南县	5395	654	1150	164	68	18	11	3330

9-13 续表

单位：户

地　区	合　计	不　满 10万元	10万元以上，不满20万元	20万元以上，不满30万元	30万元以上，不满50万元	50万元以上，不满100万元	100万元及以上	没有汽车
宁都县	23272	2361	4100	849	243	76	21	15622
于都县	26572	3817	4251	878	248	79	16	17283
兴国县	19773	3358	4555	706	256	102	17	10779
会昌县	11113	1535	2166	250	82	20	7	7053
寻乌县	8111	1534	1366	226	48	18	11	4908
石城县	7175	983	1488	349	124	70	6	4155
瑞金市	16054	1502	2734	619	314	55	16	10814
龙南市	9273	953	2038	395	148	48	24	5667
吉安市	**134582**	**16850**	**25423**	**4325**	**1835**	**601**	**181**	**85367**
吉州区	12023	1503	2738	597	278	111	30	6766
青原区	6604	971	1534	339	118	44	12	3586
吉安县	12856	2098	2633	372	180	53	7	7513
吉水县	13218	1498	2288	346	148	46	12	8880
峡江县	4836	702	889	159	43	13	4	3026
新干县	9783	1068	1593	292	143	50	15	6622
永丰县	10966	1065	1920	347	182	60	38	7354
泰和县	14329	1962	2760	467	178	64	14	8884
遂川县	14570	1520	2298	394	154	40	14	10150
万安县	7764	1096	1545	206	81	26	4	4806
安福县	10050	1573	1953	303	128	41	12	6040
永新县	13010	1012	2322	373	137	41	16	9109
井冈山市	4573	782	950	130	65	12	3	2631
宜春市	**147585**	**21600**	**35749**	**6705**	**2891**	**1033**	**276**	**79331**
袁州区	30873	4398	7833	1459	705	248	80	16150
奉新县	8232	1311	1858	361	153	73	8	4468
万载县	13267	2387	2977	493	234	84	22	7070
上高县	10135	2032	2298	392	164	39	9	5201
宜丰县	8004	1423	1670	242	100	32	10	4527
靖安县	4084	613	924	154	52	25	4	2312
铜鼓县	3601	679	683	99	38	12	2	2088
丰城市	30635	3849	7493	1638	619	201	41	16794
樟树市	15845	1496	3888	808	364	142	62	9085
高安市	22909	3412	6125	1059	462	177	38	11636
抚州市	**116352**	**11697**	**20483**	**4315**	**1605**	**622**	**177**	**77453**
临川区	32994	2836	5880	1366	524	195	57	22136
东乡区	12119	1081	2210	460	187	89	19	8073
南城县	8614	814	1440	280	98	42	10	5930
黎川县	7149	675	1460	296	130	36	9	4543
南丰县	8460	1262	1318	330	120	46	11	5373
崇仁县	10073	1286	1993	397	124	61	21	6191
乐安县	9966	1166	1776	243	83	32	15	6651
宜黄县	7275	724	1197	227	62	30	6	5029
金溪县	8713	759	1519	328	131	45	12	5919
资溪县	3363	236	482	178	68	12	7	2380
广昌县	7626	858	1208	210	78	34	10	5228
上饶市	**191092**	**23073**	**45395**	**9456**	**4362**	**1471**	**274**	**107061**
信州区	16204	1719	4402	1142	541	207	52	8141
广丰区	21574	3185	5349	1106	528	186	29	11191
广信区	20570	2765	5076	913	536	159	38	11083
玉山县	15744	1512	3746	661	332	128	33	9332
铅山县	11245	1290	2587	427	186	60	5	6690
横峰县	5597	737	1327	217	103	40	3	3170
弋阳县	10518	1187	2325	669	317	69	7	5944
余干县	24687	2345	5025	1230	527	149	33	15378
鄱阳县	35053	4828	8541	1837	620	220	43	18964
万年县	11020	888	2752	466	197	55	14	6648
婺源县	10027	1678	2182	332	262	90	8	5475
德兴市	8853	939	2083	456	213	108	9	5045

9–13a　各地区按拥有全部家用汽车总价分的家庭户户数(城市)

单位：户

地　区	合　计	不　满 10万元	10万元以上，不满20万元	20万元以上，不满30万元	30万元以上，不满50万元	50万元以上，不满100万元	100万元及以上	没有汽车
全　省	**381802**	**48373**	**95783**	**23303**	**10721**	**4208**	**1272**	**198142**
南昌市	**95860**	**10495**	**23233**	**7286**	**4003**	**1674**	**531**	**48638**
东湖区	13422	1098	2844	883	405	132	40	8020
西湖区	16424	1416	3695	1224	657	307	93	9032
青云谱区	11580	1298	2420	641	373	136	37	6675
青山湖区	30688	3703	7862	2278	1137	422	146	15140
新建区	10702	1835	2692	605	287	170	33	5080
红谷滩区	12921	1128	3691	1645	1143	507	182	4625
南昌县	123	17	29	10	1			66
安义县								
进贤县								
景德镇市	**23970**	**3427**	**4351**	**857**	**357**	**174**	**37**	**14767**
昌江区	4658	688	878	172	58	28	5	2829
珠山区	12507	1847	2228	447	211	98	28	7648
浮梁县	574	111	115	22	6	3		317
乐平市	6231	781	1130	216	82	45	4	3973
萍乡市	**18114**	**2280**	**4712**	**929**	**343**	**132**	**38**	**9680**
安源区	14228	1780	3870	827	308	108	33	7302
湘东区	3736	473	799	98	35	24	5	2302
莲花县								
上栗县	150	27	43	4				76
芦溪县								
九江市	**36694**	**5242**	**9951**	**2104**	**974**	**329**	**81**	**18013**
濂溪区	10369	1536	2681	520	212	74	14	5332
浔阳区	14484	1753	3881	1026	530	204	50	7040
柴桑区	3084	597	873	115	55	16	2	1426
武宁县								
修水县								
永修县								
德安县								
都昌县								
湖口县								
彭泽县								
瑞昌市	4260	619	1193	174	56	11	4	2203
共青城市	2243	410	629	100	48	11	4	1041
庐山市	2254	327	694	169	73	13	7	971
新余市	**19942**	**2868**	**5234**	**827**	**327**	**127**	**42**	**10517**
渝水区	19942	2868	5234	827	327	127	42	10517
分宜县								
鹰潭市	**18319**	**1775**	**4194**	**949**	**351**	**118**	**44**	**10888**
月湖区	8971	847	2108	516	211	79	23	5187
余江区	3003	279	582	131	44	21	8	1938
贵溪市	6345	649	1504	302	96	18	13	3763
赣州市	**55298**	**8332**	**14439**	**3758**	**1403**	**471**	**170**	**26725**
章贡区	27375	4124	7247	2059	760	238	83	12864
南康区	10878	1847	2947	574	230	137	53	5090
赣县区	5770	1230	1720	436	81	28	6	2269
信丰县								
大余县								
上犹县								
崇义县								
安远县								
定南县								
全南县								

9－13a 续表

单位：户

地区	合计	不满10万元	10万元以上，不满20万元	20万元以上，不满30万元	30万元以上，不满50万元	50万元以上，不满100万元	100万元及以上	没有汽车
宁都县								
于都县								
兴国县								
会昌县								
寻乌县	28	2	3	2				21
石城县								
瑞金市	6573	672	1212	382	218	34	10	4045
龙南市	4674	457	1310	305	114	34	18	2436
吉安市	**14168**	**1841**	**3540**	**821**	**344**	**130**	**35**	**7457**
吉州区	9839	1187	2259	550	253	100	25	5465
青原区	3002	440	885	221	69	27	9	1351
吉安县								
吉水县								
峡江县								
新干县								
永丰县								
泰和县								
遂川县								
万安县								
安福县								
永新县								
井冈山市	1327	214	396	50	22	3	1	641
宜春市	**40514**	**5505**	**11374**	**2478**	**1134**	**457**	**142**	**19424**
袁州区	17519	2425	4992	1026	517	205	64	8290
奉新县								
万载县								
上高县								
宜丰县								
靖安县								
铜鼓县								
丰城市	9169	1234	2368	478	190	71	15	4813
樟树市	6738	680	1814	463	196	84	43	3458
高安市	7088	1166	2200	511	231	97	20	2863
抚州市	**21711**	**1929**	**4522**	**1008**	**396**	**172**	**48**	**13636**
临川区	16163	1453	3386	760	297	124	36	10107
东乡区	5548	476	1136	248	99	48	12	3529
南城县								
黎川县								
南丰县								
崇仁县								
乐安县								
宜黄县								
金溪县								
资溪县								
广昌县								
上饶市	**37212**	**4679**	**10233**	**2286**	**1089**	**424**	**104**	**18397**
信州区	12609	1284	3521	991	419	174	46	6174
广丰区	9211	1380	2515	486	196	63	18	4553
广信区	9101	1361	2808	470	273	105	27	4057
玉山县								
铅山县	68	22	12	2				32
横峰县								
弋阳县								
余干县	916	51	111	49	79	6	6	614
鄱阳县	61	7	22	5	2			25
万年县								
婺源县								
德兴市	5246	574	1244	283	120	76	7	2942

9-13b　各地区按拥有全部家用汽车总价分的家庭户户数(镇)

单位：户

地　区	合　计	不　满 10万元	10万元以上， 不满20万元	20万元以上， 不满30万元	30万元以上， 不满50万元	50万元以上， 不满100万元	100万元 及以上	没有汽车
全　省	**373488**	**50828**	**84012**	**15787**	**6408**	**2405**	**640**	**213408**
南昌市	**37731**	**5014**	**10345**	**2263**	**1082**	**493**	**136**	**18398**
东湖区	102	12	39	3	5	1		42
西湖区								
青云谱区	43	4	8	1	2			28
青山湖区	1827	315	506	105	41	27	7	826
新建区	1304	159	300	72	28	10	3	732
红谷滩区								
南昌县	22398	3129	6588	1423	736	323	89	10110
安义县	2923	384	978	192	78	34	16	1241
进贤县	9134	1011	1926	467	192	98	21	5419
景德镇市	**7175**	**1268**	**1432**	**267**	**150**	**46**	**11**	**4001**
昌江区	300	51	49	4	9			187
珠山区	423	64	90		2	1		266
浮梁县	3642	850	863	161	83	34	6	1645
乐平市	2810	303	430	102	56	11	5	1903
萍乡市	**16490**	**2464**	**3598**	**585**	**210**	**63**	**21**	**9549**
安源区	1975	245	297	41	22	4	2	1364
湘东区	1798	219	368	49	22	8	4	1128
莲花县	2944	387	628	154	36	7	1	1731
上栗县	5887	1023	1379	196	80	31	10	3168
芦溪县	3886	590	926	145	50	13	4	2158
九江市	**46461**	**5962**	**11156**	**1989**	**685**	**261**	**57**	**26351**
濂溪区	611	119	112	17	5	4	1	353
浔阳区								
柴桑区	1437	215	310	57	21	5		829
武宁县	5132	634	1296	251	108	23	4	2816
修水县	9689	936	2469	519	114	38	7	5606
永修县	5628	709	1208	275	110	43	14	3269
德安县	3049	472	874	147	46	29	9	1472
都昌县	7856	1026	1463	177	58	15	4	5113
湖口县	3549	543	1122	190	38	15	7	1634
彭泽县	4986	598	1138	179	111	27	3	2930
瑞昌市	2721	399	693	90	36	52	3	1448
共青城市	43	9	15	2		2	1	14
庐山市	1760	302	456	85	38	8	4	867
新余市	**5373**	**596**	**1080**	**145**	**120**	**27**	**11**	**3394**
渝水区	664	101	142	12	10			399
分宜县	4709	495	938	133	110	27	11	2995
鹰潭市	**4453**	**407**	**919**	**191**	**81**	**19**	**8**	**2828**
月湖区	135	4	34	7	2			88
余江区	1914	179	351	94	33	7	3	1247
贵溪市	2404	224	534	90	46	12	5	1493
赣州市	**72003**	**11047**	**15597**	**2902**	**989**	**373**	**95**	**41000**
章贡区	192	27	37	4	12	1		111
南康区	1055	163	261	44	21	6	11	549
赣县区	2023	321	365	40	24	8	3	1262
信丰县	8343	1313	2037	294	111	30	9	4549
大余县	4273	661	784	137	46	12	4	2629
上犹县	3365	614	774	132	39	25	12	1769
崇义县	2435	532	572	81	52	22	4	1172
安远县	3670	502	741	143	51	16	1	2216
定南县	3157	372	709	116	43	10	4	1903
全南县	2611	315	549	114	53	14	7	1559

9-13b 续表

单位：户

地 区	合 计	不 满10万元	10万元以上，不满20万元	20万元以上，不满30万元	30万元以上，不满50万元	50万元以上，不满100万元	100万元及以上	没有汽车
宁都县	10032	1099	2030	417	132	53	11	6290
于都县	9760	1687	1816	511	115	42	6	5583
兴国县	7598	1421	1958	344	159	65	9	3642
会昌县	5293	869	1213	157	52	10	2	2990
寻乌县	3710	590	813	154	29	12	8	2104
石城县	3127	416	748	178	46	45	4	1690
瑞金市	746	90	107	22	2			525
龙南市	613	55	83	14	2	2		457
吉安市	**50129**	**6848**	**10211**	**1593**	**697**	**255**	**93**	**30432**
吉州区	316	46	84	9	6	2	2	167
青原区	313	59	63	6	5	2		178
吉安县	5637	1098	1338	202	107	34	4	2854
吉水县	6029	751	1194	147	62	27	7	3841
峡江县	2243	424	484	70	21	6	2	1236
新干县	3971	479	822	136	90	29	12	2403
永丰县	4937	441	835	146	53	31	32	3399
泰和县	6884	1073	1531	230	76	43	11	3920
遂川县	5358	604	969	190	116	26	9	3444
万安县	3066	446	659	102	40	13	4	1802
安福县	4121	695	836	147	43	21	5	2374
永新县	5796	480	1109	167	59	18	5	3958
井冈山市	1458	252	287	41	19	3		856
宜春市	**35408**	**5810**	**8541**	**1571**	**689**	**228**	**56**	**18513**
袁州区	1647	259	353	48	26	3		958
奉新县	4545	703	1088	254	107	55	6	2332
万载县	6436	1098	1603	312	146	64	17	3196
上高县	5488	1134	1369	255	111	24	7	2588
宜丰县	4503	734	1060	177	78	20	8	2426
靖安县	2114	287	495	95	29	10	3	1195
铜鼓县	1905	351	422	62	19	1	1	1049
丰城市	3962	540	897	161	78	20	9	2257
樟树市	1152	135	221	43	23	8	3	719
高安市	3656	569	1033	164	72	23	2	1793
抚州市	**37216**	**4173**	**6637**	**1378**	**481**	**196**	**66**	**24285**
临川区	2320	207	353	126	38	6	3	1587
东乡区	1191	100	207	53	14	6		811
南城县	4778	570	838	155	56	23	9	3127
黎川县	3912	347	805	152	69	15	5	2519
南丰县	4092	612	683	167	64	36	9	2521
崇仁县	4568	569	872	169	45	40	10	2863
乐安县	3828	502	656	91	29	15	8	2527
宜黄县	3373	316	589	89	12	8	2	2357
金溪县	3523	342	716	160	71	22	8	2204
资溪县	1722	83	277	97	43	7	5	1210
广昌县	3909	525	641	119	40	18	7	2559
上饶市	**61049**	**7239**	**14496**	**2903**	**1224**	**444**	**86**	**34657**
信州区	415	45	88	19	5	1		257
广丰区	3106	387	745	152	111	28	4	1679
广信区	1891	190	353	49	20	2	1	1276
玉山县	8769	816	2294	388	191	77	25	4978
铅山县	6181	672	1441	240	66	27	1	3734
横峰县	2995	457	687	89	46	14		1702
弋阳县	5072	556	1083	317	161	50	6	2899
余干县	9437	1023	2097	495	189	92	15	5526
鄱阳县	13589	1910	3271	732	233	91	22	7330
万年县	4673	346	1192	233	64	26	8	2804
婺源县	4593	805	1187	170	132	32	4	2263
德兴市	328	32	58	19	6	4		209

9-13c 各地区按拥有全部家用汽车总价分的家庭户户数(乡村)

单位：户

地 区	合 计	不 满 10万元	10万元以上，不满20万元	20万元以上，不满30万元	30万元以上，不满50万元	50万元以上，不满100万元	100万元及以上	没有汽车
全 省	**585318**	**74267**	**113773**	**19921**	**8372**	**2557**	**633**	**365795**
南昌市	**42906**	**6161**	**8892**	**1949**	**931**	**340**	**113**	**24520**
东湖区	525	89	187	26	18	4	3	198
西湖区								
青云谱区								
青山湖区	1175	179	239	62	37	13	5	640
新建区	9782	1617	1678	358	174	52	32	5871
红谷滩区	547	99	110	21	5	3	1	308
南昌县	15705	2294	3363	582	256	91	22	9097
安义县	3902	645	1195	387	202	62	22	1389
进贤县	11270	1238	2120	513	239	115	28	7017
景德镇市	**18134**	**2300**	**3346**	**579**	**290**	**71**	**15**	**11533**
昌江区	1192	199	281	64	43	4		601
珠山区	48	6	8	3	3			28
浮梁县	3538	823	660	85	41	20	6	1903
乐平市	13356	1272	2397	427	203	47	9	9001
萍乡市	**16892**	**2796**	**3054**	**381**	**150**	**44**	**14**	**10453**
安源区	250	28	52	3	3	3		161
湘东区	3436	456	606	90	33	7	4	2240
莲花县	3581	539	587	79	47	7	2	2320
上栗县	6000	1118	1104	119	37	15	4	3603
芦溪县	3625	655	705	90	30	12	4	2129
九江市	**62655**	**8472**	**14165**	**2355**	**940**	**266**	**71**	**36386**
濂溪区	2034	526	348	57	10	13	2	1078
浔阳区	70	12	18	3	1			36
柴桑区	5282	966	1108	237	82	19	6	2864
武宁县	5385	755	1467	238	95	42	7	2781
修水县	11813	1423	2877	452	124	44	19	6874
永修县	4422	517	941	144	59	16	4	2741
德安县	2049	270	499	72	36	12	1	1159
都昌县	11480	1233	2178	380	218	51	12	7408
湖口县	4004	593	1060	171	41	11	2	2126
彭泽县	4846	553	1128	201	113	22	7	2822
瑞昌市	7016	973	1404	244	86	13	8	4288
共青城市	1274	184	335	47	24	8	1	675
庐山市	2980	467	802	109	51	15	2	1534
新余市	**11857**	**1359**	**1701**	**192**	**76**	**26**	**10**	**8493**
渝水区	7907	862	1138	142	55	17	9	5684
分宜县	3950	497	563	50	21	9	1	2809
鹰潭市	**13823**	**1133**	**2673**	**431**	**173**	**64**	**28**	**9321**
月湖区	299	7	58	9	8		1	216
余江区	5260	414	891	177	77	36	17	3648
贵溪市	8264	712	1724	245	88	28	10	5457
赣州市	**126847**	**16850**	**22446**	**3271**	**1173**	**325**	**104**	**82678**
章贡区	3295	598	849	101	29	6	1	1711
南康区	12364	1675	2888	411	200	52	21	7117
赣县区	8411	1180	1569	195	93	19	9	5346
信丰县	9867	1276	1748	274	87	15	4	6463
大余县	4524	656	691	121	42	29	5	2980
上犹县	5412	872	824	114	40	11	6	3545
崇义县	3465	677	664	68	23	9	1	2023
安远县	4962	590	844	115	37	7	2	3367
定南县	2574	302	363	36	13	2	1	1857
全南县	2784	339	601	50	15	4	4	1771

9-13c 续表

单位：户

地 区	合 计	不 满 10万元	10万元以上，不满20万元	20万元以上，不满30万元	30万元以上，不满50万元	50万元以上，不满100万元	100万元及以上	没有汽车
宁都县	13240	1262	2070	432	111	23	10	9332
于都县	16812	2130	2435	367	133	37	10	11700
兴国县	12175	1937	2597	362	97	37	8	7137
会昌县	5820	666	953	93	30	10	5	4063
寻乌县	4373	942	550	70	19	6	3	2783
石城县	4048	567	740	171	78	25	2	2465
瑞金市	8735	740	1415	215	94	21	6	6244
龙南市	3986	441	645	76	32	12	6	2774
吉安市	**70285**	**8161**	**11672**	**1911**	**794**	**216**	**53**	**47478**
吉州区	1868	270	395	38	19	9	3	1134
青原区	3289	472	586	112	44	15	3	2057
吉安县	7219	1000	1295	170	73	19	3	4659
吉水县	7189	747	1094	199	86	19	5	5039
峡江县	2593	278	405	89	22	7	2	1790
新干县	5812	589	771	156	53	21	3	4219
永丰县	6029	624	1085	201	129	29	6	3955
泰和县	7445	889	1229	237	102	21	3	4964
遂川县	9212	916	1329	204	38	14	5	6706
万安县	4698	650	886	104	41	13		3004
安福县	5929	878	1117	156	85	20	7	3666
永新县	7214	532	1213	206	78	23	11	5151
井冈山市	1788	316	267	39	24	6	2	1134
宜春市	**71663**	**10285**	**15834**	**2656**	**1068**	**348**	**78**	**41394**
袁州区	11707	1714	2488	385	162	40	16	6902
奉新县	3687	608	770	107	46	18	2	2136
万载县	6831	1289	1374	181	88	20	5	3874
上高县	4647	898	929	137	53	15	2	2613
宜丰县	3501	689	610	65	22	12	2	2101
靖安县	1970	326	429	59	23	15	1	1117
铜鼓县	1696	328	261	37	19	11	1	1039
丰城市	17504	2075	4228	999	351	110	17	9724
樟树市	7955	681	1853	302	145	50	16	4908
高安市	12165	1677	2892	384	159	57	16	6980
抚州市	**57425**	**5595**	**9324**	**1929**	**728**	**254**	**63**	**39532**
临川区	14511	1176	2141	480	189	65	18	10442
东乡区	5380	505	867	159	74	35	7	3733
南城县	3836	244	602	125	42	19	1	2803
黎川县	3237	328	655	144	61	21	4	2024
南丰县	4368	650	635	163	56	10	2	2852
崇仁县	5505	717	1121	228	79	21	11	3328
乐安县	6138	664	1120	152	54	17	7	4124
宜黄县	3902	408	608	138	50	22	4	2672
金溪县	5190	417	803	168	60	23	4	3715
资溪县	1641	153	205	81	25	5	2	1170
广昌县	3717	333	567	91	38	16	3	2669
上饶市	**92831**	**11155**	**20666**	**4267**	**2049**	**603**	**84**	**54007**
信州区	3180	390	793	132	117	32	6	1710
广丰区	9257	1418	2089	468	221	95	7	4959
广信区	9578	1214	1915	394	243	52	10	5750
玉山县	6975	696	1452	273	141	51	8	4354
铅山县	4996	596	1134	185	120	33	4	2924
横峰县	2602	280	640	128	57	26	3	1468
弋阳县	5446	631	1242	352	156	19	1	3045
余干县	14334	1271	2817	686	259	51	12	9238
鄱阳县	21403	2911	5248	1100	385	129	21	11609
万年县	6347	542	1560	233	133	29	6	3844
婺源县	5434	873	995	162	130	58	4	3212
德兴市	3279	333	781	154	87	28	2	1894

第三部分 附录

附录 1 2020 年第七次全国人口普查主要数据公报

第七次全国人口普查公报[1]（第一号）

——第七次全国人口普查工作基本情况

国家统计局

国务院第七次全国人口普查领导小组办公室

2021 年 5 月 11 日

根据《中华人民共和国统计法》《全国人口普查条例》规定和《国务院关于开展第七次全国人口普查的通知》（国发〔2019〕24 号）要求，我国进行了第七次全国人口普查[2]。一年多以来，在以习近平同志为核心的党中央坚强领导下，在各地区各有关部门的大力支持下，在全国各级普查机构和普查人员的共同努力下，在广大普查对象的积极配合下，第七次全国人口普查圆满完成普查现场登记和普查主要数据的汇总评估工作，取得重大成果和显著成效。

一、领导高度重视

习近平总书记参加人口普查现场登记并发表重要讲话，明确指出第七次全国人口普查是新时代开展的一次重大国情国力调查，是党和国家工作中的一件大事。李克强、栗战书、汪洋、王沪宁、赵乐际、韩正、王岐山等中央领导同志在中南海分别参加人口普查登记。李克强总理对人口普查工作作出重要指示。国务院成立了由韩正副总理担任组长的第七次全国人口普查领导小组，领导小组办公室设在国家统计局，由 25 个部门组成，全国乡镇、街道和县以上各级人民政府均建立普查机构，为普查工作开展提供了坚实的组织保障。地方各级政府全面加强组织领导，精心组织实施，确保人员到位、措施到位、经费到位。各成员单位积极主动履职，充分发挥各自职能，提供多方保障，确保了普查的顺利实施。

二、科学制定方案

按照“科学与可行、需要与可能、继承与创新”的原则，国务院第七次全国人口普查领导小组办公室（以下简称领导小组办公室）借鉴历次普查经验，广泛征求多方意见，切实加强顶层设计。在全国组织开展了 6 项专项试点和 1 项综合试点，着力提高普查的科学性、规范性和可操作性。研究制定了《第七次全国人口普查方案》和 7 项工作实施细则，对普查内容、普查方法，以及普查各个环节的工作流程、工作任务和工作要求作了明确规定，为人口普查工作有序开展提供了制度性保障。

三、坚持依法普查

把依法依规普查贯穿于人口普查全过程各方面，深入贯彻《关于深化统计管理体制改革提高统计数据真实性的意见》《统计违纪违法责任人处分处理建议办法》《防范和惩治统计造假弄虚作假督察工作规定》，认真实施《全国人口普查条例》，严格落实普查方案的各项要求，严肃普查纪律。将人口普查工作落实情况作为统计督察重要内容，加大统计执法监督力度，依法查处普查违法违纪行为，确保普查数据真实准确。

四、着力普查创新

为提高普查工作质量和效率，领导小组办公室充分利用信息化技术手段，对普查内容和普查方式进行创新。全面采用电子化数据采集方式，由普查员使用电子设备采集，实时直接上报数据；实现普查对象通过互联网进行自主填报；强化部门行政记录和大数据的应用；充分利用互联网云技术、云服务和云应用完成数据处理工作，按照国家网络安全三级等保标准对普查数据采集、传输、存储进行安全管理，确保公民个人信息安全；首次对700多万普查人员实行线上集中统一管理。

五、精心组织登记

组织各级普查机构认真选聘普查人员，强化各级培训，确保“两员”经考试合格后上岗。按时完成软件开发、户口整顿、区划绘图、入户摸底等前期准备工作。新冠肺炎疫情发生后，领导小组办公室及时研究疫情对人口普查工作的影响，制定工作预案，调整工作进度，扎实推进普查工作。从2020年11月1日到12月10日，全国700多万普查人员严格执行普查方案，认真落实常态化疫情防控的各项要求，对全国所有家庭和人口进行了全面普查，圆满完成普查入户登记任务。

六、确保数据质量

第七次全国人口普查实行严格的质量控制制度，建立健全普查数据追溯和问责机制，确保普查数据可核查、可追溯、可问责。充分利用部门行政记录和企业大数据，对普查数据开展精细化比对核查。各级普查机构严格执行质量控制要求，认真开展质量验收，确保普查各阶段工作质量。为客观全面评价全国人口普查登记质量，领导小组办公室统一组织了事后质量抽查，结果显示，第七次全国人口普查人口漏登率为0.05%，普查结果真实可靠。

七、全面摸清家底

第七次全国人口普查全面查清了我国人口数量、结构、分布等方面情况，掌握了人口变化的趋势性特征，为完善我国人口发展战略和政策体系、制定经济社会发展规划、推动经济高质量发展提供了准确统计信息支持。这次普查，既摸清了我国人口总量，掌握了人口规模的变化趋势；也查清了人口结构和分布状况、人口迁移流动状况，反映了人口结构演变和人口社会变迁等情况。

注释：

[1]本公报数据均为初步汇总数据。

[2]普查标准时点为2020年11月1日零时，普查对象是普查标准时点在中华人民共和国境内的自然人以及在中华人民共和国境外但未定居的中国公民，不包括在中华人民共和国境内短期停留的境外人员。

第七次全国人口普查公报[1]（第二号）

——全国人口情况

国家统计局

国务院第七次全国人口普查领导小组办公室

2021年5月11日

根据第七次全国人口普查结果，现将2020年11月1日零时我国人口的基本情况公布如下：

一、总人口

全国总人口[2]为1443497378人，其中：

普查登记的大陆31个省、自治区、直辖市和现役军人的人口共1411778724人；

香港特别行政区人口[3]为7474200人；

澳门特别行政区人口[4]为683218人；

台湾地区人口[5]为23561236人。

二、人口增长

全国人口[6]与2010年第六次全国人口普查的1339724852人相比，增加72053872人，增长5.38%，年平均增长率为0.53%。

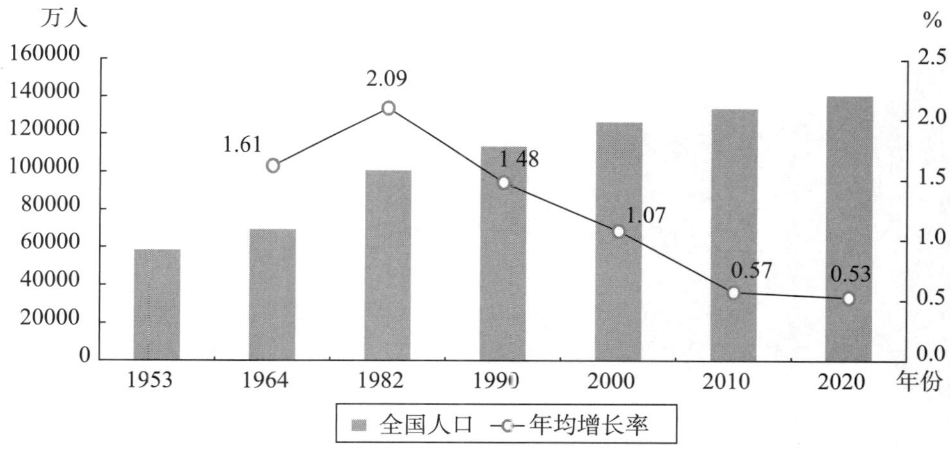

图2-1　历次人口普查全国人口及年均增长率

三、户别人口

全国共有家庭户[7]494157423户，集体户28531842户，家庭户人口为1292809300人，集体户人口为118969424人。平均每个家庭户的人口为2.62人，比2010年第六次全国人口普查的3.10人减少0.48人。

四、民族人口

全国人口中，汉族人口为1286311334人，占91.11%；各少数民族人口为125467390人，占8.89%。

与2010年第六次全国人口普查相比,汉族人口增加60378693人,增长4.93%;各少数民族人口增加11675179人，增长10.26%。

注释:

[1]本公报数据均为初步汇总数据。

[2]全国总人口包括大陆31个省、自治区、直辖市和现役军人的人口、香港特别行政区人口、澳门特别行政区人口和台湾地区人口。

[3]香港特别行政区的人口数为香港特别行政区政府提供的2020年底的数据。

[4]澳门特别行政区的人口数为澳门特别行政区政府提供的2020年底的数据。

[5]台湾地区的人口数为台湾地区有关主管部门公布的2020年底的户籍登记人口数据。

[6]全国人口是指大陆31个省、自治区、直辖市和现役军人的人口，不包括居住在31个省、自治区、直辖市的港澳台居民和外籍人员。

[7]家庭户是指以家庭成员关系为主、居住一处共同生活的人组成的户。

第七次全国人口普查公报[1]（第三号）

——地区人口情况

国家统计局

国务院第七次全国人口普查领导小组办公室

2021 年 5 月 11 日

根据第七次全国人口普查结果，现将 2020 年 11 月 1 日零时我国大陆 31 个省、自治区、直辖市（以下简称省份）的常住人口[2]有关数据公布如下：

一、地区人口

31 个省份中，人口超过 1 亿人的省份有 2 个，在 5000 万人至 1 亿人之间的省份有 9 个，在 1000 万人至 5000 万人之间的省份有 17 个，少于 1000 万人的省份有 3 个。其中，人口居前五位的省份合计人口占全国人口[3]比重为 35.09%。

分区域[4]看，东部地区人口为 563717119 人，占 39.93%；中部地区人口为 364694362 人，占 25.83%；西部地区人口为 382852295 人，占 27.12%；东北地区人口为 98514948 人，占 6.98%。

表 3-1　各地区人口

单位：人、%

地　区	人口数	比重[6]	
		2020 年	2010 年
全　国[5]	**1411778724**	**100.00**	**100.00**
北　京	21893095	1.55	1.46
天　津	13866009	0.98	0.97
河　北	74610235	5.28	5.36
山　西	34915616	2.47	2.67
内蒙古	24049155	1.70	1.84
辽　宁	42591407	3.02	3.27
吉　林	24073453	1.71	2.05
黑龙江	31850088	2.26	2.86
上　海	24870895	1.76	1.72
江　苏	84748016	6.00	5.87
浙　江	64567588	4.57	4.06
安　徽	61027171	4.32	4.44
福　建	41540086	2.94	2.75
江　西	45188635	3.20	3.33
山　东	101527453	7.19	7.15
河　南	99365519	7.04	7.02
湖　北	57752557	4.09	4.27
湖　南	66444864	4.71	4.90

续表

地　区	人口数	比重[6]	
		2020 年	2010 年
广　东	126012510	8.93	7.79
广　西	50126804	3.55	3.44
海　南	10081232	0.71	0.65
重　庆	32054159	2.27	2.15
四　川	83674866	5.93	6.00
贵　州	38562148	2.73	2.59
云　南	47209277	3.34	3.43
西　藏	3648100	0.26	0.22
陕　西	39528999	2.80	2.79
甘　肃	25019831	1.77	1.91
青　海	5923957	0.42	0.42
宁　夏	7202654	0.51	0.47
新　疆	25852345	1.83	1.63
现役军人	2000000		

二、地区人口变化

与 2010 年第六次全国人口普查相比，31 个省份中，有 25 个省份人口增加。人口增长较多的 5 个省份依次为：广东、浙江、江苏、山东、河南，分别增加 21709378 人、10140697 人、6088113 人、5734388 人、5341952 人。

分区域看，与 2010 年第六次全国人口普查相比，东部地区人口所占比重上升 2.15 个百分点，中部地区人口所占比重下降 0.79 个百分点，西部地区人口所占比重上升 0.22 个百分点，东北地区人口所占比重下降 1.20 个百分点。

注释：

[1] 本公报数据均为初步汇总数据。部分数据因四舍五入的原因，存在总计与分项合计不等的情况。

[2] 常住人口包括：居住在本乡镇街道且户口在本乡镇街道或户口待定的人；居住在本乡镇街道且离开户口登记地所在的乡镇街道半年以上的人；户口在本乡镇街道且外出不满半年或在境外工作学习的人。

[3] 全国人口是指大陆 31 个省、自治区、直辖市和现役军人的人口，不包括居住在 31 个省、自治区、直辖市的港澳台居民和外籍人员。

[4] 东部地区是指北京、天津、河北、上海、江苏、浙江、福建、山东、广东和海南 10 省（市）；中部地区是指山西、安徽、江西、河南、湖北和湖南 6 省；西部地区是指内蒙古、广西、重庆、四川、贵州、云南、西藏、陕西、甘肃、青海、宁夏和新疆 12 省（区、市）；东北地区是指辽宁、吉林和黑龙江 3 省。

[5] 本表全国合计不包括香港特别行政区、澳门特别行政区和台湾地区的人口数。

[6] 指各省、自治区、直辖市的常住人口占全国人口的比重。

第七次全国人口普查公报[1]（第四号）

——人口性别构成情况

国家统计局
国务院第七次全国人口普查领导小组办公室
2021 年 5 月 11 日

根据第七次全国人口普查结果，现将 2020 年 11 月 1 日零时我国大陆 31 个省、自治区、直辖市（以下简称省份）和现役军人的人口性别构成情况公布如下：

一、全国人口性别构成

全国人口[2]中，男性人口为 723339956 人，占 51.24%；女性人口为 688438768 人，占 48.76%。总人口性别比（以女性为 100，男性对女性的比例）为 105.07，与 2010 年第六次全国人口普查基本持平。

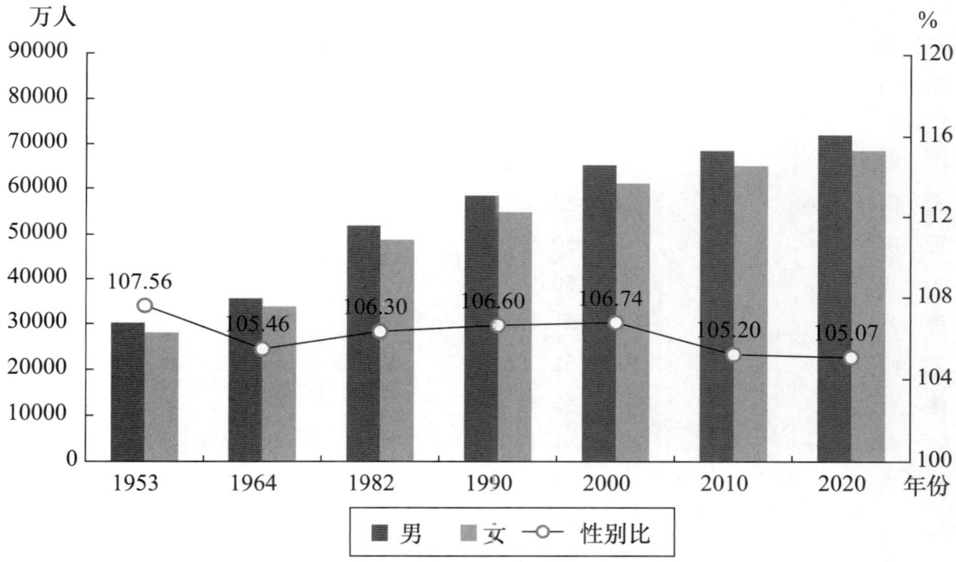

图 4-1　历次人口普查人口性别构成

二、地区人口性别构成

31 个省份中，总人口性别比在 100 以下的省份有 2 个，在 100 至 105 之间的省份有 17 个，在 105 至 110 之间的省份有 9 个，在 110 以上的省份有 3 个。

表 4-1　各地区人口性别构成

单位：%

地　区	比重		性别比
	男	女	
全　国	**51.24**	**48.76**	**105.07**
北　京	51.14	48.86	104.65
天　津	51.53	48.47	106.31
河　北	50.50	49.50	102.02
山　西	50.99	49.01	104.06
内蒙古	51.04	48.96	104.26
辽　宁	49.92	50.08	99.70
吉　林	49.92	50.08	99.69
黑龙江	50.09	49.91	100.35
上　海	51.77	48.23	107.33
江　苏	50.78	49.22	103.15
浙　江	52.16	47.84	109.04
安　徽	50.97	49.03	103.94
福　建	51.68	48.32	106.94
江　西	51.60	48.40	106.62
山　东	50.66	49.34	102.67
河　南	50.15	49.85	100.60
湖　北	51.42	48.58	105.83
湖　南	51.16	48.84	104.77
广　东	53.07	46.93	113.08
广　西	51.70	48.30	107.04
海　南	53.02	46.98	112.86
重　庆	50.55	49.45	102.21
四　川	50.54	49.46	102.19
贵　州	51.10	48.90	104.50
云　南	51.73	48.27	107.16
西　藏	52.45	47.55	110.32
陕　西	51.17	48.83	104.79
甘　肃	50.76	49.24	103.10
青　海	51.21	48.79	104.97
宁　夏	50.94	49.06	103.83
新　疆	51.66	48.34	106.85

注释：

[1] 本公报数据均为初步汇总数据。

[2] 全国人口指大陆 31 个省、自治区、直辖市和现役军人的人口，不包括居住在 31 个省、自治区、直辖市的港澳台居民和外籍人员。

第七次全国人口普查公报[1]（第五号）

——人口年龄构成情况

国家统计局

国务院第七次全国人口普查领导小组办公室

2021 年 5 月 11 日

根据第七次全国人口普查结果，现将 2020 年 11 月 1 日零时我国大陆 31 个省、自治区、直辖市（以下简称省份）和现役军人的人口年龄构成情况公布如下：

一、全国人口年龄构成

全国人口[2]中，0—14 岁[3]人口为 253383938 人，占 17.95%；15—59 岁人口为 894376020 人，占 63.35%；60 岁及以上人口为 264018766 人，占 18.70%，其中 65 岁及以上人口为 190635280 人，占 13.50%。与 2010 年第六次全国人口普查相比，0—14 岁人口的比重上升 1.35 个百分点，15—59 岁人口的比重下降 6.79 个百分点，60 岁及以上人口的比重上升 5.44 个百分点，65 岁及以上人口的比重上升 4.63 个百分点。

表 5-1　全国人口年龄构成

单位：人、%

年　龄	人口数	比重
总　计	**1411778724**	**100.00**
0—14 岁	253333938	17.95
15—59 岁	894376020	63.35
60 岁及以上	264018766	18.70
其中：65 岁及以上	190635280	13.50

二、地区人口年龄构成

31 个省份中，15—59 岁人口比重在 65%以上的省份有 13 个，在 60%—65%之间的省份有 15 个，在 60%以下的省份有 3 个。

除西藏外，其他 30 个省份 65 岁及以上老年人口比重均超过 7%，其中，12 个省份 65 岁及以上老年人口比重超过 14%。

表 5-2　各地区人口年龄构成

单位：%

地　区	比重			
	0—14 岁	15—59 岁	60 岁及以上	其中：65 岁及以上
全　国	**17.95**	**63.35**	**18.70**	**13.50**
北　京	11.84	68.53	19.63	13.30
天　津	13.47	64.87	21.66	14.75
河　北	20.22	59.92	19.85	13.92

续表

地　区	比重			
	0—14 岁	15—59 岁	60 岁及以上	其中：65 岁及以上
山　西	16.35	64.72	18.92	12.90
内蒙古	14.04	66.17	19.78	13.05
辽　宁	11.12	63.16	25.72	17.42
吉　林	11.71	65.23	23.06	15.61
黑龙江	10.32	66.46	23.22	15.61
上　海	9.80	66.82	23.38	16.28
江　苏	15.21	62.95	21.84	16.20
浙　江	13.45	67.86	18.70	13.27
安　徽	19.24	61.96	18.79	15.01
福　建	19.32	64.70	15.98	11.10
江　西	21.96	61.17	16.87	11.89
山　东	18.78	60.32	20.90	15.13
河　南	23.14	58.79	18.08	13.49
湖　北	16.31	63.26	20.42	14.59
湖　南	19.52	60.60	19.88	14.81
广　东	18.85	68.80	12.35	8.58
广　西	23.63	59.69	16.69	12.20
海　南	19.97	65.38	14.65	10.43
重　庆	15.91	62.22	21.87	17.08
四　川	16.10	62.19	21.71	16.93
贵　州	23.97	60.65	15.38	11.56
云　南	19.57	65.52	14.91	10.75
西　藏	24.53	66.95	8.52	5.67
陕　西	17.33	63.46	19.20	13.32
甘　肃	19.40	63.57	17.03	12.58
青　海	20.81	67.04	12.14	8.68
宁　夏	20.38	66.09	13.52	9.62
新　疆	22.46	66.26	11.28	7.76

注释：

[1] 本公报数据均为初步汇总数据。部分数据因四舍五入的原因，存在总计与分项合计不等的情况。

[2] 全国人口是指大陆 31 个省、自治区、直辖市和现役军人的人口，不包括居住在 31 个省、自治区、直辖市的港澳台居民和外籍人员。

[3] 0—15 岁人口为 268707162 人，16—59 岁人口为 879052796 人。

第七次全国人口普查公报[1]（第六号）

——人口受教育情况

国家统计局

国务院第七次全国人口普查领导小组办公室

2021 年 5 月 11 日

根据第七次全国人口普查结果，现将 2020 年 11 月 1 日零时我国大陆 31 个省、自治区、直辖市（以下简称省份）和现役军人的人口受教育基本情况公布如下：

一、受教育程度人口

全国人口[2]中，拥有大学（指大专及以上）文化程度的人口为 218360767 人；拥有高中（含中专）文化程度的人口为 213005258 人；拥有初中文化程度的人口为 487163489 人；拥有小学文化程度的人口为 349658828 人（以上各种受教育程度的人包括各类学校的毕业生、肄业生和在校生）。与 2010 年第六次全国人口普查相比，每 10 万人中拥有大学文化程度的由 8930 人上升为 15467 人；拥有高中文化程度的由 14032 人上升为 15088 人；拥有初中文化程度的由 38788 人下降为 34507 人；拥有小学文化程度的由 26779 人下降为 24767 人。

表 6-1　各地区每 10 万人口中拥有的各类受教育程度人数

单位：人/10 万人

地　区	大学（大专及以上）	高中（含中专）	初中	小学
全　国	**15467**	**15088**	**34507**	**24767**
北　京	41980	17593	23289	10503
天　津	26940	17719	32294	16123
河　北	12418	13861	39950	24664
山　西	17358	16485	38950	19506
内蒙古	18688	14814	33861	23627
辽　宁	18216	14670	42799	18888
吉　林	16738	17080	38234	22318
黑龙江	14793	15525	42793	21863
上　海	33872	19020	28935	11929
江　苏	18663	16191	33308	22742
浙　江	16990	14555	32706	26384
安　徽	13280	13294	33724	26875
福　建	14148	14212	32218	28031
江　西	11897	15145	35501	27514
山　东	14384	14334	35778	23693
河　南	11744	15239	37518	24557
湖　北	15502	17428	34280	23520

续表

地　区	大学 （大专及以上）	高中 （含中专）	初中	小学
湖　南	12239	17776	35636	25214
广　东	15699	18224	35484	20676
广　西	10806	12962	36388	27855
海　南	13919	15561	40174	19701
重　庆	15412	15956	30582	29894
四　川	13267	13301	31443	31317
贵　州	10952	9951	30464	31921
云　南	11601	10338	29241	35667
西　藏	11019	7051	15757	32108
陕　西	18397	15581	33979	21686
甘　肃	14506	12937	27423	29808
青　海	14880	10568	24344	32725
宁　夏	17340	13432	29717	26111
新　疆	16536	13208	31559	28405

二、平均受教育年限[3]

与 2010 年第六次全国人口普查相比，全国人口中，15 岁及以上人口的平均受教育年限由 9.08 年提高至 9.91 年。

31 个省份中，平均受教育年限在 10 年以上的省份有 13 个，在 9 年至 10 年之间的省份有 14 个，在 9 年以下的省份有 4 个。

表 6-2　各地区 15 岁及以上人口平均受教育年限

单位：年

地　区	2020 年	2010 年
全　国	**9.91**	**9.08**
北　京	12.64	11.71
天　津	11.29	10.38
河　北	9.84	9.12
山　西	10.45	9.52
内蒙古	10.08	9.22
辽　宁	10.34	9.67
吉　林	10.17	9.49
黑龙江	9.93	9.36
上　海	11.81	10.73
江　苏	10.21	9.32
浙　江	9.79	8.79
安　徽	9.35	8.28
福　建	9.66	9.02
江　西	9.70	8.86
山　东	9.75	8.97
河　南	9.79	8.95
湖　北	10.02	9.20
湖　南	9.88	9.16

续表

地 区	2020 年	2010 年
广 东	10.38	9.55
广 西	9.54	8.76
海 南	10.10	9.22
重 庆	9.80	8.75
四 川	9.24	8.35
贵 州	8.75	7.65
云 南	8.82	7.76
西 藏	6.75	5.25
陕 西	10.26	9.36
甘 肃	9.13	8.19
青 海	8.85	7.85
宁 夏	9.81	8.82
新 疆	10.11	9.27

三、文盲人口

全国人口中，文盲人口（15 岁及以上不识字的人）为 37750200 人，与 2010 年第六次全国人口普查相比，文盲人口减少 16906373 人，文盲率[4]由 4.08%下降为 2.67%，下降 1.41 个百分点。

注释：

[1] 本公报数据均为初步汇总数据。

[2] 全国人口是指大陆 31 个省、自治区、直辖市和现役军人的人口，不包括居住在 31 个省、自治区、直辖市的港澳台居民和外籍人员。

[3] 平均受教育年限是将各种受教育程度折算成受教育年限计算平均数得出的，具体的折算标准是：小学=6 年，初中=9 年，高中=12 年，大专及以上=16 年。

[4] 文盲率是指大陆 31 个省、自治区、直辖市和现役军人的人口中 15 岁及以上不识字人口所占比例。

第七次全国人口普查公报[1]（第七号）

——城乡人口和流动人口情况

国家统计局

国务院第七次全国人口普查领导小组办公室

2021 年 5 月 11 日

根据第七次全国人口普查结果，现将 2020 年 11 月 1 日零时我国大陆 31 个省、自治区、直辖市和现役军人的人口城乡分布及流动情况公布如下：

一、城乡[2]人口

全国人口[3]中，居住在城镇的人口为 901991162 人，占 63.89%（2020 年我国户籍人口城镇化率为 45.4%[4]）；居住在乡村的人口为 509787562 人，占 36.11%。与 2010 年第六次全国人口普查相比，城镇人口增加 236415856 人，乡村人口减少 164361984 人，城镇人口比重上升 14.21 个百分点。

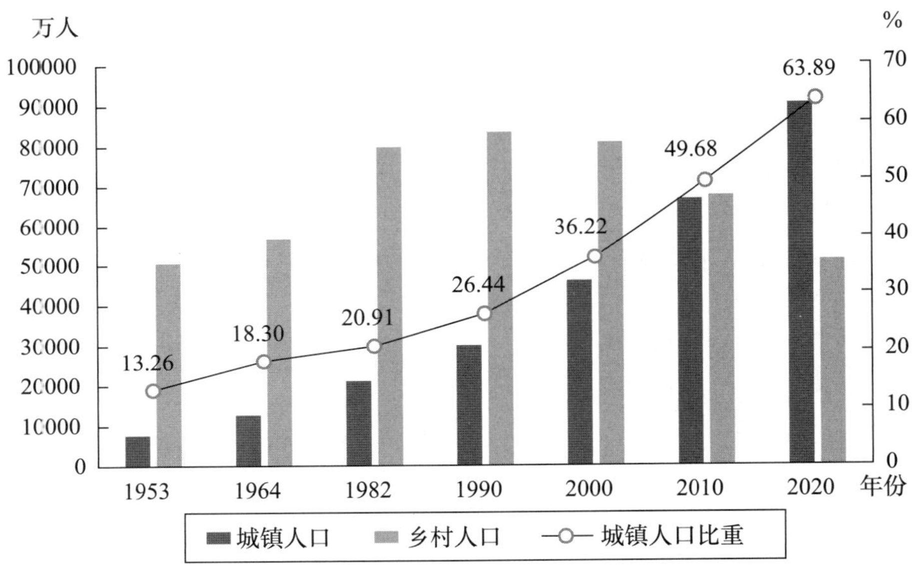

图 7-1　历次人口普查城乡人口

二、流动人口[5]

全国人口中，人户分离人口[6]为 492762506 人，其中，市辖区内人户分离[7]人口为 116945747 人，流动人口为 375816759 人。流动人口中，跨省流动人口为 124837153 人，省内流动人口为 250979606 人。

与 2010 年第六次全国人口普查相比，人户分离人口增加 231376431 人，增长 88.52%；市辖区内人户分离人口增加 76986324 人，增长 192.66%；流动人口增加 154390107 人，增长 69.73%。

注释：

[1] 本公报数据均为初步汇总数据。

[2]城镇、乡村是按国家统计局《统计上划分城乡的规定》划分的。

[3]全国人口是指大陆31个省、自治区、直辖市和现役军人的人口，不包括居住在31个省、自治区、直辖市的港澳台居民和外籍人员。

[4]此数据由公安部提供。

[5]流动人口是指人户分离人口中扣除市辖区内人户分离的人口。

[6]人户分离人口是指居住地与户口登记地所在的乡镇街道不一致且离开户口登记地半年以上的人口。

[7]市辖区内人户分离人口是指一个直辖市或地级市所辖的区内和区与区之间，居住地和户口登记地不在同一乡镇街道的人口。

第七次全国人口普查公报[1]（第八号）

——接受普查登记的港澳台居民和外籍人员情况

国家统计局

国务院第七次全国人口普查领导小组办公室

2021 年 5 月 11 日

根据第七次全国人口普查结果，现将 2020 年 11 月 1 日零时居住在我国大陆 31 个省、自治区、直辖市（以下简称省份）接受普查登记的港澳台居民和外籍人员主要数据公布如下：

一、人口数

居住在 31 个省份并接受普查登记的香港特别行政区居民 371380 人、澳门特别行政区居民 55732 人、台湾地区居民 157886 人，外籍人员 845697 人，合计 1430695 人。

二、性别构成

上述人员[2]中，男性 736286 人，女性 694409 人。

其中：香港特别行政区居民，男性为 202296 人，女性为 169084 人。澳门特别行政区居民，男性为 29067 人，女性为 26665 人。台湾地区居民，男性为 102897 人，女性为 54989 人。外籍人员，男性为 402026 人，女性为 443671 人。

三、居住时间

上述人员中，居住时间三个月以下的 40659 人；居住时间三个月至半年的 56342 人；居住时间半年至一年的 166884 人；居住时间一年至两年的 248174 人；居住时间两年至五年的 314954 人；居住时间五年以上的 603682 人。

四、来内地（大陆）或来华目的

上述人员中，以商务为目的 77008 人；以就业为目的 444336 人；以学习为目的 219761 人；以定居为目的 419517 人；以探亲为目的 74735 人；其他目的 195338 人。

五、地区分布

上述人员按居住地分，人数排在前十位的省份是：广东 418509 人，云南 379281 人，上海 163954 人，福建 106248 人，北京 62812 人，江苏 58201 人，浙江 46189 人，广西 26043 人，山东 21829 人，辽宁 20562 人。居住在其他省份的 127067 人。

注释：

[1] 本公报数据均为初步汇总数据。

[2] 上述人员指普查标准时点居住在我国大陆 31 个省、自治区、直辖市接受普查登记的港澳台居民和外籍人员，不包括因出差、旅游等原因短期停留的港澳台居民和外籍人员。

第三部分 附录

附录 2 国务院关于开展第七次全国人口普查的通知

国务院关于开展第七次全国人口普查的通知

国发〔2019〕24号

各省、自治区、直辖市人民政府，国务院各部委、各直属机构：

根据《中华人民共和国统计法》和《全国人口普查条例》规定，国务院决定于2020年开展第七次全国人口普查。现将有关事项通知如下：

一、总体要求

（一）指导思想。以习近平新时代中国特色社会主义思想为指导，全面贯彻党的十九大和十九届二中、三中、四中全会精神，认真落实党中央、国务院关于统计改革发展的决策部署，坚持实事求是、改革创新，科学设计、精心组织，周密部署、依法实施，确保第七次全国人口普查数据真实准确，全面客观反映我国人口发展状况。

（二）普查目的。第七次全国人口普查是在中国特色社会主义进入新时代开展的重大国情国力调查，将全面查清我国人口数量、结构、分布、城乡住房等方面情况，为完善人口发展战略和政策体系，促进人口长期均衡发展，科学制定国民经济和社会发展规划，推动经济高质量发展，开启全面建设社会主义现代化国家新征程，向第二个百年奋斗目标进军，提供科学准确的统计信息支持。

二、普查对象、内容和时间

普查对象是普查标准时点在中华人民共和国境内的自然人以及在中华人民共和国境外但未定居的中国公民，不包括在中华人民共和国境内短期停留的境外人员。

普查主要调查人口和住户的基本情况，内容包括：姓名、公民身份号码、性别、年龄、民族、受教育程度、行业、职业、迁移流动、婚姻生育、死亡、住房情况等。

普查标准时点是2020年11月1日零时。

三、组织实施

第七次全国人口普查涉及范围广、参与部门多、技术要求高、工作难度大，各地区、各部门要按照“全国统一领导、部门分工协作、地方分级负责、各方共同参与”的原则，认真做好普查的宣传动员和组织实施工作。

为加强组织领导，国务院决定成立第七次全国人口普查领导小组，负责普查组织实施中重大问题的研究和决策。普查领导小组办公室设在国家统计局，具体负责普查的组织实施。各成员单位要按照职能分工，各负其责、通力协作、密切配合，共同做好普查工作。对普查工作中遇到的困难和问题，要及时采取措施予以解决。

地方各级人民政府要设立相应的普查领导小组及其办公室，认真做好本地区普查工作。要充分发挥街道办事处和乡镇政府、居民委员会和村民委员会的作用，广泛引导、动员和组织社会力量积极参与并认真配合做好普查工作。

地方普查机构可根据工作需要，招聘或者从有关单位借调符合条件的普查指导员和普查员。为稳定普查工作队伍，确保普查工作顺利进行，应及时支付招聘人员的劳动报酬，保证借调人员在原单位的工资、福利及其他待遇不变，并保留其原有工作岗位。

四、经费保障

第七次全国人口普查所需经费，由中央和地方各级人民政府共同负担，并列入相应年度的财政预算，按时拨付、确保到位。

五、工作要求

（一）坚持依法普查。各地区、各部门要按照《中华人民共和国统计法》、《中华人民共和国统计法实施条例》、《全国人口普查条例》等法律法规要求，认真做好普查各项工作。普查取得的数据，严格限定用于普查目的，不得作为任何部门和单位对各级行政管理工作实施考核、奖惩的依据。普查中获得的能够识别或者推断单个普查对象身份的资料，不得作为对普查对象实施处罚等具体行政行为的依据。

（二）确保数据质量。建立健全普查数据质量追溯和问责机制，各级人民政府统计机构要加大对普查工作中违纪违法行为的查处和通报曝光力度，坚决杜绝人为干扰普查工作的现象，确保普查工作顺利进行和普查数据真实准确。对普查中发现应当给予党纪政务处分或组织处理的统计违纪违法责任人，由统计机构按规定提出处分处理建议并及时移送任免机关、纪检监察机关或组织（人事）部门。

（三）提升信息化水平。采取电子化方式开展普查登记，探索使用智能手机采集数据。广泛应用部门行政记录，推进大数据在普查中的应用，提高普查数据采集处理效能。全流程加强对公民个人信息的保护，各级普查机构及其工作人员必须严格履行保密义务，严禁向任何机构、单位、个人泄露或出售公民个人信息。

（四）加强宣传工作。各级普查机构要会同宣传部门认真做好普查宣传的策划和组织工作。采用多种手段，广泛深入宣传第七次全国人口普查的重要意义和要求，引导广大普查对象依法配合普查，如实申报普查项目，为普查工作顺利实施创造良好舆论环境。

附件：国务院第七次全国人口普查领导小组组成人员名单（略）

国务院

2019 年 10 月 31 日

（此件公开发布）

第三部分 附录

附录 3 全国人口普查条例

中华人民共和国国务院令

第 576 号

《全国人口普查条例》已经 2010 年 5 月 12 日国务院第 111 次常务会议通过，现予公布，自 2010 年 6 月 1 日起施行。

总理　温家宝

二〇一〇年五月二十四日

全国人口普查条例

第一章　总　　则

第一条　为了科学、有效地组织实施全国人口普查，保障人口普查数据的真实性、准确性、完整性和及时性，根据《中华人民共和国统计法》，制定本条例。

第二条　人口普查的目的是全面掌握全国人口的基本情况，为研究制定人口政策和经济社会发展规划提供依据，为社会公众提供人口统计信息服务。

第三条　人口普查工作按照全国统一领导、部门分工协作、地方分级负责、各方共同参与的原则组织实施。

国务院统一领导全国人口普查工作，研究决定人口普查中的重大问题。地方各级人民政府按照国务院的统一规定和要求，领导本行政区域的人口普查工作。

在人口普查工作期间，各级人民政府设立由统计机构和有关部门组成的人口普查机构（以下简称普查机构），负责人口普查的组织实施工作。

村民委员会、居民委员会应当协助所在地人民政府动员和组织社会力量，做好本区域的人口普查工作。

国家机关、社会团体、企业事业单位应当按照《中华人民共和国统计法》和本条例的规定，参与并配合人口普查工作。

第四条　人口普查对象应当按照《中华人民共和国统计法》和本条例的规定，真实、准确、完整、及时地提供人口普查所需的资料。

人口普查对象提供的资料，应当依法予以保密。

第五条　普查机构和普查机构工作人员、普查指导员、普查员（以下统称普查人员）依法独立行使调查、报告、监督的职权，任何单位和个人不得干涉。

地方各级人民政府、各部门、各单位及其负责人，不得自行修改普查机构和普查人员依法搜集、整理的人口普查资料，不得以任何方式要求普查机构和普查人员及其他单位和个人伪造、篡改人口普查资料，不得对依法履行职责或者拒绝、抵制人口普查违法行为的普查人员打击报复。

第六条　各级人民政府应当利用报刊、广播、电视、互联网和户外广告等媒介，开展人口普查的宣传动员工作。

第七条 人口普查所需经费，由国务院和地方各级人民政府共同负担，并列入相应年度的财政预算，按时拨付，确保足额到位。

人口普查经费应当统一管理、专款专用，从严控制支出。

第八条 人口普查每 10 年进行一次，尾数逢 0 的年份为普查年度，标准时点为普查年度的 11 月 1 日零时。

第九条 国家统计局会同国务院有关部门制定全国人口普查方案（以下简称普查方案），报国务院批准。

人口普查应当按照普查方案的规定执行。

第十条 对认真执行本条例，忠于职守、坚持原则，做出显著成绩的单位和个人，按照国家有关规定给予表彰和奖励。

第二章　人口普查的对象、内容和方法

第十一条 人口普查对象是指普查标准时点在中华人民共和国境内的自然人以及在中华人民共和国境外但未定居的中国公民，不包括在中华人民共和国境内短期停留的境外人员。

第十二条 人口普查主要调查人口和住户的基本情况，内容包括姓名、性别、年龄、民族、国籍、受教育程度、行业、职业、迁移流动、社会保障、婚姻、生育、死亡、住房情况等。

第十三条 人口普查采用全面调查的方法，以户为单位进行登记。

第十四条 人口普查采用国家统计分类标准。

第三章　人口普查的组织实施

第十五条 人口普查登记前，公安机关应当按照普查方案的规定完成户口整顿工作，并将有关资料提交本级人口普查机构。

第十六条 人口普查登记前应当划分普查区，普查区以村民委员会、居民委员会所辖区域为基础划分，每个普查区划分为若干普查小区。

第十七条 每个普查小区应当至少有一名普查员，负责入户登记等普查工作。每个普查区应当至少有一名普查指导员，负责安排、指导、督促和检查普查员的工作，也可以直接进行入户登记。

第十八条 普查指导员和普查员应当具有初中以上文化水平，身体健康，责任心强。

第十九条 普查指导员和普查员可以从国家机关、社会团体、企业事业单位借调，也可以从村民委员会、居民委员会或者社会招聘。借调和招聘工作由县级人民政府负责。

国家鼓励符合条件的公民作为志愿者参与人口普查工作。

第二十条 借调的普查指导员和普查员的工资由原单位支付，其福利待遇保持不变，并保留其原有工作岗位。

招聘的普查指导员和普查员的劳动报酬，在人口普查经费中予以安排，由聘用单位支付。

第二十一条 普查机构应当对普查指导员和普查员进行业务培训，并对考核合格的人员颁发全国统一的普查指导员证或者普查员证。

普查指导员和普查员执行人口普查任务时，应当出示普查指导员证或者普查员证。

第二十二条 人口普查登记前，普查指导员、普查员应当绘制普查小区图，编制普查小区户主姓名底册。

第二十三条 普查指导员、普查员入户登记时，应当向人口普查对象说明人口普查的目的、法律依据以及人口普查对象的权利和义务。

第二十四条　人口普查对象应当按时提供人口普查所需的资料，如实回答相关问题，不得隐瞒有关情况，不得提供虚假信息，不得拒绝或者阻碍人口普查工作。

第二十五条　人口普查对象应当在普查表上签字或者盖章确认，并对其内容的真实性负责。

第二十六条　普查人员应当坚持实事求是，恪守职业道德，拒绝、抵制人口普查工作中的违法行为。

普查机构和普查人员不得伪造、篡改普查资料，不得以任何方式要求任何单位和个人提供虚假的普查资料。

第二十七条　人口普查实行质量控制岗位责任制，普查机构应当对人口普查实施中的每个环节实行质量控制和检查，对人口普查数据进行审核、复查和验收。

第二十八条　国家统计局统一组织人口普查数据的事后质量抽查工作。

第四章　人口普查资料的管理和公布

第二十九条　地方各级普查机构应当按照普查方案的规定进行数据处理，并按时上报人口普查资料。

第三十条　人口普查汇总资料，除依法应当保密的外，应当予以公布。

全国和各省、自治区、直辖市主要人口普查数据，由国家统计局以公报形式公布。

地方人民政府统计机构公布本行政区域主要人口普查数据，应当报经上一级人民政府统计机构核准。

第三十一条　各级人民政府统计机构应当做好人口普查资料的管理、开发和应用，为社会公众提供查询、咨询等服务。

第三十二条　人口普查中获得的原始普查资料，按照国家有关规定保存、销毁。

第三十三条　人口普查中获得的能够识别或者推断单个普查对象身份的资料，任何单位和个人不得对外提供、泄露，不得作为对人口普查对象作出具体行政行为的依据，不得用于人口普查以外的目的。

人口普查数据不得作为对地方人民政府进行政绩考核和责任追究的依据。

第五章　法律责任

第三十四条　地方人民政府、政府统计机构或者有关部门、单位的负责人有下列行为之一的，由任免机关或者监察机关依法给予处分，并由县级以上人民政府统计机构予以通报；构成犯罪的，依法追究刑事责任：

（一）自行修改人口普查资料、编造虚假人口普查数据的；

（二）要求有关单位和个人伪造、篡改人口普查资料的；

（三）不按照国家有关规定保存、销毁人口普查资料的；

（四）违法公布人口普查资料的；

（五）对依法履行职责或者拒绝、抵制人口普查违法行为的普查人员打击报复的；

（六）对本地方、本部门、本单位发生的严重人口普查违法行为失察的。

第三十五条　普查机构在组织实施人口普查活动中有下列违法行为之一的，由本级人民政府或者上级人民政府统计机构责令改正，予以通报；对直接负责的主管人员和其他直接责任人员，由任免机关或者监察机关依法给予处分：

（一）不执行普查方案的；

（二）伪造、篡改人口普查资料的；

（三）要求人口普查对象提供不真实的人口普查资料的；

（四）未按照普查方案的规定报送人口普查资料的；

（五）违反国家有关规定，造成人口普查资料毁损、灭失的；

（六）泄露或者向他人提供能够识别或者推断单个普查对象身份的资料的。

普查人员有前款所列行为之一的，责令其停止执行人口普查任务，予以通报，依法给予处分。

第三十六条 人口普查对象拒绝提供人口普查所需的资料，或者提供不真实、不完整的人口普查资料的，由县级以上人民政府统计机构责令改正，予以批评教育。

人口普查对象阻碍普查机构和普查人员依法开展人口普查工作，构成违反治安管理行为的，由公安机关依法给予处罚。

第三十七条 县级以上人民政府统计机构应当设立举报电话和信箱，接受社会各界对人口普查违法行为的检举和监督。

第六章 附 则

第三十八条 中国人民解放军现役军人、人民武装警察等人员的普查内容和方法，由国家统计局会同国务院有关部门、军队有关部门规定。

交通极为不便地区的人口普查登记的时间和方法，由国家统计局会同国务院有关部门规定。

第三十九条 香港特别行政区、澳门特别行政区的人口数，按照香港特别行政区政府、澳门特别行政区政府公布的资料计算。

台湾地区的人口数，按照台湾地区有关主管部门公布的资料计算。

第四十条 为及时掌握人口发展变化情况，在两次人口普查之间进行全国1%人口抽样调查。全国1%人口抽样调查参照本条例执行。

第四十一条 本条例自2010年6月1日起施行。

第三部分　附录

附录 4　第七次全国人口普查方案

第七次全国人口普查方案

国家统计局
国务院第七次全国人口普查领导小组办公室

第一部分　总说明

根据《中华人民共和国统计法》《中华人民共和国统计法实施条例》《全国人口普查条例》和《国务院关于开展第七次全国人口普查的通知》，制定本方案。

一、普查目的

全面查清我国人口数量、结构、分布、城乡住房等方面情况，为完善人口发展战略和政策体系，促进人口长期均衡发展，科学制定国民经济和社会发展规划，推动经济高质量发展，开启全面建设社会主义现代化国家新征程，向第二个百年奋斗目标进军，提供科学准确的统计信息支持。

二、普查时点

普查的标准时点是 2020 年 11 月 1 日零时。

三、普查对象

普查对象是指普查标准时点在中华人民共和国境内的自然人以及在中华人民共和国境外但未定居的中国公民，不包括在中华人民共和国境内短期停留的境外人员。

四、普查内容和普查表

普查登记的主要内容包括：姓名、公民身份号码、性别、年龄、民族、受教育程度、行业、职业、迁移流动、婚姻生育、死亡、住房情况等。

根据不同的普查对象和普查内容，具体分为四种普查表。

（一）第七次全国人口普查短表

普查短表包括反映人口基本状况的项目，由全部住户（不包括港澳台居民和外籍人员）填报。

（二）第七次全国人口普查长表

普查长表包括所有短表项目和人口的经济活动、婚姻生育和住房等情况的项目，在全部住户中抽取 10% 的户（不包括港澳台居民和外籍人员）填报。

（三）第七次全国人口普查港澳台居民和外籍人员普查表

港澳台居民和外籍人员普查表包括反映人口基本状况的项目以及入境目的、居住时间、身份或国籍、就业情况等项目，由在境内居住的港澳台居民和外籍人员填报。

（四）第七次全国人口普查死亡人口调查表

死亡人口调查表包括死亡人口的基本信息，由 2019 年 11 月 1 日至 2020 年 10 月 31 日期间有死亡人口的户填报。

五、普查方法

普查采用全面调查的方法，以户为单位进行登记。

普查采用按现住地登记的原则，每个人必须在现住地进行登记。普查对象不在户口登记地居住的，户口登记地要登记相应信息。

普查登记采用普查员入户询问、当场填报，或由普查对象自主填报等方式进行。

普查数据采集原则上采用电子化的方式。采取普查员使用电子采集设备（PAD或智能手机）登记普查对象信息并联网实时上报，或由普查对象通过互联网自主填报等方式进行。

普查员应按照工作要求，在户口整顿基础上对所负责普查小区进行全面摸底，掌握普查小区内的人口和居住情况，编制《户主姓名底册》，根据《户主姓名底册》进行入户登记工作，并参考部门行政记录等资料进行比对复查，确保普查登记真实准确、不重不漏。

六、普查数据处理

各级普查机构负责普查数据处理。国务院人口普查办公室统一编制数据采集、审核、编辑、汇总程序。

国务院人口普查办公室集中部署数据采集处理环境。各级普查机构应保障必要的数据处理办公环境和网络条件，采取必要的安全措施，确保数据处理工作安全、顺利地进行。

七、普查组织实施

（一）全国统一领导

国务院第七次全国人口普查领导小组负责普查组织实施中重大问题的研究和决策。普查领导小组办公室设在国家统计局，具体负责普查的组织实施。

（二）部门分工协作

领导小组各成员单位要按照职能分工，各负其责、通力协作、密切配合，共同做好普查工作。对普查工作中遇到的困难和问题，要及时采取措施予以解决。

（三）地方分级负责

地方各级人民政府设立相应的普查领导小组及其办公室，领导和组织实施本区域内的普查工作。村民委员会和居民委员会设立人口普查小组，协助街道办事处和乡镇政府动员和组织社会力量，做好本区域内的普查工作。

普查指导员和普查员可以从国家机关、社会团体、企业事业单位借调，也可以从村民委员会、居民委员会或者社会招聘。借调和招聘工作由县级人民政府负责。

（四）各方共同参与

国家机关、社会团体、企业事业单位应当按照《中华人民共和国统计法》《中华人民共和国统计法实施条例》和《全国人口普查条例》的规定，参与并配合普查工作。

八、普查质量控制

普查实行严格的质量控制制度，建立健全普查数据质量追溯和问责机制，确保普查数据可核查、可追溯、可问责。国务院人口普查办公室统一领导、统筹协调普查全过程质量控制的有关工作。地方各级普查机构主要负责人对本行政区域普查数据质量负总责，确保普查数据真实、准确、完整、及时。各级普查办公室必须严格执行各阶段工作要求，保证各阶段工作质量达到规定标准，确保普查工作质量与数据质量合格达标。

九、普查宣传

各级宣传部门和普查机构应制定宣传工作方案，深入开展普查宣传。

各级宣传部门应组织协调新闻媒体及有关部门，通过报刊、广播、电视、互联网、手机和户外广告等多种渠道，充分利用微博、微信、短视频等新媒体传播手段，宣传普查的重大意义、政策规定和工作要求，积极营造良好的普查氛围。

各级普查机构要组织开展形式多样的宣传活动，动员社会各界支持、参与普查。

十、普查法规与纪律要求

坚持依法普查，普查工作要严格按照《中华人民共和国统计法》《中华人民共和国统计法实施条例》《全国人口普查条例》《国务院关于开展第七次全国人口普查的通知》及相关规定组织开展。

普查对象应当依法履行普查义务，如实提供普查信息，不得虚报、瞒报、拒报。拒绝提供普查所需的资料，或者提供不真实、不完整的普查资料的，由县级以上人民政府统计机构责令改正，予以批评教育，情节严重的依法严肃处理。普查取得的数据，严格限定用于普查目的，不得作为任何部门和单位对各级行政管理工作实施考核、奖惩的依据。普查中获得的能够识别或者推断单个普查对象身份的资料，任何单位和个人不得对外提供、泄露，不得作为对普查对象实施处罚等具体行政行为的依据，不得用于普查以外的目的。各级普查机构及其工作人员，必须严格履行保密义务。

十一、普查主要工作阶段

普查工作分三个阶段进行：

一是准备阶段（2019 年 10 月—2020 年 10 月）。这一阶段的主要工作是：组建各级普查机构，制定普查方案和工作计划，进行普查试点，落实普查经费和物资，准备数据采集处理环境，开展普查宣传，选聘培训普查指导员和普查员，普查区域划分及绘图，进行户口整顿，开展摸底等。

二是普查登记阶段（2020 年 11 月—12 月）。这一阶段的主要工作是：普查员入户登记，进行比对复查，开展事后质量抽查等。

三是数据汇总和发布阶段（2020 年 12 月—2022 年 12 月）。这一阶段的主要工作是：数据处理、汇总、评估，发布主要数据公报，普查资料开发利用等。

十二、其他

（一）香港特别行政区、澳门特别行政区的人口数，按照香港特别行政区政府、澳门特别行政区政府公布的资料计算。

台湾地区的人口数，按照台湾地区有关主管部门公布的资料计算。

（二）因交通极为不便等特殊因素，需采用其他登记时间和方法的地区，须报请国务院人口普查办公室批准。

（三）对认真执行本方案，忠于职守，坚持原则，在普查工作中做出显著成绩的单位和个人，按照国家有关规定给予表彰奖励。

（四）本方案由国务院人口普查办公室负责解释。

第二部分　普查表式

第七次全国人口普查短表

经国务院批准进行第七次全国人口普查
人口普查的标准时点为2020年11月1日零时
人口普查的原始资料不向任何单位和个人提供，
仅供汇总使用
公民应履行如实申报普查项目的义务

表　　号：R　6　0　1　表
制定机关：国　家　统　计　局
　　　　　国务院人口普查办公室
批准文号：国发（2019）24号
有效期至：2021年3月

地址：_____省（区、市）_____市（地、州、盟）_____县（市、区、旗）_____乡（镇、街道）_____普查区_____普查小区_____户编号

一、住户项目

H1．户别
1．家庭户
2．集体户

H2．本户应登记人数
2020年10月31日晚居住本户的人数_____人
户口在本户，2020年10月31日晚未住本户的人数_____人

H3．本户2019年11月1日至2020年10月31日期间的出生人口
男_____人　女_____人

H4．本户2019年11月1日至2020年10月31日期间的死亡人口
男_____人　女_____人

H5．住所类型
1．普通住宅
2．集体住所
3．工作地住所
4．其他住房
5．无住房
（选择2—5的，跳至个人项目。）

H6．本户现住房建筑面积
_____平方米

H7．本户现住房间数

____间

二、个人项目

每个人都填报的项目

D1．姓名

______

D2．与户主关系

0．户主
1．配偶
2．子女
3．父母
4．岳父母或公婆
5．祖父母
6．媳婿
7．孙子女
8．兄弟姐妹
9．其他

D3．公民身份号码

□□□□□□□□□□□□□□□□□□

D4．性别

1．男
2．女

D5．出生年月

出生于：______年______月

D6．民族

______族

D7．普查时点（2020年11月1日零时）居住地

1．本普查小区
2．本村（居）委会其他普查小区
3．本乡（镇、街道）其他村（居）委会
4．本县（市、区、旗）其他乡（镇、街道）
5．其他县（市、区、旗），请在下面填写地址

_______省（区、市）

_______市（地、州、盟）

_______县（市、区、旗）

6．香港特别行政区、澳门特别行政区、台湾地区

7．国外

D8．户口登记地

1．本村（居）委会

2．本乡（镇、街道）其他村（居）委会

3．本县（市、区、旗）其他乡（镇、街道）

4．其他县（市、区、旗），请在下面填写地址

_______省（区、市）

_______市（地、州、盟）

_______县（市、区、旗）

5．户口待定→D11

D9．离开户口登记地时间

1．没有离开户口登记地→D11

2．不满半年

3．半年以上，不满一年

4．一年以上，不满二年

5．二年以上，不满三年

6．三年以上，不满四年

7．四年以上，不满五年

8．五年以上，不满十年

9．十年以上

D10．离开户口登记地原因

0．工作就业

1．学习培训

2．随同离开/投亲靠友

3．拆迁/搬家

4．寄挂户口

5．婚姻嫁娶

6．照料孙子女

7．为子女就学

8．养老/康养

9．其他

3 周岁及以上（2017 年 10 月 31 日以前出生）的人填报的项目

D11．受教育程度

1．未上过学

2．学前教育
3．小学
4．初中
5．高中
6．大学专科
7．大学本科
8．硕士研究生
9．博士研究生

15周岁及以上（2005年10月31日以前出生）的人填报的项目

D12．是否识字

1．是
2．否

第七次全国人口普查长表

经国务院批准进行第七次全国人口普查
人口普查的标准时点为2020年11月1日零时
人口普查的原始资料不向任何单位和个人提供，
仅供汇总使用
公民应履行如实申报普查项目的义务

表　　号：R 6 0 2 表
制定机关：国家统计局
国务院人口普查办公室
批准文号：国发（2019）24号
有效期至：2021年3月

地址：_____省（区、市）_____市（地、州、盟）_____县（市、区、旗）_____乡（镇、街道）_____普查区_____普查小区_____户编号

一、住户项目

H1．户别

1．家庭户
2．集体户

H2．本户应登记人数

2020年10月31日晚居住本户的人数_____人
户口在本户，2020年10月31日晚未住本户的人数_____人

H3．本户2019年11月1日至2020年10月31日期间的出生人口

男_____人　女_____人

H4．本户2019年11月1日至2020年10月31日期间的死亡人口

男_____人　女_____人

H5．住所类型

1．普通住宅
2．集体住所
3．工作地住所
4．其他住房
5．无住房
（选择2—5的，跳至个人项目。）

H6．本户现住房建筑面积

_____平方米

H7．本户现住房间数

_____间

H8．住房所在建筑的总层数

1．平房
2．多层（7 层及以下）
3．高层（8—33 层）
4．超高层（34 层及以上）

H9．承重类型

1．钢及钢筋混凝土结构
2．混合结构
3．砖木结构
4．竹草土坯结构
5．其他结构

H10．住房建成年代

1．1949 年以前
2．1949—1959 年
3．1960—1969 年
4．1970—1979 年
5．1980—1989 年
6．1990—1999 年
7．2000—2009 年
8．2010—2014 年
9．2015 年以后

H11．住房所在建筑有无电梯

1．有
2．无

H12．主要炊事燃料

1．燃气
2．电
3．煤炭
4．柴草
5．其他

H13．住房内有无管道自来水

1．有
2．无

H14．住房内有无厨房

1．独立使用
2．与其他户合用

3．无

H15．住房内有无厕所

1．水冲式卫生厕所

2．水冲式非卫生厕所

3．卫生旱厕

4．普通旱厕

5．无

H16．住房内有无洗澡设施

1．统一供热水

2．家庭自装热水器

3．其他

4．无

H17．住房来源

1．租赁廉租房/公租房

2．租赁其他住房

3．购买新建商品房

4．购买二手房

5．购买原公有住房

6．购买经济适用房/两限房

7．自建住房

8．继承或赠予

9．其他

（选择3—9的，跳至H19。）

H18．月租房费用

0．200元以下

1．200—499元

2．500—999元

3．1000—1999元

4．2000—2999元

5．3000—3999元

6．4000—5999元

7．6000—7999元

8．8000—9999元

9．10000元以上

H19．拥有全部家用汽车的总价

1．不满10万元

2．10万元以上，不满20万元

3．20万元以上，不满30万元
4．30万元以上，不满50万元
5．50万元以上，不满100万元
6．100万元以上
7．没有汽车

二、个人项目

每个人都填报的项目

C1．姓名

____

C2．与户主关系

0．户主
1．配偶
2．子女
3．父母
4．岳父母或公婆
5．祖父母
6．媳婿
7．孙子女
8．兄弟姐妹
9．其他

C3．公民身份号码

□□□□□□□□□□□□□□□□□□

C4．性别

1．男
2．女

C5．出生年月

出生于：________年________月

C6．民族

________族

C7．普查时点（2020年11月1日零时）居住地

1．本普查小区
2．本村（居）委会其他普查小区
3．本乡（镇、街道）其他村（居）委会
4．本县（市、区、旗）其他乡（镇、街道）

5．其他县（市、区、旗），请在下面填写地址

_______省（区、市）

_______市（地、州、盟）

_______县（市、区、旗）

6．香港特别行政区、澳门特别行政区、台湾地区

7．国外

C8．户口登记地

1．本村（居）委会

2．本乡（镇、街道）其他村（居）委会

3．本县（市、区、旗）其他乡（镇、街道）

4．其他县（市、区、旗），请在下面填写地址

_______省（区、市）

_______市（地、州、盟）

_______县（市、区、旗）

5．户口待定→C12

C9．离开户口登记地时间

1．没有离开户口登记地→C12

2．不满半年

3．半年以上，不满一年

4．一年以上，不满二年

5．二年以上，不满三年

6．三年以上，不满四年

7．四年以上，不满五年

8．五年以上，不满十年

9．十年以上

C10．离开户口登记地原因

0．工作就业

1．学习培训

2．随同离开/投亲靠友

3．拆迁/搬家

4．寄挂户口

5．婚姻嫁娶

6．照料孙子女

7．为子女就学

8．养老/康养

9．其他

C11．户口登记地类型

1．乡

2．镇的村委会
3．镇的居委会
4．街道

C12．是否有农村土地承包经营权
1．有
2．无

C13．出生地
1．本县（市、区、旗）
2．本省其他县（市、区、旗）
3．省外：________省（区、市）

5 周岁及以上（2015 年 10 月 31 日以前出生）的人填报的项目
C14．五年前常住地
2015 年 11 月 1 日常住地：
1．本县（市、区、旗）
2．其他地区，请在下面填写地址
______省（区、市）
______市（地、州、盟）
______县（市、区、旗）

3 周岁及以上（2017 年 10 月 31 日以前出生）的人填报的项目
C15．受教育程度
1．未上过学→C17
2．学前教育→C17
3．小学
4．初中
5．高中
6．大学专科
7．大学本科
8．硕士研究生
9．博士研究生

C16．学业完成情况
1．在校
2．毕业
3．肄业
4．辍学
5．其他

15 周岁及以上（2005 年 10 月 31 日以前出生）的人填报的项目

C17．是否识字

1．是

2．否

C18．工作情况

10 月 25—31 日是否为取得收入而工作了一小时以上（包括临时工、依托互联网平台灵活就业、家庭经营无酬帮工等）

1．是，上周工作时间_______小时

2．在职休假、在职学习培训、临时停工（保留工资）

3．未做任何工作→C22

C19．工作单位或生产经营活动所属类型

1．企业、事业、机关或社会团体等法人单位

2．个体经营户

3．经营农村家庭承包地（家庭农林牧渔生产经营活动）

4．自由职业／灵活就业

C20．行业

单位详细名称：____________________________________

主要产品或主要业务：________________________________

C21．职业

本人从事的具体工作：________________________________→C23

C22．未工作原因

1．在校学习

2．离退休

3．料理家务

4．丧失工作能力

5．其他

C23．主要生活来源

1．劳动收入

2．离退休金／养老金

3．最低生活保障金

4．失业保险金

5．财产性收入

6．家庭其他成员供养

7．其他

C24．婚姻状况

1．未婚→C28

2．有配偶

3．离婚

4．丧偶

C25．初婚年月

_______年_______月

15至64周岁（1955年11月1日—2005年10月31日出生）的妇女填报的项目

C26．生育子女数

1．未生育→C28

2．有生育（请填报生育的子女数）

生过几个孩子：

男_______人

女_______人

其中现在存活几个孩子：

男_______人

女_______人

15至50周岁（1969年11月1日—2005年10月31日出生）的妇女填报的项目

C27．过去一年（2019年11月1日—2020年10月31日）的生育状况

1．一年内未生育（结束）

2．一年内有生育（请填报生育时间和孩子性别）

生育时间：

____月

婴儿性别：

1．男

2．女

一年内生育两个以上孩子的，请填报第二个孩子的状况。

生育时间：

____月

婴儿性别：

1．男

2．女

60周岁及以上（1960年10月31日以前出生）的人填报的项目

C28．居住状况

1．与配偶和子女同住

2．与配偶同住

3．与子女同住
4．独居（有保姆）
5．独居（无保姆）
6．养老机构
7．其他

C29．身体健康状况
1．健康
2．基本健康
3．不健康，但生活能自理
4．不健康，生活不能自理

第七次全国人口普查港澳台居民和外籍人员普查表

The Seventh National Population Census Form for Residents from Hong Kong, Macao, Taiwan and from Foreign Countries

中国政府决定进行第七次全国人口普查人口普查标准时点为2020年11月1日零时我们将对您在普查表中填写的信息给予保密，敬请合作。

The Government of China has decided to conduct the 7th National Population Census, with zero hour on 1 November 2020 as the reference time.
Information provided will be kept confidential.
Your cooperation is highly appreciated.

表号：R603表
制定机关：国家统计局
国务院人口普查办公室
批准文号：国发（2019）24号
有效期至：2021年3月
Form number: R603
Form issued by: National Bureau of Statistics
Office of the State Council for the Seventh National Population Census
Approval number: （2019）24
Valid until: March 2021

地址 Address：

_____省（区、市）Province

_____市（地、州、盟）City (prefecture)

_____县（市、区、旗）County (city, district)

_____乡（镇、街道）Town (township, street)

_____普查区 Enumeration area (village/community committee)

_____普查小区 Enumeration block

_____户编号 Household number

一、住户项目

Household Information

F1. 户别

Type of household

1. 家庭户 Family household
2. 集体户 Collective household

F2. 住所类型

Type of dwelling

1. 普通住宅 Conventional dwellings
2. 集体住所 Collective living quarters
3. 工作地住所 Living in work places
4. 其他住房 Other dwellings
5. 无住房 With no dwellings

（选择2—5的，跳至个人项目。）

(If the answer is 2-5, then skip to ‘Individual Information’.)

F3. 本户现住房建筑面积
Floor space for this household
_____平方米 m^2

F4. 本户现住房间数
Number of rooms for this household
_____间 rooms

二、个人项目

Individual Information

R1. 姓名 Full name

____

R2. 与户主关系
Relationship with head of household
0. 户主 Head of household
1. 配偶 Spouse
2. 子女 Son or daughter
3. 父母 Parent
4. 岳父母或公婆 Parent-in-law
5. 祖父母 Grandparent
6. 媳婿 Son-in-law or daughter-in-law
7. 孙子女 Grandchild
8. 兄弟姐妹 Brother or sister
9. 其他 Other relationship

R3. 性别
Sex
1. 男 Male
2. 女 Female

R4. 出生年月
Date of birth
出生于 Born in：_______年 year_______月 month

R5. 来内地（大陆）或来华目的
Purpose for stay in the mainland of China
1. 商务 Business
2. 就业 Work
3. 学习 Study
4. 定居 Residence
5. 探亲 Visiting relatives

6. 其他 Others

R6. 已在内地（大陆）或在华居住时间

Duration of stay in the mainland of China

1. 不满三个月 Less than 3 months
2. 三个月以上，不满半年 3 months to less than 6 months
3. 半年以上，不满一年 6 months to less than 12 months
4. 一年以上，不满二年 1 year to less than 2 years
5. 二年以上，不满五年 2 years to less than 5 years
6. 五年以上 5 years or more

R7. 受教育程度

3 周岁及以上（2017 年 10 月 31 日以前出生）的人填报

Educational attainment

For persons aged 3 and over（Born before 31st Oct. 2017）

1. 未上过学 No schooling
2. 学前教育 Pre-primary education
3. 小学 Primary education
4. 初中 Junior secondary education
5. 高中 Senior secondary education
6. 大学专科 College
7. 大学本科 University
8. 硕士研究生 Master
9. 博士研究生 Doctor

R8. 身份或国籍

Citizenship

1. 香港特别行政区居民 Hong Kong SAR resident
2. 澳门特别行政区居民 Macao SAR resident
3. 台湾地区居民 Taiwan resident
4. 外国人 Foreigner：国籍 Country_______ （结束）(End)

15 周岁及以上（2005 年 10 月 31 日以前出生）港澳台居民填报的项目

For persons aged 15 and over (Born before 31st Oct. 2005) from Hong Kong, Macao and Taiwan

R9. 工作情况

10 月 25—31 日是否为取得收入而工作了一小时以上

1．是
2．在职休假、在职学习培训、临时停工（保留工资）
3．未做任何工作→R12

R10．行业

1．农、林、牧、渔业

2．采矿业
3．制造业
4．电力、热力、燃气及水生产和供应业
5．建筑业
6．批发和零售业
7．交通运输、仓储和邮政业
8．住宿和餐饮业
9．信息传输、软件和信息技术服务业
10．金融业
11．房地产业
12．租赁和商务服务业
13．科学研究和技术服务业
14．水利、环境和公共设施管理业
15．居民服务、修理和其他服务业
16．教育
17．卫生和社会工作
18．文化、体育和娱乐业
19．公共管理、社会保障和社会组织
20．国际组织

R11．职业
1．党的机关、国家机关、群众团体和社会组织、企事业单位负责人
2．专业技术人员
3．办事人员和有关人员
4．社会生产服务和生活服务人员
5．农、林、牧、渔业生产及辅助人员
6．生产制造及有关人员
7．不便分类的其他从业人员

R12．婚姻状况
1．未婚
2．有配偶
3．离婚
4．丧偶

第七次全国人口普查死亡人口调查表

（2019 年 11 月 1 日至 2020 年 10 月 31 日死亡的人口登记）

经国务院批准进行第七次全国人口普查
人口普查的标准时点为 2020 年 11 月 1 日零时
人口普查的原始资料不向任何单位和个人提供，
仅供汇总使用
公民应履行如实申报普查项目的义务

表　　号：R 6 0 4 表
制定机关：国 家 统 计 局
国务院人口普查办公室
批准文号：国发（2019）24 号
有效期至：2 0 2 1 年 3 月

地址：_____省（区、市）_____市（地、州、盟）_____县（市、区、旗）_____乡（镇、街道）_____普查区_____普查小区_____户编号

每个死亡人口都登记的项目

S1．姓名

____

S2．公民身份号码

□□□□□□□□□□□□□□□□□□

S3．性别

1．男

2．女

S4．出生年月

出生于：_______年_______月

S5．死亡时间

死亡于：_______月

S6．民族

_______族

死亡时满 3 周岁的人登记的项目

S7．受教育程度

1．未上过学

2．学前教育

3．小学

4．初中

5．高中

6．大学专科

7．大学本科

8．硕士研究生

9．博士研究生

死亡时满 15 周岁的人登记的项目

S8．婚姻状况

1．未婚

2．有配偶

3．离婚

4．丧偶

第三部分　普查表填写说明

一、普查表的种类

第七次全国人口普查表分为《第七次全国人口普查短表》《第七次全国人口普查长表》《第七次全国人口普查港澳台居民和外籍人员普查表》和《第七次全国人口普查死亡人口调查表》四种表。

二、标准时点

第七次全国人口普查的标准时点为2020年11月1日零时。

普查员在掌握普查标准时点时，应注意以下两点：

（一）2020年11月1日零时以后出生的人不登记；2020年11月1日零时以后死亡的人仍要在普查短表中登记。

（二）2020年11月1日零时以后居住地发生变化的人，仍在原居住地登记。

三、普查对象

普查对象是指普查标准时点在中华人民共和国境内的自然人以及在中华人民共和国境外但未定居的中国公民，不包括在中华人民共和国境内短期停留的境外人员。

（一）普查短表和普查长表的普查对象具体是指2020年10月31日晚住本普查小区的人，以及户口登记在本普查小区但2020年10月31日晚未住本普查小区的人。

1.2020年10月31日晚住本普查小区的人，无论其户口登记在何处。

2.户口登记在本普查小区，但2020年10月31日晚未住本普查小区的人，无论其外出时间长短、外出原因如何。

（二）港澳台居民和外籍人员普查表的普查对象具体是指2020年10月31日晚住本普查小区的港澳台居民和外籍人员。

（三）死亡人口调查表的登记对象具体是指2019年11月1日至2020年10月31日期间本普查小区的死亡人口。

四、登记原则

人口普查采用按现住地登记的原则，每个人必须在现住地进行登记。普查对象不在户口登记地居住的，户口登记地要登记相应信息。

人口普查以户为单位进行登记，户分为家庭户和集体户。集体户以一个住房单元为一户进行普查登记。

为便于理解登记对象，并考虑到普查中可能遇到的特殊情况，普查员在入户登记时可采取以下方式询问住户：

应在您家普查登记的人包括：

•2020年10月31日晚住在您家里的人。

•经常居住在您家，由于临时出差、探亲、旅游或值夜班等原因，2020年10月31日晚未住在您家的人（视为2020年10月31日晚住在您家）。

•幼儿园全托孩子，小学、初中住校生（视为2020年10月31日晚住在您家）。

•户口登记在现住房地址的其他人。

不包括：

•现役军人和武警。

•由于临时出差、探亲、旅游等原因，2020 年 10 月 31 日晚暂住在您家的人。

•2020 年 11 月 1 日零时以后出生的人。

五、普查项目

（一）普查短表

按户填报的项目有：户别、本户应登记人数、本户 2019 年 11 月 1 日至 2020 年 10 月 31 日期间的出生人口、本户 2019 年 11 月 1 日至 2020 年 10 月 31 日期间的死亡人口、住所类型、本户现住房建筑面积、本户现住房间数。

按人填报的项目有：姓名、与户主关系、公民身份号码、性别、出生年月、民族、普查时点（2020 年 11 月 1 日零时）居住地、户口登记地、离开户口登记地时间、离开户口登记地原因、受教育程度、是否识字。

（二）普查长表

按户填报的项目有：户别、本户应登记人数、本户 2019 年 11 月 1 日至 2020 年 10 月 31 日期间的出生人口、本户 2019 年 11 月 1 日至 2020 年 10 月 31 日期间的死亡人口、住所类型、本户现住房建筑面积、本户现住房间数、住房所在建筑的总层数、承重类型、住房建成年代、住房所在建筑有无电梯、主要炊事燃料、住房内有无管道自来水、住房内有无厨房、住房内有无厕所、住房内有无洗澡设施、住房来源、月租房费用、拥有全部家用汽车的总价。

按人填报的项目有：姓名、与户主关系、公民身份号码、性别、出生年月、民族、普查时点（2020 年 11 月 1 日零时）居住地、户口登记地、离开户口登记地时间、离开户口登记地原因、户口登记地类型、是否有农村土地承包经营权、出生地、五年前常住地、受教育程度、学业完成情况、是否识字、工作情况、经常工作单位或生产经营活动所属类型、行业、职业、未工作原因、主要生活来源、婚姻状况、初婚年月、生育子女数、过去一年（2019 年 11 月 1 日—2020 年 10 月 31 日）的生育状况、居住状况、身体健康状况。

（三）港澳台居民和外籍人员普查表

按户填报的项目有：户别、住所类型、本户现住房建筑面积、本户现住房间数。

按人填报的项目有：姓名、与户主关系、性别、出生年月、来内地（大陆）或来华目的、已在内地（大陆）或在华居住时间、受教育程度、身份或国籍、工作情况、行业、职业、婚姻状况。

（四）死亡人口调查表

填报的项目有：姓名、公民身份号码、性别、出生年月、死亡时间、民族、受教育程度、婚姻状况。

六、普查表的填写方法

（一）普查表以户为单位进行登记。普查短表、死亡人口调查表采用普查员入户询问、当场填报，或由普查对象通过互联网自主填报等方式进行。普查长表、港澳台居民和外籍人员普查表采用普查指导员和普查员入户询问、当场填报的登记方式。

（二）普查小区中的每一户有且只有一个户编号，为“001”开始的 3 位顺序码，在《户主姓名底册》编制完成后自动生成，普查表上的户编号与其一致，不可修改。

（三）普查表的填写顺序：先填写住户项目，再逐人填写个人项目。

普查员填写普查短表时，填写按人登记的项目时，表内第一人应填户主，然后依次填户主的配偶和其他关系的人。全户死亡的户，只填写“H4.本户 2019 年 11 月 1 日至 2020 年 10 月 31 日期间的死亡人口”，其他住户项目和个人项目均不再登记。

普查员填写普查长表时，与普查短表相同的项目直接代入短表信息，经向普查对象核实确认后，再填报其他项目。

（四）普查表每户最多可以填写 20 人。对于超过 20 人的大集体户，可酌情分成若干集体户填写。

（五）有标准选项的项目，根据实际情况选填，并且每个问题只能选择一个标准选项。民族、普查时点（2020 年 11 月 1 日零时）居住地、户口登记地、出生地、五年前常住地等项目可根据列表栏进行选择。没有标准选项的项目，用文字或阿拉伯数字据情填报。

（六）如果填写错误或发生逻辑关系异常，数据采集程序会给出审核提示。审核类型分为强制性审核和确认性审核，若为强制性审核错误，必须根据提示信息对错误项目进行修改；若为确认性审核提示，应根据提示信息对异常项目进行核实，确认无误后，继续进行填报。

（七）普查员每填完一户，应即刻进行审核，将通过审核的信息向申报人当面宣读，核对无误后，由申报人签字确认。

第四部分　指标解释

一、普查短表

（一）住户项目

H1.户别——按家庭户、集体户的类别填报。

1.家庭户：以家庭成员关系为主，居住一处共同生活的人口，作为一个家庭户。单身居住独自生活的，也作为一个家庭户。

2.集体户：相互之间没有家庭成员关系，集体居住共同生活的人口作为一个集体户。

H2.本户应登记人数——包括两个部分。一部分是2020年10月31日晚居住本户的人数，既包括户口在本户、2020年10月31日晚居住本户的人数，也包括户口不在本户、2020年10月31日晚居住本户的人数，填写H2的第一项；另一部分是户口在本户，2020年10月31日晚未居住本户的人数，填写H2的第二项。

H3.本户2019年11月1日至2020年10月31日期间的出生人口——填写本户在2019年11月1日至2020年10月31日期间出生的人数。分别填写男、女的合计数。若本户在此期间没有出生人口，请填写“0”。

H4.本户2019年11月1日至2020年10月31日期间的死亡人口——填写本户在2019年11月1日至2020年10月31日期间死亡的人数。分别填写男、女的合计数。若本户在此期间没有死亡人口，请填写“0”。

填写H3、H4时应注意：

不要漏掉出生时有某种生命现象（如在胎儿脱离母体时，有呼吸或心跳，脐带搏动、随意肌收缩等）不久即死亡的婴儿，既要填写出生人数，也要填写死亡人数。

H5.住所类型——按居住的住所类型填报。

1.普通住宅：指人工建造的，有墙、顶、门、窗等结构，具有独立入口，专门供人居住的房屋或场所。如单元房、平房、四合院、独栋别墅、筒子楼、窑洞等传统意义上的住宅。

2.集体住所：指学生宿舍、职工宿舍、工棚、养老院、福利院、宗教场所等。

3.工作地住所：指居住在办公楼、发廊、商铺、餐馆等工作场所。

4.其他住房：指居住在上述场所以外的其他房屋或场所。

5.无住房：指本户没有住房，居无定所（如流动人口中那些睡在桥下、公园、车站或睡在运载货物、商品车辆上的人等）。

H6.本户现住房建筑面积——本户现住房的建筑面积以房屋所有权证（不动产权证）或租赁凭证上的相关信息为准。

若只知道使用面积的，可用使用面积乘以1.33，换算成建筑面积。填写本项目时应注意：

1.在租借房屋居住的户，按租借住房的实际情况填写其住房建筑面积。

2.合住在同一所住房里的住户，其建筑面积为各户所独立使用的房间面积加上公共使用面积（包括厨房、厕所、门厅、阳台等）的分摊部分：两户合住的，各按二分之一计算；三户合住的，各按三分之一计算，依此类推。

3.建筑面积应填写整数，不为整数时四舍五入获得。

H7.本户现住房间数——指除厨房、厕所、过道和厅以外的所有自然间数（包括扩建的房间）。填写本项目时应注意：

1.在租借房屋居住的户，按租借住房的实际居住情况填写其住房间数。

2.合住同一所住房的，在填写住房间数时，填写其独立使用的房间数。

（二）个人项目

D1.姓名——填写被登记人的正式姓名。没有正式姓名的可填小名或某某氏，但不能填笔名、代号等。婴儿未起名的，可填“未取名”。

D2.与户主关系——指被登记人与本户户主的关系。申报人不是户主的，不要将被登记人与申报人的关系错填为与户主的关系。

0.户主：按家庭日常生活习惯确定户主。

1.配偶：指户主的妻子或丈夫。

2.子女：指户主的子女。

3.父母：指户主的父母或继父母、养父母。

4.岳父母或公婆：指户主配偶的父母或继父母、养父母。

5.祖父母：指户主或配偶的祖父母、外祖父母、曾祖父母、外曾祖父母。

6.媳婿：指户主子女的配偶。

7.孙子女：指户主的孙子女、外孙子女、孙媳婿、外孙媳婿、重孙子女、重孙媳婿、重外孙子女、重外孙媳婿。

8.兄弟姐妹：指户主及其配偶的兄弟姐妹以及他们的配偶。

9.其他：指以上九种人以外的成员。

在登记家庭户时，户主应登记为第一人，选填“0.户主”。如果户主的配偶也在本户登记，应登记为第二人，选填“1.配偶”，然后再登记该户的其他成员；如果户主没有配偶，或户主配偶不在本户登记，第二人登记本户其他成员。

在登记集体户时，任选一人登记为户主，选填“0.户主”，本户其他成员与户主关系一律登记为其他，选填“9.其他”。

D3.公民身份号码——指 18 位公民身份号码。无公民身份号码的填写 18 位 0。

D4.性别——指被登记人的性别。

D5.出生年月——指被登记人的出生年、月。

出生年月按公历填写，只知道农历的，要换算成公历。按照一般的规律，农历的月份与公历的月份相差一个月左右，换算时农历的月份加 1 即可作为公历的月份，但要注意农历的 12 月应当是公历下一年的 1 月。

D6.民族——指被登记人的民族。

外国人加入中国籍，其民族和我国的某一民族相同的，就选填某一民族；没有相同民族的，按外国人加入中国籍填写，选填“入籍”。

D7.普查时点（2020 年 11 月 1 日零时）居住地——指被登记人在普查标准时点居住的地址。

1.本普查小区：指普查时点居住在本普查小区的人。如果本户在本普查小区拥有一套以上的住房，可确定其中一处进行登记。

2.本村（居）委会其他普查小区：指户口登记地在本普查小区，普查时点居住在本村（居）委会其他普查小区的人。

3.本乡（镇、街道）其他村（居）委会：指户口登记地在本普查小区，普查时点居住在本乡（镇、街道）其他村（居）委会的人。

4.本县（市、区、旗）其他乡（镇、街道）：指户口登记地在本普查小区，普查时点居住在本县（市、区、旗）的其他乡（镇、街道）的人。

5.其他县（市、区、旗）：指户口登记地在本普查小区，普查时点居住在本县（市、区、旗）以外地区的人。填报本选项的人还需选填普查时点居住地所在省（区、市）、市（地、州、盟）、县（市、区、旗）

的具体名称。

6.香港特别行政区、澳门特别行政区、台湾地区：指户口登记地在本户，普查时点居住在香港特别行政区、澳门特别行政区、台湾地区的人。

7.国外：指户口登记地在本户，普查时点居住在国外的人。

D8.户口登记地——指被登记人的居民户口簿上的地址。

1.本村（居）委会：指户口登记地在本村（居）委会的人。

2.本乡（镇、街道）其他村（居）委会：指普查时点居住本普查小区，户口登记地在本乡（镇、街道）其他村（居）委会的人。

3.本县（市、区、旗）其他乡（镇、街道）：指普查时点居住本普查小区，户口登记地在本县（市、区、旗）的其他乡（镇、街道）的人。

4.其他县（市、区、旗）：指普查时点居住本普查小区，户口登记地在本县（市、区、旗）以外地区的人。填报本选项的人还需填写户口登记地所在省（区、市）、市（地、州、盟）、县（市、区、旗）的具体名称。

5.户口待定：指普查时点居住本普查小区，在任何地方都没有登记户口的人。包括手持户口迁移证、出生证、退伍证等情况。

D9.离开户口登记地时间——指到普查标准时点为止，被登记人离开户口登记地（居住地与户口登记地不一致）的时间。

没有离开户口登记地是指户口登记地在本村（居）委会，普查标准时点居住在本普查小区或本村（居）委会其他普查小区。

若常年外出的人由于农忙、节假日等原因偶尔回家的，或回家后因疫情原因推迟外出的，还应该从第一次离开户口登记地的时间开始计算。

D10.离开户口登记地原因——指被登记人离开户口登记地（居住地与户口登记地不一致）的原因。

0.工作就业：指十五周岁及以上因务工经商、工作招聘、调动等原因离开户口登记地的人。

1.学习培训：指六周岁及以上因考入各级各类学校或参加各种学习班、培训班而离开户口登记地的人。

2.随同离开/投亲靠友：指因跟随亲属、投亲靠友而离开户口登记地的人。

3.拆迁/搬家：指因房屋拆迁、改造或者搬家而离开户口登记地的人。

4.寄挂户口：指户口落在集体户或没有在户口登记地居住过、只落户口的人。

5.婚姻嫁娶：指十五周岁及以上因结婚而离开户口登记地的人。

6.照料孙子女：指为照料孙子女而离开户口登记地的人。

7.为子女就学：指为子女就学而离开户口登记地的人。

8.养老/康养：指因旅游（度假）养老/康养、候鸟式养老/康养、回籍贯地养老/康养、居住在养老院而离开户口登记地的人，不包括跟随子女养老。

9.其他：指上述几种以外的原因。

凡具有两种以上原因的，按其主要的原因选填一个标准选项。

D11.受教育程度——指按照国家教育体制，被登记人接受教育的情况。通过自学或成人学历教育经国家统一考试合格的，分别归入相应的受教育程度。

1.未上过学：指从未接受过各级各类学校教育。包括参加过各种扫盲班或成人识字班学习，且以后再没有接受过各级各类学校教育的人。

2.学前教育：指仅接受过或正在接受专门学前教育机构教育，即在幼儿园或附设幼儿班接受保育和教育。

3.小学：指接受的最高一级教育为小学，无论其是否在校、毕业、肄业或辍学。

4.初中：指接受的最高一级教育为初中，无论其是否在校、毕业、肄业或辍学。

5.高中：指接受的最高一级教育为普通高中、成人高中和中等职业学校，无论其是否在校、毕业、肄业或辍学。

6.大学专科：指接受的最高一级教育为大学专科。在普通高等学校学习大学专科的，无论其是否在校、毕业、肄业或辍学，都填报此项。

凡国家授权承认学历的开放大学、广播电视大学、职工大学等成人高校和普通高等学校举办的函授大学、夜大学和其他形式的大学，按教育部颁布的大学专科教学大纲进行授课的，其毕业生选填此项；其肄业生、在校生按原有受教育程度填报。含成人专科和网络专科。

通过自学，经国家统一举办的自学考试合格，并取得大学专科毕业证书的，也选填此项。

7.大学本科：指接受的最高一级教育为大学本科。在普通高等学校学习大学本科的，无论其是否在校、毕业、肄业或辍学，都填报此项。

凡国家授权承认学历的开放大学、广播电视大学、职工大学等成人高校和普通高等学校举办的函授大学、夜大学和其他形式的大学，按教育部颁布的大学本科教学大纲进行授课的，其毕业生选填此项；其肄业生、在校生按原有受教育程度填报。含成人本科和网络本科。

通过自学和进修大学课程，经考试合格，并取得大学本科毕业证书的，也选填此项。

8.硕士研究生：指接受的最高一级教育为硕士研究生，无论其是否在校、毕业、肄业或辍学。含 2016 年 12 月 1 日以后录取的非全日制硕士研究生。

在职接受硕士研究生教育的，其毕业生选填此项；肄业生和在校生按原有受教育程度填报。

9.博士研究生：指接受的最高一级教育为博士研究生，无论其是否在校、毕业、肄业或辍学。含 2016 年 12 月 1 日以后录取的非全日制博士研究生。

在职接受博士研究生教育的，其毕业生选填此项；肄业生和在校生按原有受教育程度填报。

凡是没有按教育部的教学大纲培养或只学单科的人，不能填报“大学专科”“大学本科”“硕士研究生”或“博士研究生”，一律按原有受教育程度填报。

D12.是否识字：指被登记人是否达到国家规定的脱盲标准（城镇居民和企、事业单位职工识字 2000 个，农村居民识字 1500 个）。登记时可询问，日常生活中是否能读懂简单的书信或书写简短的句子。如果能阅读通俗书报、能写便条就认为具有识字能力。

二、普查长表

（一）住户项目

H1.户别——与短表 H1 相同。

H2.本户应登记人数——与短表 H2 相同。

H3.本户 2019 年 11 月 1 日至 2020 年 10 月 31 日期间的出生人口——与短表 H3 相同。

H4.本户 2019 年 11 月 1 日至 2020 年 10 月 31 日期间的死亡人口——与短表 H4 相同。

H5.住所类型——与短表 H5 相同。

H6.本户现住房建筑面积——与短表 H6 相同。

H7.本户现住房间数——与短表 H7 相同。

H8.住房所在建筑的总层数——层数是指建筑物的自然层数，一般按室内地坪以上计算。

采光窗在室外地坪以上的半地下室，其室内层高在 2.20m 以上（不含 2.20m）的，计算自然层数；假层、附层（夹层）、插层、阁楼（暗楼）、装饰性塔楼，以及突出屋面的楼梯间、水箱间不计层数。

其中，平房是指只有一层的房子。

H9.承重类型——指在房屋建筑中，由各种构件（垦架、梁、板、柱等）组成的能够承受各种作用的体系。

1.钢及钢筋混凝土结构：指承重的主要构件是用钢及钢筋混凝土建造的。它包括“钢结构”“钢、钢筋混凝土”和“钢筋混凝土”三种结构类型。

钢结构：承重的主要构件是钢材料建成的，包括悬索结构。

钢、钢筋混凝土结构：承重的主要构件是用钢、钢筋混凝土建造的。如一幢房屋一部分梁柱采用钢、钢筋混凝土构架建成。

钢筋混凝土结构：承重的主要构件是用钢筋混凝土建造的。包括薄壳结构、大模板现浇结构及使用滑模、升板等建造的钢筋混凝土结构的建筑物。

2.混合结构：指承重的主要构件是用钢筋混凝土和砖木建造的。如一幢房屋的梁是用钢筋混凝土制成，以砖墙为承重墙，或者梁是用木材建造，柱是用钢筋混凝土建造。

3.砖木结构：指承重的主要构件是用砖、木材建造的。如一幢房屋是木制房架、砖墙、木柱建成的。

4.竹草土坯结构：指承重的主要构件是用竹、草、土坯等建造的。如竹楼、土窑洞等。

5.其他结构：指不属于上述类型的结构。

H10.住房建成年代——指本户住房所属建筑物的建成年份。

本户住房所属建筑物翻修过的，按翻修时的年份选填。经过改建的，如改建面积大于原面积的，按改建时的年份选填；如改建面积小于原面积的，按原建成年份选填。

H11.住房所在建筑有无电梯——指本户住房所属建筑物内部、外部是否安装电梯。

H12.主要炊事燃料——指本户用于炊事的主要燃料。

如果本户用于炊事的燃料有两种以上，选填主要的一种。

H13.住房内有无管道自来水——指本户住房内是否有经过公用设施净化处理的管道输送水。

在院子里自己打的机井不能算作有自来水。

H14.住房内有无厨房——指本户住房内是否有专供做饭使用的房间，无论是否装有上下水道及固定灶具。

在公用过道、客堂等处烧饭的和在庭院、路边搭建的、临时简陋设施中做饭的都不算有厨房。

H15.住房内有无厕所——指本户住房内是否有厕所。

1.水冲式卫生厕所：指有上下水系统，或厕间有备水桶（瓢冲），坐便或蹲便器有水封或无水封的厕所，且粪便及污水冲入到下水道、化粪池和厕坑，无蝇，不会造成环境污染。

2.水冲式非卫生厕所：指虽然是水冲式厕所，但是粪便被冲到开放的水渠、沟塘等开放水体或者不确定冲到何处，会污染环境。

3.卫生旱厕：指有固定盖板的厕所，粪便基本无暴露，保持无蝇。比如通风改良厕所、堆肥厕所、双坑交替厕所、粪尿分集厕所、阁楼厕所、深坑防冻厕所等。

4.普通旱厕：包括无盖板的敞开式旱厕，有或无防渗处理。通常粪便暴露、有蛆蝇。

5.无：指没有厕所。

H16.住房内有无洗澡设施——指住房内是否有固定浴缸（浴盆）或淋浴龙头等能使用的洗浴设施。

1.统一供热水：指本户洗浴用热水由社区、物业管理部门或其他公共设施统一供应。

2.家庭自装热水器：指本户洗浴用热水是由自己安装的各种热水器，如电热水器、燃气（罐装、管道）热水器等。

3.其他：指上述两种以外的洗浴设施。

4.无：指住房内没有洗浴设施。

H17.住房来源——指本户获取现住房的方式。

1.租赁廉租房/公租房：指向政府相关部门申请并租住廉租房、公租房。

2.租赁其他住房：指通过私人、单位或房屋中介等渠道租住住房。

3.购买新建商品房：指按市场价购买的新建商品房。

4.购买二手房：指购买那些进入房屋市场进行交易，第二次及以上进行产权登记的住房，包括二手商品房、允许上市交易的已售公房、经济适用房等。

5.购买原公有住房：指个人以成本价或优惠价购买的、原作为福利分配给本单位职工的住房。

6.购买经济适用房/两限房：指向政府相关部门申请并购买经济适用房、两限房。

7.自建住房：指个人建造的住房，其产权属于个人所有。

8.继承或赠予：指从亲属处继承而来或者受他人赠予而获取住房。

9.其他：指上述几种住房来源以外的情况。

H18.月租房费用——指最近用于交纳房租的单月金额，不包括水电费、物业费、取暖费等附加费用。月租房费用不为整数时，按四舍五入计算。

若多人合租作一户登记时，则需将每人月租费加总计算。

H19.拥有全部家用汽车的总价——是指住户拥有的全部供家庭生活使用的汽车价格之和。

汽车价格按汽车实际购买价格（含税）的方式计算。

若住户有多辆家用汽车，则按全部家用汽车的价格总和选填。

（二）个人项目

C1.姓名——与短表 D1 相同。

C2.与户主关系——与短表 D2 相同。

C3.公民身份号码——与短表 D3 相同。

C4.性别——与短表 D4 相同。

C5.出生年月——与短表 D5 相同。

C6.民族——与短表 D6 相同。

C7.普查时点（2020 年 11 月 1 日零时）居住地——与短表 D7 相同。

C8.户口登记地——与短表 D8 相同。

C9.离开户口登记地时间——与短表 D9 相同。

C10.离开户口登记地原因——与短表 D10 相同。

C11.户口登记地类型——指离开户口登记地（居住地与户口登记地不一致）时的户口登记地类型。

若离开时户口登记地的类型是“乡”，而现在已改成“镇”，应选填“1.乡”，不要填报“2.镇的村委会”或“3.镇的居委会”。

C12.是否有农村土地承包经营权——指被登记人户口所在的户是否有农村土地承包经营权。

户口所在的户应以被登记人的户口簿为准。拥有农村土地承包经营权是指被登记人户口登记地在农村地区或以前的农村地区，目前户口所在的户与集体经济组织签订了农村土地承包合同。

拥有农村土地承包经营权的户，目前可能实际经营承包地，也可能因各种原因不再经营承包地，包括以转包、出租、入股、托管等方式流转所承包土地经营权。

C13.出生地——指被登记人的出生地点。

1.本县（市、区、旗）：指出生在本县、县级市、区、旗。

2.本省其他县（市、区、旗）：指出生在本省的其他县、县级市、区、旗。

3.省外：指出生在本省（区、市）以外其他地区，并选填出生地所在省（区、市）的名称。在港、澳、台或国外出生的，根据实际情况选填 “香港特别行政区”“澳门特别行政区”“台湾地区”或“国外”。

C14.五年前常住地——指被登记人在普查标准时点的五年前，即 2015 年 11 月 1 日零时的常住地。

五年前居住在本县（市、区、旗）以外其他地区的人，还需选填五年前常住地的地址。

五年前居住在港、澳、台或国外的，根据实际情况选填“香港特别行政区”“澳门特别行政区”“台湾地区”或“国外”。

C15.受教育程度——与短表 D11 项相同。

C16.学业完成情况——指受教育程度为小学及以上的人完成学业的情况。

1.在校：正在接受各级各类学校教育并有学籍。

2.毕业：已修完全部课程，并经过考试鉴定合格。

3.肄业：修完全部课程，但考试不及格或因种种原因未取得毕业资格。

4.辍学：未能修完所规定的全部课程，中途退学。

5.其他：私塾、自学等其他方式。

C17.是否识字——与短表D12项相同。

C18.工作情况——指被登记人在10月25—31日期间，即普查标准时点前一周，是否为取得收入而工作了1小时以上，包括临时工、互联网灵活就业、家庭经营无酬帮工。

工作是指为获取工资、实物报酬或经营收入而从事的各种生产、经营或服务性活动，其目的是为了取得收入，无论实际是否取得。不包括义务劳动和公益性劳动。

1.是：指在10月25—31日期间，为取得收入而干过固定的、临时的或兼职的工作，并且工作时间超过1小时。在校学生利用课余或假期以及退休人员为取得收入而从事了工作，也选填此项。

家庭成员在自家或亲属经营的公司、企业、商铺或网店工作，即使本人没有劳动报酬，也选填此项。

选填“1.是”的人，还需填写工作时间。工作时间按在10月25—31日期间实际的工作时间填写，而不是按国家或企业规定的制度工作时间填写。

计算工作时间，要注意把握以下几种情况：

（1）从事一种以上有收入工作的，几项工作时间相加计算。

（2）在规定的工作时间以外加班工作的，加班时间一并计算在内。

（3）农村既干家务又从事农业或其他有收入工作的人，家务劳动时间除外。

2.在职休假、在职学习培训、临时停工（保留工资）：

在职休假是指在10月25—31日期间，因各种休假或请假临时未工作，包括公休假、年休假、空勤人员、船员、火车乘务人员的轮休假、病假、工伤假、产假、事假、探亲假、婚丧假等。个人档案、人事关系已在某单位，但因各种原因尚未到新单位报到上班，如军人转业或工作调动等，也视为休假。

在职学习培训是指有工作单位，在10月25—31日期间参加脱产学习或培训。

临时停工（保留工资）是指在10月25—31日期间，由于机械或电力故障、原料或燃料短缺、天气或其他灾害等原因导致的暂时未工作，但仍可以有工资收入。

打零工、计件工等临时就业或灵活就业的人，因为上述原因停工并且没有收入，不填此项，应填“3.未做任何工作”。

3.未做任何工作：指在10月25—31日期间，没有工作单位，也未从事过任何可以有收入的工作。

对于下岗、内退人员，如果未与原单位解除劳动合同，仍有工资性收入的，选填“2.在职休假、在职学习培训、临时停工”；如果没有工资性收入，选填“3.未做任何工作”。对于承包土地的农民，在10月25—31日期间，如果干农活或其他有收入的工作超过1小时，选填“1.是”；如果外出打工，未从事任何工作，选填“3.未做任何工作”；如果正处于农业生产季节，没有外出打工，期间临时没有干农活，选填“2.在职休假、在职学习培训、临时停工”。

对于从事季节性生产经营的人，如果生产经营仍在进行中，只是在10月25—31日期间没有工作，选填“2.在职休假、在职学习培训、临时停工”；如果正处于季节性歇业，选填“3.未做任何工作”。

C19.工作单位或生产经营活动所属类型——指普查标准时点前一周的主要工作单位或生产经营活动类型。

1.企业、事业、机关或社会团体等法人单位：法人单位指依法成立，有自己的名称、组织机构和场所，能够独立承担民事责任，独立拥有和使用（或授权使用）资产承担负债，有权与其他单位签订合同，会计上独立核算，能够编制资产负债表的单位。包括企业、事业、机关、社会团体、民办非企业单位、基金会、居委会、村委会、农民专业合作社、农村集体经济组织和其他组织机构。

2.个体经营户：指资产归个人所有，以个体劳动为基础，劳动成果归劳动者个人占有和支配的一种经济组织。既包括在各级工商行政管理机关登记注册、领取《营业执照》的个体工商户，也包括没有领取《营业执照》，但实际从事个体经营活动的人。

3.经营农村家庭承包地（家庭农林牧渔生产经营活动）：指在自家承包的耕地、林地、草地、池塘以及其他合法用于农业的土地上，从事农林牧渔业生产经营活动，也包括家庭在转包和租用他人农业用地上从事农林牧渔业生产经营活动，所从事的农业生产活动以自营劳动为主，不雇佣长期雇工，但可能雇佣临时短工。

农业生产季节在承包土地上从事农业生产，但上周未做任何工作的人，也选填此项。

普查标准时点前一周未在自家承包土地上工作而从事其他生产经营活动的人，或外出务工经商的人不填此项，选填上周实际工作单位或生产经营活动。

4.自由职业/灵活就业：指除个体经营户以外的自雇就业或自主型的个体就业。包括律师、自由撰稿人、歌手、模特等自主就业人员，也包括家庭自雇家政服务、街头小贩、其他类型打零工的临时就业人员，还包括依赖平台承接工作任务、不隶属于任何雇主的劳动者。

C20.行业——指普查标准时点前一周主要工作所在单位的生产经营活动。如果前一周从事两项不同工作，按工作时间长短确定主要工作；如果工作时间相同，再按报酬高低确定主要工作。

行业是按照经济活动的同一性进行分类的，不是按其所属的行政管理系统来分的。产业活动单位是划分行业的分类标准。产业活动单位是指：（1）具有一个场所、从事一种或主要从事一种经济活动；（2）单独组织生产、经营或业务活动；（3）掌握收入和支出的会计核算资料。

填写行业时要注意以下情况：

有工作单位的，既要填写单位名称，也要填写单位的主要产品或从事的主要业务。单位名称要具体到分厂、分公司或营业部，即产业活动单位，不能笼统地只填写总厂名称。最重要的是单位的主要产品或主要业务要详细填写，要用动宾词组表达，如“生产服装”或“销售服装”，不能简写为“服装”。保密单位，填写其公开使用的名称和公开的主要产品或主要业务。

没有工作单位的，只填写主要产品或主要业务，如“送外卖”“当滴滴司机”。务农人员不能笼统地填写“农业”，要根据其具体的农业生产活动或农户具体从事的主要业务填写。如“种粮食”“养猪”等。

C21.职业——指普查标准时点前一周主要工作具体是干什么。如果前一周从事两项不同工作，按工作时间长短确定主要工作；如果工作时间相同，再按报酬高低确定主要工作。

职业分类是以工作性质的同一性为基本原则。所谓“同一性”，是指不论其所在工作单位是什么经济类型，不论用工形式是固定工还是临时工，也不论其隶属于哪个行业，凡是从事同一性质工作的人都划分为同一类。

填写职业时应注意以下情况：

填写职业要具体、详细。不能笼统地写“工人”“农民”“公务员”“工程师”等，而应具体填写其实际工作种类，如“铸轧工”“捕鱼”“统计人员”“通信工程技术员”等。具有专业技术职称的行政领导人员，应按行政领导职务填写其职业；同时担任两个以上职务的领导干部，应按主要职务填写其职业。工种尚未确定，暂时又无具体工作岗位的，要填写“工种未定”。

C22.未工作原因——指被登记人在普查标准时点前一周没有工作的主要原因。

1.在校学习：指在各级各类学校学习，并有正式学籍的人员。不包括有工作单位，脱产学习的人员。

2.离退休：指已办理离休、退休手续，定期领取离退休生活费，且未从事任何有收入劳动的人。

3.料理家务：指主要在自己家里从事家务劳动，且没有劳动收入的人。离、退休人员从事家务劳动的，选填“2.离退休”。为自家经营的摊位、商店、门市部、工厂工作的人，农村中既料理家务又务农或从事家庭副业的人，在别人家干家务活的临时工或小时工，均属于有工作的人，不选填此项。

4.丧失工作能力：指经专门机构鉴定或虽未鉴定但本人或其法定监护人认为，其因生理或心理疾患已丧失了从事劳动的能力。包括年老体弱生活不能自理的人员，但不包括离休、退休人员，这些人不论是身体残疾还是年老体弱生活不能自理，均选填“2.离退休”。

5.其他：指上述几种以外的原因。

C23.主要生活来源——指被登记人主要依靠什么生活。

如果被登记人同时有几种生活来源，选填其认为最主要的一项。

1.劳动收入：指主要依靠劳动报酬、经营利润或家庭收益（包括现金和实物收入）生活。

2.离退休金/养老金：指办理了离休、退休或退职手续，主要依靠从原工作单位或社会保险经办机构领取的离退休金（包括退职费）生活。

3.最低生活保障金：指建立最低生活保障制度的地区，家庭人均收入低于当地规定的最低生活保障线，主要依靠从政府有关部门或集体领取最低生活保障金生活，以及依靠民政部门发放的烈军属、五保户、残疾人等的生活抚恤金生活。

4.失业保险金：指失业保险经办机构依法支付给符合条件的失业人员的基本生活费用，是对失业人员在失业期间失去工资收入的一种临时补偿。

5.财产性收入：指以资金储蓄、借贷入股以及财产运营、房屋租赁等所取得的利息、股息、红利、租金等收入。

6.家庭其他成员供养：指主要依靠家庭其他成员或亲属的供养和资助生活。

7.其他：指上述几种以外的情况。

C24.婚姻状况——指被登记人在普查标准时点的实际婚姻状况。

1.未婚：指从未结过婚。

2.有配偶：指有配偶，处于婚姻中。

3.离婚：指曾经结过婚，但已办理了离婚手续且没有再婚，或正在办理离婚手续。

4.丧偶：指配偶已去世，且没有再婚。

人口普查的婚姻是指事实婚姻，不是单指法律意义上的婚姻，对不到法定结婚年龄，或未办理结婚手续而同居、实际结婚的人，应根据其在普查标准时点的实际情况，按照被登记人的申报选填。

C25.初婚年月——指被登记人第一次结婚时的年、月。

C26.生育子女数——指截止到普查标准时点，15 至 64 周岁妇女的生育状况。

1.未生育：指被登记妇女没有生育过子女。

2.有生育：指被登记妇女生育过子女，需分别填写生过和存活的子女数。

生过几个孩子：指生育的活产男孩和女孩数，包括产后不久就死亡的婴儿。胎儿脱离母体时（不管孕期长短），凡有过呼吸或心跳、脐带搏动、随意肌收缩等生命现象的，都视为“活产”。这里所说的“子女”是指该妇女的亲生子女，不包括丈夫前妻的子女和领养的子女，但鉴于有些家庭不愿公开领养关系，可尊重申报人的意愿，按亲生子女填报。

其中现在存活几个孩子：指活产子女中，仍然存活的男孩和女孩数，无论是否与父母一起居住。在普查标准时点前已死亡的孩子不包括在内。无存活子女的填写“0”。

C27.过去一年（2019 年 11 月 1 日—2020 年 10 月 31 日）的生育状况——指普查标准时点前 12 个月内，15 至 50 周岁被登记妇女的生育状况。

1.一年内未生育：指过去一年内没有生育过子女。

2.一年内有生育：指过去一年内生育过子女，需选填生育时间和孩子性别。

一年内生育两个以上孩子的，包括两次生育或生育多胞胎，还需填报第二个孩子的状况，第三个或以上的孩子不用填报。

C28.居住状况——指普查标准时点前一个月，60 周岁及以上被登记人的主要居住状况。

1.与配偶和子女同住：指与配偶和子女住在一起。

2.与配偶同住：指子女不在身边，与配偶住在一起。

3.与子女同住：指配偶不在身边，与子女住在一起。

4.独居（有保姆）：指本户中只有老人和保姆。

5.独居（无保姆）：指独身一人居住。

6.养老机构：指在提供养老服务的场所，包括敬老院、老年公寓等居住的情况。凡在养老机构居住的老年人，不论与谁同住。

7.其他：指上述几种以外的状况。

C29.身体健康状况——指60周岁及以上被登记人根据自身健康状况，对普查标准时点前一个月能否保证正常生活做出的自我判断。

1.健康：指过去一个月健康状况良好，完全可以保证日常的生活。

2.基本健康：指过去一个月健康状况一般，可以保证日常的生活。

3.不健康，但生活能自理：指普查标准时点前一个月健康状况不是太好，但可以基本保证正常的生活。

4.不健康，生活不能自理：指普查标准时点前一个月健康状况较差，不能照顾自己日常的生活起居，如吃饭、穿衣、自行走动等。

三、港澳台居民和外籍人员普查表

（一）住户项目

F1.户别——与短表H1相同。

F2.住所类型——与短表H5相同。

F3.本户现住房建筑面积——与短表H6相同。

F4.本户现住房间数——与短表H7相同。

（二）个人项目

R1.姓名——填写被登记人的正式姓名。婴儿未起名的，可填“未取名”。外籍人员的姓名最好用中文填写，也可以用其它文字填写。

R2.与户主关系——与短表D2相同。

R3.性别——与短表D4相同。

R4.出生年月——与短表D5相同。

R5.来内地（大陆）或来华目的——指被登记人来中华人民共和国境内居住的原因。

1.商务：指进行各种商务活动的人。

2.就业：指已有工作或正在寻找工作的人。

3.学习：指已经或准备在各类学校学习的人。

4.定居：指在中华人民共和国境内定居但没有工作或上学的人。包括在中华人民共和国境内工作人士的家属。

5.探亲：指探望亲戚或朋友的人。

6.其他：指上述以外的其他原因。

R6.已在内地（大陆）或在华居住时间——指到普查标准时点为止，被登记人在中华人民共和国境内居住的时间。

R7.受教育程度——指被登记人接受教育情况。按照被登记人的申报选填。

R8.身份或国籍——指被登记人是香港特别行政区居民、澳门特别行政区居民还是台湾地区居民。如果是外国人，还应填写国籍。

R9.工作情况——参照长表C18。

R10.行业——指被登记人的工作单位主要生产的产品或提供的服务类别，参照《国民经济行业分类（GB/T4754—2017)》，按标准选项据情选填。

R11.职业——指被登记人所从事的工作类别，按标准选项据情选填。

1.党的机关、国家机关、群众团体和社会组织、企事业单位负责人：指在中国共产党机关，国家机关，民主党派和工商联，人民团体和群众团体、社会组织及其工作机构，基层群众自治组织，企业、事业单位中担任领导职务并具有决策、管理权的人员。

2.专业技术人员：指从事科学研究和专业技术工作的人员。

3.办事人员和有关人员：指在公共管理和社会组织机构中从事行政业务、行政事务、行政执法和仲裁、安全保卫、消防和应急救援等工作的人员。

4.社会生产服务和生活服务人员：指从事商品批发零售、交通运输、仓储、邮政和快递、信息传输、软件和信息技术、住宿和餐饮以及金融、房地产、租赁和商务技术辅助、生态保护、文化、体育和娱乐等社会生产服务与生活服务工作的人员。

5.农、林、牧、渔业生产及辅助人员：指从事农、林、牧、渔业生产活动及辅助生产的人员。

6.生产制造及有关人员：指从事产品生产及设备制造，矿产开采，工程施工和运输设备操作的人员及有关人员。

7.不便分类的其他从业人员。

R12.婚姻状况——参照长表 C24。

四、死亡人口调查表

凡在普查短表户记录 H4 中，登记了 2019 年 11 月 1 日至 2020 年 10 月 31 日期间有死亡人口的户，还要登记死亡人口的具体情况。

S1.姓名——与短表 D1 相同。

S2.公民身份号码——与短表 D3 相同。

S3.性别——与短表 D4 相同。

S4.出生年月——与短表 D5 相同。

S5.死亡时间——指死亡人口死亡时的月份。

S6.民族——与短表 D6 相同。

S7.受教育程度——与短表 D11 相同。

S8.婚姻状况——与长表 C24 相同。

为保证死亡人口的登记质量，普查员在入户登记时应注意以下几点：

1.登记死亡人口时，一般以死亡前的常住地为登记地，而不以死亡发生时的地点（如医院等）为登记地。

2.本户常住人口中有死亡的，不论其与该户有无亲属关系，都应作为该户死亡人口予以登记。

3.对于无法确定死亡人口常住地，或登记时与死亡人口常住地联系不上的，如孤寡老人、流动人口等，一律在死亡发生地登记。

第三部分 附录

附录 5 江西省第七次全国人口普查公报

江西省第七次全国人口普查公报[1]（第一号）

——全省人口情况

江西省统计局

江西省第七次全国人口普查领导小组办公室

2021 年 5 月 26 日

根据《中华人民共和国统计法》《全国人口普查条例》规定和《国务院关于开展第七次全国人口普查的通知》（国发〔2019〕24 号）要求，我国进行了第七次全国人口普查[2]。一年多以来，在以习近平同志为核心的党中央坚强领导下，在省委、省政府的正确领导下，在各地区各有关部门的大力支持下，在各级普查机构和普查人员的共同努力下，在广大普查对象的积极配合下，第七次全国人口普查圆满完成普查现场登记和普查主要数据的汇总工作，根据第七次全国人口普查结果，现将 2020 年 11 月 1 日零时我省人口的基本情况公布如下：

一、常住人口总数

全省常住人口[3]总数为 45188635 人（不包括中国人民解放军现役军人和居住在省内的港澳台居民以及外籍人员），与 2010 年第六次全国人口普查的 44567475 人相比，十年共增加 621160 人，增长 1.39%。

二、户别人口

全省共有家庭户[4] 14072847 户，集体户 719123 户，家庭户人口为 41329294 人，集体户人口为 3859341 人。平均每个家庭户的人口为 2.94 人，比 2010 年第六次全国人口普查减少 0.73 人。

三、民族人口

全省常住人口中，汉族人口为 44969369 人，占 99.51%；各少数民族人口为 219266 人，占 0.49%。与 2010 年第六次全国人口普查相比，汉族人口增加 554305 人，增长 1.25 %；各少数民族人口增加 66855 人，增长 43.86%。

四、地区人口

全省 11 个设区市中，常住人口超过 350 万人的有 7 个，在 100 万人至 200 万人之间的有 4 个，全省人口分布总体仍然呈现“七大四小”格局。

与 2010 年第六次全国人口普查相比，有南昌市、景德镇市、新余市、鹰潭市、赣州市等 5 个设区市人口增加。

表 1-1 各设区市人口

单位：人、%

地 区	人口数	占全省人口的比重	
		2020 年	2010 年
全 省	**45188635**	**100.00**	**100.00**
南昌市	6255007	13.84	11.31
景德镇市	1618979	3.58	3.56
萍乡市	1804805	3.99	4.16
九江市	4600276	10.18	10.61
新余市	1202499	2.66	2.56
鹰潭市	1154223	2.55	2.52
赣州市	8970014	19.85	18.78
吉安市	4469176	9.89	10.79
宜春市	5007702	11.08	12.16
抚州市	3614866	8.00	8.78
上饶市	6491088	14.36	14.76

注释：

[1]本公报数据均为初步汇总数据。

[2]普查标准时点为 2020 年 11 月 1 日零时，普查对象是普查标准时点在中华人民共和国境内的自然人以及在中华人民共和国境外但未定居的中国公民，不包括在中华人民共和国境内短期停留的境外人员。

[3]常住人口包括：居住在本乡镇街道且户口在本乡镇街道或户口待定的人；居住在本乡镇街道且离开户口登记地所在的乡镇街道半年以上的人；户口在本乡镇街道且外出不满半年或在境外工作学习的人。

[4]家庭户是指以家庭成员关系为主、居住一处共同生活的人组成的户。

江西省第七次全国人口普查公报[1]（第二号）

——人口性别构成情况

江西省统计局
江西省第七次全国人口普查领导小组办公室
2021 年 5 月 26 日

根据第七次全国人口普查结果，现将 2020 年 11 月 1 日零时我省人口性别构成情况公布如下：

一、全省人口性别构成

全省常住人口中，男性人口为 23318533 人，占总人口的 51.60%；女性人口为 21870102 人，占总人口的 48.40%。总人口性别比（以女性为 100，男性对女性的比例）为 106.62，与 2010 年第六次全国人口普查相比下降 0.84。

二、地区人口性别构成

全省 11 个设区市中，总人口性别比高于全省的设区市有 6 个，低于全省的设区市有 5 个。

表 2-1　各设区市人口性别构成

单位：%

地　区	占总人口比重		性别比
	男	女	
全　省	**51.60**	**48.40**	**106.62**
南昌市	52.35	47.65	109.85
景德镇市	51.82	48.18	107.55
萍乡市	50.75	49.25	103.05
九江市	51.20	48.80	104.90
新余市	52.26	47.74	109.48
鹰潭市	51.82	48.18	107.55
赣州市	51.32	48.68	105.43
吉安市	51.53	48.47	106.32
宜春市	51.65	48.35	106.82
抚州市	51.70	48.30	107.02
上饶市	51.55	48.45	106.38

注释：

[1] 本公报数据均为初步汇总数据。

江西省第七次全国人口普查公报[1]（第三号）

——人口年龄构成情况

江西省统计局

江西省第七次全国人口普查领导小组办公室

2021 年 5 月 26 日

根据第七次全国人口普查结果，现将 2020 年 11 月 1 日零时我省人口年龄构成情况公布如下：

一、全省人口年龄构成

全省常住人口中，0–14 岁[2]人口为 9922364 人，占总人口的 21.96%；15–59 岁人口为 27641490 人，占总人口的 61.17%；60 岁及以上人口为 7624781 人，占总人口的 16.87%，其中 65 岁及以上人口为 5371021 人，占总人口的 11.89%。与 2010 年第六次全国人口普查相比，0–14 岁人口的比重上升 0.06 个百分点，15–59 岁人口的比重下降 5.49 个百分点，60 岁及以上人口的比重上升 5.43 个百分点，65 岁及以上人口的比重上升 4.29 个百分点。

表 3-1　全省人口年龄构成

单位：人、%

年龄	人口数	比重
总　计	**45188635**	**100.00**
0-14 岁	9922364	21.96
15-59 岁	27641490	61.17
60 岁及以上	7624781	16.87
其中：65 岁及以上	5371021	11.89

二、地区人口年龄构成

全省 11 个设区市中，0–14 岁人口比重高于全省的设区市有 5 个，低于全省的设区市有 6 个；15–59 岁人口比重高于全省的设区市有 5 个，低于全省的设区市有 6 个；60 岁及以上人口比重高于全省的设区市有 7 个，低于全省的设区市有 4 个；65 岁及以上人口比重高于全省的设区市有 7 个，低于全省的设区市有 4 个。

表 3-2 各设区市人口年龄构成[3]

单位：%

地 区	占总人口比重			
	0-14 岁	15-59 岁	60 岁及以上	
				其中：65 岁及以上
全 省	**21.96**	**61.17**	**16.87**	**11.89**
南昌市	17.44	67.59	14.97	10.54
景德镇市	21.32	62.05	16.63	11.37
萍乡市	20.10	60.54	19.35	13.56
九江市	20.96	61.37	17.67	12.62
新余市	20.73	61.59	17.68	12.25
鹰潭市	21.90	60.64	17.46	12.15
赣州市	23.09	61.26	15.64	11.08
吉安市	24.97	57.24	17.79	12.52
宜春市	22.91	59.05	18.04	12.51
抚州市	22.53	61.06	16.41	11.79
上饶市	23.23	59.08	17.69	12.45

注释：

[1] 本公报数据均为初步汇总数据。

[2] 0-15 岁人口为 10613797 人，16-59 岁人口为 26950057 人。

[3] 部分数据因四舍五入的原因，存在总计与分项合计不等的情况。

江西省第七次全国人口普查公报[1]（第四号）

——人口受教育情况

江西省统计局

江西省第七次全国人口普查领导小组办公室

2021 年 5 月 26 日

根据第七次全国人口普查结果，现将 2020 年 11 月 1 日零时我省人口受教育基本情况公布如下：

一、受教育程度人口

全省常住人口中，具有大学（指大专及以上）文化程度的人口为 5375897 人；具有高中（含中专）文化程度的人口为 6843634 人；具有初中文化程度的人口为 16042444 人；具有小学文化程度的人口为 12433185 人（以上各种文化程度的人包括各类学校的毕业生、肄业生和在校生）。与 2010 年第六次全国人口普查相比，每 10 万人中具有大学文化程度的由 6847 人上升为 11897 人；具有高中文化程度的由 12326 人上升为 15145 人；具有初中文化程度的由 37789 人下降为 35501 人；具有小学文化程度的由 30007 人下降为 27514 人。

表 4-1 各设区市每 10 万人口中拥有的各类受教育程度人数

单位：人/10 万人

地　区	大学（大专及以上）	高中（含中专）	初中	小学
全　省	**11897**	**15145**	**35501**	**27514**
南昌市	25024	16382	29587	20069
景德镇市	11972	14006	33967	29882
萍乡市	12041	15435	40012	24530
九江市	13296	16425	32464	27437
新余市	13324	16185	35474	24806
鹰潭市	10038	19290	35229	27011
赣州市	9346	15413	38213	26840
吉安市	8078	12526	36661	31914
宜春市	8635	14611	40195	27256
抚州市	8874	11869	36332	32409
上饶市	8616	15986	33905	30948

二、平均受教育年限[2]

与 2010 年第六次全国人口普查相比，全省常住人口中，15 岁及以上人口的平均受教育年限由 8.86 年提高至 9.70 年。

全省 11 个设区市中，15 岁及以上人口平均受教育年限高于全省的有 5 个，低于全省的有 6 个。

表 4-2 各设区市 15 岁及以上人口平均受教育年限

单位:年

地 区	2020 年	2010 年
全 省	**9.70**	**8.86**
南昌市	11.01	10.32
景德镇市	9.48	8.88
萍乡市	9.95	9.26
九江市	9.74	9.07
新余市	9.85	9.38
鹰潭市	9.84	8.60
赣州市	9.56	8.49
吉安市	9.16	8.64
宜春市	9.51	8.82
抚州市	9.08	8.52
上饶市	9.27	8.21

三、文盲人口

全省常住人口中，文盲人口（15 岁及以上不识字的人）为 876897 人，与 2010 年第六次全国人口普查相比，文盲人口减少 516830 人，文盲率[3]由 3.13%下降为 1.94%。

注释：

[1] 本公报数据均为初步汇总数据。

[2] 平均受教育年限是将各种受教育程度折算成受教育年限计算平均数得出的，具体的折算标准是：小学=6 年，初中=9 年，高中=12 年，大专及以上=16 年。

[3] 文盲率是指全省常住人口中 15 岁及以上不识字人口所占比例。

江西省第七次全国人口普查公报[1]（第五号）

——城乡人口和流动人口情况

江西省统计局

江西省第七次全国人口普查领导小组办公室

2021年5月26日

根据第七次全国人口普查结果，现将2020年11月1日零时我省人口城乡分布及流动情况公布如下：

一、城乡[2]人口

全省常住人口中，居住在城镇的人口为27310611人，占总人口的60.44%；居住在乡村的人口为17878024人，占总人口的39.56%。与2010年第六次全国人口普查相比，城镇人口增加7674182人，乡村人口减少7053022人，城镇人口比重上升16.38个百分点，首次超过60%。

二、流动人口[3]

全省常住人口中，省内人户分离人口[4]为12241920人，其中，市辖区内人户分离人口[5]为3886904人，省内流动人口为8355016人。全省跨省流入人口1279014人，跨省流出人口6339726人。

与2010年第六次全国人口普查相比，省内市辖区内人户分离人口增加3054998人，省内流动人口增加4484588人，跨省流入人口增加679072人，跨省流出人口增加552331人。

注释：

[1]本公报数据均为初步汇总数据。

[2]城镇、乡村是按国家统计局《统计上划分城乡的规定》划分的。

[3]流动人口是指人户分离人口中扣除市辖区内人户分离的人口。

[4]人户分离人口是指居住地与户口登记地所在的乡镇街道不一致且离开户口登记地半年以上的人口。

[5]市辖区内人户分离人口是指一个直辖市或地级市所辖的区内和区与区之间，居住地和户口登记地不在同一乡镇街道的人口。

第三部分　附录

附录 6　江西省人民政府关于认真做好第七次全国人口普查工作的通知

江西省人民政府关于认真做好第七次全国人口普查工作的通知

各市、县（区）人民政府，省政府各部门：

为贯彻落实《国务院关于开展第七次全国人口普查的通知》（国发〔2019〕24号）精神，认真做好我省第七次全国人口普查工作，现将有关事项通知如下：

一、深化思想认识，高度重视普查工作

国务院决定于2020年开展第七次全国人口普查。普查对象是普查标准时点在中华人民共和国境内的自然人以及在中华人民共和国境外但未定居的中国公民，不包括在中华人民共和国境内短期停留的境外人员。普查主要调查人口和住户的基本情况，内容包括：姓名、公民身份号码、性别、年龄、民族、受教育程度、行业、职业、迁移流动、婚姻生育、死亡、住房情况等。普查标准时点是2020年11月1日零时。

第七次全国人口普查是在中国特色社会主义进入新时代开展的重大国情国力调查。通过普查，将全面查清我省人口数量、结构、分布、城乡住房等方面情况，准确掌握人口发展变化的新情况、新特征和新趋势，为促进人口长期均衡发展，科学制定国民经济和社会发展规划，加快推进高质量跨越式发展，建设富裕美丽幸福现代化江西，提供科学准确的统计信息支持。各地、各部门要高度重视第七次全国人口普查，认真落实国务院和省政府部署要求，坚持实事求是、改革创新，科学设计、精心组织，周密部署、依法实施，确保圆满完成前期准备、普查登记、数据汇总和发布等阶段工作任务。

二、加强组织领导，构建协同推进机制

第七次全国人口普查涉及范围广、参与部门多、技术要求高、工作难度大，各地、各部门要按照“全国统一领导、部门分工协作、地方分级负责、各方共同参与”的原则，认真做好普查的宣传动员和组织实施工作，及时采取措施解决普查工作中遇到的困难和问题。为加强对我省普查工作的组织领导，省政府决定成立江西省第七次全国人口普查领导小组，负责普查组织实施中重大问题的研究和决策。普查领导小组办公室设在省统计局，具体负责普查的日常组织和协调。各成员单位要按照职能分工，各负其责、通力协作、密切配合，共同做好普查工作。

各地要设立相应的普查领导小组及其办公室，切实加强领导，认真做好本地区普查工作。各设区市、赣江新区普查机构于2020年1月底前组建完成，各县（市、区）普查机构于2020年2月底前组建完成。要充分发挥街道办事处和乡镇政府、居民委员会和村民委员会的作用，广泛引导、动员和组织社会力量积极参与并认真配合做好普查工作。

三、坚持依法普查，确保数据真实准确

各地、各部门要按照《中华人民共和国统计法》、《中华人民共和国统计法实施条例》、《全国人口普查条例》等法律法规要求，认真做好普查各项工作。普查机构和普查人员不得伪造、篡改普查资料，不得以任何方式要求任何单位和个人提供虚假的普查资料。普查取得的数据，严格限定用于普查目的，不得作为任何部门和单位对各级行政管理工作实施考核、奖惩的依据。普查中获得的能够识别或者推断单个普查对象身份的资料，任何单位和个人不得对外提供、泄露，不得用于普查以外的目的，不得作为对普查对象实施处罚等具体行政行为的依据。

各级人民政府统计机构要加大对普查工作中违纪违法行为的查处和通报曝光力度，坚决杜绝人为干扰普查工作的现象，确保普查工作顺利进行和普查数据真实准确。对普查中发现应当给予党纪政务处分或组织处理的统计违纪违法责任人，由统计机构按规定提出处分处理建议并及时移送任免机关、纪检监察机关或组织（人事）部门。各级普查机构要严格执行普查方案，加强普查人员培训和管理，采用电子化方式开展普查登记，广泛应用部门行政记录，建立健全数据质量控制办法，开展质量抽查和工作检查，全面提高普查工作质量。

四、强化经费保障，营造良好普查氛围

国务院规定，第七次全国人口普查所需经费由中央和地方各级人民政府共同负担。各地要将普查所需经费列入相应年度的财政预算，按时拨付、确保到位。要坚持勤俭办事、厉行节约，加强对普查经费的统一管理，从严控制支出，提高资金使用效率。对各级普查机构根据工作需要招聘或者从有关单位借调符合条件的普查指导员和普查员，应及时支付招聘人员的劳动报酬，保证借调人员在原单位的工资、福利及其他待遇不变，并保留其原有工作岗位，稳定普查工作队伍，确保普查工作顺利进行。

各级普查机构要会同宣传部门认真做好普查宣传的策划和组织工作，充分利用广播电视、报刊杂志等传统媒体及微博、微信、手机客户端等新媒体，广泛深入宣传第七次全国人口普查的重要意义和要求，引导广大普查对象依法配合普查，如实申报普查项目，为普查工作顺利实施创造良好舆论环境。

附件：江西省第七次全国人口普查领导小组组成人员名单

2019 年 12 月 18 日

（此件主动公开）

附件

江西省第七次全国人口普查领导小组组成人员名单

组　长：毛伟明　省委常委、常务副省长
副组长：王亚联　省政府副秘书长
万庆胜　省统计局局长
郭新宇　省发展改革委副主任
万　凯　省公安厅副厅长
陈祥云　省自然资源厅副厅长
李道鹏　省住房城乡建设厅副厅长
朱烈滨　省卫生健康委副主任
成　员：吴永明　省委宣传部副部长
周森昆　省委网信办副主任
何　晞　省委台办副主任
欧阳海泉　省民政厅副厅长
邓奕强　省司法厅一级巡视员
张耀霞　省财政厅副厅长
吴福全　省人力资源社会保障厅副厅长
万国根　省农业农村厅一级巡视员
黄加文　省外办副主任
沈庆中　省市场监管局副局长
白文松　省广电局副局长
王希贤　省民宗局副局长
喻　滨　省统计局副局长
吴国平　省医保局副局长
彭　峰　省政府研究室副主任
黄才兰　省管局副局长
陈　辉　省军区政治工作局副主任
马海燕　省军区保障局副局长
赵升高　武警江西省总队政治工作部副主任

领导小组办公室主任由喻滨兼任。领导小组成员因工作变动需要调整的，由所在单位向领导小组办公室提出，按程序报领导小组组长批准。任务完成后领导小组自动撤销。